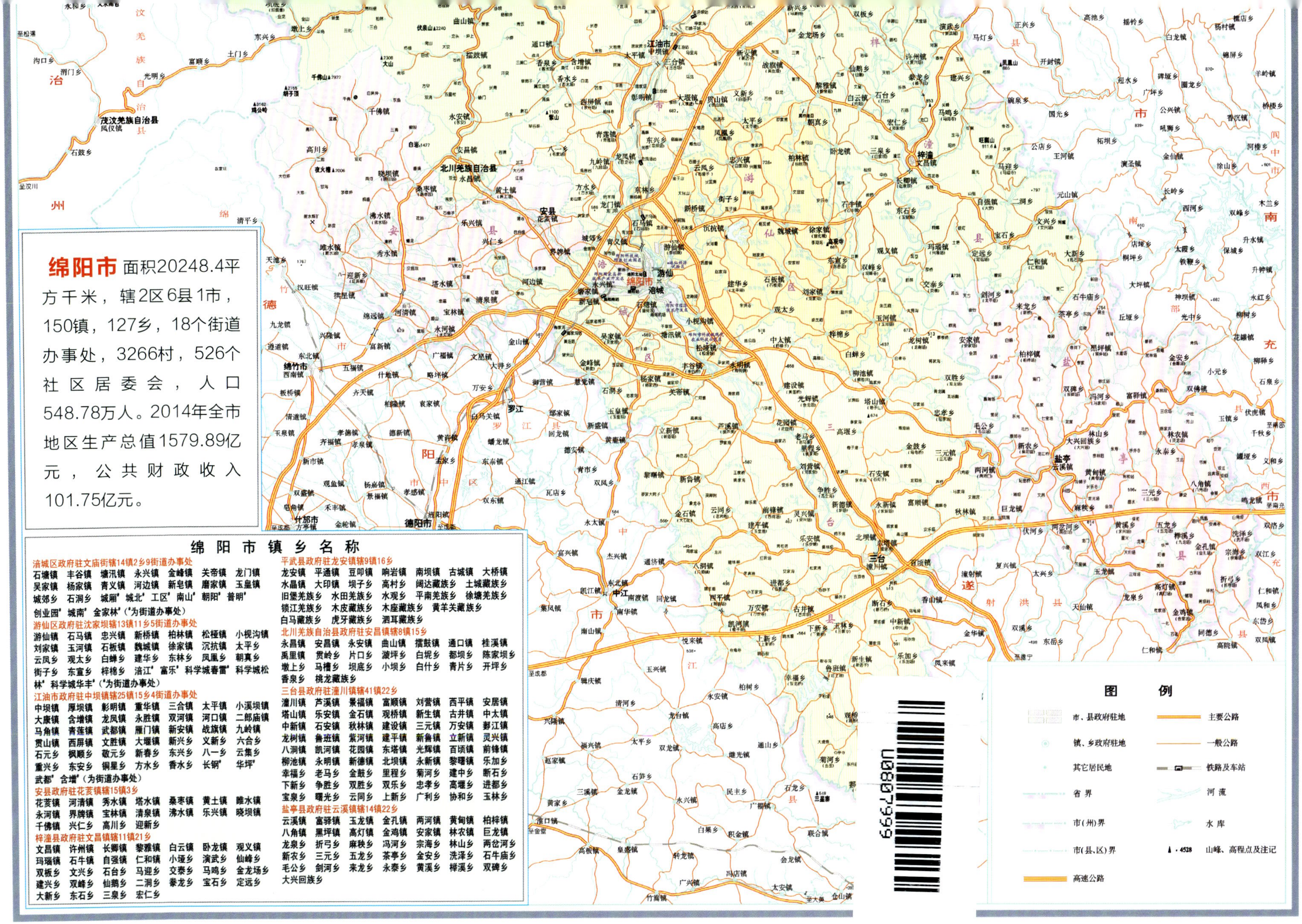

绵阳市 面积20248.4平方千米，辖2区6县1市，150镇，127乡，18个街道办事处，3266村，526个社区居委会，人口548.78万人。2014年全市地区生产总值1579.89亿元，公共财政收入101.75亿元。

绵阳市镇乡名称

涪城区政府驻文庙街辖14镇2乡9街道办事处

石塘镇 丰谷镇 塘汛镇 永兴镇 金峰镇 关帝镇 龙门镇 吴家镇 杨家镇 青义镇 河边镇 新皂镇 磨家镇 玉皇镇 城郊乡 石洞乡 城厢* 城北* 工区* 南山* 朝阳* 普明* 创业园* 城南* 金家林*（*为街道办事处）

游仙区政府驻沈家坝辖13镇11乡5街道办事处

游仙镇 石马镇 忠兴镇 新桥镇 柏林镇 松桠镇 小枧沟镇 刘家镇 玉河镇 石板镇 魏城镇 徐家镇 沉抗镇 太平乡 云凤乡 观太乡 白蝉乡 建华乡 东林乡 凤凰乡 朝真乡 街子乡 东宣乡 梓棉乡 涪江* 富乐* 科学城春雷* 科学城松林* 科学城华丰*（*为街道办事处）

江油市政府驻中坝镇辖25镇15乡4街道办事处

中坝镇 厚坝镇 彰明镇 重华镇 三合镇 太平镇 小溪坝镇 大康镇 含增镇 龙凤镇 永胜镇 双河镇 河口镇 二郎庙镇 马角镇 青莲镇 武都镇 雁门镇 新安镇 战旗镇 九岭镇 贯山镇 西屏镇 文胜镇 大堰镇 新兴乡 义新乡 六合乡 石元乡 枫顺乡 敬元乡 新春乡 东兴乡 八一乡 云集乡 重兴乡 东安乡 铜星乡 方水乡 香水乡 长钢* 华坪* 武都* 含增*（为街道办事处）

安县政府驻花荄镇辖15镇3乡

花荄镇 河清镇 秀水镇 塔水镇 桑枣镇 黄土镇 睢水镇 永河镇 界牌镇 宝林镇 清泉镇 沸水镇 乐兴镇 晓坝镇 千佛镇 兴仁乡 高川乡 迎新乡

梓潼县政府驻文昌镇辖11镇21乡

文昌镇 许州镇 长卿镇 黎雅镇 白云镇 卧龙镇 观义镇 玛瑙镇 石牛镇 自强镇 仁和镇 小垭乡 演武乡 仙峰乡 双板乡 文兴乡 石台乡 马迎乡 交泰乡 马鸣乡 金龙场乡 建兴乡 双峰乡 仙鹅乡 二洞乡 豢龙乡 宝石乡 定远乡 大新乡 东石乡 三泉乡 宏仁乡

平武县政府驻龙安镇辖9镇16乡

龙安镇 平通镇 豆叩镇 响岩镇 南坝镇 古城镇 大桥镇 水晶镇 大印镇 坝子乡 高村乡 阔达藏族乡 土城藏族乡 旧堡羌族乡 水田羌族乡 水观乡 平南羌族乡 徐塘羌族乡 锁江羌族乡 木皮藏族乡 木座藏族乡 黄羊关藏族乡 白马藏族乡 虎牙藏族乡 泗耳藏族乡

北川羌族自治县政府驻安昌镇辖8镇15乡

永昌镇 安昌镇 永安镇 曲山镇 擂鼓镇 通口镇 桂溪镇 禹里镇 贯岭乡 片口乡 漩坪乡 白坭乡 都坝乡 陈家坝乡 墩上乡 马槽乡 坝底乡 小坝乡 白什乡 青片乡 开坪乡 香泉乡 桃龙藏族乡

三台县政府驻潼川镇辖41镇22乡

潼川镇 芦溪镇 景福镇 富顺镇 刘营镇 西平镇 安居镇 塔山镇 乐安镇 金石镇 观桥镇 新生镇 古井镇 中太镇 中新镇 石安镇 秋林镇 建设镇 三元镇 万安镇 郪江镇 龙树镇 鲁班镇 紫河镇 建平镇 新鲁镇 立新镇 灵兴镇 八洞镇 凯河镇 花园镇 东塔镇 光辉镇 百顷镇 前锋镇 柳池镇 永明镇 新德镇 北坝镇 永新镇 黎曙镇 乐加乡 幸福乡 老马乡 金鼓乡 里程乡 菊河乡 建中乡 断石乡 下新乡 争胜乡 双胜乡 双乐乡 忠孝乡 高堰乡 进都乡 宝泉乡 曙光乡 云同乡 上新乡 广利乡 协和乡 玉林乡

盐亭县政府驻云溪镇辖14镇22乡

云溪镇 富驿镇 玉龙镇 金孔镇 两河镇 黄甸镇 柏梓镇 八角镇 黑坪镇 高灯镇 金鸡镇 安家镇 林农镇 巨龙镇 龙泉乡 折弓乡 麻秧乡 冯河乡 宗海乡 林山乡 两岔河乡 新农乡 三元乡 五龙乡 茶亭乡 金安乡 洗泽乡 石牛庙乡 毛公乡 剑河乡 来龙乡 永泰乡 黄溪乡 榉溪乡 双碑乡 大兴回族乡

（绵阳市民政局制）

中国科技城
SCI-TECH CITY CHINA

绵阳年鉴

MIANYANG YEARBOOK

2015

绵阳市人民政府 主办
绵阳市地方志办公室 编

方志出版社
Publishing House of Local Records

图书在版编目（CIP）数据

绵阳年鉴．2015 / 绵阳市地方志办公室编.—北京：方志出版社，2015.10
ISBN 978-7-5144-1729-6

Ⅰ.①绵…　Ⅱ.①绵…　Ⅲ.①绵阳市-2015-年鉴
Ⅳ.①Z527.13

中国版本图书馆 CIP 数据核字（2015）第 245676 号

绵阳年鉴（2015）

编　　者：	绵阳市地方志办公室
责任编辑：	罗　滔
出 版 人：	冀祥德
出 版 者：	方志出版社
	地址　北京市朝阳区潘家园东里 9 号（国家方志馆四层）
	邮编　100021
	网址　http://www. fzph.org
发　　行：	方志出版社发行中心
	（010）67110500
经　　销：	各地新华书店
封面设计：	曹玉琦　张永兴
设计制作：	成都力扬文化传播有限公司　电话：028-86865206
印　　刷：	四川省印刷制版中心有限公司
开　　本：	889×1194　1/16
印　　张：	32
字　　数：	1133 千
版　　次：	2015 年 10 月第 1 版　2015 年 10 月第 1 次印刷
印　　数：	0001-2000 册

ISBN 978-7-5144-1729-6　定价：200. 00 元

城市荣誉
CHENG SHI RONG YU

- ★ 中国科技城
- ★ 国家卫生城市
- ★ 中国幸福城市
- ★ 中国优秀旅游城市
- ★ 全国创业先进城市
- ★ 全国科技进步先进市
- ★ 国家信息消费试点市
- ★ 全国首批“三网融合”试点市
- ★ 全国首批“民生改善十佳典范城市”
- ★ 国家级文化和科技融合示范基地
- ★ 联合国环境规划基金会“最佳宜居城市”
- ★ 联合国环境规划基金会“杰出绿色生态城市”
- ★ 全国首批“促进科技和金融结合”试点地区
- ★ 执行中关村政策和国家自主创新示范区先行先试政策城市
- ★ 全国文明城市
- ★ 国家园林城市
- ★ 国家环保模范城市
- ★ 全国双拥模范城市
- ★ 全国新型节水型城市
- ★ 国家智慧城市试点市
- ★ 国家级知识产权示范城市
- ★ 国家新型工业化产业示范基地

数字绵阳

SHU ZI MIAN YANG

行政区划面积：20248.4平方千米
建成区面积：107.5平方千米
县市区：9个（1个民族自治县）
乡镇：277个
街道办事处：18个
总人口：5487777人
城区人口：1268648人
耕地面积：40.16万公顷
森林面积：99.31万公顷
森林覆盖率：52.4%
年平均气温：16.5度
年平均日照数：1130.4小时
空气环境优良天数：279天
年平均降水量：810.8毫米
大小河流：52条
粮食总产量：215.94万吨
万元地区生产总值能源消耗下降：5.75 %
地区生产总值：1579.89 亿元
71户规模以上工业实现产值：1653亿元
战略性新兴产业实现产值：696亿元
三次产业增加值比重：16：51：33
地方公共财政收入：101.75亿元
全社会固定资产投资额：1080.37亿元
174个省市重点项目投资：262.6亿元
社会消费品零售额：778.29亿元
年末存款余额：2621.7亿元
年末贷款余额：1398.5亿元
外贸进出口总额：29.2亿美元
旅游总收入：277.3亿元
公路通车总里程：19888千米
科技城地区生产总值：1055.7亿元
科技城规模以上工业增速：10.4%
国家级科研院所：18家
国家重点实验室：8家
国家工程技术研究中心：5家
国家企业技术中心：8家
“两院”院士：26人
专业技术人才：21.7万人
全市研发经费占地区生产总值比重：6.58%
科技进步综合水平指数：65.04%
军民融合企业年产值：1510 亿元
科技城军民融合企业：363 户
科技型中小企业：4478户
高新技术产业总产值：1230.56亿元
高新技术产业化水平指数：91.37%
专利申请量：5991 件
专利授权量：3071件
高等院校：14 所
每千人口医院、卫生院床位数：6.4张
广播覆盖率：99.1 %
电视覆盖率：99.3 %
公共图书馆藏书：185.6万册
城区数字电视转换率：100%
城镇登记失业人数：3.4万人
城镇人均可支配收入：25341元
农村居民人均纯收入：10326元
新型农村合作医疗参合率：99.96%

年度要闻
NIAN DU YAO WEN

10月16日，全国人大常委会副委员长陈昌智、全国政协副主席刘晓峰到绵阳参加第二届中国（绵阳）科技城国际科技博览会，省委书记王东明、省长魏宏等陪同

2月13日，四川省建设绵阳科技城领导小组第十四次会议在绵阳召开

10月25日，省委书记王东明参观西博会绵阳展厅无人机展览

4月24日，省长魏宏在游仙区节能环保产业园调研

7月25日，中共绵阳市委六届七次全体会议召开

1月13日，绵阳市第六届人民代表大会第五次会议召开

1月9日，中国人民政治协商会议绵阳市第六届委员会第四次会议召开

11月28日，“最美绵阳人”先进事迹报告会举行

10月15日，中国（绵阳）科技城优势产业投资推介会召开

9月18日，中国（绵阳）科技城信息安全产业联盟成立大会召开

11月27日，绵阳科技城建设发展相关政策调研座谈会召开

10月14日，中国（绵阳）科技城软件产业园百家软件企业集中入驻仪式举行

10月29日，市委书记罗强率相关市级部门负责人参加绵阳电视台《理政·真情面对面》节目，现场解答民生问题

9月19~23日，四川电子商务博览会暨“绵阳造”精品展销会

8月26日，绵阳市新能源汽车产业项目签约仪式在成都举行

1月6日，市政府与中航工业集团战略合作协议签约仪式在绵阳举行

12月10日，大九寨新环线旅游区域合作工作交流会在安县召开

11月27日，绵阳市举行2014“科创杯”中国科技城创新创业大赛成果展示暨颁奖仪式

8月22日，第十一届中国中医药（民族药）博览会在绵阳会展中心举行

8月27日，绵阳市人民政府与西南交通大学2014~2015年项目推进合作框架协议签约仪式在绵阳举行

12月26日，川汽绵阳新能源汽车生产基地落成暨新能源汽车T70下线仪式

6月18日，中国（绵阳）科技城电子信息产业链配套合作对接会在游仙区举行

9月15~17日，第三届全球旅游网络营运商合作交流会在北川羌族自治县举行

12月20日，成（都）绵（阳）乐（山）客运专线正式运营

3月14日，张勇先进事迹报告会在绵阳举行

11月3日，第二届白马王朗风情节在平武县举行

第二届中国（绵阳）科技城国际科技

THE 2nd CHINA (MIANYANG) SCIENCE& TECHNOLOGY CITY INTERNATIONAL HIG

科博会开幕式

开幕式文艺演出

“掌上科博会”新闻客户端上线仪

全国人大常委会副委员长陈昌智宣布开幕

全国政协副主席刘晓峰致辞

省委书记王东明致辞

省长魏宏主持开幕式

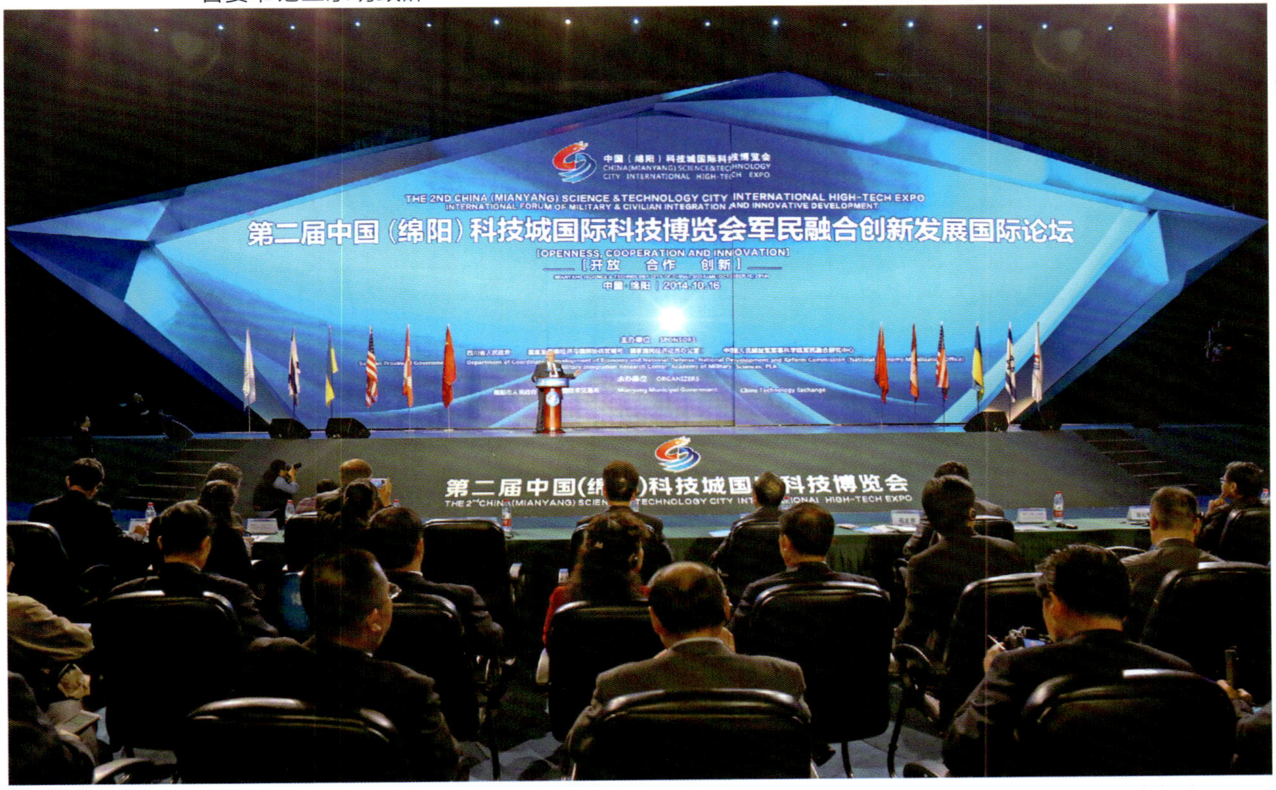

军民融合创新发展国际论坛

中科院展台

跳舞的机器人

神舟飞船返回舱

月球车

国家电网展品

军转民及装备展示

第二届中国（绵阳）科技城国际科技博览会集中签约仪式暨成果发布会

第四届中国诗歌节

DI SI JIE ZHONG GUO SHI GE JIE

文化部副部长董伟致开幕辞

中国作协副主席陈崎嵘致辞

诗歌节开幕仪式

诗朗诵《中国梦 · 我的梦》

文化惠民诗歌活动

诗歌进社区活动

诗歌节文化周活动

群众诗歌文化活动

中华诗词音乐会

绵阳建市30周年

MIAN YANG JIAN SHI 30 ZHOU NIAN

1985年建市以来，绵阳市在党中央、国务院亲切关怀下，在省委、省政府坚强领导下，历届市领导班子团结带领广大干部群众解放思想、创新实干、拼搏奋进，牢牢把握改革开放、西部大开发、科技城建设等历史机遇，有效应对金融危机、宏观经济下行等风险挑战，成功战胜汶川特大地震、非典疫情、洪涝旱灾等历次危机，全市各项事业取得令人瞩目的成就，综合经济实力显著增强，国家科技城加速崛起，社会事业全面进步，城乡面貌发生巨大变化，人民生活水平大幅提高。

30年来，绵阳市被党中央、国务院确定为中国唯一科技城；先后荣获全国文明城市、国家卫生城市、国家园林城市、国家环保模范城市、中国优秀旅游城市、全国双拥模范城、全国创业先进城市、联合国环境规划基金会“杰出绿色生态城市”、国家智慧城市试点市、国家信息消费试点市、全国首批“民生改善十佳典范城市”、中国最幸福城市等20余项荣誉。

1985年与2014年绵阳市社会与经济发展情况对比

地区生产总值

DI QU SHENG CHAN ZONG ZHI

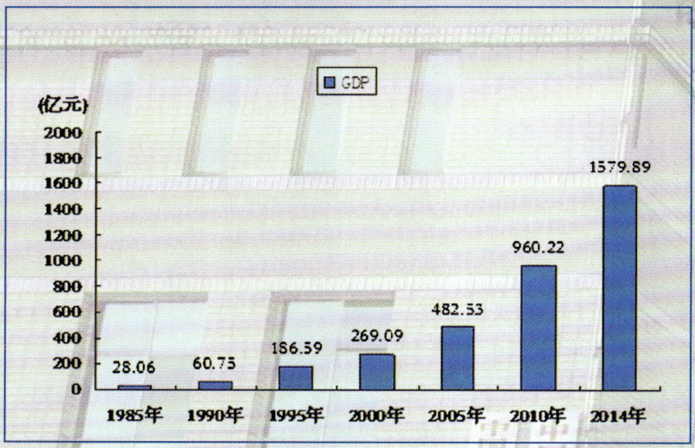

人均国内生产总值

REN JUN GUO NEI SHENG CHAN ZONG ZHI

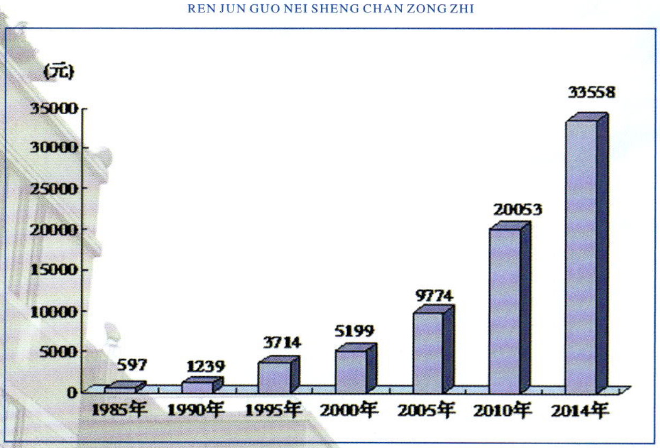

三次产业构成

SAN CI CHAN YE GOU CHENG

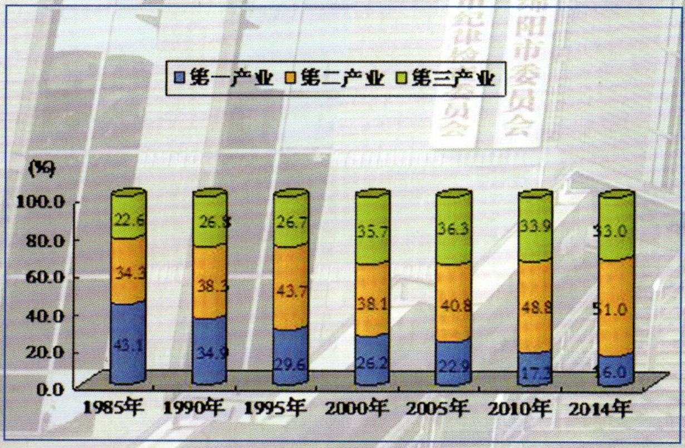

全社会固定资产投资总额

QUAN SHE HUI GU DING ZI CHAN TOU ZI ZONG E

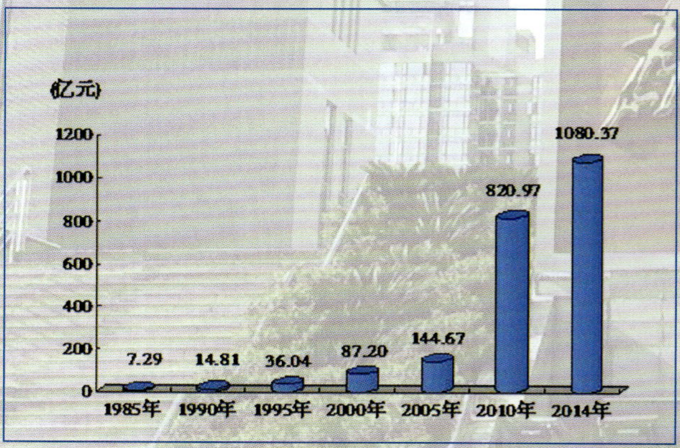

农林牧渔业总产值
NONG LIN MU YU YE ZONG CHAN ZHI

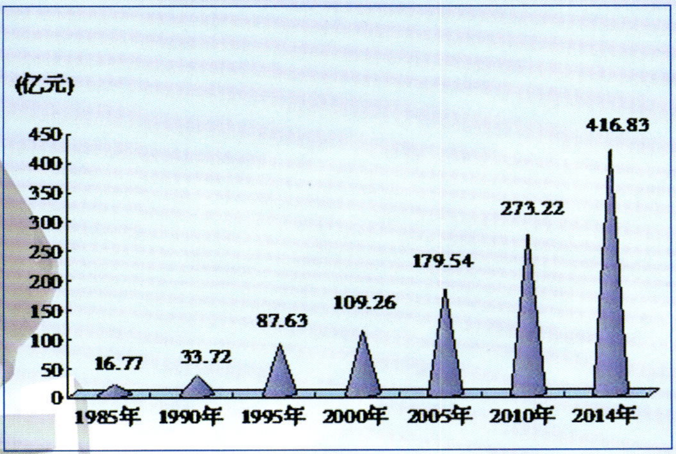

地方财政一般预算收入及支出
DI FANG CAI ZHENG YI BAN YU SUAN SHOU RU JI ZHI CHU

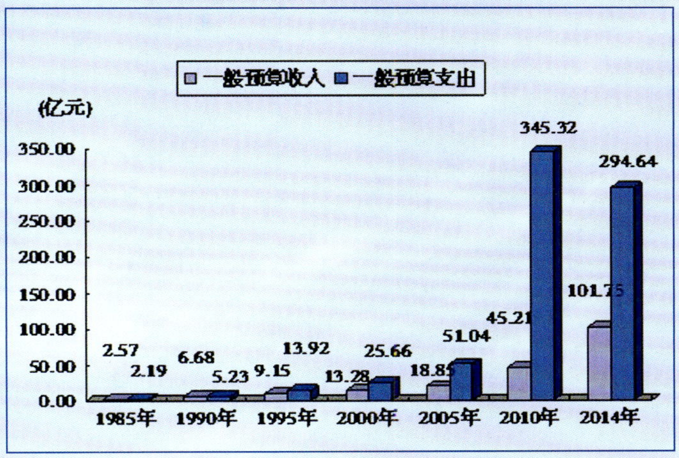

社会消费品零售总额
SHE HUI XIAO FEI PIN LING SHOU ZONG E

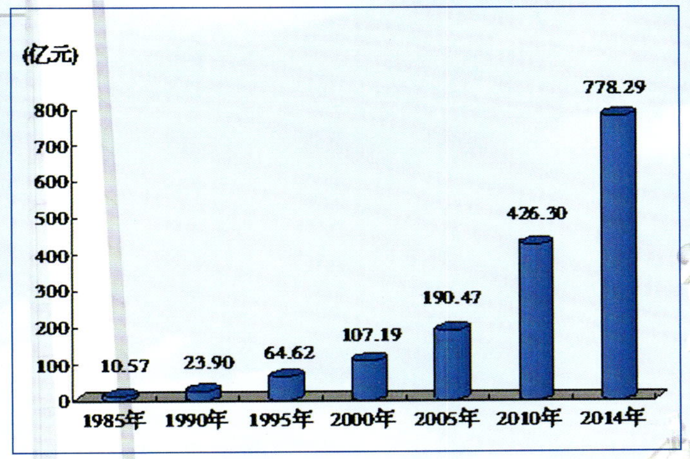

居民消费价格指数
JU MIN XIAO FEI JIA GE ZHI SHU

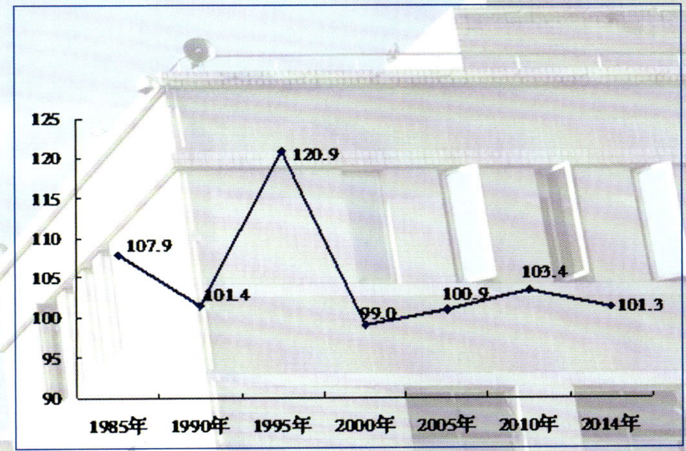

城镇居民人均可支配收入及消费支出
CHENG ZHEN JU MIN REN JUN KE ZHI PEI SHOU RU JI XIAO FEI ZHI CHU

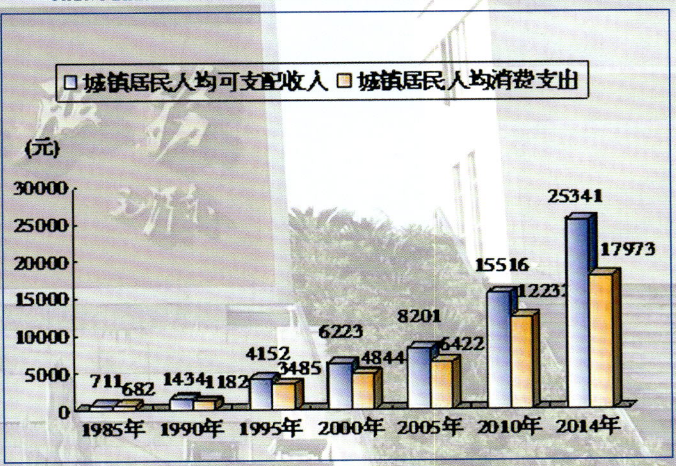

农村居民人均纯收入及生活消费支出
NONG CUN JU MIN REN JUN CHUN SHOU RU JI SHENG HUO XIAO FEI ZHI CHU

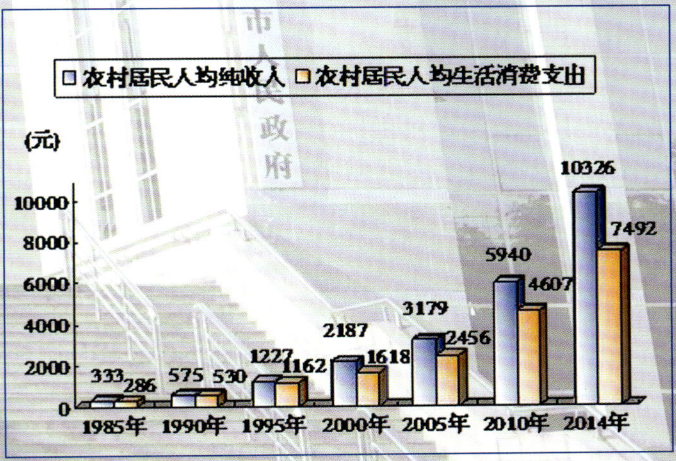

1980~1989年

油坊街

老北街

北城根街（现南华宫）

涪江河畔（现滨江广场）

北街口

老绵梓路

南河索桥

绵阳城区图

西河市场（现御营坝）

人民公园（1984年）

路边理发店

路边书店

小浮桥

花园村

绵阳火车站（1937年）

涪江河码头

1990~1999年

安昌河与南河片区

临园干道中段（1995年）

建设中的科委立交桥（1993年）

绵阳体育馆（1998年）

老北街

成绵路

翠花街

临园口

铁牛街

御营坝（1993年）

城东片区（1997年）

开元场（1993年）

花园片区（1995年）

安昌小区（1997年）

城南片区（1997年）

临园口邮电大楼

绵阳邮政枢纽大楼（1994年）

红星街（1996年）

北街南华宫（1999年）

涪城路涪城饭店

泗王庙

人民公园（1997年）

临园干道东段（1996年）

双层公交车（1995年）

文化广场（1996年）

滨江广场（1998年）

火炬广场（1995年）

绵江公路（1995年）

临园干道中段（1999年）

绵阳火车客站（1998年）

新华厂柴油机生产车间（1994年）

九洲传真机生产线（1995年）

长虹电视生产厂区（1995年）

灵通电气（1996年）

绵阳朝阳机械厂厂房（1994年）

西山立交桥（1997年）

九洲综合科研大楼（1994年）

2000~2009年

中心城区（2005年）

爱喜嘉年华（原绵阳体育馆）

安昌河洞天闸坝（2005年）

兴力达广场（2003年）

绵阳机场通航（2001年）

文化广场（2005年）

沿江片区（2000年）

沈家坝（2002年）

樊华广场（原铁牛街口）

涪江河畔（2005年）

南山大桥（原索桥）

南河片区（2001年）

中心城区（2008年）

火炬广场（2002年）

亚洲邮展（2003年）

科委立交桥（2007年）

绵江快速通道（2007年）

临园干道（2007年）

火车客站（2003年）

科技城孵化中心

九洲体育馆

西南科技大学

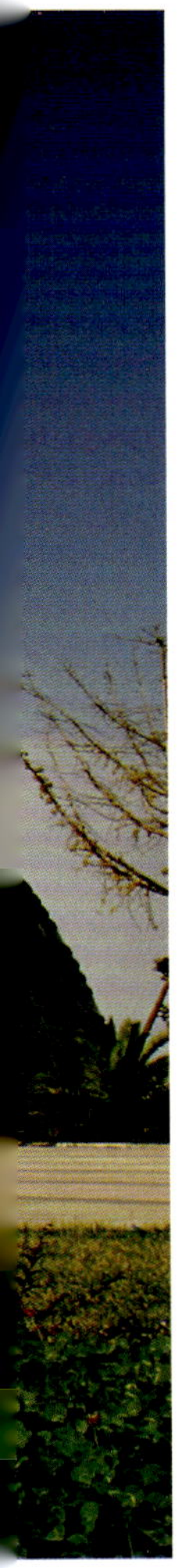

长虹背投电视生产线（2001年）

长虹家电城厂区（2003年）

丰谷酒厂（2002年）

华晨汽车厂（2009年）

2010~2014年

城西片区

石桥铺新城

涪江滨江广场

沈家坝片区

绵阳城区图

绵阳火车客运站综合大楼

一号桥

二环路普明立交桥

绕城高速丰谷段

临园干道花园段

18米电动公交车

科技城会展中心二期

绵阳烟厂

丰谷酒业

九洲集团

《绵阳年鉴》创刊20年

《MIAN YANG YEARBOOK》CHUANG KAN 20 NIAN

《绵阳年鉴》1996年创刊，是由绵阳市人民政府主办，绵阳市地方志办公室编纂的资料性文献，每年一卷，连续出版，至2015年已编纂出版20卷，合计1809万余字，刊载各类图片4000余幅。20年来，《绵阳年鉴》围绕市委、市政府重大决策部署和中心工作，坚持抓重点、抓质量、抓特色、抓服务，编纂质量不断提高，影响力不断扩大，成为宣传绵阳的重要窗口，展示绵阳的重要阵地；成为国家图书馆、中国资源总库核心年鉴；成为专家学者研究绵阳、了解绵阳必备的重要资料。

《绵阳年鉴》2004年首次参加中国版协组织的第三届全国年鉴编纂质量评比，以体例规范、特色突出、质量上乘获得编纂质量综合一等奖，二个单项一等奖和一个单项二等奖，被授予“中国年鉴奖”。2009年，在中国地方志指导小组组织的第二届全国地方志系统年鉴编纂质量评比和中国版协第四届全国年鉴编纂质量评比中均获得编纂质量综合一等奖和多个单项一等奖；2014年，《绵阳年鉴》荣获中国版协第五届全国年鉴编纂质量评比综合一等奖、一个单项一等奖和二个单项二等奖。连续多年荣获四川省地方志优秀成果一等奖。

Mianyang YearBook 2001
绵阳年鉴
绵阳市人民政府
四川科学技术出版社
Mianyang YearBook
绵阳年鉴
2002
绵阳市人民政府
四川科学技术出版社
绵阳年鉴
绵阳市人民政府
绵阳年鉴
2004
绵阳市人民政府
四川出版集团
四川科学技术出版社
绵阳年鉴
Mianyang Yearbook
2005
绵阳市人民政府
四川出版集团
四川科学技术出版社

绵阳年鉴
2011
绵阳年鉴
2012
绵阳年鉴
绵阳年鉴
2014
绵阳年鉴
MIANYANG YEARBOOK
2015

获奖证书
获奖证书
绵阳年鉴(2009)
荣获全国地方志系统第二届年鉴评奖一等奖。
特颁此证，以资鼓励。

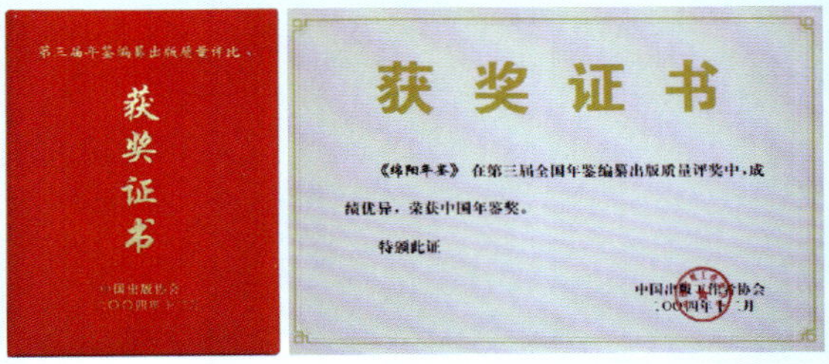
第三届年鉴编纂出版质量评比
获奖证书
获奖证书
《绵阳年鉴》在第三届全国年鉴编纂出版质量评奖中，成绩优异，荣获中国年鉴奖。
特颁此证

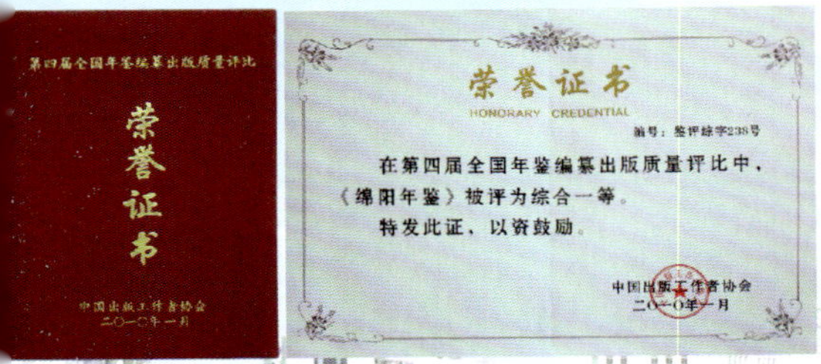
荣誉证书
荣誉证书
HONORARY CREDENTIAL
编号：鉴评综字238号
在第四届全国年鉴编纂出版质量评比中，《绵阳年鉴》被评为综合一等。
特发此证，以资鼓励。
中国出版工作者协会
二○一○年一月

第五届年鉴编纂出版质量评比
获奖证书
获奖证书
《绵阳年鉴》（2014年卷）荣获第五届年鉴编纂出版质量评比综合一等奖
特发此证
中国出版协会
二○一五年四月

综合 一等

《绵阳年鉴》创刊20年祝贺单位

《MIAN YANG YEARBOOK》CHUANG KAN 20 NIAN ZHU HE DAN WEI

中国出版协会年鉴工作委员会

《中国水利年鉴》
《中国旅游年鉴》
《哈尔滨年鉴》
《大同年鉴》
《天津宁河年鉴》
《张家港年鉴》
《龙马潭年鉴》
《连云港年鉴》
《马鞍山年鉴》
《乐山沙湾年鉴》
《天津年鉴》
《全椒年鉴》
《长沙年鉴》
《厦门年鉴》
《武汉年鉴》
《黄山年鉴》
《浙江外事年鉴》
《天津县市区年鉴》
《四川油气田年鉴》
《大连甘井子年鉴》
《天津东丽区年鉴》
《北川羌族自治县年鉴》
《澳大利亚华人年鉴》
《木里藏族自治县年鉴》
《杭州经济技术开发区年鉴》
《中国气象科学研究院年报》

国家图书馆

《广东年鉴》
《浙江年鉴》
《重庆年鉴》
《海南年鉴》
《深圳年鉴》
《广州年鉴》
《南宁年鉴》
《临安年鉴》
《银川年鉴》
《武侯年鉴》
《大理年鉴》
《杭州年鉴》
《乐山年鉴》
《淄博年鉴》
《中山年鉴》
《温州年鉴》
《栖霞年鉴》
《常熟年鉴》
《海淀年鉴》
《威远年鉴》
《汕尾年鉴》
《佛山年鉴》
《抚顺年鉴》
《安县年鉴》
《江油年鉴》

方志出版社

《四川年鉴》
《湖北年鉴》
《吉林年鉴》
《苏州年鉴》
《西安年鉴》
《南京年鉴》
《珠海年鉴》
《梅河年鉴》
《涟水年鉴》
《常州年鉴》
《福州年鉴》
《义乌年鉴》
《武义年鉴》
《合肥年鉴》
《海口年鉴》
《咸阳年鉴》
《巴中年鉴》
《斗门年鉴》
《耒阳年鉴》
《嘉兴年鉴》
《南充年鉴》
《嘉定年鉴》
《开化年鉴》
《三台年鉴》
《盐亭年鉴》

中国知网

《广西年鉴》
《安徽年鉴》
《游仙年鉴》
《成都年鉴》
《大连年鉴》
《长春年鉴》
《成华年鉴》
《宜昌年鉴》
《濮阳年鉴》
《奉贤年鉴》
《徐汇年鉴》
《达州年鉴》
《青岛年鉴》
《汕头年鉴》
《镇江年鉴》
《涪城年鉴》
《盐城年鉴》
《河北年鉴》
《遵义年鉴》
《宝山年鉴》
《荆门年鉴》
《楚雄年鉴》
《南康年鉴》
《梓潼年鉴》
《平武年鉴》

编辑说明

一、《绵阳年鉴》是由绵阳市人民政府主办，绵阳市地方志办公室编纂的资料性文献。1996年创刊，每年一卷，国内公开出版发行。《绵阳年鉴（2015）》为第20卷，上下限时间为2014年1月1日至12月31日，“特载”与首次刊载的部分资料时间有延溯。

二、《绵阳年鉴（2015）》坚持以邓小平理论、“三个代表”重要思想、科学发展观为指导，认真贯彻落实党的十八大和十八届四中全会精神，全面记述中共绵阳市委、绵阳市人民政府带领全市人民开拓创新，务实发展，加快建设中国科技城和幸福美丽绵阳，充分展现2014年全市经济社会各项事业发展取得的新成绩、新经验，为实现全市科学发展提供决策依据和借鉴，为广大读者了解和研究绵阳提供资料和信息。

三、本年鉴采用分类进行编辑，由类目、分目、子分目、条目四级组成。设“图片专辑、特载、大事记、自然·生态环境、经济环境、中国科技城建设、政治、法治、人民武装、农业、工业、贸易、交通运输·邮政、金融、财政·税收、科学、信息化建设、文化、教育体育、卫生、旅游·园林、综合监管、应急管理、城市建设与管理、社会生活、县市区简况、人物、统计资料、附录”29个类目。

四、全书条目标题统一用黑体字加【】表示，正文为小五号报宋字体。全书有中文目录、英文目录、索引，具有比较完善的检索系统。在排版上，双页书眉为书名，单页书眉为类目标题。部分“简略语”随条目注释；文中部分单位机构名称进行简称，请参照“绵阳市部分单位名称全称简称对照表”。

五、本年鉴框架结构保持稳定。变动之处为类目“大事记”中增加“专题记述”分目，选取6件2014年绵阳市具有较大影响力的事件进行详细记述；在类目“中国科技城建设”中增设“科技城集中发展区建设”分目；在“贸易”中增加“电子商务”“会展业”；在分目“中共绵阳市委员会”中增设子分目“党的群众路线教育实践活动”；在分目“铁路”中增设子分目“铁路建设”；“人物”栏目中收录“2014年荣获全国最高科学技术奖于敏”“乒乓球世界冠军朱雨玲”“2014年感动绵阳十大人物”“最美绵阳人”“绵阳市2014年见义勇为人物”；把“卫生”作为单独的类目设置。空白处选载2005~2013年市委、市政府民生工程完成情况和5名绵阳唐宋时期名人简介。

六、在绵阳建市30周年之际，本年鉴收录绵阳市1985~2014年部分时间节点的社会经济发展分析对比图，部分绵阳城市发展变化图片，展示30年城市变化概貌；在《绵阳年鉴》创刊20年之际，收录《绵阳年鉴》20年成果和成绩。

七、本年鉴所载信息由全市各机关、企事业单位提供，经绵阳年鉴编辑部整理编辑，经编委会审查、出版社审核而成，具有权威性。所用统计资料由绵阳市统计局提供，正文中数据由各部门提供。因统计口径等原因，有关部门所用个别数据与“统计资料”中的数据不尽一致，引用时以统计资料为准。

八、本年鉴编纂出版工作得到全市各级机关、单位的大力支持，广大编辑人员付出了艰辛劳动，借此表示衷心感谢。由于成书仓促，水平有限，多有疏漏或者不足之处，敬请广大读者批评指正。

《绵阳年鉴》编辑部

2015年9月

《绵阳年鉴》编纂委员会

《绵阳年鉴》编辑部

绵阳年鉴编辑部　地址：中国四川绵阳市桃园路 192 号 319 室
电话：（0816）2317693　传真：（0816）2315319
E-mail:mysfzbzhang@163.com　邮编：621000

目　录

图片专辑

特　载

大事记

自然·生态环境

经济环境

中国科技城建设

政　治

法　治

人民武装

农　业

工　业

交通运输·邮政

贸 易

金 融

财政·税收

科 学

信息化建设

文　化

教育·体育

卫　生

旅游·园林

综合监管

应急管理

城市建设与管理

社会生活

县市区简况

人　物

统计资料

附　录

TABLE OF CONTENTS

ALBUM OF PICTURES

SPECIAL REPORT

EVENTS

NATURAL AND ECOLOGICAL ENVIRONMENT

ECONOMIC ENVIRONMENT

CONSTRUCTION OF CHINA SCIENCE AND TECHNOLOGY CITY

POLITICS

CONSTRUCTION OF LEGAL SYSTEM

PEOPLE´S ARMED FORCES

AGRICULTURE

INDUSTRY

TRANSPORTATION AND POST

TRADE

FINANCE

FINANCE AND TAXATION

SCIENCE

INFORMATION TECHNOLOGY

CULTURE

EDUCATION AND SPORT

HEALTH

TOURISM AND GARDEN

COMPREHENSIVE SUPERVISION

EMERGENCY MANAGEMENT

Urban Construction and Management

SOCIAL LIFE

BRIEF INSTRUCTION TO DISTRICTS, CITIES AND COUNTIES

FIGURES

STATISTICS FILES

APPENDIX

特　载
SPECIAL REPORT

临国干道西段

绵阳市新任市级领导简介

中共绵阳市委书记　彭宇行

彭宇行，男，汉族，1962年11月生，四川乐山人，1982年9月四川大学化学专业大学毕业，1985年7月四川大学高分子化学专业硕士研究生毕业，1992年7月法国居里大学（巴黎第六大学）高分子材料专业博士研究生毕业，1995年6月加入中国共产党，1985年7月参加工作，研究员。

1978.09~1982.09　四川大学化学系化学专业学习，获理学学士学位

1982.09~1985.07　四川大学化学系高分子化学专业学习，获理学硕士学位

1985.07~1990.03　中科院成都有机化学所研究实习员、助理研究员

1990.03~1992.07　法国居里大学（巴黎第六大学）高分子材料专业研究生学习，获理学博士学位

1992.07~1993.12　法国埃克森化学公司博士后

1993.12~1997.02　中科院成都有机化学所副研究员、研究员、博士生导师、研究室副主任

1997.02~1997.11　中科院成都有机化学所副所长

1997.11~1999.06　中科院成都有机化学所常务副所长、法人代表

1999.06~2001.04　中科院成都有机化学所所长

2001.04~2002.02　中科院成都分院副院长、成都有机化学所所长

2002.02~2002.12　中科院成都分院副院长、成都有机化学所所长、成都有机化学有限公司董事长、党委书记

2002.12~2009.12　中科院成都分院院长、党组成员〔2001.03~2003.02任乐山市副市长（挂职）〕

2009.12~2010.01　四川省科技厅党组书记

2010.01~2013.11　四川省科技厅厅长、党组书记

2013.11~2015.06　中共四川省内江市委书记

2015.06~　中共四川省绵阳市委书记

十届省委委员、十二届省人大代表

绵阳市人民政府市长 刘 超

刘 超，男，汉族，1971年11月生，辽宁阜新人，1993年7月中国人民公安大学法律系法律专业大学毕业，2001年7月北京大学法学院法律硕士专业在职硕士研究生毕业，2009年6月中国政法大学刑事司法学院刑法学专业在职博士研究生毕业，1993年7月参加工作，1990年12月加入中国共产党。

1989.09~1993.07 中国人民公安大学法律系法律专业学习，获法学学士学位

1993.07~1994.07 公安部干部（其间：1993.09~1994.07在天津市公安局河东分局实习锻炼）

1994.07~2000.10 公安部户政管理局、治安管理局科员、副主任科员、主任科员、助理调研员（其间：2000.01~2000.10借调国务院办公厅秘书三局四处工作）

2000.10~2002.12 国务院办公厅副处级干部（1998.09~2001.07在北京大学法学院法律硕士专业研究生学习，获法律硕士学位）

2002.12~2007.08 国务院办公厅正处级干部、副局级干部

2007.08~2009.07 中央办公厅副局级干部（2006.09~2009.06在中国政法大学刑事司法学院刑法学专业研究生学习，获法学博士学位）

2009.07~2009.07 中央办公厅正局级干部

2009.07~2011.09 成都市委常委（挂职）

2011.09~2012.03 成都市委常委

2012.03~2012.11 成都市委常委、统战部部长

2012.11~2013.03 成都市委常委、成都天府新区筹备组组长

2013.03~2015.03 成都市委常委、成都高新区党工委书记

2015.03~2015.07 绵阳市委副书记，市人民政府党组书记、代市长

2015.07~ 绵阳市委副书记，市人民政府党组书记、市长

全国青年联合会第十届委员会委员

市委常委、副市长 付 康

付康，男，汉族，1962年4月生，四川犍为人，1985年5月加入中国共产党，1983年7月参加工作，中央党校经济管理专业毕业，中央党校研究生学历。中共绵阳市委常委，绵阳市委组织部部长，绵阳市副市长。

1979.09~1983.07 四川工业学院铸造工艺及设备专业学习

1983.07~1985.08 四川建南机械厂车间技术员、团委副书记（其间：1984.09~1984.12在四川省委第二党校选调生培训班学习）

1985.08~1986.01 共青团乐山市沙湾区委书记

1986.01~1990.03 乐山市沙湾区劳动人事局局长

1990.03~1993.01 中共乐山市委组织部组织处副处长（正科）

1993.01~1993.11 中共乐山市委组织部办公室主任

1993.11~1994.03 中共乐山市委组织部组织处处长

1994.03~1997.08 中共乐山市委组织部部务委员、组织处处长（其间：1994.04~1995.04下派任彭山县委常委，1995.04~1995.05在省委第二党校青年干部培训班学习）

1997.08~2001.01 中共眉山地委组织部副部长、地委党建办副主任（其间：1998.05~1998.06在省行政学院县处级选调生培训班学习）

2001.01~2005.05 中共眉山市委组织部副部长、市委党建办主任（其间：1999.09~2002.07在中央党校经济管理专业研究生班学习）

2005.05~2006.01 中共青神县委书记

2006.01~2006.11 中共青神县委书记、县人大常委会主任

2006.11~2007.01 中共眉山市东坡区委书记

2007.01~2007.09 中共眉山市东坡区委书记、区人大常委会主任

2007.09~2009.10 眉山市人民政府副市长、党组成员（其间：2008.04~2008.09抽调到省委藏区基层工作组任省委驻甘孜基层工作组副组长）

2009.10~2010.05 中共眉山市委常委、副市长、市政府党组成员

2010.05~2010.09 中共内江市委常委、组织部部长

2010.09~2012.11 中共内江市委常委、组织部部长、市委党校校长

2012.11~2015.04 中共绵阳市委常委、组织部部长

2015.04~2015.06 中共绵阳市委常委、组织部部长、副市长

2015.06~ 中共绵阳市委常委、副市长

市委常委、副市长 刘少敏

刘少敏，男，汉族，1965年10月生，四川盐亭人，1987年7月绵阳农专农经专业大专毕业，1997年12月省委党校法律专业在职大学毕业，2009年7月中央党校经济管理专业在职研究生毕业，1987年7月参加工作，1985年6月加入中国共产党。

1984.09~1987.07 绵阳农专农经系学习

1987.07~1988.10 原绵阳市中区园艺乡企业办主任

1988.10~1991.06 原绵阳市中区农业办公室农业科科长

1991.06~1992.09 原绵阳市中区忠兴镇党委书记

1992.09~1993.12 游仙区忠兴镇党委书记、镇人民政府筹委会主任、镇长（其间：1993.06~1993.12在市委

党校乡镇班学习）

1993.12~1995.11 游仙区刘家镇党委书记

1995.11~1998.01 游仙区人民政府办公室主任（其间：1996.03~1996.07在市委党校中青班学习）

1998.01~2003.02 游仙区委常委、宣传部长（其间：1999.12~2001.07在中国人民大学工商管理专业研究生班在职学习）

2003.02~2005.09 游仙区常委、区人民政府副区长（其间：2004.11~2005.09参加省委群众工作组赴汉源处理汉源事件，开展移民工作）

2005.09~2006.01 梓潼县委副书记、县人民政府代县长

2006.01~2009.08 梓潼县委副书记、县人民政府县长（其间：2006.09~2009.07在中央党校经济管理专业研究生班在职学习）

2009.08~2011.09 平武县委书记

2011.08~2011.09 绵阳市委常委、平武县委书记

2011.09~2011.10 中共绵阳市委、平武县委书记、北川羌族自治县县委副书记（主持县委工作）、四川北川经济开发区（北川山东产业园）党工委书记

2011.10~2014.01 绵阳市委常委、中共北川羌族自治县委书记、四川北川经济开发区（北川山东产业园）党工委书记

2014.01~2015.04 绵阳市委常委，北川羌族自治县委书记

2015.04~ 绵阳市委常委、副市长

省十一届人大代表，市五届人大代表

市委常委、江油市委书记 李 江

李江，男，汉族，1970年4月生，四川渠县人，1993年7月四川师范大学政教系大学毕业，2000年6月省委党校经济学专业在职研究生毕业，2006年6月西南财经大学人口学专业在职博士研究生毕业，1993年7月参加工作，1991年4月加入中国共产党。现任中共绵阳市委常委、中共江油市委书记。

1989.09~1993.07 四川师范大学政教系学习

1993.07~1997.04 四川师范大学年级辅导员、助教、学生工作部党支部书记

1997.04~1998.12 四川省新闻出版局党组秘书

1998.12~2001.11 四川省新闻出版局办公室副主任（其间：1998.10~2000.6在四川省委党校经济学专业研究生班学习）

2001.11~2004.06 四川省“扫黄打非”办公室副主任（正处级）（其间：2002.2~2004.6下派任石棉县人民政府副县长）

2004.06~2006.04 雅安市委宣传部常务副部长、市委外宣办（市政府新闻办）主任

2006.04~2007.12 四川省委宣传部外宣办（省政府新闻办）对外宣传处副处长（正处级）（2002.2~2006.6在西南财经大学人口学专业学习，获法学博士学位）

2007.12~2010.07 四川省委宣传部、省委外宣办（省政府新闻办）对外宣传处处长

2010.07~2011.02 四川省委宣传部副秘书长，省委宣传部、省委外宣办（省政府新闻办）对外宣传处处长

2011.02~2013.05 四川省委宣传部秘书长

2013.05~2014.02 四川省委宣传部副部长

2014.02~ 绵阳市委常委、江油市委书记

市委常委、绵阳军分区政委 唐 炼

唐炼，男，汉族，大学学历，1961年11月出生，1978年12月入伍，1979年11月入党，历任战士、班长、排长，副政治指导员、政治指导员，团、师、军组织干事，旅宣传科长、组织科长、政治部副主任、主任，军分区政治部主任，2010年12月任四川省绵阳军分区政治委员，2014年5月任中共绵阳市委常委。

曾在南京政治学校、成都陆军学校、西安政治学院、北京大学社会学系、南京陆军指挥学院学习、培训。先后参加广西方向对越自卫反击作战、云南老山防御作战以及汶川特大地震北川抗震救灾等重大军事行动。先后荣立二等战功1次、三等战功1次、三等功5次，被军区云南前指评为“老山战区优秀政工干部”，集团军“优秀机关干部”“优秀党务工作者”“优秀共产党员”，军区“优秀政工干部”“优秀指挥军官”，全国国防教育和民兵政治工作先进个人。

市委常委、组织部部长 岳 勇

岳勇，男，汉族，1968年11月生，四川阆中人，1992年7月四川师范学院外语系英语专业大学毕业、文学学士，2010年4月获电子科技大学工商管理硕士学位，1992年7月参加工作，1991年12月加入中国共产党。

1988.09~1992.07　四川师范学院外语系英语专业学习，获文学学士学位（省委组织部92届选调生）

1992.07~1992.11　四川省德阳市绵竹县兴隆乡团委书记

1992.11~1994.07　四川省德阳市绵竹县兴隆乡剑南节能厂副厂长（其间：1993.04~1993.06在四川省委第二党校青干班学习）

1994.07~1996.07　四川省德阳市绵竹县兴隆镇镇长助理、剑南节能厂副厂长（其间：1995.07~1996.07在德阳市委组织部上挂锻炼）

1996.07~1997.05　四川省德阳市委组织部组织处干部

1997.05~1998.12　四川省委组织部党员管理处科员

1998.12~2001.12　四川省委组织部党员管理处副主任科员

2001.12~2003.11　四川省委组织部党员管理处主任科员

2003.11~2004.06　四川省委组织部组织一处主任科员

2004.06~2005.09　四川省委组织部组织一处副处长

2005.09~2008.04　四川省委组织部组织二处副处长

2008.04~2010.03　四川省委组织部研究室主任

2010.03~2013.05　四川省委组织部干部一处处长（其间：2006.03~2010.04在电子科技大学工商管理专业研究生学习，获工商管理硕士学位）

2013.05~2015.06　四川省委组织部秘书长、干部一处处长

2015.06~2015.08　四川省绵阳市委常委、组织部长、市委党校校长

2015.08~　四川省绵阳市委常委、组织部长、市委党校校长、市行政学院（市社会主义学院）院长

市委常委　吴显仁

吴显仁，男，汉族，1966年10月生，四川内江人，1990年7月清华大学材料专业大学毕业，2000年6月西南财经大学工商管理专业在职硕士研究生毕业，1990年7月参加工作，2000年6月加入中国共产党，高级工程师。

1990.07~1992.12　内江棉纺织厂科员

1992.12~1994.04　工行四川内江东兴支行科员

1994.04~1994.12　工行四川内江信托投资公司科员

1994.12~1995.06　工行四川内江分行电子汇兑中心副主任

1995.06~1999.02　工行四川内江分行科技科副科长

1999.02~2000.02　工行四川省分行技术保障处副处长

2000.02~2000.11　工行四川绵阳分行副行长

2000.11~2002.12　工行四川省分行电子银行中心副总经理

2002.12~2004.11　工行四川省分行电子银行部总经理

2004.11~2009.03　工行四川眉山分行行长、党委书记

2009.03~2011.08　工行总行电子银行部副总经理

2011.08~　工行四川省分行高级产品专家

2014.05~　绵阳市委常委

市政府副市长　元　方

元方，男，汉族，陕西白水人，1974年9月出生，西北工业大学机电学院管理科学与工程专业研究生，博士，高级工程师，1995年7月参加工作，2000年11月加入中国共产党。

1995.07~2002.11　西安军城集团科员、子公司经理

2002.11~2007.06　中国新时代国际工程公司（原机械工业部第七设计研究院）工程师、办公室副主任、副主任（主持工作）、主任兼外事办主任

2007.06~2007.12　西安航天科技产业基地管委会经济商务发展局负责人

2007.12~2008.06　西安国家民用航天产业基地管委会经济商务发展局负责人

2008.06~2010.05　西安国家民用航天产业基地管委会经济商务发展局局长

2010.05~2015.08　广元市人民政府副市长（2014.03在国家科技部挂职）

2015.08~　绵阳市人民政府副市长

市人大常委会副主任　江　陵

江陵，男，汉族，1958年6月出生，四川射洪人，1982年7月西南财大财政专业毕业，大学学历，1976年1月参加工作，1989年12月加入中国共产党。现任绵阳市人大常委会副主任。

1976.07~1978.09　射洪县文革公社知青

1978.10~1982.07　西南财大财政专业学生

1982.08~1995.04　绵阳市财政局科员、副科长、科长

1995.05~2004.04　绵阳市财政局党组成员、副局长

2004.05~2014.01　绵阳市财政局党组书记、局长

2014.01~　绵阳市人大常委会副主任

市政协副主席　陈　敏

陈敏，男，汉族，1958年8月生，湖北黄石人，1982年7月四川农学院土壤农业化学专业大学毕业，1976年12月参加工作，1986年9月加入中国共产党。

1976.12~1978.10　江油县阳亭公社茶园知青

1978.10~1982.08　四川农学院土壤农业化学专业学习

1982.08~1985.01　梓潼县农业局工作

1985.01~1985.06　江油县农业区划办工作

1985.06~1986.09　江油县委办公室工作

1986.09~1987.07　共青团江油县委副书记

1987.07~1988.10　共青团江油县（市）委书记

1988.10~1992.12　江油市含增镇党委书记（其间：1990.04~1990.06在市委党校岗位培训班学习）

1992.12~1995.06　江油市委常委、组织部长（其间：1995.03~1995.06在省委党校组织部长培训班学习）

1995.06~1998.01　江油市委副书记

1998.01~1998.10　江油市委副书记、组织部长

1998.10~2001.05　盐亭县委书记

2001.05~2002.04　盐亭县委书记、县人大常委会主任

2002.04~2005.09　绵阳高新区党工委副书记、管委会副主任

2005.09~2006.01　绵阳市建设科技城协调小组办公室主任

2006.01~2008.01　绵阳市建设科技城协调小组办公室党组书记、主任（其间：2006.01~2006.05兼任“两金”中心主任）

2008.01~2010.10　中国（绵阳）科技城军民结合促进办公室主任、市建设科技城协调小组办公室党组书记、主任

2010.10~2014.02　绵阳市民政局党组书记、局长、市社团工委书记

2014.02~2015.02　绵阳市审计局党组书记、局长

2015.02~　绵阳市政协党组成员、副主席、市审计局党组书记、局长

四届市委委员，六届市委候补委员，市三、四届人大代表，市六届政协委员

市检察院检察长 吴长福

吴长福，男，汉族，1963年3月生，四川双流人，大学文化，1987年4月加入中国共产党，1987年7月参加工作。

1983.09~1987.07 西南政法大学法律专业学习

1987.07~1989.09 四川省人民检察院政治处科员级书记员（其间：1988.01~1989.09下派三台县人民检察院锻炼）

1989.09~1996.02 四川省人民检察院法纪处副科级书记员、助检员（1992.10任助检员）

1996.02~1998.05 四川省人民检察院法纪处正科级助检员

1998.05~2001.06 四川省人民检察院法纪处副处级助检员、检察员（1998.06任检察员，其间：1998.05~2001.05援藏任西藏昌都地区检察分院副检察长）

2001.06~2006.11 四川省人民检察院法纪检察处副处长（2005.05晋升正处级）

2006.11~2008.05 四川省人民检察院反渎职侵权局副局长、检察员

2008.05~2010.12 四川省人民检察院反渎职侵权局局长、检察员

2010.12~2011.04 甘孜州人民检察院党组副书记、副检察长

2011.04~2012.01 甘孜州人民检察院党组书记、副检察长

2012.01~2014.01 甘孜州人民检察院党组书记、检察长

2014.01~ 绵阳市人民检察院检察长

工作报告

市委工作报告

——在市委六届八次全会上

中共绵阳市委书记　罗　强

（2015 年 1 月 19 日）

同志们：

这次市委全会的主要任务是，全面贯彻党的十八届三中、四中全会、习近平总书记系列重要讲话和中央经济工作会议精神，认真落实省委十届三次、四次、五次全会和省委经济工作会议部署，总结2014年全市工作，分析当前形势，安排今年经济社会发展和全面深入推进法治绵阳建设、全面推进从严治党工作，动员全市党员干部群众推进绵阳科学发展加快发展，为建设中国西部经济文化生态强市和国家科技城而奋斗。下面，我受市委常委会委托，向全会做报告。

一、关于2014年市委常委会工作

刚刚过去的一年，在省委坚强领导下，我们团结带领全市各族人民，坚持科学发展、加快发展工作指导思想，把握稳中求进、改革创新工作基调，加快建设中国西部经济文化生态强市，推进国家科技城突破性发展，扎实开展党的群众路线教育实践活动，全市经济平稳健康发展、民生持续改善、社会和谐稳定、党群干群关系更加密切。全年全市实现地区生产总值1579.89亿元、增长9.1%，规模以上工业增加值增长10.1%，社会消费品零售总额778.29亿元、增长13%；完成全社会固定资产投资1080.37亿元、增长7.9%，地方公共财政收入101.75亿元、增长12.5%，城镇居民人均可支配收入25341元、增长9.7%，农民人均纯收入10326元、增长11.5%。

第一，保持专注发展定力，加快转方式调结构，经济实现平稳健康发展。坚持打基础、利长远、谋发展，及时出台稳增长37条措施，全市经济缓中趋稳、稳中有进。“三农”工作取得新成效，建成幸福美丽新村72个，新增市级以上龙头企业32家。完成农田水利基本建设投资77.6亿元，武引二期灌区工程累计完成投资12.2亿元。传统产业进一步壮大，71户4亿元以上企业产值增长14%。长虹、九洲、新华、攀长钢分别实现总产值875.1亿元、187.4亿元、102亿元、97.3亿元，富临预计实现总收入70亿元左右，长虹跃居“2014四川企业100强”榜首。全市注册上市公司达到15家。“4+3”战略性新兴产业茁壮成长，宝马N20发动机、川汽新能源汽车生产基地等重点项目竣工投产，一批新产品已下线。入选国家首批北斗卫星导航产业区域重大应用示范城市。现代服务业向高端迈进，四川电子商务示范城市和服务业示范市加快建设，西部现代物流城、天泰剑南国际食品城等建成开业。全年电子商务交易额1612亿元，网络零售额51.3亿元，均居全省第二位。新型城镇化健康发展，二环路三期、机场直通道、绵阳川交大桥、绕城高速公路建成投用，成绵乐高铁通车运营，绵阳机场运输旅客108.5万人次。完成城市内涝整治项目41个，城区建设资金连续两年超过30亿元。开工建设保障性住房6122套、实施危旧房棚户区改造8780户，竣工9035套。进一步加强城市管理，拆除违法建设1611宗、17万平方米。16个镇入选新一批国家重点镇。招商引资成效显著，总投资650亿元的面板生产线、新能源汽车整车、动力电池、神华巴蜀火电等项目落户绵阳，中国五矿作为战略投资者入股绵阳商业银行。全年引进国内省外项目299个，到位资金509.3亿元、增长7.5%，实现进出口总额29.2亿美元、到位外资2.3亿美元。

第二，增强创新驱动发展新动力，全力打造“四大平台”，国家科技城建设实现新突破。打造政策支撑、创新创业、开放合作和产业承载平台，科技城进入新的发展阶段。政策支撑更加有力。获批执行中关村政策和国家自主

创新示范区4项先行先试政策，成为国家自主创新示范区联席会议成员；省支持科技城政策10条和市23项配套政策全面落实，国家、省、市三级政策体系已经形成。一次性拿出6650.5万元重奖资助创新创业项目和人才。全年接纳高校毕业生13577人，其中硕士985人、博士304人。创新创业活力迸发。创新中心二期落成，全市孵化器达到60万平方米。新成立产业联盟4个，总数达到13个。申报认证科技型中小企业2684家、其中新注册2227家，是上年的3.8倍，总数达到4478家，其中45家成为规上企业。专利申请量5991件，授权量3071件。国家知识产权示范培育城市实力评定，绵阳居第二位。中物院于敏院士荣膺年度国家最高科技奖，长虹两项技术获国家科技进步奖。会展经济蓬勃发展。科博会被批准为全省三大展会之一，荣获2014年度中国十佳会展品牌项目称号。建成会展中心二期，举办中国中医药博览会等活动17场次。产业承载能力增强。集中发展区启动区建设进展顺利，总投资20亿元的基础设施项目全面开工。科技城已初步形成“一核三区多园”的发展格局，园区产业集中度达到80%。军民融合步伐加快。“三新城”建设进展顺利，中物院军民结合产业示范园、58所汽车电子产业园、电子9所元器件产业园已完成选址，正加快项目落地建设。全年新增军民融合企业102家、总数达363家，实现销售收入1550亿元、增长18%。

第三，加快释放发展活力，推动重点领域改革，全面深化改革扎实开局。出台市委《关于全面深化改革的决定》，确定191项改革任务，已完成36项。农村综合改革稳步推进。集体土地所有权和农村宅基地、集体建设用地使用权确权登记基本完成，农村土地承包经营权、农村房屋产权确权登记全面推进。截至2014年年底，全市共流转耕地86.2万亩，流转林权224万亩。创新驱动转型发展体制机制不断完善。将22项市级经济管理权限下放市辖区和园区，科管委与市级部门、各园区关系进一步理顺。行政体制改革不断深化。以简政放权为重点，加快推进政府机构改革，全面实施事业单位分类改革，减少行政审批事项132项，在全省率先实施投资建设项目并联审批。工商登记改革成效凸显，注册登记各类市场主体32165户，注册资本金340亿元、增长41.2%，其中注册私营企业9099户、增长100.3%。完成民间投资649.4亿元、增长15.7%，占全市投资比重达到60.1%。财税体制改革加快实施。认真学习贯彻新《预算法》，改革完善城区财政体制，科学划分市区财政事权，“营改增”改革试点深入开展。国有企业改革开局良好。出台进一步深化国资国企改革的意见，长虹集团转型升级方案获省政府批准，其他市属企业改革工作有序推进。

第四，全面提升文化软实力，推进文化大发展大繁荣，文化强市建设取得积极进展。编制完成《绵阳文化发展规划》，召开全市文化发展大会，文化发展厚积薄发。先进文化导向更加鲜明。培育和践行社会主义核心价值观，大力弘扬感恩奋进文化。加强以网络为重点的舆情监测和舆论斗争，牢牢占领意识形态阵地。选树和宣传“最美绵阳人”“感动绵阳人物”等身边活着的先进典型，广泛凝聚和传递正能量。文化体制改革稳步实施。完成绵阳日报、晚报整合和文化市场综合执法改革、国有文艺院团、第一批非时政类报刊转企改制，传统媒体和新兴媒体融合发展。文化基础设施进一步完善。绵阳博物馆主体完工，越王楼非遗展演中心基本建成。川音绵阳艺术学院转设为四川文化艺术学院。群众性文化活动蓬勃开展。文化惠民工程扎实推进，连续举办感恩文化节，成功举办第四届中国诗歌节，“李白出生地、中国科技城”的城市品牌更加响亮。文艺创作亮点纷呈。出台优秀作品奖励扶持办法，设立李白诗歌奖。电影《兰辉》、长篇报告文学《让兰辉告诉世界》获全国“五个一工程”奖，近80项作品获省级以上奖项，取得历年最好成绩。文化产业加快壮大。国家级文化和科技融合示范基地启动建设，126文化创意产业园、白马王朗风景区建设进展顺利。全市影院票房收入超过1.3亿元，文化产业实现增加值77亿元、增长15%以上。文旅深度融合发展。成功举办旅游发展大会，举行第三届全球旅游网络运营商合作交流会并发布《绵阳宣言》。绵阳科技馆、北川维斯特农业休闲旅游区、江油李白故居成功创建国家AAAA级景区，全市国家AAAA级以上景区达到10家。全年实现旅游总收入277.3亿元、增长35.1%，接待游客2821.9万人次、增长15 5%。全国文明城市建设有效推进，城市文明素养和人文环境明显提升。

第五，提高可持续发展能力，加快绿色低碳发展，生态强市建设向纵深推进。着力打造“天蓝、地绿、水净、人和”的美丽绵阳，夯实发展的生态本底。绿色低碳发展导向更加明确。健全生态文明考核制度，推行差异化考核方式，在全国率先开展县市区党政主要负责人离任生态环境审计评估试点。节能减排任务全面完成。对70家企业开展清洁生产审核，江油发电厂2×300兆瓦机组脱硫设施增容改造项目建成运行。公交车、出租汽车全部采用CNG

或LNG清洁能源，关停了绵阳热电厂。节能环保产业加快发展。规上企业达到22户，完成总产值45亿元、增长22%。游仙经开区城市矿产基地、科技城循环经济产业园、经开区节能环保（装备）产业园加快建设。环境污染得到有效防治。深化小流域水环境治理，建成污水管网105公里，修缮生态河堤51公里，建成乡镇污水处理厂（设施）14座，主要河流出境断面水质达标。建立起秸秆禁烧和综合利用长效机制，全年空气质量优良天数279天，居全省8个环保重点市州第二位。绿色低碳生活渐成时尚。开工建设体育公园、湿地公园，新建城市绿道10公里、总长达到27公里。财政投入1.07亿元，继续支持城区空调公交车执行1元票价。新购纯电动公交车30辆，新投放公共租赁自行车900辆。千佛山自然保护区升格为国家级自然保护区。国家环保模范城市复核工作通过省级预评估。地质灾害防治实现零伤亡。

第六，凝聚改革发展合力，全面建设法治绵阳，社会大局保持和谐稳定。着眼于促进社会生机勃勃又安定有序，构建起共建美丽家园、共享发展成果的生动局面。民主政治建设进一步加强。支持各级人大及其常委会依法行使职权，支持“一府两院”依法行政、公正司法，支持各级政协和各民主党派、工商联依法按章程履行职能。召开全市群团工作座谈会，支持工青妇等人民团体充分发挥作用。社会治理规范有序。严格执行重大决策社会稳定风险评估制度等法定程序，组建市法律顾问团，筹建市人大法制委员会。落实党委政府会前学法，推行行政首长出庭应诉制度。深化“法律七进”活动，确定实施法治绵阳建设宣传周。全面推行联合接访，信访秩序进一步规范。连续召开军队困难退役人员座谈会、高考失利学生座谈会，面对面开展群众工作。持续抓好网络理政，书记市长信箱收到来信11848封、办结11424封。加快民族地区发展，支持北川化债减负，依法加强宗教事务管理。加强社会治安综合治理，严厉打击各类违法犯罪行为，坚决抵制敌对势力渗透破坏。人民生活进一步改善。坚持“有感发展”，“十项民生工程”扎实推进，实施项目178个，办好17件民生实事，完成投资125.05亿元、增长21.7%。新增城镇就业4.8万人，实现再就业9896人。减免贫困学生学费47万人次，金秋助学支持5406名学子圆梦大学。全市高考连续14年取得全省双第一，绵阳籍选手朱雨玲荣获第52届世乒赛女团冠军。7家新增三级医院通过专家评审，总数达到14家。新农合参合率为99.96%，连续4年居全省第一。全面实施县级公立医院药品零加成，减轻群众负担1.2亿元。下决心解决事关群众切身利益的历史遗留问题，市财政计划三年投入6亿元，帮助13.65万失地农民参加社保，已帮助3.79万人参保；放弃市委原机关地块商业开发，用于建设学校和市民广场；拿出1307套公租房定向供给农民工，投入2000万元改造小岛社区基础设施，帮助农民工讨回欠薪2.9亿元，6.8万农村扶贫对象脱贫解困。有序推进安县设区、三台设市，扎实开展对口支援工作。加强党管武装工作，支持国防科研院所和驻绵部队科学发展。全年没有发生重特大安全事故和群体性事件。

第七，全面落实从严治党新要求，聚精会神抓好党建，风清气正的政治生态进一步巩固。坚持把抓好党建作为最大政绩，切实履行管党治党责任，党风政风持续好转。思想理论武装进一步加强。加强学习型党组织建设，组织党员干部认真学习和灵活运用中国特色社会主义理论体系、习近平总书记系列重要讲话精神，以理论清醒促政治坚定。全年召开市委中心组学习会13次。党的群众路线教育实践活动高标准高质量完成。在7256个单位、28.7万名党员中进行集中教育，创新开展“三走遍一深入”和“工余时间访民情”活动。各级领导班子专题民主生活会高质量召开，领导同志带头过好双重组织生活。“四风”问题蔓延势头有效遏制，一大批群众反映强烈的突出问题得到解决。正风肃纪强力实施。严格落实中央八项规定、省十项规定、市七项规定及配套措施，抓好领导干部收受红包礼金、违规发放津补贴、违规购置和使用车辆、选人用人不正之风和庸懒散浮拖等五项专项整治。共立案查办涉及“四风”问题案件109件、处分120人。领导班子和干部队伍建设进一步加强。坚持好干部标准，鲜明正确的用人导向，2013年评选表彰的11名优秀乡镇（街道）党（工）委书记全部提拔重用，首次面向工人农民招录公务员。继续实施“优秀年轻干部递进培养计划”。认真开展市县乡党委书记抓党建工作述职评议考核，全面完成村（社区）换届，城市社区年度工作经费提高到5万元、村和农村社区提高到3万元。加大关爱干部力度，严格落实带薪休假、健康体检等制度。反腐倡廉保持高压态势。认真落实“两个责任”，逐级开展主体责任约谈，层层签订责任书。完善市委反腐败组织协调机制，推进全市纪检体制改革，支持纪检监察机关转职能、转方式、转作风。全年查办违纪违法党员干部714人，涉及县处级干部29人。

市委常委会高度重视自身建设，领导班子及其成员把握大势、谋划大事，以上率下、率先垂范，带动全市上下干事创业，充分发挥了政治核心作用。带头加强理论武装，认真学习贯彻习近平总书记系列重要讲话精神。带头落实民主集中制，推进决策科学化、民主化、制度化。带头从严改进作风，模范遵守党纪国法，直接牵头抓落实。带头加强廉洁自律，努力为全市党员干部做出表率。

同志们，以上成绩的取得，是在面临不少困难和挑战的局面下，全市上下团结拼搏、苦干实干的结果。这里，我代表市委常委会，向全市广大党员干部群众，向各民主党派、工商联和社会各界人士，向人民解放军驻绵部队指战员、武警官兵和公安干警，向所有关心支持绵阳发展的同志们、朋友们，表示衷心的感谢并致以崇高的敬意！

在充分肯定成绩的同时，我们也要清醒地认识到，我市发展中面临的困难、矛盾和问题还比较多，主要表现在：一是经济下行压力仍然较大。GDP增速逐年递减，实体经济发展困难。市场需求持续低迷，工业企业库存压力明显加大。二是新的增长动力不足。固定资产投资低速徘徊，建筑业增长逐年放缓，政府扩大投资的渠道收窄。三是要素瓶颈约束加剧。融资难融资贵问题依然突出，民间借贷风险高企，局部债务风险不可低估。劳动力成本不断上升，土地、环境等硬约束更强。四是区域竞争更加激烈。在全省发展格局中首位城市继续提升，特大城市的“虹吸效应”持续增强。成绵乐高铁通车带给我们的既有机遇也有挑战，如果应对不好，将对我市产业发展、人才引进、商贸物流、航空市场等方面带来很大冲击。培育发展科技型中小企业，发达地区起步早、起点高，兄弟市州决心大、步伐快，我们面临严峻挑战。五是干部队伍的能力、素质、作风还有差距。把握发展大势的敏锐性不强，对互联网经济发展、交通格局变化准备不足，主动研究应对办法不多。个别党员干部还不能适应依法治理、从严治党新要求，工作手段陈旧，廉政风险增多。对于这些问题，务必高度重视和妥善解决。

二、准确把握当前形势，主动适应新常态

市委常委会认为，中央、省委关于当前和今后一个时期经济形势的战略判断、全面推进依法治理和从严治党的战略部署，不仅明确我国经济发展进入新常态，也意味着我们的各项工作进入了新常态。要系统总结建市30年和科技城建设发展经验，进一步强化问题导向，认识新常态、适应新常态、引领新常态，做到观念上适应、认识上到位、方法上对路、工作上得力，牢牢把握各项工作主动权。

第一，主动适应新常态，必须准确把握创新驱动新动力。习近平总书记强调，经济发展进入新常态，必须让创新成为驱动发展新引擎。省委把创新驱动列为全省三大发展战略之一。当前，新一轮科技革命和产业变革加快孕育兴起，催生出一大批新的生产方式、商业形态和消费热点，正在加速改变人们的生产生活。从生产领域看，随着欧美“工业4.0”概念的提出，掀起了以智能制造为主导的第四次工业革命，3D技术、人机互动正在挑战传统的机器大生产，生产小型化、智能化、专业化成为产业组织新特征，科技型中小企业成功“逆袭”屡见不鲜。生物学相关技术将创造农业新的增长点，定制农业方兴未艾。从流通和消费领域看，以互联网为基础的商业创新层出不穷，O2O、B2B、B2C、C2B、C2C大行其道，传统的营销模式、市场格局迎来革命性转变，个性化、多样化消费渐成主流，足不出户购物的宅生活已成时尚。从日常生活领域看，智能交通、智慧城市、智慧旅游加快发展，私人定制成为市场新宠。微技术衍生出形式多样的新型社交和传播工具，不断挑战传统的舆论引导和社会治理方式。针对这些新趋势，必须因势利导、趋利避害，及早谋划和积极应对生产、流通、消费各领域的新变化，向创新驱动要动力，加快推进转型升级发展，保持经济合理较快增长，做到换挡不失速、调速不减势、量增质更优。

第二，主动适应新常态，必须准确把握依法治理新部署。十八届四中全会专题研究部署依法治国，明确法治是我们党治国理政的基本方式。省委鲜明提出“治蜀兴川重在厉行法治”。这将深刻改变党和国家机关的工作模式，深刻改变社会治理方式。从日常工作看，依法执政、依法行政、公正司法将深入落实到具体工作中，党和国家机关施政的刚性约束增多。过去我说你听、我打你通的工作方法难以为继，传统的人治思维和工作方式已走到尽头。从推动发展看，新《预算法》和国务院关于加强债务管理的政策，旨在维护政府公信力、防范区域性系统性经济风险，明确市县政府举债只能由省政府通过发行地方政府债券代为举借，剥离融资平台公司政府融资职能，意味着我们抓经济工作手段减少，实现超常规、突破性发展难度加大。从社会治理看，正在出现一些新情况新问题，公民权利意识觉醒与维权理性不足之间的矛盾，对国家权力机关诉求日益增多与配合支持日益淡化之间的矛盾，政府简政放权与社会组织发育仍不成熟之间的矛盾，违法成本低与守法成本高之间的矛盾，将以各种方式表现出来。面对这些新情况，我们必须跳出传统思维方式和工作模式，更加注重运用法治思维和法治方式解决深层次问题。

第三，主动适应新常态，必须准确把握从严治党新要求。十八大以来，中央从出台八项规定开始，做出了从严治党一系列新部署。省委强调坚持思想建党与制度治党紧密结合，提出“八个务必从严”的要求。我们必须深刻领会、全面把握、坚决落实。要看到管党治党责任更加具体化。抓发展仍然是第一要务，抓好党建是最大的政绩，抓党建成效列为对党委（党组）书记考核的第一条。党风廉政建设，党委负主体责任，纪委负监督责任。要看到推进正风肃纪进入常态化。公务接待、公车改革、办公用房、职务消费、奖金补贴发放、福利保障等规定更细更严，指望作风建设紧一阵松一阵的想法，留“暗门”、开“天窗”、打“擦边球”的做法，“为官不易”的感慨和“为官不为”的状态，不仅是十分错误的，而且很容易演变为违法违纪。要看到执纪问责更趋刚性化。不论什么人，不论其职务多高，也不论是在职还是退休，只要触犯了党纪国法，都将受到严肃追究。对连续发生重大腐败案件、出现区域性系统性腐败问题的地方和部门，将严格追究领导责任。适应这些新要求，各级党员干部都要主动调整心态和定位，一心一意谋发展，聚精会神抓党建，带头严格自身要求,模范遵守纪律规定，习惯在清新的风气中生活，习惯在监督的环境里工作，习惯在法治的轨道上用权。

第四，主动适应新常态，必须准确把握绵阳发展新机遇。习近平总书记指出，我国经济发展进入新常态，没有改变我国发展仍处于可以大有作为的重要战略机遇期的判断。省委强调，新常态下四川发展还有较大回旋余地，特别是国家实施“一带一路”战略中蕴含了重要机遇，有条件保持一个合理的较快增长。新常态下绵阳的发展，同样既有挑战，更面临机遇。在政策支撑上，科技城已形成较为完备的三级政策体系，绵阳首次受邀参加全国科技工作会议，和国家自主创新示范区站在了同一层面上。省委经济工作会议专门用一段话强调“提升绵阳科技城发展水平”，首次把科技城建设和天府新区摆在同等位置。在发展动力上，这几年我们狠抓创新驱动发展，技术、资金、人才加速集聚，必将形成支撑长远发展的“活水效应”。一批重大产业项目陆续落地开工，将加快成为新的经济增长点。在发展环境上，新一轮改革全面深化，依法治理和从严治党全面推进，一些长期制约发展的深层次矛盾将加快破解，市场环境将更趋公正透明、公平高效。这几年我们抓紧改善基础设施，也在不断增强绵阳的综合竞争力。在要素保障上，石油价格连创新低，国内煤价继续下行，去年底各项贷款余额1429亿元。特别是这几年下决心增加了必要的政府债务，只要用好保证在建项目后续融资的过渡期，我们就能获得较大的回旋空间。归根到底，适应经济发展新常态，我们既要清醒认识挑战，更要抓住用好机遇，坚定信心抓发展，下定决心促转型。

三、保持专注发展定力，扎实做好2015年各项工作

今年是实施“十二五”规划的收官之年，改革发展任务繁重。进入新常态，要求不盲目追求高速度，但绝不意味着放松发展。绵阳当前主要的矛盾仍是经济下行，最大的问题仍是发展不足。我们要狠抓第一要务不动摇，促进经济保持合理平稳较快增长。全市工作的总体要求是：**全面贯彻党的十八大和党的十八届三中、四中全会及中央经济工作会议精神，以毛泽东思想、邓小平理论、“三个代表”重要思想和科学发展观为指导，认真学习实践习近平总书记系列重要讲话精神，深入落实省委十届三次、四次、五次全会和省委经济工作会议精神，主动适应新常态，把握稳中求进工作总基调，始终保持专注发展定力，继续实施“六大发展战略”，协调推进全面建成小康社会、全面深化改革、全面建设法治绵阳、全面从严治党，加快建设中国西部经济文化生态强市和国家科技城，促进全市经济平稳健康发展、社会和谐稳定。**全市地区生产总值增长预期目标为8%。这个目标综合考虑经济进入新常态，是一个既有压力、又能通过努力实现的目标。围绕实现这个目标，要狠抓以下八项重点工作。

一要狠抓创新驱动发展，加快建设国家科技城。抓住全面深化改革契机，持续推进“四大平台”建设，坚决破除一切束缚创新的桎梏，充分激发各类主体的创新创造创业潜能，形成大众创业、万众创新的生动局面。政策支撑平台上，编制《绵阳科技城发展规划（2016~2020年）》，争取尽早召开部际协调小组第12次会议和省领导小组第15次会议。广泛宣传和落实三级政策体系，争取国家出台支持军民融合发展先行先试政策。创新创业平台上，高效利用已有孵化平台，积极发展创客俱乐部等创新载体，力争全年新增科技型中小企业2300户以上。加快建设创新中心二期配套工程，力争今年孵化器面积达到100万平方米。开放合作平台上，建好科技城会展中心三期，办好第三届科博会，推进科博会市场化改革，大力发展会展经济。争

取创办绵阳科技城大学。产业承载平台上，集中精力抓好集中发展区启动区建设，力争年内展现产城一体基本形象。支持国防科研院所和军民融合专业园区建设，推动军民融合深度发展。

特别强调，抓创新驱动发展，不仅仅是科技创新，还包括思想观念、体制机制、工作方式、产业模式等方面，注重以改革创新的思维和手段抢占发展先机，破解发展中的深层次矛盾和问题。思想观念上，要着眼最前沿，充分发挥优势，追求人无我有、人有我优，不能只跟跑，要并跑，还要领跑，力争有更多的领跑项目。体制机制上，要注重营造良好的工作导向和科学高效的运行管理体制机制，继续抓好生态环境审计评估、网络理政等工作。工作方式上，更加注重统筹协调，既抓当前，又抓长远，抓好农村综合改革试验区等重点工作。产业模式上，工业要注重抓高端产业和产业高端，服务业要注重抓商贸物流、电商、旅游，文化产业要紧跟消费趋势和热潮，创新举办电子游戏竞赛等活动。

二要狠抓转型升级发展，提升产业核心竞争力。坚持“转型才能更好发展”理念，在转方式调结构中扩大增量、优化存量。加快提升传统优势产业。加大技改和研发投入，加强政产学研用合作，鼓励企业抱团发展。加强企业运行监测，帮助解决实际问题。打造战略性新兴产业新支柱。准确把握产业发展大势，结合自身产业优势，完善产业发展规划、时间表和路线图，争取政策、项目、资金支持，着力完善产业链。加强专业产业园建设，培育引进优势项目和企业，加强核心技术攻关、产品研发和市场开发，加快项目签约落地、开工建设、竣工达产。加快发展现代服务业。重点发展“五大新兴先导型服务业”，打造区域性服务业中心城市。支持本土电商发展，实施“全企入网”，推进电子商务进农村、进社区、进商场。转变农业发展方式。毫不松懈抓好粮食生产，加快农业科技应用推广，加快发展现代农业，培育庭院经济、观光农业和乡村旅游等新兴业态，创新农产品直销方式。培育新型农业经营主体，着力壮大集体经济。

三要狠抓统筹城乡发展，培育新的增长动力。坚持以人为核心推进新型城镇化，优化旧城，拓展新城，加强管理，提高质量。加快城市建设。建好重点市政项目，做好城市轨道交通前期工作。加强危旧房、棚户区改造和保障性住房建设，探索通过收购和租赁市场存量住房筹集公租房。完善城市管理体制，继续严肃查处违法建设。抓好农业转移人口市民化，促进城镇基本公共服务常住人口全覆盖。加快推进安县设区，提前做好产业、基础设施、公共设施等规划对接。有序推进县城扩容升级，继续推动三台设市。加快小城镇建设。持续打造国家重点镇和省、市试点示范镇，完善服务功能，提升环境风貌。加快幸福美丽新村建设。同步推进新居建设与危旧房改造、基础设施建设与产业发展，加快推进“宽带乡村”工作，建设不同类区的美丽乡村示范村庄，带动农村面貌整体提升。

四要狠抓文化引领发展，增强城市软实力。加强意识形态领域工作，坚决开展舆论斗争。宣扬社会主义核心价值观，持续培育感恩文化。加快繁荣文化事业，建好公益性文化设施，常态化开展文化惠民活动，加强文化遗产保护。加强新媒体培育、运用、管理，扶持文艺精品创作，巩固全国文明城市建设成果。做大做强文化产业，推进传统媒体与新兴媒体融合发展，发展数字媒体、动漫游戏等新兴业态，加快建设文化产业示范园区，打造本土文化骨干企业品牌。倡导和鼓励文化体育消费，提升公民文化素养。坚持文旅结合发展，建设智慧旅游城市，改造提升重点旅游景区，进一步丰富旅游产品，加强旅游宣传推介与区域合作，办好重点旅游节会，打造国内知名旅游目的地。

五要狠抓绿色低碳发展，提高可持续发展能力。强化绿色低碳发展理念，建立环保工作一岗双责、党政同责的工作制度，完善和实行差异化考核方式，推广县市区党政主要负责人离任生态环境审计评估，推进园区、乡镇环保机构建设。大力发展绿色低碳产业，加强节能减排，继续淘汰落后产能。深化小流域水环境治理和秸秆禁烧及综合利用，做好大气污染、水污染、重金属污染及农业面源污染防治。倡导绿色低碳生活，提升公共交通发展质量，推广节地、节水、节能新技术和绿色建筑。继续开展植树造林、封山育林、退耕还林，做好国家森林城市验收、国家环保模范城市复核工作。加强防灾减灾体系建设，科学治理地质灾害。

六要狠抓开放合作发展，积极培育开放型经济。推进“项目引进落地实施年”，提升开放合作实效。加强招商引资。广泛推行精准招商，筹划好科技城专题招商会，组织几次大的招商战役。强化配套和要素保障，强力推进项目包装储备、签约落地、建设投产，缩短项目见效周期。加快推进出口加工区升级为综合保税区工作。以科博会和综合保税区为载体，引进和培育一批进出口企业，大力发展外向型经济。深化区域合作。主动融入成都经济区和成渝经济区，推进基础设施互联互通。加强与国家自主创新示范区和发达地区的产业技术交流合作。突出招才引智。加快建设人才优先发展试验区，建好国际人才市场国家科技城（绵阳）市场，用好人才发展专项资金，引进和鼓励各类优秀人才向生产一线流动，鼓励院所、高校和企业人才双向兼职流动，注重吸引外出创业和务工人才回流。

七要狠抓全面深化改革，进一步释放发展活力。狠抓已出台改革方案落实，争取更多中央、省改革试点，实施一批有特色的改革事项。深化农村改革，重点是加快农村土地承包经营权确权登记，推进农村多种资源确权登记，推动农村土地依法流转，加快发展农业适度规模经营，推进农村集体经济股份制改革。抓好供销社综合改革试点和游仙区农业农村综合改革试点。加快国有企业改革，重点是深化长虹、九洲等改革试点，优化国有资产监督管理体制，积极发展混合所有制经济。推进金融改革，重点是推动金融支持实体经济，支持更多企业直接上市融资。做好科技与金融结合试点，确保顺利通过验收。深化行政管理体制改革，重点是简政放权，砍减一切不必要的审批程序和收费管理，完成新一轮政府机构改革，落实机关事业单位工作人员养老保险制度改革，加快推进社会事业改革。推进政府投融资体制改革，重点是支持政府融资平台公司市场化转型，推广使用政府与社会资本合作模式（PPP模式）。

八要狠抓有感发展，切实保障和改善民生。继续实施“十项民生工程”，抓好民生实事。把稳就业放在优先位置，健全城乡均等的公共就业创业服务体系，鼓励高校毕业生、退伍军人、失地农民、外出务工返乡人员自主创业，支持失业人员再就业。完善城乡社会保障体系，加快发展医疗卫生和教育体育事业。推进秦巴山区扶贫攻坚和龙门山脉高山村、丘区旱山村连片扶贫开发；以深化改革为突破口，在三台南部农村丘陵地区设立全市农村综合改革试验区，探索农村丘陵地区加快发展新路径，确保三年见到明显成效，五年实现与全市同步小康。健全临时救助制度，依法依规解决失地农民购买社保等历史遗留问题，帮扶参战涉核退役军人等特困群体。加快小岛社区、朝阳片区等区域改造。严格落实“党政同责”，加强安全生产工作。继续强力推进平安建设，坚决维护公共安全和国家安全。落实党管武装制度，继续做好对口支援工作。各级领导干部要以解决小岛社区遗留问题为镜鉴，敢于直面历史遗留问题，直面反映问题群众，做到守土有责、守土负责、守土尽责。

四、深入推进法治绵阳建设，把各项事业纳入法治化轨道

在去年制定的《法治绵阳建设实施方案》基础上，经过丰富工作举措并在一定范围内征求意见，我们形成了深入推进法治绵阳建设的《决定》文本，提请本次全会审议。落实市委《决定》，要突出重点、统筹兼顾、整体推进。

一要加强党的领导，坚持中国特色社会主义法治道路。党的领导是中国特色社会主义最本质的特征。全面推进依法治理，只能加强和改善党的领导，绝不是削弱党的领导；只能走中国特色社会主义法治道路，而不是搞其他什么“三权分立”“民主宪政”。加强党对法治绵阳建设的领导，必须体现在党领导立法、保证执法、支持司法、带头守法上。一方面，要坚持各级党委的领导核心地位，确保党的主张贯彻到法治绵阳建设的全过程和各方面。另一方面，各级党委要坚持依法执政，带头自觉在宪法法律范围内活动，更好发挥政治核心作用和表率作用。要加强地方立法能力建设，争取申报较大的市，用好“设区的市”的地方立法权。要把思想政治建设放在首位，按照政治过硬、业务过硬、责任过硬、纪律过硬、作风过硬的要求，建设一支忠于党、忠于国家、忠于人民、忠于法律的法治工作者队伍。

二要坚持依法行政，建设法治政府。这是法治绵阳建设的中心环节。要坚持法定职责必须为、法无授权不可为，推行权力清单制度，全面推进政务公开，把该管的管住、该放的放开。坚决纠正不作为、乱作为，坚决克服懒政、怠政，坚决惩处失职、渎职，坚决消除权力设租寻租空间。要坚持把合法作为行政决策的第一要件，发挥好法律顾问团作用，严格执行重大行政决策法定程序，落实重大决策终身责任追究制和责任倒查制。要坚持公正文明执法，规范行政执法自由裁量权，推进跨部门、跨行业综合执法。支持人大、政协依法加强监督。特别是对食品安全、安全生产、环境保护等事关群众切身利益的问题，要划定底线、坚决亮剑。

三要推进公正司法，坚守社会公平正义的最后一道防线。这是法治绵阳建设的生命线。要支持配合司法体制改革，优化司法职权配置，建立并严格执行领导干部插手干预司法的记录、通报和责任追究制度，确保审判权、检察

权依法独立公正行使。司法机关要严格履行法定职责，坚持阳光司法、司法为民，着力解决“立案难、诉讼难、执行难”等问题。要强化司法救济和法律援助，对依法应当受理的案件，做到有案必立、有诉必理，绝不能有案无处诉、有冤无处申。各级党委要旗帜鲜明地支持司法机关依法履职，任何单位、团体和个人，尤其是领导干部都不能干预司法活动、插手具体案件。各级人大、政协要加强对司法机关、司法活动的监督，坚决纠正办人情案、关系案、金钱案。

四要加强宣传教育，促进全民知法守法用法。这是法治绵阳建设的基础工作。要完善法治宣传教育机制，深入推进“法律七进”，坚持开展“12·4”宪法日暨法治绵阳宣传周等活动。要坚持依法治理与以德治理相结合，既重视发挥法律法规的规范约束作用，又重视发挥道德力量的教化感召作用，大力褒扬和支持善行义举，弘扬社会正能量，曝光丧德失信的负面典型，着力解决“无理取闹”“以闹争利”“法不责众”等问题，营造守法光荣、违法可耻的社会氛围。要把建设全国文明城市与基层法治创建相结合，引导群众合理合法表达诉求，通过法治渠道解决问题，形成办事依法、遇事找法、解决问题用法、化解矛盾靠法的法治良序。

五要深化依法治理，推进治理体系和治理能力现代化。这是法治绵阳建设中必须补强的短板。要完善社会治理体制，推行网格化服务管理体系和信息平台建设，更好发挥人民团体、社会组织作用，普遍推行“村规民约”“居民公约”“行业规约”。积极构建“访、信、网、电”四位一体，以网上受理为主的诉求表达格局，继续抓好网络理政，强化突出问题治理。对防邪禁毒、非法集资、城市违建、医患纠纷、国企改制、民办教师、企业军转干部等重点领域的矛盾纠纷，挂牌督办集中化解。要把涉法涉诉信访纳入法治化轨道，落实依法终结制度。要建立健全法律援助、人民调解、法律服务、普法教育“四位一体”的公共法律服务体系，保证人民群众在遇到法律问题或权益受到侵害时及时受助。

五、全面推进从严治党，为各项事业发展提供根本保证

为全面落实管党治党责任，市委研究形成全面推进从严治党的《决定》文本，提请本次全会审议。全市各级党组织和党员干部要提高认识，狠抓执行，使市委《决定》落地扎根。

一要从严抓好思想教育，切实拧紧“总开关”。首先从思想入党，是对共产党员的基本要求。要把思想建设摆在首位，牢牢掌握意识形态工作的领导权、管理权、话语权，不断巩固马克思主义在意识形态领域的指导地位，巩固全市人民共同团结奋斗的思想基础。要加强学习型党组织建设，各级党委中心组要带好头，主要领导要亲自抓，经常化开展理想信念、党性修养、党规党纪、形势任务教育，促进党员干部自觉坚持为民务实清廉，崇尚事业、追求卓越、愉快奉献、健康生活。要严肃党内政治生活，用好批评与自我批评这个武器，开展积极健康的思想斗争，按教育实践活动标准开好年度民主生活会。广大党员干部要坚守共产党人的精神追求，真正学好用活马克思主义中国化最新成果，增强干好本职工作的“看家本领”，坚定不移跟党走。

二要从严抓好选任干部，坚持正确用人导向。选准用好干部，是从严治党的大事。各级党委要充分发挥领导和把关作用，各级党员领导干部要切实负起政治责任，各级组织人事部门要为党委把好第一道关口，坚持“好干部”标准和“重品行、重实干、重公认”用人导向，严格落实新的干部选拔任用工作条例，建立完善领导班子功能结构模型管理、递进培养、政绩考评、分析研判、科学选任“五位一体”工作机制，真正把好干部选出来、用起来。特别要坚持好中选优、优中选强，选准配强各地各单位一把手，不能降格以求，不能照顾情面，不能搞平衡。要汲取一些地方选人用人的深刻教训，严格落实省委关于“六个坚决不能用”的要求，完善综合考核评价体系和监督制度体系，大力整治违反干部任用标准和程序、跑官要官、拉票贿选、说情打招呼、“三超两乱”、干部档案造假、领导干部违规兼职、“裸官”等问题，严防带病提拔干部，坚决匡正选人用人风气。

三要从严抓好监督管理，完善长管长严的制度机制。从严治党，关键是从严管理干部。要坚持“对干部严格要求就是最大的爱护”理念，对苗头性问题早发现、早提醒、早纠正。信任不能代替监督，各级党组织和党员干部要不断强化原则性和是非标准，努力营造事业第一、风清气正的从政环境。特别是要加强对一把手和管人、管钱、管物等关键岗位的监督，发挥人大监督、政协监督、司法监督、群众监督、舆论监督、网络监督作用，让党员干部心有所畏、言有所戒、行有所止。要健全落实谈心交心制度，既要察其表，更要察其里，及时掌握党员干部思想工作动态。

四要从严抓好改进作风，形成长抓长严新常态。作风建设永远在路上。要以常抓不懈、久久为功的心态，巩固教育实践活动成果，坚决防止“四风”问题复发反弹。党员干部要一板一眼、老老实实，从严落实“三严三实”要求，模范遵守党纪国法和作风建设各项规定，让好作风内化为信念、外化为习惯。要全面推进党务、政务和各领域办事公开，畅通来信来电、网络举报渠道，及时发现和解决作风领域出现的新问题，继续抓好“五项专项整治”，重点查处十八大以后、中央八项规定出台后、开展党的群众路线教育实践活动后的顶风违纪行为，坚决杜绝“破窗效应”。

五要从严抓好制度治党，扎紧织密制度笼子。党的制度是从严治党的基本规范。要认真对接党规党纪，在堵“暗门”、关“天窗”上下功夫，着力完善细化措施，做到衔接配套、简便易行，推动党建工作规范化、制度化、科学化。要强化制度执行，再好的制度，如果只是写在纸上、挂在墙上，沦为摆设，只会损害制度的严肃性。教育实践活动期间建立了一系列制度，要从严抓好落实。制度落实的关键在于领导带头。各级党员领导干部要正人先正己，带头落实制度，带头抓制度落实。

六要从严抓好纪律约束，强化令行禁止步调一致的集体意志。党的纪律是党的“硬规矩”。党纪严于国法，党员干部作为执政党的一员，必须树立纪律和规矩意识，自觉守纪律、讲规矩。要严明党的政治纪律，把同党中央保持高度一致作为首要政治规范，保证中央和省委、市委政令畅通。要严肃党的组织纪律、工作纪律和财经纪律，从严执行民主集中制、党内政治生活准则和政治生活制度，坚决反对家长制和自由主义。要从严惩治违纪行为，坚决查处上有政策、下有对策，有令不行、有禁不止行为，真正使党规党纪成为“带电的高压线”，绝不允许任何人凌驾于组织和纪律之上，任何人只要违反纪律都必须受到追究。

七要从严抓好惩治腐败，巩固风清气正的政治生态。惩治腐败是从严治党的焦点问题。必须树立持续作战、长期作战思想，以零容忍的态度持之以恒惩治腐败，发现一起查处一起，发现多少查处多少，始终保持高压态势。要注重源头治理，进一步筑牢拒腐防变的思想防线，做到“不想腐”。要强化廉政风险防控，完善权力运行和制约体系，健全惩治腐败工作机制，切实把权力关进制度的笼子里，努力实现“不能腐”。各级党委要落实好主体责任，党委书记作为第一责任人，要认真落实“四个亲自”的要求；各级纪委要履行好监督责任，进一步执好纪、问好责、把好关；党员领导干部要认真落实“一岗双责”，抓好分管领域的党风廉政工作，形成拒腐防变的强大合力。

八要从严抓好责任落实，构建齐抓共管的工作格局。抓党建是各级党委根本的政治责任。各级党组织及主要领导要把抓好党建作为最大政绩，一心一意谋发展，聚精会神抓党建，把党建工作与中心工作同谋划、同部署、同考核，坚决克服一手硬一手软倾向。要强化责任考核，增强党建在考核中的权重，对各级党组织负责人的考核，首先要看抓党建的实效。要认真落实市县乡党委书记抓党建专题述职制度，开展好党建工作联诺联述联评联考联用，推动党委管党建、书记抓党建层层落实。

特别要强调的是，在严格要求的同时，要加强对干部的关怀激励。舆论引导上注重肯定干部队伍主流是好的，防止把干部队伍污名化，工作中注重关爱基层干部，尽可能解决两地分居等实际困难。落实好带薪休假、体检等关爱制度，褒扬锐意进取、敢于担当的干部，切实把大家的心思和精力引导到干事创业上来。要切实抓好对困难党员、群众的帮扶，特别是对那些过去为党和国家事业做出贡献、今天因病因残致贫的人员，要满怀感情开展“关爱奉献者”活动，多做暖人心、稳人心、聚人心的工作。

同志们，着力推进绵阳科学发展、加快发展，全面深入推进法治绵阳建设，全面推进从严治党，责任重大，任务艰巨，使命光荣。让我们紧密团结在以习近平同志为总书记的党中央周围，在省委坚强领导下，在历届市委、市政府打下的良好基础上，实字当头、干字为先，团结拼搏、感恩奋进，为加快建设中国西部经济文化生态强市和国家科技城而努力奋斗！

政府工作报告

——在绵阳市第六届人大第六次会议上

绵阳市人民政府市长　林书成

（2015年2月9日）

各位代表：

现在，我代表市人民政府，向大会报告工作，请予审查。

2014年工作回顾

2014年，在省委、省政府和市委正确领导下，在市人大、市政协监督支持下，我们坚持科学发展、加快发展，把握稳中求进、改革创新工作基调，较好完成了市六届人大五次会议确定的主要目标任务，为推动国家科技城突破性发展、建设中国西部经济文化生态强市奠定了良好基础。全年实现地区生产总值1579.89亿元、增长9.1%，规模以上工业增加值增长10.1%，全社会固定资产投资1080.37亿元、增长7.9%，社会消费品零售总额778.29亿元、增长13%，地方一般公共预算收入101.75亿元、增长12.5%，城镇居民人均可支配收入25341元、增长9.7%，农村居民人均纯收入10326元、增长11.5%。

这是加快深化改革步伐，经济活力充分迸发的一年。财税体制改革深入推进，市区两级财权事权科学划分，"营改增"改革试点扎实开展，行政事业性收费和政府性基金管理进一步规范。投资建设项目全程并联审批有效实施，审批时限大大缩短。在全国率先开展县市区党政主要负责人离任生态环境审计试点，不再考核平武、北川"生态县"地区生产总值等指标，"绿色指挥棒"导向功能有效发挥。

这是切实优化创业环境，小微企业蓬勃兴起的一年。"涌泉计划""十有"政策等20多项创业激励措施深入实施，市级6650.5万元人才发展专项资金带动县市区、园区投入2000余万元，人才优先发展试验区建设卓有成效，入选西部最具投资吸引力城市。科技城成为国家自主创新示范区工作联席会议成员，国务院批准执行中关村政策和国家自主创新"新四条"。新注册科技型中小企业2227家，总数达4478家，其中45家成长为规模以上企业。实现专利申请量5991件，授权量3071件。在2014年国家知识产权示范培育城市实力测评中，绵阳居第二位，掀起了大众创业、万众创新的热潮。

这是积极建设国家科技城，创新优势持续扩大的一年。按照"一核三区多园"新口径，科技城经济总量占全市地区生产总值的66.8%，固定资产投资占全市投资总量的75.8%。集中发展区《总体发展规划》上报省政府审批，《产业发展规划》启动实施。科技城大道等"四横四纵"路网建设加快，永年3D打印产业园等项目积极推进，集中发展区正成为促进经济提质增效的"增长极"和"动力源"。第二届科博会圆满举行，吸引49个国家、地区和国内13个先行先试地区、高新区参会。参展项目2584项，签约金额883.6亿元，被评为"2014年度中国十佳品牌会展项目"。

这是着力破解民生难题，群众幸福指数明显提升的一年。市财政计划三年投入6亿元，帮助13.65万失地农民参加社保，目前已帮助5.5万人参保。投入1.77亿元，支持城区公交车更新和空调车执行1元票价。减免贫困学生学费47万人次，帮助5406名学生圆了大学梦。放弃市委原机关地块商业开发，用于学校和市民广场建设。新建城市绿道10公里，总长27公里。被评为"中国最幸福城市"二十强、"民生改善十佳典范城市"，奏响了幸福民生的"好声音"。

回顾过去一年工作，我们重点抓了以下几方面。

一、全力以赴稳增长，经济基础更坚实

投资消费稳中有进。174个省市重点项目积极实施，完成投资262.6亿元，占目标任务的110.7%。宝马N20发动机、开元磁材软磁材料等项目竣工投产，九洲二次雷达系统等项目有力推进。鼓励民间资本参与公共事业投资，向社会推出示范性项目55个，实现民间投资649.4亿元、增长15.7%。出台"市十条"等鼓励消费措施，成功举办中国中医药博览会、四川电商博览会暨"绵阳造"精品展销会等17场展会，展陈总面积突破40万平方米，参会总人数突破120万。

基础设施日趋完善。成绵乐客专正式通车，川交大桥、元通路、机场直通道、绕城高速南环线等项目建成投用，城市轨道交通前期工作加快推进。首批30辆纯电动公交车投入使用，建成智能公交站172个，新增出租车300辆、公共自行车900辆。绵阳机场客运吞吐量突破百万，达108.5万人次。董家沟排水设施等41个内涝整治项目顺利

实施。新建农村公路447.8公里、道路防护栏933.2公里，整治渠系2330公里。石马镇、许州镇等16个镇入选全国重点镇，建成杨家镇万和村、塔水镇七里村等72个幸福美丽新村。

对外开放成效显著。实施《驻境外招商专员管理办法》，派驻招商专员9人。积极参加广交会、西博会以及美国CES消费电子展等“万企出国门”市场拓展活动，组团赴美国、加拿大等国家和台湾、上海、江苏等地区投资推介，引进高世代半导体显示器、天津力神新能源汽车动力锂电池等299个重大项目。全年到位国内省外资金509.3亿元、增长7.5%，到位外资2.3亿美元。实现进出口总额29.2亿美元，赴境外投资的本土企业达27户、投资总额累计11.1亿美元。外事、台侨、口岸、海关、检验检疫等工作切实加强。

二、凝心聚力促改革，内生动能更强劲

经济领域改革进展顺利。出台了《进一步深化国资国企改革的意见》，启动实施国有企业发展混合所有制经济等8个子方案。长虹集团转型升级方案获省政府批准。金融领域改革有序开展，中国五矿集团战略入股绵阳商业银行，梓潼农信社成功改制为农村商业银行，《金家林金融聚集区发展规划（2016~2020年）》编制完成。农村综合改革稳步实施，集体土地所有权、集体建设用地使用权和宅基地确权登记基本完成，土地承包经营权确权登记全面开展，依法流转耕地86.2万亩，农房确权登记41.1万户。

政府职能转变强力推进。砍减市级行政审批事项132项，清理非行政审批事项330项。工商注册登记制度改革顺利实施，登记市场主体32165户，注册资本金340亿元、增长41.2%。其中，注册私营企业9099户、增长100.3%，实现“井喷式”发展。政府机构改革扎实推进，基本完成市县工商、质监管理体制调整，整合成立市政务服务和公共资源交易服务中心、市机关事务管理局。政府购买公共服务逐步推进，环卫、绿化、就业促进等领域试点取得明显进展。

生态制度改革扎实开展。顺利通过“国家环保模范城市”复核省级预评估，入选第四批“国家餐厨废弃物资源利用和无害化处理试点市”。千佛山自然保护区成功升级，国家级自然保护区达到4个。芙蓉溪等小流域水环境综合治理持续开展，建成污水管网105公里，修缮生态河堤51公里，全市出境断面和饮用水源地水质达标率100%。秸秆禁烧和综合利用长效机制健全完善，运行22年的绵阳热电厂正式关停，城区公交和出租车全部采用CNG汽车。全年空气质量优良天数279天，在全省8个环保重点城市中排名第二位。

三、多措并举调结构，产业发展更稳健

现代农业发展进程加快。粮油、蔬菜等农产品安全有效供给，农林牧渔业实现总产值416.8亿元、增长4.1%。“千斤粮万元钱”“吨粮五千元”粮经复合产业基地初具规模，建成高标准农田24.7万亩，江油市顺利入选国家现代农业示范区，三台县被评为全国粮食生产先进县。全省首个高产紫薯品种在绵成功种植，青林口白花桃等农产品被评为全国绿色A级产品。安县圣康养殖等13个专业合作社被评为国家首批示范社，新增市级龙头企业32个、家庭农场450个，认定新型职业农民1960人。

传统产业改造有序实施。“2+4”传统优势产业增加值增长11.1%。长虹入围2014年“中国500最具价值品牌”，首次位居川企百强榜首，两项技术获得国家科技进步奖。九洲营业收入突破200亿元，荣列中国电子信息企业二十强。出台促进房地产业和建筑业健康发展的若干措施，房地产开发投资完成210.7亿元、增长24%，建筑业实现产值334亿元、增长27%。淘汰金大地水泥等企业的5条落后生产线，关闭新桥丝厂等小企业4户，完成省政府下达的淘汰落后产能任务。

新兴产业培育卓有成效。“4+3”战略性新兴产业加快发展，新成立信息安全等新兴产业联盟4个，创新中心二期等60万平方米孵化器建成投用。在全省率先出台《新能源汽车推广应用实施意见》，川汽年产12万辆新能源乘用车基地一期建成投产。中国紧急救援北川基地、四川省航空运动学校等项目落户通用航空产业园，北川至平武白马直升机航线试飞成功。获批“国家首批北斗卫星导航产业区域重大应用示范城市”，北斗新时空智联工程加速实施。中广核梓潼风力发电场开工建设，填补我市风电产业空白。“绵阳造”智能家电、安全保密手机、千兆网系统等新产品顺利下线。

服务产业发展势头良好。电子商务、现代金融、现代物流、科技服务、养老健康等五大新兴先导型服务业迅猛发展，实现服务业增加值522亿元、增长9.7%。四川电商示范城市建设进展顺利，引进中国网库、大龙网等知名电商，实现电商交易额1612亿元、网络零售额51.3亿元，两项指标均居全省第二位。金融机构人民币各项存款余额2621.7亿元、增长8.8%，贷款余额1398.5亿元、增长11.6%。乐荟城、经开区万达CBD加快建设，富临大都会、凯德广场二期、天泰剑南国际食品城开业运营。全球旅游网络运营商交流会、旅游发展大会圆满举办。绵阳科技馆、北川维斯特农业休闲旅游区、江油李白故居成功创建国家AAAA级景区，国家AAAA级以上景区达到10家。实现旅游总收入277.3亿元、增长35.1%。

四、千方百计惠民生，社会事业更繁荣

民生改善步伐明显提速。“十项民生工程”深入开展，17件民生实事、178个民生项目全面完成，投入资金125.1亿元、增长21.7%。开工保障性住房和棚户区改造

14902套、竣工9035套，危旧棚户区改造争取国开行资金40亿元。城镇、农村居民低保标准分别提高到350元和180元，惠及30万城乡困难群众。新增城镇就业4.8万人，城镇登记失业率3.79%。接纳高校毕业生就业13577人，其中硕士985人、博士304人。扶贫攻坚深入推进，变“大水漫灌”为“精准滴灌”，6.8万农村扶贫对象脱贫解困。对口支援阿坝州壤塘县、红原县和援建雅安市雨城区工作扎实开展。

公共服务水平逐步提高。高考本科硬上线突破3万人，硬上线率62%，连续14年全省“双第一”。涪城区、游仙区、江油市“义务教育基本均衡”达标通过国家认定。川音绵阳艺术学院转设为四川文化艺术学院。环仙海湖自行车公开赛成功举办。《绵阳文化产业发展规划》编制完成，文化和科技融合示范基地建设稳步推进。中国诗歌节、全市社区文化节圆满举办，电影《兰辉》等两部作品荣获全国“五个一工程”奖。国家基本药物制度在基层医疗机构实现全覆盖，新农合参合率99.96%，连续四年居全省首位。入选信息惠民国家试点市、宽带乡村全省扩大试点市，“绵州通”卡应用范围不断扩大。人口素质明显提高，人口自然增长率控制在1.98‰。广电、档案、老龄、气象、水文、地方志、红十字、残疾人、妇女儿童、防震减灾等工作有力推进。

社会治理能力切实增强。“平安绵阳”创建活动深入开展，反恐维稳、非法集资、征地拆迁等矛盾有效化解，各类突发事件及时处置。违法建设整治行动全面开展，拆除小枧沟镇顺河村等地违章建设典型，清理违法建筑1611宗、17万平方米。建成国家级安全社区1个、省级安全社区16个，未发生重特大安全生产事故。食品药品信息化溯源系统加快建设，食品安全透明度明显提高。国防教育和国防动员持续深化，后备力量建设得到加强。统计、邮政、住房公积金、国安、人防、民族、宗教、保密等工作积极推进。

五、从严从实转作风，政务服务更高效

教育实践活动深入开展。坚持“为民务实清廉”，扎实开展党的群众路线教育实践活动，以锲而不舍、驰而不息的决心和毅力推进作风建设。认真召开市政府班子专题民主生活会，查摆“四风”问题34个，制定整改措施32条。“三走遍一深入”“工余时间访民情”活动全面推进，服务群众“最后一公里”进一步打通。领导干部收受红包礼金、违规购置使用车辆、违规发放津补贴等专项整治深入开展，全市政府系统共查处“四风”问题案件76件、处分79人。

法治政府建设全面推进。出台《行政首长出庭应诉工作规定》，15名市级部门负责人出庭应诉。严格重大决策合法性审查，办理行政复议案件65件，清理规范性文件151件，纠正不规范行政行为51个。组织2456名行政执法人员参加法律考试，取消51名聘用人员执法资格。命名第二批市级法治单位480个，建成人民公园法治文化广场，提供法律援助4.8万人次，被评为全国“六五”普法中期先进城市。

机关行政效能明显提升。“一评五制三整顿”活动持续开展，四级政务服务体系健全完善。用好“12345”市长热线，开通“962299”企业服务热线。督查重大决策、重点项目345件，“点球式”通报104期。网络理政全面推进，7197条网络意见及时回复。211件人大代表建议、264件政协委员提案全部按时办结，满意率分别为90.5%、95%，没有不满意件。

各位代表，过去的一年，面对经济发展“三期叠加”的严峻态势和持续增大的下行压力，全市上下保持发展定力，开拓创新、锐意进取，为在全省率先实现次级突破奠定了坚实基础。这些成绩的取得，是省委、省政府亲切关怀的结果，是市委正确领导，市人大、市政协监督支持的结果，是全市广大干部群众凝心聚力、团结奋斗的结果。在此，我代表市人民政府，向全市各族人民，向驻绵解放军和武警部队官兵、政法干警，向各民主党派、工商联、无党派人士、各人民团体，向所有关心、支持和参与绵阳改革发展的各级领导、各界朋友，表示衷心的感谢，并致以崇高的敬意！

在肯定成绩的同时，我们也清醒地认识到，全市经济社会发展也面临一些不容忽视的问题，主要表现在：实体经济面临困难，企业亏损面较大，发展后劲不足；投资效益不高，要素瓶颈制约加重，融资难融资贵等问题仍然突出，一些项目受土地供需矛盾影响选址难、落地难；地方债务、影子银行等风险开始显化并相互交织，对经济发展带来不利影响；政府系统还存在“庸懒散浮拖”等不良现象，依法行政和反腐倡廉建设还需加强。我们将以对党和人民高度负责的态度，正视问题和差距，切实加以解决。

2015年工作安排

今年是全面深化改革的关键之年，是全面推进依法治市的开局之年。国家全力打造“一带一路”和长江经济带，为地处两大战略交汇点的绵阳提供了更大的发展空间。科技城成为“1+5+2”国家自主创新示范区成员，执行中关村政策和自主创新“新四条”，创新创造活力进一步迸发。成绵乐客专开通形成的“同城效应”，促进绵阳深度融入成都经济区。只要抓住和用好这些重要机遇，我们不仅可以保持经济增长的良好势头，还可以蓄势突破，实现后发赶超。

今年工作总体要求：全面贯彻党的十八大和十八届三

中、四中全会及中央经济工作会议精神，以马克思列宁主义、毛泽东思想、邓小平理论、“三个代表”重要思想和科学发展观为指导，认真学习实践习近平总书记系列重要讲话精神，深入落实省委十届三次、四次、五次全会、省委经济工作会议以及市委六届八次全会精神，主动适应新常态，把握稳中求进工作总基调，始终保持专注发展定力，继续实施“六大发展战略”，协调推进全面建成小康社会、全面深化改革、全面推进依法治市，加快建设中国西部经济文化生态强市和国家科技城，促进全市经济持续健康发展、社会和谐稳定。

今年经济社会发展主要预期目标：地区生产总值增长8%左右，规模以上工业增加值增长8.8%，全社会固定资产投资增长6%，社会消费品零售总额增长12%，地方一般公共预算收入增长8%，城镇居民人均可支配收入增长9.5%，农村居民人均纯收入增长10%，居民消费价格涨幅控制在3.5%，城镇登记失业率低于4%，人口自然增长率控制在4.5‰以内，完成省政府下达节能减排任务。

需要说明的是，我市和全省、全国一样，经济新常态下，总体上进入了速度换挡期，要实现过去那样高速增长缺乏有力支撑。但同时要看到，绵阳的主要矛盾是发展不足，还有17万贫困人口，以及大量失地农民和失业失能人员。如何做到换挡不失速、调速不减势、量增质更优，是非常现实的考验。地区生产总值增长8%左右的预期目标，是对今年稳增长与调结构、促改革与控风险平衡点的整体把握。这是一个预期性目标，有条件的县市区、园区要尽可能发展快一点。在新的一年里，我们将调动一切积极因素，在“抓紧转”中“加快赶”，为“利长远”而“稳当前”，努力实现经济更有质量、更有效益的发展。

一、全面深化改革，持续构建新的开放优势

*加大重点领域改革力度。*破除“中梗阻”，以“钉钉子”精神狠抓已出台的改革方案落实，让改革新红利转化为发展新动力。持续推进简政放权，加大市级行政审批权下放，全面取消非行政许可审批事项，坚决整治“红顶中介”。扎实开展长虹、九洲综合改革试点，制定市属国资国企兼并重组方案，推进绵投、科发、交发三大投融资平台市场化改革。深化财税体制改革，贯彻新《预算法》，完善政府预算管理制度。严格执行国务院规范税收优惠政策要求，全面推动“营改增”。切实抓好三台、游仙农业农村综合改革试点，稳定农户承包权，放活土地经营权，基本完成土地承包经营权确权登记颁证，完成农房确权登记28.7万户。

*提高非公经济发展速度。*坚持权利平等、机会平等、规则平等，激发非公有制企业的活力。推进商业银行和农村信用社改革，鼓励发展融资担保和再担保机构，完善银担合作机制，把更多金融“活水”引向小微企业。努力吸引民间资本以公私合营（PPP）方式参与油气管网、旅游开发、保障性住房等领域项目建设运营，力争非公经济增加值占地区生产总值比重59%以上，民间投资占全社会投资比重61%以上。

*拓展对外开放合作广度。*深度参与长江经济带和“一带一路”建设，鼓励企业通过“蓉欧快铁”开拓欧洲、中亚等市场。抢抓成绵乐客专开通契机，加强成都经济区“8+3”合作，形成资源共享、产业共兴的良好格局。构建招商引资与招才引智联动机制，全力办好科技城专题投资促进活动，积极参加西博会、武汉园博会、中外知名企业四川行、川欧经济合作洽谈会，围绕产业链、创新链、价值链招大引强，力争引进10亿元以上项目20个，利用外资2亿美元。全力促进海关和检验检疫“一次通关”，推动出口加工区创建国家级综合保税区。

二、注重提质增效，努力加快转型升级步伐

*支持现代农业加快发展。*积极推进“全域灌溉”，大力建设武引二期灌区、开茂水库、沉水水库、草溪河水库等水利设施。加快农业科技应用推广，实施现代农业千亿示范工程，推动农业由“生产导向”向“需求导向”转变。建设6个现代农业万亩示范区，确保全市粮食总产量216万吨。培育新型农业经营主体，新增市级龙头企业25个、农民合作社示范社40个、家庭农场200个。加强农产品质量安全管理，完善“从田间到餐桌”全过程监管机制。

*提升新兴产业竞争优势。*集中力量实施“4+3”战略性新兴产业发展规划，积极争取上级项目资金支持。大力推进信息安全和下一代互联网、新能源汽车、节能环保等产业纵向延伸、横向配套、集群发展，加快建设新加坡IGSS光通信研发、兵装3D打印装备制造等重大工程。全力壮大长虹、九洲、富临等大企业，积极培育特锐祥、凤天节能等小微企业，新增规模以上工业企业60家。强化产学研用深度结合，充分发挥空管系统等13个新兴产业联盟作用。

*增强第三产业带动效应。*加快建设三台县全国电子商务进农村综合示范县、科创区省级电商示范基地和江油市电商孵化园，支持食哈哈、靓家宅配等电商企业做大做强，力争实现电商交易额1800亿元、增长11%以上。全力推进科技物流产业园、石塘商贸物流园建设，壮大长虹民生、安运物流等企业。积极培育健康医疗、养老托幼、家政物业等新型业态。着力促进文旅结合、农旅结合，持续举办旅游发展大会和服务业发展大会，打造大九寨新环线精品线路，加快涪江六峡景区建设。支持白马王朗创建国家级生态旅游示范区，七曲山争创国家国家AAAAA级景区和古蜀道申遗，力争旅游总收入350亿元、增长25%以上。

三、狠抓项目投资，积极促进内需潜力释放

*全力推动重大项目落地。*开展“项目引进落地实施

年”活动，深化“一评五制三整顿”成果，鼓励金融机构扩大在绵信贷投放规模，帮助企业解决土地、水电气等要素保障问题。推动绵九高速纳入国家高速公路网络“十三五”规划，加快唐家山堰塞湖综合开发，促进西部控股、OLED显示屏、香港南中陶瓷插芯等重大项目落地。开工建设高世代半导体显示器、神华天明煤电一体化循环经济产业园、成兰铁路睢水火车站通道、北川通航机场等项目，积极推进西成客专、冬瓜山电航、保和富山矿产基地等85个重大续建项目，力争早日竣工投用，确保完成全社会固定资产投资1145亿元。

合理布局政府投资项目。对接国家生态环保、清洁能源等“七大重大工程包”投资方向，力争更多项目列入国家大盘子。积极适应新技术、新产品、新业态、新商业模式创新，优化政府投资结构，扩大在新兴产业、基础设施、改善民生等领域投资规模。加强政府性债务举借、使用和偿还等环节管控，做到“举债有范、量入为出”，确保债务风险可控。

加速促进社会消费升级。加快建设川西北农产品中心等消费基础设施，完善城乡现代流通网络。紧盯家政、教育文化等六大消费领域，积极培育消费热点。继续打造“绵州九宝”“江油八品”等特色产品，满足个性化、多样化消费需求。办好国际车展、住博会等消费活动，引导释放消费潜力。结合养老保险并轨，完善机关事业单位工资制度。提高中低收入居民收入水平，落实带薪休假制度，增强社会消费能力。

四、鼓励创新创业，合力建设国家科技城

强化多层次政策支撑。编制《绵阳科技城发展规划(2016—2020年)》，筹备科技城部际协调小组第12次会议，推动更多改革试点在绵阳落地。探索组建科技创新委员会，争取“国家军民融合试验基地”授牌。用好用活中关村先行先试政策和国家自主创新“新四条”，深入研究省政府推进科技城建设10条支持措施，完善市级政策配套，努力让“黄金政策”发挥“黄金效益”。

引导全方位创新创业。用好科技城软件产业园、西科大国家大学科技园等平台，组建中国物联网西部研究院和中国高分数据应用西南中心，力争科技企业孵化器突破100万平方米，新增孵化企业和服务机构1000家。深化科技金融结合试点，加快全国小微企业信用体系试验区建设，发挥四川虹云等创投基金作用，帮助“蹒跚起步”的科技型企业。实施“千英百团”聚才计划，办好创新创业大赛，建设中国国际人才分市场和青年“创客”俱乐部。着力推进“涌泉计划”，实施“金苗”“拔萃”“卓越”工程，新增科技型中小企业2300家，专利申请量6000件、授权量3100件，让大众创业、万众创新走到“舞台”中央，成为科技城建设最首要的任务、最鲜明的特质和最核心的内涵。

打造专业化交易平台。认真筹办第三届科博会，完善科技城会展中心功能配套，积极争取举办总装备部“民参军”企业成果发布会，着力打造国家级科技成果发布交易平台、军民两用技术对接转化平台、对外科技交流合作平台，使科博会一届比一届办得更好。发挥“中国创新驿站绵阳工作站”“中国技术交易所绵阳工作站”作用，努力把创新成果变成实实在在的产业活动，力争实现技术合同成交总额7.5亿元。加快培育科技服务机构，新增科技中介服务企业50家。

高起点、高标准建设集中发展区。全面完成集中发展区规划报批工作，加快建设总投资30亿元的科技城大道、八家堰大桥等重点设施。加大河边镇安置房及场镇中式风貌改造力度，做好1953户拆迁群众安置工作。大力推进信息安全产业基地、中科西部智慧产业城等重大项目建设，提升核心示范区产业承载能力。支持国防科研院所和军民融合专业园区建设，实施第二批军转民高技术产业链项目，新增军民融合企业90家，全市实现军民融合销售收入1810亿元。

五、增强承载能力，全面推动城乡统筹发展

积极壮大县域经济。深入开展扩权强县试点，支持民族边远山区发展，指导新纳入试点的北川县、平武县用好8方面56项市级经济管理权限。优化行政层级和区划设置，加快推进安县设区，提前做好产业、基础设施、公共设施等规划对接。有序实施县城扩容提质，继续推动三台设市。务实做好撤乡设镇、撤镇改街道办和村改居工作。积极支持列入省上“51025”培育计划的江油工业园、安县工业园等5个产业园区加快建设，力争全市园区产业集中度达到81%。

加快建设新型城镇。放开城镇落户限制，推进农业转移人口市民化，城镇化率提高1.2个百分点。实施“百镇建设试点行动”，打造西平镇、龙门镇等全国重点镇，建设秀水镇、武都镇等一批5万人以上中心集镇。推动城镇低效用地再开发，深化城乡建设用地增减挂钩，在江油市、三台县、梓潼县、盐亭县探索建立耕地保护经济补偿机制。完善农村基础设施，建设农村公路600公里以上，新增1500个“宽带乡村”。打造游仙区等4个省级新农村示范片，建成400个幸福美丽新村，留住青山绿水，让山水之恋和城市文明融为一体。

切实提升城市品质。巩固全国文明城市创建成果，狠抓城南、城西、科创区等城市新区发展。持续开展畅通绵阳建设，大力推进剑南路改造、二环路三期建设、安昌桥综合改造等重点市政工程。提升智能交通建设和应用水平，全域规划建设新能源汽车充电设施。探索实施房屋拆迁货币化安置，开工保障性住房和棚户区改造12861套、

竣工5194套，帮助3.8万人“出棚入楼”。建设涪滨路生态景观绿道，构建城区“绿道网络”。实施《地下空间开发利用管理办法》，启动警钟街、文化广场等地下空间开发。拓宽“绵州通”卡使用范围，新增光纤入户家庭50万户，完善4G网络，把城市打造成为和谐包容智慧、群众安居乐业的有机生命体。

六、坚持生态打底，群策群力打造美丽绵阳

持续推进节能减排。深入推进企业节能降耗技术改造，控制高耗能高污染行业增长，淘汰落后产能企业52户，万元GDP综合能耗下降2%。开展公共建筑、道路照明等重点领域能源管理，积极支持节能低碳产业和可再生能源发展。加快建设中科环保产业园、再生资源分拣中心、玉皇垃圾发电厂等减排项目，提高资源利用效率。

高度重视环境整治。坚持源头严防、过程严管、后果严惩，全力实施“蓝天、碧水、净土”工程，争创国家生态文明先行示范区。建立重污染天气预警体系，强化秸秆禁烧和综合利用，加大城区扬尘污染治理，力争空气质量优良率80%。推进以芙蓉溪、草溪河为重点的小流域综合治理，确保三年治理目标顺利完成。加强对涉重金属、危险废物企业监管力度，推动跨区域联防联控。开展“清洁四源”行动，建成省级生态县2个、生态乡镇14个，市级生态村300个。

从严保护自然资源。严格落实环保“党政同责”和“一岗双责”，倡导人人尽责，启动编制“十三五”环保规划。推进“创森八大工程”，力争森林覆盖率增加0.5个百分点，争创国家森林城市。着力建设三江湖国家湿地公园、凤凰山公园和30个农村乡镇集中式饮用水源地。打造“数字环保”，健全环境突发事件应急体系。完善生态差异化考核指标，全面推行县市区党政主要负责人离任生态环境审计，纳入经济审计同步实施。

七、突出有感发展，坚持不懈增进民生福祉

健全完善社会保障体系。深入实施“十大民生工程”，办好20件民生大事。促进群众就业，助力“草根创业”，新增城镇就业4万人。扩大社会保险覆盖面，完善医疗保险配套政策，全面开展城镇职工补充医疗保险和城镇居民大病保险。积极实施农村安全饮水工程，确保顺利通过国家考核。实施精准扶贫，推动秦巴山片区加快发展，选准最贫困的村、扶持最困难的户、办好群众最关心的事，力争减少贫困人口4.2万人，年内完成失地农民参保5.1万人。继续做好支援阿坝州壤塘县、红原县和援建雅安市雨城区工作。

大力繁荣发展文化事业。加快建设绵阳博物馆新馆、非遗博物馆，力争年内建成投用。积极支持绵阳艺术剧院、天青苑川剧团、爱乐合唱团等文艺团体发展，深入开展绵州讲坛、周末音乐会、惠民演出季等群众文化活动。加强中国传统文化教育，认真筹办李白诗歌节。着力发展哲学社会科学，打造一批精品力作。办好全媒体中心，推进传统媒体和新兴媒体融合发展。持续开展文化市场“三个一遍”整治，坚决遏制文化违法违规经营行为。

扎实做好教体卫生工作。促进基本公共教育服务均等化，加快筹建科技城大学，完成绵阳外国语学校、南山双语学校办学改革和教育园区综合改革。优化中职教育资源，做好水电校与医专整合工作。大力开展校园足球活动，精心筹备全国第九届残运会暨第六届特奥会。深入实施国家“十二五”重大传染病防治示范区项目，规划建设园艺新区、城南片区医疗卫生设施，并向社会资本开放招商。加大居民健康卡发放力度，发挥中医医疗集团作用，探索医疗预防、养生康复服务新模式。建设“食品药品安全放心市”，确保人民群众“舌尖上的安全”。

八、推进依法治市，营造公平正义法治良序

深入推进公正执法。加强政府公职人员法治教育，重点学习培训《行政诉讼法》《安全生产法》《统计法》等内容，为依法行政加筑“安全围栏”。执行行政执法人员资格管理制度、持证上岗制度和统一考试制度，强化行政执法资格管理。严格依法办事，加大城市管理、劳动保障等领域执法力度。实施政府法律顾问制度，加强行政执法监督，落实《行政处罚自由裁量权规定》，做到有权必有责、用权受监督、违法要追究、侵权须赔偿，让人民群众沐浴在公平正义的阳光下。

着力创新社会治理。大力开展“平安绵阳”建设，实施社会治安网格化管理，构建立体化防控体系。加强人员密集场所安全管控，健全突发事件应急处置机制。突出问题导向，强化网络环境治理，坚决打击造谣诽谤、网上诈骗，严打暴力犯罪和多发性侵财犯罪。全力推进安全生产工作，建成1个国家级、9个省级安全社区。加大违章建筑整治力度，全面遏制蔓延势头。扎实推动金融生态环境建设，守住不发生系统性、区域性风险的底线。认真落实党的民族宗教政策，支持民族地区均衡发展。深化国防教育和国防动员，做好民兵预备役建设转型和备战训练，抓好征兵和全国双拥模范城迎检工作。

营造全民守法氛围。实施“六五”普法规划，推进“法律七进”，大力开展“十大法治评选”“法治绵阳基层行”“律师进千村”等活动。拓展法制宣传渠道，力争为群众提供法律援助3.5万人次，加快建设法治公园、法治街区、法治广场，努力实现普法全覆盖。集中治理缠访闹访、越级非访、以访谋利等问题，完善涉法涉诉信访依法终结制度，引导广大群众理性合法表达诉求，形成办事依法、遇事找法、解决问题用法、化解矛盾靠法的法治良俗。

关于政府自身建设

改革发展任务越繁重，人民群众期盼越强烈，政府自身建设越迫切。我们将忠实履行宪法和法律赋予的职责，着力向不作为、慢作为风气开刀，加快打造法治政府、效能政府、服务政府、廉洁政府，以政府自身建设新成效推动绵阳科学发展。

依法行政，积极构建法治政府。推行政府部门权力清单、责任清单、负面清单三大清单制度，用法治思维破解“权力任性”，习惯在法治的轨道上用权。严格行政决策和规范性文件合法性审查，发挥决策咨询委员会作用，加强风险评估、责任追究等关键环节法制保障。坚持重大事项向市人大常委会报告，自觉接受市政协监督。加大财政预算、公共资源配置、重大项目建设信息公开力度，拓宽群众参政议政渠道。

科学理政，加快转变政府职能。深刻认识市场在资源配置中的决定性作用，处理好政府与市场、社会三者的关系。全面落实职能转变和机构改革方案，优化组织结构，强化政府市场监管、公共服务、社会管理和环境保护等职能。坚持“积极稳妥、责权统一”原则，全面推行并联审批。建立《行政许可项目》和《服务事项目录》清单，分批取消和下放部分城市管理事权，激发社会管理创新的活力。

从严治政，鲜明回应群众期待。深化“四风”整治，巩固和拓展群众路线教育实践活动成果。按照“严、准、细、实、快”的标准，切实加大“庸懒散浮拖”专项整治力度。健全工作责任制和绩效考评机制，把群众满意度作为政府工作的首要标准，真正让政府服务在基层，使问题解决在基层，把公信树立在基层。强化行政问责和效能监察，习惯在监督的环境下工作，让监督的阳光照亮权力运行的每一个角落。

廉洁从政，始终坚守红线底线。严格执行中央《党政机关厉行节约反对浪费条例》和国务院“约法三章”，坚持勤俭办一切事业，严格控制一般性支出。加强纪律建设，把严守纪律、严明规矩放到重要位置来抓。认真落实党风廉政建设责任制，健全惩治和预防腐败体系。严肃查处干部滥用职权、贪腐堕落、失职渎职等案件，做到零容忍的态度不变，猛药去疴的决心不减，刮骨疗毒的勇气不泄，严厉惩处的尺度不松，习惯在清新的空气中生活，营造风清气正的政治生态。

各位代表，全面深化改革的强劲东风吹遍科技新城，全面推进依法治市的行动号角响彻绵州大地，全面建成小康社会的宏伟目标激励我们奋勇前进。让我们紧密团结在以习近平同志为总书记的党中央周围，在省委省政府和市委领导下，抢抓机遇、创新实干，勇于担当、攻坚破难，为建设中国西部经济文化生态强市而努力奋斗！

名词解释和说明

1.“涌泉计划”：坚持政策引导、环境创造，形成“科技型中小企业铺天盖地、创新型大企业顶天立地”的良好发展态势。根据企业不同阶段特点，分为“金苗工程、拔萃工程、卓越工程”三类扶持政策。

2.“十有”政策：创新创业有资助，外来创业有公寓，初创企业有场地，注册收费有减免，创业贷款有担保，风险投资有补偿，上缴税收有返还，专利申请有奖励，技术创新有专项，优秀人才有重奖。

3.自主创新“新四条”：给予技术人员和管理人员的股权奖励可在5年内分期缴纳个人所得税；有限合伙制创投企业投资于未上市中小高新技术企业2年以上，可享受企业所得税优惠；对5年以上非独占许可使用权转让，参照技术转让给予所得税减免优惠；对中小高新技术企业向个人股东转增股本应缴纳的个人所得税，允许5年内分期缴纳。

4.“4+3”战略性新兴产业：“4”指信息安全和下一代互联网、新能源汽车、节能环保、航空与燃机产业；“3”指北斗卫星导航、新一代显示技术、3D打印和机器人产业。

5.三走遍一深入：市级领导干部走遍乡镇（街道），县市区（园区）县级领导干部走遍村（社区），基层干部走遍群众，市、县机关干部深入一线。

6.三期叠加：增长速度换挡期、结构调整阵痛期和前期刺激政策消化期。

7.一带一路：“丝绸之路经济带”和“21世纪海上丝绸之路”。

8.六大发展战略：“两化”互动和城乡统筹、创新驱动、开放合作、文化引领、民生优先、绿色低碳发展战略。

9.公私合营（PPP）：政府及其公共部门与企业之间结成伙伴关系，并以合同形式明确彼此权利与义务，共同承担公共服务或公共基础设施建设与营运。

10.“七大重大工程包”：信息电网重大网络工程、健康养老服务、生态环保、清洁能源、粮食水利、交通、油气矿产资源保障工程等7个重点投资领域。

11.“三个一遍”整治：对文化市场经营秩序规范一遍，对经营场所涉及的文化内容查处一遍，对文化经营场所经营安全排查一遍。

12.“法律七进”：法制宣传进机关、进乡村、进社区、进学校、进企业、进单位、进寺庙。

人大常委会工作报告

——在绵阳市第六届人民代表大会第六次会议上

绵阳市人大常委会主任 蒋仁富

（2015 年 2 月 9 日）

各位代表：

我受市人大常委会委托，向大会报告工作，请予审查。

一年来，在市委的坚强领导下，市人大常委会深入贯彻落实党的十八大、十八届三中、四中全会和市委六届六次、七次全会精神，切实履行宪法法律赋予的各项职责，努力推进全市经济、政治、文化、社会和生态文明建设。主要做了以下工作：

一、认真贯彻落实党的十八届三中、四中全会精神，推进人大工作与时俱进

一是按照三中全会“健全人大讨论、决定重大事项制度，各级政府重大决策出台前向本级人大报告”的要求，制定出台了《绵阳市人民代表大会常务委员会关于讨论决定重大事项的规定（试行）》，确定了涉及全市国民经济、社会事业、城市规划、环境和资源保护等方面的14项重大事项，必须经市人大常委会讨论并作出相应决议、决定，还列出18项应当由“一府两院”向市人大常委会报告的重大事项。同时明确了市人大常委会讨论决定重大事项的规则和程序以及违反规定的责任追究。这个规定使宪法法律赋予市人大常委会作为地方国家权力机关的重大事项决定权具体化、可操作，是市人大常委会制度建设的重大突破。市人民政府高度重视并认真执行这个规定，先后就城区财政体制改革、城区违法建设整治、剑南路改造、政府机构改革等多个重大事项向常委会做了报告。

二是按照三中全会“健全‘一府两院’由人大产生、对人大负责、受人大监督制度”的要求，制定出台了《绵阳市人民代表大会常务委员会加强司法监督工作规定》，进一步明确了监督对象和监督方式，并制定了实施细则，建立了司法监督工作专家咨询组。该规定实施后，市中级人民法院、市人民检察院、市公安局、市司法局等相关单位，按规定及时向市人大常委会报送同类案件综述、案件质量评查等文件，司法监督工作得到切实加强。

三是按照三中全会“加强人大预算决算审查监督、国有资产监督职能”的要求，经过深入调查研究，摸清家底，制定出台了《绵阳市人民代表大会常务委员会国有资产管理监督办法（试行）》，明确了市人大常委会监督国有资产管理的范围、监督重点、监督方式和责任追究等事项，开启了对国有资产管理的监督工作，填补了市人大监督国有资产的空白。

四是按照三中全会“加强人大常委会同人大代表的联系，充分发挥代表作用”“密切代表同人民群众联系”的要求，及时交流推广全市人大代表联系群众工作经验，组织53名市人大代表参加了全国人大会议中心举办的地方人大代表培训班，加强了对代表小组活动的督促和指导。市人大代表形成调研报告30篇，其中《关于绵阳城区二次供水安全问题的调研报告》《关于统筹城乡户籍制度改革的调研报告》等7篇已转市人民政府做工作参考。从10月开始，每次常委会会议都邀请部分市人大代表列席和部分公民旁听，扩大了代表和公民对常委会活动的参与。认真组织办理代表建议，修改完善了《绵阳市人民代表大会代表建议、批评和意见办理办法》，更加重视代表对办理工作的意见。市六届人大五次会议期间代表共提出建议221件，其中45件被确定为重点督办件。《关于加强秸秆禁烧及秸秆综合利用工作的建议》《关于对九环东线江油—平武县城段实施路面改造及黑化工程的建议》《关于加大对游仙区推进城乡公交一体化支持力度的建议》等重点督办件得到有效落实，促成开通了绵阳城区到游仙忠兴镇、魏城镇的两条公交线路，极大地方便了沿线群众。一批群众关心的热点、难点问题得到有效解决。代表对办理结果的满意率为90.95%。

党的十八届四中全会召开后，常委会党组及时召开中心组学习会，专题学习会议公报和决定原文，并结合全市人大工作实际交流学习心得，研究贯彻意见。常委会机关开展了宪法专题学习，机关干部参加了首个宪法日向宪法宣誓活动。

二、推动绵阳科学发展、加快发展

大力助推科技城建设。常委会组成人员多次深入科技城创新中心、产业园区和部分重点企业、重大项目建设工地视察调研，参与科博会招商引资工作，组织在绵全国人大代表、省人大代表视察科技城集中发展区建设情况，就积极争取和落实科技政策、加强创新创业人才队伍建设、扩大开放合作、推进创新驱动发展和军民融合发展等提出建议意见。围绕理顺绵阳市与市辖区和园区管理体制进行专题调研，提出调动各方面积极性、增强市辖区和园区发展活力、推动市区一体发展的具体建议，形成了给市委的专项报告。对全市科技型中小企业发展情况进行了专题视察，督促市人民政府完善政策支撑体系，做好要素保障，帮助协调解决企业实际困难。

加强对经济运行和财经工作的审查监督。围绕工业强市，常委会组成人员多次深入企业视察调研，就转变经济发展方式、优化产业结构、促进产业转型升级提出建议意见。常委会听取了市人民政府关于2014年1~6月国民经济和社会发展计划执行情况的报告，提出了狠抓稳增长各项措施的贯彻落实等审议意见，并从实际出发，批准将“十二五”规划（纲要）地区生产总值年均增速目标由12%调减至11%。批准了2013年市级财政决算，听取了2014年1~6月预算执行情况的报告、市级财政超收收入安排使用情况的报告，并提出强化财政资金监管、完善全口径预算管理等审议意见。审议了2013年市级财政预算执行和其他财政收支审计工作情况的报告，要求增加审计查出问题的透明度，督促限时整改，确保问题整改落实到位。加大对政府性投资和债务的监督审查力度，进一步加强了对市级部门财政预算在线监督，把政府财政权力进一步关进人大监督制度的笼子。

持续推动畅通绵阳建设。常委会组成人员视察了二环路修建、安昌桥改造等重点工程建设情况，听取了市人民政府关于城区新增出租车运力、智能交通管理系统建设、剑南路改造以及改善城区交通组织情况的报告，监督和支持市人民政府进一步采取措施，加快推进畅通绵阳建设。听取市人民政府关于城乡规划执行、住房专项维修资金管理情况的报告，积极支持绵阳市危旧房棚户区改造。对绵阳历史文化名城保护、园林绿地和公共空间保护等决议、决定的执行情况进行了督促检查，确保市人大及常委会决议、决定的贯彻落实。

积极推进“三农”工作。对武引二期灌区工程建设开展专项视察，听取和审议市人民政府武引工程建设情况报告，要求进一步加强资金筹集，加大政策支持，加快工程建设进度。对全市农田水利建设和甘薯产业发展情况进行了视察调研，推动农村水利建设和农业增效、农民增收。听取和审议了关于我市省、市两级新农村示范片建设情况的报告，强调要突出产业发展、农民增收主题，凝聚新农村建设合力。常委会组成人员赴游仙、梓潼、北川等地，对农村留守“空巢”老人和农村敬老院管理运行情况进行了专题调研，促进建设和办好敬老院，进一步完善新型农村社会养老保险，加快推进居家、社区、机构养老服务共同发展。对市人民政府贯彻落实《中国农村扶贫开发纲要（2011~2020）》审议意见情况进行督查，要求强化项目监管，确保扶贫资金发挥最大效益。

三、坚持以人为本，依法保障和改善民生

加大对环境保护的监督力度。高度关注涪江、安昌江水资源保护。组织视察了绵阳城区排水基础设施建设管理情况、城区及三江库区环境污染治理情况，4月24日，常委会第22次会议听取和审议了市人民政府关于绵阳城区排水基础设施建设管理工作情况的报告。鉴于会上对城区污水排放反映强烈，会后，市人大常委会主要领导又带队到问题突出的排污处调研，经与市人民政府研究，制定了具体整治方案。6月10日，常委会第23次会议做出了《关于限期整治绵阳城区污水排放突出问题的决定》，对整治城区三江大坝内等五处污水排放突出问题列出了时间表，要求三年内完成整治任务，并明确了阶段性目标，加强了跟踪督查。目前，高新片区污水直排安昌河问题、高新新区和新皂镇及会展中心区域污水直排草溪河问题、石马镇片区污水直排涪江问题已经解决。积极推动小流域水环境整治，对北川、安县、高新区等地小流域治理工作展开督查。支持市人民政府出台秸秆禁烧和综合利用财政奖补政策，提高秸秆综合利用率。听取市人民政府关于违法建设整治工作情况汇报，支持市政府整治违法建设，维护城市规划的严肃性。

加强食品药品和饮用水安全监督。常委会组成人员深入食品生产、流通、餐饮服务企业，对我市食品安全监管工作情况进行了专项视察，听取了市人民政府关于全市食品安全工作情况的报告，要求加大执法力度，提高人民群众食品、药品安全保障水平，努力建设“食品药品安全放心市”。以“保护饮用水源地、保障饮用水安全”为主题，组织开展了2014年“环保世纪行”宣传活动，持续推进饮用水源地保护工作。

促进教育和社科普及工作。常委会对我市民办教育、中等职业教育进行了视察调研，听取和审议了市人民政府关于我市民办教育发展情况的报告，要求把握好政策导向，加大支持力度，强化和规范对办学的监管，促进民办教育健康发展。对全市社会科学普及工作进行了调研，要求市

人民政府高度重视，进一步健全社科组织体系，加大资金投入力度，完善设施建设，更好地服务于科技城建设。

做好群众来信来访工作。截至今年1月底，共受理人民群众来信来访915件（次），6356人，网络问政107件。完善了常委会领导接访制度，常委会领导共接访23批36人次，批阅信访件83件。加强对信访反映问题的调查了解和催办、督办，对游仙区小岛社区土地开发建设涉及村民有关权益等信访问题进行了专题调查，推动了群众合理诉求的解决。

四、促进公平正义，扎实推进民主法制建设

积极推动法治绵阳建设。常委会第23次会议审议并通过了《关于设立法治绵阳建设宣传周的决议》，确定每年12月4日国家宪法日所在周为法治绵阳建设宣传周，并组织开展了宣传活动。协助北川羌族自治县开展自治条例修订工作。

加强执法监督。常委会组成人员和市人大代表深入部分乡镇、街道、社区、机关单位和学校，对兵役法、旅游法、未成年人保护法、预防未成年人犯罪法、归侨侨眷权益保护法、四川省残疾人保障法实施办法等法律法规的贯彻执行情况进行了检查，努力维护宪法法律的尊严，切实保障人民群众的合法权益。对税收征管法律法规的执行情况进行了专项调研，督促政府进一步规范执法行为，确保依法征收。听取了第九届村（居）民委员会换届选举工作情况的报告。对35个规范性文件进行了备案审查。

强化司法监督。常委会听取了全市社会治安分类防控体系建设情况报告，听取并审议了社区矫正工作情况报告，要求市人民政府加强培训，专群结合，加大投入，保障矫正工作取得好的效果。听取全市检察机关反渎职侵权工作情况报告和反贪工作审议意见办理情况报告，促进了反渎、反贪工作的开展。加强审判管理监督，听取市中级人民法院审判管理工作情况报告，强调着力构建审判管理工作责任制，建立健全审判管理配套机制，提高审判水平，维护公平正义。组织市人大代表旁听庭审，丰富了监督形式，拓宽了监督渠道。听取了高新区、科学城人民法院和人民检察院及小枧地区人民检察院年度工作报告。

五、深入开展党的群众路线教育实践活动，切实改进作风

进一步加强同人民群众的密切联系。常委会领导班子结合人大工作特点，紧紧围绕“为民、务实、清廉”主题，认真学习习近平总书记系列重要讲话精神，照镜子，正衣冠，广泛搜集意见，召开专题民主生活会，深入查摆剖析问题，开展批评和自我批评，制定并落实32条整改措施。在“三走遍一深入”活动中，常委会领导班子成员分别到6个县（市、区）51个乡镇的51个场镇单位、51个村社、100多户农家调研，收集问题和建议146条，形成专项调研报告8篇报市委。坚持做好联系乡镇、联系村和社区工作，为基层和群众办了一批实事好事。

旗帜鲜明反对“四风”。制定了常委会视察调研工作制度和视察调研计划，合理安排视察调研时间和内容，周密组织，轻车简从，直接深入基层和群众了解实情。全年共组织开展视察调研26次，做到了务实高效。常委会机关认真贯彻《党政机关厉行节约反对浪费条例》《党政机关国内公务接待管理规定》，严格执行党政机关办公用房和公务用车的有关规定，全面完成清理清退工作。

加强常委会自身建设。切实转变学风、文风和会风。对常委会有关工作制度进行全面梳理，制定出台了常委会组成人员出席常委会会议请假制度、常委会会议列席人员请假制度，建立健全了常委会组成人员履职通报制度以及人大常委会专项工作评议、询问、质询等工作规则，常委会工作制度化、规范化水平进一步提高。坚持常委会党组中心组学习制度和常委会机关干部每月两次集中学习制度，增强了常委会班子成员和机关干部的政治意识、大局意识、责任意识和法治意识。

市六届人大五次会议以来，共召开常委会会议9次；听取和审议“一府两院”工作报告33项，作出决议决定11个，提出审议意见45条；任免国家机关工作人员100人次；任命四川省科学城人民法院、绵阳高新技术产业开发区人民法院人民陪审员28人。

回顾一年来的工作，我们认识到，常委会依法行使重大事项决定权还需加强；监督力度不够，方式单一，监督的针对性和实效性还有待增强；对群众关注的热点难点问题的调研和推动解决还需进一步深入；保障和服务代表履职能力的举措还需进一步拓展；对县、乡人大工作的联系指导还应加强。

各位代表：

党的十八届四中全会做出了全面推进依法治国的决定，对人大工作提出了新的、更高的要求。市委六届八次全会对今年全市经济、政治、文化建设等作了全面部署。市人大常委会要认真贯彻党的十八届四中全会和市委六届八次全会精神，把推进全面建成小康社会、全面深化改革、全面建设法治绵阳作为工作重点和主线，积极作为。2015年，重点做好以下工作：

一是依法审议、决定重大事项。认真执行《绵阳市人

民代表大会常务委员会讨论决定重大事项的规定（试行）》，紧紧围绕市委有关科技城建设、依法治市、产业转型升级、“两化”互动、城乡统筹、创新驱动、开放合作、文化引领、民生优先、绿色低碳等方面的决策部署，适时作出决议、决定，通过充分发挥地方国家权力机关的职能作用，把市委的决策变成全市人民的共同意志和行动，促进全市经济平稳健康发展、民生持续改善、社会和谐稳定。

二是全面推进法治绵阳建设。继续做好“六五”普法工作，抓好法治绵阳建设宣传。加强地方立法能力建设，积极争取省人大支持，尽快获得市人大及常委会的地方立法权。认真贯彻执行新修订的预算法，强化对代表法、监督法等与人大工作密切相关的法律制度的执行力度。坚持党管干部和人大及其常委会依法任免干部有机统一，依法行使选举任免权，坚持和完善干部任前法律知识考试制度。实施人大及其常委会选举或任命的国家工作人员正式就职时公开向宪法宣誓制度。深入贯彻实施《四川省依法治省纲要》和市委关于深入推进法治绵阳建设的《决定》，促进科学立法、严格执法、公正司法、全民守法。

三是进一步加强人大监督工作。围绕市委重大决策、全市重点工作、改革和发展的重大事项以及人大常委会决议、决定的落实，加强对“一府两院”的法律监督和工作监督。要突出监督重点，加大力度监督事关群众切身利益的重大事项，包括“十二五”规划目标完成、2015年度计划和预算执行、国有资产管理、政府性债务、城市规划、环境保护、食品安全、教育体育、医疗卫生、妇女儿童、最低生活保障、畅通绵阳建设、违法建设整治、城区污水排放治理、重大民生工程等。综合运用专项工作评议、专题询问、质询、特定问题调查等多种方式，丰富监督形式，提高监督实效，不断增强地方国家权力机关的监督权威。

四是进一步做好代表工作。坚持常委会组成人员联系代表和代表联系人民群众制度，拓宽联系渠道。加强代表履职学习，提高代表素质。邀请代表列席常委会会议，扩大代表参与。抓好代表建议的交办和督办工作。不断探索总结县、乡人大代表向选民述职经验，建立代表履职保障激励机制，充分发挥代表作用。加强对县、乡人大工作的指导，切实推进基层民主政治建设。

五是加强常委会自身建设。继续深入学习党的十八届三中、四中全会精神和习近平总书记系列重要讲话，坚定理想信念、宗旨意识。坚持党的领导、人民当家做主和依法治国有机统一。始终坚持群众路线，巩固党的群众路线教育实践活动成果。带头学法、懂法、用法、守法，着力提升常委会组成人员的法治水平和履职能力。健全机构设置，为全面推进依法治市、行使地方立法权、贯彻实施新预算法等做好机构和人员准备。通过聘请专业机构或人员担任顾问、建立专家库等方式，积极推进人大工作创新发展。

各位代表：让我们更加紧密地团结在以习近平同志为总书记的党中央周围，在市委的坚强领导下，依法履职，奋发有为，为建设法治绵阳，建设中国西部经济文化生态强市，做出新贡献！

赵 蕤

赵蕤（rui），字太宾，又字云卿，自号东岩子，时人称他为赵征君，盐亭县人。约生于唐高宗永隆年间（680~681），故于唐代宗年间（762~779），时间不详待考。长期隐居于梓州郪县长平山安昌岩（三台县琴泉寺侧），专心著述。其巨著《长短经》以其丰富深刻的思想内容，流传至今，深受海内外学者的重视，被称为“历代政治创意与谋略之集成”。开元六年（718），李白慕名拜访赵蕤并拜其为师，赵蕤将其所学数传李白，对李白的人生道路产生深远影响，时称“赵蕤术数，李白文章”。清代编纂《四库全书》，将赵蕤的《长短经》入选。据不完全统计，现世界各地有60余种不同版本的《长短经》流传于海内外。赵蕤是中国思想史上承接先秦和宋明之间的代表人物，被誉为中国古代杰出的隐士思想家。

（摘自《绵阳市志》）

政协工作报告

——在政协绵阳市第六届委员会第五次会议上

绵阳市政协主席　张世虎

(2015年2月3日)

各位委员、同志们：

我代表政协绵阳市第六届委员会常务委员会，向大会报告工作，请各位委员审议，请同志们提出意见。

2014年工作回顾

一年来，在中共绵阳市委的坚强领导和省政协的大力指导下，常委会高举中国特色社会主义伟大旗帜，坚持团结和民主两大主题，深入学习贯彻中共十八大、十八届三中、四中全会精神和习近平总书记系列重要讲话精神，认真贯彻落实中共四川省委十届四次、五次和中共绵阳市委六届六次、七次全会决策部署，紧紧围绕中心、服务大局，认真履行政治协商、民主监督、参政议政职能，开拓进取、主动作为，在继承中创新，在发展中履职，为建设中国西部经济文化生态强市和国家科技城做出了积极贡献。

一、广泛凝聚共识，不断夯实共同思想政治基础

始终坚持中国共产党的领导，准确把握人民政协性质定位，把坚持和发展中国特色社会主义作为巩固共同思想政治基础的主轴，加强思想理论建设，筑牢履职思想根基，坚定理想信念，增进认知认同。

在加强学习中增强自觉。通过党组（扩大）会议、主席会议、中心组学习会、常委专题学习会、专家辅导讲座等多种形式，组织政协委员和各界人士深入学习中央、省委、市委重要会议精神和重大决策部署，不断提高政治把握能力和政策理论水平。通过组织开展“经济新常态怎么看”“全面深化改革怎么干”“全面依法治市怎么办”等专题讨论活动，不断增进对中国特色社会主义的思想认同和政治认同，不断增强对中国共产党领导的自觉坚持、自觉服从、自觉拥护。

在重大活动中坚定自信。深入学习贯彻习近平总书记在庆祝中国人民政治协商会议成立65周年大会上的重要讲话精神，联合市委统战部、民进绵阳市委、市文联等单位，牵头举办“庆祝建国65周年、庆祝人民政协成立65周年”书画作品展等活动，认真筹备绵阳市政协成立30周年庆祝活动。积极组织政协参加单位和政协委员，参加党外人士建言献策座谈会、党外人士暑期学习会、党外知识分子联谊会、中秋座谈会、新年茶话会等活动，引导各族各界人士坚定中国特色社会主义道路自信、理论自信、制度自信。

在改进作风中加强自律。充分发挥政协党组在政协组织中的领导核心作用，全面落实从严治党新要求，严格履行党风廉政建设“两个责任”；严格执行中央八项规定、省十项规定、市七项规定及配套措施，抓好领导干部收受红包礼金、办公用房超标和“庸懒散浮拖”等专项整治。深入开展党的群众路线教育实践活动，按照“三严三实”要求，紧扣活动中收集和梳理出来的77个问题，制定《市政协党组班子教育实践活动整改落实方案》，落实领导班子整改措施28项、班子成员个人整改措施59项、制度建设41项，推动各级政协组织和广大政协委员，进一步增强宗旨意识、底线意识、自律意识。

在宣传引导中保持定力。深刻认识意识形态工作的极端重要性，召开全市政协信息宣传工作座谈会，改进宣传方式，引入新兴媒体，拓展宣传领域，多层面多角度宣传我国政党制度、社会主义协商民主的优越性，坚定不移走中国特色社会主义政治发展道路。市政协门户网站建设、《绵阳政协》杂志编撰工作得到加强；全年在省级以上报刊发稿17篇，报送信息1600余条，被省政协网站采用1200余条，居全省市州前列。

二、紧扣发展大局，助推中国西部经济文化生态强市建设

始终坚持政协履职与中心工作同向同力、与阶段重点同心同行。紧紧围绕推进科技城突破性发展，加快建设中国西部经济文化生态强市，系统谋划，精准发力，统筹部署政协工作。

致力推进科技城突破性发展。围绕打造政策支撑、创新创业、开放合作和产业承载“四大平台”，发挥优势，上下联动，多方合作，务实推进。争取全国政协来到绵阳开展“建立产学研协同创新机制，强化企业技术创新主体地位”专题调研，协助驻川全国政协委员联名提交提案，为争取科技城国家层面先行先试政策支持鼓与呼。就推动绵阳科技城军民深度融合发展，联合省政协开展专题调研；在省政协常委会上，就“发挥科技人员在科技成果转

化中的作用”“大力发展科技城科技服务业”作大会发言，得到省政协的高度重视。积极参加第二届科博会筹办工作，联合市级各民主党派、工商联，邀请民建中央、农工党中央、全国工商联等中央领导和全国知名民营企业参会参展，有力提升了科博会美誉度。常委会集中视察科技城集中发展区、创新中心和会展中心二期建设情况，围绕“优化科技服务体系建设，促进科技成果转化”“实施创新驱动发展战略，推进全市科技型中小微企业集聚集群发展”召开2次常委会专题议政，就构建科技服务体系、培育“4+3”战略性新兴产业、推进科技型企业发展建睿智之言。围绕“优化政务服务环境，促进创新创业”开展对口协商，献务实之策。多方宣传科技城创新创业政策，鼓励委员积极投身科技城创新创业实践，引领社会各界掀起大众创业、万众创新热潮。专项督查科技型中小企业推进情况，助力“涌泉计划”实施，促进科技型中小企业实现数量质量双提升。

积极促进经济平稳健康发展。紧紧抓住经济建设兴市之要，组织专委会和政协委员，就增强招商引资实效、推进绵阳出口加工区发展、增加农村居民财产性收入等开展专题调研，提出的意见建议得到市委罗强书记充分肯定。协助市委统战部、市工商联，开展“民企携手江油·合作共赢未来”招商对接会，签订投资协议11项，协议引资262.5亿元。围绕加快推进战略性新兴产业发展，联合省政协就“新能源汽车产业发展情况”“大力发展高端现代产业”“统筹城乡综合配套改革，加快推进新型城镇化”等开展专题调研，反映绵阳情况，提出发展建议。着力推动物流业发展，视察全市重点物流园区和物流企业，提出构建现代物流体系建议，促进绵阳确定为全省二级物流园区布局城市。围绕全市财政转移支付情况、高速公路及国省干线公路规划建设以及加快江油特钢新城建设等，开展视察调研，推进相关工作。就“积极推进农村土地承包经营权有序流转，促进多种形式规模经营”开展常委会专题议政，提出健全土地流转机制、鼓励多种形式规模经营等建议；围绕健全农产品市场体系、推进“西南种业高地”建设等组织视察调研，助推农业现代化。围绕化解北川灾后重建政府性债务，积极协调驻川全国政协委员和驻绵省政协委员联名提交提案，为协力化解北川债务发挥了积极作用。

着力推动文化繁荣发展。围绕推进社科智库建设和社科事业发展，就“重视社会科学发展，发挥智库作用”开展界别协商，动员和组织社科专家为绵阳发展献智出力。组织委员调研科技城孵化中心、灵创孵化器、126文化创意园等，就“推动文化与科技融合，实现城乡文化统筹互动”开展对口协商，为发展文化产业、繁荣文化事业建言献策。组织社科、方志、党史等方面委员和专家学者，就“绵阳城区17条道路标识牌释文”进行研究讨论，提出的意见建议被市政府采纳。组织政协委员，积极参与第四届中国诗歌节。积极建言《绵阳文化发展规划》编制，联合市级民主党派，推动川音绵阳艺术学院转设为四川文化艺术学院。围绕全市国防科工之旅基础设施建设、全国文明城市建设成果巩固提升情况等进行专题视察。就建立健全现代文化市场体系，联合省政协视察绵阳艺术剧院等国有文艺院团转企改制情况。市政协诗书画院积极开展活动，服务文化强市建设。充分发挥文史资料工作存史资政、团结育人作用，在全市广泛征集文史稿件260篇，编辑出版《绵阳文史资料》第34辑，重点收录文稿170篇、46万字。

更加关注生态文明建设。围绕正确处理好经济发展与生态环境关系，就“加强地质灾害修复，建设共同美好家园”开展对口协商，提出建立重大地质灾害防治工程后期维护长效机制、加快矿山地质环境恢复治理、加强公益性水利工程管护等建议。积极组织驻绵省政协委员，向省政协提交关于加快农业面源污染治理、划定生态保护红线、加强涪江上游茂县土门等化工园区项目管控建议等提案。与全国政协、省政协联合开展涪江上游集体生态补偿项目实施调研，促进生态屏障建设。参加省政协组织的“严格控制成都平原PM2.5”对口协商，提出减少雾霾天气、建立成都经济区秸秆禁烧联控互动机制等建议。重点督办工矿废弃地复垦利用、新农村建设环境保护等提案，跟踪办理落实情况；参与全市小流域水环境综合整治、夏季秸秆禁烧、市区排水工程改造等专项督查，夯实可持续发展的生态本底。

三、坚持大团结大联合，协力促进社会和谐稳定

始终把保障和改善民生作为政协履职的出发点和落脚点。深入基层一线，反映社情民意，畅通诉求渠道，协调关系、化解矛盾，切实发挥好党和政府联系群众、团结各界的重要纽带作用。

营造团结合作氛围。围绕促进政党关系、民族关系、宗教关系、阶层关系、海内外同胞关系和谐发展，着力提高合作共事能力。加强与各民主党派、工商联和无党派人士的沟通联系，争取支持。推动农工党、九三学社、致公党等民主党派中央领导亲赴绵阳关心国家科技城建设；协助市级各民主党派、市工商联优化调研选题，提升参政议政能力。积极拓宽联谊交友渠道，积极宣传绵阳、推介绵阳，广泛争取港澳台同胞、海外侨胞参与支持绵阳建设。认真贯彻落实党的民族政策和宗教政策，重视发挥少数民族界和宗教界委员作用，密切与少数民族群众和信教群众联系，促进民族团结、宗教和谐。注重界别工作，坚持在市政协全委会、常委会、专题议政会上安排界别代表人士作大会发言，充分发表意见。全年县市区政协、市级民主党派、工商联和无党派人士，作大会界别发言117人次，

提交集体提案41件。

推动民生持续改善。围绕市委罗强书记2013年签批的"城市公园规划建设推进情况"调研报告，首次开展"回头看"专项督查，推进意见建议的转化落实。全年提交教育、卫生、社会保障等民生类提案103件。开展全市老年体协工作调研，促成市教体局出台加强老年体协工作具体措施。视察新城区医疗卫生机构规划建设情况，提出落实新区选址、明确新建模式、制定优惠政策等建议。围绕加快全市中等职业教育发展、食品药品安全放心市建设、二环路建设等开展视察调研，促进"有感发展"。深入调查民办教育发展情况，就"创新政策体系，鼓励社会力量兴办教育"，在全省教育改革建言献策会上交流发言。联合有关民主党派省委，围绕县级公立医院改革、民办高校建设等进行专题调研，提出意见建议。深入了解、积极反映群众诉求，全年共编报社情民意信息27期，其中关于鲁班水库环境治理、将校园周边保卫纳入常态化管理、修建盐亭剑河乡至梓潼定远乡跨县连乡道路等建议，得到市委、市政府主要领导重视和相关部门采纳。

积极参与社会治理。主席会议成员主动参与全市信访接待、包案工作，及时化解城区人力客运三轮车联名信访等案件，为解决矛盾纠纷、促进社会和谐稳定发挥了积极作用。组织政协委员和市级民主党派代表，就"中心城区2014年度交通组织优化调整实施方案"开展协商论证，搭建传递民声民意"连心桥"。围绕"整合资源，推进城市管理信息化"开展专题协商，提出理顺体制机制、加强经费保障、实现资源共享等建议，为推进国家智慧城市试点市建设献计出力。

提升社会服务实效。认真组织政协各参加单位，积极投身社会服务，鼓励各界人士自主开展结对帮扶活动。民革市委协助六合锻造等企业成功立项18件新产品、重大成果，获无偿项目资金930万元；积极联系帮扶单位，为抗战老兵争取惠助资金。民盟市委巩固"黄丝带帮教"活动成果，在绵阳监狱开展集体帮教活动，协调解决帮教对象家庭生产生活问题。民建市委继续开展"金秋助学"活动，捐款捐物46万余元；组织开展劳动力培训15期，帮助3700余人就业。民进市委组织5次招商引资活动，募集资金280万元成立"绵阳民进助困基金"，帮扶5所学校和118名学生。农工民主党市委深入县乡开展"国际科学与和平周""环境健康宣传周"等活动，普及科普健康知识。九三学社市委持续推动"九绵科技合作"项目建设，有序推进"九绵科技合作科技成果转化示范基地"筹建工作。致公党市工委与绵阳职业教育集团联合主办绵阳首届"职教·园区校地合作论坛"，搭建校地合作、校企合作平台。市工商联深入开展新一轮"百企联百村"活动，通过项目、物资、资金帮扶82个村，促进会员企业捐资助学常态化，扎实推进对口援藏、雅安雨城区灾后重建等帮扶活动。

四、加强民主监督，着力推进法治绵阳建设

始终坚持依法履行职责，围绕推进法治绵阳建设发挥好政协作用。常委会深入学习中共十八届四中全会精神，增强法治理念和责任意识，主动参与法治绵阳宣传工作和法治实践活动，推动民主监督经常开展、规范运作。

助力严格执法。围绕"加大司法审判案件执行力度，维护法律权威"开展界别协商，提出优化执行工作外部环境、完善执行工作联动机制、加强执行队伍建设等建议。对市工商局等职能部门，开展专项工作民主评议，提出建议并督促落实。联合省政协开展《刑事诉讼法》《民事诉讼法》《律师法》贯彻实施情况专项视察，就完善相关工作机制提出意见建议。发挥法律背景政协委员的专业优势，就全市贯彻实施《邮政法》《残疾人保障法》情况、戒毒工作、企业法制宣传工作等进行视察调研，促进严格规范文明执法。

促进公正司法。召开主席会议专题听取市中级人民法院、市人民检察院、市公安局、市司法局全年工作情况汇报，反馈视察、测评、问卷调查等征集的意见，提出改进工作建议，监督司法公正。积极参加全市依法治理工作进程的督导检查工作，认真履行民主监督职能。支持担任特邀监督员和政风行风评议员的政协委员履行职责，积极参与依法行政、效能建设、纠风治乱、正风肃纪等活动。

助推全民守法。健全委员法律服务工作机制，提高法律咨询服务水平，组织11家律师事务所，开展免费法律咨询服务，接待群众咨询9000多人次。积极协调市级公检法机关制定联系市人大代表、市政协委员专门工作制度。深入开展"法律七进"活动，引导各族各界人士充分认识法治绵阳建设的重要性、紧迫性，努力推动形成办事依法、遇事找法、解决问题用法、化解矛盾靠法的良好法治环境，让学法、尊法、守法、用法成为全社会的价值追求和自觉行动。

加强提案办理监督。加大提案办理工作督查力度，开展形式多样的民主监督活动。及时向市委呈报重要提案内容摘报，市委罗强书记对3个提案进行了批示。健全重点提案工作台账，由主席会议成员牵头督办，各委室负责联系，定期听取重点提案办理情况汇报。召开提案办理协商工作座谈会，将提案工作与视察调研、反映社情民意等结合起来，完善监督、反馈、督办、落实机制。六届四次会议以来，共收到提案341件，审查立案292件，作为意见处理49件，重点督办提案31件，立案提案在规定时限内全部办复。

五、加强研究探索，有序推进政协协商民主

深刻认识协商民主是我国社会主义民主政治的特有形式和独特优势，贯彻落实推进协商民主广泛多层制度化发展的战略部署，发挥政协作为协商民主重要渠道作用，有序推进政协协商民主。

推动理论研究。按照市委全面深化改革领导小组的部署，积极推进政协牵头改革事项，主席会议成员带队开展调研，拟制专项改革方案。召开协商民主理论与实践专题研讨会，总结交流县市区政协、市级民主党派开展协商民主工作情况和典型案例，形成20多篇研究成果。通过广泛听取县市区政协、民主党派、工商联及无党派人士、专家学者等意见，学习借鉴外地经验，完成市委确定的《健全体制机制，推进人民政协协商民主在绵阳广泛多层制度化发展》重点调研课题报告，提出完善政协协商活动平台、改进政协界别设置、加强基层政协组织建设等建议。

积极探索创新。协助市委起草《关于进一步加强人民政协协商民主工作的意见》《绵阳市政协协商民主实施细则》等规范性文件。围绕完善委员联络制度，建立健全政协委员联络机构，提出在市、县市区政协设立“政协委员工作委员会”，在有条件的乡镇（街道）探索设立“政协工作委员会”等建议。增加协商密度，首次开展对口协商、界别协商和提案办理协商，进一步突出协商议政的主动性和针对性。全年召开常委会议5次、主席会议19次、各类协商会32次。

营造协商氛围。在政协各种会议和活动中，始终坚持发扬民主、集思广益，围绕市委重大决策部署和人民群众普遍关心的热点难点问题，多商量、好商量、真协商。始终坚持“不打棍子、不扣帽子、不抓辫子”，提倡热烈而不对立的讨论，开展真诚而不敷衍的交流，鼓励尖锐而不极端的批评，形成畅所欲言、各抒己见的协商氛围。

六、践行“三严三实”要求，扎实推进履职能力建设

充分认识人民政协是国家治理体系的重要组成部分，按照“三严三实”要求，始终坚持以改革创新精神加强自身建设，把握政协工作规律，创新载体，丰富内容，注重实效，扎实推进履职能力建设。

不断提高政治把握能力。市政协党组自觉担当抓班子、带队伍、正风气的政治责任，以上率下，抓好政协委员和机关干部两支队伍建设。注重培训教育，利用全国政协、省政协、市委党校等平台，高质量培训政协委员和机关干部。强化纪律观念，坚持宣传先进典型与加强反面警示相结合，积极引导政协委员珍惜荣誉、恪守法律、依章履职，要求党员干部锤炼党性、坚定信念、廉政勤政。

不断提高调查研究能力。坚持问题导向，在推动国家科技城和中国西部经济文化生态强市建设中找准党政关注、群众期盼、政协能做的结合点，确定常委会议议题、调研视察课题、重点督办提案等，增强选题针对性。改进调研方式，健全层级互动机制，强化质量理念，突出建言献策的界别性、专业性和有效性。全年共组织开展调研视察40余次，形成调研视察考察报告53篇，提出意见建议700余条，市委、市政府主要领导批示政协工作共计17件。

不断提高联系群众能力。组织党员干部，深入一线倾听民意、解决问题，认真记录“民情日记”。主席会议成员深入开展“三走遍一深入”活动，累计走遍9个县（市、区）的68个乡镇（街道），走访村（社区）91个、乡镇基层单位141个，化解信访案件、矛盾纠纷9件；看望困难户136户，解决实际困难65件，提供帮扶物资折价17.83万元。持续开展委员“五个一”活动，调动委员主观能动性，健全委员联系群众、反映群众诉求工作机制，着力解决服务群众“最后一公里”问题。

不断提高服务保障能力。强化正风肃纪工作，进一步增强机关干部担当意识，责任意识，转变工作作风，提升能力素质。加强制度监管，建设节约型机关，推进后勤服务社会化。加强机关信息化办公平台建设，研发政协OA办公系统，节约办公成本，实现办公自动化，不断提高服务保障能力。

各位委员、同志们，以上成绩的取得，是中共绵阳市委高度重视和正确领导的结果，是省政协大力指导的结果，是全市各级党委、人大、政府及社会各界人士广泛支持的结果，也是全市各级政协组织、政协各参加单位和广大政协委员共同努力的结果。在此，我代表市政协常委会，向所有关心、支持政协工作的同志们、朋友们，表示衷心的感谢并致以崇高的敬意！

回顾一年来的工作，我们也清醒地看到，与经济社会发展新形势新要求相比，与新时期政协肩负的责任相比，一些工作仍存在不足。比如部分党政领导对政协工作的重视程度还不够，协商民主制度化建设推进不理想，协商议政活动实效性还不强，建言献策成果转化渠道还不畅通，管理服务委员的办法还不够多等。对此，我们将高度重视、认真研究，切实加以改进。

2015年工作建议

2015年是全面建成小康社会、全面深化改革、全面推进依法治市、全面推进从严治党的关键之年，也是实施“十二五”规划的收官之年。市政协工作总体要求是：高举中国特色社会主义伟大旗帜，全面贯彻中共十八大、十八届三中、四中全会精神，以毛泽东思想、邓小平理论、“三个代表”重要思想和科学发展观为指导，认真学习实践习近平总书记系列重要讲话精神，深入落实中共绵阳市委六届七次、八次全会精神，主动适应新常态，把握稳中求进工作总基调，助推“六大发展战略”，坚持团结民主，加强改革创新，切实履行政协职能，推进政协协商民主，为助推全面建成小康社会、全面深化改革、全面建设法治绵阳、全面推进从严治党，推进中国西部经济文化生态强市和国家科技城建设而团结奋斗。

一、着力加强思想政治建设

把思想理论学习作为人民政协的重要政治任务。根据政协组织构成多元特点，扎实开展多层次多形式的学习培训活动。引导全市各级政协组织、参加单位和广大政协委员，深入学习中共十八大、十八届三中、四中全会精神和习近平总书记系列重要讲话精神，深入学习省委、市委重要会议精神和重大决策部署，增强政治意识、责任意识、法治意识和担当意识，凝聚改革共识，汇聚发展力量。通过界别和委员的声望和影响，积极宣传改革发展政策，扎实做好协调关系、理顺情绪、化解矛盾、增进团结工作。坚持把政治理论学习与履职实践相结合，与加强作风建设相结合，与践行社会主义核心价值观相结合，正确认识新常态，准确把握经济发展新趋势、依法治理新部署、从严治党新要求、绵阳发展新机遇，自觉把思想和行动统一到中央、省委、市委的决策部署上来，把智慧和力量凝聚到市委确定的目标任务上来，努力为改革发展出实招、谋良策，添助力、增合力。

二、着力服务全面深化改革

始终把促进发展作为履行职能的第一要务，主动适应新常态，紧紧围绕全面深化改革、建设中国西部经济文化生态强市，加强调查研究，积极建言出力。着力促进创新驱动发展，围绕打造“四大平台”，就中关村政策和国家自主创新示范区4项先行先试政策在绵阳科技城落地实施、推进科技型中小企业发展、科技城集中发展区建设、绵阳科技城大学筹建等，开展视察调研。着力促进转型升级发展，就新常态下产业发展要素配套与政策落地情况深入调研，推动成果转化，促进“4+3”战略性新兴产业健康发展，就旅游产业发展、加快绵遂铁路规划建设融入长江经济带、农业现代化建设等，务实献计出力。着力促进统筹城乡发展、保障和改善民生，就民族乡镇经济发展、学前教育发展、卫生信息化建设、武引二期渠系工程建设等，积极建言献策。着力促进文化引领发展、绿色低碳发展，就办好首届李白诗歌节、非物质文化保护与传承、城区地下空间保护与开发利用等，提出意见建议。着力促进全面深化改革，就新一轮政府机构改革、编制“十三五”规划、国有资产管理改革、非银行金融机构风险监管、农资市场监管等，开展议政协商。

三、着力推进法治绵阳建设

按照市委部署，主动适应依法治理新常态，把促进法治绵阳建设作为履职重要内容。建立常委会法治学习制度，有计划、分专题开展法治学习教育，增强法治观念和法治思维。加强政协立法协商制度预研，为探索与人大、政府开展立法协商作准备。围绕《消防法》《红十字会法》及新修订的《环境保护法》等贯彻执行情况，进行视察，切实履行民主监督职能，促进依法行政。围绕司法体制改革、法律顾问制度工作开展、检察机关民事行政案件检查监督等进行调研，坚持主席会议专题听取市中级人民法院、市人民检察院、市公安局、市司法局工作情况汇报，推进公正司法。围绕普及诚信文化知识，开展社会征信建设专题调研，促进建立个人诚信管理体系和联合征信制度。围绕加强宣传教育，组织委员积极参与“法律七进”活动，开展“12·4”宪法日暨法治绵阳宣传周等活动，开展免费法律咨询，引导社会各界增强法治意识，促进全民守法。

四、着力推进履职能力现代化

以巩固和拓展党的群众路线教育实践活动成果为抓手，着力加强思想、组织、作风和制度建设，不断提升履职能力。贯彻落实党要管党、从严治党新要求，注重思想建党、制度治党，充分发挥政协党组在政协组织中的领导核心作用，把党委的重大决策部署贯彻到政协工作之中。认真贯彻落实中央、省委关于加强协商民主建设的重要部署，推动市委出台具体工作意见，督促相关政策的落地实施。进一步密切与民主党派、工商联和无党派人士的联系，加强合作交流。切实改进委员管理服务工作，多安排驻地省政协委员、市政协委员参加视察调研。完善提案、视察、调研、反映社情民意、文史资料、新闻宣传、信息化建设、后勤保障等工作机制，进一步提高机关服务保障能力。积极争取省政协的工作支持，加强对县市区政协的指导联系，增强推进政协事业发展的合力。积极推动市委召开届内政协工作会议。搞好庆祝绵阳市政协成立30周年活动，引导各党派团体和各族各界人士为绵阳改革发展事业贡献智慧和力量。

各位委员、同志们！面对改革发展的新形势、新任务、新要求，人民政协重任在肩，使命光荣。让我们更加紧密地团结在以习近平同志为总书记的中共中央周围，高举中国特色社会主义伟大旗帜，在中共绵阳市委的坚强领导和省政协的大力指导下，凝心聚力，改革创新，锐意进取，扎实履职，为加快建设中国西部经济文化生态强市和国家科技城做出新的更大贡献！

大事记
EVENTS

药王谷"花海"

2014年大事记

1月

1日

绵阳市数字城管信息系统零时开始“上岗”试运行。系统基本完成全市中心城区城市基础部件的普查和三维实景影像采集。

△绵阳市上调城乡居民社会养老保险待遇领取人员基础养老金和缴费人员政府缴费补贴。对领取城乡居民社会养老保险待遇的人员，每人每月增加5元基础养老金，调整后的基础养老金标准每人每月增至60元，增加部分所需资金由省级财政全额补贴。

6日

大型方言话剧《公仆兰辉》在绵州大剧院公演。

6~7日

中国共产党绵阳市第六届委员会第六次全体会议召开。

7~8日

韩国、美国、泰国、澳大利亚、法国、巴基斯坦、德国、新加坡等8个国家驻成都总领事馆总领事或副总领事组成的驻川领馆代表团到绵阳考察科技城建设、外贸投资、开放合作等情况。

9~11日

中国人民政治协商会议绵阳市第六届委员会第四次会议召开。

13~15日

绵阳市第六届人民代表大会第五次会议召开。

14日

2013年四川省高校毕业生创业大赛总决赛在绵阳举行。

△省住建厅、公安厅、民政厅、省统计局联合发文(川建发〔2014〕4号)，认定绵阳市为达到100万人口的特大城市。

18日

长虹集团在绵阳举办2014年春季长虹电视发布会，推出中国首款“三网融合”-CHiQ电视，中文名“启客”。

26日

绵阳市“绵州通”卡暨居民健康卡正式发行。“绵州通”卡成为“智慧绵阳”的一张亮丽城市名片。

△中共四川省委常委、省总工会主席李登菊，省人民政府副省长陈文华率省委、省政府慰问团到北川羌族自治县开展春节慰问送温暖活动。

2月

8日

反映北川羌族自治县原副县长兰辉先进事迹的电影《兰辉》在北川羌族民俗博物馆开机拍摄。

13日

中共四川省委副书记、省长魏宏到基层联系点绵阳市安县塔水镇七里村给全村老百姓拜年。

△中共四川省委副书记、省长、省建设绵阳科技城领导小组组长魏宏在绵阳主持召开省建设绵阳科技城领导小组第14次会议。

18日

绵阳市出台《游仙区北部四乡镇总体规划方案》，将游仙镇、石马镇、新桥镇、东林乡四个乡镇区域产业布局和城镇空间布局，以及道路系统、市政基础设施进行统筹规划，同时整合旅游、文化、教育、卫生、科技资源，形成“一环两轴、三核四带、四组团六中心”的空间结构，建成军民融合产业高地、物流商贸枢纽、文化休闲旅游体验地、综合服务宜居生态城。

20日

中共四川省委常委、副省长钟勉到北川羌族自治县调研县域经济发展情况。

△工业和信息化部副部长、国防科工局局长许达哲到绵阳调研科技城建设。

21日

绵阳市召开绵阳科技城集中发展区启动区建设动员会，为绵阳科技城集中发展区建设指挥部授牌，对加快集中发展区建设作动员部署。

△东旭集团四川旭虹光电科技有限公司在经开区旭虹光电厂区举行盖板玻璃生产启动仪式。该项目的点火投产，意味着盖板玻璃生产一直被国外企业垄断的局面正式打破。

22日

“绵阳司法”微信公众平台开通上线。

25日

2014绵阳科技城发展会商会议在绵阳召开。

26日

长虹集团推出全球首款云图像识别冰箱。

27日

中共四川省委副书记、省长魏宏专程到安县调研指导第二批党的群众路线教育实践活动。

3月

1日

四川省第十九届“科技之春”科普活动月启动仪式在北川羌族自治县永昌镇抗震纪念广场举行。

△绵阳市首场中小微企业专场招聘会在铁牛广场举行，145户企业吸引1.3万余名求职者进场应聘，8000余人次现场进行洽谈，达成意向性用工2800余人。

4日

中央电视台发布《中国经济生活大调查2013~2014》报告，绵阳获评“中国最幸福城市”20强，成为四川省唯一上榜城市。

5日

全省女职工“我学、我练、我能”技能风采展示活动在绵阳市长虹虹苑剧场举行。

9日

科技城工业技术研究院举行科技成果发布会，宣告物联网信息交易应用平台——“物流指南”“晒甜蜜”婚嫁分享平台两项科技成果正式面市。

△第二届“罗浮山温泉杯”环山环湖自行车公开赛在安县举行。

11日

绵阳市台球协会挂牌成立，标志着全市台球运动进入规范、健康、快速的发展轨道。

14日

张勇先进事迹报告会在长虹技术中心举行。

15日

绵阳市第三届乡村旅游节在游仙区街子乡“富乐花乡”拉开帷幕。

18日

科技城工研院和武道数码共同举行新闻发布会，宣告绵阳市首款大型3D网络游戏《古羌传奇》上线。

19日

由新华社、中新社、四川电视台、四川人民广播电台、四川新闻网、廉政瞭望杂志社、《四川日报》《华西都市报》《四川党的建设》《天府早报》等中央、省级媒体记者组成的“清风天府行”采访团到绵阳对反腐倡廉工作进行集中采访。

△绵阳市婚姻家庭教育促进会成立，推动全市婚姻家庭服务，倡导良好家风，促进家庭和社会和谐。

19~20日

中共四川省委副书记柯尊平到绵阳专题调研科技创新工作。

21日

“诗意中国·李白故里”乡村文化旅游节在江油开幕。

24日

“我的中国梦——送欢乐、下基层文艺志愿服务活动”专场演出在北川新县城举行，来自中国文联、中国视协、解放军总政歌剧团和八一电影制片厂等单位的150余名艺术家和歌舞演员给北川群众送上精彩的文艺演出。

△飞云大道下穿通道工程正式完工并全线通车。

25日

英国驻重庆总领馆副总领事伍德翰一行到绵阳考察外经贸及优势产业发展情况，在经贸、教育领域寻求合作。

26日

中央电视台第7套《乡村大世界——走进平武》在平武县南坝镇连心广场录制节目。

31日

“2014年春季长虹空调发布会”在绵阳举行。长虹集团现场发布全球首款人体状态感知空调，该空调以“软件+模式”取代传统的“硬件+功能”，对空调进行重新定义。

△绵阳市首个“单独两孩”《生育证》在江油市中坝镇便民服务中心颁发。

4月

2日

全国人大常委会原副委员长、中国关心下一代工作委员会主任顾秀莲到绵阳调研科技城建设和关心下一代工作。

△“北斗卫星导航系统应用现状专家调研会（四川站）暨四川省北斗卫星导航产业联盟2014年年会”在九洲科技工业园举行。

4日

第四届中国诗歌节启动仪式在越王楼广场举行。

9日

四川省灾害医学救援与急救技能培训班在绵阳市开班。来自全省从事急诊、创伤、ICU等工作的医务人员及120急救中心业务骨干300余人参加培训。

△科技城工业技术研究院与维博电子联合举行产品成果发布会，宣告维博电子的环境电场测试仪、便携式能谱仪和高纯锗全身计数器三款环保装备正式面市。

14日

全省群众工作先进事迹报告团在绵阳举行专场报告，引导全市广大党员干部迅速掀起争学典型、争做先进、争当榜样的热潮。

15日

全国首个特大型企业自助办税中心在四川长虹集团“虹系”企业自助办税中心投入运行。

16~20日

2014（第三届）“绵阳之春”国际车展在绵阳会展中心举行。

17日

绵阳市与中国五冶集团在绵阳签署战略合作协议，双方将在科技城集中发展区建设、市政基础设施建设等方面展开合作。

21日

中国驻波兰大使徐坚带领外交部大使、参赞考察团一行到绵阳考察科技城建设。

△成都平原地区秸秆禁烧工作推进暨联防联控联席会在绵阳召开。

△绵阳市出台《关于进一步完善网上信访第三方评价机制的通知》，在全市范围内全面推行网上信访第三方评价机制。

24日

中共四川省委副书记、省长魏宏到绵阳调研棚户区改造和企业运行情况。

25日

国内首款虚拟激光键盘及其整合产品正式亮相科技城。

26日

“2014年四川·北川‘五福寻龙山杯’首届山地自行车邀请赛”在北川羌族自治县举行。

29日

四川省第二届职工文化年暨职工读书活动启动仪式在五一广场举行。

△“2014姚基金希望小学篮球季”启动仪式在绵阳举行。

30日

文化部副部长董伟一行到绵阳考察指导第四届中国诗歌节筹备工作。

5月

1日

王蒙文学艺术馆在绵阳开馆，免费向社会开放。

△九洲杯“阿哥阿妹唱羌山”歌手大奖赛决赛在北川新生广场举行，选手潘苏以《春天的芭蕾》荣获一等奖。

1~3日

绵阳市首届斯洛克推广排名赛举行。

2日

首届“汉羌山地村寨文化传承与发展研究”学术研讨会在绵阳艺术学院举行。

3日

百位文化名人传记文学丛书专家组组长、中国科学院文学研究所原副所长、著名文艺评论家、教授何西来对《陈子昂传》项目创作指导交流会在涪城区龙门镇举行。

5日

中德产品安全合作工作组主办的新欧盟市场监督法规与实施研讨会在绵阳市召开。

△第52届世界乒乓球团体锦标赛在日本东京落下帷幕，在女团决赛中，中国队以3：0完胜日本，成功卫冕，第19次捧得考比伦杯。年仅19岁的绵阳市体育健儿朱雨玲作为中国女团成员之一，与队友共同捧起考比伦杯，成为首位获得乒乓球世界冠军的绵阳籍选手，同时也是四川省历史上首位获得世乒赛女子团体冠军的选手。

7日

市网络信息办公室召开2014年第二次网上信访第三方评价会，会上首次设立网民观摩席，来自不同行业的5名网友与7名评委组评委一起，共同为4个申述单位“问诊把脉”。

8日

2014绵阳市科学技术奖励暨科技型中小企业发展推进大会召开。

△绵阳市第三届感恩文化节在江油启动。

9日

科技城工业技术研究院与绵阳市星宇电子技术有限公司共同举行科技成果发布会，宣告声波定向扬声器正式面市，该产品的推广使用将使广场舞扰民成为历史。

9~11日

以“幸福城市·宜居绵阳”为主题的2014年绵阳品牌房地产西北（天水）推介会在甘肃省天水市举行。

12日

绵阳市云办公平台在全市范围内启用。

15日

四川省促进电子信息产业加快发展工作座谈会在绵阳召开。

15~16日

副省长刘捷带领省经信委、国资委、发改委、科技厅、住建厅、商务厅等省直机关负责人到长虹集团等企业开展工业企业转型升级专项调研。

17日

杭州–绵阳–乌鲁木齐航线开通，该航线由中国国际航空公司的A319客机每周二、四、六执飞，杭州出港时间是8：30，11：15到达绵阳，20：50从绵阳起飞，23：15到达杭州，乌鲁木齐出港时间是16：50，20：00到达绵阳。

20日

绵阳机场至火车客站直通道项目主道试通行。

△王朗国家级自然保护区在北京大学专家的指导下完成王朗岷山永久性大样地25.2公顷的打桩定界工作，该样地是全国大熊猫栖息地首个永久性森林大样地和中国森林生物多样性变化的监测基地。

22日

仙海水利风景区中心学校被中国书法家协会命名为“兰亭小学”。这是中国书法家协会在全国范围内捐建、命名的第35所“兰亭学校”，也是四川省首所通过申创命名的“兰亭小学”。

△全国重点青少年群体服务管理和预防犯罪工作第一轮督查组到绵阳检查督导绵阳市预防青少年违法犯罪工作。

23日

北川羌族自治县原副县长兰辉因公殉职一周年，电影《兰辉》在人民大会堂举行首映式，首次将用生命践行党的群众路线的好干部兰辉事迹搬上银幕。

△全国市级疾病预防控制机构学组灾后卫生防疫学术会在绵阳召开。

29~31日

“2014中国（绵阳）科技城·海湾国家集邮文化交流展览暨2013中国最美邮票评选颁奖活动”在绵阳举行。

6月

6日

腾讯大成网、腾讯微博和微信举办的第二届“四川最美街景”评选活动中的街道十强奖揭晓，绵阳市东方红大桥越王楼夜景入选。

9~10日

中共四川省委副书记、省长魏宏到安县参加县委常委班子党的群众路线教育实践活动专题民主生活会。

10日

中华全国总工会调研组到绵阳调研职工思想状况。

14~15日

“潮夏”绵阳首届汽车音乐节在南河体育中心举行。

19日

绵阳市出台《科技城集中发展区启动区控制性详细规划》。

△首届中国（绵阳）科技城游戏创业者峰会在科创区举行。

21日

世界健康基金会、中国癫痫协会等单位共同合作的“彩虹桥——中国癫痫儿童关爱项目”在绵阳市中心医院启动。

21~22日

2014年欧阳修文化国际学术研讨会在绵阳市召开，来自北京、上海、广州、江西和澳门、台湾等地的20余所高校、出版社的专家学者与欧阳修后代宗亲代表100余人参加会议。

22日

四川省教育考试院发布2014年普通高考成绩，绵阳市2014年普通高考本科上线人数首次超过3万人。

22~25日

四川省第十九届老年台球比赛在绵阳市举行，来自全省各市州和大专院校、大型企业的22支队伍参赛。

26日

德国宝马集团授权绵阳新晨动力机械有限公司生产N20发动机装配投产仪式在绵阳举行。这是宝马集团在全球唯一一次授权体系外企业生产宝马发动机，华晨汽车由此成为中国汽车行业唯一一个取得当代先进发动机技术的中方企业。

7月

1日

绵阳—北京航班增至每天三班，由国航波音B737-800执飞。新增航班为每天上午11:15从北京起飞，14:05到达绵阳；15:00从绵阳起飞，17:20到达北京。原有航班为北京8:40起飞，11:30到绵阳；绵阳12:30起飞，14:50到北京。北京18:10起飞，21:00到绵阳；22:00绵阳起飞，0:20到北京。

△“绵州通”卡在全市公交无人售票线路（除九龙公交所属线路）全面启用，市民手中持有的原公交IC卡可免费更换为“绵州通”卡，换卡时间一年，其间原公交IC卡和“绵州通”卡并用。

6~13日

第25届国际生物学奥林匹克竞赛在印度尼西亚巴厘岛举行，绵阳中学朱洪贤夺得金牌，这是2014年四川省五大学科奥赛唯一的国际金牌。

7日

四川文化艺术学院揭牌仪式在绵阳举行。四川音乐学院绵阳艺术学院转设为四川文化艺术学院，实现在绵阳独立学院转设普通本科院校零的突破。

9~10日

中共四川省委副书记、省长魏宏到绵阳市调研水利工程建设情况。

10日

作家谭楷创作的长篇纪实文学作品《让兰辉告诉世界》在北川羌族自治县举行出版座谈会。

10~12日

环保部主要污染物总量减排第17核查组到绵阳开展总量减排核查工作。

12日

商务部和国家广电总局组织的2014年几内亚新闻媒体官员研修班的20名代表到北川羌族自治县参观。

12~16日

以“以体·育人，开启·新希望”为主题的“2014姚基金‘希望小学’学篮球季”篮球集训及联赛活动在北川中学举行。来自全国22个省市，186所‘希望小学’的1200余人参加比赛。

14日

中共四川省委宣传部、省文明办、省旅游局、共青团省委主办的“美德少年四川行”主题夏令营活动在绵阳举行，来自攀枝花、自贡、泸州、甘孜、凉山等全省11个市州的22名“美德少年”和13名大学生志愿者在绵阳开展系列参观和学习交流活动。

15~19日

以“中国梦想，华夏诗情”为主题的第四届中国诗歌节在绵阳举行。

16~17日

四川省妇女十二大代表（绵阳片区）专题培训班在绵阳举办。

20~21日

来自13个国家的19位海外川籍社团会长到绵阳进行考察交流。

21日

“讲述道德故事，弘扬中国精神——2014年全国道德模范故事汇”基层巡演活动绵阳专场在绵州大剧院进行示范巡演。

21~25日

绵阳市首期“明日之星”企业家培训班举办，培训班围绕当前宏观政策取向、企业精细化管理、法律风险防范等内容，对120名来自全市大型企业和科技型中小企业的经营管理人才进行培训。

24日

四川省人大常委会副主任、德阳市委书记李向志率领德阳市党政代表团到绵阳考察创新驱动和城市建设。

25日

中国共产党绵阳市第六届委员会第七次全体会议召开。

△圣迪乐杯“讲文明树新风”公益广告大赛暨绵阳市优秀公益企业颁奖典礼在铁牛广场举行。

25~30日

第31届全国青少年信息学奥林匹克竞赛在深圳市举行，绵阳南山中学陈宇、李同良、余欣健、李诗懿获4枚金牌（四川省参赛选手获5枚金牌，另1枚金牌为成都七中选手获得）。

28日

首届“科创杯”科技创新创业大赛军民融合专场在科技城创新中心一期学术报告厅举行。

29日

16：20，在梓潼县定远乡发生4.9级地震，震源深度15千米。17：09，在三台县龙树镇发生4.6级地震，震源深度15千米。

31日

农业部公布第四批全国“一村一品”示范村镇名单中，江油市西屏乡桃园村“蒲军獭兔”榜上有名。

8月

1日

2014年全国少年拳击锦标赛在辽宁省朝阳市体育馆进行，绵阳市选手郭天燚参加48公斤级别比赛，摘得该组别比赛的金牌。

4日

绵阳市首条个人定制公交线路901路出炉，由沈家坝经东津路、涪江二桥、园艺山到火炬大厦，全程票价5元。

6日

中共四川省委副书记、省长魏宏到绵阳调研科技城建设，并主持召开座谈会听取川汽新能源汽车基地建设等重大产业项目推进情况和科博会筹备情况汇报。

△中共四川省委常委、组织部部长、省委党的群众路线教育实践活动领导小组副组长兼办公室主任范锐平到绵阳调研党的群众路线教育实践活动开展情况。

7~10日

中央党校课题组到绵阳实地参观和座谈调研，了解绵阳市抗震救灾、灾后重建、应急管理、转型发展方面的主要做法、经验和典型案例，拟形成中央党校课堂教学的案例课件，为今后中央党校主体班提供新的案例教学。

8~15日

四川省第十二届运动会青少年足球（甲组）比赛在绵阳举行。

12~13日

全国政协教科文卫体委员会副主任陈小娅带队的全国政协“建立产学研协同创新机制，强化企业技术创新主体地位”调研组到绵阳实地参观和座谈调研，详细了解绵阳产学研协同创新和科技城建设情况。

12~15日

四川省第二届青年川剧演员比赛在绵阳市举行。

13日

四川旭虹光电科技有限公司自主研发的触摸屏铝硅盖板玻璃实现大批量销售供货，由此打破国际垄断，成为在高端平板显示玻璃基板领域唯一能和国际少数几家企业竞争的中国企业，填补国内空白。

15日

工信部副部长毛伟明为组长的国务院质量工作考核组第三组到绵阳考核检查质量工作。

18日

绵阳市举行2014年“金秋助学”活动助学金发放仪式，筹集资金1024.6万元，帮助全市4745名困难学生圆大学梦。

20日

福建省政协副主席、民建福建省委主委郭振家带领福建省政协调研组到绵阳就推进成（都）德（阳）绵（阳）大都市区建设情况进行考察调研。

22日

中国民族医药学会诊疗设备分会成立大会在长虹国际酒店举行，中国民族医药学会诊疗设备分会正式成立。

22~24日

“第十一届中国中医药（民族药）博览会”在绵阳市会展中心举办。

26日

绵阳市在成都举行建设中国西部新能源汽车产业基地媒体座谈会，介绍在四川汽车产业发展投资洽谈会上的签约成果和新能源汽车产业基地建设启动情况。

9月

4~5日

全国政协常委、中国气象局副局长宇如聪，全国政协常委、全国政协副秘书长、民革中央副主席刘家强带队的全国政协无党派人士界委员考察团到绵阳，就少数民族地区群众生产生活状况和经济社会发展情况进行考察。

5日

中共中央宣传部在中国网络电视台向全社会公开发布刘爱英等10名“最美社区人”的先进事迹。绵阳市涪城区工区街道绵州社区党支部书记、主任田汝萍获“最美社区人”称号。

9日

绵阳科技城工业技术研究院举行高效清道夫产品发布会，发布“多功能可调式路面清扫车”和“牵引式郊外道路清扫车”两款节能高效的环卫车产品，以及科技型中小企业月度十佳项目。

10日

中共四川省委副书记、省长魏宏到绵阳检查教育实践活动推进情况，传达贯彻省委“两个意见”精神，督导联系点安县教育实践活动整改落实、建章立制工作。

11日

全国物业管理工作座谈会在绵阳召开。

15日

中共绵阳市委书记罗强会见到绵阳参观考察的捷克总统顾问、捷克前总理兼外长科胡特一行。双方围绕巩固深化友好合作关系、加强科技经贸合作尤其是通用航空领域交流合作等问题，进行交谈。

15~17日

以“智慧旅游，连接未来”为主题的“第三届全球旅游网络营运商合作交流会”在绵阳召开。

17日

绵阳市中医医疗集团成立大会暨授牌仪式在市中医院举行。

18日

中国（绵阳）科技城信息安全产业联盟成立大会在绵阳举行，以此贯彻落实国家、省关于加快培育发展信息安全产业的要求部署，加快推动政产学研用协同创新、优势互补、资源共享、抱团发展，把科技城打造成为信息安全产业发展的新高地。

△2014年信息安全与军民融合软件产业发展研讨会在绵阳市召开。

△四川省电子商务工作会在绵阳召开。

19日

中共四川省委常委、政法委书记刘玉顺到川北监狱、绵阳市强制戒毒所、四川春雷律师事务所、游仙区富乐中学等地，调研司法行政工作和社会治理体系建设。

△以“研讨电商发展形势，探索跨境电商发展途径”为主题的四川电子商务发展峰会在科技城会展中心召开。

19~23日

2014四川（绵阳）电子商务博览会暨第三届“绵阳造”精品展销会在绵阳科技城会展中心举办。

19~10月4日

第十七届亚运会在韩国仁川举行，绵阳市运动员朱雨玲夺得女子乒乓球团体、双打金牌，这是绵阳市运动员首次在亚运会上夺得金牌。

20日

中华豚、金杯智尚S30自动挡上市暨中华H320下线仪式在华晨汽车南方基地举行，三款新车的亮相标志着华晨汽车南方基地实现商用车、乘用车和轿车生产制造的全覆盖，对推动绵阳乃至四川汽车产业的快速发展有着重要意义。

21日

全市首届职业技能大赛在北川七一职业中学开幕。

22~23日

全国总工会调研组到绵阳调研《女职工劳动保护特别规定》贯彻落实情况。

22~28日

“全国民间文学、音乐、舞蹈类与传统戏剧曲艺类非物质文化遗产灾害（难）预防与风险管理”培训会在绵阳举办。

25~10月10日

“科技梦·中国梦——中国现代科学家主题展”全国巡展（绵阳站）在绵阳市科技馆展出。

28日

绵阳市出台《绵阳市国民经济和社会发展第十三个五

年规划编制工作方案》，对全市“十三五”规划编制工作的指导方针、主要任务进行明确。

△“创新中国行”聚焦企业信息化论坛在绵阳举行。

30日

位于绵阳市中心城区御营坝的绵阳燃气集团热电分公司的全部机组永久性关停。

10月

11日

以“军转民”为主题的全国性公益性大型赛事——第三届中国创新创业大赛军转民大赛总决赛在绵阳举行。

12~15日

全省供销社系统“两会一展”活动在绵阳举行。

13日

绵阳市党的群众路线教育实践活动总结大会召开。

14日

中国（绵阳）科技城电梯产业园在游仙区石马镇落成。

△中国（绵阳）科技城软件产业园百家软件企业集中入驻仪式在绵阳举行，104家软件企业与软件产业园签订投资入驻协议。

△2014中国（绵阳）通用航空产业发展研讨会在北川羌族自治县举行。

15日

中共四川省委副书记柯尊平在绵阳会见出席第二届中国（绵阳）科技城国际科技博览会的外国驻蓉、驻渝领团，“天府友谊奖”获得者，海外高层次人才及德、法、意等国的专家代表。

△副省长曲木史哈在绵阳会见出席第二届中国（绵阳）科技城国际科技博览会的驻英国大使馆公使衔参赞陈富韬、驻美国纽约总领馆参赞叶冬柏、驻法国大使馆公使衔参赞陈明、驻德国大使馆公使衔参赞赵清华、驻南非大使馆参赞黄伟、驻加拿大温哥华总领馆参赞王强，以及出席寰宇生产力产业交流论坛的嘉宾中国生产力促进中心协会秘书长刘玉兰、国家发改委宏观经济研究院秘书长付静、南台湾文化暨经济产业联盟协会理事长陈良沛。

△中共四川省委常委、宣传部部长吴靖平在绵阳会见参加第二届中国（绵阳）科技城国际科技博览会的军工集团、重点企业、采购商、军民融合创新论坛代表和“蛟龙号”潜水员等嘉宾。

△中国（绵阳）科技城优势产业投资推介会在绵阳举行。

△第一届绵阳国际新能源汽车技术·发展大会在科技城会展中心举行。

△第二届中国（绵阳）科技城国际科技博览会科技成果与专利技术发布交易会——新一代电子信息技术成果与专利技术专场在会展中心A馆绵阳厅举行。

△第二届中国（绵阳）科技城国际科技博览会科技成果与专利技术发布交易会——军民两用科技成果与专利技术专场在绵阳会展中心举行。

15~17日

全国工商联军民融合发展研究专家组到绵阳，先后到岷山实业、耐特电子、科学技术馆、科莱电梯、龙兴科技等地，实地调研绵阳市军民融合发展有关情况。

16日

第二届中国（绵阳）科技城国际科技博览会在绵阳开幕。全国人大常委会副委员长陈昌智宣布开幕，全国政协副主席刘晓峰讲话。中共四川省委书记王东明、科技部副部长李萌致辞。中共四川省委副书记、省长魏宏主持开幕式。中共四川省委副书记柯尊平颁发“天府友谊奖”。

△第二届中国科博会军民融合创新发展国际论坛在绵阳举行，中外嘉宾围绕军民融合发展的核心和前沿问题展开探讨。第九届、第十届全国人大常委会副委员长、解放军军事科学院军民融合研究中心专家委员会主任委员蒋正华，中共四川省委副书记、省长魏宏出席论坛。副省长刘捷主持论坛。

△副省长刘捷在绵阳会见参加第二届中国（绵阳）科技城国际科技博览会军民融合创新发展国际论坛的美国马里兰大学公共政策学院教授兼公共政策与民营企业讲座首席教授、美国马里兰大学公共政策学院公共政策与民营企业中心主管雅克·甘斯勒。

△第二届中国（绵阳）科技城国际科技博览会驻外使（领）馆科技参赞圆桌会议在绵阳召开。

△德法意专家组织引智项目推介会在绵阳举行。

△第二届中国（绵阳）科技城国际科技博览会投融资机构与企业对接专场举行。

△第二届中国（绵阳）科技城国际科技博览会成都经济区科技投资推介会在绵阳会展中心举行。

17日

第二届中国（绵阳）科技城国际科技博览会川南经济区科技投资推介会在绵阳举行。

△以“聚焦先进制造前沿·力促产业转型升级”为主题的2014中国（绵阳）国际先进制造业大会在九洲体育馆举行。

△第八届寰宇生产力产业经管交流论坛及海峡两岸科技产业协同创新交流会在中国（绵阳）科技城软件产业园举行。

18日

科博会举行集中签约仪式暨成果发布会，第二届中国（绵阳）科技城国际科技博览会完成各项议程落幕。

21日

绵阳市出台《绵阳市轨道交通线网规划》。

23日

中共绵阳市委书记罗强会见到绵阳考察访问的捷克工业和贸易部副部长弗拉基米尔·巴特尔一行。双方围绕巩固深化友好合作关系、加强科技经贸合作尤其是共同促进通航产业发展等问题进行交流。

△台湾电机电子工业同业公会考察团到绵阳，先后到涪城区金家林总部经济试验区、游仙经济开发区、科创园区部分企业，实地考察了解科技城建设和电子信息产业发展等情况。

29日

中共绵阳市委书记罗强应邀走进绵阳广播电视台《理政·真情面对面》特别节目录制现场，围绕"'有感发展'是发展成果惠及民众的'硬指标'"主题，就共同关注的经济发展与民生改善、城乡交通、城镇化进程中的民生问题、开启创新创业的绵阳机会、网络理政、扬正气促和谐等诸多热点问题，与现场200余位热心市民、网民代表一起互动交流，共谋绵阳科学发展、加快发展大计。

30日

绵阳市首届中医药知识竞赛决赛举行。

11月

1日

2014中国科技城（绵阳）第七届环仙海湖自行车公开赛在仙海水利风景区举行。

2日

绵阳市旅游发展大会在安县召开。

3日

北川至平武白马王朗旅游度假区的旅游航线飞行勘测试飞。至此，绵阳通航产业进入实际的商业运用开发阶段。

8~11日

2014年"峨胜杯"全国职业院校建材类专业学生职业技能大赛在绵阳职业技术学院举行。

11日

全国政协港澳台侨委员会主任杨崇汇、副主任楼志豪带领香港特别行政区全国政协委员考察团一行到绵阳考察汶川特大地震灾后重建情况。

12~16日

以"科技驾驭未来"为主题的第四届（2014）绵阳国际汽车展在科技城会展中心举行。车展吸引全球72个整车品牌的500余款展车参展，参展品牌和车型数量均创绵阳历届车展新纪录。

14日

绵阳市首个"阳光厨房"数据中心在高新区建成投入运行。

15日

科技部在深圳召开2014年国家自主创新示范区"1+5+2"工作联席会议，绵阳科技城成为国家自主创新示范区工作联席会议正式成员。

17日

四川省拟重点培育的十大外向型产业园区名单正式公示，绵阳市高新区榜上有名。

18日

国有大型通信基础设施综合服务企业中国铁塔绵阳市分公司揭牌成立。

△四川省危险废物环境管理培训会在绵阳举行。

19~20日

四川省职业技能开发学会2014年度学术研讨年会暨"四川省职业院校产学研联盟"成立大会在绵阳举行。

21~22日

全国人大常委会委员、全国人大教科文卫委员会主任委员柳斌杰带领调研组到绵阳就深化医药卫生体制改革和文化产业发展情况进行专题调研。

22~24日

"2014绵阳首届婚庆博览会"在科技城会展中心举行。

24日

四川省乡村学校少年宫辅导员培训班在四川文化艺术学院开班，来自全省各地乡村少年宫的90名辅导员成为首期学员。

25日

绵阳市首个志愿服务岗亭在铁牛广场投入使用，可免费提供10多项便民服务。

26日

全省智慧城市建设现场交流会在绵阳市召开。

27日

科技部党组书记、副部长王志刚到绵阳调研科技城建设工作，并主持召开科技城发展相关政策调研座谈会。

△2014"科创杯"中国科技城创新创业大赛成果展示暨颁奖仪式在绵阳举行。

28日

中国南丁格尔志愿护理服务队四川分队绵阳支队正式成立。

△"5·12"汶川特大地震纪念馆被列为全省首批中共党史教育基地。

29日

绵阳晚报小记者俱乐部在绵阳中学育才学校成立。

12月

3日

绵阳市召开全市农村改革工作推进会。

△绵阳市首个法治文化广场揭幕仪式在人民公园举行。

4日

中国科技城新能源汽车重点实验室、新能源汽车工业技术研究院及锂电工业技术研究中心在绵阳揭牌成立。

9日

中国科技城·绵阳新能源汽车产业联盟暨新能源汽车智慧服务创新产业联盟成立大会在河北·平武工业园举行。

10日

大九寨新环线旅游区域合作工作交流会在安县召开，绵阳、广元、阿坝、甘肃陇南四地共商旅游发展大计，开启区域旅游合作新篇章。

10~13日

“世航杯”第23届世界脑力锦标赛在海口举行，绵阳市选手李慧艺和鲜致远夺得2银2铜。

11日

横跨涪江的绵阳川交大桥（圣水涪江大桥）竣工通车。

12日

中国科技城·绵阳建设政策体系推介会在绵阳举行，重点推介绵阳科技城投资环境、政策体系、优势产业，签约电子信息、新能源汽车产业项目5个、金额369.5亿元。

△绵阳市北斗区域应用示范城市建设项目启动。九洲北斗导航与位置服务有限公司揭牌。

△2014中国会展业年度研讨会在安徽池州市召开，绵阳科博会荣获“2014年度中国十佳会展品牌项目”称号。

16日

中国计算机学会学术论坛“CCF绵阳”在中国（绵阳）科技城软件产业园举行。

△北川羌族自治县被文化部命名为“2014~2016年度‘中国民间文化艺术之乡’”，并同时命名为“羌绣之乡”。

20日

成（都）绵（阳）乐（山）客运专线开通运营。标志着四川从此开启高铁时代，绵阳、德阳、成都、眉山和乐山5城同梦同发展。

△汉羌山地村寨文化传承与发展研究成果展暨学术研讨会在绵阳市四川文化艺术学院举行。

20~21日

2014首届四川小品喜剧王大赛暨快乐书画笔会活动在绵阳市城区铁牛广场举行。

22日

四川同心·注册税务师服务团绵阳分团挂牌成立。四川同心·注册税务师服务团于2012年成立。绵阳分团是全省首家正式挂牌成立的市州服务团，由12家税务师事务所组成，至2014年年底，有团员260余名。服务团主要通过从事税法咨询宣传、税法专业知识培训等一系列涉税公益慈善活动，参与地方经济社会建设。

25~27日

绵阳市首届社区文化节文艺展演在绵州大剧院举行。

26日

川汽绵阳新能源汽车生产基地落成暨新能源汽车T70下线仪式举行，标志着绵阳市新能源汽车产业踏上新起点，迈入新征程。川汽绵阳新能源汽车生产基地于2011年4月正式动工，计划总投资30亿元，具备年产12万辆新能源及传统能源乘用车生产能力，实现年产值100亿元。野马T70作为川汽绵阳新能源汽车生产基地首款下线车型，拥有自主知识产权，T70纯电动型最高车速不低于145千米/小时，100千米耗电量不超过23千瓦时，续航里程超过220千米。

△国家第一批住院医师规范化培训基地名录公布，绵阳市7家医疗机构纳入名录中。其中，市中心医院和市三医院为主体基地，四〇四医院、江油市人民医院、三台县人民医院、九〇三医院和科学城医院为联合基地。

△梓潼农村商业银行挂牌开业，成为绵阳市首家农村商业银行。梓潼农商银行是经银监会批准，在梓潼县农村信用合作联社基础上改制而成的股份制商业银行。

27日

国家重大科研项目“中国育龄妇女MRI基因突变携带频率研究”科研合作项目在绵阳市中心医院举行授牌仪式，落户绵阳。

28日

绵阳南山中学北京校友会在清华大学举行以“战南山风雨同舟，闯北京你我同行”为主题的成立大会。

29日

绵阳绕城高速南环线建成试通车仪式在杨家收费站举行。绕城高速南环线正式建成通车，与通过绵阳市建成区境内的成绵（阳）广（元）高速、绵（阳）遂（宁）高速形成交通系统闭合，实现绵阳绕城高速环线贯通，标志着绵阳市正式跨入“绕城时代”。

△四川省首届初高中课堂教学衔接研讨活动在绵阳外国语学校举行。

31日

中国科技城·绵阳创新中心二期项目落成暨企业入驻签约仪式举行，首批100家科技企业及科技中介服务机构正式签约入驻。科技城创新中心二期项目总建筑面积约38万平方米，总投资约20亿元。项目于2012年7月正式启动，建成14万平方米。

（张永兴　刘　刚）

专题纪事

第四届中国诗歌节

中国诗歌节是经国务院批准的国家级重大文化节日，是继中国艺术节之后，文化部打造的又一国家重点文化工程项目。第四届中国诗歌节由文化部、中国作家协会和四川省人民政府共同主办，文化部艺术司、四川省文化厅、四川省作家协会和绵阳市人民政府联合承办。本届诗歌节以“中国梦想，华夏诗情”为主题。

2014 年 4 月 4 日，第四届中国诗歌节在绵阳市越王楼广场举行启动仪式。青海省委常委、宣传部长、著名诗人吉狄马加，中国作协副主席叶延滨等诗人及绵阳诗歌爱好者 1300 余人参加启动仪式。同时，第四届中国诗歌节 70 多项系列主题活动以城区为主，各县市区、各大系统同步开展。其间，先后成功举办群众诗歌文化专场演出、绵阳市第十三届迎春诗会、绵阳市首届少儿题材创作展演、中国著名诗人书画笔会、诗酒文化周文化惠民专场演出、中国诗酒文化主题论坛、诗歌论坛、诗歌进社区、端午节龙舟大赛暨端午诗会等 70 余项活动。各县市区，大中专院校、企业、社区等也结合自身情况，开展群众广场诗歌朗诵大赛、经典诵读、少儿题材诗歌创作、校园诗歌活动等。据统计，参加以上主题活动的特邀诗人、诗歌爱好者和各界群众逾 100 万人次；开展群众性的“我为绵阳献首诗”活动开展以来，收集诗歌 2000 余首；征集诗词书法、绘画作品近 1000 幅。

2014 年 7 月 15 日晚，由连续多年担任中央电视台春节联欢晚会策划工作的朱海先生主策划，文化部授权北京飞天文化艺术有限公司承担的第四届中国诗歌节开幕式在绵州大剧院上演，主办方领导近 50 人，全国著名诗人 118 人，来自上海、重庆、青海、云南、贵州、河南、宁夏、山西等 17 个省市自治区以及省内地市州代表 120 人、中央、省级新闻媒体 60 余家及绵阳市社会各界代表 600 余人到场观看。铁牛广场、文化广场分会场万人聚集，共同见证绵阳文化盛宴，整台演出高雅与通俗并重，营造典雅、庄重、和谐和浪漫的诗情，体现出诗仙故里的文化底蕴。

2014 年 7 月 16~19 日，诗歌节先后在长虹、九洲、越王楼、绵阳师院、江油、安县、北川、梓潼等地开展诗歌文艺演出、诗歌朗诵会、诗歌论坛、诗人作家采风交流以及群众诗歌朗诵等 14 项丰富多彩的诗歌文化活动。国内著名诗人、各省市区代表、新闻记者 600 余人相聚绵阳。诗人、诗评家、朗诵家、来自基层的普通诗歌爱好者的共同参与。各位嘉宾走基层、进社区、下企业，踏歌绵州、采风赋诗，真切感受绵阳悠久的历史文化传统、深厚的诗歌艺术底蕴。

2014 年 7 月 19 日晚，第四届中国诗歌节在绵州大剧院圆满闭幕。闭幕式呈现的是由绵阳市自主创作并精心改编的大型舞蹈诗剧《大北川》，该剧曾荣获“第二届全国戏剧文化奖”金奖。

第四届中国诗歌节从 2014 年 4 月启动，到 7 月底结束，活动项目多、时间跨度长、参与范围广、后续影响深，诗歌节既体现国家级文化艺术项目特有的国家高度，又注重群众广泛参与的社会广度，是中国诗歌的盛会、人民群众的节日。

绵阳热电厂关闭

2014 年 9 月 30 日 17：00，位于绵阳市中心城区御营坝的绵阳燃气集团热电分公司的全部机组永久性关停，绵阳热电厂正式关闭。

20 世纪 80 年代末期，为争创文明卫生城市，绵阳市决定将城区各大单位烧煤锅炉房的烟囱全部推倒，由政府出资兴建绵阳热电厂，为这些单位集中供蒸汽，同时担负绵阳电力主网的调峰任务。绵阳热电厂是发电与供热的综合配套工程，为绵阳市“七五”计划的重点节能建设项目，原设计发电装机容量 2×1.2 万千瓦，施工中更改为 2×1.5 万千瓦机组。安装 3×1100 吨/小时锅炉，年发电量 1.44 亿千瓦时，供热 80.5 百万大卡，年耗标煤 16.54 万吨，总投资 8782 万元。1988 年项目经国家计委批准，列入当年节能基建计划。同年 9 月 29 日项目开工建设；1991 年 7 月 1 日，热电厂第一台机组并网发电，年底，两台机组全部建设。1992 年，绵阳热电厂正式建成投产。热电厂年供热量最高达到 60 万蒸吨，供热半径达 5 千米，

成为当时四川省第二大热电厂，不仅为城区70%以上的利税大户集中供热，还为部分民用采暖户冬季供热。

由于热电厂施行的是全负债建设、经营，连续几年亏损，资产负债率高达105%。到1998年，濒临破产的绵阳热电厂改制并入绵阳燃气集团，成为下属的热电分公司。2000年后，热电公司附近的供热大户长虹、九洲等企业纷纷迁往郊区，另有部分企业关停并转，热电厂的热负荷缩减到不足原来的三分之一。同时，全国煤价快速上涨，让热电公司成本负担进一步增加，经营变得愈发困难。此外，热电厂设备老化问题日益严重，废气处理设施故障率高，污染物排放浓度已达排放标准的最高限值。近年来，绵阳燃气集团热电分公司对环境的影响日益加剧。步入新世纪后，城市化进程加快，原处于城郊的热电厂逐渐被居民楼包围。由于排气时噪音和烟雾很大，周围居民叫苦不迭。没有脱硫、脱硝设施，生产时排放出的废气中含有大量二氧化硫、氮氧化物、烟尘等物质也成为城市的重要污染源。一个当初的环保项目成为城市污染源，关停热电项目势在必行。“当年建设热电厂为环保，如今关停热电分公司也为环保，这成为绵阳推进能源结构调整、实现绿色低碳发展的大势所趋。”绵阳市环保局相关负责人介绍。

2013年初，绵阳市政府要求绵阳燃气集团热电分公司加快产业转型升级，并对热电分公司关停进行督办。据测算，该热电厂关停将淘汰2台110蒸吨的燃煤锅炉，每年可为绵阳市节省标煤20多万吨，每年减少排放二氧化硫656.08吨、氮氧化物349.4吨、烟粉尘139.786吨，对削减绵阳城区的污染物总量，改善城区空气质量有明显作用。

关停后，热电厂地段如何规划？绵阳市规划局相关负责人表示，按照《绵阳市旧城区控制性详细规划——御营坝片区》，现热电厂所在地块的规划用地性质为文化娱乐、商住、菜市场用地。在保证周边居民买菜购物的同时，预留约5732平方米的文化娱乐用地作为文化产业发展用地。

热电厂关闭的消息也引起了网友的热议，大家积极建言献策：

网友“东北偏北”建议：热电厂地处御营坝，这是全绵阳人居环境最差的地方，没有一个像样的公园、广场。政府是否可以结合实际，将热电厂地块整体改造，在尽量不破坏现有建筑的情况下，建设绿地、公园、广场及创意产业园。

网友“忆昔”建议：烟囱可以作为工业遗址保留下来，把烟囱打造成城市景观。“烟囱四周绕LED灯，白天是雕塑，晚上是女神。”

《四川日报》发表名为《保留这个城市的记忆》的短评，文中讲道：绵阳热电厂那座看似已经没有实用价值的烟囱，便是当地真实工业发展与城市文化的记录簿，构成一种无法替代的城市气质。它的存在，让城市的发展才具有了历史的延续性和连贯性，生活在城市之中的市民能拥有同一份记忆，能让情感联系得更为紧密。如何做到既要发展，又能留下历史的记忆？北京798艺术区和成都东郊记忆的打造方式或可借鉴。这两处都曾是厂区，在告别经济建设热火朝天的过去后，按城市工业用地更新和工业遗存保护相结合的方式，被完整保留，使历史与现实、工业与艺术完美地契合在一起。

第二届中国（绵阳）科技城国际科技博览会

中国（绵阳）科技城国际科技博览会（以下简称科博会）是四川省三大展会之一，是全国科技交流合作的重要国际性展会。2014年10月16~18日，第二届中国（绵阳）科技城国际科技博览会在绵阳会展中心举行。本届科博会由科技部、国家知识产权局、国家国防科工局和四川省人民政府共同主办，以“科技创新、军民融合、开放合作”为主题，突出国际性、专业性、先进性的展会特色。

本届科博会围绕“科技引领未来、创新驱动发展”宗旨，设置电子信息展区、先进制造展区、生物医药展区、新材料展区、新能源与节能环保展区、通用航空展区、国家自主创新示范区展区、国家高新区展区、四川四大经济区展区、全国非职务发明专利展区、新能源汽车展区等多个展区，开展国际先进制造业大会、国际军民融合创新发展论坛、驻外使（领）馆科技参赞圆桌会议、新能源汽车

技术与发展大会、创新成果发布交易投资推介会6项主要活动和22项专项活动。展陈面积7万平方米，是第一届科技博览会的两倍。来自49个国家、地区和国内13个先行先试地区、高新区到绵阳参展参会，有包括世界500强、国内外知名企业、科研院所、高等院校在内的803家单位参展，参展项目2584项，参展展品9736件；参会嘉宾约1万人，来自全国各地的观众60万人次，其中专业观众超过6.5万人次；签约项目945个，金额883.6亿元、较去年增长81.7%。

第二届科博会主要有五个特点：一是突出国际性，提升开放合作水平。举办多场国际性论坛，参会参展的境外机构达194家，境外嘉宾超过720人，搭建起一个立足全球视野、引领科技前沿的国际科技交流合作平台。二是突出专业性，彰显军民融合特色。有268项体现全国军民融合最高成就的高新技术及成果全面展示和发布，促成一批军民融合合作项目，有力地促进军民产业良性互动和深度交融。三是突出先进性，展示科技前沿最新成果。一大批高新技术、非职务发明专利和285件科普展品亮相科博会，展示国内外电子信息、先进制造业、新材料、新能源与节能环保、生物医药等领域的最新技术及成果。四是突出高端性，提高展会层次和影响力。有9位中外院士和美国国防部前副部长甘斯勒以及来自以色列、乌克兰、加拿大等国的40位国际国内知名专家出席演讲。“载人深潜英雄”“蛟龙号”首席潜航员叶聪出席并开展科普互动。五是突出实效性，促进各方互利共赢。密集推出科技成果发布与交易、海外高层次人才及项目推介、产学研协同创新对接等13场洽谈对接活动，为科技成果转化和产业对接搭建平台。

本届科博会集中签约仪式上，现场签约的科技成果和专利技术交易项目主要包括：智能交互终端、大客发动机验证机核心机试验件测试项目等。现场签约的人才交流合作成果项目主要包括：长虹、九洲、川汽、东材、农科院、绵阳外国语学校等优势企业和科研院所人才引进等。现场签约的采购对接活动成果项目主要包括：环保清洁设备采购项目、印刷板、连接器等电子产品采购项目。现场签约的产业合作项目63个，其中5亿元以上的大项目19个，金额342.7亿元，主要包括四川东亨信息科技股份有限公司投资10亿元建设物流第三方服务平台项目、中国金石矿业控股有限公司投资20亿元建设非金属新材料粉体产业园项目、上海爱登堡电梯股份有限公司投资10亿元建设电梯整机项目、四川致绵实业有限公司投资5亿元建设软件开发项目、重庆君盾集团投资10亿元建设信息安全服务产业基地项目等一批预期效益好、产业带动力较强、科技含量高、发展前景好的项目。

绵阳科博会成为一个国际性的科技交流合作、科技成果发布交易、军民两用技术对接转化平台。年底，第二届科博会被是中会展业研究会评为“2014年度中国十佳会展品牌项目”称号。

国务院常务会议决定
在绵阳科技城推广实施先行先试政策

绵陽日報
MIANYANG DAILY
国务院常务会议决定
在绵阳科技城推广实施4项先行先试政策
习近平在首个国家宪法日之际作出重要指示强调
切实增强宪法意识 推动全面贯彻实施宪法

2014年12月3日，国务院总理李克强在北京主持召开国务院常务会议，部署在更大范围推广中关村试点政策、加快推进国家自主创新示范区建设，进一步激励大众创业、万众创新。会议决定，把6项中关村先行先试政策推向全国，并决定在所有国家自主创新示范区、合芜蚌自主创新综合试验区和绵阳科技城推广实施4项先行先试政策。

会议决定推广实施的4项先行先试政策包括：一是给予技术人员和管理人员的股权奖励可在5年内分期缴纳个人所得税；二是有限合伙制创投企业投资于未上市中小高新技术企业2年以上的，可享受企业所得税优惠；三是对5年以上非独占许可使用权转让，参照技术转让给予所得税减免优惠；四是对中小高新技术企业向个人股东转增股本应缴纳的个人所得税，允许在5年内分期缴纳。

2013年06月25日，四川省人民政府出台《关于印发支持绵阳科技城加快建设政策措施的通知》（川府发〔2013〕30号），为绵阳科技城“量身定制”十条支持政策措施，分别是：确定重点区域实现突破发展；支持事业单位科技成果转移转化；开展土地政策创新试点；实行科研经费分配管理改革；设立科技人才发展专项资金；自主确定土地类适用税额标准；开展股权激励和科技成果转化奖励试点；加大对鼓励类产业企业的政策支持；加大对科技城设立金融机构的支持；优先支持科技城及其企业多渠道融资。

2013 年以来，绵阳市先后制定出台 20 余项支持创新创业的政策。2014 年 10 月 15 日，绵阳市印发《绵阳市发展科技型中小企业“涌泉计划”实施方案（试行）》，“涌泉计划”从 2015 年 1 月开始实施，包括“金苗工程、拔萃工程、卓越工程”三大工程：（1）金苗工程。主要包括新注册或新认定和年销售收入在 50 万元以下的科技型中小企业，新注册企业享受全程免费代办服务，新认定的科技型企业享受 0.5 万元~1 万元补助;产生的贷款坏账可享受总额不超过 10 万元风险补偿;入驻孵化器两年内免费使用办公场所和享受服务支持，第三年享受 50% 减免。（2）拔萃工程。主要包括年销售收入在 50 万元~2000 万元的科技型中小企业，两年内享受最高不超过企业上缴税收地方留存总额的资金支持;享受一次性最高 200 万元/户的贷款额贴息支持和最高不超过 100 万元贷款风险补偿支持;遴选 30 个“涌泉奋进团队”，享受一次性 20 万元~40 万元资助。（3）卓越工程。主要包括年销售收入 2000 万元以上的科技型中小企业，两年内享受最高不超过企业所得税地方留存部分总额的资金支持;产生的贷款坏账可享受总额不超过 200 万元的风险补偿，享受一次 30%~50%的贷款贴息;遴选 10 个“涌泉领军团队”，享受一次性 60 万元~100 万元资助;成功上市的享受不超过 250 万元的奖励补助。之后，针对“涌泉计划”专门制定出台各种配套政策 33 条，内容涵盖科技金融、股权激励及成果转化、专利资助和奖励、人才发展及创新创业等领域。

继绵阳科技城比照执行北京中关村自主创新先行先试政策之后，国务院决定在绵阳科技城推广实施 4 项先行先试政策，使绵阳科技城中央、省、市三级完整政策体系完全形成。

绵阳科技城集中发展区建设全面启动

2013 年 12 月 6 日，绵阳市委召开专题会议，研究绵阳科技城集中发展区规划建设有关工作。会议强调要大力实施《绵阳科技城发展规划（2011~2015 年）》，进一步完善科技城集中发展区规划，科学定位、有序实施，把科技城集中发展区打造成为“绿色低碳、宜居宜业”的发展新区。2014 年 2 月 13 日，四川省人民政府在绵阳市召开省建设绵阳科技城领导小组第十四次会议。会议决定在绵阳

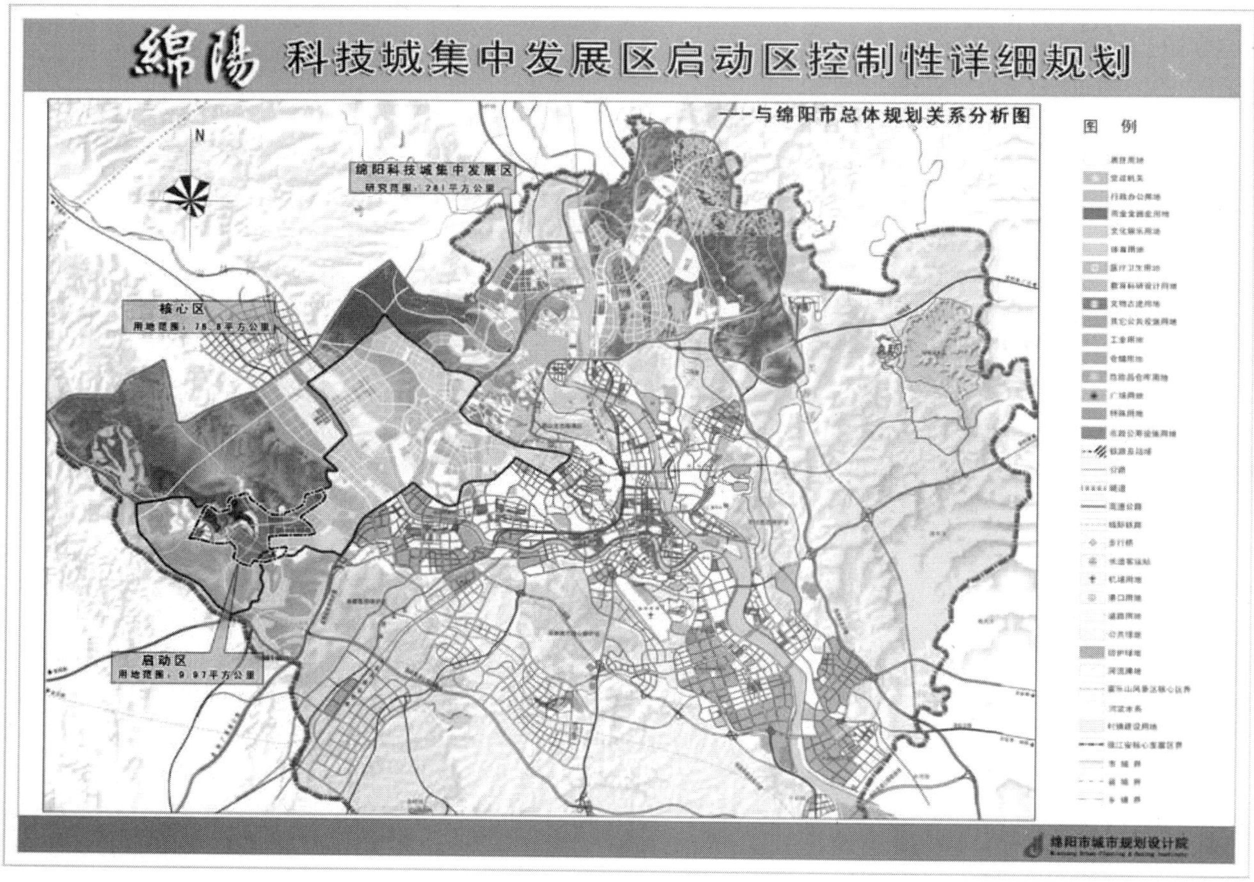

规划建设不少于100平方千米的"科技城集中发展区"，一期规划30平方千米，确保年内启动、两年成型、五年见效，力争五年再造一个产业绵阳、创新绵阳、宜居绵阳。要把科技城建设作为全省科技创新的"一号工程"，作为全省次级突破的重要着力点，集中优势资源和力量加快推进，努力把科技城打造成为四川新的重要经济增长点。省委、省政府从科技成果转化、支持企业多渠道融资等10个方面，给予科技城强力支持。同年，2月21日，集中发展区启动区建设动员会召开，集中开发区指挥部挂牌成立，首期5平方千米启动区正式动工。

科技城集中发展区位于成（都）德（阳）绵（阳）、绵（阳）安（县）北（川）、绵（阳）江（油）发展带的交汇处，是区域、市域与绵阳市中心城区交汇节点，距离城市中心12千米，包括：安县界牌镇、兴仁乡和花荄镇局部，江油市方水乡局部，高新区河边镇、磨家镇及永兴镇局部，科创园区局部，涪城区金家林、大包梁村及青义镇和龙门镇局部，游仙区东林乡及石马镇大部、新桥镇、游仙镇局部，规划区范围面积281平方千米，控制面积255.4平方千米，建设区面积100余平方千米。中国城市规划设计院等3家国家级院所开展专项规划研究，集中发展区规划通过省市两级评审。2014年2月21日，绵阳科技城集中发展区建设指挥部在高新区挂牌成立，先期30平方千米的"军民融合创新驱动核心示范区"在集中区正式启动建设。

绵阳科技城集中发展区启动区控制性详细规划

一、规划范围

绵阳科技城集中发展区启动区位于绵阳市高新区南部，绵阳主城区的西南方向。规划范围：东至高新区二号路、草溪河，西至花宝路二期，北至高新区B3道路，南至冯家湾，总规划面积996.89公顷。其中水域和其他用地213.28公顷，城市建设用地面积783.41公顷。

二、发展规模

规划建设用地面积783.41公顷，规划总建筑面积620万平方米，其中住宅建筑面积215万平方米，可容纳人口规模为6万人。

三、功能定位

绵阳科技城集中发展区核心区的先行启动区，主要以现代信息技术生产和河边中式滨水小镇作为生活配套服务的产业社区。

四、规划结构

规划结构为"一带两轴、两心三片"：

"一带"：沿草溪河发展带。对草溪河滨水进行综合开发利用，沿河布置公共设施和绿地，创造直接的滨水开发机遇，引入高端服务、商业商贸、休闲娱乐等产业，形成人气与亲水性较强的水岸经济发展带。

"两轴"：沿科技城大道的科技形象轴和沿成绵复线连接线及延长至安县工业园的产业发展轴。

"两心"：沿草溪河承载启动区的科研生产、高端服务等功能的产业服务中心和沿草溪河河边镇段的商业、休闲、餐饮、社区配套服务等功能的居住服务中心。

"三片"：以3D打印、军民融合等为主导产业的产业北片区、以现代信息技术产业为主导的产业南片区和以河边镇为核心的中式滨水小镇作为产业区的生活配套服务片区。

五、道路交通系统

规划区形成"一横、一纵"路网结构。

"一横"：科技城大道。

"一纵"：科技城大道成绵复线联络线及近期花宝路。

六、公共服务设施

规划区根据规划人口的测算，形成4个居住小区（基层社区）。规划区布局中学1所、小学2所、幼儿园4所、社区文化活动中心4个、社区卫生服务中心、菜市场4处、河边镇电信分局1处、社区服务中心4处、公交首末站共设置1处、公厕11处、加油加气站各1处、一级普通消防站1处。

成绵乐城际铁路客运专线开通运营

2014年12月20日，成（都）绵（阳）乐（山）城际铁路客运专线（以下简称成绵乐客专）正式开通投运。

成绵乐客专起于成都东站，向北经广汉、德阳、绵阳延伸至江油，向南经成都南站、双流机场、眉山、青神、乐山最终抵达峨眉山站。成绵乐客专为双线电气化铁路，采用8编的CRH-2动车组，即一列列车有8个车厢，可乘坐600至800名旅客，实现公交化运营，在技术上可以达到几分钟一班，预计年客运量将达到8000万人次。成

绵乐客专是中国西南地区首条高速铁路客运专线，是部省共建和国家灾后重建重大基础设施项目，是四川省建设西部综合交通枢纽的标志性工程、示范性工程和重大民生工程，在落实省委提出的“多点多极支撑发展”战略当中具有重要的里程碑意义，对推动绵阳在成德绵同城化、一体化发展中起到举足轻重的作用。

2008年9月8日，成绵乐客专获得批复。2009年7月，专线开工建设。2012年12月2日，开始轨道铺设作业。2014年6月29日，全线轨通。专线采用超长无缝对接钢轨，一根轨长500米。线路高架全封闭，采用无螺栓、有弹性扣件的重型钢轨，其运营期间产生的噪声、振动影响程度和范围本身小于现有的老铁路。乘坐普通火车，耳边总会“咣当、咣当”响个不停，还老感觉晃动，但如果坐在飞驰的动车组上，这些现象全然没有。专线全长317千米、匡算总投资480亿元，绵阳境内58千米、匡算总投资90亿元，设计时速为250千米/小时，实际运行时速200千米/小时。绵阳境内设绵阳站（城际站）、江油站、青莲站三处站台。专线绵阳境内段站前线下工程分两个标段，中铁十七局负责第一标段35.5千米，中铁五局负责第二标段22.5千米。成绵乐客专开通后，绵阳至成都由原1小时30分钟缩短至现最快的30分钟至1个小时；绵阳至乐山由原来的3小时30分钟缩短至现在2小时15分。成绵乐客专动车组票价执行政府指导价，二等座票价江油站至峨眉山站126元、成都东站至绵阳站45元、成都东站至峨眉山站65元、成都东站至江油站61元。学生票为二等座公布票价的75%，儿童票、伤残军人票为公布票价的50%。成绵乐客专动车组包括成都东至绵阳动车组、成都东至江油动车组、成都东至峨眉山动车组、江油至峨眉山动车组，运营初期开行17对，即成都东至绵阳间开行3对，成都东至江油间开行5对，成都东至峨眉山间开行5对、江油至峨眉山间开行4对。全线以成都东站作为为中心站，江油、峨眉发出的列车以成都东站为终点站，成都东站每天发送成绵乐客专列车130对。

成绵乐客专的开通运营标志着四川从此开启高铁时代，绵阳实现境内无快速高铁零的突破，绵阳将与成绵乐沿线的德阳、成都、眉山和乐山一起，5城同梦同发展。成绵乐客专开通，改变的不仅是时空距离、更有对区域经济发展版图的重构。对普通人而言，“高铁”是一个交通名词，是一条改变生活的通道；但对绵阳发展而言，“高铁”是一个全新的经济概念，是一个谋求发展的新机遇。成绵乐客专所串联的成德绵眉乐5个城市，土地面积占四川省的12%，总人口有3000万，超过30%，GDP总量占全省总量的51.4%，人均GDP为四川全省平均的1.88倍，电子信息、科技、重工、农业深加工和旅游等四川经济拳头产业密布周边，是四川经济最为发达和最具活力的产业带。作为串联川西平原城市群的一条现代化铁路运输大动脉，成绵乐客专的运行，拉近了城市间的时空距离，放大了各种生产要素、资源配置的空间，有力地促进了城市间的“同城化”和“一体化”，它所形成的“一小时交通圈”“一小时生活圈”“一小时经济圈”等效应，对扩大西南地区的对内对外开放、统筹区域发展具有重要的战略意义。

成绵乐客专通车后，将与在建的西安—成都客运专线连接，向北延向广元、西安，与郑（州）西（安）、（北）京广（州）高铁相连，形成成都至北京8小时快速客运通道；向南延向宜宾、贵阳，连接贵（阳）广（州）铁路，形成成都至广州6小时快速客运通道。

李　白

李白（701~762），字太白，号青莲居士。自称祖籍陇西成纪（甘肃秦安）人。凉武昭王九世孙，其先代在隋朝末年被流放到碎叶（今吉尔吉斯共和国托克马克附近）。其父母后客居绵州昌隆清廉乡（今江油市青莲镇），生李白。李白17岁拜赵蕤为师，潜心修学，年少就写出《访戴天山道士不遇》《登锦城散花楼》《题江油尉厅》等诗歌。开元十八年左右到长安争取政治出路，终以失意而归。后遇贺知章、玉真公主等人举荐，天宝元年（742）秋，李白被玄宗召入长安，供奉翰林，作文学侍从。后因不满朝廷昏暗，离京出游。天宝十四年，因永王李璘兵败受牵入狱囚于浔阳（江西九江），流放夜郎（贵州桐梓一带），59岁遇赦而归。晚年流落江南一带，61岁因病故于当涂（今属安徽）。李白诗歌在中国文学史上占有十分重要的地位，把我国古代诗歌创作推向一个新的高峰，对后代产生了极其深远的影响，他被推崇为“诗仙”。李白诗歌流传至今有千余首，是中华文化宝库最瑰丽的珍宝。他的诗歌不仅在国内有多种版本，还被翻译成几十种文字，在100余个国家流传。

（摘自《绵阳市志》）

自然·生态环境
NATURAL AND ECOLOGICAL ENVIRONMENT

人民公园

概　述

【位置面积】　绵阳市位于四川盆地西北部，涪江中上游地带。东邻广元市的青川县、剑阁县和南充市的南部县、西充县；南接遂宁市的射洪县；西接德阳市的罗江县、中江县、绵竹市；西北与阿坝藏族羌族自治州和甘肃省的文县接壤。地理坐标：北纬30°42′~33°03′、东经103°45′~105°43′。呈西北东南向条带状，东西宽约144千米，南北长约296千米，辖区面积20248.4平方千米。按地貌主要类型分：山区占61.0%，丘陵区占20.4%，平坝区占18.6%。

【地形地貌】　绵阳市地势为西北部高，东南部低，地形起伏很大。西北部面对四川盆地的首列山脉，为东北西南向的龙门山脉，海拔1000~3000余米；其西面的岷山山脉和北面的摩天岭山脉，海拔多在3000米以上。最高点为平武县与松潘县接壤的岷山山脉第二峰雪包顶，海拔5440米。东南部属四川盆地盆中丘陵，一般海拔400~600米，最低点位于三台县建中乡郪江河谷短沟口，海拔307.2米。最高点与最低点高差5092.8米。

地貌明显受控于地质构造。西北部因分别受龙门山北东向褶皱断裂与岷山南北向构造、摩天岭东西向构造的影响，山脉走向呈北东南西向、与南北向和东西向；山地的形态亦与地质构造和岩性有关。东南部处在扬子准地台川北台陷、川西台陷和川中台拱的接合部位，由于地台基底坚硬，地质历史时期地壳以升降运动为主，地层受各时期水平运动的影响较轻，有一些舒缓宽阔的褶皱，地层一般倾角不大，形成岗岭起伏的丘陵、台地、方山地貌。　（谌礼骄）

【行政区划】　绵阳市全市辖6县1市2区。6县为：三台县、安县、盐亭县、梓潼县、平武县、北川羌族自治县；1个县级市为：江油市；2个区为：涪城区和游仙区。全市277个乡镇（127个乡、150个镇），18个街道办事处。

涪城区：14个镇、2个乡，有9个街道办事处；

游仙区：13个镇、11个乡，有5个街道办事处；

江油市：25个镇、15个乡，有4个街道办事处；

三台县：41个镇、22个乡；

安　县：15个镇、3个乡；

盐亭县：14个镇、22个乡（1个民族乡）；

梓潼县：11个镇、21个乡；

平武县：9个镇、16个乡（13个民族乡）；

北川羌族自治县：8个镇、15个乡（1个民族乡）。

2014年，四川省人民政府批复江油市文胜乡、大堰乡、贯山乡、西屏乡和北川羌族自治县禹里乡、桂溪乡撤乡设镇。市民政局组织修订《绵阳市地名管理办法》，与市规划、住建、公安等部门联合出台《绵阳城区道路、桥梁、住宅区及建筑物地名命名细则》。绵阳城区新命名道路47条。深入挖掘地名文化，完成绵阳城区17条道路标识牌释文起草工作。全市完成10条县级行政区域边界联检工作，新增平安边界线2条。　（尹晓灿）

【人口】　2014年，全市总人口为5487777人，总户数2075984户。其中男性人口2819697人，女性人口2668080人，非农业人口1630107人，农业人口3857670人，暂住人口623568人，出生人口50229人。

（廖昌建）

【民族】　2014年，绵阳市少数民族人口17.8万人（城市少数民族人口2万余人），占全市总人口的3.3%，居甘孜、阿坝、凉山三个州之后，居全省第四位。有汉族、蒙古族、回族、藏族、维吾尔族、苗族、彝族、壮族、布依族、朝鲜族、满族、侗族、族瑶族、白族、土家族、哈尼族、哈萨克族、傣族、黎族、傈僳族、佤族、畲族、高山族、拉祜族、水族、东乡族、纳西族、景颇族、土族、达斡尔族、仫佬族、羌族、布朗族、撒拉族、毛南族、仡佬族、锡伯族、阿昌族、普米族、怒族、乌孜别克族、俄罗斯族、鄂温克族、德昂族、裕固族、京族、赫哲族47个民族。

绵阳有全国唯一羌族自治县（北川羌族自治县），平武县享受民族自治县政策待遇。全市15个少数民族自治乡，其中：9个藏族自治乡、5个羌族自治乡、1个回族自治乡，分布在平武县、北川羌族自治县、盐亭县。平武有水田羌族自治乡、旧堡羌族自治乡、锁江羌族自治乡、平南羌族自治乡、徐塘羌族自治乡、黄羊藏族自治乡、虎牙藏族自治乡、土城藏族自治乡、木皮藏族自治乡、木座藏族自治乡、泗耳藏族自治乡、白马藏族自治乡、阔达藏族自治乡13个民族乡；北川有桃龙藏族自治乡；盐亭有大兴回族自治乡。全市少数民族地区面积9082平方千米，占全市面积的45.4%。

（马　旭）

【方言】　绵阳境内分为两种方言：无入声方言，以绵阳城区方言为代表，包括涪城区、游仙区、科学城、高新技术产业开发区、安县、江油市、平武县、北川羌族自治县、梓潼县、三台县等地的城关话，有20个声母、36个韵母、阴阳上去4个调类、1033个音节，与四川方言的代表语音成都话基本相同。入声方言，以盐亭县城关话为代表，包括盐亭各乡镇，及三台县的石安、富顺、塔山等乡镇的方言，有20个声母、38个韵母、阴阳上去入5个调类。

【历史沿革】　绵阳建城有2215年的历史，是四川省历史文化名城。绵阳市境历史上最早的县以上政区为汉高祖六年（前201年）建置的广汉郡。广汉郡领有13县，郡治乘乡，乘乡在汉代建置的雒县境内（雒县治今广汉市区）。广汉郡在今市境内建置涪县（后改为巴中县、巴西县、绵州本州、绵阳县、涪城区、游仙区）、梓潼县、郪县（今三台县）、刚氐道（今平武县）。汉武帝元封五年（前106年），广汉郡由乘乡（今广汉市境内）迁到梓潼县，是为今市境内设有州郡建置的开始。汉安帝元初二年（115年），为镇压少数民族反抗，益州刺史部和广汉郡均迁至涪县（今市区），3年后州、郡皆迁出市境。东汉末年，刘备据蜀，于建安二十二年（217年）分广汉郡北部地区设梓潼郡（治梓潼县），建兴三年（225年）分广汉郡东部地区设东广汉郡（治雒县，今三台县境）。自此后，市境相沿各代均有州、郡、府等县以上政区建置。两晋和南北朝300余年间，由于战争频繁，政区建置变化较大，市境内先后设置过潼州、新州、龙州等3州；梓潼、巴西、巴西梓潼、潼川（又称潼州、东川）、北阴平、阴平、新巴、江油、新城（后改为昌城）、始平（先名始平僚，后改为涪城、安城）、西宕渠、北宕渠（后改为盐亭）、高渠等13个郡，以及40余个县。从隋代后，政区建置逐渐稳定，形成市境中部以今市区为治地的绵州，东南部以三台县城为治地的梓州——潼川府，西北部以江油、平武两县为中心的龙州——龙安府等3个政权建置中心。民国24年（1935年）川政统一，市境内只有今市区成为四川省第十三行政督察区治地，1948年领有绵阳、安县、绵竹、德阳、梓潼、罗江、广汉、什邡、金堂、彰明10个县。

新中国成立后，1950年1月20日，以绵阳县为治地建绵阳专区，仍辖民国时期10个县；1953年3月10日，撤广元专区，划入广元、昭化、剑阁、青川、平武、北川、江油、旺苍8个县，辖18个县；1953年7月4日，广汉、什邡、金堂3个县划出，专区辖15个县；1958年10月18日，并入原遂宁专区遂宁、蓬溪、潼南、中江、三台、射洪、盐亭7个县，辖21个县（此前江油、彰明2个县于1958年9月5日合并）；1959年3月22日，昭化、罗江2个县撤销，分别并入广元县和德阳县，专区辖19个县；1968年7月8日，改专区设地区；1976年2月4日，因分绵阳县筹建绵阳县级市，地区辖19个县1个市；1977年9月24日，潼南县划出，地区辖18个县1个市；1978年4月25日，绵阳县并入绵阳市，地区辖17个县1个市；1983年8月18日，分绵阳地区建德阳市，德阳、绵竹、中江3个县划出，绵阳地区辖14个县1个市；1985年2月8日，绵阳地区撤销，分别建立绵阳、广元、遂宁3个市。绵阳市辖7个县1个区（原县级绵阳市改置为市中区）；1988年2月24日江油市建立，绵阳市辖6县1市1区；1992年10月，撤销绵阳市市中区，分设涪城、游仙两区。2002年绵阳市辖涪城、游仙2个区，三台、安县、梓潼、盐亭、北川、平武6个县，代管江油市和省政府科学城办事处，直辖绵阳高新技术产业开发区、科教创业园区、经济技术开发区、科技城现代农业科技示范区（2011年12月撤销）。绵阳一名因城市地处绵山之南，民国2年（1913年）按“山南水北”为“阳”的古义，取名绵阳。

生态资源

国土与矿产资源

【概况】 2014年，绵阳市辖区面积20248.4平方千米，占全省的3.54%。全市农用地为1797661.4公顷，其中耕地401625.83公顷、园地52261.51公顷、林地1135319.61公顷、牧草地47010公顷，其他农用地161444.41公顷；建设用地121125.49公顷，其中居民点工矿用地103466.29公顷、交通运输用地9371公顷、水利设施用地8287.77公顷；未利用地10759.13公顷，其中未利用土地72761.63公顷、其他土地35197.5公顷。

【矿产资源与分布】 绵阳发现矿种有铁、锰、铅锌、钨、金、银、磷、硫、水晶、方解石、石灰石、白云石、膨润土、玻璃用石英砂岩、天然气等56种，矿产地400余处，其中黑色金属73处，有色金属25处，贵金属70处，非金属矿产200余处。探明储量的有26个矿种，具工业矿床规模的74处。截至年底，全市有32个矿种得到开发利用。

全市矿种储量在全省占有重要地位的有：平武县的锰矿，三台县、盐亭县的膨润土，江油市的铸型用砂、水泥配料用页岩储量居全省第一；江油市的玻璃用石英砂岩、冶金用白云岩、全市的天然气总量居第三；以县市区分布情况看，平武县的矿产资源以金属矿产为主，主要有金、铁、锰、铅锌矿；其他县市区以非金属矿为主：如江油市的石灰石、硫铁矿，安县的石灰石、磷块岩，北川羌族自治县的石灰石、硅石、饰面用板岩，三台县、盐亭的膨润土，涪城、游仙的砖瓦用页岩、砂石等。天然气在绵阳市广泛分布，除平武县、北川羌族自治县、安县外，均有产出。2014年，全市完成10个矿种48个矿区的矿产资源利用现状调查工作。

【矿产利用】 2014年，全市探矿权数201个，勘查矿种12种。开发利用矿产22种，矿山总数600余个，其中大中型矿山60个，水泥用灰岩、玻璃用砂岩、砖用页岩和饰面石材等主要矿产的开采量，均有大幅度增长，矿总产量1200余万吨，矿产值10余亿元。全年延续变更登记46宗、新办登记5宗、注销登记21宗，收取采矿权延续（延续变更）价款260万元。

（谌礼骄）

水资源

【概况】 2014年，绵阳市境内有大小河流52条，连同溪、沟3000余条，均属嘉陵江水系。全市水资源相对丰富，年降水量为198.45亿立方米，地表水资源量为118.93亿立方米，常年水资源总量为118.82亿立方米，人年均水资源总量为2196立方米。全市主要江河478千米河长水质为：全年期Ⅱ类水域435千米，占评价河长91%，Ⅳ类水域43千米，占评价河长9%。降水时空分布不均是绵阳市基本水情，降雨70%集中在每年的6~9月，60%集中在西北地区，造成全市部分地区、时段缺水和季节性缺水。

【水资源管理】 2014年，绵阳市出台《绵阳市实行最严格水资源管理制度考核办法》《绵阳市实行最严格水资源管理制度考核工作实施方案》《关于开展公共机构节水型单位建设工作的通知》，落实最严格的水资源管理制度。强化水资源论证，市水务局对银河化学、科技城二期、金西湖等工程取水开展水资源论证；完成绵阳市水务集团第二水厂、三水源等延续取水许可工作，全年办理取水许可证19个。做好水资源费征收，开展欠费催缴工作，先后对11户欠费单位进行上门抄表及催收。全市征收水资源费2200万元，完成三台县、江油市、盐亭县3个全国节水重点县建设项目选点指导及实施方案审批工作，完成投资1500万元。协调市环保局，武引局、游仙区、仙海区等单位，召开芙蓉溪生态调水协调会，制订调水方案，调水时间7天300多万立方米；协调武都电站、通口电站、龙凤电站、开元电站等开展枯水期水资源调度工作，保证三水厂等水厂取水和群众生活用水及城区堤防应急建设；协调美丰化工、利尔化学的工业用水问题。做好中小河流水文监测项目建设一、二期工作。一期完成投资300万元，工程基本完工，进入调试使用验收阶段；二期完成实施方案的审查并得到省发改委的批复，单站施工设计方案经省水文局审查等批复。做好四川省国家水资源监控能力建设项目资金申报和采购的相关工作。落实国家、省级资金178万元，对全市19家重点取水户37根管道实施在线监测。编制招标文件、并进行技术复核工作。

（贯红瑞）

水文水资源

【概况】 四川省绵阳水文水资源勘测局是四川省水文水资源勘测局的派出机构，为绵阳市经济社会发展和防汛减灾服务的公益性事业单位。具有包括农业、林业、渔业、水利、火电、纺织、皮革、造纸、石化、冶金、医药、采掘、建材、木材、食品、机械、建筑、商饮业、服务业等行业在内的建设项目水资源论证乙级资质证书，水资源评价、河道建设项目的行洪论证与河势稳定论证乙级以上的资质证书，大地测量、测绘丙级资质证书。是涪江流域及嘉陵江上游广元段洪水信息预测预报的权威机构。负责涪江干流川渝交界上段、嘉陵江广元境内以上至川陕交界段的干、支流上的20个水文站（其中，国家级重要站8个，省级重要站7个，一般站5个）和9个水位站，144个雨量站（含委托）、绵阳地下水13站、江油地下水12站的管理。承担水位、流量、降水、水面蒸发、单位含沙量、断面输沙率、泥沙颗粒分析、水质监测、水化学分析、水质评价及地下水观测、水质监测、洪水情报预报等项目。

全年完成144站年降水，6站年蒸发，28站年水位的观测、资料收集；20站年流量、5年站输沙、5年站单沙、13站绵阳城区地下水、12站江油城区地下水的测验资料整编工作和水文资料的数据储存录入，测验、资料整编在全省名列前茅。保持水文技术服务势头，开展建设项目水资源论证、行洪论证和水资源调查评价工作，所有报告均通过省、市级专家团的评审，为地方经济和社会发展服务提供优质的技术服务。

【水系水文特征】 涪江发源于松潘县雪宝顶，贯穿于绵阳市、遂宁市至重庆市合川注入嘉陵江，全长670千米，流域面积36400平方千米，在绵阳市境内长约380千米，流域面积约20230平方千米。绵阳市内主要河流有涪江、平通河、通口河、安昌河、凯江、梓江。流域地形西北部高、东南较低，南北地势高差达5092.8米。上游地处高山峡谷，植被较好、暴雨洪水汇流时间短，具有典型的山溪性河流暴涨暴落的特点。2014年5~9月涪江流域辖区内总降水在195~1298毫米之间，与往年5~9月同期均值比较：绵阳境内降水平均偏少21.0%。由于流域降水时空分布不均，绵阳局所辖范围内降水较大的过程主要集中在7月8~10日，7月18日~20日，7月30日~8月1日，8月6~9日这4个时段。5~9月日降水量在50毫米以上的有410站次，日降水量在100毫米以上的有75站次，日最大降水量为广元元坝244毫米。达1小时暴雨标准（30毫米）的有198站次，1小时最大暴雨量为安县高安71.5毫米。绵阳片区5月、6月、8月、9月降水较多年同期均值偏少，7月降水较多年同期均值偏多。

绵阳局涪江流域各江河最大洪水主要发生在7月。超警戒水位有2站，芙蓉溪游仙水文站7月20日13:45出现超警戒0.39米洪峰水位455.89米，相应流量5520立方米每秒，水位变幅3.99米；梓潼河中兴水位站7月20日7：30出现超警戒1.03米洪峰水位11.03米，水位变幅5.67米。

【水质监测】 2014年，绵阳水文水资源勘测局完成绵阳、广元、遂宁境内水样监测510个。完成每月20个水质监测站、省界河流姚渡国华站以及并从7月份开始对12个新增的水功能区水质断面的水质监测、评价、报送工作，全国重点水质监测站绵阳站的水质评价及报送工作和水源地监测资料的报送工作。发布《水环境状况公报》28期为涪江流域及嘉陵江上游百姓的生产生活水安全提供保障。完成《绵阳市水资源保护城镇集中式饮用水水源地保护专题报告》的编写、审稿工作。10~11月，对涪江及其他支流水质进行调查、资料收集、计算、统计工作；组织编写完成《绵阳市水资源保护规划报告》的送审稿。

(呼 吁)

气 候

【概况】 2014年，全市气候总体平稳，属中等略偏好年景。年内光热充足、大部地区雨水调匀、暴雨天气偏少、洪涝灾害偏轻。上半年春旱和夏旱较轻，小春生产获得较好收成。下半年高温伏旱和“秋绵雨”天气对南部地区大春生产有不利影响，但中部和北部地区雨水调匀，大春作物丰产丰收。全年，全市平均气温16.5℃，最高气温38℃，最低气温−3.4℃；全市平均降水量810.8毫米，全市平均日照数1130.4小时。

【温度状况】 2014年，全市平均气温16.5℃，较常年偏高0.3℃。冬季(1~2月)平均气温6.6℃，与常年持平；春季(3~4月)平均气温15.3℃，偏高1.1℃；夏季(5~8月)平均气温23.9℃，与常年持平；秋季(9~11月)平均气温17.3℃，偏高0.6℃；初冬(12月)平均气温6.3℃，偏低0.4℃。年极端最高气温38.3℃，7月23日出现在盐亭；年极端最低气温−3.4℃，1月2日和13日分别出现在江油和梓潼。年内入春时间3月4~10日，入夏时间5月15~24日，入秋时间9月10日~10月2日，入冬时间12月1~4日。年炎热日数37~51天；年酷热日数0~18天，其中梓潼、三台和盐亭为9~18天，偏多4~11天。

【降水分布】 2014年，全市平均降水量810.8毫米，偏少16%；其中梓潼、三台偏少3成，安县、北川偏少2成，其余地区接近常年。冬季平均降水量12.5毫米，偏少38%；春季平均降水量67.8毫米，与常年持平；夏季平均降水量567.1毫米，偏少14%，其中梓潼、三台和盐亭偏少3~4成；秋季平均降水量161.1毫米，偏少21%，其中盐亭偏多7成，其余大部地区偏少4~5成；初冬平均降水量2.3毫米，偏少54%。年降水日数115~158天，大部地区接近常年；年暴雨日数0~4天，其中三台无暴雨日，北川、梓潼少2天，安县少1天，绵阳多1天。

【大暴雨过程】 2014年，全市有4次大暴雨天气过程，分别出现在7月8~10日、7月19~20日、7月30~31日和8月7~9日，这4次大暴雨天气过程降雨强度偏弱、持续时间较短、产生的径流较小，造成的洪涝及地质灾害总体偏轻。

【日照时数】 2014年，全市平均日照时数1130.4小时，偏多1%。冬季平均日照时数126.6小时，偏多3%；春季平均日照时数192.7小时，偏少3%；夏季平均日照时数523.6小时，偏多1%；秋季平均日照时数185.4小时，偏少14%；初冬平均日照时数102.1小时，偏多66%。

【气候评价】 2014年天气气候条件总体上利大于弊。上半年，春旱和夏旱较轻，热量、光照、土壤墒情等农业气象条件对小春作物生长发育和大春作物播种育苗及其苗期生长较为有利，大部地区小春作物生长发育良好，获得较好收成。盛夏时节光热充足，大部地区雨水调匀，大春作物长势良好，加之大暴雨天气偏少、农业气象灾害偏轻，中部和北部地区大春作物丰产丰收。南部地区7月下旬至8月上旬初高温伏旱天气以及9月“秋绵雨”天气对大春生产有不利影响，造成大春作物出现一定程度的减产。年内天气变化较为平稳，对二、三产业无明显不利影响。

(蔡元刚 徐卫民)

动植物资源

【野生动物资源】 2014年，根据调查统计，绵阳市境内野生动物资源已知脊椎动物5纲32目109科791种，无脊椎动物2门6纲33目241科1257种。其中，国家一级重点保护野生动物18种。国家二级重点保护野生动物小熊猫等60种。绵阳是长江上游重要生态屏障区，生物多样性保护的重点地区、野外大熊猫主要栖息地之一，大熊猫及其栖息地保护管理在四川占有重要地位。野生大熊猫种群数量、大熊猫栖息地面积、大熊猫自然保护区数量和面积均位居全省前列。平武县是大熊猫分布最多的县，占全国野生大熊猫的1/5。省重点保护的野生动物有赤狐、豹猫、毛冠鹿、沟牙鼯鼠、普通鳾鹈、中白鹭、中国林蛙等。

国家一、二级保护动物种类

表 1

等级	数量	动物名称
国家一级保护动物	18	大熊猫、川金丝猴、羚牛、豹、云豹、藏羚、林麝、马麝、斑尾榛鸡、中华秋沙鸭、金雕、玉带海雕、白尾海雕、胡兀鹫、雉鹑、绿尾虹雉、黑颈鹤、蟒
国家二级保护动物	60	小熊猫、亚洲黑熊、马熊、藏原羚、岩羊、鬣羚、水獭、大灵猫、兔狲、猞猁、金猫、黑鸢、雀鹰、松雀鹰、苍鹰、鹰雕、秃鹫、高山兀鹫、燕隼、灰背隼、黄爪隼、血雉、红腹角雉、蓝马鸡、勺鸡、灰鹤、红腹锦鸡、鸳鸯、大鲵、虎纹蛙、中华缺翅虫、中华虎凤蝶、三尾褐凤蝶等60种

【野生植物资源】 2014年，根据调查统计，全市已知的低等植物有菌类植物亚门和地衣植物亚门的真菌纲、子囊菌纲中的13目、60科、149属、497种，高等植物有苔藓植物门、蕨类植物门、裸子植物门和被子植物门4门中的9纲、66目、260科、1366属、3972种。按照国务院1999年8月4日批准《国家重点保护野生植物名录（第一批)》。市内有国家一级重点保护野生植物珙桐、红豆杉等12种。国家二级重点保护野生植物水蕨、中国蕨等38种。

（罗 舒）

国家一、二级保护植物种类

表 2

等级	数量	植物名称
国家一级保护植物	11	珙桐、光叶珙桐、红豆杉、喜马拉雅红豆杉、南方红豆杉、水杉、银杏、独叶草、苏铁、四川苏铁、攀枝花苏铁
国家二级保护植物	38	水蕨、中国蕨、篦子三尖杉、岷江柏木、莜麦吊云杉、四川红杉、大果青扦、梓叶槭、连香树、箭叶大油芒、短芒披碱草、香樟、楠木、野大豆、花榈木、红豆树、峨眉含笑、水青树、喜树、红椿、香果树、崖白菜、紫椴、虫草、松茸

农业资源

【概况】 绵阳市丘陵、平坝区以经济林木为主，森林集中于西北部山区。全市有林地122.58万公顷，覆盖率，森林面积99.31万公顷，全市森林覆盖率52.4%。由于北部山区地貌类型复杂，地形高差甚大，形成明显的植被垂直分带。自下而上分别为：亚热带常绿阔叶林带；常绿、落叶阔叶混交林带；针、阔叶混交林带；山地针叶林带；高山灌丛和高山草甸带。不同的带区，分布着不同的植被资源。初步统计，各带区共有木本植物60余科，近100属，300余种，仅乔木就有283种。

绵阳市成土母质多样，出露地层除第三系外，震旦系到第四系各种地层几乎齐备，以侏罗系、白垩系、志留系土层出露较广。在成土因素的综合作用下，发育出现今的15个土类、21个亚类、38个土属、117个土种。全市土壤有着地带、地域和垂直分布的规律，在山区，中低河谷坡耕地多是黄壤和黄棕壤；涪江及其支流两岸的冲级阶地上，以灰潮土、新积土为主；平坝和丘谷则以水稻土占优势；丘陵区多为紫色土，其中城墙岩群发育的黄红紫泥土面积最大。

全市乡村户数1357721户，乡村人口4196022人，乡村劳动力资源2677847人，乡村从业人员2511701人，其中：农业从业人员1162540人，乡村劳动力中转移出省的劳动力611623人。年末耕地面积28.2万公顷（坡度25度以上的耕地面积2.49万公顷），其中：水田12.8万公顷，旱地15.4万公顷（水浇地7.8万公顷）；园地：4.5万公顷；林地：94.85万公顷；草地：0.049万公顷；设施农业地：0.52万公顷。

全市农作物总播面积66.32万公顷。粮食播面41.88万公顷，粮食总产量215.94万吨。其中：小春粮食播面13.93万公顷，产量50.27万吨；大春粮食播面27.98万公顷，产量165.67万吨。

全市经济作物种植面积14.75万公顷，产量38.95万吨；蔬菜播种面积7.43万公顷，总产202.56万吨。

全市秸秆产生量为358.75万吨(其中可收集量286.04万吨)。年综合利用秸秆271.2万吨，利用率为94.8%(按可收集量计算)。 （刘 光）

环境质量

概 述

【概况】 2014年，绵阳市空气质量稳中有升，PM10年均浓度削减3.4%，空气优良天数279天，排在全省8个重点城市第二位。水环境质量稳中向好，全市流域出境断面和水源地水质达标率100%。声环境质量达到城市功能区标准。垃圾、污水处理率稳中有进。国家环保模范城市领跑全川。生态市建设有序推进，生态细胞创建力度明显加大，农村环境质量改善。环境管理注重源头严控、过程严管、后果严惩。完善环境网格化监管体系，监管手段逐步向数字化、信息化方向转变。规范企业污染物信息公开，强化环境应急预案管理。建立纵横贯通的应急联动机制，环境应急监测能力明显提升。环境执法力度加强，核与辐射工作有序有效，环境安全可控。

【环境空气质量】 根据国家对环境空气新标准实行“三步走”的总体方案实施计划要求，绵阳市从2014年1月开始执行环境空气质量新标准，对富乐山、市人大、高新区、三水厂4

个站点进行监测，监测项目在原有3项的基础上增加至6项，分别为：二氧化硫（SO_2）、二氧化氮（NO_2）、可吸入颗粒物（PM10）、细颗粒物（PM2.5）、一氧化碳（CO）、臭氧（O_3）。2014年监测天数为365天，其中优良天数279天.

【降水（酸雨）】 2014年1~11月，全市采集降水样品100个，降水PH酸碱度范围4.93~8.12。其中酸雨（PH≤5.6）样品11个，酸雨频率11.0%。

【地表水环境】 2014年，涪江干流、凯江、安昌江、通口河、梓江各断面年均值均达到或优于相应水质类别要求。

【城市集中饮用水水源地水环境质量】 2014年，绵阳市城区集中饮用水源地水质状况良好，符合《地表水环境质量标准》（GB3838-2002）和《地下水质量标准》（GB/T14848-1993）要求，达标率100%。

【鲁班水库水环境质量】 2014年，鲁班水库年均水质类别为Ⅳ类（轻度污染），不能达到划定的Ⅱ类水域水质类别要求，呈中营养状态，主要污染物为总磷、总氮。

【功能区环境噪声】 2014年，绵阳城市1、2、3类声功能区昼间、夜间噪声均达标，4a类声功能区两个测点昼间达标，夜间受交通噪声影响，出现6个超标时段，超标率37.5%。

【区域环境噪声】 2014年，区域环境噪声全年进行一次监测，设置监测点位238个，监测时段为昼间。监测统计结果表明：绵阳城市区域昼间噪声等效声级值为53.5dB（A），质量状况等级为二级（较好），符合四川省区域环境噪声控制指标要求（55.0dB（A））。

【道路交通噪声】 2014年，绵阳城区道路交通噪声监测路段长79.5千米，布设监测点64个，全年监测一次，测定时段为昼间。监测结果表明：道路交通噪声昼间平均等效声级为67.9dB（A），质量状况等级为一级。

（罗世光　张健平）

2014年地表水环境质量评价结果统计

表3

河流名称	断面名称	监测时间	划定类别	年均水质类别	超标项目	超标率（%）	达标情况	控制级别
涪江	平武水文站	全年	Ⅰ	Ⅰ	—	—	达标	国控
	江油凉水井	全年	Ⅱ	Ⅱ	—	—	达标	市控
	江油福田坝	全年	Ⅲ	Ⅲ	—	—	达标	省控
	绵阳市李家渡	全年	Ⅲ	Ⅱ	—	—	达标	市控
	绵阳市丰谷渡口	全年	Ⅲ	Ⅲ	—	—	达标	省控
	三台百顷渡口	全年	Ⅲ	Ⅱ	—	—	达标	省控
凯江	三台县老南桥	全年	Ⅲ	Ⅲ	—	—	达标	省控
安昌江	安县界牌镇	全年	Ⅲ	Ⅰ	—	—	达标	市控
	绵阳市饮马桥	全年	Ⅲ	Ⅱ	—	—	达标	市控
通口河	北川县通口镇	全年	Ⅱ	Ⅰ	—	—	达标	市控
梓江	梓潼县垢家渡	全年	Ⅲ	Ⅱ	—	—	达标	市控
	天仙镇大佛寺渡口	全年	Ⅲ	Ⅱ	—	—	达标	省控
芙蓉溪	绵阳市仙鱼桥	全年	Ⅲ	Ⅲ	氨氮 CODMn BOD_5 石油类 CODcr	25.0 16.7 16.7 8.3 8.3	1月、6月、11月、12月超标	市控

功能区环境噪声监测结果统计

表 4

功能区名称	2014 年		达标情况	
	昼间值	夜间值	昼间	夜间
1类功能区	50.8	42.6	达标	达标
2 类功能区	55.0	45.8	达标	达标
3 类功能区	54.0	46.7	达标	达标
4a 类功能区	68.4	55.8	达标	超标
全市均值	58.9	49.0	—	—

环境空气质量监测评价结果统计

表 5

年份	月（日）平均值浓度值 （ug/m³，注 CO 单位为 mg/m³）						空气质量指数（AQI）	监测天数	达标天数	达标率%
	二氧化硫	二氧化氮	PM10	一氧化碳	臭氧日最大8 小时均值	PM2.5				
2014 年	16	39	82	0.868	79	56	26~241	365	279	76.4

环境保护

【概况】 2014年，绵阳市环保工作紧紧围绕建设天蓝、地绿、水净、人和的西部经济文化生态强市目标，以重点环保工作为抓手，着力解决影响群众健康和社会稳定的突出环境问题。全年全市获得中央、省、市环境保护专项资金11856万元，其中国家重点生态功能区转移支付资金6984万元，中央农村连片整治专项资金935万元，省级环境保护专项资金3677万元，市级环境保护专项资金260万元。污染防治和环境管理工作得到强化，环境监管能力提升。全市主要流域出境断面水质达到或优于Ⅲ类，城市区域噪声≤55dB（A）。

【生态文明机制体制健全】 2014年，全市完善生态文明考核制度，探索党政领导政绩考评制度，在三台实行县市区党政主要负责人生态环境离任审计评估试点，逐步在全市范围实行。研究自然资源有偿使用、生态补偿、生态红线保护等生态文明体制机制，为生态文明建设打下坚实基础。

【城乡环境污染防治】 2014年，全市推进工业企业污染治理工作，以大气、水污染防治为重点，努力改善全市环境质量。落实大气污染防治行动计划，关闭绵阳热电厂，督促企业加快淘汰燃煤锅炉，加快加油站、储油库、油罐车油气回收治理，加强扬尘污染防治和机动车污染防治，设立15个环保窗口开展机动车的环保标志发放，8家环检机构完成28条机动车尾气简易工况法环保检测线建设，开展机动车排气监控平台建设，城区空气质量明显改善。开展清洁生产审核和重金属污染防治工作，争取中央重金属污染防治资金642万元，完成2家重金属项目验收，开展34家生产化学品重点企业调查，35家企业投保环境污染责任险；完成全市40多家企业清洁生产审核和验收，并下达第二批35家企业开展清洁生产审核任务。狠抓城市集中式饮用水源地规范化建设，水质达标率100%。开展全市小流域环境综合治理及秸秆禁烧和综合利用工作。主城区启动芙蓉溪水环境综合整治，推动涪江水环境质量得到根本性改善和提升。强化秸秆综合利用，全年秸秆综合处置率为94.57%，禁烧期间的空气质量较往年有大幅度上升。第二届科博会期间连续三天的空气质量居全省8个重点城市第一。推进3个农村连片整治综合治理项目、9个规模化畜禽养殖污染治理项目以及30个农村饮用水水源地规范化建设的实施，农村环保基础设施完善。加强生态细胞创建力度。完成22个生态乡镇技术资料核查和19个省级生态乡镇验收，建设生态村308个，生态家园102616个。完成5个农村连片整治综合治理项目、9个规模化畜禽养殖污染治理项目以及30个农村饮用水水源地规范化建设，农村环境保护工作得到加强。

【环评管理和污染物总量减排】 2014年，绵阳市环境影响评价分类管理严格执行“三同时”管理制度，从严打击未批先建、擅自投产、久试不验等违法行为。全力保障重大项目、民生项目。市本级批复项目环评文件282个，项目总投资343.15亿多元。全市各地开展污染物总量减排工作，重点推动燃煤电厂脱硫设施增容改造和脱硝工程建设，加快推进水泥行业降氮脱硝工作，四项污染物全部完成年度目标。

【环境管理】 2014年，全市全面开展环保执法检查年活动和整治违法排污企业保障群众健康环保专项行动，严格环保执法巡查检查，严厉打击违法排污企业。创新开展企业环境信用评价电子平台建设工作，推进噪声污染源自动监控系统建设。加强对34家、200余枚放射源的监管，核技术利用单位辐射安全许可证持证率100%。指导绵阳移动公司建立四川省首个通信基站电磁辐射在线监控平台。环境监测能力得到加强。绵阳城区设空气质量监测子站15个，各县市区均建成空气质量自动监测站，形成全市空气质量自动监测体系。 （罗世光 张继年）

环保投资

【环保投资】 2014年，绵阳市加快环境基础设施建设，全面推进污染防治工作，重点安排全市各类城镇污水治理、垃圾处理设施、污水管网、生态环境保护、水源保护、更新节能环保燃气新技术公交车辆、购置新能源公交车、便民公共自行车二期建设等项目。争取到中央、省各级专项资金9430万元。其中，四川梓潼林江苎麻纺织有限责任公司苎麻脱胶生产线余热回收利用节能改造、江油市第二城市生活污水厂等10个项目共争取重大环境治理工程、城镇污水垃圾处理设施及污水管网工程项目中央预算内资金5330万元；争取循环经济发展补助资金（国家“城市矿产”示范基地补助）3500万元；争取第四批循环经济发展专项资金（餐厨废弃物资源化利用和无害化处理试点城市）补助资金投资600万元。

领导干部离任生态审计

【概况】 2014年，绵阳市加强对资源环境审计监督力度，注重推进财政、金融、企业、经济责任、投资审计与资源环境审计的结合，着力提高资源环境审计效果。按照市委、市政府安排部署，全市审计系统配合相关部门，在全省率先开展县市区党政主要负责人离任生态环境审计工作。研究制定包括生态空间、生态环境、生态经济、生态文化、生态人居、生态制度等六个方面32项具体指标的《绵阳市县市区党政主要负责人离任生态环境审计评估试点指标体系》，制定《县市区党政主要负责人离任生态环境审计评估评分细则》，并在三台县开展试点。全年实施“五个结合”项目182个，其中:巩固退耕还林成果专项建设工程竣工决算审计1项，土地整理项目工程决算审计32个,开展包含资源环境审计内容的项目149项。

△“五个结合”：资源环境审计与财政、经责、投资、企业和专项审计相结合。

【强化生态环境离任审计组织领导】 2014年，绵阳市生态离任审计评估试点工作由市生态文明建设领导小组统一组织实施，成立市委分管领导任组长、市政府分管领导为副组长的专项工作组，具体开展县市区党政主要负责人离任生态环境审计评估工作。专项工作组在市环保局设置办公室，下设综合评估组、现场核查组、资料审核组、测评调查组、宣传报道组和联络办公室，市环保局局长兼任办公室主任，市委组织部、宣传部和市政府监察局、环保局、发改委等部门指定人员参加。指标审计评估中，由权属部门负责核查并提交审计评估意见。

【构建领导干部离任生态审计指标体系】 2014年，全市依据国家和省市生态文明建设考核相关文件精神和要求，深入开展调查论证，充分征求意见建议，结合省委、省政府下达的目标考核任务、绵阳市生态环境保护重点工作，制定《绵阳市县市区党政主要负责人离任生态环境审计评估试点指标体系》，包含生态空间、生态环境、生态经济、生态文化、生态人居、生态制度等六个方面、32项具体指标。严格执行污染物总量削减、耕地保有量、饮用水源保护、环境功能区达标率等审计评估要求，增加小流域水环境整治、秸秆禁烧及综合利用等审计评估指标。按照功能区规划和自身资源特点，明确审计分类标准，将县市区分平原、丘陵、山区三类审计评估，其中平原突出城市生活污水集中处置率、万元工业增加值能耗降低率等指标，体现城镇化、工业化发展在生态文明建设中要求；丘陵突出农业面源污染治理率、秸秆综合利用率等指标，体现农业现代化在生态文明建设中要求；山区突出空气质量好于或等于二级标准天数、森林蓄积量年增长等指标，体现山区发展中环境保护的生态效益。

【完善离任生态审计评估方法】 2014年，全市为减少审计评估中人为自由裁量空间，参考环境保护部城市环境综合整治定量考核打分细则，依据《绵阳市生态文明建设考核指标体系》及考核办法，制定《县市区党政主要负责人离任生态环境审计评估评分细则》。以领导干部到任前一年为基准年，审计对象对照指标体系开展自测自查，并形成专题报告；工作组查阅指标体系涉及资料，深入企业、厂矿、林区、河流等实地查看，组织人大代表、政协委员、群众代表等现场测评；综合对比生态环境情况，得出生态环境改善、保持或恶化的总体评价。

【离任生态审计结果运用】 2014年，全市将审计评估结果作为领导干部政绩考核、职位升迁的重要依据，建立执行生态环境责任终身追究制。审计评估结果评定为生态环境恶化的，对离任干部进行诫勉谈话；发生重大环境污染、生态破坏等问题的，给予离任干部免职、撤职处分，直至追究法律责任。

【健全离任生态审计评估机制】 2014年，全市开展生态环境审计评估试点，积极完善县市区党政负责人离任生态环境审计评估指标体系，抓好在职县市区党政主要负责人生态环境审计评估工作。指导开展自查自评，将自查报告上报市委组织部、市审计评估专项工作组，建立生态环境台账。每年或根据需要开展评估审计，及时更新问题台账，促使各县市区党政负责人时刻警醒、高度重视。（黄江洪 张继年）

节能减排

【概况】 2014年，全市单位地区生产总值能耗下降5.75%，超额完成省政府下达的单位地区生产总值能耗下降2%的年度目标任务。能耗从2010年的1.104吨标准煤/万元下降到2014年0.880吨标准煤/万元，累计下降约20.3%，完成“十二五”目标进度的121.8%。全市规模以上工业增加值能耗下降7.2%，超额完成年度目标4.2个百分点，累计完成“十二五”进度目标148.9%。第三产业增加值（现价）占地区生产总值比重为33.0%，较2013年上升0.8个百分点。完成省政府下达绵阳市淘汰9户落后和过剩产能的目标任务，其中：关闭企业4户，淘汰落后生产工艺设备企业5户，涉及水泥、化工、造纸、纺织等行业。主要污染物总量情况是：二氧化硫排放量同比2013年下降12.17%，减少5006吨；氨氧化物排放下降15.19%，减少6443吨；化学需氧量排放下降3.73%；氨氮排放下降3.35%，四项指标全面完成省政府下达的年度目标任务。

【工业节能减排】 2014年，全市组织48户“万家千户”企业实施能源审计，指导58户涉及高耗能行业、高耗能产品的企业进行专项监察，促进企业能耗水平达到国内同行业先进水平。对全市淘汰类水泥生产熟料生产线（企业）进行清理。推荐瑞晨汽车零部件有限公司等9个企业节能节水技改项目列入省经信委项目库。出台《绵阳市工业项目节能评估和审查暂行办法》，对美丰梅塞尔等3户企业的项目进行了节能审查。培育绵阳佳联印染有限责任公司等2户企业创建节水型企业，对38户重点用水企业实施现场监察，对16户节水管理工作不规范或单位产品用水量超标企业进行专项整改，组织45户重点工业开展大气污染防治自查工作。

【建筑节能减排】 2014年，绵阳城区检查在建工程新墙材和建筑节能项目63项210万平方米，“四新”技术（材料）备案16项。全市新建建筑施工阶段节能强制性标准执行率达100%，新墙材使用率达83%。全面提升公共建筑节能标准至节能65%。争取到省级建筑节能专项资金523万元，完成退付新型墙体材料专项基金756万元，通过绿色标识评定的建筑面积26.76万平方米。

【交通节能减排】 2014年，全市鼓励引导运输企业选用技术先进、经济安全、节能环保的车型，公交企业有节能环保燃气新技术车辆1299辆。全市营运客车总数3879辆，其中，CNG客车1602辆，占41%，全市2509辆出租车全部使用CNG燃料。全市报废营运性黄标车120辆、老旧车358辆。优化调整城区公交线路9条，新增公交线路3条。开通定制公交170班次，建成智能公交站172个，新投放公共自行车900辆。

【商业和民用方面节能减排】 2014年，全市开展餐饮业、零售业节能行动，完善全市流通服务业能耗统计监测制度，鼓励大型零售商业企业进行节能技术改造，鼓励和引导消费者购买能效标识或有节能产品认证标识的家用电器，鼓励使用高效节能灯和节水器具等节能产品、太阳能热水器等可再生能源产品、节能绿色型小排量汽车。实施限制使用塑料袋行动。一次性筷子和一次性餐盒使用量同比减少8%。

【公共机构节能减排】 2014年，全市编制推进公共机构能源资源计量器具配备及规范计量管理的工作方案，完善计量体系，加强能耗统计，理顺网络化管理机制。规范全市党政机关公务用车管理，推动新能源汽车购置工作。推荐北川羌族自治县人民医院等4家申报国家级节约型公共机构示范单位。

【重点项目和推广应用】 2014年，绵阳市顺利通过“国家环保模范城市”复核省级预评估，入选第四批“国家餐厨废弃物资源利用和无害化处理试点市”。千佛山自然保护区成功升级，全市国家级自然保护区达到4个。芙蓉溪等小流域水环境综合治理持续开展，建成污水管网105千米，修缮生态河堤51千米，全市出境断面和饮用水源地水质达标率100%。秸秆禁烧和综合利用长效机制健全完善，运行22年的绵阳热电厂正式关停，城区公交和出租车全部采用CNG汽车。全年空气质量优良天数279天，在全省8个环保重点城市中排名第二位。在全省率先出台《新能源汽车推广应用实施意见》，川汽年产12万辆新能源乘用车基地一期建成投产。清洁能源的发电大大减低绵阳市煤炭的使用量，水电机组容量达到166.2万千瓦。中广核梓潼风力发电场开工建设，填补绵阳市风电产业空白。绵阳市被四川省循环经济促进会特邀成为绿色低碳循环经济调研示范基地。全年全市推广节能灯31.6万只。

【固定资产投资节能评估和审查】 2014年，全市严格落实固定资产投资节能评估和审查制度，认真实施基本建设项目节能评估和审查，开展722个项目节能审查。

【节能减排宣传】 2014年，全市实施倡导绿色低碳生活行动计划，通过电子广告牌滚动播放、印发张贴宣传资料、广电网络媒体播报、手机信息报、短信、街头设点等方式对节能减排、低碳生活、抵制过度包装、公交出行等方面进行宣传，增强民众的低碳意识、节约意识和环保意识。开展“携手节能低碳共建碧水蓝天”的节能宣传周和低碳日活动。

（耿化国）

【秸秆禁烧】 2014年，全市围绕保护大气环境，规划大面积的禁烧区，将城市重点区域、敏感区域全部纳入，并发展秸秆综合利用与无害化处置工艺。禁烧工作分春秋两季开展，产生秸秆约426万吨，主要从燃料化、饲料化、肥料化、原料化、基料化5个方面实现秸秆的综合利用。小春生产约产生秸秆152万余吨，处置秸秆约145万吨，处置率95.63%；秋季生产约产生秸秆293万余吨，处置秸秆约274万吨，处置率93.52%。（康 满）

地震监测预报

【概况】 2014年，绵阳市境内发生ML≥1.0级地震1180次，其中，1.0≤ML≤1.9级地震928次，2.0≤ML≤2.9级地震215次，3.0≤ML≤3.9级地震32次，4.0≤ML≤4.9级地震4次，5.0≤ML≤5.9级地震1次。7月29日16时20分，绵阳市梓潼县（北纬31.5°，东经105.2°）发生里氏4.9级地震，17时09分在三台县（北纬31.4°，东经105.2°）发生里氏4.6级地震。三台县、梓潼县、盐亭县有较强震感，绵阳城区、北川羌族自治县、安县、江油市、平武县等地震感明显。

【地震监测数据处理】 2014年，全市分析处理地震事件157368个，分析预处理前兆数据22658.5万余个。测震台网数据记录连续率99.5%，前兆监测川10井地下水观测数据连续率99%，测川41井地下水观测数据连续率98%，川43井地下水观测数据连续率98.64%。全年无一起数据漏报、错报事件，完成全年数据收集上报任务。

【震情趋势会商】 2014年，全市根据各县市区的监测情况和收集的宏观情况，分别在5月和10月召开绵阳市震情趋势会商会，并向四川省地震局提交绵阳市2013年下半年会商报告和2013年度会商报告。全年组织周会商54次，月会商12次，全市性年度及半年度会商各一次。全年向省地震局提交周会商意见54份，月会商意见12份，临时会商意见5份，发布绵阳市境内地震旬报36期，突发震情信息4期，编写与发布信息11篇，发送《地震工作简报》5份。

【地震台监测设施建设】 2014年，安县、北川羌族自治县、平武县、江油市防震减灾局地震监测台网实现全数字化，并与省地震局及县市区之间实现数据共享；绵阳市地震监测台网中心子项目完成技术方案优化，绵阳数字化测震台网建设、数字化前兆台网建设、地震科普示范基地等子项目完成设备采购方案，为科普教育基地子项目中各个模块所需资料进行收集整理。 （张 勇）

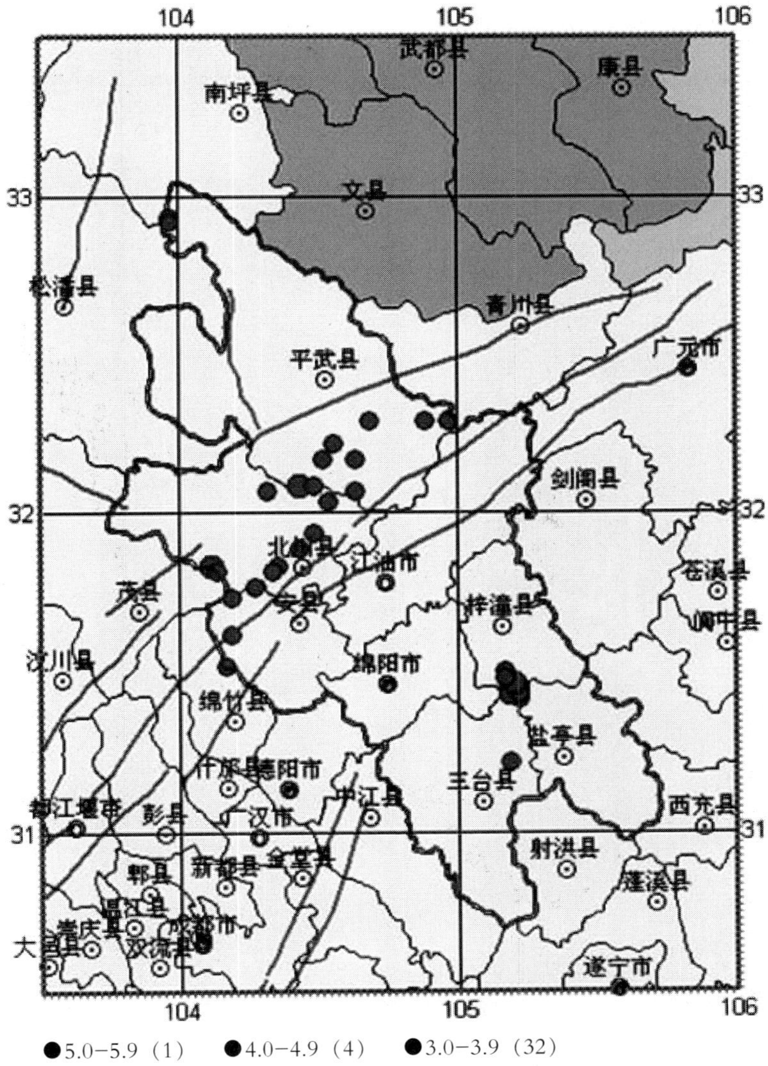

2014年绵阳市境内3级以上地震活动分布

经济环境

ECONOMIC ENVIRONMENT

省经济工作会议代表到安县参观考察

概　述

【概况】　2014年，全市经济保持平稳增长态势。农业经济健康发展，工业经济企稳回升，服务业发展稳步推进，投资保持高位稳定运行，消费市场繁荣活跃，财政收入稳定增长，城乡居民收入持续增长，居民消费价格基本稳定，金融运行保持稳健，综合经济实力增强。全市实现地区生产总值1579.89亿元，同比增长9.1%（按可比价计算，下同）。全社会固定资产投资1080.37亿元、增长7.9%。地方公共财政收入101.75亿元、增长12.5%。居民消费价格总水平上涨1.3%。

2014年，绵阳市三次产业结构由2013年的16.4：51.4：32.2调整为2014年的16：51：33，产业结构优化，第三产业比重增大。

【农业经济发展】　2014年，全市实现农林牧渔业总产值416.83亿元、增长4.1%。建成现代农业万亩示范区21个，建成“千斤粮万元钱”粮经复合型现代农业产业基地4.01万公顷、高标准农田1.65万公顷。新增农民专业合作社398个，总数达2202个，13个专业合作社被评为全国首批示范社。新增市级以上农业龙头企业32户，新建幸福美丽新村72个。完成农田水利基本建设投资77.6亿元。实施扶贫新村项目109个，投入扶贫资金2.5亿元，减少农村贫困人口6.8万人。

【工业经济运行】　2014年，全市规模以上工业增加值增长10.1%，“2+4”优势产业规上工业增加值增长11.1%，71户4亿元以上企业全年累计实现产值1653亿元、增长14%。长虹集团入围2014年“中国500最具价值品牌”排行榜，首次跃居“2014四川企业100强”榜首；九洲集团荣列中国电子信息百强企业第20位；银河建化、绵阳双汇进入2014年度全省大企业大集团制造业百强名单。全市“四川省小企业创业示范基地”达5个，新增省“小巨人”企业17户、优势成长型企业14户。宝马N20发动机、川汽新能源汽车生产基地等重大项目竣工投产，“4+3”战略性新兴产业产值突破1000亿元、增长16.3%，新成立4个战略性新兴产业联盟，总数达13个。成功获批“国家首批北斗卫星导航产业区域重大应用示范城市”、“信息惠民国家试点城市”。盐亭经开区、梓潼经开区成功升级省级开发区，三台工业园区扩区调位获省政府批准。全面完成省政府下达的节能减排任务。

【服务业发展】　2014年，全市实现第三产业增加值522亿元、增长9.7%。城市综合体发展迅猛，万达广场、富临大都会、凯德广场二期、天泰剑南国际食品城等建成投用。富临东方广场、经开区万达CBD、毅德商贸城等项目进展顺利，科技物流园、石塘商贸城等4个服务业集聚区加快建设。电子商务、现代金融、现代物流、科技服务、养老健康等五大新兴先导型服务业迅猛发展。全市电子商务交易规模达1612亿元，实现网络零售交易额51.3亿元，均排位全省第二。银行业金融机构达到26家，金融机构人民币各项存款余额2621.7亿元、增长8.8%，人民币贷款余额1398.5亿元、增长11.6%。绵阳科技馆、北川维斯特农业休闲旅游区、江油李白故居成功创建国家AAAA级景区，国家AAAA级以上景区达到10家。全市实现旅游总收入277.3亿元、增长35.1%，实现文化产业增加值77亿元、增长15%。

【重点项目投资】　2014年，全市174个省市重点项目完成投资262.6亿元，占年度计划的110.7%。成（都）绵（阳）乐（山）客（运）专（线）、绕城高速南环线建成投运，成（都）兰（州）铁路、西（安）成（都）客（运）专（线）、绵（阳）西（充）高速等一批重大基础设施项目加快建设，绵（阳）九（寨沟）高速、绵（阳）苍（溪）高速、绵（阳）中（江）高速、城市轨道交通等项目前期工作加快推进。三台冬瓜山电航、梓潼马鸣山风电场、绵阳南500千伏输变电工程项目核准建设，古城、虎牙水电站和神华江油国家煤炭应急储备基地等在建项目进展顺利。江油神华天明电厂一期项目获国家能源局路条。向社会资本推出示范性重大项目55个，其中绵九高速等11个项目作为全省鼓励社会投资重大项目在西博会上发布。全市实现民间投资649.4亿元、增长15.7%，占全市投资比重达60.1%，比2013年提高4个百分点。

【科技城建设】　2014年，绵阳市科技城建设着力打造政策支撑、创新创业、开放合作、产业承载“四大平台”，发展后劲持续增强。科技城范围地区生产总值实现1055.7亿元、增长10.4%；规模以上工业增加值增速10.1%，全社会固定资产投资819.12亿元，增长8.5%，社会消费品零售总额495.5亿元，增长13.8%。集中发展区《总体发展规划》上报省政府审批，《产业发展规划》启动实施。基础设施项目建设进展顺利，成功引进高世代半导体显示器、天津力神新能源汽车动力锂电池等重大项目。专业园区快速发展，永年3D打印、中物院军民结合产业园加快建设。创新创业活力显著增强，科技城成为国家自主创新示范区工作联席会议成员，获批执行中关村政策和国家“新四条”。创新中心二期建成投用，全市孵化器达到60万平方米。科技与金融结合试点进展顺利，累计发放专利权质押贷款1.5亿元，组建首只新兴产业创业投资基金——长虹虹云基金。全市专利申请量达5991件、增长20%，授权量达3071件、增长7.9%；新增科技型中小企业2227户、总数达4478户，其中45户成为规模以上企业。军民融合发展步伐加快，“三新城”建设稳步推进，争取国家发改委批复实施“科技城军转民高技术产业链”第二批项目，安排中央资金1.97亿元。军民融合公共服务平台建设持续推进，中科创新育成中心正式运行，中科实业循环经济产业等95个科技项目进展顺利。军民融合企业总数达363户，实现产值1510亿元、增长23%，实现销售收入1550亿元、增长18%。成功举办第二届中国科技城科技博览会，被评为“2014年度中国十佳品牌会展项目”。

【经济体制改革开放稳步推进】2014年，绵阳市贯彻落实中央、省和市委关于全面深化改革的决定，191项具体改革事项完成36项。推进改革试点，实施中央改革试点7项、省级改革试点13项、市级改革试点13项。经济领域改革初见成效，长虹集团转型升级方案获省政府批准，中国五矿集团作为战略投资者入股绵阳商业银行、梓潼农村信用社成功改制农村商业银行。农村综合改革稳步推进，加快推进农村土地承包经营权确权登记，依法流转耕地5.75万公顷，农房确权登记41.1万户。行政体制改革不断深化，砍减行政审批事项132项，下放市级经济管理权限22项。北川、平武两县成为扩权强县试点县。财税体制、工商登记、生态文明等改革加快推进。对外合作交流不断深化。主动融入成渝经济区和成都经济区，“8+3”区域合作机制不断完善。参加中国知名企业四川行、西博会等大型招商引资活动，组团赴美国、加拿大等国家和台湾、上海、江苏等地区对接优秀企业和项目，第二届科博会被评为“2014年度中国十佳品牌会展项目”，促成再生资源电子交易结算平台、中科晶元新材料等产业项目正式签约。全年引进国内省外项目299个，合同投资额1941亿元，到位内资509.3亿元、增长7.5%。对口支援雅安市雨城区和阿坝州壤塘县、红原县工作稳步推进。

工业生产者出厂价格指数（一）

（以上年为100）

表6

	2013年	2014年
工业品出厂价格指数	92.2	94.5
按轻重工业分	—	—
轻工业	87.1	91.5
以农产品为原料	103.0	98.1
以非农产品为原料	76.7	86.4
重工业	98.1	97.7
采掘工业	102.8	98.2
原料工业	95.6	98.3
加工工业	98.5	97.6
按用途分	—	—
生产资料	98.9	97.8
采　掘	102.8	98.2
原　料	96.0	98.5
加　工	99.4	97.7
生活资料	84.6	90.3
食　品	102.4	97.4
衣　着	102.4	103.9
一般日用品	99.9	99.8
耐用消费品	73.9	84.9

工业生产者出厂价格指数（二）

（以上年为100）

表7

	2013年	2014年
按行业分类		
煤炭开采和洗选业	—	—
石油和天然气开采业	—	—
黑色金属矿采选业	97.6	94.5
有色金属矿采选业	104.7	87.8
非金属矿采选业	102.9	95.6
其他采矿业	—	
农副食品加工业	103.3	98.3
食品制造业	107.6	102.4
饮料制造业	97.9	93.8
烟草制品业	—	—
纺织业	104.4	96.6
纺织服装、鞋、帽制造业	105.3	105.1
皮革、毛皮、羽毛（绒）及其制品业	102.4	103.1
木材加工及木、竹、藤、棕、草制品业	103.9	97.8
家具制造业	98.9	105.2
造纸及纸制品业	104.3	99.2
印刷业和记录媒介的复制	100.3	98.9
文教体育用品制造业	—	—
石油加工、炼焦及核燃料加工业	94.4	99.5
化学原料及化学制品制造业	93.9	98.3

工业品出厂价格指数（三）

（以上年为100）

表8

	2013年	2014年
按行业分类		
医药制造业	104.1	100.7
化学纤维制造业	—	—
橡胶制品业	100.3	100.3
塑料制品业	93.2	98.0
非金属矿物制品业	101.6	101.6
黑色金属冶炼及压延加工业	94.2	93.4
有色金属冶炼及压延加工业	78.6	100.0
金属制品业	102.8	97.5
通用设备制造业	98.9	97.1
专用设备制造业	99.7	99.4
交通运输设备制造业	97.6	97.9
电气机械及器材制造业	101.3	91.1
通信设备、计算机及其他电子设备制造业	74.9	86.2
仪器仪表及文化、办公用机械制造业	—	93.5
工艺品及其他制造业	—	—
废弃资源和废旧材料回收加工业	—	
电力、热力的生产和供应业	100.2	97.8
燃气生产和供应业	102.0	105.2
水的生产和供应业	111.6	100.6

原材料燃料动力购进价格指数

（以上年为100）

表9

	2013年	2014年
原材料燃料动力购进价格指数	97.7	98.2
燃料动力类	97.7	100.2
黑色金属材料类	92.9	95.6
#钢　材	92.9	95.2
有色金属材料和电线类	88.1	98.9
化工原料类	92.7	98.1
木材及纸浆类	100.0	98.8
建筑材料及非金属矿类	100.1	105.5
其他工业原材料及半成品类	98.7	94.0
农副产品类	101.8	99.9
纺织原料类	97.9	97.8

（吴　莉）

【居民消费价格总水平（CPI）】 2014年，绵阳居民消费价格（CPI）比上年同期上涨1.3%，涨幅较2013年回落1.8个百分点，是5年来涨幅最低的一年。低于全国（2.0%）、全省（1.6%）涨幅。

【八大类商品和服务价格】 2014年，绵阳市八大类商品及服务价格与2013年比，烟酒类价格下降1.4%，交通和通信类价格下降0.4%，衣着类价格下降0.1%。其他五大类价格均呈上涨趋势，其中食品类价格上涨2.3%，娱乐教育文化用品及服务类价格上涨2.8%，家庭设备用品及维修服务类价格上涨1.2%，医疗保健和个人用品类价格上涨1.9%，居住类价格上涨0.2%。

【粮食价格上涨】 2014年，全市粮食价格与2013年比上涨1.8%。其中面粉价格上涨5.1%，粮食制品价格上涨1.3%。粮食价格上涨的主要原因是国际粮价持续上涨以及种子、人工费用、交通运输成本的增加等因素影响，以及政策因素影响。随着国家粮食最低收购价格和临时收储价格的不断提高，粮食价格稳步提高。

【猪肉价格下降】 2014年，全市猪肉价格与2013年比下降6.8%。1~4月猪肉价格呈现持续下跌态势。1月猪肉价格下降9.3%，2月下降15.2%，3月下降12.8%，4月下降12.3%。猪肉价格大幅下降原因：上年由于存栏量过高致使生猪收购价格不断下滑；同时需求减少也加剧猪肉的过剩局面。年初以来餐饮业零售额大幅下滑，猪肉市场终端需求低迷，生猪收购价格降势更为明显。在这种背景下国家上半年启动两次中央储备冻猪肉收储，5月份猪肉价格一路下滑的颓势得到有效遏制；另外主要受“猪周期”生猪存栏结构调整影响，生猪销售价格止跌回升，但全年猪肉价格与2013年比仍然下降6.8%。

【鸡蛋价格上涨】 2014后，全市鸡蛋价格先抑后扬。鸡蛋价格与上年比上涨11.4%。1月绵阳鸡蛋价格下降7.5%，2月下降13.2%，3月下降0.1%，4月上涨8.4%，5月上涨26.1%，6月上涨15.2%，7月下降24.5%，8月下降20.4%，9月上涨15.6%，10月上涨18.7%，11月上涨18.2%，12月上涨14.0%。

5月，蛋价上涨26.1%，达到2000年以来最高点。主要原因：2013年受禽流感疫情的影响，蛋价持续偏低，养殖户经营亏损，因此大幅减少养殖规模，3月中旬以来蛋价呈报复性反弹趋势。

【鲜菜价格上涨】 2014年，全市蔬菜价格先涨后降，年末回升。蔬菜价格与上年比上涨1.8%。1月绵阳蔬菜价格上涨7.0%，2月上涨12.0%，3月上涨27.0%，4月下降17.9%，5月下降19.0%，6月上涨6.7%，7月上涨0.9%，8月下降0.3%，9月下降14.9%，10月下降7.2%，11月上涨1.6%，12月上涨13.8%。蔬菜价格先涨后降原因：一是人工、种植成本增加为主要影响因素；二是1~3月绵阳冬季本地蔬菜品种较少，全市蔬菜市场供应70%以上以外地菜为主，需从外地调入部分蔬菜。限制货运超载以来，运输成本增加，蔬菜价格随之上涨。

4月以来，随着气温升高，蔬菜生长速度加快，本地新鲜蔬菜与外地蔬菜上市量同时增加，价格随之下降。4月、5月、8月、9月、10月份平均菜价明显低于上年同期，主要原因：气候因素，2014年春季，秋季天气适宜，本地蔬菜丰收，供应量充足，因此菜价下跌。

【服务项目价格上涨】 2014年，全市人工、生产成本上涨拉动服务项目价格上涨。全年服务项目价格与2013年比上涨2.4%。其中家庭服务价格上涨9.3%，加工维修服务价格上涨21.7%，学前教育价格上涨2.9%，高等教育价格上涨3.0%，专业技能培训价格上涨5.0%。 （陈　俐）

居民消费价格指数

（2014年）

表10

项目	1~12月（以上年为100）	
	指数	涨跌幅度（%）
居民消费价格指数	101.3	1.3
#非食品价格指数	100.8	0.8
#服务项目价格指数	102.4	2.4
#消费品价格指数	100.9	0.9
一、食品	102.3	2.3
粮食	101.8	1.8
淀粉	101.1	1.1
干豆类及豆制品	102.9	2.9

续表

项目	1~12月（以上年为100）	
	指数	涨跌幅度（%）
油脂	94.3	-5.7
肉禽及其制品	99.1	-0.9
蛋	110.5	10.5
水产品	100.4	0.4
菜	102.2	2.2
茶及饮料	101.1	1.1
干鲜瓜果	115.1	15.1
糕点饼干	100.5	0.5
液体乳及乳制品	110.3	10.3
在外用膳食品	101.5	1.5
二、烟酒及用品	98.6	-1.4
三、衣　着	99.9	-0.1
四、家庭设备用品及维修服务	101.2	1.2
五、医疗保健和个人用品	101.9	1.9
六、交通和通信	99.6	-0.4
七、娱乐教育文化用品及服务	102.8	2.8
八、居住	100.2	0.2

全省及十一城市居民消费价格指数

（2014年）

表11

全省及部分城市	1~12月（以上年为100）	
	指数	上涨（%）
全　省	101.6	1.6
绵　阳	101.3	1.3
成　都	101.3	1.3
自　贡	101.7	1.7
攀枝花	102.0	2.0
泸　州	101.8	1.8
德　阳	100.7	0.7
广　元	101.9	1.9
内　江	101.4	1.4
乐　山	101.8	1.8
南　充	102.3	2.3
西　昌	102.0	2.0

计划管理与宏观调控

国有经济

【概况】 2014年，市国资委监管的10户出资企业资产总额达到2159.24亿元，同比增长9%；所有者权益311.45亿元，同比增长14%；实现营业收入874.08亿元，同比增长4.51%；实现利润总额20.12亿元，同比减少10.08%；上缴税费22.17亿元，同比增长7.23%；工业总产值1068.65亿元，同比增长7.56%；增加值256.1亿元，同比增长11.6%。

【国有资产监管】 2014年，市国资委按照三中全会提出的构建“以管资本为主”国资监管体制要求，提出优化国资监管体制的思路举措。着手厘清国资委的权力边界，启动国资委“权力清单、责任清单、负面清单”的拟订工作；坚持制度先行，组织起草或修订一批国资监管制度办法，新拟订《绵阳市国有企业投资监管办法》《绵阳市国有企业分类管理实施意见》《关于推进绵阳市经营性国有资产资源整合的意见》，修订《绵阳市企业负责人经营业绩考核办法》《绵阳市国有企业监事会管理暂行办法》；完成300余户出资企业及子企业新制度下的产权登记，实现对企业国有产权形成、变动、注销等实施过程监管；指导燃气集团完成长达8年的燃气集团流失国有资产追收工作和产权规范工作；国有资本经营收益实现分类上缴，征缴2013年国有资本经营预算收入9311.9万元；构建覆盖面更广的国企财务动态监测平台，将所有县市区纳入动态统计监测范围；发挥外派监事会监督职能，以加强出资企业财务运行、工资总额、薪酬管理等方面的监督检查为重点，对10余户企业（子企业）开展专项检查。以产权为纽带的“国资委—出资企业—下属公司”三级管理（授权管理）体制正逐步形成，集团公司与下属公司法人治理结构高度重合的现象正在逐步改观，为建立“以管资本为主”的国资监管体制奠定了良好基础。

【国资国企改革】 2014年4月21日，绵阳市成立全面深化改革领导小组和市国资国企体制改革专项小组，全市自上而下搭建深化国资国企改革的组织架构；10月10日，绵阳市深化国资国企改革工作会议召开，印发《进一步深化我市国资国企改革的意见》，明确绵阳市深化国资国企改革的目标、路径和工作重点，安排部署全市深化国资国企改革工作任务，绵阳市深化国资国企改革工作正式启动。11月27日，召开绵阳市国资国企体制改革专项小组工作会议，专题审议《四川长虹电子集团改组为四川长虹控股集团有限公司方案》，该方案涉及的7个方面24项具体工作。九洲集团的综合改革方案基本成型；汇泽公司和水务集团全面实施中层干部竞聘上岗，企业内部三项制度改革加快进行。公路工程咨询监理事务所、汽车客运（集团）有限责任公司等公司制改造任务基本完成。

【国有骨干企业发展】 2014年，长虹集团整体销售规模达到931.55亿元，出口创汇14.34亿美元，同比增长23.57%。九洲集团营业收入突破200亿元，出口创汇6.34亿美元、利润总额8亿元。绵投集团实现营业收入29亿元、利润2.7亿元，累计完成投资34.7亿、融资71.4亿。攀长特实现工业总产值97.45亿元，同比增长6.8%。绵阳烟厂实现产值71.48亿元、实现利税21.22亿元、入库税金16.18亿元。新华公司宝马N20发动机正式投产，全年共产销发动机23.4万台，整车13.1万辆。绵阳移动全市LTE基站总数超过3000个，4G用户突破20万。机场集团全年累计实现飞机起降21.5万架次，运输旅客吞吐量首次超过100万人次。燃气集团积极淘汰落后产能，顺利实现热电厂关停；全年实现营业收入6.31亿元，利税1.15亿元。水务集团实现营业收入2.82亿元，利润1502.41万元。公交公司全年运输乘客2.85亿人次，实现总营业收入3.5亿元；辅业发展迅速，全年收入1695万元，同比增长32%。

【国有资本运作】 2014年，绵阳市通过公开发行股票、融资租赁、短期融资券等多种方式，长虹、九洲、绵投等骨干企业融资159.5亿元，保障企业发展资金需求；四川九洲光电在新三板成功挂牌，成为绵阳市第一家在新三板挂牌的市属国有控股企业；九洲集团、湖山公司、绵投下属绵江发公司、燃气集团等，以土地、房产出资设立新公司，实现对相关土地、房产的开发运作；机场集团合资设立机场配餐公司，有效盘活存量资产。

【推进央企与绵阳合作】 2014年，绵阳市推动与中航工业合作，促成中国航空工业集团公司与市政府于1月6日签署战略合作协议，双方共同在中航工业绵阳产业园、通用航空、特种车、城市综合体开发等领域深化合作，推动航空工业与地方经济融合发展；10月28~30日，市长林书成一行到北京与中航工业、兵装集团、中国核建，就进一步加深合作有关事宜进行交流探讨；11月6~8日，副市长谢晓东一行到洛阳中航锂电进行考察。推动与中船重工合作。3月18日，市委常委、市国资委党委书记李亚莲赴无锡、三亚考察中船重工地效翼船项目；中船重工702所4月22~23日到绵阳就项目合作可行性进行实地调研。推动与其他央企合作。9月18~19日，中国电科副总经理张冬辰一行到绵阳考察，与长虹洽谈合作集成电路产业联盟事宜；同时，推进航天科技与九洲集团北斗导航应用合作事宜等项目。7月15日~10月19日，根据市委办《关于成立邀请十大军工集团来绵参展责任组的通知》要求，邀请中国核工业集团公司、中国核工业建设集团公司、中国船舶重工集团公司、中国航空工业集团公司、中国电子科技集团公司、中电科长城信息集团等6户军工集团到绵阳参加第二届科博会。完成科博会邀请十大军工集团到绵阳参展及相关接待工作。

（王明振）

【绵阳市投资控股（集团）有限公司】 绵阳市投资控股（集团）有限公司（简称：绵投控股）的前身是1999年成立的绵阳市新大力资产经营有限公司。2006年政府投融资体制改革后，绵投控股定位为政府综合性投融资平台。公司主营业务涉及城市建设、城市运营、金融投资、文旅、教育、能源环保等诸多领域。2014年，公司围绕“市场化、规范化、专业化”主题，以市场化转型积极应对政府投融资平台清理整顿，以规范化和专业化克服宏观经济下行的困难，在继续履行平台公司投融资职能、完成好政府委托投融资任务的基础上，提高经营管理质量和效率，确保公司总体平稳运行。公司全年完成收入29.6亿元，净利润2.7亿元，上缴税金1.6亿元，各项指标均实现平稳增长；截至年底，公司资产规模439亿元，累计完成投资34.7亿元，其中新开工虹云桥、绵吴路改造等项目8项，实现城市西区至城南新区直通道、塘汛公租房（一期）等主体完工或竣工验收项目20项。

【2014年国民经济计划制订】 2013年11月，市发改委成立《绵阳市2013年国民经济和社会发展计划执行情况及2014年计划草案的报告》（以下简称《计划草案》）编制小组，认真领会中央、省、市有关会议精神和决策部署，开展调查研究、资料收集和座谈讨论，形成了初稿。广泛征求全市各地、各部门、社会各方面的意见和建议，与《政府工作报告》内容进行多次衔接。在征求市人大财经委和市政协经济委意见后，2013年12月12日，经市政府第38次常务会议审查后，与《政府工作报告》起草组进行衔接，2014年1月13日经市人大六届五次会议审议通过。

《计划草案》的编制依据是：全面贯彻落实党的十八大和十八届二中、三中全会、中央经济工作会议和省委十届三次全会、省委经济工作暨城镇化工作会议以及市委六届六次全会精神，坚持科学发展、加快发展工作指导思想，把握稳中求进、改革创新工作基调，围绕建设中国西部经济文化生态强市，继续实施“两化”互动和城乡统筹、创新驱动、开放合作、文化引领、民生优先、绿色低碳“六大发展战略”，以科技城军民融合集中发展区建设和战略性新兴产业为主要抓手，推进科技城建设取得更大突破，促进全市经济持续健康发展、社会和谐稳定。充分考虑发展需要和现实可能，以及经济增长的质量和效益，合理确定2014年全市经济社会发展的目标任务。

【国民经济计划草案主要内容和结构】 《计划草案》全文约1万字，主要内容分为3个部分。第一部分从5个方面总结2013年全市国民经济和社会发展计划执行情况和取得的成效：一是经济保持平稳较快增长，工业主导地位进一步巩固；二是投资保持高位稳定运行，发展基础进一步夯实；三是科技城建设加快推进，创新驱动成果丰硕；四是改革开放进一步推进，发展活力不断增强；五是社会建设更加惠及民生，人民生活水平持续改善。第二部分客观分析了2014年绵阳市面临的发展形势，提出2014年经济社会发展计划安排总体思路和经济社会发展主要目标。第三部分按照2014年国民经济和社会发展的总体思路和目标要求，从6方面提出绵阳市经济社会发展的主要任务和工作措施：一是加快体制机制创新，推动科技城军民融合集中发展区建设；二是努力保持投资稳定增长，推动经济平稳较快发展；三是大力推进两化互动，统筹城乡协调发展；四是加大改革开放力度，提升开放合作水平；五是集约节约利用资源，推动城市绿色发展；六是切实保障和改善民生，推进社会和谐稳定。

【计划执行情况及执行结果】 2014年，市目督办会同市级有关部门将《计划草案》中的主要目标任务分解到各县市区、园区和市级相关部门，加强督察和考核。每季度末，市目督办会同市级相关部门对计划指标的完成情况进行督查；市发改委撰写全市经济运行分析和投资分析，分析经济运行的特点、计划执行存在的问题，对下阶段工作提出对策建议。着眼“十二五”全局，市发改委代市政府起草的《关于调整“十二五”规划（纲要）地区生产总值（GDP）年均增速目标的报告》于11月27日经六届人大常委会第二十六次会议审议通过。

2014年，绵阳市地区生产总值（GDP）实现1579.89亿元，同比增长9.1%（按可比价计算，下同）；规模以上工业实现增加值增速10.1%；全社会固定资产投资实现1080.37亿元、增长7.9%；城镇居民人均可支配收入实现25341元，增长9.7%；农民人均纯收入实现10326元，增长11.5%；地方公共财政收入实现101.75亿元，增长12.5%；全社会消费品零售总额实现778.29亿元，增长13%。（严 伟）

民营经济

【概况】 2014年，绵阳市个体工商户和民营企业（非公有制经济）分别达到17.4万余户和3.8万余户，民营经济实现增加值924.74亿元、占全市地区生产总值（GDP）比重58.5%。全市民营经济分布涵盖第一、二、三产业。从产业规模结构看，民营经济增加值在第二产业所占比重最大，达到50.9%，第三产业、第一产业占比分别为33%、15.9%，产业分布呈“二、

三、一”的特征。全市非公有制经济从业人员总数45万余人，约占全市社会从业人员总数56%。民营企业重点分布在建筑业、批发零售贸易、餐饮业、制造业、交通运输业、社会服务业等行业，以个体经济、私营经济、外资经济、混合经济中的非公有制经济多种形式存在。四川富临实业集团有限公司、四川铁骑力士实业有限公司被列入四川省和绵阳市大企业大集团培育名单，同时，四川富临实业集团有限公司、四川铁骑力士实业有限公司、绵阳双汇食品有限责任公司、四川省银河化学股份有限公司4家民营企业跻身全省制造业100强。

【民营企业发展特点】 2014年，全市各县市区明确产业发展规划和布局，在基础设施、公共服务、信息、物流等方面的建设日趋完善，使民营企业不断向规划区内集中，争取为大企业配套，在立足本地优势和资源优势的基础上不断发展，形成一定规模的特色产业和产业集群。如涪城辖区内的民营中小企业充分发挥依托绵阳城区的区位优势，重点围绕长虹、九洲、新华等重大企业产业链相关产业发展，为长虹配套的民营企业近百家，形成以长虹、九洲为核心的电子信息产业集群。华晨瑞安、三力公司、富临精工、重业齿轮等企业发展汽车零部件等机械制造产业，采用先进加工设备、发展数控加工、精密机械加工，使企业规模、水平、档次提升。江油发展特种冶炼特色工业，形成规模化的冶金机械产业集群。

【四川富临实业集团有限公司】 1995年公司成立，形成房地产、交通运输、工业为主要支柱产业的大型综合型民营企业，拥有分（子）公司30余家，职工逾万人。公司遵循“以人为本，诚信敬业，发展实业，造福社会”的经营理念，建立科学的管理体制及运行机制，形成具有富临特色的管理模式和企业文化。2010年2月10日富临运业在深交所上市。2015年3月19日，绵阳富临精工机械股份有限公司首次公开发行A股股票成功登陆深交所创业板，是绵阳市首家在深交所创业板挂牌上市的民营高新技术企业。2014年，集团实现经营收入71亿元，同比增长9%；缴纳税金6.4亿元，同比增长56.8%。

【四川铁骑力士实业有限公司】 公司由创业初期的6个人，3.5万元资金，发展到资产28.6亿元、员工6000余名，是一家以畜禽繁育与养殖、饲料加工、肉蛋食品加工为一体的高科技民营农牧企业集团，全国建有51家分（子）公司，农业产业化国家重点龙头企业、国家级高新技术企业、中国民营企业制造业500强、四川省大企业大集团，是中国饲料工业协会、中国畜牧业协会、中国蛋品行业协会等五个国家级行业协会的副会长单位。“铁骑力士”和“圣迪乐”商标均为“中国驰名商标”。2014年，实现产值51亿元，同比增长5.37%，利税总额2.5亿元，同比增长5.48%。

【四川省银河化学股份有限公司】 全国铬盐生产研发企业，国家“863”计划重点项目承担单位。公司拥有全资控制参股子公司8个、分公司2个，员工2300余人，集铬盐化工、维生素系列精细化工、水泥建材、硫酸化工、太阳能电子浆料、机械制造、矿产开发、国际贸易于一体，年产值超过30亿元。铬盐系列产品国内市场占有率达到25%以上，远销欧美、日本、加拿大等19个国家和地区。2014年公司“安剑”商标被认定为铬盐行业唯一中国驰名商标。公司拥有一个省级企业技术中心和国家级实验室，专业技术人才400余人，创建国家级企业技术中心，先后完成20余项国家、省、市等重点项目，荣获国家专利技术16项。2014年，实现工业产值41亿元，同比增长10.92%；销售收入37.8亿元，同比增长15.2%；利润总额1.93亿元，同比下降4.96%；上缴入库税金8420.75万元，同比下降8.57%。 （胡勇军）

个体经济

【个体工商户登记数量】 2014年，全市个体工商户达17.43万户，从业人员28.22万人，注册资金88.21亿元。在镇以上从事生产经营活动的个体工商户14.51万户，占83.25%；农村个体工商户2.92万户，占16.75%。全年新登记个体工商户2.25万户，从业人员4.33万人，注册资金20.65亿元。全年注销个体工商户0.73万户（注销主要原因是转企升级等），其中城镇注销6407户。随着个体经营者业务不断扩大和资金积累的增多，大批个体经营者实力增强并转向企业化经营。

【个体工商户注册资金】 2014年，全市个体工商户登记注册资金总额为88.21亿元，户均资金数额5.06万元。其中：城镇个体工商户资金数额72.93亿元，占82.68%，户均资金数额5.02万元；农村个体工商户资金数额15.28亿元，占17.32%，户均资金数额5.23万元。

【个体工商户行业结构】 2014年，全市个体工商户行业结构依次为批发和零售业10.94万户，占62.77%；住宿和餐饮业2.11万户，占12.11%；居民服务和其他服务业1.91万户，占10.96%；交通运输、仓储和邮政业0.96万户，占5.5%。这前四位行业的户数占全市个体工商户总户数的九成多。

【个体工商户投资行业】 2014年，全市新登记个体工商户主要集中在批发和零售业1.33万户，住宿和餐饮业3645户，居民服务和其他服务业2756户，交通运输、仓储和邮政业811户，这四大行业的注册资金数额分别为8.70亿元、4.91亿元、1.75亿元、0.44亿元，注册资金总额为

15.8亿元，占新登记个体工商户注册资金总额的76.51%。其中，批发和零售业居首位，占个体工商户资金数额的42.13%。

【个体经济就业状况】 2014年，个体工商户作为创造市场活力，拉动经济增长的基本力量，成为全市经济构成中的重要组成部分，成为就业和再就业的主渠道。全年全市个体工商户新吸纳下岗再就业人员达604人，高校毕业生从事个体经济97人。

【个体经济产业结构】 2014年，全市从事第一产业的个体工商户3224户，注册资金6.9亿元，比重偏小；从事第二产业的个体工商户5393户，注册资金2.96亿元，稳步发展；从事第三产业的个体工商户16.58万户，注册资金77.85亿元，占主导地位。

（周　雯）

投资引资

投资体制

【概况】 2014年，绵阳市深化投资体制改革和行政审批制度改革，加大简政放权力度，结合国务院发布的政府核准的投资项目目录（2014年本）及省政府出台的相应政策措施，研究相应政策措施，加快推进投资体制改革步伐。

【行政许可目录清理】 2014年，根据《四川省人民政府关于公布第四批取消调整行政审批项目和省本级行政许可项目清单的决定》（川府发〔2014〕49号）和《四川省人民政府关于印发〈市（州）行政许可项目目录〉和〈县（市、区）行政许可项目目录〉的通知》（川府发〔2014〕80号）精神，市发改委对行政许可目录进行及时清理，保留并更名3项，原下放县级审批事项收回2项，合并5项，调整为内部服务事项3项。经清理后，现有行政许可事项6项。

【省下放行政审批事项运用】 2014年，绵阳市发改委及时承接省发改委下放到市州的棉花加工资格认定、规模以内企业投资城市道路桥梁、城市供水厂、污水处理厂、垃圾填埋场、风景名胜区旅游开发等项目核准事项。同时，及时培训审批办理人员、相关法规和审批流程等，确保审批下放事项落实到位。

【市审批权限下放】 2014年，全市及时将审批权限下放到区和园区，审批项目市发改委只负责市财政和市级财政性资金的审批立项，区及园区负责当地财政安排资金的立项工作；核准项目按属地及省上规定的核准权限立项；备案项目市级投资主管部门的项目备案权限下放两区人民政府实施。园区项目备案由园区管委会审核，按现有程序办理。

【并联审批服务】 2014年，绵阳市发改委印发行政审批事项办事指南，明确审批依据、审批条件、办理时限、办理主体、办理地点、收费情况等，并在互联网和绵阳市政府电子政务服务大厅向社会公开、公示。配合制定《绵阳市投资建设项目并联审批工作方案（试行）》，并通过推行并联审批、绿色通道，开辟直通车，提高项目审批速度。

招商引资

【概况】 2014年，绵阳市把招商引资作为“扩增量、强动力”的重点，3月5日，市政府下达2014年全市招商引资目标任务。6月6日，印发《绵阳市以商招商奖励办法》，围绕全市优势产业和“4+3”战略性新兴产业，借力在绵阳企业开展产业链招商。

【推进项目履约】 2014年，强化投资服务宗旨，延伸服务链条，设立外来投资企业投诉服务热线，开展项目代办服务，围绕项目履约与开工统筹推进全市重点签约项目。促成四川朝阳新能源汽车制造项目、保和富山再生资源电子交易结算平台项目、电子科技集团磁性材料产业基地项目、江苏永年金属3D打印粉末材料项目、福建纳川管业新型管材生产建设项目、中王奥特莱斯项目等重大项目落地。

【开展在谈项目跟踪促进】 2014年，绵阳市增设海外、北京、重庆3个招商分局，实施《驻境外招商专员管理办法》，将全市招商重点区域延伸到京津、华北、川渝地区，驻外招商力量增强。促成高世代新型半导体显示器件生产线项目、香港创诚特种半导体分立器件与集成电路芯片生产线项目、东华软件项目、重庆君盾信息安全服务产业基地项目、中科西控锂电池三元正极材料生产基地项目、友宝智慧城市项目等一批重点项目成功签约。全年全市正式签约重大项目214个，签约金额981亿元；其中10亿元以上17个，工业项目157个。

【筹办投资促进活动】 2014年，绵阳市抢抓中关村政策落地绵阳机遇，发挥科技城集中发展区承接优势，组织企业和客商参与省、市各大招商引资专项活动。组织1000余家国内外知名企业陆续参加4月8~9日举行的中外知名企业四川行活动，6月5日举行的中国（绵阳）科技城·重庆区域经济合作投资恳谈会，8月11~12日举行的四川电子信息产业合作发展洽谈会，8月26日举行的四川汽车产业发展投资洽谈会，9月19~23日举行的2014四川（绵阳）电子商务博览会，10月13~17日举行的第二届中国（绵阳）科技城国际科技博览会投资促进活动，12月12日举行的中国科技城·绵阳建设政策体系推介会以及第十五届西部国际博览会，中国（绵阳）科技城优势产业投资推介会等重大投资促进活动。以活动促项目，成功引进江苏华昌电子元器件项目、广州鼎甲数据容灾备份项目、吉林贝多物联网梓江机电产业园项目、北京销客科技总部搬迁及云计算中心项目、北京网库绵阳电商谷项目、重庆致绵软件开发项目等优质项目。

固定资产投资

【概况】 2014年，全市全社会固定资产投资实现稳定增长，完成1080.37亿元，超额完成1060亿元年度目标任务，总量居全省第6位，占全省投资比重由去年同期的4.8%降至4.6%。全市全年投资增长7.9%，比上年同期高出0.5个百分点，增速位居全省第17位，低于全省平均水平4.1个百分点。增速在4月份到达谷底后开始逐月回升，呈现“V”形走势，继续保持平稳增长态势。

【投资结构优化】 2014年，从三次产业投资情况看，绵阳市一产投资出现缩减，同比下降3.9%，比全省平均增速低14.7个百分点。二产投资在克服工业经济增速下滑的情况下，同比增长7.4%，比全省平均增速高5.9个百分点；其中工业项目投资完成325.1亿元，总量居全省第10位，增长7.4%，增速居全省第8位。三产投资继续保持较快增长，同比增长8.8%，高于全社会投资0.9个百分点，比全省平均增速低8.8个百分点。三次产业投资比重由上年的同期的3.5∶30.2∶66.3调整为3.1∶30.1∶66.8，第三产业投资占全市的比重较去年同期提高0.5个百分点，成为拉动全市固定资产投资的主要动力。

【县市区、园区投资】 2014年上半年，受经济下行压力影响，全市部分县市区和园区投资陆续出现负增长态势。经过全市上下共同努力，8月以后所有县市区、园区均实现投资正增长。全年6个县区、园区投资增速超过全市平均水平，其中3个园区投资增速超过10%，分别是：高新区15.5%、经开区10.4%、科创区10.3%。

【民间投资】 2014年，全市民间投资实现649.43亿元，同比增长15.7%，比全市全社会固定资产投资增速高7.8个百分点，占全市投资的比重达到60.1%，比上年同期提高4个百分点。房地产投资快速回升，全年全市房地产开发投资210.74亿元，同比增长24%，较上年同期提高7.4个百分点。商品房销售持续放缓，商品房销售面积302.84万平方米，同比下降7.9%，增逗较上年同期下降14.2个百分点。

【重点项目推进】 截至2014年12月底，全市列入全市项目管理信息系统基本项目库的项目2368个，总投资4731.68亿元，年度计划投资1047.78亿元，占全年投资工作目标的98.85%。其中开展前期工作的项目831个，估算总投资1733.19亿元。1−12月在建项目1537个，其中新开工项目871个（科技城集中发展区启动区基础设施及工业项目共计83个），占年度计划的90%。174个省市重点项目开工163个，开工率93.68%，完成投资262.55亿元，占年度计划投资的110.68%。

（曹金兰）

绵阳市2014年投资主要数据

表12

指标名称	本年累计	2013年同期	同比速度（%）
一、全社会固定资产投资合计	10803708	10010035	7.9
其中：民间投资	6494263	5612857	15.7
固定资产项目投资	353.37	229.50	54.0
其中：技改投资	8231353	7601656	8.3
“2+4”产业投资	3193816	2872002	11.2
房地产开发投资	2663891	2436681	9.3
按构成分：1. 建筑工程	2107355	1699379	24.0
2. 安装工程	7315385	6837997	7.0
3. 设备工器具购置	1071011	816574	31.2
4. 其他费用	1293590	1392379	−7.1
按产业分：1. 第一产业	1123722	963085	16.7
2. 第二产业	330196	343743	−3.9

续表

指标名称	本年累计	2013 年同期	同比速度（%）
其中：工业投资	3250978	3026820	7.4
3. 第三产业	3250978	3026820	7.4
其中：交通运输	7222534	6639472	8.8
二、本年资金来源合计	1333541	1336543	−0.2
其中：国家预算资金	11189668	10626960	5.3
国内贷款	632729	1140818	−44.5
利用外资	1055129	1056150	−0.1
自筹资金	42469	104201	−59.2
其他资金	7693786	6704687	14.8
三、商品房施工面积（万平方米）	1765555	1621104	8.9
商品房竣工面积（万平方米）	1888.96	1658.72	13.9
商品房销售面积（万平方米）	302.84	329.00	−7.9

绵阳市 2014 年县市区（园区）投资情况

表 13 单位：万元

	全社会固定资产投资	工业投资	技改投资	房地产	民间投资	2013 年同期	同比速度（%）
全市总计	10803708	3250978	3193816	2107355	6494263	10010035	7.9
# 科技城（新范围）	8191165	2673220	2660494	1755819	4749189	7547496	8.5
涪城辖区	3950164	1012807	1103711	1138041	2265457	3563425	10.9
# 涪城区	2016944	232652	317056	422279	944596	1838608	9.7
高新区	860674	441017	425347	152981	628461	745074	15.5
经开区	830332	406518	406518	310218	745199	752067	10.4
科创区	421350	78756	100926	252563	126337	382040	10.3
游仙辖区	1478846	529361	485858	148044	997689	1346059	9.9
# 游仙区	1068753	382105	339722	107044	666790	978557	9.2
仙海区	220023	1120	—	41000	151763	213138	3.2
科学城办事处	10934	—	—	—	—	—	—
三台县	825538	144896	152091	163077	638151	790840	4.4
盐亭县	561724	128299	116796	163830	377534	529495	6.1
安　县	930992	376624	324621	132513	591876	877183	6.1
梓潼县	643875	159065	126735	41058	353107	589234	9.3
北川县	370511	169794	147861	6500	222731	354977	4.4
平武县	540532	128187	133202	22843	389961	516251	4.7
江油市	1501526	601945	602941	291449	657757	1442571	4.1

经济体制改革

【工商登记制度改革】 2014年，绵阳市简化登记事项和登记文件，研究制定《绵阳市放宽企业住所（经营场所）登记规定（送审稿）》，注册资本实缴改为认缴制，放宽注册资本登记条件。全市新登记企业9099户，同比增长100.3%。

【社会征信体系建设】 2014年，启动全市《社会信用体系建设规划（2014~2020年）》编制工作；加快小微企业信用体系试验区建设，出台《关于深化绵阳市科技型中小企业信用体系试验区建设的通知》；全市统一信用信息平台完成一期数据库系统建设。

【矿产资源市场化配置改革】 2014年，绵阳市研究制定《关于进一步加强矿产资源开发管理暂行办法（送审稿）》，规范矿业权招拍挂出让行为，建立竞争有序、公开出让制度，确保市场配置矿业权。

【金融改革】 2014年，全市深化科技与金融结合试点，建成2家科技支行，累计科技贷款超过50亿元。推动科技企业通过多层次资本市场融资，新增上市公司4户。全年实现直接融资和其他融资228.77亿元。市商业银行成功引进战略投资者并增资，五矿资本控股有限公司成为市商业银行第一大股东，持股比例为20%。研究制订《关于进一步深化全市农村信用社改革的方案》，梓潼农村信用联社改制组建梓潼农村商业银行股份有限公司在2014年12月正式挂牌对外营业。

【政府机构改革】 2014年，全市深化大部门制改革，出台《绵阳市人民政府职能转变和机构改革方案》，通过本次机构改革，市政府设工作部门32个，挂牌机构11个。研究制定《绵阳市市属事业单位分类指导目录（草案）》，事业单位分类改革进入分类批复阶段。深入推进事业单位法人治理结构试点工作。

【行政审批制度改革】 2014年，绵阳市取消和下放行政许可审批事项，清理规范非行政许可审批事项，减少并规范行政事业性收费。初步清理出市级部门具有非行政许可项目330余项，拟取消35项，新设行政许可1项。取消、合并、停收、免收行政事业性收费项目36项。优化行政审批项目流程，出台《关于公布市级部门行政审批和公共服务项目流程优化结果的通知》，取消前置条件、申报材料和专家评审、论证、现场勘验等环节269个。市级部门行政审批办理承诺时限在法定时限的基础上平均提速达到77%。

【完善政府绩效考评机制】 2014年，绵阳市出台《绵阳市县市区目标绩效管理办法（试行）》和《绵阳市市级单位目标绩效管理办法（试行）》，优化考评体系，创新考评方法，强化过程管理，全面开展对93个市级部门和各县市区（园区）的绩效（目标）考评。

【公务用车制度改革】 2014年，绵阳市按照中央、省的统一部署，启动全市行政和参公单位公务用车制度改革。基本完成全市车改统计摸底工作，及时统计汇总上报全市参改人员、车辆、司勤人员、费用等数据情况，为公车改革奠定基础。

【分税制财政体制改革】 2014年，绵阳市研究制订《关于改革完善城区财政体制方案》，完善市与区、园区分税制财政体制。

【财政专项资金管理改革】 2014年，绵阳市整合部门预算资金和专项预算资金，按照“保运转、保民生、促发展”的支出序列，科学编制财政收支预算，支出安排向民生保障、产业发展和基础设施建设倾斜。

【绩效预算管理改革】 2014年，绵阳市项目预算编制设定绩效目标，严格实施绩效评估，对执行情况不好或无法执行的项目预算予以调整或取消，集中用于其他急需安排项目。通过绩效评价增强预算安排的科学性、准确性、有效性，提高财政资金使用效益。

【政府购买公共服务】 2014年，绵阳市制定《绵阳市人民政府关于政府向社会购买公共服务实施方案（送审稿）》及《绵阳市政府向社会力量购买公共服务项目指导目录》，在城建环卫作业清扫、垃圾清运及绿化管护、市政维护等竞争性较强项目开展试点。

【简化投资项目审批核准备案程序】 2014年，绵阳市出台《绵阳市投资建设项目并联审批工作方案（试行）》，精简优化审批流程，将政府投资项目审批由法定的20个工作日压缩为6个工作日，提速70%以上。

【民间投资发展】 2014年，绵阳市研究制定《绵阳市关于进一步鼓励和引导民间投资健康发展的实施意见（送审稿）》，推出一批鼓励社会资本参与建设营运的示范项目，涉及交通基础设施、市政基础设施、医疗卫生、健康养老、旅游开发、保障性住房及棚户区改造、能源等领域55个项目，总投资782.48亿元。其中，绵九高速、平武县虎牙生态旅游景区开发等11个项目作为绵阳省第二批鼓励社会投资重大项目在第十五届西博会上发布，引起社会各界高度关注。

【完善就业创业支持政策】 2014年，绵阳市制定《关于进一步促进高校毕业生就业创业工作实施办法》，形成服务高校毕业生就业创业“十有”政策。积极引导支持返乡人员就近创业就业。

【完善就业困难人群就业援助机制】 2014年，绵阳市出台《绵阳市就业援助工作实施办法》，帮助援助对象尽快实现就业创业。推进新型农村社会养老保险和城镇居民养老保险制度并轨运行。

【完善被征地农民社会保障机制】 2014年，绵阳市出台《老失地农民参加基本养老保险实施意见》，计划用三年时间基本解决老失地农民社保问题。完善医疗保险和儿童大病保险配套政策，积极开展城镇职工补充医疗保险和城镇居民大病保险。

【农村产权制度改革】 2014年，绵阳市加快推进集体建设用地使用权、宅基地使用权确权登记颁证工作。全市完成284个乡镇、3445个村、2731个村民小组的集体土地所有权调查、确权工作，达到辖区全覆盖，全市农村集体土地确权登记颁证内业工作全部完成。全市共计确权农村宅基地93.2万宗，确权登记率98.2%；集体建设用地使用权确权登记2.29万宗，确权登记率98.4%。

【城乡建设用地增减挂钩试点】 2014年，全市立项47个城乡建设用地增减挂钩项目，批复增减挂钩周转指标1926.67公顷，通过验收的项目25个，取得城镇建新区指标886.7公顷，使用206.67公顷。

【建立新型城镇化健康发展机制】 2014年，全市编制完成《绵阳市城乡统筹规划》，研究编制《绵阳市新型城镇化发展规划（2014—2020年）》，开展乡村规划师试点，探索城乡规划督导员制度。推进扩权县、扩权强镇试点，平武、北川羌族自治县纳入扩权强县试点范围，全市扩权试点县达到7个；江油市武都、厚坝、青莲、含增、龙凤5个乡镇、安县秀水、塔水、桑枣3个乡镇已启动扩权强镇试点工作。推进户籍制度改革，研究制定全市深化户籍制度改革的意见。鼓励农村剩余劳动力向城镇转移。稳妥推行居住证制度，在绵阳城区范围内积极稳妥推行以实行暂住人口居住证管理为核心的户籍管理制度。

【服务业改革】 2014年，全市成功申报全省服务业示范市、金家林总部经济试验区（信息软件）省级现代服务业集聚区。出台《关于服务业改革发展的实施意见》和《支持商贸服务业发展暂行办法》，推动服务业加快发展。

（胥　挺）

工业产业结构

【概况】 2014年，绵阳市工业产业形成以电子信息产业、汽车及零部件产业为主导，食品及生物医药产业、节能环保和化工产业、冶金机械产业、材料及新能源产业为支柱的门类齐全、产品众多、较为完整的“2+4”特色优势产业工业体系。加快培育以信息安全及下一代互联网产业、新能源汽车产业、节能环保装备产业、航空与燃机产业、北斗卫星导航产业、新一代显示技术产业、3D打印及机器人产业为主的“4+3”战略性新兴产业。2014年，全市规模以上工业增加值增达到10.1%。“2+4”产业规模以上工业增加值增速11.1%。其中，电子信息产业实现规模以上工业增加值增速11.2%；汽车及零部件产业增速11.5%；食品及生物医药产业增速为7.2%；节能环保和化工产业实现规模以上工业增加值增速12.2%；冶金机械产业实现规模以上工业增加值增速12.3%；材料及新能源产业增速为11.7%。

2014年，全市工业产业立足绵阳产业现有基础和未来发展潜力，改造提升“2+4”优势产业，加快电子信息产业、汽车及零部件产业、食品及生物医药产业、节能环保和化工产业、冶金机械产业、材料及新能源产业等“2+4”产业转型升级，推动产品智能化、装备自动化、企业集聚化、市场全球化、服务网络化。坚持以项目为龙头，鼓励企业分工协作、抱团发展，加大技改创新力度，不断延伸产业链，构建产业技术基础支撑服务体系，推动产业持续壮大。

2014年，绵阳市委、市政府贯彻落实省委、省政府战略部署，结合绵阳实际，重点打造信息安全及下一代互联网产业、新能源汽车产业、节能环保装备产业、航空与燃机产业、北斗卫星导航产业、新一代显示技术产业、3D打印及机器人产业等“4+3”战略性新兴产业，加快产业上下游成链发展，形成绵阳工业新的增长极，提升绵阳经济竞争力。

【产业布局与产业关联度】 2014年，全市按照市县产业经济一体化发展要求，通过延伸产业链、服务链和基础设施链联动市县发展，形成以科技城为核心，绵（阳）江（油）平（武）产业带、绵（阳）安（县）北（川）产业带、绵（阳）三（台）绵（阳）盐（亭）产业带、绵（阳）梓（潼）产业带重点发展的“一核四带”的产业布局。在“一核四带”的基础上，以“两化”互动为引领，以打造特色产业园区为载体，形成市县一体化发展格局。

2014年，全市工业产业通过技术创新、技术改造、产业招商等措施，延伸产业链条，优化产业结构，在做强做大产业龙头企业的同时，引进配套服务企业。通过重点配套项目的实施，产业就地配套能力不断增强，产业关联度不断提升，产业发展环境不断改善。改造提升“2+4”特色优势产业，打造战略性新兴产业新支柱，以军民融合、优化结构、自主创新、集聚集约为途径，发挥比较优势，狠抓节能减排，工业综合能耗明显下降。

市场体系

商品市场

【概况】 2014年，全市着力优化商业网点结构，通过采取紧密跟踪大项目建设。组织开展2005~2013年度农村市场体系建设项目绩效考评工作，全市农家店存活率达85%以上，商品综合配送率达80%以上，新建商品配送中心9个，形成以村级农家店为基础、乡（镇）农家店为骨干、县级配送中心为龙头的农村日用消费品和农资商品流通网络。整合、拓展“万村千乡市场工程”“家电下乡”、农村商贸综合服务中心、重点商贸镇、乡镇商贸中心等农村市场流通网络及项目，全市新建、改造农贸菜市场6个，新建蔬菜直销店4家、社区小微型菜市场16家，建设商贸镇5个，改造乡镇商业街5条、购物中心5个，乡镇消费能力提高15%以上。全年，全市各类商品交易市场345个，占地285.13公顷，实现年交易额257.46亿元，上缴税收7279万元，入场经营户56686户，吸纳就业10万余人。其中：农产品批发市场12个，年交易额67.6亿元；消费品批发市场11个，年交易额80.37亿元；生产资料批发市场6个，年交易额36.69亿元；农贸市场316个（城市110个、农村206个），年交易额72.8亿元。

【CPI涨幅5年最低】 2014年，绵阳居民消费价格（CPI）上涨1.3%，涨幅较2013年回落1.8个百分点，低于全国（2.0%）、全省（1.6%）涨幅，是5年来涨幅最低的一年。CPI涨幅呈现两大特点：一是各月CPI涨幅呈现逐渐回落态势。2014年1~12月CPI涨幅分别为：2.4%、1.7%、2.2%、0.8%、1.2%、1.4%、1.3%、1.1%、0.6%、0.8%、1.0%、1.2%，基本呈现涨幅逐渐回落态势。二是八大类商品及服务项目与2013年比呈“五升三降”格局。2014年八大类商品及服务价格与上年相比，烟酒类价格下降1.4%，交通和通信类价格下降0.4%，衣着类价格下降0.1%。其他五大类价格均呈上涨趋势，其中食品类价格上涨2.3%，娱乐教育文化用品及服务类价格上涨2.8%，家庭设备用品及维修服务类价格上涨1.2%，医疗保健和个人用品类价格上涨1.9%，居住类价格上涨0.2%。

【茧丝绸行业发展】 2014年，绵阳市有17个茧丝绸企业通过鲜茧收购资格认定，比2013年减少1个；有茧站118个，比2013年减少5个。从2014年起，鲜茧收购价格不再实行地方政府定价，全面放开由市场定价。面对行业经济增速放缓，外贸出口下滑，生丝价格震荡等复杂形势，全市发放蚕种233190张，同比增长0.37%；蚕茧产量8283吨，同比增长2.81%；单产提高1千克/张，达35.5千克/张；鲜茧收购综合均价为35.32元/千克，同比下跌5%；蚕农售茧收入2.93亿元，同比减少2%；产丝1800吨，实现产值近6.2亿元，全行业在困境中稳步发展。绵阳市天虹丝绸有限责任公司大力推广“公司+共育户连农户”新型组织机构，摸索推广饲育雄蚕，生产的6A级生丝成为AEPC领导人服装原料。

劳动力市场

【概况】 2014年，市人社局出台《关于做好2014年人力资源市场整合重点工作的通知》《关于调整2014年县市区（园区）人社部门工作目标任务的通知》，召开人力资源市场整合重点工作推进会，安排部署县市区公共服务场所功能综合及信息发布工作。截至年底，市县两级就业局和市人才中心整合公共服务场所和功能，统一名称、统一标识、统一网站、统一平台发布信息。

【招聘专项活动】 2014年，市人社局精心组织就业援助月、春风行动、民营企业招聘周、高校毕业生网络招聘周等专项招聘活动，为用工单位和求职者搭建供需平台，疏通求职渠道，为企业发展提供人力资源服务。市本级登记备案、联系企业超过1270户，发布岗位信息7.3万余个。“绵阳公共招聘网”浏览量超过93万人次，日均在线人数突破6000人。

【就业援助】 2014年，全市按照“精细化、长效化”的要求，开展就业援助工作。把就业困难人员、被征地农民等就业问题作为工作重点，着力帮助就业困难对象实现就业再就业，动态消除零就业家庭。全市年末实有入库就业援助对象5.98万人，就业援助对象实现就业43551人（“4050”人员31695人、残疾人395人、低收入人员1091人、被征地农民4551人、长期失业者3113人），其中自主创业1551人、被企业吸纳就业2698人、公益性岗位安置就业3956人、实现灵活就业35346人。

【农村劳动力实名制登记】 2014年，全市按照农村劳动力“全业态”登记的指导思想，围绕“三全面两结合一到位”的工作思路，全面摸排、全面跟进、全面覆盖，动态更新与适龄进入相结合，系统管理与台账管理相结合，积极推广农村劳动力转移就业实名制入库登记，全市农村转移就业劳动力实名制登记入库151.2万人，完成省目标任务的133.8%。 （曾胜利）

人才市场

【引进境外智力】 2014年，全市实施各类引智项目11项，其中国家级高端重点项目2项，省级高端项目3项，国家级常规项目3项，省级常规项目2项，省级农业示范推广项目1个，涉及信息技术、新材料、节能环保、高端装备、新能源汽车、生物医药、新能源等领域；获得国家外专局和省外专局资助的引智经费160余万元，聘请外国专家68人次。落实出国（境）培训项目1项，组织20余人参加出国（境）培训。出台《绵阳科技城外国专家奖励办法（试行）》，设立“绵州友谊奖”，对绵阳经济文化生态建设做出突出贡献的外国专家每人给予5万元~10万元鼓励。召开第二届中国科技城（绵阳）国际科技博览会外国专家引智项目推介会，德、法、意等国家专家组织代表与15户企事业单位的28项技术需求进行洽谈对接，达成专家需求项目23个；组织美国神经眼科专家、教授布拉德利·肯特·法瑞斯和意大利紧急救援专家卡罗·达里奥与市中心医院进行深度对接；组织台湾12家参会机构和企业与在绵阳高校、大学生创业协会及部分企业进行对接，两岸代表从人才交流、项目培训等多方面进行交流洽谈。截至年底，经审批引进的外国专家104人（其中具有博士学位6人、硕士学位24人，学士学位74人，从事工艺技术指导16人、合作研究2人、经营管理5人、专业知识教学18人，语言教学63人，以来自美国、韩国和加拿大的外国专家居多）；经批准具有聘请外国专家资格单位45家，以电子信息、机械制造和生物科技等高端成长型产业为主的企业18户，以西南科技大学为代表的大中专院校和中小学校27家；25名经技类外国专家中多数服务于电子信息、机械制造和生物科技等产业，79名文教类外国专家多数供职于高等院校。

【人才交流】 2014年，全市举办常规招聘会229场，专场招聘会37场；组织长虹、九洲、东材、新晨动力等26户企业分别赴西安市、重庆市、长沙市、南京市、昆明市参加第二届部分大中城市联合招聘高校毕业生专场活动；采用猎头形式搜寻各类高级专业技术人才2170名，搜寻涉及领域主要是微电子、房地产建筑工程、建筑设计、核医学、生物工程，引进急需高层次人才10名。

【专家人才库体系建设】 2014年，绵阳市专家人才库体系建设依据《绵阳市专家服务基地建设管理试行办法》，认定绵阳市中心医院等7个企事业单位为绵阳市首批市级专家服务基地，实现市级专家服务基地零的突破。经过国务院，省委、省政府以及省委组织部、省人社厅的审定，全市4人获得享受政府特殊津贴专家称号，3人获省有突出贡献的优秀专家称号，4人获得省学术技术带头人称号，2人获“天府友谊奖”称号，9人成为省学术技术带头人后备人选。评选绵阳市第九批有突出贡献的中青年拔尖人才30人。

【高校毕业生就业】 2014年，全市接收回绵阳高校毕业生12779名，比上年增加24.32%（其中博士生比上年增加90%，硕士生比上年增加49.44%）；实现就业12258人。接收档案14608份，为2万余名高校毕业生提供就业创业指导服务，发放各类宣传资料6000余份；分别在西科大、绵阳师范学院等在绵阳高校开展政策咨询、就业指导专家讲座、信息发布等系列人才服务进校园宣讲活动15场；搭建高校毕业生就业信息交流平台，组织召开高校毕业生供需洽谈会31场，与在绵阳高校联合举办校园双选会15场，参加国家、省毕业生服务周、服务月活动，举办为期3个月的网上招聘活动，为高校毕业生提供就业岗位3.8万余个（次）；加大见习基地建设力度，新发展见习单位9家，有29家见习基地，收集发布见习需求信息168条，组织开展离校未就业高校毕业生供需见面会，发放见习生补贴167人51.6万元。

【人才市场网络平台建设】 2014年，绵阳人才网立足便捷服务，不断提升门户网站功能，构建“网上人才”，举办网络招聘会12场，组织813家用人单位提供工作岗位7376个，吸引6万多高校毕业生的积极参与。全年人才网站访问总量达到1723万次，净增访问量26万次，网上注册新增个人求职简历人数达到12371人。

【人事代理】 2014年，全市新办理人事代理2882人（其中毕业生2257人、接收未就业毕业生1120人、人才调入129人、辞职辞退解除合同390人、单纯档案保管52人）。集体户挂靠97人，流动党员136人，现存人事代理关系总人数达31513人，集体户人数达5566人，流动党员2200名，档案室档案库存达78692册；开发人事代理网上服务平台，提供档案托管、人事代理、户籍挂靠、组织关系挂靠、职称评审等全方位服务。

（市人才服务中心）

金融市场

【概况】 2014年，市政府推动北川禹羌投资有限责任公司分别与四川发展（控股）有限责任公司、绵阳科技城发展投资（集团）有限公司和各债权银行签订协议，成功实现债务重组；组织召开2014年货币市场业务工作会暨绵阳市货币市场成员自律机制合作协议签署仪式，分别与辖内8家货币市场成员签署《绵阳市货币市场成员自律机制合作协议》。

【推动企业直接融资规模扩大】 2014年，市人行向金融机构更新发布绵阳企业在银行间市场直接债务融资重点后备企业名单，完成对2013年承销企业直接债务融资工具金融机构的财政奖补。全年，累计支持绵阳企业在全国银行间市场发行短期融资券、中期票据、私募债等直接债务融资工具募集资金103亿元，较上年同期大幅增加52亿元，总量位居全省第二。

（陈　婷）

土地市场

【概况】 2014年，全市国有建设用地供应出让土地560宗2067.96公顷，实现成交金额656623.24万元，当年财政入库716440.43万元。按用途划分，其中经营性用地371宗646.02公顷，成交金额524483.47万元；非经营性用地106宗560.53公顷，成交金额79029.68万元；其他用地83宗861.41公顷。按行政区域划分，市本级出让79宗462.57公顷，成交金额249917.32万元，当年财政入库363373.69万元；江油市出让41宗508.2公顷，成交金额179531.92万元，当年财政入库67202万元；三台县出让61宗368.57公顷，成交金额33115.49万元，当年财政入库62163.91万元；安县出让80宗223.79公顷，成交金额62546.93万元，当年财政入库55797.08万元；盐亭县出让45宗124.25公顷，成交金额79956.38万元，当年财政入库88856.98万元；梓潼县出让202宗318.43公顷，成交金额38532.95万元，当年财政入库43613.05万元；北川羌族自治县出让31宗29.79公顷，成交金额3404.25万元，当年财政入库11716.86万元；平武县出让21宗32.37公顷，成交金额9618万元，当年财政入库23716.86万元。

（谌礼骄）

房产市场

【概况】 2014年，在国家宏观经济增速换挡新常态下，绵阳市房地产市场转向中速发展的调整期，面临下行压力较大。全年贯彻落实国家和四川省系列稳增长、促改革、调结构、惠民生的宏观政策，以扩大投资、促进销售、调整结构、稳定房价等为工作重点，狠抓工作落实，宣传打造绵阳城市品牌概念，借助各类招商平台，开拓消费市场；促进绵阳市房地产业持续、平稳、健康发展，房地产投资保持大幅增加，适应中低收入居民需求的普通商品住房建设力度不断加大，改善性住房需求得以支持，住房保障制度的框架基本建立，行业监管体系逐步完善和健全，房地产市场价格趋于平稳，未出现大幅波动状况。房地产业正朝着价格基本稳定、结构更趋合理的方向健康稳步发展。全年，市级完成房地产权属登记1081万立方米，收取各类行政规费4876.8万元，协助缴交房地产税3.6亿元。

【经典楼盘】 2014年，全市经典楼盘有温莎国际社区：科创园区，英伦风维多利亚风格建筑高端住宅小区，住宅总户数3159户，绿化率高达60%；三江·国际丽城：经开区红塔街，住宅约3180套，绿地率大于33.6%；树高·威尼斯城：经开区涪滨路、三江交汇之畔，33万平方米，绿地率达到35%；兴发·龙溪谷：游仙区欧家坝青龙山下，30万平方米，绿化率达30%。樊华似锦3期江语山：石桥铺飞云东街，91387平方米（由58445平方米住宅、15016平方米商业及17300平方米的地下室组成），整个项目的建筑密度仅为24%，有宽阔的楼间距打造中庭绿化景观，小区内绿树成荫，山石峦叠，鸟语花香。

中介市场

【概况】 2014年，全市继续围绕深化中介行业诚信建设、中介信用体系建设、规范中介市场秩序等方面开展工作，严格监管与热情服务相结合，制定自律公约，引导经营者提高服务质量，规范执业行为、防止无序竞争，全年处理各类违规投诉19件。至年底，全市中介机构1000余家，从业人员11000人。2家中介机构综合营业收入实现千万元。

【中介服务大厅建设】 2014年，中国科技城·绵阳投资软环境优化，为更好地服务投资者，在行政效能建设，不断延伸、扩展、完善政务服务中心服务功能上下功夫，对与行政审批相关的中介服务项目进行清理，把进入中介服务大厅的中介事项制作办事指南和流程图上墙公布，中介服务大厅的相关制度、入驻机构、办理事项、办理时限、收费标准均在网上进行公示。截至12月31日，进驻中介服务大厅各窗口单位累计受理业务220件，办结220件，接待咨询1000余件。

【中介机构数据库建设】 2014年，绵阳配合省级相关部门（单位）对全市与行政审批相关的中介机构进行清理，编制目录，建成与行政审批相关的中介机构数据库，数据库包含8大类128家中介机构，对各类中介机构名称、地址、联系方式、法定代表人、服务范围、资质条件、收费标准、收费依据、办理时限等9项事项进行集中展示，在省、市政务服务网站和绵阳市中介服务网站对外公布，供企业和群众查询。政府通过目录向社会企业展示推荐合法登记成立、具备相应资格条件的中介服务机构，需要与行政审批相关中介服务的社会企业，根据目录择优选择中介服务。

【中介行业警示教育会】 2014年11月，政务服务管理局组织召开全市中介行业警示教育会，全市中介机构主要负责人参加。会议围绕规范中介市场，增强中介从业人员执业风险意识，自觉遵守职业道德，预防职务犯罪等内容，邀请市检察院通报近期发生的职务犯罪案件等方面的违法违规行为，总结分析当下全市中介行业存在的问题。召开警示教育会，通过身边的人和身边的事，促使中介行业人员坚守职业道德底线，自觉抵御种种违法违规行为，预防职务犯罪。（谢　宏）

绵阳市2014年国民经济和社会发展的统计公报

2014年，面对错综复杂的国内外经济形势和艰巨繁重的发展改革稳定任务，市委、市政府团结带领全市各族人民，坚持科学发展、加快发展，把握稳中求进，改革创新工作基调，全面深化改革，抢抓国家和省委、省政府大力支持科技城突破发展的独特机遇，沉着应对需求不足、转型升级压力大等各种挑战，国民经济在新常态下保持总体平稳、稳中有进的发展态势，各项社会事业全面进步，人民生活不断改善。

一、综合

国民经济。全年实现地区生产总值1579.89亿元，比上年增长9.1%，其中：第一产业增加值252.18亿元，增长3.9%；第二产业增加值805.7亿元，增长10.0%；第三产业增加值522.01亿元，增长9.7%。三次产业对经济增长的贡献率分别为5.8%、60.8%和33.4%。三次产业结构由上年的16.4：51.4：32.2调整为16.0：51.0：33.0。非公有制经济全年实现增加值924.7亿元，增长10.2%，占全市经济总量的比重为58.5%，比上年提高1.3个百分点。

居民消费价格。全年居民消费价格比上年上涨1.3%。其中：娱乐教育文化用品及服务上涨2.8%、食品价格上涨2.3%、医疗保健和个人用品上涨1.9%、家庭设备用品及维修服务上涨1.2%、居住上涨0.2%、衣着下降0.1%、交通和通信下降0.4%、烟酒下降1.4%。工业生产者出厂价格（PPI）下降5.5%，工业生产者购进价格（IPI）下降1.8%。

工业化率和城镇化率。年末全市工业化率达到43.0%，比上年下降0.8个百分点；城镇化率达到46.5%，比上年提高1.4个百分点。

科技城。按照“一核三区多园”新口径，全年科技城实现二、三产业增加值1055.7亿元，比上年增长10.4%。其中：第二产业增加值670.4亿元，增长10.7%；第三产业增加值385.3亿元，增长9.8%。规模以上工业增加值同比增长10.1%；全社会固定资产投资完成819.1亿元，同比增长8.5%；实现社会消费品零售总额495.5亿元，同比增长13.8%。

二、农业

农业。全年实现农林牧渔业增加值252.2亿元，比上年增长3.9%。其中：农业增加值146.2亿元，增长4.0%；林业增加值9.0亿元，增长2.4%；牧业增加值82.9亿元，增长3.8%；渔业增加值9.5亿元，增长5.1%；农林牧渔服务业增加值4.5亿元，增长4.4%。

农产品产量。全年农作物总播种面积66.0万公顷。其中：粮食播种面积41.9万公顷，比上年减少0.3%；油料作物播种面积13.9万公顷，增长0.7%。全年粮食总产量215.9万吨，减产0.2%。其中：大春粮食产量165.7万吨，减产1.2%；小春粮食产量50.3万吨，增产3.2%。主要农产品中：稻谷产量97.3万吨，减产0.7%；小麦产量41.4万吨，增产1.9%；油料作物产量35.0万吨，增产3.5%；蔬菜产量202.6万吨，增产0.9%。

畜牧水产业。全年生猪出栏387.1万头，比上年增长1.9%。肉类总产量41.8万吨，增长3.5%；禽蛋产量12.1万吨，增长1.2%；牛奶产量2.5万吨，下降0.8%；水产品产量10.0万吨，下降5.3%。

林业。年末全市森林覆盖率达52.4%。全年利用国家到位资金3.4亿元，完成造林面积2463公顷。全市有自然保护区11个，自然保护区面积32.8万公顷。全年收获大宗林产品21247吨，其中：核桃21118吨、油桐籽92吨、棕片35吨、生漆2吨。

农田水利。年末实有水利工程7.3万处，水利工程蓄引能力26.0亿立方米，实际供水12.1亿立方米。年末耕地有效灌溉面积达到21.6万公顷。

三、工业和建筑业

工业。全市全部工业实现增加值680.1亿元，比上年增长9.4%。其中：规模以上工业企业实现增加值增长10.1%。在规模以上工业中，分经济类型看：国有企业增长12.2%，集体企业增长13.1%，股份制企业增长10.2%，外商及港澳台商投资企业增长9.4%，私营企业增长10.3%。

“2+4”重点产业。“2+4”重点产业工业增加值增长11.1%。其中：冶金机械产业增长12.3%、化工节能环保产业增长12.2%、材料产业增长11.7%、汽车及零部件产业增长11.5%、电子信息产业增长11.2%、食品及生物医药产业增长7.2%。

县市区情况。安县增长13.0%、江油增长12.7%、涪城辖区增长12.6%、游仙辖区增长12.6%、盐亭增长11.5%、三台增长10.1%、梓潼增长9.8%、北川增长9.3%、平武增长9.1%。

重点工业产品。全市重点监测的133种工业产品中，有81种工业产品增长，增长面为60.9%，比上年扩大4.5个百分点。主要产品中：合成氨增长52.1%、蓄电池增长33.7%、空调增长23.6%、粗钢增长8.1%、水泥增长10.3%；手机下降59.4%、发动机下降12.3%、饮料酒下降11.2%、钢材下降10.8%、彩色电视机下降7.1%。

工业经济效益。全年规模以上工业企业实现主营业务收入2187.4亿元，比上年增长9.3%；盈亏相抵后的利润总额91.5亿元，增长12.9%。其中：国有及国有控股企业1163.5亿元，增长4.0%；集体企业3.9亿元，增长33.1%；股份制企业1972.9亿元，增长9.0%；外商及港澳台商投资企业96.3亿元，增长9.7%；私营企业479.2亿元，增长15.7%。

建筑业。全市资质以上总专承包建筑企业352个，有工作量的343个，完成建筑业总产值334.0亿元，增长27.0%。其中：完成建筑安装产值324.0亿元，增长26.3%；完成其他产值10.0亿元，增长57.8%。分控股类型看：国有及国有控股企业完成69.9亿元，增长12.5%；其他企业完成264.1亿元，增长31.5%。

四、固定资产投资

固定资产投资。全年全社会固定资产投资完成1080.37亿元，比上年增长7.9%。其中：建筑工程完成投资731.5亿元，增长7.0%；安装工程完成投资107.1亿元，增长31.2%；设备工器具购置完成投资129.4亿元，下降7.1%；其他完成投资112.4亿元，增长16.7%。分产业看：第一产业完成投资33.0亿元，下降3.9%；第二产业完成投资325.1亿元，增长7.4%；第三产业完成投资722.3亿元，增长8.8%。

“2+4”重点产业。全年“2+4”产业完成投资266.4亿元，增长9.3%。其中：食品及生物医药产业完成投资35.2亿元，增长44.1%；汽车及零部件产业完成投资56.0亿元，增长32.2%；冶金机械产业完成投资69.0亿元，增长13.4%；材料产业完成投资52.6亿元，增长9.5%；电子信息产业完成投资37.2亿元，下降12.6%；化工节能环保产业完成投资16.4亿元，下降35.7%。

房地产。全年全市完成房地产开发投资210.7亿元，比上年增长24.0%。全市商品房施工面积1889.0万平方米，增长13.9%；商品房竣工面积353.4万平方米，增长54.0%；商品房销售面积302.8万平方米，下降7.9%。

五、国内贸易和旅游

消费品市场。全市实现社会消费品零售总额778.29亿元，比上年增长13.0%。其中：批发业实现零售额88.04亿元，增长23.0%；零售业实现零售额531.80亿元，增长12.0%；住宿业实现零售额19.85亿元，增长11.2%；餐饮业实现零售额95.08亿元，增长10.6%。按经营地分：城镇市场实现零售额516.32亿元，增长14.1%；乡村市场实现零售额218.45亿元，增长10.7%。

在限额以上批发和零售业商品零售额中，粮油、食品、饮料、烟酒类实现零售额66.33亿元，增长19.9%；汽车类实现零售额64.35亿元，增长11.4%；家用电器和音像器材类实现零售额30.30亿元，增长14.5%；服装、鞋帽、针纺织品类实现零售额22.65亿元，增长23.2%；文化办公用品类实现零售额18.72亿元，增长35.2%。

旅游。全年共实现旅游总收入277.3亿元，增长35.1%。其中：国内收入277.1亿元，增长35.2%；旅游外汇收入212.3万美元，下降32.8%。接待游客总人数2821.9万人次，增长14.5%，其中：国内旅游人数2821.1万人次，增长14.6%；入境旅游人数7390人次，下降27.7%。

六、招商引资和对外贸易

招商引资。全年引进内资项目299个，国内省外到位资金509.3亿元，增长7.5%；引进外资2.3亿美元，下降4.8%。

对外贸易。全年外贸进出口总额29.2亿美元，增长3.8%。其中：进口总额8.5亿美元，下降16.0%；出口总额20.7亿美元，增长14.9%。

七、交通和邮电

交通。年末全市公路通车里程19888公里。全年公路客运周转量33.7亿人公里，同比增长3.3%；公路货运周转量67.5亿吨公里，增长23.9%；水运客运周转量187.2万人公里，下降9.5%；铁路旅客发送量572万人，增长11.1%；铁路货运发送量108.7万吨，下降0.8%；民用航空客运量108.5万人次，增长18.3%；民用航空货邮运量10788.6吨，增长18.2%。

邮电。全市共有邮政局（所）448处，全年实现邮政业务总量3.3亿元。全年实现邮电主营业务收入35.8亿元，下降0.1%。年末全市固定电话机用户73.4万户，下降6.4%；移动电话用户407.4万户，增长9.1%。国际互联网用户79.4万户，增长18.1%。

八、财政、金融和保险业

财政。全年完成地方公共财政收入101.75亿元，比上年增长12.5%，其中：税收收入完成69.67亿元，增长10.5%。公共财政支出294.49亿元，增长1.6%。

金融。年末金融机构人民币各项存款余额2621.7亿元，增长8.8%。其中：单位存款1095.9亿元，增长4.9%；城乡居民储蓄存款余额1464.5亿元，增长11.6%。金融机构人民币各项贷款余额1398.5亿元，增长11.6%。其中：短期贷款601.8亿元，增长6.9%；中长期贷款769.0亿元，增长14.4%。

保险。年末全市共有保险公司43家，其中：产险公司20家，寿险公司23家。全年各类保险保费收入61.5亿元，比上年增长22.8%，其中：人身险40.9亿元，增长25.1%；财产险20.5亿元，增长18.5%。各类保险赔款及期满给付支出19.8亿元，增长7.4%。

九、教育和科学技术

教育。年末全市共有各级各类学校1291所（不含高校、技工学校及职业培训机构），在校学生69.0万人，教职工5.1万人，其中：专任教师4.3万人。

全市有小学414所，招生4.4万人，在校学生24.1万人，小学学龄儿童入学率达100%；普通中学235所，招生8.3万人，在校学生26.0万人；中等职业教育学校32所，招生2.6万人，在校学生5.5万人。

全市有高校14所。招生（含成教

全日制生）4.8万人，在校生14.7万人，毕业生3.7万人，专任教师7543人。

科技。全市共组织申报国家级科技计划项目116项，落实无偿资金6407万元。组织申报省级科技计划项目158项，落实无偿资金7460万元。全市已通过高新技术企业认定119家，有国家级工程技术研究中心5家，省级工程技术研究中心14家。全市全年共申请专利5991件，专利授权3071件。

十、文化、卫生和体育

文化事业。年末全市有公共图书馆9个，公共图书馆藏书量185.6万册。艺术馆、文化馆302个，剧场、影剧院17个，博物馆、展览馆13个。乡广播电视站264个，广播覆盖率达99.1%，电视覆盖率达99.3%，城区数字电视转换率100%。全市公开发行报纸5种，公开发行杂志16种。

卫生。年末全市有卫生机构1223个，其中医院、卫生院413个，卫生技术人员2.8万人，执业（助理）医师11055人，注册护师、护士10460人，卫生机构床位数3.1万张。

体育事业。全市共有体育场馆数16个，全年共举办各种运动会826次，参加人次达479.1万。在参加省以上比赛中获奖牌288枚，其中：金牌100枚、银牌94枚。

十一、环境保护

环境保护。水环境专项整治方面，全市小流域综合治理总投入资金约10亿元，新建垃圾房及垃圾转运站共298个，修缮和美化河堤32.51公里，建成污水管网114.36公里，已建成乡镇污水处理厂、处理设施10座，新建污水处理厂4座，建成后总处理能力将达到为29.76万吨/天。大气环境专项整治方面，建立四级秸秆禁烧责任体系，加大投入推进秸秆资源化利用，降低农村面源大气污染；以电厂脱硫脱硝、水泥脱硝设施建设为重点，强化大气点源治理，切实改善空气质量。生态文明体制建设方面，我市先后实施了地方政府差异化考核、领导干部生态环境离任审计评估。

涪江干流、凯江、安昌河、通口河、梓江年均水质与去年持平，未发生明显变化，各断面年均水质均达到或优于相应水质类别标准。芙蓉溪仙鱼桥断面年均水质为Ⅲ类，与去年相比水质有所好转。绵阳市城区集中饮用水源地水质状况良好，达标率100%。大气环境质量，全年城区空气质量监测天数365天，参照《环境空气质量标准》（GB3095-2012），优的天数占80天，良的天数为199天，空气中PM10平均浓度为81.9毫克每立方米，较上年下降3.4%；全年绵阳城区和近郊区降水pH均值为6.09，酸雨频率11.0%。声环境质量，2014年绵阳城区区域环境噪声昼间平均值为53.5dB（A），质量状况等级为二级（较好），道路交通噪声全昼间平均声级为67.9dB（A），质量状况等级为一级（好）。

全年共实施主要污染物总量减排项目279个，其中列入省级目标责任书的重点减排项目36个，限期治理工业企业2家、规模化畜禽养殖企业13家，全市四项主要污染物全面下降，二氧化硫下降12.17%，氮氧化物下降15.19%，化学需氧量下降3.73%，氨氮下降3.35%。

节能减排。2014年，绵阳单位GDP能耗下降5.75%。规模以上工业企业综合能耗为341.1万吨标煤，增长2.2%；规模以上工业企业单位工业增加值能耗1.7吨标煤/万元，下降7.2%。

安全生产。全市共发生各类伤亡事故1251起，死亡195人。其中：道路交通事故807起，死亡178人；工矿商贸事故16起，死亡17人；火灾428起，无死亡人数。

十二、人口、人民生活和社会保障

人口。年末全市总户数207.6万户，年末户籍人口548.8万人，常住人口473.9万人。当年出生人口43628人，死亡人口35679人，人口自然增长率1.49‰。

城乡居民收支。全市城镇居民人均可支配收入25341元，增长9.7%，其中：工资性收入17063元，增长8.9%。城镇居民人均消费支出17973元，增长7.5%，其中：交通和通信支出增长19.2%、医疗保健支出增长9.8%、食品支出增长7.1%、衣着支出增长6.1%。

全年农村居民人均纯收入10326元，增长11.5%；农村居民人均生活消费支出7492元，增长21.6%。

就业和再就业。全市新增城镇就业人员4.8万人，失业保险参保职工累计达24.0万人。年末城镇登记失业人员3.4万人，城镇登记失业率为3.8%。全市有1.0万人员实现再就业。

社会保障。全市基本养老保险参保人数101.5万人；城乡居民社会养老保险参保人数230.7万人；城镇职工基本医疗保险参保人数64.8万人，城镇居民基本医疗保险参保人数76.3万人；工伤保险参保人数38.3万人，生育保险参保人数36.8万人；新型农村合作医疗参合人数388.6万人；全市城镇最低生活保障标准为350元/月，享受最低生活保障补助的城镇居民10.9万人，下降6.3%；农村最低生活保障标准为180元/月，享受最低生活保障补助的农村居民17.7万人，下降7.1%。失业保险金标准875元/月。年末全市有社会福利收养性单位244个，床位数2.7万张。

注：

1.《公报》中使用数据为统计快报数据，正式数据以《绵阳统计年鉴2015》为准。

2.部分数据因四舍五入的原因，存在着与分项合计不等的情况。

3.GDP、工业增加值、农业产值绝对数按现行价格计算，增长速度按可比价格计算。

4.行业数据由相关部门提供。

绵阳市2014年经济运行情况分析

2014年，世界经济继续缓慢复苏，国内经济发展进入由高速增长转向中高速增长的新常态，主要经济指标增速有所放缓。在“微刺激”“强改革”等政策红利持续释放的背景下，市委、市政府带领全市人民，启动全面深化改革，抢抓国家、省大力支持科技城突破发展的独特机遇，沉着应对需求不足、转型升级压力大等各种挑战，实现了经济平稳向好发展，全年经济呈现出总体平稳、稳中有进的特点，为绵阳在全省多点多极支撑战略中率先突破进一步奠定了基础。

一、2014年经济运行基本态势

2014年，全市实现地区生产总值1579.89亿元，增长9.1%。总量第二的地位进一步稳固，与追赶城市的差距不断拉大。从增速上看，绵阳增速居全省第9位，较上年同期提高9个位次。分三次产业看：第一产业实现增加值252.18亿元、增长3.9%；第二产业实现增加值805.70亿元、增长10.0%，其中：实现工业增加值680.11亿元、建筑业增加值125.59亿元；第三产业实现增加值522.01亿元、增长9.7%。三次产业结构比由上年同期的16.4：51.4：32.2调整为16.0：51.0：33.0。非公有制经济实现增加值924.74亿元，增长10.2%，占经济总量的比重为58.5%，较上年提高1.3个百分点。

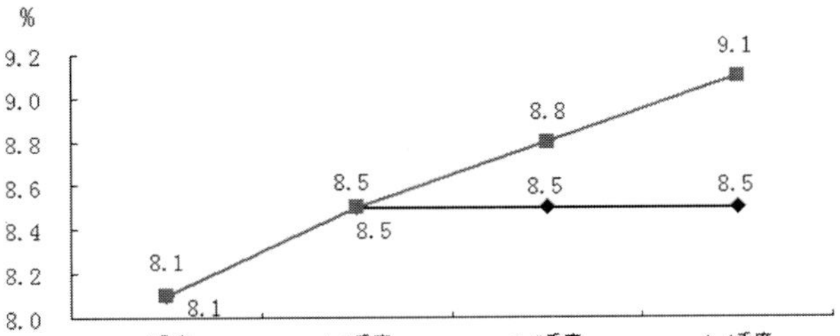

2014 年各季度四川、绵阳 GDP 增长速度

(一) 农业生产保持稳定

由于2014年夏季降水的时空分布极不均匀，初夏大部地区有中等强度的夏旱，盛夏南部地区高温少雨、伏旱严重等原因，粮食作物小幅减产。2014年，全市农林牧渔业总产值416.83亿元、增长4.1%。全年农作物播种总面积66.01万公顷，其中：粮食播种面积41.88万公顷，同比下降0.3%；油料作物播种面积13.93万公顷，增长0.7%。全年粮食总产量215.94万吨，减产0.2%，其中：小春粮食产量50.27万吨，增长3.2%，大春粮食产量165.67万吨，减产1.2%。油料作物产量35.01万吨，增长3.5%。

(二) 工业生产增势平稳，重点产业支撑明显

受转型升级淘汰落后产能和基数庞大等多重因素综合制约，上半年全市工业生产低位运行，工业增加值增速持续低于全省平均增速，进入个位数发展时期；下半年工业增速逐月回升，到年底，全市723户规模以上工业企业增加值同比增长10.1%，比全省平均水平高0.5个百分点，比上半年提高1.7个百分点，居全省第11位，在全省6个工业城市（成都、德阳、绵阳、宜宾、乐山、内江）中居第3位。

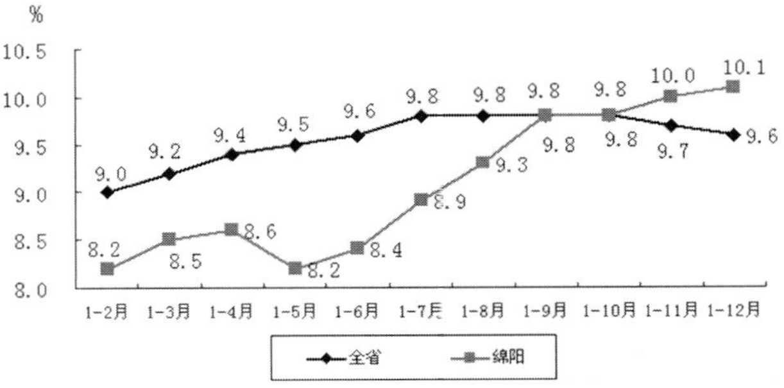

2014 年各月四川、绵阳工业增加值增长速度

优势产业、骨干企业支撑明显。2014年，“2+4”重点产业工业增加值增长11.1%，增速高于全市平均水平1.0个百分点，六大产业均实现正增长。其中：冶金机械产业增长12.3%、化工节能环保产业增长12.2%、材料产业增长11.7%、汽车及零部件产业增长11.5%、电子信息产业增长11.2%、食品及生物医药产业增长7.2%。产值超4亿元以上企业达到71户，2014年完成工业总产值1653.15亿元，同比增长14%，略高于全市规上工业增速，占全市工业总产值的比重达71.6%。其中：产值超10亿元的企业26户，比上年增加5户。

主要产品产量增减不一。2014年，绵阳市重点监测的133种工业产品中，有81种工业产品增长，增长面为60.9%，增长面比上年扩大4.5个百分点。主要产品中：合成氨增长52.1%、蓄电池增长33.7%、空调增长23.6%、粗钢增长8.1%、水泥增长10.3%；手机下降59.4%、发动机下降12.3%、饮料酒下降11.2%、钢材下降10.8%、彩色电视机下降7.1%。

产销衔接有所改善。2014年，全市工业产品销售率97.5%，同比上升0.1个百分点，比上半年和3季度分别提高

3.2和1.0个百分点，位于全省第13位，与全省平均水平的差距由上年的0.5个百分点缩小到0.3个百分点。

（三）全社会投资呈V型增长，民间投资相对活跃

2014年，全社会固定资产投资完成1080.37亿元，增长7.9%，增速较上年同期提高0.5个百分点，位居全省第17位，比上年提高1位。全年投资增速呈V型，在4月时，达到全年最低点-1.9%，之后逐月回升，在年底达到7.9%，与全省平均水平差距也缩小到4.1个百分点。

三次产业结构继续调整，第三产业投资占比扩大。第一产业完成投资33.02亿元，同比下降3.9%，占全社会投资3.1%，占比较上年同期下降0.3个百分点；第二产业完成投资325.10亿元，同比增长7.4%，占全社会投资30.1%，比重较上年同期下降0.2个百分点；第三产业完成投资722.25亿元，同比增长8.8%，占全社会投资66.9%，较上年同期提高0.6个百分点。

企业技术改造投资比重逐年提高，制造业完成投资增幅扩大。2014年，企业技术改造投资319.38亿元，同比增长11.2%，增速比全社会投资高3.3个百分点，总量占全社会投资比重自2009年以来逐年提高，当年达到29.6%，比2013年提高0.9个百分点。全年制造业完成投资276.24亿元，增长9.5%。

民间投资较为活跃。2014年，民间投资完成649.43亿元，增长15.7%，增速比全社会投资高7.8个百分点。占全社会固定资产投资的比重为60.1%，较上年同期提高4个百分点。

房地产开发投资增速继续回升，销售不容乐观。2014年，房地产开发投资完成210.74亿元，同比增长24.0%，比上年提高7.4个百分点，自2011年来增速首次超过全省平均水平。全市商品房销售面积302.84万平方米，同比下降7.9%，为自2010年国家对房地产市场进行调控以来的总量新低。

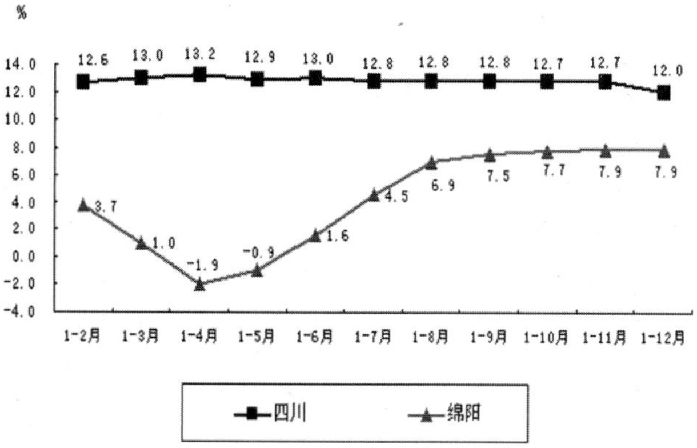

2014年各月度四川、绵阳投资增速比较

（四）社消零总额平稳增长，旅游业蓬勃发展

在经济“稳增长”一系列政策组合拳持续显效驱动下，绵阳消费品市场克服了价格涨幅回落、成品油价格下降等不利因素影响，继续保持平稳增长。2014年，全年全市实现社会消费品零售总额778.29亿元，增长13.0%，总量居全省第2位，增速高于全省平均水平0.3个百分点，居全省第10位，比上年提高8个位次。居全省第2位，增速高于全省平均水平0.3个百分点，居全省第10位，比上年提高8个位次。

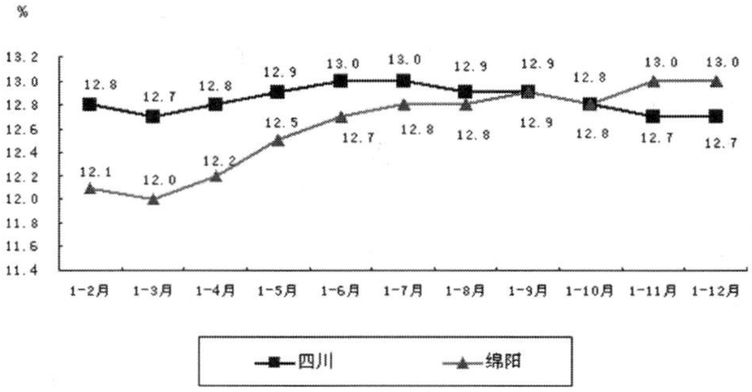

2014年各月度四川、绵阳社销零增速比较

从城乡市场看：城镇市场实现零售额516.32亿元，增长14.1%，乡村市场实现零售额218.45亿元，增长10.7%，城镇市场发展快于农村，仍居主导地位，对消费品市场起到较强的拉动作用。

分行业看：批发业实现零售额88.04亿元，增长23.0%；零售业实现零售额531.80亿元，增长12.0%；住宿业实现零售额19.85亿元，增长11.2%；餐饮业实现零售额95.08亿元，增长10.6%。

从主要商品销售看：粮油、食品、饮料、烟酒类实现零售额66.33亿元，增长19.9%；汽车类实现零售额64.35亿元，增长11.4%；家用电器和音像器材类实现零售额30.30亿元，增长14.5%；服装、鞋帽、针纺织品类实现零售额22.65亿元，增长23.2%；文化办公用品类实现零售额18.72亿元，增长35.2%。

近年来，绵阳致力于打造国内知名旅游目的地和区域旅游集散地，在建设精品景区、培育精品路线上取得积极成效，绵阳科技馆、北川维斯特农业休闲旅游区、江油李白故居成功创建国家AAAA级景区，千佛山自然保护区升格为国家级自然保护区，全市旅游业蓬勃发展。全年全市接待国内旅游人数2821.12万人次，接待入境旅游7390人次，实现旅游总收入277.26亿元，增长35.1%，其中：国内旅游收入277.13亿元，增长35.2%。

（五）建筑业保持高速增长，非国有企业发展加快

2014年，全市资质以上总专承包建筑企业352个，其中：有工作量的343个，完成建筑业总产值333.97亿元，增长27%，较上年同期高出4.8个百分点。完成建筑安装产值323.96亿元，增长26.3%；完成其他产值10.01亿元，增长57.8%。

按控股类型看：国有及国有控股企业完成69.87亿元，增长12.5%；非国有企业完成264.10亿元，增长31.5%，增速比上年提高7.8个百分点，占资质以上总专承包建筑业总产值比重达到79.1%，比上年提高2.7个百分点。

（六）服务业平稳增长

在市委、市政府强力推进现代服务业发展的政策鼓励下，全年全市实现服务业增加值522.01亿元，增长9.7%，比全省平均水平高0.9个百分点，服务业增加值占GDP的比重达到33.0%，较上年同期上升了0.8个百分点。其中：营利性服务业实现增加值97.75亿元，增长15.2%；金融业实现增加值23.46亿元，增长12.7%；交通运输、仓储和邮政业实现增加值60.41亿元，增长11.8%；非营利性服务业实现增加值167.97亿元，增长9.4%。

（七）物价温和可控，城乡居民收入持续增长

2014年，全市居民消费价格同比上涨1.3%，涨幅比上年同期回落1.8个百分点，比全省平均水平低0.3个百分点。八大类商品及服务项目价格中出现五升三降：娱乐教育文化用品及服务上涨2.8%、食品价格上涨2.3%、医疗保健和个人用品上涨1.9%、家庭设备用品及维修服务上涨1.2%、居住上涨0.2%；烟酒下降1.4%、交通和通信下降0.4%、衣着下降0.1%。

2014年，随着国家支农惠农政策力度的加大，各级财政对农业的补贴不断增多，加之农民工的收入增长较快，农村居民人均纯收入的增速再次高于城镇居民人均可支配收入的增速。城镇居民人均可支配收入实现25341元，增长9.7%；全年实现农村居民人均纯收入10326元，增长11.5%，增速比城镇居民人均可支配收入高1.8个百分点。

（八）税收收入增幅放缓，金融平稳运行

税收收入增速放缓，支出更倾向于民生工程。受经济增速放缓、基数逐年扩大、结构性减税政策等因素影响，2014年，全市实现地方公共财政收入101.75亿元，增长12.5%，其中：税收收入完成69.67亿元，增长10.5%，较上年同期回落3.3个百分点。全年全市公共财政支出294.49亿元，增长1.6%，较上年同期回落16个百分点。地方公共财政支出更倾向于民生工程，其中：医疗卫生、农林水事务、住房保障支出分别比上年同期增加6.86亿元、6.01亿元、3.17亿元。

货币信贷保持稳定增长，中长期贷款比重提升。12月末，全市金融机构人民币各项存款余额2621.72亿元，比年初增加211.45亿元，增长8.8%，增量比上年减少72.49亿元。其中城乡居民储蓄存款余额1464.46亿元，增长11.6%，比年初增加152.55亿元，增量比上年减少37.33亿元。全市金融机构人民币各项贷款余额1398.50亿元，增长11.6%，其中：中长期贷款768.96亿元，占全部人民币贷款的55%，比重比上年提高1.4个百分点。

（九）招商引资取得积极成效

2014年，全市进一步加大了招商引资的力度和强度，广泛推行精准招商，筹划好科技城专题招商会，组织几次大的招商战役，充分发挥驻外招商分局的前沿阵地作用、积极参加国内外重大招商活动，取得明显成效。全年共引进项目国内市外项目541个，到位资金670.88亿元，其中：国内省外到位资金509.31亿元，增长7.5%。

（十）科技城建设取得新突破

按照“一核三区多园”新口径，2014年，科技城实现二三产业增加值1055.72亿元，同比增长10.4%，总量占全市GDP总量的66.8%，增速比全市平均水平高1.3个百分点，其中：第二产业增加值670.38亿元，增长10.7%，总量占全市第二产业总量的83.2%，增速比全市高0.7个百分点；第三产业增加值385.33亿元，增长9.8%，总量占全市第三产总量的73.8%，增速比全市高0.1个百分点。

科技城规模以上工业增加值同比增长10.1%，和全市平均水平持平；全社会固定资产投资完成819.12亿元，占全市投资总量的75.8%，同比增长8.5%，增速比全市平均水平高0.6个百分点；其中：技改投资266.05亿元，增长10.8%。实现社会消费品零售总额495.50亿元，占全市总量的67.4%，同比增长13.8%，增速比全市高0.8个百分点。

二、2015年经济形势展望

总体看来，2014年全市经济运行总体平稳，GDP、工业、投资、消费流通领域呈现稳中有进、提速升位的良好趋势，经济发展向好的基本面没有改变，成绩来之不易，但也存在结构调整困难、工业增量不多、盈利能力较弱、投资规模难以扩大等问题，经济下行压力依然较大。展望2015年，全面深化改革有序推进将释放经济内在增长潜力，宏观调控政策继续发挥积极作用，绵阳作为全国唯一的科技城，在新的起点上牢牢把握国家、省加快推进科技城建设这一契机，坚持创新驱动，促进转型升级，全市经济将延续平稳的增长态势。

中国科技城建设

CONSTRUCTION OF CHINA SCIENCE AND TECHNOLOGY CITY

科技城会展中心二期

概　述

【概况】　2014年，绵阳科技城建设贯彻落实中央、省、市的决策部署，按照省建设绵阳科技城领导小组第14次会议要求，围绕省政府出台的2014年中国科技城工作重点，着力打造政策支撑、创新创业、开放合作和产业承载平台，走创新驱动、军民融合发展路子，推动科技城建设取得重大突破。科技城被国务院批准为第5个实施中关村4项先行先试政策示范区，成功举办第二届中国（绵阳）科技城国际科技博览会。科技城集中发展区的永年3D打印产业园、中物院军民融合产业园等10个重点项目开工，基础配套设施建设有序开展。全年，科技城范围内实现地区生产总值1055.7亿元、增长10.4%，规模以上工业增加值同比增速10.1%，利税总额173.1亿元、同比增长11.5%，主营业务收入达2134.3亿元、增长9.1%，全社会固定资产投资达819.1亿元、增长8.5%，社会消费品零售总额495.5亿元、增长13.8%。研发经费支出占地区生产总值比重达到6.58%，科技进步综合水平指数达到65.04%。

【实施中关村4项先行先试政策】　2014年12月3日，国务院常务会议决定把6项中关村先行先试政策推向全国，在所有国家自主创新示范区、合（肥）芜（湖）蚌（埠）自主创新综合试验区和绵阳科技城，推广实施4项先行先试政策。分别是：一是给予技术人员和管理人员的股权奖励可在5年内分期缴纳个人所得税；二是有限合伙制创投企业投资于未上市中小高新技术企业2年以上的，可享受企业所得税优惠；三是对5年以上非独占许可使用权转让，参照技术转让给予所得税减免优惠；四是对中小高新技术企业向个人股东转增股本应缴纳的个人所得税，允许在5年内分期缴纳。

科技城创新中心

【四川省建设绵阳科技城领导小组第14次会议】　2014年2月13日，中共四川省委副书记、省长魏宏在绵阳市主持召开省建设绵阳科技城领导小组第14次会议。会议强调绵阳科技城建设要认真贯彻落实省委十届四次全会精神，以更大力度推动科技城创新型、开放式和突破性发展，让科技城现有企业在创新驱动、转型升级中迅速发展壮大，吸引成千上万科技型企业到科技城投资兴业，打造创新驱动发展新引擎。绵阳科技城是全省实施创新驱动发展战略的重要平台，也是全省工业转型升级发展的重要载体。省委、省政府十分看重绵阳科技城建设的进度和效果，2014年将继续加大力度支持科技城创新型、开放式和突破性发展，让科技城现有企业在创新驱动、转型升级中迅速发展壮大，吸引成千上万技术含量高、市场前景好的科技型企业到科技城投资兴业。魏宏要求以绵阳市为主体，分工负责抓好集中发展区核心区建设、举办新一届科博会、实施科技与金融融合试点等科技城建设重点工作，领导小组各成员单位要继续给予大力支持，同时要进一步健全运行机制，优化推进机制，确保各项重点工作落到实处，见到效果。会议审议2014年科技城建设重点工作安排，科技城集中发展区规划建设工作方案，第二届中国科技城国际科技博览会方案和2014年科技城重大项目推进工作方案等事项。

【四川省建设科技城工作重点】　2014年3月20日，省政府办公厅印发《2014年绵阳科技城建设重点工作安排》（川办函〔2014〕40号）。明确10项重点工作任务：启动科技城集中发展区核心区建设；举办第二届国际科技博览会；推进创新体系建设和科技型中小企业发展；加快发展高新技术和战略性新兴产业；积极推进军民融合协同创新；支持科技型国有企业转型升级；深入推进科技与金融结合；扩大对外开放深化区域合作；完善创新政策支撑体系；改革创新体制机制。

【第二届中国（绵阳）科技城国际科技博览会】　2014年10月16~18日，第二届中国科技城国际科技博览会在绵阳会展中心举行，展陈面积达7万平方米，是第一届科技博览会的两倍，吸引49个国家、地区和国内13个先行先试地区、高新区参展参会，包括世界500强、国内外知名企业、院所、高校在内的803家单位参展，参会嘉宾近1万人，观众58.6万人次，其中专业观众超过6.5万人次。第二届科技博览会签约项目945个，金额883.6亿元，较第一届科技博览会增长81.7%，荣获“2014年度中国十佳会展品牌项目”称号。

【创新创业大赛军转民大赛总决赛】 2014年10月11日，科技部火炬高技术产业开发中心、绵阳市人民政府、中国（绵阳）科技城管理委员会联合主办，中国国防工业企业管理协会、绵阳市科技局、绵阳科教创业园区管理委员会（军民科技示范园区）共同承办的第三届中国创新创业大赛军转民大赛总决赛在绵阳市举行，来自全国各地的20家参赛单位向大赛桂冠发起冲击。大赛全程现场录播和网络直播。经过角逐，最终四川中物材料有限责任公司等10家单位获得军转民大赛总决赛第一、二、三名，四川省科学城神工实业总公司等10家单位获得优胜奖。此次总决赛采用8分钟项目路演和7分钟评委提问、选手答辩的形式进行。中国创新创业大赛是国内规格最高的创新创业赛事，本届军转民大赛作为这一全国性科技擂台上首次设立的专项赛，旨在释放国防科技工业的发展红利、增强军用技术民用化效率、激发军转民企业创新活力以及吸引民用资源服务于国防科技工业产业发展。

科技城集中发展区

【概况】 2013年12月6日，绵阳市委召开专题会议，研究绵阳科技城集中发展区规划建设有关工作。会议强调要大力实施《绵阳科技城发展规划(2011~2015年)》，进一步完善科技城集中发展区规划，科学定位、有序实施，把科技城集中发展区打造成为“绿色低碳、宜居宜业”的发展新区。2014年2月13日，省政府在绵阳召开省建设绵阳科技城领导小组第十四次会议。会议决定在绵阳规划建设不少于100平方千米的“科技城集中发展区”，一期将规划30平方千米左右，确保年内启动、两年成型、五年见效，力争五年再造一个产业绵阳、创新绵阳、宜居绵阳。要把科技城建设作为全省科技创新的“一号工程”，作为全省次级突破的重要着力点，集中优势资源和力量加快推进，努力把科技城打造成为四川新的重要经济增长点。省委、省政府从科技成果转化、支持企业多渠道融资等10个方面，给予科技城强力支持。2月21日，集中发展区启动区建设动员会召开，集中开发区指挥部挂牌成立，首期5平方千米启动区正式动工。

科技城集中发展区位于成德绵、绵安北、绵江发展带的交汇处，是区域、市域与绵阳市中心城区交汇节点，距离城市中心12千米，包括：安县界牌镇、兴仁乡和花荄镇局部，江油方水乡局部，高新区河边镇、磨家镇及永兴镇局部，科创园区局部，涪城区金家林、大包梁村及青义镇和龙门镇局部，游仙区东林乡及石马镇大部、新桥镇、游仙镇局部，规划区范围面积281平方千米，控制面积255.4平方千米，建设区面积100余平方千米。中国城市规划设计院等3家国家级院所开展专项规划研究，集中发展区规划通过省市两级评审。2014年2月21日，绵阳科技城集中发展区建设指挥部在高新区挂牌成立，先期30平方千米的“军民融合创新驱动核心示范区”在集中区正式启动。

【集中发展区指挥部挂牌成立】 2014年，绵阳市贯彻落实中央和省委、省政府建设科技城集中发展区重要决策部署；省建设绵阳科技城领导小组第十四次会议精神，要早日把集中发展区启动区建设成形。市委、市政府决定建立集中发展区建设指挥部，加强集中发展区的组织领导。2月21日，绵阳科技城集中发展区启动区建设动员会在高新区举行，集中发展区指挥部挂牌成立。指挥部下设“一办四部”，即综合办公室、规划与建设部、产业与招商部、融资与财务部、监审部。

【编制集中发展区规划】 2014年4月15日，绵阳市规划委员会通过审议《绵阳国家科技城军民融合集中发展区总体发展规划（2014~2020年）》并上报省政府审议。《绵阳科技城集中发展区总体规划》通过省住建厅专家评审和市规委会审议；《核心区控制性详细规划》核心区部分开始编制，启动区部分完成编制工作；7月14日，绵阳市委托、长城战略咨询承担的《绵阳国家科技城集中发展区产业发展规划（2014~020年）》《绵阳国家科技城军民融合创新驱动核心示范区产业规划（2014~2020年）》（以下简称两个《产业规划》）专家评审会在绵阳市长虹国际酒店会议中心召开。出席两个《产业规划》评审会的专家

7月14日，“两个规划”专家评审会在绵阳召开

有中国社科院工业经济所博士生导师周民良、北京交通大学教授冯华、清华大学研究员罗建北、北京东方硅谷科技开发院院长、科技部中国民营科技促进会副会长汪斌、工业和信息化部电子科学技术情报研究所副主任李德升，成都高新区经济贸易发展局局长鲜荣生等。会议由副市长谢晓东主持，绵阳市相关部门领导及高校院所、重点企业代表参加会议。《绵阳科技城集中发展区产业规划》和《绵阳国家科技城军民融合创新驱动核心示范区产业规划》通过专家评审。

【《绵阳科技城集中发展区产业规划》内容】 《绵阳科技城集中发展区产业规划》包括规划范围、发展定位和规模、空间结构和功能布局、产业发展策略和产业规划、综合交通体系、绿地系统、公共服务设施体系、市政基础设施体系、综合防灾工程体系、核心区城市设计十个方面内容。分别是：

一、规划范围

科技城集中发展区位于成德绵、绵安北、绵江发展带的交汇处，是区域、市域与绵阳市中心城区交汇节点，距离城市中心12千米，包括：安县界牌镇、兴仁乡和花荄镇局部，江油方水乡局部，高新区河边镇、磨家镇及永兴镇局部，科创园区局部，涪城区金家林、大包梁及青义镇和龙门镇局部，游仙区东林乡及石马镇大部、新桥镇、游仙镇局部，规划区范围面积约281平方千米。

二、发展定位及规模

科技城集中发展区定位为："成渝经济区创新支点、四川省科技中心、高新技术产业先行区和绵阳承担国家战略的核心空间"。规划到2030年，建设用地达到85平方千米；终极建设用地规模为112平方千米。

三、空间结构与功能布局

（一）空间结构。规划延续城市整体发展方向，在科技城集中发展区范围内将构建形成"一体两翼、两轴五心"的空间格局。

"一体两翼"："一体"是指中央创新驱动区，是创新研发和综合服务配套的集中发展区，是科技城的核心地带。"两翼"是指产业集中发展区南区和产业集中发展区北区，其中"南翼"是龙头成熟型高新技术产业的聚集区，未来引领绵阳产业发展的龙头；"北翼"是军转民企业的聚集区，是绵阳在地区内产业发展方面的核心优势资源和后发潜力区。

"两轴五心"："两轴"是沿九洲大道的城市综合发展轴以及沿科技城大道的科技城科创服务轴。"五心"分别为三个主中心和两个副中心，三个主中心分别为园艺综合服务核心、金家林生产服务核心、科技城生活服务核心；两个副中心分别为高新区服务核心、石马服务核心。

（二）功能布局。按照产城一体、配套完善的思路，合理布局生产生活空间。

按照产业门类发展要求，将产业空间布局为：在集中发展区南翼布局4个大中型企业产业园、北翼布局3个中小企业科技园，在核心区布局小微企业孵化园和金家林科技研发园、军转民科技研发园、高铁商务总部研发、创新中心二期等5个科技研发园。加强产业园区的创新功能配套，除满足产业生产功能外，还注重强化创新服务，主要包括信息与网络技术服务、中介与商务服务业（现代物流、电子商务、交易服务、金融服务、人才服务、展示交流服务、商务服务）；

城市功能在考虑自然地形、行政区划、空间结构、人口规模和配套服务设施的基础上，将规划区范围划分为17个居住社区。在提供公益性的公共服务以外，还重点关注多元化的居住服务、多样化的人才培养、多层次的文化消费服务等。

四、产业发展策略及产业规划

构建开放性与网络化的绵阳创新体系，强调技术向产业、军工向企业的转变，对绵阳军民融合的模式进行内涵扩充，形成院所自转、军工自转、院企联转和民企参军四种模式产业互动的军民融合创新模式。形成以六大集群为主、包括20条产业链的"2+4+X"的创新产业体系。其中：2大引领产业为新一代信息技术、汽车与零部件；4个主导产业为智能装备制造、新能源、新材料和航空航天；X是重点培育产业，包括核技术应用、光机电一体化等科技产业。

五、综合交通体系

（一）对接通道，构建便捷出行联系。开展各项交通建设，实现城际铁路、高速公路、快速路、主干路全面与区域交通廊道对接，实现城市交通与对外交通的无缝接驳，使得人才、物资以及信息等资源在成德绵之间加速流动，为绵阳科技城集中发展区的进一步发展带来新的机遇。

（二）融入城市，整合片区交通。通过以"快速路+交通性主干道"组合而成的片区联系廊道对接绵阳主城区，形成"五廊串城、十二路通城"的科技城三路通路网格局，加强绵阳科技城集中发展区与主城区及内部各板块之间的交通联系。

（三）构建绿色低碳的公交出行体系。通过大运量交通和普通公交串联整个绵阳科技城集中发展区，形成贯穿整个区域的低碳出行城市公交系统。

六、绿地系统

规划各类城市绿地与广场用地约2000多公顷。同时将临近城市建设用地的部分农林绿地作为郊野公园。

七、公共服务设施体系

规划打造"三主三副多点"的公共服务设施布局结构。三主分别指金家林服务核心、大包梁服务核心和园艺服务核心，主要布置城市级公共服务设施，提升整个科技城集中发展区

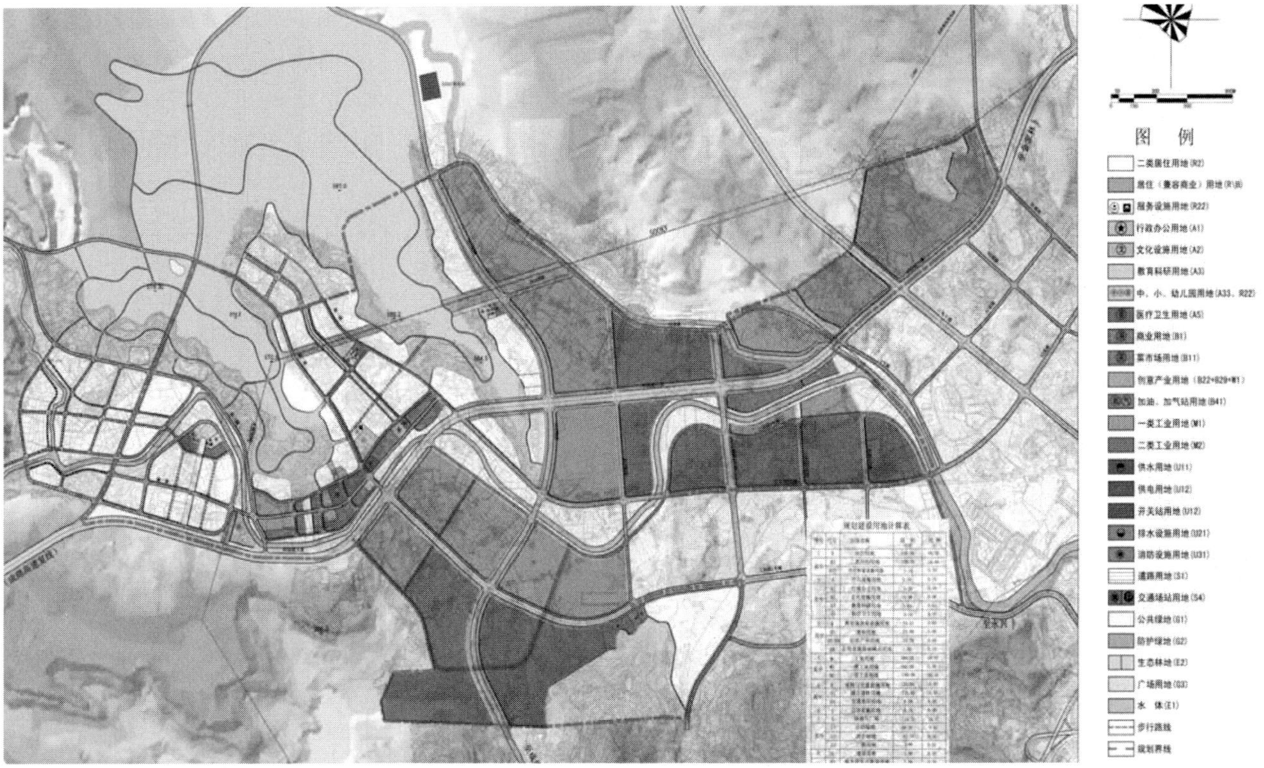

绵阳科技城集中发展区启动区控制性详细规划图

的服务配套品质和能级，同时与绵阳老城区相协同；三副指河边镇服务次心、安县片服务次心和石马服务次心，主要布置片区级公共服务设施，针对各个片区产业人群及当地居民的生活工作需求有针对性的配套相应设施；多点指居住区级和组团级公共服务设施，主要布置服务各个居住组团和工业组团的基层设施，以满足日常的生活需求。

八、市政基础设施体系

对规划区内给水、排水、污水、雨水防涝、电力、燃气、通信和环卫等专项进行统筹考虑、合理设置，确保市政基础设施满足规划区发展需求。

九、综合防灾工程体系

统筹布局消防站。人防工程重点建设人员密集地区的人防掩体工程。

十、核心区城市设计

（一）设计范围。设计范围包括高新区、金家林、安县界牌镇和涪城区部分用地在内的科技城集中发展区核心区范围，总面积78.8平方千米.。

（二）设计理念。综合考虑自然山水、创新空间、服务支撑和人文生活，构建突出绵阳本地特色的城市空间。

（三）设计特色。1. 空间魅力丰富的景观之城。依托片区优越的自然山、水条件及产业业态特征，打造多点编织、多廊渗透的山、水、城交融的城市景观。沿科技城大道打造科技形象轴，串联金家林生产服务核心、科技城生活服务核心和高新区服务核心；沿安昌河、普金路和创业大道打造乐活服务轴，串联界牌服务中心、科技城服务核心、高铁站商务城和园艺综合服务核心。2. 功能包容多元的活力之城。通过对商业金融、居住、休闲娱乐、郊野公园以及科研办公、创新研发、孵化转化、工业生产等产业的落位和强化，形成布局均衡、重点突出、活力多元的城市空间。3.风格鲜明的生活品质之城。通过对各类公共服务设施的落位，对科技城大道和安昌河公共界面的强化，充分利用山、水基础条件，分别在银花湖、河边镇和安昌河畔塑造特色小镇，形成风格鲜明、环境优美、设施齐备，且针对不同目标人群的综合社区，打造出具有诗情画意的生活品质之地。（张永兴）

科技城人才工作

【概况】 2014年，绵阳市委出台《关于实施创新驱动发展战略，加快绵阳科技城创新人才汇聚地建设的意见》《绵阳市人才发展专项资金资助项目实施办法（试行）》《绵阳市文化领军人才资助管理办法（试行）》《关于进一步促进高校毕业生就业创业工作实施办法》等人才政策，修改完善《绵阳市科学技术奖励办法》《绵阳市专利资助与奖励专项资金管理办法》《绵阳市科技成果转化项目资金管理办法》等科技成果转化政策，形成“1+14”的促进人才创新创业发展的政策体系，对中央支持建设的科技城创新人才汇聚地做出制度

绵阳市人才工作会

安排，明确通过重大人才项目引领、创新创业人才引进培养、创新创业平台建设、创新创业激励与服务保障机制建设等路径，实现“在人才发展中推进创新创业，在创新创业中汇聚优秀人才”的创新人才汇聚地目标。

2014年，全市以6000万元人才发展资金为杠杆，围绕从人才引进到人才培养、从创业初期到成长壮大、从孵化平台到金融支持，组织实施“千英百才”聚才工程、“涌泉计划”扶持工程、优秀人才培育工程、科技企业孵化器和创新研发平台资助工程、人才激励保障服务工程等五大工程。全市有500余个团队和个人申报，通过专家组评审、专家组实地考察、跟踪解情况等措施办法，最对198个团队（个人、项目）进行资助，资助金额6650.5万元，单项最高资助金额200万元。组织开展“4+3”高端成长型产业领军人才、文化产业领军人才和第九批有突出贡献的中青年拔尖人才申报评审，对入选的领军人才分别给予5万元~30万元资助。

【人才引智工作】　2014年，全市人才引智工作发挥科技城各类创新创业平台较丰富的优势，拓展引智聚才渠道，促进本地人才培育。承办第二届中国（绵阳）科技城国际博览会人才交流合作大会，中国南方人才市场、台湾1111人力资源银行等20个专业人才服务机构，北京大学、上海交通大学等28家高校，67户大型企业和350余名高端人才参会洽谈，2000余名高校学生进场求职，签订4个人力资源战略合作协议和20个高层次人才引进项目，23项技术需求与外国专业组织达成意向性协议；支持产业园区、市级专业技术部门开展柔性引才，3个省级博士后创新实践基地、1个省级高技能人才培训基地，4家市级院士工作站实现集中授牌；获准设立国际人才市场国家科技城（绵阳）市场。在科博会人才交流合作大会上，为3名外籍专家授奖，激发200余名在绵阳外籍专家的归属感。组织3家企事业单位申报省级院士（专家）工作站，九洲集团入选第二批10家省级院士（专家）工作站之一；在建有2批7家市级院士专家工作站的基础上，组织开展对第三批市级站的申报工作，7家申报单位进入评审阶段。组织实施在绵阳高校、科研院所和企业的第二批11名干部参与地方干部交流挂职“百人计划”（担任市级部门副科级领导干部），加大交流融合力度，增进在绵阳单位融入地方、服务地方经济社会事业的积极性和主动性。做好第11批20名清华大学博士研究生到绵阳为期40天课题研究实践活动，帮助接收单位解决一批技术难题，搭建起校企共赢的沟通渠道。长虹集团与2名实践博士生达成引才意向协议，其中1人纳入长虹公司“英才计划”给予重点培养。支持鼓励产业园区、市级专业技术部门柔性引才，以市政府名义继续从成都规划设计院、中国建筑西南设计院引进2名顶级专家担任市规划局“首席规划师”和“首席建筑师”，协助北川通航产业园拟聘请11名航空产业院士专家担任“产业顾问”。　（袁　鸿）

【人才交流合作大会】　2014年10月16日至18日，以“创新驱动·人才引领”为主题的第二届中国科技城（绵阳）国际科技博览会人才交流合作大会召开。大会集中开展高级人才供需信息发布、人才政策宣讲、人才延揽洽谈、技能成果展示等主题活动。馆场面积3000平方米，划分为主题活动区、技能成果展示区、人才招聘区。中国南方人才市场、台湾1111人力资源银行等20个专业人才机构，北京大学、上海交通大学等28家高等院校，67户大型企业，350余名高端人才到会参加洽谈。两千余名高等院校学生进场观摩、求职。播放人才大会专题片4部，编发《人才政策汇编》《参展单位需求信息》等大会资料；现场宣讲人才政策、发布人才供需信息。对3个省级博士后创新实践基地、1个省级高技能人才培训基地、4个市级院士工作站进行了现场授牌。现场展示化石雕刻、羌绣、机器人互动、3D打印、动画设计等5项技能成果，并举行羌绣服饰、妆艺T台秀。参会人员达1.2万人次，发放资料6万余份，提供高校高层次人才供给信息3868条，高层次人才需求信息5643条，高端人才对接项目32个。有5个人力资源战略合作协议签订，20个高层次人才引进项目签约，23项技术需求与外国专业组织达成协议，招聘求职意向性协议突破1100个，其中海外高层次人才在川工作意向26个。

【电子信息工程高级职称评定】 2014年，绵阳市按照四川省职称改革工作领导小组办公室《关于同意中国（绵阳）科技城电子信息工程高级专业技术职务任职资格评审工作方案的函》批复，开展2014年度电子信息工程高级专业技术职务任职资格评审申报工作。经中国（绵阳）科技城电子信息工程高级专业技术职务任职资格评审委员会评审27人合格。 （王彦鸿）

第二届中国（绵阳）科技城国际科技博览会

【概况】 2014年10月16~18日，第二届中国（绵阳）科技城国际科技博览会（以下简称“科博会”）在绵阳会展中心举行。本届科博会以“科技创新·军民融合·开放合作”为主题，围绕“科技引领未来、创新驱动发展”宗旨，设置电子信息展区、先进制造展区、生物医药展区、新材料展区、新能源与节能环保展区、通用航空展区、国家自主创新示范区展区、国家高新区展区、四川四大经济区展区、全国非职务发明专利展区、新能源汽车展区等展区，展陈总面积7万余平方米；先后举行2014第八届寰宇生产力产业经管交流论坛暨2014“海峡两岸”科技产业协同创新交流会、驻外使（领）馆科技参赞圆桌会议、集中签约仪式暨成果发布会等6项主要活动和22项专项活动；来自49个国家、地区和国内先行先试地区、高新区参展参会，包括世界500强、国内外知名企业、科研院所、高等院校在内的803家单位参展，参展项目2584项，参展展品9736件；参会嘉宾1万余人；来自全国各地的观众达58.6万人次，其中专业观众超过6.5万人次；展会期间，签约项目945个，金额883.6亿元、较上年增长81.7%。在集中签约仪式暨成果发布会上，四川省委宣传部常务副部长、四川省政府新闻办主任、四川省网信办主任邹吉祥宣布国务院关于绵阳科技城享受中关村自主创新先行先试相关政策的决定，绵阳市成为全国第五个享受中关村自主创新先行先试相关政策的城市。

【科博会开幕式】 2014年10月16日上午，第二届中国（绵阳）科技城国际科技博览会在绵阳会展中心开幕。9：30，开幕式首先举办一场时长20分钟的“科技引领未来——科技无界梦想无限”科技展演。随后，省委副书记柯尊平代表省委、省政府，向为四川经济社会发展做出重要贡献的5名外国专家爱德华多·沃尔特·马瑞斯、波特杰特·杰尔特·克鲁杰、邵家华、布拉德利·肯特·法瑞斯、井上勋颁发“天府友谊奖”。

10：30，全国人大常委会副委员长陈昌智宣布开幕，全国政协副主席刘晓峰讲话。四川省委书记王东明、科技部副部长李萌致辞。省委副书记、省长魏宏主持开幕式。出席开幕式的国家有关方面领导和嘉宾有朱宏任、张建华、何俊明、潘银喜、刘亚永、张源明、张克俭、石定寰、俞培根、庄火林、孙卫福，四川省主要领导有陈光志、吴靖平、李亚洲、黄润秋、李向志、陈文华、刘捷、曲木史哈、陈放。参加开幕式的还有美国国防部前副部长雅克·甘斯勒，泰国、澳大利亚、新西兰、意大利等国驻川渝总领事馆总领事，加拿大商会、俄罗斯友好城市代表团代表；中国工程院、乌克兰科学院、加拿大皇家科学院、加拿大工程院院士杜祥琬、陈清泉、郭瑞·弗拉基米尔、罗伯特·汉考克、周松年及“蛟龙号”深潜英雄叶聪；来自国家发改委、国土资源部、中国人民银行、国务院国资委、国家知识产权局、国家军工企业、国家自主创新示范区、高等院校、科研院所和国际国内知名企业的嘉宾；省内各市州、省直有关单位和绵阳市相关负责人；港澳台地区代表等500余人。

【寰宇生产力产业经管交流论坛】 2014年10月17日，第二届科技博览会的重大专题活动之一的2014第八届寰宇生产力产业经管交流论坛暨2014“海峡两岸”科技产业协同创新交流会在绵阳举行。本届论坛以“科技创新驱动与中小企业发展”为主题，设置“科技产业协同创新”“军民融合与创新驱动”“科技金融与创业投资”“企业管理与咨询诊断”四场专题演讲活动，对科技创新与企业发展问题进行深入探讨。国务院参事、中国生产力促进协会理事长石定寰，台湾工业总会理事长、中国生产力中心董事长许胜雄，四川省政协副主席陈放等领导和嘉宾出席开幕式并致辞。来自海峡两岸的科技主管领导及科技服务机构负责人、科研院所专家学者及投融资机构负责人、优秀企业家及中小企业行业精英以及相关媒体代表280余人参加论坛。论坛期间对寰宇年度人物进行颁奖，同时举行中国生产力学院（四川分院）授牌仪式，绵台生产力促进中心授牌仪式。

【驻外使（领）馆科技参赞圆桌会议】 2014年10月16日，第二届科技博览会的重大专题活动之一的驻外使（领）馆科技参赞圆桌会议在绵阳举行。本次圆桌会议由国家科学技术部国际合作司、四川省科学技术厅和绵阳市人民政府主办，绵阳市科技局和四川省科技交流中心承办，绵阳市发展和改革委员会和绵阳市人民政府外事侨务办公室协办。四川省政协副主席、省工商联主席陈放出席圆桌会议并致辞，会议由四川省科技厅刘东厅长主持。科技部国际合作司、人事司以及绵阳市、省级有关部门领导，各市州科技局、高新区、国际科技合作基地、科技孵化器、技术转移示范机构，以及国内外产学研机构的代表等约200余人参加会议。会议邀请中国驻英国、美国、法国、德国、南非、加拿大使（领）馆的科技参赞出席会议。各国参赞就所在国的科技创新整体情况、重点发展领域、科技合作前景等分别作专题报告；以全球化的视野带来创新思想、创新文化和创新项目，围绕省实施创新驱动发展战略，推进五大高端成长型产业发展和新兴先导型服务业的发展献计献策。通过前期对接，会上，加拿大英属哥伦比亚大学医学院与四川省中医药科学院的科技框架合作、英国克兰菲尔德大学与电子科技大学的关于锂电池电极新材料研究的合作、韩国韩中协会与四川省科技交流中心的中韩科技交流和技术转移合作等5个合作项目现场成功签约。

【全国非职务发明专利技术展】 科博会期间，绵阳市在国省知识产权主管部门支持下，面向全国发出邀请函50000余封，接受电话咨询3000多人次，组织专利进行相关专利数据检索50000余项，内蒙古、湖北、福建、河北等省知识产权局专门组织辖区企业参展，收到意向性参展项目1274个。为确保参展项目质量，科博会邀请来自四川大学、西南交通大学等地专家对项目逐一审核，最终确定参展项目746项（其中四川项目121项，绵阳市的项目65项）。本次专展分为地方展区、电子信息产业展区、汽车及零部件展区、新材料新能源展区、综合类展区5个展区，总面积2044平方米，科博会期间达成意向性交易金额3489万元。

【国家高新区与自主创新示范区专展】 科博会期间，绵阳市得到科技部火炬中心支持，在第二届科博会期间成功举办全国优秀高新区及国家自主创新示范区专展。天津滨海、重庆、大连等10家国家级高新区和北京中关村、武汉东湖、深圳等3家国家自主创新示范区参加此次科博会，提升科博会的水平和层次。本次专展有企业125户，展品560余件，总面积2200平方米。国家高新区与自主创新示范区展区也是科博会的核心展区之一。

【四川省四大经济区参展】 科博会期间，省内成都经济区、川南经济区、川东北经济区和攀西经济区展示各自最新的技术和产品，推介各经济区的优势产业和优秀企业。参展企业276户，参展各类高新技术展品652件。四大经济区投资推介会共计签约项目115项，签约额达248.921亿元，其中，成都经济区签约项目35项，签约金额111.74亿元；川南经济区签约项目43项，签约金额21.35亿元；川东经济区签约项目13个，签约金额5200万元；攀西经济区签约项目24项，签约金额115.331亿元。

【集中签约仪式暨成果发布会】 2014年10月18日下午，集中签约仪式暨成果发布会在九洲体育馆举行，省科技厅副厅长罗治平主持。发布会上，市委书记、科技城党工委书记罗强发布科博会成果，省委宣传部常务副部长、省政府新闻办主任邹吉祥发布绵阳科技城享受中关村自主创新先行先试相关政策。省国防工办主任罗长森介绍签约项目情况。集中签约仪式上，四大经济片区市州合作项目、科技成果和专利技术交易项目、人才交流合作成果项目、采购对接活动成果项目、对外开放合作项目等100个项目现场签约。四川省四大经济片区市州负责同志，集中签约代表，市四套班子领导，在绵阳科研院所、高校、大型企业、民营企业主要负责同志等出席集中签约仪式暨成果发布会。

【科技博览会总结表彰大会】 2014年10月2日，市委、市政府召开第二届中国（绵阳）科技城国际科技博览会总结大会，总结科博会和四川电子商务博览会暨第三届“绵阳造”精品展销会情况，表扬其中做出贡献的先进集体、先进个人和优秀志愿者。市委书记、科技城党工委书记罗强出席会议并讲话；市长林书成就贯彻总结大会精神提出要求；市委副书记张锦明从突出国际性、专业性、先进性、高端性、时效性等方面总结科博会的基本情况和特点成效；市委常委、科技城党工委副书记、管委会常务副主任颜超宣读市委、市政府表扬通报和表扬决定。 （胡尚清）

高新技术产业化

【概况】 2014年，绵阳市立足先进技术研发自主化，利用军工企业及科研院所优质科研资源，探索军民融合发展。获得信息惠民国家试点城市、北斗卫星导航产业重大应用示范发展、绵阳科技城军转民高技术产业链（第二批）项目等国家级试点批复，并积极推进相关试点的建设工作。组织完成《“宽带绵阳”发展规划》（2014~2020）和《绵阳市“宽带中国”战略实施方案》编制工作。信息安全、北斗卫星导航、新能源汽车、3D打印等“4+3”高端成长型产业蓬勃发展，着力打造绵阳工业经济“升级版”。由四川长虹集团发起的绵阳市首只国家参股创投基金——虹云新一代信息技术创投基金正式获批设立；盐亭县被列入首批国家“宽带乡村”试点工程；全市在建国家高技术产业发展项目32个，总投资230481万元，国家补助资金34555万元。在建国家、省高技术产业发展项目涉及全市电子信息、生物育种、北斗卫星导航、物联网等行业。

2014年，全市通过以军转民高技术产业链为代表的一大批军民结合高技术产业项目的建设实施，在寻求军民融合发展路径、促进双向发展上进行有益的探索与实践。全市军民融合企业达363户，实现年产值1510亿元、增长23%，科技进步综合水平指数达到65.04%。好医生药业和银河建化申报的两个国家级企业技术中心获得批复；组建四川省发电与输变电设备绝缘木料工程实验室、四川省激光增材制造工程实验室两个省级工程实验室。

2014年，绵阳市以促进高新技术产业及战略性新兴产业发展为目标，完善创新平台，服务于各类创新主体。制订《绵阳市培育企业创新主体工作实施方案》，实施高新技术企业倍增计划，推进企业与科研院所、高等院校产学研协同创新，通过发展协同创新组织，促进产学研用深度融合，促进创新资源向企业聚集度。瞄准“2+4”传统优势产业和北斗卫星导航、新一代显示技术、3D打印等“4+3”战略性新兴产业，构建产业技术创新联盟，推动高端成长型产业向产业链的前后端延伸。加紧推进科技城创新中心服务载体建设，组织召开绵阳产业集群建设座谈会，抓好高新技术企业认定、复审培育培训，引导和支持科技型企业按照高新技术企业标准推进企业建设，推动高新区、科创区、经开区转型升级、创新发展，推进高新技术产业加快发展。全年全市高新技术企业达到119户，高新技术产业总产值实现1230.56亿元、同比增长13.9%，高新技术产业化水平指数达91.37%、居全省第一位。

【国家和省级工程技术研究中心】 2014年，绵阳市有国家级工程技术研究中心5家，分别是：国家烟气脱硫工程技术研究中心、国家城市污水处理及资源化工程技术研究中心、国家核技术工业应用工程技术研究中心、国家绝缘材料工程技术研究中心、国家空管监视与通信系统工程技术研究中心。

省级工程技术研究中心14家，分别是：四川省核技术工业应用工程技术研究中心、四川省磁性材料工程技术研究中心、四川省新型绝缘材料工程技术研究中心、四川省马铃薯工程技术研究中心、四川省机床数控工程技术研究中心、四川省风能工程技术研究中心、四川省生物质资源利用与改性工程技术研究中心、四川省空中交通管制系统工程技术研究中心、四川省功能杂环化合物工程技术研究中心、四川省家电产品绿色制造工程技术研究中心、四川省氢同位素工程技术研究中心、四川省杂交水稻商业化制种工程技术研究中心、四川省数字内容保护工程技术研究中心、四川省水处理及资源化工程技术研究中心。

（胡尚清）

【四川长虹电子集团有限公司】 长虹公司创建于1958年，是“一五”期间156项重点工程之一，是集“多媒体产业、家用电器产业、军工产业、零部件产业、房地产业、数字营销产业”六大产业集团，以及IT、通讯、新能源等直属事业部的多元化、综合型跨国企业集团，逐步成为全球具有竞争力和影响力的3C信息家电综合产品与服务提供商。长虹现有员工九万余人，拥有包括博士后、博士、硕士在内的专业人才九千余人，拥有现代化的培训中心、国家级技术中心、博士后科研流动工作站和国家工程实验室，荣膺首批国家创新型企业。通过“新三坐标”、“智能战略”的实施，长虹连续七年实现跨百亿增长，以1016.86亿的品牌价值评估入围中国品牌千亿阵营，位居中国最有价值品牌前十强、西部地区首位、世界品牌500强。2014年，公司总资产602.25亿元，营业收入595.04亿元，上缴税金4.41亿元，利润总额5.34亿元。

【四川九洲电器集团有限责任公司】 四川九洲电器集团有限责任公司始建于1958年，是国家“一五”期间156项重点工程之一，1995年改制为有限责任公司，1999年规范为国有独资公司，是国内从事二次雷达系统及设备科研、生产的大型骨干军工企业。连续多年位列中国电子信息百强、中国制造业500强、中国企业集团竞争力500强，连续四届荣获“全国文明单位”。九洲由单一的军工企业发展成为军民融合式发展的大型高科技企业集团，是全国军民用二次雷达系统研制领军企业、国家有线电视宽带网络系统和数字电视设备龙头企业、国家军转民示范基地、空管系统科研生产基地、西部半导体照明器件和产品大型研发生产基地，是四川省空管系统产业联盟和北斗卫星导航产业联盟理事长单位。九洲拥有总资产186亿元、净资产54亿元，职工14500余人。九洲保持持续、稳定、健康发展的良好局面，主要经济指标年均复合增长率达到20%以上，2010年突破100亿元，2012年突破150亿元。2014年，公司实现营业收入201亿元，同比增长10%；实现增加值34亿元，同比增长0.5%；实现利润总额8亿元，同比增长1.9%。

【中国工程物理研究院】 中国工程物理研究院创建于1958年，在国家计划中单列户头，是以发展国防尖端科学技术为主的理论、实验、设计、生产的综合体，在北京、上海、深圳、成都等地设有科研分支机构或办事机构。主要从事冲击波与爆轰物理，核物理、等离子体与激光技术，工程与材料科学，电子学与光电子学，化学与化工，计算机与计算数学等学科领域的研究及应用，形成专业门类齐全、先进设备与技术保障能力相配套的科研生产基地。中国工程物理研究院拥有职工约24000人，其中专业技术人员近1万人，技能人员7000余人，两院院士23名。

中物院贯彻“军民结合”、“寓军于民”的战略方针，投身国民经济建设主战场。在确保完成国防科研生产任务的同时，发挥军品科研所积累起来的科学技术、人才、仪器设备等资源优势，使军工技术扩展到国民经济和社会生活领域。2014年，全院军转民系统营业收入实现46.3亿元，利润4.25亿元，工业增加值10.82亿元，同比增长15%。新增国家机床产品质量监督检验中心等各类创新平台3个，创新平台成为推动成果转化的重要力量。以多种方式开展成果转化。院参加中国军转民大赛成功成绩斐然，获得一等奖1项、二等奖1项、优胜奖2项。全年完成科技成果转化13项，孵化科技型军转民企业2家，申请知识产权500余项，授权165项。积极推动军转民产业稳步发展，全院规模以上企业达18家。 （陆俊安）

绵阳市2014年在建国家高技术产业化项目

表14 单位：万元

序号	项目名称	项目主管部门	项目总投资	国家补助资金	批准文号
			230481	34555	
1	四川长虹电器股份有限公司平板显示材料认证应用试验平台	四川省发改委	6307	800	发改办高技〔2011〕1205号
2	北川天诺光电材料有限公司PDP滤光膜产业化	四川省发改委	4800	500	发改办高技〔2011〕1205号
3	绵阳艾萨斯电子材料有限公司八面取PDP显示面板配套湿化学品产业化	四川省发改委	8331	800	发改办高技〔2009〕2223号
4	四川科瑞软件有限责任公司基于网络测量的中国下一代互联网络（CNGI）故障和性能管理系统研发及产业化	四川省发改委	2600	600	发改办高技〔2012〕1763号
5	四川九洲电器集团有限责任公司基于物联网应用的安全控制平台系统产业化	四川省发改委	3535	200	发改办高技〔2012〕1424号
6	四川虹欧显示器件有限公司PDP国家工程实验室	四川省发改委	13816	1500	发改办高技〔2011〕1376号
7	四川江油恒源药业集团有限公司青黛GAP种植基地及青黛炮制加工高技术产业化项目	四川省发改委	6584	500	发改办高技〔2011〕50号
8	四川长虹佳华数字技术有限公司北斗兼容型车载导航终端及其车辆信息服务平台开发与规模化应用	四川省发改委	2650	1200	发改办投资〔2012〕2083
9	四川农大高科农业有限责任公司优质“抗逆型”杂交水稻新品种选育及其产业化示范工程	四川省发改委	4610	600	发改办高技〔2012〕1961号
10	四川国豪种业股份有限公司四川国豪种业股份有限公司	四川省发改委	4326	600	发改办高技〔2012〕1961号
11	四川长虹电器股份有限公司智能电视产业链建设	四川省发改委	4869	1500	发改办高技〔2013〕56号
12	四川九洲电器集团有限责任公司无线宽带接入系统研发及产业化	四川省发改委	4000	450	发改投资〔2013〕1125号
13	四川九洲空管技术有限责任公司基于北斗的水上防险救生保障信息化系统项目	四川省发改委	4800	840	发改办高技〔2013〕2140号
14	四川好医生药集团有限公司大规模小分子活性化合物库及服务平台建设	四川省发改委	6350	1000	发改办高技〔2013〕2557号
15	四川凯路威电子有限责任公司面向军工电子装备全寿命溯源管理的关键标识技术和平台技术的研发与产业化项目	四川省发改委	3000	600	发改办高技〔2013〕666号
16	四川九洲空管科技有限责任公司新一代民用航空机载无线局域网系统研发及产业化项目	四川省发改委	3200	600	发改办高技〔2014〕2328号
17	四川九洲电器集团有限责任公司、四川九洲北斗导航与位置服务有限公司四川省绵阳市北斗导航产业区域综合示范	四川省发改委	20701	1680	发改办高技〔2014〕2526号
18	四川铁骑力士牧业科技有限公司“天府肉猪”生物育种能力建设及配套系培育与繁育体系构建项目	四川省发改委	7902	920	发改办高技〔2014〕2573号
19	绵阳科技城军转民高技术产业链（第二批）项目（共计14个）	四川省发改委	118100	19665	发改办高技〔2014〕2892号

“4+3”战略性新兴产业

【概况】 2014年，全市战略性新兴产业规模以上工业增加值占全市比重达到33%。市委、市政府建立完善“4+3”战略性新兴产业发展推进机制，成立各产业发展推进小组，形成市领导牵头、各县市区（园区）履行实施主体责任，市级各部门密切配合、搞好服务的工作运行机制；各产业竞相发展、亮点纷呈，项目和产品不断充实。“绵阳造”智能家电、千兆网系统、空中管制系统、通用航空器、无人机、北斗新时空智控工程、新能源乘用车、智能保密手机等高端产品顺利下线；绵阳被国家发改委列入全国首批北斗卫星导航产业区域重大应用示范城市，以12万辆新能源汽车生产基地、8000吨锂电池三元正极材料等为代表的9个新能源汽车产业项目列入省13项重点支持项目。

△“4+3”战略性新兴产业：信息安全及下一代互联网产业、新能源汽车产业、节能环保装备产业、航空与燃机产业、北斗卫星导航产业、新一代显示技术产业、3D打印及机器人产业。

【信息安全及下一代互联网产业】 2014年，全市从事信息安全产品研发、生产、集成和服务的企事业单位57户，其中亿元以上企业10户；形成基于北斗系统的安全位置服务、数字家庭安全产品、数字认证、安全存储、数据库安全、具有自主知识产权的高安全性射频识别芯片等产品体系。安全保密手机、长虹集团新型智能终端布局及业务模式重构工程、九洲雷达空管产品、中物院自主可控分级保护环境的涉密OA系统等重点项目研发生产。由中物院牵头63户企业、科研院所和高校成立中国科技城·绵阳信息安全产业联盟。9月，主题为信息安全和军民融合促进信息产业特色发展的信息安全与军民融合软件产业发展研讨会召开，华为、腾讯等60余家全国知名企业参会。

【新能源汽车产业】 2014年，绵阳市修订完善《绵阳市新能源汽车产业发展规划》，编制《新能源汽车充换电基础配套设施总体布局规划》，市政府出台《关于加快新能源汽车推广应用促进产业发展的意见》。通过推进四川省新能源汽车重点实验室项目、筹建中国科技城新能源汽车重点实验室以及新能源汽车工业技术研究院、组建中国科技城新能源汽车产业联盟和中国科技城新能源汽车智慧服务创新产业联盟等方式，构建技术支撑、促进研发合作。梳理、协调、推动产业项目引进、落地、建设和运行。利用科技城国际博览会等平台，以及新能源汽车体验中心和电动公交车等实体推动应用新能源汽车。12月26日，川汽新能源汽车产业基地正式落成，野马汽车T70下线。

【节能环保装备产业】 2014年，全市节能环保装备产业在壮大的基础上向深度化、尖端化方向发展，产品向标准化、成套化、系列化方向发展。绵阳拥有“国家烟气脱硫工程技术研究中心”“国家城市污水处理及资源化工程技术研究中心”“国家非动力核技术工业化应用工程技术研究中心”等与节能环保（装备）产业密切相关的国家工程实验室。中物院、长虹、九洲等企业和研究机构着手新建节能环保项目。西科大、绵阳师院相继设立环境工程学科。长虹格润、九州环保科技、保和富山、中科绵投、绵阳美能、久远化工设备、银河化学太阳能浆料、兴事发太阳能、振华科技、古杉油脂、恒泰环境、九环仪器等为龙头的60余户企业落户，其中规模以上企业20余家，业务涉及节能环保设备和产品研制、废物综合利用、环保综合治理与运营等4大领域。截至年底，全市实现节能环保装备产值49亿元。

【航空与燃机产业】 2014年，绵阳市航空与燃机产业以加快推进通航产业园建设前期准备工作，编制《绵阳市航空及燃机产业发展规划》，省航空运动学校搬迁项目确定落户通航产业园，对接及对接成功项目19个，注册落户4个。推动海珂集团与捷克DirectFly公司投资1.2亿元Alto飞机项目框架协议成功签约。

【新一代显示技术】 2014年，绵阳市编制《新一代显示技术产业发展规划》。金达诺科技年产5万平方米节能LED两面翻显示屏项目、中视迪威年产1000台激光数字电影放映机和高亮度激光工程投影机项目等重大项目推进顺利，招商引资取得新的进展。

九洲生产的北斗导航产品

【北斗卫星导航产业】 2014年，绵阳市编制完成《北斗卫星导航产业发展推进规划和路线图》，确定产业培育发展重点项目17个，其中在建项目9个，拟建项目8个。长虹集团的车载导航终端及其车辆信息服务平台、现代养老智能位置服务平台及终端投放市场；智慧车联网、家庭关爱手机项目启动。九洲集团的数字化景区首台套应用示范项目、多模位置感知与服务工程实验室项目、九环东线旅游通行交通信息化系统建设示范项目、绵阳公交运维监控系统项目、政府公务车信息服务系统项目以及久远银海的动中通应急通信系统、卫生移动执法及应急指挥平台、智慧社区系统等项目推进顺利。

【3D打印及机器人产业】 2014年，三阳永年3D金属打印项目进展顺利，公司投资近亿元研发制造的全尺寸金属3D打印平台如期完成。该平台可实现全尺寸金属3D打印，是现阶段国内领先技术的金属3D打印直接成型制造装备。兵装集团58所投资5亿元的3D打印项目进入方案论证阶段。

（郭昌涛）

科技型中小企业

【概况】 2014年，全市认证科技型中小企业2684户，其中新注册2227户，分别完成全年目标任务的117.3%和107.1%，其中新注册企业数是上年的3.8倍。全市认证的科技型中小企业总数达到4478户，其中45户成长为规模以上企业。电子信息、先进制造、新材料新能源、节能环保等优势产业企业数超过总数的70%。全市科技型中小企业拥有专利5875项，约占全市授权专利数的43.7%，其中自主研发专利5115项；从业人员17.1万，约占全市就业总量的20.5%。

【科技型中小企业政策】 2014年，市科企办牵头组织对全市现有政策执行情况和实施效果进行跟踪、评估和梳理整合，借鉴北京中关村、天津滨海新区发展科技型中小企业政策，针对企业初创期、成长期和壮大期等不同阶段特点，编制创新创业“十有”政策、《市级科技企业孵化器认定管理办法》等。根据中央建设创新型国家的系列政策，对市县已有政策不适应、不规范部分进行修订完善，制订出台《绵阳市发展科技型中小企业“涌泉计划”实施方案》，从企业创意、成长、壮大到成为规上企业、瞪羚企业、领军企业、先锋企业等不同发展阶段给予资金、人才、载体等多方面支持，构建起涵盖企业全生命周期的创新生态链。

【科技型中小企业政策宣传】 2014年，市科企办先后组织召开现场推进会、科技型中小企业座谈会、回乡人员恳谈推介会等总结成效、交流经验、宣传政策，鼓励创新创业。组织县市区和市级有关部门到北京、成都等重点地区，四川九洲等重点企业，以及四川大学、重庆大学、西安交通大学等9所重点高校开展创新创业政策宣传，并设立科技城创新工作站点，取得良好效果。各高校踊跃参加绵阳市举办的创新创业大赛，并与西南交通大学签订项目推进合作协议，西南财大2名学生在科创区开始创业，电子科技大学郭敬宏博士的健康检测设备研发项目落户绵阳。

【科技型中小企业对接交流活动】 2014年，绵阳市为科技型中小企业搭建平台，提供融资对接、产品推介等相关服务扶持。举办科技型中小企业“月度十佳”项目推介会，有5户企业与金融机构达成融资协议。组织召开科技金融机构长虹集团支持科企发展对接会，鼓励长虹等大型国有企业开放采购市场、融资渠道，支持本市科技型中小企业发展。长虹集团与5户科技型中小企业签订帮扶协议，绵阳商行科技支行等5户科技金融专营机构与科技企业签订1.05亿元的贷款协议，绵阳君合科技创业投资中心等3户创业投资机构与科技企业签订2100万元的投资协议。

【科技型中小企业工作督查】 2014年，绵阳市建立调查督查机制，采取现场查看与随机抽查相结合的方式，对各地发展科技型中小企业情况。尤其是新注册企业情况进行督促检查。5~7月，市科企办分别抽查各县市区、园区的新注册企业情况，市人大常委会、市政协分别组织对科技型中小企业发展情况的专题调研。6月20日，市政协主席张世虎主持召开市政协六届第十六次常委会议，围绕“推进科技型中小企业加快发展”展开专题议政。7月底~8月初，市目督办牵头开展全面的专项督查，对完成情况落后的县市区发出督查通报。组织300余名大学生到绵阳开展暑期实践活动，对全市3000余户科技型中小企业进行

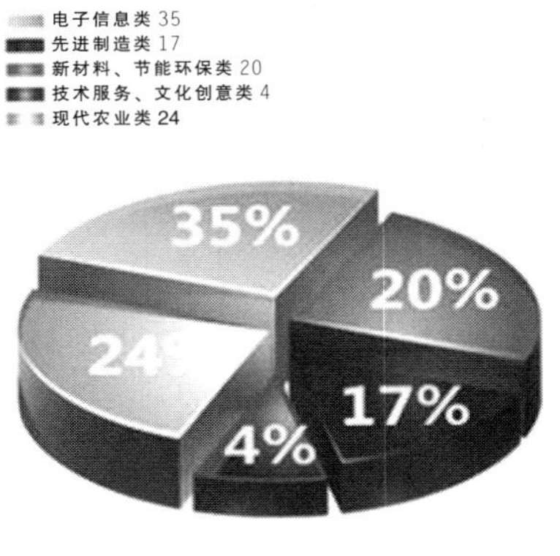

2014年绵阳市科技型中小企业行业分布图

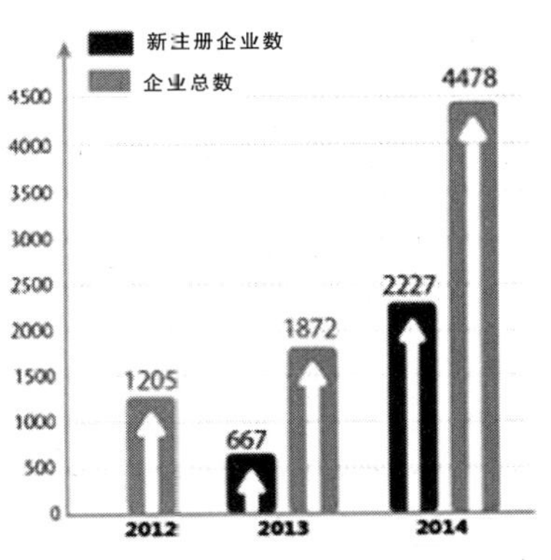

绵阳市科技型中小企业增长柱状图

逐一调查，从行业领域、规模、从业人数、创新能力、扩张速度、企业难点等多方面摸清底数。2014年9月，组织对县区推进情况逐一调研，掌握存在的问题，提出对策措施。2014年12月，组织对县市区科技型中小企业发展情况的交叉检查。

【科技型中小企业“涌泉计划”】 2014年10月，绵阳市出台《科技型中小企业“涌泉计划”方案》，该方案从2015年1月开始实施。“涌泉计划”包括“金苗工程、拔萃工程、卓越工程”三大工程：金苗工程。主要包括新注册或新认定和年销售收入在50万元以下的科技型中小企业，新注册企业享受全程免费代办服务，新认定的科技型企业享受5000元~1万元补助；产生的贷款坏账可享受总额不超过10万元风险补偿；入驻孵化器两年内免费使用办公场所和享受服务支持，第3年享受50%减免。拔萃工程。主要包括年销售收入在50万元~2000万元的科技型中小企业，2年内享受最高不超过企业上缴税收地方留存总额的资金支持；享受一次性最高200万元/户的贷款额贴息支持和最高不超过100万元贷款风险补偿支持；遴选30个“涌泉奋进团队”，享受一次性20万元~40万元资助。卓越工程。主要包括年销售收入2000万元以上的科技型中小企业，两年内享受最高不超过企业所得税地方留存部分总额的资金支持；产生的贷款坏账可享受总额不超过200万元的风险补偿，享受一次30%~50%的贷款贴息；遴选10个“涌泉领军团队”，享受一次性60万元~100万元资助；成功上市的享受不超过250万元的奖励补助。截至年底，“涌泉计划”的各种配套政策文件正加紧制定之中，确保按时组织实施。

2014年绵阳市科技型中小企业成长为规模以上企业名单

表15

序号	企业名称	主要业务活动	年主营业务收入（万元）	属地
1	绵阳芯联芯通信科技有限公司	单子元器件	5133	游仙
2	江油市立信涂料有限公司	生产、销售、新型环保建筑装饰材料	3000	江油
3	绵阳麦思威尔科技有限公司	水性金属防锈漆、水性汽车漆、水性防火涂料	2638	安县
4	四川保和新世纪线缆有限公司	电力线缆生产、研发	24225	游仙
5	四川蜀旺科技有限公司	太阳能	2029	经开区
6	四川长腾金属材料有限公司	金属模具的设计、研发、制造	2260	江油
7	四川槐仁中药饮片有限公司	中药生产、研发	2536	游仙
8	绵阳市金开立磁电科技有限公司	磁性材料生产	2784	三台
9	绵阳美迪康生物科技有限公司	药品生产、研发	2595	盐亭
	绵阳市维奇电子技术有限公司	电子元件制造	2483	经开区
10	四川利尔作物科学有限公司	复合肥生产	5326	涪城
12	四川冠尚农业开发有限公司	农副产品加工	4000	江油
13	绵阳中金科技有限公司	地暖产品生产	2179	游仙
14	四川赣江电力设备有限公司	各种类型变压器	2300	江油
15	绵阳市德成金属材料有限责任公司	铝制品加工	2400	涪城
16	四川湖山电器有限责任公司	音响设备	17240	游仙
17	绵阳瑞欣路面技术有限公司	路面材料生产、矿产品加工	2440	安县
18	绵阳市鑫祥环保科技有限责任公司	汽车零部件	3114	安县
19	北川羌族自治县羌山雀舌茶业有限公司	精制茶	2107	北川
20	北川羌族自治县富森农林产业开发有限公司	中高密度纤维板；指接集成材；细木工板	2693	北川

（胡尚清）

续表

序号	企业名称	主要业务活动	年主营业务收入（万元）	属地
21	四川鑫鼎新材料有限公司	钢压延加工	4500	江油
	绵阳市中邦节能玻璃有限公司	LOW-E 镀膜玻璃生产	3032	游仙
22	四川长虹电子部品有限公司	电子类变压器、高频器件、电感器件	15350	安县
24	绵阳虹瑞科技有限公司	光学材料	2256	北川
25	绵阳高新区鸿强科技有限公司	变压器	5874	高新区
26	绵阳市永好食品有限公司	肉制品生产	2685	游仙
27	北川凌通机械制造有限公司	塔式起重机	2238	北川
28	绵阳宁瑞电子有限公司	电子元器件生产	9742	梓潼
29	安县朝阳磷化工有限公司	磷肥、复混合肥生产	2108	安县
30	四川华核电气有限公司	40.5 千伏及以下高低压成套开关设备	3373	平武
31	北川六合汽轮机材料有限公司	汽轮机及辅机制造	2835	北川
32	北川好顺新矿业有限公司	石灰石开采	2257	北川
33	北川县禹露茶叶有限公司	茶叶加工	2388	北川
34	江油市瑞康恒一建材有限公司	生产复合建筑隔墙用轻质条板	5600	江油
35	江油市太白酒业有限公司	白酒生产、销售	3200	江油
36	江油市康尔王鹿业开发有限公司	配制酒的生产、销售	2630	江油
37	四川谛维铱电子有限公司	塑料彩印软包装生产、销售	2138	三台
38	北川巴源矿业发展有限公司	石灰石开采	2210	北川
39	四川纤纸洁纸业有限公司	纸巾生产、销售	2106	三台
40	绵阳金泉重工有限公司	塔式起重机制造	2243	北川
41	四川安泰消防工程有限责任公司	防火防盗门、消防产品、船用阻燃材料	2670	安县
42	绵阳绿香源食品有限公司	豆豉生产	2393	三台
43	绵阳京辉建材有限公司	商品砼的生产及销售	3260	三台
44	绵阳兴隆科技发展有限公司	农业设备生产	3060	盐亭
45	绵阳兰蕊纸业有限责任公司	纸品加工制造	2500	安县

园区建设

绵阳国家高新技术产业开发区

【概况】 绵阳国家高新技术产业开发区（以下简称“高新区”）是1992年11月经国务院批准建立的国家级高新区，现辖永兴、磨家、河边三个建制镇和普明街道办事处，总人口30万人，辖区面积105平方千米。2014年，全区新增规模以上企业16户，收入上亿元企业达到55户；实现地区生产总值205.3亿元，增长10.5%；85户规模以上企业完成工业总产值980.79亿元，增长11.8%；区属工业企业完成工业总产值214亿元，增长13.6%；完成固定资产投资86.1亿元，增长15.5%，增速列全市第一；实现社会消费品零售总额48.5亿元，增长15.1%。

2014年，高新区列入全市“4+3”战略性新兴产业和重大项目10个。加快在建项目建设进程，促进九洲线缆一期、富临新能源汽车一期、科洛普线束、祥尔电气等项目的建成投产，形成更多实物工作量和投资额。其中，投资8000万元华正OEM电子配套园二期项目，建成标准房及配套设施3万平方米，形成年产值2.05亿元；总投资约1亿元的鑫瑞捷汽车线束生产项目，形成产值0.43亿元；总投资5.12亿元的九洲电器集团光电线缆项目，形成年产值3.49亿元。同时，协调签约项目尽快开工建设，同城高科50套智能型自动化流浆箱项目的厂房，三阳永年3D打印计算机集成激光熔覆-熔化-烧结成形制造研发应用平台、金属3D打印粉末材料、金属3D打印设备等项目正在按计划有序推进。

2014年，成功引进四川三阳永年3D打印、中国高科新能源汽车项目、绵阳四联电子EMS生产基地等工业项目；实现长虹电子商务项目、中王集团奥特莱斯综合配套项目、新加坡（绵阳）伊顿国际教育综合体项目等服务类项目的成功签约。全年完成招商引资项目105个，协议引资121亿元，累计到位内资79亿元，到位外资9300万美元，有力地推动了绵阳高新区经济的外向型、国际化发展。

出台多项政策，鼓励科技型中小企业加快自主创新步伐，与中物院合作的军民融合创新体系初步形成。全面加强园区知识产权综合管理能力建设，被国家知识产权局正式批准为国家级知识产权试点园区，申报专利1154件，其中申报发明专利522件，获得授权专利821件。组织实施科技型中小企业成长计划与科技成果转化项目申报工作，立项科技型中小企业成长计划项目41个和科技成果转化项目13个，支持金额626万元；继续深化产学研合作，与西南科技大学、绵阳师范学院、四川大学等院校建立战略合作关系，有效整合科研机构研发能力，绵阳汽车发动机及关键零部件产业集群被列入2013年度“创新型产业集群试点”。加快科技型中小企业发展，新注册的科技型中小企业341户，累计通过认定的科技型中小企业738户，位居全市第一。加强孵化平台承载能力建设，创业服务中心2万平方米的项目孵化基地已竣工，在孵企业80余户，四川尚高·国际创意联邦于年底前投入使用8万平方米，20户企业签订入驻协议。

高新区华正 OEM 产业园

2014年，高新区全面完成69项民生工程和民生实事既定目标任务，其中超额完成的项目达24项；九年义务教育质量稳居全市同类学校前列，各校办学特色日益彰显，实验中学学生宿舍楼主体完工，重新认定市级示范校5所，新创建市级示范校2所；顺利通过血吸虫病传播阻断工作考核评估，达到国家血吸虫病传播阻断标准；总投资约490万元，新建绵阳出口加工区便民服务中心4000平方米，完成三普市场的清理整顿工作。磨家镇卫生院扩建项目、河边镇卫生院附属设施建设等已全面完工并投入使用。抓好非公有制企业、灵活就业人员和失地农民的参保工作，加快建立覆盖城乡居民的社会保障体系，城乡居民社会保障体系进一步完善，全区城镇登记失业率为3.9%，动态消除“零就业”家庭。

【国家级知识产权试点园区建设】 2014年1月3日，国家知识产权局印发《国家知识产权局关于确定北京经济技术开发区等5园区为国家知识产权试点园区的通知》（国知发管函字〔2014〕1号），绵阳高新区被正式批准为国家级知识产权试点园区。近年，高新区在三年省级知识产权试点园区建设期间取得专利申请和授权30%增长的高速发展；在国家级知识产权试点园区申报期间实现年度专利申请突破1000件大关的跨越发展。在试点工作期间，高新区将按照国家级知识产权试点园区的建设要求，围绕电子信息、汽车及零部件、新材料等支柱产业，大力开展知识产权促进行动，加快知识产权制度体系和服务体系建设，创造良好的知识产权保护环境，着力培育自主知识产权，促进知识产权成果转化，全面提升园区知识产权公共服务能力、企业知识产权管理工作能力、企业知识产权创造能力、企业知识产权运营能力和产业联盟知识产权保护能力，加快提升园区支柱产业知识产权拥有量，为支柱产业转型升级和可持续发展奠定坚实基础。2014年，园区内企事业单位及个人申请专利1154件，获授权专利821件。

8月6日，省长魏宏在高新区调研科技型企业发展情况

【魏宏到高新区调研】 2014年2月13日，中共四川省委副书记、省长魏宏到绵阳高新区新区调研科技城集中发展区核心区规划建设情况。副省长刘捷、省直有关部门负责人，以及绵阳市委书记罗强，市委副书记、市长林书成等陪同调研。魏宏在调研时强调，绵阳科技城是全省实施创新驱动发展战略的重要平台，也是全省工业转型升级发展的重要载体。省委、省政府十分看重绵阳科技城建设的进度和效果，要继续加大力度支持科技城创新型、开放式和突破性发展，让科技城现有企业在创新驱动、转型升级中迅速发展壮大，吸引成千上万技术含量高、市场前景好的科技型企业到科技城投资兴业。要求以绵阳市为主体，分工负责抓好集中发展区核心区建设、举办新一届科博会、实施科技与金融融合试点等科技城建设重点工作，领导小组各成员单位要继续给予大力支持，同时要进一步健全运行机制，优化推进机制，确保各项重点工作落到实处，见到效果。

8月6日，省长魏宏在绵阳市委书记罗强，市委副书记、市长林书成陪同下，到绵阳高新区调研，参观川汽绵阳新能源汽车基地的现代化冲压、焊装、涂装、总装车间，详细了解生产流程和工艺，还特意试驾体验即将量产的野马T70纯电动越野车；魏宏强调，绵阳高新区充分利用优势，吸引零部件和整车企业入驻，打造汽车产业集群。在九洲电器集团，魏宏详细了解空管、北斗导航等项目推进情况，鼓励企业进一步探索创新驱动军民融合发展的路径，挖掘军民融合发展的潜力。

【全国工商联到高新区调研】 2014年4月11日，全国工商联副主席谢经荣率调研组到绵阳开展中小微企业技术创新综合调研。调研组一行到高新区的岷山机电园、三阳塑胶、灵通电讯等企业，以及科技城集中发展区启动区等地，详细了解中小微企业发展情况、开展技术创新的经验做法、取得成效和遇到的困难问题，面对面倾听企业声音和诉求。

【科技城大道建设】 2014年5月25日，科技城大道在国道108线与成绵高速复线交汇处开工建设，首期工程为科技城大道与成绵高速复线互通立交项目。科技城大道是科技城集中发展区建设的重要组成部分，也是省、市的重点任务。科技城大道互通立交位于成绵复线高速的安县服务区与绵阳磨家镇枢纽之间。互通立交主线长1174米；匝道5座，全长3388米；桥梁6座，全长708米；涵洞、通道7道，全长510米；收费站15道（5进10出）。设计速度分别为主线100千米/小时、匝道40千米/小时、连接线60千米/小时。工程总工期预计180天，年底正式运行通车。建设科技城大道互通立交是完善集中发展区路网布局及满足科技城集中发展区之间交通增长和重大项目开发建设的需要。项目的实施将使科技城集中发展区与成都、遂宁、广元及重庆等地连接更为便捷，也是外地进入集中发展区的主要通道。

【中王集团项目落户高新区】 2014年6月19日，绵阳高新区管委会、香港中王集团签订绵阳市会展中心商业配套项目投资协议，奥特莱斯等项目正式落户高新区。绵阳市委副书记、市长林书成出席签约仪式并致辞。香港中王集团董事长王尤赛介绍投资项目有关情况。会展中心商业配套项目总投资约20亿元，占地14公顷，包括奥特莱斯、五星级酒店、海洋公园等项目，投资强度不低于14250万元/公顷。项目一期建设奥特莱斯，建成后入驻包括LV、登喜路、普拉达、阿玛尼、香奈尔、GUUCI等国际一线品牌不少于30个，总品牌不少于300家，预计年销售额将超过20亿元。市委常委、科技城党工委副书记、管委会常务副主任颜超出席签约仪式。副市长谢晓东主持签约仪式。高新区管委会主任魏德谦与王尤赛分别代表高新区管委会、香港中王集团签署协议。

【宝马N20发动机在绵阳投产】 2014年6月26日，绵阳高新区的新晨动力机械有限公司举行宝马N20发动机下线仪式，标志着宝马集团授权生产的宝马N20发动机正式投产。下线仪式上，德国宝马集团高级副总裁伍腾，华晨宝马高级副总裁海森，华晨汽车集团董事长、总裁祁玉民，副省长刘捷，辽宁省政协副主席刘国强等，共同见证首台发动机下线。2012年12月，新晨动力与宝马集团在德国慕尼黑正式签署项目合作协议，授权新晨动力在绵阳生产宝马N20发动机及相关零部件。2013年6月，该项目开工建设。宝马N20涡轮增压发动机是宝马集团最具竞争优势的品牌产品，落户绵阳高新区，开创一条自主品牌汽车掌握世界先进发动机核心技术的新途径。

【高新区与泸州物流园区签订合作协议】 2014年7月2日，泸州临港产业物流园区党工委副书记、常务副主任钟华贵及园区管委会副主任陈亮一行到高新区考察，高新区党工委、管委会主要负责人陪同参加。同时，双方签订港口物流发展合作协议。双方商定，加强泸州-绵阳通道建设和货源组织，推广公水联运和铁水联运；泸州港充分利用信息管理平台，向高新区企业及时发布航线、航班等信息，逐步实现在线办理进出港业务；泸州港充分发挥公用型保税仓库、出口监管仓库，以及未来即将建成的保税物流中心（B型）、综合保税区等政策优势，提供进口保税等特殊监管区服务；为高新区企业提供优先装卸、免费堆存、24小时预约通关、箱量奖励、高速公路通行费减免等优惠政策和优质服务；高新区积极引导企业货物通过泸州港中转，为泸州港增加泸州-武汉-洋山、泸州-南京-洋山外贸航线、加密航班提供货源支撑，推动两个园区产业与港口的联动发展。

【高新区与绵阳师范学院签订合作协议】 2014年9月18日，高新区为推动校地合作框架，加快高科技产业发展，深入产学研合作，绵阳高新区管委会与绵阳师范学院就校地共建孵化器进行正式签约。管委会主任魏德谦，副主任李海、曹晖，绵阳师范学院党委书记魏成富，校长王海滨等出席签约仪式。魏德谦代表高新区管委会与绵阳师院王海滨签署协议。协议的签订，增进高新区与高校的联系与合作。高新区充分发挥环境、政策、产业和资金方面等优势，与绵阳师范学院的科技、人才优势双剑合璧，共同推动科研工作联合，加速科技成果转化，全面打造高新技术企业孵化基地、高层次人才创新创业基地。

【新加坡（绵阳）伊顿国际教育集团签约绵阳高新区】 2014年10月10日，高新区与新加坡（绵阳）伊顿国际教育集团签署综合体项目合作协议，其国际级水准的幼儿园、小学、初级中学及语言培训在内的多体系教育项目引入高新区。区管委会主任魏德谦，区党工委副书记敬东阳，区党工委委员、管委会副主任吉东，新加坡（绵阳）伊顿国际教育集团主要责任人出席签约仪式。签约仪式上，伊顿教育集团代表介绍伊顿集团教育产业的建设发展情况。魏德谦代表高新区管委会与伊顿教育集团签署合作协议。本次签约标示着国际化教育理念的引入，为高新区教育发展注入新的活力。

【高新区创业中心新孵化基地启用】 2014年10月16日，绵阳高新区创业中心新孵化基地正式启用，孵化场地近2万平方米（留学人员创业园），供孵化企业使用的办公场地90余间，可容纳80~120户创业企业入驻孵化。绵阳高新区创业服务中心成立1998年10月，2000年10月被科技部认定为“国家高新技术创业服务中心”，2010年2月被科技部批准“大学生科技创业见习基地”。创业服务中心以科技型中小微企业为服务对象，为入孵企业提供研发、中试生产场地和办公共享设施，针对企业发展需求开展政策、管理、法律、融资等方面的对接和培训服务。2002年5月由四川省人事厅、科技厅、教育厅和绵阳市人民政府联合共建的绵阳留学人员创业园正式挂牌成立，与绵阳高新区创业服务中心实行“两块牌子，一套人马”的管理体制，为留学人员来区创业提供专业化服务。作为绵阳科技城科技创新服务体系的重要组成部分，绵阳高新区创业服务中心先后被科技部授予“全国先进科技孵化机构”“火炬计划实施十五周年先进高新技术创业服务中心”称号。

【四川智易家项目落户高新区】 2014年12月16日，绵阳高新区管委会与四川智易家网络科技有限公司签约，建设集行政管理、技术研发、服务中心、商品配送等功能于一体的电子商务总部。同时，积极发展产品制造商、服务提供商和消费者的网上直销、创新技术和运营模式的互联网创客平台，努力把此项目打造为国内知名的家电品牌电商、创新商务模式的领导者之一。项目建成后，预计5年内实现年销售收入不低于80亿元。

【川汽绵阳新能源汽车生产基地落成】 2014年12月26日，川汽绵阳新能源汽车公司举行生产基地落成暨新能源汽车T70下线仪式，标志着此项目正式投产。项目位于高新区，总投资32.3亿元，用地面积80公顷，建设年产12万台新能源乘用车生产基地。其中：一期占地面积31.19公顷，项目投资16.8亿元，建设整车四大工艺厂区；二期占地46.67公顷，项目投资15.5亿元，建设新能源电动汽车电机、电控等关键零部件配套产业园、新能源汽车研究院、新能源电动汽车检测中心等。项目全面达产后，预计年工业产值达100亿元~150亿元，提供就业岗位4000余个，并努力形成中国西部最大的产、学、研为一体的新能源汽车生产基地。省人大常委会副主任彭渝出席并讲话，省政协副主席、省工商联主席陈放出席，市委书记罗强出席并讲话，市委副书记、市长林书成主持仪式。

【川汽绵阳公司】 四川汽车工业集团绵阳汽车制造有限公司，注册资本6000万元，是由四川富临实业集团有限公司与四川汽车工业股份有限公司共同出资组建的汽车整车生产企业。公司投资32.3亿元，在绵阳高新区建设年产12万辆新能源及传统能源乘用车生产基地。该基地占地面积80公顷，一期工程投资16.8亿元，建设整车四大工艺及自动化检测线，2014年12月底建成投产；二期工程投资15.5亿元，建设四川新能源汽车产业研究院、新能源汽车关键部件配套厂房、新能源汽车检测中心、职工培训中心、倒班房及专家楼等。该公司与英国米拉公司、日本丰田公司、韩国Dpeco公司、清华大学等单位开展合作，打造完整的新能源及传统能源汽车整车研发、试制、NVH改善、质量检测及生产能力，建成后将成为西部地区最大的产学研一体化新能源汽车生产基地。公司与清华大学合作建设四川新能源汽车产业研究院，将申报国家级工程中心和博士后工作站，并将建设国家级新能源汽车检测中心。公司主要产品为T70系列乘用车，传统动力版开始量产；纯电动版预计2015年下半年投产，当年预计生产2000台；混合动力版正在进行技术研发；电动增程式版开始整车制作，计划2016年量产。

【绵阳华正电子科技有限公司】 绵阳华正电子科技有限公司由绵阳市建诚电子有限公司投资组建，注册时间为2011年8月10日，注册资本1亿元，主要从事电子元器件、移动通信系统、基站、交换设备和数字集群系统设备及其零部件、核心网设备及检测设备、新能源设备、精密五金件的设计、生产、加工、销售及与模具制造。主要客户为国内外电子信息及电气领域相关企业，包括艾默生、迈普、信威、雅达、捷普、阁室美等知名企业，同时也是华为技术有限公司中国西南地区生产基地，是华为网络能源产品主力供应商。公司以华为、艾默生、北京信威、恒奥电子、西南科技大学等为技术依托，技术专家众多，取得多项国家专利技术。公司产品广泛用于中国移动、中国电信等移动通信领域，多款产品在移动通信网络电源设备行业中处于先导地位。2014年度实现销售收入21000万元、利润1126万元、税金196万元，公司力争于5年内实现销售10亿元、利税1.4亿元。

【科络普线束技术（绵阳）有限公司】 德国科络普集团成立1928年，系汽车工业重要供应商之一，在德国、波兰、突尼斯、墨西哥和中国建有生产基地以及另外23个代表处和服务中心。该集团在中国成立3家分公司，分别位于江苏太仓、昆山以及四川绵阳，总员工数740人，2014年在中国的销售额达4亿元。科络普线束技术（绵阳）有限公司成立2013年，是绵阳市重点引进的第一家全资德资企业，绵阳高新区2013年、2014年招商引资的重点投资项目，2014年1月建成投产，主要面向大众、奔驰、沃尔沃、博世等著名汽车企业，生产销售客户定制的汽车电子线束，包括汽车刹车防抱死系统线束、发动机线束、车用天线线束等。拥有员工200余名、厂房面积5600平方米，年生产汽车防抱死系统线束200万件、汽车通用线束50万件，2014年年产值4000万元、纳税300万元。

【四川金发科技发展有限公司】 公司是新材料企业金发科技股份有限公司的全资子公司，系金发科技在西部的重要研发、生产基地，中国西部地区的改性新材料生产企业，是一家研发、制造和销售新材料的高新技术企业，拥有省级企业技术中心，属国家循环经济试点企业。公司拥有进口、国产新材料生产线46条，年产15万吨改性新材料的制造能力。2014年，公司完成销售产品8.6万吨，销售收入11.6亿元，实现盈利5000万元，税收超过4000万元。公司年产10万吨环保高性能汽车用塑料技术改造项目分三期建设，其中一期6条生产线2013年3月投产，二期2条生产线2014年1月投产，三期8条生产线2014年6月完成投入；全厂16条生产线，年设计产能7.2万吨~8万吨，累计生产产品53000吨，实现收入68900万元。

【尚高·国际创意联邦项目】 尚高·国际创意联邦项目总占地面积12.67公顷，建筑面积约20万平方米，分两期开发，可满足600~1000户以电商及配套产业为主的科技型企业物业入驻需求。项目首期启动电子商务产业园2万平方米，成功引进80余家市内外知名电子商务企业。重庆大龙网公司2014年12月落户产业园，公司系绵阳市重点招商引资项目，四川尚高公司与其联合投资的小龙购跨境电子商务进口商品O2O体验中心将2015年7月正式开放，预计3年内形成超100亿元的进口商品销售额。尚高·国际创意联邦项目力争用3年时间把产业园建设成为国家级电子商务产业园示范园区，预计2018年实现直接就业8000~10000人，拉动间接就业24000~30000人，实现产值300亿元~500亿元，上缴利税5亿元~10亿元。

【四川九洲线缆有限责任公司】 四川九洲线缆有限责任公司位于绵阳高新区九洲军民融合产业园，是中国光电缆行业西部地区重要军民融合式发展骨干企业。旗下有四川九洲通鼎光通信有限公司、深圳九洲蓉胜科技有限公司、江西九洲铜业有限公司等3个子公司。公司拥有先进的生产工艺装备、完善的机械电气环境检测设备及科学管理体系。军用被复线生产线、光缆生产线、高可靠航天航空高温特种电缆生产线、高频电缆组件生产线以及航天航空用绕包绝缘高温导线生产线是解放军总装备部认定的贯彻国军标生产线。公司成为年生产能力30亿元的军民融合式高新技术企业，形成航天航空线缆、裸电线与电力电缆、光缆与通信电缆、装备用电线电缆、特种缆与光电缆组件五大类产品，产品广泛应用于航空航天、广电、电信、电力、铁路、矿山、建筑、汽车及电器等领域。2014年建成的九洲军民融合产业园占地23.2公顷，建有生产面积达10万平方米的军品大楼、通信电缆厂房、导体厂房、导线厂房、中低压力缆厂房、橡套电缆厂房和光缆厂房等7幢功能齐全、规划设计合理、独立性强的现代化厂房。预计于2015年实现工业总产值8亿元，旗下九洲通鼎公司预计实现工业总产值2.5亿元。

【四川三阳永年公司3D打印产业化项目】 四川三阳增材制造技术有限公司金属3D打印产业化项目属绵阳市“4+3”战略性新兴产业。2014年，公司投资研发制造的L-SS平台全面完成，进行全平台安装集成；大型结构复杂件金属3D打印设备2015年5月完成研制，实现全尺寸金属3D打印，是国内先进的金属3D打印直接成型制造装备。公司与北京航空航天大学、西北有色金属研究院、中南大学等单位共同研发生产金属3D打印材料——高温合金粉末、镍基高温合金粉末及钨基合金、钼基合金、钛合金粉末；与西北有色金属研究院联合研发的等离子旋转电极雾化制粉设备，预计2015年6月投入使用。2014年11月，公司通过四川省军工保密资格认证委员会评审，被批准为军工二级保密资格单位。 （张海艳）

绵阳国家经济技术开发区

【概况】 2014年，经开区实现地区生产总值54.4亿元，同比增长9.3%；规模以上工业总产值107亿元，增长13%；完成全社会固定资产投资83亿元，增长11.4%；完成工业投资40.65亿元，总量居全市第三；实现财政总收入5.69亿元，增长10%，公共财政收入2.97亿元，增长15.33%；社会消费品零售总额增长率13.8%。

全年，园区完成F5、S15道路及雨污水管网，松垭镇日新小区、杨家山皂角树街排洪沟，福馨小区、白山寺小区、活观音小区雨水管网和城南新区内原保留居民安置点基础设施等14个市政基础设施建设，总投资2000万余元，完成S16南延段道路及排水管网工程招标和翥鹤堰改造工程方案修改。

【企业产业发展服务】 2014年，园区突出产业发展工作主线，把区产业化服务中心从区经发局单列出来独立运行，统筹全区项目推进工作。推动规模以上工业增加值增速10.3%，服务业增加值增长9.4%，净增限上企业10户。全区全年实现投资21亿元。五大商业银行签约万达CBD项目，多家企业来区考察特色餐饮、高档住宿产业。引进西南智慧城、信息安全服务产业基地、广告产业园等一批现代服务业项目，重庆君盾集团到经开区发展软件产业，推动民营资本参与医疗基础设施建设，促进“绵阳中医健康城”项目成功签约。

全年完成94公顷国有建设用地批后实施工作，5个批次75公顷集体土地报征和105.93公顷土地成本核算工作，实施拆迁741户1333人，提供项目用地204.87公顷，推动重点工业项目四川美丰梅塞尔气体工程项目竣工投产，促进鑫科源环保科技工业废物综合处置项目、金达诺广告产业园等开工和部分开工的项目26个，其中工业项目20个、基础设施项目6个。

【招商引资和融资平台】 2014年，园区围绕主导产业优势，注重开放合作，狠抓招商引资，全年新引进项目30个，其中工业项目21个、现代服务业项目9个，协议引资43.27亿元，投资亿元以上项目10个。到位内资85.6亿元，到位外资4500万美元。市委、市政府同意按法定程序将辖区近133.34公顷土地注入区属平台公司，其中42.5公顷办理国有土地使用证，其他宗地进行供地前期工作。区属工程建设、融资担保、土地整理等平台有序组建。工程建设公司成立，融

经开区万达广场旗舰购物中心开工

资担保公司、土地整理公司按计划筹建。

【科技型中小企业发展】 2014年，园区克服无自有可控标准厂房和孵化器等困难，从机构、人员、资金、平台四个方面强力促进科技型中小企业发展。组建科技型中小企业服务中心专门服务机构，新增人员，进行全程免费代办服务。全年预算科技型中小企业专项扶持资金1000万元，研究制定相应的管理使用办法。使用2000平方米机关办公用房作为科技型中小企业研发办公场所，通过“政企校”合作，分别在四川文化艺术学院、东虹工业园、积家工业园为科技型中小企业搭建13000平方米孵化载体。全年认定科技型中小企业378户，是上年的3倍，完成目标任务的111.5%，其中新增322户，是上年的5倍。组织申报各类科技项目42个，到位资金990余万元。

【民生社会事业发展】 2014年，组织开展就业技能和岗位技能提升培训1100人，开发公益性岗位368个，城镇新增就业925人、城镇失业人员再就业309人。全年城乡居民参保1.38万人，新农合参保52847人，老失地农民参保1697人，其中“满龄”人员基本实现应保尽保。跃进统建房A区首期13万平方米竣工。保障性住房建设任务全面完成，完成塘汛镇友谊村保障性住房建设，总建筑面积24315.14平方米，建设公租房328套，总投资约7351.18万元。争取教育专项资金424万元，安排中小学改造项目3个，塘汛小学操场改造完成，德政街小学食堂新建和十九中操场改造前期工作完成，绵阳眼科医院按计划有序建设。在镇（街道）设专兼职文化专员，在村（社区）成立腰鼓队、舞蹈队、合唱团等，组织开展多种形式的活动丰富群众文化生活。

绵阳科教创业园区

【概况】 绵阳科创区成立2001年，位于绵阳市区西北部，面积12.89平方千米。辖上马、兴隆、西园、科园、元通、八角六个社区。2014年，绵阳科技城科教创业园区落实市委、市政府“以科创区为主导建设科教创新区”，领跑绵阳创新驱动发展的新定位、新目标、新要求；围绕“产业支撑、两化互动、军民融合、投资拉动、民生优先、效能保障”六个工作重点；突出科技城“军民融合示范、科技创新策源、创新人才汇聚和科技成果集散”发展主题，加快科教创新示范区建设。全年实现地区生产总值27.89亿元，同比增长11.4%；固定资产投资42.14亿元，同比增长10.3%；工业投资7.87亿元；技改投资10.09亿元，同比增长15.7%；实现规模以上工业增加值增长13%；实现社会零售额4.89亿元；公共财政预算收入3.02亿元，同比增长14%；全年招商引资到位资金36.6亿元。

2014年，园区有学校1所、在校生1206人；医疗机构8所，从业人员21人；成立街道城管中队、食药监督等机构，不断完善街道便民服务中心、社区卫生服务站、社区书屋、四级劳动保障等服务平台；推进成立3个商住小区城市社区。全年城镇居民医疗保险参保6277人；发放到龄人员养老金1651.61万元；城镇新增就业260人；下岗失业人员和失地农民再就业60人。

【园区科技自主创新成效】 2014年，园区完成绵阳科技城创新中心二期项目、成都桥梁孵化器建设。创新策源驱动下一代互联网、云计算、大数据、节能环保等新兴产业不断涌现，军民融合、高新技术产业占比达到70%以上。申报成为省级电子商务示范基地、首批四川省大学生创业示范园以及知识产权试点园区。全年通过认定科技型中小企业378户，其中新成立343户；九洲电子、福润得数码科技、科瑞、光发科技4户企业通过国家高新技术企业认定，国家高新技术企业14户；全年完成技术合同交易额6591万元，专利申请1002件，其中发明专利313件，专利授权量433件，实现高新技术产业总产值148.85亿元。

承办第三届中国创新创业大赛军转民大赛，举办5场“科创杯”中国科技城创新创业大赛，开展中国（绵阳）科技城游戏创业者峰会等20余场技术交流活动。瞄准重点领域和重点区域，突出集中、集约理念，打造现代服务产业链，引进飞天联合、北京优炫软件、绵阳铁塔等信息、软件、“云服务”等现代服务业企业。实现下一代互联网设备国家工程实验室西

创新中心

南中心、灾备技术国家工程实验室西南分院落户园区。

【园区基础设施建设】 2014年，园区实施上马东街1号、2号道路，元通1号和2号道路，K10、K3等道路建设及污水管网提升工程；完成九洲大道4个路口红绿灯改造方案，二环路辅道设计方案；投资2600余万元实施上马、八角、元通、科园片区巷道硬化、路灯、护栏、电力改造等基础设施建设工作。

2014年，园区完成全区控制性详细规划修编及重点节点城市设计的评审，实现华润万家商业项目主体封顶，正加快完善后期配套建设；铜锣湾、温莎国际、少年宫等项目已进入基础施工阶段；加快推进元通公园、三甲医院、公立幼儿园、初级中学等项目规划选址、方案设计以及供地建设工作。

【"科创杯"中国科技城创新创业大赛】 2014年，由中共绵阳市委、市人民政府主办，共青团绵阳市委、科创区联合承办的"科创杯"中国科技城创新创业大赛在科创区举办。3月，大赛启动，面向大学毕业生、在校大学生和科研院所、企事业单位征集项目，收到市内外参赛项目186个，涉及电子信息、生物医药、新能源与节能、新材料、光机电、现代服务等领域；5~8月，组委会根据高校、科研院所和企业的类别先后组织4场分赛。9月，知名创投、技术专家、金融机构组成的大赛评审团召开项目评审会，对前4场分赛产生的41个一二三等奖项目进行综合评审，评选出21个入围项目，并在大赛官网投票平台上对入围项目进行公开投票；最终，入围项目通过大赛总决赛现场路演，综合网络投票结果，产生一等奖2个、二等奖3个、三等奖6个和优秀奖10个。组委会给予一等奖10万元、二等奖5万元、三等奖3万元、优秀奖2000元的创业奖励资金。

【第三届中国创新创业大赛军转民大赛】 第三届中国创新创业大赛军转民大赛由科技部、国防科工局共同指导，科技部火炬高技术产业开发中心、绵阳市人民政府、中国（绵阳）科技城管理委员会联合主办，中国国防工业企业管理协会、绵阳市科学技术局、绵阳科技城科教创业园区管理委员会（军转民示范园区）共同承办。7月3日，大赛启动，经过3个月的激烈角逐，10月11日落幕。包括全国十大军工集团在内的155户军转民企业、军工院所和军工院校携261个项目参赛。项目覆盖电子信息、装备制造、光机电一体化、新材料、新能源与动力、节能环保等七大领域。大赛分为初赛、半决赛、决赛和总决赛四个阶段，分别评选出一等奖1名、二等奖3名、三等奖6名、优胜奖10名。

【中国（绵阳）科技城游戏创业者峰会】 2014年6月19日，首届中国（绵阳）科技城游戏创业者峰会在绵阳市科创区举行。峰会吸引国内200多家游戏研发运营商、投资者参会。本次游戏创业者峰会由中国（绵阳）科技城管委会、科创区管委会、共青团绵阳市委、绵阳市文广新局主办，绵阳亿趣科技有限公司、绵阳互联网联盟承办。以"游戏行业的发展趋势和创新方向"为主题，以演讲和论坛的形式呈现。本届创业者峰会上，现场展现精品页游和手游，现场分享更多经验。福州网龙数据中心高级产品分析经理刘异演讲微观数据分析助力打造精品手游、十分咖啡副总裁王羽佳演讲西部中小手游创业者的突围之道、游戏茶馆创始人王佳伦演讲西南手游产业现状及未来、杭州娱梦CBO娟子演讲杭州娱梦手游公司的未来战略、9377游戏周栋梁演讲9377手游政策解析、北京缤纷时空信息科技有限公司商务总监韩向明演讲长城软件游戏创业者"520政策"解读、广州浩动梁雁雨演讲中段手游产品的发行等。演讲的过程给大家分享许多宝贵经验和最新理念，帮助参会的开发商更好的改进自己的产品，做出精品原创网页游戏，动带整个网页游戏的发展。

本届创业者峰会评选页游最佳新游奖、页游最佳运营团队奖、页游最佳美术表现奖、页游最佳创新奖、最受期待页游新游奖五项大奖。

【科技城创新中心二期项目落成】 2014年12月31日，中国科技城·绵阳创新中心二期项目工程落成，绵阳绰迷生物科技有限公司、四川优炫软件有限公司、深圳二八云电子商务有限公司、绵阳赛凡信息科技有限公司等首批100家科技创新型企业签署入驻协议。科技城创新中心二期项目建筑面积38余万平方米，投资20余亿元。项目2012年7月启动，至年底建成14万平方米。创新中心二期项目后续配套工程在2015年一季度启动，建成运行后，集聚科技型中小企业500家、研发机构50家、创新创业科技人才上万人，入驻交易、咨询、风险投资、产学研联盟等服务机构60家，形成云计算、大数据、移动互联等科技服务产业的集中区。 （陈　明）

西南科技大学创业园区

【概况】 2014年，西科大科技园不断提升科技成果转化能力，形成科技成果作价投资入股、大学科技园公司代表学校持股孵化的科技成果转化新模式，建立科技成果转化服务体系。完成"甘氨酸镁螯合物的制备方法"等13项科技成果到大学科技园落地转化。全年园区新增入孵企业28户，入孵企业总数突破80户，注册资本1.58亿元；入孵企业新增知识产权27项；协助入孵企业融资1923.8万元。

全年，科技园组织入孵企业参加科博会，广元、内江、泸州等科技成果对接会等；与高新区签订战略合作协议；促成中国科技城锂电研究中心等研发机构入孵大学科技园。

2014年，大学科技园被绵阳市委、市政府授予“发展科技型中小企业先进集体”称号，“西南科技大学大学生创新创业俱乐部”被省委组织部等单位批准成为首批“四川省大学生创新创业示范俱乐部”，大学科技园被科技部认定为“国家级科技企业孵化器”。

【创新创业人才培养】 2014年，西科大科技园健全学校创新创业人才体系，提升创新创业人才培养质量，以科技创业促进高质量就业。全年新增大学生领办创办科技企业17户，学生领办创办科技企业数量达到26户；组织入孵企业新增实习、实训岗位116个，接纳学生实习、实训2000余人次，解决应届毕业生就业31人；组织开展主题沙龙活动12次；学生科技创业团队获得省级以上科技竞赛奖4项。

【科技项目资金支持】 2014年，西科大科技园获省委组织部、教育厅、科技厅、绵阳市委、绵阳市政府共5个平台科技项目立项支持；帮助入孵企业获得各类科技项目立项11个；帮扶学生创新创业团队获得教育部“国创计划”项目立项8个；获得科技厅“苗子工程”项目立项31个；获人社厅“创业补贴”项目立项12个。全年，大学科技园及入孵项目获得国、省、市经费支持1503万元。

绵阳出口加工区

绵阳出口加工区

【概况】 绵阳出口加工区于2005年6月3日经国务院批准设立，设在绵阳高新技术产业开发区内，规划面积0.56平方千米。按照“统一规划、分期开发”的原则，2007年11月1日一期封关运行。绵阳出口加工区重点发展电子信息、汽车及零部件、新材料产业及报税物流产业。

2014年，绵阳出口加工区在加大招商引资力度的同时，拓展保税物流发展空间，大力发展保税业务，经济指标、平台建设、服务优势等方面取得较大进步。全年实现工业总产值14.39亿元，同比增长10.7%，其中规模以上企业全年实现工业总产值13.7亿元，同比增长15%；进出口总额7.4亿美元，同比增长15.6%，其中，出口额4.1亿美元，同比增长17%；解决劳动就业1万余人，新增规模以上工业企业1户，规模以上工业企业6户。一期封关区内实现工业总产值10.69亿元，同比增长11.35%，进出口额7.43亿美元，同比增长16%，出口额4.11亿美元，同比增长16.32%；解决劳动就业约7000余人。

绵阳出口加工区实行“境内关外”的管理模式，实行全封闭的海关监管管理，区内企业不仅享有海关提供的简单、快捷的通关便利，享有国家级高新区和出口加工区的各项优惠政策，享有专职部门为落户企业提供的一切便捷的配套服务，区内建有一流的基础设施和配套设施，区外建有各种生活商务配套，可满足企业的生产生活需求。截至年底，出口加工区（配套区）建成12.1万平方米的标准厂房、2000平方米的监管仓库、3000平方米的检验检疫熏蒸场所、3546平方米的综合办公大楼、2万平方米职工宿舍、4000平方米的便民服务中心和2340平方米的餐饮中心。

一期封关区内累计引进入区工业企业5户，物流企业2户，其中外资项目2个，批准投资总额3100万美元，合同利用外资310万美元，实际利用外资656万美元。二期待封关区累计引进入区工业企业11户，物流企业4户，中小微科技企业20户。

【绵阳普思电子有限公司】 绵阳普思电子有限公司于2006年11月30日成立，是一家外商独资企业，是普思集团在中国西部设立的首家工厂。公司投资总额为420万美元，注册资本210万美元。投资者为普思电子（新加坡）有限公司。2006年入驻加工区，在绵阳市高新区出口加工区内拥有五栋厂房，雇员超过6000人。公司经营范围为：生产和销售高频变压器、高频滤波器、电感器、线路板组件、接线组件及其他各种电子组件及配件（涉证及涉限除外，不含限制项目及污染程序），电子产品研究和开发，自营产品的进出口贸易。经营期限：20年。产品100%出口，主要销往美国、加拿大、英国、西班牙、荷兰等国家。普思的投资方“普思-新加坡”是美国上市公司Technitrol的一个子公司，总部位于美国加州的圣地亚哥，在英国、法国、新加坡等地设有全球总部。公司项目范围是：电子与信息技术，新型元器件。2014年实现工业总产值5.3亿元，进出口额1.2亿美元，从业人数6298人。

【虹锐电工有限责任公司】 四川虹锐电工有限责任公司是四川长虹器件科技有限责任公司旗下的子公司，成立于2008年，同年入驻加工区。公司作为一家新成立的照明企业，通过与世界著名的照明公司合作（GE），产品定位为高效能的电子镇流器、LED驱动器、智能控制器、LED照明产品等中高端产品。公司员工500人，其中专业技术管理人员80人。2014年实现工业总产值5亿元，进出口额1.5亿美元。

【绵阳出口加工区华泰物流有限公司】 绵阳出口加工区华泰物流有限公司2009年9月24日注册成立并入驻加工区。公司经营范围为：电子元器件、铁氧体磁性材料及器件、化工材料加工，销售，保税仓储物流服务、信息咨询服务，代理报关、报检，自营和代理货物进出口与技术进出口。进出口额4.1亿美元。

【绵阳连康电子有限公司】 绵阳连康电子有限公司2009年入驻加工区，是新加坡上市公司连康中国投资在西部地区建立的变压器生产厂商，主要是从事研发、生产、加工、销售电子变压器、连接器等电子产品。公司拥有一批高素质的管理团队及技术人才，同时引进一大批国外先进的生产设备。产品主要销售到中国香港和东南亚地区，是富士康、华硕、广达、宏基等电脑生产厂商，摩托罗拉、苹果等手机生产厂商。同时取得变压器、接连器等多项专利。2014年实现工业总产值2020万元，进出口额394万美元，从业人数393人。

【绵阳景旺电子有限公司】 绵阳景旺电子有限公司2011年入驻加工区，是一家内资企业，公司以线路板的自动插件（AI），表面贴装SMT生产为主。拥有2条SMT线，1台AI自动插件机，防静电无尘车间及各种先进的检测设备。公司秉承以人为本的经营理念，着力打造为企业和员工共同成长的平台。2011年实现工业总产值213万元，期末从业人数393人。

【中外运绵阳出口加工区物流有限公司】 中外运绵阳出口加工区物流有限公司2010年入驻加工区，主营国际货代运输业务及相关的短途运输、报关报检、仓储业务、货物进出口。是特大型央企中外运长航集团为加工区内生产企业提供物流服务而专门设立的全资子公司。公司注册资本100万元，2014年12月申报进出口额累计4151万美元，较2011年翻两番。

【四川柯西澳光电科技有限公司】 四川柯西澳光电科技有限公司于2012年2月进驻绵阳出口加工区，注册资金1000万元，是一家专业研发生产光电产品的高科技公司，是德国圣西朗光电集团在中国西部继成都之后设立的第二个应用生产基地。公司依托全球大功率节能灯领航者——德国圣西朗光电集团有限公司的先进技术，同时联手中物院光学研究所光电技术的研究和应用。德国圣西朗公司在中国香港注册成立全球营销公司，在成都建立全国营销中心，与欧美多家经销商建立战略同盟关系，形成完善的销售网络体系，在全球拥有广阔的市场。其生产的节能灯与传统灯具比较，其节能率达到78%以上，光损失小于10%，显色指数为83，分辨率高，灯下看东西色彩真实、清晰，无眩光，无频闪，紫外线含量为零，为无光污染的绿色环保型产品，其研发出全世界第一支4U一体化大功率节能灯，开创节能灯进入工业领域应用的先河。圣西朗拥有核心技术专利32项，产品70%出口外销。公司首期投资2亿元，建厂绵阳出口加工区内，建成16条生产线，可实现年销售收入3亿元；2014年实现工业总产值人民币1480万元，从业人数35人。

【四川安和精密电子电器有限公司】 安和精密电子电器有限公司2012年入驻出口加工区，是一家面向全球的手机元器件制造企业，专注于手机中的微型振动马达（SMD马达）的研发、制造与销售；产品主要销往美国、加拿大、墨西哥、巴西、芬兰、瑞典、日本、韩国等国家和地区。主要客户有：摩托罗拉、诺基亚、索尼爱立信、黑莓、HTC、华为、中兴、联想、酷派、TCL-阿尔卡特、步步高、小米、OPPO等世界知名企业。2014年实现工业总产值1.88亿元，从业人数1578人。

【利庆科技（绵阳）有限公司】 利庆科技（绵阳）有限公司由台湾坚咏股份有限公司2011年7月在绵阳投资成立，2011年10月入驻加工区。坚咏股份有限公司于1982年在台湾成立。公司秉持“利聚八方，持续提供客户满意产品；德冠四海，群力建树‘LITE’名牌典范”质量方针，秉著“以人为本”的策略。公司主营网通组件、集线器配件、滤波器、连接器、接插件、插座、天线、冲压件、注塑件、模具的加工等。2014年实现工业总产值333万元，从业人数45人。

【四川九州数码科技有限公司】 四川九洲数码科技有限公司是四川九洲电器集团有限责任公2010年11月新成立的全资子公司，注册资金5000万元，注册地址是四川省绵阳市高新区飞云大道东段101号厂房，工厂位于四川省绵阳市出口加工区，公司研发部及市场部位四川省绵阳市九洲大道259号四川九洲科技工业园孵化大楼B区二楼。九洲数码公司主营业务为数码产品、电源、新能源及能源管理产品、汽车电子、通讯终端、机顶盒、卫星电视接收系统、电子音响设备、家用电器、便携式数码产品、平板电视、电子计算机及周边设备、通讯传输设备的研发、制造、加工、安装、咨询及销售；软件业；经营自产产品及技术的出口业务；经营本企业生产所需原辅材料、仪器仪表、机械设备、零配件及技术的进口业务（国家限定公司经营和国家禁止进出口的商品及技术除外）；经营进料加工和“三业一补”业务。2014年实现工业总产值1.3亿元。

【绵阳联普发塑胶有限公司】 绵阳联普发塑胶有限公司是深圳俊宏实业有限公司的全资子公司，2004年6月由普思全资收购，集团内部曾用厂名为JPO，2011年4月脱离普思成为独立的股份公司。2012年入驻加工区。工厂现有雇员400余人，主要经营变压器、滤波器、连接器、语音分离器、汽车点火器、汽车变压器、变压器胶芯、高级医疗零件的塑胶体部分注塑成型加工、连接器的装配加工等。获得UL安全认证，ISO9001质量管理体系认证，获得深圳市当地政府颁发的合法用工模范企业称号等。公司主要客户是普思、西门子、BMW、VW、华为等。2014年实现工业总产值2000万元。是高新区2014年新增规模以上企业。

【久利科技（苏州）有限公司】 久利科技（苏州）有限公司2012年入驻加工区，在加工区内投资举办变压器及电子元器件加工、制造与销售项目，专业设计、制造各类电子变压器、各规格的电感线圈和SMD电子变压器和电感产品，各类带EMI扼流线束接插件，以及LED背光源。主要适用于空调、冰箱、洗衣机、彩电、电脑显示器等各种家用电器及各类通信设备、电源、仪器仪表等。公司拥有先进的技术设备，有从美国惠普公司引进的阻抗分析仪，日本ECG公司引进的综合检测仪和台湾德宙公司引进的16轴全自动电脑控制绕线设备等。同时，公司具备完善的质量保证体系，取得有UL、CQC、CESI认证；2002年通过ISO9001质量体系认证；2005年通过ISO14001环境体系认证。2014年实现工业总产值486万元，从业人数82人。

【绵阳市信利科技有限公司】 信利科技有限公司2012年入驻加工区。公司总投资1000万元，在绵阳高新区投资举办SMT加工生产项目，从事SMT配套生产业务，年度实现工业总产值1000万元。租用位于第103幢南翼二楼标准厂房，租用面积1100平方米。2014年实现工业总产值539万元，从业人数43人。

【四川长虹器件有限公司】 四川长虹器件科技有限公司2012年入驻加工区，专业从事LED照明的技术研究、产品开发、生产制造、市场营销，公司现有产品包括：LED系列路灯、LED系列隧道灯、LED商业及室内照明系列等产品，同时可为用户提供照明智能控制系统整体解决方案。

【绵阳伟联科技有限公司】 伟联科技有限公司2009年起源香港，四川绵阳有两家制产公司。主营电子产品，产品系列包括射频变压器及各种巴伦和阻抗变换器系列，宽带功分器系列，电桥系列，耦合器系列。公司业务扩展在2014年5月入住绵阳出口加工区开设分公司。2014年11月开始生产。

（邓晓丽）

绵阳仙海水利风景区

【概况】 绵阳市仙海水利风景区2003年6月成立，面积75平方千米，总人口2.1万人，辖16个村和1个居委会。

2014年，全区完成8大项34小项省级目标、6大项10小项市级目标和6大项17小项区级民生目标任务，其中超额完成目标11项。推进仙海“乡村少年宫”提升建设，“仙海中心学校”被命名为四川省首所“兰亭小学”；引进绵阳益康老年护理院，建成绵阳第一所医疗和养护结合型护理院。建立农村群体性聚餐监管工作制度，自主研发全市首个食品药品安全智能监管平台“仙海食安”。

2014年，全区实现地区生产总值3.29亿元，同比增长8.3%；完成全社会固定资产投资22亿元，同比增长3.28%；实现公共财政收入5807万元，同比增长37.08%；到位内资24.5亿元，同比增长44%；社会消费品零售总额2.53亿元，同比增长13.9%；服务业增加值1.57亿元，同比增长10.7%；城镇居民可支配收入22908元，同比增长11.7%；农民人均纯收入实现12129元，同比增长15.4%。接待游客125.8万人次，实现旅游收入1.87亿元。

【基础重点项目建设】 2014年，仙海景区开工建设6.7千米自行车专用骑游道；启动迎宾广场景观工程和游客接待中心建设；持续推进绵中路仙海段A支线工程建设；二期亲水栈道和广场商业街建成并投入营运。显兴龙源会议中心、体育健身公园和接待中心建成并投入营运，仙海龙湾生态居住一期开盘、展易香格翠丽二期项目开盘营销，名仕栖海湾酒店开工建设。

【景区生态环境保护】 2014年，仙海景区开工建设黄金、天生桥两座污水处理厂，启动实施首开体育健身公园6.8千米水岸线截水沟建设，启动芙蓉溪仙海长河堰段综合整治一期工程，完成8座仙海湖水质监测站点建设，仙海湖全年水质均达到地表水二类标准。

【旅游景区创建】 2014年8月5日，仙海区召开“三创”工作动员大会，正式启动“国家AAAA级旅游景区”“省级旅游度假区”和“省级安全社区”创建。同时，出台《关于印发〈仙海区创建国家AAAA级旅游景区目标任务〉的通知》（仙办发〔2014〕25号）等系列文件，聘请成都高榜旅游规划设计公司等作为创建指导单位，有序推进创建工作。与绵阳联通公司签订“科技绵阳·智慧仙海”战略合作协议，启动“仙海智慧”景区建设。推进旅游标准化建设，带动乡村旅游发展，成功创建一批星级农家乐。

【端午文化旅游节】 2014年5月31日至6月2日，绵阳市2014夏季旅游系列

第七届环仙海湖自行车公开赛

活动启动仪式、第三届绵阳（仙海）端午龙舟公开赛暨第四届中国诗歌节端午诗会在仙海湖举办。活动共设置5大板块12项文化旅游商贸项目。经过一天的激烈角逐，西南科技大学队、绵阳师范学院体育学院队、绵阳金海湾房地产开发有限公司队分别获得龙舟赛学校组、女子组、公开组的冠军。活动吸引来自成都、德阳、广元以及绵阳本地的游客4.35万名，旅游创收555.5万元。

【第七届环仙海湖自行车公开赛】 2014年11月1日，2014中国科技城（绵阳）第七届环仙海湖自行车公开赛举行。比赛以“低碳出行、动感仙海、绿色绵阳”为主题。来自全国各地的400名专业运动员和200多名骑行爱好者同场竞技。赛事设置山地男子青年A、B组，山地男子大师组，山地女子公开组4个竞赛组和1个荣誉骑游组共5个组别，奖金总额达12万元。

【“幸福美丽新村”建设】 2014年，景区建设徐家桥、七曲片区“幸福美丽新村”，启动徐家桥安置小区建设，改造提升七曲场镇风貌2.5万余平方米，完成八角庙、七曲人饮工程建设，引进绵阳花园集团投资4000万元在桃花村建设“萄堡”现代农业产业园，支持博森、奥亿森等农林企业发展。

（陈湘竹）

金家林总部经济试实验区

【概况】 金家林总部经济试验区2010年4月成立。园区总规划面积33.7平方千米，位于科技城新区中央创新驱动区核心区域，具有良好的区位条件和复合型交通体系，挂牌绵阳科技城创新中心（B区）、绵阳科技城软件产业园、绵阳市高校毕业生创业孵化基地。2014年，通过扩区方式将试验区纳入四川绵阳工业园区，争取到省级现代服务业集聚区项目和省产业园区生产性服务业聚集区项目。年末，试验区完成固定资产投资19亿元；累计完成投资105亿元，累计开工面积100万平方米。全年实现税收收入3245余万元，实现地方公共财政收入1504万元。

2014年，完成固定资产投资19亿元。接手移交城郊富诚投资公司，组建园区汇鑫投资公司并实现运行。加快土地成本和收益返还，全年通过各种渠道筹措资金约6700万元，保障园区发展。顺利通过四川省现代服务业集聚区（软件产业）项目和省产业园区生产性服务业聚集区项目评审，获中国（绵阳）科技城信息安全产业基地和市级文化产业示范区，争取各类项目资金7015万元。

【园区规划编制】 2014年3月，园区完成《绵阳科技城集中发展区总体发展规划及核心区概念性城市设计》专家评审。调整总部城8块用地规划。完成永贵项目规划、华光通项目规划建筑设计方案、中石油兰成渝输油管线天生桥段改线方案、试验区4G信号塔选址方案、垃圾中转站选址方案、金西湖安昌河引水工程选线方案、试验区91路和45路公交车线路延长和首末站选址定制公交线路和站牌建设等相关事宜。完成出具公租房项目等66.53公顷用地统征用地范围图，完成湖心岛地块等地块约25.1公顷出让土地地形图测绘、用地范围图和规划条件出具。

总部基地规划2446公顷，首期启动建设183.1公顷，总投资65亿元。截至年底，金融中心、总部城管理中心、总部办公楼、威尼斯商业街共计102栋、40万平方米建筑主体封顶，基本达到基本入住条件，完成投资约30.5亿元。金家林金融集聚区初具雏形，邮储银行、信用联社、金嘉担保、鼎力担保、鋆升担保等5家金融机构签订入驻协议。

【科技金融服务中心挂牌】 2014年9月，涪城区科技金融服务中心挂牌营运。中国银行、中国人民财产保险公司、中华联合财产保险公司、中汇国泰小额贷款公司、北京远大卓悦知识产权代理事务所、王成信息咨询服务公司、四川天禾税务师事务所、四川智禾田律师事务所等8家服务机构入驻中心。绵阳金嘉互助式融资担保公司、涪城信用联社营业厅开业营运。中心作为金家林片区唯一资金结算网点，为企业提供包括24小时现金存取款、汇兑、信贷等多项服务，年末累计实现存款2235万元，发放贷款18笔671万元。

【中国（绵阳）科技城软件产业园】 2014年10月13日，中国（绵阳）科技城软件产业园正式交付使用。投资约2.3亿元，建筑面积60809平方米。园区实行“双电源”，架设移动和电信“双网络”，实行千兆网络全覆盖。开通13路、45路、91路等公交车，各项后勤配套服务设施投入使用。截至年末，签订入园协议企业121户，其中：用友软件、中视迪威等73户企业入驻办公。成立软件产业园服务中心，与金家林总部经济试验区投资服务中心实行两块牌子一套人马，有工作人员8人，其中：在编4人。统筹负责软件产业园的日常管理和服务工作。

【工业集中发展区】 2014年，园区以高端产业为主导，重点聚集光通讯、电子信息等新型产业，建设具有科技城特色的100亿元级产业园区。累计完成投资40亿元，建成标准厂房30万平方米。有三力股份、四川华拓、海瑞尔集团等45户企业入驻，凯拓电子、迅吉科技、捷智光电等35户企业建成投产，累计实现产值70亿元。引进电子信息类企业11户，到位资金5亿元。全年新增竣工投产企业5户，其中：新增规模企业2户，入园规模企业10户，入园企业产值20亿元，实现规模工业产值10亿元。新开工建设工业厂房24万平方米。

【基础设施建设】 2014年，园区累计完成投资15亿元，建成道路16.8千米，铺设雨污水管网30千米。裕都大道投资1.71亿元，全长3.46千米；普金路一期投资6479万元，全长3.17千米；K1道路投资2100万元，全长854米、宽24米；K2道路投资2768万元，长519米、宽24米；K3道路投资1578万元，长462米、宽40米；K4道路投资1087万元，长407米、宽24米。

完善园区电力配网，沿园区主干道分三条线路架设电力线路4.79千米，基本实现园区电力接入范围全覆盖。完成金家林110千伏变电站建设，投资7500万元。园（艺）－济（金家林总部经济试验区）电力专线实现并网并部分通电，总投资1000万元，长约5千米。

金家林九年一贯制学校（绵阳二中分校）占地2.87公顷，有班级15个、中小学生500余人。金家林卫生院占地1.8公顷，现有床位90个。

（郑　刚）

四川游仙经济开发区

【概况】 2014年，游仙经济开发区实现工业企业主营业务总收入290亿元，累计完成固定资产投资89.2亿元（其中企业技改投资33.7亿元），工业企业实现利税36.3亿元，年末从业人员总人数58772人。游仙经济开发区南区（小枧沟镇）完成规模以上工业总产值85.99亿元，固定资产投资44.75亿元（其中技改投资20.9亿元），新增规模企业6户，科技型中小企业发展户数40户，外贸自营出口3900万美元（1～11月），旅游收入8200万元，限上企业社会消费品零售总额1.5亿元，实现税收入库5.02亿元。2月，经开区重点企业中国金属资源利用有限公司在香港联交所成功上市。5月，保和富山再生资源产业园项目入围四川省重点项目前100位。开发区获评“四川最具投资价值产业园区”和“省级知识产权试点园区”“三年成型”的目标基本实现。

【产业园区建设】 2014年，园区突出“一个基础”（拆迁安置），把握“两个关键”（有效组织资金、整治建设环境），狠抓“三个支撑”（工业项目建设、基础设施建设、配套服务设施建设），促进园区提速增效。重点打造的节能环保产业园、光电产业园、新材料产业园三大专业园区初具规模，产业集聚水平提升。保和富山循环经济示范园竣工投产项目3个，旗下中金公司在香港联交所主板上市，金循环电子商务平台正式上线运营，实现线上线下同时交易。光电产业园引进IGSS、特锐祥、弘业照明等关联企业入驻，以东材科技为代表的新材料产业园加快技改扩能，新建一批具有高性能、高附加值产品的高技术项目。保和新世纪特种线缆、保和泰越基地、保和佳浩再生资源集散交易中心、中油天能油气开采设备、特锐祥电容器生产线、中邦节能LOW－E玻璃、凤天科技多能液7个项目竣工投产。瑞航、飞翔、弘业、特锐祥基地、兴事发办公楼、芯联芯基地等项目加快建设。争取专项资金补助项目4个，协同企业争取专项补助资金项目8个。争创国家级产业集群区域品牌建设示范园区和国家级循环经济教育示范园区2个国家级示范园区项目。

【园区基础设施建设】 2014年，园区完成投资2.61亿元，实施市政基础设施及配套建设项目19个（续建项目6个，新开工项目13个）。开工新（续）建五里梁工业园、创意产业园等园区道路8.64千米，完成园区7条道路5.12千米土基层施工，完成自来水加压泵站、小五二线电缆沟和小五一线延伸段电缆铺设，顺利推进创智路临时污水管网、北路接绵盐路污水干管以及工业用水、用电、通信等建设。拓展创意产业园片区面积1.6平方千米，富乐国际学校建成并投入使用。完成开发区（南区）控制规划梳理报批以及小枧沟镇总规编制工作，协调市、区环保部门对园区入驻项目进行环境评价及日常监管，组建园区城市管理队伍，依法治理园区环境。

2014年，完成263户农户和3户企业的清点丈量，拆迁农户196户、企业5户，迁坟439座，支付拆迁补偿资金5888万元，为61户拆迁群众办理医疗保险。完成富乐国际学校、芯联芯、二环路、创智路、科创路、滨湖路等范围的拆迁。

【招商引资】 2014年，园区引进新加坡IGSS公司集成电路（IC）产品设计、兵装集团58所军民融合产业园、利用废铜年产20万吨阳极板等重点项目13个，完成招商引资到位资金38.8亿元，完成国内省外到位资金25.8亿元。其中，投资10亿元以上项目2个，投资1亿元以上项目5个，协议总投资达到83.5亿元。投资100余万元建成“游仙区科技型中小企业孵化中心”，开发区共招引40户科技型中小企业。制定完善项目限期投产履约保证金制度、“一对一”项目专员制度、签约项目后期跟踪服务制度等特色招商引资制度，推动园区招商引资科学化、制度化、程序化。

（张　洁）

四川江油工业园区

【概况】　四川江油工业园区是1992年经中共四川省委、四川省人民政府批准成立的省级工业开发区，2001年被省人民政府确定为省级重点开发区，2006年2月更名为四川江油工业园区。原规划面积7.29平方千米，新扩区20.73平方千米，总面积28.02平方千米。2009年5月，被省人民政府列为四川省“1525工程”成长型重点培育园区。2012年5月，被列为四川省新型工业化重点培育基地。2013年6月，被列为四川省“51025”重点产业园区培育发展计划。2013年10月，被列为四川省新型工业化产业示范基地。2014年3月，被列为四川省知识产权试点园区。2014年，江油工业园区实现辖区规模工业总产值336.1亿元，营业收入323.8亿元，实现工业增加值100.83亿元，实现工业税金5.08亿元，规模以上工业企业达到115户，完成固定资产投资48.8亿元。建成江油市科技孵化园5236平方米，9月投入运营，入驻企业30余户；支持“江豆网”建成科技孵化中心和电子商务平台并投入运营，认定为绵阳科技型中小企业孵化培育54户。

【园区产业发展规划完善】　2014年，园区坚持“稳增长”“调结构”并举，按照稳固提升冶金机械传统主导产业，挖掘潜力；严格限制高污染、高能耗、低产出产业；有序退出采矿、石材产业，坚决淘汰落后产能；强力进军战略性新兴产业，借梯上楼；冶金机械“一业独大”向高端装备制造、新能源新材料、现代医药绿色食品“三大产业”转变的要求，调整和完善东区11.87平方千米产业规划，重点发展高端装备制造、新能源新材料、现代医药绿色食品“三大产业”，加速产业集聚、成链发展。同时，规划和发展现代物流、生活服务配套等产业。力争“十三五”园区高端装备制造、新能源新材料、现代医药绿色食品三大产业健康有序发展。

【招商引资】　2014年，江油工业园区根据经济形势的发展变化，加强分析研判，调整招商思路，创新方式方法，园区负责人分别担任2个产业组组长，参与和主动配合全市电子信息及军民融合、装备制造、食品药品、新能源新材料等6个重点产业招商组，围绕“三大产业”开展沿链招商、集群招商、龙头企业招商、以商招商、专业招商、精准招商，引进雷神科技、殷田电子、兴盛源药业、太合医药等一批投资5000万元以上的“三大产业”项目。

【重大产业项目】　2014年，园区按照“规划项目产业投资”的要求，强化“抓投资就是抓发展、抓投资关键在抓项目”的理念，抓好“四定”责任制的落实，坚持一个项目、一名领导、一套班子、一个方案、一抓到底的“五个一”推进机制，做好“在建项目促进度、签约项目促开工、在谈项目促落户”等环节工作。同时，协调解决项目建设中遇到的具体困难和问题，实现“直通车”式管理，形成大抓项目、抓大项目的良好氛围，着力推进重大产业项目和基础设施项目建设。完成附子科技、L乳酸、恒源药业和高铁电力通道等7个项目的拆迁工作并交付建设，基本建成五金产业园、川乡园、中小企业园D区和生活配套服务区；建成建工、皇龙、长腾等工业项目8个，创元路北延伸段等基础设施项目2个。

△“四定”：定项目业主、定责任人、定投资任务、定督查领导。

（周小平）

四川三台工业园区

【概况】　四川省三台工业园区是省级开发区，由两江工业集中区和芦溪工业集中区组成，规划面积44平方千米（其中：两江工业集中区24.35平方千米，芦溪工业集中区19.65平方千米），建成12.35平方千米。规划定位为城市拓展区、产业聚集区和经济增长极，两江区主要承载纺织服装、机械电子产业，芦溪区主要承载生态食品加工产业。2014年，园区内工业企业109户，其中规模以上工业企业43户，实现营业收入445069万元，同比增长14.3%（其中主营业务收入439235万元，同比增长15.5%），占全县规模以上工业营业收入的83.4%；工业总产值432120万元，同比增长14.6%，占全县规棋以上工业产值的82.8%；入库税金2.19亿元，增长13.3%，占全县规模以上工业税收的99%。园区从业人员9778人，完成固定资产投资17967万元，完成工业项目投资120878万元。7月，省政府正式批复同意三台工业园区扩区调位，新增发展范围10.92平方千米。全年成功引进计划投资40亿元的刘营现代家具产业园，25亿元的川北莱克国际汽车商贸园等工业项目7个。

【优势产业集聚群发展】　三台工业园区确定建设“西部工装基地”“西部生态食品城”“中国绵阳科技城产业配套园区”的产业发展定位。区内以种植（棉桑）—纺纱（缫丝）—织布（绸）—印染—服装生产的纺织服装产业链和以种植（养殖）—加工食品产业链形成，区内有川麻纺织、佳联印染、恒昌制衣和鸿凯双泰、剑门泵业、中研磨具等纺织机械制造业企业，上海梅林、神农粮油、新丰酒业等食品多产联动产业。2014年，园区纺织服装、能源化工、医药食品三个规模以上主导产业企业28户，工业总产值325404万元，同比增长10.5%，实现利税33797万元；其中纺织服装总产值148656万元，能源化工96994万元，医药食品79754万元。

【标准厂房建设与统筹安置】 2014年，园区搭建创业平台，两江工业集中区东区投资建设2万平方米多层标准厂房和配套用房，有润长车业、尚姿鞋业、恒东印业、大吃方食品等小微企业入驻，芦溪工业集中区投资建设1.6万平方米标准厂房，有国强有旺、鹏林机电、四方机车、七彩禾农等小微企业入驻。

2014年，采取市场融资，推进安置房建设，工业区内建安置房17.6万平方米，建成分配到户10.5万平方米。筹资2亿元，解决失地农民社保近万人。 （刁光辉）

北川通航产业园项目集中签约暨动态飞行展示活动动角翼飞行表演

四川北川经济开发区

【概况】 2014年，四川北川经济开发区有入园企业53户，山东产业园37户，石材产业园16户。投产企业达39户，新山东产业园29户，石材产业园10户。新增规上企业3户，新投产企业6户。完成工业总产值12.24亿元，比2013年减少14%；实现销售收入11.23亿元，比2013年增长10%；上缴税金1567万元，比2013年增长44%；完成固定资产投资12.1亿元，比2013年增长14.5%。带动就业3080人。继续加强与长虹、九洲、科发、交发集团等市内大型国企对接，推动市内大企业进军通航产业，入驻通航产业园；加紧推进海珂实业公司与捷克Direct Fly公司合作项目、岷山和捷克PBS公司合作项目、深圳市腾逸航空公司合作项目，推动国泰公司引进的法国飞机制造项目。

【北川通航产业园】 2012年年底，绵阳市成立由市委书记、市长任组长的通航产业发展领导小组。2014年2月，依托四川北川经济开发区，组建绵阳科技城（北川）通航产业园。园区规划占地15平方千米，起步区面积5平方千米，设计建设1条长1000米、宽30米的跑道，8800平方米机库，以及通信、导航、供油、航管综合楼等配套设施，着力打造“一中心（即通航研发中心）、五集群（即轻型飞机产业集群、航空发动机及关键零部件制造产业集群、北斗空管产业集群、运营培训产业集群、旅游服务产业集群）、一小镇（即通航小镇）”，成为四川省影响力最大的通航产业特色园区。至2014年年底，园区场平工程启动前期工作，底机场场平和临时道路累计挖填23.4万立方米，建成430米长的临时起降点，“北川—平武”航线直升机成功首飞，园区主干道龙翔大道动工建设，签约四川省航空运动学校迁建、中国紧急救援四川北川基地、九洲通航、大鹏通航等4个投资亿元的项目。

【香泉石材产业园】 2014年，香泉石材产业园区有大理石板材加工，粉体加工，岗石原料、异型材加工3类企业，有16户规模较大的重点石材企业开工建设，其中，板材及异型材7家，粉体6户，矿山开采2户，岗石粒料1户，10户建成投产，实现工业总产值3.09亿元，其中粉体企业实现产值1.77亿元，大理石板材企业实现产值1.31亿元。销售收入2.21亿元，其中粉体企业销售收入1.31亿元、大理石板材企业销售收入0.9亿元，上缴税金697.7万元，解决就业1650余人。

【山东产业园区】 2014年，山东产业园投产企业达29户，实现产值9.15亿元，销售收入9.02亿元；上缴税金765万元，带动就业1430人。

（谢雁萍）

四川安县工业园区

【概况】 2014年，园区核心区全年实现规模以上工业营业收入78.52亿元，同比增长14%；实现工业总产值83.97亿元，同比增长19%；实现工业利润4.89亿元，同比增长12%；完成固定资产投资29.88亿元，同比增长13%（其中技改投入完成25.87亿元；基础设施建设完成4.01亿元）；新增规模企业7户；发展科技型中小企业50户，其中新注册28户；实现入库税收1.17亿元，同比增长19%。广都仓储、易德机械、鑫祥环保科技、新广鑫粮机、湘天建材等10个项目相继建成并投入试生产；陈氏菜籽王、新一美科技、佳仕达、圣凯利等13个项目加快建设。待建项目有序准备。园区待建项目共19个，总投资17.65亿元。其中，利泰来、国药控股等7个项目已通过规委会评审，正在进行施工前期准备工作；纳川管材、绿植等12个项目正在进行规委会评审前期工作。全年园区预计新引进项目协议资金7.75亿元；全年到位省外资金23.57亿元。截止2014年12月底，中心入驻企业63户、创业商会1户，企业总投资2.1亿元、租用房屋（场地）11165.29平方米。

【四川好医生药业集团有限公司】 四川好医生药业集团有限公司是一家集科、工、贸于一体，以药业为核心的大型企业集团，是国家高新技术企业、四川省企业技术中心和四川省优秀民营企业，下属20余家全资子公司，10000余名员工。业务分布在医药工业、医药商业、农产品现代加工业和研发体系，建立省级院士工作站和博士后工作站，拥有专利发明100余项。成立好医生德国公司和加拿大J.N.D公司，石榴浓缩汁、抗感颗粒等产品进入欧美市场。“好医生”品牌先后获得“中国驰名商标”“中国最具公信力品牌”“中国制药工业百强”“中国医药企业最具社会责任奖”等多项殊荣。

集团于1998年入驻安县工业园区，2010年总部在安县注册，在安县建成三期项目，成为工业园区医药食品产业园的龙头企业。一期项目主要生产阿莫西林胶囊。二期项目主要生产特色中成药饮片和民族医药产品。三期援建药业项目总投资3.8亿元建成青霉素与头孢两条全自动智能化生产线，投入试生产。

【四川长虹电子部品有限公司】 四川长虹电子部品有限公司是四川长虹电器股份有限公司的全资子公司，专业生产各类开关电源变压器、电源变压器、逆变变压器、行推动变压器、线路滤波器、各种电感、贴片器件等电子部品。电子部品公司经过多年的发展，2014年年底，有生产厂房20000余平方米，员工2000余人，设计和工程技术人员200余人，拥有自主产品开发能力和完整的管理体系。工厂有自动器件流水生产线40余条，拥有先进的全自动绕线机700余台，有年产开关变压器5000万只、滤波电感2500万只、固定电感2400万只，行幅行线性1800万，各类扁平线圈产品1500万只，各类贴片器件产品2360万只。2000年通过ISO9001质量保证体系的认证，2002年通过ISO9001质量保证体系2000版的转版认证，同年2月通过ISO14001环保体系认证，2006年全面切换为环保生产，开关电源变压器、电源变压器先后通过CQC、UL、VDE认证。客户群体遍布世界各地，主要客户包括长虹、虹欧、东芝、索尼、富士康、LG、VESTEL、TCL、DELTA等知名企业。

长虹电子部品有限公司为扩大产能，2011年12月6日与安县人民政府签订框架协议，总投资6亿元人民币，征地13.34公顷，主要生产磁性器件、遥控器、射频器件等电子部品产业。

【绵阳华祥机械制造有限公司】 2009年3月22日，绵阳华祥机械制造有限公司与安县人民政府签订《项目投资协议书》，项目总投资15亿元，用地81.47公顷，项目为一次性规划，分两期建设完成，能够完成整车生产所必需的冲压、焊装、涂装、总装四大生产工艺，具备年产15万辆整车和50万套汽车零部件的生产能力，产品有金杯皮卡、轻微卡以及微型面包车等3类车型。主要生产西部牛仔系列，该车市场定位以中低端市场为主，除内销外，出口市场主要是北非、中东和东南亚等地区，售价为4万元左右，项目全部建成达产后将实现年产值110亿元、利税8亿元（税收3.3亿元）、提供5000个就业岗位。一期项目于2010年4月开始建设，2011年5月投产。

【绵阳市鑫祥环保科技有限公司】 2010年3月29日，绵阳市鑫祥环保科技有限责任公司于与安县人民政府签订《项目投资协议书》，主要生产汽车发动机、缸体、缸盖等。项目用地13.8公顷，总投资2亿元，新建具有国内领先水平的涂装生产线2条，缸体、缸盖、曲轴连杆生产线各1条。项目全部建成投产后，预计实现年销售收入4亿元，实现税收6000万元，提供就业岗位650个。该项目投入试生产。

【四川自胜机电设备有限责任公司】 2011年10月18日，四川自胜机电设备有限责任公司与安县人民政府签订《项目投资协议书》，主要从事汽车配件、摩托车部品、热水器配件等的设计与制造。项目用地3.34公顷，总投资5000万元，主要从事汽车发动机、凸轮轴罩和机油泵总成盖生产。

（杨晓灵）

四川梓潼经济开发区

【概况】 2002年4月30日，梓潼县经济技术产业园区成立；2010年7月10日，绵阳市委、市政府批准成立市级经济开发区；2014年7月4日，四川省人民政府《关于设立四川梓潼经济开发区的批复》（川府函〔2014〕128号）决定，同意设立四川梓潼经济开发区。梓潼经开区成为省级经济开发区，对完善经开区的承载功能，创新运行机制，加快工业园区改革发展步伐，着力打造工业发展主引擎、项目建设主阵地、产业集聚主战场，促进工业发展具有十分重要的意义。

2014年，梓潼经开区聚集各类工业企业76户，其中规模以上的重点工业企业增长2户（新增2户，退出1户），达到36户。规模以上工业企业实现工业总产值82.46亿元，同比增长14.88%；实现销售收入76.17亿元，同比增长9.1%；实现利润1.74亿元，同比增长23.65%；完成固定资产投资4.88亿元，同比增长144%。

园区辖南桥村、幸福村、南桥社区和长卿镇石河村部分区域，有村(居)民小组29个，总户数6390户，总人口12740人，其中非农人口11910人。

【基础设施建设】 2014年，梓潼经开区投入约2498万元，加快推进水、电、气、道路和居民安置小区等设施建设，提升园区的产业承载能力。其中投入300余万元，完成南桥B区，幸福A、B区，成都路C、D区，南桥C1区的水、电、气入户整改工作，南桥A区水、电、气入户整改工作全面竣工完全改变建区以来拆迁安置户水、电费用由政府承担的现状。投入100余万元，完成南桥C1区临时用电、10千伏安专变工程和幸福B区三期场平、建房施工临时水电及道路工程。投入590万元的南桥B区、成都路D区道路硬化及配套工程，投入129万元的幸福小区入口道路工程和投入约40万元的林江苎麻排污沟整治工程。投入1100万元的南桥A区、幸福A、B区道路硬化及配套设施工程完成设计工作。投入232万元完成30余个零星工程。

【园区招商引资】 2014年，梓潼经开区以“食品、轻纺为主，定位发展电子机械产业”的功能，搭建“以企招商”平台，重点引进投资规模大、资金实力强、技术含量高、发展前景广、带动作用强的优质项目入驻园区。全年，新签约一康生物医药科技产业园、福欣福田食品产业园、锦城商贸二期、林江有机苎麻迁建4个项目，协议引资3.16亿元，到位招商引资资金2.5亿元，一康生物医药科技产业园、福欣福田食品产业园、林江有机苎麻迁建3个项目入户园区。

【园区重点项目建设】 2014年，园区完成投资5.76亿元。保持在建项目25个（续建项目11个、新建项目14个），总投资达30.98亿元。其中续建项目中长林熟食品、星星稻谷精深加工、圣迪乐百万只高品蛋鸡、平祥中药饮片加工、宁瑞电子元器件项目一期5个项目投产；超兰2万吨原纸、亚子麸醋及川味调料、东鑫谷维素、群峰建筑装饰装修材料、帝乡源食品酿造迁建5个项目基本完成厂房主体建设和部分设备安装；新建项目中福欣福田食品产业园项目、林江有机苎麻迁建、一康生物制药、科佳机械精深加工和家电外壳注塑制品、贵斐紫酒5项目有序推进，完成部分厂房主体建设；同发新型建筑材料、贵斐紫酒、名流精益陶瓷生产、魁星糯米酒、川音大学生文化创意产业园、梓椒食品扩建6个项目基本完成场地平整、围墙建设或临时围栏；奇恒日产50吨蘑菇工厂项目签约合作伙伴。

【园区征地搬迁】 2014年，梓潼经开区投入征地费用3164.5万元，完成一康制药、林江苎麻、锦城商贸、名流陶瓷、梓椒二期、幸福小区三期、四川艺术学院、公墓、高福记、道路征地10个项目55.69公顷的征地工作，其中：道路等基础设施投入经费约20.2万元，征用土地1.67公顷；工业项目投入费用约1094.4万元，征用土地23.1公顷；四川艺术学院投入费用2100.8万元、征用土地31.51公顷。实施海南路拆迁、林江苎麻旧房拆除、奇恒食品和老南桥头洗车场4个项目的拆迁工作，发放补偿资金582.13万元，涉及户数21户（其中：宅基地安置3户，货币安置3户，不予安置10户，房屋买断5户）。 *（颜　友）*

四川盐亭工业园区

【概况】 2014年7月，四川盐亭经济开发区（以下简称“经开区”）经四川省人民政府批准成立，为省级经济开发区。经开区辖7个社区，1.5万人，辖区面积21.95平方千米，规划控制面积14.36平方千米，核心区建成面积10平方千米。经开区核心区入驻企业31户，建成企业21户，在建企业10户。

2014年，经开区完成工业总产值5.92亿元，其中主营业务收入5.8亿元，从业人员总数1241人。全年实现固定资产投资5.75亿元，新增固定资产入库8.13亿元，实现工业投资11.33亿元，实现技改投资11.16亿元。全年新增规模以上企业3户：美迪康、兴隆科技、京基建材，新注册科技型中小企业2户：迪澳制药和众一科技招商项目。

【园区产业服务】 2014年，经开区转变项目服务方式，实行“4+1”定点联系服务企业制度，每个重点项目都由1名县级领导牵头负责，经开区1名科级领导和县招商局、县工信局各1名工作人员具体联系，实行“项目代办制度”，每个项目确定1名工作人员负责投资服务中心项目手续代办、建设工程报建手续代办。新引入的重点项目实行“日督查、周通报、月总结”制度。通过各部门会商，采取“一企一策”等多种方式，解决企业在建设过程中的各种困难和矛盾，督促、帮助在建企业尽快建成投产。重点项目中，梓江机电产业园基本完成场平，综合楼基础施工，完成招商9户；迪澳制药完成500万元的设备定制和基础设施建设；新华康地奥司明生产线、金明木业指接板生产线、国栋嫘祖山矿泉水等3个项目投产；金和建材技术中心被认定为省企业技术中心，晋深科技、建丰林业、兴隆科技、峻峰建材、鑫淼科贸等投产企业保持良性运行。包装河堤及污水管网项目，成功纳入财政部PPP建设发展模式支持名录库。“机电制造、医药、建材”三大主导产业发展壮大。

【园区土地管理】 2014年，经开区出台《经开区入驻企业管理办法》，推进工业用地准入和退出机制，提高项目投资强度和亩均产出率，进入园区的工业项目投资强度不低于100万元/亩，产出强度不低于200万元/亩，税收不低于6万元/亩·年，凡是达不到标准的项目，不予供地。全年经开区成立闲置土地和空置厂房清理工作领导小组，逐步开展专项清理，提高土地的集约节约利用率，排查涉嫌闲置土地企业11家，涉及土地17宗，土地面积108.71公顷，其中工业用地49.2公顷、商业用地59.55公顷，并进行证据收集、外业核查等工作。

【基础设施建设】 2014年，园区重点推进110千伏变电站、河堤及污水处理管网、三期居民小区等基础设施项目建设。其中，110千伏变电站完成主体建设，进行站内设备安装以及出入线双回路的电力线路架设；河堤及污水处理管网项目可行性研究报告、环境评估报告等前期工作完成，进行地勘和设计，项目建成后进一步提升经开区企业御洪能力及环境保护能力；三期居民安置小区1390套安置房按期竣工，9月完成分配，803户拆迁居民入住新居；西陵大道延长线蒙子1、2号路的建设和8号路管网疏通等项目顺利完工。公共服务设施建设方面，特殊教育学校、幼儿园、三期居民小区已建成投入使用；集贸市场正在进行前期规划；经开区医院一期投入超过5000万元，按二级医院标准设计，完成场平。

【产业科技创新】 2014年，经开区借鉴周边地区的先进经验，结合全县实际，利用盐亭县规划馆和闲置厂房，完成科技型中小企业孵化平台——盐亭县创业孵化中心的建设，面积约2000平方米，可同时容纳40~50户科技型中小企业办公，引进绵阳市科技城科源科技有限公司，专业为入孵企业提供平台服务、完善平台服务体系，搭建再孵项目和风投基金沟通桥梁。引进一批产业关联度高、创新性强、成长性好、市场容量大的科技型项目，经过孵化、培育、成长、落户盐亭，逐步形成产业，年底前已有4户科技型企业入驻创业孵化中心。同时，经开区全力支持企业加大投资力度，推动企业成为研发投入、技术创新、成果转化的主体，2014年企业完成技改投资11.33亿元。支持企业与高校建立战略合作关系，其中金和建材与西南科技大学合作，成为该校创新创业实践基地，成功共建“西南科大—四川金和先进建筑材料联合实验室”。

【投资环境优化】 2014年，园区加快征地拆迁工作，实行全员拆迁，抽调17个县级部门，完成众一科技、活性白土项目征地拆迁工作，签订协议265户。全年累计征收土地60公顷，拆迁379户，搬迁坟墓453座，为众一科技产业园、迪澳制药等项目的顺利开工创造条件。开展“洁城治堵”、“两违”整治等建设环境整治工作，重拳打击“三强两乱”（强买强卖、强揽工程、乱搭乱建）违法行为，维护项目建设的正常秩序，强化环境综合治理，增强招商引资吸引力，为项目建设营造良好的投资建设氛围。 （杨 鹏 任艳秋）

河北·平武工业园区

【概况】 2014年，河北·平武工业园区累计完成固定资产投资9.2亿元，形成工业总产值3.4亿元，工业增加值1.02万元，累计实现综合性税收收入1428万元，签约项目6个，协议引资8.2万元，实现招商到位资金6.2亿元。园区落地建设企业达到19户，投产建成企业6户，在建企业10户，准备建设企业1户，停工和清退企业2户。报征用地32.4公顷，供地15公顷，完成统建房一期分配安工作置工作任务，第一批次拆迁户年前实现入住新居；二期统建房主体工程完成，失地农民参保率达到80%。全年，园区主动融入科技城集中发展区建设，集中全力开展大拆迁工作，园区涉及启动区域内应拆迁78栋99户、10户企业，完成签订协议55户40栋，1户企业，其中，完全拆除31栋，完成目标任务的70.5%。

【园区规划设计】 2014年，园区加强对在建项目工程质量的监督检查，完善日常巡查制度。全年开展建设工程项目安全生产教育培训3次、安全文明施工检查18次、巡查45次，发现并责令整改安全隐患160处，发放整改通知35份，强制培训10人次。做好规划审查上报，完成统建房侧面1号地块的规划方案上报、评审及上市规委会的准备工作，做好科技城集中发展区启动区涉及园区的0.93平方千米内基础设施建设方案，完成1、7、3、12号道路消防设施安装计划。

【基础配套设施建设】 2014年，园区二期统建房主体工程建设基本完成，边坡、堡坎、防洪沟等附属工程建设全面完成，完成6号路、7号路以西场及13号道路全部平场工作，完成园区2号路的设计、审图和清单编制工作；协助完成园区和高新新区的污水管网设计等前期工作。园区完成第二期统建房建设涉及的1栋3户农房拆迁；涉及统建房、道路建设的82棺迁坟任务及青苗补偿；完成6号道路、华核项目涉及的鱼池、杆线搬迁；集中20天完成一期安置房房736套及门面4549平方米的分配工作。

园区征土地约66.53公顷，全部项目完成征地规划审查、国土勘界测绘工作，正由市国土局统一组件报批，28.22公顷用地进入供地程序，工业项目用地的供地前期工作基本完成；统建房项目用地市国土局正在进行成本核算，商住用地待市规划局出具规划意见书后才能交由市国土局核算成本，配合国土部门整改10个涉及卫片图斑的整改项目。

【招商引资及服务】 2014年，园区接洽堂宏集团、苏州宝馨、成都晶元、西部控股、中科院、天津力神、深圳云制造、西蜀电子等企业80余家，进入协议洽谈阶段的拟签约项目2个（苏州宝馨、湖南威孚），协议引资4.5亿元。围绕重点项目工作开展了广泛的对接：围绕长虹配套产业园项目，重点对接成都新元科技、四川长和科技、湖南艾华集团、重庆凯歌电子等10余户配套长虹企业。组织应得项目负责人对接、考察意向合作开发企业成都鑫和、富临精工等企业。围绕天津力神项目引入，赴天津、成都等地，重点对接中国科学研究院、西部控股集团、成都晶元新材料科技、宁夏东方钽业股份、东方钽业能源等项目。围绕打造川汽配套产业园，积极联系、对接川汽绵阳公司，加大川汽优质配套企业湖南威孚等的跟踪、洽谈力度。实施干部职工定点联系企业制度，全心服务园区企业，保障生产要素。园区落地建设企业达到19户，亚塑、豪特、国台、中物、鑫玛、平政等6户企业已建成投产，其余企业全部开工建设。做好项目立项审批；申报企业发展引导资金，成功协助企业获得补助资金300万元，完成入园企业组织机构年检、税务报表、公司注册、税务登记、规模以上企业入库、科技型中小企业认定申报等协调服务工作。

全年，加大融资工作力度，融资实现2900万元（其中：向科发集团融资2000万元，借款900万元），地税税收工作在园区实现常态征收业务。组织召开“园区2014年第一次治安工作会议”，与高新区公安分局、磨家镇党委政府、磨家派出所、电管所部门等建立治安整治联合工作机制，增添治安工作人员；建立园区综合服务平台，县财政、县国土、县地税等县级部门的工作人员进驻，园区综合服务中心正式对外办公服务；对高平公司实体化改造，对公司前期工作运行情况进行梳理。（何代华）

军民融合

【概况】 2014年，全市军民融合企业总产值1510亿元，同比增长23%，实现销售收入1550亿元，同比增长18%，军民融合企业363户，增加102户，其中规模以上企业达到79户。支持、服务在绵阳国防科研院所承担和实施的重大国防科研生产项目，加快建设科学新城、空气动力新城、航空新城。空气动力新城项目建成，集中办公完成整体搬迁；航空新城项目主要厂房完成主体工程施工，试验设备和系统进入调试阶段，高空模拟实验舱及配套系统设备完成安装和调试并进行预运行。《绵阳科技城集中发展区产业规划（2014~2020年）》和《绵阳国家科技城军民融合创新驱动核心示范区产业规划（2014~2020年）》通过评审。全年，16个军民融合类项目，得到国家和省资金支持2920万元。

【中国工程物理研究院】 2014年，中国工程物理研究院发挥科技优势，以开放合作推动成果转化。新增国家机床产品质量监督检验中心等创新平台3个，参加中国军转民大赛获得一等奖1项、二等奖1项、优胜奖2项。完成科技成果转化13项，孵化科技型军转民企业2家，申请知识产权500余项，授权165项。全院规模以上企业达18家。至年底，全院军转民系统营业收入实现46.3亿元，利润4.25亿元，工业增加值10.82亿元，同比增长15%。

【中国燃气涡轮研究院】 2014年，中国燃气涡轮研究院建立健全市场化体制机制，探索建立军民融合新体制，加强航空技术向民用产品转化，重视航空衍生产品的开发，加强直接从事非航空产业人员的激励，提高技术研发水平，精心培育核心产品。完成QJ280燃机动力涡轮第一阶段试验、整机总装及主要性能试验；完成某型发动机地面保障车结构优化及外场试验；交付攀煤主扇风机2台；交付沈飞机场吹扫车1台；完成“东风”压气机台测试首次试验；商发测试项目开展设计、加工；受感部、热电偶、扫描阀、示温漆等测控产品销售940万元。至年底，全院实现营业收入11.51亿元，同比增长9.63%，利润3826万元，同比增长6.66%。

【绵阳西南自动化研究所】 2014年，西南自动化研究所推进军民融合发展战略，围绕以信息控制专业为核心，基础电子、数控系统、核辐射检测、电量传感器军民融合产业为辅的发展基调，烟花爆竹自动化生产、民爆产品开发及市场推广获得阶段性成果，基础电子、数控系统、智能检测和传感器产品批量研制生产得到有力保障，信息安全加密模块和金属激光增材制造成套设备产业化研发项目列入省重点高新技术项目库，先后完成其工程样机和方案阶段的研制工作。明晰“十三五”发展思路，努力实现从“满足兵器生产工艺需求的传统单一型研究所”到“面向国防科技工业信息化与工业化融合发展需求的复合型军民融合特色研究所”做出成功转变。全年，绵阳西南自动化研究所国防科技工业营业收入35787万元，同比增长4%，工业增加值12326万元，同比增长9%，利润4707万元，同比增长6%。资产总额在2013年基础上继续保持较快增长，尤其是利润总额在全所人均收入实现5%增长幅度的基础上，实现利润4707万元，各项经济运行指标持续健康。全年人均科研经费、人均科研项目数、人均拥有成果与专利数位居集团所属企事业单位前列。

【中国电子科技集团公司第九研究所】 2014年，中国电子科技集团公司第九研究所（简称电子九所）落实集团公司“两会”精神，优化《九所中长期发展规划（2014~2020）》和发展思路，主要经济指标超过年度预算目标，全年实现营业收入7.8亿元，同比增长7.68%；实现利润增长7.5%；成本费用率同比下降0.19%，完成民品产业收入同比增长5.64%。全年有20项成果通过鉴定，其中1项达国际领先、15项国内先进水平。申请并获授理专利10项（其中发明专利1项），

灵通电讯

取得专利授权14项（发明专利2项），有效知识产权达42项。举办首届“北斗创新创意大赛”，推选出一批优秀项目参加集团创意大赛，其中“寻道机器人”进入决赛；“硬盘安全处理器”获2014“科创杯”中国科技城创新创业大赛优秀奖、绵阳市创新创业大赛（军转民）二等奖，“通讯用表贴式环行器隔离器系列”获第三届中国创新创业大赛军转民大赛优秀奖。

【长虹电子集团控股有限公司】 2014年，长虹集团大力推进军民融合产业发展。长虹集团旗下四川电子军工集团完成工业增加值7.85亿元；实现销售收入61.39亿元；利润总额1.85亿元，同比增长59.59%。四川电子军工集团投入科研经费2.47亿元，开展科研项目745项；申请专利62项，新获得专利授权47项（其中国防专利8项）；获得省部级以上科技进步奖3项，市级科技进步奖7项。获批建设军民两用技术转移和产业孵化中心。长虹集团公司积极争取纳入国防科技工业军民深度融合改革试点单位，积极参与各类军民技术对接会，并通过展览展示渠道推进民用产品进入军工市场。组织符合条件的子公司开展保军能力建设项目编报，5个项目获批列入军民融合储备项目库，获得专项资金750万元。通讯基站锂电系统获得批量订单；矿用锂电系统完成开发工作并进入测试认证阶段；电动汽车动力电源的开发工作取得突破性进展；为我国首艘航母配套600余套高清显示器；军用雷达技术扩展到低空航管、水面监测、应急救援等领域，初步形成地、海、空全面发展的格局；军民两用高可靠连接器批量应用到机车、风力发电及数控制造装备上。

【九洲电器集团有限责任公司】 2014年，九洲集团坚持军民融合发展战略，全年保持持续稳定增长，实现营业收入201亿元，同比增长10%；实现增加值34亿元，同比增长0.5%；实现利润总额8亿元，同比增长1.9%。坚持“大军工、大市场”发展理念，全力推进民参军，现有10家公司拥有军工资质，7家公司取得军工市场订单，打造以军工电子、空管、北斗为核心，军事物流信息化、军事特种照明、光电线缆等军民融合产业为延伸的“大军工”产业格局，集团全年军品订货总额突破30亿元。借助在军工方面发展积累，推动军民技术转移融合，大力发展空管、北斗卫星导航、光电线缆、LED、物联网等一系列具有自主知识产权的军民两用产品，空管信息化等多项军民两用技术及产品填补国内空白。九洲民品检测试验中心建设完成，被认定为四川省省级工业设计中心和四川省军民两用技术转移和产业孵化中心。推进九洲科技工业园后续工程建设、九洲军民融合产业园建设等重大工程实施，军民重点项目建设进展顺利，其中，“二次雷达系统科研生产条件建设二期项目”总投资5.32亿元。至年底，累计完成投资3.02亿元，完成前期工作和部分基建工程；“九洲军民融合产业园建设项目”总投资4.2亿元，完成全部投资，九洲线缆公司完成整体搬迁入驻新园区。

【绵阳灵通电讯设备有限公司】 2014年，绵阳灵通电讯设备有限公司开展4个型号项目、1个预研项目、4个自研项目、15个技改项目和21个技术研究的研制工作。加大对无线通信市场领域的开拓力度，与北京中交公司、重庆金冠、迪马等单位进行无线通信产品推广交流，拓展无线通信产品市场渠道。通过“天疆工程”展示会平台，无线通信产业成为公司业绩的新增长点。继续开发民用产品，在国网电力系统建设上面实现零的突破，并取得新办高新技术企业资质延。至年底，公司实现销售收入15031万元，其中军品销售收入13524万元。实现利润总额918万元，同比减少43%。

【西南科技大学科技园】 2014年，西南科技大学被列为四川省激励科技人员创新创业专项改革和四川省高校科研评价改革试点单位，四川省非金属复合与功能材料国家重点实验室培育基地正式独立设置运行，并顺利通过验收；核废物与环境安全协同创新中心被认定为四川省2011协同创新中心；获四川省教育厅批准的科研团队2个和四川省军民两用技术转移和产业孵化中心1个；大学科技园被认定为“国家级科技企业孵化器”和“四川省大学生创新创业示范俱乐部”。全年学校科研课题立项702项，立项经费达到1.057亿元，其中军工科研项目经费1374万元。国家大学科技园新增入孵企业28家，新增知识产权27项，接纳学校学生实习、实训2000余人次。获科技经费支持740万元，公司资产782.9万元，成功转化科技成果24项，转化的科技成果创造产值达2.5亿元。西科创投公司获直接投资收益130.78万元，研发项目经费109万元。学校引进博士研究生46人，学校累计博士研究生496人，硕士研究生1067人，其中副高以上职称825人。

（罗　兵）

科学城办事处

【概况】 科学城坐落于绵阳城区北侧，是中国工程物理研究院的科研、生产和生活基地。2014年，科学城办事处从居民最关心关注的住房、教育、医疗、养老、社会保障等问题入手，完成中物院、省、市和本级财政的民生项目资金投入2.4亿元。中物院公共租赁住房项目、科学城一中校安工程、科学城医院新住院大楼、科学城小区供电设施安全改造、科学城新区高层住宅外墙渗漏维修项目等一批重点民生工程开工建设。启动中物院职工房改房住房产权证的发放工作，启动中物院职工住房公积金贷款业务。年底，科学城教体局获绵阳市2014年普通高中教育质量综合评估特等奖，科学城一中荣获绵阳市2014年普通高中教育质量综合评估A组学校特等奖。科学城“999助老便民服务热线”被授予绵阳市首批“敬老文明号”称号。华丰街道被命名为“绵阳市安全社区”。

【社会事业保障服务】 2014年，科学城急救中心投入使用，科学城卫生执法监督支队用房完成建设，科学城医学会成立。健全科学城公共就业服务体系，组建科学城公共就业与人才服务中心，投入就业专项资金120余万元，完成公益性岗位开发、大学生见习基地认定、就业困难援助等工作，实现新增就业70余人。完成科学城养老服务事业发展规划。老年关爱中心开工建设，组织开展科学城首届敬老月活动。和谐社区、平安社区、安全社区建设稳步推进，完成社区居委会换届选举工作；推进企业退休人员社会化管理服务工作，春晖、春华、松涛三个社区被办事处命名为首批标准化管理服务社区。

【城市基础设施改善】 2014年，办事处完成公交站点升级改造建设，科学城中心花园、三区、五所新区路口等改造工程建成投运。推行城市精细化管理，初步形成网格管理模式。完善城市道路交通标识，强化市政基础设施日常养护。通过市容市貌专项整治，城市环境和秩序得到提升。通过全国城市文明程度指数测评。建立防汛监测和信息发布平台，强化对辖区地质灾害的防治。交通运输管理规范，质监、安监和环保工作得到加强，实现辖区无事故目标。

【“平安科学城”建设】 2014年，办事处发挥“天网”工程等技术手段打击违法犯罪和服务群众。开展社会治安综合治理，打击各类违法犯罪等专项行动，推进“一标三实”等基础管理工作，加强危险化工品、道路交通、消防安全监管，刑事案件发案率同比下降5%；交通事故总数同比下降12.6%。加大科学城国家安全人民防线建设，挡获境外人员8人、社会测绘人员7人进入办事处区域进行活动。完成中物院军事设施管理区调整划定，由原来的多点分散，调整为相对集中的整体区域，为中物院各科研区采取封闭式管理奠定基础。

（杨　颖）

欧阳修

欧阳修（1007~1072年），字永叔，欧阳观之子。生于绵州。3岁时随父母离开绵州去泰州。仁宗天圣八年（1030）考中进士，次年任西京（今洛阳）留守推官。后因积极支持、参与范仲俺等人的革新，两次被贬。庆历五年，被贬为滁州太守，在这里写出了著名的《醉翁亭记》。至和元年（1054）八月，奉诏入京，与宋祁同修《新唐书》，以翰林学士身份主持进士考试，先后担任参知政事、刑部尚书、兵部尚书等职。熙宁四年，以太子少师的身份退休，居颖州，次年病逝，谥文忠公。欧阳修是北宋诗文革新运动的领袖，“唐宋八大家”之一，开创了一代新文风。他的文学成就以散文为著，影响也最大，他继承了韩愈古文化运动的精神，在散文理论上，提出文以明道的主张，大力提倡简而有法和流畅自然的文风。他一生写了500余篇散文，著名的《秋声赋》传世至今。他的《六一诗话》是中国文学史上第一部诗话，成为一种论诗新形式。

（摘自《绵阳市志》）

政　治

POLITICS

中共绵阳市委六届六次全体会议

中国共产党绵阳市委员会

概　述

市委扩大会议

【概况】 2014年，中共绵阳市委坚持科学发展、加快发展工作指导思想，把握稳中求进、改革创新工作基调，加快建设中国西部经济文化生态强市，推进国家科技城突破性发展，扎实开展党的群众路线教育实践活动，全市经济平稳健康发展、民生持续改善、社会和谐稳定、党群干群关系更加密切。全年全市实现地区生产总值1579.89亿元、增长9.1%，规模以上工业增加值增速10.1%，社会消费品零售总额734.8亿元、增长13%；完成全社会固定资产投资1080.4亿元、增长7.9%，地方公共财政收入101.8亿元、增长12.5%，城镇居民人均可支配收入25341元、增长9.7%，农民人均纯收入10326元、增长11.5%。

【经济发展稳步增长】 2014年，全市“三农”工作取得新成效，建成“幸福美丽新村”72个，新增市级以上龙头企业32家，完成农田水利基本建设投资77.6亿元；传统产业壮大，71户4亿元以上企业产值增长14%。长虹、九洲、新华、攀长钢分别实现总产值875.1亿元、187.4亿元、102亿元、97.3亿元，长虹跃居“2014四川企业100强”榜首，全市注册上市公司达到15户。“4+3”战略性新兴产业茁壮成长，宝马N20发动机、川汽新能源汽车生产基地等重点项目竣工投产，绵阳市入选国家首批北斗卫星导航产业区域重大应用示范城市。四川电子商务示范城市和服务业示范市加快建设，西部现代物流城、天泰剑南国际食品城等建成开业，全年电子商务交易额1612亿元，网络零售额51.3亿元，均居全省第二位。二环路三期、机场直通道、绵阳川交大桥、绕城高速公路建成投用，成绵乐高铁通车运营，绵阳机场运输旅客108.5万人次。完成城市内涝整治项目41个，开工建设保障性住房6122套、实施危旧房棚户区改造8780户，竣工9035套。拆除违法建设1611宗、17万平方米。16个镇入选国家新一批重点镇。全年引进国内省外项目299个，到位资金509.3亿元、增长7.5%，实现进出口总额29.2亿美元，到位外资2.3亿美元。

【科技城建设】 2014年，科技城被国务院批准执行中关村政策和国家自主创新示范区4项先行先试政策，成为国家自主创新示范区联席会议成员；四川省支持科技城政策10条和市23项配套政策全面落实。市政府一次性拿出6650.5万元重奖资助创新创业项目和人才；全年接纳高校毕业生13577人，其中硕士985人、博士304人。科技城创新中心二期建设落成，全市孵化器达到60万平方米。新成立产业联盟4个，总数达到13个。申报认证科技型中小企业2684户、其中新注册2227户，是上年的3.8倍，总数达到4478户，其中45户成为规模以上企业。专利申请量5991件，授权量3071件。国家知识产权示范培育城市实力评定中绵阳位居第二。中物院于敏院士荣膺年度国家最高科技奖，长虹两项技术获国家科技进步奖。科博会被省政府批准为全省三大展会之一，荣获“2014年度中国十佳会展品牌项目”称号。会展中心二期建成，先后举办中国中医药博览会等活动17场次。科技城集中发展区启动区建设，投资20亿元的基础设施项目全面开工。科技城初步形成“一核三区多园”的发展格局，园区产业集中度达到80%。军民融合步伐加快。“三新城”建设进展顺利，中物院军民结合产业示范园、58所汽车电子产业园、电子9所元器件产业园完成选址。全年新增军民融合企业102户、总数达363户，实现销售收入1550亿元、增长18%。

【体制改革深化】 2014年，市委出台《关于全面深化改革的决定》，确定191项改革任务，完成36项。集体土地所有权和农村宅基地、集体建设用地使用权确权登记基本完成，农村土地承包经营权、农村房屋产权确权登记全面推进；至年底，全市流转耕地5.51万公顷，流转林权14.93万公顷。22项市级经济管理权限下放市辖区和园区，梳理科技城管委会与市级部门、各园区关系。推进政府机构改革，实施事业单位分类改革，减少行政审批事项132项，在全省率先实施投资建设项目并联审批。工商登记改革成效凸显，注册登记各类市场主体32165户，注册资本金340亿元、增长41.2%，其中注册私营企业9099户、增长100.3%。完成民间投资649.4亿元、增长15.7%，占全市投资比重达到60.1%。推进财税体制改革，学习贯彻新《预算法》，改革完善城区财政体制，科学划分市区财政事权，"营改增"改革试点深入开展。出台《进一步深化国资国企改革的意见》。《长虹集团转型升级方案》获省政府批准。

【文化强市建设】 2014年，市政府编制完成《绵阳文化发展规划》，召开全市文化发展大会。评选树立和宣传"最美绵阳人""感动绵阳人物"等身边活着的先进典型。完成绵阳日报社、绵阳晚报社整合和文化市场综合执法改革、国有文艺院团、第一批非时政类报刊转企改制，传统媒体和新兴媒体融合发展。绵阳博物馆主体完工，越王楼非遗展演中心基本建成。川音绵阳艺术学院转设为四川文化艺术学院。文化惠民工程扎实推进，第四届中国诗歌节在绵阳举办。出台《优秀作品奖励扶持办法》，设立李白诗歌奖。电影《兰辉》、长篇报告文学《让兰辉告诉世界》获全国"五个一工程"奖，80余项作品获省级以上奖项，取得历年最好成绩。国家级文化和科技融合示范基地启动建设，"126文化创意"产业园、白马王朗风景区建设进展顺利。全年全市影院票房收入1.3亿元，文化产业实现增加值77亿元、增长15%以上。举办旅游发展大会，第三届全球旅游网络运营商合作交流会并发布《绵阳宣言》。绵阳科技馆、北川维斯特农业休闲旅游区、江油李白故居成功创建国家AAAA级景区，全市国家AAAA级以上景区达到10家。全年实现旅游总收入277.3亿元、增长35.1%，接待游客2821.9万人次、增长15.5%。

【生态强市建设】 2014年，全市健全生态文明考核制度，推行差异化考核方式，在全国率先开展县市区党政主要负责人离任生态环境审计评估试点。对70家企业开展清洁生产审核，江油发电厂2×300兆瓦机组脱硫设施增容改造项目建成运行。公交车、出租汽车全部采用CNG或LNG清洁能源，关停绵阳热电厂。新能源规模以上企业达到22户，完成总产值45亿元、增长22%。游仙经开区城市矿产基地、科技城循环经济产业园、经开区节能环保（装备）产业园加快建设。深化小流域水环境治理，建成污水管网105千米，修缮生态河堤51千米，建成乡镇污水处理厂（设施）14座，主要河流出境断面水质达标。建立起秸秆禁烧和综合利用长效机制，全年空气质量优良天数279天，位居全省8个环保重点市州第二。开工建设体育公园、湿地公园，新建城市绿道10千米、总长达到27千米。财政投入1.07亿元，支持城区空调公交车执行1元票价。新购纯电动公交车30辆，新投放公共租赁自行车900辆。千佛山自然保护区升级为国家级自然保护区。国家环保模范城市复核工作通过省级预评估。

【法治绵阳建设】 2014年，各级党委支持各级人大常委会依法行使职权，支持"一府两院"依法行政、公正司法，支持各级政协和各民主党派、工商联依法按章程履行职能。召开全市群团工作座谈会，支持工青妇等人民团体充分发挥作用。执行重大决策社会稳定风险评估制度等法定程序，组建市法律顾问团，筹建市人大法制委员会。抓好网络理政，书记、市长信箱收到来信11848封、办结11424封。加快民族地区发展，支持北川化债减负。坚持"有感发展""十项民生工程"扎实推进，实施项目178个，办好17件民生实事，完成投资125.05亿元、增长21.7%。新增城镇就业4.8万人，实现再就业9896人。新农合参合率为99.96%，连续4年居全省第一。推进安县设区、三台设市，开展对口支援工作。

【党建工作】 2014年，全市各级党组织加强学习型党组织建设，组织党员干部学习和运用中国特色社会主义理论体系、习近平总书记系列重要讲话精神。全年召开市委中心组学习会13次。完成党的群众路线教育实践活动，在7256个单位、28.7万名党员中进行集中教育，创新开展"三走遍、一深入"和"工余时间访民情"活动。落实中央八项规定、四川省十项规定、绵阳市七项规定及配套措施，抓好领导干部收受红包礼金、违规发放津补贴、违规购置和使用车辆、选人用人不正之风和庸、懒、散、浮、拖五项专项整治。立案查办涉及"四风"问题案件109件、处分120人。2013年评选表彰的11名优秀乡镇（街道）党（工）委书记全部提拔重用，首次面向工人农民招录公务员。实施"优秀年轻干部递进培养计划"。开展市县乡党委书记抓党建工作述职评议考核，全面完成村（社区）换届，城市社区年度工作经费提高到5万元、村和农村社区提高到3万元。落实"两个责任"，逐级开展主体责任约谈，层层签订责任书。完善市委反腐败组织协调机制，推进全市纪检体制改革。全年查办违纪违法党员干部714人，涉及县处级干部29人。

（曹露丹）

2014年度中共绵阳市委重要会议一览

表16

会议名称	会议主要内容	时间	参会人员
2013年度市委班子民主生活会	紧密联系思想和工作实际，摆问题、找原因、谈认识、议对策作剖析；开展批评和自我批评	1月2日	省长魏宏，省级部门负责人蒲波、邓顺贵、唐浪生，市委常委；市人大常委会主任，市政协主席，10名基层代表列席会议
市委六届六次全体会议	传达学习贯彻党的十八届三中全会精神和中央、省委经济工作暨城镇化工作会议精神；听取市委常委会工作报告；对各县市区、园区进行点评考核；总结2013年工作，分析当前形势，安排部署2014年工作	1月6~7日	一、市委委员、市委候补委员 二、不是市委委员、市委候补委员的下列人员列席会议 市委目标管理委员会副主任，绵阳军分区政委，市人大常委会党员副主任，市政府党组副书记、党员副市长，市政协党员副主席；市人大常委会、市政府、市政协秘书长，市委、市政府副秘书长；市纪委常委；有关县、园区、科学城办事处党政主要负责人；市级部门主要负责人；部分高等学校、大中型企业负责人 三、邀请下列人员参加会议 在绵阳科研院所负责人；市人大常委会党外副主任、市政府党外副市长、市政协党外副主席；不是市级班子成员的市级民主党派主要负责人；中央、省驻绵阳新闻单位负责人
绵阳市党的群众路线教育实践活动工作会议	学习贯彻党的十八大和十八届三中全会精神，习近平总书记一系列重要讲话精神，全国、全省党的群众路线教育实践活动第一批总结暨第二批部署会议精神，对全市党的群众路线教育实践活动进行动员部署	2月12日	市委委员、候补委员，市纪委常委；市四套班子领导，市中级人民法院院长，市检察院检察长；已退出领导班子尚未退休的市级党员领导干部（含在省人大专委会任职的干部）；部分曾担任厅级领导职务的老人；市委、市人大常委会、市政府、市政协秘书长，有关副秘书长；各县市区委书记、县市区长，各园区党工委书记、管委会主任；市级各部门主要负责人；市级民主党派、工商联主要负责人和无党派人士代表；市直属企事业单位主要负责人；驻绵阳中央、省直属单位和部分企事业单位主要负责人；市委教育实践活动领导小组成员及办公室负责人，市委各督导组组长、副组长；在绵工作的省第十次党代会代表
市委政法工作会议	传达贯彻中央、省委政法工作会议精神，总结2013年度政法维稳综治工作，通报表扬执行2013年度维稳、综治工作目标先进单位，安排部署2014年工作任务	2月12日	市委主要领导，市委、市人大常委会、市政府、市政协分管联系领导，市中级人民法院院长，市检察院检察长。市委秘书长，市委、市政府联系副秘书长。各县市区委书记，各园区党工委书记；各县市区委政法委书记、维稳办主任、综治办主任、防邪办主任、国安办负责人，法院院长、检察院检察长、公安局局长、信访局局长、司法局局长；科学城办事处政法委书记、维稳办主任、综治办主任、法院院长、检察院检察长、公安局局长、司法局局长；各园区政法、维稳、综治工作分管负责人；高新区法院院长、检察院检察长、公安分局局长。市级有关部门主要负责人。市级政法各部门领导班子成员，市委政法委副书记、纪检员及科（室）负责人
平政河小流域治理暨全市环保工作会议	贯彻落实党的十八大、十八届三中全会关于加快生态文明建设的精神，总结平政河水环境治理经验和2013年全市环境保护工作，安排部署2014年环境保护工作	2月14日	市委、市政府主要领导，市委、市人大常委会、市政府、市政协分管联系领导；市委、市政府秘书长，有关副秘书长；各县市区委、各园区党工委主要负责人，科学城办事处分管负责人；各县市区、各园区环保、住建、水务、财政部门主要负责人；市级有关部门主要负责人
2014年第一次市委中心组学习会	学习习近平人在党的群众路线教育实践活动第一批总结暨第二批部署会议上的重要讲话及中央、省委党的群众路线教育实践活动有关精神，观看专题片	2月16日	市委常委，市人大常委会主任，市政协主席，市人大常委会党员副主任、市政府党员副市长、市政协党员副主席，市中级人民法院院长、市检察院检察长；市委、市人大常委会、市政府、市政协秘书长，市委副秘书长；市委党的群众路线教育实践活动领导小组成员
2014年第二次市委中心组学习会	围绕2014年第一次市委中心组学习会的学习内容讨论发言	2月21日	市委常委，市人大常委会主任，市政协主席，市人大常委会党员副主任、市政府党员副市长、市政协党员副主席，市中级人民法院院长、市检察院检察长；市委、市人大常委会、市政府、市政协秘书长；市委党的群众路线教育实践活动领导小组成员

续表

会议名称	会议主要内容	时间	参会人员
2014年第三次市委中心组学习会	听取科技部火炬高技术产业开发中心党委书记、常务副主任张志宏作《创新驱动与高新技术产业发展》专题报告	2月25日	市委常委，市人大常委会主任，市政协主席，市人大常委会副主任、市政府副市长、市政协副主席，市中级人民法院院长、市检察院检察长；市委、市人大常委会、市政府、市政协秘书长；各县市区党委、各园区党工委主要负责人，各县市区、各园区科技主管部门负责人；市级有关部门主要负责人；部分科研院所、高校、企业负责人
市委反腐败协调小组扩大会议	传达上级有关会议精神，安排布置市委反腐败协调工作	2月27日	市委、市政府有关领导，市中级人民法院院长，市检察院检察长；市委秘书长，市委、市政府有关副秘书长；市委反腐败协调小组成员；各县市区委纪委书记、政法委书记、法院院长、检察院检察长、公安局局长，各县市区纪委分管案件检查工作的常委、副书记；市中级人民法院、市检察院、市公安局班子全体成员，市国税局、市地税局、市工商局、市银监分局常务副局长、纪检组长，市公安局经侦支队、技侦支队支队长，市检察院反贪局、反渎局局长、政委，市纪委案管室、检查一二三室、信访室、审理室正副主任
2014年第四次市委中心组学习会	听取中国纪检监察学院副院长李永忠作《党的十八届三中全会为何高度重视反腐败》专题报告	2月28日	市委常委，市人大常委会主任，市政协主席，市人大常委会副主任、市政府副市长、市政协副主席，市中级人民法院院长、市检察院检察长；市委、市人大常委会、市政府、市政协秘书长；市纪委（监察局）班子成员，各委室主任；市级部门纪检组长（纪委书记、纪检员）；科技城纪工委书记，各县市区、科学城办事处纪委书记，各园区纪工委书记
张勇先进事迹报告会	听取张勇先进事迹报告	3月14日	市委常委，市人大常委会主任，市政协主席，市人大常委会副主任、市政府副市长、市政协副主席，市中级人民法院院长、市检察院检察长；市委、市人大常委会、市政府、市政协秘书长，副秘书长；各县市区、各园区党（工）委主要负责人、组织部部长、宣传部部长，党群工作部部长；全市第二期十八届三中全会和习近平总书记系列讲话精神专题研讨班学员；市委党的群众路线教育实践活动领导小组办公室人员
市委农村工作会议	贯彻2014年中央、省委农村工作会议精神；总结2013年全市“三农”工作，安排部署2014年“三农”工作	3月17日	一、主会场 市政府主要领导，市委、市人大常委会、市政府、市政协分管联系领导；市政府秘书长，市委、市政府有关副秘书长；各县市区党委或政府主要负责人、农办主任，高新区、经开区、仙海区管委会分管负责人、农业服务中心（城乡统筹办公室）主任；市级有关部门（单位）主要负责人；部分高等院校、科研院所负责人；农业产业化经营龙头企业、农民专业合作经济组织负责人 二、县市区分会场 各县市区党委或政府主要负责人，各县市区党委、人大常委会、政府、政协有关领导；各乡（镇）党委书记或乡（镇）长；其他参会人员比照主会场确定
全市推进依法治市工作广播电视动员大会	贯彻落实《四川省依法治省纲要》和依法治省会议精神，就《法治绵阳建设实施方案》作解释说明并安排部署2014年绵阳市依法治市工作	3月21日	一、主会场 市委常委，市人大常委会主任，市政协主席，市人大常委会、市政府、市政协分管联系领导，市中级人民法院院长、市检察院检察长；市委、市政府秘书长，市委、市人大常委会、市政府、市政协有关副秘书长；市级各部门主要负责人 二、分会场 各县市区党委常委，人大常委会、政协主要负责人，人大常委会、政府、政协分管负责人，县级各部门主要负责人；科技城管委会干部职工；各园区党工委、管委会领导班子成员，及其各部门主要负责人；科学城办事处党委、办事处领导班子，办事处各部门主要负责人。各乡镇（街道）班子成员，村（社区）支部、村委会（居委会）班子成员，村民（居民）小组组长以及党员群众代表；市级各部门组织干部职工，国资委管理的国有企业、经信委管理的重点民营企业领导班子、中层干部和职工代表

续表

会议名称	会议主要内容	时间	参会人员
全市工业强市大会	总结2013年工业经济工作；表扬奖励2013年度工业经济发展先进集体、工业服务保障工作先进单位、税收贡献突出企业、产值规模上台阶企业和新认定省级、市级企业技术中心企业以及获得中国驰名商标、四川省著名商标企业；安排部署2014年工业经济工作	3月21日	市委常委，市人大常委会主任，市政协主席，市人大常委会、市政府、市政协分管领导；市委、市政府秘书长、有关副秘书长；各县市区党委或政府主要负责人、分管负责人1名、工信局（发改工信局）局长、统计局局长；各园区党工委或管委会主要负责人、分管负责人1名、经发局局长；市级各部门主要负责人；“2+4”产业推进办专职副主任；部分重点企业主要负责人
2014年第五次市委中心组学习会	听取省委宣讲团成员、省直机关党校副巡视员陈学明教授作学习贯彻省委十届四次全会精神宣讲报告	3月31日	市委常委，市人大常委会主任，市政协主席，市人大常委会副主任、市政府副市长、市政协副主席，市中级人民法院院长、市检察院检察长；市委、市人大常委会、市政府、市政协秘书长、副秘书长；市级各部门主要负责人；部分科研院所、大专院校、企业主要负责人；各县市区委宣传部部长、各园区党工委党群部部长；市委党的群众路线教育实践活动领导小组办公室全体成员
市委全面深化改革领导小组第一次会议	审议市委全面深化改革领导小组工作规则、专项小组工作规则、办公室工作细则（送审稿）；审议市委全面深化改革领导小组办公室组成人员和专项小组成员建议方案；审议市委《全面深化改革决定》起草组建议方案；审议市委《全面深化改革决定》提纲	4月4日	1. 市委全面深化改革领导小组成员 罗　强　林书成　张锦明　吴群刚　李　炜　陈兴春 杨　娟　杨令泉　付　康　李亚莲　颜　超　张学民 刘少敏　李　江　赵映坤　林　新　王　瑜　任建民 赵　琪　经大忠　唐凤泉　谢晓东　郑　蕾　丁　山 2. 有关方面负责人 董晓彬　夏　明　付　强　周礼平
2014年第六次市委中心组学习会	围绕习近平总书记“三严三实”重要论述和在兰考县视察时重要讲话精神，结合如何做“五好干部”进行讨论发言	4月18日	市委常委，市人大常委会主任，市政协主席，市人大常委会党员副主任、市政府党员副市长、市政协党员副主席，市中级人民法院院长、市检察院检察长；市委、市人大常委会、市政府、市政协秘书长；市委党的群众路线教育实践活动领导小组成员
2014年第七次市委中心组学习会	听取中央党校吴忠民教授作《努力改善民生　践行群众路线》专题报告	4月26日	市委常委，市人大常委会主任，市政协主席，市人大常委会副主任、市政府副市长、市政协副主席，市中级人民法院院长、市检察院检察长；市委、市人大常委会、市政府、市政协秘书长，副秘书长；各县市区、科学城办事处、各园区党政主要负责人；市级各部门主要负责人；各县市区组织部部长、宣传部部长，各园区党群部长；市委党的群众路线教育实践活动领导小组办公室人员
启用网上办公系统动员暨应用培训会议	绵阳市云办公平台暨网上办公系统介绍；网上报送文件、信息简报、办公信息沟通等操作方法培训	5月6日	市委、市政府秘书长，市政府办、信息办主要负责人；各县市区委办公室、政府办公室主任和网上办公业务负责人各1名，各园区综合办主任和网上办公业务负责人1名，科学城办事处办公室主任和网上办公业务负责人1名；市级各部门办公室（综合科）主要负责人和网上办公业务负责人1名；在绵阳国有企业、科研院所、高校办公室主要负责人和网上办公业务负责人1名
2014绵阳市科学技术奖励暨科技型中小企业发展推进大会	考察科技型中小企业；表扬先进；总结2013年全市科技型中小企业发展工作，安排部署全市推进科技型中小企业发展相关工作	5月8日	市委常委，市人大常委会、市政协主要负责人、有关联系人；市政府党组副书记、副市长；绵阳军分区政委，市检察院、市中级人民法院主要负责人；市委、市人大、市政府、市政协秘书长；市委、市政府有关副秘书长；各县市区党委、政府主要负责人，科学城办事处主要负责人，各园区党工委、管委会主要负责人，各县市区、园区、科学城办事处科技局主要负责人；市级有关部门主要负责人；部分在绵阳大中专院校、科研院所、企业负责人

续表

会议名称	会议主要内容	时间	参会人员
2014 年第八次市委中心组学习会	(一) 传达学习习近平总书记重要批示和在指导兰考县常委班子党的群众路线教育实践活动专题民主生活会时的重要讲话精神； (二) 传达学习省委 5 月 12 日在中江县召开的全省教育实践活动推进会议精神； (三) 围绕学习内容，开展形势任务“怎么看”（重点围绕习近平总书记系列重要讲话，省委十届四次全会精神开展讨论，进一步深化对“六个基本判断”的认识，把思想行动统一到中央和省委的决策部署上来）、对标先进“怎么办”（对照好干部标准、“三严三实”要求、先进典型开展讨论，引导大家看到差距和不足，找准转作风、提能力、树形象的努力方向）、五个结合“怎么干”(围绕治蜀兴川和深化改革开展讨论，紧密结合各地各单位实际，研究对策措施和工作重点，奋力推进经济社会发展）讨论发言	5 月 20 日	市委常委，市人大常委会主任，市政协主席，市人大常委会党员副主任、市政府党员副市长、市政协党员副主席，市中级人民法院院长、市检察院检察长；市委、市人大常委会、市政府、市政协秘书长；市委党的群众路线教育实践活动领导小组成员
全市党风廉政教育暨落实“两个责任”改革试点工作电视电话会议	开展党风廉政建设警示教育；安排部署落实党风廉政建设党委主体责任和纪委监督责任改革试点推进工作。	5 月 29 日	一、主会场 市委常委，市人大常委会主任，市政协主席，市政府党组副书记，副市长，市中级人民法院院长，市检察院检察长；市委、市人大、市政府、市政协秘书长；市纪委监察局领导班子成员；各园区党工委、科学城办事处党委主要负责人；市级各部门主要负责人 二、市电信大楼分会场 市级各部门纪检机构负责人；市纪委监察局各室主任 三、各县市区分会场 党委常委，人大常委会主任，政协主席，政府班子成员；纪委监察局领导班子成员；县级部门主要负责人；县级各部门纪检机构负责人
2014 年第九次市委中心组学习会	听取省环保厅厅长姜晓亭作《环保形势与对策》专题报告	5 月 30 日	市委常委，市人大常委会主任，市政协主席，市人大常委会副主任、市政府副市长、市政协副主席，市中级人民法院院长、市检察院检察长；市委、市人大常委会、市政府、市政协秘书长，副秘书长；市级各部门主要负责人；各县市区、园区分管环保工作的负责人和环保部门负责人；环保系统代表 70 人
市委全面深化改革领导小组第二次会议	审议《中共绵阳市委关于全面深化改革的决定》《中共绵阳市委全面深化改革领导小组 2014 年工作要点》《绵阳市领导班子和干部队伍建设综合配套改革试点工作方案》《关于推进志愿服务制度化建设的实施意见》《绵阳市培养和践行社会主义核心价值观实施意见》《绵阳市人民政府职能转变和机构改革方案》	6 月 11 日	市委全面深化改革领导小组组长、副组长、成员，市委改革办常务副主任、专职副主任，各专项改革小组办公室主任，市政府秘书长。市人大常委会主任，市政协主席，各县市区委书记、各园区和市级有关部门负责人
绵阳市落实“两个责任”暨推进正风肃纪工作会议	省纪委宣讲组解读《关于落实党风廉政建设党委主体责任和纪委监督责任的意见（试行）》（川委办〔2014〕20 号），安排部署绵阳市落实“两个责任”工作	6 月 12 日	市委常委，市人大常委会主任，市政协主席，市人大常委会副主任，市政府党组副书记、副市长，市政协副主席，市中级人民法院院长，市检察院检察长；市委、市人大常委会、市政府、市政协秘书长；市纪委监察局班子成员；各县市区、各园区党政主要负责人，各县市区纪委书记、各园区纪工委书记；市级部门党组（党委）和纪检机构主要负责人

续表

会议名称	会议主要内容	时间	参会人员
2014年第十次市委中心组学习会	观看电影《兰辉》《天上的菊美》	6月13日	市委常委，市人大常委会主任，市政协主席，市人大常委会副主任、市政府党组副书记、副市长、市政协副主席，市中级人民法院院长、市检察院检察长；市委、市人大常委会、市政府、市政协秘书长、副秘书长；市级各部门主要负责人；市委党的群众路线教育实践活动领导小组办公室组成人员
2014年第十一次市委中心组学习会	专题学习四川省委书记王东明庆祝中国共产党成立93周年暨表彰优秀县乡村党组织书记大会上讲话精神。	7月11日	市委常委，市人大常委会主任，市政协主席，市人大常委会党员副主任、市政府党员副市长、市政协党员副主席，市中级人民法院院长、市检察院检察长；市委、市人大常委会、市政府、市政协秘书长；市委办、政研室、组织部、宣传部、群教办主要负责人
市委六届七次全体会议	深入贯彻落实党的十八届三中全会、省委十届四次全会和省委经济工作暨城镇化工作会议精神，分析当前形势，安排部署绵阳市全面深化改革工作和下阶段经济工作、民生工作	7月25日	一、市委委员、市委候补委员； 二、不是市委委员、市委候补委员的下列人员列席会议： 市人大常委会党员副主任、市政府党组副书记、党员副市长、市政协党员副主席，市检察院检察长；市人大常委会、市政府、市政协秘书长，市委、市政府副秘书长；市纪委常委；县市区、园区、科学城办事处党政主要负责人；市级有关部门主要负责人；科技城党工委、管委会有关部门主要负责人；部分高等院校、企业负责人 三、邀请下列人员参加会议： 在绵阳科研院所负责人；市人大常委会党外副主任、市政府党外副市长、市政协党外副主席；不是市级班子成员的市级民主党派主要负责人；无党派人士代表；中央、省驻绵阳新闻单位负责人
2014年第十二次市委中心组学习会	观看专题纪录片	8月1日	市委常委，市人大常委会主任，市政协主席，市人大常委会党员副主任、市政府党组副书记、党员副市长、市政协党员副主席，市中级人民法院院长、市检察院检察长；市委、市人大常委会、市政府、市政协秘书长，市委副秘书长；市级有关部门主要负责人
市委全面深化改革领导小组第三次会议	审议《关于完善各民主党派市委直接向中共绵阳市委提出建议制度的意见》《关于改革完善城区分税制财政体制的通知》	8月21日	市委全面深化改革领导小组组长、副组长、成员，市委改革办常务副主任、专职副主任，各专项改革小组办公室主任，市政府秘书长
全市山区农村工作会议	进一步加快我市山区全面小康建设步伐，推进山区新村建设，推动现代农业发展，促进山区农民增收致富，安排部署连片扶贫开发等工作	8月29日	市委有关领导，市人大常委会主任，市政协主席，市政府分管领导；市委、市政府秘书长，有关副秘书长；江油市、安县、北川县、平武县党委或政府主要负责人，农（委）办主任、扶贫办主任；市级有关部门：农办、民政局、交通运输局、水务局、林业局、农业局、扶贫移民局、旅游局主要负责人；全市山区乡镇党委或政府主要负责人
市委全面深化改革领导小组第四次会议	审议《关于服务业改革发展的实施方案》《关于进一步深化国资国企改革的意见》《贯彻落实市委六届七次全会重要部署责任分工方案》，听取《关于中关村国家自主创新示范区先试先行政策执行推广的学习考察报告》	9月2日	市委全面深化改革领导小组组长、副组长、成员，市委改革办常务副主任、专职副主任，各专项改革小组办公室主任，市政府秘书长
科技城集中发展区建设专题会	汇报集中发展区工作进展情况；研究报征土地所需规划指标、计划指标以及征地报批费用有关问题；研究拆迁安置相关问题；研究科技城集中发展区投融资方案；报告集中发展区建设前期资金情况	9月3日	市委、市政府主要领导、有关领导；市委、市政府秘书长、有关副秘书长；集中发展区指挥部“一办四部”有关负责人；涪城区、安县、高新区、河北·平武工业园党（工）委或政府（管委会）主要负责人；市级有关部门：宣传部、财政局、国土资源局、人行、土地统征储备中心主要负责人

续表

会议名称	会议主要内容	时间	参会人员
落实党风廉政建设主体责任集体约谈会	对落实党风廉政建设主体责任进行集体约谈，通报全市党风廉政建设和反腐败情况，签订党风廉政建设主体责任清单与承诺书	9月13日	市委有关领导；市级部门党组（党委）主要负责人；市属国有企事业单位党组织主要负责人；党组织关系在绵阳的高校主要负责人
2014四川电子商务博览会暨第三届“绵阳造”精品展销会	全省电子商务发展展示，“绵阳造”精品线上线下展销	9月19~23日	市委、市人大常委会、市政府、市政协主要领导，市委、市政府有关领导；市委、市政府秘书长、有关副秘书长；市级有关部门：宣传部、农办、博览事务局、经信委、教体局、公安局、财政局、住建局、商务局、旅游局、食药监局、房管局、工商局、质监局、科发集团主要负责人；各县市区党委或政府主要负责人，分管商务工作负责人1名；各园区党工委或管委会主要负责人，分管商务工作负责人1名；各县市区、园区商务部门主要负责人；在绵高校电商专业师生代表30名；相关企业代表50人
绵阳市党的群众路线教育实践活动总结大会	贯彻落实习近平总书记系列重要讲话和中央、省委党的群众路线教育实践活动总结大会精神，对全市党的群众路线教育实践活动进行总结	10月13日	一、主会场 市委常委，市人大常委会主任，市政协主席，市人大常委会党员副主任，市政府党组副书记、党员副市长，市政协党员副主席，市中级人民法院院长，市检察院检察长；邀请省委第六督导组成员；市委、市人大常委会、市政府、市政协秘书长；各园区党工委主要负责人；市级各部门主要负责人；参加第一批、第二批教育实践活动的部分在绵阳科研单位、高校、国有企业党委（党组）主要负责人；市委教育实践活动领导小组成员及办公室主任、副主任；市委教育实践活动各督导组第一组长、组长 二、分会场 各县市区四套班子领导；各乡镇党委书记；县级各部门主要负责人；其余参会人员比照主会场确定
第二届中国（绵阳）科技城国际科技博览会	科技创新 军民融合 开放合作	10月16~18日	市委常委，市人大常委会主任，市政协主席，市人大常委会副主任，市政府党组副书记、副市长，市政协副主席，绵阳军分区司令员，市中级人民法院院长，市检察院检察长；市委、市人大常委会、市政府、市政协秘书长、副秘书长；各县市区、各园区、科学城办事处党政主要负责人；市级各部门主要负责人；在绵科研院所、高校、大型企业、民营企业主要负责人
全市人才工作会议	总结一年来全市人才工作开展情况，安排部署下一阶段人才工作，颁发人才发展专项资金	10月22日	市委常委，市人大常委会主任，市政协主席，市政府党组副书记、副市长，市中级人民法院院长，市检察院检察长；市委、市人大常委会、市政府、市政协秘书长，市委、市政府副秘书长；各县市区委书记、组织部部长、人才办主任、人社局长、工（经）信局长、科技局局长，各园区党工委书记、党群工作部部长、经信局局长、科技局局长；市级各部门主要负责人、组织人事科（处）长；市属事业单位主要负责人、组织人事科（处）长；在绵阳高校和科研院所主要负责人、组织人事部长；党的关系在市国资委的国有及国有控股企业主要负责人、人力资源部部长；科技型中小企业300家负责人；获人才发展专项资金资助单位（团队、人才）负责人
全市文艺工作座谈会	贯彻落实习近平总书记10月15日在全国文艺工作座谈会上的重要讲话精神，研讨全市文艺工作现状及发展，进一步促进全市文化大发展大繁荣，推动全市加快建设西部文化生态强市	10月29日	市委主要领导，市委市政府分管领导；市委秘书长，市委市政府副秘书长；市级有关部门宣传部、文联、文广新局、人才办、艺术剧院、文化馆、文旅集团主要负责人；文艺界代表：吴因易、龚学渊、喻海燕、陈纪昌、赵忠志、温　芬、蒋淑梅、卿丹平、王京、汪小麟、秦晖、杨光文、黄英、谢成飞、费勤、马力平、冯学全、周冰、欧建华、安忠瑶、唐官荣、杨晓芸、华林、唐永建、李健、庞泽云、蒋雪峰、邹开岐、赵德贤、田涌泉、王剑、何国忠、尹安国、陈永兵、王开平、黄景何、任继红、江剑鸣、何波、岳少鹏、宋西平
2014年全市旅游发展大会	总结2013年旅游发展大会以来全市旅游业发展情况，安排部署下一阶段旅游发展工作，重点推介九环东线旅游项目，加快打造白马王朗旅游区，推进大九环国际精品旅游线路的建设，以九环东线旅游发展引领全市旅游大发展	11月2~4日	市委、市人大常委会、市政府、市政协主要领导，市委、市政府分管领导；市委、市政府秘书长、联系副秘书长；各县市区党委或政府主要负责人、政府分管负责人、旅游部门主要负责人，各园区党工委或管委会主要负责人，科学城办事处有关负责人，仙海风景区管委会分管负责人、文旅体中心主任；市级有关部门主要负责人；重点旅游乡镇、旅游景区、旅游企业负责人

续表

会议名称	会议主要内容	时间	参会人员
全市农村改革工作推进会	安排部署全市农村改革工作	12月3日	市委、市人大常委会、市政府、市政协主要领导、有关领导；市委、市政府秘书长、有关副秘书长；各县市区党政主要负责人，党委或政府分管负责人、农办主任，高新区、经开区、仙海区党工委书记、管委会主任、农业服务中心（城乡统筹办公室）主任；市级有关部门主要负责人
“12·4”宪法宣誓活动	弘扬宪法精神 推进依法治国 建设法治绵阳	12月4日	市四套班子领导，市中级人民法院院长、市检察院检察长；市委、市人大常委会、市政府、市政协秘书长、副秘书长；市级有关部门主要负责人、依法治理办主任，普法工作责任大口单位分管负责人、依法治理办主任，市级执法单位（支队）主要负责人和代表各5名；市级各民主党派、工商联有关负责人；涪城区、游仙区四套班子主要负责人、依法治理办主任，高新区、经开区、科创区党工委及管委会主要负责人、依法治理办主任，涪城区、游仙区、高新区、经开区、科创区社区党员群众代表各40人；市公安局有关负责人及代表40名，驻绵阳77123部队、绵阳军分区、武警支队有关负责人及代表各40名，长虹公司、九洲集团、燃气集团、绵投集团、交发集团有关负责人和职工代表各20名，20家市属民营企业代表各5名；中央、省驻绵阳新闻媒体及市级新闻媒体单位、绵阳广电网络公司负责人
市委全面深化改革领导小组第五次会议	传达学习中央深改组第七次会议精神；审议《绵阳城区城市建设维护管理事权改革调整方案》《绵阳市农业农村综合改革试点方案》《关于大力培育新型农业经营主体加快现代农业发展的意见》《中共绵阳市委关于贯彻落实党的十八届四中全会精神深入实施法治绵阳建设实施方案的意见》《绵阳市深化文化体制改革实施方案》	12月10日	市委全面深化改革领导小组组长、副组长、成员，市委改革办常务副主任、专职副主任，各专项改革小组办公室主任，市政府秘书长
绵阳市文化发展大会	深入贯彻习近平总书记在文艺工作座谈会上重要讲话精神，全面总结近年来我市文化发展取得成绩，安排部署今后一个时期文化工作，加快建设与国家科技城相适应的西部文化强市	12月23日晚上~24日	市四套班子主要领导、有关领导；市四套班子秘书长、有关副秘书长；各县市区党委和政府主要负责人、分管负责人、文广新局局长、文联主席，各园区党工委和管委会主要负责人、分管负责人、党群工作部部长、社发局局长，科学城办事处党委和办事处主要负责人、分管负责人、文化局局长；市级有关部门主要负责人；文艺界代表20人；媒体代表15人；文化企业界代表10人；科技型文化企业代表10人；文化产业园区代表5人；部分在绵阳高校
市委书记抓党建工作述职评议会议	市委书记就抓党建工作进行述职，参会人员对述职进行满意度测评；通报群众路线教育实践活动整改落实情况	12月25日	市委委员、候补委员；市委党建工作领导小组成员；党的十八大代表、省第十次党代会代表；部分市、县基层党代表

市委重要决定和工作部署

【部署推进非公有制经济又好又快发展工作】　2014年1月10日，市委、市政府印发《关于推进非公有制经济又好又快发展的意见》（绵委发〔2014〕1号）。《意见》要求，要坚持权利平等、机会平等、规则平等，围绕建设西部经济文化生态强市目标，推动非公有制企业依法平等使用生产要素、公平参与市场竞争、同等受到法律保护，着力破除制约非公有制经济发展的瓶颈，激发非公有制经济的创造活力和巨大潜力，推动非公有制经济上规模、上档次、上水平，努力开创全市非公有制经济发展新局面。

【部署法治绵阳建设工作】　2014年1月29日，市委印发《关于印发〈法治绵阳建设实施方案〉的通知》（绵委发〔2014〕3号）。要求各地、各部门充分认识法治绵阳建设的重大意义，切实加强组织领导，研究制定工作措施，确保《实施方案》得到全面贯彻落实，用法治思维和法治方式推进绵阳改革发展稳定各项事业。3月14日，市委办印发《关于印发〈法治绵阳建设2014年工作要点〉的通知》（绵委办发〔2014〕14号），要求从加强党委、政府依法治理制度建设、推进依法行政改革、推进司法公平制度改革、开展法治宣传教育、围绕改革发展大局创建法治环境、扎实推进基层法治创建、加强依法治市工作监督考核等几个方面做好2014年法治绵阳建设工作。

【党的群众路线教育实践活动工作】 2014年1月30日，市委印发《关于深入开展党的群众路线教育实践活动的实施意见》（绵委发〔2014〕4号），部署全市开展党的群众路线教育实践活动工作。要求全市各地各单位全面贯彻“照镜子、正衣冠、洗洗澡、治治病”总要求、突出重点领域和重点对象、认真落实“六个更加注重”要求、努力实现活动目标。要求解决“四风”突出问题、解决群众反映强烈的突出问题、解决群众工作效能问题、解决联系服务群众“最后一公里”问题。2月12日，市委召开绵阳市党的群众路线教育实践活动工作会议。会议强调，要严格按照中央、省委和市委要求，抓住主要内容和关键环节，推动党的群众路线教育实践活动深入开展。聚焦“四风”逗硬解决问题，坚持标准严字当头，认真开展批评和自我批评，深化学兰辉、学张勇活动，突出改进服务群众工作，把制度建设贯穿活动始终。要求全市各级党组织把开展好教育实践活动作为一项重大政治任务抓紧抓好抓实。严格落实责任，坚持领导带头，坚持开门开放，加强督导工作，两手抓两促进，抓好舆论宣传。9月12日，市委印发《关于印发〈中共绵阳市委常委班子党的群众路线教育实践活动整改方案〉的通知》（绵委发〔2014〕10号），要求常委班子成员履行好牵头责任，加强统筹协调和督办问责，着力解决整改中的难点问题，确保整改落实工作顺利推进。要求牵头单位要对照整改目标和时限要求，细化措施办法，整合资源、集中力量解决问题，务必使整改落实到位，确保整改出成果、见成效。

【部署“三农”工作】 2014年2月26日，市委、市政府印发《关于深化农村改革促进农民持续稳定增收的意见》（绵委发〔2014〕5号），部署全市“三农”工作。要求围绕深化农村改革主题，以统筹城乡发展为根本途径，以建设“幸福美丽新村”推进新农村建设为抓手，贯彻好省委十届三次全会“两个重中之重”的要求，加快推进农村全面小康社会建设和西部经济文化生态强市建设。构建新型农业产业体系，推进现代农业上档升级；建设“幸福美丽新村”推进城乡一体化；深化农业农村改革开放，确保农民持续稳定增收；加强组织保障，构建落实“重中之重”的工作机制。5月6日，市委办、市政府办印发《关于印发贯彻落实中共绵阳市委、绵阳市人民政府关于深化农村改革促进农民持续稳定增收的意见责任分工方案的通知》（绵委办发〔2014〕27号）。要求市级有关部门（单位）要按照责任分工，细化工作措施，精心组织实施，完成相关工作。

【部署工业发展工作】 2014年3月21日，市委、市政府召开全市工业强市大会，贯彻全省工业工作会议和市委六届六次全会精神，总结2013年全市工业工作，安排部署2014年工业工作。会议强调，坚持做大增量和提升质量并举，大力发展新兴产业，做强做优主导产业，化解过剩产能，推动结构优化，努力构建在全省乃至西部具有较强竞争力的现代产业体系；坚持创新驱动，加速转化科技成果，努力推动技术进步，深化军民融合发展，提升工业发展动力；做强企业主体，加快企业改革步伐，着力发展大企业大集团，积极培育中小微企业，夯实工业发展基础；树立“抓重大项目就是抓经济发展”的理念，坚持政策聚焦、要素聚集、力量聚合，加快推进一批项目，强化招大引强工作，搭好项目对接平台，增强工业发展后劲；大力实施“园区千百亿工程”，按照“差异竞争、优势互动”原则，突出园区特色发展，提高园区承载能力，推进园区转型升级，力争园区产业集中度达到80%。

【部署全面深化改革工作】 2014年8月19日，市委印发《关于全面深化改革的决定》（绵委发〔2014〕8号）。《决定》要求，完善创新驱动转型发展的体制机制、形成激发市场主体活力的体制机制、构建规范高效的政务服务体制机制、建立健全城乡统筹发展体制机制、完善有效提升治理能力的体制机制、健全权力运行制约和监督的体制机制、创新文化发展体制机制、完善社会事业发展的体制机制、构建科学有效的社会治理体制机制、构建生态文明建设的体制机制，切实做好我市全面深化改革工作。

【部署科技型中小企业发展】 2014年5月7日，市委办、市政府办印发《关于印发〈2014年绵阳市科技型中小企业发展工作要点〉的通知》（绵委办发〔2014〕26号）。要求健全政策支撑体系、建好发展服务体系、深化科技金融结合、强化创新创业人才支撑、完善孵化器载体体系、做好招商引智工作、实施“瞪羚企业”和“科技小巨人企业”培育计划、整合筹集科技型中小企业发展资金、建立健全工作机制，并制发2014年绵阳市科技型中小企业发展工作任务分解表。

【科技城建设】 2014年9月3日，市委书记罗强，市委副书记、市长林书成召开科技城集中发展区建设专题会议，部署相关工作。会议强调，作为科技城建设“四大平台”之一，科技城集中发展区是推动科技城突破性发展的产业承载平台，再造一个“科技绵阳、产业绵阳、宜居绵阳”的重要抓手，推动绵阳转型升级、创新发展的关键举措。集中精力解决好集中发展区启动区建设面临的资金、土地等要素保障和征地拆迁、群众安置、工程及配套服务设施建设等方面存在的突出问题，确保按照计划目标顺利有序推进。强化统筹协调，集中发展区建设指挥部加强协调，各级各部门相互配合，共同看长远、算大账、谋发展，全力做好各项服务保障工作，以实际行动助推科技城建设实现新突破。11月18日，市委书记罗强，市委副书记、市长林书成前往科技城集中发展区现场办公并召开座谈会，部署相关工作。会议对当前抓好科技城集中发展区建设提出四点要求：优先做好拆迁群众安置工作，优化安置点选址方案，统筹考虑群众安居、就业、长远生计和园区服务配套问题，让群众在科技城集中发展区建设中首先受益，过上更好的生活；优质高效安全地推进在建项目，在确保施工安全和工程质量的前提下，精心制定项目实施方案，落实责任，倒排工期，科学施工，按照预定目标加快项目建设进度，力争项目早日建成发挥作用；加快推进产业项目落地和建设，立足看长远、算大账、谋发展，加大产业项目促进力度，推动在谈项目尽快落地，落地项目加快建设。同时，抓住中关村国家级自主创新先行先试政策即将在绵阳落地的契机，筹备好招商引智等系列重大活动，力争促成一批重大项目落户；统筹协调推进集中发展区建设工作。科技城集中发展区建设指挥部要进一步加强组织协调，集思广益、统筹谋划，涉及县区、园区要发挥主体作用、全力推进，相关职能部门和企业要密切配合、全力支持，形成各级各方面齐心协力推进的强大合力。要加快完成集中发展区总体规划设计，理顺投融资工作机制，引领和保障集中发展区建设有力有序有效推进。12月26日，市委、市政府召开中国科技城·绵阳体制机制和政策体系研究工作座谈会部署工作。会议指出，近年来，绵阳从国家、省、市三个层面积极争取和推动构建起科技城政策支撑体系，为推动科技城建设实现突破性发展提供重要保障。当前，扎实抓好科技城比照执行中关村国家自主创新示范区先行先试政策的实施工作，加大宣传解读和推动执行力度，尽快促进相关政策落地见效，发挥出对科技成果转化、创新驱动发展等方面的重要引导作用。

【部署旅游发展工作】 2014年8月20日，市旅游产业发展领导小组工作会议召开。会议强调，各级各有关部门要抓住旅游产业发展的关键环节，开动脑筋、狠下功夫、突出特色，推动全市旅游产业持续健康发展。继续突出特色，打造精品。抓住成绵乐高铁开通重大机遇，推出具有绵阳特色的工业游、科技游、城市游，设计打造针对不同消费群体的系列特色“旅游套餐”，推动全市旅游产业上档升级。继续加强营销，扩大影响。坚持用好传统营销手段基础上，运用网络、微信、微博等现代手段做好营销，加强旅游推介，争取更多客源。继续强化服务，提升质量。加强旅游集散中心、旅游咨询服务中心等基础设施建设，及时向游客发布旅游信息，提高旅游饭店、宾馆等的服务接待质量，搞好旅游安全管理和节假日安全检查，为游客提供优质安全的服务保障。继续开放合作，引进增量。支持文旅集团、交发集团等本地旅游企业做强做大，积极引进有实力的旅游大企业、大集团和旅游专业人才，共同参与推动全市旅游产业发展。继续搞好策划，有序推进。抓住重要节假日和科博会等重大活动机遇，做好总体筹划和宣传策划，一个节点一个节点去做，办出特色、吸引人气。11月2~4日，市政府召开全市旅游发展大会，总结部署全市旅游工作。大会要求：用创意赋予旅游业灵魂和风采，以资源禀赋为基础，以创新创意为动力，在改造中提升传统业态，在创造中催生新兴业态，推动旅游业由资源依赖型向谋划创意型转变。注重为景区注入特色因子，充实旅游内涵，提升旅游品位。注重发挥绵阳历史文化悠久、自然山水绚丽、科技工业发达的优势，大力发展生态休闲旅游和文化科技旅游。加快推动在线服务、网络营销、网上预订、网上支付等智慧旅游服务。推动发展基础和发展条件较好的景区高标准规划、高质量建设，加快转型升级，力争成为国内外瞩目的旅游目的地，成为引领绵阳旅游发展的王牌。叫响“李白出生地，中国科技城”这一“名片”，参加各种宣传营销活动，大力提升知名度。发挥大景区的带动作用，带动城镇、乡村产业发展和转型升级，带动村民就近就业和增收致富，开发一批形式多样、特色鲜明的乡村旅游产品，建设一批特色景观旅游名镇名村，发展有历史记忆、地域特色、民族特点的旅游小镇。注重业态融合，推动旅游业与新型工业化、信息化、城镇化和农业现代化相结合，与科技、文化、农业、商贸相融合。注重营销融合，加强与客源地、通航城市、知名旅行社的合作。注重政策融合，积极支持旅游业发展。注重区域融合，加强与周边城市的联动发展。 （曹露丹）

组织工作

【概况】 2014年，全市组织工作贯彻落实党的十八大、十八届三中、四中全会，省委十届三次、四次全会和市委六届六次全会精神，坚持融入中心、服务大局，改革创新，务实重行，遵循规律、统筹兼顾，为全面深化改革、加快建设西部经济文化生态强市和科技城发展提供组织保证。牵头形成全市教育实践活动“1+15”活动方案，提出党员领导干部“六个带头”，策划开展“六大专项行动”，开展“三走遍一深入”活动，推动各级领导班子以整风精神召开专题民主生活会，推进“9+X”正风肃纪专项整治，做实干部“走读”、调动随带公车等13项“X”自选整治内容，“四风”问题得到有效遏制，党心民心进一步凝聚，形成推动西部经济文化生态强市建设的强大正能量。中共四川省委副书记、省政府省长魏宏和省委常委、组织部部长范锐平分别4次、3次对绵阳工作作出肯定性批示，中央活动办、中央督导组3次到绵阳调研；中央活动办简报以单条形式刊发绵阳市经验做法，省委活动办简报采用数量位列全省市州第一。

2014年，全市有党组织13115个，其中农村党组织3546个，含乡镇277个、行政村3269个；城市党组织6569个，含街道13个、社区507个、机关2619个、国有企业756个、非公有制经济组织3201个、新社会组织2473个。全市有党员313963名。从党员分布情况看，在岗职工党员95984名，占30.6%；农牧渔民党员133701名，占42.6%；学生党员5885名，占1.9%；离退休党员47980名，占15.3%；其他党员30413名，占9.6%。从党员结构方面看，女性党员70594名，占22.5%；少数民族党员11063名，占3.5%；35岁以下党员66197名，占21.1%；大专及以上党员103704名，占33%。2014年，省委组织部分配给绵阳市2014年发展党员名额6740名，其中，女性党员3148名，占46.7%；少数民族党员322名，占4.8%。

【领导班子和干部队伍建设】 2014年，全市继续抓好党的十八届三中、四中全会和总书记习近平系列重要讲话精神学习，开展县处级领导干部全员全覆盖培训。鲜明“好干部”标准和“三重”导向，注重从基层、经济建设主战场、党的建设主阵地和急难险重一线培养选拔干部。着力破解“四唯”问题，贯彻新《条例》，开展综合配套改革试点，出台动议、推荐、考察、讨论决定、任职管理等环节“1+5”系列文件，“五位一体”的干部选任工作机制初步构建。深化递进培养计划，推动市县两级联动遴选培养对象1079名，其中提拔重用93人，优秀干部人才战略储备初具规模。紧扣西部经济文化生态强市建设，组织实施“1+4”专题培训，培训各级各类干部2875人次，干部队伍推动发展能力提升。

【干部管理监督】 2014年，全市落实从严要求，落实干部谈心谈话全覆盖制度，重点抓好新任职干部、关键岗位干部、家庭有特殊情况干部谈心谈话。集中开展选人用人问题“5+2”专项整治，清理超配领导职务370人；清理在企业兼职（任职）的党政领导干部363名；对2087名县处级干部配偶、子女移居国（境）外情况进行全面排查；建立干部选任全程纪实制度，首次对63名领导干部个人报告事项开展随机抽查核实。开展“庸懒散浮拖”问题专项整治，查处干部“走读”、工作纪律松弛等反面典型49起59人，做出免职处理7人、诫勉谈话16人，营造为官有为、干在实处的浓厚氛围。

全市基层组织工作

【科技城创新人才汇聚地建设】 2014年，绵阳出台《绵阳市人才发展专项资金资助项目实施办法》等14个配套政策，发挥6000万元省市人才发展专项资金的杠杆作用，组织实施“涌泉计划”扶持等五大人才工程，召开人才工作大会，对198个团队（个人、项目）一次性给予6650万元资助奖励。牵头筹备举办科博会人才交流合作大会，做好国家、省重大人才项目（工程）申报工作，入选全省“千人计划”人数继续保持各市州第二。

【基层基础工作】 2014年，全市开展市县乡党组织书记履行党建工作责任述职评议考核工作，召开3次基层党组织建设工作现场会，出台“2+7”政策文件，有效推动党建责任制落地落实。创新推进基层党建工作，在农村开展“新四村”创建活动，在社区推进区域化、去行政化、职业化建设，在非公有制企业推行非公有制企业党建“三同两议一取向”工作法，在机关开展“一评五制三整顿”优化投资环境专项活动，推行“五项服务”。持续开展“三分类三升级”活动，整顿软弱涣散党组织272个，推动全市基层党组织上档升级。做实党员发展和管理工作，完善党员先锋行为管理、“三定两谈”不合格党员处置等办法。着力强化基层基础保障，主城区社区工作经费达到5万元以上，其他村（社区）达到3万元以上。大抓基层导向更加鲜明，人财物进一步投向基层。（袁 鸿）

党建工作

【概况】 2014年，全市按照中央、省委和《绵阳市基层党建工作三级联诺联述联评联考联用实施办法（试行）》要求，强化“书记抓、抓书记”的党建工作理念，确保各级党组织书记切实履行基层党建工作“第一责任人”职责，抓好党建责任制落实主线。市委书记罗强履行基层党建工作“第一责任人”职责公开承诺书通过文件网上公开刊发，24位县市区、园区、市委派出党（工）委书记做出公开承诺，全市各级党组织书记按要求进行公开承诺。

【党建工作述职测评】 2014年，全市自上而下分级开展市、县市区、乡镇（街道）、村（社区）、机关企事业单位党组织书记抓党建述职评议考核工作，按照中央、省委要求，市委书记罗强分别向省委常委会和“两代表、一委员”作书记抓党建工作“双向”述职测评；市委书记罗强主持召开全市党建工作述职大会，听取各县市区委、派出党工委书记向市委常委、“两代表、一委员”述职并测评；督促指导各县市区、园区、市委各派出党（工）委做好本级及下属党组织书记的述职测评工作。

△“两代表、一委员”：党代表、人大代表，政协委员。

【党建领导小组】 2014年，市委两次召开党建领导小组会议，推进建立健全领导小组会议制度、督查指导制度、情况通报制度等，形成大党建工作格局。研究解决党风廉政建设、市直机关党建、社区建设和市委党的建设工作领导小组职责等党建难点问题。市委带头按照新《预算法》要求，研究落实党建工作经费，决议从2015年起，每年单独预算安排3000万元党建工作专项资金，加强党的基础建设。《绵阳以党建工作领导小组为载体进一步落实党要管党从严治党责任》被省委组织部组工动态刊载，省委党建办主任、组织部副部长周国庆批示“进一步总结推广绵阳经验”。11月，省委党建办调研组到绵阳召开党建领导小组专题调研座谈会，调研绵阳党建工作经验。（袁 鸿）

党的群众路线教育实践活动

【概况】 2014年2~9月，按照中央和省委部署，全市583个市、县市区（园区）领导班子、领导机关及其直属单位，666个学校、335个医疗卫生单位；289个乡镇（街道），3789个村（社区）；69个国有企业，1525个“两新”组织党组织，以及287402名党员集中开展党的群众路线教育实践活动。市委把搞好教育实践活动作为首要政治任务，坚持提前预热和“六个带头”，突出开门开放，分层分类展开，做到教育与实践并重、真查与实改并举，确保活动不虚、不空、不偏、不走过场。从市委常委会做起，带头开展学习调研、带头征求各方意见、带头进行对照检查、带头抓好整改落实、带头推动工作实践、带头践行专项行动，召开16次常委会、6次领导小组会议、6次督导组工作会、17次推进会，专题研究部署教育实践活动。市委书记罗强带头到联系点安县作辅导报告，开展走访调研，征求各方意见，33名市级党员领导干部分别到联系点，20名市委常委、党员副市长到分工负责单位，1095名县级干部到联系点，开展调研指导、讲党课、作专题。

全市坚持对照先进典型抓教育、对照反面典型抓警示、开展专题讨论抓认识，编印《绵阳教育实践活动应知应晓50问》，举办领导干部学习贯彻习近平总书记系列重要讲话精神集中轮训班27期，开展理论宣讲5455场次，发掘树立身边典型562个，举办兰辉和张勇先进事迹报告会35场次。开展反面典型警示教育5314场。开展“群众路线怎么走”“改进作风怎么办”“五好干部怎么做”等十个专题学习，强化了思想认识。

【查找“四风”问题】 2014年，全市根据党的群众路线教育实践活动安排部署，聚焦“四风”，查找“四风”突出问题。开展“三走遍、一深入”活动，累计走访群众72.2万余户，收集各类问题4.7万个，化解信访案件、矛盾纠纷7700多件，办实事1.9万件，落实帮扶资金5721万元。重视“自己找”问题，对照“四面镜子”和对照

绵阳市党的群众路线教育实践活动工作会议

中央提出的“四风”问题25种具体表现以及省委提出的9个方面问题，市县两级干部共查找“四风”突出问题3451条。拓宽征求意见渠道，开展了谈心谈话全覆盖活动，征求意见建议2600余条。召开“两代表、一委员”座谈会，通过电视“真情面对面”、网络理政、来信来访、“百姓听音”、上门走访、明察暗访等方式，拓宽征求意见渠道，收集各类问题688条。对收集的意见建议，运用自己领、集体议等方式，梳理出突出问题1.81万个。

【专题民主生活会和组织生活会】 2014年，全市根据党的群众路线教育实践活动安排，组织专题民主生活会，开展交心谈心，深刻对照检查，市委常委会5次集体讨论修改市委班子对照检查材料，全市各单位“一把手”主持起草领导班子对照检查材料，班子成员个人普遍修改10~20次。开展批评和自我批评，实行主要负责人带头对照检查、开展批评，班子成员开门见山、切中要害，自我批评动真碰硬、揭短亮丑，相互批评当面锣、对面鼓，既红脸出汗，又加油鼓劲。市委常委班子成员间提出相互批评意见209条，平均每人19条。严格审核把关，统一编制县市区委及其党政主要负责人、市级部门领导班子及县级党员领导干部、部门下属单位等5类对照检查材料《审核流程图》和《审批表》。认真开好专题组织生活会和做好民主评议党员工作，在各县市区确定1个乡镇（街道）试点，在梓潼县的村、社区、机关、学校、医院和“两新”组织等8个不同类型的基层党组织中，集中开展基层党组织专题组织生活会和民主评议党员试点。市委教育实践活动领导小组下发9类基层党组织专题组织生活会和民主评议党员工作流程。8月18日在梓潼县召开了全市基层党组织专题组织生活会和民主评议党员工作现场推进会。全市27.4万名党员参加民主评议，占总数的95.5%，其中“好”“一般”“差”分别占83.1%、16.4%、0.5%。

【整改落实】 2014年，全市根据党的群众路线教育实践活动要求，坚持立说立行，逗硬整改落实。按照“四个回应”要求，全市各级制订各级领导班子整改方案、正风肃纪专项整治方案，列出班子成员整改事项清单。开展整改清单公示，对市“四套”班子、法检“两院”、市级部门特别是32个执法监管部门、窗口单位和服务行业、涉及民生重点部门领导班子的整改事项清单，在《绵阳日报》公开，班子成员个人整改清单在中央群教办规定的范围内进行公开。市委常委班子带头先行先改，罗列18类、105项整改事项，2次召开常委会专题讨论修订完善整改方案，以上率下从严务实推动整改。坚持以省委“两个意见”为契机，持续推动整改落到实处，扎实推动整改落实、建章立制工作。在作风机制建设方面，认真落实省委《关于建立健全作风建设长效机制的意见》，新制定《关于建立反腐倡廉预警机制的意见》《“一案双查”的具体办法》等6项制度；在从严从实管理干部方面，认真落实省委《关于认真贯彻“三严三实”要求进一步加强党员干部教育管理监督的意见》，新制定《绵阳市县级领导班子和领导干部综合分析研判暂行办法》《关于改进和完善县市区党政领导班子政绩考核工作的暂行办法》等11项制度。

【正风肃纪专项整治】 2014年，全市结合党的群众路线教育实践活动，集中开展“四风”问题专项整治行动，以省委“9+X”专项整治为重点，做实13项“X”整治内容，查处干部“走读”行为6起；清理超标、随带等违规车辆116辆；整治文山会海，各类会议、文件简报和内部刊物减少20.5%，市级公务接待费用减少28.8%，清退办公用房5.96万平方米；清理党政领导干部在企业兼职（任职）363人，1.5万余名党员干部做出专项承诺，7.98万名党员干部做出会员卡“零持有”报告。着力解决群众反映强烈的突出问题，持续开展优化投资环境改进工作作风“一评五制三整顿”活动，砍减行政审批事项133项，将22项市级经济管理权限下放到市辖区和市级园区。调查处理不作为、慢作为、乱作为问题205个。

【教育督导】 2014年，党的群众路线教育实践活动中，市、县市区派出222个督导组，制订《督导组工作手册》。抓好领导干部这个“关键的重点”和“一把手”这个“重点的关键”，督促各单位“一把手”在学习调研、征求意见、对照检查、整改落实、推动实践等方面走在前头，带头推动工作落地。严格督导把关。严格按照“五个不放过”要求，对征求意见、查找问题、剖析材料、整改方案等严格把关，对民主生活会现场点评，推动各项工作不折不扣落实。督导组与班子成员普遍开展2轮以上谈心谈话，对领导班子及成员对照检查材料普遍审核4至6次，对民主生活会准备不充分的70家单位要求推迟开会，对领导班子“两方案、一计划”及领导干部个人的整改清单普遍审核3次以上。 （袁　鸿）

宣传工作

【思想教育与理论宣传】 2014年，全市采取专题辅导、集中座谈、交流讨论、个人自学等方式，组织安排市委中心组学习42次，其中召开市委中心组集中学习会13次，邀请李永忠、吴忠民、金一南等国内知名专家到会作辅导。编写《理论参阅》24期，推荐《社会主义500年》《习近平总书记系列重要讲话精神辅导读本》《习近平谈治国理政》等学习读本10余种。优质高效地完成了系列理论宣讲活动，3月31日，举行“学习贯彻省委十届四次全会精神”宣讲报告会；12月，在全市范围内开展多场“学习贯彻党的十八届四中全会和省委十届五次全会精神”宣讲报告会。深入开展理论研讨，4月29日，精心组织召开“张勇精神与践行社会主义核心价值观”研讨会；11月14日，举办全市社科理论界学习贯彻“党的十八届四中全会精神”座谈会。中宣部舆情信息直报点建设得到强化，全年累计向中宣部报送舆情信息4011条，采用104条。

【主题教育】 2014年，全市主题教育围绕培育和践行社会主义核心价值观，大力开展“厚德四川·与善同行”“崇德向善·厉行法治”“我们的节日”等多个主题活动，投放展示相关公益广告招贴画3200余处约56000平方米120余万份，主流媒体、户外显示持续展示刊播。广泛开展志愿服务，推动学雷锋活动、学习宣传道德模范常态化，组织开展“邻里守望”等20多项主题志愿服务活动，参与活动的志愿者超过50万人次。开展“中国好人”“四川好人”“身边好人”“最美人物”“时代楷模”等推荐评选活动，全市有27人入选四川好人榜和中国好人榜，其中，入选中国好人榜3人。王汝萍被评为全国“最美人物”之“最美社区人”，肖琳荣获全国十大“最美村干部”，杜敏被选为“全国百名美德少年”，李海燕等8人被定为省级“最美人物”。开展“最美绵阳人”“身边好人”进社区、机关、企业、学校、村镇、军营巡讲活动。

【对外宣传】 2014年，全市对外宣传围绕市委、市政府中心工作，提前准备，精心策划，邀请中央、省级主流新闻媒体来绵采访，共在各级主流媒体刊发（播）新闻报道稿件5000余篇。围绕第二届科博会、四川（绵阳）电商博览会、第四届中国诗歌节、第十五届西博会、党的群众路线教育实践活动、电影《兰辉》开机仪式等重大活动，在北京、成都等地召开新闻发布会24场，邀请和组织境内外媒体800家次。策划、对接在中央电视台1套和新闻频道《新闻30分》投放“李白出生地中国科技城”主题形象宣传片，在四川卫视投放“周末休闲那里去，快坐高铁去绵阳”旅游宣传片，使绵阳关注度得到持续提升。邀请美国中华商报、美国美洲商报、日中新闻社、日中商报、香港文汇报、澳门日报等12家海外华文媒体到绵阳进行为期三天的集中采访报道，提升绵阳市的海外影响力。

【新闻宣传】 2014年，市委宣传部组织市级媒体深入开展学习贯彻党的十八届三中、四中全会，总书记习近平系列讲话和省委十届四次、五次全会以及市委六届六次、七次全会精神的宣传报道，围绕“六大发展战略”，开展“创新驱动、转型发展”“改革新成就、发展新亮点”“创新创业人才为先”“中国科技城、创业新特区”“发展县域经济、夯实底部基础”“关注大学生就业创业”“保障和改善民生、建设幸福美丽绵阳”“整治小流域”“秸秆禁烧”等系列报道，确保市委市政府重大决策部署家喻户晓、深入人心。9月5日，举办全市新闻战线“好记者讲好故事”演讲比赛活动，广泛交流践行马克思主义新闻观的经验体会，让“好记者”讲述“好故事”、发出“好声音”，新闻战线人才队伍建设得到全面加强。顺利完成了绵阳日报社和绵阳晚报社的整合，使主流媒体的资源配置更加合理、运转更加高效。

【网络宣传】 2014年，全市深化网络理政建设，全年书记、市长信箱点击率达73万余次，收到各类来信34564件，办结34101件，办结率达98.7%；第三方评价机制在全市推广。围绕市委、市政府召开的重要会议和重大活动，运用互联网思维，充分利用网站、微博、微信、微视频和手机报，开展声势浩大的主题宣传活动。科学设置命题，主动发声，加强网络舆论引导。举办争做中国责任网民、网民体验水源地、网友探班科博会等大型网民座谈、体验活动10次；妥善处置“三台救灾物资霉变”“平武金沙广场违法建筑”等近10起重大涉及绵阳网络舆情和200余起常规舆情；创造性提出并实施的网络信息发布“三审制”、网信办“不删帖”自我约权、网站信用等级评定等举措，受到全国互联网业界的普遍好评，被各级网信部门广泛借鉴和推广。

【文化惠民活动】 2014年，全市坚持送文艺下乡“七进”“三馆一站”免费开放等常态化群众文化活动，举办第四届中国诗歌节和第三届感恩文化节，开展新年音乐会、绵州大舞台惠民演出季、农民工文化慰问、绵州讲坛等品牌文化活动。全年全市组织开展大型舞台演出90余场次，广场文化艺术活动210余场次，送文化下乡活动488场次，各类文化展览40余场次，文艺辅导53批次，惠及群众近420万人次。参与电影《兰辉》的拍摄，组成工作组赴北京、重庆、山东、辽宁、河北、河南等省市和省内各市州开展电影《兰辉》的推广发行活动，收效明显。9月，电影《兰辉》和大型报告文学《让兰辉告诉世界》荣获中国第13届“五个一工程”奖，电影《笑过2012》等6部作品荣获四川省第13届“五个一工程”奖；倾情打造的大型方言话剧《公仆兰辉》在全国范围内公演，音乐原创作品《江上泛舟》获得2014亚洲国际音乐节创作金奖。加大文艺创作的扶持力度，12月出台《绵阳市文化产业重点项目库建设与管理暂行办法》；设立“李白诗歌奖”，出台《李白诗歌奖评奖暂行办法》。同月，在全省率先出台《绵阳市文化领军人才资助管理办法（试行）》；12月24日，召开全市文化发展大会，对7个文化领军团队和13名文化领军人才进行表彰，颁发资助资金216万元，发放全市2014年优秀文艺作品、特别项目和文艺项目扶持资金149万元。

【文化产业发展】 2014年，全市市县成立以党委书记牵头的文化改革与发展领导小组及其办公室，完成市县两级文化广播影视新闻出版机构整合。编制完成《绵阳市文化产业发展规划（2013~2020）》，优化产业布局，规划实施“2+2+2”产业布局。积极推进3个市级文化产业示范园区和15个市级文化产业示范基地建设。建立了文化产业重点项目库，征集入库项目20余个，其中有4个进入中央文化产业重点项目库、11个项目成功申报省级文化产业发展专项资金。培育富有绵阳特色的丰泰包装、北川绣娘等8个特色文化产品。 （文泽浩）

统一战线工作

【概况】 2014年，绵阳市统战工作坚持同心引领，筑牢统一战线共同思想政治基础。组织各民主党派、工商联、无党派人士学习党的十八大、十八届三中、四中全会和习近平总书记系列重要讲话精神。纪念中国共产党领导的多党合作制度确立65周年，在《绵阳日报》刊发市委书记罗强《继承发扬多党合作优良传统 合力共促绵阳全面深化改革》署名文章，相继刊发市级各民主党派、工商联、无党派代表人士署名文章。在绵阳电视台连续播放市级各民主党派、工商联、无党派人士专题短片9个。举办“歌唱祖国——绵阳统一战线庆祝中华人民共和国建国65周年文艺演出”。

【参政议政】 2014年，绵阳市出台《关于完善民主党派绵阳市委直接向中共绵阳市委提出建议制度的意见》，召开市政府部门与民主党派对口联系工作座谈会，坚持情况通报、会议列席、双向交流、联合调研四项制度，建立民主党派秘书长联席会制度。出台《关于进一步做好民主党派自身建设若干重大问题座谈会纪要》和《绵阳市2014年新建民主党派基层组织规划》。协助13个民主党派基层组织完成换届。严格按照程序对48名2015年换届后备人选进行考察。围绕药品食品安全、城市基础设施建设、环保产业发展等科技城建设各个领域，提交集体、个人、联名提案436个。全国政协副主席、九三学社中央主席韩启德到绵阳调研后提出的《关于进一步加强军民融合 突出绵阳科技城在国家发展全局中的地位的建议》被国务院常务会议采纳，决定在绵阳科技城推广实施4项先行先试政策。

【招商引资服务】 2014年，市委统战部邀请民建中央主席陈昌智、农工党中央常务副主席刘晓峰等领导人出席第二届科博会，促成44家高新技术企业参会参展，邀请60余位绵阳籍企业家出席中国科技城·绵阳建设政策体系推介会和“情系绵阳·回报家乡”座谈会。深化“民主党派走进江油”活动，为江油市协调引进项目8个，总投资13.35亿元。牵头开展“民企携手江油合作共赢未来”大型招商对接会，签订投资协议11项，协议投资额达262.5亿元。继续开展“九绵合作”“建江合作”“致平合作”和民盟监狱帮教活动，引进科技专家4名，开发国家重点新产品1项，授权专利17件，开展实用技能培训、心理辅导咨询、法律援助37次，惠及300余名服刑人员。

【民族宗教统战】 2014年，全市争取省民宗委民族项目31个，资金964万元。开展民族团结进步创建活动进机关、企业、社区、乡镇、学校、寺庙活动、“民族团结进步宣传月”和“12·4”国家宪法日暨法制宣传日活动。宣传民族团结进步先进典型、“捐资助学爱心大使”——新疆籍“爱心卖馕哥”阿布杜如苏力·买买提的先进事迹，北川羌族自治县永昌镇人民政府被表彰为“全国民族团结进步模范集体”，江油市财政局陈庆双人被表彰为“全国民族团结进步模范个人”。举办第10期少数民族干部进修班，对40名少数民族干部进行培训。选派16名少数民族基层干部参加国家民委、省民宗委组织的专题培训。对民族地区干部选拔使用问题开展专题调研。全面贯彻党的宗教工作方针，依法加强对宗教事务的管理。推动国家十部委文件贯彻落实，集中开展宗教领域管理有关问题专项治理。开展和谐寺观教堂创建，巩固宗教场所文明燃香活动成果。强化反邪教和基督教非法传教治理，取缔基督教私设聚会点1个，劝散基督教私设点20余处。与市民宗局、市防邪办、市依法治市办联合举办“从我做起、树立正信、反对邪教”宣传活动，吸引5000余群众参加，散发宣传资料11种，10000余份。牵头抓好“法律进寺庙”工作，开展“宗教政策法规学习月”活动，举办全市民族宗教人士法律知识培训班，推动宗教教职人员和信教群众学法懂法守法用法。做好天主教成都教区主教换届选举工作。

【新阶层和海外统战】 2014年，全市做好非公有制经济人士工作，促进“两个健康”。做好港澳台海外统战工作，9月15日举办绵阳市各界人士中秋茶话会，利用海外联谊会等平台，密切同港澳台侨重点社团和代表人士的联系，做好黄埔同学及后代的联络工作。邀请科研单位、非公企业、大型国企参与“大学科技服务科技城建设”项目，牵线高校与在绵阳科研单位、民营经济体合作，为高校产学研协同机制发挥作用提供平台。开展对接交流、企业调研、专题讲座、项目推介、法制宣传等活动10余次，引进项目60余个，签约项目合作协议5个，落实意向性项目20个；确定游仙区经济试验区和魏城镇2个社区矫正人员帮扶点，对社区矫正人员提供法律援助、心理疏导等多项帮扶。推进新社会组织及新社会阶层人士统战工作，开展新媒体从业人员及网络意见人士统战工作，建立新媒体从业人员及网络意见代表人士联系交流机制，发展302人加入绵阳新媒体从业人员微信群。成立同心·注册税务师服务团绵阳分团，整理编辑绵阳四项先行先试政策相关税收法规汇编，广泛开展涉税政策社会服务。

【党外干部队伍建设】　2014年，市委统战部对各县市区党外代表人士队伍建设工作进行专题调研，召开党外干部工作座谈会。到工商联、民宗局、农业局、西南科技大学等单位走访调研17次，向各县市区、市级各部门、各园区发出党外代表人士推荐函300余份，重点对45周岁以下、大学本科以上学历的副科级以上党外领导干部进行综合评价，建立175人的党外后备人才库。全年培训党外代表人士1000余人次。开展“经历补缺+能力提升”行动，选派27名党外干部支援壤塘、红原县建设。加强省委党外代表人士绵阳实践锻炼基地建设，做好第三批、第四批到绵阳挂职党外干部的协调服务工作，选派1名年轻党外干部到成都实践锻炼基地挂职。（蒋亮志）

目标督查

【目标绩效管理】　2014年市委办、市政府办印发《关于调整绵阳市目标绩效管理委员会成员的通知》（绵委办〔2014〕44号）、《关于印发〈绵阳市县市区目标绩效管理办法（试行）〉和〈绵阳市市级单位目标绩效管理办法（试行）〉的通知》（绵委发〔2014〕9号）。全年目标绩效管理工作体现三大特点：一是目标绩效考核指标体系设置更加科学，由“大而全”向“重而专”转变。改变过去“目标包罗万象”的现象，采取“省级指标+重大项目+重点工作”的模式，突出工业项目推进、园区建设、招商引资、产业开发、生态文明建设等重点工作。二是全面实施差异化考核，从“一把尺子”考核向“分类考核”转变。将9个县市区分为近郊区、丘陵区和山区三大类别；将4个园区分别设置考核重点指标；将93个市级部门分为党建综合、政务综合、行政执法、经济综合、社会服务、科教文卫6大类进行管理。以此为基础，分类下达考核指标，差异化确定分值权重。三是改革完善管理办法，逐步实现“部门评价”向“社会评价”的转变。根据党的群众路线教育实践活动反馈意见，从本年起不再对县市区、园区进行“点评考核”。同时强化了社会评价的内容，将市重点工作督查组对县市区、园区和部门工作的督查评价结果纳入目标绩效考核内容。

【目标督查督办】　2014年，市委办公室、市政府办公室《关于进一步加强督促检查工作的意见》（绵委办发〔2015〕13号）、《关于全市党政机关值班工作规范》（绵委办发〔2014〕66号），牵头完成建立市重点工作督查领导小组办公室及重点工作督查组的制度建设、运行管理和服务保障等工作。目标督查突出重点、紧扣热点、聚焦难点，聚焦科学发展抓重点。对接中央、省关于“稳增长”的决策部署，制订省“稳增长19条”和市“稳增长37条”跟踪督查方案，按季度进行督查和报告。围绕军民融合把握科技城军民融合发展现状，对全市科技型中小企业发展进行专项督查，形成专题督查调研报告。围绕加快发展新能源汽车等“4+3”战略性新兴产业开展跟踪督查调研，及时提出督查建议。结合全年阶段性工作重点，提前介入，保障性安居工程、秸秆禁烧、违法建筑整治等重点工作顺利实施。

全年，全市组织督查人员近500人次，对全市345件重大决策、重点项目进行逐项跟踪督查，完成各类督查专报91期，公开通报13期。接受国办和省级以上督查20余次，上报情况报告资料32期（件）；对市委常委会、市政府常务会和书记办公会、市长办公会纪要中176件议定事项进行跟踪督查，完成督查专报31期；跟踪督查督办市委、市政府领导签批交办事项20件，完成督查专报42期；结合重点民生事项、舆情焦点等方面，撰写督查调研报告11期。

政策研究

【概况】　2014年，政研室围绕全面深化改革、西部经济文化生态强市和国家科技城建设，开展调查研究，全年形成各类材料150篇，近65万字。其中，代市委、市政府和市委全面深化改革领导小组起草文件17个，修改文件28个，撰写主要领导讲话和署名文章3篇，起草汇报材料、综合材料86个，完成调研报告16篇，编辑《绵阳改革与发展》12期、《情况参考》6期。

【全面深化改革研究】　2014年，政研室撰写形成《关于省内学习考察全面深化改革的情况报告》；代市委起草《中共绵阳市委关于全面深化改革的决定》（绵委发〔2014〕8号）、《决定起草说明》和《中共绵阳市委第六届委员会第七次全体会议决议》及《贯彻落实市委六届七次全会重要部署责任分工方案》；研究制定《市委全面深化改革领导小组2014年工作要点》（绵委办发〔2014〕38号），细化出台《2014年改革工作要点责任分工》；专项报送绵阳重大改革部署及经验材料16篇，其中，落实两个责任、投资建设项目并联审批、人民陪审员倍增试点等5条信息交流材料被《四川改革动态》刊载使用，编发《绵阳改革动态》19期，刊载各类改革交流材料54篇；筹备和协助召开5次领导小组会和1次专题会；推动《服务业改革发展实施方案》等39项重大改革方案的完善和出台。

【科技城建设研究】　2014年，政研室撰写形成《科技城管理体制和运行机制改革创新研究》，该成果直接转化为市委全面深化改革《决定》中“创新科技城管理体制和运行机制”

的重要内容；研究形成军民融合深度发展先行先试的初步政策建议；会同长城企业战略研究所研究提出《绵阳科技城体制机制改革方案和政策核心要点》阶段性成果；参与科技城比照执行中关村先行先试政策争取；牵头复核科技城建设推介政策，并修改完善推介会发言材料；代市委组织部草拟《推动绵阳科技城建设国家军民融合创新驱动试验区路径和措施研究》《推动全省重点区域新能源汽车产业发展战略研究》2个重点课题，上报的课题《推动绵阳科技城建设国家军民融合创新驱动试验区路径和措施研究》（经市委领导审定）被省人才办列为全省15项战略性课题之一；撰写形成《关于省政府支持绵阳科技城建设10条政策措施落实情况》；牵头承担省委政研室与省国防科工办联合调研组到绵阳调研军民融合发展工作；协助开展“四川省促进军民融合发展思路和模式创新研究”省级重大课题调研。

【工业经济发展研究】 2014年，政研室撰写形成《关于2013年我市民营企业增长结构及构成分析》《关于绵阳市场主体发展情况的调查与分析》《关于绵阳市房地产开发企业反映的主要问题及改善行业投资环境的建议》及《绵阳市投资建设项目并联审批工作方案（试行）》（绵府办发〔2014〕38号）；牵头完成省委办公厅联合调研组到绵阳调研产业园区建设发展有关工作；参与“十二五”GDP年均增速目标调整研究，配合形成“将全市‘十二五’GDP年均增速目标调减至11%”请示文稿；牵头制订《关于开展我市2013年新注册科技型中小企业调研工作方案》；参与建设工程项目优化审批流程研究；研究形成《绵阳市投资建设项目并联审批工作方案（试行）》（绵府办发〔2014〕38号）；参与绵阳出口加工区加快发展升级研究。

【城市建设与发展研究】 2014年，政研室代市政府起草《绵阳城区城市建设维护管理事权改革调整方案》和《关于城中村改建工作的指导意见（试行）》（绵府办发〔2014〕32号）；重点核实“某房产中介公司反映绵阳城区商业门面转让有关税负”问题，撰写形成《调查核实情况》；对《关于简政放权下放市级经济管理权限的意见》（绵委发〔2013〕10号）中“国土权限下放后行政主体资格”相关问题提出了回复意见和处理建议；会同市法制办，对《绵阳市人民政府关于旧城区改建工作的意见》（绵委发〔2012〕33号）中，“对经市政府批准的旧城区改建项目，免收该项目征收还房面积的城市基础设施配套费”进行回复说明；代市委拟定中央党校调研组到绵阳市调研课题；牵头承担中央党校教育长王东京一行到绵阳调研。

【城乡统筹与县域经济发展研究】 2014年，政研室撰写形成《市领导与安县四大班子主要领导就“撤县设区”事宜座谈要点》《关于支持安县撤县设区加快区域发展的调研报告》《关于安县撤县设区后部分权限调整的影响分析》等材料，代市委市政府起草《安县撤县设区工作推进方案》（绵委办发〔2014〕74号）；撰写形成《关于2013年支持北川繁荣发展工作的情况通报》，牵头制定《2014年市级部门支持北川繁荣发展任务分工》（绵支北发〔2014〕1号），做好2014年支持北川繁荣发展工作总结，研究制定2015年支持北川繁荣发展工作计划；代市政府起草《绵阳市支持农业产业化发展专项资金管理暂行办法（送审稿）》《绵阳市改革财政支农资金管理使用方式的意见（送审稿）》；撰写形成《加快培育发展新型农业经营主体研究》；配合市委农办开展制定《农业农村综合改革试点工作方案》；开展“百镇建设试点行动”专题调研，撰写形成《加快“百镇建设试点行动”健康发展的思考》；开展省级重点课题“近郊乡镇新型城镇化建设路径”调研，参与撰写《近郊乡镇推进新型城镇化建设路径研究——以绵阳市涪城区龙门镇为例》；配合省政府参事室开展扩权强县专题调研。

【社会事业发展研究】 2014年，政研室代市委起草《关于加强调查研究工作的决定》；将《绵阳科技城军民融合深度发展政策体系研究》和《绵阳生态强市建设对比分析研究》两个课题委托西南科技大学研究；撰写形成《人才发展专项资金资助企业发展情况调研报告》《加快绵阳现代职业教育发展的思考与对策建议》。

【生态文明建设研究】 2014年，政研室撰写形成《绵阳建设西部生态强市比较研究报告》《绵阳生态县市区建设分析报告》和《绵阳旅游实现目的地梦想的现实路径研究》。

【市级领导牵头重点课题研究】 2014年，政研室代市委起草《关于开展2014年市级领导牵头重点课题调研的通知》（绵委发〔2014〕36号），印发《关于做好2014年市级领导牵头重点课题调研工作的通知》和《关于报送2014年市级领导牵头重点课题调研成果的通知》；牵头完成市政府分管领导牵头的《加快绵阳县域经济发展思路与对策研究》重点课题研究任务；参与并执笔完成重点课题《改革和完善绵阳财政体制研究》，提出的政策建议直接转化为市政府改革完善城区财政体制的政策文件；参与完成市级领导牵头的《推进开发园区转型发展研究》《推动科技城军民融合深度发展政策措施研究》《绵阳市构建西部文化高地的路径选择研究》《构建食品药品放心市体制机制研究》《绵阳工业发展增长潜力研究》等课题研究任务；牵头开展全市44个重大课题评审工作；参与完成市社科联第14次哲学社会科学优秀科研成果评审工作。

【其他重大课题研究】 2014年，政研室草拟市委主要领导署名文章《主动适应经济发展新常态，坚定不移把绵阳深化革引向深入》；草拟市委主要领导在省委十届四次全会上的发言参考材料《关于全面深化改革主要工作及下步打算》；参与市委主要领导在六届七次全会第一次会议上的讲话材料“关于深刻领会市委《决定》精神，强化全面深化改革合力”部分的撰写工作；对《中共四川省委关于贯彻落实党的十八届四中全会精神全面深入推进依法治省的决定》《中共四川省委关于全面推进从严治党的决定》和《四川省深化文化体制改革实施方案》等3个省上政策文件进行研究提出修改建议，对《市委办市政府办关于贯彻落实市委六届六次全会对经济工作暨城镇化工作重大部署责任分工的通知（征求意见稿）》等24个市级政策文件进行研究，并提出修改意见；完成“绵阳科技城高新技术产业发展路径和支持体系研究”软科学项目的资料及手续报审；完善“绵阳科技城高新技术产业发展路径和支撑体系研究”软科学项目的相关资料和手续，并报省厅审核通过；撰写的《践行群众路线须多听“原声”多看“脸色”》在《绵阳日报》理论专刊上发表，并被中央党校《新时期领导干部理论创新和实践发展成功精选》大型文献收录。

市直机关工委工作

【启动党建品牌项目化建设工作】 2014年，绵阳市直机关工委启动全市机关基层党建品牌项目化建设工作，10个机关党建与中心工作结合好、党员作用发挥好、项目推进效果好、党员群众评价好的党建品牌项目成功立项，支持10个单位品牌项目经费9.6万元。组织编印《绵阳机关党建品牌项目化运作案例启示》。组织开展市直机关党组织第五批创新创业项目和机关优秀共产党员评选活动，表扬市直机关基层党组织创新创业项目40个、优秀共产党员150名。推荐或直接表扬先进集体96个、先进个人198名。

【开展提升党员干部“综合素质”活动】 2014年，市直机关工委推进机关党员干部合唱团、机关摄影书画社的规范发展，组建和培育机关体育协会、机关文学社。牵头组织市级机关羽毛球、乒乓球、象棋、围棋比赛；组织机关党员摄影书画作品展、机关党员学科技系列活动，编印市直机关党员素质提升系列学习读本10000余册。联合市群团部门下发《关于进一步活跃市直机关基层组织活动的通知》，机关党组织和党员活力得到有效激发。

【加强党员干部思想政治建设】 2014年，市直机关工委开展第二批党的群众路线教育实践活动，举办市直机关中华经典诵读比赛、机关党员庆国庆诗歌诵读比赛、主题征文活动、读书活动、组织“张勇先进事迹”、“最美绵阳人”市直机关专场报告、市直机关党员“我为党旗添光辉”主题学习活动。建立绵阳机关党建网站、《绵阳机关党建报》《绵阳机关党建专刊》、机关党员工作QQ群，各媒介宣传机关党建工作600余条次，每月2期，共编印21期，每期发行量5000余份。观看电影《周恩来的四个昼夜》《雷锋在1959》《兰辉》《忏悔实录》《“象牙塔”里的蜕变》和《迟来的忏悔》纪录片，撰写心得体会。

【“基层组织建设”活动】 2014年，市直机关工委开展基层党组织“三分类三升级”活动，机关党建“三亮三比三评”活动，78个机关党组织书记进行承诺践诺，实施公开承诺542条。推行党员库建设。指导13个机关基层党组织完成换届，对51个单位发展党员工作进行检查指导，发展党员86名，组织慰问特殊困难党员、重病党员、老党员共计186名，发放慰问金11.74万元。

【创新开展“双联”工作】 2014年，市级各部门投入协调资金7362万元，帮助发展壮大产业项目165个。投入基础设施建设资金4.7亿元，立项实施基础设施项目1157个，帮助增添各种设施12174件套。帮助建立完善各种制度1282条次。开展共庆共建活动1621次。建档立卡贫困村干部驻村帮扶全覆盖驻村工作组520个，制定贫困村帮扶规划520个，贫困户脱贫规划12897个。在贫困村落实各类帮扶项目763个，为建卡贫困户资助资金490.762万元。组织各类能力培训42804人次，开展政策宣传2450次。

【千名干部进社区】 2014年，市直机关工委开展“双报到”“三服务”活动，120个机关党组织和6000多名机关党员到社区听取群众意见，开展帮扶工作。协调建立社区联合党组织，建立社区联合党委67个。开展党员志愿服务活动680多次，购置健身器材20多套，发放文明宣传资料9.3万份。支持党建经费181.91万元、完善硬件设施220处、赠送办公设备146台。28个部门为58户无房户、危房户协调住房安置，42个部门为108名因帮扶对象解决低保、医保、养老保险问题，发放慰问金28.5万余元，生活用品折价计17.7万余元。208名帮扶对象掌握就业技能、97人走上工作岗位。帮助44名困难学生就学。

【党务干部培训】 2014年，市直机关工委任免机关专职党务干部18名，新设机关纪委7个。培训入党积极分子219名，培训党务干部4期，共1490人次参加培训，培训经费支出12.56万元。

精神文明建设

【文明城市建设】 2014年1月23日和6月11日，市委分别召开常委会；2月7日，市政府召开常务会议，专题听取文明城市建设工作汇报。市委、市政府两办印发《绵阳市2014年精神文明建设工作要点》，对文明城市建设做出安排和部署。市委、市政府先后召开全市文明城市建设工作推进会、践行社会主义核心价值观推进文明城市建设工作会、专题会议，对全市文明城市建设工作进行安排和部署。两次对模拟测评和创建检查、骑自行车暗访发现的问题进行点评。开展2014年度优秀童谣征集和推广传唱活动。评选2014年度优秀童谣创作作品，举办全市首届少儿题材童谣创作大赛，推报的优秀作品中，1个被评为全国优秀童谣，5个被评为四川省优秀童谣。在广播电视台门户网站——迈尚网开设《建设文明城市 共享美好生活》专栏，将广播、电视相关栏目音频、视频分门别类汇聚上传到网上，营造了浓郁氛围。全市全年上榜中国好人榜4人，四川好人榜24人。2014年，全市培育并建成全国文明单位5个、全国文明乡镇2个、全国文明村4个和市级最佳文明单位30个、市级文明单位20个、市级文明社区15个、市级文明城镇10个、市级文明村10个。在全省四个专项工作评比中未成年人思想道德建设排列全省第一，志愿服务工作排列全省第二，群众性精神文明创建活动、道德实践活动及宣传信息工作排列全省第四。

绵阳市文明城市建设工作推进会

【开展诚信制度化建设】 2014年，全市以培育诚信文化为根本，加强社会征信体系建设，推进自然人、法人和其他社会组织统一信用代码制度，率先在工商、税务、安全生产、产品质量、食品药品安全、环境保护、交通运输等重点领域建立起完善的企业和从业人员信用记录制度。建立信用信息互联互通和交换共享的网络平台，推进政务和行政考核制度，促进政府公开、公平、公正地行使社会管理职能。5月8日，绵阳市召开诚信制度化建设工作座谈会，印发《绵阳市诚信建设制度化实施意见》。推进企业信用等级分类管理制度建设，建立健全招投标信用信息公开和共享机制。在医药卫生、教育科研、社会保障、中介服务等行业领域大力推广使用职业信用报告，引导从业人员讲求职业操守、恪守诚信规范。在司法领域，推进“阳光办案”“阳光执法”，建立司法公信制度。同时，建立诚信“红黑榜”发布制度，开展“质量第一、履约守信、人民满意”等诚信主题创建活动，并利用“3·15”消费者权益日、食品安全宣传周、“‘6·14’信用记录日”等重要时间节点集中开展教育活动。

【志愿服务培训暨工作会】 2014年12月11日，市志愿服务总队召开全市志愿服务培训暨工作会，绵阳市委副书记、市志愿者服务总队总队长张锦明出席会议并讲话。市委常委、宣传部部长张学民主持培训会。会议强调：今后一个时期的志愿服务工作，提高思想认识，充分认识新形势下开展志愿服务活动的重大意义，增强做好工作的责任感、使命感。要突出参与的社会化，活动的项目化，工作的规范化。会议邀请中国志愿服务联合会副秘书长陈振民，中国青年志愿者协会副会长、教授谭建光，中国志愿服务联合会信息部负责人王虎，分别作题为《志愿文化的继承与发展》《社会治理与志愿服务》《“志愿云”志愿者信息管理系统》的专题辅导。会议表彰2014年度绵阳市优秀志愿者、优秀志愿服务组织、优秀志愿服务工作站、优秀志愿服务项目。

【开展志愿服务活动】 2014年8月1日，市委、市政府印发《绵阳市志愿服务制度化建设工作意见》，建立和完善社区志愿者注册招募机制和志愿服务保险制度、需求对接制度、服务记录制度，以及志愿者培训制度、志愿服务嘉许和回馈制度、志愿服务党团员带头制度等。8月19日，推动学雷锋志愿服务常态化和制度化建设，召开全市社区志愿服务工作推进会。围绕“三关爱”志愿服务主题，先后开展“邻里守望”、社区家政、心理疏导、医疗保健、法律援助、禁烧秸秆、抢种抢收、文明劝导、保护母亲河，以及关爱空巢老人、留守儿童、农民工、残疾人和困难群体等志愿服务活动。全年完成50个志愿服务工作示范社区的打造。

【开展不文明行为专项整治活动】 2014年6月，市委宣传部、文明办、公安局、交通局、旅游局、发改委先后联合开展征集绵阳市“十种不文明交通行为”“十种不文明旅游行为”“十种不文明用餐行为”和“十种浪费行为”“十种不孝敬行为”，市文明城市建设指挥部针对上述50种不文明行为专门召开会议研究制定治理措施，开展为期6个月的专项治理活动。

【道德模范评选表彰学习宣传】 2014年，市文明办对120个市级以上道德模范和身边好人的事迹编辑成册或通过网络，向全市单位、学校、社区等发放（传播），并将道德模范和身边好人的学习宣传纳入群众路线教育实践活动的一项重要内容，要求广大党员和干部职工进行学习宣传。在市文明办牵头组织协调下，绵阳川剧演艺中心以道德模范的事迹为素材，组织创作编排反映道德模范先进事迹的折子戏。孝老爱亲道德模范代桂芳、诚实守信道德模范马晓辉的事迹被搬上舞台，在全市基层单位进行巡演。承办2014全国道德模范故事汇在绵巡演活动，组织“绵阳市道德模范和身边好人事迹报告团”，走进绵阳各大中专院校进行巡回报告，建设“道德讲堂”“绵州论坛”“市民学校”“法制讲堂”等阵地。

【农村精神文明建设】 2014年，全市组织开展文化、科技、卫生“三下乡”，科教、文体、法律、卫生“四进社区”和“科技大赶场”活动。深化文明县城、文明村镇建设，三台县蝉联“全国文明县城”称号，北川羌族自治县永昌镇、平武县响岩镇、梓潼县金宝村、安县联丰村、涪城区小桥村、游仙区街子乡岳家村被中央精神文明建设委员会授予“全国文明村镇”称号。开展“星级文明户”“五好文明家庭”“最美家庭”和好媳妇、好儿女、好公婆、善行义举榜、道德评议和好家风、好家训征集评选活动。建立“乡村（社区）文化院坝（广场）”示范点13个，在建示范镇（乡）20个、示范村50个。

【网络文明传播活动】 2014年9月2日，绵阳市网络文明传播志愿者工作会议召开，针对网络文明传播志愿者对博客、微博、论坛等新兴媒体的操作技能、运营技巧及绵阳文明网报送资料的相关格式和内容要求做培训。开通官方微博、博客，经过清理整顿，重建全国文明单位和省级文明单位的志愿者传播队伍，至年底，全市文明单位网络文明传播志愿者达572人。 （王一鸿）

绵阳市获第四届全国文明城市（区）、文明村镇、文明单位名录

一、全国文明村镇（6个）

绵阳市北川羌族自治县永昌镇

江油市武都镇

绵阳市梓潼县金宝村

绵阳市安县联丰村

绵阳市涪城区龙门镇小桥村

三台县永新镇薪山村

二、全国文明单位（5个）

绵阳市农业科学研究院

绵阳市第三人民医院

绵阳市水务（集团）有限公司

绵阳市游仙区人民检察院

四川省绵阳西南自动化研究所

群众工作

【概况】 2014年，全市信访系统贯彻中央、省委、市委关于创新群众工作方法解决信访突出问题的重大部署，坚持从改革、发展、稳定的大局出发，全方位畅通渠道、大力度化解问题、多层次规范秩序，着力构建畅通、有序、务实、高效的群众信访工作新秩序。全年全市上访2199批13423人次，较上年减少50批225人次；到省上访518人次，排全省第7位，成功退出前5位；进京非访69人次，排全省第11位，成功退出前10位；办理群众来信2401件次、网上信访16027件次，较上年略有上升，全市信访形势呈现走访下降、来信和网上信访上升的良好态势，实现市委、市政府提出的工作目标，为全市改革发展创造良好的社会环境。全年全市6个信访工作机构和11名信访干部被省人社厅、省信访局评为全省信访工作先进集体和先进个人，2名信访干部被省委省政府评为“记一等功公务员”，市委群工局被省信访局评为2014年度信访工作先进集体一等奖。

【四位一体信访渠道建立】 2014年，全市建立“信、访、网、电”四位一体、以网上受理为主的诉求表达格局，引导信访群众更多采取书信、电话、传真、电子邮件等相对方便快捷的形式表达诉求，全年受理信访35316件次，确保广大群众话有处说、怨有处诉、难有处解、事有处办。建立300余平方米规范化的联合接访中心，抽派涉及社会热点难点和信访量较大的10个县区和市级部门人驻开展联合接访，降低群众信访成本，提高信访事项办理效率。

绵阳市联合接访工作大厅

【领导干部定期接访下访制度建立健全】 2014年，市县两级党政主要领导带头接访，每周有市级领导接待群众，县市区每天有县级领导接访，并邀请专业律师参与接访，共同做好上访群众的解释、疏导和化解工作。全年市级领导接访159批2212人次，其中集访78批2040人次。结合“三走遍一深入”活动和“访民情”活动，党员干部主动走访下访，市县两级领导干部带着533件矛盾深入基层与群众面对面交流，推动问题化解。

【信访法制宣传】 2014年，市群工局统一编印《依法处理涉法涉诉信访问题宣传手册》《依法逐级走访流程图宣传单》《信访漫画手册》等信访政策法规宣传资料10万份，印制各种宣传画1万套，发放到县市区、园区、乡镇、街道办事处。围绕学习党的十八届三中、四中全会精神，开展信访法制宣传月活动，积极宣传信访法律法规，引导广大群众办事依法、遇事找法、解决问题用法、化解矛盾靠法，营造依法上访、理性维权的氛围。

【开展信访积案难案攻坚行动】 2014年，全市对102件积案难案采取印发文件、制作温馨提示卡、致包案领导的一封信等形式，全部落实市、县、乡三级领导层层包案化解、处置和稳控。市联席办30余次牵头研究长虹虹欧公司、827无军籍职工、857职工安置等集访和张某某、杨某某、魏某某等重大复杂疑难信访问题，部分群体信访得到有效缓解；全年办结中央、省交办重点案件268件，剔除移交涉法涉诉案件29件后，息诉息访189件，息诉息访率达79.1%。

【打造阳光信访】 2014年，市县两级投入656万元，建立市县乡三级纵横贯通的信访信息综合平台，依托互联网对接全省网上信访信息系统，并与网格化服务监管中心、应急指挥中心和大调解中心工作平台一体运行，推进“一网办、一网通”等服务新模式，实现信访形式、工作过程、工作范围三个全覆盖。年底，综合平台全面建成，并投入试运行。

【信访改革】 2014年，市委、市政府印发《关于创新群众工作方法解决信访突出问题的实施意见》。有效整合信访、法律援助、人民调解的优势资源，建立“访调援”衔接机制。推行依法逐级走访制度，推动信访事项及时就地解决。建立群众信访事项满意度测评机制，倒逼责任主体提高信访事项办理质量。与市委组织部联合制发《新提拔县级领导干部到信访部门挂职锻炼的实施办法》，把信访工作列入新提拔县级干部挂职锻炼的必修课。建立重大集访联动处置机制，参与制订《治理市委、市政府机关门前信访秩序的实施方案》，确保重大集访处置和市委、市政府机关门前秩序规范。

绵阳市及各县市区、园区人民群众来访接待室

表 17

单　位	办公地址	联系电话
市领导接待室	高新区火炬北路 23 号	2539705
市委、市政府人民群众来访接待室	高新区火炬北路 23 号	2539705
涪城区委、区政府	涪城区文庙街 10 号	2268757
游仙区委、区政府	游仙区一环路东段 139 号	2282600
江油市委、市政府	江油市将军巷 29 号（原档案局院内）	3225352
三台县委、县政府	三台县梓洲干道 16 号	5333661
安县县委、县政府	安县花荄镇银河大道 10 号	4336050
盐亭县委、县政府	盐亭县新区行政中心文旅大楼一楼	7225756
梓潼县委、县政府	梓潼县城北新区 3 号楼	8215922
北川县委、县政府	北川县永昌镇云盘北路 19 号	4821229
平武县委、县政府	平武县龙安镇东皋湾人社局 B 栋一楼	8822703
高新区党工委、管委会	绵兴东路 167 号	2542944
经开区党工委、管委会	三江大道 39 号	2841114
科创区党工委、管委会	八角北路东段	6334880
仙海区党工委、管委会	仙山路 32 号	2760120
科学城办事处党委、办事处	绵山路 64 号	2483131

保密工作

【概况】　2014年，市委对因工作变动需要调整补充的保密委员会组成人员及时进行调整补充。制定《2014年保密工作要点》《2014年保密工作共同目标管理考核细则》。全市做好《保密法实施条例》的贯彻落实，举办《保密法实施条例》培训班。制作《保密法实施条例》《图说保密法》宣传展板在市委、市政府办公楼巡展。为提高领导干部保密意识和保密常识，在7月31日召开的绵阳市政府六届五次全体会议上作保密警示教育专题发言。受邀到市委政法委、法院、纪委等机关单位和九洲集团等军工单位进行保密知识和保密技术培训，受众达2000余人。

结合绵阳市实际印发《关于进一步加强定密管理工作的通知》，在全市开展党政机关定密责任人确定、备案工作，在市一级机关开展定密授权和授权备案工作。

【保密专题党课辅导】　9月29日，市委副书记、市保密委员会主任张锦明在全市保密专题党课上做党课辅导，各县市区委保密委员会主任、保密局局长，全市党政机关负责人、办公室负责人等161个市级部门、32家军工企事业单位约300余人参加。各县市区、市级各部门的保密委员会主任讲保密专题党课活动于10月底前全部完成，全市36670人参加党课活动。

【保密工作督导检查】　2014年1月，市保密局对部分重点军工科研生产单位及定点销毁单位执行《标准》情况进行专项检查，并通报检查结果。4月，开展涉密中央文件保密管理专项检查，并接受省局联合检查组的检查；7月，组织开展涉密科研项目保密管理专项检查和涉密测绘成果保密管理专项检查。10月下旬，市保密局会同机要局、信息办开展非密网络保密管理专项检查。11月，开展保密要害部门、部位保密管理专项检查。加强网上监测与网上违规行为查处，对13台涉密计算机27次违规行为进行成功阻断，对3台被境外远程控制的计算机及时进行技术核查，消除隐患。加强高考、中考保密指导与监督检查，确保高、中考保密安全。对九州电器、长久光电、雅化集团等11户新申请保密资质的企业进行业务指导，10户企业通过省军工保密资质认证委的现场审查。指导服务，做好“第二届中国科技城国际科技博览会”保密工作。

【保密基础性工作】　2014年，全市开展网络核查分类工作，开展保密工作普查数据统计、审核和报送工作。加强涉密人员管理、核查分类和确认工作，建立涉密人员管理信息数据库，举办6期涉密人员培训班，办理涉密人员资格证1518个，为153名涉密人员办理出国（境）介绍信。对7个涉密工程项目进行确认。（郭红琼）

保密专题党课辅导

机构编制

【政府职能转变和机构改革方案启动】　2014年10月27日，绵阳市根据川委发〔2014〕5号和川委厅〔2014〕42号文件精神，市委、市政府印发《关于印发〈绵阳市人民政府职能转变和机构改革方案〉和〈关于组织实施〈绵阳市人民政府职能转变和机构改革方案〉有关问题的意见〉的通知》（绵委发〔2014〕15号）。11月14日，市政府召开市政府职能转变和机构改革动员大会，安排部署机构改革工作。本轮政府机构改革，新组建部门5个，撤销、合并部门7个，调整管理体制部门2个，更名的部门1个。改革后市政府设工作部门32个，政府工作部门挂牌机构11个。

【事业单位分类改革】　2014年2月，市委编办印发《绵阳市市属事业单位分类指导目录》，12月，印发《关于明确部分市属事业单位类别的通知》（绵事改发〔2014〕3号），对明确类别的255家市属事业单位进行分类批复，占纳入分类范围的市属事业单位总数的82%。截至12月底，绵阳市各县市区对3432个事业单位进行合理划分类别，并按照规定向省委编办报送备案。

【事业单位绩效考评试点】　2014年3月，全市事业单位绩效考评试点工作会议召开，对全市试点工作做出部署安排。8月，市考评委先后核准通过市住建局、市教体局的工作方案和各项指标细则。截至12月底，市住建局、市教体局分别对所属事业单位开展绩效考评自查工作。

【机构编制资源配置】　2014年，全市完善纪检监察机构建设，优化市纪委、监察局内设机构设置。完成工商、质监行政管理体制调整和市、县市区工商质监系统行政编制划转工作。完善市属机关事务管理机构，降低机关运行成本。理顺高新区事业单位布局。结合分类推进事业单位改革工作，加大教育资源整合工作力度。加强县市区特殊教育学校、劳动人事争议仲裁机构和人员力量建设，加强县市区机关事业单位人员招录有关工作，将机构编制资源向基层倾斜。推进教育、环境保护、食品安全、就业保障等各项事业的发展。

【机构编制核查】 2014年5月，全市开展机构和人员编制核查工作，抽选2879家单位进行实地核实，市本级完成信息采集、联合审核机关事业单位423家。9月，开展机关事业单位“吃空饷”人员清理工作，全面清理机关事业单位人员“吃空饷”、在编不在岗等问题。12月，开展机构编制专项督查，对县市区在选人用人中机构编制方面存在的“三超两乱”问题进行专项督查。完成2013年度事业单位年检和实地核查工作，网上登记管理系统年检率达到100%。 （钟　勇）

党史研究

【《中国共产党绵阳历史第三卷》出版】 2014年10月，《中国共产党绵阳历史第三卷（1978~2012）》由中共党史出版社正式出版发行。该书全面记述改革开放30多年来中共绵阳市（地）委带领绵阳人民进行改革开放和现代化建设的光辉历程，全书70万字。《中国共产党绵阳执政实录（2013卷）》编辑出版，全书108万字，由中共党史出版社出版发行；党史研究室与市教育体育局合作，完成《新中国成立以来绵阳教育体育发展（1949~2014）》的编辑出版工作。

【绵阳地方党史展览馆筹建】 2014年，市委党史研究室做好党史展览馆布展资料征集、展览图文设计等工作，征集民主革命和社会主义革命各个历史时期的珍贵资料图片1500余幅，完成《中共绵阳历史展览馆图文设计方案》和党史教育宣传片《在一起》文字脚本评审工作，相关单位开展党史展览馆设计、施工和拍摄工作。

【党史专题研究】 2014年，市委党史研究室高标准编写《中国（绵阳）科技城建设》，被列入中央党史研究室《改革开放实录》子课题，正式收录进《改革开放实录》丛书；完成《资政专报》3期；1篇研究论文获“纪念邓小平诞辰110周年理论研讨会”二等奖，1篇论文入选四川省党史界纪念三线建设50周年学术讨论会；1篇论文发表在全国中文核心期刊《理论与改革》2014年第1期，1篇论文发表在中国核心期刊《党史博采》2014年第9期。

【党史宣传】 2014年，市委党史研究室成立党史宣讲团，以党的群众路线教育实践活动为契机，到市委党校、市计生局、安县秀水镇灯塔村、经开区三元社区等单位为党员干部进行党史宣讲，提升党史工作影响力；承办北川“5·12”汶川特大地震纪念馆命名为四川省中共党史教育基地授牌工作，并举办授牌仪式；运用互联网、报纸杂志等媒体做好绵阳党史宣传工作，完成部门网站内容更新100余篇；编辑《绵阳党史简讯》9期。

【党史业务指导】 2014年，市委党史研究室把“党史业务指导不深入”纳入群众路线教育实践活动自选专项整治项目，坚持领导班子成员分工包点制度，不断加强业务指导。召开调研座谈会1次，深入县市区现场调研12次，指导县市区完成党史基本著作9部，指导各园区、县市区完成科技城建设有关资料编写。

（吴　锋　王仕春）

老干部管理

【概况】 2014年，全市老干部工作部门采取专题辅导、学习讨论和理论宣讲等方式组织引导广大老干部深刻理解、领会十八届三中、四中全会和习总书记讲话精神。在全市老干部系统开展学习贯彻党的十八届四中全会精神的活动，组织收看全国离退休干部“双先”（先进集体和个人）表彰大会报道，并在全市离退休干部中学习贯彻。全市以社区资源、涉老组织、关工委为平台，引导老干部发挥作用。市老科学技术工作者协会组织老干部志愿者为市民开展科普知识讲座，科普咨询群众1000多人次，发放科普宣传资料2000多份。市老年书画研究会携20余件作品参加在泸州举行的川中南第十二届老年书画联展。国庆节、重阳节期间，市老年人体育协会开展老年人健身活动，11个协会千余名离退休干部参加比赛。全市有8000余名老干部志愿者在关心下一代，扶贫帮扶、社会事业等领域贡献余热。市委办退休干部杨步润、平武县退休干部胡中蜀、游仙区退休干部阮国胜、三台县退休干部赖清仁被评为四川省优秀老干部志愿者。

9月，市委老干部局组织召开“如何推进老干部工作转型发展、科学发展”课题研究座谈会，9个县市区委老干部局和6个市级部门离退休科室负责人参加座谈，形成调研文章并在11月的全省研讨会予以汇报。组织全市老干系统90余名工作人员进行业务培训。全年，编印《老干部信息简报》21期，在省委老干部局主办的《老干部工作信息》《晚霞》杂志采用15篇信息。

【老干部政治生活待遇落实】 2014年，市委书记罗强、市长林书成向地厅级老干部通报绵阳经济社会发展情况，听取他们的意见、建议。全年全市共举行各类老干部情况通报会120

余场，4000余名老干部参加会议。元旦节、春节、“七一”建党节和国庆节期间，市委书记罗强、市长林书成、组织部部长付康等市领导分别带队走访慰问老红军、老干部和生病住院的老人，全年各地各部门共走访慰问老干部和老干部遗孀2000余人次，看望生病住院离退休干部500余人次，组织离退休干部参观考察30余次，参观人数3000余人次。先后组织全市80余名地厅级离退休干部到盐亭县参观新农村建设；组织300余名离退休干部参观四川电子商务博览会暨第三届“绵阳造”精品展销会；组织千余名离退休干部参观第二届中国（绵阳）科技城国际科技博览会。

6月，落实全市757名离休干部护理费新标准，对全市符合条件的76名离休干部提高工资医疗待遇，对全市936名新中国成立初期参加革命工作的退休干部进行医疗照顾。7月，市委老干部局邀请原卫生部副部长、健康教育首席专家殷大奎为全市离退休干部代表作健康知识专题辅导。全年全市为330余名有特殊困难的离退休干部（包括离休干部无工作遗孀）给予困难帮扶，发放帮扶资金70余万元。

【老干部活动阵地规范化建设】 2014年，全市各地各单位抓好老干部活动阵地规范化建设。新建市老干部活动中心进入装饰装潢阶段。对过渡时期的市老干部活动中心，严格管理，精心服务，全年接待老干部1万余人次。安县老干部学习活动中心被评为四川省老干部活动阵地规范化建设示范单位。市委老干部局多次组织局机关干部到三台县中太镇核桃街村、涪城区石塘镇浸水村、城郊乡鼓楼山村扶贫助困，送去慰问金2万元，为三台县中太镇核桃街村争取村道建设资金15万元。 （刘　畅）

干部培训

【概况】 2014年，绵阳市委党校培训3600余人次。其中：党校春季主体班165人；党校秋季主体班156人；十八届三中全会和习近平总书记系列讲话精神专题研讨班819人；全市遴选优秀干部和人才县级培养对象党校理论培训班193人；市管新任职领导干部岗前培训班65人；“1+4”重点专题培训班1942人，党校系统师资培训班320人。

△“1+4”重点专题培训：以“建设国家科技城”为突破点，围绕“经济强市建设”“文化强市建设”“生态强市建设”“和谐社会建设”等四大重点工作为支撑开展的培训。

【县级领导干部进修班】 2014年3月3~31日，春季第40期培训班开班，学制1个月。培训对象为副县级领导干部。培训内容：中国道路与中国未来、十八届三中全会解读、领导干部廉洁从政与加强党性修养、马克思主义哲学的当代意义等课程。

【中青年干部培训班】 2014年3月3日~4月30日，春季第36期培训班开班；2014年10月13日~12月13日，秋季第37期培训班开班，学制2个月。培训对象为正科级领导干部中的优秀中青年副县级后备干部。培训内容：十八届三中全会解读、加强社会主义核心价值体系建设、统筹城乡发展专题、领导干部执行力研究等课程。

【科级领导干部进修班】 2014年10月13日~11月13日，秋季第43期培训班开班，学制1个月。培训对象为市、县单位部门正科级领导干部。培训内容：十八届三中全会解读、突发公共事件应急管理、领导干部廉洁从政与加强党性修养等课程。

【乡镇（街道）领导干部进修班】 2014年3月3~31日，春季第41期培训班开班，2014年10月13日~11月13日，秋季第42期培训班开班，学制1个月。培训对象为现职乡镇（街道）正科级领导干部。培训内容：十八届三中全会解读、突发公共事件应急管理、统筹城乡发展专题、领导干部廉洁从政等课程。

【党外中青年领导干部培训班】 2014年3月3~31日，春季第9期培训班开班，学制1个月。培训对象为党外优秀后备干部。培训内容：加强法治惩治腐败、如何做好新时期统战工作、统筹城乡发展专题、领导干部廉洁从政与加强党性修养等课程。

【少数民族干部进修班】 2014年10月13日~11月13日，秋季第10期培训班开班，学制1个月。培训对象为全市少数民族干部。培训内容：新常态下群众路线与国家治理、文化视野中的宗教问题、公务员职业道德修养等课程。

市委党校

【科研工作成果】 2014年，全年市委党校完成各类科研成果152项，在各类刊物上公开发表论文120篇。其中：在全国核心期刊发表论文1篇，在省级期刊发表论文44篇，在市级刊物发表论文75篇，编写出版教材两部，获得各类奖励7项。完成市委书记交办的课题4项；完成市委常委安排的课题2项；完成市委组织部委托课题2项；参与完成绵阳市社科联组织编写的《警钟长鸣——法治视域下的腐败案例选析》。结项国家行政学院科研合作课题《乡村社区减灾能力建设研究——基于北川社区灾害管理实践样本的分析》和省发改委招标课题《近郊乡镇推进新型城镇化建设路径研究——以绵阳市涪城区龙门镇为例》各一项。

【对外交流合作】 2014年，市委党校以“绵阳市突发事件应急管理研究培训基地”为平台，与外界广泛交流。与香港乐施会、中国红十字会总会、芬兰红十字会合作先后在芦山地震灾区、云南、贵州等地开展防灾减灾和灾害评估工作；持续关注与指导北川县曲山镇大水村茶叶合作社发展及生态茶营销；持续协助、支持“5·12汶川特大地震纪念馆”防灾减灾宣教中心开展培训工作。 （张小华）

绵阳市人民代表大会

【绵阳市六届人民代表大会第五次会议】 2014年1月13~15日举行。会议听取、审查和批准绵阳市人民政府工作报告；审查批准绵阳市2013年国民经济和社会发展计划执行情况的报告及2014年国民经济和社会发展计划；审查批准绵阳市2013年市本级财政预算执行情况的报告和2014年市本级财政预算；听取、审查和批准绵阳市人大常委会工作报告；听取、审查和批准绵阳市中级人民法院工作报告；听取、审查和批准绵阳市人民检察院工作报告；依法补选出绵阳市第六届人民代表大会常务委员会副主任1名，委员4名。

【市人大常委会机构设置】 2014年，绵阳市常委大会设正县级专门委员会1个，内务司法委员会。市人大常委会设正县级工作办事机构8个。其中，2个综合办事机构，办公室、研究室；6个工作委员会：财政经济工作委员会、农业工作委员会、城乡建设环境资源保护工作委员会、教科文卫工作委员会、人事代表工作委员会、民族宗教外事侨务工作委员会。

【人大常委会第20次会议】 2014年1月3日召开，会议由市人大常委会主任蒋仁富主持。市人大常委会副主任赵映坤、黄正良、王绵生、雷百灵、王黎及市人大常委会秘书长宋德政和委员34人出席，市中级人民法院院长莫亚林、市人民检察院副检察长程波等列席本次会议并做报告。会议讨论修改《绵阳市人大常委会工作报告（草案）》，并决定提交市六届人大五次会议审查；听取和审议通过绵阳市六届人大常委会代表资格审查委员会关于个别代表的代表资格的报告；听取高新区人民法院2013年工作情况的报告（书面）；听取高新区人民检察院2013年工作情况的报告（书面）；听取科学城人民法院2013年工作情况的报告；听取科学城人民检察院2013年工作情况的报告；听取和审议通过绵阳市人大常委会关于接受王绵生人辞去绵阳市第六届人大常委会副主任职务的决定；通过人事任免事项。

【人大常委会第21次会议】 2014年2月13日召开。会议由市人大常委会主任蒋仁富主持。市人大常委会副主任赵映坤、黄正良、雷百灵、刘文榜、王黎、江陵及市人大常委会秘书长宋德政和委员40人出席，市人民检察院副检察长吴长福、市中级人民法院副院长刘宁等列席本次会议并做报告。会议听取市人民政府关于住房专项维修资金管理工作情况的报告；听取市人民政府关于城区新增出租车运力推进工作情况的报告；听取关于市六届人大五次会议期间代表建议、批评和意见以及重点督办件情况的报告；审议通过人事任免事项。

【人大常委会第22次会议】 2014年4月24日召开。会议由市人大常委会主任蒋仁富主持。市人大常委会副主任赵映坤、黄正良、雷百灵、刘文榜、王黎、江陵及市人大常委会秘书长宋德政和委员37人出席，市人民政府副市长经大忠、市人民检察院检察长吴长福、市中级人民法院副院长骆军列席本次会议并做报告。会议听取和审议绵阳市人民政府关于绵阳市民办教育发展情况的报告；听取和审议绵阳市人民政府关于绵阳城区排水基础设施建设管理工作的情况报告；听取和审议《绵阳市人大常委会加强司法监督工作规定（草案）》；听取关于《绵阳市人大常委会加强司法监督工作规定（草案）》的说明；听取和审议绵阳市第六届人大常委会代表资格审查委员会关于个别代表的代表资格的报告；听取绵阳市人民政府关于第九届村（居）民委员会换届选举工作情况的报告；听取绵阳市人民检察院关于《市六届人大常委会第十八次会议关于反贪工作审议意见》办理情况的报告。会议审议通过《绵阳市人大常委会加强司法监督工作规定》，通过绵阳市第六届人大常委会代表资格审查委员会关于个别代表的代表资格的报告，通过会议审议意见。

【人大常委会第23次会议】 2014年6月10日召开。会议由市人大常委会主任蒋仁富主持。市人大常委会副主任黄正良、雷百灵、刘文榜、王黎、江陵及市人大常委会秘书长宋德政和委员38人出席，市人民政府副市长赵琪、市人民检察院检察长吴长福、市中级人民法院副院长骆军等列席本次会议并做报告。会议听取和审议绵阳市人民政府关于绵阳市申报“有地方立法权的较大的市”工作情况的报告；听取和审议绵阳市人民政府关于我市省、市两级新农村示范片建设情况的报告；听取和审议《绵阳市人大常委会关于限期整治绵阳城区污水排放突出问题的决定（草案）》；听取和审议关于《绵阳市人大常委会关于限期整治绵阳城区污水排放突出问题的决定（草案）》的说明；听取和审议绵阳市依法治市办公室关于设立法治绵阳建设宣传周的报告；听取和审议绵阳市人民政府关于将绵阳市城区危旧房棚户区改造项目（一期）委托代建资金和代建管理费列入市财政年度预算的议案；听取绵阳市人民政府关于绵阳市政府性债务情况的报告；听取绵阳市人民政府关于兵役法律法规贯彻执行情况的报告；听取和审议市人民检察院关于绵阳市小枧人民检察院更名的议案；听取和审议《绵阳市人大常委会关于绵阳市小枧人民检察院更名的决定（草案）》；听取和审议对《绵阳市人大常委会于绵阳市小枧人民检察院更名的决定（草案）》的说明。会议审议通过绵阳市人大常委会关于限期整治绵阳城区污水排放突出问题的决定；通过绵阳市人大常委会关于同意将绵阳市城区危旧房棚户区改造项目（一期）委托代建资金和代建管理费列入市财政年度预算的决定；通过绵阳市人大常委会关于绵阳市小枧人民检察院更名的决定；通过绵阳市人大常委会关于加快推进绵阳申报“有地方立法权的较大的市”工作的决议；通过绵阳市人大常委会关于设立法治绵阳建设宣传周的决议；通过会议审议意见；通过人事任免事项。

【人大常委会第24次会议】　2014年8月20日召开。会议由市人大常委会主任蒋仁富主持。市人大常委会副主任赵映坤、黄正良、雷百灵、刘文榜、王黎、江陵及市人大常委会秘书长宋德政和委员34人出席，市人民政府市长林书成、市中级人民法院院长莫亚林、市人民检察院检察长吴长福等列席本次会议并做报告。会议听取市人民政府关于剑南路改造等重大事项的报告；听取和审议市人民政府关于2014年1~6月国民经济和社会发展计划执行情况的报告；听取和审议市人民政府关于2013年财政决算和2014年1至6月预算执行情况的报告，审查批准2013年市级财政决算（草案）；听取和审议市人民政府关于2013年市级预算执行和其他财政收支的审计工作报告；听取和审议市中级人民法院关于审判管理工作的情况报告；听取和审议《关于修改绵阳市人民代表大会代表建议、批评和意见办理办法的决定（草案）》的议案，并作相应决定；听取和审议市中级人民法院《关于提请重新确定绵阳高新技术产业开发区人民法院人民陪审员名额的议案》，并作相应决定。会议审议批准2013年市级财政决算；通过绵阳市人大常委会关于修改《绵阳市人民代表大会代表建议、批评和意见办理办法》的决定；通过绵阳市人大常委会关于增加绵阳高新技术产业开发区人民法院人民陪审员名额的决定；通过会议审议意见；通过人事任免事项。

【人大常委会第25次会议】　2014年10月28日召开。会议由市人大常委会主任蒋仁富主持。市人大常委会副主任赵映坤、黄正良、雷百灵、刘文榜及市人大常委会秘书长宋德政和委员32人出席，市人民政府市长林书成、市人民政府副市长任建民、市中级人民法院院长莫亚林、市人民检察院检察长吴长福列席本次会议并做报告。会议听取绵阳市人民政府关于绵阳市人民政府职能转变和机构改革方案的情况通报；听取和审议绵阳市人民政府关于执行市六届人大二次会议《关于加快推进畅通绵阳建设的决议》情况的报告；听取和审议绵阳市人民政府关于市六届人大五次会议期间代表建议、批评和意见办理情况的报告；听取和审议绵阳市人民政府关于全市社区矫正工作情况的报告；听取和审议《绵阳市人大常委会组成人员出席常委会会议请假规定（草案）》；听取绵阳市人民政府关于《中华人民共和国旅游法》贯彻实施情况的报告；听取绵阳市人民检察院关于全市检察机关反渎职侵权工作情况的报告。会议审议通过《绵阳市人大常委会组成人员出席常委会会议请假规定》；通过会议审议意见；通过人事任免事项。

【人大常委会第26次会议】　2014年11月27日召开。会议由市人大常委会主任蒋仁富主持。市人大常委会副主任赵映坤、雷百灵、刘文榜、王黎、江陵及市人大常委会秘书长宋德政和委员35人出席，市人民政府副市长郑蕾、市人民检察院检察长吴长福、市中级人民法院副院长刘宁列席本次会议并做报告。会议听取和审议绵阳市人民代表大会常务委员会讨论决定重大事项的规定（试行）（草案）；听取和审议绵阳市人民代表大会常务委员会国有资产管理监督办法（试行）（草案）；听取和审议绵阳市人民政府关于调整“十二五”规划《纲要》地方生产总值(GDP)年均增速目标的报告，并作相应决议；听取绵阳市人民政府关于全市深化治安分类防控体系建设情况的报告；听取绵阳市人民政府关于全市食品安全工作情况的报告。会议审议通过《绵阳市人民代表大会常务委员会讨论决定重大事项的规定（试行）》；通过《绵阳市人民代表大会常务委员会国有资产管理监督办法（试行）》；通过绵阳市人大常委会关于批准调整绵阳市“十二五”规划《纲要》地方生产总值（GDP）年均增速目标的决议。

【人大常委会第27次会议】　2014年12月25日召开。会议由市人大常委会主任蒋仁富主持。市人大常委会副主任赵映坤、黄正良、雷百灵、刘文榜、王黎及市人大常委会秘书长宋德政和委员35人出席，市人民政府副市长赵琪、市人民检察院检察长吴长福、市中级人民法院副院长高艳辉等列席本次会议并做报告。会议听取和审议绵阳市人民政府关于武引二期灌区工程建设情况的报告；听取和审议绵阳市第六届人大常委会代表资格审查委员会关于个别代表的代表资格的报告；听取绵阳市人民政府关于2014年城乡规划执行情况的报告；听取绵阳市人民政府关于贯彻实施《中华人民共和国归侨侨眷权益保护法》和《四川省〈中华人民共和国归侨侨眷权益保护法〉实施办法》的情况报告；听取和审议绵阳市人大常委会关于召开绵阳市第六届人民代表大会第六次会议的决定（草案）。会议审议通过绵阳市人大常委会关于召开绵阳市第六届人民代表大会第六次会议的决定；通过绵阳市第六届人大常委会代表资格审查委员会关于个别代表的代表资格的报告；通过会议审议意见；通过人事任免事项。

【人大监督机制完善】 2014年，市人大制定出台《绵阳市人民代表大会常务委员会关于讨论决定重大事项的规定（试行）》，确定涉及全市国民经济、社会事业、城市规划、环境和资源保护等方面的14项重大事项，必须经市人大常委会讨论并作出相应决议、决定，还列出18项应当由“一府两院”向市人大常委会报告的重大事项。同时明确市人大常委会讨论决定重大事项的规则和程序以及违反规定的责任追究。这个规定使宪法法律赋予市人大常委会作为地方国家权力机关的重大事项决定权具体化、可操作，是市人大常委会制度建设的重大突破。市人民政府高度重视并认真执行这个规定，先后就城区财政体制改革、城区违法建设整治、剑南路改造、政府机构改革等多个重大事项向常委会做报告。制定出台《绵阳市人民代表大会常务委员会加强司法监督工作规定》，明确监督对象和监督方式，并制定实施细则，建立司法监督工作专家咨询组。该规定实施后，市中级人民法院、市人民检察院、市公安局、市司法局等相关单位，按规定及时向市人大常委会报送同类案件综述、案件质量评查等文件，司法监督工作得到切实加强。制定出台《绵阳市人民代表大会常务委员会国有资产管理监督办法（试行）》，明确市人大常委会监督国有资产管理的范围、监督重点、监督方式和责任追究等事项，开启对国有资产管理的监督工作，填补市人大监督国有资产的空白。

【环境保护监督】 2014年，市人大常委会高度关注涪江、安昌江水资源保护。3月25日，市人大常委会副主任赵映坤带领视察组视察绵阳城区排水基础设施建设管理情况、城区及三江库区环境污染治理情况，4月24日，常委会第22次会议听取和审议市人民政府关于绵阳城区排水基础设施建设管理工作情况的报告。鉴于会上对城区污水排放反映强烈，4月25日，市人大常委会主任蒋仁富又带领市级有关部门负责人到问题突出的排污处调研，经与市人民政府研究，制定具体整治方案。6月10日，常委会第23次会议作出《关于限期整治绵阳城区污水排放突出问题的决定》，对整治城区三江大坝内等五处污水排放突出问题列出时间表，要求三年内完成整治任务，并明确阶段性目标，加强跟踪督查。高新片区污水直排安昌河问题、高新新区和新皂镇及会展中心区域污水直排草溪河问题、石马镇片区污水直排涪江问题得到解决。推动小流域水环境整治，对北川、安县、高新区等地小流域治理工作展开督查。支持市人民政府出台秸秆禁烧和综合利用财政奖补政策，提高秸秆综合利用率。听取市人民政府关于违法建设整治工作情况汇报，支持市政府整治违法建设，维护城市规划的严肃性。

【食品药品和饮用水安全监督】 2014年，市人大常委会组成人员到食品生产、流通、餐饮服务企业，对全市食品安全监管工作情况进行专项视察，听取市人民政府关于全市食品安全工作情况的报告，要求加大执法力度，提高人民群众食品、药品安全保障水平，努力建设“食品药品安全放心市”。以“保护饮用水源地、保障饮用水安全”为主题，组织开展2014年“环保世纪行”宣传活动，持续推进饮用水源地保护工作。

【推进教育和社科普及】 2014年3月7日，市人大常委会副主任黄正良带领视察组对绵阳市民办教育、中等职业教育进行视察调研，常委会第22次会议听取和审议市人民政府关于我市民办教育发展情况的报告，要求把握好政策导向，加大支持力度，强化和规范对办学的监管，促进民办教育健康发展。6月23日，市人大常委会副主任黄正良带队对全市社会科学普及工作进行调研，要求市人民政府高度重视，健全社科组织体系，加大资金投入力度，完善设施建设，更好地服务于科技城建设。

【重点项目推进调研】 2014年，市人大常委会组成人员多次到科技城创新中心、产业园区和部分重点企业、重大项目建设工地视察调研，参与科博会招商引资工作，组织在绵阳全国人大代表、省人大代表视察科技城集中发展区建设情况，就积极争取和落实科技政策、加强创新创业人才队伍建设、扩大开放合作、推进创新驱动发展和军民融合发展等提出建议意见。

【群众来信来访办理】 2014年，市人大受理人民群众来信来访915件（次），6356人，网络问政107件。完善常委会领导接访制度，常委会领导接访23批36人次，批阅信访件83件。加强对信访反映问题的调查了解和催办、督办，对游仙区小岛社区土地开发建设涉及村民有关权益等信访问题进行专题调查，推动群众合理诉求的解决。

【代表视察与联系】 2014年，市人大按照三中全会“加强人大常委会同人大代表的联系，充分发挥代表作用”“密切代表同人民群众联系”的要求，人大常委会及时交流推广全市人大代表联系群众工作经验，组织53名市人大代表参加全国人大会议中心举办的地方人大代表培训班，加强对代表小组活动的督促和指导。市人大代表形成调研报告30篇，其中《关于绵阳城区二次供水安全问题的调研报告》《关于统筹城乡户籍制度改革的调研报告》等7篇转市人民政府做工作参考。从10月开始，每次常委会会议都邀请部分市人大代表列席和部分公民旁听，扩大代表和公民对常委会活动的参与。

【人大代表建议办理】 2014年，市人大常委会认真组织办理代表建议，修改完善《绵阳市人民代表大会代表建议、批评和意见办理办法》。市六届人大五次会议期间代表共提出建议221件，其中45件被确定为重点督办件。《关于加强秸秆禁烧及秸秆综合利用工作的建议》《关于对九环东线江油—平武县城段实施路面改造及黑化工程的建议》《关于加大对游仙区推进城乡公交一体化支持力度的建议》等重点督办件得到有效落实，促成开通绵阳城区到游仙忠兴镇、魏城镇的两条公交线路，方便沿线群众。一批群众关心的热点、难点问题得到有效解决，代表对办理结果的满意率为90.95%。

【人大人事任免】 六届五次会议以来，市人大常委会任免国家机关工作人员97人次，其中任命62名（女干部11名）、免职34名，批准辞职1名。任命四川省科学城人民法院、绵阳高新技术产业开发区人民法院人民陪审员28人。

绵阳市第六届人大常委会组成人员名单

（41人）

蒋仁富　赵映坤　黄正良
雷百灵　刘文榜　王　黎
江　陵　宋德政　王　军
王　春　王　涛　王运先
王昭洪　车朝宁　冯　钢
冯小涓（女）　刘绍英（女）
安治富　李周全　李春寿（回族）
李蜀光　时义清　何　充
何国洪　汪　伟　陈洪芳（女，羌族）
尚丽平（女）　罗晓泉　周茂龙（女）
郑金贵　赵红钊　赵志强
秦富炳　倪　波　高　峰
黄兴华　康　宁　梁　建
韩永伟　蒋　琳　蒋淑梅（女）

绵阳市人民政府

概　述

【概况】 2014年，全市实现地区生产总值1579.89亿元、增长9.1%，全社会固定资产投资1080.37亿元、增长7.9%，社会消费品零售总额734.77亿元、增长13%，地方一般公共预算收入101.75亿元、增长12.5%，城镇居民人均可支配收入25341元、增长9.7%，农村居民人均纯收入10326元、增长11.5%。

【产业发展升级】 2014年，全市工业发展势头强劲，规模以上工业增加值增长10.1%，“2+4”传统优势产业增加值增长11.1%。现代农业加快推进，建成高标准农田1.65万公顷，农林牧渔业实现总产值416.8亿元、增长4.1%，江油市顺利入选国家现代农业示范区，三台县被评为全国粮食生产先进县。第三产业迅速壮大，国家AAAA级以上景区达到10家，实现旅游总收入277.3亿元、增长35.1%，先导型服务业实现增加值522亿元、增长9.7%。

△“2+4”传统优势产业：食品医药产业、汽车及零部件产业，电子信息产业、冶金机械产业、材料产业、化工环保产业。

【科技城建设】 2014年，全市按照“一核三区多园”新口径，科技城经济总量占全市地区生产总值66.8%。集中发展区加快建设，第二届科博会圆满举行，科技城成为国家自主创新示范区工作联席会议成员，国务院批准执行中关村政策和国家自主创新“新四条”。全年新注册科技型中小企业2227户、总数达4478户，实现专利申请量5991件，授权量3071件。在国家知识产权示范培育城市实力测评中，绵阳居第二位。

△“一核三区多园”：“一核”是指建设科技城军民融合创新驱动核心示范区，“三区”就是绵阳高新区、经开区、科创区，“多园”就是指绵阳市内省级以上产业园区。

【机构改革】 2014年，绵阳市裁撤合并市卫生局、市人口和计划生育委员会等行政部门6个，新组建市卫生和计划生育委员会等部门5个，调整市质量技术监督局、市工商行政管理局2个部门的管理体制，更名市科学技术局等2个部门。改革后，市政府设置工作部门32个，挂牌机构11个。

【对外开放】 2014年，绵阳市引进高世代半导体显示器、天津力神新能源汽车动力锂电池等299个重大项目。全年到位国内省外资金509.3亿元、增长7.5%，到位外资2.3亿美元。实现进出口总额29.2亿美元，赴境外投资的本土企业达27户、投资总额累计11.1亿美元。

【城乡建设】 2014年，绵阳机场客运吞吐量突破百万，达108.5万人次，成绵乐铁路客运专线正式通车，川交大桥、机场直通道、绕城高速南环线等项目建成投用。石马镇、许州镇等16个镇入选全国重点镇，建成杨家镇万和村、塔水镇七里村等72个“幸福美丽新村”，城镇化率达到46.5%。

【社会事业发展】 2014年，绵阳"十项民生工程"投入资金125.1亿元、增长21.7%，17件民生实事、178个民生项目全面完成。开工保障性住房和棚户区改造14902套、竣工9035套。城镇居民、农村居民低保标准分别提高到350元和180元，惠及30万城乡困难群众。新增城镇就业4.8万人，城镇登记失业率3.79%。接纳高校毕业生就业13577人，其中硕士985人、博士304人。 （潘 钦）

重大政务活动

【市政府六届三次全体会议】 2014年1月2日召开，市委副书记、市长林书成主持会议。林新、王瑜、任建民、赵琪、经大忠、谢晓东、郑蕾、夏明及市政府工作部门负责人出席会议；市政府副秘书长，各县市区人民政府、各园区管委会、科学城办事处主要负责人，科技城管委会负责人，市级有关部门和单位主要负责人，市委办公室、市人大常委会办公室、市政协办公室、市中级人民法院、市检察院负责人列席会议。与会人数110人。会议贯彻落实中央经济工作会、中央城镇化工作会、中央农村工作会和省委经济工作暨城镇化工作会议精神，总结2013年工作，安排部署2014年工作。

会议要求，要全面推动改革开放，坚持以改革统领全局，用改革的思路和办法破解发展难题；要深入实施创新驱动发展战略，通过强化科技创新支撑，提升"2+4"传统优势产业，发展战略性新兴产业，壮大现代服务业，加速推动产业转型升级，打造绵阳经济"升级版"；要按照集约智能、绿色低碳的要求，加快推进以人为核心的新型城镇化；要加大产业投资力度，深挖民间投资潜力，注重政府投资导向，确保投资稳定增长；要重视发展社会事业，扎实抓好就业工作，着力加强社会保障，切实加大扶贫力度，力求在保障改善民生上取得新成效。

【市政府六届四次全体会议】 2014年2月28日召开，市委副书记、市长林书成主持会议。林新、王瑜、唐凤泉、谢晓东、郑蕾、夏明及市政府工作部门负责人出席会议；市政府副秘书长，各县市区人民政府、各园区管委会、科学城办事处主要负责人，科技城管委会负责人，市级有关部门和单位主要负责人，市委办公室、市人大常委会办公室、市政协办公室、市中级人民法院、市检察院负责人列席会议。与会人数110人。会议传达学习省委十届四次全会、全省市（州）长会议精神，并分解落实《政府工作报告》目标任务。

会议强调，在深化改革方面，要点面结合、整体推进各项改革工作，增强改革的系统性、整体性和协同性，要掌握节奏、找准切口，深化重点领域改革，推动全市改革"棋局"步步为"赢"；在产业发展方面，要坚持改造传统产业与培植新兴产业并重、做大增量和提升质量并举，努力打造绵阳经济"升级版"；在自主创新方面，要更加突出科技创新的核心地位，加快建设集中发展区，精心举办2014科博会，努力完善创新体系，推动科技城突破性发展；在城镇建设方面，要抢抓国家出台新型城镇化规划机遇，加快推进以人为核心的新型城镇化，解决好"人到哪里去、土地怎么用、钱从哪里来、管理如何科学"等重点问题，力争城镇化率达到46.7%；在民生改善方面，要按照"保障基本、守住底线、突出重点、完善制度"的思路，切实解决群众最关心、最直接、最现实的利益问题。

【市政府六届五次全体会议】 2014年7月31日召开，市委副书记、市长林书成主持会议。孙克勇、王瑜、任建民、经大忠、谢晓东、郑蕾，夏明及市政府工作部门负责人出席会议；市政府副秘书长，各县市区人民政府、各园区管委会、科学城办事处主要负责人，科技城管委会负责人，市级有关部门和单位主要负责人，市委办公室、市人大常委会办公室、市政协办公室、市中级人民法院、市检察院负责人列席会议。与会人数110人。会议传达学习市委六届七次全会精神，通报上半年全市经济运行情况，安排部署2014年下半年政府工作。

会议要求，在工业发展方面，要坚持"抓大不放小"的原则，在抓好长虹、九洲、攀长钢、新华等一批骨干企业发展的同时，着力扶持一批中小企业特别是科技型中小企业加快发展上规模；要抓开工、抓技改、抓增量，一企一策研究解决问题、推动落实，促进项目加快落地，尽快形成产能。在服务业发展方面，要千方百计引进一批大企业，带动全市服务业高端发展；要加快推动重点项目建设，力争早日投产达效；要完善九寨东环线沿线旅游服务网点、安全管控等设施，推动旅游业发展升级；要运用市场化手段，推动会展经济加快发展。在建筑业方面，要开展联合执法，规范市场行为，营造公平的市场秩序；要鼓励和引导房地产企业与绵阳本土建筑业企业合作、使用"绵阳造"建筑材料，带动建筑业全面发展。在"三农"工作方面，要重点抓好产业发展，带动农民增收致富；要逐步实施农村危旧房屋改造工作，为实现全面小康奠定基础。在深化改革方面，要突出做好行政审批制度改革，继续减少前置审批，大力推行并联审批，让企业放开手脚发展生产；要分类逐步推进国资国企改革，努力打造一批创新能力强的大企业大集团；要深化财政体制改革，提高财政运行效率。

会议强调，要加大招商引资力度，增强经济发展后劲；要加快上市公司的培育和民营银行组建，构建多层次资本市场体系；要抓好电子商务、战略性新兴产业发展和科技型中小企业的培育，为经济发展注入新活力；要坚持依法行政，切实加大违法建筑治理力度，营造良好发展环境。

【市政府第40次常务会议】 2014年1月2日召开，市委副书记、市长林书成主持会议。唐炼、林新、任建民、赵琪、经大忠、唐凤泉、谢晓东、郑蕾、夏明出席会议。会议学习《党政机关厉行节约反对浪费条例》；审议《关于下达2013年第一批绵阳市工业发展专项资金的请示》。

【市政府第41次常务会议】 2014年1月26日召开，市委副书记、市长林书成主持会议。唐炼、林新、王瑜、任建民、赵琪、经大忠、谢晓东、郑蕾、夏明出席会议。会议学习省纪委十届三次全会精神；安排部署春节节日期间工作；审议《关于印发〈绵阳市工业企业搬迁改造实施办法〉的通知》《关于进一步加强城区工业布局统筹和集约节约工业用地的通知》《关于工业用地改变用途相关情况的报告》。

【市政府第42次常务会议】 2014年2月7日召开，市委副书记、市长林书成主持会议。林新、王瑜、任建民、赵琪、经大忠、谢晓东、郑蕾、夏明出席会议。会议审议《全市文明城市建设、未成年人思想道德建设、诚信建设以及志愿服务工作有关事宜》《关于进一步完善开发区卫生管理体制有关事项的通知》《关于贯彻实施〈中华人民共和国精神卫生法〉的通知》《关于印发绵阳城市规划区新增商品住房开发项目配建公共租赁住房实施办法的通知》《关于审定江油市原长钢三个街道办事处合并行政区划调整的报告》《绵阳市城镇职工基本医疗保险办法》。

【市政府第43次常务会议】 2014年3月17日召开，市委副书记、市长林书成主持会议。唐炼、林新、任建民、赵琪、唐凤泉、谢晓东、郑蕾、夏明出席会议。会议学习《关于创新群众工作方法解决信访突出问题的意见》《第十二届全国人民代表大会第二次会议精神》；审议《绵阳市人民政府2014年工作要点》《绵阳市科技型企业初创阶段扶持实施办法（试行）》《绵阳市领军型科技创新团队资助实施办法（试行）》《绵阳市高层次人才引进和高校人才培训协调创新专项资金管理使用办法（试行）》《关于2014年全市工业强市大会的总体方案》《关于鼓励支持企业积极参加重大会展活动的意见》《绵阳市乡村规划师队伍建设实施方案》《绵阳市城乡规划督察员管理办法（试行）》《绵阳南郊机场净空及电磁环境保护实施办法（暂行）》《关于调整绵阳市应急委员会成员的通知》《绵阳城区新建生活垃圾卫生填埋场试运行期间垃圾处理服务费临时单位结算价格有关事项的请示》《2014年市级财政收支预算（草案）》。

【市政府第44次常务会议】 2014年4月16日召开，市委副书记、市长林书成主持会议。唐炼、林新、王瑜、任建民、赵琪、谢晓东、郑蕾、夏明出席会议。会议审议《绵阳市以商招商奖励办法》《红岩电站恢复蓄水发电及涪江干流后续开发的情况汇报》《绵阳市"宽带中国"战略实施方案》《"宽带绵阳"发展规划（2014－2020）》《绵阳市小额贷款公司审批实施管理办法》《关于城中村改建工作的指导意见》《绵阳市地震应急预案（修订）》《绵阳市人民防空袭方案（修订）》《全民科学素质行动计划纲要实施方案》。

【市政府第45次常务会议】 2014年5月7日召开，市委副书记、市长林书成主持会议。林新、王瑜、经大忠、谢晓东、郑蕾、夏明出席会议。会议审议《绵阳外国语学校和南山中学双语学校改革方案》《绵阳市科学技术奖励办法（修订）》《2014年绵阳市科技型中小企业发展工作要点》《关于加快推进质量强市建设的实施意见》《绵阳市政府质量奖评审管理办法》《绵阳科技城集中发展区建设有关事宜》《中国（绵阳）科技城科技物流产业园发展规划及科发集团出资设立通富弘业公司有关事宜》《2013年第二批绵阳市工业发展专项资金安排方案》《九洲集团下属公司在柬埔寨合资设立新公司有关事宜》。

【市政府第46次常务会议】 2014年6月4日召开，市委副书记、市长林书成主持会议。孙克勇、林新、王瑜、赵琪、经大忠、谢晓东、郑蕾、夏明出席会议。会议学习《全省纪检监察工作视频会议精神》；审议《绵阳中心城区实施交通组织优化调整方案》《关于四川幼儿师范高等专科学校组建资产经营公司的请示》《关于确定绵阳市中医医院为四川中医药高等专科学校附属医院的实施方案》《绵阳城区便民公共自行车二期实施方案》《举办绵阳市职业技能大赛有关事宜》《绵阳市作品和计算机软件著作权登记资助管理办法》《绵阳市参加第十届中国(武汉）国际国林博览会工作方案》《关于2014年市级国有资本经营预算情况的报告》《绵阳市政府职能转变和机构改革方案》。

【市政府第47次常务会议】 2014年6月10日召开，市委副书记、市长林书成主持会议。孙克勇、林新、经大忠、谢晓东、郑蕾、夏明出席会议。传达学习国务院部分省市经济工作座谈会和省政府常务会议精神，学习《四川省人民政府办公厅关于印发促进当前经济稳增长的十六条措施的通知》精神，审议《绵阳市人民政府关于当前稳增长促改革调结构惠民生的工作方案》。

【市政府第48次常务会议】 2014年7月14日召开，市委副书记、市长林书成主持会议。孙克勇、林新、任建民、赵琪、经大忠、谢晓东、郑蕾、夏明出席会议。会议审议《绵阳市投资建设项目并联审批工作方案》《绵阳科技城推广“盈创动力”科技金融服务模式工作意见》《绵阳市软件产业发展规划》《关于加快软件产业发展的意见》《绵阳市2014年最低工资标准调整方案》《绵阳市2014年企业工资指导线方案》《关于完善绵阳市城乡居民基本养老保险制度实施办法的意见》《绵阳市市直机关差旅费管理办法》《关于开展涉及佛教寺庙道教宫观管理有关问题专项治理工作的实施意见》《绵阳市城市道路智能交通管理系统一期技术方案》、九洲集团合资组建九洲导航投资公司及四川北斗导航与位置服务有限公司有关事宜；听取全市安全生产工作汇报、全市宗教工作汇报。

【市政府第49次常务会议】 2014年8月7日召开，市委副书记、市长林书成主持会议。孙克勇、林新、赵琪、经大忠、郑蕾、夏明出席会议。会议审议《绵阳文化发展规划》《关于评定金凤莲为烈士的请示》《绵阳市地名管理办法（修订稿）》、绵阳市体育馆移交科发集团管理有关事项、《绵阳市市级外宾接待经费管理办法》《绵阳市市级单位因公短期出国培训费用管理办法》。

【市政府第50次常务会议】 2014年8月25日召开，市委副书记、市长林书成主持会议。林新、王瑜、任建民、赵琪、郑蕾、夏明出席会议。会议学习《国务院法制办关于认定被征地农民“知道”征收土地决定有关问题的意见》；通过教投公司转让三所实验学校股权调整方案、教投集团实施春晖花园建设项目有关事宜、《关于改革完善城区分税制财政体制的通知》《绵阳市地下空间开发利用管理办法》《绵阳市城区防内涝应急预案》《绵阳市进一步促进商贸服务业发展暂行办法》、2014年第二批100万元以上追加预算项目资金有关事宜。

【市政府第51次常务会议】 2014年9月4日召开，市委副书记、市长林书成主持会议。林新、任建民、赵琪、经大忠、郑蕾、夏明出席会议。传达学习《中共中央、国务院转发〈国家发展和改革委员会关于上半年经济形势和做好下半年经济工作的建议〉的通知》；审议《绵阳水电校与四川中医药高等专科学校的改革优化方案》《绵阳城区建筑垃圾处置管理办法》《关于承办全国第六届特殊奥林匹克运动会有关事项的请示》《绵阳市加强教师队伍建设的实施意见》、九洲集团投资设立绵阳科技城九洲通用机场有限公司事宜、组建绵阳市中医医疗集团有关事宜、《绵阳市公共基础信息资源库及共享平台建设方案》《安昌桥拓宽改造及南北桥头下穿工程施工组织方案》、2014年第3批特种专业技术用车执法执勤车购置（更新、上户）事宜、绵投集团在香港成立全资子公司有关事宜。

【市政府第52次常务会议】 2014年9月28日召开，市委副书记、市长林书成主持会议。孙克勇、林新、王瑜、谢晓东、郑蕾、夏明出席会议。传达学习王东明书记在四川保监局《关于贯彻落实〈国务院关于加快发展现代保险服务业的若干意见〉有关工作的汇报》上的批示；审议《绵阳市国民经济和社会发展第十三个五年规划编制工作方案》《绵阳市促进健康服务业发展实施方案（2014~2020年）》、绵投集团抵押仙海风景区两宗土地事宜、2014年第三批预算项目资金事宜、《绵阳市人大代表建议和政协提案办理办法》、长虹集团申请注册40亿元超短期融资券事宜、交发集团发行企业债事宜、兑现九洲集团2013年度中长期激励资金事宜。

【市政府第53次常务会议】 2014年10月10日召开，市委副书记、市长林书成主持会议。林新、王瑜、任建民、谢晓东、夏明出席会议。会议审议《绵阳市发展科技型中小企业“涌泉计划”实施方案》《绵阳市建设“食品药品安全放心市”实施方案》《关于绵阳科技城外国专家奖励办法（试行）》《关于提高城乡居民最低生活保障标准的请示》、第二届科博会期间城区调休放假事宜。

【市政府第54次常务会议】 2014年10月20日召开，市委副书记、市长林书成主持会议。孙克勇、林新、王瑜、任建民、经大忠、谢晓东、夏明出席会议。会议审议《绵阳市应急委员会工作规则（试行）》和《绵阳市应急委员会办公室工作细则（试行）》《绵阳市突发事件应急预案管理办法》《旅行社组织游客在我市旅游奖励办法》。

【市政府第55次常务会议】 2014年11月17日召开，市委副书记、市长林书成主持会议。林新、任建民、郑蕾、夏明出席会议。会议学习《非金融机构和非法金融业务活动取缔办法》等金融法律法规、《中华人民共和国预算法（2014年修订）》；审议《2015年市政基础设施重点工程项目计划》、京东方项目有关事宜、《安县撤县设区工作推进情况及支持政策》《2014年市级国有资本经营预算方案》《2014年第四批预算项目资金计划》《2014年绵阳市工业发展专项资金计划》。

【市政府第56次常务会议】 2014年12月4日召开，市委副书记、市长林书成主持会议。孙克勇、任建民、谢晓东、郑蕾、夏明出席会议。会议审议《设立李白诗歌奖相关事宜的请示》《关于审定2014年绵阳市优秀文艺作品和文艺创作扶持项目的请示》《绵阳市文化领军人才资助管理办法（试行）》《绵阳市城镇居民大病保险办法》《绵阳市城镇居民基本医疗保险办法》《绵阳市人民政府重大行政决策咨询论证暨智库专家（顾问）团管理办法》《绵阳市人民政府关于政府向社会购买公共服务实施方案》《中共绵阳市委绵阳市人民政府法律顾问聘任工作方案》《绵阳市驻境外招商专员管理办法》《2014年绵阳市优秀专利奖拟奖专利》《关于加快新能源汽车推广应用促进产业发展的实施意见（试行)》。

【市政府第57次常务会议】 2014年12月21日召开，市委副书记、市长林书成主持会议。林新、任建民、赵琪、谢晓东、王进杰、夏明出席会议。会议学习《中华人民共和国安全生产法（2014年修正）》和中共四川省委办公厅、四川省人民政府办公厅《关于印发〈四川省安全生产“党政同责”暂行规定〉的通知》；审议《绵阳城区部分新建道路、桥梁、隧道命名的请示》《游仙区和江油市部分乡撤乡设镇的请示》、2014年第五批预算项目资金事宜、2014年第四批特种专业技术用车执法执勤车购置（更新、上户）事宜。（李　静）

人事工作

【公务员管理】 2014年，实施公务员“培育社会主义核心价值观、做人民满意公务员”主题培训，培训1.66万人。举办全市公务员面试考官资格培训班，参加培训并取得合格证人员160名。组织全市100名科级以上领导干部参加“推动科技城建设创新驱动能力培训”。通过“市县乡三级联考”，全年招录、补充公务员（参照管理人员）380名；从优秀工人、农民和村干部中考试录用乡镇机关公务员13名；招录政法体制试点生54名、警察80名。组织推荐上报四川省第五届“人民满意公务员”1名、“人民满意公务员集体”1个、记一等功个人9名、记一等功集体2个；向国家、省审核推荐36个先进集体、106个先进个人表彰对象；全市59人连续三年考核为优秀记三等功。

【事业单位人事管理】 2014年，完善事业单位岗位设置管理制度，调整、核准全市556家事业单位岗位设置方案，做好419名市属事业单位工作人员岗位聘用。做好事业单位分类改革中人员划转、分流、安置等相关工作，全年办理50名市属事业单位工作人员调动手续。规范事业单位人员公开招聘工作，统一全市公开招聘和直接考核招聘政策，规范县市区招聘人员备案制度。全年组织实施两次市属事业单位公开招聘和市直属学校公开招聘，招聘市属事业单位工作人员361名。开展整治事业单位公开招聘专项行动，超职数配备干部以及领导干部在企业兼职专项治理。调整全市卫生事业单位岗位设置方案，对全市卫生系统人事干部进行事业单位人事管理业务培训。

【军队转业干部安置】 2014年，全市接收军队转业干部129名，其中：计划分配95名（团职27名，营职41名，连排职10名，技术干部17名）；自主择业34名（团职8名，营职10名，技术干部16名）；随调家属1名；安置人数为全省第二。深化军转安置改革，推进“阳光安置”和向基层倾斜，构建公开、公平、公正的军转安置秩序。团职转业干部通过考核方式进行安置；营职及以下转业干部进入市级机关和市直属参公单位的，采取考试与考核相结合方式进行安置；其余转业干部根据安置计划进行指令性安置。鼓励和引导转业干部到基层工作，安置到县市区（园区）的转业干部数量由历年15%左右提高到49%。开展年度绵阳片区转业干部培训。

【第六次全国军转安置工作先进评选表彰推荐】 2014年，推荐涪城区人社局为全国军队转业干部安置工作先进单位，5月27日受到习近平总书记等国家领导接见。

【军队转业干部管理服务】 2014年，全市加强对自主择业军转干部管理服务，按照“个人自愿、按需培训、依托社会、政府协助”的原则开展教育培训，落实各项就业创业培训扶持政策。做好退役金发放、医疗保障等工作，完成全市529名自主择业军转干部年度登记工作。严格落实各项解困政策，完成3461名退休人员、700余名在岗（公益性岗位再就业）和失业人员生活困难补贴的调整兑现。同时，全面落实绵阳市部分企业军转干部个案救助政策调整方案，加大住院医疗（死亡）救助、特殊困难救助等地方个案救助力度。（杨　琳）

军转干部选岗会

民政工作

【灾情概况】 2014年，全市遭受5次洪涝、1次风雹、1次地震自然灾害，27.24万人次受灾，无人员死亡或失踪；倒塌农房57间，严重受损434间，一般受损农房2099间；累计农作物受灾面积11880公顷，其中绝收农作物面积960公顷。各类灾害造成直接经济损失2.95亿元。2014年，全市争取中央、省补助2979万元冬令资金、669万元春荒资金，向各县市区调拨4500床棉被、1800件棉衣、1400套棉衣裤，切实保障困难群众基本生活及安全温暖过冬。争取100万元市本级财政救灾专项资金，采购5000床棉被、5000件棉大衣补充库存。

【防灾减灾救灾体系建设】 2014年，全市有全国综合减灾示范社区17个。市防灾减灾指挥体系实现视频会议四级互联互通。截至年底，完成全市整体防灾减灾指挥体系建设。做好困难群众安全温暖过冬工作。冬季来临前，各级民政部门多次开展排查工作，建立困难群众救助台账，下拨冬令春荒救助金3070万元、棉被2.3万床、棉衣裤1.7万套。

【民政观察点建设】 2014年，绵阳市通过民政观察点建设，搭建民政部支持科技城建设新的平台，优化行政区划、推进社区建设和社工人才队伍建设。防灾减灾、财务内部审计制度、基层群众自治和优抚对象定点医院建设等工作发挥导向引领、示范带动作用，成效初显。

【健全社会救助体系】 2014年，全市贯彻落实《社会救助暂行办法》，在所有乡镇（街道）推进建立“一门受理，协同办理”救助窗口，推进城乡低保、医疗救助、“五保”供养等工作。全市城乡低保金支出5.2亿元，惠及30万困难群众。10月1日，城乡低保标准分别从每人每月300元、150元提高到350元、180元。全市城乡低保人均月补助分别达到211.68元、105元。开展低保专项整治工作，清退不符合条件的22104人，新增符合条件10713人。健全临时救助制度，建立临时救助专项资金，全市救助临时困难家庭16975户，支出救助金1485.6万元，同比增长42%和61%。实施医疗救助近35万人次，支出救助资金9746万元。9个县市区全面推行城乡困难群众重特大疾病医疗救助城乡困难群众住院自付费用救助，比例分别达到60%和63%。全市大病医疗救助1938人次，支出救助金1169万元。全市农村医疗救助“一站式”比例达到100%。全市五保供养对象20915人，集中供养13707人，集中供养率65.6%。

【养老服务体系建设】 2014年，全市贯彻落实国务院《关于加快发展养老服务业的若干意见》，出台《贯彻落实省政府关于加快发展养老服务业的实施意见的通知》，转发《关于2014年养老服务体系建设重点任务安排意见的通知》《关于绵阳城区2014~2020年养老设施规划的通知》等文件，为全市养老服务体系建设提供政策支撑。明确以居家养老为基础、社区服务为依托、机构养老为支撑的养老服务体系建设目标，推行“政府主导、多方参与、统筹规划、分级负责”的发展原则。养老服务设施加快建设。全年新增一个省级养老服务示范社区。全市新增改造养老床位4960张（新增公办300张、民办2500张，维修改造公办2160张），养老机构床位达到2.7万张。老年人日间照料服务覆盖70%城市社区和40%农村社区，建成城乡社区日间照料中心168个。探索“医养融合”养老服务新模式，建立完善政府购买养老服务、高龄和失能老年人补贴等制度，为6.73万困难家庭失能老人和80周岁以上老人提供居家养老服务。

【儿童福利】 2014年，全市建成5个县级儿童福利指导中心，市县两级儿童福利指导中心实现全覆盖。举办“关爱奉献者”“金秋助学”等大型慈善募捐活动。

【慈善事业】 2014年，全市完善慈善捐助减免税制度，推进全市慈善（捐助）信息平台建设和慈善工作信息化建设。继续实施“明天计划”和贫困家庭疝气儿童康复手术项目。福彩销量再创新高，福彩销售达4.45亿元，比上年增长0.95亿元，同比增长27.2%。

【优抚安置】 2014年，全市实行优抚对象抚恤补助金打卡直发，为5.86万名重点优抚对象发放抚恤补助1.78亿元。义务兵家庭优待金标准由上年的7758元/户调增到8745元/户，发放优待金4190万元。广泛开展医疗费用“一站式”即时结算服务，发放医疗补助1190万元。全部完成106座散葬烈士墓、14处零散烈士纪念设施和190张光荣院床位建设改造任务。9月30日，市委、市政府和各县市区党委、政府举行大型烈士公祭活动，直接参与达到万余人，营造良好的氛围。清明、国庆前后，全市各地投入58.8万元资金慰问困难烈属等重点优抚对象1176人。江油市和三台县优抚医院到偏远地区开展医疗巡诊。126人评调残、转移伤残关系，512人办理“参战、涉核”待遇。全市全年接收待安置退役士兵2390人，接收安置率100%；133名符合安排工作条件的进行岗位安置，安置率100%；2257人发放8600万元自主就业（自谋职业）经济补助资金。投入560万元对1680名退役士兵进行职业教育和技能培训，知晓率达100%，有培训意愿的培训率达100%，通过率99%，就业率98%。做好第十届省双拥模范（先进）城（县、区）创建工作。“八一”期间，全市各地给驻绵阳部队送去慰问物资70余吨价值170万元。

【社会基层组织】 2014年，全市完成第九届村（居）民委员会换届选举工作，全市3265个村、534个社区，选举成功率达到99.8%。健全村民会议和村民代表会议制度，完善村民自治章程。全市新增社区服务站11个。推进城乡社区工作用房和居民公益性服务设施建设，社区综合服务设施覆盖率达到90%以上，全市社区办公及活动场所全部达到200平方米以上，600平方米以上的有71个。全市投入社区公共服务设施建设项目254个，投资额达到7000余万元，在全省率先试点社区公共服务事项准入制度和社区公共服务综合信息平台建设。通过全国和省市和谐社区创建活动，打造一批各具特色的亮点社区，以点带面推进全市社区建设上档升级。抓好社区标准化建设工作，规范社区党务、居务、事务、服务公开栏，完善社区规章制度、标识标牌，完善居民自治章程，使社区各项工作达到规范化、系统化、科学化、程序化的要求。

【社会组织管理】　2014年，全市依法做好社会组织登记备案工作，登记注册社会组织2379个（其中社会团体1401个、民办非企业单位978个）。推进社会组织管理制度改革，加大培育扶持，优化社会组织发展环境。开展行业协会商会类、科技类、公益慈善类、城乡社区服务类社会组织直接登记工作。截至年底，办理直接登记社会组织38个，其中社会团体30个、民办非企业单位8个，直接登记数量位居全省前列。推进社会组织依法自治，取消社会组织分支（代表）机构审批和社会团体会费标准备案。推动市政府出台《关于推进政府向社会力量购买公共服务工作实施方案》，将政府购买服务经费纳入财政预算管理。推进社会组织评估工作，开展社会组织管理改革创新研究。涪城、江油分别成立社会组织孵化中心和社会组织服务管理中心，培育各类公益服务类社会组织23个。涪城推进“三社互动”成效明显，2014年投入财政资金200余万元，通过政府购买服务，引导社会组织为社区提供养老、助残等服务。依法开展社会组织年检，全市年检率达到98%。对12家连续两年未参加年检的社会组织给予撤销登记的处罚，对涉嫌违规活动的市融资服务中心进行调查处理。对违法社会组织查处率达100%，非法社会组织取缔率达100%，促进社会组织健康有序发展。成功申报3个中央财政支持项目参与社会服务项目，补助资金100万元，地方政府提供配套资金650万元。

【社会事务专项管理】　2014年，全市稳步推进区划地名工作。围绕推进绵阳科技城建设，推进安县改区和三台设市工作，稳妥实施撤乡建镇，严格政府办公驻地迁移管理。组织修订《绵阳市地名管理办法》，与市规划、住建、公安等部门联合出台《绵阳城区道路、桥梁、住宅区及建筑物地名命名细则》。城区新命名道路47条。深入挖掘地名文化，完成绵阳城区17条道路标识牌释文起草工作。全市完成10条县级行政区域边界联检工作，新增平安边界线2条。推进殡葬改革。惠民殡葬政策扩面、增项、提标持续推进，受益群众达3120人。全市祭扫活动安全文明有序。开展救助管理工作，救助流浪乞讨人员1.2万人次，其中未成年人475人次。加强全市婚姻登记机关标准化、信息化建设，办理国内居民结婚登记4.5万对、离婚登记1.5万对，登记合格率均达100%；婚姻登记机关标准化建设居全省前列。

（尹晓灿）

外事活动

【外事工作领导小组会议】　2014年12月8日，市委书记罗强主持召开市委外事工作领导小组会议，传达学习习近平总书记在中央外事工作会议上的重要讲话精神，审议并原则通过根据中央、省有关文件精神修改完善后的《市委外事工作领导小组职责和工作规则》，研究部署绵阳市外事和开放合作等工作。市委副书记、市长林书成，市委常委、组织部部长付康，市委秘书长董晓彬，市政府秘书长夏明以及其他市委外事工作领导小组成员单位负责人参加会议。

【因公出国人员正式启用新版电子护照】　2014年5月19日，绵阳市正式实施因公电子护照二期项目，所有新办因公出国人员正式启用新版电子护照。该项目是基于互联网的“因公出国网上申报管理系统”，进入因公电子护照专网，采集出访人员生物特征和电子签名，实现审、护、签一体化流程。根据辖区管理原则，全市因公出国的人员，在办理因公护照前，须进行指纹、电子签名采集。

【外事活动】　2014年1月7~8日，韩国、美国、泰国、澳大利亚、法国、巴基斯坦、德国、新加坡等8个驻川领事馆的总领事或领事到绵阳参加“驻川领团绵阳行”考察活动。领团一行出席“驻川领团绵阳行”投资座谈会，先后参观考察金家林总部经济试验区、科技城创新中心、九洲集团、科技城会展中心、安县工业园区、北川新老县城、北川通航产业园等。

2月23日，市委书记罗强，市委副书记、市长林书成在绵阳阳会见华晨宝马董事长、新晨中国董事长吴小安，宝马集团高级副总裁、中国项目总负责人伍腾，宝马集团高级副总裁、华晨宝马沈阳工厂第一负责人海森一行。

3月3日，市委副书记张锦明会见到绵阳考察的英国禾大国际公司董事会主席马丁·弗劳尔一行，双方就加强合作进行交流。2013年8月，禾大公司出资2.8亿元并购绵阳市西普公司65%股份，合资成立禾大西普化学（四川）有限公司。

3月26日，英国驻重庆总领馆副总领事伍德翰一行到绵阳考察绵阳市外经贸及优势产业发展情况，在经贸、教育领域寻求合作机会。

中韩商贸推介会在绵阳原香大酒店举行。成都韩国贸易馆馆长张炳松、中国四川省韩国人商会会长金首富一行出席推介会。中韩商贸推介会由绵阳市农副产品促进会主办，采取播放宣传片、发放宣传资料、企业代表推介、产品展示等形式，广泛宣传展示绵阳市优秀农副企业及产品。

同日，应四川华盟实业有限公司邀请，丹麦驻重庆总领事馆总领事安雅一行到安县考察白水湖高端养老项目，并与安县政府相关负责人就白水湖高端养老项目开发合作事宜进行交流。

4月18日，应美国驻成都总领事馆邀请，市外侨办全程协调联络，美国Gensler建筑师事务所首席设计师克里斯顿里奇女士到绵阳市就可持续性城市规划和建筑设计进行学术交流活动。Kirsten Ritcie在市规划局、西南科技大学分别举办专题讲座，并与参会人员进行交流。

4月21~23日，外交部组织中国驻波兰、莱索托、瑞典、洛杉矶、罗马尼亚、悉尼、立陶宛、土耳其、老挝、突尼斯、布隆迪、苏丹、赤道几内亚、尼日尔、叙利亚、汉堡、哥德堡、革但斯克、多哥、登巴萨、俄罗斯、毛里塔尼亚等22个国家和地区的大使、总领事或参赞组成的外交使节团走进中国科技城。代表团一行先后参观考察科技城创新中心、中国工程物理研究院科技馆、九洲集团、长虹集团、北川老县城地震遗址、“5·12”汶川特大地震纪念馆、北川新县城等。

5月5日，新欧盟市场监督法规与实施研讨会在绵阳举行。德国经济与能源部副处长吉斯、德国联邦州政府安全技术中心尼德梅尔出席研讨会并就欧盟新一般产品安全指令与市场监督法规的最新动态、德国市场监督的实践工作以及市场监管咨询交流系统的运作模式和经验进行交流。

5月29日，市人民政府副市长赵琪会见到绵阳参加“2014中国（绵阳）科技城·海湾国家集邮文化交流展览”的阿拉伯联合酋长国集邮协会秘书长、国家征集员奥马尔·艾哈迈德，协会会员王德君、巴林王国集邮协会董事艾哈迈德·阿卜杜拉，协会会员艾卜杜拉玛伊德·萨尔坦，列支敦士登国家邮政中国代表齐向荣。

5月31日，市委常委、宣传部部长张学民会见巴林王国驻华大使安瓦尔·尤素福·艾勒阿卜杜拉博士。

6月19日，市委常委、科技城党工委副书记、管委会副主任颜超会见到绵阳访问的美国加州政府经济发展委员会特派委员、加州绿色科技产业中心主席尹集宪。

6月26日，市委副书记、市长林书成会见英国米拉公司商务、技术总裁杰夫·戴维斯博士一行。

8月20~21日，受到省人民对外友好协会邀请，参加“外企看四川·江油篇”活动的外国机构、商务机构代表、外资企业代表走进江油，参观考察江油的投资环境和产业项目，促进投资兴业、合作交流。

9月15日，捷克总统顾问、捷克前总理兼外长科胡特，中国-捷克航空航天协会副主席虎彼得，捷克贸易促进局成都代表处首席代表高乐棣一行到绵阳考察。

11月24日，智利比奥比奥大区农业厅厅长罗德里格·加西亚率代表团一行15人，在省外侨办美大处处长张业初的陪同下访问绵阳市。

12月9日，市委副书记、市长林书成会见新加坡IGSS董事长拉兹库玛一行。

12月11日，美国加利福尼亚州财务长江俊辉率议员代表团一行17人在中国人民外交学会美大部副主任雒春建和省外事侨务办美大处处长张业初的陪同下访问绵阳市。

12月25日，以色列驻成都总领事馆副总领事雅各布一行访问绵阳市。

【出访友好城市】 2014年9月16日，市委副书记、市长林书成率团赴美国洛杉矶蒙罗维亚市进行公务访问，与蒙罗维亚市市长玛丽.安.卢茨正式签署《中华人民共和国四川省绵阳市与美利坚合众国加利福尼亚州蒙罗维亚市发展友好合作关系备忘录》。

10月30日，市委常委、组织部部长付康率团前往法国亚眠市进行公务访问，交流人才工作，考察市政建设，并代表绵阳市与法国亚眠市市长福赫先生签署《中华人民共和国四川省绵阳市与法国索姆省亚眠市恢复发展友好合作关系协议》。绵阳市与亚眠市建立友好合作城市关系始于1996年。

【友好城市交往】 2014年8月4~6日，日本庄原市比和小学校长日雨孙厚子和广岛对外友好协会和手正彦带领日本庄原市中小学学生代表到绵阳进行友好访问和青少年交流互访。在绵阳期间，庄原市的青少年们入住绵阳市的普通百姓家庭进行交流体验生活，交流彼此的生活、学习情况和人生规划，增进相互了解；走进富乐试验小学，分别展示各具民族特色的文艺节目、加深了解增进友谊；走进李白纪念馆、北川地震博物馆、北川羌族博物馆，亲身体验绵阳市的风土人情和历史文化。

10月13~19日，俄罗斯新西伯利亚市青少年代表团到绵阳参加第二届中国（绵阳）科技城国际科技博览会并进行为期7天的文化交流访问活动。代表团一行走进绵阳科技城，参加科博会开幕式和参观长虹生产基地，领略科技城风采；走进大禹故里北川，体验羌族文化；走进李白故里江油，感受中华诗词魅力；走进三台、梓潼、仙海风景区等，感受现代农业、仙海风光、文昌文化。10月18日，市委书记罗强会见俄罗斯新西伯利亚市青少年代表团一行，介绍绵阳有关方面的情况。绵阳市和新西伯利亚市定于2014年10月和2015年2月开展首次

"友谊长虹·中俄青少年文化交流互访活动"，深化中俄两国人民的传统友谊，推动绵阳与新西伯利亚市在科技、教育、经贸等方面的交流合作，提升绵阳的国际影响。 （谢 铭）

涉台事务

【对台交流活动】 2014年2月19日，市委台办组织召开2014年市级部门对台交流工作座谈会，市经信委、教体局、旅游局等列入2014年到台交流计划的12个单位参加会议。会议通报市委对台工作领导小组确定的2014年对台交流计划项目，强调对台交流相关政策和纪律，解答组织交流单位提出的问题。

3月21日下午，台湾台塑集团工会常务理事吴祈忠率各企业协会负责人56人到江油市参访交流。

4月20日，台湾苗栗县政府民政处处长何木炎一行4人，到绵阳市梓潼县开展文昌文化交流活动。此次交流活动是继绵阳市2012年举办国务院台办重点交流项目——"海峡两岸文昌文化交流活动"后，首次以台湾地区地方政府名义来梓潼县开展文昌寻祖和回访交流的团组。

6月19日下午，台湾中部、南部里邻长等64人组成的参访团到江油、北川开展交流活动。参访团一行现场实地参观江油市新安镇果语花溪现代农业公园、"5·12"北川地震遗址及纪念馆、北川新县城。

8月26~28日，台湾苗栗县县长刘政鸿率该县教育处、民政处、4名小学校长及相关人员组成的参访团一行13人，到绵阳市北川羌族自治县、梓潼县开展参访交流活动。

9月27日，台湾海基会董事长林中森到绵阳参访。了解绵阳市经济社会发展情况和台资企业在绵发展总体情况。希望双方优势互补、相互提升，实现携手发展、互利共赢。

△里邻长：台湾特有的村级领导，在台湾基层民众中颇具影响。台湾所谓的"里"，相当于大陆城市的街道，而"邻"则相当于大陆的居民委员会。

两岸哪吒民俗文化交流活动暨道教文化论坛

【"两岸哪吒民俗文化"交流活动在江油市举行】 2014年6月30日至7月2日，"两岸哪吒民俗文化"交流活动在江油市隆重举行。来自台湾的哪吒宫庙代表及信众212人和来自澳门及东南亚地区的信众100余人参加本次交流活动。全国人大澳门特别行政区代表、中国侨联副主席刘艺良等前来参加活动开幕式并道贺。本次活动由绵阳市人民政府台湾事务办公室和江油市人民政府共同申报，经国务院台湾事务办公室批准，列入2014年两岸重点文化交流项目。交流活动围绕哪吒民俗文化主题，两岸多地学者信众广泛交流、深入研讨哪吒文化的历史渊源、传承脉络及其精神内涵，提出传承发展的良好建议。通过活动开展，为促进哪吒民俗文化在台湾岛内的宣扬和传播，推动绵阳及江油旅游文化事业的发展，共建两岸人民的精神纽带起到积极作用。

据悉，台湾有1000多个哪吒太子宫庙和神坛，哪吒民俗文化信众广泛，是深受台湾人民崇敬和喜爱的民间信仰。经考证，江油市是哪吒的祖庭，目前存有陈塘观、翠屏山、乾元山金光洞等哪吒遗址。2008年汶川特大地震后，台湾向江油市捐赠资金，重建部分哪吒宫庙。台湾每年到江油朝拜哪吒祖庭的信众超过7000人次。

【重庆、深圳、武汉等地台协到绵阳参观考察】 2014年9月27~29日，在绵阳市台资企业协会举行成立九周年庆典之际，台湾海基会董事长林中森一行及来自全国各地友会的嘉宾40余人汇聚绵阳。在绵阳参加完系列活动后，各友会嘉宾先后到梓潼县、江油市、北川羌族自治县进行参访，并参加投资推介会。到绵阳参访的主要有重庆、深圳、武汉、东莞、昆山、桂林、泉州、梅州、岳阳、嘉兴、南宁、襄阳、仙桃、成都、德阳台协的会长、副会长，以及来自台湾企业界的部分台商。

【台湾人力资源机构组团到绵阳参加科技博览会】 2014年10月16~18日，第二届中国（绵阳）科技城国际科技博览会人才交流合作大会在绵阳市举行。台湾创新智库暨企业大学基金会、台湾1111人力资源银行执行长陈晓秦率领台湾拓翼国际、数联信息、兴诚训练等台湾人力资源机构、企业24人，组团到绵阳参加本届人才交流合作大会。

据悉，台湾1111人力资源银行成立于1999年，总公司设在台北。

1111人力银行便利的网络求职环境，吸引台湾各个阶层的求职者刊登履历，会员超过两百万人，丰富的人才资料库，提供各行各业所需要的人力需求。求才厂商可以在专区中强力曝光，更快速找到专业、适合的人才。

【2014第八届寰宇生产力产业经管交流论坛暨2014海峡两岸科技产业协同创新交流会在绵阳举行】 2014年10月17日，作为第二届中国（绵阳）科技城国际科技博览会的专项活动之一，由四川省生产力促进中心、绵阳市人民政府台湾事务办公室、绵阳市科学技术局、绵阳市人民政府外事侨务办公室承办的2014第八届寰宇生产力产业经管交流论坛暨2014海峡两岸科技产业协同创新交流会在绵阳举行。国务院台办、科技部相关领导、有关省、自治区科技厅（局）生产力促进中心负责人以及台湾、香港生产力中心负责人，其他科技服务机构，各地中小企业代表、台资企业代表350余人参加会议。国务院参事、中国生产力促进中心协会理事长石定寰、台湾工业总会理事长、财团法人中国生产力中心董事长许胜雄、四川省政协副主席陈放在会上分别致辞，并为中国生产力学院（四川分院）、绵台生产力促进中心揭牌和寰宇年度人物颁奖。

寰宇生产力产业经管交流论坛由中国生产力促进中心协会、台湾中国生产力中心于2006年共同发起，致力于构建两岸产业经济与经营管理互助合作平台，每年举办一届，迄今为止在台湾和大陆轮流举办七届，通过活动的开展，推动两岸科技创新和新兴产业的合作与互补，拓展与台湾各界的交流交往。

【台湾海峡农经科技交流协会到绵阳参访】 2014年10月18日，台湾海峡农经科技交流协会副理事长黄志博一行24人到绵阳市参访。考察团观摩绵阳市举行的第二届中国（绵阳）科技城国际科技博览会，参观电子信息、先进制造、生物医药、新能源与节能环保、通用航空、新能源汽车等展区，感受“科技引领未来”的时代旋律。参访团一行到北川羌族自治县考察投资环境，考察北川经济技术开发区、北川维斯特农业示范观光园区并召开座谈会。

【台湾电机电子工业同业公会参访团在绵阳市考察】 2014年10月23日，台湾电机电子工业同业公会副秘书长罗怀家率领台湾资讯工业策进会、环国科技、岳峰科技、巨华集成、亚颂科技等企业负责人一行14人，到绵阳市考察投资环境。考察团先后到游仙经济技术开发区、绵阳科教创业园区、绵阳市科技成果展览馆和部分企业，实地考察了解绵阳科技城建设和电子信息产业发展等情况。

【“2014年大熊猫团团圆圆故乡行活动”参访团到绵阳参访】 2014年10月26日，由四川省台办主办的“2014大熊猫团团圆圆故乡行”交流参访活动在成都开启。28日，台湾中华文化观光协会理事长高崇云等一行26人组成的参访团到绵阳市北川县参访“5·12”汶川特大地震纪念馆，参观北川新县城，到江油市参观李白纪念馆。

【台湾大仁科技大学到绵阳参访四川中医药高等专科学校】 2014年10月31日，台湾大仁科技大学副校长郭岱璜、两岸事务处副处长苏贞瑛到绵阳参访四川中医药高等专科学校，并举行座谈交流，商谈合作办校事宜。双方就办学理念、学校发展思路进行交流，两校在护理、药学、中医美容等专业具有契合点，拟就师生互访、科研探讨等方面进行先期交流活动。苏贞瑛还为该校护理、药学、中医美容专业的部分学生作题为“幸福大仁”的演讲。2014年6月，台湾大仁科技大学两岸事务处处长冯啟宏首次对四川中医药高等专科学校进行参访，8月，双方签署合作备忘录。

【景林高端绿能产业园落户三台县木林村】 2014年10月10日，从事农产品贸易的台商林大杰注册的绵阳市景林农业科技有限公司在三台县建设镇木林村的景林高端绿能产业园区项目正式启动。绵阳市景林农业科技有限公司由台商林大杰独资兴办。景林高端绿能产业园区规划生态旅游部、园林花卉苗木生产及展销部、大蒜有机农业种植推广及农产品深加工部、养生养老事业经营部几个功能区。计划分四期总投资1.5亿元。首期计划分五年投资金额0.4亿元，进行水土保护的土地整理和基础设施建设，育种台湾山樱花苗15万棵和其他珍稀树种10万棵，结合道路等基础设施的建设广植行路树及绿化树种。

【绵阳城管局到台参访城市管理】 2014年11月16日至22日，绵阳市城市管理行政执法局环卫、照明、市容管理、数字城管等相关部门负责人一行7人组成参访团，到台湾就社区居民生活垃圾分类投放、收集运输管理模式、生活垃圾焚烧发电环保新技术、城市市容秩序、环境卫生、夜市摊点管理等方面的问题，先后在台北市、台中市、高雄市、花莲县进行为期7天的参访考察。

【绵阳参加“地震防灾大三角”国际研讨会】 2014年11月16~22日，绵阳市防震减灾局、“5·12”汶川特大地震纪念馆管理中心组团到台参访防震减灾工作，纪念馆管理中心同时参加台湾自然科学博物馆、“9·21”地震教育园区发起主办的“地震防灾大三角”国际研讨会。纪念馆管理中心与台湾自然科学博物馆签署《合作意向书》。

“地震防灾大三角”国际研讨会于11月18~20日在台湾自然科学博物馆、“9·21”地震教育园区和车笼埔断层保存园区举行，来自日本、美国、印尼等国家和地区的专家学者参会，分别发表地震灾害预防、海啸的科学预防及传播、台湾的地质科学及地震灾害防灾减灾教育、风险管理等的主旨演讲。

【绵阳高新区经贸合作团到台参访交流】 2014年11月16~22日，绵阳高新区相关职能部门及企业负责人一行6人，到台湾参访斐成股份有限公司、松木高分子科技有限公司、永驰电子股份有限公司、美商Bouns公司等企业，就双方的深度交流与合作展开探讨，商洽企业关心的在绵阳投资环境等问题，为继续推动斐成科技、永驰电子、快特电波等企业来绵投资达成共识。

【绵阳市第三人民医院参访台湾马偕纪念医院】 2014年11月30日~12月13日，绵阳市第三人民医院（四川省精神卫生中心）组织有关医疗技术和管理人员参加由国际应急管理学会医学专业委员会组织的第十三期到台研修项目。在台湾马偕纪念医院接受理论培训、实地参访观摩、参加工作坊、实务分享、讨论交流，了解台湾地区医疗机构先进的医院文化底蕴、医院管理理念与方法、科研教学水平、信息化建设。

【江油市哪吒民俗文化参访团到台交流】 2014年11月30日至12月6日，江油市哪吒民俗文化参访团一行8人到台湾，参访佛光山、高雄左营天府宫、高雄道德院等哪吒民俗文化场所，开展哪吒文化交流活动；同时考察台北市福尔摩莎集团百合种植基地、宜兰县中山休闲农业区发展协会、金车生物科技股份有限公司等，进行有关合作交流。

政务服务

【概况】 2014年，市政务服务管理局围绕“建设人民满意的政务服务中心”，深化“两集中、两到位”工作，完善并联审批，健全政务服务体系，加强标准化建设。全年市政务服务中心受理行政审批事项264464件，办结264620（上年结转件），办理提速达92.23%，按时办结率100%，承诺件提前办结率99.46%，群众评议满意率100%。市政务服务管理局被省委、省政府记公务员集体一等功；在全省政务服务工作考核中，绵阳市政务服务管理局连续第9年被省政府表彰为政务服务工作先进单位。

【行政审批制度改革】 2014年，市政务服务管理局深化“两集中、两到位”，建立以窗口为主导的行政审批运行机制，市政府公布保留的行政审批和公共服务事项做到应进俱进，进驻率、授权率、现场办结率都达到100%。优化行政审批办理流程，对每项行政审批的名称、实施主体、是否年审（检）、所需时限、办理流程（权力运行图）等15项内容进行规范和明确。对法定依据不充分或没有法定依据的前置条件、申报材料、年审（检）、专家评审、论证、公示、现场勘验等一律取消，截至年底，市级部门保留的行政审批项目和公共服务项目的办理承诺时限在法定时限的基础上平均提速77%；取消没有法定依据的专家评审、论证、现场勘验和部门内部审批环节141个；取消可要可不要的申报材料83个；取消前置条件45个。

【并联审批运行方式创新】 2014年，市政务服务管理局探索建立以政务服务中心为核心的多部门横向协调和市、县多级纵向联动的并联审批运行机制。1月1日起实行工程建设项目竣工联合验收，8月1日起全省率先推行投资建设项目从立项到验收全程并联审批，实行统一组织、一窗受理，前置后补、同步审批，缺席默认、超时默认，信息共享、动态公示，分级负责、市县联动的运行模式，在方便企业办事的同时，提高办事效率，全年对242个工程建设项目开展竣工联合验收，办结件平均总验收时间在45个工作日以内，时间最短的不到30个工作日，有159个投资建设项目申报208项行政审批，到期件全部提前办结。

【政务服务体系建设】 2014年，市政务服务管理局贯彻落实省政管办《关于印发〈加强乡镇（街道）便民服务中心建设的意见〉的通知》（川府政管〔2014〕8号）等文件精神，从规范组织形式、服务内容，保障场地、设施设备需要，加强人员管理、健全工作运行机制，保障措施等各个方面继续深化各级政务服务平台标准化建设，拓展服务功能，推进政务服务向基层延伸，市本级和市辖9个县市区、4个园区，

市委副书记张锦明检查政务服务大厅

287个乡镇（街道）、3714个村（社区）全部成立政务（便民）服务中心（室），构建横向到边、纵向到底的政务服务体系，实现市县乡村四级政务服务体系全覆盖。

【政务服务大厅建设】 2014年，市政务服务管理局加强政务服务大厅建设，推行网上申报、预审，逐步实现网上审批，将行政审批系统后台审批事项数据库与行政权力平台进行数据对接，各类审批事项要素自动转换到全省的行政权力公开平台。租用专线开通政务服务事项办结短信通知服务、中心大厅免费WiFi和公众微信号，安排专人加强政务服务大厅值守，监管政务服务网和政务服务大厅运行。全年，政务服务大厅访问量达到5万余人次，网上咨询3000余件，网上申请4270件，网上审批办结4038件。 （何庆刚）

机关事务管理

【概况】 2014年2月11日，绵阳市根据《机关事务管理条例》（中华人民共和国国务院令第621号），设立绵阳市机关事务管理局（简称市机关事务管理局）。市机关事务管理局为市政府直属事业单位，编制人员17名，其中：局长1名（按正县级领导干部高配）、副局长3名（按副县级领导干部高配）；中层正职领导职数5名（按正科级领导干部高配），中层副职领导职数2名（按副科级领导干部高配），市纪委、市监察局派驻纪检监察机构领导职数1名，科室5个（办公室、车辆管理科、会务管理科、后勤服务科、安全保卫科）。主要职责：承担市本级国有资产管理、办公用房、园艺新区项目建设、公车管理、公共机构节能、会务管理、安全保卫和后勤服务工作。被四川省机关事务管理局表扬为“2014年度市（州）机关事务管理工作先进单位”。

【国有资产管理】 2014年，绵阳市规范和加强市级行政事业单位国有资产管理，分别出台《绵阳市市级党政机关通用办公设备家具配置使用管理办法》《绵阳市市级行政事业单位国有资产处置管理办法》和《市级党政机关通用办公设备家具配置标准》系列管理制度，维护国有资产的安全和完整，确保国有资产保值增值。10月，配合市纪委、市财政局、市国资委等单位开展两次彻底清查市级国有资产、经营性房地产工作，基本摸清市级单位国有资产情况。

【办公用房管理】 2014年，全市根据《党政机关停止新建楼堂馆所和清理办公用房的通知》精神和省委“四风”突出问题专项整治和正风肃纪工作要求，在全市开展党政机关办公用房清理和领导干部办公用房整改，清退办公用房59615平方米，其中市本级清退22839.32平方米；涉及办公用房整改的领导干部（县市区科级以上）5116人，整改房间3899间。对清退整改的房源进行资源整合，统筹调剂使用，解决全市10多家单位提出的用房申请。

【园艺新区项目建设】 园艺新区项目即原市级行政集中办公区建设项目，于2009年7月19日经市委第105次常委会议议定启动，占地80公顷，分11个组团建设。2014年2月，市级行政集中办公区建设指挥部被撤销，职能由市机关事务管理局承接。截至年底，在建房建项目7个，园区道路4条，估算总投资20余亿元。市委党校迁建项目及1号楼的土建、室内外装修工作基本完成，2、3、4、5、6、7号楼的主体建设工作基本完成，投资8.125亿元。市委党校迁建项目，承建单位甘肃第七建设集团股份有限公司，监理单位四川泰兴建设管理有限责任公司。1号楼（地震环保组团），承建单位四川全成建设集团有限公司，监理单位四川正菱建设监理咨询有限公司；2号楼（商务会务政务中心组团），承建单位重庆建工第二建设有限公司，监理单位四川三信监理公司；3号楼（公安组团），承建单位河北建工集团有限责任公司，监理单位四川正菱建设监理咨询有限公司；4、5号楼（农口、卫生组团），承建单位四川中成煤炭建设（集团）有限责任公司，监理单位四川正菱建设监理咨询有限公司；6号楼（规划建设组团），承建单位重庆建工第二建设有限公司，监理单位四川正菱建设监理咨询有限公司；7号楼（党史档案组团），承建单位绵阳市同立建筑工程有限公司，监理单位四川正菱建设监理咨询有限公司。

【公车管理】 2014年，全市先后开展两次公车整治工作。4月，结合正风肃纪切实解决“四风”突出问题，开展超标准配置公车、随带公车等违规配备使用车辆问题专项整治，查处42辆随带公车，全部退还产权单位；发现17辆违规使用军警牌照车辆，全部换为民用牌照。11月，联合市财政局、市审计局、市接待办等单位组成4个检查组，开展违规购置和使用车辆问题专项整治工作，抽查12个市级部门，5个县市区。从检查情况看，全市车辆购置审批严格，一般公务用车停止购置，执法执勤用车、特种专业用车购置按编制和标准从严审批；也及时对清理出的13辆违规用车进行了处理。印发《绵阳市委办市政府办越野车使用管理办法的通知》，两办越野车移交市机关事务管理局统筹安排，统一派遣。全市公车改革工作进入启动阶段，成立以市长为组长的公务用车制度改革领导小组，对涉及公务用车改革的司勤人员、车辆和运行经费基础数据汇总进行完善。

【公共机构节能】 2014年，市机关事务管理局以手机短信节能宣传为平台，向市级各部门、各县市区机关事务管理局节能分管领导和联络员发送节能公益信息，提高技能知识普及率。结合公共机构节能宣传周活动，围绕“携手节能低碳共建碧水蓝天”主题，组织开展“节能知识图片展”“低碳体验日”“节能产品推广”等系列活动，全方位、多层次、大范围开展宣传。通过参观节能成果展，对新型节能产品进行大量调研和分析，择优推荐给各公共机构，做好节能技改的引导推广工作。据全市年报数据统计，预计公共机构人均综合能耗为52.71千克标煤/人，与上年同期相比下降3.26%，单位建筑面积能耗为13.2千克标煤/平方米，与上年同期相比下降2.57%，全年节能目标任务顺利完成。

【安保保卫】 2014年，市机关事务管理局制订《火炬大厦及周边突发公共事件应急预案》，明确应急流程及工作要求，确保突发事件能有效预防、及时控制和妥善处理，全年接待非正常上访741批10968人；制定县市区、园区《2014年市委、市政府机关非正常上访处置工作考评细则》。全年完善安保手段，改善安保人员通信设备、安保设备、火炬大厦办公区域及周围的监控设备；着手火炬大厦治安防控体系升级。

【后勤保障服务】 2014年，市机关事务管理局与绿化队协调，全年为火炬大厦机关办公室和公共区域摆放更换绿色植物650余株，鲜花15000余盆；全年组织修缮火炬大厦办公区水电、中央空调、水箱等80余次，更换排气扇电机48台，灯管400余只，节能灯3000余只，水龙头200余个，供暖约2130小时，供热水约8760小时。协调中央和省下派干部周转房购置及维修资金326.8万元；租用科发集团开发的“铂金时代”小区商品房12套，购置3套，解决下派干部住房问题。全年，机关小食堂每天为40余名市级领导提供用餐服务；大食堂为12.9万余人次提供用餐服务，销售金额达116.5万元。（蒋孟君　何　鹏）

地方志工作

【概况】 2014年，全市地方志工作贯彻第五次全国地方志工作会议精神和新修订的《四川省地方志工作条例》，做好编纂出版抗震救灾志、第二轮修志、编纂出版政府综合年鉴、地情资料开发利用和信息咨询服务等各项工作。绵阳市有4个集体和6名个人获省人力资源和社会保障厅、省地方志编委会联合表彰汶川特大地震四川抗震救灾志编纂工作先进集体和先进工作者。全省第十六次地方志优秀成果奖评选中，绵阳市地方志系统共有8项成果获奖，其中《绵阳年鉴（2013）》获得年鉴类一等奖，《三台县志（1988~2005）》《汶川特大地震涪城抗震救灾志》《汶川特大地震梓潼抗震救灾志》获得志书类二等奖，《直隶绵州志（清·同治版）》获旧志整理类三等奖，《北川羌族自治县年鉴（2011）》《江油年鉴（2013）》获年鉴类三等奖，《安县年鉴（2012）》获年鉴类优秀奖。

绵阳市哲学社会科学优秀成果奖评选中，市方志办整理出版的《直隶绵州志（清·同治版）》获得一等奖（全市仅4项）。

【学习贯彻《四川省地方志工作条例》】 2014年，全市地方志系统为做好新修订《四川省地方志工作条例》的学习宣传贯彻工作，市方志办下发通知，召开专题座谈会，编印1000册《〈四川省地方志工作条例〉学习问答》，发放给各县市区、各园区和市级各部门。《学习问答》围绕条例修订的原因、主要内容、适用范围、县级以上人民政府在地方志工作中的责任、县级以上人民政府负责地方志工作的机构应该履行的职责等主要问题进行逐一解答，介绍绵阳市近年来取得的主要地方志成果。市方志办还利用召开全办专题学习会、全市方志理论研讨会、市县方志、年鉴业务培训会等时机，学习宣传贯彻新修订《四川省地方志工作条例》，提高全市地方志部门依法履职水平，增强社会各界“依法修志”观念和意识。

【《汶川特大地震绵阳抗震救灾志》编纂】 2014年，市方志办完成《汶川特大地震绵阳抗震救灾志》的《大事记》《灾情》《抢险救灾》《医疗防疫》《赈灾》《附录》《先进集体和人物》等篇送审稿的初审工作，130万余字，并全面进入总纂阶段。县级

全市地方志学术研讨会

抗震救灾志方面，全市9个县市区均完成抗震救灾志编纂和送审工作。其中，涪城区、梓潼完成抗震救灾志出版，游仙、北川、三台、安县、江油、盐亭、平武等县市区抗震救灾志全部进入出版阶段。

根据省志编委安排和市政府要求，市方志办组织全市抗震救灾志牵头承编单位参加《汶川特大地震四川抗震救灾志》的审阅修改工作。至12月中旬，完成全部7卷800万余字的审阅修改工作，提出补充修改意见约200条。

【第二轮修志工作】 2014年，全市新修《绵阳市志》《涪城区志》《游仙区志》以及续修《安县志》《梓潼县志》《三台县志》完成出版；续修《江油市志》进入出版程序；续修《盐亭县志》通过市方志办审查验收，进行修改完善；续修《北川羌族自治县志》《平武县志》基本完成总纂。

【《中国名镇志丛书》申报】 2014年，中国地方志指导小组办公室启动《中国名镇志丛书》编纂工程，遴选出一批符合条件的历史文化名镇、经济名镇、特色镇，组织开展名镇志编纂工作。绵阳市积极做好推荐工作，在各县市区申报的基础上，由市方志办按照入选条件进行遴选，推荐符合条件且有突出特色的游仙区游仙镇、魏城镇，三台县潼川镇、西平镇、芦溪镇，盐亭县林山乡，平武县龙安镇、南坝镇、古城镇，安县睢水镇，北川羌族自治县曲山镇、禹里镇、永昌镇，13个乡镇申报《中国名镇志丛书》编纂工程。

【综合年鉴编纂出版】 2014年9月，市人民政府主办、市方志办编纂的《绵阳年鉴（2014）》由方志出版社出版发行。本卷年鉴124余万字、60页彩页、200余幅图片，全面、系统、翔实的载录绵阳市2013年度经济和社会发展情况，重点展示绵阳科技城建设取得的成就。同时，为增强年鉴的实用性，便于读者查询与收藏，首次制作《绵阳年鉴（2014）》电子版，以CD-R光盘的形式随书发行。7月2日，在第24次全国城市年鉴研讨会上，《绵阳年鉴》作为唯一的地市级城市年鉴代表，以《抓质量、彰特色、重规范》为题做经验交流发言，介绍《绵阳年鉴》18年来牢固树立精品意识，取得15个国家级奖项和连续多年荣获四川省地方志优秀成果奖的经验与做法。

至年底，安县、涪城区、江油市、三台县、梓潼县、盐亭县完成本地综合年鉴的编纂出版；北川羌族自治县完成2013年卷的编纂出版。

【地方志理论研究】 2014年，市方志办到各县市区调研，收集资料，了解全市地方志工作发展情况。3月20日，举办全市县市区综合年鉴培训班，对全市地方志系统综合年鉴编辑人员进行业务培训。9月23日，举办全市地方志工作研讨会，全市地方志系统40余人参加研讨会，交流学术论文19篇。年内，组织地方志系统工作人员参加国内地方志和年鉴业务会议学习先进经验；编印出版内部学术刊物《史志天地》2期，收录各类学术论文、史志专稿20余篇。

【地情资料开发利用】 2014年，市方志办参加市政协召开的以“重视社会科学发展、发挥智库作用”为主题的界别协商会议，方志办做题为《大力倡导读志用志，发挥地方志育人资政作用》的重点发言，为倡导读志用志、拓展地方志服务领域和深度积极建言献策。参与由市社科联组织编纂的《绵阳史话》《绵阳历史》的审阅工作；配合市民政局、市规划局等部门开展绵阳城区主要街道路牌历史文化提升工作、绵阳三江风景区历史文化墙规划论证工作。安县、梓潼等县志办参与《中国史话》县级分册的编纂工作；北川、平武、安县等县志办开展《四川羌族通志》相关内容的资料收集和编写工作。继续做好“绵阳地情网”的维护和更新，通过“绵阳地情网”发布约70多条工作动态信息和方志参考信息，以及多个部门文件、政策法规、地情资料信息，上传网络版《绵阳年鉴（2013年）》。江油、梓潼、安县、盐亭等县（市）依托政务网，开展地情资料上网发布工作。

（郭　徽）

档案管理

【概况】 2014年，全市各级档案部门完成市委、市政府和省档案局下达的各项目标任务。调研形成《实施园区档案工程，服务经济社会发展》成果在全省档案系统交流；指导仙海区档案工作晋升省一级档案馆，高新区、科创区通过省一级档案馆复查。指导国企改制档案处置和民营企业档案工作，审查通过10家国企的《归档范围和保管期限表》。指导省、市重点项目档案工作57个，审查验收300个城建项目竣工档案。

参与“法治绵阳”建设，聘请法律顾问协助依法行政工作，市档案局被命名为第二批市级“法治单位”。开展依法治档宣传教育，发放资料万余件，接受群众咨询8000余人次。档案执法检查单位（项目）900余个，其中市直单位114个。

年底，绵阳市获四川省档案工作年度目标考核一等奖、四川省档案工作创新奖、四川省重大建设项目档案工作先进单位。绵阳市档案馆、江油市档案馆、盐亭县档案馆晋升为国家二级档案馆。涪城区创建为“国家级社会主义新农村建设档案工作示范县”。

【民生档案管理】 2014年，全市推动市医保档案工作通过省级验收，5个县市区社保档案工作通过市级验收。农村土地承包经营权确权登记颁证档案工作全面开展，参与编写全国《〈农村土地承包经营权确权登记颁证档案管理办法〉实施指南》，全国土地确权登记颁证档案工作座谈会在江油召开。印发《关于做好农民专业合作社档案管理的意见》，指导农民专业合作社建立健全档案工作。深化农村留守学生（儿童）档案服务，全市583所乡村少年宫全部规范建档。

【档案接收征集和利用】 2014年，全市贯彻落实《各级各类档案馆收集档案范围的规定》，印发执行《国家档案馆收集档案范围实施细则》。全市接收档案42230卷、82297件，其中市档案馆接收3164卷、19207件，全市国家档案馆馆藏档案达1944个全宗，1086685卷、1098723件。市县档案馆全面实施免费查阅利用，接待利用35854人次、提供档案192657卷（件）次，其中市馆2560人次，14348卷（件）次。

【档案安全保障】 2014年，全市完善应急预案、安全责任制度等建设，更新维护消防、监控等安全设施，构建起完备的安全工作体系。全市10个国家档案馆全部为新建馆，投入使用7个，3个基本建成，建筑面积达到38244平方米。市县国家档案馆全部实施馆藏电子档案信息异地备份工作。全年，全市没有发生档案安全事故。

【数字档案馆建设】 2014年，市、县两级全面启动数字档案馆室建设。市档案馆、涪城区档案馆初步完成数字档案馆软硬件平台建设，市城建档案馆和北川档案馆初步建成数字档案馆。市直机关基本实现增量档案电子化。全市完成450余个全宗、16万余卷馆藏档案数字化处理，形成数字化成果2600万张画幅。其中市档案馆完成8万余卷1200万张画幅数字化工作，数字化档案占馆藏总量的50%。

【档案文化建设】 2014年，全市档案系统参与文化强市建设，编印《涪江印迹——绵阳档案馆藏珍品图集》《兰台汇絮——绵阳档案馆建馆50周年文集》《绵阳档案工作者抗震救灾文选》《三台县抗战史话》《民国珍稀文献丛书（第三辑）》《档案春秋》《北川米黄大理石产业》等8部档案文化产品。全市10个国家档案馆开办的爱国主义教育基地，举办展览15期次，接待参观10500余人次。

（*黄　彦*）

公共资源交易

【概况】 2014年，市公共资源交易服务中心坚持“制度加科技”之路，持续推进公共资源交易服务平台规范化建设。全年交易项目801个，完成非税收入2051万元。其中：工程建设项目招投标399个，控制价44.83亿元，中标价40.21亿元，节约资金4.62亿元，节约率10.3%；政府采购328个，控制价3.2亿元，中标价2.7亿元，节约资金0.5亿元，节约率14.99%；土地成交43宗，合计201.5公顷，成交金额19.31亿元；中介机构服务库抽签项目31个。按照市政府办印发的《绵阳市公共资源统一进场交易项目目录》要求，持续扩大交易范围和规模，落实目录管理，实现工程建设招投标、土地矿权出让、政府采购、经营权出让4大类82项进入中心集中交易。

【交易平台规范化建设】 2014年10月，市公共资源交易中心把交易组织及评审科分解为交易组织科和交易评审科；对政府采购活动进行流程优化，提高工作效率；创新电子交易手段，对工程建设招投标电子化系统进行优化升级，市政、房建、交通、水利项目均实现网上招标、投标、开标；按照《电子招标投标办法》要求，实现全面的远程投标、网上解密、电子开标；开发数据分析辅助决策系统，把握企业中标、交易动态；整合市县两级交易信息发布平台，融入“智慧绵阳”建设，将交易环节中各部门之间的流转通过云办公平台完成，实现数据共享、痕迹可查询、责任可追溯。受省公共资源交易管理办公室委托，起草《四川省工程建设电子化招投标管理办法》。

【交易中心体制机制创新】 2014年，中心以标准化建设推动体制机制完善，加紧建立实施包括服务通用基础、服务保障、服务提供三大类200多个制度规范，标准化建设框架体系基本建成，成为2014年全省21个市州中唯一作为省公共资源交易服务标准化建设试点单位；被省政府评为“四川省政务服务和公共资源交易服务先进集体”；被省中心评为流程化管理先进单位；12月19日，在全省政务服务和公共资源交易中心工作会上作经验发言。

接待工作

【概况】 2014年，全市接待工作以推动绵阳跨越提升为目标，以制度管理为抓手，牢牢把握“稳定增势、高位求进、加快发展”的工作基调，紧紧围绕全市中心工作，服从服务于发展大局，着力提升接待工作水平。全年完成各类接待任务653批31776人次。市接待办被省委、省政府接待办公室表彰为全省政务接待先进集体，被绵阳市委、市政府表彰为2014中国（绵阳）科技城国际科技博览会先进集体、2014年四川（绵阳）电子商务博览会暨第三届“绵阳造”精品展销会先进集体、第四届中国诗歌节先进集体；机关党总支荣获2014年市直机关中华经典诵读二等奖；被中共绵阳市委绵阳市人民政府党风廉政建设责任制领导小组办公室表彰为2014年度全市党风廉政建设责任制考核先进单位。全办14名干部职工荣获市委市政府授予的先进个人、优秀志愿者光荣称号。

【党和国家领导人接待】 2014年，完成党和国家领导人接待任务6批次：2月18~21日，国务院副总理马凯一行到绵阳考察；3月31~4月7日，国防部原部长梁光烈一行到绵阳考察；4月1~2日，中国关心下一代工作委员会主任顾秀莲一行到绵阳考察；10月14~18日，全国政协副主席刘晓峰一行到绵阳参加第二届中国(绵阳) 国际科技博览会；10月14~18日，全国人大常委会副委员长陈昌智一行到绵阳参加第二届中国（绵阳）国际科技博览会；10月14~18日，全国人大常委会原副委员长蒋正华一行到绵阳参加第二届中国（绵阳）国际科技博览会。

【国家部委及其他省部级领导接待】 2014年，完成国家部委及其他省部级领导到绵阳接待任务41批次：其中，4月29日~5月1日，中国文化部副部长董伟，中国作协常务副主席李敬泽一行到绵阳考察；7月27~30日，中央第四巡回督导组组长、原国家人口和计划生育委员会主任、党组书记张维庆一行到绵阳调研；8月15~16日，清华大学党委书记陈旭一行到绵阳考察；9月11~14日，中央巡视组组长杜德印一行到绵阳调研；10月14~18日，科技部党组书记、常务副部长王志刚一行到绵阳参会；12月3日，国家安监总局副局长杨元元一行到绵阳调研。

【四川省主要领导接待】 2014年，完成四川省主要领导接待任务72批次：其中，4月29~30日、10月14~18日，省委书记王东明一行到绵阳；1月2日、2月13日、2月27日、4月24日、5月16日、6月9~10日、7月9日、8月6日、9月10日、10月14~18日，省委副书记、省长魏宏一行到绵阳调研；2月20日，省委常委、常务副省长钟勉一行到绵阳调研。

【大型活动接待】 2014年，完成大型活动接待任务10批：其中，6月12~14日，举办2014绵阳平武生态旅游项目推介活动；6月26日，举行新晨动力N20宝马发动机投产活动；7月14~20日，举办第四届中国诗歌节；9月19~23日，召开第三届“绵阳造”名优特新产品展销会暨2014年四川电子商务博览会；10月14~18日，举办第二届中国（绵阳）国际科技博览会；12月9~10日，召开大九寨新环线旅游区域合作工作交流会；12月11~12日，召开中国科技城·绵阳建设政策体系推介会；12月18~19日，召开绵阳市首届文化发展大会。

中国人民政治协商会议绵阳市委员会

【政协绵阳市第六届委员会第四次会议】 2014年1月9~11日，在绵阳召开。会议审议通过中国人民政治协商会议绵阳市第六届委员会常务委员会工作报告和提案工作情况的报告；听取并协商讨论绵阳市人民政府工作报告，市中级人民法院工作报告、市人民检察院工作报告以及其他重要报告；通过《政协绵阳市第六届委员会第四次会议决议》和《政协绵阳市第六届委员会提案委员会关于六届四次会议提案审查情况的报告》。会议期间，市级各民主党派、工商联负责人，各县市区政协、统战部负责人，驻绵四川省政协委员，市政协兼职副秘书长、各专委会副主任和兼职副主任、各专委会特邀委员，市级部门主要负责人，部分市级离退休老干部列席会议。市委、市政府领导，市级党政部门负责人到会听取委员们的意见和建议，开展互动交流。

【政协六届常委会第15次会议】 2014年4月28日召开，由市政协主席张世虎主持。市政协副主席丁山、艾尚林、沈其霖、李京平、胥跃东、宋明、蒋丽英、苗平，秘书长刘联山出席会议。会议传达学习总书记习近平系列重要讲话、省委十届四次全会精神等，围绕“积极推进农村土地承包经营权有序流转，促进多种形式规模经营”开展专题议政。参会政协委员就专题议政主题作大会交流发言。会议进行分组讨论，市政协常委围绕促进现代农业提档升级、发展壮大新型农业经营主体、完善土地流转服务体系等方面，提出意见和建议。

【政协六届常委会第16次会议】 2014年6月20日召开，由市政协主席张世虎主持。市政协副主席丁山、艾尚林、李京平、胥跃东、宋明、蒋丽英、苗平，秘书长刘联山出席会议。会议围绕“推进科技型中小企业加快发展”开展专题议政。会议邀请市科技局副局长李海作有关推进科技型中小企业加快发展的专题辅导报告。参会政协委员就专题议政主题作大会交流发言。会议进行分组讨论，市政协常委围绕加大科技型中小企业项目的引进扶持力度，构建适才适用、结构合理的科技人才队伍，推动金融、财政支持科技型中小企业加快发展，推进科技服务体系建设等方面，提出意见和建议。会议还协商通过有关人事事项。

【政协六届常委会第17次会议】 2014年8月25日~26日召开，由市政协主席张世虎主持。市政协副主席丁山、艾尚林、沈其霖、李京平、胥跃东、宋明、蒋丽英、苗平，秘书长刘联山出席会议。会议围绕“加快科技创新服务体系建设”开展专题议政。与会人员视察科技城集中发展区、科技城创新中心二期、科技城会展中心二期项目建设情况。听取科技创新服务体系建设辅导报告。参会政协委员围绕专题议政主题进行交流发言和分组讨论，提出意见和建议。听取市政府关于全市上半年经济社会发展情况报告。会议还协商通过有关人事事项。

【政协六届常委会第18次会议】 2014年10月28日~30日，市政协中心组学习会暨市政协六届第十八次常务委员会议召开。市政协主席张世虎出席会议并讲话。市政协副主席丁山、艾尚林、李京平、胥跃东、宋明、蒋丽英，秘书长刘联山出席会议。会议学习中共18届四中全会精神和总书记习近平在庆祝中国人民政治协商会议成立65周年大会、中央全面深化改革领导小组第六次会议上发表的重要讲话精神，围绕推进人民政协协商民主建设进行深入探讨与经验交流。听取《绵阳市人民政府职能转变和机构改革方案》的情况通报。会议还协商通过有关人事事项。

【市政协六届第36次主席会议】 2014年2月11日，市政协六届第三十六次主席会议暨2014年第2次党组会议召开，由市政协主席张世虎主持。市政协副主席丁山、艾尚林、沈其霖、李京平、胥跃东、宋明、苗平，秘书长刘联山出席会议。会议审定市政协党的群众路线教育实践活动领导小组及机构分工、《市政协党组关于深入开展党的群众路线教育实践活动实施意见》《市政协2014年度工作要点》、2014年调研视察题目及市政协干部职工2013年度考核等次。

【市政协六届第47次主席会议】 2014年9月15日召开，由市政协主席张世虎主持。市政协副主席艾尚林、沈其霖、李京平、胥跃东、宋明、蒋丽英、苗平，秘书长刘联山出席会议。传达学习《关于学习贯彻全省深入落实中央八项规定精神、持之以恒纠正“四风”工作电视电话会议精神的通知》《四川省政协办公厅关于认真学习贯彻川委发13号、14号文件精神的通知》以及市委关于落实党风廉政建设主体责任集体约谈会议精神等，研究市政协党组班子及成员党的群众路线教育实践活动整改方案及清单，安排市政协诗书画院近期工作。

【政协提案】 2014年，全市提交各类提案341件，其中：委员个人或联名提案300件，市级各民主党派集体提案41件，参与提案的委员852人次。经审查，立案292件，立案率85.63%，转为意见49件，占14.37%。截至8月底，立案交办的292件提案全部办理完毕，办复率100%；作为意见参考的49件建议全部收到书面回复。立案提案中，所提建议和意见已经解决或基本解决的91件，占31.16%，正在着手解决或列入规划逐步解决的171件，占58.56%；因条件限制暂时不能解决和采纳落实的23件，占7.88%，工作参考的7件，占2.4%。

【“关于发展我市会展产业”的建议】 建议是市政协六届四次会议第7号提案，由民进绵阳市委提出。提案指出：会展产业是“朝阳产业”“无烟产业”和现代都市经济发展的“助推器”，是高端服务业的重要组成部分，影响面广，关联度高。大力发展会展产业，对推进经济持续健康发展有着重要作用。建议：健全会展产业的运作机制，建立起“政府主导、市场运作”的发展模式；加速产业融合，完善会展产业链；明确发展方向定位，培育绵阳特色、绵阳品牌展会；加大对会展产业的扶持力度；加强相关政府部门协调，促进会展与旅游结合，扩大城市影响力。

【“关于鼓励发展‘家庭农庄’”的建议】 建议是市政协六届四次会议第81号提案，由民建绵阳市委提出。提案指出：绵阳要建设百万人口大城市，需要合理高效的现代农业为支撑，必须着力推动以农民为主体的、适合绵阳农村农业的规模经营模式“家庭农庄”。建议：鼓励和扶持适合绵阳特色的土地规模经营模式，扶持合作社、种养殖大户及农户自主经营或引进社会业主入村，经营规模可大可小，主要体现因地制宜，避免人为捏合的超大规模经营，促进社会资金进入农业，推动一、三产业互动融合发展；建立完善适合“家庭农庄”发展的农业公共服务体系，加强对现代农业经营主体的培养，探索农业基础设施建设的有效扶持方式，完善农业市场服务。

【“关于做好我市社区矫正工作”的建议】 建议是市政协六届四次会议第5号提案，由刘伟、罗太平、任小军、严忠友、杨明文等委员提出。提案指出：社区矫正是一项将轻微犯罪人员放在监狱外进行改造的一项新型刑罚执行工作。建议：加快社区矫正工作法制化建设进程；建立社区矫正执法工作机构；加强社区矫正工作队伍建设；建立社区矫正管理服务中心；切实建立社区矫正工作经费保障机制；建立扶贫解困社会保障制度；加强装备保障建设，赋予司法行政执法权。

【“关于绵阳市各级政府、机关单位聘请法律顾问”的建议】 建议是市政协六届四次会议第123号提案，由罗太平、任小军、刘伟、邓裕伟、李华铁、蒋正强、邓成、晋超等委员提出。提案指出：政府法律顾问是由政府或政府部门聘请或配备的，专为政府机关处理有关政府法律事务的法律专业人员。能够协助政府、机关单位依法行政，对行政工作提供法律咨询及专项法律论证；受政府委托进行规范性文件的起草与论证；对政府、机关单位重大项目投资进行法律框架设计、起草相关法律文书、进行可行性论证；协助政府预防及处理各种纠纷；改善政府形象和绵阳市的法治环境。建议：各级政府、机关单位聘请律师或律师团队（不包括法律工作者）作为法律顾问；通过公开招标等方式，综合分析比较后确定聘请具体律师或律师团队作为法律顾问。

【“关于加强鲁班水库环境治理”的建议】 2014年2月，市政协特邀委员李珣提出。建议：立即清扫环湖岸边的垃圾，取缔流动摊点，对固定餐饮店的泔水排放严控管制，岸上增设垃圾桶、警示牌，对某些游客的不文明行为进行严厉处罚；控制游艇数量，对正在运营的游艇需严格监管，确保零废油、零垃圾排放，严格管控水库上游的农田施肥施药量，谨防严重的地表污染对水库的水质造成威胁；借鉴外地成功的治理经验，定期清淤打捞，定期组织水质等级监测，并在湖中种植沉水植物，通过植物的生长来逐步改善水质；通过媒体加强舆论宣传教育，让当地百姓都参与到保护家乡名片，保护母亲湖的行动中来。

【“关于在游仙西路增设公交站点和线路”的建议】 2014年8月，游仙区政协委员高红梅、李西淑提出。建议：在游仙西路一侧的游仙中医院附近增设公交站点，在另一侧的慈济学校附近增设公交站点；开往老龙山的3路、80路公交线路，以及开往麒麟村的50路公交线路在游仙西路增设的公交站点停靠；开往魏城的97路、开往忠兴的98路公交车在游仙西路增设的公交站点上停靠，以方便农村居民就学就医。

【“关于修建盐亭剑河乡至梓潼定远乡跨县连乡道路”的建议】 2014年6月，市政协联谊委提出。建议：市委、市政府将该路列入党的群众路线教育实践活动的内容，切实解决群众切身利益问题，并将其列入近期“乡通工程”计划，予以安排；由市政府分管领导牵头，市交通局参加，召集两县政府及相关部门和所涉两乡领导统一协调建设标准、资金筹措，建设时间、建设方式、建设方案等问题；按水泥路标准进行设计规划，避免烂得快、维护难的问题；建设资金以“三个一点”的办法予以解决，即：市以奖代补支持一点，两县政府出一点，两乡党委政府组织农民投工投劳来一点。

【“关于迁建绵阳市疾病预防控制中心”的建议】 2014年4月，市政协科教文卫体委提出。建议：迁建疾控中心，彻底根绝市中心污染源，提高处置突发公共卫生事件的能力；采取置换市疾控中心现有土地和争取中央投资计划项目“地市疾控中心重点实验室建设项目资金”2000万元~3000万元的支持，完成疾控中心迁建工作。

【“关于将校园周边保卫工作纳入常态化”的建议】 2014年4月，民建绵阳市委陈玲提出。建议：将加强校园周边保卫工作常态化，在人流量特别大的上学和放学时，由特警值守校园，避免重大突发事故的发生。

【全市物流业发展情况的视察】 2014年4月，市政协人资环委组织部分市政协委员及相关职能部门深入全市重点物流园区和物流企业，通过视察、座谈，走访成都市新都区、青白江区物流园区学习先进经验等形式，调研了解全市物流业发展情况和外地成功经验，委员们就如何加快绵阳市物流业发展提出意见和建议。

【全市种业发展情况的视察】 2014年6月，市政协农业委组织部分市政协委员对绵阳市现代农作物种业发展情况进行专题视察。在西科种业、同路农业、国豪种业、全兴种业现场视察后，召开专题座谈会，听取市农业局关于全市现代农作物种业发展情况的汇报，委员们就加快推进全市种业发展和“西南种业高地建设”提出意见和建议。

【全市财政转移支付情况的视察】 2014年8月，市政协经济委组织部分市政协委员前往梓潼县、市公安局、市残疾人康复中心、九州技工学校、元通路、董家沟排污项目建设现场进行视察，听取市财政局、市公安局、市教育体育局、市住房与城乡建设局、市卫生局和梓潼县的情况汇报，委员们就2013年度全市财政转移支付情况进行座谈，围绕存在的问题，提出意见和建议。

【全市食品药品安全监督管理工作情况的视察】 2014年11月，市政协科教文卫体委组织部分市政协委员先后前往太极绵阳制药厂、双汇绵阳食品公司、游仙食药监局涪江片区监管所、科伦药业集团、绵阳师范学院学生食堂进行视察，并组织相关单位企业、从业人员交流座谈，就建设“食品药品安全放心市”提出意见和建议。

【全市农村土地流转情况的调研】 2014年3月，市政协农业委组织部分市政协委员、市委政研室、市委农办、市农业局等有关部门，到涪城区、游仙区、三台县、江油市、安县12个乡镇、22个村及25户农业新型经营主体进行实地调查研究；组织召开县市区农业局系统负责人和专业大户、家庭农场、专业合作组织、农业企业及新型经营主体负责人参加的专题座谈会，听取基层干部群众对农村土地流转工作的建议和意见。并就“积极推进农村土地承包经营权有序流转，促进多种形式规模经营”开展专题议政。

【全市招商引资工作情况的调研】 2014年7月，市政协联谊委组织部分市政协委员，先后到江油市、北川羌族自治县、安县、三台县、盐亭县、涪城区、游仙区、绵阳国家经济技术开发区等县市区、园区30余个单位和企业，就绵阳市近年来招商引资情况进行调研。委员们实地参观考察部分企业，听取情况汇报，了解企业的生产经营情况以及当前存在的困难和问题，组织市内部分外资、台资、侨资、内资企业负责人进行座谈，征求他们的意见和建议。

【全市社会科学发展、社科智库建设情况的调研】 2014年7月，市政协学习文史委组织部分政协委员、社科组织和市级相关部门，先后到江油市、涪城区、绵阳图书馆、市场信息协会、西科大等地方和单位，对全市社会科学发展、社科智库建设情况进行专题调研。在调研的基础上，召开由市政协部分委员、市内社科专家、县市区政协、社科联，市级有关部门和社科组织代表70余人参加的界别协商会议，对进一步繁荣全市哲学社会科学，发挥社科智库作用提出意见和建议。

【全市工商行政管理工作服务科技城建设情况的调研】 2014年10~11月，市政协经济委组织部分市政协委员到市工商局、市工商联、高新区工商局、科创园区工商局以及石马电梯产业园、科技城软件产业园，对工商部门打造商标品牌、放宽市场准入激发创业热情、创新服务方式服务科技城建设进行专题调研，并组织市工商局、市经信委、市工商联和部分市政协委员、行业协会、企业代表召开座谈会，听取市工商局相关工作的情况汇报，针对调研情况进行充分的讨论，提出意见和建议。

【市政协机关及工作部门机构】 根据政协章程规定，政协绵阳市委员会设常务委员会，常务委员会由主席、副主席、秘书长和常务委员组成，每届任期5年。

市政协设立办公室、研究室、提案委员会、经济委员会、农业委员会、人口资源环境保护委员会、联谊委员会、社会法制委员会、科教文卫体委员会、学习文史委员会。办公室下设离退休工作处、秘书一处、秘书二处、信息宣传处、人事处（党办）、委员联络处、行政处、保卫处、接待处。研究室下设调研处、综合处。

（丁　艺）

政协绵阳市第六届委员会常务委员会委员名单（76人）

（按姓氏笔画为序）

勾永阶　王　东　王　评　王小平
王小勇　王久华　王永高　王继辉
王雄飞　邓　成　田从科　田荣华
刘加勇　刘应栋　刘德万　向　赟
向地平　吕华秀（女）　孙　滔
何萍芬　吴志宏　余　力　余金龙
张周凯　张忠贵　张勇强　张晓丰
张　彬　李　军　李　宇（女）
李孝开　李赤波　杜力平
杨世茹（女）　杨邦琼（女）
杨朝晖　汪小琳　苏才华　陈　刚
陈开平　陈廷方　陈福林　周先忧
周华清　尚传英（女）　罗长林
范来山　柳天琦　胡运保　胡登科
贺　勋　贺继勇　赵邦玺　赵朝晖
凌　云（女）　徐长法　袁玉国
郭兴林　高艳辉（女）　黄　梅（女）
黄加伦　黄国平　喻海燕（女）
曾德军　董　平　蒋代明　蒋正强
蒋福源　谢　普　释常明　詹勇为
雷文勇　廖艺徽　廖玉平　熊建新
魏成富

纪律检查与行政监察

【概况】 2014年，全市纪检监察贯彻市委决策部署，落实党风廉政建设和反腐败工作。推进落实“两个责任”全省改革试点，市委印发《落实“两个责任”工作试行方案》。深入贯彻八项规定，建立与财政、审计等部门联运机制，抓住重要时节，常态化监督检查，全市“三公”经费下降17.87%。全市查办“四风”问题109件，处分120人，通报曝光67件。

2014年，全市坚持有案必查、有贪必肃，有腐必反的原则。全年受理网络案件896件，按期办结中央巡视组转办交办信访案件430件，立案679件，党纪政纪处分714人，涉嫌犯罪移送司法机关处理38人，挽回经济损失2.8亿元。绵阳市党风廉政建设责任制考核和社会评价均位居全省市州第二名。

【市纪委六届四次全体会议】 2014年1月27日召开，会议学习贯彻中央纪委十八届三次全会、省纪委十届三次全会精神，总结2013年全市党风廉政建设工作，分析全市反腐败斗争形势，安排部署2014年工作。市委书记罗强出席会议并讲话，市委副书记、市长林书成主持会议，市委常委、市纪委书记杨娟代表市纪委常委会做工作报告，市委常委、市人大常委会、市政府、市政协领导，绵阳军分区政委，市中级人民法院、市检察院检主要负责人出席会议。会议审议通过《突出主业，深化改革，谱写党风廉政建设和反腐败斗争新篇章》的工作报告和《中国共产党绵阳市第六届纪律检查委员会第四次全体会议决议》。会议强调：加强党风廉政建设和反腐败斗争，各级党委要落实好主体责任，把党风廉政建设摆在突出位置，主要负责人必须牢固树立不抓党风廉政建设就是严重失职的意识，切实履行第一责任人职责，做到重要工作亲自部署、重大问题亲自过问、重点环节亲自协调、重要案件亲自督办。全市各级纪委要切实担负起党风廉政建设的监督责任，既协助党委加强党风廉政建设和组织协调反腐败工作，又督促检查相关部门落实惩治和预防腐败工作任务，经常进行监督检查。会议要求：全市各地各部门要加强党对党风廉政建设和反腐败工作的统一领导，以改革精神强化反腐败体制机制创新和制度保障，以克服组织涣散、纪律松弛为重点加强纪律建设，以纠正“四风”为重点深化作风常态化建设，以加大查办案件力度、强化权力监督为重点推进反腐倡廉建设，以全面提升履职能力为重点加强纪检监察队伍自身建设，坚定不移把党风廉政建设和反腐败斗争引向深入。

【纪检监察干部公开承诺大会】 2014年1月27日，绵阳市纪检监察干部公开承诺大会召开，市委常委、市纪委书记杨娟出席会议并讲话，市纪委副书记、监察局局长钟正军主持会议。全市2967名纪检监察干部面向党旗做出“六项公开承诺”：坚定信念、对党忠诚，坚决维护党章权威；牢记宗旨、为民服务，切实践行群众路线；坚持原则、秉公执纪，依法依纪严惩腐败；艰苦奋斗、实事求是，大力弘扬优良作风；改革创新、敢于担当，始终保持昂扬锐气；清正廉洁、严于律己，自觉接受人民监督。

【“两个责任”改革试点工作会议】 2014年6月3日，全市党风廉政教育暨落实“两个责任”改革试点工作会议召开。市委副书记、市长林书成出席会议并讲话。市委副书记张锦明主持会议并宣读市委书记罗强重要批示。市委常委、市纪委书记杨娟通报相关

全市党风廉政教育暨落实“两个责任”改革试点工作电视电话会议

情况，安排部署改革试点工作。与会干部观看廉政警示教育片，部分单位就落实“两个责任”试点工作发言。会议强调：加强党风廉政建设，保障绵阳科学发展、加快发展、廉洁发展，是我们义不容辞的责任。省委对绵阳探索落实“两个责任”的新措施、新办法、新经验，为全省提供借鉴寄予厚望。要提高认识，切实增强落实“两个责任”的政治自觉。落实“两个责任”是坚持党要管党、从严治党的迫切要求，是推进纪检体制改革的迫切要求，是深化反腐败斗争的迫切要求。要勇于担当，严格履行落实“两个责任”的目标任务。落实“两个责任”关键看行动、根本在担当。做到党委“不松手”、党委书记“不甩手”、党委班子成员“不缩手”、纪委“不放手”，真正把“两个责任”落实到位。要健全机制，落实“两个责任”必须健全完善涵盖责任传导、责任考核、责任追究的工作机制，确保落实“两个责任”具体化、程序化、制度化。

【党风廉政建设主体责任集体约谈会议】 2014年9月13日，绵阳市落实党风廉政建设主体责任集体约谈会议召开。市委书记罗强采取面对面集体交谈的方式约谈市级部门、市属国有企事业单位、党组织关系在绵阳的高校党委（党组）主要负责人；市委副书记、市长林书成主持会议，市委常委、市纪委书记杨娟出席会议并通报全市党风廉政建设情况。会议要求：牢固树立“抓好党风廉政建设是本职、不抓是失职、抓不好是渎职”的意识，经常分析研究本部门、本单位反腐败斗争形势，严格自律、管好队伍，旗帜鲜明地同不正之风、腐败现象做斗争。按照“一把手负总责”和“一岗双责”的要求，把任务横向落实到各班子成员，纵向落实到各基层党组织，使党风廉政建设层层有责任、人人有担子。结合正在开展的第二批教育实践活动，紧盯“四风”突出问题，扎实开展“9+X”专项治理，确保问题逐一解决落实到位，特别是对存在违纪违法倾向性、苗头性问题的党员干部做到早发现、早提醒、早纠正。各部门、各单位党委（党组）要毫不放松地抓好思想政治建设，建立和完善廉政警示预警机制，加强惩防体系建设，着力健全系统防腐的制度机制，让党员干部不想腐、不敢腐、不能腐，从源头上预防和减少腐败问题的发生。市委对党委（党组）主体责任的落实情况实行硬考核、硬追责，对工作不力导致责任制考核排末位的部门要对党委（党组）书记约谈提醒、诫勉谈话，实行“一案双查”，既查当事人责任，又查监管责任，倒逼“两个责任”落实。

【领导干部收受红包礼金问题专项整治工作会议】 2014年12月4日，全市领导干部收受红包礼金问题专项整治工作会议召开。市委副书记吴群刚出席会议并讲话，市委常委、市纪委书记杨娟主持会议，并通报全省领导干部收受红包礼金问题专项整治工作视频会议精神。会议要求：各级党委（党组）要自觉履行党风廉政建设主体责任，各级纪检监察机关要积极承担起牵头抓总责任，各职能部门要主动履职尽责，全力以赴抓好专项整治工作。各地各部门要根据市上的安排和要求，结合本地区本部门实际，准确把握政策界限、方式方法和时间进度，按时按要求完成好专项整治工作任务。各级党委、纪委要以“零容忍”的态度，对违纪违规问题，发现一起、纠正一起，绝不姑息，形成强大震慑。要积极运用法治思维和法治方法，着力编紧编密管用能用的制度笼子，从源头上堵塞漏洞，推动专项整治工作形成新常态。

【纪律检查体制改革】 2014年，全市纪律检查体制改革坚持自上而下与自下而上相结合，9名市纪委常委带队分赴各县市区、园区和30余个市级部门实地调研，先后10余次分层分类组织座谈研讨收集情况。11月21日，市委印发《绵阳市纪律检查体制改革工作方案》。

全面清理议事协调机构，市纪委监察局参与市级议事协调机构118个，经过清理砍减，保留或继续参与13个，撤销或不再参与105个，精简率达89%。调整内设机构，组建市纪委组织部、宣传部，新设纪检监察干部监督室加强系统内部监督约束，纪检监察室达到5个，监督执纪部门和人员编制均达到七成以上。规范派驻机构统一管理，出台《关于加强和改进市级派驻（出）纪检监察组织建设的实施意见》《派驻（出）机构工作管理规定（试行）》等系列制度，规范纪检组长排名、待遇等问题。

【正风肃纪专项整治】 2014年，牵头抓好群众路线教育实践活动正风肃纪专项整治，制订《绵阳市教育实践活动强化正风肃纪工作切实解决“四风”突出问题“9+X”专项方案》，将领导干部“走读”和调动随带公车等11项专项治理工作作为自选动作，重点进行专项整治。大力开展领导干部收送红包礼金，滥发奖金、工资、补贴，违规购置和使用车辆问题专项整治。全市取消和下放行政审批项目98项，暂停审批行政审批项目16项，取消行政事业性收费48项，免征行政事业性收费10项；全市清退办公用房59615平方米，其中市本级22839平方米；查处乱收费、乱罚款、乱摊派问题43件45人；查处违规“走读”干部6人；清退领导干部调动随带公车42辆；查处“慵懒散浮拖”问题49个，处理52人。全市各级党员领导干部主动上缴红包礼金的款项186笔，金额合计685.32万元。

【“八项规定”监督检查】 2014年，全市持续做好“八项规定”落实，建立纪检监察和财政、审计等部门联动督查机制，抓住元旦、春节、清明、五一、端午、中秋、国庆等重要节假日，采取随机抽查、重点督查和明察暗访等方式，实现正风肃纪监督检查常态化。全年市县两级开展监督检查50余次，其中开展全市拉网式检查两次，实现市县两级部门单位全覆盖。共查办“四风”案件108件，在全市通报典型案例3期18件，在《绵阳日报》公开曝光55件。

【案件查处】 2014年，全市完善市委反腐败组织协调机制，健全请示报告制度、协调配合制度、信息通报制度、涉刑案件快速移送制度、“两库”建设制度、预警警示制度、案件保密制度、责任追究制度等八项制度机制，形成纪检监察和公安、检察、法院、审计等执法司法部门协同配合反腐败的强大合力。全年，集中清理处置全市229条、市本级81条存量案件线索。全市各级纪检监察机关受理群众信访举报2147件次，比上年同期增长45.6%；初核线索850件，增长5.33%；共立案679件，增长18.3%；处分违纪违法党员干部714人，其中党纪处分631人，政纪处分136人，其中县处级干部29人。先后对19人采取“两规”“两指”措施375天，严肃查办市教投公司前后三任董事长王和金、邱兴元、兰继坤受贿案，四川幼儿师范高等专科学校窝案等一批大要案，实现“双零”目标。先后抽派68人次参与、协助中央纪委、省纪委查办案件，累计7900余天。配合中央纪委、省纪委、省内各市州纪委及外省纪委查办案件10件。受理中央第九巡视组转交办群众信访举报430件，含重复件104件，已办结412件，按期办结率95.8%。

【建立健全惩治和预防腐败体系】 2014年，市委印发《绵阳市建立健全2013~2017年惩治和预防腐败体系实施意见》（绵委发〔2014〕7号），建立工作台账，实施项目化推进、台账式管理。首批确定19个市级预防腐败创新项目，选择群众关注度高的市国土资源局和近两年发案较多的市公共资源交易服务中心作为首批系统化防治试点单位。全市查找廉政风险点共计7.2万余个，制定防范措施3.7万余项，建成并开通省市县三级联网运行的行政权力公开运行平台和电子监察平台。积极推动社会领域防治腐败工作，市县两级共建立20个非公有制企业防治腐败联系点。

【开展形式多样的廉政警示教育】 2014年，全市举办廉政教育培训117次，15200余名学员参加学习。建立“以案明纪、以案预警”警示教育机制，分类分批组织干部参加职务犯罪庭审旁听，组织拍摄《迟来的忏悔》《盘江大桥垮塌之“人祸”》等警示教育片，向市、县、乡各级各部门发放4000余份，共计2万余名党员干部参加观看学习。在市级主流媒体开设《党风廉政建设——我们在行动警示台》《正风肃纪狠刹“四风”曝光台》等6个专栏，通报党员干部违纪违法案件上百件。对全市50余名新提拔县级领导干部开展集中廉政谈话、廉政知识测试。向33个单位、21名党员干部发函责成做出廉政说明，约谈、谈话16人，全市发出“预警通知书”18份，对有关单位和个人及时进行预警并要求立即整改。

（刘登鳌）

人民团体

绵阳市总工会

【推进劳动竞赛转型发展】 2014年，绵阳市总工会推进劳动竞赛从体力型、数量型向科技型、创新型转变，围绕科技城建设的重点区域、重点工程、重点项目，先后组织参与有18个工种的绵阳市职业技能大赛、市公交运输行业“三比三赛”“电亮群众心、建功在藏区”劳动竞赛。各级工会组织纷纷开展各具特色的劳动竞赛。2014年，全市劳动竞赛参与职工50万人次，规模以上企业参与面达到90%以上。

【打造劳模（技能人才）技术创新工作室】 2014年，绵阳市总工会发挥科技型、技能型劳模在技术创新中的引领作用，定项目、定经费、带团队，组织开展劳模创新工作室创建工作，使劳模工作室成为创新项目的孵化器、创新技术的催化剂、创新人才的培训地。全市培养打造市级劳模技术创新工作室18个。其中，普思公司技术创新工作室确定10个带头人，研发一批适用新技术，运用到生产一线，获得1000余万元的效益，并于2014年11月份在全国总工会召开的专题会上交流经验。

【推进工资集体协商】 2014年，绵阳市总工会认真贯彻《四川省企业工资集体协商提质增效2014~2017年工作规划》，集中开展工资集体协商“要约行动月”活动，推行建立三方会谈机制，提高工资集体协商质量，加大督查工作力度，使职工能按时足额领到工资。努力构建全市工资集体协商科学合理的工作格局，积极发挥协调劳动关系三方四家作用，共同推进工资集体协商工作。全市签订工资集体协议8606份，签订率达98%以上。

【农民工欠薪维权】 2014年，绵阳市总工会联合司法局、人社局在全市开展民工讨薪维权法律援助专项行动，受理民工讨薪案件513件，为3122名民工讨回欠薪4100余万元。其中，市总工会本级通过调解，为986名农民工追回欠薪（工伤赔偿）1625万余元。“12位重庆籍民工在绵阳讨薪案”等5个案件被《四川工会维权典型案例选编》收录。

【国企改革服务】 2014年，绵阳市总工会成立国企改革服务领导小组，建立工作机制，先后主动参与长虹虹鸥公司转产、高开司职工信访、燃气集团热电厂关停职工分流安置处理工作，对个别企业改制方案未经职代会讨论，补偿标准偏低的问题，督促进行纠正，维护职工合法权益。同时教育引导职工理解、支持和配合改革，发挥工会在企业改革工作中的作用。

【困难企业职工帮扶】 2014年，绵阳市总工会春节期间走访慰问困难企业404个，困难职工1.6万人，送发521.75万元的慰问金及物资；全市惠民帮扶中心帮扶救助困难职工、群众5433人，发放帮扶救助资金400余万元；开展大病医疗救助行动，为798名患癌症、残疾等重大疾病的特困职工发放医疗救助金159.6万元。为5011名困难职工及环卫职工免费健康体检。深入开展女职工关爱行动，全市各级工会累计慰问救助困难女职工3900余人，慰问资金达200万余元。

【“金秋助学”品牌建设】 2014年，绵阳市总工会联合市教体局9家单位，市县联动，通过整合部门项目资金，动员爱心企业伸出援助之手，号召市级机关干部职工捐款，到城市广场募捐等形式，千方百计筹集资金1038.5万元，资助大学新生5406名，分别比上年增长102%和117%，资助资金和人数继续位居全省第一。

【举办招聘会搭建就业服务平台】 2014年，绵阳市总工会举办“春风送岗位—四项承诺”招聘会38场，为企业和求职人员提供全程免费的双向选择平台，8万余人现场应聘，2万余人找到合适的岗位和心仪的工作。6月5日，市总工会举办“服务科技型企业促进高校毕业生就业专场招聘会”，首次与“智联招聘”合作，实现现场实体招聘与网络招聘的同步，搭建招聘求职新模式。参加招聘会的科技型企业200户，2000余人达成意向用工登记。

【开展职工文化年活动】 2014年，绵阳市总工会先后组织承办全省第二届职工文化年暨职工读书活动启动仪式，建巾帼新功·展真我风采—女职工“我学、我练、我能”技能风采展示活动、职工书法摄影美术大赛、职工“图书漂流”等大型活动。全市各级工会组织开展各类文体活动26000多项，覆盖职工群众60余万人次。

【基层工会组织建设】 2014年，绵阳市总工会创新开展基层工会组织“四有四增强”规范化建设，全市有一批企业工会、乡镇（街道）工会、社区工会达到“四有四增强”标准。全市有基层工会组织14710家，工会会员123.49万人。 （肖 江）

绵阳市妇女联合会

【概况】 2014年，全市妇女工作围绕中心服务，推进“巾帼建功行动”“巾帼素质提升行动”“幸福家庭行动”“巾帼维权行动”和“强基固本行动”等“五大行动”，引导妇女投身西部经济文化生态强市和科技城建设。利用“妇女儿童之家”“农家书屋”开展妇女读书、培训活动25期（次），培训10553人次；与清华大学、北京大学、厦门大学、浙江大学等高校合作，选送女干部303名参加素质提升班学习。

完善妇女维权站（点、岗）、“12338”等妇女维权站点，全市建成妇女儿童维权站261个，救助（庇护）中心14个，妇女法律援助站147个。全年接访605件，办复率100%。通过中央专项彩票公益金法律援助项目实施共受理法律援助案件39件，结案39件。

3月8日，市委、市政府召开表彰大会，表彰市“巾帼建功标兵”10名，市“三八红旗手”40名，市“三八红旗集体”40个，100户文明家庭，推荐省三八红旗手4名，省三八红旗集体4个。梓潼县仙峰乡飞燕村王小华家庭被评为“全国五好文明家庭”，北川县妇联主席贾娅被评为“全国三八红旗手”。

【“居家灵活”就业基地建设】 2014年，新建游仙区光电通信产业基地、安县山地土鸡养殖基地、江油市方水乡白玉村水果基地、绵阳德鑫实业有限公司、北川县残疾人康复中心妇女创业就业培训中心、平武县农产品加工基地、盐亭县蓝莓基地等7个妇女“居家灵活”就业基地。截至12月底，全市建种植、养殖、手工编织等妇女“居家灵活”就业基地44个。4月29日，中共四川省委常委、省总工会主席李登菊到绵阳调研妇女“居家灵活”就业情况，省妇联主席吴旭等陪同调研。

【特殊困难妇女儿童关爱】 2014年，全市为200名贫困母亲和140名特殊困难儿童送去慰问金20.6万元；争取全国“贫困母亲两癌救助专项基金”62万元，对62名罹患“两癌”妇女进行救助；继续实施“金秋助学”项目，为大学新生助学金15.52万元。全年共计走访慰问妇女群众990人（户）、开展帮扶活动212场次、实施帮扶项目3个、活动投入资金物资145万余元、活动覆盖群众人数达1.8万人，发放宣传资料2.6万份。

△“两癌”：宫颈癌、乳腺癌。

【绵阳市反家暴庇护中心建立】 2014年10月24日，绵阳市反家暴庇护中心在巾帼大厦挂牌建立。市反家暴庇护中心为遭受家庭暴力的受害人提供避难场所，包括对受害人员提供心理辅导、提高维权意识和反对家庭暴力的能力，引导、帮助她们学会正确处理婚姻家庭关系，维护自己的合法权益。

【“儿童友好家园”健康运行】 2014年，全市的“儿童友好家园”健康运行，全年开展儿童保护宣传、儿童保护论坛、家庭教育宣传、防灾减灾等大型主题活动112次，惠及妇女儿童达17.2万人。7月22日，由联合国儿基会新闻与筹资处、计划监督和评估处、儿童保护处项目官员及国务院妇儿工委办儿童处项目官员组成的考察团对安县沸水镇儿童友好家园项目进行参观考察。

△“儿童友好家园”：2008年6月至2011年4月，由联合国儿童基金会、国务院妇儿工委办专门针对特大地震开展的儿童保护项目——“儿童友好家园”项目在绵阳市实施，项目实施三年，投资400万元，在安县、北川羌族自治县、平武县、江油市建立12个“儿童友好家园”工作点。

【四川省妇女十二大代表专题培训班在绵举行】 2014年7月16~19日，省妇联主办、绵阳市妇联承办的省妇女十二大代表（绵阳片区）专题培训班在绵阳举行，来自绵阳、广元、德阳、巴中4市的四川省妇女十二大代表及妇女干部150人参加培训。此次专题培训班旨在提高省妇女代表的履职能力和工作水平。邀请全国青少年心理教育专家陈一筠、黄国平分别作题为《认识现代婚姻的趋势和问题，构建和谐幸福家庭》《快乐工作愉快生活》的报告。省妇联副主席张怀青、中共绵阳市委副书记吴群刚出席开班仪式并讲话。（曹明菊）

绵阳市残疾人联合会

【概况】 2014年，全国政协港澳台侨委员会主任杨崇汇、副主任楼志豪带领香港特别行政区全国政协委员考察团赴北川羌族自治县视察香港特区政府援建残疾人康复中心运营情况；副省长曲木史哈到绵阳检查全国第九届残疾人运动会暨第六届特奥会绵阳赛区筹备工作。

全年，绵阳市出台《绵阳市重度残疾人实施护理补贴办法》《残疾人扶贫基地建设实施办法》《关于促进残疾人按比例就业的实施意见》《绵阳市盲人保健按摩星级评定管理办法(试行)》等相关政策和规定；涪城区出台《贫困残疾人应急救助资金管理（暂行）办法》《贫困精神病患者救助实施办法》；三台县将脑瘫儿童报销纳入当地医疗报销范畴，提升残疾人社会保障能力和水平。

2014年，全市残疾人事业财政资金投入7350.81万元，同比增长3.17%。残保金入库6230万元（其中市本级入库3476.97万元），位居全省第3，残疾人人均残保金167.47元。推进“量体裁衣”式个性化服务工作，为193322名残疾人提供个性化服务，落实总项1346832项次，人均落实7.0项次，残疾人群众受益面得到不断扩大。

【残疾人文化体育】 2014年，北川羌族自治县残疾人宋琴、胡蓉赴京参加APEC峰会中国残疾人事业展览并现场进行“羌绣”展演，得到习近平夫人彭丽媛的高度赞扬及APEC成员国政要夫人们的一致好评，省委常委李登菊作出“很好，还需下功夫培训，帮助更多残疾人实现居家灵活就业，更加充分展示残疾人精神”批示。四川省第八届残运会暨第三届特殊奥林匹克运动会上，绵阳市代表团获得金牌45枚、银牌9枚、铜牌15枚；四川省第四届残疾人职业技能大赛上，绵阳市代表团荣获团体第二名的优异成绩，充分展现绵阳市残疾人自强不息、蓬勃向上的精神风貌。

【残疾人维权】 2014年，全市各级残疾人联合会受理各类来信、来访615人次，其中来信139件、来访476件。完成市委书记批示交办件2件，市长公开电话交办1件，省残联交办件4件，办理书记市长信箱及局长信箱来信20件，市委交办2件次，办结率均达到100%。

【开展残疾人重大节日宣传活动】 2014年，全市开展“国际残疾人日”“全国助残日”等残疾人重大节日宣传活动，营造全社会“理解、尊重、关心、帮助”残疾人的良好氛围。北川育子园培智学校负责人何艾晋被评为“全国助残先进个人”；绵阳市何氏推拿口心总经理、视力一级残疾人何志绪被评为2014年度“感动绵阳十大人物”；绵阳市爱心车行负责人、听力四级残疾人周建国被评为2014年度“最美绵阳人”。

【盲人保健按摩行业规范管理】 2014年，全市对盲人保健按摩机构进行全面摸底和星级评定，首批评定“绵阳市何氏推拿中心”为五星级盲人保健按摩机构，江油市中坝“任辉盲人按摩所”等4家为四星级盲人保健按摩机构，科学城“涞森缘按摩养生馆”等6家为三星级盲人保健按摩机构。（熊玉杰）

绵阳市归国华侨侨眷联合会

【概况】 2014年，绵阳市各级侨联发挥侨务工作的独特优势，在参与经济建设、服务公益事业、加强海外联谊、参政议政、维护侨益等方面积极作为，全年接待知名华商、社团、侨企5批110人次。

【"海外川籍社团会长走进绵阳"活动】 2014年，绵阳市侨联邀请在成都参加"海外川籍社团会长联席会议"的重要嘉宾近30人走进绵阳，嘉宾均为全球各地川籍的社团会长。借此机会宣传绵阳科技城建设成果和第二届中国绵阳科技城国际科技博览会，加强与海外社团的联系，涵养侨务资源。

【参加第十七届中国北京国际科技产业博览会】 2014年5月13日至18日，第十七届中国北京国际科技产业博览会在北京举行，绵阳市侨联推荐全市涉侨科技企业参加博览会期间由中国侨联主办的"首届新侨创新创业成果展"和"新侨创新成果与专利项目推介会"，同时绵阳市侨联按省侨联要求代表四川省侨联率部分市州侨联推荐的企业参加此次科博会，推荐企业在大会上宣传推广新侨创新成果，面向国内外寻求产业合作，并进行对口合作洽谈。此次活动获得优秀组织奖，两家企业分别获得最佳展示奖和优秀参展企业。

【参与第二届中国（绵阳）科技城国际科技博览会人才交流合作大会】 2014年10月16日至18日，绵阳市侨联邀请来自美国、加拿大、澳大利亚、法国、瑞典、新加坡、日本等国家和中国台湾、香港地区的知名专家学者以及知名科技企业家60余人携项目参加第二届中国（绵阳）科技城国际科技博览会人才交流合作大会——海外高层次人才及项目推介会。为绵阳的企业牵线搭桥，掌握更多海外嘉宾的信息和联系方式，涵养侨务资源。

【侨务公益事业】 2014年，绵阳市各级侨联利用侨务资源平台，争取华侨华人、侨企捐赠项目14个，捐赠资金319.12万元，其中捐助教育事业项目4个，捐赠额140.2万元；捐助文体事业项目1个，捐赠额7.1万元；捐助生产设施建设项目4个，捐赠额157.5万元；捐助社会事业5个，捐助额14.32万元，取得良好的社会效益。

【侨务服务】 2014年，市侨联做好四川凯路威电子（科技）有限公司、绵阳思达航空科技有限公司、绵阳甘馨绞股蓝有限公司等6家科技型侨资企业的联系和帮扶工作，建立专人联系、建立台账制度，定期不定期到企业进行走访调研，对企业发展过程中产生的问题及时搭建平台，向有关部门咨询和协调，帮助企业诉求畅通。到基层宣传侨法和涉侨政策，提高归侨侨眷依法维权意识。认真处理侨胞来信来访。协助相关部门解决数起侨眷属出境探亲、下岗再就业、三侨生高考加分等事宜。（范　华）

绵阳市科学技术协会

【概况】 2014年，全市有县市区科协9个，市级自然科学、技术科学学会（协会、研究会）40个，会员3万余人。市级厂（所、企业）科协22个，院校科协3个。农村专业技术协会463个，会员及带动农户达8.83万户。

【市科协与邮储银行签订"银会合作"协议书】 2014年，市科协与中国邮储银行绵阳市分行签订"银会合作"（银行+协会）战略协议，深化"三农"金融服务和科普惠农工作。市科协联合中国邮储银行绵阳市分行召开全市"银会合作"推进会，各县市区科协与邮储银行签订"银会合作"战略协议。

【"基层科普行动计划实施】 2014年，全市发挥科协科普带头作用，在全市农村专业技术协会、农村科普示范基地、农村科普带头人和科普示范社区中组织项目申报，实施"基层科普行动计划"，盐亭县富驿海椒协会等5个农技协、1个农村科普基地、1个农村科普先进个人以及涪城区三里社区等2个社区获得中国科协、财政部表彰，共获国家专项以奖代补资金165万元。全市获得省级先进集体10个，先进个人2个，获省级以奖代补资金104万元。

【院士（专家）工作站建设】 2014年，全市发挥院士专家的技术引领作用，集聚创新资源，建设院士（专家）工作站。市科协联合市人才办、市人力资源和社会保障局等单位开展第三批绵阳市院士（专家）工作站评审认定工作，西南自动化研究所等4家单位被列为第三批市级院士（专家）工作站建站单位。加大对市级院士（专家）工作站建站单位进行实地检查和指导，组织申报省级院士（专家）工作站建设单位，四川九洲电器集团有限公司成为第三批省级院士（专家）工作站建站单位。

【助推科技型中小企业发展】 围绕市委、市政府关于加快发展科技型中小企业有关精神，加大力度整合优势资源，集中各方力量，推进科技型中小企业快速发展。全年结对帮扶企业11户，完成新办、新注册企业6户；组织实施"金桥工程"，围绕绵阳产业发展，筛选出科技含量高、市场份额好、能带动产业发展的"金桥工程"项目6个。

【中国现代科学家主题展】 2014年9月25日至10月10日，由中国科协、教育部、文化部等8部委主办的"科技梦·中国梦——中国现代科学家主题展"全国巡展活动在绵阳举行。绵阳市是此次全国巡展的第九站，也是西部地区唯一的非省会巡展城市。此次巡展主要讲述中国现代科学家的科学报国梦、学术成长史和开拓奋进路，其中包括"两弹元勋"邓稼先在内的多位科学家与绵阳"结缘"。巡展期间，在绵阳科研单位、企事业单位、各级科协组织、驻绵阳部队、高校、中小学校等单位2万余人次前来参观。该项活动被中国科协表彰为2014年全国科普日活动优秀特色活动。

【科普活动】 2014年10月，第二届中国（绵阳）科技城国际科技博览会1200平方米的“绵阳科普展区”，组织来自四川科技馆、绵阳市唐家山堰塞湖管理局、绵阳市图书馆、南山中学双语学校等单位的科普互动展品展具260余套参展。科普展区将科普课堂搬进现场，深受市民喜爱，并在原计划的展期上延展两日，10月16~20日接待30万人次；组织各县市区开展中国流动科技馆四川巡展活动，把科技资源送到基层公众身边。5月至12月，先后在平武县、江油市、北川羌族自治县、涪城区开展巡展活动，每站巡展时间持续40天左右，全年吸引青少年学生为主体的参观人数10.8万多人次。

【构建科普公共服务体系】 2014年，绵阳市着力构建科普公共服务体系，加强民生科普工作。组织市老科协、市医学会、市护理学会、市营养学会等市级学会参与“三下乡”“科普活动月”“科技活动周”等开展送科技下乡活动；举办“乡村科普行”活动，每月在城市社区开展2次科普宣传活动和一个乡村场镇开展1次实用技术培训，先后在盐亭县城东路社区、三台县西平镇等开展健康生活知识讲座、家禽家畜养殖技术培训等；围绕市民生产生活的实际，每半月开展一次“广场科普活动”。广场科普活动深受市民的欢迎，发放各类科普宣传资料5万余份，接待义诊、咨询群众3000余人次，科普展板观众约6万余人次。

【举办绵阳市第29届青少年科技创新大赛】 2014年5月19日，由市科协、市科技局、市教体局、市环保局共同组织。大赛征集到作品684项，评出优秀竞赛项目一等奖31项、二等奖80项、三等奖33项，优秀实践活动一等奖8项、二等奖10项，优秀科学幻想画一等奖25项、二等奖30项、三等奖60项，科技辅导员作品一等奖7项。在第29届四川省青少年科技创新大赛上，共获得一等奖6项、二等奖10项、三等奖25项。

【绵阳市第二届学术大会】 2014年12月19日，市科协举办以“家的温馨，节日的问候”为主题的绵阳市第二届学术大会暨2014年中国科协会员日活动。会上表彰绵阳市第二届优秀科技论文一等奖10篇、二等奖20篇、三等奖30篇、优秀奖50篇。一等奖作者刘红、二等奖作者张婷等先后做专题学术报告。

【推选优秀科技工作者】 2014年，市科协推荐的绵阳市第三人民医院老年中心主任黄昶荃被评选为四川省学术技术带头人后备人才。12月12日，中国科协印发《关于表彰第六届全国优秀科技工作者的决定》（科协发组字〔2014〕92号），市科协推选的长虹集团工程技术中心主任潘晓勇被表彰为“全国优秀科技工作者”。

【基层科协组织建设】 2014年，市科协以项目为载体，加强学会能力提升建设，实施“学会服务能力提升计划”项目，表彰奖励市医学会等9个年度重点项目、2个鼓励项目；12月4日，市科协举办全市学会工作培训会，邀请“四川省十佳学会”的四川省机械工程学会和四川省地质学会的学会专家为市级学协会负责人和县市区科协负责人员集中授课；10月28日，绵阳市农村专业技术协会联合会会员代表大会暨成立大会召开，审议通过《绵阳市农村专业技术协会联合会章程（草案）》和《绵阳市农村专业技术协会联合会会费管理办法》，选举产生第一届理事会。11月25日，三台县老科技工作者协会成立大会召开并正式挂牌成立，审议通过《三台县老年科技工作者协会章程》，选举产生第一届理事会，省老科协会长曾清华，市政协副主席、市老科协会长胥跃东等出席会议；2014年，四川台沃农业科技有限公司等4家公司相继成立企业科协。　（邓　涛）

绵阳市红十字会

【香港红十字会社区恢复项目实施】 2014年，全市各级红十字会全力推进与香港红十字会的合作。香港社区恢复项目分两批完成，第一批21个项目点，分布在三台县、平武县、安县、梓潼县，援助资金1996.6万元，受益人数达17615人；第二批8个项目点，分布在游仙区、盐亭县，援助资金451.56万元。29个项目点于2014年11月底全面完成，市红十字会及盐亭县红十字会在全省社区恢复项目上作交流发言。另外，三台县6个香港博爱家园项目于2014年11月全面启动，总投资190余万元。

【中国红十字会总会博爱家园项目实施】 2014年，中国红十字会总会在绵阳市9个县市区开展的博爱家园项目16个全部实施，资金投入560余万元。平武、盐亭两县的“小餐盒”项目总投资100万元，援助贫困学生600名。项目首批资助工作于2014年结束。

【社会救助与善款募集】 2014年，挂网求助25人，其中梓潼县赵强、尚鑫男两名患儿得到爱心人士的救助资金1.438万元。实施“天使阳光基金”手术16例，为贫困先天性心脏病儿童家庭减免费用32万元；12名贫困白血病患儿得到中国红十字基金会“小天使”基金每人3万元的资助。与农工党绵阳市委联手农工党上海杨浦区委党员开展贫困学子结对帮扶工作，首批5名贫困学生得到每人每月350元的资助，江苏省红十字会为安县10名贫困学生每人每月资助400元。市、县两级红会筹集26万余元款物开展“红十字博爱送万家”活动，4200余名贫困群众感受到社会大家庭的温暖。为鲁甸灾区募集资金133.23万元。三台县搭建“博爱梓州”爱心捐赠平台，募集到“博爱梓州”专项资金332.18万元；游仙区整合中国科技城文化艺术广场等3家社会资源，定向捐赠资金21.22万元；安县组织县内公益基金4万元对全县40名困难中小学生开展第三届“金秋助学”活动；盐亭为大病、重病患者组织大型募捐活动8次，并在银行、超市、宾馆设置募捐箱10处，募集资金5.13万元。

【救护培训】 2014年，全市各级红十字会开展急救员培训300余名，急救普及培训达3万余人次。组织全市各级红十字会30余名人员分三批参加四川省红十字会应急救护师资培训。涪城、游仙红会结合文明城市创建在城市社区开展应急救护培训，涪城红会专门为城北街道230户空巢老人配备急救药箱。江油红会与省红会卫生救护培训救援中心联合对双马水泥厂等高危行业进行全面系统应急救护培训。安县红会针对该县教育、卫生、公安、旅游、党校、酒店等企事业单位开展急救普及培训工作。盐亭、三台红会结合香港社区恢复项目助推应急救护培训工作进农村。

【“三献”及宣传】 2014年，全市各级红十字会利用“世界红十字日”“世界献血日”“5·8”博爱周等活动，举行造血干细胞捐献及无偿献血宣传活动11场次，发放红十字会相关知识、器官遗体捐献、造血干细胞捐献等宣传资料10万余份。全市采集造血干细胞90余例，其中北川擂鼓镇董晓华女士高配成功进入体检程序。遗体器官捐献实现建会以来第1例遗体、眼角膜同时捐献案例，实现单独眼角膜捐献3例。遗体、造血干细胞、眼角膜捐献登记达100余人，创历史新高。

（邹　君）

绵阳市文联

【概况】 2014年，市文联（简称）直属事业单位有《剑南文学》杂志社、绵阳市书画院；有编制11人，其中行政编制3人，事业编制6人，工勤编制2人；有直属全额拨款的公益性事业单位2个。辖绵阳市作家协会、绵阳市美术家协会、绵阳市书法家协会、绵阳市摄影家协会、绵阳市音乐家协会、绵阳市戏剧曲艺杂技家协会、绵阳市舞蹈家协会、绵阳市民间文艺家协会、绵阳市电视电影艺术家协会、绵阳市根雕奇石艺术协会、绵阳市文艺评论家协会、绵阳市诗词楹联学会、绵阳市艺术品收藏家协会13个；建有9个县（市、区）文联，为正科级单位；团体会员市检察官文联、市公安文联2个行业文联。全市有国家级会员234人，省级会员1316人，市级会员4766人，有4名文艺家当选为新一届省直文艺家协会副主席。

【文艺作品硕果累累】 2014年，绵阳市文学艺术联合会按照《绵阳市优秀文艺作品和文艺创作扶持管理办法》，组织申报优秀文艺作品和文艺创作扶持项目，收到申报优秀文艺作品57件，扶持文艺项目30项，启动第三届沙汀文学艺术基金项目申报。电影《兰辉》、报告文学《让兰辉告诉世界》2部作品获全国第十三届“五个一工程奖”；7件美术作品入选全国第十二届美术作品展；电影《兰辉》《笑过2012》，电视纪录片《涪江行》，方言话剧《咱们的牛校长》，歌曲《当羊角花开满故乡的山冈》，广播剧《不一样的人生》获四川省第13届“五个一工程”奖；13件电视作品获“四川新闻奖”和四川广播电视政府奖。

【文艺交流】 2014年，全市文联始终把推出精品佳作作为文联工作的主业来抓，实施“走出去”和“引进来”战略，广泛开展文艺交流采风活动，努力提升绵阳文艺系统整体创作实力。全年组织参与中法诗歌交流活动，组织民间工艺品参加国际、国内、省内的各种工艺品展览销售会，北川“羌绣”作为国台办访台礼物，指导北川残疾人“绣娘”作品入选APEC峰会展演、交流。“中国·王朗白马2014星星诗会”“绵阳·达州·广元三市书法联展”，绵阳、雅安、阿坝三市（州）文学交流，绵阳、达州两市文学交流，绵阳美术作品精品展，涪江流域四市一县书法摄影展，绵阳市摄影家协会和东莞市摄影家协会缔结为友好协会等文艺交流活动30余次；召开电影《兰辉》研讨会、迎接第十二届全国美展绵阳市美术创作研讨会、绵阳市首届摄影理论研讨会，举办纪念沙汀诞辰110周年座谈会，组织“2014中国梦·北川陈家坝文学采风创作活动”“走进调元故里·宝林镇”文学采风活动等各类采风研讨活动50余次。全年接待鲁迅文学院常务副院长等国内著名文艺家到绵阳、江油、平武、北川等地交流、采风、创作200余人次。在三台、江油、安县等县市区建立文艺创作基地，支持鼓励文艺家建立绵州美术馆、西部艺术公社、重工空间等艺术馆、工作室和画廊。

2014年，“西部人文讲坛”邀请八一电影制片厂副厂长、著名作家柳建伟做客“西部人文讲坛”，讲授“长篇小说的诗学问题”专题讲座；邀请上海社会科学院文学研究所研究员、教授孙琴安讲授“文学创作综合能力”专题讲座；邀请创作《好日子》《常回家看看》等作品的著名词作家车行、曲作家李昕与绵阳艺术家座谈，帮助点评绵阳本土作品；邀请省音协4名专家到绵阳作“中国梦”主题音乐创作讲座；组织绵阳市第二届摄影大会暨“镜头看绵阳”摄影展以及“走进经典”绵阳市书画院第三期书法研修班楷书作品展暨书法评论座谈讲座。

【文艺活动】 2014年，市文联围绕绵阳文化强市战略目标、开展系列文学艺术活动，为推动文艺大发展大繁荣，不断满足人民群众对文学艺术需求。7月16~19日，举办第四届中国诗歌节论坛、采风等系列活动。根据执委会的统一部署，市文联主要承担百名诗人邀请、接待和9场次的采风、5场论坛、诗歌节会刊、《四川新时期诗歌选》《绵阳日报》《绵阳晚报》《剑南文学》专刊专版的组稿以及诗歌主题文化活动等工作，成立以党组书记、副主席马培松为组长的绵阳市文联第四届中国诗歌节工作领导小组举办“歌唱祖国——庆祝中华人民共和国成立65周年大型音乐会”。承办中国文联、中国视协“我的中国梦——送欢乐、下基层文艺志愿服务活动”赴北川慰问演出活动。举办“道融民舟杯”《剑南文学》2013年度好作品评选；成立绵阳高校文学社联合会和绵阳高校创作基地，举办2014大学生年度原创文艺作品大赛；举办首届绵阳市戏曲演员大赛、小品喜剧王大赛等文艺赛事、音乐考级活动30余场次，开办首届书法创作班和第三届书法研修班，在绵阳仙海区指导创建四川省第一所兰亭小学。开展民俗文化进校园、进家庭辅导活动，开展第三期“音乐家进校园”音乐辅导、展演，开办绵阳碧水寺古玩市场，举办“2014年度绵阳美术精品展”“绵阳画家画绵阳”美术展、“保护母亲河、涪江行采风”摄影展、庆祝新中国成立65周年“情系中国梦”绵阳市群众书法美术摄影作品展，举办“我们的节日”各类群众文化活动百余场次。举办“清风润绵州廉政书法美术笔会”，书法美术进警营、进学校活动，组织市摄协、作协、美协、书协、民协20多名艺术家赴文联联系村——梓潼定远乡银河村，为该村亮点产业“十里花卉长廊”进行采风创作，帮助规划和提升“花卉产业”文化氛围和内涵，把文艺“种”到百姓家，把丰富的文艺成果送到基层群众中去。　（雨　田）

民主党派·工商联

民主党派

【民革绵阳市委】　2014年，民革绵阳市委有总支2个、直属支部7个，党员272名。35名党员担任省以下各级人大代表、政协委员，16名党员担任各级各类特约监督员。市委会有市委委员15名，郭兴林任民革绵阳市委主任委员，王小平、贺勋、黄梅三为副主任委员，郑学锋任秘书长。

全年召开党员学习大会2次、市委委员学习会3次，集中培训党员300余人次；印发《民革绵阳市委坚持和发展中国特色社会主义学习实践活动实施方案》；编印、下发近300册《民革绵阳市委理论学习文件汇编》；分别邀请省委会副主委何一立、市政协柳天琦、西南科大教授赵诤为党员做专题讲座。基层组织开展活动60余次，参与党员1100余人次；分别外送3名党员到中央社会主义学院、市委党校参加学习培训；改革设置标准和工作职能，将原7个专门委员会调整为8个；调整、增补基层组织负责人17人；考察积极分子15名，吸收13人为民革新成员。

开展“民主党派走进江油”系列活动，帮助民营企业包装国家重点新产品、省重大成果转化等科技项目20项，成功立项18件，获“无偿项目”资金930万元；组织200余人次党员开展“三下乡”“艺术支教”活动；为农业企业培养技术骨干50余人；为留守儿童捐赠现金、学习用具计2万余元；慰问困难群众30户，送出慰问金1万元；联系捐助抗战老兵惠助金8.6万元。

全年，征求和收集党员参政议政线索和建议意见40余条；印发调研参考题目、理论研究参考题目85个；组织、参与对口联系会议、知情议政会5次，反馈工作建议30余条；主委郭兴林两次代表民革参加中共市委党外人士建言献策会，提出加快城区污水管网建设等建议5条；民革调研报告《青藏高原矿产资源开发存在的问题及其建议》被全国人大代表采用，并转交有关部门处理；组织、参与10个调研课题，90余人参与近30批次的实地调研；向各级人大、政协提交议案、提案69篇；《加快我市物流业发展的建议》等四篇提案被列为市政协主席重点督办提案。

2014年，民革绵阳市委先后获民革四川省委“2014年度自身建设先进集体”和绵阳市2014年度全市政协系统办公室工作先进单位；《团结报》《团结杂志》等国家级刊物3次专题报道、1次全文刊登民革绵阳市委专项工作及理论文章。　（陈　兵）

【民盟绵阳市委】　2014年，民盟绵阳市委下辖县委1个、基层委员会1个、总支部5个、支部35个（市直属支部10个），盟员929人，其中省政协委员2人（常委1人）、省人大代表1人、市政协委员37人（副主席1人、常委7人）、市人大代表11人（常委1人）、县市区政协委员52人（副主席2人、常委17人）、县市区人大代表12人（常委7人），盟员担任各级政府行风评议员、特约监督员、检查员、人民陪审员等113人次。

全年发展新盟员67人，其中女性29人，高级职称27人。

7月，民盟江油基层委员会召开成立大会；10月，民盟四川省委、民盟绵阳市委在绵阳监狱召开“临刑释人员意向性现场招聘会”，签就业协议35份；民盟“走进江油”社会服务活动各小组活动陆续开展。

（蒲文龙）

【民建绵阳市委】　2014年，民建绵阳市委共有2个基层委员会，5个总支，5个直属支部，533名民建会员。2015年全年发展会员31名，平均年龄37岁，其中博士研究生1名，非公经济高级管理人员16名。

9月2日，民建绵阳市委“建江合作”金秋助学金发放仪式在江油市重兴乡举行。本次助学捐款达23.83万元（其中会员企业四川汇星实业集团捐助10万元、顺辉投资集团捐助10万元、企业家一对一帮扶金0.68万元），现场为来自江油市重兴、永胜、新兴，文胜、云集等乡镇64名优秀贫困中、小学生发放金秋助学金13.48万元，10.35万元暂寄江油红十字会用于今后江油需要帮扶的贫困学子。20名江油民建会员企业家在市委会的组织下，现场与困难学生结成帮扶对子，为贫困学生送去书包、笔、文具盒等价值8000元的学习用品。企业家们表示持续深入的跟踪帮扶困难学生的学习、生活情况，支持困难学生自强成才、感恩社会。

10月15~16日，全国人大常委会副委员长、民建中央主席陈昌智出席第二届中国（绵阳）科技城国际科技博览会，期间与绵阳民建代表召开座谈会，座谈会后，陈昌智题词“同心做诤友，共筑中国梦”，祝贺民建绵阳市委成立30周年，勉励绵阳民建人在新的历史时期，继续坚定信念跟党走，同心共筑中国梦！

11月27日，民建绵阳市委举行中国民主建国会绵阳市委员会成立30周年座谈会。四川省人民政府副省长、民建四川省委主委陈文华，四川省政协副秘书长、民建四川省委副主委王元勇，绵阳市政协主席张世虎，中共绵阳市委副书记张锦明，绵阳市政协副主席、中共绵阳市委统战部部长苗平出席会议。绵阳市政协副主席、民建绵阳市委主委，绵阳市科技局局长蒋丽英作民建绵阳市委30年回顾。

（雍定鸿）

【民进绵阳市委】 2014年，民进绵阳市委吸收新会员42名，年末有会员912人，基层组织66个（基层委员会4个、总支3个、支部59个）。荣获“民进全国组织建设先进地方组织”、民进省委“综合工作先进集体”等表彰13项。

全年参加各级民主协商会、情况通报会、建言献策座谈会等80余人次，参加各级参政议政调研、视察等活动200余人次，参加基层组织活动和看望新会员、基层会员260余人次。在市政协六届四次全会上提交《关于加快推进秸秆综合利用的建议》等集体提案9件，其中《关于加快绵阳汽车及零件产业发展的建议》等4件被列为主席督办案，在市政协全会上题为《关于发展我市会展产业的建议》和在市政协专题议政会上题为《关于进一步推进我市科技企业孵化器建设的建议》的大会发言均获得好评，向各级、各部门报送信息、社情民意、调研报告等26篇(条)，提交个人提案、议案170余件。会员中的130余位各级人大代表、政协委员、特约人员参加各类民主监督活动300余人次，提出意见、建议和批评400余条。

全年举办新会员培训班、参政议政骨干培训班等培训活动5次，300余人受训；选送、推荐会员39人参加民进中央、省、市培训；推荐1名会员担任市政协委员。举办迎新“嘉年华”“名家讲坛”“教育论坛”“法治论坛”等大型活动10次。全面完成了基层组织换届工作，新建基层组织4个，合并、重组支部3个，4个总支升格为基层委员会。出版《绵阳民进》1200册，编印《绵阳民进工作汇报》6期2400份，《民主》《团结报》《四川政协报》《四川统一战线》等各级媒体全年刊发、报道民进绵阳市委和各基层组织、会员活动消息40余篇条；在民进中央、四川民进网站、四川政协网、绵阳政务网等网站和《中国统一战线》《四川民进》《绵阳政协》等发稿500余篇。举办陈和平散文集《灯下疏影》座谈会，会员魏福平、黄维春、屈昌明、蒋亮、康薇嘉等举办个人作品展或演唱会。

组织会员和引进资金500余万元对川北监狱开展帮扶活动。组织会员和爱心企业为盐亭县冯河乡、双碑乡中心小学、绵阳市火炬三小等捐赠价值25万元的物资，并长期一对一帮扶20名贫困学生到大学毕业。协调资金35万元用于社区建设。选派会员11人到广元苍溪、广安武胜和安县特殊教育学校等地送教；各总支、支部定向同50所农村中小学结对支教。先后引进国内外大型企业赴盐亭、江油、梓潼等地进行投资考察活动5次。参与绵阳市各民主党派“走进江油”活动，为江油市引进和促成会员企业在江油市投资项目9个，资金逾亿元，并为江油全面打造李白文化品牌献计出力。协调资金、项目为游仙区魏城镇铁炉村、沈家坝东街社区、江油市新春乡三星村解决实际困难。承办绵阳市“庆祝建国65周年、人民政协成立65周年”书画展，协办“歌唱祖国——绵阳统一战线庆祝中华人民共和国建国65周年文艺演出”和“绵阳市迎新茶话会”。（赵 波）

【农工党绵阳市委】 2014年，农工党绵阳市委发展新党员39名，平均年龄36.5岁，党员总数达到622名。完成基层组织换届工作，新成立安县支部等4个基层组织，三个总支更名为基层委员会。各基层支部组织生活开展顺利，专委会活动丰富多彩。

全年在完善党员名册和后备干部数据的基础上，完成4批次各级后备干部、市政协委员增补和先进推荐工作。组织24人次参加全国政协干部培训班等各级培训。组织骨干党员培训5次，新党员培训1次。全年80余名党员受有关单位和部门表彰。

全年开展调研活动8次，提交调研报告5篇，其中农工党中央网站、《四川统一战线》各采用1篇、农工党省委采用2篇。在省政协会期间提交提案10件。在市政协会期间提交集体提案7篇，个人提案35篇，2篇集体提案被列为主席督办重点提案，沈其霖主委在大会上作《严厉打击涉医犯罪积极创建平安医院》的大会发言，受到市委书记罗强现场签批转办。在市人大会提交建议8件。报送社情民意信息102篇，其中省政协采用1篇，农工党省委采用5篇，市政协采用5篇，2篇在《人民政协报》刊登，2篇受到市委书记签批。

农工党四川省委分别由省政协副主席、农工党省委主委王正荣和省环保厅副厅长、农工党省委副主委钟勤建、夏华祥率队到绵阳开展《我省县级公立医院改革难点分析及对策建议》和《划定生态红线，确保我省生态安全》专题调研。沈其霖主委到北京向农工党中央领导汇报北川羌族自治县灾后重建巨额债务化解难题，受到高度重视，经过多方努力争取，北川县数十亿灾后重建债务得到化解。

组织开展"中国梦·农工情"系列活动。1人获农工党省委演讲比赛一等奖，2人获二等奖。1人获农工党中央演讲比赛优胜奖。全市报送征文17篇，省委会采用7篇，2篇文章分获全国二、三等奖。

协调联系全国政协副主席、农工党中央常务副主席刘晓峰，全国人大常委会原副委员长、农工党中央原主席蒋正华分别出席科博会开幕式和军民融合论坛并讲话。参加庆祝新中国成立65周年、人民政协成立65周年等庆祝活动。

全年报送理论研究文章10余篇。1篇获农工党中央表彰，2篇分获农工党省委二、三等奖。开展党史研究工作，撰写《解放战争时期农工党在川北的革命活动》刊登在《前进论坛》，补写农工党在川北的党史空白。

2014年，继续开展"三下乡""国际科学与和平周""环境健康宣传周"等义诊咨询社会服务活动，有80余名党员医疗专家和书画家参加，服务群众2500余人，免费发放物品药品5箱，环保袋、宣传资料、春联、书画作品5000余份，受到群众欢迎。继续加强定点帮扶八一乡前进卫生院的力度，开展"民主党派走进江油"活动，协调八一乡环境连片治理和现代观光农业和生态旅游项目，促进八一乡经济社会事业全面发展。

2014年，在市委网站登载并上报各类宣传稿件92篇，在市级公开媒体上发表文章94篇。全年在省级及以上公开媒体发表文章共计132篇，编印《绵阳农工》3期。　　（成　语）

【致公党绵阳市工作委员会】 2014年，致公党绵阳市工委有6个基层支部和1个小组，党员135名，其中发展党员13名。现有党政机关、事业单位实职副处级以上干部5人。工委有省人大代表2名，省政协委员1名，市人大代表4名，市政协委员8名，市政协特邀委员2名，区人大代表3名，区政协委员6名。主委田荣华、副主委杨邦琼任致公党四川省委常委，11名党员任省委专委会委员，其中4名党员任专委会副主任。年底，工委被致公党中央授予"致公党先进集体"称号。主委田荣华荣获"致公党四川省级组织建立30周年突出贡献奖"。

全年，工委向省市"两会"提交提案、建议35件，社情民意6件。其中，《关于完善审判质效管理的建议》被列为省人大常委会主任重点督办建议案；《对加快推进四川新型城镇化建设的探讨与思考》被致公党四川省委作为省政协十一届三次常委会上的发言材料；《社区矫正立法研究》《关于进一步加强绵阳科技城建设发展的建议》《关于进一步促进我省农产品流通体系建设与发展的建议》被省委作为集体提案上报省政协；与市民政局共同开展调研完成的《关于加大政府购买服务力度支持社会组织规范发展的建议》作为市政协六届四次全委会大会发言；围绕市委市政府中心工作调研完成的《充分应用科技服务资源推动科技城建设取得新突破》作为在市政协六届十七次常委会上的发言；在市委建言献策会和党外人士座谈会上，就创新运行机制，不断提高行政效能和加大支持服务力度，促进科技型中小企业健康成长的建议，得到市委、市政府的肯定。

工委通过建立反映社情民意工作常态化机制，完善信息的收集、整理、报送渠道。《关于推进法官、检察官专业化、职业化、正规化的建议》被全国政协采纳，是四川省政协全年唯一一份被全国政协采纳的建议；《多管齐下切实改善救灾物资管理与发放方式》被致公党中央和中共四川省委统战部采用；《呼吁制定规范解决手机充电器等配件浪费问题》被致公党中央采用；《关于加强涪江水源地保护，保证下游饮水安全的建议》被省政协采用；《关于全市在发展科技型中小企业中避免恶性竞争的建议》《关于在我市大力发展机器人产业的建议》被市政协采纳上报市委、市政府。工委被市政协表彰为"2014年度反映社情民意信息工作先进集体"。

工委与绵阳职业教育集团联合主办绵阳首届"职教园区校地合作论坛"，绵阳职业技术学院先后与市高新区、游仙经济开发区签订战略合作协议，就联合科研工作、合作开展产业创新服务体系建设、联合开展人才交流与培养等达成共识。

组织企业家党员、专家党员深入平武就有机农业、生态保护等进行调研；结合"致平合作"工作开展，与绵阳社区大学协商，多次赴平武县调研，针对村（社）干部缺乏电脑、电商等知识，在高村乡组织培训，获得当地干部群众的欢迎。

全年，继续争取海外资金建设乡镇图书馆。游仙区观太乡北京致公爱心小学金祖鑫健华社图书馆开馆，该图书馆是绵阳市建立的第11个健华图书馆。争取到健华社爱心助学项目落地涪城区金峰镇小学，6名清贫勤奋小学生获得每人1000元/年爱心援助。

主动融入中心工作，为科技城建设贡献力量。通过支部间的交流，利用党员的优势资源，与西南科技大学、绵阳师范学院、绵阳职业技术学院、绵阳职教集团等单位达成合作，为高新区、游仙经济开发区等园区引进科技型中小企业，其中落户市高新区留学生创业园3户，落户游仙经济开发区18户。 （卿季军 夏 榆）

【九三学社绵阳市委】 2014年，九三学社绵阳市委有19个支社，2个基层委员会，403名社员。发展新社员25人，其中博士研究生2名，硕士研究生8人，平均年龄37岁，涵盖多个行业和领域。增补市政协委员2名，发展20多名参政议政积极分子。发展科技型企业家2名，科研人员12名。西科大基层委主委杨剑被社中央表彰为先进组工干部。对游仙、水电、建筑、新晨和直属二支社领导班子进行了届中调整，新建高新区支社，指导江油基层委员会换届工作顺利进行。

社市委提出《关于高度重视企业孵化平台软件建设，促进科技型中小企业做大做强的建议》被遴选为市政协主席督办件。在市党外人士建言献策座谈会上提出《关于推进绵阳新型城镇化建设工作的建议》，市住建局在印发《绵阳市2014加快推进新型城镇化建设工作方案》（绵阳城镇化办〔2014〕6号）文件中给予了充分采纳，编写进《绵阳市新型城镇化中长期规划（2014~2020年）》。社市委委员曾德军提交“关于盐亭县章帮场镇至白石垭道路毁损状况的情况反映”的社情民意被市委书记罗强签批，所反映问题得到解决。《关于设立国家科技文化节》的社情民意被上报社中央。被市政协表彰为“2014年度反映社情民意信息工作先进集体”。

配合社中央形成的《关于进一步加强军民融合，突出绵阳科技城在国家发展全局中地位的建议》调研成果，得到国务院副总理刘延东签转科技部等部门予以支持，配合社省委形成在2014年省政协会上的《加大绵阳中国科技城建设力度培育军民融合增长极》发言材料和提案，发言得到王东明、魏宏等省主要领导批示。配合社省委就四川省2014年第二批科技计划项目的研究课题“创新驱动政策背景下中国（绵阳）科技城孵化器企业运营研究”和对绵阳市污水处理情况进行调研。社市委被市政协表彰为“2014年度政协联合调研视察工作先进单位”。

推动对口联系工作取得实效。社市委和市农业局有机结合社市委的“九新农业科技合作”和农业局对游仙区新桥镇的帮扶工作，争取到总投资100多万元的提灌站项目2个、沼气项目1个、塘堰精修项目1个，建成投入使用。市科技局把承办社市委的《关于大力培育科技服务业，助推绵阳科技城快速发展的建议》等4件集体提案中的建议落实到工作安排和政府的文件中。社市委和市商务局针对市委、市政府深化开放合作、加快服务业发展等重点内容，共研发展对策、加强宣传和督查。

“九绵科技合作”项目进展顺利。促进四川金亚科技公司支持帮扶绵阳朝育机械有限公司年销售值增加300万元以上。促成九三学社北京市委委员、北京大学药学院教授、第十届国家药典委员会中药材饮片专业委员会主委屠鹏飞教授3次到绵阳帮扶四川德培源中药科技开发有限公司柴胡产业化开发工作，公司投入资金200多万元建设的四川省柴胡工程技术研究中心通过省专家评审委员会的评审并挂牌启动。联系社中央委员、中国工程院院士、小麦育种专家陈顺华到绵阳指导绵阳市现代农业发展。麦迪克医疗科技公司彩超产品打开韩国市场。引进设立绵阳市明川科技有限公司，指导其利用网络媒体“科技城在线”为平台建设科技成果转化交易市场，被市工业研究院作为科技成果转化项目发布，获得项目资金支持；九新农业科技合作为游仙区引进从事休闲农业和乡村旅游项目1个。引进绵阳市慧萃农业科技有限公司项目选址在游仙区小枧沟镇五星村，计划投入资金1.6亿元，流转土地林地53.33公顷、水域10.67公顷。

启动“九绵科技”创新试验基地建设，选址绵阳市经济技术开发区，争取到社省委20万元专项建设资金，首批确定10余家企业入驻。牵头在梓潼县许州镇开展主题为“和平、发展、环保、健康”的第26届中国“国际科学与和平周”活动，诊疗病人50余人，发放各类资料3000余份，赠送价值18000多元的书籍。

全年编印《绵阳九三》社讯2期，社市委网站全年上载信息150多条，被市政协、中共绵阳市委统战部采用70篇，省政协采用30篇，社省委采用16篇，社中央网站9条。四川新闻网等省级媒体5条，1篇《九三学社绵阳市委派员参加川东北片区工作会》宣传稿件被人民政协网站刊载。市级媒体刊载转发10多篇。 （赵倩颖）

绵阳市工商业联合会

【概况】 2014年，绵阳市工商业联合会召开第五届五次执委会，增补副主席2名、副会长4名、常委14名、执委3名。全市会员总数10069个，其中，企业会员2516个，个人会员7505个，团体会员48个。成立直属团体会员6个，全市组建行业商会、异地商会26个。11月，召开全市工商联基层组织建设工作会，制订印发《关于加强和改进基层组织建设工作的意见》，推动创建“五好”县级工商联工作。涪城区工商联、三台县工商联认定为四川省“五好”县级工商联。

△“五好”：领导班子建设好，会员发展好，商会建设好，作用发挥好，工作保障好。

【理想信念主题教育实践活动】　2014年，全市工商业联合会以全国工商联宣传报道张勇先进事迹为契机，在市工商联系统内开展张勇先进事迹报告会、现场会。通过中心组学习会、主席沙龙活动教育引导非公有制经济人士准确领会党的十八届三中、四中全会精神实质，统一思想和行动。推动法律进企业活动，围绕《企业经营中的违法犯罪及其预防》《新形势下民营企业的法律风险与责任》《弘扬法治精神，建设法治中国》主题，开展法律专题讲座3次。召集市统计局、市国税局等部门，专题研究非公有制经济如实申报“四上企业”入库问题，起草《致全市非公经济人士的倡议书》，举行“传承张勇精神、守法诚信经营、承担社会责任”万人签字活动启动仪式、“诚信经营、奉献绵阳”等系列活动，引导、教育、鼓励非公有制经济人士坚持诚信经营。

△“四上企业”：是指规模以上工业企业、资质等级建筑业企业、限额以上批零住餐企业、限额以上服务业企业。

【工商联界别建言献策】　2014年，市工商联在市政协六届四次会议上作《关于鼓励异地绵阳民营企业家回乡投资发展的建议》的大会发言；市工商联在市党外人士建言献策会上提出《创新异地商会管理体制、激发民间资本活力》的建议；市工商联在全市无党派人士、工商联暑期学习会上提出《践行社会主义核心价值观，推动民营企业健康发展》的意见。先后组织工商联界别的省市两级人大代表、政协委员在“两会”上提交议案、提案100余件，其中《创新异地商会管理体制　激发民间资本活力》获“全省工商联系统团体提案和大会发言优秀奖”。围绕市委、市政府中心工作，形成《市行业商会发展调研报告》《市民营企业维权中心发展现状》《关于我市民间资本进入金融领域的对策研究》等调研报告，其中两篇获“全省工商联系统优秀调研成果奖”。

△“两会”：人大代表会议、政治协商会议。

【民营企业调研】　2014年，全市针对工商联在服务民营经济发展中存在的问题，3月市工商联到9个县市区，走访42家企业，收集整理意见建议5类32条，为促进工商联转作风，促整改更好履行服务非公有制经济职能提供依据。10月，配合市政协开展工商行政管理局民主评议调研活动，走访企业10家，发放调查问卷70份。全年，组织100家会员企业完成全国第十一次私营企业调查、全国工商联社会责任调研、全国工商联中小微企业监测点调查问卷、全省上规模企业问卷调查。获“全省工商联上规模民营企业调研工作突出贡献单位”和“全国工商联民营企业社会责任调研工作突出贡献单位”。

市工商联召开“情系绵阳·回报家乡”座谈会

【企业人才培训】　2014年，先后举办绵阳市第二届国学智慧训练营、全省民营经济中高级管理人员第四期培训班、第二十五期民主党派、工商联、无党派人士暑期学习会；与市工业技术研究院联合举办“企业管理精细化与定额管理信息化”专题培训会、“模式创新、再赢商机”企业创新之道专题讲座、绵阳科技型企业法人俱乐部首次活动；联合会员企业举办“卓越团队建设——六星级心态”团队内训课程、企业核心竞争力打造与管理新思路专题讲座、企业人才瓶颈突破与战略人力成本控制专题讲座、人本管理专题培训讲座等专题讲座。全年集中培训13期，培训2000余人次。组织会员企业到厦门总商会、成都福建商会等地参观学习；组织企业代表参加温州、上海“名企”主题考察团；组织富临集团等企业赴韩国参加韩国旅游发展局和三星、现代、乐天等企业主办的“银河舰队”考察活动。

【服务企业能力增强】　2014年，市工商业联合会与25家中小科技企业签订帮扶协议书，组织7家科技型中小企业参加“科技型企业法人俱乐部”首次活动会。指导13家中小民营企业参与国防建设，走军民融合之路，3家企业产品编入《军民两用高新技术民营企业及产品推荐目录》。参与筹备第二届中国（绵阳）科技城国际科技博览会，邀请全国工商联成为科博会的支持单位，全联军民融合发展研究专家组到绵阳参加科博会。与杰出世界华商大会、攀枝花工商联、吉林市工商联建立友好商会。组织商会、企业参加经贸活动30余次，270人次参加。12月，邀请130余位来自全国各地企业家代表参加中国科技城·绵阳建设政策体系推介会和“情系绵阳·回报家乡”座谈会。市工商业联合会会同市人社局、市总工会、市就业局等部门联合举行“全市首场民营企业专场招聘会”，组织177家企业参会，为社会提供7086个招聘岗位。为福建商会会员联腾体育有限责任公司挽回经济损失100余万元。全年协调组织23个民间商会，10家大型企业到绵阳考察投资。与市工业技术研究院签订战略合作协议，连续组织500余人次参加科技成果发布会。成功举办“民企携手江油，合作共赢未来”大型招商对接活动，推介71个对外招商项目，涉及投资总额252.5亿元。

【民营企业献爱心活动】 2014年，市工商业联合会发动13家会员企业向游仙区魏城镇铁炉村捐款123万元，用于支持该村的道路建设和产业帮扶。开展新一轮“百企联百村”活动，82家企业通过项目、物资、资金帮扶82个村，帮扶资金2000余万元。四川富临集团、天泰集团、四川同立集团等企业成立“爱心儿童资金”和“助学基金”，将捐资助学常态化。组织9家会员企业走进阿坝州红原县，支援藏区发展。年底，被市对外援建工作领导小组表彰为“全市对口援藏工作先进单位”。（张 浩）

2005年市委、市政府为民办的“十件实事”完成情况

2005年，全市新增城镇就业人口3万人，帮助1万人下岗失业人员再就业，全市新增城镇就业35667人，持“再就业优惠证”人员再就业15704人。

2005年，全市解决绵阳城区1000户最低收入家庭和农村800户特困户的住房困难，完成解决1035户农村无房特困户的建房任务。

2005年，全市共排除75所中小学共57629平方米的2D级危房。

2005年，全市预算支出“两免一补”资金500万元，资助贫困学生3.6万人。

2005年，全市投入3000万余元，改造350所卫生院，完成76个乡镇卫生院的建设，缓解农民“看病难”问题。

2005年，全市受到救助的“五保户”31.9万人。

2005年，全市建成各类饮水安全工程63处，其中建成乡镇和农村集中饮水工程39处、分散供水工程24处；解决全市8个区市县5.27万人饮水困难，布井4.524万口，解决5个市县旱区15万人饮水困难。

2005年，全市培训农民工32.37万人，培训“川妹子”320人，培训“川机电工”“川厨师”“川建工”3800多人。

2005年，全市完成21181万元乡村公路建设投资，群众义务投工投劳100多万个工日，修建通乡通村公路总里程506千米。

2005年，全市建成沼气池2.1万口，354个村的村民用上干净、清洁的能源沼气。（摘自《绵阳年鉴（2006）》）

法 治
LEGISLATION

“12·4”国家宪法日，绵阳市公职人员集体向《宪法》宣誓

概 述

【概况】 2014年，全市政法工作以应对“颜色革命”为主线，推进国家安全人民防线、“三百”工程建设，破获大批高等级案件，完成省上下达的反邪教斗争目标任务；组织开展社会稳定风险评估204件，暂缓实施4件，最大限度地减少不和谐因素；排查涉稳矛盾隐患，化解处置突出涉稳问题245件；依法治访取得成效，绵阳市进京非访排名下降至全省第十，到省级机关上访排名下降至全省第七；全市无暴恐和不稳定（案）事件发生，实现市委“七个坚决防止”工作目标。

2014年，全市法院系统全力推进“执行信息公开、裁判文书上网公开、审判流程公开”三大平台建设，上网数量名列全省前茅；检察院机关狠抓执法办案，着力在健全机制、搭建平台、强化对接上下功夫，经验做法在全省推广，市检察院被最高检评为“全国检察机关文明接待示范窗口”；公安机关以深化五项改革、四项建设为重点，推进社会治安打防控一体化建设，“三化”建设、基层基础建设、作风建设位居全省前列，政风行风满意度测评位列全省第二。司法行政机关以深化服务群众“八件实事”为着力点，主动履行职能，扎实推进普法宣传教育工作，绵阳市获全国“六五”普法中期先进城市；国家安全机关坚持把维护国家政治安全作为首要任务，推进“三百工程”和人民防线建设，发现并立、破获系列涉稳甲级案件和反间谍案，上报信息被习近平、俞正声等中央领导肯定性批示和国家安全部“最优”评价；防邪工作坚持依法、科学、阳光、和谐，实现中央和省委提出的“三零”“三无”和“七个绝对不能发生”的工作目标，绵阳市被评为“四川省防邪工作先进单位”。

市委政法工作会议

【法治绵阳建设】 2014年，全市政法机关开展“法律七进”活动，增强全民法治意识，夯实法治根基；开展法治培训和法治理念教育活动，提升公职人员，特别是领导干部运用法治思维和法治方式深化改革、推动发展、化解矛盾、维护稳定的能力和水平；发挥司法、检察建议作用，参与重大行政决策中专家论证、风险评估、合法性审查等法定程序，推动各级党委政府依法决策、科学决策；发挥检察监督作用，加大对行政执法人员职务犯罪的预防打击，完善行政执法与刑事司法衔接机制；着力解决司法突出问题，清理化解一年以上长期未结诉讼案件、执行积案787件；落实执法司法人员办案质量终身负责制，坚决防止冤假错案、以权谋私等问题发生；联合主流媒体开辟舆论宣传平台，广泛宣传政法部门参与法治绵阳建设的动态、成效，凝聚强大社会正能量。

△“法律七进”活动：法律进机关、进学校、进乡村、进社区、进寺庙、进企业、进单位。

【政法队伍建设】 2014年，全市开展“争先创优”活动，组织评选先进集体和先进个人，用身边人说身边事，营造学先进、争先进的良好氛围；开展“警民亲”“转变作风，司法为民”“千警进社区”等活动，不断改变和提升全市政法干警的精神状态和工作作风；围绕“五种能力”提升，集中开展业务技能教育培训，全年市、县两级组织综治、大调解、信访维稳干部及各政法系统专业培训上百场次，政法干警业务能力、执法水平和为民意识大幅增强和提升；推进纪律作风巡查常态化，将定期巡查与不定期督查结合起来，会同纪检、组织等部门进行明察暗访和逗硬督查；健全政法机关内外部监督管理机制，以“零容忍”态度严肃查处违纪违规违法问题，全年查处干警违法违纪案件16件。

△“五种能力”：政治能力、业务能力、创新学习能力、深化团队能力、自律能力。

【首家旅游巡回法庭在北川成立】 2014年11月，北川羌族自治县人民法院为维护正常的旅游市场秩序，依法及时化解旅游景区日益增多的矛盾纠纷，推动国家AAAAA级羌城旅游区建设，探索设立旅游巡回法庭，这是绵阳首个旅游巡回法庭。旅游巡回法庭采取驻庭办公、在旅游旺季或长假期间巡回审判相结合等多种方式开展工作，旅游巡回法庭与民事审判庭合署办公，形成“1+1+N”的工作模式。对游客在旅游过程中发生的纠纷，一律采用简易程序速立、速调、速审、速执，根据案件不同性质进行电话调解、现场调解和庭前庭中调解，最大限度减轻当事人诉累；同时，设立旅游法庭立案热线电话，开辟旅游纠纷案件立审执“绿色通道”，24小时接受游客口头、书面或电话起诉，对小额旅游纠纷或其他在案发现场即可调结的旅游纠纷案件一律免交诉讼费、执行费，最大限度为游客提供便利。法院与工商、公安、消协、旅游管理局等部门建立沟通协作机制，对不属于法院职权范围内的问题及时移送相关部门处理，促使旅游业健康、持续发展。

（李国忠　吴　勇）

社会治安综合治理

【治安防控体系建设】　2014年，全市治安防控体系建设重点是健全完善社区民警专职化工作机制，推进城区、园区、大乡镇、农村产业示范带等人口聚集、治安环境复杂的50个警务室社区民警专职化建设；巩固网格化巡逻防控机制，构建起“巡特警以主干线，交警以路面，派出所以社区，出管办以出租车，视频办以天网，武警以重点部位为责任区”的街面立体网格化治安巡防网络。推进网格化服务管理，在全市9个县市区城区范围建成网格员、社区（村）、街道（乡镇）、县市区的“四级联动”网格化服务管理体系，落实网格员2000余名，采集录入基础信息200多万条，数千个群众反映的问题得到有效解决，基层社会治理能力得到提升。

【矛盾纠纷化解机制健全】　2014年，全市完善矛盾纠纷排查、防范、调解、处置工作制度，各级领导干部和调解员运用法治思维和法治方式调处化解矛盾纠纷的能力得到加强；征地拆迁、环境污染等15个重点领域专业调解体系建设取得进展，实现分类施治、攻坚破难的专业化与联动调解的“无缝衔接”。全年受理各类矛盾纠纷4万余件，调解成功达率98%，防止民转刑案（事）件324件、群体性上访和械斗案（事）件765件。

【“平安绵阳”建设】　2014年，全市持续开展涉枪涉爆涉恐、“两抢两盗”、拐卖妇女儿童、危害食品药品安全、电信诈骗等事关人民群众生命健康和财产安全的犯罪活动开展深度打击；加强枪支弹药、管制刀具和爆炸、易燃、剧毒等重点物品的管控力度，及时消除各类安全隐患；全面部署打黑除恶专项斗争，掀起打黑除恶高潮；持续整治“黄赌毒”等治安突出问题，强力净化社会治安环境；建成社区矫正管理系统，采取“全面排查、重点走访、分类教育、强化管理、加强帮扶”五项举措，开展“亲情帮教大走访”活动，教育感化和挽救作用明显；推进刑满释放和吸毒解除人员过渡性安置基地和法治教育基地等场所建设，拓展教育、安置、救助途径；开展平安县市区、平安街道（乡、镇）、平安社区（村）等基层和平安家庭、平安学校、平安企业、平安医院、平安铁道线（车站）等行业创建活动，基层平安建设水平得到提升。

△“两抢两盗”：指抢夺、抢劫、入室盗窃、盗窃机动车。

（李国忠　吴　勇）

法治政府建设

【概况】　2014年，市政府法制工作以《国务院全面推进依法行政实施纲要》《国务院关于加强市县政府依法行政的决定》和《国务院关于加强法治政府建设的意见》为统领，以依法行政、建设法治政府为目标，完善决策机制，规范执法行为，深化政务公开，加强行政问责，强化权力监督。全年市政府收到行政复议申请110件，备案规范性文件17件，接受报送备案的规范性文件26件，排查受理各类矛盾纠纷案件6808件，主动公开和及时更新信息133340条。

【推进依法行政】　2014年，绵阳市政府印发《绵阳市人民政府2014年度推进依法行政工作安排》（绵府办发〔2014〕37号），对2014年政府依法行政工作进行安排和部署，明确工作重点、目标任务、考核指标。9月，市委、市政府印发《绵阳市、县市区党委常委会议和政府常务会议会前学法实施方案》（绵委办发〔2014〕52号），要求各级党委、政府按照文件精神，建立党委常委会议和政府常务会议会前学法制度，促进党委常委会议和政府常务会议会前学法常态化。市法制办印发《绵阳市人民政府法制

“12·4”宪法日宣传活动

办公室关于转发〈四川省依法治省领导小组办公室　四川省人民政府法制办公室关于开展依法行政示范创建活动的通知〉》的通知（绵府法〔2014〕64号），安排部署市政府未来5年依法行政示范创建活动，明确未来5年依法行政示范创建活动的指导思想、目标任务和工作标准。各级政府政府部门积极探索依法行政工作机制和制度创新，推进依法行政示范单位创建，49个单位申报"推进依法行政示范创建单位""推进依法行政先进单位"(市政府所属部门6个，县市区政府所属部门10个，乡（镇）政府23个，街道办事处1个）。

【重大行政决策科学民主化】 2014年，绵阳市政府积极推进重大行政决策制度建设，遵循重大行政决策公众参与、专家咨询、风险评估、合法性审查和集体讨论决定程序。把重大决策的合法性审查作为行政决策的前置条件，贯穿于决策的全过程。印发《中共绵阳市委、绵阳市人民政府法律顾问团管理办法（试行）》（绵委办发〔2014〕69号），明确政府法律顾问聘请的条件，法律顾问的职责，法律顾问管理规定，为政府法律顾问团队管理提供保障。聘请15名法学专家、法律实务工作者组建党委政府法律顾问团，为党委政府依法执政、市政府依法行政提供"外脑"支持。

【行政审批制度改革】 2014年，市政府印发《绵阳市2014年深化行政审批制度改革工作任务分工》（绵府办函〔2014〕71号），《绵阳市投资建设项目并联审批工作方案（试行）》（绵府办发〔2014〕43号），《绵阳市关于公布市级部门行政审批和公共服务项目流程优化结果的通知》（绵府办发〔2014〕45号），明确行政审批制度改革工作任务，细化行政审批工作指标，开展行政审批事项清理。发取消没有法定依据的专家评审、论证、现场勘验和部门内部审批环节141个，取消可要可不要的申报材料83个，取消前置条件45个。编制《绵阳市投资建设项目并联审批——行政审批办事指南（试行）》，全面实行政府投资、企业投资建设项目并联审批。

【规范性文件制定与备案】 2014年，市政府根据《四川省行政执法监督条例》《绵阳市行政规范性文件制定和备案规定》，强化行政规范性文件制定与备案管理，按照"有件必备、有备必审、有错必纠"的要求，市政府出台的规范性文件的审查和县市区政府报备的规范性文件的备案审查和管理，保证规范性文件的合法。落实规范性文件"三统一"制度和"有效期"制度，定期公布市政府本年度失效和新制定的规范性文件。向省政府、市人大常委会备案政府出台的规范性文件17件，备案审查县市区政府、市政府部门报备的规范性文件26件。

【行政执法主体资格管理】 2014年，全市落实《四川省行政执法证管理办法》《四川省行政执法监督检查证管理办法》（川办发〔2014〕3号），加强行政执法主体执法人员资格管理。印发《绵阳市人民政府法制办公室关于举办行政执法人员公共法律知识统一考试的通知》组织全市申办、换发行政执法证件的行政执法人员2456人在绵阳市警钟街小学、绵阳广播电视学校进行公共法律知识的集中统一考试。印发《绵阳市人民政府法制办公室关于2014年度行政执法人员公共法律知识考试合格人员名单的通知》，公布行政执法人员公共法律知识考试合格人员名单，公共法律知识考试不合格人员、临聘人员、非执法岗位人员行政执法资格人员名单。办理行政执法证件986个。

【行政复议应诉】 2014年，绵阳市政府高度重视政府行政复议应诉工作，健全行政复议机制，规范行政复议行为，畅通行政复议渠道，以"以人为本、复议为民"为宗旨，推进行政复议应诉工作。严格落实《四川省人民政府关于加强行政复议规范化建设实施意见》，开展行政复议规范化建设，按照规定成立绵阳市行政复议委员会，设立行政复议委员会办公室。全年收到行政复议申请110件，经审查受理行政复议申请60件，不予受理1件，告知当事人通过信访、行政诉讼、民事诉讼等方式维护权益49件。受理的行政复议案件中，办结54件，正在审理的6件。

【依法行政突出问题承诺整改】 2014年，绵阳市政府办公室印发《市政府办公室关于做好依法行政突出问题承诺整改工作的通知》（绵府办函〔2014〕101号），组织市、县级政府主要行政执法部门从群众最不满意的方面、群众反映最集中的领域，梳理行政执法行政存在的突出问题，制订整改方案，集中开展依法行政突出问题整改。市发改委、市公安局等26个市级主要行政执法部门集中对依法行政工作中群众反映最突出的问题进行政梳理，制订整改方案，公布《关于市级主要行政执法部门依法行政突出问题及承诺整改完成时限的公告》，51件依法行政突出问题在规定的整改时限内全部得到纠正，整改群众满意度达到100%。

【行政执法与刑事司法衔接】 2014年，绵阳市政府印发《关于加强行政执法与刑事司法衔接工作的实施意见》，建立"两法衔接"信息共享平台，建立执法案件提前介入协作机制、全程跟踪监督机制、刑事双排查移送机制，定期联席会议和重大情况临时联席会议制度，行政执法与刑事司法实现"无缝对接"。

【行政权力公开透明运行】 2014年，绵阳市政府印发《绵阳市人民政府办公室关于市级部门清理规范行政权力实施方案》、市法制办印发《市级部门清理规范行政权力指导意见》，建成省市县三级联网运行的行政权力公开运行平台和电子监察平台，即"一目录、一厅、二平台"运行系统，编制行政权力运行流程图、行政权力事项运行廉政风险防控点、电子监察点，开展行政权力依法规范公开运行平台数据录入，全市43个市级部门和9个县市区政府42461项行政权力事项全部录入行权平台数据库与全省行政权力运行平台并轨运行。全年，市政府及其市级部门办理案件1014件，办结886件，办结率87.38%；县市区政府及其部门在平台办理行政案件3794件，办结2600件，办结率68.53%。

【政府信息公开】　2014年，绵阳按照《国务院政府信息公开条例》，创新公开思路、落实公开责任、优化公开载体、深化公开内容，加强政府政务信息网站平台建设，积极扩容增量，开通政务微信、政务微博等信息平台，整合信息资源，强化信息公开监管，拓展信息公开内容。公开政府部门预决算信息、工程建设招投标信息、土地矿权招拍挂信息、政府采购信息，环境保护、农业、林业、工商、质监、食品药品、文化新闻广电出版、知识产权等重点领域信息。全年网站加载信息110072条，目录系统加载信息23358条（财政信息类2607条，概况类信息992条，工作动态类信息15066条，法规公文类信息3721条，人事信息289条，执法监督类信息683条，涉及群众利益的政策解读信息4030条，便民服务信息63条）。绵阳政务网全年访问量达到5000余万次，政务公开栏访问量累积达到12万人次。刊发政务要情188期，政府公报24期，市长公开电话受理9.02万次，办结率为100%，满意度为99.8%。

【行政调解】　2014年，绵阳市政府以“解决和化解涉及群众利益、影响社会稳定的各类突出矛盾和问题”为基本思路，创新社会管理模式，扎实开展行政调解工作。建立健全行政调解工作制度，制定印发《绵阳市落实2014年深化“大调解”体系工作责任分工方案》，落实矛盾纠纷排查机制，建立矛盾纠纷调解联动机制、矛盾纠纷“网络化”管理机制，充分发挥行政调解化解重大社会矛盾功能。集中解决涉及征地拆迁、劳动争议、企业改制、土地租赁、医疗纠纷、环境污染等矛盾尖锐、群众关心和严重影响社会稳定的热点难点问题，维护社会的稳定。全年受理行政调解案件及与行政行为相关的其他各类矛盾纠纷案件6808件，调解6345件，成功调解并有效化解矛盾纠纷6137件。

（安德志）

司法行政

【司法“网络理政”服务】　2014年，“绵阳司法”政务微博以“律师说案”“绵阳微普法”“律师帮帮你”三个栏目为载体，在线解答群众涉及婚姻家庭、医疗事故纠纷、债权债务，物业管理、网络购物等涉法问题。“律师帮帮你”栏目标识被国家商标局受理通过商标注册。“绵阳司法”政务微博获全国“十大司法行政政务微博”“全国十大司法（法、检、司）政务微博”称号，微博服务指数达92.76，位居全国法、检、司系统第一。

【法治建设和普法】　2014年，全市法治建设和普法工作贯彻落实党中央《全面推进依法治国若干重大问题的决定》和四川省依法治省《纲要》，发挥法制宣传教育在法治绵阳建设中的基础性地位和先导作用，制订完善《法治绵阳建设实施方案》《法治绵阳建设考核评价体系》《“法律七进”实施意见》等举措，全力推进法治绵阳建设。全年，全市申报全国法治创建先进县市区2个、省级法治示范县市区2个、乡镇3个、机关4个、全国民主法治示范村5个。

【法律服务】　2014年，全市司法系统维护司法公正，以诚信、优质、高效法律服务为目标，助推法治绵阳建设。组织1000余名律师和基层法律服务工作者开展“法律顾问进千村（社区）”活动，为3789个村（社区）免费担任法律顾问。律师行业坚持开展“企业抓生产、律师防风险”的专项服务活动，为企业规避经营风险，年均体检3195次，建立企业法律体检档案2500件。公证服务推行“5+2”工作制度和“绿色通道”建设，实施预约上门服务和延伸服务，在156个乡镇和252个社区建立公证便民服务点。全年，办理公证事项32126件，办理预约和上门服务492件，减免公证服务费用35万余元。司法鉴定机构办理各类司法鉴定案件6644件，开展司法鉴定法律咨询6701人次。

【法律援助】　2014年，全市司法机关构建“一小时法律援助服务圈”，建立规范化法律援助受理大厅11个，建立乡镇（街道）规范化法律援助站282个。发放资料19万余份，接待群众10余万人次，援助44320人次，受理案件3771件，为群众挽回或避免损失9571万余元，处理重点涉稳等案件182件。受理民工讨薪专案513件3122人，讨回欠薪4100余万元。

【人民调解】　2014年，全市探索“坝坝调解”“随手调解”“流动调解”等调解方式，扩展调解组织网络体系和工作覆盖面。全市人民调解组织达4726个，人民调解员22248人，县市区全部建立医患纠纷人民调解组织。全市各类人民调解组织受理纠纷案件46996件，成功调解45869件，调解成功率98%、协议履行率99%以上，防止民间纠纷引起自杀和民转刑案件358件、群体性上访和械斗事件842件。

【外来企业投诉服务】　2014年，全市构建外来投资企业投诉处理督查督办、定期通报、定期排查、专家团服务等工作机制，拓展服务平台。先后组织律师、公证等14个外来企业法律服务专家团进企业、进园区853次，开展企业走访1800次，实施专项“法律体检”175家，提供专业性服务324人次，担任法律顾问3783家，开展法治专题讲座177场次，参与重点工程项目法律事务65件次。

【社区矫正和安置帮教】　2014年，全市坚持“全面推进、重点突破”，创新工作模式，强化教育监管。社区矫正列管的社区服刑人员为5051人，再犯罪率控制在0.15%以内。安置帮教全年接收刑满释放人员3360余人，安置率达到96%，帮教率达到98%，重新犯罪率控制在2%以内。

【基层司法行政建设】 2014年，全市基层司法行政推进司法所规范化建设，命名达标二类以上规范化司法所82个。推行片区司法所管理模式，积极探索人民调解、外企投诉、法制宣传、法律援助、法律服务“五位一体”的公共法律服务体系建设，切实服务基层党委、政府和人民群众。全市295个司法所向各级政府提出法律建议1600余条，草拟法律文书及合同协议1200余件，参与和调处疑难复杂纠纷5000余件，宣讲法律1000余场次，服务群众30余万人次。

【司法行政队伍建设】 2014年，全市构建以“党委统一领导、党政共同负责、专职政工干部为骨干、分管领导和科室负责人为主体、干部职工广泛参与”的“大队建”管理格局。落实“一岗双责”，建立完善定性与定量、日常与定期、民主评议与实绩考核相结合的绩效考核机制。实施“道德、法治、廉政”一体化建设。制订《建立健全惩治和预防腐败体系2013~2017年实施意见》，规范行政权力运行，公开权力清单、运行图和运行流程，完善源头预防腐败机制。 （冯元军）

绵阳市法律援助机构

表 18

机构名称	单位地址	联系电话	负责人	负责人联系电话
绵阳市法律援助中心	涪城区南河路 28 号	2268104	胡小君	13890131786
涪城区法律援助中心	绵阳市涪城区红星街 113 号	2211148	李祖勇	18990100812
游仙区法律援助中心	游仙区驿亭路 5 号	2278723	胡桂兰	15982968299
江油市法律援助中心	江油市第二办公大楼	3369105	于　毅	18990183009
三台县法律援助中心	三台县永安路	5225736	贾烨	18990150425
安县法律援助中心	安县文化广场惠民帮扶中心	4337906	翟明澜	13219989009
梓潼县法律援助中心	梓潼县城北新区四号办公楼一楼大厅	8218148	白林安	13881181188
盐亭县法律援助中心	盐亭县新政府大楼一楼	7122148	李太平	13548417658
平武县法律援助中心	平武县龙安镇北街 109 号	8812348	聂　婧	13628082668
北川县法律援助中心	北川县永昌镇云盘北路 26 号	4821272	张小红	13795762839
科学城法律援助中心	绵阳市 919 信箱 950 分箱	2480148	张良飞	13086402252
高新区法律援助中心	高新区温州商贸广场	2542944	王银芬	13508110696
经开区法律援助工作站	经开区司法所	2841138	李忠兴	13398351988
仙海区法律援助工作站	仙海区司法所	2760111	肖　莹	13981163161
科创区法律援助工作站	科创区司法所	6336657	龙京晶	13981118916

绵阳市公证机构

表 19

机构名称	单位地址	联系电话	负责人	备注
绵阳市国信公证处	涪城区涪城路 11 号	2223555	苑冬梅	
绵阳市国证公证处	涪城区红星街 113 号	2215457	张启贵	
绵阳市众信公证处	涪城区红星街 64 号	2222410	蒲　英	
绵阳市科城公证处	游仙区绵山路 64 号	2480149	刘微涛	
江油市公证处	江油市党政综合办公楼一楼	3226028	王　艳	
三台县公证处	三台县行政服务中心一楼	5223447	陈翔智	
安县公证处	安县司法局办公楼一楼	4369871	窦　勇	
盐亭县公证处	盐亭县云溪镇弥江路瑞达花园	7327518	任友龙	
梓潼县公证处	梓潼县城北新区 4 号楼 4 楼	8217941	安成松	
北川羌族自治县公证处	北川县永昌镇县行政服务中心	4823512	李德安	
平武县公证处	平武县龙安镇东风路 22 号	8823912	郑泽太	

绵阳市司法鉴定机构

表 20

机构名称	地址	负责人	联系电话
绵阳维益司法鉴定中心	绵阳市南河路 28 号	王新利	2267040
四川兴瑞司法鉴定所	绵阳市临园路西段 31 号 6 号	王之勋	2365981
四川西科大司法鉴定中心	绵阳市天浩大厦三楼	陈洪明	2263103
四川三益法医学司法鉴定所	绵阳市剑南路东段 190 号	黄宣银	2278770
四川民生法医学司法鉴定所	绵阳市红星路 96 号	田志明	2216266
绵阳鼎立司法鉴定所	江油市纪念碑中段 346 号	钟世华	3367251
四川梓州司法鉴定所	三台县梓州国际公寓 2 期 A 幢 14 楼 5 号	林　春	5222142
四川顺洁机动车司法鉴定所	绵阳市涪城区文武中路 69 号	莫正豪	6391018

（冯元军）

公　安

【概况】　2014年，全市公安机关破获各类刑事案件7391件，打击处理各类违法犯罪嫌疑人3966人。破获现行命案27件，破案率100%，破获命案积案2件。打掉涉黑团伙1个、涉恶团伙25个。破获毒品案件196件（其中，破获公安部挂牌案件4件、省公安厅挂牌案5件），缴获各类毒品18.66千克。破获经济犯罪案件164件（其中，涉案金额100万元以上的重特大案件33起，省公安厅、市公安局督办案件10起），为国家、集体和个人挽回经济损失1.98亿余元。公安改革创新工作全省领先，政风行风建设考核位于全省第二名。在省城调队组织的人民群众安全感和满意度测评中，绵阳位于全省第二名、北川羌族自治县位于全省县级（市、区）第一名。北川羌族自治县公安局创新推进的农村社会治安分类防控体系建设得到省委肯定，在全市推广。

【维护社会政治稳定】　2014年，全市公安机关发挥职能作用，始终把维护绵阳科技城战略安全作为首要任务，加强隐蔽战线斗争和国家安全人民防线建设，全市侦破危害国家安全和影响社会政治稳定案件60件，打击处理违法犯罪人员187人。深入开展矛盾纠纷排查化解，妥善处置群体性事件13起、集访事件36起、苗头事件18起，消除重大不稳定隐患47起。加强反恐防暴工作，建立“屯警街面”三级响应工作机制和机场、火车站等重点部位反恐处突应急联勤工作制度，组建市、县两级反恐防暴突击队，强化应急处突培训和演练，完成科博会等重大活动、重要节点的安保任务。

【打击违法犯罪活动】　2014年，全市公安机关集中开展打击多发性侵财犯罪、打黑除恶、追逃攻坚、打击拐卖妇女儿童犯罪、百城禁毒会战、飓风扫毒等6个专项行动。在打击侵财犯罪中专项行动中，全市起诉各类侵财案件900件，起诉侵财犯罪嫌疑人1417人，打掉各类侵财犯罪团伙325个，破获系列案件300件。在打击拐卖妇女儿童犯罪专项行动中，全市破获涉拐案件719起，解救被拐妇女儿童799人，及时破获省公安厅挂牌督办的“7·24”系列拐骗在校学生卖淫案。在追逃攻坚专项行动中，全市抓获网上在逃人员11675人。其中，抓获省公安厅督捕在逃人员5人、外省在逃人员245人、省内外地在逃人员140人、本地历年在逃人员19人、命案逃犯39人。

【社会治安防控体系建设】　2014年，全市公安机关建立健全街面网格化防控体系，明确公安巡特警、城区公安分局的网格化巡防责任，完善街面治安分级巡防模式，统筹部署加强型巡防、常态型巡防和应急型巡防，巡逻防控由三干道向背街小巷延伸、由繁华区域向城市郊区延伸、由街面向场所延伸，采取机动车与徒步巡逻相结合、着装与便衣巡逻相结合、常态与特警、武警联勤武装巡逻相结合，加大盘查和打击力度，提升城区预防、控制和打击街面违法犯罪活动能力。针对外地发生的公交车纵火案（事）件，市公安局主动加强与交通运输部门的联系，督促指导公交公司对公交车安装监控系统，配备安全员，明确驾驶员和安全员的监管责任。加大对中小学、幼儿园安全检查和巡逻守护的密度，全市建立校园专兼职巡防队伍1120支，配备钢叉2600余把，橡胶辊6000余支，提升校园安全防范能力。落实社区、乡村防控力量，加大防盗、防骗、防火等宣传力度，提升群众自防意识和能力，全市组建治保会4571个、调委会3464个、专职治安巡逻队664支、兼职治安巡逻队2829

支。建立流动人口服务管理工作站295个、工作点1724个，落实流动人口协管员2780人。建立天网视频监控系统点位3168个，社会投入建设视频点位16431个，建立卡口系统51处。

【公安基层基础建设】 2014年，绵阳市设置专职社区警务室50个，落实警务室工作民警50人，配备辅警87人，建立责任区刑警中队25个。按照省公安厅的部署，推进“一标三实”工作，全市采集录入标准地址337万余条、实有房屋239万余条、实有人口286万余条（其中流动人口69万余人），实有单位13万余条，从业人员55万余条，特别是对来绵阳的1407名涉疆人员、12264名涉藏人员和889处宗教场所全部进行采集录入，在省公安厅组织的全省质量交叉互检中取得第一名的成绩。完成公安四级网升级改造、视频专网、卫星地面站、卫星便携站、案侦合成作战研判平台、图像综合应用平台、安全审计平台等重点项目建设，在“2014中国国际社会公共安全产品博览会”上，市公安局通过警企合作研发的警用无人机系统、移动警务集成办公（办案）系统、机场实时比对报警系统、智能案侦研判分析平台等4个项目参加展出。三台县公安局自主研发的“移动警务集成办公（办案）系统”荣获公安部第四届全国公安基层技术革新二等奖。

△“一标三实”：标准地址、实有房屋、实有人口、实有单位。

【公安改革】 2014年，全市公安机关围绕市委、市政府和省公安厅要求的公安改革内容，按照“近期推进、先行试点、深入研究”三种类别，确定83个改革项目，采取项目化、课题化、分年度、定时限的方式科学有序推进，2014年确定的31项改革项目、12个重点课题稳步推进，情报合成作战、法制部门履行预审职能、城市智能交通建设等多个项目成效明显，具有可借鉴性和可复制性，得到省公安厅的肯定，在全省起到引领示范作用。

【“黄赌”专项整治行动】 2014年，全市公安机关集中开展“黄赌”专项整治行动15次，先后清查洗浴足浴场所335家、美容美发场所5632家、电子游艺场所215家、歌舞娱乐场所572家，破获“黄赌”案件352件，打掉涉赌场所106处，收缴具有赌博功能的游戏机3977台、赌资100余万元，打击处理违法犯罪人员1190人（其中，刑事拘留152人、行政拘留572人、行政处罚446人），整改治安隐患103处，停业整顿存在安全隐患和违法经营场所69家，下发整改通知书56份。

【涉枪涉爆物品管理】 2014年，市公安局和绵阳城区公安分局完成烟花爆竹禁改限工作，没有发生因烟花爆竹燃放而引起的人员伤亡事故和无财产损失。根据公安部、省公安厅的统一部署，全市公安机关持续开展缉枪治爆专项行动，收缴各类枪支43支、子弹285发、炸药632公斤、雷管347发、管制刀具115把，打击处理违法犯罪人员13人。开展非营业性爆破单位资质评审工作，努力压减涉爆单位，全市使用单位由2013年的146家减少为33家。开展公务用枪安全大检查，查验全市公务用枪4000多支，办理公务用枪持枪证3856个、枪证2513个。

【涉恐涉暴集中清查行动】 按照公安部、省公安厅的部署要求，2014年3月上旬至7月上旬，全市公安机关集中开展6次涉恐涉暴、社会治安集中清查行动，先后出动警力26220人（次）、各类社会治安力量13248人（次），设置治安、交通卡点225个，盘查人员28000余人、车辆18400余台、盘查新疆籍可疑人员21人，清查旅店、出租房屋、歌舞娱乐场所、网吧等行业场所24000余处，检查重点单位1127家，整改安全隐患216处，查处刑事案件48件、治安案件106件，抓获违法犯罪嫌疑人218人，抓获上网逃犯17人，抓获吸毒人员76人，缴获新型毒品123克。

【“科博会”安全保卫任务】 2014年10月16~18日，第二届中国（绵阳）科技城国际科技博览会在绵阳顺利召开，有49个国家、地区和803家单位参展参会，观众人数达到58.6万人次。全市公安机关2300名警力全力以赴，确保“科博会”期间全市社会治安大局平稳、城市道路畅通、主会场和住地秩序井然，实现“不发生重大涉稳案事件，不发生暴恐事件，不发生重特大安全事故，不发生重大刑事治安案件，不发生重大失泄密事件”的工作目标。（唐宣柏）

检　察

【概况】 2014年，全市检察机关批准、决定逮捕各类刑事案件1120件1638人，提起公诉2503件3731人。

立案查办职务犯罪案件140人。其中，贪污贿赂犯罪112人，渎职侵权犯罪28人。立案查办县处级以上干部17人，其中厅级干部4人，挽回经济损失2100余万元。

纠正侦查机关不当立案74件，监督立案案件判决有期徒刑及以上54人，纠正侦查活动违法41件，纠正漏捕45人，纠正漏诉85人。

提出刑事抗诉19件，法院审结14件，改判9件。对法院做出的生效民事行政判决裁定提请抗诉9件，提出再审检察建议32件，法院采纳18件。

纠正刑罚执行和监管活动违法225人，纠正监外执行和社区矫正违法241人，纠正减刑、假释、暂予监外执行不当150人，出席减刑、假释庭审75人次。

办理“网络问政”案件48件，受理举报137件，受理控告申诉176件。办理司法救助案件34件，化解信访积案5件。

年底，绵阳市人民检察院、三台县人民检察院荣获全国最高人民检察院表彰为“全国检察机关文明接待示范窗口”称号，涪城区人民检察院、梓潼县人民检察院、盐亭县人民检察院被全国最高人民检察院表彰为“全国检察机关文明接待室”称号。

【打击严重刑事犯罪】 2014年，全市检察机关积极投入打黑除恶、治爆缉枪、打击严重暴力犯罪等专项行动和治安突出问题专项整治。批准、决定逮捕各类刑事案件1120件1638人，提起公诉2503件3731人。查办工程建设、征地拆迁、土地流转等领域职务犯罪嫌疑人48人；批捕破坏环境资源犯罪嫌疑人10人，提起公诉63人；推进市场交易法治化，批捕破坏市场经济秩序犯罪嫌疑人56人，提起公诉115人。

【职务犯罪查办】 2014年，全市检察机关深入推进职务犯罪惩防工作，立案查办职务犯罪案件140人。其中，贪污贿赂犯罪112人，渎职侵权犯罪28人。所办案件中大案110件，大案率为91%；立案查办县处级以上干部17人，其中厅级干部4人，为国家挽回经济损失2100余万元。查办新农村拆迁安置、保障房建设、养殖补贴等领域职务犯罪案件76件88人；查办危害食品安全领域的职务犯罪案件3件3人。

全年，先后查办省检察院交办的成都市市长助理陈争鸣（正厅级）利用职务之便收受贿赂1.2亿元、孳息4000万元、违法所得3000万元案。查办省院挂牌督办的四川大学副校长（副厅级）安小予利用职务之便，在招标、工程建设中涉嫌受贿500余万元案。查办省检察院交办的成都市政协副主席（正厅级）付毅涉嫌受贿2100余万元案。查办省检察院挂牌督办的绵阳市教育局原局长王和金（副厅级）等人利用职务之便，在工程建设等领域中涉嫌巨额受贿案。该案系绵阳市教育投资发展有限责任公司前后三任董事长王和金、邱兴元、兰继坤巨额受贿案。

【立案与侦查活动监督】 2014年，全市检察机关强化立案监督和对侦查活动的监督，纠正侦查机关不当立案74件，监督立案案件判决有期徒刑及以上54人，纠正侦查活动违法41件，纠正漏捕45人，纠正漏诉85人。

【刑事民事行政审判监督】 2014年，全市检察机关强化对刑事民事行政审判的监督，提出刑事抗诉19件，法院审结14件，改判9件。其中“郭明先涉黑故意杀人、故意伤害案”入选最高人民检察院指导性案例。对法院做出的生效民事行政判决裁定提请抗诉9件，提出再审检察建议32件，法院采纳18件。

【刑罚执行和监管活动监督】 2014年，全市检察机关加大对刑罚执行和监管活动的监督力度，纠正刑罚执行和监管活动违法225人，纠正监外执行和社区矫正违法241人，纠正减刑、假释、暂予监外执行不当150人，出席减刑、假释庭审75人次。

【社会监督机制建立】 2014年，全市检察机关加强党风廉政建设，受到最高人民检察院党组成员、纪检组组长莫文秀到绵调研指导工作时的肯定。主动接受人大常委会的法律监督、政协民主监督，向同级人大常委会报告工作25次，邀请人大代表、政协委员视察检察工作37次。认真办理两级人大交办信访案件及人大代表、政协委员的建议、提案5件。全市各级检察机关举报电话号码统一为“0816-12309”。

【检察系统信访积案处理】 2014年，全市检察机关推行远程视频接访、公告检察长接待日活动、检察长下访接访化解信访积案、发挥21个派驻乡镇检察室的作用。开展司法救助及涉检信访积案清理化解专项活动。办理“网络问政”案件48件，受理举报137件，受理控告申诉176件。办理司法救助案件34件，化解信访积案5件。绵阳市县两级检察院整合控申、反贪、反渎、公诉、侦监、民行等业务部门资源，形成统一对外窗口，组建案件管理中心，打造“一站式”服务群众的窗口。

【检察司法鉴定中心实验室】 2014年，绵阳市检察院建立全国检察机关第20家通过国家认可的检察技术司法鉴定中心实验室，获得中国合格评定国家认可委员会（CNAS）认可证书，使绵阳检察技术司法鉴定实验室取得了与国际司法鉴定接轨的资格。

（向宏辉）

绵阳市检察院及其工作部门机构名录

表 21

部门名称	负责人	联系电话
绵阳市人民检察院	吴长福	2579666
绵阳市人民检察院办公室	罗　文	2215163
绵阳市人民检察院政治部	张世豪	2215590
绵阳市人民检察院纪检组、监察处	张洪明 张元和	2215125 2552834

续表

部门名称	负责人	联系电话
绵阳市人民检察院机关党委	龙　燕	2552810
绵阳市人民检察院案件管理办公室	陈洪刚	2557903
绵阳市人民检察院侦查监督处	罗　华	2552864
绵阳市人民检察院公诉处	谢　黎	2552836
绵阳市人民检察院反贪污贿赂局	杨德辉	2211120
绵阳市人民检察院反渎职侵权局	李　跃	2552827
绵阳市人民检察院监所检察处	丁　里	2552817
绵阳市人民检察院民事行政检察处	顾万彬	2552848
绵阳市人民检察院控告申诉处	肖　伟	2552846
绵阳市人民检察院检察技术处	熊　斌	2552866
绵阳市人民检察院法律政策研究室	赵　田	2552860
绵阳市人民检察院警务处	李　伟	2552862
绵阳市人民检察院计划财务装备处	林　斌	2552850
绵阳市人民检察院职务犯罪预防处	黄林双	2552829
绵阳市人民检察院人民监督工作办公室	吴　洋	2552857
绵阳市人民检察院未成年人刑事检察处	欧　翔	2201243
绵阳市人民检察院离退休干部工作处	杨保树	2552813

绵阳市和县区检察院名录

表 22

机构名称	地　址	负责人	电话
绵阳市检察院	绵阳市科创园区子云路北段 58 号	吴长福	2210120
涪城区检察院	绵阳市涪城区红星街 86 号	陈　安	2212000
游仙区检察院	绵阳市游仙区沈家坝街 26 号	杨育正	2273263
高新区检察院	绵阳市高新区虹苑北路 12 号	陈志勃	2545023
科学城检察院	绵阳市科学城八区	片希营	2490135
三台县检察院	三台县北坝镇梓州干道	王建平	5224557
盐亭县检察院	盐亭县新区	景中强	7121436
梓潼县检察院	梓潼县文昌镇迎凤街 66 号	赵　伟	8212221
江油市检察院	江油市李白大道 789 号	勾支洋	3362175
平武县检察院	平武县龙安镇友安路 50 号	申　勇	8822192
安县检察院	安县花荄镇恒源大道	张　涛	4338050
北川县检察院	北川县永昌镇云盘北路 30 号	李　成	4821214
小枧地区检察院	绵阳市科创园区子云路北段 58 号	白跃生	2349076

（冯向辉）

法　院

【概况】　2014年，全市法院受理案件66098件，审、执结62572件，同比分别上升2.2%、0.3%。其中，市中级人民法院受理7264件，审、执结6857件，同比分别上升37.5%、24.3%。全市法院审结一、二审刑事案件2813件，判处罪犯3795人；审结一、二审民事案件44387件，诉讼标的金额83.5亿元；审结一、二审行政案件459件，同比上升99.5%；受理执行案件13058件，执结11701件，执行到位金额8.81亿余元。

【执行联动机制健全】　2014年，全市法院健全执行联动机制，与公安、工商、国土、税务、住建等部门和15家金融机构合力打造"点对点"网络执行查控系统升级版，利用该平台查控被执行人财产2800余次，执行到位案件930余件。完善信用惩戒制度，通过媒体和城区LED显示屏，公开曝光失信被执行人6批265人次，并将其纳入征信系统，在融资贷款、高消费、出境等方面予以限制，124人慑于压力主动履行义务，111人因恶意拒不执行受到司法拘留或被移送追究刑事责任。开展涉民生案件专项执行活动，执结该类案件149件，执行到位标的额1260.2万元。

【行政首长出庭应诉制度】　2014年，市政府制定出台《行政首长出庭应诉工作规定》，明确应诉行政机关范围、应诉对象、应诉工作纪律和行政机关诉讼责任，建立行政诉讼结果备案制度和责任追究办法，实现行政首长出庭应诉的制度化、规范化。规定印发以来，行政首长出庭应诉37人次，同比上升61%。在绵阳市沿江房地产公司诉市规划局规划行政核实一案，该局局长出庭应诉，200余名行政执法人员到庭旁听，收到良好效果。

【审判职能延伸】　2014年，全市法院加强司法建议工作，及时向有关单位提出司法建议112条，全部被采纳。发布《行政案件司法审查报告》，被市政府转发指导依法行政工作。推进法制教育基地建设，组织党校学员、机关干部等1200余人走进法院旁听庭审。开展"法律七进"活动，送法进机关、学校、企事业单位等72场次。加大法制宣传教育力度，在《绵阳日报》和《绵阳晚报》开设《以案说法》专版，与绵阳广播电视台联办《案与法》《法在身边》专题节目，在各级主流媒体发表宣传稿件4000余篇，在全社会弘扬法治精神。

【医事法庭试点】　2014年，绵阳市按照上下联动、先期试行、择机推广的办法，在市中院和涪城区法院、游仙区法院开展医事法庭试点工作。12月1日，市中院在总结试点经验基础上，制订《绵阳市中级人民法院关于医事法庭设立和案件审理的实施意见》，对全市医疗纠纷案件的立案受理、当事人、举证责任、医疗鉴定、赔偿责任等作了具体规定，并在全市两级法院全面推行医事法庭工作。推进医事法庭建设相关经验在全省乃至全国产生重要影响，被《人民日报》《民主与法制时报》《人民法院报》等多家主流媒体报道。

【诉讼服务规范】　2014年，绵阳市制定《诉讼服务中心工作规范》和《便民服务实施办法》，明确工作标准和程序礼仪，推出延时、预约、上门等多项便民措施，回应人民群众对便捷高效诉讼服务的现实需求。对人民法庭开展分类指导，提升基层服务窗口的服务质量，相关经验在全省人民法庭工作会议上交流。制定《巡回审判管理办法》，明确适用案件类型和审理方式，巡回审判案件9356件，方便群众就近诉讼。加大司法救助力度，为困难当事人缓减免交诉讼费544.7万元，发放司法救助金245.7万元。

【司法公开平台建设】　2014年，全市加大裁判文书上网力度，在中国裁判文书网站公开生效裁判文书26367份，占应公开的92%，位居全省第二。全面建成执行公开查询平台，当事人可网上查询执行措施、财产处置、案款收支等执行信息，了解和监督执行进展。加快推进审判流程查询系统建设，全面开通网上立案、办案进展查询和网上信访等在线诉讼服务。加大减刑、假释公开力度，对减刑、假释案件全部公开开庭审理，并在互联网上公示。

【审判管理机制健全】　2014年，绵阳市严格贯彻执行修改后的刑诉法和民诉法，规范庭审行为，完善民事小额速裁、行政案件指定交叉管辖工作，建立轻微刑事案件快速审理机制，切实提升审判质效。加强案件质量评查，开展对信访、申诉、发改案件的重点评查和裁判文书、庭审"两评查"活动，评查案件1792件、法律文书2916份，6个庭审、6篇裁判文书获评全省优秀。强化审判业务指导，定期研讨审判实务，及时发布典型案例和司法指导意见，统一裁判尺度。

【司法能力建设】　2014年，全市法院加大教育培训力度，组织干警参加各种培训57场1288人次。加强人民陪审工作，完成人民陪审员"倍增计划"，增补人民陪审员304名，开展岗位培训24场次，一审案件陪审率达到89%。实施"卓越法律人才培养计划""双千计划"，副院长法院骆军荣获"全国审判业务专家"称号，与西南政法大学、西南财经大学、西南科技大学等高等院校共建"实践教育基地"，4名学者在法院挂职锻炼，6名法官被聘为高校兼职教师，确定15名法官担任实习指导老师，接收32名大学生到我院教学基地实习，促进审判实务与法学教学科研有机结合。积极开展应用法学研究，完成市委下达的"法治绵阳"建设调研课题3个，向全省、全国法院学术讨论会报送调研文章213篇，获奖26

篇。加强专业人才队伍建设。

（金　博）

违法犯罪行为惩治与矫正

【教育改造活动】 2014年，川北监狱深化司法部“教育改造质量年”活动成果，巩固“文教树人、技教立身、社教固效、情教暖心、法教明纪”教育改造工作格局，完善教育考核办法和评估体系，成立教育改造讲师团，落实“1+5+1”教育改造模式和每天晚餐后开展一小时教育活动的“7+1”教育方式。举办“新生论坛”“专家讲坛”，坚持“每月一主题”专题教育活动，开展“规范管理促改造”竞赛活动和“教育日”最佳监区评选活动。开展罪犯心理健康教育和心理矫治工作，新入监罪犯危险度评估和罪犯刑满释放（假释）前改造质量评估面达100%；运用循证矫正教育方法，开展罪犯个体咨询302人次、心理危机干预37人次；举办团体辅导17期，参与罪犯800余人次；邀请专家学者进行心理辅导，举办心理健康知识讲座24期，参与罪犯3000余人；举办“我适应、我自信、我快乐”和“感受团队力量，体验心灵成长”主题心理运动会2次，参加罪犯640人。

【罪犯职业技能教育】 2014年，川北监狱完成500名罪犯“定单式”职业技能培训，完成30名即将刑释人员YBC绵阳创业培训机构创业培训；组织召开即将刑释罪犯就业招聘会，49人达成就业意向，2名罪犯现场签订就业合同。开展社会帮教和“警民亲”活动，对近500余名罪犯个人或家庭进行帮扶和走访；与罪犯户籍所在地政府部门开展“情暖高墙”帮教活动，对罪犯进行“一对一”困难帮扶、法律援助和就业指导；与西南财大合作开展“亲社会激励实验”课题研究，组织开展“缤纷六月、爱心飞扬”“亲情促改造”等亲情帮教活动，罪犯亲属2201人次到监狱开展亲情帮教，接受帮教罪犯达1192人次。

【监区文化建设】 2014年，川北监狱打造“一监区一特色”的监区文化，成立读书、音乐、美术、书法、围棋、象棋、篮球等兴趣活动小组，定期开展交流活动；承办省监狱管理局、峨眉电影集团联合主办的“电影进高墙，文化塑新魂”文化监狱影视教育年活动启动仪式；联合新知图书集团举办“读好书、强素质、促改造”大型书展活动。

监狱被司法部评为全国监狱戒毒系统教育质量年活动通报表扬单位。理论文章《关于运用“MCD”模式开展新入监罪犯危险度评估的实践研究》被中国监狱工作协会监狱法学专业委员会和刑罚执行专业委员会评为司法部调研成果一等奖。1名同志被司法部监狱管理局评为全国监狱系统心理矫治先进工作能手；2名同志被司法部评为全国监狱劳教（戒毒）工作先进个人。

【刑罚执行】 2014年，川北监狱落实中央政法委5号文件《关于严格规范减刑、假释、暂予监外执行，切实防止司法腐败的意见》要求，推进“阳光执法”。开展中政委5号文件和当前刑事奖励政策宣讲活动；严格按照法定条件和法定程序，落实减刑、假释、暂予监外执行系列新规定；坚持“谁承办谁负责、谁主管谁负责、谁签字谁负责”，强化各级干警办案职责；探索试行新的《计分考核实施意见》，规范计分考核程序和操作流程；推行罪犯减刑、假释证据听证，落实改造表现考核责任制和刑事奖励审核责任制，实行考核结果异议复核制和责任倒查追究制。通过监狱纪检部门审核，驻狱检察官逐案评审，绵阳市检察院逐案审查，绵阳市中级人民法院依法裁定，全年罪犯减刑率28.97%，假释率1.84%。同时，办理罪犯保外就医5人；处理罪犯申诉、控告、检举等信件22件。与司法机关、地方部门协调，主动做好刑释人员安置、回归人员困难家庭帮扶及保外就医等衔接工作。

川北监狱主动接受社会对刑罚执行工作的监督。完善会见中心罪犯改造表现情况查询平台系统，举办监狱开放日、“监狱长接访日”活动，推进狱务公开；聘请执法监督员；邀请绵阳市人大代表、政协委员视察监狱工作；邀请罪犯亲属和新闻媒体到监狱参观。落实全国监狱生卫工作会议精神，加强罪犯生活卫生规范化、标准化建设，运用好罪犯生活卫生信息系统和医疗卫生网络，完成食堂A级达标、开展争创“二级乙等医院”活动，提高医疗服务质量。与地方医院协作搞好疾病防治和疫情防控，确保罪犯有病能及时得到治疗。配合社会各界开展警示教育152批，7200人次接受警示教育。

（王　波）

人民武装

People's Armed Forces

绵阳市2014年度应征入伍欢送仪式

绵阳军分区

【思想政治建设】 2014年，军分区学习宣传贯彻党的十八届四中全会、全军政治工作会议精神和习主席系列重要讲话精神，集中42名团以上干部、理论骨干，在梓潼“两弹城”组织封闭集训。开展“牢记强军目标、献身强军实践”主题教育活动，以“每月一课”为载体强化形势政策、法纪警示等经常性思想教育，组织理论骨干参加金一南《苦难辉煌——中国共产党为什么能够胜利》报告会，党委常委轮流为部队辅导授课10余次。实施“六有”建设，改版升级政工网，整治军史馆、荣誉室，完善党委（支部）会议室建设，开展以“中国梦、强军梦”为主题的军营文化活动，组织官兵职工和离退休老干部参观科博会、“绵阳造”展销会。开展战斗力标准大讨论活动，参加省军区网络政工比武竞赛取得较好成绩。

【应急应战能力建设】 2014年，军分区修订完善作战、应急两类战备预案，投入经费20余万元，补充完善战备物资器材，协调地方财政167万元，推进“三中心一网四系统”建设，完成国防动员潜力数据调查，先后3次组织部队紧急拉动、战备检查。强化真打实练，组织全区官兵进行“实弹、实投”训练考核，在省军区巡回交叉考核中，9项考核科目合格率100%。全年民兵训练参训率达98%、合格率达85%。抽组民兵防空分队97人进行为期56天的野外驻训，投入经费约147万元，通过总参谋部竞赛性考核；完成四川省军区赋予的“天府使命-2014”演习，组织民兵800余人参加绵阳市“5·12”防灾救灾综合实战演练；组织西南科技大学、普明中学70名学生集中封闭训练20天，优选40名学生代表四川省参加“全国首届学生军事训练营活动”，取得优异成绩。军事编研取得突破，获评全国第三届国防动员论坛优秀论文。

△“三中心一网四系统”：作战指挥中心、情报信息中心、通信和信息作战指挥中心，栅格化信息网络，情报信息系统、动员应急系统、指挥控制系统、综合保障系统，构建起要素全、覆盖广、联通畅通的作战指挥信息系统。

【国防动员】 2014年，全市做好省军区民兵转型建设试点任务，城市民兵比重由2011年的33%提高至45%，行业系统、科研院所编组民兵由8%提高至22%，经验做法在四川省民兵转型建设推进会上作交流。深化征兵调整改革，新兵和直招士官征集任务。创新国防教育形式，用好第一书记（民兵营教导员）任职仪式、党管武装工作述职等载体，绵阳市跃升为全省军校和国防生生源地，涪城区人武部完成150名青年干部军政训练。科学城武装部着眼战时科研生产安全，在中物院建成1个安置2000余人的核心疏散基地，完成4个疏散基地选址定点。

【安全管理工作】 2014年，军分区严格安全管理责任，修订“六个管好”责任制网络图和《防范与处置重大安全问题预案》，逐级签订安全和保密承诺书。加大设施建设投入，全区建成11个集中文印室，军分区本级建成网络舆情监控室。开展“条令学习月”“安全检查教育周”活动，定期分析安全稳定形势，常委带队先后3次逐个单位进行排查整治。强化重要时节和目标管控，狠抓重大节日、敏感时期和社会大型公益活动、部队大项训（演）练活动中安全防范工作。

【基层建设】 2014年，军分区落实联系帮带制度，党委常委联系1~2个人武部，机关各部帮带1个小散远直单位，面对面进行帮带指导，协调解决三台县、盐亭县、梓潼县、北川羌族自治县人武部700余万元债务。加强勤务队、民兵武器仓库等小远散直单位建设，投入10万余元完善学习室、娱乐室、晒衣场等基础设施。军分区人武部正规化建设成果不断巩固，基层武装部规范化建设完成94.9%。

【综合保障建设】 2014年，军分区组织后勤系统比武，参加四川省军区后勤专业比武竞赛取得总评第一。落实党委集体理财，行政消耗性支出与2013年同比下降69%。完成四川省军区国防训练综合基地绿化任务，协调地方财政300万元改造机关营院，投入34万元在分区综合楼改建招待所，清理规范空余房地产租赁。开展武器装备清查整治，收缴旧杂式枪支弹药和武器装备附件，协调市财政49万余元用于整治武器仓库安全隐患和规范配套设施建设。

【参建参治】 2014年，军分区组织官兵参加“森林绵阳”、义务献血等

绵阳军分区党委十七届六次全体（扩大）会议

活动。组织驻绵部队参加中国现代科学家主题巡展启动仪式，为成功举办第二届中国科技城国际科技博览会做出贡献。组织市级相关部门和驻军召开涉军维权工作座谈会，迎接成都军区涉军造假、涉军维权、军地共建平安三项工作检查。组建摩托车警备巡逻队，查纠违规军车16辆次、假冒军车3辆次，协助地方公安部门处理涉军纠纷3起。

【“全国首届军事训练营”活动】 2014年8月1~10日，军分区选派40名学生代表四川省参加“全国首届军事训练营活动”，取得“首届学生军事训练营优秀组织单位奖和无线电测向第一名、军事知识竞赛第一名、拔河比赛第一名、军用枪射击第三名、军歌合唱优胜奖，12名队员被评为优秀学员、3名队员被评为神枪手，奖牌总数全国第一”的成绩。

【参加省军区政工和后勤比武竞赛】 2014年9月23~24日，军分区选派6名干部参加省军区网络政治工作比武竞赛，取得公文写作二等奖、个人综合三等奖、2个基础知识三等奖、即兴演讲三等奖和总评第九名的成绩。

5月25~27日，军分区选派7名官兵参加省军区后勤专业比武竞赛，取得战勤理论和战伤救护第1名、3000米跑第2名、财务和轻武器射击第3名，奖牌总数第1名的成绩。6月5~6日，选派2名干部参加省军区财务专业比武，取得采购基础理论笔试第3名、财务系统操作第12名、点钞第8名的成绩。 （宋　伟）

武警绵阳市支队

【概况】 2014年，武警绵阳市支队围绕学习贯彻习近平主席系列重要讲话、十八届四中全会和全军政治工作会议精神，开展主题教育和经常性思想教育。开展“唱队歌、树队魂”、书画进警营、“增智强能”读书等活动，举办“缤纷警营”微电影创作大赛、“抒卫士情怀，展强军风采”“再见吧，老兵”文艺会演和第十三届体育运动会；重视官兵全面发展，开展学习成才活动，1人提干、8人考入部队院校。全年完成安县睢水镇“春社”踩桥活动、2014年中国足协乙级联赛三台赛区比赛现场、2014四川电子商务博览会暨第三届“绵阳造”精品展销会、第二届中国科技城国际科技博览会等10次重大活动安保任务。

【警务勤务】 2014年，武警绵阳市支队发挥教导队随营警校作用，精心组织各类集训；更新治训理念，重奖军事训练尖子，部队军事训练水平明显提升，夺得总队特勤排驻训比武乐山片区第一名、新训教练员集训第一名、狙击手比武竞赛第二名、无线电台业务比武第三名；严密组织勤务“六查”活动，完成“两看”目标白昼化建设、AB门改建、基层单位高清摄像头更换和中队哨位集成箱改造升级，提高执勤工作安全系数，三台中队成功处置一起在押犯群殴事件。

【部队管理】 2014年，武警绵阳市支队贯彻落实总部依法从严治警集训精神，严密组织“条令学习日”活动，按照“严、精、细、实”的标准，在二、五、七、安县中队召开精细化管理和执勤正规化现场会，对日常制度落实、官兵礼节礼貌、基层“八个会”、“三个以外”管理、库室设置、登记统计和执勤阵地文化建设等方面进行规范统一，提升管理层次；开展“八查八治”群众性创安活动，组织安全工作千人签名，层层签订安全工作责任书，设置安全倒计时牌，官兵安全意识得到强化；排查治理安全隐患，为基层制作配发新式智能枪弹柜，为车辆购买保险，聘请专家进行安全风险评估，确保部队内部安全稳定。

【部队基层建设】 2014年，武警绵阳市支队开展“应知、应会、应做”大练基本功活动，分2批组织基层干部应用性培训，转化总队基层大、中队主官网上培训成果，提高基层干部按纲抓建能力；拿出经费6万余元对13名特困官兵进行慰问，帮助15名官兵解决子女入学入托、家庭涉法纠纷等问题，内部关系和谐融洽。

【综合保障能力提升】 2014年，武警绵阳市支队修订完善后勤应急保障预案，组织“一组五队”实战化拉动训练演练和卫勤战地救护训练，集中组织炊事员、卫生员、驾驶员培训复训；开展“伙食管理年”活动，严格落实分餐制，提高伙食保障质量，高标准完成总队特勤排驻训比武和新训教练员集训等大项活动的保障任务；基础设施建设推动有力，新机关和院内分队、八中队二排顺利搬迁入住，平武中队新营房达到搬迁条件，教导队对靶场护坡进行隐患治理，二中队修建营区围墙，十中队队部营房重建进展顺利，江油中队营房重建完成选址立项工作。

【部队党委班子建设】 2014年，武警绵阳市支队严密组织第二批党的群众路线教育实践活动，开展“五不”、“讲党性、守党规、严党纪”、“重学习、尽职责、讲道德、守法纪”和“反腐倡廉”警示教育，扎实推进“三清”、“十清”及“五超”整治回头看工作；严格落实支队改进作风措施，党委兑现向官兵承诺的“十件实事”，解决官兵提出的35个具体问题；坚持敏感问题阳光操作，在干部调整配备，士官选晋、评功评奖中，做到公平、公正、公开，官兵普遍满意服气，总队考核党委班子时，民主测评优秀率达到96%。

【第二届中国科技城国际科技博览会安保】 10月16~18日，绵阳市举办第二届中国科技城国际科技博览会。10月14~18日，绵阳支队每日出动190名官兵，担负博览会夜间场馆守护、城区排爆应急、机动应急等任务。其间，有效处置有碍目标安全情况3起，高标准实现“三个确保，一个展示”的目标。

（徐洪顺）

武警绵阳市消防支队

【**概况**】 2014年，武警绵阳市消防支队夯实基层基础建设，提升火灾防控和灭火救援实战化能力，实现火灾形势和部队管理“两个稳定”。市、县两级先后召开政府消防工作会，逐级签订消防工作目标责任书。12月，市政府出台《消防工作考核办法》，完善部门联动协调机制和行业系统的信息互通和工作协调机制，落实消防规划编制和修订。组织开展重大火灾隐患集中整治等9大专项整治活动。完成春节、“两会”、第二届科博会等消防安保任务。全市80%的街道、乡镇、社区、村庄消防安全网格化建设达标；841家消防安全重点单位实现户籍化管理；配备网格化管理人员16957人。整改销案11处省、市挂牌督办的重大火灾隐患。全年全市发生火灾492起，直接财产损失348.6万元，无人员伤亡，同比2013年分别下降13.84%、77.29%、100%。支队被市委、市政府评为第二届科博会“先进集体”，48人立功受奖。

【**灭火救援能力提升**】 2014年，武警绵阳市消防支队创造性地按整建制中队模式，开展真烟真火实战化培训。修建燃烧场景训练室，选址、建成绵阳辖区高层、地下、化工、地震、山岳、水域6大主要灾害事故类型的训练场地，开展人员密集、大跨度大空间、易燃易爆等9大类型、278个场所的真烟真火实战化训练、演练731次。成功处置“2·22”龙门大桥苯槽车车祸等灾害事故3182起，抢救被困人员629人，疏散被困人员3747人，抢救财产价值1258.43万元，处置成功率达100%。

【**消防宣传**】 2014年，武警绵阳市消防支队在全市发动2.4万名消防志愿者开展消防宣传教育活动。接受400个社会单位、企事业单位、学生团体零距离体验消防、感知消防、学习消防知识，受众人数达36000人。走访45个社区、32个村社、102户联系家庭、40所学校和170家重点单位，收集意见建议65条，解答群众疑难问题400余条，发放宣传资料5万余份，使基层群众了解、认识、理解消防，让广大人民群众增强消防观念和意识。

【**“2·22”龙门大桥苯槽车车祸处置**】 2014年2月22日，一辆载有29吨危险品苯的槽罐车行驶至高昆高速四川绵阳龙门大桥（广元至成都方向1666千米+700米处）上时因紧急避险冲向高速公路中间绿化隔离带，造成罐车拖头损坏。事故发生后，绵阳市公安消防支队迅速调集3个中队、7辆消防车、40余名消防官兵赶赴现场救援，采取全程侦检、稀释保护、机械起吊的方式，经过近3个小时的紧张处置，险情被成功排除，事故未造人员伤亡。 （张小鹏）

人民防空

【**概况**】 2014年，全市人防系统以深化改革、转变职能、服务民生为切入点，以人防“六个一”项目建设为抓手，有序推进人防各项工作开展。根据绵阳市机构改革文件，绵阳市人防办由原来的市政府工作部门，并加挂民防局牌子，调整为市住房和城乡建设局挂靠单位，人防工作保持相对独立运行，内设机构数和人员编制数保持不变。全市收取人防易地建设费1.6亿元（其中市级1.2亿元）。

【**《绵阳市地下空间开发利用管理暂行办法》出台**】 2014年，绵阳市加强城市地下空间开发利用管理，完善城市功能，提高城市土地综合利用率。8月29日，市政府办出台《绵阳市地下空间开发利用管理暂行办法》（绵府办发〔2014〕50号）。《办法》明确地下空间开发利用原则、建设项目类别、管理部门职能区分和规划、用地、工程建设、使用管理及产权归属等；《办法》强调政府对地下空间资源利用的主导和调控作用，明确地下空间开发利用要遵循统筹规划的原则，全面规定地下空间的规划、供地、使用权的出让管理、建设管理和法律责任等方面的政策内容。《办法》还遵循了“谁投资、谁所有、谁受益、谁维护”的原则，采用划拨、协议出让和招、拍、挂等多种方式供地。对独立开发的人防工程可进行权属登记，颁发相应权证，并在产权证中注明“人防工程”。

【**人防组织指挥系统建设和演练**】 2014年，绵阳市完成《绵阳市人民防空袭方案》的修订与印发，完成市人防预备指挥所口部伪装掩蔽工程项目方案评估和初设，推进市核心疏散基地项目土地指标使用申报工作，划拨70万元专项经费支持市重要经济目标防护工作，推进梓潼基层人防组织示范县建设。全年，先后完成成都军区人防办、省政府组织的省人防首长机关带成都双流、绵阳人防实兵检验性演练任务；参与市政府组织的检验性应急拉动演练，市“5·12”防震救灾通信保障演练，开展西南科技大学应急疏散演练；协同开展与西藏、德阳等地综合实战演练。

【**人防“六个一”项目建设**】 2014年，全市“因地制宜、分类指导，联建联用、重点突破”的建设经验在全省人防系统推广。一个基本指挥所建设。三台县、梓潼县人防基本指挥所项目正式开工；一个机动指挥所建设。除平武县之外其他6个县（市）小型机动指挥所全部完成配置；一个规模化人防工程建设。警钟街地下空间开发项目进入方案设计阶段，配合完成火车站广场项目方案调整及文化广场项目的招商工作，组织完成红星街老人防工程开发利用项目的论证等工作；一个疏散基地建设。科学城先后挂牌建设5个“人口疏散基地”，梓潼县核心疏散基地单建项目全面完工；一个宣教中心建设。梓潼县“三防”教育馆、江油市集人防、民防和城市规划为一体的宣教中心均建成并向社会开放；一个预警报知系统建设。完成市县万人以上乡镇警报器的安装，全省首个市实现将人防警报向地质灾害频发村、镇的延伸。

农 业

AGRICULTURE

三台明兴规模化养猪场

概　述

【概况】 2014年，全市以农民增收为核心，全面深化农村改革，大力发展现代农业，全市农业和农村经济继续保持持续健康发展。重视“三农”工作，在宏观经济增速总体放缓、主要农产品价格稳中有降，农资价格稳中有升，部分地区出现明显夏旱、伏旱，7月遭遇两次大暴雨影响下，全市实现农林牧渔业总产值416.83亿元、同比增长4.1%;农林牧渔业增加值252.18亿元、增长3.9%。实现粮食总产量215.93万吨，较上年下降0.2%；油料总产量35万吨，增长3.5%；蔬菜总产量20.26万吨，增长0.9%。生猪出栏387.09万头、增长1.9%；牛出栏14.13万头、增长5.3%；羊出栏120.86万只、增长6.9%；兔出栏916.09万只、增长0.5%；家禽出栏6069.08万羽、增长1.8%。肉类总产量41.8万吨，增长3.5%；蛋、奶产量分别达到12.07万吨和2.45万吨。全市农民人均纯收入实现10322元，较上年增长11.5%。

【现代农业经营主体发展】 2014年，全市坚持以农业产业化经营作为推进农业现代化的重要抓手，着力培育龙头企业、专合组织和商品农产品基地，鼓励带动主体与农户建立完善的利益联结机制，支持骨干龙头企业做大做强、提升能力，打造在行业内影响力大、核心竞争力强、知名度高、区域经济带动作用强的龙头企业和产业“排头兵”，农业产业化经营水平得到提升。全市新增市级以上龙头企业32户，总数达382户；市级以上龙头企业实现销售收入346亿元，同比增长12.71%，为农民创商品收入147亿元。全市建立各类农民专业合作经济组织2425个，工商登记的农民专业合作社2116个；全市新增市级以上农民专业合作组织24个，总数达389个(其中省级示范专业合作组织64个)，

江油五洲农业公司蔬菜商品化育苗场

市级以上专合组织实现销售收入54.7亿元。

【农村改革】 2014年，全市推进确权登记颁证工作，农村集体土地、宅基地、集体建设用地使用权确权登记基本完成。全市农房完成测绘46.06万户,确权登记完成41.1万户，面积5753.7万平方米，其中确权登记村民住宅40.82万户，面积5714.8万平方米；登记集体经济组织房屋2778户，面积38.9万平方米。开展农村土地承包经营权确权登记261个乡镇，3098个村，基本完成确权登记97个乡镇、1145个村，分别占总数比94%、35%。在三台县南部农村丘陵地区设立全市农村综合改革发展试验区，核心区7个镇乡36个村，面积100余平方千米，探索在农村丘陵地区深化改革的新路径，积累加快发展的新经验。

【农业农村基础发展】 2014年，全市解决24.9万农村人口饮水安全问题，完成水利建设投资19.8亿元，综合治理水土流失面积76平方千米，新增有效灌面5533公顷、节水灌面1.17万公顷、新修整治各级渠系2330千米。建设农村公路1160.3千米。整合现代农企平台、“新农通”手机短信、“绵阳农业信息网”“新农村信息服务”等资源，建立“绵阳新农网”，大力开展农业政策、特色产业产品、村务公开等多元传播。全市有158家龙头企业、694个特色村社和54个种养殖户进入“绵阳新农网”和“绵阳现代农业信息服务网”公用信息平台，帮助农户转发各类信息550条。

【惠农富农政策落实】 2014年，全市全面落实粮食直补、农资综合补贴、种粮大户补贴、良种补贴改革政策，全年发放补贴资金5.34亿元。开展种粮农民直接补贴政策调整试点，抓好“一事一议”筹资筹劳和村级财务公开监管，全市1294个村开展“一事一议”筹资2090万元，筹劳239万个，落实财政奖补资金1.8亿元。全年投入贫困地区财政专项扶贫资金2.5亿元，实施秦巴山区连片扶贫项目2个，涉及16个村；实施丘陵地区旱山村、龙门山脉高山村连片扶贫64个村；农村贫困对象脱贫6.84万人。

【西屏镇桃园村上全国“一村一品”榜】 2014年7月31日，农业部公布第四批全国“一村一品”示范村镇名单中，江油市西屏镇桃园村“蒲军獮

兔”榜上有名。西屏镇桃园村位于江油市南端，全村8个村民小组、682户，2100余人，2014年全乡农民人均纯收入达到12240元。该村基本形成以獭兔为主的“一村一品”特色产业现代畜牧产业新农村。西屏獭兔自2004年开始发展，2008年汶川特大地震恢复建设后发展至350户。2010年底，桃园村“西屏獭兔”被国家标准委员会正式命名为“国家级獭兔标准化养殖示范区”，成为四川省白獭兔品种选育基地。该村成立兔业协会1个，组建獭兔产业化龙头公司1个，创办獭兔专业养殖合作社2个（社员入股550户），建设标准笼位20万孔，在建10万孔，年出栏商品獭兔100万只，产值8000万元，养殖农户户平增收1.5万余元，农业人均增加纯收入4000余元，基本形成“三区二中心一厂”的新农村产业化布局。

新农村建设

【概况】 2014年，全市突出区域特色，精心打造一批新农村建设亮点，推动新农村建设整体发展。建有三台县、盐亭县、涪城区、游仙区4个省级新农村示范县，北川羌族自治县1个市级新农村示范县和江油市、安县、平武县、梓潼县、仙海区5个县级示范片，涉及167个乡镇、2124个行政村，农民102.52万户、312.24万人，形成省、市、县、乡、村五级联动，以片带面、以片促面、示范推进的新农村建设格局。

全年完成新建聚居点建设111个、新农村综合体14个、自然村庄改造提升和保护132个、传统民居保护修复6363户农户。加强农村基础设施建设，全年完成农村硬化道路1208千米、农田水利渠系建设1754.4千米。加快种养殖业发展，全年种植业连片发展18.05万公顷，畜牧业规模养殖958户。加快公共服务建设，全年完成“1+6”村级公共服务活动中心40个，建设“幸福美丽新村”72个，累计基本达到“幸福美丽新村”数量100个。省市县三级示范片建设成效显著，示范片农民人均现金收入都高出本辖区平均水平2个百分点以上。

△“1+6”村级公共服务活动中心：村级组织（村两委）活动场所和便民服务中心、农民培训中心、文化体育中心、卫生计生中心、综治调解中心、农家购物中心。

【体制机制创新】 2014年，全市各示范片依托现代农业、畜牧、林业、水产等产业基地建设，大力推行保护价收购、利益兜底、股份制、一体化经营等“两个带动”模式，探索创新“大园区、小业主”产业发展机制，引导龙头企业、专合组织等带动主体与基地农户建立紧密的利益联结和产销联系，带动农民发展现代农业，促进农民持续稳定增收。省级以上龙头企业36户，省级示范片范围内7个。国家级农民合作组织数个累计数为2个，省级示范片范围1个，省级农民合作组织半年新增2个，累计个数为50个，省级示范片范围分别为1个、10个。注册家庭农场数半年新增103个,累计数177个，省级示范片范围分别为19个、35个。

江油市新安镇果语花溪农业公园

农业产业化经营

【概况】 2014年，全市市级以上农业产业化龙头企业带动各类种植基地面积达33.07万公顷，牲畜养殖432万头，小家禽畜养殖943万只，带动农户291万户次；市级以上专合组织带动各类种植基地面积达18万公顷，牲畜养殖105万头，小家禽畜养殖1561万羽，带动农户106.3万户次。全市新增市级重点龙头企业32户，新增省级龙头企业4户。全市龙头企业经营销售收入过1亿元以上的龙头企业63户，2亿元以上的龙头企业31户，5亿元以上的龙头企业8户，10亿元以上的龙头企业4户，20亿元以上的龙头企业3户。

全年，市委、市政府实行市级财政支农资金整合，整合全市农业产业发展资金1.685亿元。其中：安排县市区土地整理、产业项目资金6600万元；安排县市区、市级部门项目资金10250万元，主要用于特色项目、基础设施、防灾减灾等。

【农产品品牌建设】 2014年，全市实施农产品品牌战略，推行农产品的标准化生产，突出抓好农业体系建设，把质量管理和标志管理贯穿始终，稳定农产品的内在品质。截至年底，全市获国家级名牌3个、中国驰名商标6个、四川名牌16个、四川著名商标21个，现有“三品一标”总数269个，其中：无公害农产品147个、无公害畜产品21个、色食品47个、有机食品43个、“地理标志”农产品11个。

△“三品一标”：无公害农产品、色食品、有机农产品和农产品“地理标志”。

【农产品展销活动】 2014年，全市推进特色农产品产业基地的规模发展，拓展销售市场，提升特色农产品在省外的市场知名度和占有率。组织全市240余家农业产业化龙头企业和30余家农民合作组织参加“绵阳造”精品展销会。涉及粮油、蔬菜、茶叶等11个大类主要产品，1200余个品种，现场销售830万元，现场签约18530万元。10月31日至11月3日，组织40余家农业产业化龙头企业、专业合作社参加2014西博会、农博会，参展的500余个特色农产品，销售交易总额680余万元。签约项目10个，签约总额2.393亿元。

种植业

【概况】 2014年，全市农作物种植面积66.03万公顷，减少0.02万公顷，减幅0.03%，粮油作物播种面积55.81万公顷，较上年减少0.04万公顷，减幅0.07%（以2013年统计数据为对比数据，以下相同）。2014年全市粮食作物种植面积41.88万公顷，较上年减少0.14万公顷，减幅0.34%；总产量215.94万吨，总产比上年减少0.48万吨，减幅0.22%。主要农产品有：稻谷97.28万吨、小麦41.36万吨、玉米52.16万吨、薯类（红薯、马铃薯）16.57万吨。2014年全市油料作物种植面积13.93万公顷，比上年增加0.10万公顷，增幅0.72%；总产35.01万吨，比上年增加1.18万吨，增幅3.49%。其中：油菜籽面积11.09万公顷，较上年增加0.12万公顷，增幅1.09%，总产25.91万吨，比上年增加0.96万吨，增幅3.86%；花生2.81万公顷，与上年持平；总产9.07万吨，较上年增加0.21万吨，增幅2.36%。

2014年，全市按照中央、省惠农政策涉农补贴有关规定，核实全市农作物良种补贴面积44.09万公顷，通过农户“一折通”，兑现农作物良种补贴资金7478.1万元。

【现代农业产业基地建设】 2014年，全市结合特色优势，围绕主导产业，以蔬菜、水果、中药材、茶叶、蚕桑等优势特色产业为突破口，新建现代农业万亩示范区21个，其中蔬菜万亩示范区9个，水果万亩示范区6个、中药材万亩示范区3个、茶叶万亩示范区1个、蚕桑万亩示范区1个、花卉万亩示范区1个。涪城区杨关产业带现代农业特色水果万亩示范区等14个省级现代农业万亩示范区获得省级认定命名，全市省级现代农业万亩示范区增至28个。涌现安县现代农业万亩中药材示范区、涪城区玉关产业带万亩蔬菜示范区等一大批规模大、标准高、效益好、带动示范强的现代农业产业基地。江油市被确定为第三批国家现代农业示范区，成为全市首个国家现代农业示范园区。全市建成“千斤粮万元钱”粮经复合现代农业产业基地4.03万公顷（其中，“千斤粮万元钱”基地2.55万公顷、“吨粮五千元”基地1.47万公顷）。

【绵阳水稻制种】 绵阳属于亚热带湿润季风气候区，其中所辖的梓潼县、安县、江油市、游仙区、三台县、盐亭县是水稻种子生产的最适生态区，尤其是在制种扬花授粉期间天气晴朗、微风，极少连续3天以上降雨，日平均气温26℃~28℃，盛花时间穗部气温没有连续3天低于23℃或极少高于35℃的情况，田间相对湿度80%左右，极其适宜异交结实，适合绵阳水稻种子的生产。该地域水文、水利资源丰富，境内河流纵横，灌溉渠系发达，特别是涪江、安昌江沿岸冲积平原、都江堰人民渠灌区、武引灌区，为制种区提供自流灌溉，能够充分保证制种生产用水；主产区土壤以肥沃的冲积土、水稻土或紫色土为主，土壤结构类型好，土层深厚、理化性状好，适宜绵阳水稻种子的培育。该区域生产的绵阳水稻种子，种子色泽金黄，商品性好，产量高，种子质量好。2014年，绵阳水稻种子制种面积1万余公顷，产量3000余万千克，82%供应外省区和省内其他地区，覆盖南方稻区16个省区。市内有水稻种子生产企业50余户（其中“育

杂交水稻制种基地

繁推一体化”种子企业4户，拥有进出口资质的水稻种子企业6户），年加工绵阳水稻种子4000万千克，对保障水稻供种安全乃至国家粮食安全具有举足轻重的作用。绵阳水稻制种技术是“九二零”在制种上使用技术的发源地。该项技术彻底解决“母本包颈”的技术瓶颈，为水稻制种产量的提高和大面积推广奠定基础。“水稻Ⅱ-32-8A的纯化选育及原种生产”项目1993年获绵阳市科技进步二等奖；“水稻不育系Ⅱ-32-8A的提纯保纯和超高产制种技术”1994年获得四川省星火奖科技类二等奖，“优质高配合力重穗型水稻恢复系绵恢725的选育和应用”项目2008年获国家科技进步二等奖。2013年7月，绵阳被农业部认定为“国家级水稻制种基地市”。

【粮油高产创建活动】 2014年，全市在7个县市区实施部省级高产高效创建示范达2.83公顷，其中部级示范：小麦3200公顷、油菜3200公顷、玉米6533.34公顷、水稻6066.67公顷、马铃薯1333.3公顷和花生1500公顷；省级示范：水稻4933.3公顷、玉米1400公顷。部级核心示范片粮食亩产540千克，油料亩产243千克，同比2013年分别增17千克、22千克，分别高于2014年全市粮食、油料亩产193千克、75千克。其中：整建制高产创建江油市永胜镇1317.2公顷水稻单产633.4千克，三台县建平镇1866.67公顷玉米单产541.3千克，同比上年分别增4.5千克、7.6千克，高产创建核心示范片和整建制镇乡亩产与大面积亩产增产幅度较大。

【优质特色农产业基地建设】 2014年，全市以整村整乡推进的方式，在三台县、梓潼县等18个乡镇建立高芥酸油菜基地1.08公顷，西普、日普公司进行加工提取芥酸，其芥酸产量占全球份额的18%，占国内市场80%。2014年全市发展优质粮油产业基地20.6万公顷，其中优质稻8.4万公顷、优质饲用玉米2.4万公顷、专用小麦2.07万公顷、“双低”油菜6万公顷、高芥酸油菜基地1.07万公顷。全年建设“千斤粮万元钱”粮经复合现代农业产业基地4.03万公顷，其中：“千斤粮万元钱”基地2.55万公顷，“吨粮五千元”基地1.47万公顷。 （刘 光）

江油大康“中国百合花国际博览园”

蔬菜、水果、花卉

【概况】 2014年，全市以建设现代农业产业基地为抓手，注重协调配合、农机和农艺融合、“种养”绿色低碳循环发展、标准化生产管理、资金使用效益、培训宣传、督导考核等环节。制订印发《2014年局六项重点工作之一——现代农业产业化基地建设方案》《现代农业万亩示范区建设方案》《“千斤粮万元钱”粮经复合现代农业产业基地建设实施方案》。全市蔬菜播种面积7.43万公顷，比上年增加0.25万公顷，增幅3.84%，蔬菜总产202.56万吨，增加1.88万吨，增0.9%。水果种植面积3.21万公顷，比上年增加0.12万公顷，增幅3.88%，水果总产41.04万吨，较上年增加1.94万吨，增4.96%。花卉种植面积299公顷，比上年度53.3公顷，增幅25%，年产鲜切花3.5亿枝，盆栽花卉103.1万盆。

【标准园创建】 2014年，全市开展标准园创建活动，引进推广适宜本地发展的优良品种，引进瓜果、蔬菜等新品种67个，北川标准茶园、江油标准菜园建设为重点，推广应用标准化生产技术。推广的新技术主要有：蔬菜嫁接栽培技术，一体化营养基育苗技术，滴灌技术，追施CO气肥技术，配方施肥技术，遮阳网、防虫网、黄板诱杀应用技术等无公害、绿色、有机农产品标准化生产技术。抽调技术力量，与相关部门、专家、龙头企业、专业合作组织等深度交流、研讨，编写完成芦笋、折耳根等种植技术规范，上报市质监局审核。开展对大蒜、折耳根、茄子、猕猴桃、葡萄等个无公害农产品种植技术规程专家评审。

市农业局在涪城区关帝镇试验示范藤菜新品种及栽培技术，取得成功。指导平武县土城乡来凤种植专业合作社开展高山反季节辣椒生产，并协助联系销售。组织平武、北川县蔬菜种植技术人员与合作社技术负责人赴广元市朝天区考察学习高山蔬菜产业发展经验。 （刘 光）

中药材种植

【概况】 2014年，全市以市场为导向，明确中药材产业发展重点，加大中药材生产布局调整力度，形成三台麦冬、江油附子、平武天麻、安县黄连等全国驰名的道地药材生产基地。全市中药材种植面积7223公顷，比上年增加151公顷，增幅2.14%；总产2.6063万吨，比上年增产0.1946万吨，增幅8.07%。

全市继续实施“区域品牌+企业品牌”双品牌战略，通过媒体宣传、推介展销等措施，实现绵阳道地药材品牌化。同时，三九药业、太极药业、天诚药业、泰灵生物、高川天池中药材合作社等龙头企业（专业合作组织）建立药材生产基地，以基地建设为载体，实施中药材种植标准化建设，健全全市中药材产业标准体系。2014年11月“平武厚朴”被国家质检总局批准为“地理标志”保护产品，平武锁江羌族自治乡被中国经济林协会授予“中国厚朴之乡”称号。

全市依托龙头企业、专业合作组织聘请大专院校、专家到中药材基地开展中药材种植技术、经营管理等各类技能培训，全市培训药农1.1万人次，发放科技资料2万余份。通过培训培养一批“乡土人才”、“技术能手”等实用技术人才，在农时季节到基地进行现场指导交流，受益药农5000人次以上。

【中药材种植基地创建】 2014年，江油太平、彰明现代农业中药材万亩示范区和安县高川、晓坝现代农业中药材万亩示范区获省农业厅认定命名，全市中药材现代农业万亩示范区被省农业厅认定命名总数达到5个。安县依托四川省现代农业重点县项目，建设现代农业万亩中药材示范区1个，面积753.34公顷，完成高山区道地中药材良种繁育及品种展示园、丘坝区道地中药材良种繁育及品种展示园和5个中药材技术集成示范区的管理提升工作，实现规模种植中药材品种23个，推广中药材优良品种15个，新技术6项，新模式4种，川佛手、柴胡等新引进品种种植面积逐步扩大，种植效益明显提升。三台县开展麦冬地综合利用种植模式攻关探索，初步建成麦冬良种繁育园20公顷，标准化核心种植示范园266.7公顷，综合利用核心示范园26.7公顷，推动全县麦冬种植突破2666.67公顷。（刘　光）

蚕桑业

【概况】 2014年，市农业局举办全市养蚕大户培训班和全市桑树冬管现场会，提高蚕农养蚕技术水平。加强对农民消毒防病的技术指导，做好蚕病的动态监控，全年没有出现大面积暴发蚕病减产减收。引进示范推广“大十”“红果2号”“嘉陵30号”等果桑新品种53.4公顷，推广“单性雄蚕”“川山蜀水”等家蚕新品种1.8万张。全市养蚕发种量、蚕茧产量、农民养蚕收入与上年持平。全市现有桑树面积1.49万公顷。养蚕发种23.3万张，比上年增加0.09万张，增0.37%。生产蚕茧828.3万千克，比上年增加22.6万千克，增2.8%。农民养蚕收入2.93亿元，与上年持平。绵阳市养蚕数量和蚕茧产量均居四川省第三位，仅次于凉山州、宜宾市。

涪城区丝绸企业探索流转土地建桑园再返包给业主、农户取得成功，全年流转返包标准桑园200公顷。探索“工厂化养蚕”发展新模式，发展休闲观光蚕业，培育“蚕业农庄”。四川圣露农业股份有限公司发展果桑基地和桑果酒加工业，生产的“桑道”牌桑葚酒荣获12届中国国际农产品交易会产品金奖。

【现代蚕桑产业万亩示范区建设】 2014年，全市争取省蚕桑项目资金1000万元（涪城区、游仙区各500万元）用于现代蚕桑产业基地建设，引进推广新品种、新技术，抓产业多元化发展，全市规划建设的6个现代蚕桑产业万亩示范区建成5个（其中三台县2014年新建1个）。全市5个现代蚕桑产业示范区有桑树面积3466.67公顷，养蚕10.37万张，蚕桑综合产值2.34亿元。

【绵阳桑蚕丝入选APEC会议各国领导人服装生产原料】 2014年11月，APEC会议在北京举行。绵阳天虹丝绸有限责任公司控股的丰谷制丝有限公司生产的“雄蚕品种缫丝”被确定为APEC会议各国领导人服装生产原料。“雄蚕品种缫丝”技术是由绵阳天虹公司与浙江省农业科学研究所合作、推广的新型科研成果。绵阳因地理环境和气候条件，是全国唯一能够整季度规模生产雄蚕茧的地区。

（颜永生）

林　业

【概况】 2014年，绵阳市实施国有林管护30.64万公顷，补偿集体公益林22.91万公顷，完成公益林建设和封山育林任务；退耕还林成果4.12万公顷，林业自然保护区面积32.82万公顷。完成营造林面积2.65万公顷，森林覆盖率达到52.4%。年森林采伐消耗28.4万立方米，占年森林采伐限额的32%。森林火灾损失率为0.0048‰，林业有害生物成灾率为零。鉴定科技项目2项，应用成果推广3项。完成林业总产值144.55亿元，农民人均林业收入1578元，完成生态旅游收入31.35亿元。建设现代林业产业基地1.37万公顷，完成林下经济种植基地6666.67公顷，培育、规范涉林专合组织80个，带动农户0.5万户。全市流转林地林权流转759宗，面积7933.33公顷，涉及金额2333万元；全市林权抵押贷款83宗，面积1.06万公顷，贷款金额2.1亿元，森林投保面积122.13万公顷。加大林权纠纷调处力度，调处林权纠纷2宗。落实《绵阳市森林城市建设总体规划》，推进创建森林城市重点工程，对规划涉及的具体目标、任务和基础数据等方面380余处逐项核对落实。小枧沟湿地公园开工建设，对西山公园、富乐山公园、滨江水岸等进行升级改造，加快对仙海湖、燕儿河水库等水源涵养地的绿化美化，开展对芙蓉溪等小流域的环境整治工作。

全年，巩固集体林权制度改革成果，推进配套改革。加强林地流转的监督管理，吸引社会资金向生态建设聚集，落实金融保险支持政策，推进林权抵押贷款工作。

【生态建设】 2014年，全市争取国家新一轮退耕还林指标，推进退耕还林后续产业、中央财政造林补贴和森林抚育建设。依法对121.53万公顷森林资源实施有效管护。落实公益林生态效益补偿政策，通过“天保工程”国家核查和省级复查。推进三江湿地公园、涪城区凤凰山省级森林公园、盐亭县嫘祖省级森林公园、平武县岷山省级森林公园申报工作。5月29日，四川省人民政府批准设立涪城区凤凰山省级森林公园。12月，国务院批准千佛山为国家级自然保护区。《绵阳三江湖国家湿地公园总体规划》通过省林业厅评审，按程序上报国家林业局。开展保护野生动植物宣传活动，举办第33届“爱鸟周”宣传活动启动仪式等10余次保护野生动植物宣传活动。全年救护病、饿、受伤的黑熊、金丝猴、黑天鹅、大鵟等国家重点保护野生动物28只（条），部分放归野外。组织开展第二次全国野生动物资源调查，完成第四次大熊猫普查工作。

【现代林业产业】 2014年，全市推进现代林业重点县建设，开发新型林产品，发展林业品牌经济，促进加工企业改造升级，引导和鼓励涉林企业按现代林业的标准建设原料林基地。全年打造完成北川辛夷与厚朴核心示范园、平武木本药材示范园、安县银杏及林下种植示范园。加大驯养繁殖野生动物企业的技术指导和政策扶持，鼓励支持具备条件的企业、农户进行野生动物驯养繁殖、和经营利用。发展生态旅游，指导、督促各县市区分别打造2~3处森林生态旅游示范点。启动“森林人家”的评选挂牌工作，全市森林旅游景点及生态农家乐300处，生态旅游实现600万人次。

【森林资源管理】 2014年，全市审核审批征占用林地86宗，使用林地312.5公顷，备案44宗。组织开展占用非法侵占林地排查清理专项行动，清理临时使用林地375宗，查处违法使用林地56宗，规范占用征用林地行为。严格执行凭证采伐、限额采伐制度和公益林、天然林商品性禁伐规定，落实采伐公示制度，加大对低产低效林改造、公益林灾害木清理、征占林用林地林木采伐等重点领域和关键环节监督检查。开展打击各类破坏森林资源违法犯罪的专项行动，打击涉林违法犯罪行为。加大对木材加工企业和无证、超范围经营加工和收购无证木材的行为额清理整顿，建立木竹材加工企业登记台账。全年查处涉林行政案件1115件，案件查处率达到100%；侦破涉林刑事案件65件，移交起诉65人。

【千佛山国家级自然保护区】 1993年四川省人民政府以川办发〔1993〕67号文批准建立四川千佛山省级自然保护区，1995年安机编发〔1995〕11号文批准建立四川千佛山自然保护区安县管理处，机构设在安县，编制15人，为副科级事业单位，归安县林业局管理。2014年12月国务院国办发〔2014〕61号文批准千佛山保护区为国家级自然保护区。保护区面积11083公顷，位于安县千佛镇、高川乡、北川羌族自治县的墩上乡。

千佛山国家级自然保护区地处生物多样性较丰富的岷山山系，属于全国生物多样性保护优先区，也是全球生物多样性25个热点地区之一，物种极为丰富，是巨大的物种基因库。保护区以国家一级保护动植物大熊猫、金丝猴、红豆杉、珙桐、独叶草等为主要保护对象，有国家一级保护动物10种、二级保护动物36种。据科考资料，区内有脊椎动物312种，其中哺乳纲7目25科80种，鸟纲16目45科182种，爬行纲2目7科29种两栖纲2目5科15种，硬骨鱼纲2目3科6种。有昆虫刚10科281种；有国家一级保护植物5种、二级保护植物10种。区内有高等植物209科777属1789种。其中苔藓植物41科76属101种、蕨类植物20科32属81种、裸子植物7科15属33种、被子植物141科654属1574种。保护区内物种保护价值高，具有生物多样性、稀有性，保护对象代表性，地理位置重要性，生境类型多样、自然性高，极高的科研价值等特点。建立保护区后，经过多年的保护管理、科研，千佛山的大熊猫、金丝猴、珙桐等珍稀动植物及其生物多样性得到有效保护。

【涪城凤凰山森林公园】 四川涪城凤凰山森林公园位于绵阳市涪城区吴家镇凤凰村，距绵阳市区7.5千米，面积484.22公顷。范围为：方家院子—石香炉—钟家湾—葫芦堡—郭家院—任家湾—郑家院子—谭家湾—新房子—欧家院子—朱铁匠丫口—天灯梁—王家老房子—黄家老院子—董家坟—枷档梁—大堡梁—庙子梁—高碑湾—王家牌坊—大佛咀—朱家湾—龚家河边—黑滩子堰—朱家桥—方家院子。5月29日，省人民政府批准凤凰山公园为省级森林公园。至年底，按照省政府的要求，编制完成《四川省涪城凤凰山森林公园总体规划》上报省林业厅审查；完成森林公园管理机构，制定相关管理办法和保护措施；完成森林公园的划界立标工作，并向社会公告。

（罗　舒）

水　利

【概况】　2014年，全市水利建设完成投资20.5亿元，其中，重点水利工程建设完成投资4.1亿元，农田水利基本建设水利项目完成投资3.56亿元，水能资源开发完成投资6.5亿元，中小河流治理及堤防工程完成投资3.57亿元（绵投松垭堤防投资0.93亿元），水土保持完成投资0.41亿元，渔业生产完成投资1.25亿元，水资源管理项目完成投资0.18亿元，城区堤防建设完成投资0.19亿元。全年解决24.97万农村人口饮水安全问题，占年度任务的249.7%；新增有效灌面5560公顷、新增节水灌面1.18万公顷、新修整治各级渠系2330千米，分别占年度任务的208.5%、293%、194%；治理河道42.68千米，占年度任务的237%；地方电力完成发电量16.8亿千瓦时，占年度任务的168%；渔业生产完成水产品产量10.5万吨，占年度任务的134.6%，实现渔业总产值23.5亿元，助农增收人均25.5元；综合治理水土流失面积76平方千米，占年度任务的152%；水资源费征收完成2200万元，占年度任务的162.9%。狠抓防汛责任落实，确保全市安全度汛。全系统未发生一起安全生产责任事故。

【重点水利工程建设】　2014年，全市重点水利工程完成投资4.1亿元。其中，武都引水二期灌区工程批复总投资49.13亿元，前期实施的金峰水库场外道路工程，西梓干渠主要施工公路工程、输电线路架设基本建成；武都水库右支渠、武都水库左支渠、西梓干渠加快施工，部分标段施工准备工作；金峰水库坝肩开挖基本结束，进行基坑的开挖和料场复勘工作，导流放空洞工程完成，满足工程施工导流。累计完成投资12.16亿元，其中2014年完成投资2.35亿元。北川开茂水库工程批复总投资9.24亿元。全面加快水库枢纽工程、取引水工程、引水隧洞工程施工，累计完成投资4.75亿元，其中2014年完成投资1亿元。江油沉水水库工程批复总投资4.3亿元。完成移民征地、招投标等施工准备工作，12月份全面开工。累计完成投资6999万元，其中2014年完成投资2000万元。梓潼凤凰水库全面开展大坝枢纽工程施工，累计完成投资0.71亿元，其中2014年完成投资1000万元。梓潼宏仁闸工程今年3月份开工建设，进展顺利，累计完成投资2500万元。其他重点项目前期工作完成投资2000万元。

【农田水利基本建设】　2014年，全市新增有效灌面5560公顷；发展节水灌面11733.33公顷；恢复改善灌溉面积12866.67公顷；解决20.5万人的饮水安全；新增和恢复蓄引提水能力2131万立方米；水库生态与修复159座；农村水电增效扩容37408千瓦；新建防渗各类渠道2330公里；完成中低产田改造4666.67公顷；塘坝堰闸新建282口,整治2682口；蓄水池新建1023口，维修2362口；修复水毁工程3458处，新修维护泵站929处。

【农村水利投资】　2014年，绵阳市三台县、涪城区、游仙区和盐亭县4个重点县累计完成小农水重点县项目投资14703.5万元，其中中央投资5000万元、省级投资3900万元、县级投资4660万元、群众自筹及投劳折资3370.2万元。完成新建渠道173.86千米，整治渠道307.33千米，新建水池507口，整治塘坝340处，整治石河堰58处，新建配套整治泵站51处。病险水库和饮水安全项目，中央预算内投资农村饮水安全项目总投资9453万元，其中中央资金7562万元、省级配套727万元。土地出让金项目，完成总投资5630.31万元，其中中央和省级投资3850万元。市级农田水利产业化发展项目，完成总投资3907万元，其中市级财政资金2000万元、县级资金650万元、农民投劳筹资1257万元。国管工程维修养护项目，完成总投资1887.62万元，其中中央补助资金1330万元、省级资金180万元、县市区财政配套资金57.5万元、水管单位自筹500.12万元。

【水土保持】　2014年，全市完成治理水土流失面积40.8平方千米的建设任务，完成投资1520万元（其中中央资金1020万元,省市县配套398.9万元，投劳折资102万元）。全年国家水保重点项目下达到梓潼县，梓潼县开展立项、财政评审、公开招投标和苗木采购工作，治理水土流失4平方千米，完成投资160万元。绵阳市省级水土流失治理项目2个，其中盐亭金白马垭水库胜利小流域治理水土流失面积10平方千米，北川羌族自治县谢家沟小流域治理水土流失7.5平方千米。2个项目治理水土流失面积17.5平方千米，完成投资492.9万元（其中省级资金350万元、县级配套17.92万元、投劳折资124.88万元）。

【节水型社会建设】　2014年，绵阳江油市、三台县、盐亭县被省政府确定为全省第一批节水型社会建设重点县，每年每县安排节水型社会建设资金500万元。市水务局组织开展项目实施方案编制技术指导审查，对项目施工情况进行现场检查；开展全市节水宣传，发放宣传资料5万余份；对全市30户重点工业企业开展节水监督检查。

绵阳市大中型水利工程一览

表 23

序号	工程名称	位置	总库容（万立方米）	正常水位（米）	备注
1	鲁班水库	三台县	29400	460	大型
2	武都水库	江油市	59400	658	大型
3	上游水库	涪城区	947	551	中型
4	战旗水库	江油市	1016	593.5	中型
5	东方红水库	梓潼县	1500	545.1	中型
6	两岔滩水库	盐亭县	2930	435.7	中型
7	红旗堰水库	三台县	1015.2	412	中型
8	团结水库	三台县	2136	476	中型
9	白水湖水库	安县	1340	661	中型
10	沉抗水库	游仙区	9820	529	中型
11	八一水库	江油市	1100	572.5	中型
12	燕儿河水库	涪城区	2070	496	中型
13	开茂水库	北川县	2423		中型在建

（贾红瑞）

武引工程

【二期灌区建设】 武引二期灌区工程批复总投资49.14亿元，总工期47个月，主要建设全长108千米的西梓干渠、333千米的中小骨干渠系和库容0.98亿立方米的金峰水库。控灌绵阳市的江油、梓潼、盐亭，广元市的剑阁县，遂宁市的射洪县，南充市的南部县，涉及177个乡镇、1858个村社，灌区面积7.02万公顷，受益人口达500多万人，2013年开工建设。2014年，武引建设的主战场全面向二期灌区转移，骨干工程建设完成全线布局。工程累计完成投资12.16亿元，占初设批准总投资49.13亿元的24.75%。全年，到位资金4.27亿元(中央资金到位1.95亿元，省级资金到位1.64亿元，绵阳市世界银行贷款到位资金6859万元)。完成项目招标18个（其中西梓干渠5个），西梓干渠开工标段7个、建设覆盖67千米；金峰水库坝基开挖基本完成，开挖总量达到65万立方米；累计完成明渠开挖1.8千米，隧洞开挖5千米，渡槽建设0.98千米，倒虹管建设1.3千米。工程完成征地484.96公顷，达规划的36.5%；拆迁房屋10.63万平方米，占规划的49.15%。争取到省发改委重点办牵头建立工程建设省级协调机制，明确4市资金分摊筹资任务和中小渠系建设任务，建立省水利厅招标快速审查通道。省长魏宏、省水利厅、省财政厅、世界银行和绵阳市人大等领导及部门先后视察工程，水利部、审计署成都特派办、省审计厅等部门全年进驻武引审计检查达45天。

武引灌溉渠

【灌区管理】 武引工程包括武引一期灌区工程和武都水库工程。武引一期灌区工程总投资为21亿元，于1988年开工，2000年全面建成；武都水库工程，总投资达35.25亿元，设计库容5.72亿立方米，工程于2004年开工，2012年大坝封顶，全面建成。2014年，武引已建成工程防汛抗旱两手抓，抓好灌区管理工作。武都水库大坝下游雾化体整治完成，管理中心用房建成并投入使用，右坝肩至太白码头道路硬化完成，水库全面投入试运行；武引一期灌区工程取水枢纽整治投资3955万元通过省发改委审批，投资3074万元的石龙嘴电厂增效扩容项目完成投资65%，机电设备安装全面展开；一期灌区全年供水31.7亿立方米，其中，农业供水1.84亿立方米（武都三堰），实现全灌区的满栽满插；投入近千万元，用于工程整治和末级渠系建设，灌面得到巩固和拓展。其中，投入300万元完成末级渠系200余千米，投入360余万元用于渠道平台整治，各级渠道清淤1800千米；武引一期灌区新建规范化的用水户协会20个，注册用水户协会200余个，协会管理灌面达58%。

（赵莅鹃）

三江工程管理

【概况】 2014年，三江工程发挥发电、防洪、交通、土地开发、城市建设、旅游、环境保护的综合效益。完成涪江绵阳市城南片区李家渡堤防水毁修复工程，该工程自2014年2月19日进场施工，10月完成竣工验收；完成三江大坝冲砂闸门定轮轴套检修工程，在汛前对三江大坝3孔冲砂闸门48个定滑轮进行检修，维修部分轮轴，更换新型润滑轴套，检修工程10月底完成；完成三江大坝消力池后防冲治理工程，工程是在大坝左岸消力池后的冲刷淘蚀部位浇筑钢筋砼墙，墙长50米、宽4米、高2米，墙后抛填五面体，工程在2月竣工；完成三江左右两岸12千米防洪堤沉降移位、测量工作及左右两岸河堤高程检测工作；配合科发集团天达公司完成三江交通大桥安全评估检测，两岸河堤安全警示标识的设置安装，并做好资料的收集存档；完成三江左岸防洪堤栏杆400米损毁修复，大坝各种设施设备的维护检修，设备设施完好率达到98%。美亚电厂全年计划发电量为24000万千瓦时，完成实际发电量23000多万千瓦时。

【防洪度汛】 2014年，三江防汛工作是全市防汛工作重中之重，枯水期加强对大坝设施设备的维护保养，做好值班守护工作，对汛情本着“宁信其有、不信其无，宁信其大、不信其小”的原则，年内汛情做出初步的估计和预测。结合美亚电站发电情况，编制防洪度汛方案；与市防汛办、市水文局等单位联系，掌握水情、汛情及天气变化情况，对可能出现的洪水做到提前准备。加强防汛值班，落实工作责任制。完成防洪物资准备，一旦遇到险情能保障抢险救灾的需要。2014年汛期，三江大坝出库流量最大值为5200立方米/秒,出库超过1500立方米/秒的洪水6次，没有发生重大险情。

【船舶安全】 2014年，经开区范围内的水上交通和船舶安全管理工作包括三江库区、南湖库区、塘汛辖区、松垭辖区水域，涵盖100余艘船只。为确保船舶航运安全，全市抓培训、强管理，对船员各种证照进行年审，定期召开安全会议，完善船舶管理各种台账和制度。全年组织辖区船员参加各类培训4次，辖区水上交通船舶安全管理全年无安全责任事故。

（李华强）

水产业

【概况】 2014年，全市完成水产品总产量10.015万吨，实现渔业经济总产值23.44亿元，同比分别增长2.2%和4.2%，水产业为农民人均增收25.5元。

【水产业基地建设】 2014年，盐亭县投入1.07亿元建设西部水产产业园，建成标准化鱼池200公顷，渠系5000米，主干道5千米，园区次干道23千米，星级农家乐7家；江油市贯山乡投资1200万元对稻香鱼村基础设施进行升级打造，建成标准化稻田养鱼基地100公顷，并对区内300户农户的住房风貌进行美化改造；游仙区绵兴小龙虾农场投入600万元，建成标准化稻虾种养稻田20公顷，精养鱼池5.33公顷。三个省级优势水产品健康养殖示范基地项目、两个“菜篮子”水产品项目、水产产业化项目、基层水产技术推广体系改革与建设项目等顺利实施，一批龙头企业、专合组织的基础条件和发展能力显著提升。

【新型渔业生产经营】 2014年，盐亭县恒兴渔业合作社创建成国家级示范社，新增省级示范社1个、市级示范社3个，省、市级示范社的总数分别达到2个、7个；发展新的专合组织、家庭渔场，全市专合组织达到70个，成员达到6050户，经营水面6511公顷，分别比上年增加9.4%、7.8%和6.5%，户平渔业收入达到43500余元，比一般养殖户高出2倍。辐射带动渔业户10000户。家庭农场从无到有，数量达到3个，有力提升渔业生产的组织化程度和产业化经营水平。

【渔业结构调整】 2014年，绵阳斑点叉尾鮰、鲶鱼、鲈鱼、鳜鱼、乌鱼、鳖等名优品种形成规模化、产业化开发格局；鳅、鳝、小龙虾等小水产品生产发展步伐加快，大鲵驯养繁殖持续取得进展，仿生态和人工繁殖苗种总量超过3万尾，子二代养殖规模达到12万余尾；三台县鲁班水库的休闲渔业开发被农业部命名为“全国休闲渔业示范基地”，时新水产公司开发的巴蜀渔都经营水平稳步提升，武都水库依托生态渔业和涪江六峡旅游开发，实现一、三产业互动，江油贯山将稻田生态种养与新村建设相结合，发展乡村休闲渔业，三个基地都申报全国休闲渔业示范基地；全市国绕渔业开展的餐饮、休闲、垂钓和产前、产中、产后服务等第三产业加快发展，延长产业链条，提升渔业整体效益。

【渔政安全质量管理】　2014年，全市加强执法检查，深化专项整治，出动执法人员1252人次，执法车辆350余辆次，检查生产基地587处，渔药及渔需物资经营场所170个，检查市场87处，并对检查中发现的制度不完善、记录不健全等问题进行整改；全市水产品质量监管抽样650个，其中送检成鱼130个批次，苗种送检10个批次，快速筛查成鱼510个批次；成鱼饲料5个批次。全市基地、市场样品抽检合格率100%；建立绵阳市水产品质量追溯系统，遴选14个重点生产基地，将其渔药、饲料等投入品使用、生产过程、质量安全检验检测、产品销售和投入品购进等情况纳入在线监管，建立产品产地身份证明制度，每批次销售产品都出具产地证明并进入电子档案，实现水产品质量安全信息公众查询，全程可追溯，提高监管信息化水平。　（贾红瑞）

畜牧业

【概况】　2014年，绵阳市畜牧生产受到社会转型和经济结构调整的冲击，面对社会消费总体低迷、养殖成本持续攀升、资源环境约束趋紧和国外大市场冲击的复杂局面，为促进全市畜牧业持续健康发展，推进生产方式转型，市政府办公室出台《关于促进畜牧业持续健康发展的意见》（绵府办发〔2014〕21号）。《意见》明确全市畜牧产业的指导思想和发展目标，重新确定总体规划和区域布局，对禁养区、限养区和适养区进行详细界定。同时，对新建养殖场设定准入条件及联审机制。

全年争取现代畜牧业重点县建设、标准化规模养殖场（小区）建设、肉牛能繁母牛扩群增量项目、肉牛、肉羊标准化生产基地县建设项目、畜产品菜篮子工程、生猪良种补贴、遗传资源保护等项目资金1.28亿元，拉动社会投资4.55亿元。

四川雪宝乳业奶牛标准化养殖场

全市出栏生猪387.09万头，同比增长1.9%；家禽6069.08万羽，同比增长1.8%；肉牛14.13万头，同比增长5.3%；肉羊120.86万只，同比增长6.9%；兔916.09万只，同比增长0.5%。肉类总产41.81万吨，同比增长3.5%；禽蛋12.07万吨，同比增长1.2%；奶产量2.45万吨，同比减少0.8%。实现畜牧总产值170亿元。

【畜禽养殖标准化生产】　2014年，全市畜禽养殖标准化生产通过推进部、省、市“三级联创”工作，调动养殖场（户）的积极性，让参与创建活动的养殖场/户知晓创建活动的目的、意义、内容及要求。全年，全市创建部级标准化场1个，省级标准化场10个，市级标准化场30个。至此，全市部级标准化场累计达到15个，省级标准化场累计达到42个，市级标准化场累计达到120个，数量全省第一。同时，要求所有标准化示范场签订畜产品质量安全承诺书。通过动态管理专项复核，取消2个养殖场的标准化示范场资格。

【科技养殖畜禽】　2014年，全市通过推进校（院）企合作和联合攻关，打造畜禽“西南种业高地”。建成国家生猪核心育种场2家（全省4家）。根据农业部《全国蛋鸡遗传改良计划（2012~2020）》，推动圣迪乐生态食品有限公司建成国家蛋鸡良种扩繁推广基地（全国10家、四川2家）。此外，盐亭汇源牧业公司正开展天府肉羊新品种培育，北川白山羊、平武黄牛地方品种保护区建设、平武大山红土鸡的选育及开发利用初显成效。铁骑力士集团进入2014年度四川省大企业大集团培育名单（全省100家、绵阳5家，其中农业企业仅1家）。

【牛羊产业发展】　2014年，随着人们生活水平的提高和消费多元化，牛羊产业发展明显跟不上市场需要，价格居高不下。绵阳市及时调整生产结构，推进牛羊产业发展，实施肉牛能繁母牛扩群增量项目和肉牛、肉羊标准化生产基地县建设项目。其中，三台实施肉牛能繁母牛扩群增量项目，北川实施肉羊标准化生产基地县建设项目，梓潼、江油、盐亭、游仙分别实施肉牛标准化生产基地县建设项目。项目的实施有效推进全市肉牛、肉羊产业的快速发展，增幅明显高于其他产业，全年全市出栏肉牛14.13万头，同比增长5.3%；肉羊120.86万只，同比增长6.9%；牛羊产业发展是10年增幅最高的一年。

【畜禽污染治理】　2014年，全市结合《畜禽规模养殖污染防治条例》的实施，以绵阳国家环保模范城市复核工作和小河流治理为契机，对全市规模化养殖企业污染治理情况进行专项督导，重点对9个县市区176家重点养殖场执行“环评”和“三同时”情况、粪便处置、废水处理以及排污口规范化建设情况进行大检查，督促养殖企业完善染治理设施，达标排放和综合利用。通过督导，规模化养殖场粪污处理得到全面提升，粪污综合利用率达到85.2%，沪川牧场、明兴牧业、三一养殖场创建为国家级种养循环典型养殖场。（刘　光）

农机管理

【概况】　2014年，农机化工作以提高农业综合生产能力、增加农民收入中心，抓好重点作物、关键环节机械化发展，发展农机社会化服务组织。年末总动力达到292.084万千瓦、增长8.8%。主要农作物耕种收综合机械化水平达到42%、较上年增长6.4个百分点。

全年，全市农机投入32170万元。其中一般行政事业支出1301万元、基础建设13645万元、农业机械购置17096万元。在国家强农惠农富农政策的引导下，农民购机踊跃，全市补贴机具28452台，直接受益农户达24834户。

【农机装备结构】　2014年，全市通过实施农业机械购置补贴强农惠农政策，全市新增各类机具近3万台套，带动全市农机装备的优化升级。全市拖拉机保有量达到23109台，联合收获机械保有量4698台，较上年增长15%；耕整机拥有量达到143043台，较上年增长11%；水稻插秧机达到612台，较上年增长11%；油菜收割机达到679台，较上年增长13.2%；玉米收割机达到52台，较上年增加51台；蔬菜收获机16台，全为新增；秸秆粉碎还田机新增71台，达到83台。

【农机作业水平】　2014年，全市围绕提高主要作物关键环节机械化水平，加强农机农艺融合，推广机械化育插秧、油菜机收等先进适用的新机具新技术。水稻机械化插秧技术推广取得新进展，机械化种植面积达到2.89万公顷，较上年增长34%；油菜机械化收获取得突破，收获面积达到23661公顷，较上年增长230%。完成机耕作业面积30万公顷，较上年增长21%；机械播种面积6.1万公顷，较上年增长25%；机械收获面积18.93万公顷，较上年增长17.8%。农机作业水平的大幅提升，农业综合生产能力提高，促进农村劳动力转移和农民增收致富。

【农机社会化服务组织发展】　2014年，全市农业机关通过对现有农机专业合作组织的指导，建立健全规章制度，促进规范发展，培育和引导农机大户发展，年内新增农机专业合作社18个，年末达到70个，其中6个合作社被省农业厅命名为省级示范社，三台县潼川镇大兴农机专业合作社被农业部命名“全国农机合作社示范社”。组织农机手报名参加“2014中国农机手大赛”，2人进入全国总决赛。农机专业合作组织和农机大户的发展，促进农机资源的合理配置和有效利用，提升全市农机服务社会化、专业化水平。（刘　光）

农业监测

【概况】　2014年，全市贯彻执行各项涉农法律、法规及政策精神，开展农业法律、法规知识的宣传。配合省人大农委、省农业厅、省法制办实地走访农户和基层单位，做好《四川省农药管理条例》修改立法调研工作。按照《法治绵阳建设方案》和《法治绵阳市建设2014年工作要点》。全年审核行政处罚案件4件，评审行政处罚案卷55卷。全年完成行政服务中心农业窗口申办行政许可现场审查3场（次），办结行政许可2件。接受群众咨询270人次，窗口评议率和群众满意率均达到100%。

2014年，全市建立“三品一标”奖励制度，制定地方标准，推进农业标准化和品牌建设。全市获证“三品一标”农产品达283个，比上年增加24%。无公害农产品产地整体认定县实现全覆盖，认定面积达27.2公顷，占全市耕地面积的97%。

【养殖环节“瘦肉精”监管】　2014年4月和9月，全市在养殖环节集中开展“瘦肉精”拉网式排查，落实屠宰企业瘦肉精自检制度。全年对1.5万个次规模养殖场和屠宰场抽样21.4万余份，均未检出“瘦肉精”，全市继续保持“瘦肉精”检出零纪录。

【农业综合执法】　2014年，绵阳市农业综合执法支队与各县市区农牧业执法机构上下联动，实行日常监管和专项整治相结合的工作机制，加强监督执法力度。全市出动执法人员11.42万人次，检查生产、经营企业6669个/次，规模养殖场2050个次，整顿各类市场956个次。全市立案查

无人机洒药杀虫

处案件274件（一般程序85件、简易程序189件，其中：农药案38件、种子案65件、肥料案11件、兽药56件、饲料6件、农产品质量安全28件、动物卫生监督70件），罚没款21.7万元，其中：市支队直接查处案件4件，罚没款3万元，指导配合县市区查处案件16件；全市签发“动物检疫合格证明”99.33万张；涉农调解纠纷76件，协议赔偿83.32万元，严肃查处农业违规违法生产经营使用行为，维护农村社会的和谐稳定。

【农产品质量检测】 2014年，经农业部批准，绵阳市农畜产品质量安全检验检测中心被认定为全国首批“农产品质量安全风险评估实验站”。绵阳代表四川省接受农业部生产基地农畜产品例行监测和专项监测，全年完成4次例行监测抽检和5次专项监测抽检任务，抽检样品1036个。开展完成畜产品硝基呋喃快速检测920个，开展市级农产品质量安全例行监测和专项监测工作。全年例行监测2次、专项抽检3次、产地环境监测2次。抽检样品748个，其中例行监测360个，合格357个，合格率99.2%，例行监测合格率作为市农业局对县市区农业局目标考核指标。首次参与农业部农产品风险评估抽样工作。

【种子质量监督检验】 2013年，全市监督抽检大春农作物种子样品231个，小春农作物种子样品60个，抽检种子合格率达99.2%。对市内涪江二桥、游仙六里村市场等重点市场和区域开展专项检查，抽检品种51个，不合格品种有1个，合格率达99.4%；突击检查游仙区（忠兴镇、街子乡、太平乡）、三台县塔水镇、涪城区（金峰镇、吴家镇）种子零售门市，对6个涉嫌违规品种交由当地农业执法部门调查取证并作处理。（刘　光）

农村能源建设

【概况】 2014年，全市农村能源工作围绕党委、政府年度农村工作的总体目标，推进以户用沼气池建设和新村集中供气项目为重点的农村能源建设。抓好以沼气建设，推广普及“三沼”综合利用技术，推动养殖业与种植业协调发展，形成“规模养殖+沼气工程+优质农产品开发”的生态循环农业，促进农村能源建设工作提档升级、提质增效。截至年底，全市户用沼气建设59万户，占适宜建池农户的72.1%，乡村沼气服务网点建设规模达903个，基本覆盖全市沼气用户；“三沼”综合利用推广2万公顷，建成应用“三沼”综合利用技术生产优质特色农产品示范基地6个。绵阳市被省政府认定为“四川省沼气化市”，6个县市区被认定为“四川省沼气化县”，获四川省2014年度农田基本建设农业项目（农村沼气建设）绩效考核评比第二名。

△“三沼”：沼气、沼液、沼渣。

【国际农发基金四川灾后重建农村沼气项目】 2014年，国际农业发展基金对灾后重建农村沼气项目进行项目竣工检查验收，竣工检查报告提交国际农业发展基金会。国际农发基金四川灾后重建农村沼气项目在绵阳市涪城区、游仙区、三台县、梓潼县132个镇乡、1501个村建设实施，项目总投资52382.14万元，其中，使用国际农发基金资金20719.6万元，其余31662.54万元由相关平行项目资金解决。

【“三沼”综合利用示范推广】 2014年，全市发挥沼气项目在生态循环农业中的纽带作用，主动融入农业产业基地建设，9个县市区开展以蔬菜、水果、中药材、粮油作物等为主的“三沼”综合利用推广万亩示范片（区）建设，新建“三沼”综合利用示范片（区）30个，“三沼”综合利用推广应用2万公顷，建成应用“三沼”综合利用技术生产优质特色农产品示范基地6个，沼液浸种10.6万公斤，开展“三沼”综合利用技术培训22000人次，推动现代农业产业基地建设发展，提升农产品的品质质量。

【大型沼气工程建设项目】 2014年，全市争取中央预算内投资大型沼气工程项目3处。绵阳市涪城区鑫隆家畜养殖场大型沼气工程，项目总投资320.8万元。其中，中央预算内投资144万元、项目业主投资160.8万元，地方财政配套投入16万元；江油永顺生态农业有限公司大型沼气工程，项目总投资412.98万元，其中，中央预算内投资185万元、项目业主投资207.98万元，地方财政配套投入20万元；四川圣迪乐生态食品有限公司宏仁养殖场大型沼气工程，项目总投资401.17万元，其中，中央预算内投资180万元、项目业主投资201.17万元，地方财政配套投入20万元。

【新村集中供气项目】 2014年，全市建成新村集中供气项目29处，其中省级新村集中供气项目25处，市级新村集中供气项目4处，供气户数1352户；项目总投资985.44万元，其中省级财政投资658.84万元，市本级财政投资56.20万元，县（区）配套108.16万元，项目业主投资162.24万元。完成节能减排CDM项目118663户的入户核查和录入工作，接受第二次国际第三方核证机构（DOE）碳减排量的现场核查。

【沼气化市县创建和服务体系建设】 2014年，全市坚持以“发展数量规模化、建设质量标准化、建设内容多元化、沼气利用高效化和管护服务社会化”五项标准加大沼气化建设考核力度。全市沼气化县市区6个，占县市区总数的66.7%。建成各级服务站（点）903个，覆盖445729户沼气农户。其中，县级服务站8个，乡（镇）服务中心112个，村级服务网点783个，服务网点通常采用会员制、菜单式、多种经营、自收自支、自负盈亏等方式进行运作。（刘　光）

工　业
INDUSTRY

川汽野马 T70 汽车生产基地

概　述

【概况】　2014年，全市坚持以提高工业经济增长质量和效益为中心，把握稳中求进、改革创新工作基调，突出稳投资稳增长，克服经济下行影响，挖掘工业增长潜力，工业经济稳步发展。全市规模以上工业增加值增速由一季度末的8.2%提高至年末的10.1%，回升1.9个百分点，高于全省0.5个百分点；月度增速最低的6.6%提高至13.3%，回升6.7个百分点。新增规模企业75户，总数达726户；新增亿元以上企业51户，总数达301户；新增4亿元以上重点企业12户，总数达71户；新增10亿元以上企业10户，总数达26户；长虹集团跨入中国品牌千亿行列，入围2014年“中国500最具价值品牌”，成为四川企业百强榜首,两项技术获得国家科技进步奖；九洲集团营业收入突破200亿元，荣列中国电子信息企业20强，较上年上升6位；银河化学、双汇跨入2014年度四川省大企业大集团制造业100强；被省政府列入“小巨人”企业和优势成长型企业分别新增17户、14户。战略性新兴产业实现产值696亿元，增长16.6%。在全省率先出台《新能源汽车推广应用实施意见》，编制完成北斗卫星导航等7个战略性新兴产业发展路线图。新成立信息安全、新能源汽车等新兴产业联盟4个、总数达到13个。川汽年产12万辆新能源乘用车基地一期建成投用，新能源汽车T70下线。中国紧急救援北川基地等项目落户通航产业园，北川至平武白马航线成功试飞，通航产业进入商业开发阶段。11月，绵阳市被批准为“国家首批北斗导航示范市”。“绵阳造”智能家电、安全保密手机、纯电动公交车、千兆网系统等52个新产品成功上市。

【国家级和省级企业技术中心】　2014年，绵阳市通过国家发改委、科技部、财政部、海关总署、国家税务总局根据《国家认定企业技术中心管理办法》新认定的国家级企业技术中心2户。分别是：四川省银河化学股份有限公司技术中心、四川好医生药业集团有限公司技术中心。被新认定省级企业技术中心8户。分别是四川雪宝乳业有限公司技术中心、四川清香园调味品股份有限公司技术中心、四川海瑞尔包装集团有限公司技术中心、江油市长祥特殊钢制造有限公司技术中心、四川中油天能科技有限公司技术中心、绵阳高新区恒奥电子科技有限公司技术中心、新希望六和股份有限公司技术中心、中国核工业二四建设有限公司技术中心。至年底，全市国家级企业技术中心累计达6户、省级企业技术中心达53户。

（周雪媛）

电子信息产业

【概况】　2014年，绵阳市电子信息产业稳步发展，电子信息行业规模以上企业工业增加值增速11.2%，主营业务收入896.33亿元，同比增长4.99%；利润17.25亿元，同比下降5.68%。其中，长虹集团面对国内宏观经济持续低迷与行业环境急剧变迁的双重夹击，着力智能战略转型，以智能化、网络化、协同化为方向，发展数字家庭、大数据等新兴产业，围绕公司新“三坐标”体系及“以人为中心”智能战略，相继推出系列CHiQ产品，推出数字家庭整体解决方案，取得较好的市场效果。全年长虹在绵阳实现工业总产值645亿，同比增长11.5%。工业增加值173亿元，同比增长12.47%；海外市场增长明显，整体实现出口创汇14.34亿美元，同比增长23.57%。九洲集团坚持军品立业、民品发展，军工、通信产业、空管产业、物联网、LED业务产值增速较快，工业总产值187亿元，同比增长7.05%；销售回款223亿元，同比增长10.30%；营业收入201亿元，同比增长10.01%；利润总额8亿元，同比增长1.9%（营业收入和利润总额为快报数）；出口创汇6.3亿美元，同比增长3.41%。

【电子信息产业利润降低】　2014年，长虹集团实现利润总额3.4亿元，主要由于长虹公司上半年在研发、推广投入等方面大幅增加，直接压缩盈利空间，短期内对公司收益有一定影响。九洲集团利润总额8亿元，同比增长1.9%，利润率为3.98%，略低于上年同期。随着企业承担的人工成本、财务费用上涨较快，企业利润增长压力较大。机顶盒出口收入呈下降趋势，全年机顶盒出口较上年同期下降17.47%，高频头和手机出口也出现下滑。订单额191.9亿元，同比增长8.81%。九洲集团民品订单额166.2亿元，民品各产业市场形势分化，新兴产业如空管、通信、光电线缆等产业订单额保持较快增长，而九洲传统民品产业数字电视业务受市场竞争激烈、国家政策法规、国内整转基本结束等因素的影响，订单额同比下降。

【新兴优势产业培育】　2014年，全市受“宽带中国”战略实施带动，通信相关企业增长加快，艾默生、建诚电子（恒奥、华正）的通信电源，九洲、华拓的光模块、光器件，基础元器件产业整体发展平稳，九洲光缆线缆均取得20%以上增速，九州光电子光器件封装产品产量位居全行业第二。西磁科技、开元磁材、普思电子等若干企业稳中有升。新一代信息技术相关产业蓄势待发，信息安全、新一代显示技术、北斗等产业研发进程加快，多款新产品推向市场。

（黄稚慧）

冶金机械产业

【概况】 2014年，绵阳市冶金机械工业规模以上企业132户，实现规模以上工业总产值372亿元，实现规模以上工业增加值同比增长12.3%。推进以攀长钢为龙头的冶金产业集群、以川矿集团为龙头的机械产业集群、以科莱电梯为龙头的电梯产业集群加快发展。全年，推进腾达电梯、保和泰越、保和新世纪、兴事发门窗、特飞科技、攀长钢、皇龙破碎、中航大力和力达泵业等11个重点项目完成总投资18.1亿元。

全年，全市围绕产业链、产品链开展招商活动，先后与涪城、游仙电梯产业园紧密合作赴江浙、北京等地开展招商，成功签约上海爱登堡电梯、上海蒂森.克虏伯电梯、江苏兴华胶带、江苏鹏程导轨、浙江奥贝电梯配件、重庆亮琪模具等一批电梯整机及配套企业。园区有四川科莱、台湾腾达、绵州通力、深圳国奥、佛斯特5家整机及振华科技、广丰电子、美意包装、盛源材料4家配套企业，年产值超过6亿余元。

【特钢产业】 2014年，绵阳特钢产业以攀长钢在江油市形成的特殊钢产业集群为核心。全年，攀长钢产值97.3亿元，增长7.6%。受行业大环境影响，特钢冶炼、钛材等产业门类增速放缓。

【机械产业】 2014年，绵阳市机械产业的优势集中在机加、模具等领域。四川矿机是国内领先的矿山机械、索道生产企业；兴事发门窗占据国内门窗市场6%的市场份额。长虹模塑、长虹技佳、汤正科技、启林模具等企业在产业高端占据一定市场。

【电梯产业】 2014年，绵阳在石马规划占地133.4公顷建设科技城电梯产业园，形成中国电梯协会、省招商局、绵阳市、游仙区、石马镇5级联动的推进机制，着力打造西部最大的电梯产业园。截至年底，电梯产业园聚集四川科莱、台湾腾达、绵州通力、深圳国奥、佛斯特5家电梯整机企业，振华科技、生广丰电子、美意包装、盛源材料4家配套企业。电梯产业园初具雏形。 （黄 健）

新晨发动机生产线

汽车及零部件产业

【概况】 2014年，绵阳市的汽车及零部件产业形成以高新区和安县为中心的绵安北汽车产业集群，成为四川省重要的整车生产基地。整车企业与项目有：中国重汽重型卡车、改装车；华晨集团中华H320轿车、轻卡、皮卡、SUV、微型面包车等系列车型；川汽新能源汽车T70、野马SUV系列汽车。零部件企业与项目有：华晨公司发动机总成、宝马N20发动机；三力股份、华驰公司、德鑫机械等转向器总成；好圣公司汽车零部件铸件；华晨瑞安公司凸轮轴；亚新科双泰公司轮辋；天旋气门公司等气门构件；宏发机械、富临精工公司等液压挺柱；华元航升公司三元催化器、DPF等尾气净化处理装置等。全市拥有国家级技术中心1个，省级企业技术中心4个，部分企业通过ISO9000、ISO9001、TS16949等相关质量体系认证，具备一定的技术研发能力和创新能力。全年，全市40户汽车及零部件产业规模以上企业实现总产值116.9亿元，同比增加17.2%。产销整车6.82万辆，发动机23.4万台。

【华晨汽车南方基地项目】 2006年，四川辽宁两省签署汽车整车制造项目的合作协议，在绵阳建设华晨汽车南方生产基地。经过8年发展，华晨南方基地项目包括：华瑞汽车项目、新华新晨灾后异地重建项目和安县华晨汽车零部件工业园项目。华瑞二期正在建设中。2014年，华瑞汽车生产整车6.5万辆；新晨动力生产发动机23.4万台，其中宝马发动机1.2万台；华晨南方基地实现产值69.3亿元。

【中国重汽西南改装车生产基地】 2009年4月，中国重汽响应党中央、国务院“灾后援建”号召，与绵阳市政府签署合作协议，确立总投资3亿元的“援川专用车项目”；2010年8月，中国重汽为进一步支持灾后产业再造工程，与绵阳市政府签订合作协议，建设投资20亿元的卡车项目。2014年，公司全年生产汽车3200辆，实现产值7.14亿元，同比增长32%。其中：新能源LNG汽车20辆，产值620万元。

【川汽新能源汽车项目】 2010年4月，绵阳高新区管委会与四川富临实业集团有限公司签署“12万辆乘用车

（含新能源汽车）项目”协议。该项目投资16.8亿元，在高新区汽车工业园征地80公顷，建设以设计、制造和销售乘用车（新能源汽车）、车用发动机及汽车零部件为主的汽车生产基地，建设周期为3年。2014年12月26日，川汽新能源汽车产业基地落成及T70下线。

【好圣公司汽车零部件铸造及机加工项目】 2009年9月6日，好圣公司汽车零部件铸造及机加工项目在农科区奠基，项目总投资20亿元，分两期建成。一期为投资3.2亿元的两条分型造型生产线，实现收入5.6亿元；二期将扩展至四条垂直分型线和三条水平分型线，预计实现收入17.6亿元；项目的产品定位主要是汽车转向节、制动钳、支架、制动盘、排气支管等汽车铸件毛坯。

【中华H320和金杯系列车型下线上市】 2014年9月20日，绵阳市人民政府与华晨集团在华晨南方基地举行中华豚、金杯智尚S30自动挡上市暨中华H32O下线仪式。市委书记罗强、华晨集团副总裁王志平等绵阳市与华晨集团主要领导、华晨汽车南方基地经销商、供应商、服务商和新闻媒体300余人出席。此次上市的中华豚是华晨南方基地自主研发的一款AOO级轿车，搭载排量1.3升的汽油发动机，百公里耗油5升；金杯智尚S30自动挡是S30系列产品，搭载5速手自一体变速箱，具备手自一体操作模式、经济运动双运行模式、定速巡航智能驾驶模式，是国内同级别车中唯一的一款自动挡车型；中华H320是华晨集团移到绵阳生产的车型。

（宋玟汎）

化工产业

【概况】 2014年，全市拥有化工产业工业企业70余户，其中规模以上企业30户，全年实现工业总产值105亿元，同比增长17.3%，主要龙头企业有美丰、利尔化学、西普、银河建化等。全市的化工产业主要集中于精细化工、天然气化工、无机盐化工三大领域，产值约占全市化工产业总产值的80%。江油市万利化工有限责任公司投资1.8亿元过氧化氢项目，建设年产15万吨过氧化氢生产线；四川三江化工有限责任公司拟投资0.78亿元三江化工甲醛及甲缩醛等项目签约实施。

【化工产业分布】 绵阳利尔化学是全国最大的吡啶类农药生产企业和全球第二大氯代吡啶类除草剂原药供应商，公司自主开发的气相氯化技术属国内首创、国际先进；西普油脂主导产品在亚太地区占有60%以上的市场份额，是全球第三大芥酸供应商；银河建化是国内最大的铬盐生产企业，产品国内市场的占有率达20%；四川美丰绵阳公司在省内天然气化工领域具有较为明显的规模优势；启明星集团的黄磷及下游系列产品已具中等产能规模。利尔化学、西普油脂等骨干化工企业是国防军工科技成果转化及军民结合型企业的典型代表。通过规划引领及政府的引导布局，全市的化工产业的骨干企业和项目主要集中分布在经开区、安县、三台、江油等地发展，数量和产值总量占全市化工企业和项目的90%以上。（夏　秋）

节能环保

【概况】 绵阳市建有“国家烟气脱硫工程技术研究中心”“国家城市污水处理及资源化工程技术研究中心”“国家非动力核技术工业化应用工程技术研究中心”等3个与节能环保产业紧密相关的国家级工程技术研究中心；设有“西南科技大学环境工程学院”“绵阳师范学院生命科学系”2个培养节能环保研究型人才的院系；建有“固体废物处理与资源化省部共建教育部重点实验室”“核废物与环境安全国防重点学科实验室”等部省级节能环保重点实验室。绵阳水能蕴藏量超过300万千瓦；四川竹、秸秆资源非常丰富，仅秸秆的年资源量就超过300万吨。预测境内浅层天然气总资源量可达2000亿立方米~3000亿立方米。依托长虹集团、九洲电器等废旧家电、金属、非金属原料充足的优势，重点推进与格林美公司合作，发展废旧家电拆解回收、塑木产业、废旧电池处理、铅酸蓄电池的回收及以旧换新；依托攀长钢、银河建化集团等推动大型节能减排和技术改造升级项目的实施。

2014年，全市节能环保（装备）产业实现产值49亿元、同比增长22.3%；节能环保（装备）类企业60余户，规模以上20余家，主要龙头企业有长虹格润、九州环保科技、保和富山、中科绵投、绵阳美能、振华科技等。全年新增久润环保PVDF膜移动式污水处理项目、新亚科技LED照明产业化项目等13个环保产业项目。

根据调查分析，绵阳环保节能（装备）产业与全国其他类似地区相比较，全市节能环保产业不但总体规模偏小，而且布局分散。行业内较有影响的前20余家较大企业目前分布在全市各县区市10个开发区内，未能形成合力及产业集群和集聚带动效应，缺乏在国内外有重大影响力的龙头企业支撑引领。

【环保装备招商引资】 2014年，绵阳市的重大环保装备招商引资主要有四项，中国光大国际环保领域投资合作项目：首期启动生物质能源发电项目，计划投资约10亿元，在三台境内建年消耗秸秆总量150万吨以上，装机容量为3×50千瓦时上的大型秸秆和垃圾二合一的发电厂。中国核能材料集团核与辐射环保项目：协调美丰、梅塞尔等多家化工制氧、制氢及使用、营销企业，促使中国核能材料集团尽快落地绵阳。桑德集团污水处理设备项目：实施乡镇污水处理厂打捆治理，建立区域化集中控制平台，降低成本，解决乡镇污水处理难题。重庆德兆环保生活垃圾处理项目。

【环保重点项目建设】 2014年，绵阳组织相关人员，多次到省质监局，协调解决四川保和新世纪线缆年产3000千米特种电缆项目办理生产许可证的问题。配合绵阳同成智能装备股份有限公司完成年产50台套智能型自动化流浆箱项目的备案、规划、环评审批手续。华西能源和通美公司签订在绵联合投资生物质中高热质燃气热电联供项目合作（2015年国家科技支撑项目2千瓦时示范项目（2014BAD24B01），注册资本金2000万元。二期7千瓦时及装备制造项目拟投资3亿元协议。推动九洲特油、天洁能源、长祥特钢等一批循环产业发展，积极争取国家、省环保厅建设指标和生产许可证。协调省推进神华巴蜀江油天明燃煤发电项目以及江油市龙凤精细化工园区规划环评工作。三台县与湖南凯天环保公司以PPP模式对城镇污水处理、垃圾处理、大气污染治理等环保项目进行治理，在芦溪、花园等7个镇乡开展打捆式污水处理设施建设和运营管理试点，全县镇乡污水处理等环保项目建设按PPP模式正式启动实施。（夏　秋）

食品及生物医药产业

【概况】 2014年，全市有规模以上食品及生物医药企业133家，完成工业总产值363.62亿元，同比增长9.2%；实现主营业务收入317.24亿元，同比增长7.9%，实现利润16.16亿元，同比增长7.9%；工业增加值增速同比增长7.2%,开始出现企稳回升态势。截至年底，全市食品产业企业建有国家级技术中心2个，省级技术中心5个，市级技术中心6个；获得中国名牌产品1个，中国驰名商标4个，四川省名牌产品29个，四川省著名商标27个，绵阳市知名商标40个。

【生物医药产业】 2014年，全市生物医药产业完成工业总产值46.06亿元，同比增长11.5%，占食品及生物医药产业总产值比重达到12.7%。产业中，化学药品制剂制造、中成药生产完成工业总产值37.75亿元，所占比重达82%。其中好医生药业、太极药业等医药企业发展迅速。2014年好医生药业实现产值28.04亿元，同比增长22.6%，其总量居行业之首。增速上，化学药品原料药制造增速高达142.8%。

【酒类产业】 2014年，全市有规模以上酒类生产企业14户（其中白酒生产企业12户，啤酒生产企业2），实现工业总产值28.26亿元，同比增长2.4%；主营业务收入27.58亿元，同比增长15.1%。其中白酒行业完成总产值21.3亿元，增长7.63%，实现主营业务收入21亿元，增长14.1%；啤酒行业完成工业总产值6.96亿元，下降10.8%，实现主营业务收入6.58亿元，增长18.3%。截至年底，白酒行业规模以上企业达到12户，李白故里酒业产销利增速均超过20%。其他规模以上企业中，产值增速超20%的有3户。

【丰谷酒业持续下滑】 丰谷酒业是绵阳市白酒行业领军性龙头企业，2013年以来，受市场、政策及其集团公司（汉龙集团）抽资、担保等因素的影响，生产经营出现严重下滑，年产销降幅均在50%以上，企业处于困境。2014年，生产保持稳定，产值同比下降1.5%，主营业务增长36.5%，减亏2.4余亿元。

【烟草产业】 2014年，绵阳烟草产业以“打造‘娇子’品牌”为重点，围绕“娇子”品牌打造和标杆市场建设，着力在战略规划、市场预测、品牌培育、服务客户、信息沟通、物流配送等方面，与川渝中烟开展全方位协同合作，建立起市县联动的工作机制、政企信息共享机制、品牌培育、市场发展机制以及分级协调的会议机制，在全市上下形成条块结合，整体联动的工作态势，有力提升“娇子”品牌的影响力和市场竞争力。截至年底，烟草工商两端实现销售收入113.6亿元,实现利税30.12亿元,入库税金20.69亿元。

（李祖明）

粮油工业

【概况】 2014年，绵阳市纳入统计的粮油工业企业57个，其中：大米加工业企业22个，小麦加工企业5个，食用植物油加工企业12个，粮食食品加工企业3个，杂粮及薯类加工企业2个，饲料生产企业11个，粮油机械制造业2个。工业总产值805645万元，利税总额47096万元，负债合计515578万元。其中：全市大米加工企业22个，大米加工量211564吨，实现产值69500万元，销售收入67760万元，利润总额1170万元，负债13588万元；全市小麦加工企业5个，小麦粉加工量139510吨，实现产值74846万元；实现销售收入74586元，利润总额823万元，负债27901万元。全市食用植物油加工企业12个，其中国有及国有控股企业1家。食用植物油年产量69340吨，产值142719万元，产品销售收入144639万元，利润总额4490万元，负债52095万元。获专利9项。

【国有粮食企业改革】 2014年，绵阳市鼓励粮食企业发展混合所有制经济，盘活国有资产，稳步推进股权多元化。各地因地制宜地推进基层国有粮食企业改革，引导企业着力转换经营机制，发展规模化生产、产业化经营。在直属企业探索实行劳动、人事、分配三项制度改革。推进国有粮食企业重组。上半年，绵阳市高水农副产品批发有限公司与三台县城关粮站实现跨行业、跨地区的重组，组建由绵阳市高水农副产品批发有限公司持股48%，三台县政府持股46%，职工个人持股6%的绵阳市东航商贸公司。新公司重组后，扩大经营范围，找到新的利润增长点。下半年，将连年亏损房产开发资质被注销的绵阳涪海资产管理有限公司整体并入绵阳高新粮油购销公司，利用涪海资产管理有限公司在绵阳核心商圈的优势，将该公司商业地产作为绵阳高新粮油公司粮食物流中心二期的融资平台，盘活资产，调动各方积极性，实现多赢。

【国有粮食购销企业多元化经营】 2014年，全市粮食系统发挥国有粮食购销企业存量资产的优势，通过盘活资产，开展多元化经营，企业增效明显。绵阳高新粮油购销公司通过城郊粮库土地置换，由绵投集团在绵阳高新区投资1.5亿元代建绵阳市粮食物流中心，为企业发展奠定基础。绵阳游仙粮油购销公司利用现有闲置的云凤、东林粮管所入股本地民营粮油龙头企业，发展混合所有制经济，盘活国有资产，增加企业收入。游仙区魏城粮站将空余厂房租赁给当地加工企业，加强合作，实现经营创收。

【国有粮食企业实现利润达110万元】 2014年，绵阳市组织粮油企业参加十五届西博会、川渝（遂宁）粮油精品展销会，绵阳仙特米业产品获农博会金奖。全市36家国有粮食购销企业实现销售收入10.3亿元，比上年同期增加4528万元，增长4.6%，利润206万元，增加20万元，增长7.5%。7个县市以县为单位均实现利润，市本级国有粮食企业实现利润达110万元。

【粮食产业化经营】 2014年，绵阳市推进粮食产业化经营，全市购进粮食48.6万吨，其中国有粮食企业购进18.6万吨。全市托市稻谷收购6.62万吨，比上年同期增加2万吨。入库收购油菜籽12.6万吨，其中国有粮食企业购进油菜籽4.87万吨。全市全年粮食总经营量为153.2万吨，其中国有粮食企业经营量56.7万吨，占全社会总经营量的37%。国有粮食企业经营量同比增加6.8%。各县市区还以“放心粮油”工程为切入点，开展城市连锁经营、农村粮食购销网点建设工作，搞活经营，提高市场占有率。

【培育粮食行业龙头企业】 2014年，全市重点围绕粮食加工、油料加工和粮油流通打造培育一批粮油龙头企业。以粮食精深加工为着力点，实施品牌战略，实现传统粗放向现代集约、简单加工向精深加工的实质性转变。全市粮食系统争取到省、市、县财政投入资金9000多万元，用于粮食仓储、物流、加工等方面，增强企业购销和仓储能力。 （吴 辉）

能源产业

【天然气消耗】 2014年，全市消耗天然气92112万立方米,较上年增长15.8%。在天然气供应总量中，中石油西南油气田公司供应量为60697万立方米，占全市总供气量的65.9%；中石化西南油气分公司供应量为31415万立方米，占全市总供气量的34.1%。从用气结构看，工业用气量50100万立方米，占用气总量的54.4%；民用及CNG用气量42012万立方米，占用气总量的45.6%。2014年全省气源供应充足，供需形势总体较为宽松，全市居民用气供应得到充分保障，长虹、攀长钢、新华、美丰、银河化学、西普等重点企业工业用气得到有效的保障。

【成品油消耗】 2014年，全市成品油库存量丰富，市场供应充足、保障充分，消耗成品油694300吨，同比增长26.7%。其中：中石油绵阳销售分公司共销售各类成品油350000吨，占全市供应总量的50.4%；中石化绵阳石油分公司共销售成品油158000吨，占全市供应总量的22.8%；江油兴蜀石化、四川南方华达能源等3家批发企业和社会加油站（点）共销售成品油186300吨，占全市供应总量的26.8%。全市有成品油零售经营企业343个，其中，加油站338座、加油点5个。成品油零售经营企业中，中石油绵阳公司82座，中石化绵阳公司直属27座，社会加油站（点）234座。全市6座油库库容量11.05万立方米。

【煤炭供应】 2014年，全市煤炭供应总量501万吨，比上年增加18万吨，同比增长3.7%。

【电力生产】 2014年，全市发电量：地方小水电发电量338696万千瓦时（不含省上统购统销电厂发电量）。供电量：绵阳电网供电量809071万千瓦时，同比增长2.81%。其中：国家电网供电量739151万千瓦时（国家电网趸售地方电网电量121587万千瓦时）；地方电网供电量191507万千瓦时。售电量：绵阳电网销售电量809071万千瓦时，比同期增加售电量22083万千瓦时，同比增长2.81%。其中：国家电网销售电量739151万千瓦时，比同期增加售电量14215万千瓦时，同比增长1.96%（国家电网趸售地方电网电量121587万千瓦时，比同期增加1589万千瓦时，同比增长1.32%）；地方电网销售电量191507万千瓦时，比同期增加售电量9457万千瓦时，同比增长5.19%。

2014年，全市电力供需基本平衡，全年没有因电力短缺而拉闸限电。全市用电最高负荷为141.7万千瓦（1月14日），日用电量2743万千瓦时（1月14日）；最低负荷为43.6万千瓦（2月2日），日用电量1429万千瓦时（2月3日）；平均用电负荷为82.35万千瓦，日用电量1976万千瓦时。

【电网建设】 2014年，全市35千伏及以上投产项目18项，总投资9.78亿元（其中:220千伏变电工程4项，110千伏变电工程5项，35千伏以上变电站9座），变电容量74.835万千伏安，35千伏及以上线路26条，总长度431.9公里。擂鼓220千伏输变电工程、绵阳高新区220千伏输变电工程、成绵乐客运专线赖家、江油220千伏牵引站供电工程等一批重点工程相继投运，甘孜“电力天路”等工程顺利推进。 （何　洁）

新能源新材料产业

【概况】 2014年，全市新材料产业实现产值210.2亿元，同比增长14.8%，主营业务收入197.7亿元，同比增长16.02%，实现利润13.9亿元，同比增长45.4%。主要产品有水泥及水泥制品、大理石、各类金属非金属建材、各类高分子材料、各类磁性材料和太阳能、碱金属电池等。新材料新能源产业列入统计的技改投资近20亿元，实现投资1000万元及以上工业项目开工10个，实现投资1000万元及以上工业项目竣工5个，新增规模以上企业6户。材料企业申报各类科技计划项目近100项，立项30个，资金到位925万元。项目建成后，可产生直接经济效益近10亿元。

【企业融资与招商】 2014年，全市推进科技与金融相结合试点城市建设，材料企业充分利用风险投资、专利权质押等方式，多途径多渠道进行融资，逐步解决制约企业做大做强的瓶颈问题。5~8月，产业办组织材料企业参加“四川（绵阳）高新技术产业与风险资本对接会”“中国（绵阳）科技城建设座谈会暨科技创新项目对接活动”等活动，10月份，组织100余家材料企业参加科博会、西博会，引导银行业金融机构加大对科技型中小企业的信贷支持，引进、设立各类创业（风险）投资基金和产业投资基金，支持科技型中小企业及风险投资机构的发展。

4~10月，绵阳到四川大学、重庆大学、西安交通大学等9所高校开展科技城创新创业政策宣讲，鼓励高校大学生、科研人员到绵阳创办科技型中小企业。5月，在北京举办“中国（绵阳）科技城·北京投资创业推介会”，介绍绵阳科技城的政策环境、发展优势，鼓励科技创新型企业和专业人才参与绵阳科技城建设，实现各方互利多赢。

全年，全市引进2个亿元以上项目和4个亿元以下项目，涉及功能薄膜生产、大理石矿山开采、板材加工、覆膜塑料编织袋生产线及高密度纤维板加工等领域，总投资约6亿元。项目建成后，预计新增产值10亿元以上。

（宋玟汎）

豫蜀夜视丽反光材料有限公司

供销合作工业

【概况】 2014年，全市供销社工业法人企业22户,有市级及以上重点企业14户。企业门类主要包括制茶、魔芋、皮毛、棉花、酿造、废旧物资、纺织、果蔬、饲料、化肥等加工行业。全年实现销售收入7.3亿元，实现增加值9000万元,年为农创收3.8亿元。三台曹氏酱腌菜有限公司利用全国糖酒会与客户签订2800余万元供货合同，绵阳市嫘祖酿造食品有限公司与重庆三五火锅底料公司等客户对接，签订年千吨供货合同；四川翔风科技有限公司自建寒雪娇网上商城，销售皮草服饰；在淘宝网、1号店、米米乐商城开设诗乡兔旗舰店，销售獭兔肉系列产品。绵阳市嫘祖酿造食品有限公司生产的豆瓣系列产品进驻淘宝网四川特产网上营销。绵阳豪茂魔芋食品有限公司自建网站，销售魔芋系列系列产品。

【供销合作工业项目建设】 2014年，全市社办工业申报进入省、市级项目库项目12个，6个工业企业通过多方筹措资金，实施扩能增产项目7个，计划投资7230万元，实际完成投资3092万元。其中，申报全国供销合作总社新型合作示范项目1个，计划投资406万元，申请财政补助资金182万元。四川翔风科技有限公司投资400万元，实施3000吨獭兔肉冷链物流新建项目，基本完工，年新增产值7200万元，利税350万元。三台新川棉花有限责任公司计划投资1200万元新建棉花配送中心，恢复修建18个棉花收购站点，全年完成1150万元，项目基本建成，2015年投入使用。四川天雄药业有限公司启动2000吨毒性饮片生产、检验技术提升及科研开发升级项目，计划投资3500万元，项目建成后，年新增销售4000万元，新增税金140万元；新增50个就业岗位，可带动3000户农户种植各种中药材，带动农户增收2400万元。

【供销合作工业专业培训】　2014年，全市供销工业投资60余万元对6000多人次进行多层次培训。四川翔风科技有限公司实施3000吨獭兔肉冷链物流新建项目，投资52万元，对企业管理人员、财会人员和獭兔养殖户3000人次进行专业培训；盐亭嫘祖食品有限公司投资5万元对所联结320户基地农户进行生产培训，提升农户种植、管理水平，保证辣椒品质；三台县曹氏酱腌菜生产销售有限公投资5万元，对600户原料订单农户培训科学种植、用肥、用药，并现场示范。

【公司加农户促农创收】　2014年，全市社办工业参与农业产业化经营，通过订单、合同等方式联结专业合作社和基地农户5万户，购进农产品为农创收3.8亿元。江油市翔风科技有限公司坚持“公司+专业合作社+农户”的发展模式，实施3000吨獭兔肉冷链物流新建项目，带动獭兔生产户2150户，年助农创收9000余万元。绵阳豪茂魔芋食品有限公司联结农户32600户，建立魔芋基地2000公顷，为农创收5100万元。平武茶业有限责任公司联结基地农户7500户，每年从茶农手中收购茶叶为农创收3400万元。　（王　锐）

2007年度市委、市政府“十大惠民行动”完成情况

2007年，全市城镇新增就业和再就业39539人，下岗失业人员和失地无业农民再就业17107人。

2007年，全市城市低保累计人均月补差83元，农村低保参保人数达到9.85万人，月人均补助达24.9元，城镇养老保险覆盖人数44.73万人。

2007年，全市免除全市农村义务教育阶段学生学杂费543273人。

2007年，全市新型农村合作医疗试点覆盖县达到7个，建成社区卫生服务中心（站）24个，农村医疗救助资助参合人数107612人，大病医疗救助31750人，人均医疗救助352元，医疗救助城市低保对象人均补助达72.7元。

2007年，全市通乡油路、水泥路建成316.38千米，通村公路建成1744.5千米，乡镇客运站点建成40个。

2007年，全市解决12.17万人饮水安全问题，红层找水完成4个县市区调查区划，红层找水打井17608口，解决饮水困难5.9万人。

2007年，全市培训农民工品牌工程培训35936人，农村就业培训25333人，新型农民培训和科技入户工程培训骨干农民5272人。

2007年，全市解决农村特困无房户和受灾群众住房2027户，完成避险搬迁工程516户。

2007年，全市改善10541人农村低收入贫困人口生产生活条件，实现18628户、53897万人农村贫困人口脱贫。

2007年，全市三江流域综合治理全部完成，实施“金土地工程”整理土地1906.67公顷，新增耕地236公顷。实施农村集镇污水处理和饮用水源地保护，完成2个小集镇生活污水处理示范工程，完成10个农村建制乡镇集中式饮用水源地污染治理。

（摘自《绵阳年鉴（2008）》）

交通运输·邮政

TRANSPORTATION AND POST

九环东线公路古城隧道

概　述

【概况】　2014年，全市公路通车里程累计达到19887.29千米，其中高速公路318.6千米、一级422.71千米、二级839.5千米、三级930.3千米、四级11308.83千米、等外级6067.35千米；公路密度，按国土面积计算：98.45千米/百平方千米；按人口计算：36.46千米/万人。客运站227个，其中一级站5个、二级站7个、三级站3个、四级及以下站212个。营运汽车39170辆，其中客车3897辆、货车35273辆。公路客运量7251.4万人次，周转量336847.5万人千米；公路货运量4733.18万吨，周转量674953.99万吨千米。

【高速公路建设】　2014年，绵阳绕城高速公路南环线建成通车；绵阳至西充高速公路控制工程梓江大桥开工建设；配合广元市开展平武至广元高速公路BOT投资人招标工作；《绵阳至苍溪高速公路工程可行性研究报告》编制完成，省政府批复绵阳市和广元市以BOT方式进行建设；完成《绵阳西过境高速公路工程可行性研究报告》；按省交通运输厅的安排和纳入交通运输部“十三五”建设计划的要求，推进绵阳至九寨沟等高速公路前期工作。绵阳至中江、三台至大英两条高速公路纳入省高网布局规划，并启动前期工作。

【国省干线建设】　2014年，九环线平武段（平武县城至林家坝）提升改造工程完工。国道108线梓潼绕城改线工程、绵阳绕城改线前期工作有序推进。江油中坝至大堰快速通道开工建设，路基工程基本完工。省道205线黄土梁隧道及引道工程完成年度投资目标，引道路基主体工程、路面及交安工程全部完工。

【农村公路建设】　2014年，全市农村交通运输建设以四川省交通建设“八大工程”为重点，完成主要涉及农村公路改善工程、渡改桥工程、溜索改桥工程、安保工程（路侧护栏）、通村水泥路、危桥改造等专项工程目标任务。全年完成路基898.2千米，路面894.1千米。民生工程省级目标建成通乡油路（水泥路）和农村公路改善里程269千米，为目标的134.5%；建成通村公路527.4公里，为目标的229.3%。

△“八大工程”：干线公路联网畅通工程、新一轮甘孜州交通推进工程、凉山州交通推进工程、农村公路改善工程、国省干线公路大中修工程、汽车客运站提升改造工程、公路安保工程、渡改桥工程。

【运输项目建设】　2014年，全市汽车客运站提升改造工程开工8个、完工4个，均为目标的133%；完成客渡码头11个，为目标的110%；更新改造船舶17艘，为目标的106%；完成渡改人行桥3座，为目标的300%；更新客货营运车辆4886辆，为目标的106%，客货运周转量增量居全省第一。

（张　霜）

绕城高速南环线试通车

公　路

公路建设

【绕城高速南环线试通车】　2014年12月29日，绵阳绕城高速南环线建成试通车仪式在杨家收费站举行，标志绕城高速南环线通车。绕城高速南环线始于成（都）绵（阳）复线高速公路终点磨家立交，终点与绵（阳）遂（宁）高速通过永明立交相接，沿线跨绵（阳）中（江）公路设杨家互通立交，下穿绵（阳）三（台）公路设丰谷立交，全长33.6千米。设置服务区一处、收费站两处，全线双向四车道，沥青混凝土路面，设计速度为80千米/小时。绕城高速南环线建成通车后，与成（都）绵（阳）广（元）高速、绵（阳）遂（宁）高速形成交通系统闭合，实现绵阳绕城高速环线贯通。环线全长91.5千米，其中绕城高速南环线段33.6千米，成（都）绵（阳）广（元）高速段27.2千米，绵（阳）遂（宁）高速段30.7千米。按80千米/小时计算，绕城高速环线全程所需时长为1小时16分。绕城高速南环线的建成通车完善绵阳市路网结构，解决分流过境交通和缓解主城交通拥堵状况。

【绵西高速控制性工程】　2014年8月20日，绵（阳）西（充）高速公路控制工程梓江大桥开工建设。绵（阳）西（充）高速公路是《四川省高速公路网规划(2011年调整方案)》中规划的一条重要线路，他将通车的绵阳至遂宁、成都至德阳至南部、广元至南充高速公路、绵阳绕城高速公路南环线和同期规划的遂宁至西充高速公路连接起来，形成完善、快捷的高速公路网络，有效地提升路网的运输效率，加强成都平原经济区与川东北经济区联系，实现绵阳与南充直接连通。

【黄土梁隧道及引道工程】 该项目工程由绵阳市与阿坝州共同建设，其中绵阳市境内隧道主体长约2.49千米，引道长约28.49千米，全线按二级公路技术标准实施。2010年7月开工建设。至2014年12月底，黄土梁隧道主洞开挖及初期支护完成2236.4米，二衬施工2104米，平导完成开挖及初期支护2119米，二衬1754米。引道路基主体工程全部完工，路面、交安完成，并完成交工验收工作。

【全市公路建设工作会议召开】 2014年12月2日，全市公路建设工作会议召开。副市长赵琪主持会议，市委副书记、市长林书成出席会议并讲话，各县市区政府主要领导、分管领导、交通运输局局长以及市级相关部门负责人参加会议。会议通报2014年全市公路建设推进情况，分析当前形势，安排部署下阶段的工作。会议要求：思想上务必坚持交通优先，保持毫不动摇的信心；方向上务必坚持创新发展，保持敢为人先的勇气；措施上务必坚持项目为重，保持善做善成的拼劲；保障上务必坚持协调联动，保持齐抓共管的合力。 （张　霜）

公路运输

【“春运”工作】 2014年“春运”期间，全市道路交通日均投放客车6113辆（其中客车3872辆、出租汽车2241辆），货车35224辆；开行客运班车456849班（其中：加班12813班）；运送旅客706.57万人次，较上年增长2.2%；出租汽车累计运送旅客1361.3万人次。全市水路交通投入客渡船舶169艘、4054客位，累计完成客渡运量42.69万人次。全市未发生水路交通安全事故，道路运输无较大以上行车事故，无重大服务质量投诉。其中“春节黄金周”期间，全市道路运输投放营运车辆3872辆，累积发班84408班次，增发班次3693辆；旅客发送总量145.66万人次，日均旅客发送量超过20万人次。

盐亭新客运站

【“五一”期间水陆运输】 2014年“五一”期间，全市道路运输投放客运车辆3872辆，76959座；累计班次30708班（其中增发和加班552班），累计发送旅客52.07万人。水路交通投入客渡船舶162艘，3814客位，累计完成客渡运量3.6万人次。

【“十一”期间水陆运输】 2014年“十一”国庆假日期间，全市道路运输投放客车3865辆，运送旅客126.69万人次，安排加班1517车次，客流高峰期征调10辆应急储备运力及4辆社会运力集结；水路运输投入船舶618艘、13476客位，完成运量54496万人。

【科博会交通运输保障】 2014年10月16~18日，第二届中国科技城国际科技博览会在绵阳召开。其间，市交通运输局组织投入各类车辆531辆（其中大巴车50辆、考斯特中巴车18辆、小车47辆、公交车212辆、班线客车10辆、出租车160辆、执法车34辆），新开5条公交专线，调整6条公交线路，投入交通服务工作人员903人（其中驾驶员531人、管理人员28人、维持秩序执法人员234人，服务保障人员110人），发车6300余趟次，运送来宾、群众33万人次。全面保障参会来宾和参观群众的交通运输需求。

【汽车客运站改造工程】 全市2013~2014年度全市汽车客运站提升改造工程实施项目为8个，其中新建1个（盐亭客运站），局部完善7个（绵阳市汽车客运总站、南湖汽车客运站、平政客运站、江油富临汽车客运站、三台旅游客运站、平武客运站和北川客运站）。截至年底，开工8个，主体完工（竣工）4个（盐亭客运站、南湖汽车客运站、江油富临汽车客运站、北川客运站）。

【旅游客运市场整治】 2014年，全市保障广大游客合法权益，维护旅游市场良好秩序，加大对旅游运输市场的日常监管，查处旅游“96927”移交的旅游投诉，按照规定及时处理并告知旅游行政主管部门。开展九环线旅游客运市场“打非治违”工作，市交通运输局会同市公安局、市旅游局、市工商局、市安监局联合制订《九环线（绵阳段）旅游客运市场秩序整治方案》，建立健全九环线（绵阳段）旅游客运市场秩序长效治理机制，通过联合执法，全力遏制九环线

(绵阳段)旅游客运市场非法违法经营行为，维护旅游客运市场秩序。

【旅游运力结构优化】 2014年，市交通运输局加大对旅游客运市场需求监测，做好旅游运力调配，适时增加小型旅游客车数量，针对小型旅游客车不足的问题，引导运输企业投放小型高级旅游客车，在新增运力时明确小型车的数量。至年底，全市旅游包车客运车辆140辆，总座位5020个。其中，大型车67辆，中型车64辆，小型车9辆，基本形成大、中、小型层次结构。 (张 霜)

公路交通管理

【交通运输“十三五”规划编制工作启动】 2014年7月，绵阳市成立交通运输“十三五”规划编制领导小组，下设规划编制办公室，在广泛听取各县市区交通运输局“十二五”交通规划的执行情况和对“十三五”规划初步想法后，确定全市交通运输“十三五”规划的总体思路，与市发改委、市铁建办等各部门进行对接和沟通。8月，召开“十三五”规划编制工作会议，征求相关单位对“十三五”规划高速公路和国省干线的路网规划方案的意见。9月，印发《关于编制“十三五”县道公路网规划有关事项的通知》，提出全市县道公路网规划编制指导意见，要求各县市区交通运输局做好辖区内县道公路网规划编制工作。10月底，基本确定“十三五”期间绵阳市高速公路规划。

绵阳市交通运输“十三五”规划编制工作的总体思路：围绕绵阳市人民政府提出建设“辐射川西北，连通西南、西北地理经济带”，将绵阳打造成高速、铁路、航空“三位一体”的川西北综合交通枢纽战略定位，抓住国家西部大开发及成渝综合改革配套实验区建设重大机遇，贯彻“打开通道、构建枢纽、完善路网、提升功能、支撑发展”战略思想，以建设大通道、构建大枢纽、繁荣大物流为重点，坚持建、管、养、运并重，依靠科技、信息、管理、技术等手段，提高绵阳市交通运输服务能力和水平，实现规模、速度、质量、效益的统一。规划包括“1个总规划和12个专项规划”。

【农村公路安全综合整治暨建设养护工作现场会】 2014年5月29日，绵阳市2014年农村公路安全综合整治暨建设养护工作现场会在北川羌族自治县禹里镇召开。与会人员参观禹里镇石纽村村道交通和镇交通运输管理站。就如何加强农村公路综合整治和建设养护等问题进行座谈交流。会议强调：继续扩大农村公路建设成果，推进农村公路管养工作，逐步完善农村公路安全基础设施，使农村公路更好地服务于城乡统筹发展和广大农民致富奔小康。一方面要科学规划，通盘考虑农村公路建设、运输、养护、安全等方面的实际情况，因地制宜、科学谋划“十三五”期间农村公路建设发展规划，推动新农村建设全面发展。另一方面要明确责任，各市县区交通运输部门在当地党委、政府的领导和支持下，加大农村公路建设管理力度。各县市区要加快公路路侧护栏安装进度，确保6月底进度过半，9月底全面完成市级初验；按省市要求加强公路桥梁隧道的应急管控和安全管理工作，三类以上桥梁和浅埋扩大基础桥梁应列入隐患排查和安全管控范畴，确保安全度汛。同时，科学合理推进病危桥梁维修加固工作；做好地质灾害隐患的排查和清理工作，在险要路段设置按规范完善安全警示标志；要科学设置防撞墩、警示桩、路侧护栏等交安设施，切实解决好服务群众“最后一公里”问题。

【农村公路管养】 2014年，全市基层农村公路管养机构及人员得到落实。全市所有乡（镇）一级设立农村公路管理养护站（所），村一级设立农村公路管理养护队。全市农村公路养护管理全覆盖，农村公路列养率达到100%。县道经常性养护率达到100%、乡道经常性养护率达到60%、村道经常性养护率达到50%。改善农村公路技术状况（MQI），优良路率提高，次差路率下降，路面技术状况（PQI）得到改善。农村公路路基、桥隧构造物、沿线设施等技术状况基本达到相关技术标准要求。全市县、乡道绿化率保持在90%及以上，村道绿化率50%。

【运输市场秩序整顿】 2014年，全市运输市场秩序整顿以绵阳主城区为重点，以打击“黑车”非法营运为中心，整治客运运营秩序。全年全市交通执法系统出动执法人员3.1万人次，检查车辆1.6万辆次，查扣非法营运车辆255台，收缴罚没款184.6万元。同时，完善“一牵头三联动”长效机制，宣传引导，营造市民自觉抵制非法营运车辆的良好氛围。全年水上交通出动检查组757个次，参加检查人员1756人次，检查船舶5236艘次，查出隐患29起，整改29起。开展全市采砂船舶专项整治活动，对全市7条河流全部进行清理检查，清理采砂船舶400余艘。

△“一牵头三联动”：政府牵头，部门、地区、社会联动。

【交通安全生产】 2014年，绵阳市通过开展平安交通、打非治违、“六打六治”、公路隧道安全隐患排查整治、农村客运安全专项整治等专项治理活动，全年全市发生道路运输行车安全事故12起、死亡17人，同比分别下降37%、23%。编印《安全生产监督管理工作制度汇编》，制定《安全生产重点监管名单管理规定》《安全生产暗访暗查工作制度》《绵阳市道路交通重点驾驶人“黑名单”管理暂行办法》等。在各运输企业和驾驶培训机构开展“文明交通进驾校”“遵守交通法规，杜绝五类违法”“安全行车我承诺”主题活动。全市133辆罐式危货车安装紧急切断装置，303

辆危货车的车载卫星定位系统全部接入省统一的监控平台。

△“六打六治”：打击危化品非法运输行为，整治无证经营、充装、运输，非法改装、认证，违法挂靠、外包，违规装载等问题；打击破坏损害港区油气等压力管道行为，整治管道周边乱建乱搭乱挖乱钻等问题，着力做好重大隐患的整治工作；打击涉及有限空间作业的无证照生产经营及严重安全生产违法违规行为，整治违规操作、违规指挥的行为；打击无资质施工行为，整治层层转包、违法分包等问题；打击长途客车、旅游包车、水上客船非法营运行为，整治无证经营、超范围经营、承包经营、船舶委托管理及超速、超员、疲劳驾驶和长途客车违规行驶等问题；打击“三合一”“多合一”场所违法生产经营行为，整治违规住人、消防设施缺失损坏、安全出口疏散通道堵塞封闭等问题。

【交通行政许可规范】 2014年，全市交通系统贯彻落实“两集中、两到位”，将所有涉及交通行政许可的审批事项集中到政务服务中心，规范行政审批事项。建立和完善首问责任制、限时办结制和责任追究制，并在实际工作中逐项、逐件对照落实；建立健全首席代表、窗口负责人主要职责、前后台岗位管理制度等，确保所有岗位、所有环节、所有流程都有制度规范。优化服务方式，切实提高行政效能。严格按照省、市两级政府及交通运输厅的相关要求，将行政审批项目由19个精简为5个，公共服务项目由11个精简为7个。其中，取消项目3个，下放项目6个，暂停项目9个。承诺时限提速73%。全年受理30064件，均全部办结，办结率、满意率均达到100%。

△“两集中、两到位”：行政机关的审批事项向一个处室集中、行政审批处室向行政审批服务中心集中；保障进驻行政审批服务中心的审批事项到位、审批权限到位。

【交通运输节能减排】 2014年，全市报废营运性“黄标”车120辆、老旧车358辆。执行客车实载率低于70%的线路不得投放新运力的规定。引导和鼓励运输企业选用技术先进、经济安全、节能环保的车型，在出租汽车、公交车、班线客运推广CNG压缩天然气使用。截至年底，全市营运客车3879辆，其中使用CNG客车1602辆，占客车总数的41%；公交企业有1299辆公交车使用节能环保燃气新技术；全市2509辆出租车，全部使用CNG燃料。推进液化天然气（LNG）市场培育，鼓励引导运输企业在运营400千米干线公路的班线客车推广液化天然气（LNG）。

（张　霜）

铁　路

铁路建设

【概况】 2014年，绵阳市境内建成铁路有宝（鸡）成（都）铁路、成（都）绵（阳）乐（山）客（运）专（线），绵阳境内运营里程全长201千米；在建项目有成（都）兰（州）铁路、西（安）成（都）客专，绵阳境内全长101千米，匡算总投资135亿元；规划建设铁路有绵（阳）遂（宁）铁路，绵阳境内全长76千米；规划研究铁路有绵（阳）南（充）铁路，绵阳境内全长110千米。

【成兰铁路建设】 成都至兰州铁路位于四川省和甘肃省境内，全长457.62千米，概算总投资619亿元。项目起于成都，经什邡、绵竹、安县、茂县、松潘至九寨沟，向北延伸连接在建兰渝铁路的哈达铺站。绵阳市安县境内33.2千米，静态总投资44.9亿元，速度目标值为200千米/小时，建设工期6年，项目预计2018年开通运营。2012年12月进场施工，起于睢水镇宝元村，途经高川乡，止于茶坪乡宝藏村。客站位于睢水宝元村8组，货站位于光明村2组。2014年，做好建渣相关事宜，安县睢水站前广场土地平整工作有序进行。

【西成客专建设】 西成铁路客运专线起自陕西省西安市，经汉中、广元，至江油与成绵乐城际客运专线相接，为Ⅰ级双线客运专线铁路，正线全长509千米，设计时速250千米，可研批复估算总投资655.79亿元。其中，绵阳境内江油段约62.8千米，估算总投资约80亿元，项目预计2018年开通运营。

2012年11月1日，铁道部以铁鉴函〔2012〕1449号正式批复西安至成

城绵乐城际铁路铺轨施工

都铁路西安至江油段四川省境内初步设计。2012年年底，铁二院完成工程施工图设计。2013年2月底，西成公司完成工程招标，中铁二局和中铁五局中标江油段建设，其中，中铁五局约12.2千米，中铁二局约50.6千米。根据工程进度安排，2013年4月，西成铁路客运专线四川段关键性控制工程正式开工建设。2014年，征地拆迁工作基本完成，地方政府加大力度做好水利设施功能还建、土地复垦、电站迁改等工作。

【规划绵阳至遂宁铁路】 绵阳至遂宁铁路全长146千米，匡算总投资135亿元，其中，绵阳境内76千米，匡算总投资80亿元。2014年，完成《新建铁路绵阳~遂宁铁路预可行性研究报告》。项目列入铁道部和四川省政府签订的《关于加快四川铁路发展合作协议》，以及国家《中长期铁路网规划（2008年调整）》《四川省“十二五”综合交通建设规划》《四川省“十二五”铁路规划》等规划。

【规划研究绵南铁路】 绵阳至南充铁路全长160千米，匡算总投资240亿元，其中，绵阳境内110千米，匡算总投资165亿元。2014年，委托设计单位完成《绵南铁路规划研究报告》。

【规划轨道交通】 根据中铁二院推荐的初步方案，线路规划长76千米，包含1号线、2号线、3号线，估算总投资300亿元。根据2013年市政府第29次常务会议纪要精神，明确交发集团为项目业主，并于2013年10月18日组织规划编制单位竞争性谈判，确定中铁二院、西南交大以及中规院联合体作为规划编制单位。2014年年初，规划编制单位围绕全市路网、产业、重大基础设施布局以及全市交通结构、城市未来发展、科技城新区建设规划等基础上，全面地开展客流量调查等基础性工作。2014年10月，编制并基本确定全市近期（2020年）线网规划、远期（2050年）线网规划。建设规划报省住建厅，待审批。 （杨　辉）

绵阳境内2010~2014年铁路数据统计

表24

年份＼项目	铁路货运量（万吨）	铁路客运量（万人）	全市铁路总运营里程（千米）
2010	115	406	143
2011	118	428	143
2012	107	458	143
2013	110	515	143
2014	108	562	201

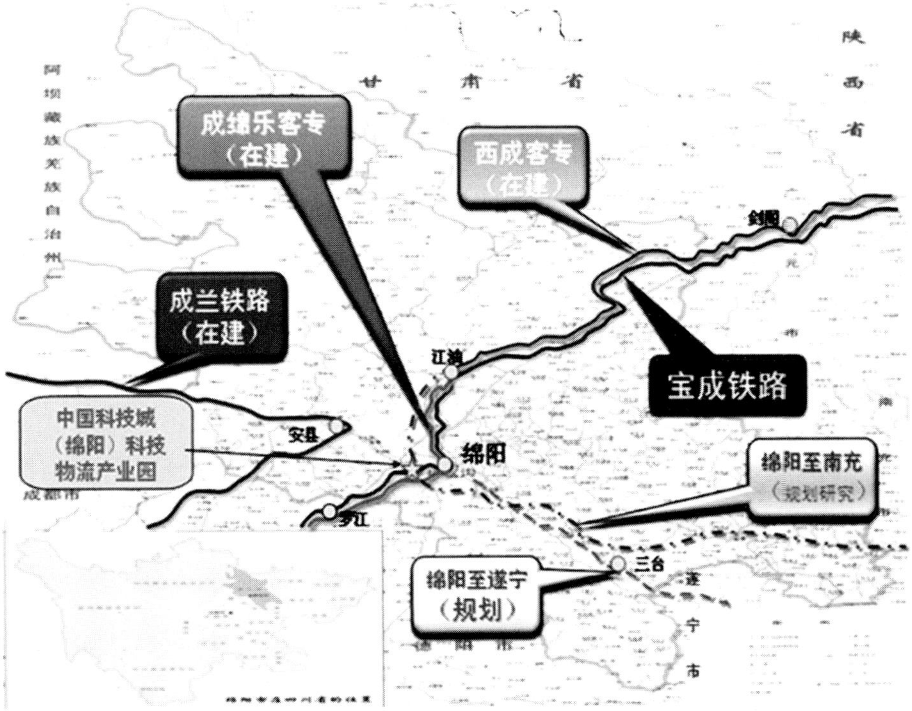

绵阳地区规划建设铁路项目

【成绵乐铁路客运专线建设】 成绵乐铁路客运专线（以下简称成绵乐客专）是中国西部首条高速铁路，是部省共建项目；是国家重大基础设施灾后重建重大民生工程；是四川建设综合交通枢纽建设中的头号工程，对推动绵阳在成德绵同城化、一体化发展将起到举足轻重的作用。专线绵阳段自2009年7月正式启动，于2014年12月20日正式开通投运。专线全长317千米、匡算总投资480亿元，绵阳境内58千米、匡算总投资90亿元，设计时速为250千米/小时。绵阳境内设绵阳站（城际站）、江油站、青莲站（暂未开通）三处站台。

【成绵乐客专国有土地拆迁】 成绵乐客专绵阳城区段国有土地拆迁面积占成绵乐客专国有土地拆迁总面积（包括成都、德阳、绵阳、眉山、乐山等5市）的40%。截至年底，铁路红线内应征收集体土地147.73公顷，全部交付施工单位使用；绵阳城区段国有土地房屋拆迁量为33.33万平方米，需征占国有土地52.796公顷，涉及企事业单位53家、居民2111户，拆除房屋32.69万平方米、完成98.1%，应签拆迁协议2155户，签协议2129户、完成98.8%，地方政府负责的铁路建设用地全部移交施工单位。

【城区道路上跨下穿铁路建设】 2014年，绵阳城区双碑立交桥的上跨下穿、绵中铁路桥下穿通道、高新区及涪城区新皂镇的下穿通道等处铁路上跨下穿改造项目得到原铁道部的批复同意，改造项目完成后，为绵阳实现畅通交通打下坚实的基础。

（杨　辉）

民用航空

【概述】 2014年，绵阳机场旅客吞吐量首次突破100万人次，进入国内中型机场行列。累计实现飞机起降214558架次（其中：民航班机9832架次，加班124架次，备降48架次，包机6架次，军航6架次，通用航空36架次，飞院训练204506架次）；运输旅客1084998人次，较上年同期增长18.3%；运输货邮行10788.6吨。绵阳机场吞吐量在全国202个机场中排名第61位。新开通南宁-贵阳-绵阳、兰州-绵阳-丽江，恢复杭州-绵阳-乌鲁木齐航线。绵阳-北京增加至每天3班，昆明-绵阳、厦门-长沙-绵阳、丽江-绵阳-南京航线加密至每天1班；同时春运和暑运航班得到大幅度加密，其中春运加班58班，暑运加班148班。

【航线发展】 2014年，绵阳开通北京、上海、广州、深圳、厦门、长沙、沈阳、昆明、西宁、三亚、丽江、南京、拉萨、天津、杭州、乌鲁木齐、南宁、贵阳、西安、石家庄、兰州航线，通航城市达21个。4月1日，天津航空公司开通南宁-贵阳-绵阳航线，每周三、五、七各一班。5月17日，恢复杭州—绵阳—乌鲁木齐航线，由中国国际航空公司执飞，每周二、四、六各一班。新引进祥鹏航空参与运营，于12月2日开通兰州-绵阳-丽江航线，每周二、四、六各一班。7月1日起绵阳-北京增加至每天三班，暑运、春运期间加密昆明—绵阳航线、厦门—长沙—绵阳航线、丽江—绵阳—南京航线为每天1班。科博会期间，联系国航临时新增北京航班4班，满足客源需求。

【航空安全管理】 2014年，绵阳民航局围绕安全责任，安全生产的目标，确保持续安全运行，通过第二轮航空安保审计，实现第12个安全年。机场新编写“三案一册”、程序文件、部门二级文件、应急救援预案等文件；建设候机楼门禁系统，提升重要区域安全级别。开展2013年10月至2014年9月结束的“平安机场”建设活动，与驻场单位签订《绵阳机场应急处突联动机制》协议。修订《绵阳机场应急救援预案》并通过审定；与飞行学院及相关单位联合开展应急事件处置拉动演练；首次以无预设区域和无预设方案的方式，开展多项应急演练。修订《危险品管理操作手册》；与执飞航空公司签订非危险品运输协议。起草《绵阳净空及电磁环境保护办法（暂行）》，与净空保护区内的单位建立联系制度，与机场周边村、镇签订《净空管理责任书》。

△“三案一册”：航空安全保卫方案、质量控制方案、安保培训方案和航空安保管理手册。

【航运服务质量管理】 2014年，绵阳民航局根据《国务院关于促进民航业发展的若干意见》中关于提高运输

绵阳机场突破百万人次

服务质量的要求，结合民航四川地区航空运输服务质量检查及全国民航服务质量评价体系标准，积极深化服务举措。成立服务质量管理委员会，拟草《服务质量工作手册》，开展“百日服务质量提升”活动。完成候机楼无线网络系统建设；加强机场及周边交通环境整治；细化各项服务标准，建立服务先进评比体系，树立主动服务的意识。开展“民航优质服务大走访”活动，走访720多家市级行政机关、事业单位、周边县市区政府、大中型国有企业、主要民营企业，征求社会各界对民航发展和服务方面的意见建议。聘请第三方机构参与服务质量评价，每季度向出港旅客发放满意度调查表和开展服务质量评价活动，每半年征求和收集执飞航空公司对服务工作的意见，客观发现问题，及时整改服务细节。

【机场配套设施改善】 2014年，绵阳市延伸79路、75路公交线路至机场站点。配合成绵乐高铁开通，推进空铁联运体系建设，新开通机场直达火车站的空港巴士304班线，在火车站内和机场候机楼内互设城市候机楼和车票服务窗口；机场客运站至周边市场班线车辆，解决地面衔接问题。12月1日，与重庆虹桥商贸公司合作成立膳典航空食品公司正式投入使用。机场旅行社委托上航假期国际旅行社经营管理，打造绵阳本地组团、地接两个平台；客运公司成功升级为一类（国际）机票销售代理，成为四川省除成都外唯一一家合法、正规的国际机票销售代理，争取到各航空公司特殊客票的销售代理权；与西南铁旅合作申请火车票代售资质，与盐亭、中江、罗江、南湖车站正式联合开展机票销售；传媒公司新建单立柱3根和LED灯箱2处，新增商业银行、中国电信、首开集团等客户；出租车公司争取25辆出租车经营权，租赁车增加至6辆；蓝天公司取得有害生物防治B级资质，正式加入中国有害生物防治协会会员，新增涪城国税局、绵阳市肛肠医院等6家协议单位；贵宾公司完成东辰集团在内的6家冠名单位、53家协议单位的续签工作。

【旅客吞吐量破百万】 2014年11月30日，绵阳机场年旅客吞吐量首次突破100万人次，这是四川省除九寨黄龙机场外唯一一个年旅客吞吐量突破100万的支线机场，绵阳机场从此跻身全国百万机场行列。30日上午，乘坐前往北京航班的侯唯希成为第100万名旅客。市民航管理局在机场候机楼内举行简单的庆祝仪式。12月1日，绵阳机场举行年旅客吞吐量突破百万人次大会，市委副书记张锦明、市政府副市长赵琪出席会议。会议由市政府副秘书长钟乐海主持，副市长赵琪宣读市委、市政府，民航西南管理局、成都空军第四师等贺信贺电。

【航空旅游研讨会】 2014年8月27日，中国科技城·绵阳航空旅游集散地发展研讨会在绵阳召开。会议由绵阳市人民政府主办，绵阳民航管理局承办。会议邀请民航西南地区管理局、西南空管局、四川监管局的领导和部门负责人，民航干部管理学院的教授以及国内28家航空公司、3个支线机场的代表参会，绵阳市委、市人大、市政府、市政协领导以及市民航局、发改委、财政局、规划局、交通局、旅游局、通航办有关负责人参加会议。会议提出绵阳打造航空入川新通道，建设科技城航空旅游集散地，力争到2020年，开通航线30条以上，实现年旅客吞吐量300万人次。

【北川通用航空产业园】 2014年2月11日，绵阳科技城（北川）通用航空产业园工作委员会成立。内设5个机构：综合管理办公室（党群工作部）、经济发展局、规划建设和环境保护局、财政局（国有资产监督管理办公室）、机场管理服务局。核定行政编制23名（包含原乡镇行政编制19名，另从全市待分配县级行政编制中调增4名）；机关工勤人员事业编制3名。5月12日，绵阳民航管理局派王德和、谢飞、陈文玖、左淳钒4人到北川通航产业园挂职，参与北川通用航空产业园区建设。

（程　露）

绵阳机场2014年航班时刻表

表25

航线	航班号	班期	机型	执行公司
北京08：40—11：30绵阳12：30—14：50北京	CA1451/2	每天1班	波音B738	国际航空公司
北京11：50—14：45绵阳15：35—17：55北京	CA1453/4	每天1班	波音B738	国际航空公司
北京18：10—21：00绵阳22：00—00：20北京	CA1455/6	每天1班	波音B738	国际航空公司
上海浦东08：25—11：30绵阳12：20—14：40上海浦东	FM9411/2	每天1班	波音B737-H	上海航空公司
上海浦东17：10—20：10绵阳20：55—23：40上海虹桥	9C8901/2	每天1班	空客A320	春秋航空公司
广州06：50—09：15绵阳10：05—12：20广州	CZ3399/3400	每天1班	空客A319	南方航空公司

续表

航线	航班号	班期	机型	执行公司
深圳 07: 05—09: 40 绵阳 10: 30—12: 40 深圳	ZH9911/2	每天 1 班	波音 B738	深圳航空公司
西安 10：25—12：00 绵阳 12：45—14：15 西安	NS3283/4	每周 1、3、5	ERJ190	河北航空公司
石家庄 07：50—12:00 绵阳 12: 45—17: 00 石家庄	NS3283/4	每周 1、3、5	ERJ190	河北航空公司
沈阳 13: 55—17:50 绵阳 23: 00—01: 45 沈阳	9c8595/6	每周 2、4、6	空客 A320	春秋航空公司
昆明 20: 55—22: 15 绵阳 18: 35—20：05 昆明	9c8596/5	每周 2、4、6	空客 A320	春秋航空公司
昆明 07: 50—09: 20 绵阳 10: 00—11：35 昆明	MU5875/6	每周 1、3、5、7	波音 B73D	东方航空公司
南宁 08：10—11: 30 绵阳 12: 10—15: 15 南宁	G56493/4	每周 3、5、7	ERJ90	天津航空公司
贵阳 10: 00—11: 30 绵阳 12: 10—13: 30 贵阳	G56493/4	每周 3、5、7	ERJ90	天津航空公司
丽江 08：20—09: 30 绵阳 14: 15—15: 40 丽江	8L9815/6	每周 2、4、6	空客 A319	祥鹏航空公司
兰州 12: 10—13: 35 绵阳 10: 10—11: 30 兰州	8L9816/5	每周 2、4、6	空客 A319	祥鹏航空公司
三亚 07：50—10: 20 绵阳 15: 35—17: 50 三亚	3u8717/8	每周 2、4、6	空客 A320	四川航空公司
西宁 13: 35—14: 45 绵阳 11: 10—12: 35 西宁	3u8718/7	每周 2、4、6	空客 A320	四川航空公司
丽江 09: 30—10: 40 绵阳 16: 30—17: 55 丽江	3u8533/4	每周 1、3、5、7	空客 A319	四川航空公司
南京 14: 15—15: 45 绵阳 11: 25—13: 20 南京	3u8534/3	每周 1、3、5、7	空客 A319	四川航空公司
厦门 11: 30—16: 15 绵阳 17: 00—21: 50 厦门	MF8439/40	每周 1、3、5、7	波音 B737	厦门航空公司
长沙 14: 05—16: 15 绵阳 17: 00—18: 50 长沙	MF8439/40	每周 1、3、5、7	波音 B737	厦门航空公司
杭州 08: 25—11: 00 绵阳 20: 40—23: 55 杭州	CA1917/8	每周 2、4、6	空客 A319	国际航空公司
乌鲁木齐 16: 20—19: 50 绵阳 11: 50—15: 25 乌鲁木齐	CA1918/7	每周 2、4、6	空客 A319	国际航空公司
拉萨 09: 55—12: 00 绵阳 19: 50—22: 20 拉萨	TV8945/8946	每周 2、4、6	空客 A319	西藏航空公司
天津 16：15—19：00 绵阳 12：50—15：15 天津	TV8945/8946	每周 2、4、6	空客 A319	西藏航空公司

航务海事管理

【概况】 2014年，全市通航里程645.79千米，通航河流7条（涪江、梓江、凯江、湔江、弥江、安昌江、渭河）；公益性渡口74道；按海事统计口径有各类登记船舶688艘、19559总吨、3930客位，其中客渡船122艘；有船乡镇74个、专兼职管船员87人；船员643人（机动船舶船员287人，非机动船舶船员356人）；水运企业6个。全市水路运输市场平稳有序，客货运输安全形势持续保持稳定。

【水运建设投资】 2014年，全市按照"抓进度、抓质量、抓管理"的民生工作要求，以全面实行水路基础设施月报表制度为手段，全面推进督促水运基础设施建设，为行业发展不断夯实基础。全年完成渡改桥1座，完成投资65万元；客渡码头11个，完成投资182.43万元；船舶更新改造17艘（含社会投资船舶），完成投资1238.37万元。

【水路运输经营资质管理】 2014年，全市加强水路运输市场准入和监督管理，全年组织核查水路运输经营人21户、营业性运输船舶87艘、1411总吨、1813客位、3719.98千瓦。全市完成水路客运量25.2753万人，与去年同比下降1%，旅客周转量完成187.0213万人千米，与去年同比减少9.49%。

【通航论证及审批】 2014年，全市严格按照《中华人民共和国航道管理条例》及其实施细则，加强对跨河、临河、拦河建筑物的通航标准和技术要求进行审批。按照要求完成"七涪"大桥通航论证审批；组织成绵乐铁路客运专线九岭涪江3号和游仙涪江4号特大桥助导航标志工程施工图设计、成绵乐铁路客运专线青莲涪江1号和龙凤涪江2号特大桥助导航标志工程施工图设计评审。

【内河乡镇渡口建设技术标准分类情况统计】 2014年，全市根据《四川省交通运输厅转发交通运输部关于发布内河乡镇渡口建设有关技术标准暂行规定的通知的通知》（川交函

〔2014〕650号）文件要求，市航务处对全市87个渡口进行分类统计工作。经统计，全市有一类渡口1个、二类渡口3个、三类渡口11个、四类渡口72个。

【市级水上交通应急演练】 2014年6月13日，绵阳市地方海事局组织局机关、涪城区、游仙区地方海事处三个单位开展水上交通应急演练。演练设置发布橙色预警信息人员到位和船舶漂移抢险队到指定地点集合两个场景。场景一：涪江东方大桥处流量达6000立方米/秒，8时20分，市地方海事局局长发布橙色预警信息，机关全体人员按规定时限迅速到达各自工作岗位。场景二：8时50分，局防汛值班室接到船主报告，涪江丰谷上游河段1艘运沙船失控向下游漂移需救助。9时5分，市地方海事局局长宣布启动二级响应，局应急抢险队分两个组立即赶往丰谷渡口参与船舶抢险。第一组3名应急队员于9时8分从局机关出发，到仙海湖将应急冲锋舟安装上船舶主机立即拖往丰谷渡口，10时35分到位。第二组5名应急队员在局机领取应急物资后，于9时10分出发，9时43分到达丰谷渡口。局防汛值班员9时5分分别通知涪城区、游仙区地方海事处防汛值班室组织人员40分钟内赶往丰谷渡口。9时38分涪城区地方海事处人员到达丰谷渡口，9时49分游仙区地方海事处人员到达丰谷渡口。演练当天，绵阳市连续十多小时普降中到大雨，演练接近实战场景。

【水路旅客运输企业安全生产标准化达标考评】 2014年4月起，绵阳市地方海事局首次在全市6家水路旅客运输企业开展水路旅客运输企业安全生产达标考评工作。安全生产达标考评内容包括安全目标、管理机构和人员、安全责任体系、法规和安全管理制度、安全投入、装备设施、科技与信息化、队伍建设、作业管理、危险源辨识与风险控制、隐患排查与治理、职业健康、安全文化、应急救援、事故报告调查处理、绩效考核与持续改进等十六大项。绵阳市内河船舶船员培训中心作为市交通运输局批准的全市水路运输企业安全生产标准化达标考评机构具体组织实施。截至12月中旬，全市绵阳市好运旅游开发有限公司、绵阳市雷耀旅游开发有限公司、安县白水湖船舶运输服务有限公司、北川羌族自治县龙泉水路运输有限公司、四川越王楼景区管理有限公司、四川永华商贸有限公司等6家水路谢谢运输企业全部达到三级企业标准，通过考评。

【修订水上交通安全监督管理办法】 2014年11月3日，市地方海事局修订印发《四川省绵阳市地方海事局水上交通安全监督管理办法》，规范水上交通安全监督管理。该《办法》共七章，明确各级水上交通安全监督管理机构及职责和责任，建立《安全监督目标管理制度》《安全监督管理检查制度》《安全隐患跟踪整改制度》《安全监督管理会议制度》《安全监督管理教育制度》《安全监督管理会议制度》《水上交通视频监控制度》等7个制度。

【百日安全生产活动】 全市百日安全生产活动，2013年12月20日开始，至2014年3月31日结束。活动中制作宣传展板15张，张贴标语160幅，发放宣传资料5700余份，到现场宣传120人次，受教育群众达6万人次以上。开展船员培训教育500余人次，全市出动检查组187个，检查人员496人次，检查船舶2186艘次，查出隐患9起，整改9起，行政处罚0.2万元。

【安全生产月活动】 生产月活动从6月1~30日全市派出检查组78个，参加检查的执法人员306人次，检查船舶856艘次，发出隐患整改通知书3份，整改3起。活动中张贴宣传画515张，悬挂宣传标语64幅，发放宣传资料8000余份，受教育群众达5.15万人次以上。

【"平安交通"建设集中整治专项行动】 2014年10月27日至12月底，全市海事系统组织开展"平安交通"建设集中整治专项行动。专项行动内容：督促县、乡人民政府落实安全管理责任，落实管船员、签单员。各渡口及船舶按规定配齐消防设施和救生设备，落实停航封渡、警戒水位减载、客渡船签单发航、汛期水情传递、水利水电工程蓄放水预警机制及24小时值班制度；严格渡口审批条件，坚决取缔未经批准、非法渡运的渡口，凡是渡改桥的地方要撤销渡口，严格控制新设渡口；严禁渔船、农用船、"三无"船舶、非客船载客，严禁客、渡、游船随意停靠、船员无证驾船、船舶超载运输、超范围经营和违法夜航等，严格执行船舶最低安全配员和有关航行秩序等规定；加快渡口改造和渡船更新，提高渡口渡船的安全技术水平。凡从事客渡运的企业必须通过安全生产标准化达标验收合格，建立安全管理机构，明确职责，定期开展船员职业技能及安全责任意识教育；"平安船舶""平安渡口"建设，市局各业务科室要积极指导、协助，各县市区地方海事处要制定具体方案、措施，主动联系当地政府，开展好水上"平安交通"建设集中专项整治工作。

【采砂船舶安全管理专项整治活动】 2014年11月14日起至2015年5月31日，全市开展为期6个月的采砂船舶安全管理专项整治活动。活动分组织动员、清理整顿、巩固总结三个阶段，重点整治手续不全、证书不齐、违法采砂、超载及无证驾驶行为，重点打击和取缔参与砂石开采及配套的"三无船舶"，对清理出来的448艘采砂船进行登记造册，为汛期安全监管提供依据，规范全市采砂船舶作业管理，保护通航秩序，改善通航环境。

【市县两级海巡艇建造】 2014年，四川省交通运输厅航务管理局下达绵阳市三台县地方海事处、平武县地方海事处和市地方海事局各1艘海事巡逻艇建造任务。截至年底，三台县地方海事处完成建造的长16米、型宽4米、型深1.4米、主机功率75

千瓦×2的海巡艇建造任务，平武县地方海事处完成长16米、型宽4米、型深1.4米、主机功率75千瓦×2的海巡艇建造任务。市地方海事局的长29米、型宽5米、型深1.5米、主机功率135千瓦×2的海巡艇，经市政府采购中心公开招标，甘肃兰州华麟航务船舶有限责任公司以148万元报价中标，9月份开始海事巡逻艇建造，船体主体工程基本完工。截至年底，全市有7艘海巡艇。

【船舶检验质量管理】 2014年，全市检验各类船舶170艘，其中换证检验2艘、建造检验5艘（1艘因资料不齐未签发证书）、年度检验161艘（45艘因不合格未签发证书）、在建检验5艘，发出船舶检验通报4期、船舶新（改）建通知书7份，同时对在建船舶加强质量跟踪管理。

【清理规范船舶检验技术档案】 2014年，全市清理72份船舶图纸档案、196份船舶技术档案，对存在的问题的份船舶检验技术档案按国家船检局规范制定整改方案并组织实施整改。对全市境内的49艘船长20米以上的船舶进行吨位复核。 （吴晓春）

邮 政

【概况】 绵阳市邮政管理局2012年11月21日挂牌成立，属双重管理部门，在上级邮政管理部门和市人民政府领导下开展工作，行使行业监管职能。2014年年末，全市有邮政营业网点446个（其中电子化支局258个），报刊亭（点）192个，便民服务站1526个，信报箱6.91万个，区内邮路157条；快递法人企业15户，分支机构及营业网点160余家。全市邮政完成业务4.88亿元，同比增长20.34%；累计完成业务收入4.87亿元，同比增长13.75%。其中完成快递业务量861.00万件，同比增长40.16%；快递业务收入1.41亿元，同比增长36.96%。

【邮政基础设施建设】 2014年，全市邮政空白乡镇局（所）补建及邮政便民服务站建设纳入全市民生工程进行统一实施管理，全市33处空白乡镇邮政局（所）补建项目均按时完成并开业。开展邮政普遍服务基础设施普查803余人次，实地核查全市区、县、乡镇邮政普遍服务邮政局（所）以及代办所累计320处，完成网点检查全覆盖任务，完善基础设施普查系统419处邮政营业网点信息。与市委、市人民政府和相关市级部门沟通协调，争取城镇住宅信报箱建设支持。市政府印发《关于加强城镇住宅邮政信报箱建设的通知》（绵府办发〔2014〕1号），就全市信报箱建设管理工作做出安排，要求各级住建、规划、邮政管理部门各司其职，加强配合，共同推进信报箱建设工作。邮政便民服务站建设获2014年度全市十大优秀民生项目。

【邮政市场监管】 2014年，绵阳市编制《绵阳市邮政业突发事件应急预案（2014年）》，组织邮政、快递企业召开2014年安全工作会和快递业务旺季服务保障工作培训会，与各企业签订安全责任书。完成快递企业及分支机构日常检查119家730余人次，发出整改通知28份，行政处罚1家。建立“政府、协会、企业”互动的保障机制。“双十一”期间出动60余人次，检查和驻场巡查30余家快递企业网点。联合市国安局成立“邮路安全监管领导小组”，联合市工商局集中查处快递市场无证照经营行为。联合市国安局、市公安局召开六期快递业务旺季保障培训会，实现寄递渠道安全培训全覆盖。通过网上指导、实地勘察、约谈企业负责人等多种途径，完成辖区内14家快递法人企业的许可证年审工作。联合市价格和粮食监管监察局发文（《关于统一快递企业收费标准公示牌的通知》），规范快递市场经营行为。

【快递产业园区建设】 2014年，绵阳市邮政管理局牵头组织编写占地20公顷的《快递产业园区可行性研究报告》和园区规划，协同市物流办、科发集团等相关单位全力推动快递产业园区建设，鼓励快递企业入园建设区域中心、分拨中心，共享分拨线、安检设施和公共服务，实现对快件处理的集中监管。2014年，11户快递企业签署入驻意向，顺丰总部派专人进行项目考察。绵阳顺丰、天翼物流签订入驻协议。

【邮政业“十三五”及中长期规划编制】 2014年，绵阳市邮政业“十三五”及中长期规划编制工作6月启动，成立编制领导小组、编制工作小组及编制课题组，并通过比选谈判方式确定西南科技大学承担规划编制工作。组织西南科技大学课题组到邮政公司、快递企业、科发集团和市级相关合作单位开展前期调研，搜集资料，为课题组开展策划设计工作提供依据。完成规划框架搭建与初步设计工作，得到市委、市政府的认可，市财政拨专款支持邮政业“十三五”及中长期规划编制工作。

贸　易

TRADE

四川电子商务博览会

国内贸易

概　述

【概况】 2014年，全市按照《绵阳区域性商贸中心发展规划（2010~2015年）》“一核、两翼、五节点”的布局构架，围绕打造“大市场、大流通、大商贸”目标，推进重大商贸项目、集聚发展区、重点物流园、重点流通企业的培育和发展，绵阳区域商贸中心雏形基本形成。科技城范围核心区商贸流通业规划布局逐步实现分类、集聚、集中发展。城北方向农产品、农资商品集散中心，物流配送中心，价格形成中心，信息发布中心逐渐形成。高水蔬菜批发市场实现年交易额67.6亿元，年交易量464.9万吨；城南方向：汽车新车、二手车及报废汽车回收拆解集聚发展区规模不断扩大，以同立汽车城市场为代表的汽车新车实现年销售额20余亿元，卓龙、南鑫为全市仅有的2个二手车交易专业市场，实现交易额7.3亿元，上缴税金550万元；城东方向基本形成以日用消费品集散、仓储、物流配送、电子商务为一体的现代商贸园区，毅德商贸城一期项目竣工，占地28.13公顷、投资24亿元，建成集五金机电、建材、家具家饰、日用百货批发交易市场，天泰.剑南国际食品城一期占地14公顷，投资6亿元，实现年交易额100亿元；城西方向的新皂生产资料物流园区引领着生产资料市场集聚发展。三台县重点抓好国家级电子商务进农村综合示范县和省级现代流通示范县建设，促进农产品进城，推动工业品下乡，促进信息惠民和助农增收，提升完善农村市场体系，积极推动商贸流通业提档升级；江油市围绕“强化规划、项目带动、完善制度”的目标，推动商贸流通服务业快速、有序发展，成为绵阳县域商贸流通业发展最快、最好的地区。“五节点”发展各具特色：北川羌族自治县、平武县民族贸易商贸持续发展，继续享受省民族贸易政策，特色农产品加工包装、冷链物流逐步形成产业链；安县、盐亭县、梓潼县着力提升优化县城中心区商贸业基础设施功能及服务水平。

2014年，全市实现社会消费品零售总额778.29亿元，位居全省第二；同比增长13.0%，高于全省平均水平0.3个百分点。其中，城镇市场实现消费品零售额516.32亿元，增长14.1%，占全市社消零总额的70.3%，在消费品市场起主导作用；乡村市场实现消费品零售额218.45亿元，增长10.7%。全市实现商品零售额619.84亿元，占社消零总额的84.4%，同比增长13.5%。其中有8类商品实现20%以上的增速，有12类商品的零售增速在全市平均水平以上。家具类、通信器材类和书报杂志类的增速均达到60%以上；汽车类保持稳定增长，实现零售额64.35亿元，增长11.4%，较上年同期提高8个百分点，对消费品市场起到较强的推动作用。全市连锁企业达到192家，建成连锁门店5640个，实现销售额225亿元，连锁率达到30%。全市限上单位实现社会消费品零售总额331.88亿元，同比增长15.3%，比社消零总额增速快2.3个百分点；限上总额占社消零总额的45.2%，较上年提高4.2个百分点。

【现代服务业发展】 2014年，绵阳市全面贯彻落实《绵阳市人民政府关于进一步加快发展服务业的意见》，制定《2014年绵阳市加快服务业发展工作方案》《绵阳市支持商贸服务业发展暂行办法》等支持服务业发展的政策文件，重点推动电子商务、现代物流、现代金融、科技服务、健康养老五大新兴先导型服务业加快发展。加快现代服务业集聚区建设，发展楼宇经济，富临大都会、凯德广场二期等多个城市综合体相继建成，绵阳被列为省级服务业示范市，石塘商贸物流园区、金家林总部经济试验区（信息软件）成功纳入全省现代服务业集聚区，全年在用好500万元市级商贸服务业专项资金的同时，向上争取省级“服务业示范市、电子商务示范基地，省级现代服务业集聚区、示范县、示范镇”等项目专项资金3000万余元。在政策、资金、用地、环评审批等方面加大对服务业重点项目支持力度，总投资超过100亿元的西部现代物流城、天泰剑南国际食品城、长城国际酒店等“服务业示范市”重点项目年内完成建成；总投资超过50亿元“石塘商贸物流园区”“金家林总部经济区”2个省级“服务业集聚区”全面完成建设。全市22个市级重点服务业项目进展有序，总投资达到1100亿元，完成投资115亿元。全市实现服务业增加值522亿元，总量居全省第二，同比增长9.7%，占地区生产总值比重33%，拉动地区生产总值增长3.7个百分点，服务业完成投资722亿元，占全社会固定资产投资的66.9%，服务业实现地税收入60亿元，占全市地税总收入的65%。

【商务活动贸易】 2014年，市商务局开展“惠民购物全川行”“川货全国行”“万企出国门”商务活动，提高“绵阳造”商品知名度。全年组织科博会、全省电商博览会、国际汽车展、“啤酒美食节”“乡村旅游节”等大型商务活动50余次，实现销售金额约90亿元，引导零售企业充分利用“十一”、中秋、元旦、春节等节假日消费旺季，开展“酬宾大拍卖”“让利返点”等多种促销活动近万次，实现零售额超过100亿元；组织78户企业参加泸州站、北京站等“川货全国行”8个站点活动，实现现场成交金额150余万元，签约金额2.26亿元，提高“绵阳造”产品的知名度和影响力；组织210户企业参加广交会、华交会、法国里昂灯具展等“万企出国门”活动，使用展位数231个，意向成交额5.31亿美元。

【天泰·剑南国际食品城项目】 2014年10月开业运营，项目计划总投资13亿元，规划总建筑面积45万平方米，以食品、副食品交易、加工、商贸物流为一体的大型专业市场。项目一期占地面积14公顷，主体建筑面积17.5万平方米，累计完成投资8亿余元。食品城中的市场电商交易平台“食哈哈”实现网上交易，网上销售额超过2000万元。

毅德商贸城

【毅德商贸城项目】 2014年11月开业试运营，项目占地77.67公顷、总投资25亿元，总建筑面积65万平方米，主要批发零售家居建材、五金机电、陶瓷卫浴、服装百货等，着力建设川西北规划建设面积最大、经营商品门类最多、服务功能最全的超大型现代综合商贸交易市场。截至年底，项目完成投资26亿余元，八个商业功能区中A1、B、C、D区2400余间近30万平方米主体商铺，“毅德购”电子商务综合信息服务平台正式上线。

绵阳市大中型商业零售企业一览

表 26

序号	企业名称	法人代表	经营范围
1	绵阳大润发商贸有限公司	张宗翰	预包装食品兼散装食品销售。日用百货、服装鞋帽、针纺织品、化妆品、洗涤用品、照相器材、灯具、玩具、文体用品、皮革制品、办公用品、计算机及配件、通信器材（不含大功率发射器）、钟表眼镜、箱包、五金交电、化工产品（不含易燃易爆易制毒品）、珠宝首饰（不含钻石）、工艺品、家用电器、摩托车及配件、电动自行车及配件、自行车及配件、建筑装饰材料、农机配件、汽车配件销售，盐、酒、一二类医疗器材（不含需前置审批的项目）零售，场地和柜台租赁，仓储服务（不含危险、违禁物品），物业管理，停车场管理服务，家用电器维修。（取得消防合格证后，方可从事上述经营活动）
2	绵阳万达百货有限公司	丁本锡	针纺织品、服装、鞋帽、日用百货、体育用品、机械设备、电子产品、水晶制品、汽车装饰品、办公用品及设备、乐器、工艺品、照相器材、箱包、家居用品、家用电器、钟表、化妆品、预包装食品的销售，眼镜销售（不含验光配镜服务），盒装礼品包装服务，金银制品、黄金珠宝首饰的销售和相关技术服务，商场经营管理
3	绵阳富临百盛广场有限公司	钟珊珊	商业零售（代销、寄售）、批发经营：预包装食品、散装食品、乳制品（婴幼儿配方乳粉）；摄影及照片冲洗，食品加工，场地设施租赁服务
4	绵阳新世界百货有限公司	张辉热	商业零售经营,包括:综合百货、化妆品、家用电器、五金交电、针纺织品、服装鞋帽、皮革制品、日用杂品、办公用品、钟表眼镜、工艺美术品、金银饰品、珠宝、日化制品、通信器材、摄影器材、家具、保健用品、健身器材、酒、糖果、茶、饮料（取得消防合格意见书后，商场方可经营）；组织国内产品的出口业务；自营商品的进口业务（以上商品进出口不涉及国有贸易、进出口配额许可证、出口配额招标、出口许可证等专项管理的商品）
5	成都人民商场（集团）绵阳有限公司	王福琴	百货、农副产品、水果、粮油制品、预包装食品、冷冻饮品、冷冻食品、饮料、酒类、乳及乳制品、豆制品、糖及巧克力、调味品、禽肉鲜肉及制品、水产品及制品、蛋及蛋制品、卤制品及冷荤凉菜、保健食品、非直接入口散装食品、一类医疗器械、计生用品、文化用品、摄影摄像器材、黄金珠宝、家电、通信设备、工艺美术品的销售；烟零售；糕点制售（裱花）；家电维修；停车场服务；国内广告设计、制作
6	绵阳兴达好又多商贸有限公司	Gregory Stephen Foran	商业批发及零售（佣金代理）：粮油及其制品（糕点面包）,果品，蔬菜，肉，禽，蛋、水产品，保健食品，茶叶及饮料（酒类产品仅限零售）；文具用品，体育用品，图书报刊（仅限零售），音像制品及电子出版物（仅限零售），工艺品，照相器材，其他文化用品；一类医疗器材（仅限零售）；汽车、摩托车零配件，家用电器，计算机软件及辅助设备，通信设备及其他电子产品；五金、家具、涂料，其他室内装修材料；花、草及观赏植物；组织国内商品的出口业务；自营商品的进出口业务；经营相关配套服务：餐饮（但不限于中西快餐），自营食品的加工，经营设施及场地的出租及转租；家用电器及其他日用品的售后维修服务；信息咨询服务（不包括中介服务）（以上经营范围涉及法律法规相关许可证的，以许可证核准的经营范围为准）
7	绵阳富安百货有限公司	顾大宁	日用百货、摄像及照相器材、通信器材（不含国家禁令的器材）、黄金珠宝、钟表、眼镜、办公用品销售，自营商品的进口和国内商品采购出口（国家政策允许范围内的）

续表

序号	企业名称	法人代表	经营范围
8	成都人民商场（集团）绵阳有限公司茂业百货分公司	王福琴	百货、农副产品、水果、粮油制品、饮料、糖及巧克力、水产品及制品、蛋及蛋制品、一类医疗器械、计生用品、文化用品、摄影摄像器材、黄金珠宝、家电、通信设备、工艺美术品的销售；烟零售；家电维修；国内广告的设计、制作
9	绵阳摩尔玛梅西商贸有限公司	丁　勇	日用百货、五金交电、家用电器、珠宝首饰、副食品、预包装食品、酒销售；烟零售；停车场服务
10	沃尔玛深国投百货有限公司绵阳临园路分店	胡天云	在公司经营范围内从事经营活动（须取得前置审批的，待取得前置许可证后，方可经营）
11	沃尔玛（四川）百货有限公司绵阳跃进路分店	张　旭	在公司经营范围内从事经营活动（须取得前置审批的，待取得前置许可证后，方可经营）
12	成都市人人乐百货有限公司绵阳崇尚国际购物中心	文　斌	百货、日用杂品（不含烟花爆竹）、五金交电、化工原料及产品（不含危险品）、建筑装饰材料、电气机械、电子产品、通信器材（不含无线电发射设备）、工艺美术品（不含文物、古董）、医疗器械一类及二类中无须许可和审批的合法项目、蔬菜、果品、蛋的销售；农副产品收购（不含粮、棉、油、麻、蚕茧）；柜台、场地租赁（以上经营范围，需许可、备案的取得许可、备案后经营，需资质的凭资质经营）
13	四川永辉超市有限公司绵阳市花园路万达广场分公司	游　达	预包装食品兼散装食品、乳制品（婴幼儿配方乳粉）的零售。日用品、家用电器、电子产品、通信器材、针纺织品、服装、文化体育用品及器材、汽车摩托车零配件、五金交电、仪器仪表、五金家具、建筑材料、花卉草木、玩具，蔬菜果品、肉、禽、蛋、水产品、珠宝、金银饰品、汽车装潢、消防器材、工艺品、计生用品、皮具、橡胶制品、洁具、餐具、生活用纸、化妆品、鞋帽、床上用品、办公用品、电脑及耗材的销售，企业管理服务，出租商场部分设施及商场场地，社会经济信息咨询服务（国家法律法规限制和禁止的除外）

（申　丽）

粮油购销

【概况】 2014年，全市有国有粮食企业41户，其中国有粮食购销企业36户。全市粮油收购主体从当地和省内外市场购进粮食74.9万吨，其中国有粮食购销企业购进26.2万吨，占总购进的35%；收购油菜籽（油折籽）20.7万吨，其中国有粮食购销企业购进6.2万吨，占总购进的30%。累计销售粮食72万吨，其中国有粮食购销企业销售26.9万吨，占总销量的37.4%；销售油菜籽（油折籽）18.6万吨，其中国有粮食购销企业销售油菜籽（含油折籽）5.2万吨，占总销量的28%。全市国有粮食企业实现销售收入10.28亿元，同比增加0.45亿元，增长4.61%，实现利润206万元，同比增长10.7%，加上国有参控股粮食企业，全年实现总利润203万元，同比增长4.6%，亏损企业3户，增加2户，同比增长200%。

【国有粮食托市收购】 2014年，根据国务院政策和四川省2014年稻谷最低收购价执行预案的有关规定，全市符合收购条件的国有粮食购销企业，受中央储备粮绵阳直属库的委托，从9月26日起正式启动当年产新稻谷最低收购价收购（简称托市收购）工作，以国标三等中籼稻为标准品，每市斤1.38元，具体执行步骤和监管，严格按照有关制度规定和纪律执行。托市收购启动前，全市稻谷市场价在1.18元至1.20元之间，托市后每斤增收0.19元。31个委托收储库点积极开展收购，满足群众出售余粮的需要，全年收购托市稻谷68230吨，为农户增收2592.7万元。

【粮油销售】 2014年，粮食销售市场通过全国“十一连增”和国外进口量的持续增长，供求格局从“紧平衡”状态变为结构性过剩，粮食销售市场的竞争空前激烈，一批产能低、规模效益差、技术较为落后的粮食加工企业濒于破产边缘，而通过优胜劣汰脱颖而出的加工企业，利用品牌优势继续占领着市场销售的制高点，如仙特米业、游仙粮油购销公司、三台神龙油脂等重点龙头企业，经营效益明显。在适应市场变化的应对措施上，重点在更新营销手段，强化市场占领，培育诚信客户，巩固销售成果上下功夫，及时把握市场粮价波动规律，及时制定前瞻性营销策略，利用时间差、季节差适时抛售粮油。2014年，全市国有粮食企业销售粮食同比增加2.4万吨，增幅3.5%。

【粮油基础设施建设】 2014年，四川省下达绵阳市22户企业危仓老库改造总仓容67.68万吨，总投资5982.51万元计划。截至年底，全市全部完成投资计划并完成项目竣工验收工作。全市9个项目纳入四川省粮食低温储备库建设规划，计划新建25万吨低温库仓容，改造升级12万吨。第一批千亿斤粮食仓储设施项目县（市）组织申报。总投资1.5亿元、占地10.67公顷的绵阳粮食物流中心项目，永兴地块交易中心大楼主体工程完工。全市拟建设大型标准化放心粮油配送中心4个、中小型配送中心9个，打造各类放心粮油旗舰店40家，放心粮油连锁店56个，放心粮油加盟店212个，项目申报方案获得省财政厅、省粮食局高分评审通过。

【农户储粮方式革新】 2014年，四川省下达农户科学储粮专项，即彩钢板组合小粮仓项目5500个。截至11月中旬，各项目县市区陆续超额完成小粮仓生产计划，实际完成6558个，受益农户6558户，为农户减损粮食1049.28吨。项目县示范点农户不仅每户增收428.8元，合计增收281.2万元，促进传统储粮方式的改革，在更大的范围内实现农户储粮的减损增收。 （谢安忠）

副食品商业

盐 业

【概况】 2014年，绵阳市盐业分公司结合工作实际，制定"深化改革、提质增效、坚定信心、发展壮大，坚定不移地保持公司发展战略，促进经济稳定增长"的工作基调。全年完成盐产品总销售89312吨，比上年同期多销2953吨，上升3.42%；多种经营累计销售10303.53万元，实现非盐产品利额934.66万元；门面租赁收入计划265万，实际完成350万元，租赁任务超额完成75%。房地产情况：富贵阳光楼盘销售取得极好成绩，全年销售商品房面积2万余平方米，收回资金8153万元。全年实现销售总收入3.25亿元，实现利税3651万元，其中利润1982万元。

【盐业管理】 2014年，盐业公司以提高销售质量为抓手，保持经济持续稳定增长。为正确引导消费者吃好盐、用好盐，率先在全省同行业中召开"多品种盐上市媒体见面会"，取得很好的宣传效果。加强盐政执法检查，确保食盐安全。查获盐业违法案件23件，查获各类违法盐产品数量3.3542吨，罚没款总额150元。

（邓 吉）

烟草专营

【概况】 2014年，绵阳烟草商业系统围绕"稳中求进、开拓创新"工作基调，应对各种复杂环境和困难挑战，保持稳定的发展态势，经济运行指标持续向好。全年实现卷烟总销14.69万箱，完成年销售计划101.17%；实现税利8.91亿元，增幅8.15%，贡献度居全省行业纯销区第二。

【营销网点建设】 2014年，绵阳烟草商业系统推进工商协同、强化预约销售、注重有序竞争，全方位推动重点品牌发展。全年销售"娇子"品牌卷烟3.62万箱，名列全省第二，增幅1.71%。完成56家"娇子"形象店、119家工业形象店的建设，实施现代零售终端建设1750户，覆盖率达10%，全市"一店一品牌"现代终端模式初步成型。

【烟草专卖管理】 2014年，绵阳烟草商业系统建立健全"政府主导、部门联合、多方参与、密切协作"的烟草市场整治协同机制，相继启动5次专项整治行动，保持卷烟打假打私高压态势：查获涉烟违法案件2427起，万元以上案件113起，同比增幅74%，5万元以上案件20起，百万元以上网络案件3起，查获涉案卷烟563万支，涉案金额606.61万元，法院判决生产销售假冒伪劣产品罪2起，非法经营罪1起，拘留13人，逮捕7人，判刑8人，缓刑6人。开展烟草专卖法律法规宣传，发放宣传资料万余份，在"3·15"国际消费者权益日期间，组织开展集中销毁假冒伪劣卷烟活动，公开销毁2012年以来缴获的假冒伪劣卷烟389个品种16238.4条，价值400余万元。

【烟草物流中心公司制改革】 2014年，绵阳烟草商业系统推进物流法人实体化运作，完成绵阳烟草物流中心公司制改革筹备组建工作，9月成立绵阳诚至诚商务物流有限责任公司。依托烟草物流主业，探索多元化业务发展，逐步建立起"产权清晰、权责明确、运转协调、制衡有效"的现代企业制度，推动绵阳烟草物流由"企业物流向物流企业、成本中心向效益中心、单一业务向多元经营"的转变。 （王 珣）

餐饮业

【概况】 2014年，绵阳市高端餐饮转型升级，调整经营战略，休闲餐饮与大众餐饮需求不断增强，经营领域拓宽，特色经营发展壮大，节假日餐饮和旅游餐饮升温，社会消费能力增加。餐饮行业规模与企业规模继续扩大，连锁经营更加凸显。餐饮业在满足消费者消费需求、促进国民经济快速增长等方面发挥着越来越重要作用。绵阳市有住宿餐饮经营单位限上企业329户，同比增长8.2%；住宿餐饮业实现营业额114.93亿元，同比增长9.7%。

【餐饮业连锁企业发展】 2014年，森林雨拥有各种加盟管理店130余家，是"绵阳最具影响力餐饮品牌"，在全国营业年收入超过10亿元。"杨肥肠"作为绵阳大众小火锅的龙头企业，独领绵阳小火锅市场潮流，成为绵阳餐饮市场的一面旗帜和响亮品牌，并荣获省级著名商标。"六月雪干锅"在全国拥有直营和加盟店上百家。紫金印象餐饮公司拥有"紫金湾""滋味工坊""紫金印象"三个品牌。"四维餐饮"拥有80年的发展历史，有多家连锁门店，是四川老字号餐饮企业。四海香拥有"四海香""仙龙潭"两个品牌，在省内外发展多家连锁加盟店，品牌价值超过600万元。德华开元米粉、康富源老开元米粉、高水杨米粉、永华米粉、老牌胖米粉、通安巷胖米粉、佳鑫胖米粉、安县鲜米粉、四维壹家鲜米粉等绵阳米粉品牌均有多家连锁门店，部分米粉品牌在全国开展连锁经营。

【特色餐饮业】 2014年，绵阳城区既有高档的传统宾馆、饭店，又有新型的快捷酒店；既有传统的品种也有新开发的特色品种，如米粉，特色面，石锅三角蜂，翅汤桂鱼，蓉和开门红，石哼鲜圆鲍，木瓜炖雪蛤——紫金湾酒楼；三姐鸡丝凉面、三姐泡海鲜系列、四海香排——四海香餐饮；蒋豆花、酸辣豆花、炖鸡豆花、鲜果醉豆花——蒋记实业；玻璃耳叶——和记集美；南瓜肉松盅、长生果煨鲜蹄筋、红汤冒鸭肠——四维餐饮；凉拌剔骨肉——五郎庙豆汤店；麻辣兔头——钟兔子风味店；全鸭席——安县焦鸭子酒楼；老婆饼——绵阳金诺瑞食品公司；砂锅鲫鱼水饺——绵阳聚龙砂锅居；疋二黄饼、汽锅鸡——疋二黄罐罐鸡；五香卤排骨——廖排骨卤菜店。同时，还有引进来的湖南湘菜馆、兰州拉面、重庆特色火锅等。街头巷尾的小炒店、小饮食摊点星罗棋布，使消费者在种类上有更多的选择，餐饮业文化得到新发展。 （朱仕锦）

供销合作商业

【概况】 2014年，全市供销社系统资产总额170489万元，比上年增加42772万元，其中流动资产85141万元，比上年增加16881万元，固定资产57251万元，比上年增加1249万元；负债总额76373万元，同比增加43万元；所有者权益94115万元，同比增加42728万元。全年经营服务总值109.5亿元，售给农民生产资料5.4亿元。全系统实现利润总额13999万元，比上年增长58.92%。截至年底，全市供销社系统发展各类农民专业合作组织1288个（其中专业合作社958个），入社（会）成员207832户。农民专业合作社中：各级供销社参资入股29个，吸收加盟929个，入社成员125958户。

【四川省农产品展示展销会】 2014年10月14~15日，省果品行业协会、绵阳市农村合作经济联合会主办，绵阳天泰集团承办，绵阳市供销社、四川吉顺网络科技有限公司协办的四川省特色农产品展示展销会在绵阳天泰剑南国际食品城成功举办。来自全省180多家特色农产品生产、加工、营销企业、基层社、专业合作社的3000余个产品参展，省农资集团、省棉麻公司、四川老邻居连锁公司、永辉超市等10多家大型企业的20余名客商代表赴会考察、洽谈和采购。实现交易额逾2亿元，签约金额近亿元。绵阳市供销系统24户企业2000余个农特产品参展，实现交易额8000万元。绵阳天泰集团、绵阳兴川梦想食品科技有限公司等企业签订战略合作和业务对接协议。

展销会期间，举办农产品电子商务高峰论坛。四川省果品行业协会与绵阳天泰集团签订战略合作协议，根据协议内容，天泰剑南国际食品城被确定为全省性农产品展示展销会、交易会永久性会址，四川省果品行业协会将积极动员所属企业以及产品进入“食哈哈”电子商务平台进行展示交易。包括四川省老邻居商贸连锁有限责任公司、省农资企业集团邦力达农业科技有限公司在内的10多家企业分别签订合作协议。

【农村合作经济联合会】 2014年，全市供销社系统组建完成县市区农村合作经济联合会9个，在全省率先实现全覆盖。全市入会的各类龙头企业600余户，各类专业大户100余个，覆盖农户12万户。市县农村经济联合会上下联合，免费为农民送技术，全年开展“庄稼医生”、农产品经纪人和乡村旅游人才等培训2600人次。

【供销基层组织体系建设】 2014年，全市供销社系统开展恢复改造新建基层社、规范发展专合社和行业协会、提升建设社区综合服务社，培育完善基层组织体系建设。完成梓潼县供销社、游仙区供销社、安县供销社的基层组织建设试点工作。游仙区供销社新建的富乐花乡供销社开展新型经营业态，发展首家市级农合联。梓潼县供销社所属许州南华宫农产品交易市场和城关“农产品展示展销中心”投入营运。平武县供销社积极改造水晶基层社资产，以经营权换取开发，通过招商引进华联超市投资200多万元，建设全市第一个乡镇大型综合超市。截至年底，全系统有首批联合评定的国家级示范社3家，专业合作社联合社3个。改造新建基层社20个，社区综合服务社111个，新发展专合社12个、行业（专业）协会8个。

【供销社系统综合改革试点启动】 2014年，全市供销系统按照“综合改革试点、完善社有资产管理体制和运营机制、加强新农村现代流通网络和农产品批发市场建设”的改革任务，确定全系统在梓潼县供销社开展综合改革试点，形成《梓潼县供销社综合改革试点方案》。启动市本级社有资产清理规范工作。截至年底，清理、核实分布在市级改制企业中的地方政策性亏损挂账1611.7万元、移交给绵阳市富达公司的社有资产184.73万元。

【农业产业化项目建设】 2014年，全市储备入库全国总社项目41个，其中农村综合项目26个、“新网工程”项目15个。争取各类项目18个，财政批准支持资金1500余万元。其中中华供销合作总社批准农村综合项目2个、财政支持资金280万元；四川省供销社会化服务体系建设项目4个、财政补助资金400万元；其他涉农项目10余个、财政补助资金500万余元；“新网工程”项目1个、财政补助资金200万元；市农业产业化项目资金80万元。

【供销合作综合服务】 2014年，全市供销系统开展“走基层、四联两保两送、助春耕”、农资科技咨询等服务活动，落实农资救灾应急储备，加强农资市场整顿、农资打假和市场监测，保障全市农资供应；加强农产品批发市场、配送中心和网点建设，发展农产品电子商务，着手打造绵阳特色农产品展销馆，搭建农产品线上、线下和展销平台，促进农产品产销对接。全系统落实化肥救灾应急储备1万吨、农药200万元；销售化肥27万吨，农药5780吨，农膜1000吨，市场占有率超过65%；打造农产品展示展销中心5个、配送中心1个，游仙区供销社新建直供直销点30个，购销、冷藏、保鲜果蔬超过1万吨；新建回收利用网点150个，实现再生资源回收利用总额3.1亿元。（李　平）

集市贸易

【概况】　2014年，市工商局开展市场的专项整治、加强城乡环境的综合整治、文明城市建设，开展“红盾春雷行动”农资市场整治，着力打造健康、公平的市场交易环境体系，维护市场总体经营规模稳定。截至11月底，全市有各类商品交易市场370个，其中消费品市场271个、生产资料市场99个；工业生产资料市场30个，二手车市场2个，全市有绵阳市高水蔬菜水产批发市场等商品成交额上亿元的专业综合市场12个。

【市场监管】　2014年，市工商局以规范经营主体、规范经营行为、确保农资市场质量、加大维权力度为重点，加强农资市场和旅游市场监管；营造放心购物环境，强化重大节日市场监管和汽车市场秩序的监管以及对粮食、棉花、蚕茧等重点商品交易市场监管。以城乡市场环境综合治理和全国文明城市建设为中心，做好“两结合”，即：坚持市场环境治理与创建全国文明城市工作相结合，狠抓文明城市建设深入；坚持市场环境治理与“讲卫生、除陋习、树新风”集中治理“三乱”相结合，狠抓城乡市场环境综合治理，促进城市整体水平的提升。将治理重点由农村集贸市场向“四化”农贸市场推进，逐步把治理重心向基层延伸，向盲点延伸，确保治理工作常态化、制度化、规范化。

【网络商品交易监管】　2014年，市工商局结合实际，做好网络商品交易及有关服务行为监管，加强组织领导，制定相应的网络监管计划，推进网络商品交易管理化法制化进程，推进网络“经济户口”、网络巡查、要求网络经营户办理网络电子链接标识，网络维权等方面的建设工作，树立日常监管一体化的思路，理顺经营性网站资料做好基础工作，规范网络经营市场行为。形成以搜索引擎系统、电子取证系统、电子链接标识系统为抓手的“以网管网”新格局。

（左　西）

绵阳市大型专业市场交易情况统计

表 27

序号	市场名称	市场负责人	市场类别	成交额（万元）
1	绵阳市高水蔬菜水产批发市场	冯　林	农副产品专业批发市场	543580
2	绵阳市剑南食品批发市场	蒋　洋、江恒忠、谢从玉、肖成吉等	副食品专业批发市场	82600
3	绵阳市同立国际汽车博览中心	唐帮宪	工业消费品专业市场	140000
4	绵阳卓信综合市场	徐　东、蒋洋等	农副产品综合批发市场	50000
5	绵阳市花园批发市场	郑宝荣、马　斌、赵　杰等	工业消费品专业市场	40000
6	四川万向汽车商城	刘　勇	工业消费品专业市场	56745
7	绵阳市卓龙二手车市场	李德超	工业消费品专业市场	60000
8	三台县北门市场	罗清军	农副产品综合批发市场	40000
9	江油市华丰建筑装饰材料城	陈清平	工业消费品专业市场	13000
10	江油市新昌明市场	王　刚	农副产品综合市场	18000

（左　西）

物流业

【概况】　2014年，全年铁路货物到发量649万吨，其中发送量108.3万吨；载货汽车35273辆，吨位13.2万吨，公路货运周转量674954万吨公里；航空货运量9927吨、增长20%，机场累计运输旅客首次突破108万人次。邮政行业累计完成业务收入4.87亿元，同比增长13.75%；累计完成业务总量4.88亿元，同比增长20.34%。快递行业累计完成快递业务量861万件，同比增长40.16%；累计完成快递业务收入1.41亿元，同比增长36.96%。被确定为全省推进现代物流业重点发展区域和全省二级物流园区布局城市。新增6家省级重点物流联系企业,确定长虹信息化现代物流园区等13个项目列为2014年省市重点物流发展项目，下达绵阳市现代物流业发展促进资金1500万元。

【科技物流产业园建设】 2014年1月，中国科技城（绵阳）科技物流产业园控制性总规划通过市规划委员会审议；5月，发展规划通过市规划委员会审议；7月，土地一级整理、开发公开招商获市政府批准。其中，园区启动区的综合信息中心、主要市政道路基础设施施工前期准备工作全面展开。与天翼航空、申通快递、顺丰快递、四川伟经物流、四川中油森泰集团签订框架合作协议，与传化物流、京东商城、普洛斯、远成物流等近20家企业达成合作意向。

【第三届中国（四川）国际物流博览会】 2014年11月1~3日，采取“政府+行业组织+专业会展公司+特定企业群体”的组织形式和市场化运作模式的第三届中国（四川）国际物流博览会在遂宁举办。本次物流博览会上，绵阳市物流项目签约金额6.31亿元，拥有自主知识产权的“物流指南”“车载定位系统”产品在物博会中进行全方位展示。

【第三方物流业】 2014年，绵阳市第三方物流实现营业额14.9亿元，同比增长19.5%，从业人员2500余人，实现税收6000余万元。拥有上规模（经营额在500万元以上）的第三方物流企业30家，主要有长虹民生物流有限责任公司、安运物流有限公司、富临物流有限公司、四川中邮绵阳分公司、中外运绵阳分公司、川西北农产品配送中心等。 （杨 锐）

会展业

【概况】 2014年，全市举办各类会展活动17场次，展陈面积40万平方米，参会人数120万人次，展会交易额900亿元。其中，包括第二届中国（绵阳）科技城国际科技博览会、四川电子商务博览会暨第三届“绵阳造”精品展销会、2014绵阳国际工业装备暨第17届绵阳国际机床及工模具展览会、中国中医药博览会等专业展，车展、服装展等消费展。

全年，组织绵阳企业、单位在北京、天津、广州等地参加20多个展会。其中，第十七届北京国际科博会获“最佳展示奖”“优秀组织奖”，第五届中国天津（滨海）国际生态城市论坛暨博览会获“最佳城市风采奖”，第十五届西博会“承办重大活动和专项活动”，招商招展、展场管理及保障服务工作和接待外国政要、国内外代表团、知名企业家和境外媒体工作受省委、省政府办公厅通报表彰。

【会展业发展保防措施出台】 2014年，绵阳市出台《关于加快会展业发展意见》，意见提出发展目标：到2015年，展出总面积达到50万平方米，带动相关产业增加收入50亿元以上，把绵阳建成四川省第二大会展中心；到2020年，全面建成设施先进、品牌汇集、服务优质、管理规范、氛围浓厚、功能彰显的全国具有影响力的会展中心。同年，市政府相继出台《绵阳市会展业管理办法》《关于鼓励支持企事业单位积极参加重大会展活动的意见》等文件，推动绵阳会展业规范、稳步发展。

【第二届中国（绵阳）科技城国际科技博览会】 2014年10月16~18日，第二届中国（绵阳）科技城国际科技博览会（以下简称“科博会”）在绵阳举办。全国人大常委会副委员长陈昌智、蒋正华，全国政协副主席刘晓峰出席开幕仪式；参加科博会的还有中共四川省委书记王东明、省委副书记魏宏等32位省级领导和国家部委负责人；10个国家驻蓉、驻渝总领事馆的总领事及官员；9名中外院士、美国国防部前副部长甘斯勒以及40位国际国内知名专家出席科博会各类论坛并演讲；港澳台代表团参加大会；参会嘉宾1万余人，观众58.6万人次；签约项目945个，金额883.6亿元。年底，第二届中国（绵阳）科技城国际科技博览会被中国会展经济研究会评选为“2014年度中国十佳品牌会展项目”。

【第十一届中国中医药（民族药）博览会】 2014年8月22~24日，北京创意行通公司承办的第十一届中国中医药（民族药）博览会在会展中心举行。展陈面积12000平方米，西门子、GE、哈药、葵花、修正、康恩贝等402家知名药企参展。同期举办“全国县级公立中医院改革研讨会”“中医药发展基金医院专户研讨会”等系列研讨活动，来自全国各地中医药管理系统行政负责人、中医院院长等500余人参加。

【2014四川电子商务博览会暨第三届“绵阳造”精品展销会】 2014年9月19~23日，2014四川电子商务博览会暨第三届“绵阳造”精品展销会在会展中心举行，展陈面积达36700平方米，参展企业1160家，展出展品5200余件，展示精品楼盘面积超过300万平方米。16.3万人次观展，实现签约和销售总额72.91亿元。展会期间，召开全省电子商务工作会、2014四川电子商务发展峰会和2014四川电子商务发展专业论坛等高层次会议，42家国内外知名电商企业高管参加，共同探讨电子商务发展趋势，探索跨境电商发展途径。同期举行电商与基地采购对接洽谈会，推动绵阳工业、农产、消费方面的名优特新产品“触网”，在集中签约仪式上，招商引资签约24.96亿元，商务合作签约12.24亿元。同时，组织绵阳重点工业企业2015年度采购发布会和新产品推介会，长虹、九洲、新晨动力发布2015年度原辅材料采购信息，科莱电梯等5户电梯企业、丰谷酒业等5户食品企业分别进行产品推介，签订战略合作协议33项；组织药械产品对接推介会，全市55家二级以上医疗机构和43

户本地药械企业到会对接。

【绵阳国际汽车展】　2014年4月16~20日，“绵阳之春”国际车展在会展中心举行。展陈面积4万余平方米，汇集70多个国际品牌、500余台各款新车参展，接待14.5万人次观展，现场成交汽车2749辆，成交金额达4.25亿元。11月12~17日，第四届绵阳国际汽车展举行。展陈面积7万平方米，接待14.3万人次观展，现场成交汽车3064辆，成交金额达5.6亿元。

（王　豫）

电子商务

【概况】　2014年，绵阳市着力实施电子商务“招商引资、平台支撑、聚集发展、推广应用、人才培养、示范带动”六大工程，电子商务产业发展进入快车道，全年电子商务交易规模达1612亿元，同比增长34.3%；实现网络零售额51.26亿元，同比增长55.3%，均居全省第二位，绵阳作为全省电子商务第二城地位更加稳固。

【电子商务平台建设】　2014年，全市围绕电子商务行业垂直平台、公共服务平台等，着力培育维斯特、科瑞、乐居等重点电商平台企业，鼓励企业做大做强，新培育“觅来”商城、靓家宅配、天泰国际食品城、万年龟全城（生活）快乐购以及富乐网购等8家电商平台上线，全市拥有四川科瑞公司、维斯特商品交易市场、金循环再生资源、靓家宅配、食哈哈等电子商务平台企业32户；推进“绵阳造产品网上行”，加大电子商务培训宣传力度，推广普及电子商务应用，全市有长虹新能源、家福来电器、绰迷生物等依托第三方平台开设网店的企业1200余户；有包括电商平台服务、物流配送、呼叫中心、网络营销等电子商务专业服务商160余家。

【电子商务经营方式多样化】　2014年，部分具有先发优势的企业，如四川科瑞公司正逐步向集约经营转变，建立专业的设计团队和营销团队，以其较强的技术支撑着力打造“富乐网购”绵阳本土综合型电子商务平台。9月，靓家宅配自行开发的大型家居建材网上商城（www.lj360.cn）正式上线运营，成为绵阳市首家家居建材O2O直购商城，同时也是中国第一家O2O直购模式商城，运营三个月，网上注册准用户达到6230人，线上线下交易额实现580多万元。绵阳电子商务协会探索“商业零售、产业园区、企业集群”三位一体新型模式，协会先后承办“天府网交会绵阳分会场”“川茶网购节绵阳分会场”和两届“绵阳造”名优特新产品展销会等大型网上交易活动，促成交易额10亿余元。

【电子商务产业集聚化】　2014年，结合推进电子商务示范基地建设，加快促进电子商务孵化基地、电子商务总部基地等电子商务集聚区建设，改善电商企业集聚发展条件，建立完善电子商务服务平台。绵阳科创区被列为省级电子商务示范基地，基地现有建筑面积约30000平方米，入驻包括长虹佳华、九洲科瑞、IBM大数据分析竞争力中心、浪潮云计算中心为代表的一批电子商务和信息软件等电商应用关联企业；涪城区金家林总部试验区着力打造集交易、快递、融资、培训、创新、创意、创业等多业态一体的电子商务产业创新孵化器；高新区依托背靠出口加工区优势，发展跨境电商，以产业链带动发展，成功引进100余户品牌电商企业入驻；游仙区着力打造20个为实体企业提供基于行业细分的单品电子商务平台；三台县成功申报商务部、财政部电子商务进农村试点县，实施电子商务进农村工程。

【2014四川电子商务博览会】　2014年9月19~23日，四川省商务厅、绵阳市人民政府主办的“2014四川电子商务博览会”在绵阳科技城国际会展中心举行。全省21个市州商务主管部门负责人带队组织当地企业参加本次电商博览会。博览会采取线上与线下结合、展览与会议结合、举办展会与促进合作结合等方式，开展2014四川电子商务发展峰会、2014四川电子商务发展专业论坛、电子商务现场展览展示、网商对接洽谈、投资项目签约、线上线下互动等系列活动，取得良好的经济效益和社会效益。博览会吸引880余户企业赴会参展，其中，电商及配套服务企业140余户、工业企业72户、农业企业、专合组织280户、消费品商家380户；组织316户传统企业与电子商务企业对接，实现电子商务交易及投资和贸易签约金额48.16亿元，其中，实现电子商务交易额21.36亿元，签约投资及贸易项目31个、签约金额26.8亿元。邀请42家国内外知名电商专家、电商企业高管参加峰会和论坛；吸引京东、苏宁、国美、1号店、文轩在线等32户省内外知名电商企业和科瑞软件、乐居商城、靓家宅配、中国网库、友宝、江豆网、齐齐乐游戏、绵阳市商业银行、申通、顺丰等70户市内电商企业、游戏企业、软件、银行、快递等电商配套服务企业参展；科创区、涪城区、游仙区、高新区、江油市集中展示绵阳市电子商务基地建设成果，为吸引外地电商企业到绵阳投资奠定基础。

（王　豫）

外贸与交往

出口贸易

【概况】　2014年，绵阳市对外贸易实现进出口总额29.18亿美元，同比增长3.8%，其中:出口20.72亿美元，同比增长14.9%，高出全省平均增幅8个百分点，出口额居全省第三位。深化加工贸易产业转移重点承接地建设的机遇，全年加工贸易出口2.85亿美元。通过培育和孵化，全市新增进出口备案企业79户，累计达760户，有进出口实绩企业212户，其中出口实绩企业195户，长虹、普思、利尔化学、艾默生等重点企业出口呈快速增长态势。

【机电、高新技术产品出口】 2014年，机电、高新技术新产品在出口产品中的比重较上年有所下降。机电产品出口3.92亿美元，同比下降1.86%；高新技术产品出口3.27亿美元，同比下降11.7%。

【国际市场开拓】 2014年，全市组织210户企业参加广交会、华交会、京交会、法国里昂灯具展等“万企出国门”相关活动，使用展位数231个，意向成交额5.31亿美元，其中首次“走出去”企业达88户，部分新兴展会参展实现新突破，以展会为平台促进外贸企业开拓国内外市场，收到显著效果。绵阳市与亚洲、美洲、欧洲、非洲等131个国家和地区建立外贸关系，出口产品涵盖电子信息、精细化工、新材料、机械制造和服装纺织等20个大类，1400多个品种。

【公共服务平台作用增强】 2014年，长虹承建的“出口电器产品检测试验室”为富士康、华为、艾默生、普思电子、西门子、爱立信等企业提供检测试验9000次，认证1000次，认证产品型号1800多个、平均周期缩短5－12周。九洲承建的“数字电视接收设备试验检测中心”为绵阳耐特电子、中物院、成都科乐弗、成都雷思特电子、成都泰格微电子研究所等20余家企事业单位提供高低温试验、低气压试验、振动试验、碰撞试验、跌落试验、可靠性试验、全参数检测等试验检测服务。 （夏永强）

进口贸易

【概况】 2014年，受长虹进口下降、部分企业经营不善倒闭等因素影响，进口8.45亿美元，同比下降16%。

2014年，全市通过动员企业参加“万企出国门”活动及参观考察国际各种交易会，拓宽采购渠道和采购面，降低采购成本。全市进口产品涉及亚洲、美洲、欧洲、非洲等50个国家和地区。绵阳市进口产品涵盖电子信息、精细化工、机械制造、服装纺织和矿产品等14个大类，480多个品种。四川九洲电器集团有限责任公司、绵阳新晨动力有限公司、绵阳长虹电源有限责任公司企业申报进口贴息资金869万元，为企业获取更多资金支持，提高企业生产积极性。

2014年，绵阳市根据国家《“十二五”期间实施积极的机电产品进口促进战略的若干意见》，结合产业实际，实现机电产品进口7.13亿美元，占全市进口总额的84.4%（高新技术产品进口4亿美元，占全市进口总额的47.3%）。 （夏永强）

利用外资

【概况】 2014年，绵阳市挖掘发挥商务部门涉外资源和优势，加强与商务部驻外机构、企业驻外机构、外资中介机构、世界500强企业、知名跨国公司、外国驻中国大使领事馆、外国驻川商协会等涉外机构的联系，收集挖掘各类投资信息。建立外商投资信息库，定期向企业、县市区、园区发布，并指导企业、县市区、园区与境外商务代表、有实力的中介机构结对子，拓展信息来源。

2014年，全市实现到位外资2.3亿美元，完成省、市政府目标考核进度115%，总量居全省第二。全市新批外商投资企业7户，实现合同外资4715万美元，外商累计投资达22.71亿美元，外资企业达102户，在绵阳落户世界500强企业达13户，14户外商投资企业进入“四川省外商投资企业百强榜”，数量居全省第二。

【外资企业增资】 2014年，绵阳市商务部门调研分析在绵阳外资企业生产经营状况和发展动向，挖掘拉法基、艾默生、华润、日普、凯德商用、新晨动力、北控水务等一批现有外资企业的潜能，指导、协助企业延长产业链，实现增资。动员外资人民币跨境直接投资和外资股权出资，指导境外上市企业返程投资，新晨动力境外融资返程增资到位7588万美元用于宝马N20发动机项目顺利投产。

【重点外资项目建设】 2014年，绵阳市跟踪洽谈外资项目21个，其中，完成外资审批并有资金到位的项目4个，进入外资立项和审批程序项目2个，分别是华晨瑞安轴齿轮增资项目和凤凰桥投资有限公司仙海酒店并购项目；新增签约项目2个，分别是新加坡GISS公司在绵阳游仙区五里梁工业园投资光通信芯片研发及生产项目，以及新加坡芯联芯公司下一代互联网设备研发制造项目。 （平 凡）

境外投资

【概况】 2014年，全市新增境外投资企业7户，投资总额1.48亿美元，占全省比重17.4%，居全省第二位。全市境外投资企业27户，对外投资总额11.13亿美元，居全省第二位。投资领域主要为电子信息、汽车零部件生产、能源矿山开发、新材料技术、酒店服务、投资咨询管理服务和房地产开发等7个行业；投资地涉及欧美、非洲、东南亚等10余个国家及地区。

【对外投资】 2014年，全市4户国有企业在境外投资企业12户,投资总额2.95亿美元，占全市比重26.5%，其中长虹境外投资2.78亿美元，占全市比重25%。非公有制企业对外投资异军突起。从投资主体数量看，非公有制企业有13户，是国有企业的3倍多；从投资规模看，非公有制企业投资总额为8.18亿美元，占全市比重73%；从投资领域看，非公有制企业涉足汽车零部件、电子信息等制造业，还涉及酒店服务、房地产开发、能源矿山开发等行业，而国有企业则主要集中在制造业和投资咨询管理服务方面。投资方式多样化。绵阳市对外投资企业投资方式由最初的在境外新设公司发展为新设、并购、参股、新设/再投资并购等方式，投资方式日趋灵活和成熟。投资领域相对集中。全市对外投资主要集中在能源矿业、电子信息、汽车零部件、酒店开发四大领域，以上行业对外投资额分别为4亿美元、2.9亿美元、2.2亿美元、1.4亿美元，占全市比重分别为：36%、26%、20%、13%。（夏永强）

进出口商品检验检疫

【概况】 2014年，绵阳市检验检疫机构检验检疫进出口货物1164批、货值14046万美元，同比分别减少66.29%、49.34%，检出不合格品33批、货值433万美元，批次不合格率为2.84%，同比上升2.46%。

【出口产品检验检疫监管】 2014年，检验检疫出口货物938批、货值9910万美元，检出不合格品16批、货值108万美元。检验检疫主要出口商品种类为化工产品、食品、食品添加剂和饲料添加剂等，主要出口到美国、欧盟、东南亚、非洲等国家和地区。

对出口埃及、埃塞俄比亚、塞拉利昂、伊朗、苏丹、也门的工业产品实施装运前检验20批、货值211.95万美元，主要产品为汽车及其零部件、重铬酸钾、微晶石玻璃板及酸式焦磷酸酸钠等，未检出不合格商品，未发生质量安全事故。

【进口产品检验检疫监管】 2014年，检验检疫进口货物226批、货值4136万美元，检出不合格品17批、货值325万美元。检验检疫主要进口产品为机电产品、化工产品、金属及制品、矿产品、废物原料、植物产品等。其主要进口自俄罗斯、日本、美国、东南亚、欧盟等国家和地区。进口产品质量状况总体较为稳定。

2014年，现场验证进口货物CCC产品证明3批、货值6万美元；受理免CCC证明申请60批、货值293万元，其中7批申请不符合免办条件。共发放免CCC证明53份，对已发证明的CCC产品实施后续监管。

【外来有害生物监测和农（兽）残、疫情监控】 2014年4~10月开展实蝇监测，设检疫性实蝇监测点18个，分布于绵阳出口加工区、绵阳南郊机场、游仙区小枧沟镇等，采用诱捕器类型为Mcphail，诱剂为Cue、Me、P、T，诱捕实蝇826只，其中南瓜实蝇654只，川黑实蝇92只，桔小实蝇48只，具条实蝇32只。

7~9月开展杂草监测，对绵阳直属库铁路专线、绵阳火车货站4号专线、绵阳皂角铺火车站装卸场地周边500米范围内，3家储备库（中央储备粮绵阳直属库、梓潼县许州粮油收储站、琴泉粮站新德库区）围墙范围内整个库区，4家加工厂区（绵阳正大有限公司、四川铁骑力士实业有限公司、四川国仁饲料科技有限公司、绵阳双胞胎饲料有限公司）内部和厂区外部从非实体围墙或硬化地面向外200米区域内实行踏查、逐株检查，没有发现外来检疫性杂草。在绵阳火车货站4号专线、皂角铺火车站等进口小麦、玉米装卸场地周围、琴泉粮站（新德库区）、4家加工厂厂区发现有少量小麦、玉米植株生长，当时就采用人工逐株拔除的方式全部予以清除。

【通关业务】 2014年，全面取消一般工业制成品的出口商品法定检验，签发检验检疫证书4192份，出具出境不合格通知单2份，入境索赔证书8份，为企业避免或挽回经济损失2598万元；累计签发原产地证明书1099份、签证金额8256万美元，其中，一般原产地证书393份、2518万美元，优惠原产地证书706份、5738万美元，绵阳出口产品凭优惠原产地证书可享受进口国关税减免约459万美元；累计签发自贸区（区域性）优惠产地证书312份、签证金额2242万美元。处理口岸通关问题50余次，出具工作联系函43份。对绵阳华瑞汽车有限公司出口非洲17个集装箱汽车散件和四川省银河化学股份有限公司进口南非183个集装箱的铬矿推行“三个一”便捷通关模式。

【服务外向型经济发展】 2014年，严格执行法检目录调整政策及减免检验检疫费有关政策，累计减免76家外贸企业检验检疫费61.2万元；对6家企业实行出口绿色通道管理，对2家企业实行“AA级”信用管理，对辖区5家出口企业实施电子监管快速核放及“无纸化”报检管理，受理无纸化报检业务105批、760万美元，为企业节约成本5万余元。

2014年，制定服务绵阳外贸发展8条措施和《贯彻落实四川检验检疫局促外贸稳增长“五项工程”推进绵阳开放型经济发展措施》，参与绵阳市“虚拟口岸”、电子口岸平台、陆运口岸以及绵阳国际物流园区建设等相关工作，推进检验检疫电子业务工作。对四川东材科技集团股份有限公司、四川好圣汽车零部件制造有限公司等2家企业因扩产需要进口总金额为2186万美元的生产线成套设备项目提供检验服务；对中国石油集团川庆钻碳工程有限公司出口磺甲基酚醛树脂进行指导，帮助其实现了首次出口土库曼斯坦；对四川魔力科技有限公司共计5批、货值13.6万美元的魔芋食品进行检验，确保其成功出口德国、捷克和加拿大。帮扶辖区四川省远景包装有限公司通过塑料编织袋危化品包装性能鉴定。

【交流合作】 2014年，协助绵阳市食品药品监督管理局对5个批次的进境肉类和水产品进行核查，查出其中4批货物检验检疫证明为伪造。协助上海洋山检验检疫局对3份进口肉类检验检疫证明进行调查，查实此3份检验检疫虚假证明均为伪造，为相关部门提供执法依据。

（钟彦宇）

绵阳海关

【概况】 2014年，绵阳海关（7905现场）1~12月进出口总值6亿美元，较上年同期（下同）下降26.8%；进出口货运总量2.7万吨，下降78.7%；实际入库税款总额10.2亿元，下降15.5%；其中，实际征收关税总额1.6亿元，下降9.3%；实际征收代征税总额8.6亿元，下降16.6%。1~12月办理减免税手续1138批次，货值2亿美元；减免关税5644万元，减免增值税1.5亿元。核销转关货物申报单242份，下降12%。进出口标准箱2372个，下降33.5%。处理报关单9269份，增长6.3%。绵阳出口加工区（7914现场）：据统计1~12月进出口总值1.8亿美元，较去年同期（下同）增长12.3%；进出口货运总量6939吨，增长13.1%。核销转关货物申报单1832份，增长16.2%。出口标准箱736个，增长9.4%。处理报关单2.1万份，增长9.6%。

【执行能力和服务质量建设】 2014年，绵阳海关认真分析科长执行力衰减的原因，从具体问题中抽丝剥茧，关长分别与科长进行面对面交心谈心24人次，严肃纪律要求，同时听取意见建议，化解思想顾虑。通过抓科长执行力，有效提升科室整体工作能力和水平。全年开展作风和严肃工作纪律专项整治，召开5次专题会研究窗口作风整改工作，对照成都海关组织的第三方窗口服务满意度测评反映出来的问题逐一检查，制订《绵阳海关窗口作风建设自查整改任务分解表》，梳理出20条立行立改项目，明确整改内容要求、整改时限、主管领导和责任部门。制订关领导巡查制度和科长值周制度，每月不少4次的不定期巡查，实事求是记录巡查情况，并进行通报。

【海关业务有序推进】 2014年，绵阳海关配合做好2014四川（绵阳）电子商务博览会暨第三届“绵阳造”精品展销会和第二届中国科技城（绵阳）科技博览会相关工作；参与绵阳市招商引资和重点项目推进工作，大力支持N20宝马发动机一期设备进口；主动向地方党政建言献策，就地方关心的跨境电子商务和特殊监管区域发展等事项开展调研，提供政策建议；开展科教用品减免税专题培训，联合广元市商务局为46家政府部门和进出口企业进行海关各项改革创新工作和进出口相关政策宣讲。同时，部署推进长江经济带区域通关一体化改革，开展“全域通”模式下“多点报关，多点放行”试点工作，全年，有10余户企业适用该模式，申报货物货重860吨，货值706.43万美元，征收税款623.19万元，“属地申报、口岸验放”和“属地申报、属地放行”模式在绵阳关区全面推广，无纸化通关模式大力推广，目前两个业务现场无纸化率为56.25%；加强规范申报，有效推进审单机制改革。自审单权限下放以来，审核两个业务现场报关单共计4000份，估价补税10.92万元，纠正归类、数量、总价等补税8.48万元；推进关检合作“三个一”工作，会同绵阳检验检疫局对绵阳华晨汽车公司整车出口、安县银河建化公司铬精矿进口等进行联合验放；学习研究在特殊监管区域简化通关手续和推进复制上海自贸区创新监管制度工作，在海关总署和成都海关指导下，启动“选择性征收关税系统”测试工作；建成绵阳海关成立以来的第一个进出口商品样品陈列室。出口方面，支持华晨汽车出口埃塞俄比亚，绵阳岷山实业向南非出口机顶盒生产线；进口方面，相继争取到绵阳好圣汽车零部件、绵阳艾默生能源、四川银河化学、四川东材科技、三台恒昌制衣等10户企业回绵阳本地报关，有效提升企业本地化报关率。

【“绿风”专项缉私行动】 2014年，绵阳海关根据海关总署和成都海关部署，在“绿风”专项缉私行动中查办成都关区首起“棉花”保税料件违规案。全年，缉私分局立案25起，立案案值为529.60万元，结案26起，罚没1.73万元。

（谭　鹏）

国际商务活动

【概况】 2014年，全市组织企业参加2014美国CES消费电子展、IFA2014德国柏林国际电子消费品展、ABTA2014博览及研讨会、荷兰IBC展会、2014年第20届中东迪拜广播、卫星通信展（CABSAT2014）、马来西亚国际食品贸易展以及万企出国门“中国品牌商品拉美展”等境外国际展会。全年参加各类国际商务活动场，实现产品交易元，签约引资元。

继续加强与意大利对外贸易协会、英中贸易协会、韩国贸易馆等国外商协会的联络，互相推荐项目，为企业寻找合作商机。组织70余家企业开展境内外经贸活动20余次，接待重要来访团组1个，1月中旬成功举办亚洲制造业协会理事会。

【开拓东南亚南亚市场】 2014年，绵阳市国际商会与南亚国家驻蓉机构例如巴基斯坦驻成都总领馆联系，加强与南亚国家的经贸活动对接。在与马来西亚、印度、巴基斯坦的经贸活动中，绵阳国豪种业公司与缅甸、马来西亚签订100多万美元的种子出口合同，开展相关配套活动。在南亚圆桌会、印度商机专题讲座等活动中，组织长虹、九洲等企业参加，为企业开拓南亚更广阔市场打下良好的基础。

【企业服务】 2014年，绵阳国际商会为出口企业办理一般原产地证书640份，商事证明书215份，使馆认证155份，出口金额达7088万美元。提供法律咨询90次，涉及关税减免约60万美元。为长虹网络、启明星等17家公司提供商事调解和法律顾问服务30余次。邀请四川省贸促会、绵阳市国税局等业务主管部门领导和专家学者在绵阳举办“出口退税最新政策解读专题培训活动”，有针对性地组织企业参加“四川省出证认证业务培训”和“东南亚经贸投资介绍及风险防范培训”。为绵阳出口企业提供各种经贸信息1500余条，及时为企业介绍国内外市场动态、行业变化、国内国际投资趋势等信息内容，也将绵阳企业的经贸信息发布到贸促网络平台，收到了较好效果。 （王　豫）

2010年市委、市政府民生工程完成情况

2010年，全市城镇新增就业4.2万人，城镇登记失业率为3.73%。发放小额担保贷款9713万元。在岗培训农民工3.82万人。

2010年，全市改善4.43万人农村贫困人口生产生活条件，农村年均医疗救助179元，城市年均医疗救助184元。扶持14.7738万人农村贫困人口脱贫。

2010年，全市落实46个促进少数民族地区经济发展项目，支持4126户少数民族地方农房建设。

2010年，全市补助寄宿贫困学生生活费12.2万人，完成中等职业学校招生3.7722万人。对4900人“六类”中职学生免除学杂费，完成101所学校灾后恢复重建。

2010年，全市全市城镇低保对象月人均补助136元，农村低保对象月人均补助57元。新建、改扩建6所敬老院，农村“五保”集中供养率达66%，新型农村社会养老保险试点覆盖人群达36.7万人，城乡居民医疗保险覆盖人数达60.49万人。

2010年，全市新型农村合作医疗参保率达99.65%，新型农村合作医疗人均筹资标准提高到140元。建设农村无害化卫生厕所1.8万所，建设地震灾区乡级医疗卫生机构166所。

2010年，全市解决地质灾害威胁农户避险搬迁4844户，新增解决低收入家庭住房困难房源8639套，廉租住房租赁补贴2.0656万户，棚户区改造7517户。解决饮水安全问题15.84万人，农村住房重建11530户。

2010年，全市建成通乡油路（水泥路）366千米，建成通村公路1416千米。全面完成农村电网改造任务，实现275个20户以上自然村通电话。

2010年，全市实施管护森林面积122.53公顷，巩固退耕还林成果4.12万公顷。整理土地2.63万公顷，新增耕地1.58万公顷，建成高产稳产基本农田1.58万公顷，建设标准农田3460公顷。完成10处农村建制乡镇集中式饮用水水源整治，全面完成城区农贸市场改造升级工作。

2010年，全市完成文化信息资源共享县级支中心建设2个，建设“农家书屋”528个，新建农民体育健身工程142个，解决20户以上已通电自然村广播电视“村村通”2510个。

（摘自《绵阳年鉴（2011）》）

金　融

FINANCE

梓潼农商银行

概 述

【概况】 2014年，全市有政策性银行1家，国有商业银行5家，股份制商业银行6家，城市商业银行1家，县级农村信用联社8家，农村商业银行1家，村镇银行2家，证券期货交易机构13家，小额贷款公司21家，融资担保机构44家，保险机构44家，金融从业人员达4万余人，初步形成多种金融机构并存、大中小型机构协同发展的良好格局。

2014年，绵阳市银行业金融机构本外币实现存款余额2630.8亿，比年初增加208.7亿元，同比增长8.6%；各项贷款余额1428.6亿元，比年初增加154.6亿元，同比增长12.1%。存贷规模达到4059.4亿元；全市辖内金融机构余额存贷比54.3%，同比提高1.7个百分点

【保险业收入】 2014年，绵阳市实现保费收入62.04亿元，同比增长23.98%。其中产险收入20.55亿元，同比增长18.58%；寿险收入41.49亿元，同比增长26.84%。全市保险理赔金额12.8亿元，同比增长16%。农村小额人身保险保费收入3557.93万元，同比增长15.57%。小额贷款保险保费收入1143.47万元，同比增长136.84%。政策性农业保险收入1.88亿元，同比增长8.24%。

【企业融资】 2014年，全市实现直接融资和其他融资228.77亿元，增长88.3%。截至12月末，全市有上市公司15户（其中主板、中小板9户，港股3户，新三板3户），31户企业在前海和川藏股权交易中心挂牌。200户重点企业进入上市企业培育库，其中进入辅导期并纳入省政府重点项目库企业28户，占全省重点项目库1/6。

【准金融业规范发展】 2014年，全市开业的44家融资担保公司，在保余额112.8亿元，比上年同期减少13.7亿元；在保户数4.15万户，比上年同期减少1.6万户。全市21家开业运营小额贷款公司贷款余额33.02亿元，同比增长20.16%。

【四川北川富民村镇银行】 2007年7月正式挂牌成立，以“支持小微、服务“三农”，助力城乡实体经济发展”为服务宗旨，开发出独具特色的“富民系列”产品，为10余万户小微经济实体、普通群体客户提供金融服务；2014年年末，资产规模达17.78亿元、存款14.95亿元、贷款10.15亿元、不良贷款率0.37%、实现净利润3980.07万元、营业机构9个、员工人数达156人。

【四川梓潼农村商业银行股份有限公司】 绵阳市首家农村商业银行2014年12月26日挂牌开业，有营业网点39个，总行营业部1个，支行26家，分理处12家，员工375人，是梓潼县营业网点最多、覆盖面最广的银行业金融机构；截至12月末，各项存款40亿元，各项贷款余额27亿元，其增长幅度、市场份额、存贷规模连续多年在全县金融机构中排名第一。（董智钢）

金融监管

中国人民银行绵阳市中心支行

【概况】 2014年，全市继续贯彻实施稳健的货币政策，综合运用各项货币政策工具，落实“差别准备金动态调整”措施，加大对“三农”和中小微企业金融支持，推动金融机构深化改革，促进科技和金融紧密结合，加强金融市场监管，扩大直接债务融资规模，持续推进跨境人民币业务，提升信贷政策导向力，在信贷投放上做到“总量适度、节奏均衡、结构优化”，推动绵阳经济金融平稳较快发展。截至12月末，辖区内地方法人机构贷款余额608亿元，发放支农再贷款29.2亿元，办理再贴现24.7亿元。落实对达标县域法人金融机构执行比同类金融机构正常标准低1个百分点的存款准备金率。推进江油农村土地流转收益保证贷款试点，金融机构累计发放土地流转收益保证贷款3429万元。全年，绵阳市跨境人民币业务总量达45.6亿元。全市本外币各项存款余额2630亿元，比年初增加208亿元；各项贷款余额1428亿元，同比增长12.1%，比年初增加154亿元，存贷款余额均居全省第二。

【金融管理与风险防控】 2014年，绵阳辖区金融运行总体平稳。建立和加强地方中小法人金融机构、非银行机构、政府融资平台、银行同业往来、重点行业、重点风险企业等风险监测制度。开展金融稳定评估工作，完善金融稳定非现场评估基础数据库，对江油农村信用社理财业务进行了现场专项评估。加强金融稳定协调机制建设，配合地方政府及相关部门开展打击非法集资活动。加强应急管理，组织开展某县域法人金融机构突发挤兑风险事件应急演练。加强金融综合管理工作，对辖内65家银行业机构开展综合评价工作。办结光大银行绵阳涪城支行、华夏银行绵阳高新支行、梓潼农村商业银行开业申请。加强重大事项报告管理，制定《绵阳市银行业金融机构重大事项报告实施细则》。加强金融稳定再贷款管理，推动已撤销城市信用社清算终结，全部完成辖内金融稳定再贷款损失认定核销工作。

【社会信用体系建设】 2014年，全市推进科技型小微企业信用体系全国试验区建设，搭建银行数据直报和查询运用平台，在数据库中建立全市2569户科技型小微企业、1068户融资培育企业、97户高新技术企业、79户金融守信红名单企业、1882户涉农企业重点企业群。开发建设“绵阳科技型小微企业信用服务网及融资对接平台”，2014年12月末正式投入运行。农村信用体系建设深化，县域金融生态环境明显改善。加强应收账款质押

登记系统用户审核，累计对28户系统常用户开展现场审核，确保系统用户信息真实准确，促进动产质押融资登记业务的规范、较快发展。推动辖区两类机构参加信用评级，截至12月末，辖区有24家两类机构完成信用评级工作，较上年增加18家。

【金融基础服务】 2014年，市人民银行开展人民币流通及反假货币工作检查，配合市“反邪办”、公安局对两起利用人民币进行反动宣传行为进行查处。处置涉假纠纷8起，办理反假奖励申请一笔，金额5万元。为公安机关、金融机构、个人进行货币真伪鉴定20次，提供咨询服务26人次。全年，全辖区收缴假人民币159.8万元。推行现金代理业务试点工作，在全省率先出台《绵阳市银行业金融机构代理现金业务管理暂行办法》，中国银行绵阳分行顺利代理3家股份制银行现金业务，较好地提升现金服务质量和管理水平，现金计划准确率显著提高。

【外汇管理与改革】 2014年，全市按照国家外汇管理局、国家外汇管理局四川省分局的工作部署，贯彻落实各项外汇管理改革政策，多措并举确保各项改革在绵阳市的顺利实施。为长虹公司争取中资企业短期外债余额指标6000万美元，节约其财务成本约560万元人民币。帮扶长虹电器和九洲集团获得跨国公司外汇资金集中运营资格，四川省获批该项政策资格仅有12户企业。核准绵阳市商业银行进入外汇业务市场，成为辖内首家法人外汇指定银行。帮助返程投资企业解决境外上市融资款调回问题，累计调回资金1亿美元。加强外汇管理的监督检查，营造良好的涉汇主体经营环境。创新外汇管理工作方式，建立涉汇主体常态化联动协作机制，强化银企沟通，支持实体经济发展。

（陈　婷　王　勤）

绵阳银监分局

【概况】 2014年，绵阳银监分局引导全市银行业机构围绕“深化改革、服务实体、防范风险、强化管理”的工作重点，贯彻落实监管部门工作要求，实现持续稳健运行。截至12月末，全市银行业机构存款余额2634.78亿元，比年初增加205.9亿元，增长8.48%；贷款余额1458.62亿元，较年初增加162.32亿元，增长12.52%，贷款增速高于存款增速4.04个百分点；不良贷款余额38.08亿元，比年初减少11.07亿元，不良贷款率2.61%，比年初下降1.18个百分点。

【银行改革】 2014年，绵阳市农村信用社改革发展深入推进，多家联社达到或基本达到组建农商行的标准，绵阳市首家农商行——梓潼农商行正式挂牌开业。城市商业银行监管指标持续达标并不断提升，完成理财和同业专营部门改革，成功引进战略投资者，地方财政持股比例由之前的28.61%下降至12%。3家新型农村金融机构稳健发展，存贷规模达34亿元，金融服务覆盖3县78个乡镇。长虹财务公司业务快速发展，存款余额由年初的1.08亿元增长到52.22亿元，资金归集度由年初的0.76%上升至30.18%，达到全国行业平均水平。银行机构体系健全，德阳银行绵阳分行、遂宁市商业银行绵阳分行开始筹建，招商银行绵阳支行规划升格为分行。

【服务经济能力增强】 2014年，全市银行业机构面对经济下行和结构调整的双重压力，利用“定向降准”和调整存贷比统计口径的政策，落实小微企业“续贷”新政，支持产业结构调整，推进科技金融结合，有效保障重大项目、新兴产业和民生工程等领域的信贷需求。全市信贷投放稳步合理增长，批发零售业、制造业、房地产业、农林牧渔业、租赁和商务服务业等行业位居新增贷款前列，小微企业贷款、涉农贷款实现“两个不低于”目标。全年小微企业贷款余额较年初增加93.18亿元，增长21.95%；涉农贷款余额较年初增加92.81亿元，增长15.42%。科技金融结合推进，两家科技支行持续达到“3个50%”监管要求，对70余户科技型企业给予贷款支持，贷款余额6亿余元。全年新设7家社区支行，银行业机构网点不断向县域、社区和村镇延伸，基础金融服务实现村社全覆盖。消费者权益保护工作得到规范，金融知识宣传教育取得良好成效。

【重点领域风险管控】 2014年，全市银行业机构围绕年初分析的六大风险，努力锁定存量、管住增量、缓释总量。对重点贷款客户按照监管要求进行名单制管理，牵头行较好发挥监测职能。全市平台贷款实现降旧控新，截至2014年年末，全市平台贷款余额69.92亿元，较年初减少32.76亿元；不良贷款0.7亿元，较年初减少1.96亿元。北川禹羌公司平台贷款实现省、市、县三级分别承担重组，成功化解39.35亿元贷款风险。不良贷款清收工作持续推进，公职人员不良贷款清收处置率达到100%，农房重建贷款、政府背景贷款、重点企业不良贷款大量收回，全市不良贷款实现低位“双降”。影子银行风险得到有效管控，抵制非法民间融资“五不”承诺活动在全市银行业机构全面开展，防范和处置非法集资宣传教育工作有力进行。代销业务流程得到规范，关键环节一分钟视频采集制度率先在建行绵阳分行、工行绵阳分行试点推广。信息科技风险、舆情风险、市场风险等重点领域风险得到有力管控，房地产信贷新规得到较好落实，大型银行协解人员、内部退养人员上访事宜得到稳妥处置，确保全市金融秩序的总体稳定。

【监管有效性提升】 2014年，分局开展现场检查13项，发现问题104个，涉及违规金额64.36亿元，责成机构内部问责85人次，罚款18.9万元，责成省联社绵阳办事处全面清退近年来违规发放的奖金50.9万元。针对现场检查中发现的严重违规行为立项实施3起行政处罚，共计罚款30.88万元。

（黄姝颖）

银行业

中国工商银行绵阳市分行

【概况】 2014年，中国工商银行绵阳分行坚持表内贷款与表外融资同步，全年净增表内融资4.68亿元、新增表外融资11.63亿元。坚持重大项目融资与小微金融业务协调，全年实现小企业新建立信贷关系57户，实现小企业贷款新投放41.59亿元和余额净增3.1亿元，其中支持培育科技型中小企业户。坚持多元化个人融资业务发展，全年净增个人贷款8.17亿元。

年末存款较年初下降21.36亿元，其中对公存款下降23.63亿元，下降幅度8.22%，储蓄存款净增2.27亿元，增幅1.2%；贷款较年初净增4.68亿元，增幅2.27%；全年实现中间业务收入2.73亿元，降幅129.23%。存款理财化趋势明显，全年实现个人理财产品时点余额净增11.6亿元和法人理财产品日均余额增量11亿元。

全年实行利率上浮存款190.58亿元，较上年增加118.5亿元，当年付息成本92389万元，较上年增长3580万元。全年盈利能力下降，实现拨备前利润10.06亿元、净利润7.4亿元，降幅分别为1.08%和1.85%。

全年完成营业网点装修改造9个，新建自助银行28家，新投放ATM机52台，新布放POS机1424台套，新建成助农取款点224个，建成移动银行体验服务区16个，金融服务能力进一步增强。

【信贷风险管理】 2014年，分行实施业务营运风险治理，业务运营风险基本保持低位平稳态势。顺利通过人行反洗钱工作综合评估，继续保持A级水平。重点业务、重点环节、重点部位、重点人员专项检查和第三方理财产品销售规范性专项治理的“飞单”业务整治深入开展，全年操作风险持续下降。全年清收处置和转化不良贷款2.7167亿元。年末不良贷款余额46785万元，较年初增加39192万元，占比2.22%，较年初上升1.11个百分点。年末风险贷款与不良贷款剪刀差49390万元，较年初上升39192万元。其中，年末有效压降个人不良贷款5200万元，个人不良贷款余额较年初上升1471万元。

（师 阳）

中国农业银行绵阳市分行

【概况】 2014年，农行绵阳分行认真贯彻市委、市政府工作部署和上级行工作安排，持续建设经营服务强行，坚持稳中求进、稳中有为的总体基调，突出“提质、增效、创新、控险”四个关键环节。年末，全行各项存款余额382.18亿元，各项贷款余额251.5亿元，信用资产比年初增加25.81亿元。分行严守“三条底线”，从严治行、合规经营，确保全行安全平稳运行。年末，不良余额较年初下降4.76元，风险评价等级提升为B类。化解禹羌公司贷款风险。深化运营体系改革和“三化三铁”创建。年内，“三铁”单位达标单位16个，总行运管先进单位1个，“三铁”金库市、县各一个，连续五年保持全省二级分行运营管理先进单位。辖内93个“平安农行”创建单位全部达省分行级标准，连续7年被四川省分行和绵阳市公安局、银监分局评为安全保卫工作先进单位。

【信贷资产质量提升】 2014年，分行把握服务实体经济这一社会责任，实施贷款组合营销，调整信贷结构、提升服务成效，公司条线累计上报重点项目15个，获批7个，投放项目贷款5.55亿元，开立长虹涉外保函2.5亿美元；“三农”条线上报重点项目7个，获批并实现投放4个，金额6.7亿元；小微企业客户总量584户，贷款余额39.28亿元，净增1.3亿元，同比多增2.69亿元，增速高于全行贷款增速0.86个百分点；持续开展个贷价值创造提升竞赛、优质楼盘营销和非房贷净增专项活动，个贷余额57.68亿元，增加2.85亿元。

【网点竞争实力增强】 2014年，分行推进零售业务转型，狠抓文明优质服务，全年暗访成绩平均得分92.77分，全省排名第四。分行营业部通过中银协“五星级营业网点、千佳示范单位”评选。网点建设获批立项13个并全部完工，建成理财中心9个，精品网点37个。深入开展送金融知识下乡、消费者权益保护及贵金属品鉴会、理财规划、保险保障等活动。个人核心存款时点比年初增加15.8亿元，日均比年初增加17.66亿元，存量和增量“四大行”占比分别为34.2%和42.2%，均居第一。

【金融新产品服务】 2014年，分行坚持产品创新用新，着力拓展企业债券融资、保理业务、海外代付等新兴中间业务，成功办理首笔国内信用证项下贸易融资业务。推进电子渠道建设，ATM机总量499台，居全市第一，电子渠道交易占比89.3%，较上年提高4.2个百分点。“惠农通”工程电子机具对县域以下乡镇、行政村业务覆盖率分别达97.2%和75.19%。涉农代理项目全面消除空白县支行，代理保险业务稳居全省二级分行和绵阳“四大行”第一。第三方存管业务全省二级分行排名第一。

中国银行股份有限公司绵阳分行

【概况】 2014年，绵阳分行围绕

"担当社会责任，做最好的银行"的目标，坚持"以人为本、创建和谐企业文化"的经营管理思路，机构绩效考核取得A等。实现拨备前税费后净利润14907.42万元，同比增长1835.28万元，增幅14.04%。本外币存款余额（银行卡存款，不含表内理财）154.21亿元，新增5.89亿元，增幅3.97%。本外币贷款（银行卡透支）余额68.20亿元，新增12.94亿元，增幅23.42%。实现中间业务净收入10358.86万元，同比增长357.10万元，增幅3.57%。不良贷款余额为9738万元，较年初减少2655万元；不良贷款率为1.43%，较年初下降0.8个百分点，不良余额及不良率实现双降。

组队参加中国银行四川省分行举行的"青春鼎力中行梦'五四'青年辩论赛"并获冠军。

【企业项目营销】 2014年，银行分别与中物院、长虹集团、九洲集团等集团客户签订业务合作协议，协同长虹股份5800人的工资卡项目。开展银行与医院间的合作，与绵阳市中心医院、江油市第二人民医院及安县3家医院银医互联项目、银医项目取得营销合作。承担武警"保障卡"项目，联动实现代发薪业务。中国银行"E社区"项目收集倍特领尚、岭南神韵、辰兴天御社区业主信息2500余户，发放"爱生活卡"8454张。联动合作开发商，实现住房贷款399笔，金额13292万元。办事绵阳电业局公务用ETC业务。通过新模式授信联动客户，新增对公现金管理平台14户、代发薪40户，新增优质客户企业主白金卡、理财卡百余张，新增社保IC卡193张、POS机商户22台。

【业务模式扩展】 2014年，分行实现出口通汇达业务在高新区支行的推广，承担辖区出口通汇达全部业务。中小企业新模式贷款账户实现全面下放营业网点11家机构，合计8.38亿元。分别在世纪城支行、涪城支行、高新区支行设立消贷分中心，将部分个人资产业务发起权限下放网点。

（苗卫锋）

中国建设银行绵阳市分行

【概况】 中国建设银行股份有限公司绵阳分行现址绵阳市临园路东段16号，是四川省地市州分行中规模功能完善、产品齐全和特色明显的二级分行，现有员工703人。分行下设13个内设部门和辖14个科级支行，对外营业网点44个，ATM取款机138台，ATM存取款一体机114台。2014年，分行一般性存款时点余额338.98亿元，比年初时点新增16.72亿元，增幅5.19%。贷款投放比年初新增22.36亿元，增幅31.06%。分行再次通过全国文明单位复查验收；执行人民银行与外汇管理局法规政策和管理规定综合评价中被评价为A等（优秀）；劳资统计工作中连续6年被涪城区统计局评为统计工作先进单位。

2014年，分行通过多策并举拓展负债业务和资产业务，资产业务得到持续高速发展，促进分行整体竞争力和经营效益的提升。投放3亿元新农村建设贷款，支持涪城区石洞乡观音碑、天池山和文昌宫3个村安置搬迁农户593户、1554人，周转建设用地指标31.41公顷；新建9个村民集中安置区和一个城镇规划建新区。依托建行品牌优势和客户群体优势，稳固发展B2C商户，全年与多个个人商城举办多场次营销、定向券及专户券活动，促进商户交易。

【个人类业务】 2014年，分行把基础客户群体的持续增长作为各项工作的重中之重，以客户的增长作为存款及产品销售增长的基础，坚持做大做强基础客户群体。制订《绵阳分行2014年有效客户发展激励方案》，把项目指标纳入每月重点考核。做好全行批量代发代扣业务，增加客户群体，基础客户群体得到不断壮大。提高个贷业务的操作质量、服务质量和基础管理水平，促进个贷业务综合收益水平提升。截至年底，全行累计投放个人住房按揭贷款81550万元，较年初新增56453万元；投放个人助业贷款客户157户，投放180笔，发放贷款11223万元，净新增3878万元；累计投放个人住房公积金委托贷款42108万元，较年初新增30988万元。

【内控管理及风险防范】 2014年，分行针对各项新业务和日常易犯差错，制定下发12期业务规范和24期工作提示。同时，加大检查力度，创新检查手段，加强整改追踪，使对公柜面操作的规范性得到提高，降低对公稽核差错率。依托"结算账户影像管理系统"，落实专人分层对各对公营业机构提交的账户开立、变更、年检、销户等资料进行严格管理，降低结算账户开立中的问题。持续加强柜面基础管理，有效防范前台操作风险和案件风险。通过持续加强对一线柜面业务的基础及内控管理，丰富稽核检查手段，筑好案件风险的第一、二道防线。切实履行内控合规、法律事务工作职责，不断提高合规管理水平。全行配合内外部检查、审计工作，对发现问题及时整改和问责，确保整改落实到位，及时消除案件风险隐患。组织员工开展廉洁合规从业教育、主题教育实践活动，细化制订《开展"正风肃纪、勤俭守廉"主题教育活动实施方案》；观看全省反腐倡廉警示录——《政府采购系列案件"阳光下的黑幕"》教育录像片；举办由检察院职务预防犯罪科专家讲授"远离职务犯罪乐享幸福人生"的预防职务犯罪警示教育讲座。

【企业文化建设】 2014年，分行开展和倡导以"建功立业、和谐发展"和"创新金融服务、支持经济建设"为主题的业务技能竞赛活动。春节期间，组织以清分金库库存现金、降低备付率、提高资金营运效益的专项突击工作，历时7天，缓解中心金库库存现金的压力，增加了资金效益。组织全行员工广泛参与防范金融风险、规范员工行为、落实银监局有关金融从业人员50个严禁、建总行252条规定及业务风险防范为主要内容的职工征文比赛、知识竞赛、读书活动各一次；组织辖区会计、个银条线专业技能比赛和营业网点服务能力提升（标杆网点）培训等各一次，由分行创作编写的“身边的人讲身边的事”故事案例（两例）被省分行选定上报总行。配合各业务部门全年开展“读一本好书”活动，结合开展读书学习，在内部网“企业文化”栏目开辟学习园地，刊发优秀读书心得和读书笔记、调研报告等24篇。组织职工观看主旋律影片《兰辉》《钱学森》《飞天》《黄克功案件》等，开展学习讨论、撰写心得体会，在分行网站交流；动员全辖区员工积极参加爱心捐款、义务献血和为期一个月的“金融知识进万家、进社区、进学校、进军营”等活动。开展挂包帮村工作中，组织、协调、帮助地震极重灾区北川羌族自治县陈家坝乡四坪村发展无公害生态猪养殖业，并捐款6万余元，为其购买冷冻储藏车，专门运送生猪产品销往成都、绵阳等地由建行帮助开辟的销售市场，为该村带来数十万元的农副产品收入。组织员工开展以“中国梦、建行情”为主题的绵阳分行第二届职工摄影比赛。参赛作品260余幅（组），择优筛选171幅（组）在职工之家活动中心集中展出。

（卿烈海）

中国农业发展银行绵阳市分行

【概况】　2014年，中国农业发展银行绵阳市分行有员工168人。全年累计投放各类贷款18.61亿元，贷款余额67.77亿元，较年初增加0.35亿元，增幅0.52%。年末存款余额11.94亿元，比年初增加1.86亿元，增幅18.45%。中间业务收入101万元，办理国际业务26笔，业务量58.27万美元。不良贷款余额5266万元，比年初增加3498万元，不良贷款率比年初上升0.52%。实现账面利润1.45亿元，同比减少6.6%。

【国家粮油购销储信贷资金供应管理】　2014年，分行履行农业政策性银行职能，累计投放粮油类贷款8.75亿元，支持企业购进、轮换、调销粮食20余万吨，油菜籽4万吨，其中：发放1.34亿元贷款支持地方储备，发放2.72亿元贷款支持2014年度稻谷托市收购，发放4.69亿元购销贷款支持粮油市场化收购。

【农业开发和农村基础设施建设贷款】　2014年，分行按照国家政策要求和总行业务部署，大力支持符合国家政策导向、党政关切、有利于推进城乡统筹发展、具有显著支农效果的高标准农田水利建设、农民集中居住和保障房、农业生态环境等农业基础设施及农业开发等中长期项目。全年累计向9户企业投放农业基础设施建设等中长期贷款7.16亿元；年末全行政策性中长期贷款余额28.84亿元，占全部贷款的42.55%。年底储备项目5个，涉及信贷资金约15亿，为后期业务发展奠定基础。

【涉农中小企业贷款】　2014年，分行坚持“立足主业、有保有压、扶优扶强”的原则服务实体经济，加大对有地方特色、管理规范、有较强市场竞争力的涉农中小实体企业的支持力度。全年累计投放商业性贷款1.16亿元，支持涉农中小企业铁骑力士、光友粉丝等优质客户做大做强。年末全行商业性贷款余额4.35亿元。

【负债业务提升】　2014年，分行实施“存贷营销一体化”战略，提升服务水平、简化审批环节，年末各项存款余额11.94亿元，比年初增长18.47%；日均存款余额10.75亿元，同比增长11.76%。全年新开账户38户，吸收存款3995.3万元；组织同业定期存款17000万元。

（李冰馨）

绵阳市商业银行

【概况】　2014年，商业银行推进理财业务和同业业务改革，在总行金融市场部下设二级部门理财业务中心和同业中心，理财中心实行独立核算、独立考核并负责理财产品的设计、理财资金投资、核算成本和风险控制等，同业中心专营全行同业业务，实现同业业务与理财业务、债券投资业务严格分离。经中国银行业监督管理委员会批准，中国五矿集团全资公司—五矿资本控股有限公司受让绵阳市财政局持有绵阳市商业银行6990万股股份；经中国银行业监督管理委员会同意，绵阳市商业银行第二家异地分支机构资阳分行获批筹建；经中国银行业监督管理委员会四川监管局和国家外汇管理局批准，同意绵阳市商业银行开办结售汇业务。商业银行董事会审议通过《绵阳市商业银行2014~2017年信息科技战略规划》。

至年底，全行资产总额445.7亿元，存款285.2亿元，贷款192.3亿元，资本充足率14.46%，贷款损失准备充足率576%，拨备覆盖率396%，资本利润率21.86%，全年实现利润总额5.21亿元，年度上缴税金2.27亿元。

【银联在线业务上线】　2014年，绵阳市商业银行与中国银联公司四川分公司开展“银联在线”业务合作，制定《绵阳市商业银行银联在线支付业务管理办法》，“银联在线”支付业务于2014年3月中下旬投产上线。“银联在线”业务开通后有利于丰富绵阳市商业银行个人网上银行业务功能。

【“96839”客户服务中心成立】　2014年，绵阳市商业银行经四川省通信管理局批准，取得“96839”客户服务号码，成立绵阳市商业银行“96839”客户服务中心，“96839”客户服务中心的设立为绵阳市商业银行的电话银行建设打下基础，提升银行客户服务水平。

（祝凰淋）

交通银行绵阳分行

【概况】 2014年，交通银行绵阳分行秉承“交流融通，诚信永恒”的理念，围绕转型发展的主线，加快发展壮大规模，创一流精品银行的目标。为科发集团、长虹集团、九洲集团等重点客户在金融市场跨境贸易供应链、投融资、资金管理等方面的需求，提供涵盖结算、投融资、财富管理等产品在内的跨境人民币金融解决方案。截至年底，分行本外币各项存款余额26.04亿元，较年初增加2.63亿元；各项贷款余额11.08亿元，较年初增加1.4亿元。

分行坚持以服务客户为中心，制订文明服务规范流程，实现环境美化、服务亲情化、管理精细化、设施科技化的精品物理网点。推行规范化、人性化、竞争式、贴心式的服务。在中国银行业协会组织的联合检查评比中，分行荣获中国银行业协会全国文明规范服务示范单位“五星级网点”和“千佳示范单位”称号。

【金融服务与合作】 2014年，分行做好重点客户精细管理和营销，持续加强对绵阳市和县区财政、国土、交通、公积金等机构客户的营销和服务，利用信贷资源“杠杆”为客户提供专业化服务方案。拓展科发集团、交发集团、长虹集团等重点客户在投行、托管、离岸、“票据池”等国际化、综合化方面的业务，实现与客户深层次战略合作。梳理地方特色经济的电子、汽车制造、军工、科技等领域的大型客户。加强境内外分行间联动，深化以科发集团、长虹集团、九洲集团为首的重点客户在金融市场跨境贸易供应链、投融资、资金管理等方面的需求，提供涵盖结算、投融资、财富管理等产品跨境人民币金融服务。

中国邮政储蓄银行绵阳分行

【概况】 中国邮政储蓄银行绵阳市分行2008年1月16日挂牌成立，依托覆盖城乡的网络优势，始终坚持服务“三农”、服务中小企业、服务社区的市场定位，自觉承担“普之城乡、惠之于民”的社会责任。成立七年以来，分行共计投放贷款124亿元，余额40亿元，其他融资模式投放资金26亿元；2014年新增贷款10.26亿元，各项存款达到231.45亿元。6月13日，绵阳市分行票据中心成立并成功办理首笔银行承兑汇票贴现业务，全年票据累计交易金额1.56亿元。

全年，邮储银行荣获“最具社会责任银行”“惠普金融机构”“最佳零售银行”等荣誉称号。

【金融网络覆盖城乡】 2014年，绵阳市分行所辖营业机构272个，布放ATM机287台，打造包括网上银行、手机银行、电话银行、微博银行、微信银行和易信银行在内的电子金融服务网络，服务触角遍及城乡。分行坚持走“普惠金融”发展道路，主动填补农村金融服务空白乡镇。截至年末，建成银行卡助农取款服务点717个，累计交易笔数4.23万笔，交易金额1452万元，形成“政府满意、商户乐意、农户如意”的多赢局面。

【“三农”金融服务】 2014年，绵阳市分行深入贯彻落实中央一号文件精神，坚持理论实践两手抓，不断升级金融服务“三农”。

与市委农办、政府涉农部门、市科协、市就业局、团市委签订战略合作协议；与市委农办联合举办绵阳市金融服务“三农”座谈会；与市科协联合召开“银企合作”推进会，搭建平台，加深银政、银会、银企的合作互信。截至年末，分行累计发放小额贷款4208笔、金额5.39亿元。

【小微企业服务】 2014年，绵阳市分行深入贯彻金融支持实体经济发展的要求，持续加大对小微金融信贷资源倾斜，2014年小微企业贷款净增高于2013年同期7.01亿元，净增增幅在绵阳市金融机构中排名第一，在全省邮储系统内排名第一；小微企业贷款增速高于全部贷款增速19.38%，大幅度超额完成增速指标，完成银监“两个不低于”监管指标，被绵阳银监分局评为“2014年度绵阳市银行业机构小微企业金融服务先进单位”。

浦发银行绵阳支行

【概况】 2014年，浦发银行绵阳市支行坚持发展的观念，按照总、分行客户经营模式改革要求，搞好存量客户分类管理，做好深度营销；突出重点，统筹推进，加大两综优质客户和小微三标业务的营销力度。全年支行一般性存款余额31.84亿元，各项贷款余额35.645亿元，实现账面利润1.08亿元。支行新增客户授信15户，金额9.67亿元，累计发放各项贷款30.05亿元。分行确保无逾期、无欠息、无后三类，努力保持资产良好状态，无案件事故发生，有力支持绵阳经济的发展。支行全年无服务投诉，被四川银行业协会评为2013年度四川银行业文明规范服务百家示范单位，被浦发银行成都分行评为2014年度先进集体。

【内控管理与金融服务】 2014年，支行从教育入手，开展形式多样的内控管理和客户服务能力、金融服务水平提升活动。坚持周四晚集体学习制度，及时传导上级行和金融监管部门的文件精神和工作要求，组织进行案防与安保培训，围绕上级行和金融监管部门的要求，与员工签订案防与安保工作责任书，按季开展员工行为排查，开展“非法集资风险”排查，对重点人员进行强制休假，按期进行现金及重空、代保管权证、110报警设施、消防设施检查。开展消防培训、防抢劫演练与安全评估。组织开展“深化合规意识、坚持廉洁从业”主题教育月活动。支行通过集中开展岗位练兵、开展优质服务竞赛、不定期检查考核，每天召开服务晨会，按月评出“服务之星”，定期对员工业务技能进行测试，开展服务评价等措施，有效地提升了员工客户服务的意识与能力。支行通过组织开展金融知识宣传进社区、进校园和金融消费者权益保护活动，践行浦发银行的社会责任。（赵建华）

招商银行绵阳支行

【概况】 2014年，招商银行绵阳支行围绕总分行打造“智慧增长轻型银行”的战略，结合绵阳实际情况，利用招商银行品牌优势和产品创新优势，提升服务质量和效率，支持实体经济，实现各项业务稳健发展，保证经营机构的安全运营。截至年底，全行自营存款余额14亿元，各项贷款余额13.66亿元，累计签发银行承兑汇票24.57亿元，办理银行承兑汇票贴现14.65亿元。保持良好的资产质量，未发生任何案件和安全责任事故。

2014年，城区内设置自助银行6家，自助存取款柜员机7处，自助设备投放量达21台。新建涪城万达广场小微支行。按照总分行机构发展规划，进行支行升格为二级分行相关申报工作。

【金融服务与风险控制】 2014年，支行拓展新兴融资、贸易融资、跨境金融等业务，大力支持符合国家产业政策的优质企业生产经营需要。应用资产转让、信用证转福费廷、非标债权投资等新兴融资业务方式，解决客户资金需求。对公外汇日均存款888万美元，国际结算量2510万美元。推进个贷业务转型，通过客户转介、定期举办“招贷会”、异业联合等多种方式积极推动小微贷款业务，支持小微企业经营发展。累计发放小微贷款659笔，小微贷款金额3.83亿元。

支行加强金融消费者公众教育，先后开展金融知识普及月、金融知识进万家、小微金融服务宣传月等公众教育活动，向社会公众普及金融知识，帮助消费者树立风险防范意识，践行社会责任。

支行加强信用风险监测和分析，落实银监会“双线”风险控制责任制。不断完善内控合规建设，持续开展内控评审，完善内部控制体系。加强案件防控和安全保卫，采取多种形式开展员工警示教育活动，完善应急预案，定期开展各项安全检查，开展员工异常行为排查工作和非法集资风险专项排查工作，积极构建案件防范长效机制。全年未发生任何案件和安全责任事故。

兴业银行绵阳支行

【概况】 2014年，兴业银行绵阳支行以企金业务、零售业务和金融市场业务为工作抓手，内强素质、外树形象，不断完善内部治理机制，强化案件风险防控和党风廉政建设，实现了业务经营、内部管理和队伍建设全面发展。截至12月末，支行现有正式员工63人，平均年龄33.05岁。正式员工中本科及以上学历60人，约占员工总数的85.4%。支行辖1个营业网点、5家社区支行、8个离行式ATM点，自助机具达18台。支行本外币一般性存款余额26.04亿元，其中：单位存款余额23.27亿元，储蓄存款余额2.77亿元。人民币各项贷款余额36.58亿元，其中：公司贷款余额32.98亿元，个人贷款余额3.60亿元。支行资产质量良好，信贷资产五级分类不良贷款继续保持零余额。

至年底，支行被绵阳市银监分局评为2014年小微企业金融服务先进单位，被中国人民银行绵阳市中心支行评为2014年度货币监测工作一等奖。

【企业金融服务】 2014年，支行企金条线构架设置科学，分专业部门做特色业务，培育自身的产品经理和业务专家。设立3个企金业务拓展部和1个小企业专营团队，与长虹集团等大型国企签订战略合作协议。6月30日，支行向绵阳科发集团发放项目贷款，北川禹羌投资有限责任公司归还贷款11.47亿元，由科发集团承接禹羌公司债务，平台贷款风险得以顺利化解。与江油市、三台县、金山工业园区等多地中小企业开展银企合作。与高新区、经开区、江油工业园区等产业园区建立合作关系，5家社区支行开展形式多样的营销宣传，先后举办多场“理财进社区”活动、贵金属专题沙龙活动等，同时联合市老年大学举办多期“安愉人生”旅游活动，全方位服务广大市民。（张　辉）

农村信用社

【概况】 2014年，全市农村信用社贯彻落实绵阳市“两化”互动发展战略，围绕“服务三农、服务中小微企业和县域经济”的市场定位，不断完善内部经营机制，稳步推进改革工作，创新产品和服务，各项业务经营指标再上新台阶，支持地方社会经济发展能力增强。至年末，全市农信社各项存款余额573亿元，比年初增加87亿元，增幅17.97%；各项贷款余额375亿元，比年初增加45亿元，增幅13.48%；实现拨备前利润15.5亿元，同比增加2.5亿元。存款、贷款规模居全市同业第一。

【推进网点战略转型】 2014年，全市农村信用社以打造一流科技型零售银行为战略目标，以网点转型为抓手，通过科学布置物理网点，实施精品网点建设，增加自助金融机具设施，提升客户体验等措施，努力实现更高的服务品质、更优的服务流程。在实施过程中，全市农村信用社始终坚持服务“三农”、中小微企业、县域经济的市场定位，强化服务体系建设，真正实现普惠金融。坚持以客户为中心，通过界定不同类型网点的功能定位，增强网点服务能力，通过合理划分网点功能分区，不断改善客户体验。同时，通过手机银行、卡贷通营销方式，引导客户运用科技产品开展自助服务，延伸服务半径，解决边远地区渠道支撑问题。借助网点转型，联社营业部成为全省农信首个荣获“全国银行业文明规范服务千佳示范单位”和“五星银行”称号。

【支持“三农”发展】 2014年，全市农村信用社完善小额农贷制度，建立健全农户小额信贷信息体系，及时更新小额农贷客户档案、评定信用等级、核定授信额度；结合绵阳实际，深耕细作农村金融市场，探索农村土地流转试点贷款，将“卡贷通”技术与小额农贷充分结合，将“微贷”技术引入农贷管理。至年末，累计发放农户贷款189.28亿元、累计授信金额291.66亿元，全市小额农贷评级授信覆盖面提升至90%以上。全年累计发放涉农贷款297.38亿元，余额为331.43亿元，占贷款总额的88.39%。

【投放惠农民生贷款】 2014年，全市农信社发放生源地助学贷款8010户，余额4619万元；农民工创业贷款3789户，余额58975万元；妇女创业小额担保贷款1797户，余额9963万元；青年创业贷款365户，余额4004万元；失地农民创业贷款3622户，余额9552万元；下岗失业再就业贷款27户，余额161万元。

【惠农兴村“e迅通”工程实施】 2014年，农村信用社通过在符合条件的个体工商户、农户家中布放“e迅通”电话支付终端，设立助农取款点，提供小额存款、取款、转账、查询和刷卡消费等金融服务。至年末，实现“e迅通”布放总量8852台，助农取款点4720处，实现全辖行政村100%覆盖率，“e迅通”布放总量和累计交易金额均居全省第一。

【小微企业金融服务】 2014年，全市农村信用社通过加大对“才升道”小贷品牌的宣传和在主辖区复制推广力度，加强业务营销和市场对接，满足绵阳市小微实体经济客户流动资金贷款“短、平、快”的融资需求，全面提升小微企业服务满足率、覆盖率、满意率。特别是依托科技型中小企业金融服务中心和“科惠贷”科技型企业专项贷款产品，竭力支持科技型中小企业实体经济壮大。截至年末，全市农村信用社小微企业贷款余额92.4亿元，较年初增加18.6亿元，其中，科技型企业贷款余额8亿元，较年初增长6亿元，助推科技成果转化58余项，新增产值8亿元，新增就业2000人次。探索土地流转收益保证贷款、土地流转抵押、土地承包经营权及宅基地抵押、林权抵押、农村房屋产权抵押等新型担保方式，加大对农业和实体经济的支持力度，破解中小微企业融资难、融资慢、融资贵瓶颈。

（李　平）

梓潼农村商业银行

【概况】 2014年12月26日，梓潼农商银行挂牌开业，是绵阳市首家挂牌成立的农村商业银行。梓潼农商银行的前身是梓潼县农村信用合作社。梓潼县农村信用合作社是自1952年开始，在县内陆续成立的农村金融合作组织，历经人民银行、人民公社、农业银行（基层机构、代管）、人民银行（代管）、省协会、银监会（代管）。2006年，梓潼县农村信用合作联社挂牌成立，成为全市首家以县为单位统一法人的联社。1月，改制农商银行工作正式启动；11月，召开梓潼农商银行创立暨股东大会第一次会议；12月，中国银监会正式批准梓潼农商银行开业。

梓潼农商银在改革发展中秉承普惠金融服务理念，坚持服务“三农”、服务小微、服务县域经济的市场定位，立足实际，转变方式，着力服务创新，主动融入现代农业发展和县域经济发展之中，不断助推地方经济持续健康发展。2014年，各项存款46.6亿元，各项贷款27.8亿元，营业网点39个，员工375人，是县辖内网点最多、市场份额最大、覆盖面最广的金融机构。

【金融服务】 2014年，梓潼农商银在全面满足小额农贷的基础上，支持涉农企业、产业基地和种养殖大户，为中小企业开辟快速通道，推出“1+N”小额批量商圈贷款、“惠农贷”“惠薪贷”“惠商贷”信用系列。发放“三农”贷款4.2亿元、助学贷款1370万元、创业贷款6219万元、中小微企业贷款6.67亿元。开通“卡贷通”10843户，授信金额达3.25亿元。发行蜀信卡31.1万张，安装ATM机61台，投入POS机173台，布放EPOS机709台，开通手机银行1.45万户，实现乡镇一级ATM机全覆盖、各行政村EPOS机全覆盖的局面。

【企业文化建设】 2014年，梓潼农商银在加快业务发展的同时，主动打造企业文化建设平台，创新开展文化活动，塑造独具自身特色的企业文化，逐步形成“有朝气、有活力、有希望”的“三有”企业精神，以“善心、孝心、公心、爱心、廉心、修心、齐心”为主要内容的“七心”特色文化体系，规划“打造普惠银行，建成精品零售银行”的企业发展愿景，明确“为客户带来财富，为股东创造价值，为员工谋划未来、为社会担负责任”的行业使命，打造“千年文昌，百姓银行”品牌。

（倪　军）

证券业

【概况】 2014年，绵阳证券行业发展健康，证券市场日趋成熟，形成广覆盖、多渠道、多形式的竞争格局，为全市人民提供全方位的证券投资服务。截至年底，全市有证券营业部17个、分公司2家（华西证券川北分公司和国信证券四川第二分公司）。全市17个证券营业部主要经营证券经纪、证券投资咨询、融资融券、证券投资基金代销、为期货公司提供中间介绍业务、代销金融产品等业务。两家分公司负责管理指导各自设立在绵阳、南充、德阳、广元、广安、巴中、达州和遂宁等市证券营业部的业务工作。

全市证券从业人员451人，具备证券从业资格161人，取得投资顾问资格54人、金融理财师（AFP）资格66人。全年累计开立证券账户（资金账号）35.81万户，实现托管资产市值232.89亿元，证券交易量2489.95亿元。营业收入4.34亿元，上缴税金0.37亿元，实现利润2.64亿元。场外市场交易实现全国中小企业股份转让系统有限责任公司（简称“新三板”）成功挂牌3户，地方区域性股权交易中心（简称“四板”）挂牌31户（其中：前海股权交易中心挂牌15家、川藏股权交易中心挂牌16家）。为绵阳市中小微企业实现多渠道融资提供全新的平台。 （马安全）

绵阳市证券业机构名录

表 28

机构名称	地址	联系电话
国信证券股份有限公司四川第二分公司	四川省绵阳市涪城区兴达街 11 号	0816-2243409
华西证券有限责任公司川北分公司	绵阳市涪城区安昌路 33 号	0816-2229422
国信证券股份有限公司绵阳兴达街证券营业部	四川省绵阳市涪城区兴达街 11 号长兴百货 5 楼	0816-2243409
安信证券股份有限公司绵阳翠花街营业部	四川省绵阳市涪城路区翠花街 2 号亨利大厦 3 楼	0816-2236330
安信证券股份有限公司绵阳绵山路营业部	四川省绵阳市涪城区绵山路 64 号	0816-2241515
宏信证券有限责任公司江油金轮干道证券营业部	四川省江油市中坝镇金轮干道川信小区（江油市昌明河东街 38号）	0816-3263486
宏信证券有限责任公司绵阳跃进路营业部	四川省绵阳市跃进路 6 号（长虹国际城一期 26 幢 2-5-2 号）	0816-6388277
天风证券股份有限公司江油李白大道证券营业部	江油市李白大道东侧宏安中华御景 1 栋 2 楼 1 号	0816-6788899
新时代证券有限责任公司绵阳绵兴东路证券营业部	绵阳市高新区绵兴东路 97 号久远商厦二楼	0816-2222389
中国中投证券绵阳临园路证券营业部	绵阳市临园路东段 50 号	0816-2236437
华西证券有限责任公司绵阳安昌路证券营业部	绵阳市涪城区安昌路 33 号	0816-2243027
华西证券江油东大街证券营业部	江油市东大街 152 号	0816-3224682
华西证券三台恒昌路证券营业部	三台县恒昌路 70 号	0816-5331888
华西证券安县恒源大道证券营业部	安县恒源大道一楼 8 号	0816-4367289
海通证券股份有限公司绵阳游仙证券营业部	绵阳市游仙区一环路东段 66 号	0816-2961758
国都证券股份有限公司绵阳长虹大道证券营业部	四川省绵阳市涪城区长虹大道中段 33 号	0816-2883839
招商证券股份有限公司绵阳临园路证券营业部	四川省绵阳市涪城区临园路西段 5 号花园投资大厦五楼	0816-6337198
厦门证券绵阳临园路证券营业部	涪城区临园商务大厦 1306 号	0816-2223787
中国银河证券股份有限公司绵阳跃进路证券营业部	绵阳市涪城区跃进路 6 号长虹国际城 26 幢 3 单元 5 楼 1-4 号	0816-2831297

（马安全）

保险业

概 述

【概况】 2014年，全市保险机构不断增加，保险业三级机构46家。其中产险机构20家（同比增加1家），寿险机构26家（同比增加2家），四级机构118家。保险业发展突破连续三年来的低增长，实现“十二五”以来最好的发展局面。全年实现保费收入62.04亿元，同比增加12.05亿元，增长23.98%。业务发展各项指标继续保持在全省除成都外市州中第一。保费收入中，财产险公司实现保费收入20.55亿元，同比增加3.27亿元，增长18.58%；人身险公司实现保费收入41.49亿元，同比增加8.78亿元，增长26.84%。保险密度为1129元，保险深度为3.9%。

【保险业务发展】 2014年，全市保险业处理理赔案43.7万件，理赔金额12.8亿元。年金、满期给付和退保金额约18亿元，使受灾和需要保险资金的企业和群众能够及时恢复生产生活。积极服务“三农”各项事业。农村小额人身保险、小额贷款保险和政策性农险承保面不断扩大。小额人身保险承保88.9万人，保险金额205.21亿元，理赔件数9191件，理赔金额0.17亿元。小额贷款保险承担了31.22亿元的贷款意外险保障，理赔案件2915件，理赔金额0.11亿元。政策性农业保费收入1.88亿元，承保农险件数22174件，理赔件数79580件，理赔金额0.83亿元。全面推广城镇居民大病保险、试点推进农产品价格指数保险（蔬菜价格指数保险和生猪价格指数保险）。同时，城镇居民大病保险、农村居民大病保险、医疗责任保险、食品药品责任保险、环境污染责任保险、科技保险、小微企业贷款保险等政策性保险的试点工作也取得实质性的进展。全年上缴税金2.86亿元，同比增加0.33亿元，代收车船使用税1.19亿元。

【保险业监管】 2014年，全市协调各产险会员单位按照保险监管部门各项规定，提高理赔时效，规范理赔流程，不拖赔、不惜赔、不无理拒赔，切实保护保险消费者的合法权益。制定《机动车保险自律公约实施细则》，从承保、查勘理赔和送修几方面强化自律。全年财产险公司无大的理赔争议发生。配合司法、交警和相关部门，发挥“机动车交通事故快速处理中心”的作用，及时为保险消费者提供“一站式”快捷优质服务。市发改委制定出台《一般道路车辆救援服务收费标准》。四川省保险行业协会年初把绵阳确定川北地区机动车辆保险赔款全额转账支付实务规程及自律公约实施的试点城市。两次召开专题会议安排布置，产险专委会对此项工作进行检查，试点工作为全省全面推开提供借鉴和经验。

2014年，全市寿险业满期给付和退保的第二个高峰年，全市5亿余元满期给付，4亿余元的退保业务。协会及时传达中国保监会视频会议精神，对重点公司、重点产品、重点渠道和重点区域进行监测分析，确保在人力、资金和处置办法上万无一失。全年满期给付和退保平稳渡过，无大的风险事件发生。推动“银邮新政”的实施。中国保监会、中国银监会联合发布的《关于进一步规范商业银行代理保险业务销售行为的通知》从4月1日起正式实施。协会两次明察暗访银邮业务量较大的寿险公司和部分银邮代理销售保险的网点，了解《通知》实施落实的情况，并对可能存在的风险和隐患进行警示。 （张露晗）

2014年绵阳市财产险保险机构名录

表 29

序号	机构名称	地址	联系电话
1	中国人民财产保险股份有限公司绵阳市分公司	绵阳市南河路3号	0816-6389888
2	中国平安财产保险股份有限公司绵阳中心支公司	绵阳绵兴东路97号久远商厦二楼	0816-2371113
3	中国太平洋财产保险股份有限公司绵阳中心支公司	绵阳市富乐路28号四楼	0816-2372008
4	中华联合财产保险股份有限公司绵阳中心支公司	绵阳市花园路8号海关大楼一、五楼	0816-2352166
5	永安财产保险股份有限公司绵阳中心支公司	绵阳市临园路中段131号一单元八楼	0816-8016666
6	中国大地财产保险股份有限公司绵阳中心支公司	绵阳市剑南路西段38号	0816-2310388
7	华泰财产保险有限公司绵阳中心支公司	绵阳市临园路西段5号花园文体中心大楼4楼	0816-2348246
8	太平财产保险有限公司绵阳中心支公司	绵阳市园艺街20号	0816-2370758
9	天安财产保险股份有限公司绵阳中心支公司	绵阳市跃进路北段168号花园星河湾三期	0816-2319088
10	安邦财产保险股份有限公司绵阳中心支公司	绵阳市长虹大道北段129号（绵州汽配城）1幢第二层	0816-2227001
11	阳光财产保险股份有限公司绵阳中心支公司	绵阳市临园路西段30号新世界宾馆7楼	0816-2369288

续表

序号	机构名称	地址	联系电话
12	都邦财产保险股份有限公司绵阳中心支公司	绵阳市御安街14号花样年华2楼	0816-8073066
13	中银保险有限公司绵阳中心支公司	绵阳市临园路西段5号花园文体中心4层	0816-7077550
14	渤海财产保险股份有限公司绵阳中心支公司	绵阳市临园路中段78号7楼	0816-2316266
15	安诚财产保险股份有限公司绵阳中心支公司	绵阳市涪滨路9号	0816-8032888
16	民安保险股份有限公司绵阳中心支公司	绵阳市创业大道中段237号	0816-5095500
17	中国人寿财产保险有限公司绵阳中心支公司	绵阳市绵兴东路96号	0816-2556688
18	锦泰财产保险股份有限公司绵阳中心支公司	绵阳市长虹大道中段兴盛街18号B超大楼7楼	0816-2307725
19	永诚财产保险股份有限公司绵阳中心支公司	绵阳市游仙东路37号	0816-2295166
20	鼎和财产保险股份有限公司绵阳中心支公司	绵阳市机场东路221号西楼二层	0816-2725871

2014年绵阳市人身险保险机构名录

表30

序号	机构名称	地址	联系电话
1	中国人寿保险股份有限公司绵阳市分公司	绵阳市绵兴东路96号	0816-2546336
2	中国太平洋人寿保险股份有限公司绵阳中心支公司	绵阳市富乐路15号三楼	0816-2236776
3	中国平安人寿保险股份有限公司绵阳中心支公司	绵阳市滨江路5号碧水印象1-3楼	0816-2362945?
4	新华保险股份有限公司绵阳中心支公司	绵阳市涪城路58号兴宏国际2楼	0816-2239789
5	泰康人寿保险股份有限公司绵阳中心支公司	绵阳市临园路西段5号三楼	0816-2379507
6	太平人寿保险股份有限公司绵阳中心支公司	绵阳市北街A1区长兴商场6楼	0816-2233518
7	中英人寿保险有限公司四川分公司绵阳涪城区营销服务部	绵阳市临园大厦17层	0816-2384666
8	生命人寿保险股份有限公司绵阳中心支公司	绵阳市花园路9号万达广场SOHO一单元22楼	0816-8031080
9	民生保险股份有限公司绵阳中心支公司	绵阳市兴盛街18号（B超大楼6楼）	0816-2241218
10	中国人民人寿保险股份有限公司绵阳中心支公司	绵阳市场长虹大道中段110号崇尚国际1栋5楼2、3号	0816-2344611
11	农银人寿保险股份有限公司绵阳中心支公司	绵阳市临园东路78号福星楼4楼1号	0816-2239303
12	中宏人寿保险有限公司四川分公司绵阳市涪城营销服务部	绵阳市涪城路169号丰谷酒业大厦4F	0816-2233899
13	阳光人寿保险股份有限公司绵阳中心支公司	绵阳市涪城路169号丰谷酒业大厦第六层	0816-2244979
14	长城人寿保险股份有限公司绵阳中心支公司	绵阳市公园路茂业百货6楼	0816-2234896
15	华泰人寿保险股份有限公司绵阳中心支公司	绵阳市长虹大道128号怡海明珠A座6楼	0816-7030201
16	幸福人寿保险股份有限公司绵阳中心支公司	绵阳市临园路东段54号临园商务大厦15楼	0816-8017299
17	光大永明人寿保险有限公司绵阳中心支公司	绵阳市绵兴东路97号久远商厦5楼	0816-2559881
18	华夏人寿保险股份有限公司绵阳中心支公司	绵阳市翠花街光51号明华都三楼	0816-8118386
19	中融人寿保险股份有限公司绵阳中支支公司	绵阳市临园路东段12号建行大厦（兴达国际大厦）12楼A-B1	0816-7016988
20	北大方正人寿保险有限公司绵阳中心支公司	绵阳市临园路西段五号花园投资集团2楼	0816-5017222
21	工银安盛人寿保险有限公司绵阳中心支公司	绵阳市临园路东段40号金三角大厦22F	0816-6866066
22	百年人寿保险股份有限公司绵阳中心支公司	绵阳市花园路9号万达广场二单元22楼	0816-2365328
23	建信人寿保险有限公司绵阳中心支公司	绵阳市临园路东段49-51号时代大厦5楼	0816-2557719
24	绵阳市中邮保险局	绵阳市临园路西段49号	0816-2367327
25	安邦人寿保险股份有限公司绵阳中心支公司	绵阳市绵兴东路97号久远商务大厦五楼	0816-5012963
26	和谐健康保险股份有限公司绵阳支公司	四川省绵阳市涪城路28号望园商厦8楼2号	0816-8116388

中国人民保险公司绵阳分公司

【概况】 2014年，人保财险绵阳市分公司全面深化改革，重点通过加强能力建设、基层建设、机制建设和作风建设促进公司发展升级。加强基层队伍建设、加大基层投入、夯实基层农网，基层实力明显增强。全面推进差异化配置机制、绩效考核机制建设，公司改革转型取得明显成效。公司在增强综合实力、履行社会责任上下功夫，服务民生、服务“三农”、服务绵阳经济建设的作用，实现保费收入9.14亿元，同比增长10.16%，保费增量8434.45万元，占绵阳财产险市场保费总额的44.5%；全年处理各类赔案16万件，直接赔款4.84亿元，占行业赔款总额的46.48%；累计承担风险保额3623.15亿元，上缴税金9174.60万元。

【首届职工运动会】 2014年11月14日，人保财险绵阳市分公司举办首届职工运动会，来自全市系统的441名员工代表、13支参赛队伍齐聚盛会，竞技项目包括篮球比赛、羽毛球比赛、乒乓球比赛、齐心协力趣味活动、拔河比赛等等。运动会决出集体奖、各单项奖前三名，共计22名团体及个人荣获奖项。首届职工运动会促进全市系统增进交流、强健体魄，增强员工友谊和团队凝聚力。（蒋　勇）

中国人寿保险公司绵阳分公司

【概况】 2014年，中国人寿保险股份有限公司绵阳市分公司坚持走制度经营之路，一手抓业务发展和经营管理、一手抓队伍建设。业务领域拓宽绵阳国寿发展渠道，绵阳国寿成功竞标绵阳市城镇职工大额补充医疗保险，全市老龄保险经过洽谈沟通全面启动，员工福利计划全面开展。发展方式创新，经过与政府相关部门的协调、沟通，开展实施农村小额保险与新农合、新城合“三险合一”服务模式，同宣传、同收费、同服务。开展客户历史保单复效、客户信息资料清理等工作，盘活客户资源，密切公司与客户情感，促进业务发展。经省公司考核，绵阳国寿荣膺A类公司。全年实现保费总收入12.08亿元，市场份额29.53%。

2014年，中国人寿绵阳分公司长期险首年标准保费、首年期交、10年期及以上期交保费保持近20%增长；10年期及以上期交保费占首年期交比例60%，10年期及以上期交保费较2013年净增近2000万元。

绵阳国寿系统内的江油市支公司何伟当选“2014年中华儿女年度人物”（特别推荐），市分公司银行保险部罗安义被推荐评为受保监会和国家人力资源部表彰的劳动模范、涪城区支公司白正阳被评为中国人寿保险股份有限公司诚信标兵、绵阳国寿总经理何建伟被中国人寿保险股份有限公司评为优秀共产党员，绵阳国寿银保业务获中国人寿保险股份有限公司“纵马驰骋”团体奖B组地市10强奖。

【保险业务发展】 2014年，中国人寿保险股份有限公司绵阳市分公司实现长期险首年标准保费8715万元，完成下达任务数8017万元的108.71%，同比增幅17.1%；完成首年期交17643万元，完成下达任务数15650万元的109.7%，同比增幅19.7%；10年期及以上期交达到10532万元，完成下达任务数9020万元的113.3%，同比增幅18.2%；实现短期险12559万元，完成下达任务数12300万元的102.1%。预算目标完成较为圆满。长期险首年标保完成预算目标的108.71%，首年期交完成预算目标的109.7%，10年期及以上期交保费完成预算目标的113.3%，短期险完成预算目标的102.1%。 （李晓红）

财政·税收

FINANCE AND TAXATION

全国首个特大企业自助办税中心在长虹投入使用

财政管理

【概况】 2014年，全市大力支持传统企业产业转型升级，投入支持中小企业发展专项资金2.96亿元。投入商业服务资金3.3亿元，支持商贸流通、服务业和现代物流发展、提升消费服务条件、服务环境，支持旅游产业发展。

各级财政投入支持科技城建设资金4亿元，用于建立贷款风险池补助资金，鼓励金融机构开展科技金融试点；建立科技成果转化资金，提高科技成果转移转化、高新产品孵化；建立军转民产业资金，推动科技城军民融合产品发展，进一步形成军民融合高技术产业群体优势和局部优势；建立创业投资引导资金，通过股权投资等方式支持科技城重点产业和龙头企业发展，促进科技城产业发展。

全市教育支出44.15亿元，落实免除义务教育阶段学校学生作业本费政策和家庭经济困难高中学生学费政策；全市社会保障和医疗卫生支出67.91亿元，全面深化医药卫生体制改革，继续完善社会保障体系，着力提升保障能力；投入15.07亿元资金提高城乡居民基础养老金和企业退休人员基本养老金水平，建立城乡居民最低生活保障标准底线制度，加大对残疾人、“五保”、孤儿等特殊群体的保障力度，提高工伤、失业保险待遇水平，提供更加安全的社会保障；全市节能环保支出8.64亿元，以污染治理、生态保护和地灾防治为重点，深入推进生态强市建设。其中：投入污染防治资金2.01亿元，支持主要污染物总量减排，加强重点流域和重点企业增容改造污染治理，建立秸秆禁烧和综合利用长效机制等；投入生态保护资金3.13亿元，支持重点生态功能区建设，管护国有天然林，巩固退耕还林成果。

2014年，全市公共财政收入完成1017482万元，增长12.46；地方财政总支出完成3960542万元，增长0.49%。

【财政总收入】 2014年，全市公共财政收入完成1017482万元，为预算的105.89%，增长12.46，其中：税收收入完成696716万元，增长10.53%；非税收入完成320766万元，增长16.87%。上划中央“两税”收入完成322412万元，为计划的80.70%，下降6.13%。政府性基金收入完成933973万元，为预算的109.13%，增长0.55%。全市财政总收入完成2273867万元，增长4.44%。加上上划中央所得税和上划省级共享税收入436634万元，全口径全市财政总收入完成2710501万元，增长6.65%。

【财政总支出】 2014年，全市地方财政总支出完成3960542万元，为预算的97.04%，增长0.49%。其中：公共财政支出完成2946402万元，为预算的98.02%，增长1.38%；基金支出完成1014140万元，为预算的94.31%，下降2.01%；全市国有资本经营收入支出0.99亿元。（财政总支出完成数不含国有资本经营收入）

【市级财政总收入】 2014年，市级公共财政收入完成342501万元，为预算的117.16%，增长11.01%。其中：税收收入完成203030万元，增长12.17%；非税收入完成139471万元，增长9.37%。上划中央“两税”收入完成111316万元，下降20.49%。政府性基金收入完成556717万元，为预算的111.47%，增长0.59%。市级财政总收入完成1010534万元，增长0.86%。加上上划中央所得税和上划省级共享税完成182208万元，全口径市级财政总收入完成1192742万元，增长6.78%。

【市级财政总支出】 2014年，市级地方财政总支出完成1179993万元，为预算的91.11%，下降9.32%。其中：市级公共财政支出完成651206万元，为预算的89.86%，下降14.08%；市级基金支出完成528787万元，完成预算的92.71%，下降2.68%。市级国有资本经营收入当年支出0.8亿元，调出资金0.15亿元。（市级财政总支出完成数不含国有资本经营收入）

【财政赤字】 2014年，全市累计净结余为赤字29130万元（其中：北川赤字31488万元，消化2013年以前赤字1832万元），其中：当年净结余1178万元，上年累计赤字30308万元。本级累计净结余为10万元。

【重点支出完成情况】 2014年，全市农林水事务支出442271万元，同口径增长（下同）13.86%；教育支出453033万元，增长3.65%；科技支出76637万元，增长37.68%；文化体育与传媒支出38555万元，增长6.03%。市本级农林水事务支出72065万元，增长61.62%；教育支出70233万元，增长9.30%；科技支出48050万元，增长33.97%；文化体育与传媒支出12432万元，增长26.92%。

【财政转移支付】 2014年，绵阳市对县市区的财力性补助（包括返还性补助和一般性转移支付补助）、专项转移支付补助共1627494万元。其中：均衡性转移支付263145万元，过渡期财力补助资金20000万元，县级基本财力保障81031万元，下达各项专项拨款补助517579万元等，主要用于支持科技城建设、发展战略性新兴产业、支持实施重大科技专项、支持中小企业发展、加大“三农”投入、全面落实免除义务教育阶段学校学生作业本费政策和家庭经济困难高中学生学费政策、继续完善社会保障体系、加强基础设施建设等方面的补助支出。（只包含公共财政方面）

【地方政府债券安排使用情况】 2014年，绵阳市根据《省财政厅关于做好2014年地方政府债券转贷资金管理的通知》（川财预〔2014〕54号），核定转贷绵阳市2014年地方政府债券77400万元，债券期限为3年、5年和7年，其中：省直接转贷市级53000万元（由市转贷非扩权试点县30000万元），省直接转贷扩权试点县（市）24400万元。市级使用23000万元，主要用于成绵乐城际铁路、新能源公交车购置和国省干线桥梁维修加固等项目。县市区使用30000万元，主要用于保障性住房、土地整理、水毁道路修复和历史债务化解等项目。

（南武卫）

2014 年绵阳市财政总收支完成情况

表 31　　单位：万元

区域	2014 年绵阳市财政总收入完成情况					2014 年绵阳市财政总支出完成情况				
	调整预算数	2014 年	2013 年	占预算的%	增长（%）	调整预算数	2014 年	2013 年	占预算的%	增长(%)
绵阳市	2216304	2273867	2177122	102.60	4.44	4081289	3960542	3941381	97.04	0.49
绵阳市本级	956853	1010534	1001962	105.61	0.86	1295099	1179993	1301249	91.11	-9.32
市区县合计	1259451	1263333	1175160	100.31	7.50	2786190	2780549	2640132	99.80	5.32
涪城区	168100	166753	144570	99.20	15.34	273357	266569	230513	97.52	15.64
游仙区	85547	83319	69828	97.40	19.32	234462	233781	213075	99.71	9.72
江油市	262819	254996	336538	97.02	-24.23	412547	400472	487575	97.07	-17.86
安　县	116998	121987	111049	104.26	9.85	245431	244893	248190	99.78	-1.33
梓潼县	79430	77768	53389	97.91	45.66	210579	208670	206529	99.09	1.04
平武县	63207	61688	52164	97.60	18.26	166651	161629	156447	96.99	3.31
北川县	58277	58906	54982	101.08	7.14	207840	233157	203804	112.18	14.40
三台县	139778	152849	118017	109.35	29.51	508034	506740	438961	99.75	15.44
盐亭县	117260	116101	83967	99.01	38.27	323591	323532	279080	99.98	15.93
高新区	168035	168966	150656	100.55	12.15	203698	201106	175958	98.73	14.29

2014 年绵阳市公共财政预算、基金支出情况

表 32　　单位：万元

公共财政预算支出					基金支出				
调整预算数	2014 年	2013 年	占预算的%	增长（%）	调整预算数	2014 年	2013 年	占预算的%	增长（%）
3005939	2946402	2906401	98.02	1.38	1075350	1014140	1034980	94.31	-2.01
724721	651206	757886	89.86	-14.08	570378	528787	543363	92.71	-2.68
2281218	2295196	2148515	100.61	6.83	504972	485353	491617	96.11	-1.27
247107	245570	217556	99.38	12.88	26250	20999	12957	80.00	62.07
214692	214177	187731	99.76	14.09	19770	19604	25344	99.16	-22.65
329817	321798	314287	97.57	2.39	82730	78674	173288	95.10	-54.60
185086	184936	187400	99.92	-1.31	60345	59957	60790	99.36	-1.37
153541	152023	172656	99.01	-11.95	57038	56647	33873	99.31	67.23
135933	134727	137775	99.11	-2.21	30718	26902	18672	87.58	44.08
177398	207054	179222	116.72	15.53	30442	26103	24582	85.75	6.19
421688	420552	386266	99.73	8.88	86346	86188	52695	99.82	63.56
230575	230516	210543	99.97	9.49	93016	93016	68537	100.00	35.72
185381	183843	155079	99.17	18.55	18317	17263	20879	94.25	-17.32

国家税务

【概况】 2014年，全市国税组织入库税收（海关代征）73.46亿元，其中：国税系统入库税收64.84亿元，增长3.91%，入库市县两级地方公共财政收入11.50亿元，增长11.02%。收入规模居全省第4位。办理出口退（免）税8.57亿元，增长20.8%。落实税收优惠政策，减免税10.74亿元，其中小微企业所得税优惠受惠面达100%。全年，陆续完成铁路运输、邮政业和电信业试点，全市营改增纳税人6882户，减税面达90.28%，整体减税2.05亿元，推动全市经济结构调整和转型升级。

全年，落实《干部选拔任用条例》，选拔任用科级领导干部19人。组织巡视检查3个单位，在9个县级局专设财务机构。完成培训项目62个1158人次，组建2个团队和9个专业人才库。税务文化建设项目获四川省国税局系统税务文化建设二等奖。

【纳税服务】 2014年，全市国税系统以“便民办税春风行动”为目标，简政放权，提速44项，减负61项。建成全国首个特大企业自助办税中心，满足60余户“虹系”企业全天候自助办税需求。设立“纳税人之家”，在全省率先建立网络发票委托代开支撑点，推广“四位一体”办税、全市通办、自助办税和“免填单”服务，落实首问责任等服务制度，提高办税效率。推进大企业专业化管理服务，提高管理服务水平。落地纳税服务规范，巩固深化办税服务厅建设，营造法治税收环境，纳税人满意度显著提升，位居全省系统第5。

【税收征管】 2014年，推进征管服务现代化建设，确定50项改革内容。落实42项“简、并、改、立”措施，简化各类涉税表证单书，实行小规模企业和个体工商户按季申报，规范进户执法，对7类首次轻微税务违章免予处罚，减轻基层和纳税人负担。深化税源专业化管理，完善分级分类管理模式。实施城区税收属地征管，1799户纳税人顺利完成迁移。

税收风险管理方面：风险应对867户，应对准确率81.08%，查补税款3315万元，风险控制“五率”指数均达到省局考核要求。狠抓税收专项检查和区域专项整治，全市稽查查补收入1.85亿元，增幅118.72%。

税收基础管理方面：强化农产品收购企业增值税管理，开展运费结算单据抵扣情况和失控发票专项清理，做好简并和统一增值税征收率、总分机构汇总缴纳增值税、成品油消费税政策调整等工作。抓好企业所得税汇算清缴及质量抽查、农村信用社计税基础核查、总分机构企业所得税财政体制改革、企业所得税管理工作指引体系构建等工作。加强进出口税收和国际税收管理，入库非居民税收4173万元。加强发票管理，继续推行在线开票系统，持续打击发票违法犯罪。加强执法检查，规范执法行为。

△风险控制“五率”：税务登记信息完整率、税务登记信息差错率、财务报表采集率、未按期申报催报率、未按期缴纳税款催缴率。

“虹系”企业自动办税中心

【税收宣传】 2014年，全市国税系统开展全员全面走访纳税人行动，把政策送上门，把问题解决掉，现场解决523个，后续解决2000余个。通过在主流媒体开设专栏、接受专访等方式，宣传各类税收政策。加强“12366”纳服热线建设，建立定期分析通报机制，受理电话8412个，话务量增长16.83%。向地方党政领导报送国税工作情况，向主流媒体推介绵阳国税特色亮点工作，构建“1+N”全媒互动税宣格局，绵阳国税信息和宣传工作走在全省国税系统前列。

【全国首个企业自助办税中心在绵阳启用】 2014年4月15日，绵阳市长虹财务共享中心办税人员张毅成功办理3月份的增值税纳税申报，标志着在四川长虹集团总部的“虹系”企业自助办税中心正式投入运行，这是国内首个在特大企业设立的自助办税中心。当天上午，自助办税中心还办理发票领用、货物运输增值税专用发票认证等业务。针对“虹系”的实际情况，绵阳市国税局紧跟国家税务总局“便民办税春风行动”的行动步伐，迅速出台行动方案，响应纳税人需求。在以前设立的长虹驻厂组、长虹集团税收管理服务办公室的基础上，建立“虹系”企业自助办税中心，为本地特大企业提供最为便捷的办税服务。“虹系”企业自助办税中心作为“长虹集团税收管理服务办公室”职能职责的延伸，破解“8小时工作制”的难题，为长虹集团及下属60余户企业提供全天候、不间断的纳税服务，满足“虹系”企业就近自助申报、缴税和领票等涉税需求。把办税服务厅搬进大企业的举措，是绵阳市国税局针对大企业、大集团提供专业化管理、个性化服务闯出的新路子，打通纳税服务的“最后一公里”。（吕　文）

绵阳市国税局2014年税收收入完成情况

表33　　单位：万元

下级单位＼指标	税收收入合计	国内增值税	国内消费税	企业所得税	个人所得税	车辆购置税	海关代征
合计	734622	391807	52720	135217	11	68675	86192
绵阳市国税局直属税务分局	311139	128108	26156	70682	1	0	86192
科学城国税局	5131	4808	0	323	0	0	0
高新区国家税务局	37372	29030	3	8339	0	0	0
涪城区国税局	80351	41689	25854	12806	2	0	0
游仙区国家税务局	50238	40779	5	9453	1	0	0
安县国家税务局	30962	26880	28	2664	1	1389	0
北川羌族自治县国家税务局	12747	9559	38	2649	1	500	0
江油市国家税务局	64923	51392	417	9443	2	3669	0
梓潼县国家税务局	7418	4261	87	2159	1	910	0
平武县国家税务局	15869	13636	3	1931	0	299	0
三台县国家税务局	30009	19944	69	7933	2	2061	0
盐亭县国家税务局	6740	4788	31	995	0	926	0
绵阳市国税局车购税分局	58921	0	0	0	0	58921	0
经开区国税局	22802	16933	29	5840	0	0	0

绵阳市国税局2014年纳税前十强企业

表34　　单位：万元

纳税人名称	入库税额			
	增值税	消费税	企业所得税	合计
四川省烟草公司绵阳市公司（绵阳市烟草公司）	4892	17489	14655	37037
四川烟草工业有限责任公司	5516	25171	0	30688
绵阳市商业银行股份有限公司	0	0	20797	20797
绵阳铜鑫铜业有限公司	15062	0	2898	17960
四川长虹电器股份有限公司	16150	0	0	16150
绵阳新晨动力机械有限公司	4829	0	8917	13745
四川华能涪江水电有限责任公司	7368	0	847	8215
四川长虹空调有限公司	6976	0	0	6976
江油红狮水泥有限公司	5059	0	1736	6795
绵阳双汇食品有限责任公司	6584	0	0	6584

地方税务

【概况】 2014年，全市地税系统组织入库各项地方收入101.49亿元，同比增收6.8亿元,增长7.18%。其中：税收收入92.03亿元，同比增收6.23亿元，增长7.27%；基金附加累计入库9.46亿元，同比增收0.57亿元，增长6.39%。入库收入中，中央级收入13.01亿元，增收2.11亿元，增长19.35%。省级收入20.87亿元，减收1.34亿元，下降6.04%。市级收入18.48亿元，增收1.94亿元，增长11.7%。县级收入39.67亿元，增收3.53亿元，增长9.77%。

【依法治税】 2014年，全市地税系统贯彻依法治省及法治绵阳建设工作要求，结合地税工作实际，印发《贯彻法治绵阳建设实施方案的意见》，出台《税收执法督察工作责任制度》，严明执法督察工作纪律，规范税收执法督察行为。先后对5个局同步实施税收执法督察与离任领导干部经济责任审计，合力消解多头多次重复检查痼疾。严格按照重大税务案件集体审理制度规定的工作程序，审理重大税务案件42件，审理率达87.5%，查补税款、滞纳金、罚款4606.64万元。承担市级部门非行政审批事项清理的非行政审批事项的审核工作，向市审改办上报非行政审批事项123项，以行政权力清理结果为范本，及时对税务行政执法主体进行清理确认，编制权力运行流程图。

【税收征管改革】 2014年，全市地税系统开展劳务派遣行业发票使用情况自查和交叉检查，对281户从事劳务派遣业务企业2013年至2014年6月领取、开具、缴销的各类发票及在税务机关申请代开的各类发票进行全面检查，涉及发票11344份，补缴税款2.68万元，并处罚款4000元。加强欠税分析和清缴，清缴入库税款1.17亿元。加强对个人出租房屋税收的专项整治，组织征收入库个人出租房屋税收3736万元，同比增长150%。推行“同城通办”试点和“免填单”服务工作，在核心征管系统开发“免填单”业务模块，提高服务水平。

【优化纳税服务】 2014年，全市地税系统利用税企QQ群、门户网站等平台，开展税收政策进校园、进社区、进企业等特色宣传。市局领导带队走进“政风行风热线”节目直播间，通过电视、电台、网络等媒体同步直播，与纳税人及广大听众进行“零距离”交流与沟通。组织参加由市委、市政府主办的全市“12·4”国家宪法日宣传活动，接受群众咨询近100人次，发放《各类群体或个人创业涉及的主要税收优惠政策宣传资料》1000余份。优化和完善12366纳税服务热线功能，全年受理话务2603件，所有事项均在规定时限内进行答复。清理审批项目，提高审批速度，取消6类征管类表单的后续管理办法，对保留的18项涉税审批事项实现提速，从法定的20个工作日，承诺缩短到6个工作日，提速70%。（牛永祺）

苏易简

苏易简（958~996），字太简，宋初状元，盐泉县（今绵阳市游仙区玉河镇）人。出生在导江县（今都江堰），2岁随母回盐泉老家定居。北宋太平兴国五年（980），苏易简经殿试，由宋太宗钦定进士第一名。是绵阳历史上唯一的状元。先后担任监丞、州通判、礼部外郎、中书舍人、知贡举、参知政事。苏易简博学多才，勤于著述，参加编纂《文苑英华》1000卷，保存了大量古代诗文。在他的著述中最有价值的是《文房四谱》，这是我国第一部系统记载纸、笔、墨、砚的生产沿革、产地和制作工艺的专著。该书对“文房四宝”的生产具有指导意义，对我国文化的繁荣产生过积极影响。

（摘自《绵阳市志》）

科　学

SCIENCE

智慧之城雕塑

自然科学技术研究应用

概　述

【概况】 2014年，全市科学技术领域研究与试验发展经费占地区产业总值比重达到6.58%，高新技术产业化水平指数达91.37%，科技进步综合水平指数达65.04%，高新技术产业总产值实现1230.56亿元、同比增长13.9%，科技型中小企业新注册数达到2227户，是2013年的3.8倍。

【国家知识产权示范城市创建】 2014年，绵阳市加强国家知识产权示范城市创建工作，高新区正式挂牌国家知识产权试点园区，游仙区、三台县国家知识产权强县工程试点县（区）工作先后启动。全市市级以上知识产权试点示范企事业单位达到98家，联合评选出首批“绵阳市无侵权假冒专利商品商场超市”11家。在国家知识产权示范培育城市实力评定中，绵阳市名列第二，仅低于北京海淀，高于北京朝阳。全年专利申请量5991件，同比增长20.01%；发明专利申请量2063件，同比增长33.53%；专利授权量3071件，同比增长7.9%。

【国家文化与科技融合示范基地建设启动】 2014年，完成绵阳市文化与科技融合示范基地规划、实施方案草拟，成立领导小组，建立互动工作机制，开展2014年绵阳国家级文化和科技融合示范基地备选项目征集，组织长虹集团、九洲集团和在绵阳高校，共同完成《特色文化产业集群共性技术支撑与公共服务》项目申报工作。　（胡尚清）

科技工作

【组织申报国家、省科技计划项目】 2014年，市科技局围绕2014年度各类项目申报指南要求，到各县市区和有关单位考察调研征集技术需求，发掘遴选项目，指导、协助编制项目申报材料，对申报项目的评审、立项情况进行跟踪了解，针对重点项目进行专题汇报。全年组织申报国家、省各类科技计划项目274项，获得立项125项，落实资金13867万元。

【科技创新能力体系建设】 2014年，全市推进产学研协同创新，推动科学研究、技术创新、产业发展、社会进步相互促进，努力实现创新各类主体、各个环节良性互动。搭建产学研领域重大仪器设备实验、检测共享平台。组织申报2014年国家中小企业发展专项资金项目101个。争取省科技厅支持，促成科技部火炬中心、省科技厅与绵阳市签订三方合作框架协议，构建国家、省、市区域创新新机制。围绕“2+4”传统优势产业和北斗卫星导航、通用航空、新一代显示技术、3D打印、大数据等“4+3”战略性新兴产业，实施高新技术企业倍增计划，引导和支持科技型企业按照高新技术企业标准推进企业建设，组织召开绵阳产业集群建设座谈会，做好高新技术企业认定、复审培训。全市四川省创新型企业突破70户，高新技术企业119户；各类重点实验室、技术中心、工程技术研究中心、孵化器等企业研发平台60个，高新技术产业总产值实现1230.56亿元、同比增长13.9%，高新技术产业化水平指数达91.37%、居全省第一。完成国家大学科技园、国家科技企业孵化器、火炬计划项目、高新技术企火炬统计。组织参加第三届全国创新创业大赛四川赛区比赛，绵阳市11户企业、8个团队进入决赛，两户企业晋级全国总决赛，绵阳东福高科技有限公司获得新能源及节能环保组全国总决赛“优秀企业”称号。

【科技计划项目监督检查】 2014年，绵阳市编制出台《2014年度绵阳市科技计划指南及评审方案》，对申报的市级科技项目继续采取从专家库里随机抽取评审专家、专家网上评审和组织人员实地考察相结合的办法，对项目评审立项实行全程监督。会同市财政局组成联合检查组，到国家、省级、市科技计划项目承担单位开展科技项目实施及其经费管理使用重点检查，检查的项目数及资金量均达到总量的30%以上。

【科技成果转化】 2014年，绵阳市成功争取将科技成果转化示范项目列入“2013年中央财政重点特色区域建设项目”。发挥“国家级高校学生科技创业实习基地”和“绵阳市大学联盟”和中国（绵阳）科技城工业技术研究院、绵阳市农业科学研究院技术转移中心、“中国技术交易所绵阳工作站”及四川技术转移（绵阳）中心5个技术转移机构作用，探索产学研用协同互动新机制，实现资源共享、优势互补。加强技术市场管理与培训，提高技术交易质量和水平。全市登记技术合同408份，实现技术合同成交总额68009.23万元、同比增长10.74%，其中实现技术交易额61291.03万元，同比增长6.65%。强化市级科技进步奖网上申报、常年受理、集中评审制度，组织申报2014年度绵阳市科技进步奖项目45项，受理38项。推荐申报2014年度省科技进步奖成果21项。

【科技管理规范化】 2014年，全市围绕推进科技管理规范化，对科技管理办法进行集中梳理、完善、修订，出台《绵阳市科技企业孵化器认定管理办法》《绵阳市科学技术奖励办法》《绵阳市科技成果转化项目资金管理办法》《绵阳市专利资助与奖励专项资金管理办法》《绵阳市科技和金融结合试点信贷融资业务风险补偿办法》《绵阳市科技专项经费监督管理暂行办法（试行）》，修订《绵阳市应用技术研究与开发资金管理办法》《绵阳市科技计划项目及成果评审评估专家管理暂行办法》《绵阳市科技企业孵化体系建设方案》。建立健全科技项目公平竞争和信息公示制度，完善网络申报和评审办法，促进全市科技计划项目申报、受理、评审全程透明公开。

【科技型中小企业加快发展】 2014年，全市实施科技型中小企业倍增计划，营造“大众创业、万众创新”氛围，梳理创新创业“十有”政策，制定科技型中小企业“涌泉计划”33条，组织召开多场次创新创业座谈会、推介会，到四川大学、西安交通大学、重庆大学、华中科大、西北工大等重点高校进行全市创新创业政策推介，吸引科技型中小企业和创新团队来绵创新创业。每月召开调度分析会，定期召开中国科技城产品成果暨科技型中小企业月度“十佳”项目发布会会。协调长虹、九洲等大企业向科技型中小企业开放配套项目，购买科技型中小企业创新成果。全市建成科技企业孵化器34个，其中引导社会资本建成13个，全市孵化面积达60万平方米，入驻企业和机构超过1500户。全年，全市新培育科技型中小企业2684户，其中新注册企业2227户，新注册企业数是上年的3.8倍，全市总数达到4478户，其中45户成长为规模以上企业。拥有专利5875项，约占全市授权专利数的43.7%，其中自主研发专利5115项；从业人员17.1万，约占全市就业总量的20.5%。

【科技服务体系建设】 2014年，绵阳市争取到与科技部火炬中心共建绵阳科技城创新服务体系示范基地国家军民融合创新服务中心。邀请北京长城战略研究所共同编制《绵阳科技城创新服务体系建设规划》，形成规划和实施方案文本。加快培育科技服务机构，吸引国内一流的科技服务机构入驻，初步打造具有技术、市场和资本融合功能的科技服务业产业链，构建创业辅导、成果研发、成果转化、产业化各个环节的科技服务体系。

【国际科技交流合作】 2014年，绵阳市组织境内企业、高校、院所申报2014年度国家科技援外备选项目、中小企业发展专项资金中欧国际合作项目、国家国际科技合作重大专项等项目。其中，新晨动力机械有限公司承担的“轻型车用直喷增压汽油机技术国际合作研究”项目获得2015年国家国际合作重大专项支持；九洲、联舰、科莱、农科院等7家单位获得2014~2015年度四川省科技重大科技成果转化专项和科技支撑计划专项立项，获得400万元的资金支持。加强绵阳境内的国家“示范型国际科技合作基地”以及三家“四川省国际合作基地”建设指导。参加中国-东盟技术转移与创新合作大会、第五届中意创新论坛、2014年中韩德产业集群对接活动、中国西部海外高新科技暨高端人才洽谈会（OTHC）等活动。在第二届中国科技城国际科技博览会上，承办2014第八届寰宇生产力产业经管交流论暨2014“海峡两岸”科技产业协同创新交流会、驻外使（领）馆科技参赞圆桌会议等会议活动，推动全市企业加强国际合作交流。科博会期间，科莱电梯与瑞士索特芬计算机停车系统有限公司就“全自动机械立体停车库设备制造与销售”达成“签订合作性框架协议”共识。

【科普基地建设】 2014年，全市开展的送文化、科技、卫生到仙海区沉抗镇七曲村的“三下乡”科普活动；在北川羌族自治县举办“四川省2014年‘科技之春’科普活动月启动仪式暨大型集中性科普活动”；举办2014年“科技之春”科普活动月、“科技活动周”等重大科普活动，集中宣传科普知识。注重发挥科普基地的平台与引领效能，建成省级科普基地9个、市级科普基地12个。

【科技与金融结合试点】 2014年，绵阳市学习借鉴成都高新区做法，研究提出科技城推广“盈创动力”科技金融服务模式工作方案。成功争取中央财政为绵阳市“信贷融资风险池”配套5000万元补助资金，争取开展高新技术企业信用贷款试点，引导金融机构为195户科技企业提供23.8亿元资金支持。深化专利权、股权等质押融资方式，全市金融机构累计发放专利权质押贷款1.49亿元。新设立2亿元的威盛创投基金和2.5亿元的长虹创投基金，引进博源资本、锐盛投资和宝安集团等50多家风投、创投机构，为70多家科技企业引进风险资本近16亿元。推动科技型企业挂牌“新三板”工作，8月九洲光电公司在“新三板”挂牌上市。 （胡尚清）

专业技术人员队伍

【概况】 2014年，全市参加职业技能鉴定51021人，45216人鉴定合格获得职业资格证书。其中：初级工32087人，中级工12317人，高级工2336人，技师411人，高级技师152人。

【考评人员培训】 2014年6月18日、19日，全市270人参加四川省考评人员培训班并获得考评资格。26人参加质量督导人员培训、4人参加鉴定机构质量管理内审员培训并获得质量督导员和内审员资格。 （马 勇）

【“羌绣”教材出版】 2014年，由失利密等编写的《手绣制作工“羌绣”》初级、中级、高级职业技能培训材料分别于7月、9月由中国劳动社会保障出版社出版发行。教材主要包括羌绣概述、羌绣图案、羌绣色形、羌绣基本针法、羌绣图案设计、羌绣产品开发等内容。教材分初级、中级、高级三本。

【首届全市职业技能大赛】 2014年9月19~21日，绵阳市举办首届职业技能大赛，设北川县七一职业中学主赛场和绵阳工业技师学院、四川省建筑技工学校、绵阳职业技术学校、绵阳市产品质量监督检验所4个分赛场。来自县市区、企业、行业的111个代表队500名选手参赛，600余名工作人员从事决赛服务工作，100余名裁判员执裁2个组别27个项目的比赛，20

余名记者对决赛进行现场报道。大赛决出单项奖216个（1等奖27个、2等奖72个、3等奖117个），团体奖12个，优秀组织奖38个。获奖选手中12人晋升高级技师、41人晋升技师、144人晋升高级工。（马 勇 李晓林）

农业科技

【四川省农业科技成果转化资金项目申报】 2014年，绵阳市按照四川省科技厅、财政厅关于组织申报2014年度省级农业科技成果转化资金项目的通知（川科函农〔2014〕5号）要求，组织市内四川国豪种业股份有限公司的“优质抗病杂交稻新品种蓉18优662的试验示范”和四川农大高科农业有限责任公司的“优质抗逆型杂交水稻品种——金谷优3301试验示范与产业化应用”等4个项目申报。在组织有关专家评审的基础上，推荐四川国豪种业股份有限公司申报的“优质抗病杂交稻新品种蓉18优662的试验示范”项目为2014年度四川省农业科技成果转化项目。项目顺利通过省专家评审、财务预算书的编制和答辩工作，立项支持50万元。

【富民强县科技专项行动计划项目申报】 2014年，绵阳市按照四川省科技厅、财政厅“关于开展2014年国家科技富民强县专项行动计划项目申报和绩效考评工作的通知”和《关于组织申报2014年四川省科技富民强县专项行动计划项目的通知》（川科发农〔2014〕7号）的要求，先后组织游仙区“无公害优质冷鲜猪肉产业链标准化示范建设”、北川羌族自治县“北川花魔芋种芋繁育技术集成及产业化示范”和平武县的“脱毒马铃薯快速繁种技术集成及产业化示范”等三个项目申报国家2014年度的富民强县专项行动计划项目。经科技部评审，平武县的“脱毒马铃薯快速繁种技术集成及产业化示范”项目确定立项，获得项目资金150万元。组织涪城区的天虹丝绸公司“优质高效蚕桑生产及高附加值精深加工关键技术集成与产业化示范”和游仙区的八品公司“游仙区无公害优质生猪标准化养殖及冷鲜猪肉加工技术集成与示范”申报省级科技富民强县项目。两个项目通过省厅组织专家对项目和财务预算的评审，分别立项支持资金60万元。

绵阳市农科院开展科技下乡活动

【农业科研创新成果】 2014年，绵阳市农业科学研究院和四川国豪种业股份有限公司共同完成《抗病高产小麦品种绵麦41等选育与应用》成果，获2014年绵阳市科技进步一等奖，项目新品种累计推广246.03万公顷，增收节支26.37亿元；绵阳市农业科学研究院、绵阳市植保植检站共同完成《优质专用型绵薯系列甘薯品种的选育与应用》成果，获2014年四川省科技进步三等奖，项目新品种累计推广面积43.27万公顷，新增产值15.5亿元，四川铁骑力士牧业科技有限公司、四川农业大学、四川省畜牧总站等共同完成《四川省种猪遗传改良体系建立和配套系选育研究与应用》成果，获2014年四川省科技进步一等奖；四川铁骑力士实业有限公司的《乳仔猪配方奶粉及其制备方法》成果，获2014年绵阳市优秀专利奖三等奖；四川铁骑力士实业有限公司的《提高种蛋受精率的鸭用预混料》《一种断奶母猪料及制备方法》《一种促进雏鸡消化道发育的幼禽配合饲料及其制备方法》3个成果获2014年国家发明专利。

【农业科技知识产权保护】 2014年，全市申报植物新品种保护9个，授权保护品种4个。奖励2013年度自主研发育成审定新品种16个，相关企业、院校、研究所获得奖励资金38万元。全市组织出动执法监管人员4248人次、执法车辆1240辆次、整顿农资市场1710个、检查农资生产、经营和使用企业4656个次、印发宣传资料13.712万份、媒体宣传58次、举办培训125场次，查处农资违法案件94件，涉案人员50人，查获假劣农资28427.22公斤，货值金额16.10212万元，其中假劣种子850.91公斤、肥料27250公斤、农药326.31公斤（未发现生产、经营甲胺磷等5种高毒农药），挽回直接经济损失93.82万元。农资生产企业现场检查率达到100%，投诉举报案件查处和反馈率达到100%。

【农业科技示范推广项目建设】 2014年，全市加快推进基层农业技术推广体系改革与建设，提升农业科技服务效能，继续组织实施部省下达的基层农技推广体系改革与建设补助项目，全市基层农业技术推广体系改革与建设项目计划资金1368.75万元，资金使用严格按照农业技术推广服务（不超过35%）、试验基地及农业科技示范户物化（不低于25%）、农业技术推广能力建设（不超过40%）三方面进行补助。主要用于健全管理体制，完善服务机制，提升队伍能力，加快农业科技成果转化推广，提升农业科技服务效能。

【新型职业农民培育】 2014年，市农业局组织各县市区申报部、省级新型职业农民培育重点示范县，安县被批准为农业部部级示范县，江油、游仙、北川、三台被批准为四川省省级示范县。开展新型职业农民培育重大问题研究调研。市农业局和绵阳电视台新农村信息服务平台联合对各县市区典型新型职业农民代表进行采访拍摄报道，制作10期电视节目。全面推动阳光工程转型，实施新型职业农民培育工程，全市农民培训（民生工程）项目完成培训任务2940人，部省级补助资金560万元。重点实行教育培训、认定管理和政策扶持“三位一体”培育，强化生产经营型、专业技能型和社会服务型“三类协同”培训，县市区通过农民培训项目对筛选出的培育对象进行培育和指导，对符合条件者按照四川省新型职业农民认定标准进行认定并颁发证书。市农业局集中开展市级新型职业农民提升培训，培训主题涉及：生猪养殖成本控制与市场对策研究、肉羊养殖技术、果蔬标准化生产技术等10期，培训人数达1200余人。

【“技术走基层”活动】 2014年，全市按照省委、省农业厅和中共绵阳市委关于“走基层、解难题、办实事、惠民生”活动的要求，全市农牧业农技人员利用小春收获、大春备耕、春秋季防疫以及农闲等时节深入基层，为村民宣传政策，走访民情，提供技术指导服务。全市农技人员走访277个乡镇、3269个行政村，服务群众98070户。专题制作5期《技术走基层2014年下乡日记》宣传报道。

【农业专家团队成立】 2014年，全市农业系统在全市范围进行筛选，经个人自荐、单位推荐、报经市农业局党组研究审定，确定14个专家团队的首批首席专家及专家组成员，任期为三年。12月8日，召开农业专家团队成立大会，向首批专家成员发放聘书，接受市农业局的相关管理和考核。

【农业科技进步贡献率】 2014年，绵阳市农业科技进步贡献率达56%。主要农作物良种覆盖率达96%。全市全年实现水稻机械栽植2.89万公顷，油菜机播3866.7公顷，油菜机收2.37万公顷，机械化秸秆还田6.3万公顷，主要农作物耕种收机械化水平达到42%。通过良繁体系建设，全市实现生猪三元杂交改良面92.43%，其中外“三元“杂交改良面60.51%，肉羊良种及杂交覆盖面97.87%，肉牛良种及杂交覆盖面86.75%，兔良种覆盖面97.40%，家禽良种覆盖面95.08%。

（胡尚清　刘　光）

企业技改

【概况】 2014年，全市计划实施总投资千万元以上的技术改造项目257项，其中，竣工118项，在建61项，新开工61项，储备17项。项目计划投资445.98亿元，其中固定资产投资379.17亿元，2014年计划投资135.3亿元。全市完成工业投资325.1亿元，同比增长7.4%，总量居全省第10位，增速居全省第8位；完成技改投资319.4亿元，同比增长10.2%，总量居全省第4位，增速居全省第11位。全市有三阳3D打印技术研发、应用服务中心及产业化基地、羌江石材年产100万平方米大理石板材加工项目等63个项目开工建设；富临精工年产1500万只液压挺柱生产线技术改造项目、皇龙破碎年产500台煤杆破碎设备技改扩能暨破碎机研发中心项目等84个项目在建；新晨动力宝马N20发动机一期、川汽集团年产12万辆新能源及传统能源乘用车生产基地项目一期、美丰绵阳工业园等107个项目竣工。

【省重点项目投资】 2014年，全市列为省56个重大产业项目的投资13.6亿元的长虹电器基于互联网的新型智能终端布局及业务模式重构工程项目、投资20亿元的新晨动力宝马N20发动机技术改造项目等4个项目完成投资15.8亿元，列为省政府重点项目的投资30亿元的川汽集团年产12万辆新能源及传统能源乘用车生产基地项目、投资11.3亿元的欧联等离子显示器件及商用显示系统生产基地等15个项目完或投资57.5亿元，列为省经信委重点项目的投资5.5亿元的华丰高可靠电子精密连接器生产基地等55个项目完或投资87亿元，列为市级重点项目的投资4.9亿元的皇龙破碎年产500台煤杆破碎设备技改扩能暨破碎机研发中心项目、投资1.5亿元的川味多万吨冷鲜肉肉制品及智能冷链仓储物流项目等80个项目完成投资81.6亿元，列为47个市重大产业项目的投资5.1亿元的九洲军民融合产业园光电线缆项目、投资2亿元的金达诺科技年产50000平方米自主专利节能LED两面翻显示屏等项目完成投资48.5亿元。全市争取国家、省工业技改项目19个，技改专项资金共计5102万元。其中，获国家工业转型升级强基工程中央财政补助专项资金支持1项，获资金支持1422万元，为2014年全省唯一获此专项资金支持的项目；省级18项，获资金支持3680万元，占全省该专项资金（3.6亿元）的10.2%。

（胡　斌）

技术标准

【概况】 2014年，绵阳市依法加强标准化监督管理，围绕标准化“提质增效升级”目标，加大技术标准制定、修订和标准备案力度，推动企业采用国际标准和国外先进标准，农业标准化、服务标准建设、国家“地理标志”保护产品等项目标准化工作稳步发展。引导企业、科研院所、大专院校、检测机构主导和参与国家标准、行业标准、地方标准制定修订工作，全市批准发布7个区域性地方标准；等同采用国际标准3个，修改采用国际标准17个，工业产品采标20个，全市工业产品累计采用国际标准认可190个，企业标准备案60个。9月11日，四川东材科技集团股份有限公司被省质监局、省科学技术厅认定为第一批“四川省技术标准创制中心单位”；5月，市产品质量监督检验所成为全国磁性元件与铁氧体材料标准化技术委员会成员单位；绵阳市公共资源交易服务中心、绵阳市红枫家政服务公司2家单位成功申报省级社会管理和公共服务标准化示范试点项目。

【农业标准化示范试点】 2014年，全市深化农业标准化示范试点工作，加强验收项目的示范推广。组织复审涪城麦冬、江油附子2个国家标准；创建梓潼“文昌添宝”柑橘1个四川省精品农业标准化示范试点项目；涪城关帝土鸡、安县薯类等7个省级农业标准化示范试点项目通过考核验收；新申报游仙绞股蓝、黄秋葵立体种植、江油永顺生态综合农业等8个省级农业标准化示范试点项目；盐亭国家核桃农业综合标准化示范区1个，安县杂交水稻制种、三台生猪、梓潼葛根等12个省级农业标准化示范项目在建设中。协调农业部门制定种养殖区域性地方标准7项；截至年底，全市有国家级农业标准化示范区13个，四川省级农业标准化示范乡（镇）49个，四川省精品农业标准化示范试点项目7个。

【国家“地理标志”保护产品】 2014年，绵阳市申报平武厚朴、梓潼桔梗2个国家“地理标志”产品经国家质检总局受理；3家企业经国家质检总局核准使用北川苔子茶“地理标志”保护产品专用标志；对7个“地理标志”产品区域性地方标准进行清理和整合。截至年底，全市有“地理标志”保护产品11个。

【组织机构代码与条码】 2014年，全市办理组织机构代码证书23696件，其中：新办组织机构代码1656件、变更296件，换证3100件，年检代码9903件，迁入、迁出、废置代码等1403件，办结率、按时办结率达到两个100%，群众评议满意率95%以上，办件量居31个政务中心窗口部门前五位；执行省财政厅和省发改委联合下发《关于停收和免收22项行政事业性收费》（川财综〔2014〕19号）文件，减免4250余家机构组织机构代码证书33万余元收费；提供全市68家行政执法机关的组织机构代码相关信息，新增商品条码成员103家。

（胡德周）

知识产权

【概况】 2014年，全市商标监督管理工作全面推进商标战略实施，提高商标监管效能和水平，提升绵阳企业核心竞争力，把商标富农工程作为商标战略的一个重要内容，继续建设助农商标库，赠送商标103件。市工商局指导绵阳市涪城区蚕业科学技术协会申请注册“涪城蚕茧”证明商标，12月“涪城蚕茧”证明商标成功注册。截至年底，绵阳市有各类注册商标10500件，农产品“地理标志”证明商标5件。全市现有中国驰名商标13件，四川省著名商标71件，绵阳市知名商标179件。组织丰谷酒业、羌笛茶叶、平武绿茶、中坝酱油等4户企业参加2014中国国际商标·品牌节。

2014年，绵阳市、县两级专利资助政策和专项资金全面实施，据统计，省、市专利资助资金达370万元，专利实施项目资助资金达330万元。全市申请专利5991件，同比增长20.01%，其中发明专利申请2063件，占申请总量的33.53%；专利授权3071件，同比增长7.9%。全市新增专利实施项目1213个、新增产值156.75亿元。长虹公司饮水机外观设计专利获第十六届中国专利奖优秀奖；雅化集团、新晨动力等企业的5件专利权分别获得第二届省专利奖二、三等奖；评选绵阳市2014年优秀专利一、二、三等奖10个。绵阳市知识产权局荣获全省2014年度工作目标完成先进单位称号。

【“三名”商标争创指导】 2014年，市工商局指导全市优势产业争创中国驰名商标。指导开元磁材、西科种业、利尔化学、矿山机器等公司争创中国驰名商标。2014年1月绵阳开元磁性材料有限公司“子云及图”商标被国家工商总局商评委认定为驰名商标。推荐“东方”等15件商标申请2014年四川省著名商标复审，推荐28家企业申报四川省著名商标，最后11件商标被认定为四川省著名商标。认定2013年度绵阳市知名商标17件，复审认定绵阳市知名商标24件。认定2014年绵阳市知名商标22件，复审认定绵阳市知名商标27件。

△“三名”商标：驰名商标、著名商标、知名商标。

【首届“消费者最喜爱的100件四川商标”评选】 2014年，市工商局组织符合条件的企业踊跃申报，参加首届“消费者最喜爱的100件四川商标”评选活动，经过消费者投票评选，专家评审，绵阳“圣迪乐”“中坝”“丰谷”“川丰”“丹桂”“独圣”等6件商标荣获“消费者最喜爱的100件四川商标”称号。

【商标战略示范】 2014年，市工商局组织商标工作扎实、成效显著的县市区、企业争创商标战略实施示范基地、示范企业。省局确定绵阳市为第二轮四川省商标战略实施示范城市，确定长虹、九洲、兴事发、圣迪乐等4户商标企业为四川省商标战略示范企业，确定江油新型工业化基地为商标战略实施示范基地、江油市为商标战略实施示范县市区。

【商标专用权保护】 2014年，全市继续做好打击侵犯知识产权和制售假冒伪劣商品行为。加大商标侵权打击力度，在集市、超市、学校、车站、网吧、歌厅、城乡接合部、旅游景点等公共聚集场所，开展建材、品牌服装、农资、消防器材等产品品牌和质量的大检查。全系统查处商标侵权假冒案件126件，案值122.84万元，罚没金额135.99万元。 （梁玉珍）

【知识产权试点】 2014年，绵阳市召开示范培育城市工作会，各责任单位按照培育方案工作分解任务，结合自身职能，落实培育任务。3月，高新区正式挂牌国家知识产权试点园区、第一批四川省知识产权示范园区；游仙经开区、科教创业园等园区进入第四批四川省知识产权试点园区，按照试点方案推进试点工作。涪城区、游仙区、三台县先后召开国家知识产权强县工程试点工作动员会。长虹、九洲等企业知识产权贯标工作顺利推进。利尔化学股份有限公司等11户企业开展全省第三批优势培育工作，四川九洲空管科技有限责任公司等21户企业开展全省第三批试点工作。认定、启动第四批市级企业知识产权试点工作，知识产权试点示范工作呈现出点面结合、齐头并进的局面。

【专利质押融资试点和专利保险试点】 2014年，绵阳市制定、推出专利质押融资、专利保险资助政策，举办全市专利质押融资工作座谈会，建立专利权质押贷款信息库，与人民银行、科技局两金中心实现信息共享。全市知识产权质押贷款累计额度1.5亿元，对三阳塑胶等5户企业专利质押贷款贴息补助18万余元。举办两次全市专利保险培训，全市3件专利权参加专利保险，实现保额12万元。

【专利行政执法】 2014年，全市开展“无侵权假冒专利商品商场超市”活动，首批11家“绵阳市无侵权假冒专利商品商场超市”4月22日正式挂牌。在四川（绵阳）电子商务博览会暨第三届“绵阳造”精品展销会中，对绵阳市的电子商务企业进行专利执法检查，与绵阳市的电子商务建材类企业协商建立知识产权保护合作事宜，建立网络知识产权保护联动机制。在第二届中国绵阳科技城国际科技博览会设立知识产权保护站，开展展会执法、宣传活动，展示科技城知识产权保护良好形象。全年受理专利侵权纠纷19件，立案查处假冒专利行为45件，结案率达到95%，绵阳市知识产权局荣获全省专利行政执法工作先进集体。

【知识产权宣传】 2014年4月，全市在知识产权宣传周期间集中开展系列宣传活动，举行绵阳市2014年知识产权宣传周活动暨绵阳市无侵权假冒专利商品商场授牌仪式，开展广场宣传咨询；4月24日，市政府在科技城创新中心举办新闻发布会，发布“绵阳市2012~2013年知识产权保护状况”；在《绵阳日报》发表《实施知识产权战略促进社会创新发展》署名文章，同时举办知识产权案件公开庭审，用典型案例宣传《专利法》。

【知识产权培训】 2014年，全市知识产权培训工作以专题培训为重点，先后举办企业知识产权管理、专利行政执法、电子信息产业知识产权高级培训班等4个重点培训，邀请国家和省知识产权局专家等到绵阳讲课。全市以新增2000余户科技型中小企业为重点，组织全市中介代理人员和知识产权特派员分别到各个园区、县区开展专题培训近20次，参训人员达1200人次。知识产权远程教育绵阳分站第二期招收学员300余人，分站综合考核排名在全国前十名。

【组织参加科博会全国非职务发明专利展】 2014年，第二届中国绵阳科技城国际科技博览会期间，全国非职务发明专利展面向全国招展，收到参展意向项目1274个，经西南交通大学、四川大学等专家的审查，确定746个项目参展。全国非职务发明专利展占地2044个平方米，划分为地方展区、电子信息产业展区、汽车及零部件展区、新材料新能源展区、综合类展区5个展区。参展项目来自全国各地，既有发明创造者，也有中小型企业主，具有多样性和代表性。科博会期间，发放参展专利技术光碟近万张，接待参观人员近30万人次，实现专利技术及专利产品所达成的意向性交易额3489万元。 （胡德周）

社会科学研究与应用

概 述

【概况】 2014年，市社科联开展社科研究规划、社科评奖、课题研究、学术交流、社科普及载体建设、社科组织管理等工作，组织社科界发挥服务地方党委、政府的“思想库”和“智囊团”作用。召开市社科联常务理事会和六届四次理事会、市社科工作培训会、县市区社科联工作会、全市社科学会工作会；新增市欧阳修文化研究会等10个社科团体会员；新建“四川青少年思想道德研究中心”等3个市级社会科学重点研究基地、“天府人文讲坛·铁牛街社区分坛”等5家市级社科普及示范基地；评比表扬一批先进社科组织、先进社科工作者。绵阳市社科联等5个社科组织获“全国先进社科组织”称号，5名社科工作者获“全国社会科学工作先进个人”或“全国优秀社科普及工作者”称号，2个基层社科联被省社科联表彰为“先进县市区社科联”。

【绵阳经济社会发展重大课题研究】 2014年，全市社科界围绕各级党委、政府的中心工作，开展绵阳经济社会发展重大应用性课题研究。全年完成重大的研究成果有《绵阳群团组织和社会组织管理创新研究》《深化绵阳文化体制改革研究》《高铁经济对绵阳经济发展影响研究》《绵阳加快推进科技城集中发展区建设对策研究》《绵阳市水资源环境承载力研究》《绵阳融入成都经济区发展面临的机遇、挑战及对策研究》《关于成立成都经济区社科联整合区域社科资源研究》《成都经济区地震灾区感恩文化建设路径研究——以绵阳为主要个案》《党的群众路线理论与实践历程研究》《教育实践活动对建党理论的丰富和发展研究》等100多项。

【组织社科研究规划】 2014年，市社科联开展市级社科研究规划立项评审工作，确定102个市级社科研究规划项目，经评审有86项课题通过结项，《绵阳推进行政区划调整对策研究》等13个项目被确定为"优良"；组织开展社科项目申报和研究培训会，加强课题申报的指导和协调。全年市社科工作者获国家社科基金、省社科规划项目立项29项。其中，《区域风险、适度分权与地方金融体系改革研究》《四川地区纳西族东巴经整理与研究》《西欧穆斯林移民及其社会融入研究》等12项获国家社科基金立项，每项20万元；《关系原理视角下腐败案件的发生机制及其策略研究》《不光彩的利润：美国白领犯罪与掠夺（译著）》等17项获2014年四川省社科规划项目立项。

【社科评奖】 2014年，市社科联组织完成绵阳市第十四次优秀社科成果评奖及四川省第十六次哲学社会科学优秀科研成果推荐工作。市评委会从全市申报2012~2013年度的社科成果中，评出由绵阳市政府表彰的优秀成果154项，其中一等奖4项、二等奖20项、三等奖30项、优秀奖100项。在四川省第十六次社科评奖中，绵阳初评推荐社科成果中有14项成果获四川省政府奖。涪城区、江油市均举行首届社科优秀成果评奖颁奖活动，盐亭县举办第二届社科评奖。

绵阳市第十四次社科评奖中获市政府一、二等奖项目

表 35

授奖等级	获奖项目	作者
一等奖	《食品安全法律制度研究》	廖　斌　张亚军
	《农村公共产品流通机制研究》	王建洪　胡碧玉
	《清同治·直隶绵州志》	绵阳市地方志办公室
	《四川省高校毕业生就业难点及对策研究》	张　强　廖传惠　廖成中
二等奖	《死缓制度研究》	何显兵
	《延安时期中国共产党反腐倡廉建设研究》	陈文胜
	《中国民事判例制度构建研究》	骆　军
	《民法的解释与适用》	杨育正
	《企业政治战略：影响因素及与绩效关系研究》	许小君
	《货币政策与金融监管的冲突与治理》	熊　丹　郑亚平　石　慧
	《绵阳建设西部经济文化生态强市调研报告》	冯　平　朱　云　席　斌　王志远　任学辉
	《成德绵土地利用比较研究》	刘　强　赵　翼　白利军　代永久　杨锋林
	《绵阳农业科技发展现状及提高农业科技贡献率对策研究》	兰　劲　刘仲平　文启金　张　韬　姜　莹
	《〈龙筋凤髓判〉笺注》	蒋宗许　刘云生　蒋　信　谭　勤　陈　默
	《文化意识的更新与再构——"五四"新文化运动深层解读》	陈明彬
	《北宋地域文化与政治的整合——北宋入蜀文学研究》	伍联群
	《顺应与抵制：文化安全语境中的语言政策研究》	郭凤鸣　张继华　骆海辉　尹国杰
	《川陕苏区·绵阳卷》	绵阳市委党史研究室
	《汶川特大地震梓潼抗震救灾志》	梓潼县地方志办公室
	《会话风格的性别模式研究》	马继红
	《论日语的"配慮表現"——以会话文中的"けど""ちょっと"为中心》	郑荣爱
	《个人与组织价值观匹配的心理学研究》	谭小宏
	《基础教育体育教学变革 30 年（1979~2009）》	赵　利
	《绵阳职业教育集团体制机制研究》	何礼果　沈利剑　肖争鸣　黄泽森　李小宏

绵阳市获四川省第十六次省哲学社会科学优秀成果项目

表 36

授奖等级	获奖项目	作者
省政府二等奖	《农村公共产品流通机制研究》	王建洪　胡碧玉
	《链与链竞争的纵向结构治理》	艾兴政　赵海霞　马建华　唐小我　何雪峰
	《理念·价值·精神：汶川地震灾后思想建设研究》	戴钢书　欧阳彬　肖永梅　任学梅　吴晓云
省政府三等奖	《转型期民族地区产业结构动态优化与就业能力同步提升研究》	郑长德　熊正贤　单德朋　杨艳辉
	《食品安全法律制度研究》	廖　斌　张亚军
	《中国民事判例制度构建研究》	骆　军
	《北宋地域文化与政治的整合——北宋入蜀文学研究》	伍联群
	《俄亚托地村纳西语言文字研究》	曾小鹏
	《〈龙筋凤髓判〉笺注》	蒋宗许　刘云生　蒋　信　谭　勤　陈　默
	《基础教育体育教学变革 30 年（1979~2009）》	赵　利
	《意派与批评性艺术——两种理论的比较研究与批评》	廖上飞
	《“道”的视觉时空——中国道教美术发展研究》	耿纪朋
	《哲学的改造》	陈清贵　胡志国
	《失乐园》	刘　捷　陈　才　尹松涛　张贯之　陈丛梅

【社科专题系列学术活动】 2014年，全市社科界围绕党委政府重大决策部署、经济社会发展形势任务、人民群众关心的热点、难点，分专业、分系列举办各种学术研讨会、座谈会、报告会200多场次。举办“市社科理论界学习贯彻党的十八届四中全会精神座谈会”“国际先进制造业论坛”“2014年绵阳·欧阳修国际学术研讨会”“国际防灾减灾学术研讨会”等较高层次学术研讨50余场次。组织参与党的十八届三中、四中全会专题宣讲，组织举办“绵阳市第四届社会科学学术年会”，组织编印《第二届科技城中国绵阳国际科技博览会论坛专辑》《2014年智库文萃》《“繁荣发展社会科学发挥智库作用”界别协商文集》，编辑出刊《绵阳论坛》6期。

【社科知识普及】 2014年，市社科联组织开展4次集中性的大型科普宣传活动；配合市人大、市政协专题调研社科普及工作；与市委宣传部、市科技局开展“绵阳市社科普及示范基地”评估验收。全市建成“绵阳市社会科学普及示范基地”17个，其中8个创建为“四川省社会科学普及基地”，2个被命名为“全国优秀人文社会科学普及基地”。以“中国科技城·绵州讲坛”统筹全市人文社科讲坛、讲座和报告会，电视版、文字版、讲座版、县市区版、高校版等多版互动，全年举办较高层次人文社科讲座600多场次。编撰《绵阳地方文化简明读本》《绵阳史稿》《绵山闲话》《文昌文化信仰》《国土资源知识读本》《五层山文化探索》等社科普及读物10多部。（曹　智）

机构和团体

【绵阳市社会科学界联合会】 绵阳市社科联是中共绵阳市委和市人民政府领导下的社会科学学术性人民团体，由本会的团体会员组成。绵阳市社科联第六届理事会，有理事100人、常务理事40人、专职主席1人、专兼职副主席13人、纪检员1人、秘书长1人。市社科联机关有专职工作人员11人，设办公室和学会学术部两个中层机构。主管绵阳市社会科学促进会、《绵阳论坛》、“绵阳社科在线”网站。

【市级社科团体】 2014年，绵阳市有市社科联所属的市级社科学术团体65个，其中哲社类15个、经济学25个、文化类12个、教育类6个、史学类7个；有县市区社科联9个，高校社科联7个。此外，市内还有四川省李白研究会、四川大禹研究会、四川七曲文化中心等省级社科团体和民办社科研究机构11个。

【市级社科研究机构】 2014年，市级社科研究机构6个：中共绵阳市委政策研究室，市人大研究室，市政府研究室，市政协研究室，市委党史研究室，市教育科学研究所。

【高等院校社科研究机构】 2014年，绵阳14所普通高校、高职高专和中共绵阳市委党校中同时具有教育和科研职能的社科类院、系、处、室。其中6所高校还设有专门研究机构。西南科技大学有四川循环经济研究中心、四川犯罪防控研究中心、区域经济研究所、四川省网络文学发展研究中心等11个社科机构；绵阳师范学院有高等教育研究所、四川李白文化研究中心、四川民间文化研究中心、四川县域经济发展研究中心等17个社科机构；四川幼儿师范高等专科学校有幼儿教育与发展研究中心、白马藏族与羌族文化艺术研究中心等4个社科机构；西南财经大学天府学院有物流管理研究所、藏区经济社会发展研究中心等17个社科机构；绵阳职业技术学院有绵阳职业教育研究中心；四川文化艺术学院有中国非物质文化遗产研究院。四川循环经济研究中心、四川犯罪防控研究中心、四川网络文学发展研究中心、四川民间文化研究中心、李白文化研究中心、四川县域经济发展研究中心6个社科机构为四川省社会科学研究重点基地；四川青少年思想道德建设研究中心、绵阳职业教育研究中心、川西北民俗文化研究中心、白马人文化艺术研究中心、中欧私人银行研究中心等8个社科机构为绵阳市社会科学研究重点基地。

（曹　智）

学术活动

【张勇精神与践行社会主义核心价值观研讨会】 2014年4月29日，市委宣传部、市委统战部、市社科联和游仙区委组织的“张勇精神与践行社会主义核心价值观”研讨会在游仙区举办。四川省社科院副院长李明泉、省社科联机关纪委副书记宋歌，绵阳市委常委、宣传部部长张学民，市政协副主席、统战部部长苗平出席会议。省、市社科联相关领导在会上就“张勇是践行社会主义核心价值观的典范”“张勇精神与影响”做交流发言。

【2014年绵阳·欧阳修国际学术研讨会】 2014年6月21日，由中国欧阳修研究会、绵阳市欧阳修文化研究会主办、市社科联等协办的“2014年绵阳·欧阳修国际学术研讨会”在绵阳举行。来自韩国和来自海内外的专家学者、部分出版社资深编审、欧阳氏宗亲代表、绵阳欧阳修文化研究会会员代表100余人参加会议，会议围绕欧阳修的生平和他在文学、史学、经学、金石学等方面的成就与影响展开交流和讨论。

【社科理论界学习贯彻党的十八届四中全会精神座谈会】 2014年11月14日，由市委宣传部、市社科联、绵阳日报社联办的全市社科理论界“学习贯彻党的十八届四中全会精神”座谈会在长虹会议中心举行。市委常委、宣传部部长张学民，市级相关部门、在绵大中院校、各县市区委宣传部以及市级社科团体负责人约50人参会。与会人员围绕学习贯彻党的十八届四中全会精神、推进法治社会建设、加强法治文化建设等进行交流。

【绵阳市第四届社科学术年会】 2014年12月4日，“中国科技城·绵阳智库论坛——绵阳市第四届社科学术年会”在绵阳市干部培训中心举行。来自全市各县市区社科联、高校社科联、在绵大中院校、市级社科学会、市级有关部门、社科规划项目课题主研人140人参会。会议展示、交流和通报绵阳市2014年社科研究规划优秀成果，涉及中国科技城建设、西部经济文化生态强市、党的建设、社会事业发展、公共管理、文化旅游创新等多个方面。

【服务法治绵阳建设研讨会】 2014年12月12日，由市依法治市领导小组办公室指导、市社科联主办，市社科促进会、《四川法制报》绵阳记者站承办，西南科技大学法学院协办的“学习四中全会精神，服务法治绵阳建设研讨会”在市领导人才考试和测评中心举行。来自市政协、市依法治市办、市司法局、市法院、在绵阳高校等方面的法学专家、领导约30人参会。与会人员就如何贯彻落实党的十八届四中全会《关于全面推进依法治国若干重大问题的决定》，推进法治绵阳建设等建言献策。

【古镇文化挖掘与开发研讨会】 2014年12月29日，绵阳市社科联主办，涪城区委宣传部、区社科联、丰谷镇党委、政府承办的“《古镇丰谷井》地方文化研讨会”在丰谷镇举行。在绵阳高校、市级社科学会和涪城区各方面地方文化研究专家、相关部门负责人和丰谷镇领导30余人，对丰谷古镇的历史文化特点、在绵阳城市建设中的地位，以及古镇文化开发等进行探讨。

（曹　智）

学术成果

【概况】 2014年，全市社科工作者在市级以上报刊发表各类社科论文5000多篇，公开出版或内部出版各类社科学术专（编）著、论文集、教参书、工具书、科普读物、译著50多部。

【《社会风险不平等研究——关于马克思主义阶级理论的一种继承与发展》出版】 2014年3月，《社会风险不平等研究——关于马克思主义阶级理论的一种继承与发展》由中国社会科学出版社出版，西南科技大学姚伟著。全书32万余字，分绪论、风险及风险社会与风险不平等、风险不平等的时空观、中国风险及风险不平等、社会风险分层研究的方法论、当前中国社会风险阶层结构与分层机制、风险平等与公正对策思考、余论八个部分。全书结合时代发展特征，从风险不平等的角度继承、维护和发展马克思主义的阶级理论和社会不平等研究，结合当下中国的实际，对中国社会的个人风险不平等进行分析，探讨如何完善我国政府的风险管理与分配政策，具有一定的理论和实践价值。该书可为关注研究社会问题的专家学者提供深入的研究平台，也可为党委政府及相关管理部门提升社会风险管理水平，加强有关制度、政策与机制建设提供有效借鉴。

【《“打倒孔家店”研究》出版】 2014年5月，《“打倒孔家店”研究》由人民出版社出版，绵阳师范学院杨华丽著。全书32余万字，除绪论外，分为五章。全书以“五四”时期“打倒孔家店”真相问题为研究主旨，从思想角度探究“打倒孔家店”口号与“五四”之间的关系；通过对“五四”时“打孔家店”运动的思想资源即从戊戌到《青年》杂志诞生前的反孔非儒思想的梳理，对新文化先驱们“打孔家店”的主观意图、客观情势及实际反叛内容——“非孝”、“非节”等的剖析，文章还原“五四”并无“打倒孔家店”之实历史本相；作者认为学界应重新考量“五四全盘反传统”论等的合理性与合法性。该书具有较高的学术水平和学术价值，受教育部青年基金项目、绵阳师范学院高层次人才引进科研启动项目资助。

【《高校教师教学效能感研究》出版】 2014年8月，《高校教师教学效能感研究》由中国出版集团现代出版社出版，绵阳师范学院吕林、赵峰著。全书20万字，分高校教师教学效能感概述、高校教师教学效能感实证研究、高校教师教学效能感的作用机制、高校教师教学效能感与学校变革之间的关系、高校教师教学效能感与教学能力及成长动因之间的关系、提升高校教师教学效能感的策略六章。该书从实际出发，对高校教师教学效能感进行理论实证研究，可为广大高校教师增强教学效能感，提高教育教学能力，提升教育教学质量，助推高等教育的深化发展提供有益参考。

【《灾后心理恢复与自我效能提升研究》出版】 2014年8月，《灾后心理恢复与自我效能提升研究》由中国财政经济出版社出版，西南科技大学翟瑞、曾贤贵、廖成中等著。全书25万余字，12章。该书在综述汶川大地震灾难和重建概况的基础上，以灾区青少年、老师、干部和社区居民为抽样调查研究和心理援助对象，探索不同人群灾时心理危机或应急障碍的特点、原因、调适方法、途径和辅导活动设计，进而探索分析不同人群生活正常化的途径、方法以及自我效能提升的有效途径和策略。该成果是基于教育部规划项目“灾后成年人自我效能提升与生活目标重建”的研究，主研人员在四年多的调查研究和社会支持性心理服务基础上凝练而成的，具有一定的实践指导价值和学术交流意义。

【《18~19世纪英国社会中的犯罪妇女研究》出版】 2014年9月，《18~19世纪英国社会中的犯罪妇女研究》由四川大学出版社出版，绵阳师范学院曾亚英等著。全书21万余字，除绪论外，分工业革命与妇女观的变化、守规矩的妇女与越轨的妇女、女性犯罪的概况、专属女性的犯罪行为——卖淫与杀婴、突出的女性犯罪——酗酒、对女性犯罪的解释、犯罪妇女与法律、警察和法庭、监狱中的女犯九章。该书揭示出社会对女性犯罪的理解、界定、惩罚和矫正等一系列的司法程序其实都与当时主流的妇女观密不可分，这种分析历史上的妇女问题持有的方法和态度，对于正确看待、分析和处理当今社会的妇女问题有一定参考价值。

【《农民教育思想研究（1921~1949）》出版】 2014年11月，《农民教育思想研究（1921~1949）》由电子科技大学出版社出版，西南科技大学赵诤、杨睿、陶利江著。全书22万字，除导言外，分为建党初期、土地革命时期、抗战时期、解放战争时期等中国共产党的农民教育思想，以及新中国成立前中国共产党农民教育实践的现实启示五章。该书是一部深入挖掘提炼中国共产党的农民教育思想的学术专著，对于促进党的建设和加强思想政治教育工作具有积极的指导意义。 （曹 智）

信息化建设
INFORMATION TECHNOLOGY

西科大雕塑

概　述

【概况】 2014年，全市信息化建设根据《“宽带绵阳”发展规划（2014~2020）》和《绵阳市“宽带中国”战略实施方案》部署，加快推进“宽带绵阳”建设，以光纤到户为主要抓手，推进宽带网络的光纤化升级，加快发展第四代移动通信4G网络建设，全市综合信息服务能力得到明显提升。截至年底，全市光纤网络覆盖端口169.7万个。有线宽带用户61.5万户，其中宽带家庭接入用户52.7万，全市有线电视用户92万户，59万户完成NGB（下一代广播电视网）的技术规范改造覆盖用户，占比64%，入户带宽达到100M。绵阳市作为全省首个将“宽带乡村”试点工程扩大至所有县市区的城市，2014年新增613个行政村实现光纤宽带接入。

全市移动用户465.7万户，3G/LTE网络建设实现对全市主城区及7个县市核心城区覆盖，累计开通4G基站3731个，用户突破201万户，其中3G移动用户175.1万户，4G用户26.8万户，3G/LTE移动电话人口普及率达到40%。

【信息安全产业联盟成立】 2014年9月18日，中国（绵阳）科技城信息安全产业联盟成立大会在绵阳顺利召开，标志着绵阳市信息领域首个行业自律组织正式成立。工信部软件服务业司司长陈伟、中共绵阳市委书记罗强出席大会讲话并为联盟授牌。大会由绵阳市人民政府副市长郑蕾主持。四川省经信委副主任、省信息安全产业发展推进小组办公室主任方存好，北京邮电大学信息安全中心主任、教授杨义先分别作讲话。大会选举产生联盟第一届组织机构，共同推选中国工程物理研究院计算机应用研究所为董事长单位，长虹电器股份公司、九州电器集团公司、中国电子科技集团三十所等15家单位及专家为联盟理事会成员和专家委员会成员。新当选的联盟理事长、中物院信息化总师赵强为联盟专家成员颁发聘书。新当选的联盟理事长单位中物院计算机应用研究所所长沈浩作发言。大会特别邀请四川电信、四川移动、四川联通、工信部电子情报所的嘉宾出席会议。

（汪海涛）

信息安全

【概况】 2014年，全市电子政务信息安全基础设施和工程建设完善，信息安全等级保护和风险评估工作取得新进展；健全安全管理组织领导体系，提升网站运行管理水平，完善安全防范措施，保证市委、市政府门户网站和各县市区政府及市级部门网站及政务信息系统常年安全无事故运行。为各级政府推行网上政府信息公开、网上行政审批、网上办事、网上办公、网上信访、网上咨询服务，搭建政民互动交流平台提供坚强有力地安全保障，促进政府职能转变和行政效能提升，完善绵阳科技城发展环境。

市委、市政府出台《关于加强市委市政府门户网站建设和管理工作的实施意见》《关于印发〈绵阳市网络与信息安全事件应急预案〉的通知》《关于加强部门网站信息内容安全保障工作的通知》《关于进一步加强信息上网保密管理的通知》《绵阳市电子政务绩效考核办法（试行）》等系列文件，规范各地、各部门建设政府网站的行为上网信息审核发布程序，从制度上明确全市政府网站安全管理工作目标、主要任务、保障措施。在全市范围内形成有效推进政府网站安全管理工作的工作机制和制度体系。

【信息安全规范化管理】 2014年，绵阳建立健全全市政府网站安全工作机构，初步形成齐抓共管的政府网站安全工作体系，做到有机构办事，有专人负责。出台系列安全管理制度，实现制度上墙、认真执行、定期检查。其中内部安全管理制度主要有：政务网站维护管理制度、自助建站管理制度、政务信息采编规范、政务网应用系统管理制度、数据备份制度、虚拟主机建立制度、主机托管制度、域名申请管理制度、计算机设备管理制度、计算机机房安全管理制度、网络安全管理制度等，形成较为完善的政府网站安全工作制度保障体系。

【信息安全措施建立】 2014年，全市贯彻执行《四川省电子政务外网网络和信息安全管理实施细则》；与国家计算机网络应急技术处理协调中心四川分中心签订合同，委托其监控、预警安全漏洞并处理安全威胁；按照信息系统等级保护三级要求招标采购欠缺的硬件设备，并配置相应安全策略；对于网络设备、安全设备、主机系统进行安全巡检，及时修补系统中被发现的安全漏洞和隐患，并针对漏洞和隐患进行相关的安全加固和优化服务；采取多方面的措施防止网站瘫痪，网站系统提供备用系统，严格执行数据备份制度，网站有效恢复时间小于60分钟。 （汪海涛）

【控制和引导网络舆情】 2014年，全市公安机关的网络安全监管部门及时处置“走廊医生”兰越峰事件、三台赈灾物资霉烂事件、利尔化学污染事件、“刘汉案”后发生的小岛居民游行等可能影响绵阳形象的重大网上舆情信息，完成上级下达的“云南罗平村民被警察枪击”“山东招远女子在快餐厅被6人围殴致死”“乌鲁木齐‘5·22’暴恐案”“马航飞机失联事件”“刘汉公审”“打击伪基站”“公安部正完善户籍改革意见”“昆明‘3·01’暴恐案”“香港占中”“郭声琨出访”等一系列重大舆情导控52次，上报舆情引导1191期，动用虚拟身份22280次，发布引导贴文18145篇。其中，公安部、省厅专项舆情引导620期，动用虚拟身份12562

次，发帖8851篇；本地自行舆情引导571期，动用虚拟身份9718次，发帖9284篇；对涉及绵阳的各类涉稳、涉警事件信息，每天通过手机短信向市委、市政府、市委政法委、市委宣传部、市公安局上报涉绵互联网信息370余期、960余条，删除有害舆情信息6000余条，服务领导决策和事件处置。

【严打网络违法犯罪】 2014年，全市公安网监部门按照省公安厅的统一部署，集中组织开展“平安四川打谣言、净网络”“打击整治伪基站”“缉枪制爆”“深化打击整治网络违法犯罪”4个专项行动，推行“网安部门与刑侦、技侦、国保、经侦、治安、禁毒等侦查警种联合打击网络犯罪、同步上案”工作机制，全年主侦刑事案件502件、配侦案件60件，抓获犯罪嫌疑人1060人，逮捕263人，抓获网上在逃人员481人，向公安部、省公安厅上报情报导侦线索9条，关键词上报10条，完成省厅督办案件5件。

【网上情报侦察】 2014年，公安网安部门围绕绵阳本地网上斗争工作重点，以情报线索发现和网上重点人员管控工作为核心，积极开展秘密情报侦察，向省公安厅上报《网侦情况》信息70期，完成省厅和公安部交办的涉藏协控、外地重点人侦察等任务9项，建立涉网情报专案3起，完成案件电子物证勘验27次，开展电子物证相关勘验18次，录入各类重点人1400余名，完成专项调度任务5次，成功实施对犯罪嫌疑人的定位12次，抓获犯罪嫌疑人9名。

【互联网安全监管基础建设】 2014年，绵阳市按照省公安厅的部署要求，公安网监部门对全市互联网特别是经营性场所、非经营性场所、重点联网单位、虚拟空间租赁服务单位、ICP注册用户注册信息、宽带（无线）用户注册信息等的基础数据进行采集录入，全年全市采集各类数据10000余条，有效处理流转数据1700余条，有效处置违法有害信息4500余条，处罚网站24家；全年检查网吧2000余家次，查处违规经营网吧310余家，行政警告200余家，行政处罚18家，停业整顿2家，实施行政处罚案件56件。 （周纬全）

信息化产品开发与利用

【概况】 2014年，绵阳建成西部第一个“政务云”，云产业链聚集200余户应用和服务企业，业务收入5000万元。全市有物联网相关企业50余户，长虹、九洲、凯路威等公司物联网产品实现规模化生产和应用。全市智能手机、北斗导航、车载终端等移动智能终端产值30亿余元，移动操作系统、移动应用、移动办公、移动支付等领域迅速发展。“智慧城市”建设成效明显，推进城市“一卡通”建设。建成智能交通、视频监控、数字城管、智慧旅游等系统，城市管理综合能力提升。

【数字家庭产业】 2014年，全市数字家庭产业产值81亿元。主要依托国家数字家庭应用示范（绵阳）基地建设，以项目为载体，从应用示范、产业发展、支撑体系等方面着手，形成“云+关+端+控”的整体化解决方案和对应产品（如CHiQ智能家电、CHIQ伴侣平板产品、数字电视智能机顶盒等多款终端），重点开展数字家庭产业集聚区10万用户级示范应用，推广家庭安防、家居养老、家庭娱乐等应用服务业务，着力构建以数字家庭应用为核心的产业生态。通过完成23项行动计划54个重点项目，塑造中国科技城数字家庭产业品牌。

【集成电路产业】 2014年，全市集成电器产业依托中物院太赫兹中心、长虹虹微、九洲、凯路威、芯联芯、久安芯、艾博等多家本地集成电路设计企业，着力推动集成电路产业发展。掌握一些重大关键技术，拥有基于全球独创超低功耗安全存储技术的自主标准RFID芯片和永久性大容量存储器研发及产业化能力，掌握0.18微米、0.13微米、90纳米和65纳米集成电路芯片设计技术；搭建起平面光波导PLC技术平台，具备光通信无源、有源芯片研发能力，拥有自主知识产权的数码电子雷管芯片技术和军民两用智能延时芯片研发能力，太赫兹核心单元技术国内处于领先水平。研发特色优势产品，涵盖智能终端、光通信、智能家电、信息安全和视频监控、民爆行业专用芯片等。包括移动多媒体SOC、数字电视SOC、PDP显示驱动与控制芯片、智能语音控制芯片、高安全性X-RFID（电子标签）芯片、超高频RFID读写器芯片，PLC光分路器芯片等，成功研制出国内第一个0.34THz、50m、5Gbps高速无线通信实验样机。

【信息安全产业】 2014年，绵阳市落实省委、省政府五大高端成长型产业战略部署，大力发展信息安全产业，信息安全产业收入达45.2亿元。在信息安全产品和服务方面，形成数字家庭安全产品、信息安全移动终端、具有自主知识产权的高安全性射频识别芯片等产品体系，以及基于北斗的安全位置服务、信息安全评测咨询服务等服务体系。在信息系统安全应用方面，取得了包括数字认证、安全存储、网络感知、网络攻击及网络防护等共性成果。安全手机、动态网络防护系统、涉密OA系统等一批重点产品正在市场推广。9月18日，中国（绵阳）科技城信息安全产业联盟在绵阳举行成立大会，信息安全产业联盟的成立，为全市信息安全产业发展增添新动力。

【软件产业】 2014年，全市围绕打造中国新兴软件名城目标，大力发展软件产业，软件产业作为绵阳市经济提质升位的新支柱、城市转型发展的新名片和科技城建设的新引擎。出台《绵阳市软件产业发展规划（2014—2020）》和编制《关于加快软件产业发展的意见》等加快软件产业发展的政策、推动科技城软件产业园建设，实现产业集聚发展。科技城软件产业园入驻100多户中小型软件企业，从业人员2000余人，业务领域主要集中于软件开发、平台搭建、服务外包等。长虹集团、九洲集团、中物院等大型企事业单位主要涉及工业软件、嵌入式软件、高性能计算、软件测评、灾备技术等领域。全市通过双软认定企业38户，全市软件产业主营业务收入89.97亿元。

【北斗卫星导航产业】 绵阳市作为四川北斗卫星导航产业牵头城市，全省北斗卫星导航产业联盟所在地，产业主要集中于九洲、长虹、久远银海等企业。2014年，实现产值2.3亿元，拥有突破精密测量、高动态卫星导航等高端技术和卫星导航接收机板卡、整机及设备、天线、软件和应用系统集成等五大类成熟产品，在城市交通、旅游、汽车电子、个人位置服务、市政精细管理等领域大力推动应用示范。 （黄稚慧）

智慧绵阳建设

电子政务

【概况】 2014年，绵阳市云办公平台全面启用，逐步实现全市机关办公高效化、规范化、信息化、无纸化办公。7月1日，政府云办公系统正式运行，形成以“四大班子”办公室为枢纽，覆盖市级各部门和各县市区政府的一体化协同办公的云平台系统。可以完成政务多级组织应用；文档资料管理、项目信息管理、日常行政办公应用等应用。相继完成项目调研、平台技术方案审定、软硬件招投标等工作。出台《关于加快建设智慧城市推进信息惠民工程有关工作的通知》，启动绵阳市信息惠民国家示范城市创建工作，编制完成《绵阳市信息惠民国家示范城市创建工作方案》；市政府与浪潮集团达成《绵阳政务云计算中心合作共建协议》。

【国家“智慧城市”城市试点】 2014年，市政府印发《关于加快建设智慧城市推进信息惠民工程有关工作的通知》（绵府发〔2014〕10号），结合实际，在统筹规划和广泛征求相关部门意见基础上，大力推进涉及民生、安全、环保、城市交通等领域的智慧城市和信息惠民工程重点项目建设，明确中、近期智慧城市和信息惠民试点建设的目标、任务。

【国家信息惠民城市试点】 2014年，全市按照四川省《关于组织申报信息惠民国家示范城市的通知》的文件要求和市委、市政府领导指示精神。2月，全面启动绵阳市信息惠民国家示范城市创建工作。编制完成《绵阳市信息惠民国家示范城市创建工作方案》，通过四川省初评答辩和国家发改委专家网上评审，顺利跻身国家信息惠民试点城市。

【政务云计算中心】 2014年，市政府与浪潮集团达成《绵阳政务云计算中心合作共建协议》，通过统筹集中的方式为各职能部门统一提供计算资源、存储资源、备份和安全支撑平台以及运维管理服务。逐步将全市电子政务应用系统迁入政务云中心运行管理。完成政务云平台试点，在云中心部署运行“绵阳市行政权力规范运行平台”“绵阳市党政机关云办公平台”“绵阳市电子签章系统”“绵阳市政务网站集群系统”。全市社会管理和公共服务事项电子政务基本实现覆盖。年度电子政务建设和运行成本降低30%以上，系统建设效率提高1倍以上。

【政府网站群建设管理】 2014年，全市严格按照国家和省对政府网站建设要求，规范绵阳政务网站群的建设管理。引进第三方机构对绵阳市政府网站进行综合性能进行测评，完善栏目内容，强化政务服务特色；改进政府网站办事模式，梳理整合网站集群便民服务资源，方便公众网上办事。增加便民APP推荐，让市民通过不同方式方便获取政府的服务；推进网站互动交流功能，整合市级部门政务微博，互动栏目建设，畅通交流渠道，为公众参与互动交流创造条件。

（李蕙明）

【电子政务内网建设】 2014年，绵阳市成立以市委副书记张锦明为组长、市委秘书长董晓彬、市政府秘书长夏明为副组长，市级有关职能部门为成员单位的市电子政务内网建设和管理领导小组。根据中央办公厅、国务院办公厅《关于进一步加强国家电子政务内网建设的指导意见》（中办厅字〔2014〕28号）精神，加强全市电子政务内网网络基础设施、安全体系、县市区和部门网站的规划、建设等工作。

根据《四川省电子政务内网建设方案》，结合《国家电子政务内网网络体系总体设计方案》《国家电子政务内网安全保障体系总体设计方案》和《电子政务内网建设方案编制指南》，起草《绵阳市电子政务内网建设方案（草案）》。开通北川、平武、盐亭3个县的电子政务内网备份光纤线路，完成市与县市区电子政务内网备份光纤线路建设。完成市电子政务内网中心机房—市电信机房的电子政务内网主干光纤双路由环网改造。完成市委办和盐亭县电子政务内网新网站建设，新版网站实现完全浏览器界面的内容创建、维护和基于模板的内容发布，具备强大的站点管理功能，为市委办和盐亭县电子政务内网发展提供了新平台。完成省与市高清晰加密电视会议备份系统建设，提高电视会议系统的安全性、稳定性，确保中央、省、市专线会议召开。

【电子政务内网应用与管理】 2014年，电子政务内网公文交换系统和信息报送系统稳定运行，开展门户网站维护和内容保障。全年开设“党的群众路线教育实践活动”“学习贯彻党的十八届四中全会精神”专题和“依法治市”专栏数据库建设。

市委办印发《关于加强当前电子政务内网网站安全保密工作的通知》，对加强电子政务内网安全管理提出明确要求。对网络运行状态进行实时监控，做好重要数据的日常维护和备份工作，确保数据安全，提升灾害情况下数据恢复能力。开展全市电子政务内网安全保密大检查。通过检查发现问题，消除隐患，提高各单位对电子政务内网安全保密工作的认识，推动电子政务内网各项管理制度的落实。 （吴 夕）

金融信息化建设

【支付结算系统构建】 2014年，绵阳市顺利上线中央银行会计核算数据集中系统ACS系统，提高业务处理效率，25家金融机构（财务公司）构成支付清算系统运行主体。将长虹财务公司正式接入电子商业汇票系统，为长虹集团及成员企业搭建新的资金结算平台和短期融资平台。指导绵阳市商业银行成功切换至二代支付系统并稳定运行。各国有商业银行、政策性银行和6家股份制银行加入前置综合管理系统，实现相关报表数据所送及业务回单发送的信息化操作。指导辖内涉农金融机构分步骤推广助农取款联网通用工作，农业银行、邮政储蓄银行及各区（县）农村信用联社通过系统升级和改造，均实现取款点联网通用、受理他行银行卡无障碍的工作目标。

【银行卡业务办理】 2014年，全市推动刷卡无障碍示范区建设，将“东辰宜家美装饰建材城”“绵阳涪城万达广场”推荐为刷卡无障碍省级示范区，提升相关商圈品牌价值。对在绵阳辖区经营银行卡收单业务及商业预付卡业务的支付机构进行清理和补充备案，16家取得支付牌照的正规支付机构全部完成备案工作。开展银行卡受理市场建设及规范检查，提升银行卡受理环境，扩大用卡范围。

【金融IC卡推广应用】 2014年，全市继续做好金融社保卡加载金融功能推广工作，金融社保卡发行达到200余万张。督促金融机构做好金融IC卡受理环境改造建设，开展POS终端机具及ATM机受理金融IC卡专项检查。组织绵阳商业银行与绵州通有限公司、市卫生局联合发行加载金融信息应用和居民健康信息应用的联名标准卡，协调建设银行、工商银行与三台和安县公交公司合作，推进金融IC卡电子现金应用在公交领域的应用。

【财税库银横向联网建设】 2014年，全市持续推动POS刷卡缴税，横向联网占比有较大提升。实现电子扣税34.04万笔，入库金额96.59亿元，电子扣税笔数占比达74.35%。非税收入直缴入库业务取得重大进展，完成6项财政非税收入直缴入库业务，入库金额达4725万元。工会经费直缴入库工作实现零的突破，全市通过横向联网系统办理工会经费入库1691万元。

【征信系统建设】 2014年，全市改善个人信用报告查询服务，精心组织3个商业银行网点代理公众查询，方便人民群众。新发放信用机构代码证11761份，推动机构信用代码在银行贷款、财政贴息等金融、政务领域的多运用。推广应收账款融资服务平台，分层次推进36户金融机构、大型企业及上下游产业链企业注册服务平台，将应收账款融资业务由线下转移到线上。

【信息安全管理】 2014年，全市保障完成ACS系统上线部署。联合市信息办设计开发中小企业信用服务系统，并成功上线。继续加强银行业信息安全管理，全年向金融机构发布银行业风险提示8次。督促绵阳市商业银行参加金融城域网应急演练。

（罗幼强 张爱民）

企业信息化建设

【概况】 2014年，绵阳不断深化信息技术在技术、产品、业务上的渗透融合，引导企业在生产设计、内部管理、过程控制等方面的应用，通过运用信息技术改造和提升传统产业，使企业信息技术改造的深度和广度有较大提高，在工业设计领域得到应用，生产控制过程中的信息化、智能化水平进一步提升，对提高企业经营管理能力的作用进一步增强，信息化水平得到明显的提高。据抽样调查统计，企业年度信息化投入占企业总投入10%以上的企业仅有10%，企业年度信息化投入占企业总投入1%~10%之间的企业有40%，企业年度信息化投入占企业总投入1%以下的企业有50%。40%的企业在用和在建办公自动化（OA），90%的企业应用财务管理系统，30%的企业应用人力资源管理系统（HRMS），20%的企业应用客户关系管理系统（CRM），5%的企业应用供应链管理系统（SCM），2%的企业应用了功能较为齐全的ERP系统，30%的企业拥有自己的门户网站。生产型企业中75%的企业都不同程度地运用到CAD、CAM、CAPP、CAT、MES、CIMS。30%的企业通过自建企业商务网站开展商务活动，50%的企业通过行业电子商务平台开展商务活动，20%的企业通过行业电子商务平台和上次游龙头企业的电子商务平台开展商务活动。企业网上贸易额情况，70%的企业网上贸易额占其总贸易额的10%以下，15%的企业网上贸易额占其总贸易额的10%~30%，10%的企业网上贸易额占其总贸易额的30%~50%，5%的企业网上贸易额占其总贸易额的50%以上。60%的企业涵盖业务面30%以下，系统不统一、孤立化，28%的企业涵盖业务面30%~70%，部分集成，12%的企业涵盖业务面70%以上，集成协同应用较高。（黄稚慧）

农业信息化建设

【概况】 2014年，全市农业部门根据农时季节，完成2014年大春备耕、规模种植、育种育苗及春耕生产进度调查，技术培训及高产创建示范落实，产业基地建设，大小春作物田间管理及苗架长势、产量分析预测、播栽及收获进度、自然灾害灾情统计等农情定期汇报55期，报表126余份。同时，结合农情报送及时撰写大小春粮油产量趋势及增减产原因、大小春备耕及播栽特点等分析材料11篇。绵阳农业信息网全年更新各类信息和资料2600余篇，新建设《党的群众路线教育实践活动》《技术走基层》《聚焦2014中央一号文件》《新型职业农民》《蔬菜产业服务平台》《法治绵阳建设》《农业政策解读》等专题栏目，网站点击率达到22.9万人次。全市利用绵阳农业信息手机短信平台，面向市县乡三级农技、畜牧干部和全市重点专业大户、科技示范户、专业合作社，开展农业政策法规、气象预报、技术服务、病虫发生趋势及防治措施、惠农补贴等农业短信服务，发送手机短信1163条。绵阳市在全省农情信息考核中，被省农业厅考评为一等奖。

【“12316‘三农’”服务热线与农业宣传】 2014年，全市解决信息服务“最后一公里”问题，拓宽为农服务的范围和内容，提高为农服务的质量和水平。绵阳市农业局成立“12316‘三农’”服务热线办公室，明确规范工作制度与工作流程。全年接咨询电话300余次，咨询内容涉及种植养殖技术、动植物疫病防治、土地纠纷和政策、市场信息等方面。

2014年，市农业局与新闻媒体合作，全方位、多层次宣传报道绵阳农业发展，开展《新型职业农民》《技术走基层》等电视专题报道，丰富信息服务渠道与新模式。全年报送信息1500余条，各级各类媒体采用信息1113条，其中国家级203条、省级430条、市级480条。

【新农村“百千万”信息惠农工程】 2014年，全市开展新农村“百千万”信息惠农工程试点工作。“绵阳村村通网”改版升级为“绵阳新农网”，进一步美化版面，完善功能、扩充服务内容。全年新发展766个镇村和涉农企业等建立信息网络平台，累计总数达到1180个。开通《绵阳农业》政务微信公共平台，微信用户可通过查找公众号“绵阳农业”关注绵阳农业。

（刘　光）

【农经信息报送】 2014年，全市农村经济综合信息网信息服务站收集、整理、上报供求信息400余条，被四川农经网网站采用360条。绵阳市高水蔬菜批发市场信息服务站每天9点之前采集市场内各类蔬菜批发价格信息30余条，并及时上传到四川农经网等网站，全年上传蔬菜批发价格信息6547条。梓潼县南门农贸市场信息服务站每天采集各类农副产品价格信息10余条，全年上传价格信息2833条。

【直通式为农服务】 2014年，市气象局成立由农业气象、天气预报、人工影响天气等专业技术人员组成的为农气象服务技术指导专家小组，市农业气象中心与市农业技术推广中心签署关于开展面向新型农业经营主体直通式气象服务协议。全年直通式气象服务对象651个，其中种粮大户110户、农业产业化龙头企业97家；直通式气象服务内容有农用天气预报、农业气象情报、作物病虫情趋势预报、气象灾害预报预警等。全年直通式气象服务发布手机短信43次、QQ群信息180次、手机报信息30次、电子显示屏信息25次。（徐卫民　蔡元刚）

高清数字电视

【概况】 2014年，绵阳高清数字电视的发展进入全面普及阶段。高清直播频道达到45套，包括中央电视台1、2、3、5、6、7、8、9、10、12和少儿高清与各地方省级卫视频道高清电视节目。1月，绵阳广播电视台采购高清采编播控设备、抽调专业人员，经过技术测试成功开播本土文化旅游高清电视频道。频道自办《影像生活》《跟我去旅行》《拍客部落》等三档文化旅游类高清节目；开设《连播剧场》《高清电影沙龙》《动漫剧场》；同时引进《中国旅游》等资料栏目。高清频道夜间19：00至23：00实现全高清播出，全天候高清节目比例占50%以上，高清频道收视覆盖达全市人口1/3。

【高清数字电视用户增加】 随着高清电视节目的不断丰富，广电网络公司加大普及高清数字电视的推广力度，用户每月只需多花2元钱即可免费收看几十套高清直播电视节目，还可以多收看十几套专业付费频道节目。至2014年年底，绵阳除平武、高新区和江油外，其余市区县全面完成有线电视数字化工作，绵阳地区有线数字电视用户达到80万户，数字电视普及率超过80%。绵阳地区高清数字电视用户超过25万户，高清数字电视普及率平均超过30%；其中绵阳城区高清数字电视普及率近50%、江油高清数字电视普及率达到70%以上。

（钟真辉）

无线电管理

【概况】 2014年，全市结合国家、省对无线电管理工作要求，落实国家、省安排布置的各项任务，制定工作预案和应对措施，强化基础运营企业以及相关单位加强通信设备维护和网络安全监管。不断完善无线电监测网络，对全市广播、电视频率给予重点监测和频率保护。全年排查无线电干扰12起，查获非法广播1起、卫星电视干扰4起，组成3个工作组前往北川、平武两县的7个藏族自治乡，开展对藏区无线电维稳监测工作，前后值守21天，出动车辆10辆次，人员18人，监听时间3100小时，完成监测任务。针对民航受到不明信号对飞行的干扰，严重地影响到飞行安全的问题，及时展开工作，在较快时间处置通信信号干扰的事件，先后查找干扰信号8次，为民航安全飞行及训练提供有效的支持。

【考场通信保障】 2014年，全市总结近年来重大考试监察工作的经验，针对全市考试多、考点多、参加人数多的情况，制订无线电监查工作方案。加强责任意识，服务意识，做到分工明确，责任到人，统一指挥和协调，做到指挥灵活和处置及时。全年完成全国高考、成人高考、国家公务员考试等各类考试无线电安全保障35天次，出动无线电监测车130多辆次，参加人员650多人次，无线电设备130多台，监测时间达到370小时，监测压制非法无线电信号12次，查获考试作弊设备3部，维护考试环境。

【科博会通信保障】 2014年，市无委办与中国电信、移动、联通三家基础运营企业密切协作，为“科博会”提供优质、高效、畅通的通信和网络服务以及应急通信保障。按照组委会要求，通信保障从10月14~20日，三家基础运营企业出动保障人员280余人次，车辆110辆次，各类设备310余台。完成会议场馆、宾馆饭店、交通枢纽等公共热点区域2G/3G/4G优化覆盖。在主会场区域安排应急通信保障车辆5辆，保证会展中心等展会场1000M有线带宽接入能力和新闻发布中心2000M有线带宽接入能力。在全市已建成的免费WiFi站点通信质量的基础上，为展会全部场馆、14家参会代表入住酒店以及机场、火车站等重点公共区域提供了带宽不低于20M的免费WiFi覆盖。展会期间，主会场区域话务流量高峰时期较同期增长20倍，数据流量增长近9倍。在强有力地保障之下。重点区域网络覆盖率达到99.5%，接通率达到99.5%。各项无线指标稳定，无重大故障发生。

【无线电台站规范化管理】 2014年，全市按照省无线电管理工作的部署，重点开展对三大通信运营商通信基站、市广播电台、民航通信、铁路台站核查工作，掌握全是无线电台站设置使用情况。面对无线电台（站）管理日趋错综复杂的情况，严格按照国家、省工作要求，依法管理，清理和杜绝乱用频率、乱设台（站）等问题；严把频率、台（站）审批，落实无线电监测站做好月监测工作，对广播电视、航空频率进行全面的监测。

【无线电管理宣传】 2014年，全市无线电管理宣传利用“世界电信日”等活动，联合基础运营企业宣传无线电知识和法规，发放宣传资料5000多份，提升社会对无线电管理工作的认识。为使广大市民科学认识“电磁辐射”问题，支持通信基站建设，针对社会上出现的一些不实言论，多次举办体验活动，邀请市人大代表、政协委员、普通市民和新闻媒体参观基站辐射实时监测系统（花园星河湾），由市环保局技术对系统及基站辐射知识和工作原理进行讲解，接受用户现场咨询和电台、电视台采访。利用“世界电信日”等活动发放《电磁辐射环境保护宣传册》，开展科普活动，取得良好的效果。 （许安疆）

通　信

电　信

【概况】 2014年，中国电信绵阳分公司大力加强光纤网络基础设施建设，全年累计投资2.65亿元，其中无线网投资9500万元，承载网投资3900万元，宽带网投资13000万元。承载网绵阳出口带宽从320G提升到400G，新建市到县、县到乡传输波分环网4个，传输环网的速率整体从40G提升到100G；新建4G承载网络点位728个，网络承载能力大幅度提升。

2014年6月，绵阳电信公司与市委、市政府签订“共同建设智慧城市暨信息化建设合作框架协议”，本着“政府主导、电信运营、聚合产业、服务民生、合作创新”的原则，围绕智慧政府、智慧民生、智慧产业等三大领域展开深层度的合作，以将绵阳建设成为西部信息化城市高地为目标，推进绵阳市企业信息化建设，构成“更透彻感知、全方位互联、高度智能化”绵阳智慧城市。截至年底，完成电子政务、电子商务、计生E通、智慧旅游、综合化网格管理等工程的实施与建设，具备行业领先的综合信息服务提供能力。

【举办“天翼飞YOUNG中国好声音第二季全国巡演绵阳站”公益演出】 5月，绵阳电信公司在南河体育中心举办大型公益演出“天翼飞YOUNG中国好声音第二季全国巡演绵阳站”，门票全部采用赠送、抽奖的方式回馈社会各界和电信新老用户。为保障此次演唱会通讯畅通，在演唱会前，绵阳电信公司成立演唱会网络通信保障小组，对基站进行扩容，完成场馆内新装设备，还在场馆内分区域新装14个以太网交换机，下挂74个AP设备以提供全场的WiFi覆盖，并在演唱会举办时在会场内东、西、北准备3辆应急通信车。演唱会容纳人员逾25000人，期间语音话务高峰期承载话72.65Erl、无拥塞，3G网络传输速率在42kbps至78kbps之间，时隙占用率只有4.66%，WiFi满足异网客户40%网络需求，如此大规模活动仍能保障通信畅通无阻在绵阳尚属首次，演唱会的通信保障在电信集团作为典型推广学习。

【"宽带乡村"扩大试点项目建设】 2014年，绵阳电信公司加强与长虹、九洲、建成电子等本地企业合作，提升"绵阳造"信息终端市场份额。在与长虹的合作中，长虹宽带终端以往在整个四川电信供货体系中份额不到2%，"宽带乡村"的实行使其绵阳本地市场份额提升到50%以上，同时，在绵阳电信公司的推荐和努力下，使其进入全省供货体系，预计长虹光猫、机顶盒全省市场份额将大幅提升。另外，电信与长虹通过联合促销以及赠券引流的方式，在"宽带乡村"项目推进过程中大力推进长虹电视机，满足乡村电视刚性需求，带动长虹电视销售。在与九洲的合作中，绵阳电信积极协调省公司将其信息化产品纳入省供货体系，并将九洲的软硬件优势结合起来，力争通过打造九洲信息村的试点，实现九州信息产品的全面突破。绵阳电信开放宽带投资合作，分享电信业务收益，九洲计划一期投入1000万元资金参与"宽带乡村"配线合作建设，2015年计划根据实施情况，再投入1000万元资金，累计投资2000万元。 （张治中）

中国移动绵阳分公司

【概况】 2014年，中国移动四川绵阳分公司员工总数达1136人，大学本科学历以上占比为70.5%。公司下设13个职能部门，并在各县（市）设有10个分公司，负责当地的网络建设维护、客户服务和市场拓展工作。截至年底，客户规模超过305万户，市场份额达74.4%，服务网点达3360个，在行业中占据主导地位。公司基站总数近9000个，其中2014年新建4G基站近3000个，相当于过去2G十年、3G六年的建设量，实现对主城区、高校、县城、旅游景点的连续覆盖，以及267个乡镇100%覆盖，4G客户总数超过50万户。

【参与"智慧城市"建设】 2014年，中国移动四川绵阳分公司以"移动改变生活"为宗旨，加快推进智慧城市建设，围绕政府"智慧绵阳"建设的18项工程，建成智慧政务、智慧交通、智慧旅游、智慧医疗等多个项目，并在全市建成首个智慧家居样板间，实现一机在手、多点接入、无线控制、人机互动的智能生活。整合绵阳本地资源，重点开发和引入旅游信息、就业指导、政务办事、优惠商户等便民应用，实现10个大类，48个子类的应用承载。建设电商平台，实现对全市1300余家中小商户产品销售、客户服务的线上承载，降低经营成本，促进地方商业经济发展转型，"和生活"平台注册用户50万，访问量500万余人次。

【参与"宽带乡村"工程建设】 2014年，中国移动四川绵阳分公司响应国家"宽带中国"战略的号召，心系社会主义新农村建设，积极参与"宽带乡村"工程，与广电联手，以"村村通4G、户户看高清"为目标，推出集高清影视、光纤宽带、手机通信为一体的"三网融合"产品，缩小城乡数字鸿沟；在农村地区推行富民惠农的通信服务，通过"农村为民服务站""农信通""十户联防""新农保"、电子政务网、农品监管系统等业务平台服务广大农民群众，激活偏远地区农业、工业、教育、交通等各个行业的市场需求，直接或间接创造的就业岗位超过3万个。 （高莺莺）

中国联通绵阳分公司

【概况】 中国联通绵阳市分公司成立于1997年7月3日，以绵阳城区为中心，全面负责绵阳以及所辖江油、三台、安县、盐亭、梓潼、北川、平武等地的中国联通综合电信业务的人事、财务、网络规划、建设、运行维护和经营管理。公司现有16个部门和12个县（区）分公司，员工600余人。年度收入6亿元，用户规模达85万户。

至年底公司有移动核心网交换容量104.6万门，移动网基站约2624个。本地网传输光缆线路约11000千米。有2G基站1223个、3G基站1501个，4GLTE基站1100个，实现市区、县城、高校、景区、乡镇、高速路的连续覆盖，行政村覆盖率达38%。

【许达哲到绵阳调研】 2014年2月20日，工业和信息化部副部长、国防科工局局长许达哲在绵阳调研科技城建设及全国首个千兆商用示范网建设情况。在科技城创新中心，印有中国联通"宽带中国·千兆绵阳"LOGO下的大屏幕前，许达哲一行人观看并听取中国联通绵阳市分公司副总经理孟祥柱对千兆网进行的讲解。千兆网是一次性投入建成的信息高速公路，可带动文化创意、视频内容、大数据等相关内容产业的超速发展，极大地丰富群众生活，刺激虚拟产业和实体经济的发展。随后，考察由绵阳联通总集成的"文化快车"项目，项目由绵阳市文广新局联合九洲集团、联通公司、广电新媒体公司等单位共同研发实施，是绵阳市全面推进文化资源共享信息化、文化进乡村和"三网融合"的试点。项目以九洲集团的便捷式综合影音系统为基础，利用中国联通3G网络，打造信息集成平台、建设信息推送网络、研发多功能服务终端，最终实现文化资源视频化、平台化和交互化。通过直观的形式，把各类公共文化服务用音视频服务的方式呈现，方便广大农民群众使用，满足农村获取文化信息、文艺培训和进行文艺鉴赏的需求，对开展文物保护、非遗传承和农村党员干部远程教育有着巨大的现实意义。

【绵阳市政务信息化建设】 2014年，联通公司与绵阳市公安局合作推进"移动警务通"项目。该项目针对警务活动具移动性强、突发性强、任务紧急性强等特点设计，能满足外出警务人员实时数据查询、应急办公、文件审批等需求，形成真正意义上的“无缝”“无区域限制”警务工作模式，提高警务工作质量和效率，提升警务公共服务水平。该项目的实施实现绵阳“智慧警务”的破冰，为分公司与公安系统的深度合作奠定基础。携手绵阳市法院合作云技术移动办公平台。基于全省的云平台数据处理和网络传输能力，促使个人数字助理功能最大化，实现绵阳市中级人民法院无纸化办公，缩短案件审批时间，提高法务工作办案效率。

【绵阳联通与长虹集团战略合作】 2014年，联通公司为响应市委、市政府使用“绵阳造”产品的号召，自2012年12月签订战略合作协议以来，绵阳联通与长虹集团下属90余家子公司建立良好的合作关系。双方互惠互赢，联通为长虹集团提供质优价廉的网络，专线接入、家庭宽带等业务；长虹则利用联通网络推广手机终端，并合作长虹集团快益点售后管家项目，提升长虹产品品牌美誉度及售后服务系统的核心竞争力。

【“7·9”暴雨通信应急抢险】 2014年7月9日凌晨，绵阳市下辖的安县、北川及高新区等区域的雨量均达到100毫米以上，对通信网络造成严重威胁。绵阳联通启动暴雨防汛应急预案，组成20余支应急抢险小组冒着瓢泼大雨到各郊县抢险第一线，出动抢险人员200人次，抢险车辆30余辆。到7月9日下午16：00，绵阳全辖区发生基站停电以及各类电源故障百余次，另有20余次雷击及传输故障。经抢险，绵阳联通网络基本未出现大面积断站情况，险情于9日晚22：00基本排除。

【“绵阳造”联通超投产品】 2014年，绵阳分公司与九洲集团合作研制的超投产品上市。该产品在现在微型投影仪上嵌入Android系统和3G/4G通信模块，通过整体框架全新设计，高端配置叠加联通3G/4G流量套包，入围联通集团行业终端。该产品除具备常规投影仪的功能外，在商务方面，更具备远程演示文档、PPT、OFFICE和企业宣传片等；在个人娱乐方面，内置影音播放平台等功能。产品演示过程中，项目经理只需要携带云投影，所有资料、产品资讯均可以通过云投影来展示给客户。该产品将面向客户群主要为个人/家庭、政府部门、企事业单位、学校教育、旅游景区、中小型企业推广，市场首批投放10万台。

【中国联通春蕾小学】 汶川特大地震发生后，中国联通集团公司动员全系统干部员工募集资金734.6万多元，通过中国儿童少年基金会牵线搭桥，选定在地震中毁损严重的绵阳市游仙二小作为具体实施单位，命名为“中国联通春蕾小学”。学校占地1.63公顷，2009年12月动工，2011年4月投入使用。学校有学生和教职员工600余人。作为中国联通在绵阳的分支机构，绵阳联通始终把帮扶支教春蕾小学放在重点工作中，积极参与学校创建“智慧校园、平安校园”活动。免费把校方10M专线扩容至20M，提供更优质、快捷的网络服务；免费为学生们提供电子学生证，家长可通过手机对孩子的行踪轨迹进行监控，学生可拨打家长亲情号码，在遇到危险时孩子还可以进行紧急呼救；在幼儿部建立“互动宝宝”业务，为老师配置PAD，可随时随地上传宝宝在校学习、生活情况。家长可直接通过手机查看每周菜谱、饮水、大小便记录、室内外活动、精彩瞬间照片或视频资料；为小学部提供网脉学习平台，老师端可利用网脉平台的学习资源进行授课，家长端可实时接收家庭作业，还可以通过平台辅导孩子进行预复习和在线测试。

【全国首个千兆接入商用示范网在绵阳建成】 2013年12月19日,由绵阳市科教创业园区主办,四川联通协办的千兆接入示范网新闻发布会在绵阳市孵化大楼学术报告厅召开。此项目是绵阳市人民政府与四川联通签署“宽带中国·智慧绵阳”战略合作协议之后的一次重大合作,是双方贯彻“十二五”发展规划,落实“宽带中国”发展战略,推进“智慧绵阳”城市建设的重要举措。绵阳联通整合多方资源,在试验点初期建设投资700余万元,跨界联合优质通信设备和技术方案提供商、信息化配套提供商、云服务商、内容提供商、软件服务商建成全国首个千兆接入商用示范网。根据信息产业数据通信产品质量监督检验中心对该项目进行技术测试后表明,内网实测下载速度998.9～1000Mbit/s,外网访问百度下载速度60.5Mbit/s,技术指标达到国际先进水平。千兆绵阳示范网采用无源光网络（PON）技术，用户端带宽最大可达1000Mbit/s，实现比现有网速提升100倍的下载速度，可点播5000部正版高清电影，加上终端大功率高保真音响系统实现声场效果，3D视频系统，以高清绚丽的画面与炫人耳目的互动音响效果。千兆绵阳示范网的建成，不仅满足人们高速下载、智能交通、物联网的需求，它还将具有促进通信、信息、文化、远程教育、远程医疗、智能安防快速发展的产业引擎作用，吸引更多的科技型、创业型企业入驻绵阳科技城，带动一批创新型的高科技企业迅速发展，形成产业集群效应。 （庄蓉旭）

文化

CULTURE

绵阳市文化发展大会

概 述

【概况】 2014年，全市有省级历史文化名城3处，省级历史文化名镇2处，馆藏文物49113件（藏品实际数量）。列入国家级非物质文化遗产代表性项目7项（其中“羌年”列入联合国教科文组织急需保护非物质文化遗产名录），省级非物质文化遗产代表性项目39项，市级非物质文化遗产代表性项目145项。市广播电视台开办3个广播频率、4个电视频道。全市有线广播电视传输网络干线26718千米，网内传输节目144余套（其中高清节目20套、3D节目1套）。全市有线广播电视用户107.04万户（其中数字电视用户72万户），互联网用户1.36万户。全市农村数字电影院线3家，9个农村公益电影工作站，195个农村电影放映队，电影放映单位28家，放映各类电影61490余场。截至年底，绵阳市有网吧838家，歌舞娱乐395家，电子游戏（艺）75家。

【文广新系统机构设置】 绵阳市文化广播影视新闻出版局（加挂绵阳市版权局牌子），为市政府工作部门，机关行政编制46名，工勤人员事业编制6名。全市文广新系统有市级文化市场综合执法支队1个，县市区级文化市场综合执法大队9个，执法人员编制110人。市级文化馆（内设文艺创作办公室）1个，从业人员25人，县市区级文化馆9个，从业人员96人，乡（镇）文化站277个。市级公共图书馆1个，从业人员29人，县市区级公共图书馆8个，从业人员58人。专业艺术表演团体4个，从业人员156人。市级文物保护管理机构1个（市文物管理局、绵阳博物馆），从业人员60人（编制41人）。县市区级文物保护管理机构10个，从业人员95人，县市区级博物馆11个，从业人员249人。全市广播电视管理机构211个（市级1个，县级9个，园区3个，乡镇站198个）。

【文联机构设置】 市文联核定编制11人，其中行政编制3名，事业编制6名，机关工勤人员2名。市文联有剑南文学杂志社、市书画院2个直属全额拨款事业单位，分别核定编制10人、6人。市文联主办有民办非企业组织市文学艺术培训学校。

（钟真辉）

第四届中国诗歌节

【概况】 2014年7月15~19日，第四届中国诗歌节在绵阳市举办。诗歌节由文化部、中国作家协会和四川省人民政府主办，文化部艺术司、省文化厅、省作家协会和绵阳市人民政府承办。诗歌节举办70多项诗歌主题文化活动，有逾100万人次各界群众参与其中，活动以市区为主体，各县市区广泛参与，机关企业、学校、社区主动融入，体现“诗歌艺术的盛会，人民群众的节日”这一活动主旨。节会吸引全国118名诗人代表（包括港台4名），120余名各省市区以及省内地市州代表，100余名慕名而来的诗歌爱好者，60余家新闻媒体记者参加。整理编辑《第四届中国诗歌节特刊》《四川新世纪诗选》《绵阳迎春诗会——星星诗刊特刊》《剑南文学·诗歌节专刊》《诗意中国李白故里——江油诗歌文化专号》《放飞梦想幸福童年——绵阳市儿歌童谣专辑》《绵阳文化报专刊》等出版物，赠送与会诗人和嘉宾。

【诗歌节宣传报道】 第四届中国诗歌节活动举办期间，执委会高度重视第四届中国诗歌节宣传报道工作，除本地媒体全程参与外，还邀请中央、省级主流媒体60家参与宣传报道。第四届中国诗歌节被新华社、中国新闻社、《人民日报》《光明日报》《中国文化报》等国家主流媒体多次报道，人民网、央视网等主要网络媒体每天都有报道。同时，在《四川日报》《绵阳日报》等省、市媒体上开设专栏（专题）宣传，倒计时城区户外LED、出租车车顶广告宣传等社会宣传全程进行。“诗仙故里、诗歌故乡—绵阳”的城市文化名片进一步彰显。

【诗歌节后勤保障服务】 诗歌节期间，执委会招募高校志愿者30人、市级各相关单位抽调志愿者50余人，在志愿者队伍的选拔中，考虑服务群体的文化构成，把诗词爱好者作为优先考虑对象，并经集中培训后参与志愿服务工作。志愿者团队较高的文化素养和诗词基础，热情、大方、细致、周到的人性化服务，赢得与会者的一致认可，成为本届诗歌节的一大亮点。执委会统一租用社会车辆31台，集中调配警力1000余人，抽调医护人员近50人，医疗急救车辆20台，各活

诗歌节

动点、各酒店均有安全措施，均设安保点、医疗点、志愿服务点，细中再细、无缝对接，确保诗歌节安全圆满成功。 （钟真辉）

文化遗产保护

物质文化遗产保护

【概况】 2014年，全市有全国重点文物保护单位18处，省级文物保护单位65处，市级文物保护单位84处，县级文物保护单位484处，文物保护点4765处。全市有县市区级博物馆、纪念馆等11个，在编人员157人。馆藏文物179914件。

【基础设施建设】 2014年，绵阳博物馆新馆主体工程框架全部完成，开始陈列布展设计施工一体化工程招标；完成绵阳博物馆基本陈列展品数目汇总及绵阳历史陈列展品详细清单编制工作。碧水寺山门重建工程主体竣工。结合绵阳市古玩艺术品市场规模小、档次低、场地分散、没有合法经营资质等情况，经请示文广新局同意后，联合市收藏家协会和风鹏文化传播有限公司，将碧水寺山门建筑室内空间打造成一个规模较大、档次较高的古玩艺术品交易市场。李杜祠左绵公馆、治平书院和广场园林恢复重建项目的主体建筑完成，开始建筑外部装修和内部广场道路铺装；完成李杜祠内“李白杜甫与绵阳”陈列布展大纲编写。

【文物保护单位的划定与公布】 2014年，全市完成第三批、第四批以及未公布保护范围的市级文物保护单位保护区划的划定，并经市政府正式公布。完成第七批国保、第八批省保以及全市未公布保护区划的省级以上文物保护范围保护区划的划定工作，并经市政府审定后正式上报省人民政府等待公布。完成全市第六、七批国保单位记录档案的编制。

【文物安全和文物行政执法】 2014年，市文广新局配合太平、松垭、杨家、汉仙桥派出所打击盗掘古墓葬4起，公安部门抓获犯罪嫌疑人4人；对三台县、盐亭县、平武县开展安全巡查，对存在的安全隐患和问题，提出整改意见；完成全局行政处罚权力监察点、风险防控点信息网上填报工作；对四川荣兴元集团有限公司涉嫌在平武报恩寺二类建设控制地带内建设金沙国际商住综合大楼一案进行立案调查，依据文物保护法的有关规定，对该公司做出责令改正、处以五万元罚款的行政处罚。 （钟真辉）

国家级文物保护单位

表37

编号	名称	年代	地址	类别	备注
1	汉平阳府君阙	东汉	绵阳科技馆广场	古建筑	
2	云岩寺	宋至清	江油市窦团山	古建筑	
3	平武报恩寺	明	平武县龙安镇	古建筑	
4	七曲山大庙	元至清	梓潼县七曲山	古建筑	
5	郪江崖墓群	东汉	三台县郪江镇	古墓葬	
6	老君山古硝洞遗址	明、清	江油市重华镇	古遗址	
7	李业阙	汉	梓潼县长卿镇	古建筑	
8	卧龙山千佛崖造像	唐	梓潼县卧龙镇	石窟寺	
9	永平堡古城	明	四川省绵阳市北川县	古遗址	
10	河边九龙山崖墓群	汉	四川省绵阳市涪城区	古墓葬	
11	开禧寺	明至清	四川省绵阳市安县	古建筑	
12	鱼泉寺	明至清	四川省绵阳市游仙区	古建筑	
13	潼川古城墙	明至清	四川省绵阳市三台县	古建筑	
14	云台观	明至清	四川省绵阳市三台县	古建筑	
15	尊胜寺	明至清	四川省绵阳市三台县	古建筑	
16	马鞍寺	清	四川省绵阳市游仙区	古建筑	
17	青林口古建筑群	清	四川省绵阳市江油市	古建筑	
18	碧水寺摩崖造像	唐	四川省绵阳市游仙区	石窟寺及石刻	

（钟真辉）

非物质文化遗产保护

【"非遗"进校园、进景区、进社区】 2014年3月22日，文广新局组织36个非物质文化遗产项目走进北川羌族自治县药王谷旅游景区，开展"绵阳市非遗文化走进景区"活动，为绵阳市非物质文化遗产项目提供展示、展销平台，向外宣传绵阳市丰富的非物质文化遗产资源。5月31日，在绵阳铁牛广场组织非物质文化遗产进社区活动，借助第四届中国诗歌节的平台，宣传开展文化知识，组织非物质文化遗产项目进行展演活动。开展非物质文化遗产进校园活动，安排传承人及市非遗中心有关人员每周在高新区火炬三小、警钟街小学等学校教学川剧、北川草编、涪城剪纸、四川民歌等"非遗"项目制作表演技艺，向青少年普及传统文化知识、宣传民族文化。6月14日，高新区火炬三小、警钟街小学、剑南路小学、九中、火炬实小5所学校被确定为首批"绵阳市非物质文化遗产传习基地"，形成"非遗"传习的长效机制。

【"非遗"濒危项目扶持】 2014年5月13日，文广新局针对"被单戏""独脚木偶""皮影""高跷狮子"等二十余项面临失传非物质文化遗产濒危项目存在招收徒弟困难，缺少传习场所、设施设备及展示、展演、展销平台，没有专项资金扶持等情况，组织全市非物质文化遗产濒危项目代表性性传承人召开座谈会，研究绵阳市今后如何抢救、保护濒危非遗项目方法，推动绵阳市非物质文化遗产保护工作健康有序地向前发展。

【第四批市级"非遗"名录评审】 2014年5月26~27日，为使绵阳市具有历史、文化和科学价值的非物质文化遗产得到有效保护，并得以传承和发扬。文广新局依据《中华人民共和国非物质文化遗产法》《四川省非物质文化遗产条例》，组织专家对全市46项县非物质文化遗产项目进行第四批市级项目名录的评审。

【"非遗"生产性保护】 2014年6月10日，绵阳市北川绣娘文化产业开发有限公司被省文化厅评为四川省羌绣传统刺绣工艺传习基地。四川省三台县潼川农产品开发有限责任公司被评为四川省潼川豆豉酿制技艺生产性保护示范基地。10月10~12日，组织绵阳市羌族刺绣、涪城剪纸两个非物质文化遗产项目参加四川省首届农民艺术节暨民间艺术节民间文化手艺广场汇活动。

绵阳市国家级非物质文化遗产名录项目（7项）

表 38

序号	项目名称	属地	序号	项目名称	属地
1	文昌洞经古乐	梓潼	5	禹的传说	北川
2	抬阁（芯子、铁枝、飘色）（青林口高抬戏）	江油	6	口弦音乐	北川
3	潼川豆豉制作技艺	三台	7	跳曹盖	平武
4	羌年	北川			

绵阳市省级非物质文化遗产名录项目40项（含国家级7项）

表 39

序号	项目名称	属地	序号	项目名称	属地
1	蚕丝祖神传说	盐亭	21	马鸣阳戏	梓潼
2	口弦	北川	22	羌族推杆	北川
3	文昌洞经古乐	梓潼	23	四川手工剪纸（平武剪纸、涪城剪纸）	平武、涪城
4	盐亭桃子龙	盐亭	24	羌族水磨漆艺	北川
5	白马跳曹盖	平武	25	传统民居营造技艺（羌家石碉房与吊脚楼）	北川
6	许家湾十二花灯戏	北川	26	羌族碉楼营造技艺	北川
7	青林口高抬戏	江油	27	大禹祭祀习俗	北川
8	雾山石刻	江油	28	睢水春社踩桥会	安县
9	重华烟火架制作工艺	江油	29	蚕姑庙会	盐亭
10	潼川豆豉制作技艺	三台	30	灯舞（羌族麻龙马灯）	北川
11	羌年	北川	31	梓潼片粉制作技艺	梓潼
12	文昌出巡	梓潼	32	梓潼酥饼制作技艺	梓潼
13	羌戈大战（羌族古典叙事长诗）	北川	33	凄江镇城隍庙会	三台
14	大禹的传说	北川	34	羌族婚俗	北川

续表

序号	项目名称	属地	序号	项目名称	属地
15	江河号子（涪江号子）	三台	35	龙舞（盐亭水龙）	盐亭
16	耍蚕龙	盐亭	36	羌笛演奏技艺	北川
17	平武虎牙藏族斗牦牛	平武	37	龙舞（盐亭梓江龙）	盐亭
18	羌族沙朗	北川	38	羌绣传统刺绣工艺	北川
19	建中高跷狮灯	三台	39	毛笔制作技艺（柄林毛笔制作技艺）	涪城
20	花灯（大新花灯）	梓潼	40	玉米酒传统酿造技艺	北川

绵阳市市级非物质文化遗产名录项目150项

（国家级、省级40项）

表40

序号	项目名称	序号	项目名称	序号	项目名称
1	大禹传说	26	唱道筒	51	白马擀毡帽
2	李白民间故事	27	打岔	52	杨氏驱蛇术
3	文昌神话传说	28	道情	53	文昌出巡
4	蚕丝祖神传说	29	金钱板	54	雎水春社踩桥
5	白马人口头民间文学	30	竹琴	55	正河羌族文化村
6	哪吒故事及民俗	31	高抬戏	56	羌族婚俗
7	文昌洞经古乐	32	耍蚕龙	57	白马风俗
8	安县茶坪民歌	33	皮影	58	白马十八寨文化村
9	口弦子	34	独角木偶	59	揪揪会
10	川北薅草锣鼓	35	梓潼木刻、年画	60	龙抬头
11	虎牙山歌	36	民间灶台画	61	蚕姑庙会
12	白马民歌	37	画坛罐	62	匾山庙会
13	涪江号子	38	雾山石刻	63	云台观庙会
14	大兴花灯	39	曹盖面具	64	荞麦的传说
15	长卿彩船	40	白马人花腰带制作技艺	65	鲁班的传说
16	先锋莲宵	41	潼川豆豉制作技艺	66	文昌古籍
17	火龙	42	草纸制作技艺	67	羌族山歌
18	腰梆	43	羌绣	68	羌族吹吹
19	羊皮鼓舞	44	中坝附子栽培及炮制工艺	69	羌笛
20	马马灯	45	炼硝工艺	70	平武羌族民歌
21	羌族沙朗	46	重华烟火架制作工艺	71	平武山歌
22	白马跳曹盖、猫猫舞、圆圆舞	47	中坝口蘑酱油酿造工艺	72	平武薅草锣鼓
23	许家湾十二花灯	48	梓潼片粉制作工艺	73	三台民歌
24	马鸣阳戏	49	梓潼酥饼制作工艺	74	青岭狮灯
25	被单戏	50	平武套枣制作工艺	75	板凳龙马马灯

续表

序号	项目名称	序号	项目名称	序号	项目名称
76	高脚狮舞板	101	民间验方	126	虎牙藏族锅庄
77	羌族丧舞	102	民间祭祀大禹	127	金峰雄狮
78	平武虎牙斗牦牛	103	羌族转山会	128	铁牛街川剧坐唱
79	高跷狮灯	104	羌年	129	清音
80	采莲船	105	千佛山佛祖庙会	130	玉龙化石雕刻
81	评书	106	跳端公	131	天地九五堂葫芦雕绘
82	金钱板	107	道家丧葬习俗	132	唐绣娘刺绣
83	推杆	108	婚嫁习俗	133	糖画
84	民间棋艺	109	土建习俗	134	炳林毛笔制作技艺
85	梓潼木雕、泥塑	110	磨刀会	135	肖氏漆艺
86	剪纸艺术	111	城隍庙会	136	桂华斋米花糖制作工艺
87	白马藏人剪纸	112	灵峰寺庙会	137	麦冬酒酿制技艺
88	木刻、木雕·书版	113	回龙传说	138	许州凉粉
89	建筑石雕	114	文同传说	139	古羌茶艺
90	鑫田粮艺	115	杜甫的梓州传说	140	羌族婚俗
91	民间工艺云登	116	大佛寺的传说	141	吴氏宗族祭祖仪式
92	金龙场折席制作技艺	117	石柱盘龙的传说	142	马祖寺庙会
93	梓潼“十大碗”与梓潼镶碗	118	藏丝洞的传说	143	虎牙藏人婚俗
94	玉米酒传统酿造技艺	119	郪城故事	144	泗耳藏人婚俗（坐斗）
95	白马藏人咂酒制作工艺	120	花花锣鼓	145	文昌祭祀
96	白马藏人蜂蜜酒制作工艺	121	石工号子	146	高跷狮灯（黎雅高跷狮灯）
97	平武传统食品制作工艺（洋芋糍粑、陈年梅线制作工艺）	122	羌笛演奏与制作技艺	147	皮影戏
98	盔头制作工艺	123	原始器乐（吹号、吹树叶）	148	评书
99	纸扎技艺	124	龙潭鼓乐	149	金钱板
100	特色饮食制作工艺（红酥、焦鸭子、谷花糖、鲜米粉）	125	龙舞（盐亭桃子龙、盐亭水龙、梓江龙、石牛火龙）	150	羌绣

（钟真辉）

文物·博物

【第一次可移动文物普查】 2014年，全市组织各区县普查骨干人员参加全省普查工作业务培训；分组督导北川、安县、梓潼和江油李白纪念馆文物数据登录工作；完成35463件/套文物信息登录到国家普查平台。

【藏品征集】 2014年，绵阳市文物局到阿坝藏族自治州羌民族聚居区考察、走访，对羌民族民俗风情进行调查，征集羌绣等民俗文物164件，为新馆羌民族专题陈列收集到翔实资料。完成高新区磨家镇到梓潼文昌镇蜀道考古调查，征集反应绵阳古代交通实物资料230多件，对于研究成都经绵阳至关中的古代交通具有重要的历史价值；在成都蒲江县征集到汉代铁炉渣、铁矿石和木炭等铺展资料29件，丰富并延伸《绵阳历史文化陈列》中汉代铁器文物的文化内涵。征集各类传统历史文物26件，其他5件。征集汉魏和宋代画像砖119块。

【文物保护维修】 2014年，碧水寺凌云阁摩崖石刻造像抢险保护项目—凌云阁补建一层保护建筑的陈列布展工程主体、内外部装饰及碧水寺财神殿塑像、内外部装饰完工，丰富陈列内容。有序开展新馆陈列布展所需文物展品的修复、复制工作，与北京大学文物保护专家胡东波教授合作，开展漆木器修复工作，修复木胎漆马62件，另复制完成6株青铜摇钱树。争取文物保护项目专项经费。《绵阳博物馆馆藏铁器保护修复方案》获省文物局审核通过，并争取到2014年省级文物保护专项经费60万元；与中国工程物理研究院三所联合申请的“文物保护装备产业化及应用示范项目”通过评审并启动；协助三星堆博物馆修复近200余件馆藏文物。

【文物抢救保护】 2014年，绵阳市编制的《绵阳城市规划区地下文物重点区域分布图》通过专家论证，将上报市政府审批后向社会各界公布。《涪江遗韵——绵阳不可移动文物》一书在科学出版社完成版式编排，即将付印；《涪江遗珠——绵阳可移动文物》一书基本完成文物拍照和文字编撰，即将定稿。在科技馆广场举办“让文化遗产活起来”为主题的全国第九个“文化遗产日”图片展。完成盐亭县新东街遗址、三台凤凰山景建设工地的考古发掘工作，出土汉、唐宋时期文物130余件；完成中物院3所新址、桑林坝、杨家镇、马家沟、松垭日新村等处的汉代、明代墓葬考古调查。（钟真辉）

文艺创作

【第一批市级文化领军人才（团队）评选】 2014年，绵阳市经过层层推荐，组委会严格审查，向社会公示评选出第一批市级文化领军人才10人，分别是：吴因易、唐虎、龚小膑、杨卫华（已故）、赖松廷、母碧芳、王小明、宋西平、张黎、马力平；文化艺术专业领军团队，分别是：《大北川》剧组（绵阳市禹羌文化发展有限公司）、绵阳市文化馆、四川卿圣影视文化发展有限公司、平武县走马羌寨文化旅游开发有限责任公司、绵阳市天青苑川剧团。

【全市艺术创作工作会议】 2014年6月10日，全市艺术创作工作会议召开。会议上，授予绵阳市文化馆、游仙区文广新局、绵阳市艺术剧院有限责任公司、绵阳市非遗保护中心、江油市文广新局、北川羌族自治县文广新局、安县文广新局等6个单位为“绵阳市2013年度文艺创作工作先进单位”，授予唐虎“绵阳市文艺创作突出贡献奖”。与会艺术工作者进行创作经验交流，认为文艺创作要在题材上下功夫，不断深化对“中国梦”的认识，文艺精品既要出“大作品”，也不能放弃“小节目”，既要有“阳春白雪”的题材，也要有“下里巴人”的节目。

【川剧《蜀汉悲歌》剧本座谈会】 2014年9月16日，吴因易、蒋安忠、蒋志、周玉清等17名市内文艺专家、学者在财政大楼14楼会议室，就高显齐同志新创作的川剧《蜀汉悲歌》剧本召开座谈会。经研讨，认为该剧是一部以“安民为本、腐败亡国”为主题的历史正剧、悲剧，也是一部警世剧，具有历史进步和现实借鉴意义。剧中浪漫主义的表现手法增强故事戏剧性，巧妙植入的变脸、吐火等川剧绝招使之川味浓郁。

【文艺作品获奖】 2014年，绵阳籍四川作由家倪朝辉创作的器乐作品《江上泛舟》获得2014亚洲国际音乐节创作金奖。

绵阳市承办的四川省第二届青年川剧演员比赛中，绵阳市10个参赛节目全部获奖，其中一等奖2个、二等奖4个、三等奖4个。

四川省第七届少数民族艺术节中，绵阳市舞蹈《白马响铃舞》获创作一等奖，舞蹈《鼓舞羌山》、无伴奏人声合唱《花儿》获表演二等奖，舞蹈《白羽毛飘起来》获表演三等奖，5件美术书法摄影作品获奖。

（钟真辉）

文艺行政审批

【行政审批效率提升】 2014年，全市文艺行政审批深化“两集中、两到位”工作方案，精简审批环节，优化审批流程，重新编制办事指南和权力运行图，对行政审批“两集中、两到位”工作情况进行全面清理自查。按照简化、统一、高效和方便群众的原则，根据不同的行政审批事项和要求，将审批事项法定的15~60个工作日，累计缩减为3~10个工作日内，使行政审批累计提速达75%以上。探索推行网上申报、网上审查、网上审批和网上办结的新型行政审批模式，提升行政审批效率。

【审批事项承接下放】 2014年，全市对保留的行政审批项目进行公布；对下放的行政审批项目，及时联系各县市区文广新局，提出项目承接具体要求，确保审批项目及时下放并落实到位。绵阳市有营业性演出行政审批、文物行政审批等市级文化行政审批事项4大类9项，互联网上网服务营业场所经营单位审批、娱乐经营场所审批等县（区）级文化行政审批7大类19项；在市县（区）政务服务中心单设政务服务窗口9个，派驻窗口工作人员17人。承接并落实省文化厅下放到市州文化局的行政审批项目《港、澳投资者在内地投资设立合资、合作、独资经营的演出场所经营单位审批》《台湾地区投资者在内地投资设立合资、合作经营的演出场所经营单位审批》。

【文化市场监管平台建设】 2014年，全市组织开展文化市场技术监管与服务平台推广应用工作，组织各县市区和园区的文化市场行政审批工作人员进行培训，督促各单位完成对本辖区内的文化类和非文化类经营单位相关信息的录入工作，为开展网上审批工作准备必要的条件，为各类文化市场经营业主提供在线申报、备案登记、信息查询、结果反馈、办事指南、培训考试等一站式综合服务做好准备。

【审批事项办理质量提升】 2014年，全市受理行政许可申请834件，按时办结率、群众评议满意率均达到

100%，提速率保持在70%左右，有效投诉为零；受理窗口咨询2250余人次，受理电话咨询近4520人次；自行回访990件，回访结果都为无意见和建议、非常满意。对市直300余家"网络文化经营许可证""娱乐经营许可证"等文化经营许可证办理有效期延续手续，并重新核发许可证。同时督促指导各县市区文化行政主管单位对各自辖区的文化经营许可证办理有效期延续手续。

【审批事项改革】 2014年，全市贯彻落实文化部、国家工商总局、公安部、工业和信息化部《关于加强执法监督完善管理政策促进互联网上网服务行业健康有序发展的通知》（文市发〔2014〕41号）精神，调整互联网上网服务场所准入政策，取消文化行政部门对互联网上网服务场所的总量布局和发展规划，对新申请设立互联网上网服务场所不再有指标数和布局规划限制。调整互联网上网服务场所审批流程，将设立互联网上网服务营业场所经营单位审批"先证后照"改为"先照后证"。 （钟真辉）

文化市场

【文化市场专项整治】 2014年1~6月，全市开展以对文化、广播、新闻出版市场经营单位清理一遍，对文化广播新闻出版经营场所安全隐患排查和内容查处一遍，对市场经营秩序整顿规范一遍的"三个一遍"整治活动；4~9月，开展"文化市场专项整治行动"；7~8月，开展"暑期文化市场专项整治活动"；12月，印发"关于做好文化市场今冬明春安全生产防控火灾规范经营秩序排查整治的通知"；常态化开展"扫黄打非"专项行动。承办省厅文化市场案件督查2件，回复书记、市长、局长信箱，市长热线等网络问政30次，处理群众和文化市场经营业主信访问题15件。

【监管平台监管作用发挥】 2014年，全市按照四川省文化厅关于全面开展全国文化市场技术监管与服务平台推广应用工作的通知（川文办发〔2014〕53号），在全市组织开展文化市场技术监管与服务平台推广应用工作，组织各县市区和园区的文化市场管理工作人员进行培训，督促各单位完成对本辖区内的文化类和非文化类经营单位相关信息的录入工作。完成市本级300多家网吧、歌舞娱乐、电子游戏等文化经营单位基础信息的录入校对工作。组织召开市本级300多家网吧、歌舞娱乐、电子游戏业主大会，对经营业主进行平台操作培训，督促经营业主完成平台注册、激活工作。开展全市文化市场行政管理人员、行政审批人员业务和法律法规培训3次。

【绿色网吧建设】 2014年，全市推进未成年人公益上网场所建设，根据《关于落实〈政府工作报告〉重点工作部门分工的通知》（绵府办函〔2014〕65号）安排，市、县区两级文化行政部门和相关文化单位共同努力，以图书馆、文化馆、综合文化站为阵地在全市建成21个未成年人公益性上网场所（简称：绿色网吧），并正式对未成年人免费开放，完善《绵阳市未成年人公益网吧建设标准及管理办法》，加强管理，完善服务，为未成年人提供免费、健康、安全的上网场所。

【文化市场专题调研】 2014年，全市开展文化市场监管调研工作，上半年，到涪城、游仙、江油、盐亭、安县、高新区等地，就文化市场的监管工作进行调研。9月份，根据《绵阳市与市辖区（园区）管理体制研究实施方案》的要求，就文化领域绵阳市与市辖区（园区）管理体制方面的情况进行了调研，重点从文化部文化市场监管平台的应用对文化市场管理带来的影响，2013年3月11日开始实行"文化部第55号令《娱乐场所管理办法》"新政策对文化市场管理带来的问题等方面进行调查分析，向市人大提供有针对性的建议。 （钟真辉）

绵阳市文化市场基本情况一览

表 41

产业分类 \ 数量情况		经营单位数量（个）	从业人数（人）	总资产额（万元）	年总收入（万元）
文化娱乐	歌舞娱乐	336	6048	33560	13440
	电子游戏	80	395	778	328
	演出团队	68	2040	10200	2622
网　吧		941	4705	37640	23525
音像零售出租		42	84	63	120.95

（钟真辉）

城市社区与农村文化

【绵州大舞台惠民演出季第一季】2014年12月10日，市委宣传部、市文广新局主办的绵州大舞台惠民演出季第一季正式启动。首季在绵阳城区演出32场，到各县市区基层巡演10场，28支文艺团队、800多名演职人员、368个节目参与演出，12000余名观众到场观看演出，实现“政府文化惠民，群众共享成果”的活动目标。

【广场社区文化建设】2014年，全市依托城市文化广场、社区文化活动中心等阵地，通过完善文化设施、壮大社会文艺团队、创新群众文化活动内容，绵阳市广场社区文化丰富市民生活，增强市民幸福感。全年开展舞台演出80余场次，广场文化艺术活动150余场次，新建231个社区书屋，免费放映城市社区公益电影482场。

【农村公共文化阵地免费开放】2014年，全市持续推进农村公共文化阵地免费开放，强化农村公共文化服务，利用9个博物馆（纪念馆）、9个图书馆、10个文化馆、277个乡镇综合文化站、3347个“农家书屋”等文化阵地，提升农村公共文化服务水平，推进农村公共文化服务均等化，实现公共文化服务全覆盖。

【四川省首届农民艺术节获奖】2014年，第四届全国新农村文艺展演和四川省首届农民艺术节暨民间艺术节群星奖比赛中，绵阳市话剧小品《石榴树下》、舞蹈《武·悟》获得一等奖，歌曲《美在白马》、舞蹈《白马响铃舞》获得二等奖，曲艺《孕妇》获得三等奖。

【送文化下乡】2014年，绵阳市组建文艺小分队把近年优秀节目送到各区市县乡镇、村社展演，丰富农村群众文化生活。全年送文化下乡340场。

【举办农村文化骨干培训班】2014年，市县文化馆、乡镇综合文化站常年举办各种文艺培训班，为农村文化建设培养一大批骨干。

【启动文化·科技共享快车试点】文化·科技共享快车是一套文化与科技相融合、文化与广电相结合的公共文化服务系统。该系统利用现代信息技术为全市基层群众提供内容丰富的文化产品，快捷、互动的文化交流方式，促进城市与农村文化建设均等化发展。2014年，绵阳市在涪城区进行、文化科技共享快车试点，建设完成201个服务点。

【广播电视公共服务体系建设】2014年，全市推动农村公共文化服务体系建设和民生工程建设，建成65个乡镇室内固定放映点和农村电影公益放映信息数据二级监控平台；解决20户以下自然村听广播看电视问题共覆盖914个自然村；建成行政村广播村村响490个；为农村群众放映农村公益电影39977场。广电网络企业与移动合作“爱家套餐”外，参与“宽带乡村”建设，专门针对农村地区留守老人和儿童，推出“手机+电视”的“小爱家”系列套餐产品。（钟真辉）

电影进社区

公共图书馆

【绵阳市图书馆】绵阳市图书馆（市科技情报研究所）坐落于城区长虹大道中段47号，由著名社会学家费孝通题写馆名，是国家一级图书馆，馆藏60万册（件）。2014年，馆（所）编制30人，在职员工27人，其中大专以上学历占职工总数90%。

图书馆坚持全年365天向读者免费开放，设有报刊阅览厅、图书外借厅、电子阅览厅、少儿阅览厅、地方文献阅览厅、地震文献阅览厅、参考咨询厅、古籍文献阅览厅等服务窗口。2014年，到馆读者流量506900人次，网站访问量82074人次，新增图书报刊18846册、数字资源1.5TB、数字图书借阅机2台、馆藏文献检索系统4套。

2014年，在市图书馆举办的“中国科技城·绵州讲坛”公益讲座成绵阳市的文化品牌，举办38场，参加讲座的读者近2万人次。荣获2014年中国出版界、图书馆界《全民阅读优秀案例》二等奖。获得市政府文艺发展项目资金补助。

【图书漂流和流动服务】2014年，图书馆整合社会资源，举办诗歌、书画、电脑等各类教育培训75场，举办《全市公共图书馆巡礼》和时事政治、传统节日等各类图片展11次。开展“我为留守儿童送本书”“把记忆留在绵阳”等图书漂流活动20多场次，建立1716创业咖啡图书漂流站、实验小学图书漂流站、绵州大剧院“悦读吧”。参加“四川省第二届职工文化年暨职工读书节”等主题活动和四川省全民阅读现场会。截至年底，图书漂流总投漂数达到8300册，总持漂数达到3800册。

【科技情报服务】 2014年，全市完成科技项目查新82项，完成成果登记40项。组织和联系企业完成2014年绵阳市科技进步奖的申报。科研项目“绵阳市协同创新信息平台”建成，收录超千条数据对外发布并正式提供服务，为企业登记合同金额941万元。开展各类科普宣传活动，科技情报服务首次亮相科博会。

【古籍保护和地方特色文献修复】 2014年，市图书馆完成“孙桐生文献”等古籍基本情况统计、著录，制作书目341册。修复《孙桐生书信手札》147幅293张，上报《孙桐生年谱》和《直隶绵州志》请四川省图书馆再造。升级各类地方文献资源1000余册。

【文化信息共享平台建设】 2014年，全市建成1个市级中心，9个县级支中心，277个乡镇综合文化站，517个街道社区服务站，与组织部农村党员干部远程办共建的3289个村级基层服务点。市级中心的公共电子阅览室，实现光纤带宽上行20M，下行100M，并获得《绵阳市未成年人绿色公益网吧》授牌。开展“网络书香过大年 马上有礼闹元宵”“我们的节日——祭先烈寄哀思继遗志”清明网上祭祀活动、暑期“青少年网络夏令营”、“网络e生活，梦圆重阳节”中老年人电脑培训等在线阅读活动。

【数字图书馆建设】 2014年，市图书馆开展数字图书馆推广工程暨绵阳市数字图书馆建设。数字图书馆硬件设备实施被列入市政府民生工程项目。完成数字图书馆硬件设备采购完成并安装使用，实现与四川省数字图书馆的VPN联通。参加国家、省数字图书馆推广工程资源联合建设培训，着手实施绵阳市数字图书馆资源联合建设项目。 （钟真辉）

新闻出版

【概况】 2014年，全市公开出版报纸5种（《绵阳日报》《绵阳晚报》《绵阳广播电视新报》《西南科技大学》《绵阳师范学院报》），其中高校校报2种，有公开出版的期刊16种，其中高校学报2种、科技类期刊13种、文学类期刊1种；有刊型、报型内部资料性出版物31种。9月，将原绵阳日报社、绵阳晚报社整合为新的绵阳日报社。

全市有出版物发行单位（网点）477家，其中图书、音像制品批发企业4家，图书、音像制品零售单位468家、全国出版物连锁经营企业1家，区域出版物连锁经营企业1家，网上书店3家，读者俱乐部1家。全市有出版物发行单位总资产年内完成年销售总量18230万册（盘），销售总额27081.88万元，利润总额15746.105万元，从业人员807人。

全市有印刷企业479家，其中出版物印刷企业16家，内资专项印刷企业12家，包装装潢印刷企业55家，其他印刷品印刷企业143家，复印打印单位253家。年内全市完成印刷总产值23亿元，从业人员5543人。

绵阳市完成521个“社区书屋”建设任务，实现全市社区书屋全面覆盖目标。11月，开展首届绵阳“书香之家”申报评选全民阅读系列活动。

【新闻出版行业监管】 2014年，全市强化新闻出版管理职能，加强行业监管，强化弘扬主旋律和正能量，营造健康和谐的社会文化环境。加强报刊审读，组织四次报刊审读例会，印制审读简报12期。加强书刊、印刷业市场管理，加强对全市印刷企业的日常指导、巡查，严查印刷五项制度上墙、印刷委托书等相关承印手续，强化对图书发行企业的常规管理，严控违禁违法出版物进入市场。

【版权管理】 2014年3月，市版权局组织人员到市级各单位动员、指导和检查，对绵阳市第三批软件正版化试点企业复核验收；针对迎检检查中发现的问题，如机关、企事业单位使用正版软件的自觉性不高；正版化工作时有反复，使用盗版现象也时有出现，并有所反弹等现象，从完善长效机制建设着手，有针对性地提出整改指导意见。7月9日，市政府常务会通过《绵阳市作品和计算机软件著作权登记资助管理暂行办法》。全年办理作品和软件登记88件（著作权登记32件、软件著作权登记56件）。

【参加中国国际版博会】 2014年9月，国家新闻出版广电总局、国家版权局、省政府主办的第五届中国国际版权博览会在成都举行。绵阳市面向全市征集遴选动漫、游戏、计算机软件、文学、影视等7大类60多个项目参展。长虹、九洲、太古等绵阳市科技企业开发的一系列应用软件，展示科技城“数字版权”“工业版权”“软件开发”等优势应用软件。

【版权专题宣传】 2014年，利用一年一度的科博会等科技、文化盛会开展版权保护宣传，指导市内参展单位做好版权保护工作，专门设立版权保护宣传服务岗台，抽派工作人员现场进行版权业务咨询、接受群众投诉300余人次；发放版权保护宣传资料2000多份；并以参加“第五届中国国际版权博览会”展示工作所取得的成果和为主题，通过文字、图片、视频等形式，展示、推介绵阳科技城“数字版权”“工业版权”“软件开发”等优势应用软件项目、产品，扩大对外影响。 （钟真辉）

广播影视

【广播电视节目创优评优】 2014年，全市组织广播电视节目（新闻类）评比，全市55件作品，评出优秀奖20件、提名奖20件、入围奖15件。组织全市优秀广播电视节目（新闻类）参加省级评比，在全省广播电视节目奖评选中，绵阳市获优秀奖2件，提名奖15件，获奖成绩位居全省前列，其中市广播电视台作品《绵阳市网络理政工作》被推荐参加中国新闻奖参评。开展绵阳市广播电视播出机构优秀短消息评比，全市25件作品参评，8件作品获优秀奖。送省短消息大赛作品10件、获1等奖1件、2等奖3件、3等奖1件、入围奖4件。组织全市广播电视播出机构参加全省微电影大赛，参赛作品2件，获3等奖1件。

【广播电视公益广告展播】 2014年，市文广新局与市文明办联合开展绵阳市第三届广播电视公益广告创作大赛和讲文明树新风公益广告展播活动，征集作品68件，评出一等奖20件、二等奖21件、三等奖22件。推选15件作品参加全省广播电视公益广告创作大赛，绵阳市11件作品获得奖项，市文明办、市文广新局获得省级组织奖。盐亭县广播电视台《当写字遇到打字》广播作品入选2013-2014年度全国广播类优秀公益广告专项资金扶持项目。

【微电影创作大赛】 2014年，市文广新局、市委宣传部、市团委和市文联联合举办绵阳市首届微电影创作大赛，征集作品47件，评出获奖作品33件，其中一等件1件，二等奖3件，三等奖6件，最佳编剧奖、最佳导演奖、最佳摄影奖各1名，入围奖20件。参赛作品体现时代精神，弘扬真善美，艺术表现形式丰富，艺术表达品种多样，以微事、微情展现绵阳经济社会发展和精神文明建设成就。

【电影业发展】 2014年，全市有14座城市影院运营，放映厅75个，城市影院票房收入9553.4万余元，较2013年增长27%。全市电影市场产值达1.3283亿元，比2013年电影市场增长58%。电影《兰辉》在全国发行放映，与电影《笑过2012》分别获得全国精神文明建设“五个一”工程奖和四川省第十三届精神文明建设“五个一”工程奖。组织开展城市公益电影放映活动，为进城务工的群众和城市低收入群体免费放映城市社区公益电影500余场；开展2期送电影进敬老院社会福利院活动，为老年人放映公益电影58场。

【“三网融合”业务开展】 2014年，全市有有线电视网络市、区、县级分公司11家，按省市县三级管理模式规范运作。有线数字电视高标清直播电视节目达到200多套。除80多套中央、省、市卫视等节目外，还有90多套专业付费频道，内容涵盖影视、财经、体育、音乐、军事、时尚、教育、健康、戏曲等各方面。同时，开通几十套“精品VOD”录播和信息服务；信息服务包括党员教育、农业信息、旅游信息、交通信息等，免费为广大用户提供绵阳本地化的信息服务。其中，“互动电视”成为绵阳有线数字电视的新亮点，能提供各中央省市电视频道的七天节目回看、直播时移，提供大量的互动点播内容，特别是高清影视点播，深受用户喜爱。绵阳广电个人宽带和“爱家168”系列套餐用户超过11万户，其中融合电视、手机、宽带业务的“爱家”用户超过8万户。 （钟真辉）

报 业

【概况】 2014年，绵阳日报社围绕学习贯彻落实党的十八届三中、四中全会精神，省委、市委全会精神，党的群众路线教育实践活动及建设中国西部经济文化生态强市、科技城创新创业及国家赋予的先行先试政策、深化文明城市建设、推进依法治理等党委政府中心工作及科博会等重大活动，精心策划组织多组重大主题报道、战役性报道和典型报道，整合旗下绵新网、蜀龙网、官方微博、微信等新媒体，共同构筑强大的宣传舆论阵地，为推动绵阳经济社会发展和科技城建设营造良好舆论氛围。积极应对纸媒“冬天”抓好报业经营，顺利完成各项目标任务。全年《日报》《晚报》推出战役性报道32组，重大主题报道36组，典型报道520余篇，重点民生报道（专栏）190余篇，评论70余篇，开设专栏280余个，创省及以上好新闻91件。两报先后荣获2013年度文明城市建设工作先进集体、四川省科普工作先进集体、第二届中国·绵阳科技城科技博览会、2013年度机关党建工作先进集体等集体荣誉18项。

【党的群众路线教育实践活动报道】 2014年，《绵阳日报》《绵阳晚报》在不同的版面开设多个专栏，采取新闻报道、先进典型宣传、言论评论、专题专访等形式，宣传中央、省委、市委的精神，反映绵阳市党的群众路线教育实践活动的进展和成效。两报推出专栏320多期，刊登报道1900多篇，推出评论、理论文章120多篇。

【建设法治绵阳报道】 2014年，《绵阳日报》《绵阳晚报》相继开设“学习贯彻党的十八届四中全会精神深入推进法治绵阳建设”等多个专栏，分类别、分主题对绵阳市加速推进法治建设多角度、多层次报道，刊登有关报道1300余篇。

【深化文明城市建设报道】 2014年，《绵阳日报》《绵阳晚报》开设“城市是我家文明靠大家”“深化文明城市建设——曝光台”等近20个专栏，加大对不文明行为的曝光力度，两报刊登曝光稿件260余篇，图片近380余幅。

【第二届中国·绵阳科技城科技博览会报道】 2014年，《绵阳日报》《绵阳晚报》刊发有关文字报道480余篇、图片360余幅、专版80余个。联合新浪微博推出微博话题“全民科博会”与“科博会随手拍”，吸引粉丝近5万人，阅读量超过140万人次。首次使用微博签到屏设备，网络与现场互动、线上和线下融合，宣传效果显著。

【践行社会主义核心价值观报道】 2014年，两报通过系列重大典型、“身边好人”、“最美绵阳人”等报道，用身边鲜活典型事例生动诠释社会主义核心价值观的深刻内涵。特别是“身边好人”专栏，以讲小事故的形式，报道身边的人和事，较有影响的如维吾尔族小伙阿布杜助学、村民挖蝉花救助白血病女孩、绵阳小伙舟山救人壮烈牺牲，起到很好的教化作用。

【基层民生报道】 2014年，两报先后推出“解读2014年我市十大民生工程系列报道”“大力发展公共交通优化市民出行条件”等多组专栏报道，加重基层民生报道分量。日报、晚报刊登有关民生的报道分别比上年增加17.8%、23.3%。

【中国科技城新形象宣传报道】 2014年，日报社鼓励记者对外发稿，充分展示绵阳良好形象，在省及以上报刊（网）发表宣传绵阳稿件530余篇。日报先后联系八家省外媒体刊登“长虹推出中国首款实现三网融合CHiQ电视”报道9篇（幅）。两报邀请《贵阳日报》《石家庄日报》《北京晚报》《西安晚报》等10家省会城市党报、晚报到绵阳报道第二届中国（绵阳）科技城国际科技博览会盛况，刊登相关文字报道14篇、图片报道32幅。

【广告经营方式转变】 面对异常严峻的广告形势，两报采取对外代理和自营相结合等灵活措施，主动出击，多点发力，努力开辟创收渠道，最大限度遏制广告经营下滑势头。

绵阳日报结束10多年广告全面代理，改为以分项代理和自营相结合的方式经营广告，组建广告经营部和房产部自营广告。晚报继续坚持对外代理和晚报报业发展公司自营相结合的方式，以商业活动促广告，以活动增加收益。同时简化办事流程、提高服务效率，真心实意帮助代理商解决问题。

【日报晚报整合组建】 为顺应媒体融合发展新形势，2014年9月，市委决定，原绵阳日报社和绵阳晚报社整合，组建新的绵阳日报社。宣布之日起，新组建的班子及班子成员迅速进入角色，按照各自分工，多方征求意见建议，广泛深入调研，整合工作扎实推进。 （吴险峰）

2009年市委、市政府民生工程完成情况

2009年，全市城镇新增就业43594人，下岗失业人员和失地无业农民再就业17495人，城镇登记失业率为3.76%。

2009年，全市改善25995人农村低收入贫困人口生产生活条件，农村医疗年人均救助119.5元，城市医疗年人均救助130.9元，新建社区慈善爱心惠民超市67个，按月发放“三孤”人员生活保障金3329万元。

2009年，全市补助寄宿贫困学生生活费118846人，完成中等职业学校招生54845人，资助中等职业教育1~2年级经济困难学生74716人，资助高中家庭经济困难学生60653人，在校残疾学生教育达到2830人。

2009年，全市城镇低保累计月人均补助140.1元，农村低保月人均补助59.53元，新建、改、扩建174所敬老院，新增床位14308张，农村“五保”集中供养率达到48.6%。

2009年，全市新型农村合作医疗参合农民年人均筹资100元，基本医疗保险覆盖人数达到68214人，全年全市城乡医疗救助64393人次，支付医疗救助资金4513.6万元。

2009年，全市解决农村特困群众危房户780户，解决地质灾害威胁农户搬迁安置1204户，新增廉租房10535套。实现3943个自然村广播电视“村村通”，解决农村人口饮水安全164863人。城镇住房恢复重建完成维修加固377652户，完成重建59752户。全市开工农户重建503074户，完工488794户。

2009年，全市建成通乡油路（水泥路）420.75千米，建成通村公路1100.54千米，建设乡镇客运站20个。

2009年，全市挂牌限期治理10户工业企业，挂牌限期治理4户规模化畜禽养殖企业，启动15个省级村庄人居环境治理。组织实施49处重大地质灾害治理工程，改造中低产田5247公顷，整理5667公顷土地，新增耕地607公顷，建成高产稳产基本农田2733公顷，建设标准粮田1333公顷，治理水土流失面积124.79平方千米，实施森林管护102.15万公顷，建设公益林1.36万公顷，退耕还林4.12万公顷。

（摘自《绵阳年鉴（2010）》）

教育·体育
EDUCATION AND SPORT

教育园区

概　述

【概况】　2014年，绵阳市有各级各类学校1291所（不含高校、技工学校及职业培训机构），其中普通高中33所，普通初中202所、小学414所、幼儿园603所、特殊教育学校7所、中等职业学校32所。有在校学生689744人，其中普通高中119831人、普通初中140254人、小学240629人、幼儿园133335人、特殊教育学校548人、中等职业学校55147人。有教职工50613人，其中专任教师42653人（普通高中8859人、普通初中12669人、小学14037人、幼儿园5092人、特殊教育学校90人、中等职业学校1906人）。全市小学净入学率为100.00%，小学毕业率为100.02%，小学巩固率为106.43%，小学升初中升学率为110.43%，普通初中巩固率为99.68%，普通初中毕业率为99.98%，初中净入学率为100.00%。

【教育惠民工程】　2014年，全市贯彻落实国家“三免一补”和各项惠民政策，做到“应免尽免”“应补尽补”。全力做好家庭经济困难少年、儿童资助工作，对经县级以上教育行政主管部门批准的普惠性幼儿园的在园家庭经济困难儿童、孤儿和残疾儿童，按照10%的比例减免保教费，全市资助1.98万幼儿。资助中职学校家庭经济困难学生7536人，免除中职学校学生学费3.32万人。资助普通高中家庭经济困难学生3.32万人，免除普通高中家庭经济困难学生学费3.38万人。出台专门的管理办法和实施细则，做好普通高校家庭经济困难学生资助工作，资助市属高校家庭经济困难学生5891人，资助普通高校优秀本科学生500人。为2896名家庭经济困难大学新生发放生源地助学贷款贴息贷款。为被普通高等院校三类本科及以上院校录取的4745名绵阳籍家庭经济困难大学新生，每生给予不低于2000元的现金资助，该项活动被《光明日报》《教育导报》等多家新闻媒体报道，先后荣获四川省2014年“国家资助助我飞翔让梦起航”励志成才优秀学生典型宣传评选活动和学生诚信教育公益短片征集活动《优秀组织单位》、四川省2014年学生资助公益短信评选活动《优秀组织奖》。

【社会捐赠助学】　2014年，接受社会捐赠118.14万元，其中：全市定向捐赠收入金秋助学16.19万元（梓潼大庙山旅游公司10万元、绵阳投资公司4万元、盐业公司1万元、仁智油田服务公司1万元、广场募捐0.19万元），国家开发银行四川省分行捐赠100万元（盐亭柏梓中学20万元、三台龙树中学20万元、游仙魏城小学20万元、梓潼许州中学20万元、涪城杨家中学20万元），社会零星捐赠1.95万元。　（杨进平）

教育管理

【依法治教】　2014年，绵阳市全面推行首问负责制、岗位责任制和责任追究制，完善行政决策规则和程序，凡涉及招生收费政策改革、学校布局调整等重大教育决策，均坚持将部门论证、公众参与、民主协商、专家论证、风险评估、合法性审查和集体讨论决定作为必经程序。引导学校完善章程建设和内部治理结构，加快构建决策权、执行权、监督权既相互制约又相互协调的内部治理结构，推动建立依法办学、自主管理、民主监督、社会参与的现代学校制度。严格依法规范招生和办学行为，健全学校权利救济和纠纷解决机制，完善安全管理及突发事件应急处理机制，运用法治思维和法治方式解决校内矛盾冲突和突发事件。发挥课堂教育主渠道作用，丰富各类法治专题活动，开展法治警示教育实践，打造富有特色的校园法治文化，构建学校、家庭、社会“三位一体”的青少年法治宣传教育格局。将宪法和法律知识纳入课堂教学、班团队活动、知识竞赛、考试评价、家长教育和师资培训，培养不同年龄段学生的现代法治精神。全市有35所学校被命名为“绵阳市依法治校示范学校”。

【教育综合改革】　2014年，绵阳市以确保深入实施素质教育为宗旨，深化中考相关改革。将中考体育升学考试分数，2013年的50分增加到65分。以免试或者特招方式招收艺术、体育特长学生的学校由省级以上示范性普通高中扩展到一般普通高中。出台政策，保障具有绵阳市初2011级学籍的进城务工人员随迁子女和到绵阳投资者子女均可在绵阳市参加中考。贯彻落实《义务教育法》《绵阳市中长期教育改革和发展规划纲要（2010~2020年）》，推进教育改革。全市11个县市区（园区）、59所试点学校的教育改革试点工作有序推进。南山中学“拔尖创新人才培养改革试点”工作，受到四川省教育厅肯定。

【教师队伍建设】　2014年，全市招聘391名农村学校特岗教师。指导81名本市生源免费师范生签约就业，招聘108名免费师范毕业生，公招教师517名，及时补充新师资。印发《绵阳市教育体育局关于进一步加强教师资格认定工作管理的通知》，通过资料审查、教育教学基本素质和能力测试，认定高中（中职）教师资格3505人。实行教师职务评聘结合，规范全市教体系统职称评审工作，评审中学高级教师293人、中级教师753人。印发《绵阳市教育体育局关于继续深入开展“万名教师进万家”活动的通知》，在绵阳实验高中举行“万名教师进万家活动”第一阶段总结表扬及第二阶段启动仪式，表扬先进单位20个、先进个人107名，推动该项活动深度开展。

【干部教师队伍培训】　2014年，绵阳市把全市学校管理干部培训列入

"十大民生工程"，选派38名中小学校长（幼儿园园长）参加省教育厅举办的任职资格培训；组织450名中小学校长、幼儿园园长及学校中层干部参加市级培训。全市9692人参加国家级培训，3807人参加省级培训，23774人参加市级培训，74375参加县级培训。选拔第二批市级骨干教师2473名，并进行为期三年系统培养、培训。全市财政投入教师培训经费1224.37万元，其中市级250万元。组建14个教学名师工作坊，其中省级11个、市级3个，462名骨干教师参与。盐亭县教师发展中心成功创建四川省示范性县级培训机构。成功举办绵阳市第三届幼儿教师技能大赛，全市81名幼儿教师进入决赛。

【师德师风建设】 2014年，绵阳市政府印发《关于加强教师队伍建设的实施意见》，市教体局出台《绵阳市中小学教师职业道德行为规范》《绵阳市中小学校长行为规范八不准》，加强全市教师队伍建设。结合学习贯彻总书记习近平与北师大师生代表座谈时提出的"四有"教师要求，在全市各大媒体掀起"师德——教师的灵魂""播撒大爱的教育人"为主题的宣传报道活动，集中报道26名先进典型，遴选8名师德先进典型到全市作"爱与责任"巡回演讲报告。评选四川省特级教师27名，市级拔尖人才4名，全国模范教师2名，全国教育系统先进集体1名，全国优秀教师5名。

【学校安全管理】 2014年，全市发生学校安全事故6起，死亡6人，学校安全事故起数和学生非正常死亡人数分别下降33.3%和33.3%，全年未发生较大以上的安全事故。组织全市学校（幼儿园）参加第四届赛斯特全省安全知识网络竞赛，有744所学校的277176名学生、15690名教师、333850名家长参加，参赛人数居全省第4。全市学校投入"三防"建设资金800万余元。全市学校幼儿园有专职安保人员2045人，95%以上的学校（幼儿园）至少保证2名以上专（兼）职保安，629所学校（幼儿园）建设视频监控系统和红外线报警系统，601所学校（幼儿园）有110报警联网系统，城区和重点乡镇学校大门口等重要部位纳入公安"天网工程"，实行全天候、无缝隙监控，确保学校安全稳定。9~12月，市教体局集中开展"打非治违"专项行动，各地各校成立检查组263个，出动检查人员2426人次，检查学校1800余所次，排查并消除安全隐患2108起。

2014年，市教体局与公安、工商、文化、城管等部门加强合作，全市打掉侵害师生合法权益、扰乱学校正常教学秩序的团伙6个，破获各类涉校刑事案件11件、治安案件158件；检查校园周边各类经营户5116户，查获过期、"三无"食品1214袋，取缔食品无照经营户26家，依法规范校园周边文化娱乐场所59处，取缔违法摊点121个，收缴非法经营书刊4500余册，净化校园周边环境；检查涉校涉生车辆300余辆次，取缔"野的""黑车"、低速货车等非法接送学生的车辆15辆，现场暂扣手续不全车辆5辆，驾驶证5本。

【教育督导评估】 2014年，涪城区、游仙区、江油市顺利通过国家义务教育发展基本均衡县评估认定，安县、梓潼县通过市级复核和省级评估。组织对8所省二级示范性普通高中和18所县级评估优秀学校开展市级素质教育督导评估，表彰命名市级优秀学校21所。组织开展教育督导责任区经常性督导、农村义务教育学校基本办学条件专项督导、全市普通中小学校教育信息化及装备工作专项督查评估等。指导涪城区、安县、梓潼县三个样本县开展基础教育学业质量监测工作。

【德育素质开展】 2014年，全市以"我们的价值观，我们的中国梦"为核心，推进未成年人思想道德建设。开展德育干部素质提升培训180人，以"三爱"为主题现场考评德育干部能力64人，加速德育干部专业素养成长。全市建成市级德育特色学校14所。印发《节俭养德全民行动实施方案》，督促学校落实"光盘行动"。开展"社会主义核心价值观进校园、进课堂、进头脑"系列活动。参加四川省"我们的价值观—精彩课堂"评选活动，绵阳中学"友善"主题班会在中国文明网推荐播出。开展"我的中国梦"主题教育征文活动，27名学生征文在省级评比中获奖。组织"我们的价值观创作大赛"，石马小学泥塑作品中国文明网备受关注。8名师生作品在全市"讲文明树新风公益广告大赛"获奖。践行"四川志愿·码上学雷锋"，市教体局志愿者服务支队被评为"绵阳市优秀志愿者服务组织"。举办"美丽中国，我的中国梦"主题教育读书活动。关爱未成年人健康成长，市教体局被评为"绵阳市未成年人保护工作先进单位"。举办家长学校，指导家庭教育，市教体局被评为"四川省家庭教育工作先进集体"。全面开展校园诗歌创作及赛诗会活动，出版《中华校园诗歌获奖作品集》，市教体局被评为"绵阳市第四届中国诗歌节先进集体"。

【教育交流活动】 2014年7月，澳门特别行政区教育暨青年局组织的"2014国情教育四川培训班"师生交流团一行80人到绵阳北川中学进行交流学习；8月，日本庄原市比和小学校长日雨孙厚子率领日本庄原市青少年代表团到绵阳市进行友好访问和青少年交流互访；10月，俄罗斯新西伯利亚市青少年代表团一行42人到绵阳开展为期7天的"友谊长虹——中俄青少年代表团交流互访活动"；11月13~14日，北京德国文化中心—歌德学院"学校—塑造未来的伙伴"（PASCH）项目华北区负责人、课程专家金蓓儿女士及其助理一行到绵阳市参观考察；12月，原乌克兰国家歌剧院院长阿纳托利·伊万诺维奇·杜达

友谊长虹——中俄青少年代表团交流互访活动

一行4人到绵阳中学、绵阳实验高中、普明中学、绵阳电大中小学教师培训中心、绵阳一中、江油一中与师生们进行艺术交流活动；12月，市教体局组织3名外籍教师分别到三台中学和三台外国语学校为300多位小学、初中、高中学生和130位教师开展外籍教师送教活动。

【教育信息化】 2014年，全市有657所中小学校实现宽带接入教育城域网，占98%，其中，带宽10M以上的学校585所，占89%；建成“班班通”多媒体教室5500多个，可实现优质教学资源“班班通”。全市教师和学生注册学习空间53435人，其中教师15729人，学生37706人。开展全市普通中小学教育信息化及技术装备工作专项督导评估工作。顺利完成市属中学班班通（电子白板）项目建设工作，并抽样检测教学仪器设备56批次，抽检近789台（件），被抽检教学仪器总值近1760万元。完成绵阳教育资源公共服务平台的建设。组织2014年绵阳市首届中小学微课大赛，全市有320件微课作品参评，选送30件优秀作品上报省上参赛。2010~2013年农村义务教育薄弱学校改造计划项目实施情况顺利通过省级专项督查，得到省级专项督查组高度评价。208所初中、161个考点，42582名考生报名，41727名考生参加高中阶段学校招生实验操作考试。参考率为98.37%，合格率为97.64%。组织高中信息技术学业水平考试，全市31所考点学校，考生报名40775人，40467人参考。考试合格37735人，合格率为91.39%。组织高中通用技术学业水平考试，全市31所考点学校，考生报名38496，38427人参考。考试合格37900人，合格率98.63%。中央电教馆和联合国儿基会于10月13日在绵阳召开“绵阳北川典型经验专题片拍摄工作专家研讨会”，绵阳市拍摄的“灾区教师培训”项目专题片《播撒希望》在国家基础教育资源公共服务平台播出。

【艰苦边远地区教师生活补助】 2014年，绵阳市人民政府印发《关于实施集中连片特殊困难地区和国家扶贫开发工作重点县农村教师生活补助政策的通知》，补助惠及平武、北川近2500名农村教师，每人每月最低补助400元，北川、平武可自筹资金，根据教师工作、生活条件的艰苦程度等因素，合理分设档次，提高补助标准，每人每月最高补助1200元。

【援藏支教】 2014年，绵阳市选派80名优秀教师到“三区”援藏和支教（其中阿坝州四县40名，平武、北川40名），支教教师深入教育管理及教学一线，协助受援方建立健全教育教学管理制度，深入开展课程改革，帮助受援地提高教育教学质量。市教体局被评为四川省对口援藏工作先进集体。

【乡村（社区）学校少年宫建设】 2014年，全市印发《关于在每年寒暑假期间开展学校少年宫活动的通知》，学校少年宫全面进入常态发展轨道。联合中国未成年人网，率先举行“绵阳市学校少年宫成果网上展播”。开展学校少年宫“分类划档，晋位升级”活动，打造市级特色学校少年宫26所，指导创建市级示范性学校少年宫9所。

【中国汉字听写大赛】 2014年，绵阳市举办首届“文轩教育杯”中国汉字听写大赛。4月，东辰国际学校在四川省“中国汉字听写大赛”上脱颖而出，勇夺冠军，并代表四川省参加教育部语用司与中央电视台联合举办的“中国汉字听写大会”，取得优异成绩。 （杨进平）

基础教育

【学前教育】 2014年，全市幼儿园达到603所，较上年增加21所，在园幼儿133335，较上年增加5313人。绵阳市机关幼儿园、绵阳市花园实验幼儿园等优质学前教育资源探索“名园+新园”“名园+民园”的学前教育发展新模式，快速壮大全市优质学前教育资源总量。学前教育管理更加规范，保教质量提升。新投资1000多万元扩建两所市直属幼儿园，新增学位400多个，相当于新建一所公办幼儿园。梓潼县城区新建一所公办幼儿园。成功创建省级示范幼儿园1所，市一级示性幼儿园3所。

【义务教育】 2014年，涪城区、游仙区、江油市顺利通过县域内义务教育基本均衡国家评估认定，安县、梓潼县顺利通过县域内义务教育基本均衡省级评估。市政府印发《关于深入推进义务教育均衡发展的实施意见》再次明确到2016年北川羌族自治县、平武县通过义务教育基本均衡县省级评估、全市所有县市区实现义务教育基本均衡的发展目标。组织绵阳中学、绵阳外国语学校、绵阳市实验中学、绵阳实验小学等11所名校采取领办或结对帮扶等方式支持北川县羌族自治县、平武县、梓潼县等地的11所学校发展。

【普通高中教育】 2014年，全市高考本科硬上线人数历史性突破3万大关，高达31007人（不含保送、公派留学和艺体飞上线），本科硬上线率达62%，是全省本科硬上线率的2倍多，绵阳市以占全省9.32%的参考人数夺得占全省20.89%的本科硬上线份额。本一硬上线人数高达10281人，硬上线率20.28%；600分以上特优生达1759人，占全省的27.47%，以绝对优势居全省第一。有78名考生被北京大学、清华大学录取，占北大、清华两校在川录取总人数的近1/3。绵阳市学子唐旭奕以650分勇夺全省高考文科第一名，周斯宇勇夺全省理科第二名。5月、12月分别组织市级专家对东辰国际学校、北川中学、平武中学创建四川省一、二级示范性普通高中进行全面指导、初评。率先启动实施普通高中均衡发展战略，以绵阳中学、北川中学深度合作办学为先声，将义务教育均衡发展向普通高中延伸，推动全市普通高中办学水平和质量的整体提升。3月，南山中学与平武中学签订协议，全面开启两校深化合作与发展之路；6月，梓潼县政府与绵阳外国语学校正式签订绵阳外国语学校与梓潼中学全面合作办学协议，绵阳市深度合作办学学校达到6所，基本形成市直属优质高中反哺县市区薄弱高中的新局面。

【民族教育】 2014年，全市按照《四川省民族地区教育发展十年行动计划（2011~2020）规划》，指导北川羌族自治县、平武县拟定并实施年度《行动计划》。指导北川、平武两县教师进修学校认真制订年度师培计划，完善教师培训管理制度和考评办法，聘请专家型教育人士授课，培养眼光开放、管理一流的中小学校长队伍。选拔优秀民族教师参加省民族地区高中教师技能大赛，获得5个综合一等奖、3个综合二等奖、1个综合三等奖、3个学科特色技能优胜奖、1个教学设计优胜奖，综合成绩名列全省前茅。

【素质教育】 2014年，绵阳市教育体育局印发《关于减轻义务教育阶段学生过重课业负担的十项规定》，并广泛征求社会各界意见。组织开展义务教育阶段学校“减负万里行·第2季”活动。坚持义务教育免试就近入学、划片招生原则，缓解择校热。2014年秋，绵阳市义务教育阶段学校起始年级招生87164人，其中小学招生44134人、初中招生43030人，90%以上生源由就近入学方式确定。推进教育质量评价机制改革，建立义务教育质量绿色评价体系。7月15日，绵阳市与中国基础教育质量监测协同创新中心合作，在中国西部首个发布区域教育质量健康指数，初步建立西部地区首个体现素质教育要求、以学生发展为核心、科学多元的基础教育质量综合评价体系。健康体检表明，绵阳市义务教育学生在各科学业合格率上与东部发达省市处于同一水平，优于香港同类测试数据，远高于全国常模。绵阳市学生在学业水平达标、学业负担（睡眠时间、作业时间、校外补课）、课外阅读量、师生关系、自信心等大多数指标上，均在全国范围内处于较好水平，尤其是学业负担指标（学生睡眠时间、作业时间指标）均好于全国常模。加强对学校进行抽查，督促学校规范课程设置，开齐课程、开足课时；全面加强中小学教科书管理及教辅材料使用工作，圆满完成义务教育教材预报、实报数据统计上报工作；督促学校面向全体学生，培养学生全面发展。

【农村义务教育学生营养改善计划】 2014年，全市营养餐覆盖262所中小学校，惠及81830名学生，占义务教育阶段学生的21.5%。没有发生一起食品安全及资金安全事故。

【艺术教育】 2014年，绵阳市制定出台《绵阳市普通中小学艺术教育五年行动计划（2014~2018年）》。举办四川省第十届中小学生优秀艺术人才大赛美术类绵阳分赛区比赛、绵阳市首届中小学舞蹈比赛、绵阳市第八届校园十佳歌手赛、“祖国颂”绵阳市首届教师声乐比赛、绵阳市第三届中小学生合唱比赛。涪城区、游仙区被四川省教育厅命名为“四川省学校艺术区域整体推进试点县”。国家级实验项目《因地制宜优化艺术教育资源配置的实践与研究》在三台县开题。

【健康教育】 2014年3月，市教体局与宝洁公司合作开展全市的初中女生青春期健康教育及小学生口腔和个人卫生健康教育，全市20364名初一女生和30140名小学一年级学生受益。4月，印发《关于规范托幼机构学生校内服药的通知》，对全市托幼学生校内服药事项做出严格的规定，加大监管力度。6月，联合四川省视力保护科普基地、绵阳市卫生局共同发起并开展“中小学生近视防控绵阳行动”。11月，组织开展目标地区疟疾防治知识宣传教育，向涪城区3000名中小学生免费发放疟疾防治知识学生笔袋。12月，组织开展“行动起来，向‘零’艾滋迈进”的第27个“世界艾滋病日”宣传活动。

【国防教育】 2014年，全市学生军训改革试点工作全面启动，市教体局与绵阳军分区联合制定印发《绵阳市学生军训改革实施方案》，并在直属高中推广实施，试点工作取得明显成效。8月，组织普明中学、西南科技大学代表四川省参加由教育部、总参谋部、总政治部联合举办的首届全国军事训练营活动取得优异成绩。

【学校后勤服务和保险】 2014年，全市学校投资3047.6万元，新增绿化面积35.6公顷，中学绿化总面积累计197.8公顷，绿化率为77.1%，绿化覆盖总面积为212.1公顷，绿化覆盖率为23.6%；累计小学及幼儿园绿化总面积78.3公顷，绿化率为68.2%，绿化覆盖率为17.7%。3月，绵阳一中被国家机关事务管理局授予“节约型公共示范单位”。2014~2015学年度校方责任保险全市参保学生数61.3万人，参保学校1102所，做到“应保尽保”。

（杨进平）

农村（县、镇）义务教育阶段学校收费标准

表 42　　单位：元/生·期

类别	课本费	作业本费	备注
小学	0	0	
初中	0	0	

绵阳城区公办义务教育阶段学校收费标准

表 43　　单位：元/生·期

类别	课本费	作业本费	自愿托管费	住校费
小学	0	0	—	—
初中	0	0	—	只对住校生收取，按当地物价部门核定的标准执行

高中教育收费

表 44　　单位：元/生·期

学校类别	学费			课本费	作业本费	择校费	住宿费
	国家省级示范高中	市级示范高中	一般高中				
绵阳市	460	340	280	300（据实结算，多退少不补）	30（据实结算，多退少不补）	国家和省级示范高中不超过2500元/生·期、一般高中不超过1000元/生·期	按当地物价部门核定的标准执行

中小学、幼儿园情况统计

表 45　　单位：人/个·所

	校数	班数	毕业生	招生数	在校生	预计毕业生	教职工	
							总计	其中：专任教师
合计	1252	15149	174251	184979	634049	9562	176244	48053
幼儿园	40657	603	4258	44677	57527	5092	133335	50246
小　学	414	5915	38966	44134	240629	14037	37224	14773
初中	202	2999	51208	43030	140254	12669	49993	14038
高中	33	1977	39400	40288	119831	8859	38781	9680

（杨进平）

重点高中学校简介

【绵阳中学】 是四川省省属重点中学、四川省一级示范性普通高中、四川省首批国家级示范性高中、教育部全国百所重点联系学校之一、四川省新课程改革样板示范学校，中国科学院大学“校长推荐计划”、清华大学“新百年领军计划”、北京大学“中学校长实名制”、复旦大学“望道计划”、中国人民大学“校长直通车计划”和上海交通大学“致远计划”推荐资质学校。学校始建1957年，1985年成为绵阳市教委直属学校，1994年晋升为四川省省属重点中学，2000年12月晋升为四川省首批国家级示范性高中；2003年12月被四川省教育厅评为35所国家级示范性高中办学水平排行榜第一名。截至2014年10月，学校占地20余公顷，有教学班135个，在校学生9000余人，在岗教职工620人，其中专任教师548人。学校先后被教育部、共青团中央、四川省授牌表彰为“全国贯彻《学校体育工作条例》优秀学校”“全国培养体育后备人才试点学校”“北京2008奥林匹克教育示范学校”“国家级体育传统项目学校”“全国校园文化建设先进单位”“四川省先进基层党组织”“四川省文明服务示范窗口单位”“四川省德育工作先进学校”“2008年影响中国西部教育十大中小学”“新加坡政府奖学金项目工作先进学校”“教育国际交流与合作工作先进单位”、四川省“三大球”后备人才培养基地、四川省阳光体育示范学校。被绵阳市教体局评为绵阳市“艺术教育特色学校”、首届“绵阳市十大名校”。绵阳中学以“团结、进取、求实、创新”为校训，要求学生有合作和团队的意识，不以小我为中心，力图有所作为，坚持实事求是的原则，探寻真理，追求真知，不断追求更高的境界，在传承中继承和发扬光大。以“书香校园，润心提神”为校风，学校显性和隐性的文化浸润，体现环境育人，激发学生高雅的情怀和远大的志向，增加学校的凝聚力。截至2014年11月，学校成立“子云亭”文学总社、动漫社、武术社、音乐社、摄影社、表演社、青年志愿者协会、合唱团、书法组、美术组、舞蹈队、健美队、篮球队、足球队、男子排球队、击剑队等活动社团，举办的文化活动有一年一度的“校园文化艺术节暨‘12·9’文艺演出”、春季秋季运动会、校园艺术节等。

【绵阳南山中学】 南山中学创办1908年，是首批“国家级示范性普通高中”“全国拔尖创新人才培养基地”试点学校，被清华大学确定为“新百年领军计划优质生源基地”。学校先后荣获全国“双有”先进单位，全国师德建设示范单位，全国体育卫生先进单位，全国青少年信息学奥林匹克教育先进学校，改革开放30年全国基础教育发展成就30校，全国“五四”红旗团委，全国“十佳”巾帼文明岗，全国“三八”红旗先进集体，全国“拔尖创新人才培养基地试点学校”，全国心理健康教育示范学校，全国“中华少年写作园”学校，全国中学校园文学社拉力赛总冠军，中学生机器人大赛全国总冠军，中学机器人大赛世界总冠军，全国中学生足球协会副会长，北京2008年奥林匹克教育示范学校，四川省普通高中新课程实验样本校，四川省中学生网球训练基地，四川省保护未成年人先进集体，绵阳市最佳文明单位，绵阳市先进基层党组织等荣誉称号百余项。南山中学以“爱国读书，求实向上，勤勉诚朴，民主创新”为南山精神，历来以学风浓厚，教风严谨，教学质量高闻名于四川。为爱国而读书，造就南山中学的诚信风范和南山中学的严谨认真。

【绵阳第一中学】 绵阳第一中学以“育人为本，和谐发展”为办学理念，形成独树一帜的以科研为先导的教学风格和模式。学校始建清乾隆五年（1740年）。清绵州知府在学校现址（文昌祠）延师课读，名为“文昌书院”。2003年被命名为“四川省省级示范性普通高中”。

【绵阳普明中学】 普明中学创办1906年，是绵阳市教体局直属的省级示范高中，誉为中国西部名校、全国体育传统项目学校。100多年前的华英学堂就名震绵州，后来分为普明中学和南山中学。2000年直属市教体局后，学校办学规模不断扩大，在校学生6000等人；办学质量不断攀升，连年获得教学质量特等奖、一等奖。学校以发展青年身心，培养健全国民为办学理念，实行“降低问题重心，夯实知识基础，促进全面发展”的策略，以“落实、高效”为方针，以“过程、结果”为核心，让学生做成长的主人，为学生终生发展奠基。学校注重用活动来调节紧张的学习节奏，让每一位学生舒展个性，享受尊严，轻轻松松学习，快快乐乐成长，时时得到因材施教的关爱，处处体会创造成功的快感。学校先后被评为“四川省校风示范学校”“四川省实验教学示范学校”“四川省德育工作先进单位”“四川省绿化示范学校”“四川省现代教育技术示范学校”。

【四川科学城一中】 是中国工程物理研究院直属9所子弟中学，1990年重组而成的一所大型中学。四川科学城一中1999年通过“四川省国家级示范性普通高中”的检查验收。2013年12月，被四川省教育厅正式命名为“四川省一级示范性普通高中”。国防部原部长张爱萍将军为学校题写校名，著名科学家王淦昌为学校题写“文明、严谨、勤奋、创新”的校训，中物院老院长、“两弹元勋”邓稼先的夫人许鹿希教授在学校设立“科学城一中邓稼先物理奖”。有院士科学家作学生的校外导师，有科学城文明高雅的社区文化，有依山傍水的旖旎风光，为学生的全面发展提供良好的育人环境。学校坚持创造适合学生发展的教育，走精品名牌发展之路；不断建立和完善适合学生发展的课程结构、教学模式和评价制度。在科技创新教育、高中分层次教学、中学生心理健康教育等方面成绩显著：培养出以国际物理奥赛铜牌获得者卫星为代表的一大批学科竞赛尖子；为高校输送包括1995年四川省高考理科状元韩星在内的2600余名优秀新生，其中有300多名考入北京大学、清华大学、中国科技大学等中华名校。

【绵阳东辰国际学校】 2000年9月成立，是由四川东辰集团控股，涪城区教体局直属管理的自收自支民办完全中学。学校设有小学一部、小学二部、初中部、高中部、国际部。2013年4月25日，正式联合北川西苑中学办学。2013年11月8日，正式领办遂宁东辰荣兴国际学校。学校高度关注全体师生的生命、生态、生活、生涯，全面实施"人本主义教育"，全力打造生态校园、人文校园、文明校园、书香校园、平安校园、数字校园"六园"学校。学校积极推进"全员化、优质化、个性化、国际化"的教育发展战略，追求全员成才、全员升学和高品位升学的办学目标，实现高升学与高素质的统一、筑高原与建高峰的统一。"习惯养成、学科基础、特长发展"成为东辰教育三道最亮丽的风景线。通过多元化的课程建设，高效的课堂建设，发挥小班化教育和分层教育、小组学习等优势，以及全面、全程、全员的精细化的质量管理，造就学生高水平的升学竞争力。东辰国际学校成为全国优质教育品牌学校，国家留学基金管理委员会出国留学人才选拔基地，全国素质教育实验学校，全国创新教育实验学校，全国双语教学实验学校，联合国"长江水学校"示范学校，全国环境教育示范学校，全国艺术教育先进学校，四川省政府表彰突出贡献学校，中华少年写作园，赴美文化小大使AYA项目学校和四川省食品卫生信誉A级单位。

【绵阳外国语学校】 学校坐落在四川省绵阳市高新区普明街道普明北路568号，作为绵阳基础教育品牌学校，绵阳外国语学校以"优质绵外、幸福绵外、内涵发展、全面跨越"为工作主题，以"团结、落实、智慧、人文"为工作策略，团结形成合力，凝聚产生智慧，落实促进发展。学校管理以人为本，严管厚爱，启迪智慧，培养大器。学校教育以责任教育为内涵，以活动教育为载体，建立人性化科学化的学生发展评价机制，引导学生"设计成长历程，承担成长责任"，强化学生自我教育自我管理自主成长。着力于培养勤于学习、专于学习、学会学习，敢于负责，敢于引领，敢于优秀，"勇于改变、智慧选择"，在奠基幸福人生过程中不断超越，在不断超越中追求卓越，让自己逐渐成长为具有全球意识、以民族复兴为己任的现代人。 （杨进平）

民办教育

【概况】 2014年，全市有民办学校727所（不含三所省属独立学院），其中高职专科学校2所，中小学12所，中等职业学校12所，幼儿园549所，非学历教育学校152所。各级各类民办学校在校生163459人，其中，高职专科学校3913人，中等职业学校2707人，中小学33640人，幼儿园77085人，非学历教育学校46114人。各级各类民办学校中专任教师11370人，其中，高职专科学校240人，中等职业学校237人，中小学3847人，幼儿园5251人，非学历教育学校1800人。

【民办学校管理体制改革】 2014年3月，市教体局联合编办、法制办、财政局、人社局、国资委、机关事务管理局等单位，在反复调研、论证的基础上形成《绵阳外国语学校改革方案》，该方案于5月7日市政府第45次常务会议讨论通过。游仙区红苹果富乐幼儿园建立民办学校财务、会计和资产管理制度试点，梓潼县自强小学附设幼儿园开展委托管理改革试验，三台文武学校启动探索建立民办学校办学风险防范机制试点。

【学校年度检查初审权限下放到县】 2014年，市教体局印发《关于开展市级审批民办学校2013年度检查初审的通知》（绵教体函〔2014〕79号）。首次明确民办中等职业学校的年度检查初审检查工作由学校所在县市区负责，民办学校是否通过年度检查初审，原则上由县市区确定。全面完成市级审批民办学校2013年度检查初审工作，各学校均通过年度检查初审。

【民办非学历教育机构管理权限到县下放】 2014年，市教体局印发《关于将原市级审批民办非学历中等教育机构下放管理的通知》（绵教体函〔2014〕147号），把绵阳金融学校、绵阳振华学校、绵阳盛昌教育培训学校分别下放涪城区和经开区管理。自此，全部完成市级审批民办非学历中初教育机构下放管理工作，有利于民办非学历教育机构理顺关系、规范管理。

【学前教育专委会和中小学专委会成立】 2014年11月8日，绵阳市民办教育协会学前教育专委会和中小学专委会成立大会在绵阳外国语学校召开。学前教育专委会和中小学专委会的成立，对扩大绵阳市民办教育协会的影响和凝聚力，增强协会的服务意识，有针对性地开展教育教学活动，加强行业自律、促进绵阳市民办教育的健康持续发展都将起到积极的作用。 （杨进平）

职业教育和成人教育

【概况】 2014年，全市中职学校累计招生27800人。绵阳市中职学校获得省上拨付的以奖代补资金1767万元。支持绵阳财经学校化债资金1000万元，省市资金160万元支持四川汽车职业技术学院、四川电子机械职业技术学院、绵阳博远艺术职业学校、绵阳服装艺术职业学校、绵阳市艺术学校五所民办职业院校发展。

【职业教师培训】 2014年，全市选派3名中职校长参加专题研修，2名骨干教师出国进修，28名专业骨干教师参加国家级培训，53名文化课及专业课教师参加省级培训，16名青年教师到企业实践培训。指导江油工业学校、绵阳财经学校有序推进“国家中等职业教育改革发展示范学校建设”工作。开展全市中职学校2012级12000余名学生语文、数学和德育统一检测工作。

【职业技能大赛】 2014年5月，绵阳市举办首届中职学校教师技能大赛与第三届学生技能大赛，96名教师、281名学生参赛，其中12名教师获一等奖，24名学生获一等奖，140名学生获二、三等奖，24名教师获优秀指导教师奖。9月，组织全市91名教师、148名学生参加绵阳市首届职业技能大赛。239名师生参加决赛，接近全市各行各业参赛总人数的一半。其中70名学生、48名教师（职业培训学校）分别获得一、二、三等奖，9名教师获优秀指导教师奖。组织12名学生参加全省中职学生技能大赛6个项目的比赛，1名学生获二等奖，9名学生获三等奖。组织16篇中职教师论文参加省级优秀论文评选，2篇获一等奖，3篇获二等奖，6篇获三等奖，市教体局荣获优秀组织奖。

【“9+3”中职教育】 2014年，全市2011级321名藏区“9+3”毕业学生就业率达99.1%，连续三年超额完成省委、省政府下达95%的目标任务。全市藏区“9+3”学生应征入伍33人。完成全市263名藏区“9+3”学生藏区乡镇机关事业单位“双招”笔试考试组织工作。江油工业学校被确定为首批面向彝区招收“9+3”学生的学校。

△“9+3”：在9年义务教育的基础上，对藏区孩子提供3年的免费中职教育。

【社会技能培训】 2014年，全市加强县级职教中心建设，利用好就业、科技、农业、工会、妇联、共青团等部门的职业培训项目、政策和资金，面向农村大力实施农村劳动力转移培训、农村实用技术培训、再就业培训。2014年，绵阳市中职学校开展农村劳动力转移培训和农村实用技术培训172801人次。其中，农村劳动力转移培训112469人次，农村实用技术培训60332人次。加强绵阳社区大学建设，利用社区现有条件，实施社区居民、社区干部、专兼职教学人员培训，建立健全“人人皆学、时时能学、处处能学”的社区教育学习平台。 （杨进平）

特殊教育

【概况】 2014年，全市有特殊教育学校7所，分别为涪城区、游仙区、三台县、江油市、安县、梓潼县、盐亭县特殊教育学校，实现人口达到30万人以上的县市区建立一所特殊教育学校的目标。特校在校学生548人，比上年增加104人。教职工94人，其中专任教师90人。毕业36人，招生100人，预计毕业生86人。小学、初中阶段特殊教育随班就读在校生人数为1449人，毕业生538人，招生数215人，预计毕业生413人。绵阳市特殊教育学校主要开设盲班、聋班和智障班，充分保障残疾人公平接受教育的权益，为广大残疾少年儿童家长提供方便，解决他们的后顾之忧。各特殊教育学校结合学生实际和地方特点广泛开展泥塑、刺绣、陶艺、工艺品制作等职业能力培训，为残疾少年儿童将来进入社会打下坚实基础，获得一技之长。 （杨进平）

教育园区建设

【概况】 2014年，园区实施教育路北延段建设（长1060米，宽25米），打通二环路青义镇对外出口，有效缓解园区交通压力。实施教育中路西延段边坡治理，硬化团结水库坝顶，修建教育西路幼专段临时道路（长380米，宽13米），实现教育中路与教育西路的连接，方便幼专师生出行。修建电大至民族中学段长350米山体排洪沟。完成水电校及民族中学大门两侧绿化面积13000平方米。启动园区市政排污系统龙溪沟污水干管建设。启动商业中心及“春晖花园”项目等商住开发，商业中心项目征地面积10.6公顷，总投资60000万元；春晖花园项目占地面积3.1公顷，开发面积7.8万平方米，总投资2亿余元。

2014年，园区完成绵阳农业学校（有在校生2000人，教职工108人）、绵阳广播电视大学（有在校生1328人，教职工100人）、绵阳水利电力学校（有在校生2500人，教职工105人），绵阳民族中学（有在校生360人，教职工60人）四所学校的园区入驻工作。绵阳中学实验学校、南山中学实验学校、绵阳外国语实验学校运转有序，效益良好。3所学校有在校生约25000人，在校职工总数2236人。全年，绵阳中学实验学校、南山中学实验学校高考参考人数达9707人，其中重本硬上线3218人、本科硬上线8777人。外国语实验学校被评为绵阳市示范初中、小学。 （杨进平）

高等教育

【概况】 2014年，绵阳市内有高等院校14所。其中全日制普通教育本科院校6所：西南科技大学、绵阳师范学院、四川文化艺术学院、中国民航飞行学院绵阳分院、西南财经大学天府学院、西南科技大学城市学院；市属全日制普通教育专科院校3所：绵阳职业技术学院、四川中医药高等专科学校、四川幼儿师范高等专科学校；全日制民办高等职业技术学院2所：四川汽车职业技术学院、四川电子机械职业技术学院；成人教育本科院校1所：中国工程物理研究院职工工学院；成人教育专科院校2所：绵阳广播电视大学、涪江机器厂职工大学。全市高校校园面积达751.14公顷，校园内总建筑面积3442911平方米，学校固定资产631352.78万元。

【高校师生人数】 2014年，全市高校中普通教育和成人教育各类在校（在册）大学生总数为173033人，其中：各类全日制在校大学生115884人（其中研究生2620人），成教函授、网教（在册）大学生57149人。有教职工总数9648人，其中：教授549人，副教授1699人，讲师3406人。

【高校重点实验研究基地达21个】 2014年，全市拥有四川省博士后创新实践基地1个，省部共建国家重点实验室培育基地1个，国防重点学科实验室1个，教育部重点实验室1个，省部共建教育部重点实验室2个，教育部工程研究中心1个，共建国家工程技术中心1个，共建国家工程研究中心1个，四川省工程技术研究中心1个，国家级青少年科技创新工作室1个，四川省高等学校重点实验室10个。

【四川文化艺术学院改革】 2014年5月16日，教育部下发《关于同意四川音乐学院绵阳艺术学院转设为四川文化艺术学院的函》（教发函〔2014〕130号），同意四川音乐学院绵阳艺术学院转设为四川文化艺术学院，系独立设置的民办普通本科学校，主要培养区域经济社会发展所需要的应用型、技术技能型人才，学校全日制在校生规模8000人。（杨进平）

西南科技大学

【本科教学】 2014年，西科大构建“三位一体”的学业预警制度，建立全过程考试管理体系。强化公共基础课程建设，实施“公共基础课程提升计划”，开设基础课程提高班。继续实施“互联课堂”计划，26门课程在“网络通识课程”平台正式上线。搭建工科基础实验教学、人文素质教育实验、工程训练实验教学、化工与检测实验教学四大平台。新增1个国家级、3个省级大学生实践教育基地，1个省级实验教学示范中心，1个省级虚拟仿真实验教学中心，6门四川省精品资源共享课，11套“省级十二五规划教材”。成功申报国家级教育指导委员会项目4项，省教育厅教育教改项目26项，省高教学会项目11项。获得省级教学成果奖11项，其中一等奖2项、二等奖4项、三等奖5项。

【学科建设与研究生教育】 2014年，西科大成功申报增列金融、农业推广和汉语国际教育3个硕士专业类别学位授权点。招收博士、硕士研究生1137名。新增硕士研究生指导教师103名。验收通过研究生精品课程6门、双语课程1门、博士课程6门。研究生参加“全国研究生数学建模大赛”等各类科技竞赛获奖50余项。全年奖励研究生高水平学术论文126篇，评选优秀硕士学位论文31篇。2014届毕业研究生在校期间发表科研论文696篇，其中核心期刊论文287篇、三大检索收录178篇。

【科技产业发展】 2014年，西科大被列为四川省激励科技人员创新创业专项改革和四川省高校科研评价改革试点单位。全年学校纵横向科研课题立项702项，其中国家级科研项目80项，国家自然基金和社科基金46项。全年获得省部级以上科技成果奖16项，发表学术论文1613篇。自然科学论文三大检索收录学术论文377篇（JCR四区以上发表论文184篇，二区以上发表论文67篇，一区以上发表论文14篇；人文社科论文A&HCI以及SSCI各收录1篇）。四川省非金属复合与功能材料国家重点实验室培育基地正式独立设置运行，并顺利通过验收。核废物与环境安全协同创新中心被认定为四川省2011协同创新中心。获批教育厅科研团队2个和四川省军民两用技术转移和产业孵化中心1个。荣获四川省、绵阳市社会科学优秀成果奖24项；四川省网络文学研究发展中心被批准为省社科联重点（培育）基地，学校6个文科学院全部拥有四川省或绵阳市社会科学重点研究中心；学校社科联获得四川省先进高校社科联称号；学报（哲社版）被中国社会科学院列为核心期刊。国家大学科技园新增入孵企业28家，新增知识产权27项，接纳学校学生实习、实训2000余人次。大学科技园被认定为“国家级科技企业孵化器”和“四川省大学生创新创业示范俱乐部”。全年成功转化科技成果24项，转化的科技成果创造产值达2.5亿元。

【师资队伍建设】 2014年，西科大引进博士研究生46人，其中一年以上海外学历背景8人，柔性引进高层次特聘教授6人。成立教师发展中心，组织300余人参加各种技能培训和研修访问学习，送培38位教师攻读博士学位。新增四川省千人计划创新人才2人、四川省学术和技术带头人4人、四川省有突出贡献的优秀专家2人、四川省学术和技术带头人后备人选14人、绵阳市有突出贡献的中青年拔尖人才1人。获得出国留学回国人员择优资助项目资助3人，四川省学术和技术带头人培养资金支持计划资助3人。成功获批首个博士后流动站。

【学生教育管理】 2014年，西科大通过开展“社会主义核心价值观”主题系列教育活动，实现学生日常教育管理的内容系统化、方式课程化和管理科学化。从辅导员引进、职业发展、工作培训、科研支撑、考评晋升等方面做好辅导员队伍建设，促进辅导员队伍向职业化、专家化方向发展。深化实施“导师制”，以学生信息系统整合、学生评价体系综合改革、整肃考风、强化寝室学习文化建设等为抓手，推动以“大学工”平台为载体的学风建设促进体系完善。全年学生资助金额5940万元。

【校企共建与联合办学】 2014年，西科大开展校企合作，与中科院成都分院、中核504公司等单位签订校企合作协议55项。与董事合作单位联合成功申报科研项目68项，新聘专家30余人，新增共建共享实验室4个，联合共建研究中心6个，新增实习（实践）基地15个，建立企业奖学金4项。组织董事合作单位专场招聘会，提供就业岗位400余个，签订就业合同100余份。召开教育基金会第一届理事会。

【国际交流与合作】 2014年，西科大获得国家留学基金委项目26项，西部项目12项，四川省外专局项目2项。聘请外籍教师、国外合作专家28人，邀请38位国外（境外）专家来校讲学，接受美国、韩国、荷兰、智利等国留学生16名，先后接待来自20个国家和地区友好学校的访问交流学生130余人次。派出教师出国进修、攻读学位、参加国际学术会议等40人次，赴境外学习交换学生75人。

【继续教育开展】 2014年，西科大开办29个校外培训项目。“高等学校继续教育示范基地建设”项目顺利通过教育部验收。2门课程被评为国家级精品资源共享课。成功申报四川省人社厅“专业技术人员继续教育基地”，获评全国“十大热门现代远程教育试点高校”，荣获“四川省自学考试命题工作一等奖”，自学考试年度“目标考核一等奖”和“发展奖”。

（西科大办公室）

绵阳师范学院

【概况】 绵阳师范学院校园占地面积127.5公顷，建筑面积53万平方米；图书馆藏书148万册，建有各类电子数据库100个，拥有数字资源117.2TB；固定资产总值9.33亿元，教学科研仪器设备总值1.49亿元。

学校形成研究生教育、全日制本专科高等教育、成人本专科高等教育及留学生教育等多种类型的人才培养体系，有在校研究生、全日制本专科学生、留学生16647人。2014年，学校招收老挝留学生36人，面向全国30个省（直辖市、自治区）招收硕士研究生、全日制本、专科学生5023人。新建就业基地80个，先后举办大中型招聘会60场，专场招聘会400场，免费为5700名在校大学生进行SYB创业培训，学校毕业生年终就业率为90.12%。

学校设立18个二级学院，涉及经济学、法学、教育学、文学、历史学、理学、工学、农学、管理学、艺术学10大学科门类的94个全日制本专科专业，132个继续教育本专科专业。2014年，学校新增城乡规划、生物制药、物联网工程3个本科新专业；完成环境工程硕士点中期评估，为硕士点通过验收以及新一轮拓展奠定基础。

学校现有在职教职工1231人，其中专任教师963人；具有正、副高级职称教师413人，具有硕、博士学位教师596人；具有正高级专业技术职务评议权学科4个，具有副高级专业技术职务评议权学科9个。2014年，学校新增正高职称教师12人，副高职称教师25人；新增音乐学、化学2个学科教授评议权和物理学学科的副教授评议权。

【科研与教学】 2014年，学校拥有生态学、化学、药学、中国语言文学、心理学及应用经济学等特色学科，建有省级特色本科专业7个、省级教学团队3个、省级精品课程18门。2014年，学校“质量工程”项目建设取得预期成效，获准省级教学改革研究项目13项、省级卓越教师项目4项、省级卓越农林人才项目1项、省级卓越工程师人才项目2项，获得省级教育教学成果奖二等奖2项、省级教育教学成果奖三等奖2项。

学校现有生态安全与保护省级重点实验室、四川民间文化研究中心、李白文化研究中心、四川县域经济发展研究中心等各级各类科研机构29个。2014年，学校获得立项科研项目241项，其中国家级项目2项、省部级项目17项、市厅级项目197项、横向项目26项；发表核心期刊312篇；出版著作32部；取得专利及计算机软件登记3项；获奖70项，其中哲社奖54项，市厅级设计奖2项。

2014年，绵阳师范学院紧密围绕中国（绵阳）科技城建设，以大学科技园建设为依托，实施产学研协同创新工程。加强与绵阳科创园区合作，以项目注册公司、建立专利事务所、建立创新创业基地、相关校外科研机构入驻大学科技园开展项目孵化与咨询等；加强与中国科学院成都分院和中国工程物理研究院、利尔化工等科研机构、企业开展深层次合作，深入研究区域经济和行业发展过程中的重大理论现实问题，不断拓展科技合作新途径、新渠道，提升服务地方经济社会发展的能力。

（陈雪琴）

四川文化艺术学院

【概况】 2014年，通过转设评估，经教育部批准，四川文化艺术学院转设成功。学校贯彻落实《国家中长期教育改革和发展规划纲要（2010—

2020年)》，坚持以教学为重心，不断提升人才培训质量，加快推进学校转设成功后的各项工作，做好非物质文化遗产保护与传承工作，努力构建平安和谐校园，为社会培养应用型文化艺术人才而努力。3月28日，学校获得中共四川省委、省人民政府授予的“四川省文明单位”称号。12月4日，学校获“第四届中国诗歌节”先进集体殊荣。学院全年无一起重特大案事故发生，被评为“四川省高校保卫工作先进单位”、“绵阳市公安局高校保卫工作先进单位”。

2014年，学校发展预备党员104名，预备党员转正33名；培养积极分子130余人。验收转设后，筹建党委，得到绵阳市委批复后，从四川音乐学院党员整建制转移522名党员组织关系。

【参加第二届中国（绵阳）国际科技博览会】 10月16日，第二届中国（绵阳）国际科技博览会在绵阳会展中心开幕。四川文化艺术学院独立承展展览馆D馆近1000平方米的科技与艺术展厅，首次推出学校的6项科研教学成果，包括MIDI乐队现场展演、数字媒体舞蹈、3D音响播放系统、交互式游戏体验项目等。中央电视台、四川电视台、绵阳电视台、《四川日报》《华西都市报》《绵阳日报》《绵阳晚报》等50余家媒体进行报道。学校展厅接待观众20余万人次。

【教学工作开展】 2014年，学校按照《关于在新建本科院校进行教学基本状态数据采集工作的通知》要求，根据2014年教学基本状态数据采集工作的安排，认真组织落实状态数据采集工作。召开学科专业建设与规划的研讨会，初步确立专业设置的方向；完成《2014级人才培养方案》的第二次修订工作，确定最终修订方案；着手公共课改革工作，并成立公共课改革领导小组，大学英语、大学体育、“思政两课”都被列入改革范围，方案初步拟定；核实各二级学院建立的实践教学基地数量及地址，加强与实践基地的联系；走访联系校外实训基地，先后走访安县广播电视台、北川中学、三台芦溪中学、绵阳石马小学、绵阳灵创科技园等；与浙江印象普陀旅游文化发展公司洽谈学生实习进剧组的事宜。

【科研项目申报】 2014年，学校成功申报国家社会科学基金项目1项，四川省教育厅2014年度科研项目15项，绵阳市2014年度哲学社会科学研究规划项目2项，四川省哲学社会科学重点研究基地项目9项，绵阳市哲学社会科学重点研究基地“四川青少年思想道德建设研究中心”项目2项，院级科研项目23项。在科研项目立项的数量和质量上都取得重大突破。5个教研项目获四川省2013-2016年高等教育人才培养质量和教学改革项目立项，17项院级教研项目获准立项。全年学校在全国报刊（期刊）上发表学术论文9篇，在省级报刊（期刊）上发表论文281篇，市级报刊发表论文5篇，公开出版教材1部。

【文化产业园区建设】 2014年9月，学校在文化科技产业园建设相关工作上与经济开发区科技局协商，确立文化科技产业园建设方案。10月底文化科技产业园成立，由A栋教学楼三四楼改建而成，面积5000多平方米。有27户企业入驻。

【四川省乡村学校少年宫辅导员实训基地建设】 10月20日，四川省精神文明办关于在四川文化艺术学院建立“四川省乡村学校少年宫辅导员实训基地”的批文下达绵阳市文明办及四川文化艺术学院，“四川省乡村学校少年宫辅导员实训基地”正式落户四川文化艺术学院。2014年，举办四川省乡村学校少年宫辅导员第一、二期骨干培训。

【招生与就业服务】 2014年，完成教育厅下达的2630个招生计划，另向省教厅申请264个招生计划，实际录取考生2894人，较去年增加182名，计划完成率为110.04%，超额完成2014年招生任务。通过网络、报纸杂志、各行业协会等渠道，收集与学校专业相关的企事业单位信息，拓展就业市场，加强就业服务，组织形式多样的就业双选活动，300余家用人单位先后来我校招聘并发布需求信息，组织专场招聘会200余场，大型招聘会2场，提供就业岗位6000余个。截至12月30日，2014届2186名毕业生就业2085人，就业率达95.38%。

【学生社团建设】 2014年，学院修改《四川音乐学院绵阳艺术学院学生社团管理办法》，规范管理学校各级各类社团活动，推进社团建团的试点，学校注册社团34个，社团类别包括文化类、艺术类、体育类、科技类、生活服务类等多个类别。参与总人数达到3000多人，学校大力支持组织社团文化节、社团巡礼活动，如社团展示风采会、书法协会展览、藏羌晚会等，学校羌族文化传承保护协会获得国家十佳优秀社团称号、青年志愿者协会获得“四川省优秀志愿者服务团队”称号。全年举办一系列重大活动：VID街舞舞蹈专场晚会、赴中国工程物理研究院开展志愿者活动、参与“科创杯”中国科技城创新创业大赛成果展示暨颁奖仪式、学生会成员代表参加绵阳高校传媒工作交流会等。

【学生资助】 2014年，新学期开学时设立绿色通道，为贫困学生办理生源地助学贷款，共计为738名同学办理生源地助学贷款，金额达488.6万元；办理入学地（农行）助学贷款33人，金额达19.55万元。在开展学校国家奖助学金的评审工作中，11名同学获得国家奖学金，261名同学获得国家励志奖学金，2121名同学获得国家助学金，资助金额775.6万元，本学期发放387.8万元。在学校2015届省级、校级优秀毕业生的评选工作中，28名同学获得“四川省优秀大学毕业生”荣誉称号，223名同学荣获院级优秀大学毕业生荣誉称号。根据《关于做好2014年应征入伍服义务兵役国家资助和退役士兵学费资助的通知》（川助函〔2014〕46号）要求，开展学校入伍服兵役学生和退役士兵资助工作，应征入伍服义务兵役资助和退役士兵学费资助学生共计32名，资助学费63.6万元。开展基层就业学生学费奖补工作，学校7名同学符合条件，奖补金额16.2万元。

【王蒙文学艺术馆开馆】 2014年5月1日，学校举行王蒙文学艺术馆开馆仪式。这是王蒙文学艺术馆开馆系列活动中的一项内容，还进行王蒙文艺思想学术研讨会、《青山未老——王蒙的文学与人生》陈列、《青春万岁——中国美术馆藏品展》和《“青春万岁”文艺晚会》。

【非物质文化遗产研究】 2014年，中国非物质文化遗产研究院承办两场全国性大型培训活动。6月21日，承办的《2014年绵阳·欧阳修国际学术研讨会》；9月21日至9月28日，承办的公益性培训项目“全国民间文学、传统音乐、传统舞蹈、传统戏剧、曲艺类非物质文化遗产灾害（难）预防与风险管理培训班”。

2014年，在“非遗”基地的建立与巩固方面，通过对内外的沟通联系，实地考察，加强“非遗”基地建设。在原有基地的基础上增加“云云羌”教育传承基地和“文昌祖庭年画”教育传承基地。非遗院签署8份校企合作协议，开展5次田野调查。

2014年，非遗院重视学术科研成果。成功申报一项国家社科基金课题《羌族美学研究》；参与国家社科基金重大委托项目中国节日志（中国节日影像志）的子课题《尔苏藏族还山鸡节》研究；三项省级课题《羌族文学的汉化意识与本族意识之比较》和省哲学社会科学重点研究基地“民间文化研究中心项目”：《文化产业专业教育融入绵阳文化产业发展研究》、《羌族生态保护实验区文化产业发展研究——以北川后灾害时期特色文化创意设计为例》。

2014年5月1~3日，协助王蒙文学艺术馆成功举办“王蒙文学艺术馆开馆暨‘青春万岁——中国美术馆馆藏精品展’”；5月13日由四川省阿坝藏族羌族自治州茂县雅都乡党委、政府、茂县尔玛协会联合主办，中国非物质文化遗产研究院协办的羌族“水神节”；12月12日，为发扬羌族、藏族特色，展现民族魅力由非遗院主办的“激情锅庄，情满校园”羌藏篝火晚会等相关活动。全年举办7次“非遗”大讲堂活动，派“非遗”工作的相关人员先后参加8次研讨会。

（薛海燕）

绵阳职业技术学院

【概况】 绵阳职业技术学院成立2001年，是经四川省人民政府批准、教育部核准备案的全日制普通高等学校，隶属绵阳市人民政府，省市共管。学校源于30年代创办的江苏省立宿迁玻璃科职业学校，为我国最早建立的玻璃类职业学校。2014年，学校围绕高等教育质量工程，走内涵发展和特色发展之路，创新校企合作体制机制和内部管理运行机制，全面推进教学科研等各项事业，被四川省委、省政府授予“四川省最佳文明单位”。

学校建立专业动态调整机制，新增发电厂及电力系统、水利工程施工技术等2个专业，从2015起停招旅游英语、微电子技术、景区开发与管理、导游等4各专业。会计与统计核算、工程造价、数控技术专业被省教育厅列入2015年专科一批招生目录。完成14个专业人才培养方案的修订，出版各类教材15种。推进物流专业央财支持项目建设和2个专业项目国家“提升专业服务产业发展能力”后续建设。

全年招收各类新生5171人，其中普通专科4086人、应用技术本科93人，高职在校学生总数11275人。2014届毕业生初次就业率达到98.07%，2015届毕业生提前签约57.6%。新建职业规划与就业教育教研室，成立“大学生创新创业导师服务团”，辅导创业学生3000余人，孵化创新创业团队21个，申报国家级大学生创新创业训练计划项目30项，推选创业项目9个，44名应届毕业生实现自主创业。

先后承办市教体局主办的“绵阳市2014年中等职业学校师生技能大赛”、省教育厅主办的“四川省高职院校中餐主题宴会设计大赛”和全国建材职业教育教学指导委员会主办的“峨胜杯全国职业院校建材类专业技能大赛”。组织选拔参加全国和省市专业技能大赛128项，202人次获奖，其中国家级一等奖7项、二等奖21项、三等奖26项。

【教学与科研】 2014年，学校中高职协调发展工作实现与33所中等学校的素质教育基地共建、与4所中职学校的五年制合作办学。高端技术技能型本科教育试点工作完成2个试点本科的专业课程体系构建，完成对合作本科院校的学生交接和课程衔接。高职拔尖创新人才培养试点工作制定完成“拔尖创新人才认定办法”和“培养教学管理办法”，完成三个重点专业方向创新人才培养班的选拔组建，并建立导师制教学模式。集团化办学工作完成建筑类专业建设指导委员会的组建，与绵阳致公党合作召开“职教·园区校地合作论坛”，建立与绵阳国家高新区、游仙经济开发区的战略合作关系。推进高等教育质量工程建设，先后完成3个省级重点专业、4门省级精品资源共享课、8个省级人才培养质量和教学改革研究项目以及院级8个特色专业、16门精品资源共享课、7个开放性实训基地建设项目的立项工作，完成20门精品资源共享课程、4门精品视频公开课程建设，遴选院级优秀教学团队培育单位6个。

全年获得省部和市厅级科研立项58项，获得绵阳职业教育研究中心课题立项10项；院级教研教改课题立项45项，配套支持科研经费90万元，结题33项。获得省级奖励教改课题1项、市级奖励4项、国家实用新型专利2项。主持绵阳市专利实施资助项目横向课题1项，与重点高校和企业开展横向技术合作5项，签订技术服务合同1项，为本地4户科技型中小企业实施技术帮扶。拓展对外培训市场，获得国家培训项目立项1项，承担绵阳市政府培训项目3项，申报省级培训项目4个，完成一批社会培训和技能鉴定项目。

2014年，学校与加拿大、澳大利亚、英国、泰国、马来西亚等国家和中国台湾地区同类院校开展合作交流，签署合作办学协议书1份、友好合作备忘录和交流合作协议5份。派出管理人员及教师赴国（境）外培训交流36人，接待国（境）外高校师生来访交流10批。13名学生赴台湾大仁科技大学研修，16名学生参加“四川大学生香港行”，11名学生赴韩国东国大学留学“专升本”。与加拿大北大西洋学院合作办学项目取得省教育厅批复。取得四川省外专局颁发的聘请外国专家单位资格认可证书，获绵阳市涉外单位信誉等级B级单位。

【师职人才队伍建设】 2014年，学校确立“师德师风建设年”，开展新教师岗前培训、新老教师入职离职仪式以及各种专题教育活动。制定《高层次人才引进培养管理办法》，引进硕、博士研究生23人，选送国（境）内外培训200余人次。新增高级职称9人、中级职称15人，聘请客座教授2人、企业兼职教授3人、兼职副教授6人，评选院级教学名师7人、教坛新秀5人。教师中获得各级各类奖励50余人次，其中荣获第四届“黄炎培职业教育杰出教师奖”1人、“国家技能人才培育突出贡献奖”1人、“全国社科工作先进个人”和“绵阳市第九批中青年拔尖人才”1人。2名专业带头人被推举为中国建筑材料联合会第三届科教委委员。

（唐应平）

四川幼儿教育高等专科学校

【概况】 2014年，学校以“保稳定、促发展”的工作思路，按照“规范、质量、节约”的工作要求，围绕“迎评促建”中心工作，深化内部综合改革，优化外部办学环境，提升人才培养质量。学校成立迎评办公室，调整和完善学校迎评工作领导小组、系（部）迎评工作组；制定《评估指标体系分解任务书》《评估材料归档细则》等工作制度；召开人才培养工作动员会，举办评估知识学习讲座，充实迎评促建专题网站内容，组织教师赴四川城市职业学院、四川中医药高等专科学校等校学习迎评经验，完成专业剖析和说课训练。

完成《学校章程》制定，并上报省教育厅核准；建立信息公开网站，重点公开经费使用、培养目标与课程设置、教育教学质量、招生就业、收费等社会关注的信息；修订完善党建、教学、人事、财务、资产、学生、后勤、安全、对外合作等方面的管理制度，建立健全各种办事程序、内部机构组织规则、议事规则等；加强制度的执行和监督检查，对执行制度不力的坚决追究责任。

全年引进15名新教师，其中硕士及以上学历10人。完成拟晋升职务人员的申报工作，评审通过正高1名，副高职称人员10名，讲师14名。

2014年，新生实际报到人数3367人，2011级五年制转录394人，高中起点专科招生计划2000人，录取2696人，实际报到人数2243人，报到率83.2%，初中三年制、五年制报到1124人。2014届毕业生2450人，其中专科毕业生1724人，就业1608人，初次就业率93.27%；中专毕业生726人，就业690人，初次就业率95.04%，完成上级下达学校的大学生入伍预征计划。

【校园文化建设】 2014年，学校致力打造“两代师表”校园文化品牌，推进师德师风建设。全年开展各类校园文化活动12场，先后举办“校园读书月”活动；第二届魅力教师评选活动；以感恩教育为主题，开展征文比赛、演讲比赛、党员志愿服务活动、师生帮扶爱心传递活动；青年志愿者服务等活动；开展中华经典诵读校园赛诗会；开展师德师风宣传教育月系列活动；开展廉政文化宣传教育月活动；开展法治教育宣传活动；举行元旦游园庆祝活动，通过微博投票评选出“感动幼专2014年度人物”教师和学生各3名。

【教学与科研】 2014年，学校加强精品专业、精品课程、教学团队建设，学前教育专业成功申报为四川省级重点建设专业，国家级精品资源共享课程建设项目《幼儿艺术教育与活动指导》接受教育部中期验收审核；修订各专业人才培养方案和大专各专业课程教学大纲，推进学分制改革，建设紧密型的实践教学基地；全年新建实践教学基地26个，开展各类园校合作、校校合作及校企合作30余项次。

全年，学校发布省教育厅、省社科联、市社科联及省市级研究基地科研项目申报通知和成果奖申报通知36个，获得立项34项；确立4项校级重点教改项目、7项一般项目、9项青年项目；有11项省、市级课题结题，8项校级课题结题，公开发表论文164篇，著作6部；编辑出版学报4期。

【大学生创新创业与职后教育】 2014年9月，学校成立四川幼儿师范高等专科学校大学生创新创业工作领导小组，成立学生创新创业俱乐部等学生社团；组织学生参加2014“科创杯”

中国科技城创业大赛获得分赛三等奖；组织学生参加“挑战杯——彩虹人生”全国职业学校创新创效创业大赛获得三等奖；组织学生成功申报立项9项省级创新创业训练项目。

全年，学校本科应用型自考工作招收4个专业新生467名，在校自考本科生人数2040人；成人大专6个专业招收新生352人，在校成人大专生达1822人。完成2014年国培骨干教师培训，培训转岗教师三类340人。

四川汽车职业技术学院

【概况】 2014年，学院按照全省职业教育工作会议部署，加快构建学院现代职业教育体系建设，实施理实一体化教学模式，加大教学改革步伐，突出实训环节，强化技能培养，全面提升技术技能人才培养质量。截至年底，学院固定资产总值23841万元，专科专业设置16个；学生总数3075人，招收普通专科学生1521人；教职员工296人，其中专任教师数210人，正高级职称5人，副高级职称43人。全年，学院发展学生预备党员18人，预备党员转正10人。

2014年，学院水电系统进行改造，投入700余万元新建电子阅览室、多媒体教室、汽车营销模拟4S店、会计电算化实训室和礼仪形体实训室，并改造第三驾驶实习训练场，新增实习用车12辆。

全年引进具有硕士、学士学位专业课教师21人，组织12名进行青年教师职业技能岗前培训以及为期一周的校内新教师岗前培训。选送12名教师进企业实践。组织取得高校教师职业技能岗前培训合格证的教师参加教育厅组织的高校教师资格能力测试，15名教师取得高校教师资格证。

【教学与科研】 2014年，学院进一步完善人才培养方案，优化课程体系和课程内容，修订完善理论课程、实训教学大纲，改进考试模式（考试增加实训内容），推进实践教学内容、方法、模式的改革与创新，探索能够有效激发学生创新意识和培养学生创新能力的实训教学方法。选定汽车检测与维修和汽车技术服务与营销两个专业作为试点专业，率先推进教学模式改革。编写汽车构造、汽车整车拆装、单片机原理与使用三门课程的实训指导书，拟定汽车检测与维修、汽车制造与维修、机械制造及自动化和应用电子技术四个专业的学生毕业论文题目库，建立4个学生毕业论文指导考核小组。

学院完成“全国大学生英语等级考试”报名考试，参考人数达到1332人。汽车技术服务与营销专业153名学生参加普通话等级考试。完成自考本科216人次，电子科技大学成人大专考试24人次。全年完成汽车制造与装配、汽车检测与维修、机械制造及自动化等专业近2000名学生的校内外教学实习。

学院鼓励教职工大力推进科研工作，完成学院第一个科研课题——中国交通教育研究会技工教育分会的结题工作。拟制49个学院申报科研课题题目。完成中国交通教育研究会教育科学研究课题“交通类院校一体化教师培养模式研究”。全年发表论文10篇，其中核心期刊1篇，国家级2篇。

【学生工作】 2014年，学院推进养成教育，注重职业道德与技能训练培养相结合，建立以培养学生德育优先，职业技能、创业能力为核心竞争力的素质教育体系。学期初吸纳新生成立“绵阳市献血志愿者服务大队四川汽车职业技术学院分队”，参加无偿献血服务宣传活动8次，开展绵阳市交通文明劝导志愿者服务、参加团市委维护清理涪江河道志愿活动、组织为11岁女孩刘小凤爱心捐赠等公益活动。

学院加大对学生的奖励资助力度，落实国家助学金发放政策。有1名学生获得国家奖学金，41名学生获得国家励志奖学金，415名大学生获得国家助学金，共计124.5万元。按照省教育厅的要求，专项提取3.11万元，用于资助在校学生，其中获得入学奖学金学生19名，学院奖学金学生87名。

【职业技能培训】 2014年，学院以国家级实训基地为依托，开展各类短期培训，全年培训4631人，其中：经营性维修行业资格培训565人，人社局培训考核机关事业单位工人晋级297人，技能鉴定中高39人，客运站安全例检员培训75人，中物院培训18人，全市道路运输驾驶员、押运员继续教育培训2588人，经营性道路运输资格证培训1049人，安全生产标准化达标考评危货企业13户。

【招生就业】 2014年，学院探索多种招生途径，加大中职学生的选拔录取。组建两个招生组，深入全省21个地市州通过腾讯营销QQ、电话跟踪宣传等方式进行宣传，取得较好的成绩；首次在青海、甘肃、贵州、云南、陕西、宁夏、新疆7个省和自治区投放志愿并完成原始计划的录取。继续开展在普通高中、中职学校中建立“优秀生源基地”工作，创新思路，扩大影响，吸引优秀生源。

学院与绵阳市就业局联合举办“四川汽车职业技术学院2014年毕业生双选会”，本次“双选会”有上海大众、沃尔沃、比亚迪等140余户企业参加，提供岗位5000余个，需求专业包括汽车制造、汽车维修、汽车营销、机械制造、保险实务、管理、文秘等。学院组织师生1053人次赴长虹空调、美菱冰箱等校内外十多个实训基地进行实习。学院与绵阳市通孚祥沃尔沃汽车销售服务有限公司建立战略合作伙伴关系，学院有校外实训基地25个。

四川中医高等专科学校

【概况】 2014年1月，四川省教育评估专家组对学校人才培养工作整改情况进行回访，考察学校2013年的评估整改工作开展情况。11月，四川省教育厅下发《关于公布四川文化产业职业学院等3所高职院校人才培养工作评估结论的通知》，学校人才培养工作通过评估。

10月，市政府对绵阳水利电力学校与学校进行资源优化组合，水利电力学校的校产资源和部分人力资源合并到学校，实施方案经市政府常务会议通过，报市委审定。

2014年，学校设立教师发展中心，通过公开招聘新进13名本科生，调入6名教师，教职工攻读硕士、博士学位6人，进修5人，短期培训70人/次（其中国家级培训7人，省级培训7人）教职工学历、结构层次更加合理；加强教学团队建设，6个教学团队通过验收。

2014年，学校有教职员工472人，其中专任教师351人，副高以上职称128人。2014年学校大专毕业生1602人，招生2175人，比2013年增加182人，有全日制大专在校生8526人。

2014年，学校教师参加全国赛事5人次获奖，参加省级赛事5人次获奖（其中1人获一等奖）；学生1人获国家级竞赛一等奖，4人获二等奖，7人获三等奖；省级竞赛中获一等奖、二等奖的学生各1人。学校分别获国家级、省级技能大赛三等奖。

【教学与科研】 2014年，学校继续试行学分制学籍管理，构建高校教学管理模式。建立多方教学质量评价体系，坚持内外兼顾、师生参与、第三方评价的原则，实施人才培养质量的客观评价；实行“量化考核”质量评价方法，设立“教学质量奖”；护理专业、针灸推拿专业成功申报为省级重点专业，完成药学专业的申报工作。优化实习基地工作，淘汰一些较差的实习基地，巩固资质高、带教条件好的实习基地。优化后的实习单位达129家，其中医院103家、企业26户。同时，学校投入资金近600万元用于改善校内实训条件。

2014年，学校执行《横向科研项目管理办法》，加大资助力度，提高结题要求。全年省级科研立项6项，获四川省2013~2016年高等教育人才培养质量和教学改革项目3项，获绵阳市第十四次社会科学优秀成果优秀奖3项，校级科研项目结题验收12项。教职工发表论文138篇（其中SCI1篇，中文核心15篇），主编教材7部，参编教材42部（参与80人次，其中主编7人次，副主编22人次）。全年开展校级学术讲座15场，比上年增长5场；系、部范围开展学术讲座为29场。

【附属医院建设】 2014年，市政府确定绵阳市中医医院为学校附属医院，学校与医院对接，商洽院系合一方案及相关工作。医院编制床位700张，开设临床医技科室31个及专病专科45个，门诊量56万人次，出院病人1.8万人次，全年收入2.8亿元。同时，医院加大基础设施建设力度，门急诊综合楼二期工程和住院大楼装修及ICU、手术室改造工程12月开工建设，与成都华川集团达成开发建设绵阳中医健康城的共识，11月28日同华川集团签订合作框架协议。

【新校区建设】 2014年，学校新校区教学楼1~4号、实验楼2-3-4号主体全部完工，室内室外装修全部完成；学生宿舍A、B、C三个联合体六栋主楼主体全部封顶，外墙及室内装修年前即可完工；一食堂和礼堂主体施工全部完成，屋顶钢结构施工和砌体施工等工作进行中。

【交流合作与社会服务】 2014年，学校与台湾大仁科技大学签署友好合作备忘录，确定首批11名大专学生及2名专任教师赴台参加该校2015年春季短期研修班学习；护理系与绵阳市中心医院开展订单式培养，探索人才培养新模式。与绵阳市卫生局合作，组建第一支绵阳市健康服务宣讲团，进行8场电视专题讲座，进入军营、学校、社区、企业开展6场现场中医健康讲座。与中小学合作开展学术讲座，进行心理咨询与指导，到社区开展医学科普知识宣传、健康咨询和健康体检等。

（张振华）

绵阳广播电视大学

【概况】 绵阳广播电视大学（简称绵阳电大）创建于1979年。学校以培养社会经济发展急需的应用型、技能型专门人才为办学宗旨，致力于构建全民终身学习平台，建设绵阳终身教育体系，为各类求学者提供继续学习和终身学习的机会。开办有大学本科、专科、中专层次的学历教育，涉及30多个专业；与省内外知名普通高校联办硕士研究生班；开展社区教育、岗位培训、教师继续教育等各种非学历教育。挂牌成立绵阳市中小学教师培训中心、绵阳社区大学、国家奥鹏远程教育绵阳学习中心、国家教育部教师继续教育网绵阳资源中心、绵阳市普通话培训与测试中心等教育基地。新校区一期工程投入使用，占地约5.6公顷，建筑面积33685平方米。

2014年，学校招收各类学历教育学生5212人。全校在籍学历教育学生达12637人，其中中职学生2027人，成人专本科学生10572人，在职研究生38人。完成成人专科、中职毕业生342人就业，就业率达100%。学校获绵阳市事业单位绩效考评委员会“绩效考核A级单位”、市教体局“党建工作先进集体”。

【教学科研】 2014年，学校完成中央电大的直播课堂1891讲、教学辅导27433讲、IP课件5307讲；四川电大的直播课堂587讲、教学辅导43455讲、IP课件3755讲.共计3837门课次。学校在国家级一级核心期刊发表论文1篇，全国中文核心期刊发表论文1篇；省级期刊论文4篇，省级课题结题1项，全国成人教育优秀科研论文三等奖1项，市级期刊论文3篇，中国教育报编辑部“美丽中国”文学美术作品征集评选（美术类）三等奖1项，入选四川省美术作品展览作品1项。

全年培训教师和管理干部8155人次，达到11000多人次，完成7000余人的普通话培训测试工作。建立保险代理人常年考试考点、计算机等级考试、剑桥英语考点等项目，为社会提供非学历培训和服务达5000多人次。

【社区教育】 2014年，学校组织社区教育科研和资源开发，先后投入30万元建立涪城区铁牛街社区、御营新村二社区和北川安昌镇金霞社区等三个社区教育学习中心，开展培训活动，受益群众达5000多人。组织和参与全国二届和谐社区书法篆刻作品展等活动，获全国三等奖一名、入选入展奖4名并获团体优秀组织奖。举办的绵阳城市社区运动会、社区体育二级辅导员培训、社区教育干部培训和社区教育志愿者培训深受社区居民喜欢。

2014 姚基金希望小学季——篮球集训及联赛在北川中学开幕

体　育

【概况】 2014年，绵阳市承办国家级和省级赛事6项（其中国家级1项、省级5项），成功组织市级赛事11项。发展一级运动员77人、二级运动员212人。推动以足球为首的校园“三大球”活动。全市有9所学校被省教育厅命名为第二批“四川省阳光体育示范学校”。

【学校体育】 2014年，绵阳市承办全国中学生网球锦标赛、四川省第十二届运动会足球比赛、四川省中学生足球联赛、四川省中学生五人制足球锦标赛、四川省中学生网球冠军赛、四川省青少年足球锦标赛等大型赛事活动；成功组织全市青少年“三大球”和田径、游泳、武术、乒乓球、羽毛球、跳绳、健美操、棋类等11项比赛以及四川省全民健身篮球公开赛绵阳赛区预赛。开展阳光体育运动，绵中英才学校、南山中学实验学校、东辰国际学校、三台一中、芦溪中学、花园实小、绵阳外国语学校、富乐实验中学、绵阳二中等9所学校被省教育厅命名为第二批“四川省阳光体育示范学校”。富乐实验中学代表四川省赴黑龙江参加2014年全国青少年体育冬令营活动，获团队荣誉奖。

【群众体育】 2014年，全市新建168个农民体育健身工程，新建23条全民健身路径，全市体育场馆对外开放吸引123.2万人次前来锻炼，全市培训800名二级、三级社会体育指导员。承办2014年全国国民体质监测、四川省首届社会体育指导员技能展示大赛、“羽林争霸”2014红牛城市羽毛球赛，举办元旦、春节期间系列群体活动、元旦绵阳市“科伦杯”大众绿道健身跑、8月8日“全民健身日”暨全民健身月活动、城市社区运动会等比赛。组织运动员参加四川省第八届残疾人运动会暨第三届特殊奥林匹克运动会，获得金牌40枚，银牌21枚，铜牌24枚。组织运动员参加四川省第十四届少数民族传统体育运动会，荣获6个二等奖、12个三等奖，表演项目荣获1个一等奖、1个二等奖。

【竞技体育】 2014年，绵阳市体育健儿朱雨玲获得第52届世乒赛女团冠军，成为中国乒乓球队新的世界冠军，在仁川亚运会上实现女双三连冠，并获得女单决赛亚军。胡雨卉（艺术体操）、康琦（艺术体操）、赵棚川（田径）、田培志（田径）、任培培（橄榄球）、晏晓萍（橄榄球）等6人正式进入省专业队。北川羌族自治县尔玛青少年体育俱乐部被命名为国家级青少年体育俱乐部。在全省第十二届运动会上获得金牌25枚、奖牌93枚、团体总分2908分的好成绩，荣获“团体总分奖”“重点项目金牌奖”“重点项目总分奖”“优秀运动员输送奖”等四大奖项，南河体育中心游泳代表队和江油一中女足代表队被市政府荣记二等功。市体校被命名为“四川省高水平体育后备人才基地”“全国乒乓球后备人才基地”，江油市和三台县同时被命名为“四川省县级业余训练重点单位”，富乐实验中学被命名为四川省第十五批“体育传统项目示范学校”，绵阳市机关幼儿园被命名为“四川省幼儿体育基地”，绵阳花园实验幼儿园等11所幼儿园被认定为“四川省体操特色幼儿园”。

【体育产业】 2014年，九洲体育馆

免费开放100余天，接待20万人次；承办各种大型晚会及各类大型赛事活动10余次，参加人数40余万人。南河体育中心充分发挥场馆社会功能，全力提升场馆综合利用率。运动场上午所有运动项目一律免费对外常年开放，全年接待体育爱好者80余万人次，承办各种大型活动8次，参加人数达100余万人次。体彩销售额1.89亿元，比2013年增长16.7%。连续六年被省体育局表彰为“优秀体管站”。（杨建平）

绵阳市体育场馆一览

表 46

编号	场馆名称	占地面积（平方米）
1	绵阳市九洲体育馆	111322
2	绵阳市南河体育中心	99990
3	涪城区体育中心	24000
4	游仙区全民健身活动中心	1333
5	江油市体育中心	59096
6	三台县体育馆	13327
7	三台县全民健身中心	34500
8	三台县体育场	41958
9	安县体育馆	4000
10	盐亭县体育场	46667
11	盐亭县体育健身馆	2100
12	平武县文化体育中心	14300
13	北川羌族自治县体育中心	56000
14	科学城九龙运动休闲中心综合运动馆	45000

文　同

文同（1017–1079年，字与可，自号“丹渊客”，人称“石室先生”，梓州永泰县（今四川省盐亭县永泰乡文同村）人，北宋时期的著名诗人兼画家。北宋皇祐元年（1049），文同中进士，开始步入仕途。先后担任军事判官、县令、节度判官、知州、知府、判登闻鼓院事等职。元丰二年（1079）在离京去湖州赴任途中病故。文同是著名的画家、诗人、书法家。苏轼评价其有“四绝”（诗一、楚辞二、草书三、画四）。他从小擅画，尤擅画竹，他爱竹成癖，“宁可食无肉，不可居无竹”。“画竹必先得成竹于胸中”就是他的画竹理论，据此后世便有“胸有成竹”之语。并形成“湖州竹派”，这一画派影响至今。他在我国文学史上也占有很重要的地位，他的880首诗、190余篇散文收集在《丹渊集》中。

（摘自《绵阳市志》）

卫　生

HEALTH

首届中医药知识竞赛决赛

概　述

【概况】　2014年，绵阳市有各级各类医疗卫生机构4494所，其中医院81个（三级医院14所，二级医院42所）、疾病预防控制中心12所、卫生监督机构11所、妇幼保健机构10所、社区卫生服务机构57所（服务中心23所、服务站34所）、卫生院276所（中心卫生院70所），民营医疗机构2408所；卫生机构实际开放床位30756张（公立卫生机构28383张，民营2373张）。年末从业人员37303人，卫生技术人员27620人，执业（助理）医师11055人（其中执业医师8609人，执业助理医师2446人），注册护士10460人，平均每千人拥有卫生技术人员5.06人，平均每千人拥有执业（助理）医师2.01人，平均每千人拥有注册护士1.91人。年末固定资金总值60亿元。

【"中国育龄妇女MRI基因突变携带频率研究"落户绵阳】　2014年12月27日，国家重大科研项目"中国育龄妇女MRI基因突变携带频率研究"科研合作项目在市中心医院举行授牌仪式，在绵阳建立中国人群脆性X综合征基因数据库，作为授牌合作单位，市中心医院将在未来3年内完成50万例筛查及基本数据分析。科技部中国人类遗传资源中心专家组成员戚豫教授表示，国家对基因研究非常重视，脆性X综合征是最常见的遗传性智力低下疾病，患有该疾病的宝宝表现为重度智力低下、发育迟缓、生活无法自理等。绵阳市中心医院是川西北区域医疗中心，服务覆盖人口上千万，具备承担重大科研项目的能力，该项目在绵阳落地对提高当地人口质量有重大意义，同时建立好脆性X综合征数据库也将为国家实施优生优育提供重要依据。

【四川省居民健康卡工作推进现场会】　2014年12月26日，四川省居民健康卡工作推进现场会在绵阳市举行。全省21个市州的主要领导或分管领导及卫生信息中心主任、试点7个市州62个县市区卫生局局长参加。与会人员分两组分别前往市中心医院、市三医院、游仙区人民医院、游仙区中医院、游仙区新桥镇卫生院、游仙区小枧镇卫生院等地，参观了解绵阳市卫生信息化建设情况以及绵州通居民健康卡在各级医疗机构中的运用情况。会上，绵阳市卫生局、绵阳市游仙区、雅安市卫计委作经验交流发言。绵阳市城乡群众的基础信息数据集成完毕，发卡50万张，建成市级区域卫生信息平台；居民健康卡全覆盖，有效转变医疗卫生服务模式，实现预约挂号、诊断治疗、费用结算全程"大提速"，切实解决群众"看病难"问题。

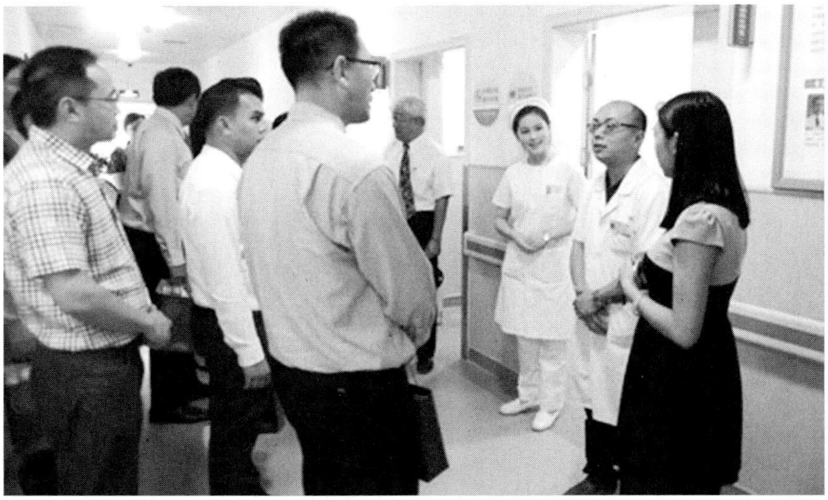

泰国卫生部代表团在市三医院参观考察

【第十一届中国中医药（民族药）博览会】　2014年8月22日，由中国中药学会、中国民族医药学会、绵阳市政府共同主办的第十一届中国中医药（民族药）博览会在绵阳开幕。为期3天的第十一届中国中医药（民族药）博览会以"交流、合作、发展、共赢"为主题，邀请到中药材种植加工企业、医药商业企业、中医诊疗设备研发生产企业等408户企业参展。展会设置展位612个，展出面积12000平方米，参展企业包括哈药集团、迈瑞公司及德国西门子集团、美国GE集团等国内外知名企业；展品涵盖中成药、民族药、中药饮片、中药材、保健品、中医诊疗设备、医疗器械等。众展商纷纷携带自家公司最高端、最新技术的产品亮相。绵阳馆占地90平方米，包括绵阳太极制药、绵阳一康制药等7家绵阳本地中医药企业参展。

【泰国卫生部代表团到绵阳参观考察】　2014年7月24日，泰国卫生部精神卫生司代表团一行10人到绵阳市第三人民医院参观考察。代表团由泰国卫生部精神卫生司司长杰德萨达·齐欧科达姆容苏科带队，实地参观市三医院重症精神科、心身疾病一科。座谈会上，市三医院负责人向代表团介绍该院的基本情况及精神卫生防治工作情况。代表团认为，绵阳市第三人民医院在精神卫生尤其是灾后心理危机干预方面经验丰富、技术实力雄厚，希望加强沟通交流，共同促进双方精神卫生事业发展。

（张米迪　张永兴）

医疗技术

【概况】　2014年，市卫生局与市委宣传部、市发改委等6个部门联合出台《关于建立完善分级诊疗制度的意见》，引导双向转诊。全市275个乡镇卫生院、社区卫生服务中心与二级医院签约率100%，全市38个县级医疗机构（包括妇幼保健院）与上级医疗机构签约率100%。推进医师多点执业工作，制订印发《绵阳市医师多点执业实施方案（试行）》，促进优质医疗资源有序流动，提升基层医疗机构医疗服务能力。印发《有序放开个体诊所实施意见》，加快发展社会力量办医。

【医疗质量监管】 2014年，全市依托各专业质控分中心，通过举办培训班、深入基层巡回演讲及组织检查等多种方式，加强对基层医疗机构的培训和指导；开展全市病理科联合质量控制检查、临床检验质量控制检查及全市护理新标准巡讲等各专业的质量控制检查。制定《绵阳市健康体检机构设置评审办法（试行）》，组织开展绵阳市健康体检机构的设置评审工作。医疗保健机构量化分级实行动态管理，分批次对全市二级以上医疗机构及局注册非公有制医疗机构进行考核，对13家医疗机构进行卫生监督量化分级管理监督检查；全市二级以上医疗保健机构中实施卫生监督协管员制度。截至年底，有45所医疗机构聘请78名卫生监督协管员。

【医疗安全管理】 2014年，市卫生局与市综治办、市委宣传部等9个部门联合印发《绵阳市2014年净化医院环境“整治行动”实施方案》，联合公安部门对全市二级以上医疗机构安保管理工作的开展督查，召开全市医疗质量与治安保卫安全管理工作会议。推进建立二级以上医疗机构聘用法律顾问制度，加快在二级以上医疗机构设立人民调解室。医疗责任保险机制顺利推进。

【无偿献血管理】 2014年，全市推进自愿无偿献血工作，强化血液质量与安全监管，举办“6·14”世界献血者日宣传活动及全市无偿献血表彰大会。全年的总献血人次达到46404人次，献血总量超过1554万毫升、多达16.37吨，同比2013年分别增长8%和17.1%，也是绵阳市年献血总量连续3年增幅超过8%。

【医疗救援保障】 2014年，全市医疗承担并完成第二届中国（绵阳）科技城国际科技博览会、2014四川（绵阳）电子商务博览会暨第三届“绵阳造”名优特新产品展销会、2014年度高考、中考等大型医卫保障任务63次。在各项重大事件的医疗保障任务中，均成立领导指挥小组，制订应急处置方案，坚持领导干部带班值班制度，确保医疗保障各项工作落到实处。

【城乡对口支援】 2014年，全市完成年城乡医院对口支援省定工作任务、县级医院骨干医师培训派员和接收工作；组织实施市内对口支援工作。市级医院对口支援县市区医院医务人员132人次；县级医院医师到三级医院进修培训178人次。开展巡回医疗、义诊等就医患者41000余人次，开展基层管理和业务人员培训13000余人次。

【首批区域医疗分中心授牌】 2014年3月12日，全市卫生工作暨打击涉医违法犯罪专项行动会议召开，江油市人民医院、三台县人民医院、安县人民医院成为全市首批区域医疗分中心。2012年市中心医院被省卫生厅确定为“四川省川西北片区区域医疗中心”。为加快提升全市整体医疗卫生服务能力，根据全市“十二五”期间深化医药卫生体制改革规划暨实施方案的总体安排，加快城区东南西北四个方位上的市级区域医疗分中心建设，江油市人民医院、三台县人民医院、安县人民医院成为区域医疗分中心后，将充分发挥区域医疗高地的优势作用，带动辐射地区的整体医疗服务水平，缓解周边群众看病就医问题。

（张米迪 张永兴）

卫生防疫

【概况】 2014年，全市卫生防疫落实以宣传、督导、监测为主的综合防治措施，法定传染病准确报告率100%，全市法定传染病报告发病率361.01/10万，连续11年低于全省平均水平。艾滋病防治多部门协同联动，在经费投入、教育培训、舆论宣传和重点人群覆盖等方面形成合力。全市现存活艾滋病感染者和病人1663例，位居全省第十。全市无重大突发公共卫生事件、传染病暴发疫情和甲类传染病及非典、人感染禽流感、埃博拉出血热病例报告。推进国家重大传染病示范区项目“十二五”工作，江油、安县、涪城共完成城乡群众免费体检30.36万人，对12万余人城乡群众免费接种乙肝疫苗。“结核病发病与干预模式研究”课题国家验收通过；消除疟疾通过考核评估；安县、涪城（经开区）和高新区通过省政府血防办血吸虫病传播阻断达标验收。

【“十二五”国家重大传染病综合防治示范区项目第二阶段工作启动】 2014年10月28日，绵阳市国家重大传染病综合防治示范区项目阶段工作总结暨第二阶段工作启动会召开。会议总结“十二五”重大传染病综合防治示范区项目第一阶段工作；表彰“十二五”重大传染病综合防治示范区项目阶段工作先进集体和个人。绵阳项目总负责人李虹就第二阶段项目工作进行安排动员并对下一阶段工作提出要求；绵阳项目负责人姬郁林详细讲解项目第二阶段工作实施方案。

2013年5月16日，市政府分别与四川大学，涪城区、江油市、安县签订项目合作协议和项目责任书后，通过大家共同努力，完成健康体检30万人，免费乙肝疫苗接种12万人，免费检测5500余人乙肝感染者、患者，确诊治疗820人疑似肺结核患者并对他

们的家属等密切接触者开展免费的肺结核筛查工作，项目“十二五”第一阶段工作结束。（张米迪 张永兴）

中医药管理

【概况】 2014年，全市9个县市区全部建成国家中医药工作先进单位；成立市中医医疗集团，探索医疗、预防、养生康复为一体的健康服务新模式。绵阳市骨科医院、江油市中医医院、三台县中医医院建成国家“三级乙等”中医医院，安县、平武县等7所医疗机构建成国家“二级甲等”中医医院；开展全市首届中医药岗位知识技能竞赛活动和中医健康教育大巡讲；评选绵阳市首届“青年名中医”20名；协助承办第十一届中国中医药（民族药）博览会。全市有中医医疗机构475所，实际开放床位2698张，每万人实际拥有病床4.95张。

【首届“青年名中医”评选】 2014年，全市中医工作贯彻落实市人民政府《关于扶持和促进中医药事业发展的实施意见》（绵府发〔2013〕10号），实施“名医、名科、名院”战略，着力培养全市中医后继人才、促进中医事业的传承与发展。3月12日，

中医、中西医结合护理专业委员会成立暨中医临床护理专题学术研讨会

经绵阳市首届青年名中医评选专家委员会评议和评审工作领导小组审定：授予丁放等20人为绵阳市首届“青年名中医”称号。分别是：四川中医药高等专科学校丁放、绵阳市中医医院王芳、绵阳市中医医院王昕、三台县中医院王祥双、江油市第四人民医院邓志蓉、绵阳市中医医院刘铁陵、平武县中医院杨东、安县中医院李华成、江油市中医医院何守再、绵阳高新区磨家镇卫生院张虎、绵阳市第三人民医院陈佩珏、游仙区人民医院周文彬、绵阳市中医医院赵大勇、盐亭县人民医院赵文勇、绵阳市中医医院袁晓鸣、绵阳四〇四医院贾联斌、梓潼县崇文社区卫生服务站倪明、绵阳市骨科医院曹舸飞、三台县中医骨科医院龚鹏、三台县富顺中心卫生院程玲。、

绵阳市中医医疗集团成立大会

【绵阳市中医医疗集团成立】 2014年，全市为深化医疗卫生体制改革，加快中医药事业发展，成立绵阳市中医医疗集团。9月17日，成立大会在市中医医院举行，市直医疗机构、县市区卫生局及中医医疗集团成员单位100余人参加会议，大会审议并通过绵阳市中医医疗集团第一届理事会成员名单。市卫生局局长秦晓明担任名誉理事长，市卫生局副局长况中俊、市卫生局副调研员颜成高担任名誉副理事长，市中医医院院长任清良担任理事长，另有12名副理事长、16名常务理事、30名理事。中医医疗集团的成立可以建立中医医疗机构协作机制，实现资源共享、信息互通、优势互补，使区域中医医疗联合体这一新模式、新机制在实际工作中真正造福于全市城乡群众。

【中医中西医结合护理专业委员会成立】 2014年7月18~19日，市中医药学会召开中医、中西医结合护理专业委员会成立暨中医临床护理专题学术研讨会。会议选举产生绵阳市中医药学会首届中医、中西医结合护理专业

委员会主任委员、副主任委员、秘书和委员，建立完整的组织机构。来自成都中医药大学附属医院、市级医院的专家为参会人员进行专题学术讲座，将理论与实际相结合，强调护理质量评价的重要性，分析优质护理的内涵，讲解临床护理的实践，促进全市中医护理学科的良好建设与发展。在中医护理技能演练中，市中医医院护理人员展示刮痧、拔罐、耳穴压丸等护理操作和理论知识问答；在“品管圈活动”汇报中，护理人员结合病区的患者特点，对负责的工作所展开的调研分析、提出的整改措施、制定的具体目标、落实情况作汇报，与大家分享此次活动的体会与收获，展示全体护士的智慧与创造力。

（张米迪　张永兴）

妇幼保健

【概况】　2014年，全市孕产妇死亡率、婴儿死亡率分别为7.89/10万、4.5‰，处于全省较低水平。全市免费婚检率达52.21%，较上年提高5339%。组织实施妇幼健康服务年系列活动，组队参加四川省妇幼健康技能竞赛，全市妇幼健康系统获得省级先进集体2个、国家先进个人1人、省级先进个人6人，绵阳市卫生局被国家卫生计生委评为妇幼健康服务工作先进集体。做好爱婴医院复核工作，完成41家爱婴医院复评任务。开展妇幼保健业务技术督导、培训，全年举办市级培训班6期，累计培训妇幼卫生管理人员、产儿科技术人员近330人次。

【妇幼健康技能竞赛】　2014年7月20~22日，市卫生局、市人口计生委、市总工会和市妇联联合举办2014年妇幼健康技能竞赛。经过理论考试、技能操作和知识竞答三项比赛，产生四个专业比赛项目个人一等奖4名、单项集体一等奖4名、团体一等奖1名、优秀组织集体奖3名；特别贡献集体奖2名、个人奖15名。四个专业比赛项目个人一等奖提名为“绵阳市巾帼建功标兵”，团体一、二、三等奖按程序优先申报“绵阳市巾帼文明岗”。本次竞赛有市直及各县市区10支代表队、40名选手参加比赛，参与范围包括市、县、乡的各级医疗保健和计生服务机构，项目涵盖围产保健、妇女保健、儿童保健和计生服务。

（张米迪　张永兴）

社区卫生

【概况】　2014年，全市完成社区卫生服务机构全科医生、预防保健人员、注册护士等服务团队培训262人次及社区康复专业人员、社区药学专业人员、社区检验专业人员、社区B超专业人员、社区口腔专业人员、社区X线专业人员和社区心电检查人员等七类专业技术人员培训168人次。

【居民健康卡首发】　2014年1月26日，“绵州通”标准卡（居民健康卡）在绵阳实现首发并在市中心医院试运行。绵阳是国家卫生计生委确定的全国第二批居民健康卡试点城市。全市发行的居民健康卡通过国家卫生计生委的正式验收。居民健康卡基于区域卫生信息平台、居民电子健康档案和医疗机构电子病历，可用于居民身份识别、个人基本健康信息存储、实现跨区域跨机构就医数据交换和费用结算的电子信息卡，该卡具有医疗、金融、交通、小额支付等多种功能，突出绵阳科技城特点。试点医疗机构绵阳市中心医院门诊的居民健康卡机实现全覆盖，持卡患者均可在门诊范围内就诊；持卡居民可以体验含自助挂号、就诊、缴费、检查、取药、身份认证等功能于一体的一站式就医服务。居民健康卡不但可以在医院进行结算，它还具备借记卡功能，包括存取款、国内转账、代发薪、代扣公用事业费、刷卡消费、投资理财、网上银行、手机银行、短信通知、网上支付等全方位的金融服务。同时，还具有闪付功能，可以刷卡乘坐公交，此项工作在全国率先实行。

【健康生活方式传播活动】　2014年11月14日，四川省2014年联合国糖尿病宣传暨绵阳市全民健康生活方式行动传播活动在铁牛广场举行。活动由绵阳市卫生局主办，市疾控中心承办，四川中医药高等专科学校、市糖尿病防治协会协办。活动围绕“健康饮食与糖尿病”的主题，以“保护我们的未来”为口号，组织开展志愿者

绵州通卡暨居民健康卡首发式

宣誓，大型运动方队表演，免费测血压、血糖、眼底检查，发放赠送宣传资料等活动；同时还举行两场糖尿病防治知识讲座。全市开展全民健康生活方式宣传活动，是号召广大群众积极行动起来，养成合理膳食、适量运动、戒烟限酒、控油限盐、保持心理健康等健康生活方式行为。截至年底，全市开展宣传、健康大巡讲等现场活动16次；打造健康社区24个，健康学校1个，健康食堂18个，健康单位20个，健康餐厅13个；健康步道8条，健康小屋18所，健康街道1条，健康公园1个。 （张米迪 张永兴）

农村卫生

【概况】 2014年，全市农村卫生以“六统一”乡村卫生服务一体化管理为载体，在9个县市区和4个园区全面实施城乡居民健康管理团队签约服务，签约率达到78%；全市乡村卫生服务一体化管理率达到78%，实施乡聘村用的村达到1816个、人数达到1923人，在全省领先。探索建立乡村医生免费定向培养和退出机制，北川羌族自治县、平武县在全省率先试点开展乡村医生免费定向培养，两县财政补助240余万元培养100人。印发《关于督促落实乡村医生养老保障的通知》，明确劳动年龄段内乡村医生购买养老保险，超过劳动年龄段的乡村医生给予退出生活补助等。组织开展乡镇卫生院医务人员急诊急救培训等72项培训，全市培训4494名乡镇卫生院人员和乡村医生。加强乡村医疗机构规范建设，全市776个乡村医疗机构通过评审复核，其中乡镇卫生院评审达标249个，累计达标率为90%，村卫生室评审达标2320个，累计达标率为85%。开展“建设群众满意的乡镇卫生院”活动，全年全市成功创建“群众满意的乡镇卫生院”48个。

【新型农村合作医疗】 2014年，全市新型农村合作医疗参合人数388.58万人，参合率99.96%。农民个人筹资标准达到390元/人，筹资总额达152956.65万元。全市门诊和住院补偿1229.04万人次，补偿支出146583.71万元，参合农民住院费用政策范围内补偿比、实际补偿比、门诊费用报销比分别为75.55%、61.07%、70.24%。全面推进市级以上定点医疗机构出院即时结报，市、县、乡级定点医疗机构100%开展即时结报。实行母（父）婴共享补偿、中医药特殊补偿、保底补偿、市内定点医疗机构等级互认等政策，建立特殊病种大额门诊补偿制度，报销比例80%，并将结核病、慢性乙肝、精神疾病门诊治疗纳入补偿范围，提高补偿水平，新农合被绵阳市委、市政府评为“2014年度十大优秀民生项目”。 （张米迪）

医学教育科研

【概况】 2014年，全市医学教育科研狠抓省级医学重点专科建设，申报获批省级重点学科、专科5个；申报获批四川省卫生厅科研课题7个，申报获批绵阳市卫生局科研课题69个；申报获批绵阳市政府科技进步奖二等奖1项，三等奖5项。全年举办学术活动59次，参加人员9320人次。严格管理，保证继续医学教育的质量和效果，继教覆盖面到达100%，合格率达95%以上。四〇四医院等3家医疗机构申报2014年度新增住院医师规范化培训基地14个，全年招收住院医师规范化培训学员222人、结业110人。组织实施卫生信息化管理人员、基层医疗机构管理人员、急诊急救、药学人员、全科医师转岗培训、卫生院骨干医师培训、疾控业务培训、艾滋病、十年行动全科培训等培训，培训近2500人次。圆满完成7000余人的卫生专业技术资格暨护士资格考试工作。配合省全科医学培训中心的专家完成2012年全科医师培训76名学员的结业考核工作。北川、平武实施免费定向集中培养乡村医生100名。

【微创技术在肠胃外科应用研讨会】 2014年9月13日，国家卫计委内镜与微创医学培训基地、四川省区域医疗中心绵阳市中心医院主办“微创技术在肠胃外科应用研讨会”。研讨会为国家级继续医学教育项目，以微创技术在结直肠外科的应用为主题，内容包含腹腔镜结直肠癌手术的相关理论及实践等。大会邀请到清华大学协和医院肖毅教授、中山大学附属第一医

微创技术在肠胃外科应用研讨会

海峡两岸心血管学术论坛

院韩方海教授、四川大学华西医院王自强教授等国内知名专家，围绕当前微创结直肠外科应用热点、焦点问题进行探讨；进行手辅助腹腔镜直肠癌根治术、腹腔镜胃癌D2根治术、腹腔镜右半/左半结肠癌根治术的手术演示。

【“海峡两岸”心血管学术论坛】 2014年10月25日，心律失常诊治、心房纤颤治疗研讨班暨“海峡两岸”心血管学术论坛在四〇四医院举行，来自台湾马偕纪念医院、第三军医大学西南医院、四川大学华西医院、新疆医大附属医院心内科的专家携各自研究成果及疑难危重病例赴会共同展开研讨并进行手术演示。会议展示近年来国内在心律失常的基础和临床研究领域所取得的成就；邀请台湾知名专家、学者到会讲课，共同分享内地外心律失常及心血管疾病领域诊治的最新研究成果；让广大内科医师尤其是心内科医师对不同类型心律失常的临床表现、诊断标准及处理策略、心律失常介入治疗有深刻的理解，提高中国中西部地区心内科专业在心律失常方面的诊治水平，让心律失常患者能及时得到最有效的治疗。

（张米迪 张永兴）

卫生行政管理

【概况】 2014年，全市卫生行政管理深化行政审批制度改革，清理行政审批项目，保留项目9项(其中：食品安全企业标准备案属非行政审批项目)。平均法定时间30工作日，平均承诺时间8个工作日，实际办理提速达20个工作日以上。全年市卫生窗口受理行政审批事项申请1457件，办结1457件，现场审查场171次，现场办结率100%，按时办结率达100%，群众满意度100%。

【全国县级公立中医医院改革研讨会】 2014年8月22日，中国中药协会、中国民族医药学会、绵阳市政府主办的全国县级公立中医医院改革研讨会在绵阳市举行。国家中医药管理局医政司原司长、中国民族医药学会会长、中医药发展基金管委会主任许志仁等出席研讨会。研讨会上，国内著名专家、县级中医院代表各抒己见、旁征博引，论述、解读全国中医医院的资源、服务、产出，县级公立中医医院的改革政策、机制、服务模式等，探讨“如何在公立医院改革中充分发挥中医药作用”“如何进一步提升基层中医医院的服务水平”“如何做好县乡中医药服务一体化管理”等问题，并交流改革做法和经验。

2009年4月，全国医改工作启动，绵阳市按照市委、市政府的统一部署，推进医改与服务民生尤其是建设西部经济文化生态强市相结合，建立和完善部门联合共同推进医改的机制，完成国家和省上下达的各项医改任务。先后出台《关于加快推进新农合支持中医药事业发展的通知》等系列政策推进措施，提高中医药费用报销比例；全市5县市区确定为全国县级公立医院综合改革第二批试点县；2014年8月，绵阳市率先在全省启动中医健康教育促进行动，推动中医健

全国县级公立中医医院改革研讨会

绵阳市2014年针灸学术年会暨正脊疗法培训班

康教育知识“进荧屏、进农村、进社区、进军营、进学校、进机关、进企业”，在全市城乡居民中创新推广太极拳、五禽戏、八段锦等中医传统健身操，引导城乡群众生活方式的转变，努力让城乡群众少生疾病、少生大病和少生重病。

【欧式正脊疗法培训】 2014年11月23日，绵阳市2014年针灸学术年会暨正脊疗法培训班开班仪式在市中医医院举行。培训是应绵阳市中医药学会邀请，主任医师、教授、俄罗斯奥布宁斯克市康复中心医院院长耶里谢耶夫·尼古拉、主治医师彼图霍夫·马特维依在市中医医院，对来自全国各地上百家医疗、教学单位的专业人员进行为期一周的集中培训。欧式正脊疗法起源于古老的欧洲，遍及世界许多国家，是被WHO认可的广为流传的一种自然疗法，通过使用一系列的动态手法来纠正脊柱从颈椎到腰椎各个关节的错位，使之达到正常位置状态，缓解与脊柱及其神经分布相关的疾病。俄罗斯两位专家在培训中将对正脊疗法进行现场理论讲授和手法演示，开展以中医针灸为主题的专题学术讲座。（张米迪 张永兴）

爱国卫生运动

【概况】 2014年，全市爱国卫生运动贯彻落实国务院《关于进一步加强新时期爱国卫生工作的意见》，充分发挥群众运动的优势，创新工作思路，推进卫生创建，巩固卫生创建成果。8月7~8日，四川省健康教育所对绵阳市健康素养促进系列项目进行检查考核，经检查全市健康素养促进项目较好完成健康知识宣传、人际干预等项目工作，项目工作开展卓有成效。10月29~30日，四川省爱卫办病媒生物防制复审专家组对绵阳市病媒生物防制工作进行复审考核，绵阳通过复审。圆满完成省爱卫办下达的年度10000户农村改厕任务。创建11个省级卫生乡镇，85个省级卫生村，9个省级卫生单位。创建市级卫生乡镇9个，市级卫生村33个，市级卫生单位9个。截至年底，全市省级以上卫生县城覆盖率达85.7%。全市农村卫生厕所普及率达到73.88%。

【爱国卫生月活动和第二轮城乡环境卫生整洁行动】 2014年4月3日，绵阳市启动第27个爱国卫生月活动和第二轮城乡环境卫生整洁行动。启动仪式在游仙区经济实验区进行，主题为“全民参与爱国卫生、共建共享健康中国”；市政府副秘书长严俊对爱卫月活动和城乡环境卫生整洁行动作安排部署；游仙区政府副区长徐丽娟在启动仪式上宣读倡议书。活动现场发放爱卫月宣传画，组织开展清除白色垃圾的义务劳动。

【国家卫生城市病媒生物防制复审通过】 2014年10月29~30日，四川省爱卫办组织病媒生物防制专家组对绵阳市国家卫生城市病媒生物防制（“除四害”）单项工作进行复审。专家组通过现场检查、听取汇报、查阅

第27个爱国卫生月活动和第二轮城乡环境卫生整洁行动启动仪式

资料等方式，详细了解绵阳市“除四害”工作开展情况，绵阳市城区“除四害”工作措施得当，成效明显，顺利通过复审。专家组分成四个组，检查农贸市场、粮库、医院、社区、餐饮、城乡接合部等区域，对熟食区、糕点房、公共绿地、垃圾处理场、居民小区等容易滋生蚊蝇鼠蟑的区域进行重点检查。绵阳市病媒生物防制工作得到各级部门的高度重视，措施得力；宣传发动深入，群众参与意识强；立足治本，做到综合防制；防制方法科学，施药过程规范；城区鼠、蚊、蝇、蟑螂密度控制在全国爱卫会规定的标准范围内，灭鼠、蚊、蝇、蟑螂复查合格。

（张米迪　张永兴）

地方病、传染病防治

【概况】 2014年，全市9个县市区开展碘盐监测工作，开展“5·15”碘缺乏病宣传日活动，指导游仙区实施碘缺乏病调查项目；指导北川羌族自治县和平武县开展大骨节病防治工作，并于2014年9月通过省卫计委专家组考核验收；指导三台县开展土源性线虫监测工作；对北川羌族自治县和平武县的2014年黑热病防治工作进行现场督导；2014年1月绵阳市通过原省卫生厅考核组考核评估，成为全省第一批达到国家消除疟疾标准的市州，加强对各县市区开展输入性疟疾防控工作的指导力度，对14例输入性疟疾病例进行流行病学调查，并提供抗疟药，开展“4·26”疟疾防治日宣传活动，下发宣传资料1200份。注重协同联动，综合治理，涪城区、安县、高新区和经开区顺利通过血吸虫病传播阻断达标验收，绵阳市成为除成都市外全省第一批完成《四川省血吸虫病综合治理重点项目规划（2010~2015年）》的市州，提前一年完成省政府下达绵阳市的血吸虫病防治目标任务。

【国家重大传染病综合防治绵阳示范区项目工作推进会】 2014年5月7日，四川大学、绵阳市人民政府组织的“十二五”重大传染病综合防治绵阳示范区项目阶段总结会暨工作推进会在绵阳召开。中国工程院副院长侯云德院士、四川大学常务副校长李虹等专家参加会议。会上，侯云德院士充分肯定绵阳示范区的工作，对乙肝敏感人群概念、队列建立等方面进行详细指导。会议通报绵阳市“十二五”示范区项目第一阶段工作总结及下一步工作安排。四川大学、华西医院、市卫生局分别就绵阳市重大传染病示范区项目第一阶段工作总结、研究进展、现场组织与管理等进行汇报；江苏省、凉山州在大会上就各自示范区项目工作做交流发言。中国医学科学院病院生物学研究所所长金奇、中国疾控中心结核病预防控制中心副主任成诗明、厦门大学公共卫生学院院长夏宁邵、四川省卫计委党组成员、干保办专职副主任王剑平等应邀到会。四川大学科研院副院长田卫东、华西医院科技部部长姬郁林，绵阳市重大传染病综合防治示范区项目课题组主要研究人员、项目工作领导小组成员单位及项目实施点负责人等参加会议。

（张米迪　张永兴）

【传染病检测】 2014年，绵阳市疾病预防控制中心基于国家流感监测网点医院——绵阳市中心医院、绵阳市四〇四医院和三台县人民医院开展流感监测工作，由网点医院上报流感样病例并采集病例标本，在绵阳市疾控中心国家流感监测网络实验室检测流感病毒。全年全市报告流感样病例13101例，国家流感监测网络实验室检测标本1737份。

【霍乱、手足口病等传染病防控】 2014年，绵阳市疾病预防控制中心针对重点地区，重点人群进行疫情监测，全市采样3894人份，检测结果均为阴性；样本包括腹泻病人1483人，重点人群1122人，自来水209份，城镇污水275份，外环境348份，海（水）产品457份。

【血吸虫病防控】 2014年，全市6个血吸虫病流行县市区调查钉螺面积3733.83万平方米，查出有螺面积2万平方米，是历史有螺面积的0.08%，无新发螺面。其中，涪城区、安县、北川羌族自治和高新区未查出钉螺。镜检活螺488只，未查出阳性钉螺。6县市区均采取灭螺措施，药物灭螺面积2199.60万平方米，环境改造6.42万平方米，血检204056人，粪检15029人，无粪检阳性病例。扩大化疗42968人次。发放实用性宣传品5.5万个，制作永久性墙体宣传标语1000余条，媒体开展血防宣传达10余次。10月，安县、涪城区（经开区）和高新区通过省级考核验收，全市达到血吸虫病传播阻断标准。

【碘盐监测】 2014年，绵阳市疾病预防控制中心组织9个县市区开展碘盐监测工作。全市检测2700份居民户盐样，检出非碘盐1份，不合格碘盐24份，碘盐覆盖率为99.99%，合格碘盐率为99.45%，合格碘盐食用率为99.42%。盐碘中位数为29.7毫克/千克。开展“5·15”碘缺乏病宣传日活动，向过往群众讲解食用碘盐的好处和方法，展出展板60余块，悬挂横幅200余幅，发放宣传资料50000余份，前来咨询、观看展板的群众约20000余人。

指导北川和平武开展大骨节病防治工作和消除大骨节病省级考核工作。10月，绵阳市顺利通过消除大骨节病省级考核验收。（史映红）

绵阳大型医院简介

【绵阳市中心医院】 绵阳市中心医院位于绵阳市涪城区警钟街常家巷12号，始建于1939年，以临床医疗、健康管理为主，是集医疗、教学、科研、急诊急救、灾难医学为一体的三级甲等综合医院，是四川省川西北区域医疗中心。汶川特大地震后，建筑面积10万平方米的第一综合住院大楼、香港政府援建的康复肿瘤大楼相继投入使用。医院占地面积7.67公顷，有职工2700余人，编制床位1500张，年门诊人次165余万，年出院7万余人次。设职能部门21个，各类专业学科46个，其中麻醉科是四川省乙级重点学科，肝胆外科、介入诊疗中心、眼科、肿瘤科、妇产科、普外是四川省甲级重点专科，有市级重点学科18个、重点专科1个，省二级生物实验室1个。有国务院授予的"有突出贡献专家"9人，省、市级"科技拔尖人才"及高科技人才100余人，博士23人，硕士249人。装备宝石CT机、直线加速器系统、平板数字减影心血管造影机、飞秒激光等高精设备。

【绵阳市中医医院】 绵阳市中医院是国家三级甲等医院、成都中医药大学附属绵阳医院、成都中医药大学绵阳临床医学院、四川中医药高等专科学校附属医院、全国中医医院信息化建设示范单位、四川省博士后创新实践基地、绵阳市定点优抚医院。医院成立于1984年，下辖南桥眼科分院、机关分院、惠民帮扶医院、中医药研究所、中药饮片厂等分支机构。有在岗职工1000余名，其中博士、硕士研究生学历120余名，高级职称130余名，中级职称200余名；有博士研究生导师1人，硕士研究生导师7人；享受国务院特殊津贴专家、国家级老中医药专家学术经验继承指导老师、四川省学术技术带头人、四川省卫生厅学术技术带头人、四川省中医药管理局学术技术带头人、四川省有突出贡献的优秀专家、四川省学术技术带头人后备人选11人；四川省第二届十大名中医1人，四川省名中医8人，绵阳市名中医15人，绵阳市青年名中医5人。医院编制床位700张，开设临床医技科室31个及专病专科45个，其中，针灸科、脾胃病科、眼科为国家重点专科，肺病科、骨伤科、心血管病科为省级重点专科，儿科、康复科、内分泌科、肛肠科为市级重点专科。有中药院内制剂品种40余种。医院与10多个国家和地区建立良好的交流与合作关系，先后培养国外留学生400多人。积极发挥辐射带动作用，长期对口支援平武县中医医院、北川羌族自治县中羌医医院、壤塘县藏医医院。

【绵阳市第三人民医院】 绵阳市第三人民医院是国家三级甲等医院，四川省精神病专科医院。占地8.67公顷，总资产5亿元，编制床位1200张，开放床位1633张，有高新区人民医院和游仙中医院两个分院；设有业务科室60余个，其中精神医学、老年医学、神经外科为省级重点学科，呼吸内科为省级重点专科；神经内科、心血管内科、肿瘤科、康复医学科、儿科、肝胆外科、药学、护理、检验为市级重点学科。医院现有在岗员工总数2077人，其中院本部1785人、高新分院173人、游仙中医院119人；院本部在编804人、劳动聘用及劳务外包981人；全院硕士研究生导师10人，博士后3人、博士硕士139人；正高43人、副高153人、中级265人。医院拥有1.超导磁共振、瓦里安医用直线加速器、64排128层螺旋CT机、大型数字血管机、全自动生化仪、飞秒激光近视手术治疗系统、脑立体定向治疗系统、伽马刀等大型高精设备100余台件。医院是"华西医院网络联盟中心医院"，享有华西的远程教学、会诊、查房、挂号等资源优势；是泸州医学院和川北医学院的非直管附属医院，与海军总医院、西南科技大学、成都第二人民医院签署有战略合作协议。医院是四川省首批国家级住院医师规范化培训基地、四川省心理卫生服务培训基地和四川省专科医师培训基地。医院先后荣获全国文明单位、全国百佳医院、全国工人先锋号、全国卫生系统首批院务公开示范点、四川省五一劳动奖状集体、四川省纪检监察先进集体等荣誉称号100余项。

【四川绵阳四〇四医院】 四川绵阳四〇四医院是国家三级甲等综合医院，川北医学院附属第二医院，绵阳市传染病医院、绵阳市红十字医院。是卫生部批准成立的"全国肝炎防治健康教育计划实施基地"、国家中医药管理局批准成立的"全国中医药防治传染病临床基地"、绵阳市人民政府批准成立的"绵阳市心血管疾病研究所"、四川省卫生厅批准成立的"绵阳市心血管疾病防治中心""绵阳市消化疾病防治心""绵阳市传染病防治中心"、四川省抗癌协会批准成立的"四川省胃癌外科临床研究协作组"、绵阳市卫生局批准成立的"绵阳市心血管病质量控制分中心""绵阳市传染病质量控制分中心""绵阳市消化病质量控制分中心"。医院建于1964年，系原电子工业部部属重点医院。1985年由四川省电子厅管理，1989年由绵阳市电子工业局管理，1994年交由绵阳市卫生局管理，成为市直属卫生事业单位，1994年被评为二级甲等医院，2004年被评为三级乙等综合医院，2014年被评为国家三级甲等综合医院。医院业务用房面积近7万平方米，开放床位1200张。在岗职工1200余人，其中：卫生技术人员836人，高级专业技术人员160余人，硕士研究生导师10人，博士、硕士90余人。四川省有突出贡献优秀专家3人；省级学术技术带头人4人，后备人选5人；市级有突出贡献中青年科技拔尖人才5人；省名中医2人，市级名中医2人；全国"我最喜爱的十大健康卫士"1人；省各级学协会副主任委员、常务委员、常务理事、委员63人；市各级学协会主任委员、副主任委员、常务委员、委员、副理事长、常务理事54人。设有消化、呼吸、心血管、肾病、内分泌、神经、血液、肿瘤等内科；心胸外科、普外科、肝胆胰、胃肠、乳腺、骨外科、神经外科、小儿外科等外科；妇产科、口腔科、眼耳鼻咽喉科、中医及中西医结合科、感染科、小儿内科、小儿感染科、影像科、医学超声科、医学检验科、麻醉科、病理科等临床专业科室近50个。医院开展体外循环心脏、胸（腹）等器官直视手术：复杂先心病矫治术、冠状动脉搭桥术、心脏病瓣膜置换术，心脏瓣膜置换术联合射频消融术治疗风湿性心脏病伴心房纤颤；胸（腹）腔镜手术：腔镜下心脏、肺脏手术，腔镜下肾上腺、胃肠肿瘤摘除术；经十二指肠镜逆行胆胰管造影（ERCP）和乳头括约肌切开取石术（EST），内镜下黏膜切除(EMR）术；超声弹道和液电碎石技术治疗肝内胆管结石。血管及综合放射介入术：三维标测下射频消融治疗心律失常，心脏血管、神经血管、肿瘤综合等；神经显微外科手术，关节置换等综合和专科重点技术项目。医院具有硕士研究生培养能力，同时还承担多所高等医药院校本科、专科学生的教学任务。与四川大学公共卫生学院、西南科技大学建立战略合作关系。2001年以来承担或参与各级政府资助的医学科学研究项目106项，其中国际合作项目1项，国家重大科技专项1项，国家自然基金重项目4项，省部级科研项目7项，市厅级科研立项44项。科研成果获奖44项，其中国家卫生部科技进步二等奖1项，省科技奖13项；市科技奖30项。每年发表医学论文逾百篇。

【绵阳市妇幼保健院】　绵阳市妇幼保健院建于1976年，是绵阳市首家爱婴医院、国家“三级乙等”妇幼保健院、中国妇产科医院联盟会员医院、四川省孕产妇健康教育培训基地、美国心连心新生儿复苏技术培训基地、多所高校的实习教学基地，2013年增挂“绵阳市儿童医院”。是绵阳市妇产儿专科预防、医疗、保健、科研、教学和情报信息交流和培训中心。医院依据《母婴保健法》及相关法律法规开展和指导全市孕产妇、0~7岁儿童保健各项具体工作。负责承担孕产妇保健、新生儿出生缺陷、儿童健康三网监测任务，以及国家、省、市、区《妇女发展规划纲要》和《儿童发展规划纲要》中相关健康指标任务的实施。开展孕产妇及儿童系统管理、妇女儿童健康保健服务。院内开设有妇女保健科、儿童保健科、妇产科、儿科、新生儿科、基层保健科、健康教育科、妇幼信息管理科、麻醉科等业务科室。开展了妇科、产科、腔镜手术，普儿科，新生儿科，围产保健、乳腺保健、产后康复、计划生育、妇儿营养咨询、妇女病查治、集体儿童保健、儿童生长发育、听力监测、口腔保健、孕期营养评价、孕期体重管理、气囊助产、人流术后关怀(PAC)、婴幼儿智护训练等业务。年均完成临床保健门诊服务近30万人次，住院3000人次，妇科普查普治2万人次，儿童体检1万人次，妇幼保健咨询、宣教3万人次。

（张米迪）

2006年市委、市政府为民办的“十件实事”完成情况

2006年，全市完成1.2万户、4万人农村贫困人口脱贫。

2006年，全市新增城镇就业40300人，下岗失业人员和失地无业农民实现再就业27000人。

2006年，全市为1028户农村住房困难的贫困户建成住房，城区租金补贴1225户，城区租金核减800户。

2006年，全市免除农村义务教育阶段学生学杂费548976人，免除城市低保家庭学生学杂费14535人，免费提供教科书59331人，农村义务教育阶段贫困住校生补助生活费66781人次，共计1623.3万元。

2006年，全市解决8.7万人饮水安全问题，建成沼气池30009口。

2006年，全市修建和改造通乡通村公路383千米。

2006年，盐亭、三台两个试点县“参合”总人数1399346人，“参合”农民累计报销医药费2965 76万元。

2006年，全市培训农民工30万人次，其中技能培训3万人。截至2006年12月底，培训农民工35.8万人次；技能培训3.12万人。

2006年，全市完成720个自然村“村村通有线电视”工程。

2006年，全市完成重点污染企业综合治理24户，自然停产1户。

（摘自《绵阳年鉴（2007）》）

旅游·园林

TOURISM AND GARDEN

安县姊妹桥

旅　游

【概况】　2014年，全市旅游业树立大旅游观念，实现市、县、企三级联动。以线路统筹为核心，重点推出“两弹”科技特色游、大九环线生态游、文化探源锦绣游、羌乡风情大爱游、美丽田园乡村游、山水绵阳城市游六大旅游线路产品。市政府出台《旅行社组织游客在绵阳市旅游补贴奖励办法（2014~2016年）》，印发《九环东线绵阳段旅游要素提升工作方案（2014~2016年）》。新增国家AAAA级景区2家，3星级饭店1家，省级乡村旅游示范县1家，创建省级廉政文化进景区示范点2家，创建省级乡村旅游示范镇4家。全市旅游收入实现277.26亿元，同比增长35.11%。累计接待境内外游客2821.86万人次，同比增长15.46%。旅游收入在全省的排名较2013年度的第5位上升到第3位。

△“两弹”：氢弹、原子弹。

【第三届全球旅游网络营运商合作交流会】　2014年9月15~17日，以“智慧旅游，联结未来”为主题的第三届全球旅游网络营运商合作交流会在绵阳北川羌族自治县举行。世界旅游组织、20余个国家和地区的全球知名网站、旅游网络营运商、航空公司、旅行社等受邀单位150余人参会。会上，组织四川省内景区、旅行社、酒店等旅游企业与境内外OTA进行现场交流沟通，促使有意向的供需双方达成合作，挖掘境内外旅游市场的潜在游客，推广全省丰富的自然和人文旅游资源。会议期间，与会嘉宾围绕“大数据下的旅游商业新模式与OTA”“旅行中的互动分享”“新技术催生旅游细分市场”等内容进行讨论；以“胜在旅游的智慧营销”为主题，展开互联旅游创业及营销圆桌讨论会。会议邀请牛津大学教授、大数据领域权威专家，《大数据时代》作者维克托·迈尔·舍恩伯格围绕大会主题进行演讲。

【旅游发展大会】　2014年11月2日，绵阳市旅游发展大会在安县召开。会议交流分享旅游业发展经验，展示全市旅游业发展最新成果，总结部署全市旅游工作。部分友好城市和省内市州旅游局负责人，以及旅游企业、旅行商、旅游投资商代表出席会议。大会通报全市旅游发展情况，市旅游局、安县、平武县、江油市、北川羌族自治县、市民航管理局、北川药王谷景区分别作交流发言。

【大九寨新环线旅游区域合作工作交流会】　2014年12月10日，大九寨新环线旅游区域合作工作交流会在安县召开。四川绵阳、广元、阿坝和甘肃陇南共商旅游发展大计，开启区域旅游合作。会上，各合作城市进行交流发言，对大九寨新环线旅游区域合作事项进行各自阐述，达成在资源共享、市场互推、信息互通、优势互补、互惠互利、共同发展等方面的合作共识。四个市州人民政府签署《大九寨新环线旅游区域合作框架协议》，协议明确合作机制建立、重点建设方向、服务体系对接、旅游市场开放及开拓等事宜。（何　萍）

旅游饭店管理

【概况】　2014年，绵阳市根据四川省星级酒店标准评审委员会统一安排，协助完成五星级饭店1家、四星级饭店9家的年度复核工作。组织市级酒店星级评审检查员分3组完成三星级饭店7家（江油诗城大酒店属2014年新评定酒店）、二星级饭店9家、一星级饭店3家的年度复核工作。全市29家星级饭店通过年度复核。同时，严格星级饭店退出机制。绵阳市桃源大酒店（三星）、明华饭店（三星）、信合大酒店（二星）和三台金叶迎宾馆（二星）等4家星级饭店因软、硬件达不到相应星级标准，按照工作程序和要求，经酒店申请，取消星级饭店资格。

旅行社管理

【概况】　2014年，全市办理旅行社及分支机构备案事项79项，其中旅行社名称、地址、投资人、法人等变更换发许可证11项，注销5项；旅行社分社设立8项，注销5项，变更换发3项；旅行社服务网点设立35项，变更3项，注销9项。截至12月底，全市旅行社57家（不含依法处理中的北川文化旅行社和绵阳翔翊国际旅行社），旅行社分社32家，旅行社服务网点166个。（何　萍）

绵阳市星级旅游饭店一览

表 47

序号	酒店名称	星级	地址	序号	酒店名称	星级	地址
1	富乐山九洲国际酒店	五星	芙蓉路一段 1 号	16	金喜登大酒店	三星	三台县金牛大道西段
2	绵州酒店	四星	临园路东段 62 号	17	子云大酒店	三星	临园路西段 26 号
3	王子大酒店	四星	临园路西段 25 号	18	诗城大酒店	三星	江油市新华中路 279 号
4	长虹国际酒店	四星	高新区火炬西街北段 89 号	19	长虹·君怡酒店	二星	跃进路 36 号
5	绵州温泉酒店	四星	安县罗浮山温泉旅游度假区	20	新华饭店	二星	警钟街 7 号
6	梓州国际酒店	四星	三台解放上街 49 号	21	银河大酒店	二星	临园路西段 33 号
7	顺辉·世纪巴登酒店	四星	临园路西段 28 号	22	平武宾馆	二星	平武县龙安镇政府街 19 号
8	新北川宾馆	四星	北川羌族自治县尔玛路 25号	23	富华大酒店	二星	平武县小春坝开发区
9	江油宾馆	四星	江油市东大街 169 号	24	三台大酒店	二星	三台县北坝镇文化路 9 号
10	江油国际大酒店	四星	江油市花园路北段 1 号	25	嫘祖宾馆	二星	盐亭县新东街 87 号
11	九龙宾馆	三星	科学城一区	26	东津酒店	二星	绵阳市东津路 45 号
12	太白大酒店	三星	江油市太白中路 49 号	27	中洋仙泉酒店	二星	安县罗浮山温泉旅游度假区
13	七曲山大酒店	三星	梓潼县七曲山大庙风景区	28	安州宾馆	一星	北川安昌镇大西街 79 号
14	绵州开元酒店	三星	剑南路东段 209 号	29	马记大酒店	一星	江油市北大街西段昌明路
15	启明星温泉酒店	三星	安县罗浮山温泉旅游度假区	30	盘江宾馆	一星	江油市含增镇

绵阳市旅行社一览

表 48

序号	许可证号	旅行社名称	等级	注册地址
1	L-SC-B00001	绵阳壹零叁叁旅行社有限公司		绵阳市游仙区芙蓉溪路 1 号
2	L-SC-B00002	绵阳市绵州国际旅行社有限公司	二级	绵阳市富乐路 24 号（富阳商厦三楼）
3	L-SC-B00003	绵阳青年旅行社有限责任公司	二级	绵阳市安昌路 18 号爱喜嘉年华 B 座 5 楼 5 号
4	L-SC-B00004	绵阳东方旅行社有限公司	二级	绵阳市临园路西段 5 号
5	L-SC-B00005	绵阳市康辉国际旅行社有限责任公司	一级	绵阳市临园路中段 84 号三力大厦五楼
6	L-SC-B00006	绵阳中旅西部旅行社有限公司	一级	绵阳市安昌路 17 号（百盛富临花园 3 楼 5 号）
7	L-SC-B00007	绵阳市天马旅行社有限责任公司	二级	绵阳市警钟街 72 号
8	L-SC-B00008	四川环游天下国际旅行社有限公司		江油市城区荷花巷丽景天下附 32 号 4 栋 5 单元 6 楼 1 号
9	L-SC-B00009	绵阳仙海旅行社有限公司	二级	绵阳市红星街 61 号
10	L-SC-B00011	绵阳中旅假日旅行社有限公司	二级	绵阳市临园路市委党校内
11	L-SC-B00012	绵阳三国旅行社有限公司	二级	绵阳市富乐路 22 号
12	L-SC-B00013	绵阳市金航旅行社有限公司	二级	绵阳市临园路东段樊华商业城一楼 3-19 号
13	L-SC-B00014	绵阳春秋旅行社有限公司	二级	绵阳市临园路东段 67 号
14	L-SC-B00015	绵阳友谊旅行社有限公司	二级	绵阳市临园路中段 84 号佳辉花园
15	L-SC-B00016	绵阳市温馨假日旅行社有限公司		绵阳市涪城路盛鑫苑 2 幢 8 楼 C 号

续表

序号	许可证号	旅行社名称	等级	注册地址
16	L-SC-B00017	四川同业国际旅行社有限公司		绵阳市涪城区安昌路18号爱喜嘉年华B座 5楼1号
17	L-SC-B00018	绵阳高新旅行社有限公司	二级	绵阳市涪城区顺河前街7号一楼
18	L-SC-B00019	绵阳市光大旅行社有限责任公司	二级	绵阳市涪城区临园路东段68号富临大都会5栋1单元16层3号
19	L-SC-B00020	绵阳启明星旅行社有限责任公司	二级	绵阳市剑南路西段73号
20	L-SC-B00021	绵阳市凯达国际旅行社有限责任公司		绵阳市剑南路西段26-1号
21	L-SC-B00022	绵阳市联合国际旅行社有限责任公司		绵阳市涪城区临园路东段67号
22	L-SC-B00023	绵阳机场旅行社有限责任公司		绵阳市涪城区红星街77号亚川红星楼商住楼1-1-11号
23	L-SC-B00024	四川绵阳国际旅行社有限公司	一级	绵阳市警钟街28号商住楼三楼
24	L-SC-B00025	绵阳众信国际旅行社有限公司	二级	绵阳市安昌路18号ESSE爱喜嘉年华1幢2-12-B14
25	L-SC-B00026	绵阳市海天国际旅行社有限责任公司	二级	绵阳市富乐路28号（长兴江岸精典1栋1-26-3号）
26	L-SC-B00027	绵阳市云帆国际旅行社有限公司		绵阳市涪城区剑南路西段8号（富临东方广场）2幢1单元34层4号
27	L-SC-B00028	绵阳沪春秋旅行社有限公司		绵阳市涪城区铁牛街12号樊华商业城
28	L-SC-B00029	绵阳绿地假日旅行社有限公司	二级	绵阳市花园小区花园景都58号
29	L-SC-B00030	绵阳甲天下旅行社有限公司		绵阳市长虹大道中段129号都市时尚1-1-2106
30	L-SC-B00031	江油印象旅行社有限责任公司		江油市昌明东路一段一号
31	L-SC-B00032	绵阳绵之旅旅行社有限公司		绵阳市安昌路56号二楼临街2-1室
32	L-SC-B00033	绵阳五洲旅行社有限责任公司	三级	绵阳市涪城区安昌路18号
33	L-SC-B00034	绵阳新世界旅行社有限公司		涪城区安昌路富临花园10栋2单元401号
34	L-SC-B00035	江油市天添旅游有限责任公司		江油市城区北大街西段南河花园2栋1楼4号
35	L-SC-B00036	江油阳光旅行社有限公司	二级	江油市顺辉购物广场一楼
36	L-SC-B00037	江油李白故里旅行社有限公司		江油市明镜街
37	L-SC-B00038	江油市龙行天下旅行社有限责任公司		江油市城区新华干道中路华泰小区18号
38	L-SC-B00039	四川省江油市畅游旅行社		江油市中坝镇东大街一号9幢一层1号
39	L-SC-B00040	江油青年旅行社有限公司	二级	江油市新华中路279号（诗城大酒店内一楼大厅）
40	L-SC-B00041	绵阳神州国际旅行社有限公司		绵阳市临园路东段68号富临大都会2幢2单元3楼4号
41	L-SC-B00044	北川羌族自治县民族旅行社有限公司	三级	绵阳市北川县永昌镇维斯特农产品市场商住楼1号楼B5号商铺
42	L-SC-B00045	绵阳市快乐生活国际旅行社有限公司	二级	绵阳市涪城区安昌路18号（爱喜嘉年华1幢2018号）
43	L-SC-B00046	绵阳新航线旅行社有限公司	二级	绵阳市文庙街2号（广电局一楼）
44	L-SC-B00047	北川吉娜尔玛旅行社有限公司		北川巴拿恰商业街斗安巷2-4号
45	L-SC-B00050	绵阳晚报旅行社有限责任公司		绵阳市涪城路11号8幢1楼8号
46	L-SC-B00052	绵阳中青国际旅行社有限责任公司		绵阳市涪城区临园路西段5号（花园景都一楼47号）
47	L-SC-B00053	北川云朵旅行社有限公司		北川县安昌镇大北街89号

序号	许可证号	旅行社名称	等级	注册地址
48	L-SC-B00054	绵阳环球国际旅行社有限公司		绵阳市西大街50号
49	L-SC-B00055	绵阳创亿国际旅行社有限责任公司		绵阳市涪城区长虹大道中段120号
50	L-SC-B00056	安县华阅旅行社有限责任公司		安县花荄镇文苑路中段北侧1栋2单元6号
51	L-SC-B00058	四川金赐国际旅游有限责任公司		绵阳市涪城区平政一巷28号（五一名都）
52	L-SC-B00059	绵阳环奥旅行社有限公司		绵阳市涪城区卫生巷绿湾村新区9—3
53	L-SC-B00060	绵阳市百事通国际旅行社有限公司		绵阳市涪城区警钟街28号
54	L-SC-CJ00019	四川绵阳假日国际旅行社有限公司	一级	四川省绵阳市临园路东段58号
55	L-SC-CJ00036	四川省绵阳九龙国际旅行社有限公司	一级	绵阳市绵山路64号（科学城八区职工班车站）
56	L-SC-CJ00045	四川长虹国际旅行社有限责任公司	二级	绵阳市高新区长虹国际酒店内
57	L-SC-CJ00074	四川中盛国际旅行社有限公司	二级	绵阳市涪城区临园路东段67号

【新版旅游合同推广】 2014年，全市把2014年版《团队境内旅游合同（示范文本）》（GF-2014-2401）、《团队出境旅游合同（示范文本）》（GF-2014-2402）、《大陆居民赴台湾地区旅游合同（示范文本）》（GF-2014-2403）、《境内旅游组团社与地接社合同（示范文本）》（GF-2014-2411）完整版和2014年版《团队境内旅游合同（示范文本）》、《团队出境旅游合同（示范文本）》、《大陆居民赴台湾地区旅游合同（示范文本）》简化版7个示范文本推广到全市旅行社，推动旅行社的规范化管理。

【全国旅游团队服务管理系统推广】 2014年5月22日，绵阳市组织县市区旅游局、旅行社及旅行社独立分社等85家单位的140余人在绵州开元酒店参加全市2014年全市旅行社工作会议，会上对加强全国旅游团队服务管理系统填报工作进行安排部署和要求，进行“全国旅游团队服务管理系统”实际操作演示培训。全国旅游团队服务管理系统电子行程单的推广使用，科学规范旅行社组团和导游从业行为，准确有效掌握旅游团队运行情况。截至年底，全市有25家旅行社、3家分社填报国内游组团3359团、81763人次，17家旅行社、4家分社填报国内游接待1821团、46814人次。

【旅游奖励办法出台】 2014年，结合《旅行社组织市外游客到我市旅游奖励办法（试行）》（以下简称《奖励办法（试行）》）试行中的情况，促绵阳市旅游局和财政局根据《中华人民共和国旅游法》，按照市政府工作要求，对《奖励办法（试行）》进行修订和完善。1月1日，出台《旅行社组织游客在我市旅游奖励办法（2014~2016年）》。对旅游人员规模全年累计500人次至3000人次以上的给予10000元至50000元一次性奖励；对市境外游客在绵阳游览3个以上景区并住宿1晚、包机到绵阳游览等5项内容给予不同的补贴。截至12月底，全市收到2家旅行社组团报告199份，累计游客5046人次，拟补贴金额达105440元人民币。

（何　萍）

旅游行业管理

【旅游行业专项整治】 2014年，市旅游局会同工商、交通等部门开展“开展赴台旅游专项检查”“旅游团队运行”“黑车黑导”“虚假旅游广告宣传”等专项整治。通过检查促进旅行社规范经营，提高旅行社服务质量和经营管理水平。对整治发现的绵阳沪春秋旅行社有限责任公司违规行为对实施行政处罚2000元，对成都长吉导服司导游文峰的违法行为实施行政处罚2000元，对5家旅行社发出责令改正通知书，对北川文化旅行社有限公司和绵阳翔翊国际旅行社有限公司未缴纳旅行社质量保证金进行立案调查处理。

【旅游市场秩序和安全检查】 2014年，全市旅游系统联合公安、工商、交通、质监、食药监、民宗等10家综合治理成员单位沟通协商，建立旅游质监执法合作机制，在“十一”“春节”前期组织开展旅游市场秩序和旅游安全综合执法例行大检查。全年全市检查旅游企业178家，旅游团队82个，查处违法违规案件2件，处罚金4000元，其中旅行社违规行为1件、导游违法行为1件。截至10月底，执法支队受理旅游投诉40件，结案率为100%，协调企业理赔137903元。受理旅游咨询284件，旅游纠纷10件。（何　萍）

旅游景区管理

【概况】 2014年，江油李白故居、北川维斯特创建为国家AAAA级旅游景区，全市国家A级景区19家，其中国家AAAA及以上景区10家。北川羌城景区、李白纪念馆创建为省级廉政文化进景区示范点。江油市被评为四川省乡村旅游示范县，全市省级乡村旅游示范县达到3个。涪城杨家镇、游仙街子乡、北川桂溪镇、安县花荄镇创建省级乡村旅游示范镇。新增三星级以上星级农家乐/乡村酒店27家，其中四星级9家、三星级18家。

【“智慧旅游”建设】 2014年，全市按照“以旅游信息化促进绵阳旅游产业全面发展，以‘智慧旅游’建设促进绵阳相关产业发展，培育绵阳‘智慧旅游’产业生态系统”发展思路，围绕智慧管理、智慧服务、智慧营销、虚拟体验四大系统，推进绵阳“智慧旅游”建设。联合西南科技大学成立智慧旅游研究中心，开发以羌文化为主题的互动体感游戏。完成九环东线旅游交通信息管理平台建设，对景区人流、车流情况的实时监控和统计分析。

（何　萍）

旅游市场推广

【微信微博平台旅游宣传】 2014年，绵阳旅游微信开设“四季旅游活动”“精品旅游线路”“乡村旅游周末版”“绵州美食”“特色旅游商品”专栏。发布信息427条，平均每日群发1~3条图文资讯。全年官方新浪微博发布微博860条，腾讯微博发布微博1011条。通过《四川旅游同行内刊》彩信宣传平台编辑《绵阳旅游主题宣传》彩信16期，每期发送1万余条。

【绵阳旅游西安推介会】 2014年6月5日，绵阳市旅游局主办的绵阳旅游资源与产品推介座谈会在西安举行。活动推介绵阳的最新旅游资源以及为西安—绵阳旅游产品。推介会座谈会上，陕西天美国际旅行社、陕西天朗国际旅行社等旅游企业分别与绵阳市旅行社签署战略合作协议书。两地旅游企业就双方的旅游合作和宣传营销等方面进行的交流座谈。

【组团参加第一届四川国际旅博会】 2014年9月27~28日，第一届四川国际旅博会在峨眉山市举行。市旅游局组织31家旅游企业参加大会。其中，有17家企业通过审批参加“一对一”旅游交易洽谈，经预约，与美国、加拿大、英国、法国、德国、印度尼西亚、马来西亚、新加坡、韩国、尼泊尔等国家采购商展开面对面地业务洽谈。本次旅博会绵阳市展位主要展示秀丽的自然山水风光、独特的羌民俗风情和深厚的历史文化资源，吸引众多境内外嘉宾参观、咨询。展会期间，发放宣传资料5万余份，接受咨询800余次，参加“一对一”洽谈旅游企业达成意向性交易30余家。其中，采购商对绵阳市假日国旅、豪瑞特酒店、九皇山景区、药王谷景区、窦圌山景区关注度较高。（何　萍）

北川地震遗址区

【概况】 北川地震遗址区由汶川特大地震纪念馆、地震科普体验馆、北川老县城地震遗址、唐家山堰塞湖组成，位于绵阳市北川羌族自治县境内，面积91.1平方千米。遗址区地处汶川特大地震宏观震中，具有遗址规模最宏大、原貌保存最完整、地震破坏最严重、次生灾害最全面、破坏类型最典型等特征，是汶川特大地震遗址核心区域。地震遗址区是展示中国发展道路、发展模式、讲述中国故事的窗口，培育和践行社会主义核心价值观的重要载体，开展地震科普研究和防灾减灾培训的基地。2014年，汶川特大地震纪念馆管理中心（绵阳市唐家山堰塞湖管理局）在堰塞湖综合治理开发、地震遗址持久保护、地震纪念馆运行管理、羌城旅游区一体化经营四个方面有所突破，取得成绩。

【唐家山堰塞湖综合治理开发】 2014年，绵阳市唐家山堰塞湖管理局围绕堰塞湖综合开发，在河道治理、地质灾害治理、安全性评价等方面做工作。完成野鸭沟泥石流、石索桥大岩泥石流、石索桥大岩滑坡三个地灾项目工程，实现工程投资956万元。汛期结束后，组织启动杨家沟泥石流地灾治理工程、石索桥大岩不稳定斜坡治理工程，完成唐家山堰塞坝地勘、《唐家山堰塞湖湖口至邓家大桥河段防洪治理工程近期实施项目可研报告》评审及《唐家山堰塞湖湖口至邓家大桥河段防洪治理工程近期实施项目》的水土保持、环境评价、能源评价审查工作。12月2~5日，邀请张楚汉、陈祖煜、王思敬、张培震、刘宝珺院士在内的国内水利、水工、水文、地震、地质等方面的权威专家，召开唐家山堰塞湖综合开发利用专家咨询会，并向水利部进行专题汇报。根据推进工作需要，市政府与神华四川能源有限公司签订战略合作协议，商定由神华公司控股，有关各方共同出资组建开发公司，实施唐家山堰塞湖综合开发利用工程。

【地震纪念馆开放管理】 2014年，汶川特大地震纪念馆管理中心重点从软件方面规范提升开放接待水平，狠抓典藏陈列、学术研究、人性化服务等工作。推进全国第一次文物普查工作，累计上报藏品数10091件套，采集进度达到50.42%；向国家文物局报送《“5·12”汶川特大地震纪念馆精品陈列评选方案》和《数字化项目方案》。5~10月，举办“为爱走一趟、

解放军南京陆军指挥学院带领东南亚11国旅长进修班学员在北川地震遗址区

丹青会羌城”中国书画名家临时展览，展出书画作品100幅。采取措施加强学术研究与交流，接待日本灾后重建政策参访团、英国考文垂大学等国内国外学术研究参访团32批次；参加国际公众减灾教育论坛、“地震防灾大三角”国际研讨会和国际应急管理减灾体系建设研讨会；与四川大学—香港理工大学灾后重建与管理学院、北京防灾科技学院、北京师范大学减灾与应急管理研究院、台湾“9·21”地震教育园区等院校和单位签订《合作协议》；启动《公众减灾教育培训模式》课题研究工作。全年接待省内外机关、企事业单位和学校组织干部、职工、学生前来参观1670批次，举行各类教育培训38批次，接待社会公众172.5万人次。被南京陆军指挥学院、绵阳师范学院、四川大学—香港理工大学灾后重建学院等院校授予教学实践基地。

【地震科普体验馆】 2014年1月，汶川特大地震纪念馆管理中心完成地震科普体验馆内部软硬件设备设施的整改提升工作。10月16~18日，组织人员参加第二届中国（绵阳）科技博览会参展活动，通过互动展项和有奖答题等形式，展示科普体验馆的科普功能、教育功能。全年接待中小学校学生、大专院校师生、企事业单位、公益团队、社会媒体等团体578个，接待参观、体验人数2.75万人次。

【北川老县城地震遗址保护】 2014年汛期前，根据省水利厅审定通过的《通口河唐家山堰塞湖下游（堰塞湖湖口—邓家大桥）河段防洪治理规划报告》，结合北川开茂水库、地球卫士等重点项目建设，绵阳市唐家山堰塞湖管理局对老县城地震遗址至邓家河段进行防洪疏浚，清运河道砂石约105万立方米，完成投资4000万元。同时，对老县城地震遗址内部进行安全排查，完成三中心危险塔吊的顶部拆除工作和K6危险房屋、林业局遗址大门钢结构被动支护工程，确保老县城地震遗址面向社会公众开放。

【中国青少年生命教育论坛】 2014年11月1~3日，由中国宋庆龄基金会主办，四川大学、汶川特大地震纪念馆港等单位联合主办“第十届中国青少年生命教育论坛暨首届生命教育与健康处境论坛在四川大学召开。论坛的宗旨是“用生命来教育，给生命以教育，为生命向前、向上、向久远而教育”；主题是“生命教育的跨学科对话”。邀请400余名来自国内外生命教育与健康促进领域的教育学、人类学、体育学、医学、生命科学等多学科的专家参加论坛讲座。论坛以北川老县城遗址为平台，实地开展生命教育、防灾减灾安全教育等交流活动。11月3日，参加生命教育论坛的专家代表一行参观北川老县城遗址。代表们在汶川特大地震科普体验馆多功能厅参加知识讲座，以色列专家为大家讲授防灾减灾安全教育方法；台湾老师言传身教，用音乐舞蹈为大家讲授心理危机干预的重要性和放松心情、愉快心境的方法。最后，召开生命教育论坛成果分享交流座谈会，畅谈此次参观北川老县城地震遗址接受生命教育的感受和对以后北川地震遗址区社会教育功能发挥提出宝贵的意见建议。

（景富国）

景区景点简介

【北川羌城旅游区】 北川羌城旅游区是绵阳市第一家国家AAAAA级旅游景区，位于北川羌族自治县境内，由地震纪念地、大爱文化观赏区和禹羌文化体验区三大部分组成，包含北川老县城地震遗址、汶川特大地震纪念馆（主馆、副馆）、吉娜羌寨、北川羌族民俗博物馆、新北川巴拿恰商业街等景点，面积6.01平方千米。旅游区是一个开放性景区，集纪念缅怀、感恩大爱、禹羌风情和生态休闲于一体，留存有汶川特大地震灾难记忆、传承着羌民族悠久的人文历史与灿烂的民族文化，记载伟大的抗震救灾精神和无疆大爱文化，是回顾风雨同舟的患难历程、见证浴火重生的北川新貌、领略禹羌文化的独特魅力、欣赏秀美壮丽的旖旎风光的理想旅游目的地。

【梓潼县七曲山风景区】 景区位于剑门蜀道之南端，蜀道翠云廊起点，规划面积37平方千米。以文昌文化和纯古柏林享誉海内外，以古蜀道、古皇柏、古建筑、古文化为主体的人文景观50多处，被誉为“蜀道奇观”。景区七曲山大庙是文昌宫观之祖庭，现存元、明、清古建筑23处，被誉为“古建筑博物馆”；七曲山国家森林公园总面积达2346公顷，拥有古柏2万余株，占地46.67公顷，其中最老的古柏有2100余年，最年轻古柏有200余年，七曲山古柏林也被誉为“天然氧吧”“森林活化石”。

【江油李白纪念馆】 景区位于江油市区风景秀丽的昌明河畔，面积4公顷，筹备于1962年，1982年建成开馆，2011年完成灾后重建重新开放，是“全国爱国主义教育示范基地”，国家AAAA级景区，省级社科普及基地，省级平安景区。收藏有历代李白诗集版本、众多名家书画精品等文物资料4000余件，其中邓小平、江泽民、胡耀邦、宋庆龄等党和国家领导人的手迹以及仇英、祝枝山、张大千、傅抱石、潘天寿等名家巨擘的作品，为李白纪念馆增添厚重的文化底蕴。

【平武报恩寺】 景区位于平武县龙安镇，寺院坐西向东，三面临江。正殿在中轴线上——纵列，两侧回廊配殿对称环立，檐牙交错，古柏耸云，山门掩映在古树浓荫之中，万佛阁高起在蓝天白云之间，参差错落的古建筑群在天然背景群山环抱的衬托下更显得气势雄伟、深远莫测。报恩寺是明正统四年（1439年）开始由龙州宣抚司土官佥事王玺、王鉴父子奉旨主持修建。与青海瞿昙寺，北京智化寺同为国内仅有保存完整的明代宫殿式寺庙建筑之一，同时报恩寺还是国内罕见的建筑在少数民族地区的汉式建筑风格的佛教寺院，是多民族文化融合的典型代表。

【九皇山景区】 景区位于北川羌族自治县，距绵阳城区仅68千米，距成都约3小时车程，距九寨沟230千米，成都至九寨的旅游环线穿景区大门而过。景区集人文与自然之大成，以古朴的西羌文化为主线，完整地保留、真实地展现史称“南蛮、北狄、东夷、西羌”之一、如今唯一尚存的古老西羌文化遗迹与生活习俗，浓郁的羌族风情、奇险的自然风光吸引着中外游客。风光独异、风景绚丽、风情万种，是体验西羌风情、休闲、度假、从事商务、会议、科考及保健、养生的综合性景区。

【北川药王谷】 景区是全国第一个中医药养生主题旅游度假区，也是汶川大地震后第一个按国家AAAA级标准新开发的旅游景区，秉承“不治已病、治未病”的中华传统医药文化，弘扬“无川药不成方”“天下九福、蜀川药福”的川药文明，依托景区成片的万亩药林和百年古辛夷花药树林等天然资源，形成食疗、气疗、诊疗、浴疗、枕疗、动疗、心疗等系列针对亚健康人群的国医健康调理旅游产品，景区建成填补全国中医药旅游业增添一种新的定制旅游方式。药王谷在海拔1500米的群山之中，植被丰茂，负氧离子23000个/立方厘米，夏季清凉，四季药花烂漫，溶洞奇险、林森幽幽，是观光休闲避暑胜地。

【绵阳科技馆】 景区位于四川省绵阳市游仙区风景如画的芙蓉溪畔，与富乐山风景名胜区、中华科学家雕塑公园和在建的绵阳博物馆遥相呼应，紧邻芙蓉汉城餐饮一条街。场馆分为三大板块：主展馆、球幕影院及娱乐风洞，占地88000平方米，其中建筑面积24000平方米，室外展区面积17000平方米。绵阳科技馆的前身为绵阳博物馆（馆舍）。为打造中国红色（科工）旅游基地，2005年，绵阳市委、市政府决定，绵阳博物馆馆舍改建为“两弹一星科技博物馆”，后定名“绵阳科技馆”。2011年1月26日，绵阳科技馆向公众开放。绵阳科技馆获绵阳市爱国主义教育基地，四川省科普基地称号；2014年5月，批准为国家AAAA级旅游景区，成为科技旅游精品景区。

【江油李白故居】 景区位于江油市青莲镇，地处绵阳、江油之间，是绵阳市打造绵江经济走廊的支撑点。距江油市区12千米，绵阳市区23千米，国道108线绵（阳）广（元）高速公路入口处10千米，距绵阳机场28千米、成都150千米，可通过成（都）绵（阳）高速公路直达，成绵乐城际高铁设有站点，是国家级风景名胜区——剑门蜀道风景区上的一个极为重要的人文景点。气候温和，四季分明，山环水绕，风景秀丽。

【北川维斯特农业休闲旅游区】 旅游区位于新北川县城西北部，面积33.34公顷。旅游区包括生态农业观光示范园、开心农场、生态蔬菜采摘园、休闲中心、天然活氧温泉、恒温游泳馆、度假酒店等景点组成。区内空气清甜，奇花异果，百花争艳，是一家集现代设施农业科普知识与农业产业化经营理念于一体的现代农业生态养生休闲度假区。其精心打造的农业技术考察游、生态蔬菜采摘游、青春活力亲子游、现代农业科普游等特色旅游产品日益显现，吸引全国各地游客前来旅游观光。 （何　萍）

绵阳市 A 级景区一览

表 49

序号	景区	级别	评定时间	地址
1	北川羌城旅游区	AAAAA	2013.5.04	绵阳市北川县永昌镇
2	绵阳市西羌九皇山景区	AAAA	2006.10.23	绵阳市北川县桂溪乡
3	绵阳市北川药王谷旅游景区	AAAA	2013.09.13	绵阳市北川县桂溪乡林峰村二组
4	梓潼县七曲山风景区	AAAA	2006.10.23	绵阳市梓潼县七曲山
5	绵阳市平武报恩寺	AAAA	2008.04.30	四川省绵阳市平武县龙安镇
6	绵阳市江油窦团山风景区	AAAA	2005.12.22	四川省江油市武都镇团山村
7	江油李白纪念馆景区	AAAA	2012.12.11	绵阳市江油市文风街 1 号
8	绵阳市科技馆旅游景区	AAAA	2014.05.04	绵阳市游仙区一环路东段 232 号
9	绵阳市江油李白故居景区	AAAA	2015.01.06	江油市青莲镇粉竹路
10	绵阳市北川维斯特农业休闲旅游区	AAAA	2015.01.06	北川新县城农业科技园
11	绵阳匡山佛爷洞	AAA	2006.05.23	四川省江油市大康镇因明村
12	绵阳寻龙山景区	AAA	2007.04.29	绵阳市北川县安昌镇沙汀路
13	三台梓州杜甫草堂	AAA	2009.10.12	绵阳市三台县西外街
14	富乐山	AA	2002.12.11	绵阳市游仙区芙蓉路 1 段 10 号
15	碧水蓝天旅游景区	AA	2010.12.16	绵阳市涪城区杨家镇团阳寺三社
16	涪城区小桥村	AA	2007.10.16	绵阳市涪城区龙门镇小桥村
17	涪龙苑旅游景区	AA	2010.12.16	绵阳市涪城区龙门镇香社村七社
18	绵阳市盐亭县玉龙山旅游景区	AA	2012.12.13	四川省盐亭县
19	绵阳市涪城区晨曦森林度假村旅游景区	AA	2012.12.13	绵阳市涪城区丰谷镇民杨村一组

（何　萍）

园　林

公　园

【人民公园】　2014年，人民公园争取市政重点工程资金，对公园约10000平方米花圃及假山区域进行改造提升。完成人民公园临街建筑近1000平方米的维修工程，解决地震以来出现的屋面渗漏、墙体开裂的安全隐患问题；采取更新木条并刷漆翻新等方式对全园近百根公共座椅进行维修；配合照明处对全园210盏路灯进行更新，对路灯地下管线近200米进行更换；对公厕设施如感应龙头、防滑地板、隔断、脚踏阀及门窗等设施进行维修并补充完善各类温馨提示牌、安全警示牌等100余块；对全园基础铺装路面600平方米进行维护维修；对全园塑钢护栏及木栅栏进行补充完善近百米，确保公用类设施设备功能正常，满足市民游客的游憩需要。

【富乐山公园】　2014年，富乐山公园生产菊花7.5万盆；生产草花品种35个，100万盆，换花8次；木本苗木生产15000苗，完成绿化改造3600平方米，栽植植物650株；荷花展出900余盆。完成绵阳市第32届菊展，造型9个，展出品种500余个，全年接待游客量超200万人次；完成基础设施投入590万，新建厕所1口，改建厕所4口；维修景点4处；宋哲元墓完成接待3.5万人次，发放爱国主义资料1000余份；举办大型书画展3次，展出作品300余幅。

【西山公园】　2014年，西山公园完成规划新区建设用地许可证办理，土地使用证正在办理；做好基建项目周边关系协调、青苗费补偿工作，基建工作顺利开展；完成公园景点日常维护工作；完成公园水电供给、建筑维护工作；完成凤尾湖、蒋园水池维修、子云亭陈列及周边服务设施绿化提升前期准备工作。

【南山公园】 2014年，南山公园完成对全园5800平方米道路的改造提升及完善配套设施工作，拓宽部分狭窄道路，更换破损路缘石2500米，对西大门主干道沿江一线5000余平方米绿地进行改造提升；改建管理用房至流芳园路段土路，增设照明设施（13盏路灯）；更换25块腐烂开裂路标牌、120张园椅、100个垃圾桶，解决多年来公园道路环线不完整，影响游人及车辆通行问题。并对大草坪300余米游步道进行全面改造提升，在公园西大门至沿江观景平台新建游步道200余米，对公园骨灰室及南塔厕所600余平方米漏雨屋面进行维修，彻底解决公共设施多年漏雨问题。（黄 龙）

广 场

【滨江广场】 滨江广场位于涪江西岸，始建于1998年8月，1999年10月竣工，占地面积7.835万平方米，是绵阳城市基础设施重点工程之一。北起东方红大桥300米处，南抵涪江三桥，总长1600余米，宽29至39米，分上下两层，上层为步行广场，下层为机动车道、停车场，是集防洪、休闲、停车等功能为一体的综合性大型广场。步行广场构思独特，布局精美，喷泉叮咚，铁牛、汉代铜车马、说唱俑等青铜雕塑与相邻的铁牛广场仿古亭台建筑相得益彰，尤以绿化见长。以大面积绿地为主，适当栽植乔、灌木组织绿化景观，上有乔木、中有灌木、下有植被花草。共建植混播草坪10000余平方米，栽植5厘米胸径黄葛树178株、高山榕40株、蒲葵4株，杜鹃36株；在草坪中配置30至50厘米胸径黄葛树5株，增强景观效果。同时根据季节变化，以数万盆四季花卉布置造型图案，设置玻璃钢装饰花钵26组(套)。

滨江广场

【铁牛广场】 铁牛广场位于绵阳市滨河路，绵阳市东方红大桥东侧，广场占地近2万平方米，绿地面积11886平方米，是城市居民密集居住地段，紧邻涪江，地势开阔，交通便利，四面均有道路到达城区交通干道。环境绿化以马蹄筋草坪建植为主，黄葛树、桂花、南天竹、芭蕉等植物为辅，罗汉松、棕竹、苏铁等树桩盆景点缀其间，7株胸径50厘米以上的黄葛树滴翠吐绿，是城区重要避难场所之一。

【青年广场】 青年广场位于绵阳市滨河北路东段，是城区主要绿地广场之一，面积41000平方米。种植有大规格香樟8株、银杏15株、朴树8株、菩提12株、栾树21株，中小乔木桂花13株、樱花28株、红叶李56株、白玉兰23株，栽植红继木、洒金珊瑚、红叶石楠等灌木71445株，分季节点缀不同品种花卉丰富景观效果，形成乔灌花草有机结合，精心配置，富有浓郁都市风情的绿化景观，是周围居民重要的休闲、健身场所。因其周围住宅小区众多，居民相对集中，交通便利，是城区重要的避难场所之一。（黄 龙）

综合监管
COMPREHENSIVE SUPERVISION

绵阳市质量技术监督管理局综合大楼

审　计

【概况】 2014年，全市审计机关重点对“三公”经费、财政预算执行情况、保障性住房项目、财政扶贫专项资金、政府投资、经费责任等方面进行审计。在全省率先开展县市区党政主要负责人离任生态环境审计工作。全年完成审计项目773个，查出主要违规金额30235万元，损失浪费金额70万元；审计发现非金额计量问题315个，核减投资额134553万元。审计促进增收节支437581万元，上缴财政19712万元，减少财政拨款或补贴134627万元，归还原渠道资金283240万元，调账处理金额66520万元，缴纳其他资金689万元，挽回避免损失134553万元。移送司法、纪检监察机关和有关部门处理事件18件。年底，绵阳审计局被国家审计署表彰为“全国政府性债务审计先进公务员集体”，被四川省审计厅表彰为“2013年度审计项目考核先进单位”。

△“三公”经费：指财政拨款支出安排的出国（境）费、车辆购置及运行费、公务接待费。

【“三公”经费审计】 2014年，全市审计部门加大对中央“八项规定”、《党政机关厉行节约反对浪费条例》等贯彻执行情况的审计监督，制定出台《公务支出和公款消费及津贴补贴发放审计监督办法》。全年对全市193个部门、单位的2013年度“三公”经费进行审计；对市本级6个单位使用财政性资金举办各类节会、庆典情况进行审计；派出100余人次配合纪检监察部门对2014年“三公”经费支出开展专项检查。对审计中发现资料不规范，手续不全等问题已跟踪督促整改。

【财政预算执行审计】 2014年，全市财政预算审计工作坚持“围绕中心、服务大局”的基本方针，按照“评价总体、揭露问题、规范管理、促进改革、提高绩效、维护安全”的审计思路，突出重点，全面审计。全市完成预算执行审计项目23项，延伸审计部门单位20个。审计查出各类违法违规资金22020.30万元，管理不规范资金806805.43万元。审计处理收缴到财政资金7802.02万元，归还原渠道资金1889.84万元，责令冲转、调整和其他纠正处理资金12329万元。

【保障性住房跟踪审计】 2014年，全市审计部门对绵阳市2013年各类城镇保障性安居工程的投资、建设、分配、运营等情况进行审计。重点审计市本级和9个区县政府所属建设、发改、财政、国土、规划、民政、农业等部门。审计资金16亿元，调查51个项目、40个乡镇、55个居（村）委会、312户家庭，并对31个保障性安居工程项目的开工情况、24个项目的基本建成情况、30个项目的工程建设和质量管理情况进行检查。对审计发现问题，各级政府和部门单位及时进行整改。

【财政性扶贫专项资金审计】 2014年，全市审计部门对全市2010年至2013年各项财政专项扶贫资金、以工代赈资金及其他财政性扶贫资金进行全面审计，查出在扶贫资金筹集、拨付、使用、管理和政策执行情况方面存在的问题，分析问题存在的原因，提出整改措施和建议。对审计出现的问题，各级党委、政府和相关部门十分重视，采取措施，先后出台加强扶贫资金管理的制度4个，督促抓好问题的整改落实。经审计，移送司法机关1人，被纪委立案调查8人、党纪处理处分30人。

【政府投资审计】 2014年，全市政府投资审计工作以贯彻落实《四川省政府投资建设项目审计条例》为契机，以国家审计为主导，社会审计为补充，整合资源，强化督导，推进政府性重大投资项目审计。全年完成绵阳市金家岭至涪江二桥至仙海大道沿线道路改造项目竣工结算审计等557个政府投资审计项目。同时，完成香港特别行政区政府援助绵阳市妇幼保健院灾后重建项目决算审计等11个审计项目。

【经济责任审计】 2014年，全市加强领导干部权力运行监督，落实中办、国办《党政主要领导干部和国有企业领导人员经济责任审计规定》和《实施细则》，发挥经济责任审计联席会议作用，完善经济责任审计评价体系，强化经济责任审计成果运用，促进领导干部依法履职。至年底，全市审结领导干部23名，查出违规金额21423.35万元，管理不规范金额3968.23万元，发现各类问题110个，提出审计建议63条。 （黄江洪）

工商行政管理

【概况】 2014年，全市工商行政管理工作在工商登记制度改革、职能转变、体制调整、职责划转等新形势下，按照市委六届六次全会精神和省工商局“257”战略部署，助推绵阳经济社会持续健康发展取得成效。推进注册资本登记制度改革，全市市场主体总量达到22.06万户，同比增长17.07%。新增驰名商标2件，全市注册商标总数首次突破万件。全年立案查处各类经济违法违章案件2788件，案值1603.95万元。“红盾春雷”行动、文明城市建设、依法治市、综合治理等系列工作分别受到省局和市委、市政府的表彰奖励。

市工商局与市委组织部、市委编办、市财政、人社等部门汇报、沟通、协调，做好市本级和各县市区划转名册移交工作。11月13日，市本级完成体制调整移交；至12月底，大部分县市区局工商体制调整对接工作完成。

2014年，根据省体制调整电话会议精神，市县工商局整体移交由辖区当地人民政府管理。

【注册资本登记制度改革】 2014年3月1日，绵阳市注册资本登记制度改革启动实施，全市市场主体数量与规模呈现出“总量扩大、规模增强、结构优化”的发展特点。截至12月31日，全市新登记市场主体29164户，注册资本金320.93亿元，分别同比增长9.13%、41.6%。其中，新登记私营企业8317户，同比增长117.27%。(注：2014年1月至12月全市新登记市场主体32165户，注册资本金340亿元，同比增长41.18%。其中，新登记私营企业9099户，同比增长100.29%。)

【民营经济发展】 2014年，市工商局制定出台《关于促进民营经济发展的意见》细化服务举措24条。探索中小微科技企业“先照后证”试点工作，探索放宽企业住所（经营场所）登记条件。全年办理动产抵押登记216宗，为企业融资16.23亿元；市本级办理股权出质登记382户，出质金额数9.18亿元，被担保金额12.35亿元。信息助企，推出“绵阳掌上工商”智能手机服务平台，持续发挥信息服务作用。

【商标战略】 2014年，市工商局依托市县区个私协会开展的“助农送商标”300件活动中，2013年送商标102件，全年继续完成送农商标103件。全市注册商标总数首次突破万件，有效数达10200件，其中驰名商标13件，省著名商标71件，市知名商标201件。农产品“地理标志”证明商标4件。

【新农村建设服务】 2014年，市工商局全面推行农资商品准入管理。全年查处农资市场案件总数134件，案件总值120万元，抽检化肥70个批次，立案查处不合格批次18个。录入化肥商品信息1019条，初步建立农资商品（化肥）监管信息数据库。支持农村经济合作组织发展，全市农民专业合作社3007户，资金总额77.71亿元。

【流通领域商品质量监管】 2014年，市工商局组织对重点商品抽检548批次，查处制售不合格商品案件117件；配合省工商局对消防、钢材等商品75批次进行了抽样检验，立案查处制售不合格商品案件26件。“红盾春雷行动2014”专项行动中，捣毁制售假窝点21个，立案查处违法案件634件，案值550万元，受理消费申诉举报109件，为群众挽回经济损失10.26万元。市局经检支队等8个单位和个人获得省局表彰，一件入选全省“红盾春雷行动2014”十大典型案例。

【重点领域监管执法】 2014年，市工商局检查清理整顿民间投资理财咨询类经营主体419户次，发放“行政执法提示书”143份，行政约谈企业134户，立案查办违法案件23件，清除违法广告81处；捣毁取缔传销窝点30处，教育遣返传销人员289人，查结传销案件5件，移送司法机关案件2件，追究刑事责任9人；全年完成登记入库各类网络交易网站2074户，交易平台6户，发放电子链接标识64户，检查网站3500余户次；集中整治机动车非法生产销售改装拼装专项行动，立案查处违法案件38件，案值28.53万元；开展“打击不正当竞争与保护知名企业知名品牌知识产权”专项行动，立案40件，案值31.31万元；查结商业贿赂案件8件，罚没金额117.14万元。

【虚假广告专项整治】 2014年，市工商局检查各类媒介发布的行业广告7560条次，拆除违规发布的户外广告400余幅，立案查处违法广告案件86件。市级主流媒体的广告总体违法违规率大大低于上年。

【企业年报和信用公示】 2014年，全市参加2013年年度报告的企业达4991户，企业联络员备案9729户，申报待审核2426户，发布即时信息644户。全市公示各级“守合同重信用”企业553家。

【消费者合法权益维护】 2014年，全市工商局受理消费投诉687件，成功调解653件，调解处理率达95%，为消费者挽回经济损失213.26万元，其中欺诈行为得到加倍赔偿9.87万元。“12315”指挥中心接听各类投诉、举报、咨询电话16158起，分派、转办率达100%。全年查办各类合同违法案45件，开展合同行政约谈25次；受理合同争议21件，解决合同争议金额117万元，挽回消费者经济损失100余万元。

【市场秩序整治】 2014年，市工商局规范经营行为和秩序，督促市场业主治理市场环境，规范乱摆摊点和占道经营。全年检查市场320个次，检查各类经营户125200户次，查处取缔无照经营900余件，清理市场内的乱摆乱放17000余处，清理、规范各类违规广告8000余幅（处）。

【法治工商建设】 2014年，市工商局就新《消费者权益保护法》《商标法》《企业信息公示暂行条例》等法规开展多形式、多渠道的宣传培训，其中，宣传新《消费者权益保护法》的公益维权微电影《情人节投诉》在主流网站上传后点击率突破2000万，在全国工商系统引起强烈反响；与市广播电台联办5期《法在身边》专题节目，增进群众的支持和参与度；加强一线执法干部法制教育，开办“法制园地”专栏发布执法交流文章；建立健全执法监督制度，建立案审委员会会前学法制度，定期组织开展行政执法案卷评查。

国土资源管理

【概况】 2014年，全市完成《市县两级中心城区所在乡镇新一轮土地利用总体规划（2006~2020年）》审查报批工作，并经省人民政府批准。申请土地区位调整批次47个393.8公顷，为城市发展和重点项目建设提供用地保障。全国土地市场普遍低迷的情况下，全年，全市出让土地619宗2006.67公顷，成交总额65.4亿元。投资6.48亿元实施土地开发整理项目61

个，开发整理土地4.14万公顷，新增耕地1960公顷，在项目区实施田水路林村综合整治，改善农村面貌和生产生活条件。

2014年，全市争取用地指标1285.73公顷，其中正常年度用地计划指标700公顷、保障性住房用地指标35.73公顷、国防科研项目用地指标120公顷，洪灾灾后重建项目用地指标430公顷；实际使用指标855.73公顷，报征土地1832.73公顷，超过过去三年的总和。全市向省国土资源厅申报立项挂钩试点项目28个，申请挂钩周转指标693.87公顷。市辖区办理国有土地使用权登记36000宗，办理国有土地使用权抵押登记192宗，549.84公顷，抵押金额62.33亿元。

【耕地保护】 2014年，全市按照基本农田保护“总量不减少、用途不改变、质量不降低”的总要求，对基本农田实行特殊保护。全市耕地保有量达44.36万公顷，完成省政府下达目标的108.85%；基本农田36.23万公顷，完成目标100%。开展高标准基本农田建设，建成高产稳产基本农田3.74万公顷，完成目标任务的100.47%。严格用地审批关和农用地转用关。对各类建设用地，坚持预审制度，做好建设项目前期论证和选址工作。

【征地拆迁】 2014年，全市完成征地拆迁安置补偿方案公告200余份，发布征收土地公告300余份，现场抽查复核农房500余户，核算供地成本112宗424.87公顷，完成农户拆迁4000余户，人员社保安置2105人，批后实施459.4公顷，拨付镇乡拆迁安置补偿资金约21亿余元。

【保障性住房用地】 2014年，全市优先安排保障性住房用地，供应公租房、廉租房用地6.95公顷，保障性安居工程和中小套型商品房用地占住宅用地计划70%。安排统建房用地65.01公顷，解决统建房办证问题。

【国土资源执法监察】 2014年，全市辖区清理出涉嫌闲置土地137宗491.73公顷，对1宗闲置土地进行处置，征收土地闲置费734.5万元。接到“12336”电话属实举报信息9宗，收到国土资源部和省国土资源厅“12336”热线电话、成都督察局、群众举报、市政府及整治办、市长信箱等各类信访案件举报24宗，按照规定进行调查和回复。完成全市“小产权房”清理，清理出违法建设、销售“小产权房”项目38个，涉及土地17公顷（其中耕地面积846.67平方米），建筑面积337891.33平方米。严厉打击违法行为，市辖区查处土地违法案件142件，其中立案查处131件、非立案查处11件，处罚款926.31万元。

（谌礼骄）

统　计

【概况】 2014年，全市统计工作以统计服务为中心，以统计改革为主线，提高统计数据质量和统计服务能力。开展绵阳经济发展、城镇化建设、民生等重大问题研究。围绕重点行业开展统计分析，全年撰写统计分析53篇，为市委、市政府决策提供参考。推进政务信息公开工作，统计部门与新闻媒体合作对接，加大经济社会发展情况发布力度，及时发布统计数据，回复公众咨询留言。对外公开统计工作动态和统计数据，全年累计完成党务政务、工作动态及经济信息2100余条。年底，绵阳市人民政府第三次全国经济普查领导小组办公室被国务院第三次全国经济普查领导小组办公室表彰为“第三次全国经济普查先进集体”。

【统计监测体系建设】 2014年，全市组织实施农业、工业、建筑业、批发和零售业、住宿和餐饮业、房地产开发业等行业，以及投资、居民收入、人口、社会、科技、能源环境和国民经济核算等各项常规统计调查工作。创新统计监测，推进反映经济转型升级统计监测工作方案、指标体系和综合统计制度的建立；开展市县全面建成小康社会统计监测工作；加强和完善重点服务业统计监测，建立服务业企业质量效益监测体系；做好绵阳科技城统计指标体系设计和初步测算工作。

【统计改革】 2014年，全市推进重点统计改革和国家统一的经济核算制度改革，开展新型服务业态增加值核算及资产负债表编制研究；固定资产投资统计改革，探索从项目形象进度法转向单位财务支出法采集数据；创新城镇化统计，健全反映城镇化进程和质量统计制度，推进城镇化和就业失业统计改革取得初步成效；深化服务业统计改革，推动服务业财务统计制度贯彻实施，建立部门服务业综合业务统计报表制度，力促服务业统计部门协调机制有效落实；推进贸经统计改革，建立完善网上零售统计制度；推进能源统计改革，全市能源生产统计逐步走上正轨。

【统计信息化建设】 2014年，全市推进数据仓库建设，推动乡镇与街道信息系统推广应用，推行乡镇信息系统平台，县域经济统计报表实现联网直报。做好联网直报平台维护，加强企业联网直报监管，全年企业联网直报率达到97.5%。落实《四川省基本单位名录库管理办法》，推进基本单位名录库维护更新机制，全面提升名录库数据质量，规范管理联网直报调查单位，完成国家联网直报调查单位入库申报审核确认工作。全市申报调查单位690户，其中：新增535户，变更18户，退出137户，净增398户。

【统计基层基础建设】 2014年，全市统计系统推进统计机构规范化建设，安县、梓潼县、盐亭县、北川羌族自治县的规范化建设全部完成，全市9个县市区全部实现规范化建设。推进乡镇统计工作规范化建设，落实《乡镇统计工作规范实施办法》，加强调查网点管理，强化农村统计基础和台账建设，提升乡镇统计现代化水平。加强统计基层联动体系建设，有序推进企业统计工作规范化建设，推动乡镇（街道）、园区和部门共同参与，督促企业依法建立完善原始记录和统计台账，规范企业统计工作。

【部门统计规范】 2014年，全市强化部门统计管理，加强部门统计工作指导、监督，指导部门规范统计，督促部门执行国家统计标准，确保数据质量；严格部门统计项目审批，规范部门报表设计和可行性测试。加强部门合作，充分发挥编办、工商、民政、国税、地税、质监等部门职能优势，联合建立名录库维护更新制度；加大与住建、商务、经信、文广新等部门协作，以联网直报调查单位管理、文化产业统计、部门服务业统计、地理信息系统建设等为重点，推动统计成果部门共享，打造共享合作平台。

【第三次全国经济普查】 2014年，全市各级政府、有关部门精心组织，经过7000余人普查人员历时两年半的努力，完成第三次全国经济普查前期准备、入户登记、审核验收、数据评审和总结表彰等阶段性工作。此次普查克服普查对象多、普查基础差、组织协调难、技术含量高、成果关联强、发展不平衡等困难因素，通过强化政府行为和组织领导，坚持依法普查，严格执行方案，规范业务流程，广泛宣传动员，加强审核评估，确保普查质量。普查结果显示，全市经济总量、结构和分布变化趋势客观、真实，符合经济发展实际和态势。

【统计法治化建设】 2014年，全市坚持“依法治统”，力促统计管理规范化，贯彻落实《四川省依法治省纲要》，推进“依法治统”各项工作。通过制订实施方案，开展动员部署、骨干培训、专题讲座、业务研讨、知识竞赛等多种方式，结合重点对象、统计业务、统计执法检查等多个方面，开展普法宣传活动。完善统计综合执法体系和执法机构建设，强化统计执法业务培训，开展统计执法检查，按要求做好举报核查工作。

（徐　业）

调　查

【概况】 2014年，绵阳市政府办公室印发《关于切实做好城乡住户调查一体化工作的通知》（绵府办函〔2014〕8号），调查系统按通知要求完成城乡住户调查；建立质量巡查常态化制度，根据专业特点，开展全覆盖、重点突出、针对性强的数据质量大检查，准确通报各地、各网点调查业务流程规范、数据质量差错等方面出现的问题，推广成功经验，帮助薄弱网点、调查员整改提高，对基础性问题、普遍性问题、整改不力的加大通报范围、力度和频率，全年向县市区（园区）发出通报4期。

调查部门每季度定期召开经济形势分析会，摸清调查数据走势，邀请市级相关职能部门全面会商，探索开展大数据式研判，利用各地、各部门共享数据进行逻辑性、匹配性分析，准确预判经济社会运行态势。同时，加大重点、难点、热点情况的分析深度，最终形成点、面结合的分析结果，真实反映经济社会运行新特点、新问题和新趋势，将农业、生猪、粮食、居民收入等重大数据反馈各县市区，供其分析研判区域经济发展形势。

年底，市调查队被绵阳市政府评为信息服务先进单位。年度业务考核评比中，获得省级以上9项嘉奖，其中农业调查、住户调查、消费价格、专项调查等工作获全省优秀等次。

【城乡一体化住户调查】 2014年1月，绵阳市政府印发《关于切实做好城乡住户调查一体化工作的通知》（绵府办函〔2014〕8号），全市一体化调查组织方式、操作流程、数据上报、数据发布、时间安排等得到规范统一，做到省、市、县一盘棋稳步推进。全年在新启动的1928个记账户样本中替换150户，换户率仅7.8%；采取集中与分散、分类与定向、定点与定人相结合的方式对各县市区业务人员、调查员、辅助调查员、记账户进行指导培训1600多人次，记账能力得到稳步提高。同时，在多部门联合会商评估机制基础上，建立季度定期数据评审、互联网门户网站数据发布等制度。

【调查网点建设】 2014年，全市坚持“住户调查要入点入户、企业监测要进厂进企、粮食监测要实割实测、畜禽监测要进圈点数”的直接调查工作方法，各调查专业至少遍访样本1~2次，样本维护率达到100%；削价调查、企业监测等个别专业点、户遍访达到5次以上，各专业换户率低于10%，确保样本相对稳定，做到自然失效的样本均及时按规范化程序替换。各调查专业在样本较为集中的网点，选择乡镇（村）、街道（社区）、行业协会等地，通过送达调查手册、法律关系告知书，挂牌“国家调查”铭牌，上墙（上册）调查人员职责、调查方法制度、业务流程、网点布局等有形资料，分类建设制度化、标准化的调查网点10余处。

【全国第三次经济普查个体户抽样调查】 2014年，绵阳完成全国第三次经济普查个体户抽样调查8018户。所调查样本分别在涪城区、游仙区、绵阳国家高新技术产业开发区、绵阳国家经济技术开发区、北川羌族自治县和梓潼县50个普查区。实地调查中，建立业务督查机制，实行层级管理，做到任务到人、责任到岗，全部深入一线现场调查，创造性采取“耐心细致分析引导法”和“相关指标测算倒推法”等举措，宣传引导调查对象真实填报，保证单笔数据准确可靠，关联数据逻辑合理，确保调查进度和质量双推进。

【统计调查服务】 2014年，绵阳调查队制定《弘扬苏区调查精神强化直接调查工作制度》，改变单纯坐在办公室里电话收报表、审核报表的“机关化”作风。按照“建设现代服务型调查统计”的要求，全体职工每人每月下基层调查2天次以上，到调查点3天次以上，深入了解掌握贴近现实、鲜活、接地气的数据和经济社会现状，提升“短、平、快”调查信息服务质量。全年上报总队和地方政府调查快讯、调查报告共98篇（调查报告47篇、调查快讯23篇、约稿28篇）。其中，被国家统计局采用16篇次，被省两办采用33篇次，被总队采用38篇次；获国家局领导批示6篇次，获省领导批示7篇次，获市领导批示13篇次。 （刘旭东）

物价管理

【概况】 2014年，全市完善价格调控工作机制，利用绵阳市场价格调控市级会商工作机制，把重点放在应对市场粮油、农资、建材以及大宗商品价格调控管理上，及时准确有效地调控商品价格异动。印发《关于完善绵阳市社会救助和保障标准与物价上涨挂钩联动机制实施办法》。抓好收费年审。加强市场价格监管，严厉打击低价倾销、价格欺诈、价格串通等不正当价格行为，营造良好的市场消费环境，物价总水平基本平稳。管理通胀预期工作成效明显，八大类消费品市场除食品、医疗保健和个人用品、娱乐教育文化用品及服务类涨幅相对较大外，其他类别呈现小幅波动态势。全年全市价费环境良好，物价走势总体平稳，稳中微升，价格总水平处于合理区间，年度CPI（居民消费价格指数）为1.3%。

【价格监测】 2014年，完善价格监测工作机制，加强对经济和价格形势的监测、分析、研判，加强对公共项目的价格监测，着力提高工作质量。推进价格公共信息服务，尤其突出民生价格监测信息服务，把民生价格信息发布服务作为加强和改善民生工作的具体举措，较好地维护消费者的知情权、监督权和消费选择权，化解矛盾，促进社会和谐。重点加强敏感、热点价格的调研分析工作，加强对人民群众最关心、最直接、最现实价格问题和农产品生产和流通领域价格的专项调研，形成有较高质量的调研报告，为各级政府价格监管决策提供参考。继续做好国家发改委和省发改委安排的各项问卷调查，采取多种形式，加强对价格热点、敏感问题的调查。努力做好日常、节日价格监测和市场巡视工作，发挥价格监测在市场价格调控监管中的“千里眼”作用。

【产品成本监审】 2014年，加大农产品成本的调查力度，着力为“三农”工作服好务。提高成本监审工作质量，着力为政府价格决策服好务。认真完成重要商品成本调查，为宏观调控做好基础性工作。严格执行廉洁从政规定，做到成本监审公平、公正。

【推进价格改革】 2014年，积极稳步的推行价格改革，着力贯彻落实国务院关于促进市场公平竞争维护市场正常秩序若干意见，即按照“放宽市场准入，严格规范行政审批，深化价格改革，放开竞争性环节价格，减少政府干预”的总原则，根据省发改委放开桑蚕鲜蚕收购价格的要求，绵阳市放开对市场桑蚕收购价格的管理，不再与市商务局联合发文对桑蚕收购价格进行定价。贯彻落实国家和省上新近出台的各项收费管理政策，继续行政事业性收费清理工作，全年取消行政事业性收费项目13项，免征17项，停止6项，转经营服务性1项。完成市本级33个部门、84个行政事业单位收费年审工作；并按照相关规定完成年审数据统计、录入、汇总，按时上报省发改委。按照省发改委要求，完成经营服务性收费项目、行业协会商会收费项目的清理规范工作。继续《全国医疗服务项目价格规范》2001版与2012版项目、价格的对接。加强机动车尾气排放检测、道路车辆救援、机动车停放服务、保障性住房价格、风景区门票价格等重要经营服务性价格管理。

【价格管理服务】 2014年，审核并报经市人民政府同意，制定绵阳城区新建生活垃圾卫生填埋场试运行期间垃圾处理服务费临时结算价格。安排落实2013年1~6月省级天然气价格专项调节金补贴资金。启动居民生活用水、天然气阶梯价格机制和调整污水处理费标准等基础工作。核定新开95路公交线路票价、304路机场专线票价等4条公交路线路票价的批复。调研遂宁工业用水安装定价机制，开展绵阳市水利工程供水价格摸底调查工作。加快建立完善城镇居民生活用水阶梯价格制度实施意见建议的工作。回复《四川省定价目录标准版本（征求意见稿）》的建议意见。完成城市社区居民委员会服务设施用水用电用气价格政策调查摸底情况的报告。

【涉民生价格服务】 2014年，按照《价格法》《政府制定价格成本监审办法》和《四川省定价成本监审办法》等法律法规规定，绵阳市围绕价格改革和社会关注、群众关心的价格问题，开展成本监审工作。对绵阳燃气集团、天新燃气公司燃气泄漏报警装置开展审核测算工作。对孟林能源公司CNG压缩天然气经营成本项目进行成本监审，核减不合理成本910万元。在成本监审过程中，针对被监审单位成本较高的情况，提出降低经营成本，提高经济效益的建议。指导平武县发改局开展王朗、黄土梁景区门票价格的临时成本测算，提出景区成本测算的修改意见，核减总成本1975万元，核减率11%。为资源性产品价格改革做好基础性工作，推进定期成本监审工作。对绵阳燃气集团、天新燃气公司、港华燃气公司三家企业分别开展管道燃气经营成本定期监审工作。加强蔬菜、生猪价格管控，根据省政府和省发改委要求，以及依据《绵阳市缓解生猪市场价格周期性波动调控预案实施细则》，与相关部门联动，做好蔬菜、生猪价格波动研判，及时提出应对措施。

【价格监察】 2014年，依法加强价格和粮食检查，先后对元旦、春节期间粮油市场、涉农收费、旅游价格、银行收费、城区CNG加气站价格、粮食库存、小包装粮食应急储备、政策性粮食购销活动、油菜籽和稻谷托市收购等进行专项监督检查。截至10月31日，全市价格系统累计组织出动检查组245组，出动执法人员863人次，查处价格违法案件46件，查处违法所得金额2.24万元，实行经济制裁金额30.61万元，没收违法所得9.02万元，罚款21.59万元，上缴财政30.61万元。其中：市检查局直接查处案件2件，罚款15万元，上缴财政15万元。全市查处粮食违法行为63起，实施处罚4150元。

【价格认证】 2014年，绵阳市各级价格认证中心完成各类价格鉴定、认证业务1356件，标的金额3.69亿元。涉及教育、房地产、集资建房、国有资产处置、林木、黄金珠宝、古玩等各类资产，为司法部门和行政执法部门办理案件提供客观、公正的价格鉴定依据。发挥“调解价格矛盾、处理价格纠纷，行使行政裁定”的职能，为公正司法、维护社会稳定，创建良好的社会经济环境，提升政府治理能力当好参谋助手。 （王　勤）

食品药品监督

【概况】 2014年，市食品药品监督管理局围绕建设“食品药品安全放心市”的总体目标，完善工作机制、提升综合能力、强化整治规范、推进社会共治，在加强食品药品安全监管服务群众健康、保障经济社会发展方面取得成效：全市无一起重大食品药品安全事故发生，食品药品安全总体状况满意度排名全省第一。截至12月31日，全市有行政管理相对人48805户（其中食品生产企业607户、流通企业23013户、餐饮单位15374户、药品生产企业30户、药品经营单位3656户、医疗器械生产企业20户、经营单位318户、化妆品经营单位1649户、医疗机构4138所）。

【食品药品综合监管机制完善】 2014年，各县市区（园区）和科学城办事处均设置食品药品监督管理局，各乡镇建立69个片区食品药品监管所。市政府出台《绵阳市食品药品监管职权划分规定》，对市、县两级的监管权责进行细分。成立由食品安全管理、法学、医药等领域21名专家组成的食品安全专家委员会，为食品药品安全监管提供智力支持。探索建立跨部门、跨区域、跨行业的食品药品安全行政执法与刑事司法衔接机制。

【“食品药品安全放心市”建设】 2014年，市食品药品监督管理局协调成立由市委、市政府研究室、市委党校等相关单位组成的建设“食品药品安全放心市”课题组，突出以食品药品安全隐患风险管控为中心，通过建立食品药品安全的责任体系、标准体系、监管体系、社会共治体系和诚信体系的“五大体系”，加快构建依法监管、科学监管和社会监管的“大监管”模式。截至年底，《建设绵阳“食品药品安全放心市”的实施方案》经市人民政府第53次常务会议审议通过并以市政府办公室名义印发实施。

【食品药品安全整治】 2014年，全市以食品药品生产、加工、流通和消费等为重点环节，以米、面、食用油、乳制品、鲜肉及肉制品、食品添加剂、保健品、药品和医疗器械等为重点品种，以社区、城乡接合部、乡村的各类批发市场、集贸市场、食品加工小作坊及小摊贩、餐饮店、药店和医疗机构等为重点区域，开展食品药品“亮剑行动”、医疗器械“五整治”、肉及肉制品、农村食品市场“四打击四规范”等专项整治。全年检查食品药品生产经营单位7.2万余家次，立案查处各类案件783件，处罚没款475.29万元；移送司法机关案件12件，抓获并惩处犯罪分子7人。

【食品药品多元监管格局构建】 2014年，绵阳自主研发由综合查验系统、产品服务信息系统和咨询管理系统共同组成的“绵阳市食品药品公众查询管理系统”，获得国家专利并在全市布点130台有效运行，实现消费者累计查询12万余次。肉菜追溯系统正式上线，通过商家智能溯源台秤在市场启动，实现蔬菜、猪肉的溯源追踪查询和购销台账的电子化。在绵阳中学等学校食堂试点打造“阳光厨房”，通过摄像头与显示屏联网连接，把师生实时监控与执法监督巡查有机结合，提高学校食堂的透明度和安全度。探索建立“行政监管、行业自律、消费者监督和分级综合评价”的“3+1”评价体系，推行食品药品生产经营企业量化分级管理评定；截至年底，全市有12185户食品药品生产经营企业实行量化分级管理。

【食品药械产业发展】 2014年，绵阳科技城生物医药产业项目推介会召开，来自全国各地的200余家生物医药企业参会，会议发布和推介10余项在生物医药产业领域内领先项目，陈依军、向华、屠鹏飞、文红梅四位教授分别与四川长新生物科技有限公司、四川赛卓药业股份有限公司、四川德培源中药科技开发有限公司、绵阳馨云川生物科技有限公司签订合作协议。绵阳市食品药品监督管理局对口联系的四川九九天目医疗器械有限公司研发的口腔X射线数字化体层摄影设备（简称牙科CT项目），经国家专家评审和技术审查，获国家食品药品监督管理总局三类医疗器械注册证，按照国际国内需求和公司生产能力，预计每年产值达到30亿~50亿元人民币。截至年底，全市药械产业产值达54亿元，同比增长19.9%。

【食品药品“亮剑行动”】 2014年，绵阳市食品药品监管局按照省食品药品监管局“亮剑行动”总体安排部署，加大市场整治和打假力度，先后开展打击注水猪肉、食用油、调味品、鲜活水产品等4大类重点品种的专项整治。全市出动执法人员5508人次，出动车辆1540次，检查食品生产经营主体7357户次；检查药品、医疗器械生产经营单位1261家，化妆品经营使用单位182家，检查批发市场、集贸市场等各类市场15个。立案查处各类违法案件35件（食品违法案件17件、药品违法案件17件、医疗器械违法案件1件），捣毁涉嫌给猪注水窝点1个，罚款金额14.7万元人民币。

“亮剑”行动中，查处涪城区石塘镇蟠龙村涉嫌注水窝点1个，圈存猪5头，涉嫌运输车辆1台，交通车辆1台，嫌疑注水人员仓皇逃离，现场收缴有遗留铁钩、注水管等作案工具。在高新区四汇屠宰场内发现的一头疑似病死猪，责令屠宰场立即进行无害化处理。对全市调味品生产经营和餐饮217户企业进行突击检查，重点检查酱油、食用醋的进货渠道、生产企业资质、检验报告、购进记录台账和有效期等，除31家小餐饮购进票据、记录不全外，未发现有其他违法行为，对存在问题的盐亭四川园香园味业有限公司生产的赢利来黄豆酱油标识标签和生产车间卫生状况不符合要求发出责令整改通知书限期改正。严查全市食用油生产、销售和餐饮业，打击“地沟油”流入餐桌。专项检查生产企业生产许可证、原料、成品销售的相关票证和经营者的索票索证制度是否健全、销售的食用油产品来源是否合法等，对无法提供与现场实物相对应的进货票据，立即责令停业整顿，对出售过期的经营企业进行立案处罚。全市立案17件食品违法案件。五是对全市药械生产经营企业、医疗机构进行拉网式检查。专项检查突出GMP执行情况、原料药使用情况、委托生产加工情况、GSP执行情况、购销渠道情况、证照票据管理情况、特殊药品储存管理使用情况等。整治要求生产企业检查面要达到100%，经营企业检查面不低于60%，医疗机构和零售企业检查面不低于30%。对违法违规行为，实行“严查、严打、严办，零容忍”“3+0”的措施，严重违法生产经营者，纳入药品安全“黑名单”并予以公布；涉嫌犯罪的，按照有关规定及时移送公安机关追究刑事责任。全市立案18件药品违法案件。（况　辉）

质量技术监督

【概况】 2014年，绵阳质量技术监督管理围绕建设中国西部经济文化生态强市，全面深化改革，采用技术标准、提升计量水平、强化认证认可，检验检测技术支持保障，质量强市、法治质监为目标，建立各项质量监管体系；消费品、重点产品、特种设备“三大”安全民生环境质量改善。市政府出台《绵阳市人民政府关于加快推进质量强市建设的实施意见》《绵阳市政府质量奖评审管理办法》，成立分管副市长任组长的绵阳市质量强市工作领导小组。实现从“质量兴市”到“质量强市”的重大跨越。8月，绵阳通过国务院质量工作考核组第三组的质量工作考核检查。

2014年，全市质监系统筹建国检中心1个，建成省检中心4个，4个市级技术机构在10月底前搬迁至国检中心；帮扶科技型中小型企业5户（新注册2户），完成科研项目23项，其中：申报地方标准4项、发表科研论文19篇。9月9日，四川省电器安全质量监督检验中心（以下简称“省电器中心”）获国家认证认可监督管理委员会（简称CNCA）颁发的“电气产品的输入功率试验能力验证项目（CNCA-14-A12）”满意结果证书。

12月16日，按照省、市政府关于《推进质监分级管理体制改革工作》文件，四川省质监局、绵阳市政府召开质监系统行政管理体制移交工作座谈会。会议明确，从即日起，省质监局将绵阳市质监机构和职责整体移交划转绵阳市政府，实现分级属地管理。

【品牌发展战略】 2014年，全市围绕“2+4”传统优势产业和地方特色产业，按照“储备一批、培育一批、

质量技术宣传

8月15日，国务院质量工作考核组第三组到绵阳考核检查质量工作

巩固一批、发展壮大一批”的工作思路，加大品牌创建帮扶力度。7月，四川省人民政府转发《关于发挥四川名牌效应提升我省企业核心竞争力意见》，确认四川九洲线缆有限责任公司等17家企业首次获“四川名牌”称号，绵阳市维博电子有限责任公司等54家企业复查获“四川名牌”称号。至年底，全市有“四川名牌”107个，总数位居全省第三。同时，中国科技城电梯产业园被省质监局批准筹建四川省知名品牌示范区。

【节能减排监督】 2014年，绵阳市出台《绵阳市新能源汽车检测机构建设方案》。高耗能特种设备节能减排，引导企业开展锅炉能效测试14台，淘汰燃煤锅炉26台；协同相关部门，开展重点能耗企业专项检查；强化电子产品生产、销售企业能效标识专项巡查巡访，制定全市重点能耗企业节能工作目标；启动重点用能单位能源计量审查工作。

【计量监督管理】 2014年，全市检查各类计量器具1265台件，强制检定计量器具15.4万台件，首次检定合格率达90%以上；加油（加气）机、超市在用计量器具受检率、合格率100%；集贸市场在用计量器具受检率98%，合格率99.5%；餐饮业在用计量器具受检率95%，合格率95%；监督抽查定量包装和过度包装生产企业52户，104个批次，合格率100%；对绵阳城区20个小区的水、电、气表安装前的检定情况进行抽查，抽查水表16500余只，电能表17200余只，燃气表14600余只；乡镇、社区医疗机构计量器具建档；检定涪城区、游仙区乡镇社区卫生院在用医用计量器具200台件，免收检定费用14.5万元；降低计量器具检定检验收费，惠及1944家企业，共计优惠144.38万元。

【认证管理体系】 2014年，市质监局对盐亭县获得管理体系认证的4家企业实施全覆盖检查。对23家食品农产品获证企业进行监督检查，重点检查无公害农产品、绿色食品认证获证产品。全市获得实验室资质认定的71家检测机构按照有关要求进行自查，对16家机构进行抽查。对21家机构进行定期监督检查。“六一”儿童节前后，开展玩具产品强制性产品认证行政执法监督检查，重点检查儿童三轮车、儿童玩具枪等商品。对绵阳城区家福来、好又多、万达家电城等销售商开展室内加热器产品3C认证专项抽查。

【产品质量监督】 2014年，全市组织151家儿童用品、家用电器、纺织服装等10类重点产品生产企业开展质量提升活动，推动落实企业主体责任；推行分类监管，工业产品取证企业划分为“AA、A、B、C”四级，分别实施信用、责任、常态、加严监管；全年，组织抽查农资、轻工、化工、建材、机电5类产品2042批次，合格1934批次，产品批次合格率为94.7%，较上年提高0.3个百分点。

【特种设备安全监察】 2014年，全市组织《特种设备安全法》《气瓶安全技术监察规程》宣传贯彻13次；涪城区、江油市等5个县市区的乡镇（街道办）举办600余人次特种设备安全监管业务培训；开展特种设备事故应急演练12次，开发“绵阳市特种设备安全隐患整治信息系统”，启动城区重点公共场所电梯物联网远程监控试点，在全省率先开展电梯安全保险投保2600台；开展特种设备“百日安全活动”“六打六治”打非治违专项行动等10余个专项整治，重点检查特种设备使用（充装）单位1000家，整改特种设备安全隐患129起，45家特种设备企业风险评价和分类监管试点全面完成；检验检测特种设备2.31万余台件，压力管道检验706条、36.4千米。

【食品安全监管】 2014年，全市加强食品相关产品生产环节质量安全监管，严把市场“准入关”，32家食品相关产品生产企业许可证实行年审；开展为期4个月食品相关产品生产企业专项整治，检查食品生产企业60余家次，专项抽查产品60余批次，食品相关产品定期监督检验64个批次；完成民生工程抽样检测116个批次，快速检测200批次，风险检测10个批次。

【机动车安检机构监督】 2014年，市质量技术监督管理局印发《关于进一步加强机动车安检机构监管的通知》，建立分区、分级监管机制，明确检查方式，落实工作责任，提出工作要求；召开全市系统机动车安全监管人员培训会，邀请机动车安检机构专家就如何监管好机动车安检机构进行详细的讲解；在全市范围内开展机动车年度监督检查。监督检查以“联合检查，专家问诊”的方式，对全市辖区内9家机动车安检机构的自查自纠情况和法人资格、资质、设备齐全有效性、检验项目符合性、路试检验符合性等18个方面的情况进行集中检查。

【法治质监建设】 2014年，全市质监系统梳理法定职权，明确行政权力、内容、标准、程序和时限等，推行行政权力网上公开运行，公开行政处罚案件；清检行政许可项目，取消下放1项行政审批，合并2个认证审批流程。开展行政处罚交叉评查案卷50余个，183名行政执法人员资格进行清理；规范行使行政处罚裁量权程序，重点监控行使自由裁量权情况，进行行政处罚自由裁量适用范围、幅度、程序和证据审查。全年受理行政复议案件1件，省质监局和市政府法制受理绵阳质监局行政复议案3件，驳回行政复议申请人复议请求；规范行政许可文书制作、案卷管理、增加工作透明度。

【“质检利剑”行动】 2014年，全市质监系统继续开展打击侵犯知识产权和制售假冒伪劣商品“双打”活动，推进“质检利剑”行动，出动执法人员2860余人次，组织开展农资、建材、汽配、汽柴油、儿童用品等10大类产品质量专项整治工作，查处生产、销售不合格农资、建材、汽车配件、汽柴油以及儿童用品违法案件43件，涉案货值536.1万元；推进行政执法与刑事司法衔接工作信息共享平台，完善市区县联动机制，提升突发应急处置能力，健全“12365”投诉举报热线工作机制，受理企业和消费者公用计量、建材、电器、通讯、轻工、能源产品等各类产品申诉、投诉312件，其中，投诉、举报82起，申诉2起，咨询160起，其他68起。

（胡德周）

安全生产管理

【概况】 2014年，全市发生各类伤亡事故1251起（其中生产经营性事故581起），比上年同期减少106起，下降7.81%；死亡195人（其中生产经营性事故死亡69人），比上年同期减少12人，下降5.80%；受伤954人，比上年同期减少13人，下降1.34%；经济损失1342.93万元，比上年同期下降29.86%。发生较大伤亡事故3起。未发生重特大事故。完成省政府下达的年度安全生产目标任务，被省政府评为“2014年度实现安全生产目标优秀单位”。

【安全生产责任强化】 2014年，全市首次明确各级党委在安全生产工作中的主要职责，各级领导成员按照“一岗双责”的要求，加强对分管领域安全生产工作的领导，明确9项安全生产机制建设。市政府与9个县市区人民政府、4个园区管委会及6个市级部门签订安全生产工作目标责任书，加大考核权重，将考核分值调高至4分。对市交通运输局、市公安消防支队2013年度安全生产工作扣5分，实行“一票否决”，市政府对2013年度安全生产工作先进单位进行表扬并兑现奖励118万元。

【安全隐患排查治理】 2014年，全市逐步完善群众举报、企业自查、行业抽查、专家核查、政府督查等隐患管理机制。在三台县率先进行全市安全隐患管理信息系统建设试点，各县市区全面推进工作的开展。全市排查一般安全隐患23795项，投入整改资金15015.8万元，一般隐患整改率为100%。市政府安委会确定并下达8项市级挂牌整治的重大安全生产隐患全部整治完成，投入整治资金1361.4万元。各县市区和园区排查下达的71项隐患整治项目全面完成，投入整治资金3899.79万元。全市安装道路波形护栏1095.85公里，投入资金1.845亿元。

【安全生产大检查】 2014年，全市严格执行国务院“全覆盖、零容忍、严执法、重实效”的安全生产大检查总要求，全年安全生产大检查活动组织检查组1549个，其中暗访暗查组1031个，交叉检查组518个，参加检查人员10525人次，监督检查企事业单位和场所6900家，责令改正、限期整改、停止违法行为1674起，责令停产、停业、停止建设69家，暂扣或吊销有关许可证、职业资格30个，关闭非法违法企业13家。

【“打非治违”专项行动】 2014年，全市集中开展道路交通安全综合整治攻坚年、“春运”安全等六个方面的安全整治和专项执法行动，治理纠正违规违章行为3826件，下达责令整改指令书350份、监督整改隐患1436处，责令停业停产8户、实施经济处罚60.4万元。组织召开煤矿退出工作联席会议，研究补偿方案及有关政策，争取各项扶持资金9700万元。煤矿各类证照除江油1家正在办理外，其余5家煤矿全部注销，安置职工300余名。

【安全社区建设】 2014年，全市稳步推进安全社区建设，建成1个国家级安全社区、16个省级安全社区、62个市级安全社区。9座地下矿山完成“六大系统”建设，完成非煤矿山标准化建设315家；106家冶金、机械、水电等工贸企业达到三级及以上标准；审查50家危险化学品、职业卫生“三同时”工作，32家生产企业、10家经营储存企业和298家加油加气站、14家烟花爆竹批发企业安全标准化三级以上达标或达标评审；937家企业开展职业卫生基础建设工作；63家企业存储风险抵押金4800余万元。

【行政执法和事故查处】 2014年，各级安监执法机构对2054户生产经营单位进行监察执法，下达责令改正指令书673份、监督整改隐患2981处，责令停业停产7户，暂扣许可证3个，处罚款399.98万元。全年关闭矿山55座，向上争取中央财政矿山关闭补助资金50万元。全年调查处理事故14起，结案14起，依法行政处罚16人，依法追究刑事责任6人。

【安全宣传教育培训】 2014年，全市集中开展“安全生产月”宣传咨询活动，组织15场“最美安监人”事迹巡回报告会，开展“新安法”宣传工作；举办全市120名基层安全干部培训班；办理特种作业人员操作证3848件，主要负责人及安全管理人员资格证书1324件，危险化学品生产经营许可证277件；与17家地下矿山、311家露天矿山、17家危险化学品企业负责人600余人谈心对话。参加国家安监总局和全国总工会组织的职业病防治知识竞赛答题，组织1882家企业单位及部分行政部门近12万人，竞赛活动得到优秀组织奖。 （陈 兵）

2014年绵阳市各类伤亡事故统计

表50

类别			事故起数(件)	死亡人数(人)	受伤人数(人)	直接经济损失(万元)
总情况			1251	195	954	3142.93
其中：生产经营			581	69	169	977.31
道路交通			807	178	954	466.32
其中：生产经营			137	52	169	80.7
水上交通			0	0	0	0
工矿商贸	合计		16	17	0	503.00
	矿山	小计	1	2	0	223.00
		煤矿	0	0	0	0
		非煤矿山	1	2	0	223.00
	非矿山	小计	15	15	0	280.00
		建筑业	8	8	0	160.00
		危化品	0	0	0	0
		烟花爆竹	0	0	0	0
		特种设备	0	0	0	0
		冶金机械	1	1	0	20.00
		其他	6	6	0	100.00
农业机械			0	0	0	0
火灾			428	0	0	393.61

备注：2014年四川省人民政府下达绵阳市安全生产控制考核指标为各类生产经营性事故死亡人数控制在89人，其中：生产经营性道路交通事故死亡人数按制在52人，工矿商贸事故死亡人数控制在17人。

卫生监督

【概况】 2014年，全市卫生执法监督系统出动卫生监督人员4500余人次；监督车辆2300余辆次；监督检查医疗机构及母婴保健265户次，清理医疗广告476条；依法取缔“黑诊所”“地下诊所”等非法行医7户次，立案查处11件，取缔6户次；对2856家各级各类医疗机构、疾病预防控制机构、妇幼保健机构、采供血机构、传染病疫情报告制度执行情况等进行了重点监督检查，对存在较大问题的8家医疗机构进行立案查处；对1592家各类公共场进行监督检查，合格数1443家，责令立即整改47家，对存在较大问题的1家酒吧进行立案查处；监督检查各级各类学校及托幼机构2573户次，其中二次供水学校32户次，自备供水学校267户次，下达卫生监督意见书2573份，187所学校被责令立即或限期整改；对全市28家放射诊疗场所、5家职业健康检查机构进行了监督检查；受理办结卫生行政审批事项1291项；受理举报投诉78件。全年无重大公共卫生和其他突发公共卫生事件发生。举办各种卫生执法监督培训班25次，培训人员4000余人次，卫生监督信息录入50731条，报送省网卫生监督信息1562条，采纳1560条，在各级报刊、电视、广播、网站采用110余条。

【春节期间医疗安全专项检查】 2014年1月15~22日，组织卫生监督员对市中心医院、市第三人民医院、四〇四医院、市妇幼保健院、市中医院等10家城区内市直医院及部分局注册民营医院进行节前医疗质量与医疗安全检查。重点检查各医疗机构节日期间急诊急救、节日值班、毒麻药品管理、临床安全用血、实验室生物安全、抢救室急救药品物品器械运作情况，传染病预检分诊、传染病疫情报告等重点科室人员落实情况。针对存在的问题，卫生监督员下达卫生监督意见书，要求相关医疗机构及时落实整改。

【医疗市场服务监督】 2014年，绵阳市卫生执法监督支队对全市4000余家医疗机构进行日常监督检查，对全市8家医疗机构进行卫生监督量化分级管理进行评查。开展打击非法行医和规范医疗市场活动，依法取缔“黑诊所”“地下诊所”“游医”“巫医”“药店坐堂医”、无证行医、非法义诊等非法行医291户次，立案查处228件，罚款31.23万元，没收违法所得16295元，取缔47户次。

【“打击非法行医”专项整治】 2014年，绵阳按照上级部门关于非法药品相关处置规定和要求，6月16日，绵阳市卫生执法监督支队对“打击非法行医”专项整治收缴的100余种各类药品器械30余件（箱），价值10万余元的非法行医药品及器械集中焚烧销毁。11月8日~12月20日，绵阳市卫生执法监督支队组织全市卫生执法监督机构在各自管辖范围内开展巩固“打非”成果，规范医疗服务专项行动，专项行动检查医疗机构550余所，养生馆、生活美容服务机构15户，药店30余户。出动卫生监督人员1800余人次，出动卫生监督车辆450余辆次。警告6户、责令立即整改37户、责令立即停止执业活动4户，罚款共计0.3万元；不良执业行为记分16件。

【销毁毒麻药品空安瓿及废弃处方】 2014年3月25日，绵阳卫生执法监督支队根据绵阳富临医院申请，组织相关人员依法指导医院销毁毒麻药品空安瓿及废弃处方。卫生执法监督人员与该院药剂科、医务处、保卫科相关人员严格仔细核对被销毁的毒麻药品空安瓿（品名、规格、产地、数量以及批号）。清点完毕后，卫生执法监督员填写毒麻药品空安瓿销毁记录，经双方签字确认，采取破碎方式当场销毁所有空安瓿，现场烧毁所有废弃处方，将破碎的空安瓿和包装盒作为医疗废物统一处理，对销毁情况进行登记备案。销毁毒麻药品空安瓿包含哌替啶注射液、布桂嗪注射液、盐酸麻黄碱注射液、氯胺酮注射液、吗啡注射液、芬太尼注射液、舒芬太尼注射液、瑞芬太尼注射液等9个品种，共计5869支。

【医疗废物集中处置单位专项整治】 2014年1月23日，全市切实加强对医疗废物集中处置单位在医疗卫生机构医疗废物集中收集、运输与处置过程中的监管力度，绵阳市卫生执法监督支队对全市医疗卫生机构医疗废物集中收集、运输与处置定点单位—绵阳市环境卫生管理处绵阳市楼房村垃圾卫生填埋处理场的医疗废物集中处理操作流程、卫生设施设备运行情况、医疗废物周转箱清洗消毒处理、工作人员个人防护使用与定期健康检查等进行监督检查，并对存在的问题提出整改意见。

【麻醉与精神病药品专项监督检查】 2014年，全市加强医疗机构麻醉与精神病药品安全使用和规范管理。9月，市卫生执法监督支队对使用麻醉与精神病药品的市局直属医疗机构及市局注册民营医疗机构进行专项监督检查。重点检查麻醉与精神病药品的采购、保管、使用、销毁等情况。对检查中存在的问题，卫生执法监督员提出整改意见，要求限时整改。

【医疗广告专项监督检查】 2014年，组织开展城区发布医疗广告的市直属医疗保健机构、局注册民营医疗机构开展医疗广告专项监督检查。重点对四川中医药高等专科学校附属医院、绵阳天诚医院、绵阳耳鼻喉医院等11家医疗机构发布医疗广告是否取得有效的《医疗广告审查证明》、是否按照规定的内容及形式发布医疗广告等进行监督检查。对检查中发现个别医疗机构未按规定发布医疗广告的问题，卫生执法监督人员下达卫生监督意见书，按照《医疗广告管理办法》规定，给予警告、责令其限期改正。

【医疗技术临床应用安全检查】 2014年，全市根据《临床诊疗技术规范》和《医疗技术临床应用管理办法》等涉及医疗技术的相关法律、法规要求，组织开展全市医疗技术临床应用安全检查。重点对二级以上医疗保健机构开展医疗技术应取得的相关资质及设施设备、人员资质、病案资料进行核查，督促各医疗保健机构对现开展的医疗技术进行全面清理。针对存在的问题，卫生执法监督员向医疗保健机构分别下达卫生监督意见书，要求限期整改。

【产前筛查工作专项执法检查】 2014年，全市按照《四川省产前诊断技术管理实施办法》要求，绵阳市卫生执法监督支队对全市二级以上医疗保健机构开展产前筛查工作情况进行专项执法监督检查。重点检查医疗保健机构产前筛查业务工作的开展情况、检测标本送检及送检机构、检测机构是否取得相关检测资质、产筛高风险孕妇的处理、孕产妇产前筛查资料是否完整等情况。检查结果显示，全市产前筛查工作开展情况较好，开展产前筛查率为100%，未发现违法违规行为。

【预防艾滋病和传染病防治专项监督检查】 2014年6月27日，绵阳市卫生执法监督支队仙海区对口帮扶组，对仙海辖区艾滋病预防工作开展情况进行了专项检查，采取现场查看、翻阅资料等方式，对仙海辖区内6家住宿业、1家音乐厅、仙海人民医院性病筛查门诊等单位防艾工作开展情况进行了督查。并发放防艾宣传册500余册，发放免费安全套100余盒。

2014年，组织开展春季传染病防治工作专项执法检查工作。全年监督检查医疗卫生保健机构1192所，合格数1143所。其中，疾控机构9所、医疗机构1136所、采供血机构4所、社区卫生服务机构43所。实施医疗机构不良执业行为记分医疗机构11所，共记分49分，责令立即整改47家，警告并限期改正1家，对存在较大问题的8家医疗机构进行了立案查处。督导检查托幼机构120所，医疗保健机构12所，出动卫生执法监督人员677人次，出动车辆132辆次，下达卫生监督意见书132份，发放宣传资料7000余份。对管辖范围内254所各级各类医疗机构、疾病预防控制机构、妇幼保健机构、采供血机构病原微生物实验室生物安全管理情况进行重点监督检查，经查，一、二级实验室经备案的62所医疗机构均符合相关安全管理规范要求。

【采供血机构监督检查】 2014年9月，卫生监督工作人员先后深入市中心血站、江油青莲单采血浆站和安县单采血浆站，从单采血浆工作的组织实施、对外宣传、供血浆人员健康体检、身份证识别系统运行、血标本实验室检测、传染病疫情筛查与报告，到采集后成品血浆条形码制作、血浆储存冻库管理等全过程进行实地查看、了解，就可能出现或发生涉及血液安全的情况与现场工作人员进行交流、沟通。对检查中发现的个别工作人员自我防护意识不强，供血浆者的体检信息资料填写不规范，暂时拒绝供血浆者拒绝信息填写不规范等问题，卫生执法监督人员当场下达卫生监督意见书，责令立即进行整改。

【消毒产品监督检查】 2014，全市组织开展全市消毒产品卫生监督重点检查工作。重点对辖区内的消毒产品生产企业、部分医疗机构的消毒产品进行监督检查，结合现场监督检查情况，对被监督检查单位的消毒产品组织开展随机抽检。全年共计监督检查抽检灭菌剂和皮肤黏膜消毒剂生产、使用单位12个单位60个样品（其中消毒产品生产企业6户，医疗机构6家），其中消毒产品标签说明不合格5件、卫生质量不合格1件。对5家消毒产品标签说明不合格单位提出了限期整改要求，1家卫生质量不合格单位实施了卫生行政处罚。

【公共场所卫生监督】 2014年，绵阳市按照省卫计委公共场所重点监督检查计划和专项监督检查工作要求，组织监督检查各类公共场各类公共场所2838家，监督检查合格数1443家，责令立即整改47家，对存在较大问题的1家酒吧进行立案查处。督导检查托幼机构120家，医疗保健机构12家，出动卫生执法监督人员677人次，出动车辆132辆次。做好第二届中国（绵阳）科技城国际科技博览会卫生保障。组织卫生监督人员对76家旅店业、90家美容美发业、36家淋浴业顾客用品用具消毒效果进行卫生抽检。对20家商城（超市）、10家影剧院，46家饭馆（餐厅）室内空气质量进行卫生抽检。组织对31家各类公共场所单位使用集中式空调通风系统卫生抽检。对抽检不合格17家单位给予警告，6家单位给予罚款处罚，罚款人民币3500元。

【饮用水卫生监督】 2014年，全市组织开展饮用水卫生专项监督检查工作。全年监督检查供水单位353家，城市供水单位卫生许可证持证率达100%，农村日供水百吨以上的供水单位卫生许可证持证率为42.73%，有专（兼）职饮用水卫生管理人员344人（居民住宅区二次供水单位101人），集中式供水和二次供水单位水源卫生防护达93.76%，供水单位水污染事件应急预案达78.19%，现场检测水质消毒剂余量合格率达91.88%。对78户供水单位的违法行为责令限期整改，依据《中华人民共和国传染病防治法》《生活饮用水卫生监督管理办法》等法律法规进行立案查处，警告10家，罚款5户，罚款金额4400元。开展涉水产品卫生安全年度监督抽检，抽检管辖范围内生产、销售及供水单位使用的输配水管材和化学处理剂样品39个，其中输配水管材31个样品（生产企业1户、经营单位30户），化学处理剂8个（生产企业6户、使用单位2户）。按相关要求将31个样品输配水管材送绵阳市疾病防预控制中心进行检测；8个化学处理剂送四川省中康环境技术检测有限公司进行检测。

【“卫剑1号”专项执法检查】 2014年，根据国家卫计委、省卫计委、省总队要求，绵阳市卫生执法监督支队开展医疗机构放射治疗专项执法检查工作。重点检查绵阳市范围内所有使用直线加速器、钴-60远距离治疗机、伽马刀、后装治疗机等设备开展放射治疗工作6家医疗机构。抽检了医疗机构配置的放射治疗设备12台，配置的模拟定位设备6台。检查统计，绵阳市放射工作人员145人，145人均建立职业健康监护档案，建档率100%，个人剂量监测率100%。检查发现有2所医疗机构放射治疗项目尚未取得放射诊疗许可。针对存在的问题，卫生执法人员均下达监督意见书。

【卫生监督稽查】 2014年，绵阳市卫生执法监督支队共受理群众各类举报投诉78件，其中上级交办16件、电话投诉26件、网上投诉31件、上门投诉4件、短信投诉1件。其中医疗卫生31件、传染病卫生3件、放射卫生1件、消毒产品1件、公共场所4件，分别移交市支队各业务科室及属地区市县卫生执法监督大队调查处理后予以了回复，其他投诉38件。其中当面解答或电话回复27件，网上及书面回复51件，追踪回复4件。

【学校卫生监督】 2014年春季开学前，对全市范围内1300余所中小学进行拉网式监督检查。重点对学校的生活饮用水卫生和传染病防控管理工作进行监督检查。对校内的沐浴室、理发店等公共场所卫生、教学环境和生活环境及内设医疗机构和保健室进行监督指导，下达卫生监督意见书。督促学校建立健全相关制度，认真落实相关责任，切实做好教学及生活环境卫生、生活饮用水的消毒、学生晨检、因病缺课追踪记录等相关工作。秋季开学前，采取随机抽查、现场查看、翻阅资料等方式，先后到绵阳富乐国际学校、芙蓉汉城大地幼儿园等学校，重点对各校落实学校卫生工作联系制度、卫生管理人员参训、落实晨检制度、食源性传染病防控、手足口等秋季传染性疾病的防控进行监督检查，针对个别学校存在卫生管理制度建立不健全、人员落实不到位等问题，卫生监督员当场提出指导意见，要求立即进行整改。

2014年高考期间，出动2个督导组，联合涪城区、游仙区卫生执法监督大队和各园区社发局，对设置高考考点的10所学校公共卫生保障工作进行现场督导检查，重点对学校考试期间传染病防控、生活饮用水卫生、医疗救治点的设置、考场和学生宿舍及周边环境等做出要求，现场对设置二次供水的学校进行水质快速检测。督促各考点学校所在辖区的卫生执法监督大队和园区社发局加大巡查力度，指导学校落实卫生安全工作，保证高考期间传染病疫情和突发公共卫生事件零发生。中考期间，组织2个督导组，联合涪城区、游仙区卫生执法监督大队和科创园区社发局，对设置中考考点的8所学校公共卫生保障工作进行现场监督检查和指导。重点检查饮用水卫生、传染病防控情况和医疗救治点的设置，对建有二次供水的学校进行水质快速检测。

（赵顺川）

2008年市委、市政府民生工程完成情况

2008年，全市城市居民最低生活累计保障136.8万余人次，农村居民最低生活累计保障人数128.09万人次；解决1515户农村特困无房（危房）户的住房问题。

2008年，省政府下达“民生工程”目标78个，市确定目标38个，共计116个。省目标中除温暖工程培训1项因省上未下达培训计划外，其余的77项全部完成或超额完成目标任务；市目标中除病险水库整治1项因地震造成全市619座水库受损外，其余37项全部完成或超额完成目标任务。

2008年，全市惠民帮扶中心累计接待困难群众34.99万人次，帮扶救助27.23万人次，帮扶救助资金（物资）价值2388.15万元。仅市惠民帮扶中心累计接待群众23.18万人次，帮扶、救助6.97万人次，帮扶、救助资金（物资）1183.85万元。其中，资助受灾大学生1434人，资助资金451.3万元；应急救助690人次，应急救助资金92.74万元。办理法律维权援助217件次，办理困难家庭住房保障申请269户，办理免费公交IC卡33185张，优惠12.98万元；办理燃气优惠3339户，优惠金额7.78万元。困难群众购物、购药优惠让利36.21万元，惠民帮扶医院诊治病人4.77万人，优惠42.8万元。提供免费就业培训1813人，帮助实现就业9221人。发放“惠民帮扶证”156918个，帮扶工作覆盖33.9万人。

（摘自《绵阳年鉴（2009）》）

应急管理
EMERGENCY MANAGEMENT

应急演练

概 述

【概况】 2014年，绵阳市应急管理工作围绕改革创新发展，完善体制机制，夯实基层基础，规范常态管理；在夯实基础建设、完善突发事件防范体系、增强应急保障能力、提高防控措施上下功夫。完成应急组织体系、预案体系建设和各类应急演练。全年先后处置“1·23”绵（阳）盐（亭）路非经营性交通事故、“2·22”绵（阳）广（元）高速危化品运输交通事故、“3·9”省道101线盐亭寨子山段山体滑坡事件、“3·19”西蜀名居小区停电引发部分居民群体聚集事件、“5·16”华润雪花啤酒公司废旧仓库火灾事故、“5·29”梅花西街燃气管道泄漏、“6·07”雪宝乳业公司液氨泄漏、“7·9”“7·19”“7·31”暴雨洪涝灾害、“7·29”梓潼4.9级地震和三台4.6级地震、“8·7”江油市养马峡景区疑似食用野生菌中毒事件、“9.4”涪江三桥桥面铺装层沉陷事件、“10·01”北川羌族自治县翻车事故、“10·3”高新区非经营性交通事故、“12·12”罗江县境内水质异常事件、“12·23”绵（阳）广（元）高速浓硫酸泄漏事故等20余件突发事件。

2014年，从全市发生的自然灾害类、事故灾难类突发事件来看，总体均呈下降趋势。其中，自然灾害类农业受灾27.24万人，同比减少218.56万人，下降89%，未发生人员死亡（失踪），直接经济损失2.95亿元，同比减少77.35亿元，下降96.3%；事故灾难类事故起数、死亡人数、受伤人数、经济损失同比分别下降7.81%、5.80%、1.34%、29.86%，工矿商贸行业事故得到控制，水上交通、危化品、烟花爆竹、特种设备等领域和行业形势稳定，未发生伤亡事故，全市各类事故死亡人数在省政府下达省控目标以内。未发生较大以上突发公共卫生事件、严重危害国家安全和社会稳定的案件以及大规模群体性事件。

【应急管理组织体系】 2014年，全市根据省应急委组织架构，对市应急委委员和专项应急指挥机构进行调整，新增委员单位20个、达到74个，新增常设专项应急指挥部5个、达到11个，制定《绵阳市应急委员会工作规则（试行）》和《绵阳市应急委员会办公室工作细则（试行）》。各县市区成立应急委，设置应急管理工作常设办事机构；各园区、市级有关部门和企事业单位健全应急管理办事机构，配备专门人员从事应急管理工作，全市形成市、县市区、市级部门、企事业单位、乡镇（街道）“五级”应急管理组织体系，做到各司其职、各负其责。

【应急预案体系】 2014年，市政府制定出台《绵阳市突发事件应急预案管理办法》，开展预案检查清理和编制修订工作；组织完成《绵阳市地震应急预案》《绵阳城区防内涝应急预案》《绵阳市通讯保障应急预案》《绵阳市突发环境事件应急预案》《绵阳市2014年地质灾害防治预案》《2014年春节期间全市重点场所安全稳定应急预案》等20余个专项（部门）预案修订和编制工作；各县市区（园区）重点加强分项预案和乡镇（街道）、学校、企业等基层单位预案建设，全市基本形成条块结合、横向到边、纵向到底的预案体系。

【应急演练】 2014年，加强预案动态管理，结合新修完善的预案进行有针对性的组织开展各类应急演练。先后举行“5·12”防灾救灾综合实战演练和市级应急救援力量紧急集结拉动演练大型综合演练，市应急委组织开展，各地各部门各企事业单位举行演练1100余次，参演人员近60余万人次，参演车辆装备2000余辆（套）；演练内容涵盖指挥系统、地质灾害、抗洪抢险、群众疏散转移安置、反恐防暴、危化品泄漏、核应急医疗救援等20余个科目，着力加强防灾避险知识宣传，磨合机制，锻炼队伍。8月2日，市委、市政府突击开展市级应急救援力量紧急集结拉动演练，采取不提前告知、不预演的方式，检验突发情况下市级指挥系统应急指挥能力和各应急救援队伍应急响应能力，通过变“演练”为“实战”，真实检验指挥系统、救援队伍的应急响应和协同作战能力，通过实战演练发现问题、整改提高，使应急处置工作有备不患、常备不懈。

【应急队伍建设】 2014年，市委、市政府充实市综合应急救援支队力量，调整建立18个大队、40个分队，

5月12日，市应急委举行2014年全市防灾救灾综合实战演练

人数1200余人。调动机关团体、企事业单位、公益团体和专家、志愿者队伍等各方面力量参与应急抢险救援。加强与驻绵阳部队、武装警察部队的应急联动，发挥部队在处突中的骨干力量和突击作用。依托绵阳市应急机械储备站，建成全市工程机械数据库和移动MAS系统，统筹调度各类工程机械参与应急抢险；整合基础电信运营企业、部门及行业协会通讯资源，建立军地联合通讯保障机制，救援技术装备水平不断提高。

【应急平台建设】 2014年，绵阳市根据《四川省应急平台体系建设指导意见（试行）》和《绵阳市人民政府关于加快建设智慧城市推进信息惠民工程有关工作的通知》的要求，制订《绵阳应急平台建设方案》，整合全市应急指挥平台资源，推动县市区应急平台建设，构建省、市、县三级应急平台体系；启动市政府应急指挥中心改造升级，更换矩阵、电脑和音视频系统，实现与公安、卫生、城管、水务、气象、人防、旅游、政务服务中心等部门应急指挥平台的互联互通；接入公安350兆超短波通信系统、150兆短波/超短波应急通讯网、绵阳军分区短波通信网络，增配卫星电话，基本实现应急通讯全域覆盖，最大能力确保常规通讯中断情况下应急指挥畅通。

【应急物资储备】 2014年，绵阳市采取政府储备、以商代储、以企备储的模式，健全应急物资联合储备机制，确保应急救援物资、抢险机械及时到位。市级部门、各县市区以及灾害多发地乡镇，均建立极端气候应急物资储备库（站、点），储备足量御寒衣物、棉被、油、米等生活用品和机械、发电机、汽柴油等应急抢险物资。

【应急宣教培训】 2014年，绵阳市政府应急办编印科普宣传手册，充分利用网络媒介，加强与日报、电视台合作，通过开设专栏、制作专题片等，推动应急宣传进学校、进社区、进农村、进企业、进家庭“五进”活动，多渠道多形式开展应急知识宣传教育。同时，与省、市党校等单位建立党政干部应急管理培训合作，邀请国内外应急管理知名专家，采取以会代训、专题培训等方式，组织各类培训100余次，参训人员达2万余人次。

【应急信息报送】 2014年，市政府应急办通过构建市、县、乡、村四级联动信息报送机制，整合“一热线三中心”（“12345”市长热线，“110”“120”“119”指挥中心），建立突发事件信息共享和应急联动机制等形式，拓宽信息渠道，全市形成覆盖全域的信息收集网络。建立信息报送会商研判制度，严把信息进出关口，发挥应急管理机构的审核把关和综合协调作用，不断提高信息的准确性、一致性和时效性，为领导决策和突发事件快速有效处置提供有力保障。全年向省政府应急办上报突发事件信息11条，上报动态信息24条、被采用13条，报送和采用条数均居全省第一；向市委、市政府专报信息10期。

【安全风险隐患排查】 2014年，市政府应急办加强重要时段、敏感特殊时期、重大节日、大型活动期间安全风险隐患排查和整改，尤其是除夕夜圣水寺烧香、春节城区烟花爆竹燃放等重点场所和大型民俗活动人员密集区，科博会、圣诞节等重大活动均建立应急联动机制，加强安全巡查、监管、保卫和值守。汛前，及时组织开展气候及自然灾害发生趋势研判会商。汛期，适时组织开展市级雨情、水情、城市内涝、地质灾害等形势研判会商，及时准确发布预警信息，全年通过预警信息发布中心、网络、广播电台、应急短信群发平台等渠道发布预警信息70余次。

【应急值守】 2014年，市委、市政府印发《绵阳市党政机关值班工作规范》，严格应急值守制度和工作纪律，实行首办责任制，落实“零报告”制度，重要敏感特殊时期、重大节日和大型活动期间实行总值班室和应急办双值班制度。加强专项督查、电话抽查和实地检查，推进值班室规范化建设，建立健全工作制度，落实保障要素，确保应急值守到位。（杨　敬）

自然灾害应急处置

地震灾害处置

【“7·29”地震处置】 2014年，全市发生各类地震突发事件13起，其中：在7月29日16时20分、17时09分在梓潼县定远乡、三台县龙树镇相继发生里氏4.9级、里氏4.6级地震。地震发生后，防震减灾局迅速向市领导、市级相关部门、相关县区防震减灾部门负责人报告与发送震情信息。市委书记罗强、市长林书成、省地震局局长张宏卫做出查灾救灾、排查房屋安全隐患、安置受灾群众、维护灾区群众稳定、进一步监视与研判震情趋势等重要指示，按照市委、市政府和省地震局领导的重要指示，结合《绵阳市地震应急预案》要求，立即启动地震应急IV级响应，实行24小时应急值班制度，指导相关县区开展抗震救灾工作。7月29日下午和7月30日下午先后指派两支现场工作组到梓潼县定远乡、三台县龙树镇等地区了解灾情、指导抗震救灾和安抚群众。7月30日上午，防震减灾局组织各县市区及园区防震减灾主管部门负责人召开紧急会议，安排部署地震应急工作。同时，迅速和省地震局取得联系加强地震应急会商和震情趋势研判，收集灾情信息、关注震情趋势进一步发展。做出此次“7·29”梓潼地震为“双震型”的判断，判定本次地震主体活动基本结束，形成书面研判意见，向市政府报告震后趋势研判意见。根据地震应急工作的开展情况和《绵阳市地震应急预案》结束地震应急IV级响应的有关规定，申请立即结束地震应急工作。8月14日17时，“7·29”梓潼4.9级地震、三台4.6级地震的应急工作随即结束，转入常态管理。

（张　勇）

地质灾害处置

【概况】 2014年，全市国土系统组织专业地勘单位开展地质灾害隐患调查评价工作，组织有关部门和各级政府开展4次以村社为单位的拉网式排查，及时掌握地质灾害隐患最新动态。组织编制防灾预案。督促指导各县市区采取分片负责的方式，将地质灾害防治工作责任落实到各级政府领导及相关部门，纳入2014年度地质灾害防治预案，并向社会公布。全市采取专业监测和落实监测员的方式，加强汛期地质灾害隐患监测，做好防范工作。组织地震重灾区开展以县为单位的大规模演练。其中安县高川、茶坪，北川陈家坝、曲山等重灾乡镇还逐点组织以基层监测人员和受威胁群众为主的防灾应急演练30余次。全年两次暴雨期间全市成功避让21处地质灾害险情，成功转移受地质灾害威胁群众3886人次。全市纳入治理范围的29个重大地质灾害项目、495个地质灾害应急排危项目全部完成，符合搬迁条件的1260户3800余人全部搬迁。

5月，组织开展“地质灾害防治宣传月”活动，发放各类防灾画报、手册上万余张（册），举办120余次培训，培训基层监测员、村组干部、隐患点受威胁群众近2万余人次。全市在汛期前向受威胁群众发放“防灾明白卡”和“避灾明白卡”3万余张。

【“7·30”大暴雨地质灾害处置】 2014年7月30~31日，全市普降大到暴雨，安县、北川羌族自治县、平武县的部分地区普降大暴雨，涪城区、游仙区、江油市的部分地区普降暴雨，降雨量较大站点出现在平武平通镇213毫米。降雨量超过100毫米以上的站点34个，50毫米~99毫米站点51个。此次降雨过程全部在地震重灾区，因地震造成的地质极不稳定，市国土局和相关县政府、国土部分及时启动应急预案，转移地质灾害隐患严重地区人员，全市主动避让转移667户1949人。其中安县桑枣镇170户560人、秀水镇3户10人、沸水镇37户80人、花荄镇11户34人、塔水镇4户10人、千佛镇356户1014人、乐兴镇41户126人、晓坝镇41户100人、兴仁乡4户15人。因主动避让及时，监测预警到位，全市在暴雨期间未发生任何因地质灾害造成的人员伤亡。

【矿山安全生产大检查】 2014年9月4~5日，市国土资源局副局长李光德带领地环站、矿管科、江油局、平武局负责人一行到平武县和江油市辖区内的大茅坡铅锌矿、陈岩山铅锌矿和红狮水泥开展安全生产大检查工作。检查期间，检查组一行到矿山、矿井开采作业面和矿区洗选厂，现场了解和督促检查矿山安全生产情况，检查陈岩山铅锌矿新建成的安全生产视频监控系统。召开座谈会听取矿山负责人对矿山的基本情况、安全生产情况和矿山开发利用情况的情况汇报。对检查是发现的问题及时纠正和处理，限期进行整改。结合此次安全检查，要求各县市区国土资源局要对辖区内的所有矿山开展一次“拉网式”大排查（包括关闭的矿山、矿井，防止死灰复燃），做到不留死角、不留盲区；按照矿山开发利用方案和开采设计对矿山进行监管，严厉打击私挖滥采现象，防止矿产资源破坏；配合当地安监等部门，加强矿山安全监督，强化企业主体责任，加强安全隐患排查，落实各项安全制度。

（谌礼骄）

气候灾害处置

【概况】 2014年，全市主要气象灾害为暴雨洪涝、高温伏旱和秋绵雨。年内汛期共出现4次大暴雨天气过程，其中7月9~10日，全市大部地区普降暴雨，安县和江油出现大暴雨；7月19~20日中部及北部普降暴雨，江油市东北部和涪城区大暴雨；7月30~31日，北部和中部地区普降暴雨，平武县南部、安县大部和北川县东部大暴雨；8月7~9日全市普降暴雨，局地大暴雨。7月21日至8月6日，三台县、盐亭县酷热日数达17天、18天，比常年多10天、11天，而同期降雨量偏少7成以上，出现较严重的高温伏旱天气。9月上旬至中旬盐亭县和三台县出现秋绵雨天气，其中盐亭县秋绵雨天气长达13天，为1959年有气象记录以来最长的一年。

【预警联动机制建立】 2014年5月，市气象局与市文广新局联合发布《关于进一步做好广播电视气象预警信息发布传播工作的通知》（绵市文广新〔2014〕80号），明确广播电视气象预警信息发布工作负责人及工作方式，建立起广播电视气象预警信息发布“绿色通道”。同月，市气象局与市环保局联合制定《关于建立雾霾等极端天气联动机制的实施方案》（绵环发〔2014〕99号），成立联动领导小组，明确双方合作内容和合作形式。

【预报预警信息发布】 2014年汛期，发布重要天气预报7期，暴雨预警9次（其中暴雨蓝色预警8次、暴雨黄色预警1次），预警信号39次（其中雷电黄色预警信号2次、暴雨黄色预警信号16次、暴雨橙色预警信号10次、高温橙色预警信号11次），绵阳电视台滚动插播信息10条，发送决策气象短信180次、受众13.7万人次，发布公众气象短信15次、受众270万人次，发布新浪和腾讯微博387条，“12121”和“96121”气象声讯电话拨打55.5万人次，报送绵阳气象工作要情专报25期、其他类决策服务材料150余期。汛期还发布地质灾害气象风险预警11期、山洪灾害风险预警8期和中小河流洪水预警8期。

【应急响应启动】 2014年，全市气象部门共启动4次重大气象灾害应急响应，7月9~10日、7月18~20日、7月31日和8月7~9日启动重大气象灾害（暴雨Ⅳ级）应急响应。

【应急处置】 2014年，准确及时的气象灾害预报预警信息在全市防灾减灾工作中发挥出重要的作用，各地各相关部门在收到气象预警信息后，加强应急值守和联防，及时开展抗洪抢险，及时转移危险地区群众。据不完全统计，全年汛期及时转移危险地区群众6000余人。（蔡元刚 赵恒刚）

洪涝灾害处置

【概况】 2014年，坚持“以人为本、重在预防”的工作方针，按照行政首长负责制和“一岗双责”的要求安排应急管理工作，切实加强领导，落实责任、分级负责，实行局领导分片包干，将应急工作任务细化到每个县市区、每条河流、每个重点水利水电工程。

【防汛应急演练】 2014年，为切实做好防汛工作，做到有计划、有准备地防御洪水灾害，最大限度地减少洪水灾害造成的人员伤亡和财产损失，确保绵阳市社会安定和经济稳步发展，根据《防洪法》等相关法律法规，按照国家防总《防汛预案编制要点》的要求，编制《绵阳市防汛总体预案》等6个大类的预案。并按该预案，组织各县市区水务系统演练10余次，镇、乡演练60余次，安县、北川、平武等重点地区将演练深入到村、社及地灾点达90余次。5月19日，省防办在安县千佛镇组织全省山洪灾害防御演练，涪城区、平武县、三台县是由县政府统一组织，各部门参加的防灾救灾综合实战演练，其他5个县市区是由各县市区水务部门组织山洪灾害防御演练。

【防汛应急抢险】 2014年，坚持以保障人民群众生命安全为第一要务做好防汛减灾工作，汛期加强24小时值守监测。和气象部门无缝对接、加密会商，适时发布暴雨黄色、橙色预警信号，并根据雨情灾情发展趋势追踪更新，“7·9”等四次强降雨过程，涪江绵阳境内出现流域性大洪水和山洪灾害，涪江干流、通口河、平通河、安昌河、凯江等主要江河水位猛涨，市防汛办充分发挥建成的山洪灾害防治预警系统作用，及时预警并启动主动避险应急机制，适时下达调度指令，紧急转移沿江低洼地带和山洪灾害危险区的群众；科学调度武都水库拦洪削峰错峰，大大减轻下游的防洪压力。整个降雨过程，江油、梓潼、涪城、游仙、安县、北川、平武共成功转移疏散群众5901人，全市无一人因灾死亡失踪。（贾红瑞）

环境污染处置

【概况】 2014年，监察执法机构依法履行环境保护监督管理职责，按照要求对重点污染源的污染治理设施进行监管管理。全年环境违法违纪案件累计立案55件，结案23件，执行23件，无组织听证案件，申请强制执行案件1件，罚款数额137.76397万元，并及时向社会公开。对存在环境风险隐患的企业、超标排放企业、在线监控比对不合格运维单位等近50家企业负责人进行约谈，确保污染治理设施正常运行，污染物稳定达标排放，保障辖区内环境安全。全年绵阳市排污收费2667.5万元，比2013年增加169.9万元。其中市本级征收排污费989.2万元，比2013年增加77.5万元，超额完成目标任务。开展排污费稽查工作，对绵阳本级重点监管企业2012至2014年2季度排污费征收进行稽查，稽查应缴未缴排污费22.71万元，全面追缴到位。

【开展“十大”类型环境专项执法检查】 2014年，绵阳市以“环保执法检查年”为契机，持续开展“十大”类型环境专项执法检查工作。4月，出动环境执法人员100余人次，对绵阳市范围内2012年湖库型集中式饮用水水源地和2013年河流型集中式饮用水水源地进行检查；5至6月，出动人员170余人次，车辆60余辆次，对辖区各工业企业进行交叉执法检查，检查企业165家；9至10月，累计出动执法人员4186人次，检查企业1732家次，对2个环境违法行为进行立案查处，下达限期整改通知书56份，有效遏制企业违法排污行为。矿山建设项目生态环境专项执法检查，绵阳市各级出动执法人员150余人次，检查矿山企业42家，为强化矿山建设项目的统一环境监督管理、建立生态环境监察执法工作制度化打下坚实基础。

【环境应急管理】 2014年，绵阳市环保局按照“事前预防、预警、应急准备，事中应急响应，事后管理”的全过程环境应急管理原则实行环境应急分级、动态和全过程管理。为有效遏制各类环境突发事件和污染事故的发生，绵阳市环保局结合芙蓉溪整治、小流域整治专项行动、保障群众健康整治违法排污企业专项行动、环境安全百日大检查活动以及节假日、汛期、十八届三中、四中全会期间的环境安全大检查行动切实加强环境安全隐患排查，从源头上防范污染事故和突发环境事件，坚决查处危险化学品和危险废物环境安全隐患，认真组织对辖区内的102家风险源企业进行全面排查，彻底整治安全隐患。

【应急预案和机制建设】 2014年9月，市政府应急办与绵阳市环保局合作，重新修订并印发《绵阳市突发环境事件应急预案》，并印发《绵阳市重污染天气环境应急预案》。同时，绵阳市环保局加强企业突发环境事件应急预案管理。截至12月，全市35家重点企业完成编制备案。10月，绵阳市环保局与绵阳市交通运输局签订《关于建立应急联动工作机制的协议》，联合印发《关于加强应急联动工作机制建设的通知》（绵环发

〔2014〕193号）。

【环境应急演练】 2014年，绵阳市环保局组织、参与环境应急演练。5月29日，绵阳市环境监测中心站环境应急演练分队在成都完成由省环境监测总站组织开展的环境应急监测演练。8月2日，绵阳市委、市政府突击举行2014年应急救援力量紧急集结拉动演练，绵阳市环保局出动环境应急指挥车、环境应急监测车各一辆赶赴集结地点，完成此次紧急集结拉动演练。8月20日，由绵阳市环保局、市安监局、市消防支队、经开区管委会、四川美丰化工股份有限公司联合举办的“2014年液氨泄漏事故应急演练”在绵阳市经开区四川美丰实业有限公司举行。10月29日，绵阳市环保局环境应急分队完成市人防办牵头组织的2014年绵阳市人民防空演习。演习科目包括应急医疗救护、抢险抢修、城市管控行动、消除敌空袭后果、消除敌空袭次生灾害等内容。

【环保应急专业队伍建设】 2014年，初步形成由15名应急监测专业技术人员、12名应急处置人员、10名应急处置技术专家组成的应急专业队伍。应急监测设施设备和应急物资储备不断完善，现有环境应急监测专业车辆3台，环境应急自动快速监测设备8台套，应急防护服30套，应急工具和通信设备20余台套。

公共突发事件处置

公共卫生突发事件处置

【概况】 2014年，绵阳市疾控中心实行日监控、周报、询判、月分析和季度会商制，全年提交常规分析报告和专题报告146期。开展疫情聚集性分析，核实处理预警信息992条。派出应急队员114人次，出动车次26台次。在中心应急领导小组统一指挥下，各负其责、积极配合、协调联动、有条不紊地开展疫情处置工作。

【卫生应急培训和演练】 2014年，为提高绵阳市应急处置专业人员应对突发公共卫生事件能力，按照疾控中心《突发公共卫生事件应急管理办法》，制定《2014年绵阳市疾控系统卫生应急培训计划》，组织完成四期应急培训。组织开展自然灾害卫生应急、防空、反恐和核事故医疗卫生救援应急演练等5次应急演练。

【疾控应急体系建设】 2014年，绵阳市疾控中心组织开展突发事件公共卫生风险评估，上报评估报告12期。制定卫生应急管理制度，组织编印《应急手册》（2014版）。建立中心应急预案体系，收集、整理国家、省、市、中心等四个层级60个应急预案，并汇编成册。

【重大活动医卫保障】 2014年，按照市委、市政府和市卫生局安排，全面负责重大活动期间疾病预防控制动态监测、接待宾馆和活动现场巡查，做好突发公共卫生事件应急处置准备。全年完成科博会等重大活动公共卫生保障任务10次，出动人员40人次，车辆20台次。

【埃博拉出血热防控】 2014年，国家风险评估提示，不能排除输入性病例的风险，为切实做好埃博拉出血热疫情防范和应对工作，严防埃博拉出血热病例输入，市疾控中心组织全市疾控系统多措并举强化疫情防控工作。成立应对埃博拉出血热防控技术指导专家组，涵盖流行病学、病原学、消毒、公共卫生等等领域。制定埃博拉出血热疫情防控工作方案，明确责任，细化措施，落实各项工作任务。举办3期埃博拉出血热防控技术培训班，培训相关专业人员300余人次。及时补充更新应急物资，检查消毒器械。实验室做好各项生物安全准备，具备标本采集转运能力。密切关注西非埃博拉出血热疫情和国际、国内动态，根据疫情形势每月开展风险评估。利用中心门户网站和微信平台对广大群众进行埃博拉出血热防控知识健康教育，营造良好的舆论氛围，避免出现社会恐慌。 （李永清）

农业、畜牧业突发事件处置

【农作物重大病虫害防治】 2014年，全市农作物重大病虫害发生和防治面积分别为60.2万公顷和151.47万公顷，实际损失2.96万吨，病虫总损失率0.68%，低于省厅下达的损失率控制在4%以下的指标，挽回农民损失28.76万吨。开展绿色增产模式的推广与应用，整合资源、集成技术、示范培训的办法，建立一批绿色防控示范片，全年完成绿色防控示范面积2.32万公顷，病虫专业化统防统治28.11万公顷，确保农产品质量安全。全国检疫性有害生物稻水象甲和毒麦，全力阻截防控，没有造成扩散，稻水象甲仍局限在盐亭发生，面积1446.7公顷；毒麦发生在安县1个乡镇1个村的1.8公顷（912株）。没有对全市的种业安全造成威胁。

【动物疫病防控】 2014年，全市动物疫病防控系统把动物疫病防制作为重要民生工程，以保障养殖业发展、保护人体健康、维护公共卫生安全为出发点和落脚点，市、县市区针对技术人员和养殖专业户分别开展专题培训，提升技能。涪城区（经开区）、高新区、安县均通过血吸虫病传播阻断达标验收；全市狂犬病免疫率达96.46%，布病监测4563头（只），奶牛结核病监测2628头，扑杀并无害化处理野犬、流浪犬954只，奶牛22头。开展动物疫病监测与流调工作，测样18087份，为省级疫情预警提供了科学的指导数据。全年调运疫苗11725.47万（羽份、头份、毫升），累计免疫畜禽13407.47万（头、只、羽），应免率和消毒面均达100%，省级检查全市春秋防抗体合格率达88.91%，各项均高于农业部70%的要求，居全省第一，确保全市无区域性重大动物疫情。

【小反刍兽疫疫情处置】 2014年6月6日，梓潼县宏仁乡高坡村发生波尔山羊小反刍兽疫。市农业局迅速组织市动物卫生监督所和市动物疫病预防控制中心，及时赶赴现场处置疫情。先后累计消毒面积43000平方米，设置消毒点4处，消毒进出人员83人次、车辆40辆，紧急免疫接种羊445只。组织小反刍兽疫疫苗2.47万头份，完成对全县养殖的羊进行小反刍兽疫疫苗免疫，共计1.596万只，对全县监测羊47.1万只次、累计消毒面积88.5万平方米。及时有效地遏制疫病的发生和扩散，维护人民群众生命财产安全。（刘 光）

交通突发事件处置

【交通突发事件工作机制建立】 2014年，市公安局制定《全市道路交通安全应急管理办法》，完善《自然灾害应急管理》《复杂恶劣气候应急管理》《群死群伤公共安全事故应急管理》《交通拥堵和群体性交通事件应急管理》等4套工作预案，建立“统一指挥、三色预警、三级响应”的“一三三”道路交通安全应急管理体系，成立以市公安局交警支队长任指挥长、政委任副指挥长的交警突发事件应急管理指挥部，统一指挥调度全市公安交警执行交通突发事件处置任务。

【交通突发事件应急机动队】 2014年，全市公安交警部门建立常态化应急处置和应急保障机制，组建处置交通突发事件应急机动队15支，机动队警力达到450名，配置专门的交通、通信、救援工具和救援物质，警用装备精良，担负24小时机动备勤任务。凡是发生一次死亡3人及以上交通事故和其他公共安全事故，全市公安交警部门根据响应级别调动警力，采取相应管控措施，在紧急情况下能迅速动员1000余名警力参与交通突发事件处置。

【交通突发事件处置】 2014年，全市公安交警开展应急管理专项培训和演练6次，参加全市大型防灾救灾演习1次，参与防汛抗洪，山区塌方、泥石流抢险等自然灾害的交通突发事件处置180余次，处置群体性堵路断道事件11起。在暴风、暴雨、冰雪、大雾等极端恶劣天气，做到及时发布预警和路况信息，及时启动应急预案，及时采取封闭、开道、疏导等交通管制措施积极应对，全年没有发生因气候原因造成的重特大交通事故。

市、县应急救援力量在安县高川进行河道疏浚演练

完成双碑立交桥封闭施工、机场快速路建设和安昌桥、剑南路西段改造封闭施工以及科博会、展销会、明星演唱会等一系列工程建设及商贸活动的应急交通保障工作任务。

【道路交通事故处置】 2014年，全市发生生产经营性道路交通事故138起，死亡52人，受伤171人，直接经损82.07万元。与2013年同比，事故次数上升8.66%，死亡人数下降1.89%。全年发生各类型一般程序以上的交通事故808起，死亡178人，受伤956人，直接经损466.415万元。全年发生简易程序处理的交通事故33476起，受伤6957人，直接经损1864.4675万元。因货车引发交通事故死亡人数同比下降20%，全年无特大恶性生产经营性交通事故发生。在交通事故处理中，全市公安交警部门积极推行轻微交通事故“自处快撤”、城区交通事故快处及全警参与事故处理机制，规范事故车辆拖车费、停车费及事故车辆鉴定费，实行案件“四级审核”监督机制。（秦雪凌）

【交通运输系统应急指挥桌面演练】 2014年5月30日，市交通运输系统举行应急指挥桌面演练。此次桌面演练针对预警、应急处置、应急终结三个阶段设定了9个演练情景和6个演练科目，对全市交通运输系统应对突发事件处置流程和指挥程序的过程进行推演，对进一步规范全市交通运输系统应对突发事件的指挥程序、处置流程和应对措施起到了积极作用。

【隧道群应急处理综合演练】 2014年7月2日，由绵阳市交通运输局公路管理处主办，北川县交通运输局承办，北川县相关部门协办的任禹路隧道群应急处置综合演练，在任禹路马鞍山隧道和任禹路隧道管理站举行。本次演练分信息报送与指令下达、事故应急响应、部门联动、事故善后处置四个环节进行。通过本次演练，进一步提高了全市隧道管理营运水平和有效应对隧道突发事

件的应急处置能力。（张　霜）

社会安全突发事件处置

【概况】 2014年，市公安局制定完善《2014年绵阳市防灾救灾综合实战演练参演及安全保卫工作》《市公安局2014年遂行藏区维稳任务方案》《市公安局关于维护敏感期社会稳定方案》《市公安局关于预防处置非法集会游行示威活动的工作预案》等处置社会治安突发事件工作方案，成功处置“2·8”“6·18”“11·12”等绑架、挟持人质事件和“12·31”“3·6”“7·25”等精神病患者持械肇事事件，查获气（步）枪6支，成功搜排手榴弹3枚、各式子弹30发、枪弹夹1个，积极参与处置因“3·26”绵阳东辰国际学校学生死亡、“6·20”临园路出租车司机、久远商厦商户、“安泰投资公司”投资人、游仙区小枧沟镇大河村村民维权等引发的治安突发性事件32件，维护绵阳社会治安稳定。

【安保队伍培训】 2014年，市公安局采取主动联系和应邀前往的方式，组织开展处置刀斧砍杀、纵火焚烧、爆炸袭击、劫持人质等社会化治安突发事件培训工作，为公交公司等重点成员单位以及学校等培训保安、保卫240人次，主动与企业联合开展防抢劫、防刀斧砍杀暴恐演练28次，培训保安、保卫等重点工作人员1240人次，深入警区重点部位、单位走访400多次，发放《公民防范恐怖袭击手册》《防恐小常识》等宣传资料1023份。

【社会安全突发性事件演练】 2014年，全市公安机关按照“实战实训、从难从严”的要求，组织开展全市巡特警教官培训、反恐防暴突击队骨干培训及应急处突预备队维稳处突技能培训26次，重点强化实弹射击、武器警械使用、反暴恐技战术、体能及维稳处突队形演练，培训人数1260人次，完成2014年绵阳市防灾救灾综合实战演练、绵阳市人民防空演习参演工作、2014年度四川公安特警省内跨区域野外宿营拉动演练，通过边演边练，以赛补训，以练促战，全面提升公安维稳及应急、反暴恐实战能力。

【公安反恐防暴突击队】 为全面提高公安机关处置突发事件的能力和水平，努力形成绵阳特色的“拳头”和“尖刀”力量，按照市反恐协调领导小组《关于组建反恐防暴突击队的通知》精神，以县级公安机关的公安巡特警为主体，全市组建8支100人的公安反恐防暴突击队，实行24小时值班执勤，常态化武装巡逻、动中备勤。特别是昆明“3·1”事件发生后，绵阳城区启动一级加强型巡防，最大限度地将警力摆在城区街面，保持24小时实战状态，重点加强对党政中心、车站、商场、学校、广场、医院等人群聚集场所的武装巡逻，动态管控加油站、民爆物资仓库等涉爆、涉危重点场所；组织市公安局巡特警支队、武警支队、刑侦支队警犬队，开展常态联合武装巡逻，优势互补、分时空布警，强化重点区域的巡逻防范；完善以市公安局、武警支队和成都铁路公安处绵阳车站派出所为核心力量的陆地公安机关联勤安全防范工作体系，搭建绵阳机场突发事件应急处置合作框架，开展绵阳机场重点航班武装巡逻守护工作，震慑各类暴恐违法犯罪活动。（陈　超）

工业企业安全突发事件处置

【概况】 2014年，全市工业企业发生事故16起，均为一般事故。死亡17人，直接经济损失483万元。事故类型分属高处坠落、物体打击、坍塌、机械伤害、车辆伤害、中毒和窒息、淹溺等七种类型。事故发生的原因多为生产作业场所安全防护设施欠缺，设备质量缺陷，安全防护措施不到位，作业场所环境不良，违章操作，违反劳动纪律，安全常识缺乏或处理不当等。

【工业企业突发事件处置】 2014年，全市工业企业发生的16起事故中，当场死亡人数12人，其余因抢救无效死亡。事故发生后，事故发生单位、安监、卫生等部门积极组织力量投入救援工作、并对善后赔偿、安抚等事宜进行处理，保持社会稳定。安监部门对事故进行调查处理，按照“四不放过”的原则，查明事故发生的直接和间接原因；对事故发生单位隐患进行排查；对事故责任人进行严肃处理；对事故责任人和周围群众进行教育；制订切实可行的整改措施。按照相关法律规定，各地安监局对发生事故的16家单位依法进行行政处罚，处罚金157.56万元。对发生事故负有直接或间接责任的33名企业负责人、管理人员处罚金27.52万元。（陈　兵）

城市建设与管理

URBAN CONSTRUCTION AND MANAGEMENT

“夜市”便民服务车

概　述

【概况】 2014年，全市城市建设与管理围绕建设西部经济文化生态强市战略目标，科学统筹、团结协作、开拓进取、狠抓落实，以依法行政为重点，推进城乡建设事业持续健康快速发展。全年市政基础设施投资完成31亿元，房地产开发投资完成210亿元，实现建筑业总产值334亿元。

全年，全市启动违法建设整治行动，推进全市范围内违法建设整治工作，拆除涪城区顺河街社区、罗汉寺牌坊，高新区双碑“蜀香春”酒店，科创园区三阳汽车等违法建设。全年全市拆除违法建设1611宗、面积17万平方米。教育园区组建市城管执法支队教育园区大队，解决园区内校园周边脏、乱、差等问题，实现建成区内全覆盖、常态化管理。有序进行第二批便民服务摊区工作的基础上，征求市民意见建议，选址开辟3处“绵阳夜市”。在全省地级市中率先试点“处置通”，实现数字城管系统终端手持化。市级数字化城管系统实现与省级平台数据库成功对接，绵阳市成为四川省首家数据对接成功的地级市，覆盖范围由70平方千米扩增至107平方千米，完成中心城区30余平方千米三维实景采集，初步实现城市管理可视化。至年底，绵阳市荣获四川省住房城乡建设系统目标考核一等奖，市住建局被省住建厅表彰为2014年度目标绩效考核一等奖。

市城市管理局获第四届中国诗歌节先进集体、2014年度优秀志愿服务组织、第三次全国经济普查先进集体等称号。

【城市便民服务】 2014年，市城管局通过“12319”城市管理服务热线、城事微博、微信等互动平台，定期发布工作动态，收集听取群众意见建议，主动搭建互动“桥梁”。12月，“绵阳‘12319’”再度荣获“年度最受网民喜爱的实名认证机构”十强称号。建立《市城管系统各单位与政风行风监督员对口联系机制》，35名监督员分别对口联系3个大队、2个分局、2个下属单位，深入城市管理一线，及时发现存在的实际问题，提高监督水平。推行行政审批集中办理，简化流程、提速增效，全年受理申请2281件，办结2281件，办结率100%，群众满意度100%，按承诺时间办理申请件提速97.4%。全年，累计受理“网络理政”案件557宗，处理完成541宗，满意率90.48%，办结率97.13%；受理网络舆情督办案卷841件，处理完成737件，办结率87.63%。投资160万完成医废中心改扩建工程，投资400万建成科创园区、教育园区、金家林三处城市公厕及火车站移动拖挂式公厕，解决市民如厕难问题。针对部分街区照明设施老化问题，对城区32条道路的陈旧功能性照明设施进行改造，在11处开放式小区、79条城中村巷道，安装路灯790余盏（套），对60栋城市楼宇景观照明设施进行修缮维护。

【城管队伍建设】 2014年，市城管局在全市率先出台党政正职不直接分管人事、财务、工程建设项目、行政审批、物资采购等《“五个不直接分管制度”和“末位表态制度”》。完成城管执法队伍参公登记，完成154名城管执法队员执法资格考试。与市武警支队建立联建机制，分两批次对市、区两级500余名执法队员进行封闭式集训。在系统各单位和执法中队以上设置124名基层纪检员、法制员、宣传员，提升依法行政水平，增强基层监督能力。开展“城管大讲堂”系列教育培训活动。严明廉政纪律，全年查处违规人员8人次，诫勉谈话5人次，辞退临聘人员1人。　（胥　聪）

城乡规划管理

【概况】 2014年，市城乡规划局贯彻市委六届六次、七次全会精神，发挥规划职能职责，全年推进科技城集中发展区、会展中心二期等38项重点工作，开展规划编制37个，其中城市总体规划等12个规划获批实施；推行建设项目并联审批、实行项目竣工联合验收；指导完成8个第二批省级试点镇规划、36个新村规划，城乡统筹步伐加快；实施乡村规划师和城乡规划督察员制度，规划管理机制体制更加健全，城乡规划管理水平提升。获得省市各级表彰的先进集体（单位）有26项、个人10人次，其中组织开展的地下管线普查工作荣获2012-2014年四川省优秀测绘工程奖金奖。

【绵阳城市总体规划修编】 2014年，市城乡规划局按照“两化”互动、新型城镇化建设等新的发展要求，对《绵阳市城市总体规划（2010~2020）》进行多次修订完善。5月，总规成果获省政府正式批复，为控制性详细规划等下位规划的编制提供依据和指导。

【科技城集中发展区规划】 2014年，市城乡规划局完成科技城集中发展区总规及启动区控规成果，分别上报省政府和市政府审批；完成核心区概念性城市设计并启动核心区控规编制，为集中发展区建设提供规划指导。

【专业专项规划编制】 2014年，市城乡规划局编制完成《绵阳市城乡统筹规划》《绵阳市近期建设规划》《绵阳市住房建设规划》和《公共服务设施专项规划》，为科学确定建设时序、完善城市公共配套、改善人居环境提供规划指引；推进“治堵缓堵”行动计划及老城区交通工程设计、“十二五”城区防洪排涝专项规划、城区市政基础设施专项规划、芙蓉溪水环境综合整治（一期）等12个事关群众生产生活的重大专业专项规划的编制工作；推动城市建成区地下管线普查成果的广泛运用和地下空间开发利用与人防工程规划的实施，指导火车站站前广场、文化广场等城市重要节点地下空间的开发利用。

【控制性详细规划和城市设计】 2014年，市城乡规划局开展高新区控规调整及城西次中心、剑南路沿线、御营坝热电厂片区城市设计，优化完善城市空间业态、功能布局、交通组织；完成游仙区经济试验区城市设计、游仙区朝阳片区整体改造提升项目控制性详细规划的编制工作，经市政府批复实施。

【风景园林规划】 2014年，富乐山风景名胜区总体规划成果上报省政府审批，窦圌山—佛爷洞风景名胜区总体规划、平武县历史文化名城保护规划获省政府正式批复，市人民政府批准实施绿地系统规划、健康绿道系统规划、旗堡梁生态示范区规划；组织完成《剑门蜀道风景名胜区七曲山景区总体规划》《李白故里风景名胜区总体规划》等成果编制，为生态城市建设提供理论依据。在城市总体规划中明确绵阳市第一批园林绿地、公共空间保护名录，明确西山生态隔离区等7个城市生态保护区、人民公园等17个现状绿地、规划绿地及公共开放空间的绿线范围，根据首批园林绿地、公共空间保护名录，完善片区控规，为城市景观风貌、开敞空间打造，加强生态保护建设提供规划指引。

【历史文化遗存保护】 2014年，市城乡规划局正在加快编制跃进路历史文化街区、永兴历史风貌街区保护规划，批复实施朝阳厂工业遗产保护规划，完成北川羌族自治县黑水、上五和江油市青林口3个第二批中国传统村落保护发展规划，为保护历史遗存和民俗文化、加强城市特色塑造、发展地方经济提供理论指导。

【地块规划调整】 2014年，市城乡规划局依法依规开展宜家美商业广场、花园雨水提升站、126文化创意产业园、剑南路沿线及西山公园周边部分地块等20个地块的规划调整。

【县市区规划】 2014年，安县、江油市、三台县、梓潼县、平武县根据发展需要依法开展城市总规修编，盐亭县城市总体规划获省政府批复。各县市区控制性详细规划、新区规划、镇乡总体规划和新村规划等各层级规划按各地发展计划依法有序推进，涪城、游仙规划区外大部分镇乡完成总规编制，全面启动剩余镇乡总规梳理；石马、塔水等8个第二批省级试点镇和龙门、桑枣等16个市级试点镇规划有序推进，安昌镇、曲山镇完成规划成果，城乡统筹步伐加快。统筹规划新建新村（聚居点）和旧村落改造提升，石椅村、关帝村等36个新村完成规划编制，新村建设有据可依。

【规划审批】 2014年，市本级办理选址意见书29件、建设用地规划许可证129件、建设工程规划许可证173件。全年审批房地产项目51个、建筑面积约564万平方米，规划保障性住房4590套、建筑面积345859平方米；出具工业用地规划条件49宗，面积201公顷。

全年，市城乡规划局完善《绵阳市城乡规划委员会工作规程》，调整健全机构设置和成员单位，由聘请的首席规划师担任专家委员会主任，增加首席建筑师为专家委员会副主任，负责对审议议题进行咨询、论证，并全程参与市规委会议，提高规委会科学决策的专业化水平，全年召开市规委会议7次，审议项目63个。

【规划管理体制机制完善】 2014年，市城乡规划局实施乡村规划师制度和城乡规划督察员制度，首批16名乡村规划师派驻魏城、擂鼓等16个首批市级试点镇开展工作；首批4名城乡规划督察员派驻江油市、三台县、盐亭县和平武县开展规划督察工作，村镇规划层级管理、监督工作走在全省同类地级市前列。推进并联审批、实行项目竣工联合验收，精简行政审批事项，取消施工图规划复核，行政效能明显提升；规范市政管线、市政工程的规划审批、批后监管和竣工规划核实，形成较为完整的市政规划条件办理模式。

【基础测绘】 2014年，市城乡规划局及时更新、补充重点发展区域陈旧缺失的测绘成果，全年补测地形图6.51平方千米，确保相关区域的规划编制、基础建设等有“图”可用。按照先用先测、保障为主原则开展基础测绘，补测涪城、游仙、科创园、高新区、经开区5个区域未实施测量的道路，测量道路总长175.8千米，涉及面积8.79平方千米，城市规划建设和经济社会发展的基础保障服务能力增强。 （胥　英）

城市重大基础设施建设

【概况】 2014年，城区市政基础设施工程项目157个，总投资137.5亿元。全年开工117个，完工96个，完成投资34.5亿元，完成目标任务30亿元的115%。以川交大桥、机场直通道、元通路为代表的一批缓堵治堵项目建成投用，缓解城区交通压力；以董家沟、龙溪沟为代表的一批排污排涝项目完工，缓解城区重点区域的排涝压力，净化小流域水环境；以滨江生态绿道为代表的生态宜居项目的完成，提升城市品质，受到市民好评。

【绵阳川交大桥竣工通车】 2014年12月11日，横跨涪江的绵阳川交大桥（圣水涪江大桥）正式竣工试通车。大桥于2013年12月开始建设，历时一年时间完成。该桥是市政府一项重大民生项目，大桥有效缓解绵阳城区交通拥堵状况，是石马片区、中物院科学城片区进入主城区的一条主要通道，石马、中物院片区的居民原来进入城区需要一个小时，现只需10分钟。绵阳川交大桥东西走向，长465

米、宽20米，双向四车道，连接圣水、小岛与科学城区域，（起滨江西路，止小岛西路）。由绵阳市川交公路规划勘察设计有限公司设计并捐资冠名，四川川交路桥有限责任公司承建，绵阳川交建设工程监理咨询有限公司监理施工。（黄　龙）

勘察设计

【概况】 2014年，绵阳市强化规范勘察设计市场、严把初设审查质量、加强资质初审和施工图备案管理工作，保持勘察设计行业整体发展的良好趋势。接受住建部、省住建厅安全质量专项检查，根据检查组反馈的意见和建议，举一反三，针对问题进行专题研究和整改，规范从业人员行为。

【组建四川中科城联工程咨询有限公司】 2014年，绵阳市整合行业优质资源，在经历4年的准备后，全市19家本地勘察、设计单位和施工图审查机构组建四川中科城联工程咨询有限公司，该公司包括勘察、设计、装饰、公路、规划、市政、审图、核工业等众多专业设计单位，涵盖综合甲级、甲级、乙级、丙级、一二类审查等多个资质，基本集成绵阳市勘察设计行业所有实力单位。

【四川联筑实业有限公司成立】 2014年，绵阳市发挥行业协会作用，推进住宅产业化、工业化、智能化各项工作（即住宅产业“三化”工作）。本行业主要几家勘察设计单位牵头成立四川联筑实业有限公司，该公司与浙江东南网架股份有限公司签约“装配式钢结构集成建筑国家低碳技术创新及产业化示范工程西部基地”协议，与西南科技大学、浙江东南网架股份有限公司签约“装配式集成建筑技术创新中心合作框架”协议。

【建设工程勘察设计管理】 2014年，全市完成初步设计审查99个项目，总投资约115亿元，建筑总面积约654万平方米；其中：房屋建筑项目64个，市政项目35个。完成施工图备案项目144个，建筑总面积约396万平方米；其中：房屋建筑项目91个，市政项目53个。完成勘察设计单位资质初审19个。实行外地入绵阳企业“一项目一登记”，强化到绵阳企业资信证明、资质、人员身份管理，严格对设计文件技术审查中存在安全隐患或设计文件质量较差的单位进行约谈或处罚。推广应用高强钢筋，新建工程高强钢筋（400兆帕及以上）使用率达83.65%，超过65%的目标任务。组织专家对全市市政桥梁安全进行专项检查，对检查中发现的问题提出建议，形成专项报告。（黄　龙）

建筑业管理

【概况】 2014年，绵阳市建筑业产值首次突破300亿元，达到333.97亿元，同比增长27%，在投资疲软、经济下行压力的情况下，仍然保持快速增长。全市建筑业从业人数17万余人，成建制输出建筑劳务4.2万余人，实现劳务收入8.87亿余元，同比增长18%。全市在建工程质量监督覆盖面达100%，受监工程竣工验收合格率100%。创“绵州杯”市优质工程奖5个。完成年初预定各项指标任务，全市建筑业工作运行情况良好。出台《关于促进建筑业健康发展的若干意见》和《绵阳市促进建筑业转型升级加快发展的若干措施（试行）》，增强建筑业企业的发展信心和决心。

【本地建筑企业发展】 2014年，绵阳举办“建筑业企业资质讲座”，邀请相关专家对建筑业企业资质政策进行讲解，对企业在资质申报方面遇到的问题进行详细的答疑，帮助企业正确掌握资质标准，熟悉资质申报流程，指导企业办理资质升级、增项工作。全市3家施工总承包企业晋升一级资质（全市一级施工总承包企业达到10家）、3户专业承包企业晋升一级资质，65户建筑业企业资质由三级升二级，104户建筑业企业资质增项、2户建设监理企业申报甲级资质；全年受理初审55户建筑业企业新办“安全生产许可证”，受理初审130户建筑业企业“安全生产许可证”延期，办理“安全生产许可证”增补、变更45户。

【散装水泥推广】 2014年，全市把散装水泥工作作为大气污染防治行动的重点工作，作为强化节能减排为民办实事的一项中心任务，坚持多措并举、重拳出击，使该项工作迈上新台阶。继续巩固完善中心城区全面“禁现”成果的同时，全市推广发展绿色建筑材料使用散装水泥。坚持各相关部门联动监管，强化建设工地联合巡查机制，充实完善推散工作定期通报和约谈警示制度，较好杜绝各种违规现象的发生，促进砂浆“禁现”工作全面推进。印发《关于进一步落实混凝土质量责任的通知》，要求严禁使用无质量保证的混凝土，对混凝土的生产、使用、监管等责任主体做出相应规定，严格执行“一站一资质”制度，严禁各混凝土生产企业出借资质，设立“分站”或“分公司”生产、销售混凝土。组织开展对预拌商品混凝土生产企业、预拌砂浆企业、在建项目禁止现场搅拌进行督促检查。全年全市散装水泥使用量668万吨，散装率达到71%，获得“2014年度全省散装水泥工作绩效考核先进单位”称号。（黄　龙）

住房建设

【房地产开发】 2014年，全市完成房地产开发投资210.74亿元，比上年同期增长24%，其中全市商品住房成交34439套，成交面积338.13万平方米，平均成交价格4121元/平方米，城区商品房成交19210套，180.93万平方米，成交均价4816元/平方米，全市完成存量房交易11275套，成交面积110.54万平方米，成交均价3714元/平方米。

【保障性住房】 2014年，全市开工建设保障性安居工程14902套（其中保障性住房6122套，改造棚户区8780户），基本建成（续建）8180套，竣工（续建）9035套，发放租赁补贴4541户，向农民工分配公租房1307套，省政府下达绵阳市的2014年保障性安居工程目标任务均超额完成。修订《关于绵阳城区公共租赁住房申请、审核、配租和管理有关事项的通知》和《绵阳市限价商品房管理办法》，规范保障性住房申请、审核政策，简化审批申请、审核流程。

（黄　龙）

住房公积金管理

【概况】 2014年，全市新增缴存单位193个，其中非公有制企业建制单位115个，新增缴存人数9913人，缴存人数比同时新增7.05%，完成年度考核目标的142%，12月末全市住房公积金开户职工25.41万人。其中市本级新增开户1876人，缴存职工总数达11.41万人。

全年，归集住房公积金26.72亿元，同比增长18.33%，完成年度考核目标的144.43%，累计缴存住房公积金133.16亿元，缴存余额86.43亿元。其中市本级归集住房公积金11.80亿元，同比增长10.07%，完成年度考核目标的133.16%，累计归集住房公积金62.40亿元，缴存余额40.04亿元。

2014年，各类提取总计11.72亿元，同比增长19.23%，提取率为43.86%。其中市本级各类提取总计5.33亿元，同比增长16.63%，提取率为45.2%。

2014年，全市增值收益为12176万元，比上年同期增加3098万元，同比增长41%。其中市本级增值收益为6373万元，比上年同期增加2131万元，同比增长50%，首次突破亿元大关。

【住房公积金职工个贷】 2014年，全市公积金管理部门向6062户职工发放住房公积金个人贷款13.61亿元，同比增长22%，完成年度考核目标136%。其中市本级向3030户职工发放住房公积金个人贷款7.57亿元，同比增长26%，完成年度考核目标的126%。历年累计向51178户家庭发放个人住房公积金贷款73.93亿元，个贷余额43.71亿元，个贷使用率52%。住房公积金个贷风险控制良好，年末逾期贷款率为0.19‰。

【住房公积金服务】 2014年，全市公积金管理围绕全市住房保障工作大局和群众需求，科学研究制定住房公积金政策，持续推出放宽提取公积金条件、取消公积金贷款提前还贷次数限制等多项惠民新政，为减轻公积金贷款职工经济负担，支持广大中低收入人群圆住房梦提供了政策保障。在省内率先实现“12329”客服热线改造升级，增加公积金网站服务功能，拓宽市民群众咨询公积金政策、解决疑难问题的渠道，全年受理解答各类咨询电话30余万个，处理回复网民各类网上留言问题件，办理网络问政、市长信箱60多条。继续推进免费使用公积金网上平台和发放住房公积金联名卡工作，全年网站浏览量达200多万次，为单位和职工办理公积金业务提供更多便利。推进“绵州通”卡查询住房公积金相关工作，三德公司和绵州通公司的软件接口调试完毕。协调有关部门，压缩办事环节，提高工作效率，大幅降低群众办理业务的时间和往返次数。严格执行首问负责、AB角、一次性告知、限时办结、责任追究等制度，对全市公积金业务大厅实行“统一政策、统一制度、统一流程”的标准化管理，确保群众在任一公积金大厅办理业务都享受标准统一的服务。

（王春明）

城市综合管理

公用事业管理

【城市供水】 2014年，绵阳城市供水继续以“安全清洁、做优质服务、保障供应、节能减排”为目标，完善适应城市社会经济阶段性发展需要的供水保障，加快供水基础设施建设，继续推进城区第二水源燕儿河水厂建设，城市供水设施完善，供水保障能力有效增强。城区供水总户数40.06万户，实际日有效售水量25万吨，新建供水管网201.4千米，投入建设资金1.0843亿元，水质合格100%。全市，城区有供水企业10户，以国有市水务集团公司为主，较大的公共供水企业4家；除此之外，公共供水小企业6家，日供水能力40万吨。

全年，全市组织开展“全国城市节约用水定传周”活动，组织企业、小区、单位宣传节水知识，提高全民节水意识。绵阳市获得中国城镇供水排水协会授予的“2014年度城市节水工作先进集体”称号，节水办工作人员喻碧峰获得中国城镇供水排水协会授予的“2014年度城市节水工作先进个人”称号。

【城市燃气供应】 2014年，城市燃气供应以“确保安全、供气及时、服务优质、规范管理”为目标，实行市场化制度，规范城镇天然气市场，抓好燃气安全管理工作，推动城镇燃气老旧管网改造。城区管道燃气年总供气量达6.6亿立方米，总用户达114万户。全年新增燃气管网59.36千米，管网总长度2242.3千米。液化石油气经营企业2014年供气总量4860吨，用户16100户。全年天然气安全生产无事故发生。

【城区亮化照明工程】 2014年，全市城区夜景照明方案完成评审，三江景观照明项目启动实施。全年接受夜景照明申请38个，通过方案32个，三江两岸滨江夜景持续改善。管辖内45301盏路灯、67152盏（套）景观照明及楼宇亮化实现“全域管理、重点防护”。完成11处开放式小区、城中村782盏路灯新建工程，改造14处存在安全隐患的陈旧供配电设施。城区主干道亮灯率常年达到99%以上，次干道亮灯率常年达到99%，高于建设部要求标准。城区大部分小区、城郊接合部结束“有路无灯”的困境。

【城市交通设施建设】 2014年，城区交通设施投资150万元，增设U型阻车杆8000米、公共座椅150把、非机动车存车支架10000米，建设主城区人行道安全岛（灯控）、非机动车二次过街灯控设施、机非隔离栏、人行天桥扶手延伸、开放式路口护栏及部分新建道路的红绿灯、交通标志标牌设置项目。 （黄　龙）

城市公共交通

【城市公交优先发展】 2014年，全市有公交车辆1451辆，首次投入30辆纯电动新能源公交车，公交线路119条，公交站台2129个，乘客运输量3.07亿人次。全年新开公交线路4条，优化线路20余条；开通97路、98路公交线路，结束游仙区忠兴、魏城两镇多年不通城市公交的历史，解决10余万群众公交出行难问题。为44个企事业单位开通商务定制公交，逐步开展针对个人的定制公交工作，满足市民个性化出行需求。新建候车站亭77座，安装椅凳104根，对乘客集中的医院、商场、广场周边10座候车亭进行站棚加宽改造。创建星级线路97条，占线路总数的81.5%，乘客投诉率同比下降4%。投入1400余万元建成投用GPS智能调度系统和DVR车载监控系统，实现1000余辆营运车辆全程可视化监控、智能调度和分段超速报警、语音视频报站等功能，有效提高车辆营运效率。投入800余万元在

绵阳智能公交站台和手机线路查询

城区建成172个智能公交电子站牌，实现公交运行状态、班次和换乘等信息实时电子化显示。继续执行夏季期间中级空调车1元票价，15条对老年人、残疾人免费线路，年免费接送老年人、残疾人1500万人次以上。投资890万元开展便民公共自行车二期建设，新增公共自行车900辆，办卡1.8余万张，车辆平均日使用3500辆人次左右。

【出租汽车新增】 2014年7月1日，市政府面向社会出租汽车公司配置的270辆出租汽车全部投入营运；12月10日，面向社会个体配置的30辆出租车的经营权通过公开摇号方式确定中标人，运管处与中标人进行约谈并签订《绵阳市域区客运出租汽车特许经营权合同》，按照政府目标任务新增300辆出租汽车全部投入使用。

【出租汽车公司化改革】 2013年8月26日，结合城区出租汽车实际，制定《绵阳城区出租汽车个体经营者联合组建实体企业行政许可工作规范》（以下简称《工作规范》），妥善完成由个体车主成立的“两权归企”出租汽车企业组建审批工作，推进公司化改造，走在全省前列。城区有291辆原个体出租车以“两权归企”方式完成公司化经营改造。2月，绵阳升晨出租汽车公司成为绵阳市第一家“两权归企”的出租汽车公司，绵阳好运通出租汽车公司1月15日挂牌成立，2

家公司筹建中。截至年底，城区出租车公司化经营率从2012年的29%提升到57%，推进出租汽车行业公司化经营进程。

△“两权归企”：出租汽车产权、经营权归出租汽车公司所有。

【城区出租汽车企业服务质量信誉考核】 2014年，市交通部门加强全市城区出租汽车行业管理，建立行业竞争机制，引导和促进经营者加强管理、保障安全、诚信经营、优质服务，为城区新增出租汽车经营权配置工作提供客观依据，根据《绵阳城区出租汽车服务质量信誉考核办法（试行）》及其实施细则的要求，市交通运输局运管部门、市出租汽车行业协会组成城区出租汽车企业服务质量信誉考评组，按照“公平、公正、公开”的原则，8月15~28日，在城区首次开展出租汽车企业服务质量信誉考核。考核以现场查阅资料、实地察看场地、抽查询问、日常监管数据汇总等方式，对城区13家出租汽车企业上半年服务质量信誉情况进行集中、统一考评，9月2~12日进行公示，公示期内收到5家企业提出的16条书面意见。针对企业提出的意见，考评组通过查证现场考核记录、再次到企业核查等方式逐一进行复核、会审，对确因现场失察或工作疏忽而影响企业考核得分的情况，进行更正。通过《绵阳晚报》、绵阳运政网等相关媒体发布考核结果，并将其作为经营者获取新增经营权配置资格以及申请继续经营的重要依据。

【首届“的士节”举行】 2014年11月28~30日，绵阳市举行首届“的士节”。城区14家出租汽车公司近5000名“的哥”“的姐”参与活动。本次活动通过评选“十佳的士之星”、爱心公益活动、趣味运动会、知识竞赛、“的士之夜”文艺会演等形式，展示绵阳市出租汽车行业从业人员的良好素质，提升社会影响力和认知度，体现行业的人文关怀，促进出租车行业的健康发展。（张　霜）

电力管理

【概况】 国网绵阳供电公司成立于1975年，是国网四川省电力公司直属的特大一型企业，也是绵阳境内最主要的电网规划、建设、运营和电力供应企业。公司供电区域包括绵阳市涪城区、游仙区、江油市、安县、梓潼县、北川羌族自治县、盐亭县，与三台县、平武县有趸售关系。供电面积2万余平方千米，拥有电力客户156万余户。2014年，完成固定资产投资9.78亿元，投产35千伏及以上变电容量78.84万千伏安、输电线路531.9千米，完成售电量72.66亿千瓦时。截至年底，公司拥有35~220千伏变电站117座，变电容量803.13万千伏安，输电线路256条，线路长度3845.32公里。全网最高负荷142.2万千瓦，最大日电量2743万千瓦时。绵阳电网是四川电网在川西北地区的重要组成部分，通过500千伏变电站和多回500千伏线路构成的主网架接入四川主网，形成较完善的220千伏环网。

【电力安全生产】 2014年，国网绵阳供电公司组建安全巡查大队，成立预备役电力抢险应急分队，开展电网迎峰度夏（冬）联合反事故演练，持续加大安全生产监管力度，应急处置能力大幅提升。输电线路综合整治成效显著，110千伏及以上线路跳闸率下降44.7%。

【电网建设】 2014年，国网绵阳供电公司结合科技城集中发展区等工业园区发展规划，完成2014~2018年配电网滚动规划。保障完成科技城会展中心二期、安昌桥改造等市政项目电力设施迁改任务。协调推进高铁牵引站供电工程建设，确保成绵乐客运专线顺利开通。电网建设里程碑计划有序实施，220千伏擂鼓、高新区，110千伏秀水、理塘等一批输变电工程顺利建成投产。“电力天路”及无电地区电网建设优质高效，受到省政府领导高度赞扬。

【电力服务】 2014年，国网绵阳供电公司全面实施“客户用电满意工程”，推行“电力服务进社区”网格化服务，设立网格化服务社区202个、社区服务经理134名。持续深化与移动、邮政、工行的业务合作，推进城乡便民“购电圈”建设，建成便民缴费网点1940个，解决城乡客户缴费难问题。简化手续、优化流程，业扩报装精益管理成效显著，确保经开万达、创新中心等重要项目顺利用电。

（市电业局）

水务管理

【概况】 2014年，全市实现汛期无人员死亡、无溃坝决堤、无重大损失的“三无”目标。对防汛工作进行早安排早部署。汛期，市水务局、市住建局、市交通局、市气象局、唐家山堰塞湖管理局及防汛指挥部其他成员单位加强值班值守和会商研判，密切关注天气变化趋势及雨情、水情，切实做好防灾减灾各项防范工作，确保安全度汛。

7~9月汛期期间，市防汛办、市气象台先后联合发布暴雨预警，通过电视台播出滚动字幕发布防汛公告及暴雨预警信息，通过短信预警平台向降雨区域的市、县、乡、村负责人和灾害易发点防灾减灾责任人发布预警信息。各县市区防汛部门发挥建成的山洪灾害防治预警系统作用，及时预警并启动主动避险应急机制，整个降雨过程，江油、梓潼、涪城、游仙、安县、北川、平武成功转移疏散群众5901人，全市无一人因灾死亡失踪。

开展汛前安全大检查，查找和排除安全隐患；对汛前不能完成主体工程建设的项目，严格按照施工组织设计和度汛方案安排施工，严格按限制水位蓄水。

【河道管理】　全市在汛前要求各县市区水务局开展市管河道采砂规划工作，北川、安县、江油、涪城、游仙、三台市管河道实行全面禁采，梓潼县采砂规划获得批准。在2014年全市范围内建立河道管理行政首长负责制、河道综合管理相关部门联络员制度、河道日常巡查制度。在市县两级水务局设立水务警务室，在各河道（段）设立河长、河道警长、巡河员，从而切实加强河道日常巡查监督管理工作，加强河道执法力度，规范涉河行为，做好水资源、水土、生态环境保护、打击非法采砂、非法捕捞，为达到水清人和、建设生态文明城市打下坚实的基础。

全年通过县级全面自查，市局河管科、防汛办、水政支队联合对省市管河道进行全面检查，检查河道内采砂及施工作业、涉河建设项目、围河造地及其他占用河道的行为、碍洪物及拆除情况。

【水环境治理】　2014年，全市结合创建全国文明城市大力加强水环境治理。做好大江大河、重点河流和中小河流的治理、病险水库除险加固、水电站的治理、城市（城镇）城区河道的治理、交通沿线水环境的治理、肥水养鱼的治理、人饮水源地环境治理等工作。依法治水，确保水环境治理工作制度化、常规化。坚持依法治水、科学发展的方针，在工作中注重科学发展、人水和谐，对水环境的变化倡导全社会民众来关注和监督，对水资源的利用实行最严格的管理制度。在创建全国文明城市期间，加大三江库区的水环境治理力度。

（贯红瑞）

市政设施管理

【概况】　2014年，绵阳城区市政基础设施管理按照相关安排部署，贯彻“以管为主，以护为辅，管护结合”的工作思路，坚持“实干就是水平、落实就是能力”的原则。配合重点工程项目建设，实施完成御安街、飞云大桥北侧河堤路、石塘路接长虹大道路口、饮马桥下泵站电源改造、治平路与剑南路、五里堆路与一环路交叉口、芙蓉溪路等六处内涝点整治工程；完成剑南路东段东津桥头至花果山小区沿线改造工程；完成剑南路东段至游仙东路公交专用道（土建）建设工程、绵兴路公交专用道建设工程，共计完成投资1204万元。研究制订新的改进方案，在芙蓉溪路实施重型五防井盖（防响、防跳、防盗、防坠落、防位移）试点安装。

全年完成机动车路面修补4.2万余平方米，零星维修人行道、广场8300余平方米，修复树池2000余座，维护护栏3600余米，调、安、换市政井圈、井盖、雨水篦1580个套，修补河堤皮带缝4000余米，疏通排水管网40000余米，清掏排洪沟渠9条、雨污水井11467座、雨水篦12533个，清运淤泥16000余立方米。

【桥梁维护】　2014年，全市按照《城市桥梁养护技术规范》（CJJ99-2003）标准对城区大小桥梁进行规范管理，加强专业技术人员配备，建立完备的数据库；强化汛期桥梁值守工作，安排专人负责值班，随时监察汛期桥梁完好情况，发现问题立即报告，及时消除安全隐患，确保汛期桥梁安全；实施飞来石大桥维修加固工程，对该桥48束系杆进行更换，完成投资600余万元；完成滨江广场下穿通道墙面、平政高架桥立柱、涪江二桥立柱（部分）、西山立交桥立柱等七座桥梁护栏的涂刷、防锈和张贴警示标识工作；完成修补沥青混凝土桥面11000余平方米、更换桥面人行道砖200余平方米、维修立交桥伸缩缝5米、维修桥梁护栏560米；完成飞云大桥、御营大桥、安昌大桥、饮马大桥、南山大桥、南河大桥和红岩电站桥等7座桥梁的检测工作，确保桥梁通行安全。

【泵站管理】　2014年，市住建局组织实施汛前大检大修，对城区所有雨污水提升泵站进行高压供电预防性试验，检查控制室、闸门、格栅机等附属机电设备，疏浚泵站泄洪通道；执行运行维护制度，落实人员岗位职责，坚持每日设备运行检查，发现问题及时登记、立即维修，确保泵站机电设备运行正常；落实专人对仙鱼桥、东津桥、芙蓉溪、博物馆、丽景花城、剑南路、长虹技校、涪江右岸、安昌桥上游泄洪闸，人民公园2号、3号以及游仙面粉厂闸门等21处闸门进行值守，确保泄洪闸门启闭自如，泄洪及时；双碑、绵兴雨水提升站的建设过程中，组织工作人员提前介入以熟悉设备、管网情况，及时安排值班人员上岗值守，新建泵站投入正常运行。全年完成泵站机电设备维修413次（其中大型维护、维修38次，小型维修375次），提升雨污水7802.22万立方米（其中，雨水190.30万立方米，污水7611.92万立方米）。

（黄　龙）

城市卫生管理

【概况】　2014年，城市卫生管理以增强市民文明素质为抓手，利用形式多样的主题宣传教育方式倡导“除陋习，树新风”，共同抵制“三乱”，着力提升城乡居民文明素质。全年，市区两级城管执法队伍累计开展各类市容秩序专项整治行动200余次，劝导各类不文明行为9.8万余人次。扬尘治理：出台《城区建筑垃圾处置管理办法》，建立扬尘污染治理长效机制。集中开展两次城区扬尘污染专项整治，累计查处渣土运输车辆超载超限、抛撒滴漏等违章行为2000余次，处罚金额20余万元。

【城区环卫和垃圾处理】　2014年，城区每天对主要街道实行16小时全天候保洁，保洁面覆盖城区300多条街道约820万平方米街区。新增多功能清洗车4辆，洒水车8辆，日清运垃圾

850余吨，清运率100%，机械清扫率较上年提高3%~5%。投资1000余万元，启动垃圾二级清运模式建设，实施垃圾箱体式清运，解决垃圾清运扰民的问题。加快压缩式垃圾中转站建设，建立小区至转运站再到垃圾填埋场的生活垃圾二级压缩收运体系，做到垃圾不落地。完成吴家垃圾填埋场渗滤液在线监督设备调试安装，楼房村填埋场场体、场容整理以及坡面垃圾清理覆盖工作，完成医疗废物处置设施扩容完善升级改造，有效提高城镇生活垃圾处理率。城镇生活垃圾无害化处理率达到100%，较上年提高2个百分点。（胥　聪）

【污水处理】 2014年，全市污水处理厂处理污水总量为7334万吨，城区新建污水管网62.12千米，投入资金6.35亿元（拆迁费），新建雨水管44.54千米，投入资金4.29亿元（拆迁费），城区雨污管网实行雨、污分流，编制完成排水专项建设规划，城区建设污水处理厂7座。（黄　龙）

城市交通管理

【城区畅通工程建设】 2014年，公安交警部门建立缓堵治堵研判决策机制，市政府审议通过《绵阳市中心城区实施交通组织优化调整方案》，对中心城区大型公共建筑和楼盘等开展6次交通影响评价。制订《2014年公交专用道设置方案》，新增61.6千米公交专用道。整改交通设施，优化交通标志、标线和红绿灯配置，改造渠化主要路口，增设停车泊位。制定交通保障方案16个，修改完善交通工程设计方案21个，确保8个市政重点建设工程、6个支路改扩建工程的顺利实施以及9个拟建设道路工程方案论证。优化城区交通组织方式，在凤凰城、东方红大桥路口等区域采取禁左、单循环、“远端分流”“中端控制”“近端疏导”等排堵保畅。完善“网格化勤务”模式，采取“一线加班、二线加勤”方式，优化警力配置，提高路面见警率和管事率。在绵（阳）吴（家）路改造、一环路高铁建设、机场直通道建设、安昌桥改造等封闭施工期间，科学组织交通疏导，缓解交通拥堵。

【城市智能交通系统】 2014年7月，绵阳市人民政府第48次常务会议审议通过《绵阳城市智能交通管理系统一期建设方案》，总投资4500万元，围绕绵阳城市临园干道+绵兴路、长虹干道+绵州大道、剑南路和九洲大道四条“主动脉”及相邻区域，建成城市智能交通管理五大子系统。完成全市300余千米高速公路智能监控系统和九环东线旅游通行交通信息化系统建设方案和规划设计。启动建设游仙、涪城等重点乡镇农村道路智能监控系统及绵阳城区单向交通、环城道路、绕城高速等新建道路监控点位及公交专用道违法抓拍系统。完善公安交管指挥调度平台，建立交警支队、大队、中队三级指挥调度室，新增侵占公交专用车道、违反禁止标志标线、超速行驶等交通违法抓拍非现场执法设施设备28处。自主创新开展“车辆轨迹追踪和交通异常行为报警研究”应用技术研究，开发PDA远程查验系统，增强城市交通管理的科技含量。

【交通安全宣传】 2014年，全市公安交警部门组织开展大型交通安全公益性宣传教育活动56场、文明交通宣传讲座420场，“交通安全流动影院”放映200余场。开展影响广泛的“2014文明交通绵州行”大型公益巡展活动、“我当一日交警”体验活动、“文明出行，礼让有礼”互动活动，策划报道“魔鬼路段的坚守”“平武‘雪人交警’”“违办大厅里‘铁面’女警花”等典型人物及事件和城区缓堵保畅及科博会系列专题报道。（秦雪凌）

【“道路交通安全综合整治攻坚年”行动】 2014年，全市组织路政、运政执法人员980余人次上路检查或值守，完成高速公路口双超车辆的管控，劝返2400余辆次。出动执法宣传车80余辆次，发放宣传单2.5万余份。完成重点公路桥梁、隧道和在建工程的现场安全督查。全年全市路政机构出动执法车辆1万余辆次，投入执法人员3万余人次加强国省干线公路和县乡公路的双超治理，查处和办理路政案件14027件，案件查处率达到98%以上，重大路产恢复率达100%；检测货运车辆24余万辆次，查处超限超载车辆11000余辆次，卸载500余辆次，卸载（转运）货物1200余吨，罚款和收取路产补偿费70万余元，超限率控制在5%以内，路面超限超载运输车辆基

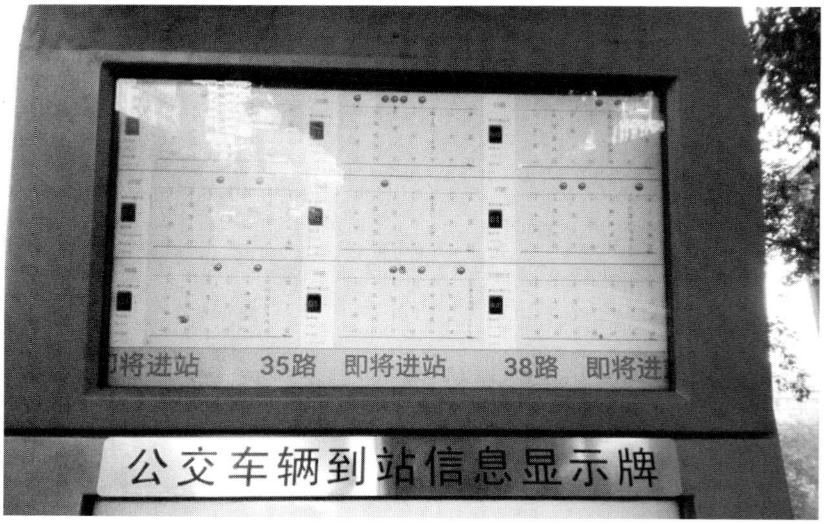

智能公交站台显示屏

本达到省定控制指标，公路桥涵设施得到有效保护。全年全市发生道路界线内违章建筑15起、损坏公路及其设施71起、占用公路及其留地52起，清障排障3501起。 （张　霜）

城市环境

【概况】 2014年，完成110平方公里城区范围内420万平方米公园绿地、道路绿化的松土、施肥、除草、浇水和保洁、清除植物干枯枝等工作，保持绿地干净、整洁。绿地、行道树施肥各5次，施用各类化肥165吨；修剪混播草坪24次，绿篱、球形植物22次。制订《冬季乔木修剪方案》，开展冬季乔木整形、冬防涂白。开展绿地、植物病虫害调查、拟定预防治理方案，适时加强植物保护，病虫害在原发地得到有效控制，避免蔓延和扩散，城区绿地、植物无大面积病虫害。根据冬春城区持续干旱的气候特征，及时调整工作措施，坚持错峰作业，做好绿地、植物浇水抗旱，保持植物生长所需水分；进行乔灌草洗尘排涝，确保绿地、植物亮丽、无尘。完善防汛预案，强化抢险工作，出动840人次，车辆117辆次，及时处置因大风、大雨造成的105条道路198株行道树断枝、倒伏事件，为市民出行提供方便。

【市政绿化调整改造】 2014年，配合“安昌河大桥改造及南北桥头下穿工程”项目，迁移植物463株。对临园干道、东津干道等10余处绿化带采取局部降土、补栽麦冬、鸭脚木、吉祥草等，确保绿带植被全覆盖、无裸土，控制扬尘污染。三江大坝路平整场地近9300平方米，铺植草坪5000平方米，栽植美人蕉100平方米。

【二环路西半环全路段绿化】 2014年，完成二环路西半环全路段和九洲立交桥桥区乔木的栽植和播种。栽植香樟、天竺桂、红枫、樱花、栾树、桢楠等乔木9149株，转运土方11000立方米，播撒草种4万余平方米。完成中分带、侧分带、桥区杂草清除、灌木栽植和十五标段跨线桥播草种以及乔木补栽。清除杂草20万平方米，喷洒除草剂11万平方米，栽植多种灌木11万平方米，播三叶草1.1万平方米，补栽乔木380株。

【城市绿化花卉调整】 2014年，城市绿化贯彻、落实绵阳城市绿化专题会议精神，执行《绵阳城市绿化花卉调整方案》，推进地栽花卉、宿根花卉、花灌木应用。全年生产花卉种苗165万株，改盆花布置为育苗地栽；加大开花乔、灌木的运用，在东津干道、临园干道、红星街、科委立交桥等地段换栽月季、麦冬、洒金珊瑚、红叶石楠、鸭脚木等2.55万平方米；安昌河绿道南河二台地种植的1万平方米香草全部开花；完成科博会134.4万株花卉栽种任务。 （黄　龙）

城市消防管理

【概况】 2014年，全市发生各类火灾事故454起，直接财产损失348.6万元，两项指标同比分别下降15.6%、74.7%，无人员伤亡；成功处置灾害事故2991起，抢救被困人员565人，疏散被困人员3568人，抢救财产价值1152.73万元，处置成功率达100%；组织开展第二次“清剿火患”战役重大火灾隐患集中整治等9大专项整治活动，圆满完成了春节、“两会”、第二届科博会等消防安保任务。

【消防安全检查】 2014年，公安消防部门检查全市各类人员密集单位、场所10177家（次），排查发现火灾隐患或违法行为2059处，下发“责令改正通知书”1674份，对321家违法单位和个人下发“行政处罚决定书”，临时查封116家，责令“三停”78家，罚款276.983万元，被列为重大火灾隐患并由市政府挂牌督办的单位10家，中央级媒体曝光火灾隐患2处，省级媒体曝光火灾隐患13处。

【消防安全宣传】 2014年，公安消防部门以结合贯彻落实《全民消防安全宣传教育纲要》为契机，组织发动2.4万余名消防志愿者开展多种形式的消防宣传教育活动，全年举办消防知识培训讲座30余次，设置固定的消防宣传栏150余个，开设媒体专栏3个，利用报刊刊发消防知识提示20次，播发公益广告450余条次，印制消防宣传标语7万余份，在中央、省、市三级媒体曝光火灾隐患38条；在“119”宣传周期间，开展消防知识电视大赛、百米消防签名墙、千张笑脸图、志愿者环城骑行等活动，《人民公安报》《四川日报》等10余家媒体进行报道，特别是中央电视台1套节目的晚间新闻进行专题播出，受到全社会的广泛关注。

【消防行政许可服务】 2014年，公安消防部门强化服务意识，主动为70余个重点项目提供前期技术指导，在规定时限内办理公众聚集场所开业前检查518起，发出《公众聚集场所投入使用、营业前消防安全检查合格证》509份，审核建设工程消防设计310件，抽查设计备案226件，消防验收建设工程252件，抽查验收备案186件，赢得社会各界和人民群众的好评。

【消防实战培训演练】 2014年，全市消防官兵立足实战，建成囊括绵阳辖区6大主要灾害事故类型的训练场地，投入训练经费100万余元开展实战演练，组织全市消防部队开展2批次144人和9大类型、278个场所的真烟真火实战化培训，组织比武竞赛1次，实战化考核4次，特别是“8·18”绵绢厂大跨度大空间厂房真火训练，受到《共同关注》、《第一时间》等中央、省级媒体的高度关注，全面提高消防官兵的整体作战能力。

【消防基础建设】 2014年，全市消防部队基本业务经费预算达5196.84万元，较2013年递增952.69万元，争取大型装备专项款、指挥中心改造建设、应急救援机动中队建设等专项经费1934.35万元，并将高危补助、执勤补助和伙食补助纳入财政预算保障范围；科创园区消防抢险救援机动中队完成主体建设和内部装修，完成江油市武都镇、北川县禹里乡、平武县平通镇3个政府专职消防队队站建设并投入使用；全年购置消防车8台，各类消防装备2027件（套），60%的执勤中队达到《城市消防站建设标准》；投资600余万元完成指挥中心改造、灭火救援指挥调度子系统建设、音视频综合集成（二期）建设，完善全市消防部队营区监控系统，确保新建61个高清监控点位全部接入；应急通讯分队配备铱星手持卫星电话、350M便携式差转台、海事卫星平板系统各2部；全年招收专职消防队员108名、消防文员22名；在北川的安昌镇和老县城指挥部、梓潼七曲山组建专职与义务消防队员混编的消防执勤力量，全市企事业专职队伍达到12支分队、305人，装备了34辆消防车。（张小鹏）

人口管理

【常住人口】 全市总人口为5487777人，比上年增加13976人，增加率为2.55‰；总户数2075984户，平均每户2.6人。其中，男性人口2819697人，占总人口的51.38%；女性人口2668080人，占总人口的48.62%。男女性别比为106：100。总人口中非农业人口1630107人，比上年增加50486人，非农业人口占总人口数的29.7%；农业人口3857670人，比上年减少36510人，农业人口占总人口数的70.3%。全市出生人口50229人，比上年减少1762人。其中男性26016人，占总出生人口的51.80%；女性24213人，占总出生人口的48.20%。出生男女性别比为107：100；出生率为9.15‰。年死亡32761人，其中男性19685人，女性13076人，死亡率为4.5‰。出生与死亡相抵，自然增长17468人，自然增长率为3.18‰。迁入人口48539人，其中省内迁入37808人，省外迁入10731人；迁出人口52166人，其中迁往省内39006人，迁往省外13160人。迁入与迁出相抵，机械减少3627人，机械减少率为0.66‰。

城区（含涪城区、游仙区、高新技术产业开发区、经开区、科教创业园区、科学城办事处）总人口1268648人，比上年增加14264人，增加率为11.24‰。其中非农业人口721243人，比上年增长12265人。城区出生12810人，死亡5268人，自然增长7542人。迁入19342人，其中省内迁入14275人，省外迁入5067人；迁出11780人，其中迁往省内8042人，迁往省外3738人，机械增长7562人。

【暂住人口】 全市暂住人口623568人，占总人口的11.36%，其中男性暂住人口430795人，女性暂住人口192773人；暂住1个月以下的66135人，暂住1个月以上、一年以下的329856人，暂住1年以上的227577人，暂住人口中，务工的428125人，务农的9871人，经商的101179人，服务的48239人，投靠亲友14627人，其他21527人。暂住人口中，来自省内的477569人，来自省外的145764人，来自港澳台及国外的235人。暂住人口住居民家中的86239人，住在单位内部的91125人，住在工地现场的112966人，租赁房屋居住的279865人，其他方式居住的53373人。

【流动人口管理】 2014年，全市公安机关采取多种措施，做好流动人口的管理和服务工作。全市建立公安内外多部门齐抓共管的流动人口管理服务机制，建立以政府牵头，公安等部门参与的政府流动人口服务管理工作机构，在街道办事处、乡镇建立流动人口服务管理工作站，社区建立流动人口管理服务点，按照绵阳市委办公室、绵阳市人民政府办公室《关于加强社会治安分类防控体系建设的实施意见》要求，加强社区实有人口管理，按照一类地区500：1，其他地区1000：1的比例配备流动人口协管员，将经费纳入各级财政预算。公安部门对暂住人口实行登记，暂住一个月以上的人员按身份证登记，对暂住三个月以上的人员，纳入常住人口管理，填写《暂住人口登记表》并粘贴照片，做到提人知名知情；加强源头管理，摸清城镇出租房屋底数，逐户登记造册，并逐个与出租房东签订治安管理责任书，不定期开展检查，严格执行租住人员登记报备制度，明确房东的法律责任；加强对建筑施工工地和外来人口集中的单位、企业的管理，按照“谁用工谁负责”的原则，督促落实登记，核查等管理措施，落实兼职管理人员；对暂住人口和出租房屋信息录入微机，实行联网，做到科学化、规范化管理；对形迹可疑的外来暂住人员，采取发函或公安网上调查的方式，及时发现和打击隐藏其中的违法犯罪嫌疑人员；加强日常性的督促指导和检查工作，不断总结新经验，解决新问题；全市做到管理与服务相结合，各级公安机关依法保护外来流动人口的合法权益不受侵害，并对外来流动人口提供及时有效的各类服务。

【户口清理整顿】 2014年全市根据《四川省户口登记管理专项清理整顿工作实施方案》要求，全面开展户籍管理专项清理整顿，清理违法违规办理户口411起，清理重复户口人员411人，清理纠正户口登记项目差错2200人。

（廖昌建）

户政管理

【入户规定】 2014年，全市继续按照《绵阳市人民政府办公室关于进一步调整城镇户籍管理制度的通知》（绵府办发〔2003〕23号）要求，取消对投资、经商、办企业及购买商品房办理城市城镇户籍的限制条件，实行居住地登记户口制度，凡在城区、城镇有合法固定住所、稳定的职业或生活来源的人员，均可根据本人意愿办理城市常住户口，与其共同居住生活的直系亲属可以随迁。

【普通大、中专院校学生户口迁移政策】 2003年起，被市内普通大、中专院校录取的新生在校学习期间，其户口可根据自愿的原则，选择在原籍保留或按原有规定迁入就读学校；户口在原籍保留的农村籍新生，可凭《录取通知书》到户籍所在地公安机关申请办理城镇户口手续；被省外大、中专院校录取的绵阳籍新生、其户口按录取院校所在省、市、自治区的规定办理；户口在原籍保留的大、中专学生毕业后落实工作单位的，公安机关凭用人单位与毕业生签订的“就业协议书”（或用人单位录用、聘用手续或劳动合同）和毕业生“就业报到证”办理户口迁移和落户手续；户口迁入学校的大、中专学生毕业后，其户口迁移按四川省公安厅、四川省教育厅联合下发的《关于四川省普通高等学校毕业生户口迁移有关问题的通知》（川公厅治发〔2001〕199号）规定办理。

【调整部分城镇户口投靠限制条件】 2014年，全市成年子女（18岁以上的在校学生）需投靠城市城镇父母共同生活的，准予将户口迁入父母居住地；父母投靠城市、城镇子女的，应以不增加城镇低保负担为前提，属外地离退休人员要求投靠户籍在绵阳的子女的，可将户口迁入；农村男满55周岁，女满50周岁的公民要求投靠绵阳城市、城镇子女的，只要本人或被投靠的子女有正当收入来源维持正常生活的，可将户口迁入子女居住地；外地或绵阳市农村公民要求投靠户籍在绵阳城市、城镇配偶的，只要本人或被投靠方有正当收入来源维持正常生活的，可将户口迁入配偶居住地入户。

【经济园区户籍管理】 2014年，全市凡土地被全征或人均耕地不足0.3亩的地方，当地政府及时协调相关职能部门，为其办理就地农转非户口手续，纳入当地城镇居民管理；进入园区的各类企业，需要解决生产、经营性骨干技术人员户口迁入的，经企业提出申请，本人又有城镇固定住所的，当地公安机关为其办理城镇入户手续。（廖昌建）

出入境管理

【概况】 2014年，全市办理各类因私出境证件248095件，与上年同比增长38.6%。其中，办理境外人员证件签证、签注668件，受理内地居民赴港澳定居申请64件，询问调查、核实、合议审批57件。

【出入境管理服务“窗口”建设】 2014年，总投资142万元，对涪城、平武、盐亭、高新等地的公安出入境服务“窗口”进行改（扩）建，建成了功能齐全、设施齐备的现代化接待大厅，改善办公条件，提升接待容量。加强信息化建设，提升科技含量，涪城出入境管理部门购置了自助填表机、自助受理机，提高了工作效率。涪城、平武出入境管理部门开通出入境证件短信温馨提示平台，游仙出入境管理部门开通官方微信公众平台，深受群众好评。启用“网上公安局”和“电子政务大厅”，全年“网上公安局”访问量突破200万人次，“电子政务大厅”在线咨询达到3600余人次。北川羌族自治县公安出入境管理部门使用“移动警务系统”，实施24小时监测“临时境外人员住宿登记系统”、24小时监测“外国人服务管理综合系统”、24小时监测“72小时过境免签入境外国人动态信息系统”等，提高工作效率。

【出入境重点人员管控】 2014年，全市集中开展“双备”数据清理专项工作，核查国家工作人员登记备案数据27772条，新增、修改3970条，撤控2292条，核查法定不予签发出国（境）人员通报备案数据4852条，新增、修改4972条，撤控3471条。加强涉疆、涉藏、涉恐人员管理，坚持对涉疆、涉藏、涉恐地区迁入的藏族、维吾尔族人员，在规定年龄段内的申请出国（境）证照人员、在全市就近办理出入境证件人员做实“双重”核查工作，全年核查发函89人次，接受函件并调查后复函222人次。

【出入境管理服务站建设试点】 2014年7月，市公安局下发《绵阳市公安局关于推动出入境服务站建设的通知》，对出入境服务站建设试点工作进行安排部署，涪城、游仙、高新、安县、北川、江油、三台等8个试点服务站在11月底前全部正式挂牌运行。

【启用电子往来港澳通行证签发】 2014年，市公安局出入境管理处多措并举，将率先到位的5台阅读器配备给受理量大的单位及偏远地区，用于签注测试。游仙、安县相继购置新电脑用于测试工作。全市各级出入境管理部门顺利完成电子往来港澳通行证全业务流程演练工作，于9月15日正式启用签发电子往来港澳通行证工作。

【境外人员日常管理】 2014年，全市临时入住境外人员9031人，涉及108个国家和地区。为切实做好境外人员管理与服务工作，全市各级公安出入境管理部门和各辖区派出所共同与720余家宾馆旅店签订了《境外人员住宿登记管理责任书》，对其他散居社会境外人员，利用社会力量，实施分类管理。严格审批外国人的签证和居留证件　外国人住宿登记工作的“三率”全部达到公安部标准，有效防止不法境外人员进入绵阳。加强境外人员后续管理，推行涉外单位分类分级管理办法，将涉外单位信誉等级评级与签证待遇挂钩措施，全市有77家涉外单位参与信誉等级评定。对有常住境外人员的企业、学校等单位实行档案式管理，建立外管档案，同时在企业建立外事联络员，将常住外国人全部纳入常态管理。

△“三率”：住宿登记率、登记准确率、上传及时率。

【打击“三非”外国人】 2014年，全市查处涉外案事件21起21人。其中，外国人非法入境案件9起9人，外国人非法居留案件5起5人，外国人非法就业案1起1人，外国人违反住宿登记管理案件2件2人，台湾居民非法居留案2起2人。依法妥善处置香港居民死亡事件2起，遣送出境6人，劝离回国补办手续1人，限制活动范围1人，限制活动范围执行完毕后待遣1人，警告8人，罚款1人。深入开展双（多）重户籍人员办证查处专项工作，严厉打击制贩使用伪假出入境证件犯罪人员，全年共发现处理双户籍、多户籍骗证案件28件，查获伪假出入境证件案2起。

△“三非”：非法入境、非法居留、非法就业。 （邹镒光）

城乡环境综合治理

概 述

【概况】 2014年，全市城乡环境综合法理以贯彻落实党的十八大“大力推进生态文明建设”、省第十次党代会“深入开展城乡环境综合治理，持续提高发展环境和人居环境质量”重大决策部署，突出生态文明建设主题。坚持把开展城乡环境综合治理作为改善民生、促进和谐、优化发展环境、推动跨越式发展的重要举措，全市城乡环境卫生、容貌秩序得到明显提升，人居环境和发展环境得到较大改善。

城乡环境综合治理专项资金及工作经费并入城管部门财政预算经费，各县市区与市级同步调整，确保城乡环境综合治理工作经费和专项经费落到实处。探索建立“群众主体、社会帮助、政府补助、项目扶助、信贷支持”的投入机制，吸收民间资金和社会资本参与环境治理。

全年，开展志愿者服务活动，下河堤、入背街小巷、到农村清洁白色垃圾。依法治理“不文明”行为。开展“不文明”行为整治，以“随手拍”“回头看”形式，及时发现不文明行为、纠正或处罚不文明行为，发动社会全员参与抵制不文明行为，对不文明行为“零容忍”，对不文明违法行为依法查处，顶格处罚。

北川羌族自治县等示范创建单位全部验收合格；“55个美丽乡村”示范建设完成。截至年底，绵阳建成省级示范县城3个，示范乡镇38个，示范村庄194个。

【“十种不孝行为”出台】 2014年，绵阳市老龄工作委员会办公室、绵阳市妇女联合会、绵阳市精神文明办公室通过对全社会征集评选出“十种不孝行为”。分别是：不好学上进总让父母操心；老人生病不尽治疗护理；忽视对父母的精神陪护；婚后不敬双方父母和长辈；不自食其力过分依赖父母；不愿赡养和照顾失能老人；粗暴干涉父母的婚姻自由；打骂虐待甚至遗弃老年人；侵犯老人的正当合法财产；违法乱纪让完全父母痛心疾首。 （黄 龙）

城乡环境集中整治

【概况】 2014年，全市推进城乡环境秩序整治，城乡环境综合治理向基层、村庄、盲点死角延伸，农村制定村规民约制度、环卫保洁制度，疏通沟渠义务行动、清除路边杂草义务行动等，基层环境面貌改善明显。城区及近郊乡镇环境持续改善，通过持续开展市容环境、交通环境、农贸市场环境专项整治，背街小巷、“城中村”、城乡接合部、集贸市场环境卫生改善明显。出台《扬尘污染集中整治方案》《扬尘污染举报奖惩管理办法》《绵阳城区建筑垃圾管理处置办法》等规范性文件，健全建筑垃圾处置管理及扬尘污染防控长效机制。“三线”沿线环境整治。暗访督查20余次，通报脏乱差问题300余件。

【环境集中整治】 2014年，全市开展水环境整治，全市小流域水环境整治资金投入达12亿元，完成11条小流域沿线67家企业的污水处理设施建设，限期整治159家企业超标排污，关停或搬迁46家难无法整治企业，取缔库区网箱养鱼3387口。大气环境整治持续深入，秸秆禁烧和综合利用工作顺利开展。市、县市区、镇乡均成立三级禁烧和综合利用组织领导机构，建立“横向到边，纵向到底”的市、县、乡、村四级禁烧网络严格巡查、督查制度。加强城区扬尘治理力度。市城管执法局、市交警支队、市交通运输局、市住建局等部门联合开展绵阳城区扬尘污染专项整治，建立季度专项整治与日常防控相结合的工作机制，城区在建工地规范有序，运输车辆抛洒滴漏现象得到有效遏制，依法查处违法运输建筑率达95%。加强机场路等干线公路及科技馆周边环境卫生治理力度，清除机场路、科技馆周边建筑垃圾乱堆放、白色垃圾乱倾倒、广告布幅乱牵挂等环境差问题。

（胥 聪）

【农村环境综合整治】 2014年，绵阳市在农村环保基础设施建设方面，根据实际情况选择条件成熟的乡镇开展生活污水、垃圾治理示范，并将示范工程建设纳入市级“民生工程”中，确保项目顺利建设，以点带面地带动农村污水、垃圾治理工作的全面开展。在农村环境连片整治方面，基本建成“十二五”农村环境综合整治项目库。实现入中央农村环境连片整治项目库项目262个，涉及村庄1006个，受益人口192万人。从2011年起，绵阳市先后顺利完成7个中央农村环境连片整治项目（游仙区东林乡、涪城区青义镇、三台县永新镇、盐亭县富驿镇、游仙区街子乡、游仙区玉河镇、盐亭县金鸡镇），项目总投入

1836万元，中央补助资金1141万元，省级及地方补助资金695万元，主要用于绵阳市涪城区、游仙区、三台县、安县、梓潼县、盐亭县近60个村庄农村饮用水源地保护，建设农村生活污水处理站和生活垃圾收运、中转站，建设沼气池、治理畜禽养殖污染等设施的建设。

【推进“清洁四源（园）”行动】 2014年，以“清洁四源（园）”的行动为目标，以“以奖促治、以创促治、以减促治、以考促治”的“四促”活动为载体，通过增强农村环保责任意识，探索农村环保新举措。在农村生态环保工作中，以保护农村饮用水源、治理规模化畜禽养殖污染、整治集镇生活污水和生活垃圾污染、加强“生态细胞”创建工程的四个重点为抓手，加强农村环境污染防治。以绵阳市农村环保工作领导小组名义印发《关于上报2014年度农村清洁四源（园）示范点的通知》《关于上报2014年度农村清洁四源（园）示范点实施方案的通知》，要求各县市区及仙海区要分别打造一个清洁四源（园）示范点，注重督导检查，跟踪问效，在示范引领的同时促进农村环境质量持续改善。

△“清洁四源（园）”：清洁家园、清洁水源、清洁田园、清洁能源。

【农村集中式饮用水水源地规范化建设】 2014年，持续开展农将农村集中式饮用水水源地规范化建设工作，将该项工作纳入年度民生工程，对农村建制乡镇集中式饮用水水源地进行全面规范化整治，先后通过设立标志标牌、建立界碑等方式，完善农村集中式饮用水源保护区基础设施，规范设置饮用水源地保护标志，为全市农村地区饮用水水源地水质全面达标提供有力保障。全市完成39个农村建制乡镇集中式饮用水水源地规范化建设任务，完成率达130%。全市265个农村建制乡镇集中式饮用水水源地，149处完成规范化建设，规范化建设率为56%。

【规模化畜禽养殖污染治理】 2014年，不断加大对已建畜禽养殖企业的污染治理力度，结合新农村建设、“惠民行动”和“民生工程”，列出整治时间表，对畜禽养殖企业污染进行定期整治。转发四川省环境保护厅、四川省农业厅《关于下达2014年规模化畜禽养殖污染防治项目的通知》，结合环保模范城市复核，对13家规模化畜禽养殖企业污染进行整治，会同农业部门实地检查和指导项目建设，督促业主按照总量减排的要求按时保质保量完成项目，确保省厅下达的100家规模化畜禽养殖企业的整治任务顺利完成。省、市、县“民生工程”完成60个规模化畜禽养殖企业的养殖污染综合整治工作。污染综合整治项目的实施，实现废物资源化综合利用，改善企业周边环境，减轻当地面源污染，保护当地水体环境和农村生态环境，对全市农村规模化养殖污染综合治理工作也起到一定示范带动作用。

（赵剑波　康　潇）

交通秩序集中整治

【概况】 2014年，全市公安交警部门以开展“道路交通安全综合整治攻坚年”行动为契机，加大集中整治交通秩序工作力度，全市共查获交通违法行为近115万起。其中，无证驾驶1496起、饮酒驾驶1101起、醉酒驾驶171起、超速263912起、超员241起、超载484起，全市没有发生有重大影响的交通事故和严重的公路堵塞。

【开展“双超”治理】 2014年，全市公安交警部门按照四川省政府统一部署，开展货车“双超”治理，在全市19个高速公路收费站完成货车计重检测标准化建设。投入资金680万余元，在省道205线平武林家坝、省道101线三台马家桥、S105线安县杨家湾和XB30线江油厚坝镇等国省干线公路设置4个固定治超点。盐亭、安县、北川、涪城区等地结合辖区实际，规划设置6处固定联合治超点和12处流动治超检查点，检查车辆9万余辆次，查处超限车辆3000辆，卸载150余辆，卸载货物400余吨。

△“双超”：超载、超限。

【农村道路交通安全管理】 2014年，全市276个乡（镇）全部建立交管办，配备乡镇交管员1119名，建立劝导点1517个，配备劝导员2267名，与交警中队、协管派出所共同加强巡逻管控，严查超员、违法载人、无牌无证、酒后驾驶、非法改装等重点违法行为。

【道路交通节点乱点整治】 2014年，公安交警部门集中开展“整治酒后驾车”“春运重点交通违法集中整治”“‘打四非、查四违’专项行动”“市区禁鸣喇叭、文明行车专项整治行动”、农村道路交通安全“大排查、大服务、大教育、大整治”专项行动、“绵阳城区交通秩序集中整治”等专项行动，加大路面管控力度，遏制交通违法及交通事故的发生。

【节假日及重点时段交通安全管理】 2014年春运期间，全市公安机关查处各类交通违法84388起，暂扣驾驶证72本，对违法驾驶人计分54180分，拘留8人。认真开展清明、“五一”、端午、中秋、国庆等节日的交通安全保卫工作，主要景区和绵阳城区的交通秩序良好。集中开展夏季道路交通秩序集中整治，在绵阳市区开展以“禁鸣喇叭、文明行车”为主题的专项整治行动和非交通标志集中排查清理行动，全面做好高、中考期间和2014第二届中国（绵阳）国际科技博览会、第二届“绵阳造”展销会等重要时段的交通安全管理工作，确保安全畅通。（秦雪凌）

市场秩序集中整治

【农资市场监管】 2014年，全市按照省局“春雷行动”工作部署，全市工商系统以“早走访、早抽检、早整治”为工作轴心，在全市范围内开展“春耕护农”“秋播护农”专项行动，全力营造良好的农资市场消费环境。全年，省、市抽检化肥70个批次，其中不合格批次18个；全市工商系统查处农资市场案件总数156件，案件总值105万元，罚没金额84余万元。

【汽车市场监管】 2014年，市工商局在全市开展集中整治机动车非法生产销售改装拼装专项行动，着力整治机动车特别是客货运输车辆非法生产销售改装拼装等行为，及时堵塞管理漏洞，建立健全长效机制，预防和遏制道路交通事故的发生。查处取缔无照经营21户，立案查处违法案件34件。

【市场秩序综合整治专项行动】 2014年，市工商局结合职责，做好全国文明城市建设、全国环保模范城市、国家卫生城市复查工作。全市重点对电视购物广告、医疗、药品、互联网手机非法"性药品"广告和性病治疗广告的监测、查处和公益广告的规范，依法处理违法广告案件95件；整治农贸市场摊位乱摆，车辆乱停、污水乱排、垃圾乱倒、广告乱贴等"五乱"及环境秩序"脏乱差臭"现象。查处取缔无照经营900余件，清理市场内的乱摆摊点8620多户次，整顿、规范占道经营3800余户，清理、规范各类违规广告3200多幅（处），清除"牛皮癣"等小广告4800余处。同时，加强部门协作，参与公安、运管、商务、中介、旅游等部门打击非法营运、旅游、诚信中介、城区肉菜追溯体系建设等整治行动，规范市场经营秩序。 （童晓红）

文化秩序集中整治

【概况】 根据绵阳市2014年城乡环境综合治理工作安排，结合省、市两级文化主管部门工作部署，市文化市场综合执法支队以绵阳市文明城市建设，及2014年文化市场"三个一遍"和"双评"工作为抓手，切实抓好文化市场监管工作，一手抓市场管理，规范市场秩序，一手抓技能培训，夯实执法队伍。扎实开展"打黄打非"工作，坚决打击文化市场违规经营行为，确保文化市场的安全稳定和健康发展。

【网吧监管】 2014年，打击网吧市场违规经营行为，形成强大的网吧市场监管态势，打消部分经营业主的侥幸心理，遏制违规违法经营矛头，维护网吧市场良好的经营秩序。

【清理无证经营】 2014年，完成对无证无照经营场所的清理和规范。对城区歌舞娱乐电子游戏经营场所进行全面清理登记，核查场所主体资质，凡证照载明事项与实际不符的勒令限期办理变更事项，对清查中发现的无证无照或有照无证情况，汇集上报市文化广播影视新闻出版局并转交相关部门处理。

【视听节目监管】 2014年，组织力量加大对注册互联网站和经营活动监管，认真开展对网络视听、音乐、游戏、艺术品、演出、动漫等互联网产品及内容的检查工作，严厉打击利用互联网传播国家法律法规禁止内容及低俗信息的网站。

【出版物市场监管】 2014年，在中小学寒暑假结束前后，对城区出版物市场进行全面整治，特别是对音像制品、电子出版物及书报刊集中销售场所进行重点检查，责成市邮政公司对其所管邮亭严格管理，防止渠道外书报刊流入。严厉查处出版物市场中的违法行为，并重点查处以青少年为读者对象的有害卡通画册、淫秽"口袋书，以及盗版教辅读物等非法出版物，从源头控制非法出版物流入市场。同时集中对校园周边文化环境进行全面整治，对中小学校周边200米范围内的网吧一经发现坚决搬迁，对校园周边的不符合设立要求的娱乐场所（歌厅、舞厅、卡拉OK厅）、游艺厅坚决进行清理并搬迁，保护未成年人的合法权益，营造未成年人的健康成长的良好环境。

【文化经营场所安全隐患排查】 2014年，组织开展全市文化经营场所安全生产专项检查行动，对歌舞、游艺娱乐、网吧经营场所，演出场所，电影院，印刷企业，书刊音像等经营单位实施安全生产大检查。发现并消除各种事故隐患，杜绝各类安全责任事故的发生。全市文化秩序井然，行业秩序得到规范。全年对47家违规场所进行行政处罚，罚款金额257660元。

（钟真辉）

社会生活
SOCIAL LIFE

群众购年货

民生工程

【概况】 2014年，全市实施“就业促进、扶贫解困、民族地区帮扶、教育助学、社会保障、医疗卫生、百姓安居、民生基础设施、生态环境、文化体育”十大类民生工程178项及17件民生实事（其中实施省级民生工程102项和17件实事、市级民生工程76项）。截至12月底，102项省级民生工程和17件实事均全部完成或超额完成目标任务；76项市级民生工程中，除武引二期工程因招投标反复未完成年度投资计划及个别市政重点基础设施建设项目跨年实施外，已全部完成任务。完成率超过100%的有132项，占全部项目的74.16%。

【民生工程资金】 2014年，全市民生工程资金投入125.05亿元，实现年初计划的110.04%，其中争取上级补助资金56.52亿元，实现计划的109.98%；市本级财政资金投入7.88亿元，实现计划的101.65%；县市区、园区财政资金投入9.21亿元，实现计划的127.7%，群众投工投劳、个人缴费、社会捐赠、企业自筹等其他资金累计投入51.44亿元，实现计划的108.8%。

【就业促进工程】 2014年，全市城镇新增就业4.8047万人；城镇失业人员再就业14002人，就业困难人员再就业3319人；城乡残疾人居家灵活就业56981人；城镇登记失业率控制在3.79%；认定高校毕业生就业见习基地83个；促进316名高校毕业生实现创业；2011级藏区“9+3”毕业生初次就业率达到99.7%。职业技能培训1462561人，其中：新型农民培训22310人；品牌培训2410人；农民实用技术培训1423471人；青年劳动者技能培训13244人；农村青年技能培训1126人。实施创业培训4399人；农民工技能培训1465人次；开展青年创新创业培训1500人。实施青年创业地方财政贴息小额专项贷款1250万元。

【扶贫解困和民族地区帮扶工程】 2014年，全市在16个贫困村实施整村推进工作，扶持68403人农村扶贫对象改善生产生活条件，2个县实施连片特困地区扶贫开发。城乡困难群众医疗救助中，城市医疗救助政策范围内住院自负费用救助比例达57%，农村达到59%。法律援助48701人次，新建县级规范化法律援助接待受理厅1个，新建乡镇街道规范化法律援助工作站23个。对农村计划生育家庭100015人发放奖扶金或者扶助金。扶持农村贫困残疾92906人发展生产，为贫困残疾4477人适配亟须的基本辅助器具，救助贫困家庭脑瘫儿童319人。发放农机购置补贴6443万元。整村连片扶贫项目79个。城乡特殊困难群众应急救助7334人次。劳务扶贫项目培训2641人次；移民种植养殖扶贫培训1639人次。市青少年权益维护基地服务5000人次，开展活动100场。全年，实施民族地区经济社会发展帮扶项目31个。

【教育助学工程】 2014年，全市建设公办幼儿园12所，减免1.984万人贫困家庭幼儿保教费。免除义务教育阶段38.51万学生的作业本费。中职学校招生达28128人，中职学生免学费33185人。资助中职家庭经济困难学生7536人；资助地方属普通高校家庭经济困难学生5891人；资助普通高校优秀本科学生480人；资助普通高中家庭经济困难学生33152人；资助业余训练贫困学生运动员120人；省总工会资助家庭困难职工子女上学2569人。创建星级留守学生之家81所。新建农村留守儿童之家19所。开工建设农村义务教育薄弱学校食堂4490平方米。实施农村义务教育学生营养改善计划，覆盖农村义务教育阶段学生87012人。开工建设农村教师周转宿舍40套。开工建设义务教育学校教学用房4537平方米。招录免费师范生108人。培训中小学（幼儿园）管理干部450名，培训市级骨干教师450名，德育干部素质提升培训180名，培训社会体育指导员800名，选派市级优秀教师支持北川教育发展36人次。资助贫困学生50人；举办校外教育成果展示754件，建设市级示范性学校少年宫9所。

【社会保障工程】 2014年，全市城市低保对象累计月人均补助达到212元，农村低保对象累计月人均补助达到105元。新型农村和城镇居民社会养老保险覆盖人数达到230.73万人，参保缴费人数达到141.79万人，基础养老金标准月人均达到60元，参保缴费财政补贴每档提高10元。城镇居民基本医疗保险覆盖人数达到75.08万人，新农合农村居民参合率达到99.96%，参合农民住院政策范围内医疗费用报销比例达到75.48%，基本医疗补助标准年人均320元。建立县级儿童福利指导中心5个，招募西部计划志愿者92人。居家托养智力、精神和重度残疾人1835人；资助6家残疾人托养服务机构。为666户有需求的残疾人家庭实施无障碍改造。发放社会保障卡232.66万张，企业退休职工基本养老金调整达到100%。建成基层平台（行政村）窗口2138个。培育志愿服务组织40个，青年志愿者应急队伍342名。

【医疗卫生工程】 2014年，全市城乡居民健康档案规范化电子建档率达到98.72%。建设村卫生室18个。孕前优生健康检查24677人。救助贫困家庭重度听力残疾儿童66人。城镇职工基本医疗保险参保65.96万人，为85588名城乡居民免费接种乙肝疫苗，为5011名困难职工免费体检。抽检大宗食品样品2095个。实施餐饮食品、药品、化妆品监督抽样检测2001批次、快速检测3102批次，食品现场快速检测2888批次，安装食品药品公众查询管理系统30台，维护升级50台。

【百姓安居工程】 2014年，全市推进新农村基础设施建设，实施农村危房改造1603户。新开工建设保障性住房6122套；实施棚户区改造8780户。组织开展2处重大地质灾害治理，地质灾害防灾避险搬迁安置662户。新增沼气用户6895户。解决185367人农村人口饮水安全问题，解决75283人学校师生安全饮水问题。建成国家级安全社区1个，建成省级安全社区18个，建成市级安全社区62个。发放廉租房租赁补贴4541户。农房确权登记410981户。建成房地产市场信息平台1个。建设农村邮政便民服务站906个。城区便民公共自行车二期建设投入自行车900辆，建成便民自行车网点近50。新增电动公交车30辆。建设乡镇邮政局（所）27个。维修改造粮食仓储设施22个，建设农户科学储粮工程5500个，地质灾害治理4处。

【民生基础设施工程】 2014年，全市建成农村公路796.44千米，其中通乡公路和农村公路改善269.04千米，通村公路527.4千米。国省干线公路路面使用性能指数达到84。建设公路安全护栏542.9千米。新增有效灌面2093公顷，新增节水灌面4053公顷。实现218个自然村通电话；解决241个行政村通宽带问题。省道205线黄土梁隧道及引道工程建设完成投资8000万元，绵阳绕城高速公路南环线建设完成投资35956万元；双碑安昌河大桥建设完成投资950万元；绵阳城市西区至城南新区直通道工程完成投资4亿元；二环路三期工程建设完成投资4.77亿元；世行贷款松垭堤防建设完成投资1.33亿元；武引二期灌区工程建设累计完成投资4.5亿元。市政重点基础设施民生项目开工130个，完工60个，完成投资总额34.5亿元。建成火车客站广场、三江大桥、花园立交桥3座公厕和1座移动公厕；完成金家林收费站、创业大道园艺街路口、绵江路与宝龙路交叉口、绵梓路、游仙路、绵盐路口、绵（阳）吴（家）路与机场直通道立交、绵三路等8块全彩高清LED显示屏；完成71处公共通道802盏路灯安装和16处陈旧照明供配电设施的改造；安装座椅150把，人行天桥安装栏杆1500米，施画道路标线9万平方米。实施旧城改造项目12个。新建社区警务室77个。

【生态环境工程】 2014年，全市管护国有林30.64万公顷，巩固退耕还林成果4.12万公顷，补偿集体公益林20.54万公顷。实施“金土地”工程建成高标准基本农田4.35万公顷，新增耕地1960公顷；建成高标准农田5133.33公顷。实施中小河流治理项目8个，综合治理河道29千米。创建“幸福美丽乡村”示范村庄56个。城区环卫设施建设，完成2400个分类果屑箱、1600套塑料垃圾分类桶、10台1吨微型钩臂车、260个2方密闭制式分类垃圾收集箱以及8辆洒水车的招标采购工作；垃圾填埋场处理工程开工，完成投资900万元。完成农村环境连片综合整治项目2个。实施中央农村环境连片整治项目3个。建设畜禽标准化养殖小区38个。实施土地整理682.65公顷。开工建设乡镇污水处理厂3个；实施绵阳辐射环境能力和电磁辐射调查项目建设1个。限期治理规模化畜禽养殖企业13户；限期治理工业污染企业2户；全面完成《芙蓉溪水环境综合整治规划》的编制工作，对游仙辖区范围内芙蓉溪、渔家溪沿岸违法排污企业进行了关停整顿，芙蓉溪（吴家湾）段截污干管工程完成管道的接通工作，街子乡污水处理设施已投入运行；农村建制乡镇集中式饮用水水源地规范化建设39个；实施全市秸秆禁烧工程覆盖100%。

【文化体育工程】 2014年，全市购置数字图书馆设备1个；免费开放9个图书馆、10个文化馆、277个乡镇综合文化站、9个博物馆纪念馆和美术馆。公共体育场馆向群众免费开放体育锻炼123.21万人次。采用直播卫星方式，解决914个边远山区20户以下自然村农村群众收听收看广播电视难的问题。免费放映农村公益电影39977场次。建设农村公益电影固定放映点65个；完成文化资源共享信息化综合应用工程建设150个；完成市博物馆建设投资8000万元；建设乡镇（街道）妇女儿童之家51个；建设村（社区）妇女儿童之家68个；对外开放学校体育设施92所；建成全民健身路径23条；免费培训社会文艺团队26个；举办市级以上青少年体育比赛11项；完成未成年人公益电影展播190场。

【17件民生实事】 2014年，全市免除义务教育阶段38.51万学生的作业本费。资助普通高中家庭经济困难学生33833人。建设公办幼儿园12所。减免1.98万人贫困家庭幼儿保教费。全面取消县级公立医院药品加成覆盖率达100%。城乡居民基本医疗保险财政补助标准达到320元。城乡居民社会养老保险基础养老金标准达到60元。社会养老保险参保缴费财政补贴标准每档提高10元。新增改造养老床位4910张。建设城乡社区日间照料中心168个。为6.73万人困难家庭失能老人和80周岁以上老人提供居家养老服务。资助33539名重度残疾人护理费用。对初次创业并吸收3名以上劳动者就业的高校毕业生一次性给予每人1万元创业补贴，给270名大学生发放创业补贴270.8万元。建设保障性住房6122套。改造危旧房棚户区8780户。全年竣工公租房定向出租农民工1307套。实施农村危房改造1603户。解决185367人农村人口饮水安全问题，解决75283人学校师生安全饮水问题。改善乡村公路204.51千米，建设公路安全护栏542.90千米。1912个村实施公共服务设施运行维护补助。

（叶德忠）

社会保障

【概况】 2014年，全市完善城乡养老保险制度衔接、待遇调整、降低养老保险保险缴费基数下限等基本养老保险政策，调动城乡群众参保积极性，扩大参保覆盖面。全市社会保险参保565.78万人次（其中城乡居民养老保险参保230.73万人，城乡居民医疗保险参保75.5万人）；职工养老、医疗、失业、工伤、生育保险参保人数分别为98.92万人、65.96万人、24.01万人、38.35万人、36.03万人。全市城镇职工基本养老保险基金征缴50.69亿元，城乡居民养老保险共征收8.83亿元，按时足额支付36.23万退休人员的养老保险待遇65.38亿元。

【城乡养老保险制度完善】 2014年，绵阳市打破身份、户籍、就业方式等条件限制，只要在法定退休年龄内的城乡户籍人员可根据自身缴费能力在户籍所在地自愿选择参加企保或城乡居保。符合参保条件的外省户籍人员可自愿申请在绵阳市内从事灵活就业所在地参加企业职工基本养老保险。全年新增扩面5.91万人。实现城乡居民养老保险和城镇职工基本养老保险相互转移衔接制度。全市办理城乡居保转城镇职保2067人。降低缴费基数下限，减轻企业负担，惠及4768户企业，减征企业养老保险费7443.5万元。

【企业退休人员养老金调整】 2014年，全市享受调整企业退休人员养老金待遇334612人，月调待金额5742.90万元，月均调整金额171.63元。

【城乡居民养老保险基本实现全覆盖】 2014年，全市通过增设缴费档次，提高基础养老金，明细补贴标准等措施，全市参加城乡居民养老保险230.73万人，征收养老保险基金8.83亿元；支付68.9万居民养老保险待遇5.4亿元。市、县、镇、村四级联动，解决老失地农民3.79万人参保的历史遗留问题。

【医疗保险改革】 2014年，全市城镇职工基本医疗保险和城镇居民基本医疗保险参141.13万人，较上年增加3.53万人。完善出台《绵阳市城镇职工基本医疗保险办法》《绵阳市城镇职工基本医疗保险实施细则》《绵阳市城镇职工补充医疗保险实施细则》，通过公开招标的形式选定中国人寿和人保财险分片承办全市职工补充医疗保险工作，于2015年1月1日起正式实施。完善出台《绵阳市城镇居民基本医疗保险办法》《绵阳市城镇居民大病保险办法》，启动城镇居民大病保险招投标工作。出台新生儿参保特殊政策：即具有绵阳市城镇户籍的新生儿在出生三个月之内，参加城镇居民基本医疗保险，可享受报销从出生之日起相关医疗费用。开展异地就医登记备案，组织人员到成都专场办理，开通省内异地就医即时结算，方便参保人员在异地就医。加大医保费用监管力度，控制医保费用支付不合理增长，节约资金用于切实提高参保人员医疗保险待遇。推行总额付费、单病种付费、综合考核、分级管理等相结合的付费机制。

【失业保险】 2014年，全市征缴失业保险费2.59亿元，参保人数24.01万人，失业保险待遇发放率达100%，失业人员基本生活得到保障。失业保险稽核面达参保职工人数30%以上，失业保险基金无违规违纪、挤占挪用问题。

【生育保险】 2014年，全市生育参保人数达36.83万人，全市生育保险基金征缴7637.36万元，享受生育保险待遇9107人次，拨付生育保险待遇5330.11万元。

【工伤保险】 2014年，全市工伤参保382564万人，工伤保险基金征缴11947.35亿元，拨付工伤保险待遇7693.24万元。全市受理工伤认定申请2121件，做出工伤认定决2112件。

（钱　琳　郭永龙）

【城乡低保标准调整】 2014年，市民政局与财政局、发改委、统计局等部门协调，对绵阳市城乡低保标准进行调整。10月1日，城乡低保标准分别从每人每月300元、150元提高到350元、180元。全市城乡低保人均月补助分别达到211.68元、105元。城乡低保补助水平稳步增长，截至年末，绵阳市城乡低保累计支出5.2亿元。其中，城镇累计保障1358621人次，累计支出28759.8万元，累计月人均补助211.68元，完成目标任务200元的106%；农村累计保障2226240人次，累计支出23386.2万元，累计月人均补助105元，完成目标任务100元的105%。城乡低保对象参保参合率达到100%，完成目标任务的100%。

【城乡医疗救助制度完善】 2014年，绵阳市加大城乡医疗救助力度，医疗救助水平不断提高，医疗救助政策不断完善，取得理想效果，切实保障生活困难群众有病能够得到及时、妥善的治疗。截至12月底，城市累计救助97001人次，累计支出3797万元，政策范围内住院自付费用救助比例达60%，完成目标任务55%的109%；农村累计救助249734人次，累计支出5949万元，政策范围内住院自付费用救助比例达63%，完成任务55%的115%。城乡大病救助1938人次，累计支出1169万元。全市医疗救助开展“一站式”比例已达到100%，完成目标任务的100%。

【“救急难”试点】 2014年，全市在所有乡镇（街道）推进建立“一门受理，协同办理”救助窗口。游仙、盐亭作为“救急难”试点地区，为全市建立健全“救急难”制度探索实践经验。截至年底，全市对因遇临时性、紧迫性、突发性问题和困难的16975户困难群众进行临时救助，支出1485.6万元，缓解他们的生活压力。

【“五保”供养标准提高】 2014年，全市为做好农村“五保”供养工作，保障农村“五保”供养对象的正常生活，根据《四川省民政厅四川省财政厅关于提高我省农村“五保”供养标准的通知》和《绵阳市民政局绵阳市财政局关于提高我市农村“五保”供养标准的通知》精神，对纳入农村“五保”供养的对象，其供养标准提高为每人每月不低于250元。切实提高绵阳市“五保”老人的平均供养水平，保障“五保”老人的生活水平稳步提高。全市各地将符合条件的20915名“五保”对象全部纳入供养范围，做到应保尽保。集中供养“五保”对象达13707人，集中供养率达到65.6%，完成年度目标任务64%的102.5%。全市有敬老院219所，完成事业单位法人登记的敬老院达199所，占90.8%，集中供养床位19497张，新增敬老院床位170张。

△“五保”：即保吃、保穿、保住、保医、保薪。（钱 琳）

社会福利

【概况】 2014年，绵阳按照省政府督查室《关于印发〈2014全省十项民生工程及19件民生实事目标分解表〉的通知》（川府督查〔2014〕3号）和省政府办公厅转发《民政厅等部门关于2014年养老服务体系建设重点任务安排意见的通知》（川办函〔2014〕35号）精神要求，截至12月底，全市民生工程目标任务全面完成。5个县级儿童福利指导中心全部建成并投入使用，分别是涪城区、游仙区、安县、梓潼县、平武县。新增改造养老床位4800张，完成4960张，完成率103%。其中新增公办机构床位完成300张，完成率100%；新增民办机构床位2500张，完成率100%；维修改造公办机构床位2160张，完成率108%。建设城乡社区日间照料中心168个，完成率100%。为6.71万人困难家庭失能老人和80周岁以上老人提供居家养老服务，完成率100%。完成省民政厅下达绵阳市创建1个省级养老服务社会化示范社区的目标任务。根据绵阳市创建工作实际情况，这项任务下达给盐亭县，并通过验收。

2014年，全市拥有社会福利机构243家。其中：国办社会福利院共有11家（市本级2家，各县市区各1家）；国办民政管理精神病院2所（三台县精神病院、江油市精神病院）；民办社会福利院9家（涪城区博爱颐养中心、经开区九九佳园、游仙区富乐康复护理服务中心、游仙区常青藤颐养苑、游仙区益康养老服务中心、四川万鸿颐养院、三台县八洞镇龙轩家园老年公寓、三台县逸康苑老年公寓、盐亭县晚情山庄社会福利院）；农村敬老院221所，覆盖全市所有乡镇。拥有养老床位约2.7万张

【养老服务政策法规体系健全】 2014年，市政府制定出台《贯彻落实省政府关于加快发展养老服务业的实施意见的通知》（绵府发〔2014〕14号）。明确发展目标、补贴政策和责任分工。《实施意见》提出到2020年，绵阳市养老服务覆盖所有居家老年人，养老服务设施覆盖所有城市社区，90%以上的乡镇和60%以上的农村社区建立养老服务设施和站点。养老床位数达到5.32万张以上，每千名老年人拥有养老床位40张以上。养老服务提供就业岗位5万个以上。《转发市民政局等部门关于2014年养老服务体系建设重点任务安排意见的通知》（绵府办函〔2014〕200号），对绵阳市2014年养老服务体系建设重点任务进行细化分解，对各项目标任务的补贴标准明确，截至年底，绵阳市2014年养老服务体系建设补助资金总计11283万元。《转发市民政局等部门关于绵阳城区2014~2020年养老设施规划的通知》（绵府办发〔2014〕38号）。到2020年，绵阳市达到平均每千名老年人拥有养老床位40张，绵阳市届时应有机构养老床位5.32万张，需新增床位2.5万张，其中：绵阳城区（各园区、科学城）届时应有机构养老床位1.18万张，需新增床位0.78万张。养老服务覆盖所有居家老年人。符合标准的日间照料中心、老年人活动中心等服务设施覆盖所有城市社区，90%以上的镇（乡）和60%以上的农村社区建立包括养老服务在内的社区综合服务设施和站点。

【福利企业管理】 2014年，全市加强对社会福利企业的监督管理、指导和服务工作，严肃国家税收政策。按照民政部和国家税务总局《关于加强社会福利企业年检工作的通知》要求。2014年上半年由各县市区民政牵头同国税、地税等相关部门，在全市范围内开展2014年度40户社会福利企业年检认证工作。通过深入企业实地查看，核实企业人数和残疾人在企业中的比例，督促企业交纳养老、医疗、失业、工伤保险，保障残疾人的合法权益。全市40户福利企业吸纳残疾职工987人就业，实现利润8524.58万元。

【帮扶残疾老人儿童专项活动】 2014年，全市按照省厅文件和相关政策，落实“明天计划”“孤儿保障大行动”“贫困家庭疝气儿童手术康复行动”等专项工作，达到较好的目标，在社会上收到较好的反响。“明天计划”，主要是针对儿童福利机构孤残儿童实施康复手术。为3名孤残儿童施行手术矫治和康复手术。按照民政部和中国儿童少年基金会要求，开展“孤儿保障大行动”。为帮助绵阳市贫困家庭中患有疝气的儿童得到及时良好的手术治疗，减轻患者家庭经济负担。为3名患儿在市定点医院成功实施手术。（尹晓灿）

婚姻与家庭

【概况】 2014年，市妇女联合会在98个妇女儿童之家开展寻找最美家庭活动。开展“城乡姐妹携手，共创幸福家庭”“探访嫘祖故里，弘扬嫘祖精神”“创幸福家庭晒我家幸福”“童‘话’爸妈儿童论坛”“幸福家庭”分享活动等主题活动110场，参与市民达6万余人，在《绵阳日报》

3月19日婚姻家庭教育促进会成立

开辟“幸福家庭感言”等专栏，引导市民积极参与幸福家庭建设。新建51个乡镇“妇女儿童之家”，67个村（社区）“妇女儿童之家”，全市建成乡镇“妇女儿童之家”110个、村（社区）妇女之家136个。推进涪城三里社区、游仙区石马镇中科社区等15个群团社会服务中心试点。恢复“巾帼大厦”服务妇女儿童功能工作初步完成，引进红枫家政服务公司、红黄蓝早教机构等3家社会组织入驻大厦，开展服务妇女儿童的相关项目。

2014年，全市婚姻登记坚持婚姻登记机关标准化、信息化建设，办理国内居民结婚登记4.5万对、离婚登记1.5万对，登记合格率均达100%；婚姻登记机关标准化建设居全省前列。

【婚姻家庭促进会成立】 2014年3月19日，绵阳市婚姻家庭教育促进会在游仙区东津酒店成立。来自高校、妇联、民政及其他社会各界的70余名专业人士参加大会，与会的高校、民政、妇联等专业人士成为绵阳市婚姻家庭教育讲师团成员。会议主要研究婚姻家庭教育问题，综合利用研究和实践成果，促进社会和公民加强婚姻家庭教育活动，促进公民自觉提高家庭角色的知识修养和责任、能力修为，为实现家庭和谐幸福、关爱未成年人健康成长和构建和谐社会发挥积极作用。截至12月底，开展宣讲20余场，听众3000余人次。

【母亲艺术进校园专题讲座】 2014年12月18日，由四川省妇联主办，绵阳市妇联、西南科技大学校工会女教职工委员会、文学与艺术学院承办的四川省妇联女大学生创业培训——母亲艺术进校园专题讲座在西南科技大学举行。邀请“北川绣娘·西羌绣娘”品牌创始人、北川羌凰文化产业开发有限公司董事长张桂熙围绕“如何变文化资源为产业优势”主题，根据羌绣文化传承的意义及其发展的重要性，做“羌绣文化与产业发展”的讲座。来自西科大艺术设计、工业设计等专业的100余名学生到场听讲。

（曹明菊）

物　价

【概况】 2014年，全市物价走势总体平稳，呈温和小涨的运行态势。据绵阳调查队调查数据显示：1~12月，全市居民消费价格总水平（CPI）同比上涨1.3%，比全省、全国分别低0.3个百分点、0.7个百分点。其中，3月份涨幅最高，9月份涨幅最低。低于年初省下达的调控目标。

【小麦、稻谷价格呈∪形走势】 2014年，全市受进口粮食价低的冲击，政策效能有所减弱，1月份以后粮食价格缓慢下行，10月份绵阳市启动稻谷托市收购政策，价格有所回升。12月份全市小麦（三等）收购均价1.28元/500克，较6月份上涨6.67%，同比持平；稻谷（三等）综合收购均价1.30元/500克，较6月份上涨9.24%，同比小幅上涨4.00%。

【经济作物收购价格下降】 2014年，绵阳市市场菜籽油供需饱和，豆油、棕榈油价格持续下滑，致使6月份全市新上市油菜籽（中等）收购均价2.58元/500克，同比略跌1.90%；受国际市场生丝价格下跌对国内的传导影响，6~10月，蚕茧（混等）收购均价34.55元/千克，同比下跌7.99%。

【仔猪价格】 1月份养殖户观望，仔猪价格下跌，2~3月养殖户补栏，价格回升，4月份受生猪价格下行的影响，再次下跌，5月份随生猪价格上行反弹至8月底创年内新高后快速回落，12月份跌至低点。12月份仔猪收购均价6.85元/500克，较上年6月份下跌23.28%，同比下跌24.56%。

【饲料价格】 2014年，全市饲料玉米（混等）2.56元/千克、麦麸（二等）2.15元/千克，批发均价同比分别微涨0.88%、0.47%。

【成品粮价格】 2014年，绵阳市城区中籼米（本地、二级）2.03元/500克、粳米（东北珍珠米）2.70元/500克，零售均价同比分别上涨1.50%、3.85%；面粉（本地、特一粉）1.95元/500克、面粉（外地、特一粉）2.30元/500克，零售均价同比分别小幅上涨2.63%、4.55%。

【食用油价格】 2014年，国际市场大豆价格持续下降，油脂价格低迷，传导到国内，两大食用油生产企业下调了部分食用油价格，绵阳市城区菜籽油（桶装、金龙鱼一级）54.90元/5L、食用调和油（桶装、金龙鱼二代）56.90元/5升，零售均价同比分别下跌6.31%、16.20%。

【猪肉价格】 2014年，全市生猪、猪肉价格呈V型走势：受生猪产能偏高、集中出栏增多，终端需求不振等多方面因素影响，1~5月上旬出现旺季淡销，价格下跌，且跌幅逐月扩大的走势。绵阳市1月10日以后猪粮比价重返盈亏平衡点以下，2月26日至5月上旬猪粮比价在红色区预警区域内运行，养殖户重度亏损；中旬受绵阳市冻猪肉收储政策影响，价格快速回升，8月上旬猪粮比价（5.51：1）进入蓝色预警区域，9月份到达高点后，外省猪源大量进入绵阳市，导致12月中旬猪粮比价（5.36：1）再次进入黄色预警区域。12月份生猪收购均价6.92元/500克，较6月份上涨13.44%，同比下跌15.61%。鲜猪肉零售价格走势与生猪相同。12月份绵阳市城区鲜猪肉（去骨一级）零售均价11.64元/500克，较6月份上涨10.96%，同比下跌8.20%。

【牛肉价格】 2014年，全市牛肉价格走势较平稳，12月份绵阳市城区鲜牛肉（牛腩）零售均价28.29元/500克，较6月份微涨0.25%，同比略涨1.04%。

【禽蛋类价格】 2014年春节后，全市禽蛋需求减少，供应量增加以及禽流感影响，鸡蛋价格下跌，4月中下旬跌至谷底，随着禽流感疫情减弱，5月止跌上行，且涨幅逐步扩大，国庆节前达到年内最高水平，节后小幅回落。12月份绵阳市城区鸡蛋零售均价6.19元/500克，环比略跌1.59%，同比上涨14.42%。全年肉鸡、肉鸭、淡水鱼供应充足，价格基本稳定。

【蔬菜价格】 2014年，绵阳市蔬菜价格呈先扬后抑再升的走势。春节前夕及期间部分零售菜商停业，市场需求集中，零售价格明显上涨，节后，菜商返回市场营业，蔬菜供需恢复正常，加之本地蔬菜陆续上市，价格持续回落。8月下旬以后学校开学，需求增加以及进入秋淡时节，本地蔬菜上市品种相对减少，外地调入量增加，推动价格上涨，但全年价格水平低于上年。1－12月，绵阳市城区26个蔬菜品种批发均价2.14元/500克，同比下跌5.42%；零售均价3.90元/500克，同比下跌2.99%。

【日用工业消费品价格】 2014年，绵阳市衣着类价格受产能过剩、出口外销不畅以及电商冲击，中低档普通服饰价格下跌，高端品牌、时令服饰价格仍在上升通道运行。电器类价格受生产技术提升和产能结构调整影响，产品更新换代较快，新上市的节能、环保、智能产品价格较高，普通产品供大于求，降价幅度较大。截至12月底，监测的14个品种价格同比3升10降1平，零售均价下跌7.72%。烟类价格走势平稳，中高端白酒价格下跌，截至12月底五粮液（52度水晶瓶500毫升）、丰谷典藏（52度500毫升）零售价格同比分别下跌16.96%、7.21%；低档酒消费群体较固定，价格波动不大。家庭日化用品类价格方面，截至12月底，监测的6个品种的日化产品价格同比1升2降3平，零售均价基本持平。

【居民服务价格】 2014年，政府定价服务价格中，有线电视价格受绵阳市出台《有线电视基本收视维护费标准》的影响，5月价格上调53.33%；四川文化艺术学院升二本，9月份大学学费上调14.29%；受成品油价格持续下跌的影响，截至12月底，长途客运票价省内（绵阳至成都）、省外（绵阳至西安）价格较1月底分别下调2.70%、25.81%；其他服务价格未作调整，均严格执行政府定价标准。市场调节的液化石油气、公路货运价格随成品油价格下调，价格有所变化。截至12月底，液化石油气零售价格7.55元/二克，较1月底下跌4.55%；公路货运（绵阳至山东、整车）0.78元/吨.千米、公路货运（省内、零担）1.57元/吨·千米，价格较1月底分别下跌8.24%、5.99%。

【房地产价格】 2014年，在国家宏观经济增速换挡提质新形势下，房地产住房市场也逐渐进入中速增长的新常态。受市场信心不足而消费者普遍持观望态度等因素影响，加上2013年绵阳市的商品房交易量创下绵阳历年新高，与上年的大基数相比，据房地产交易登记平台数据汇总，全市商品住房销售套数同比下降16.5%，销售面积下降11.6%；商品住房价格总体平稳，价格走势波动不大，全市商品住房销售均价同比下降2.7%。

（熊小蓉）

城镇居民生活

【概况】 2014年，根据绵阳调查队调查显示，全市城镇居民人均可支配收入25431元，比上年增长9.7%。收入水平比全国低3503元，比全省高953元，在全省排名第4（前3位分别是成都市、攀枝花市、德阳市），比上年排名上升1位。增量排名第2（仅次于成都市）。增幅比全国、全省高0.7个百分点，在全省排名第13位。

随着居民收入的持续增长，居民生活水平和消费能力不断提高，消费比重明显变化，消费结构优化，交通和通信、医疗保健成为拉动消费的增长点。2014年，全市城镇居民人均消费性支出为17973元，比上年增长7.5%。从消费构成看，八大类消费呈现全面增长的态势。

2014年绵阳市城镇居民人均可支配收入

表51 单位：元、%

地区	2014年	2013年	增速
绵阳市	25341	23100	9.7
涪城区	27307	25244	9.3
游仙区	30165	27547	9.5
三台县	23754	21874	9.9
盐亭县	23465	21630	9.8
安县	23089	21307	9.7
梓潼县	22748	20977	9.8
北川羌族自治县	22448	19244	10.6
平武县	23371	20247	10.4
江油市	25650	22318	9.4

2014年绵阳市城镇居民家庭人均消费支出及增长

表52 单位：元、%

	2014年	2013年	增速
人均消费性支出	17973	16714	7.5
食品	7066	6452	7.1
衣着	1995	1880	6.1
居住	1231	1214	1.4
家庭设备用品及服务	1145	1121	2.1
医疗保健	1278	1010	9.8
交通和通信	2495	2094	19.2
教育文化娱乐服务	2099	2090	3.4
其他商品和服务	665	615	8.1

【工资性收入】 2014年，绵阳市紧抓科技城建设，大加扶持小微企业发展，新增城镇就业岗位，成为工资性收入增长的主要因素。最低工资标准提高，保证中小企业就业人员的收入水平，实现经济成果更多地分享给居民。全年，全市城镇居民人均工资性收入17063元，比上年增加1300元，增长8.9%，工资性收入占总收入的比重为62.3%，比上年的64.3%下降2个百分点，在城镇居民家庭收入中仍占主导地位。

【经营性收入】 2014年，全市随着经济转型和产业结构的调整，三次产业结构进一步优化。城镇建设加快，基础设施不断完善，经营环境改善，尤其是减税减费政策使得家庭经营活动增加，个体私营业主的经营效益提高，是经营收入快速增长的主要因素。2014年，全市城镇居民人均经营净收入3151元，比上年增加411元，增长15.3%，增幅居各类收入第3位。经营净收入占总收入的比重由上年的11.2%上升到11.5%，上升0.3个百分点。

【财产性收入】 2014年，全市城镇化建设加快，更多的农村剩余劳动力向城市转移。现代市场体系的完善，经营环境改善吸纳更多的外来经营和务工人员，出租房屋收入成为居民增加财产性收入的主要来源。城镇居民存款增加拉动利息收入的增长，民间借贷，金融理财产品的多样化助推了城镇居民财产性收入的稳定增长。2014年，全市城镇居民人均财产性收入1119元，比上年增加276元，增长18.9%。财产性收入占总收入的比重由上年的3.4%上升到4.1%，上升0.7个百分点。

【转移性收入】 2014年，全市城镇居民人均转移性收入6057元，比上年增加894元，增长17.3%。转移性收入占总收入的比重由上年的21.1%上升到22.1%，上升1个百分点。主要增长因素，一是企业退休人员基本养老金人均上调10%；二是全市提高了低保标准，上调15%。并给困难户和低保户家庭发放一次性价格补贴和过节慰问费。

【城镇居民高低收入家庭收入比缩小】 2014年，全市城镇居民20%的高收入家庭人均可支配收入达46211元，比上年增长12.0%，20%的低收入家庭人均可支配收入为13730元，增长16.9%，高低收入家庭人均可支配收入比由2013年的3.52：1，缩小到2014年的3.37：1。但高低收入家庭人均可支配收入绝对额差距有所拉大。

【城镇居民家庭就业者负担系数略增】 2014年，全市城镇居民家庭户均人口为2.86人（新口径），比2013年户均人口2.83人，增加0.03人（由于新老口径和调查对象小区的变化，调查数据有差异，从增减变动幅度上看在合理区间）。户平均就业人口为1.62人，比2013年户平均就业人口1.61人，增加0.01人，每个就业者负担1.77人，比2013年每个就业者负担1.93人，减少负担0.16人。

【城镇居民家用汽车拥有量与住房面积增加】 2014年，全市每百户城镇居民家庭家用汽车拥有量为21.0辆，比2013年增加20.1辆，增长4.5%。

2014年，全市城镇居民家庭现住房人均建筑面积45.7平方米，比上年增加3.7平方米，增长25.2%（注：新方案中城镇住户调查范围扩大，不仅包括主城区，还包括城乡接合部）。

【食品类消费】 2014年，全市城镇居民家庭人均食品类支出7065元，比上年增长7.1%，人均在外饮食消费1243元，占家庭人均食品类消费支出的12.4%。食品占消费支出的比重（恩格尔系数）为39.3%，比上年上升0.3个百分点。

【衣着消费】 随着居民收入的增加，城市居民消费结构发生明显变化，家用汽车拥有量增长较快，旅游、休闲娱乐消费支出比重上升，衣着消费连续高增长后，增幅趋稳。2014年，全市城镇居民人均衣着消费支出1995元，比上年增长6.1%。占消费支出的比重为11.1%，与上年相比持平。

【居住消费支出】 2014年，全市城镇居民人均居住消费1231元，增长1.4%。占消费支出的比重为6.8%，与上年相比下降1.3个百分点。楼市低迷购房需求相对饱和，住房装潢装修减少是拉低住房支出增长的主要因素。

【家庭设备用品及服务消费】 2014年，全市城镇居民人均家庭设备用品及服务消费1146元，增长2.1%。占消费支出的比重为6.4%，与上年相比下降0.8个百分点。近两年在以旧换新、家电下乡政策利好释放消费空间后，居民对家庭耐用品更新换代、家政服务和设备维修支出的减少是拉低居民家庭设备用品及服务增长的主因。

【医疗保健消费支出】 2014年，全市城镇居民人均医疗保健消费1278元，增长9.8%。占消费支出的比重为7.1%，与上年相比上升1.1个百分点。随着城镇居民生活水平的提高，更加注重医疗保健，以及滋补保健品和医疗健身器具消费的增加等因素拉动医疗保健支出较快增长。

【交通与通信消费支出】 2014年，全市城镇居民人均交通和通信消费2495元，增长19.2%。占消费支出的比重为13.9%，与上年相比上升1.4个百分点，成为城镇居民生活消费中的第二大消费。主要原因一是随着城镇居民家用汽车拥有量的增加，带动了车辆用燃料及零配件消费支出的增加；二是居民出行方便快捷，外出旅游大量增加，自驾游助推车辆的保养、维修、过路费、停车费等相关服务费支出相应增加。

【教育文化娱乐消费】 2014年，全市城镇居民人均教育文化娱乐服务消费2099元，增长3.4%。占消费支出的比重为11.7%，与上年相比下降0.8个百分点。教育支出成为城镇居民消费支出的第三大支出，健身活动、休闲娱乐、旅游已深入人们的生活，成人教育是人们提高自身素质学习技能的重要手段，成为拉动教育文化娱乐消费增长的主要因素。

【其他商品和服务支出】 2014年全市城镇居民人均其他商品和服务消费665元，增长8.1%。占消费支出的比重为3.7%，与上年持平。

【城镇居民高低收入家庭人均生活费支出放缓】 2014年，全市城镇居民20%高收入户和20%低收入户的人均消费支出分别为28520元、11425元，分别增长4.5%、4.4%，增幅分别回落5.7、9.3个百分点。 （王 斌）

2014 年全国、四川省及 21 市州城镇居民人均可支配收入

表 53　　单位：元、%

名 称	城镇居民人均可支配收入	增速
全 国	28844	9.0
四 川	24388	9.0
成都市	32665	9.0
自贡市	23552	9.6
攀枝花市	27322	9.7
泸州市	25240	10.6
德阳市	26998	9.3
绵阳市	**25341**	**9.7**
广元市	20547	9.8
遂宁市	22790	9.9
内江市	23162	9.7
乐山市	24791	9.4
南充市	21223	10.5
眉山市	24135	10.2
宜宾市	24990	10.0
广安市	24475	10.2
达州市	20939	10.7
雅安市	24435	9.8
巴中市	20887	10.3
资阳市	25154	10.0
阿坝州	25150	8.8
甘孜州	23303	8.8
凉山州	23609	8.8

农村居民生活

【概况】 2014年，绵阳市农村居民收入在近5年来实现两位数的增长的基础上，突破万元大关，实现较快增长。全市农民人均纯收入达到10326元，位列全省第5位（前4位是成都、德阳、攀枝花、眉山市），同比增加1069元，增长11.5%，与全省平均水平相同，扣除物价因素后实际增长10.4%。

2014年，全市农民人均生活消费支出7492元，较上年增加258元，增长21.6%。八大消费均呈快速增长。

【工资性收入】 2014年，全市农民人均工资性收入4512元，占农民人均纯收入43.7%，比重上升0.1个百分点；同比增加475元，增长11.8%，对农民增收的贡献率达到44.4%。工资性收入增长主要源于各地工业园区项目陆续开建和投产后，就近务工机会增加，劳动力需求旺盛，工资水平提升，最低工资标准调高等因素。

【家庭经营纯收入】 2014年，全市农民人均家庭经营纯收入4486元，占农民人均纯收入的43.4%，同比增加346元，增长8.4%，对农民增收的贡献率达到32.4%。其中，农民从农村第一产业得到的纯收入3327元，同比减少75.0元，下降2.2%，主要因素是今年盐亭县、三台县、梓潼县等丘陵县发生中重度夏旱、较为严重的高温伏旱，收割期间又遇连续阴雨，全市粮食总产结束“七连增”，全年生猪价格回升乏力，未达到上年同期水平。农村第三产业人均纯收入978元，同比增加305元，增长45.4%。主要原因：一是随着一系列支持小微企业发展的政策的出台，农村居民从事批发零售、交通运输、乡村旅游等非农产业的机会增加，扩大农民的增收门路；二是新农村建设的深入推进，使农村基础设施善，带动农村交通运输、邮电、批零贸易、餐饮和文教卫生等第三产业的较快发展。

【财产性纯收入与转移性纯收入】 2014年，全市农民人均财产性纯收入255元，同比增加32元，增长14.5%，相比上年增幅明显提高。外来务工人员增加，流动人口加快一定程度上对近郊农房出租产生了积极作用，土地流转对农户的财产性收入的拉动，农户家庭农机租金收入增加是重要的因素。

全市“三农”发展环境不断改善，强农惠农富农政策力度进一步加大，农民转移性收入大幅增长。全市农民人均转移性纯收入1073元，同比增加216元，增长25.2%。

【衣食、交通、通信消费】 2014年，全市随着农村经济的不断发展和农民收入的提高，农民基本消费质量逐步改善，食品、衣着、交通和通信支出继续保持稳定较快增长，其中，食品人均支出3153元，增长18.5%，衣着人均支出601元，增长27.1%，交通通信人均支出828元，增长28.6%。恩格尔系数为42.1。

【文教娱乐与医疗保健消费】 2014年，全市农民文教娱乐和医疗保健消费保持较高增速，其中文教娱乐人均支出516元，增长33.4%，医疗保健人均支出621元，增长12.3%，其他消费人均支出236元，增长33.1%。

【耐用消费品】 2014年，随着农民生活水平的提高及生活理念的改变，农民主要耐用品拥有量不断增加和优化。每百户主要耐用品拥有量为：家用汽车9.1辆、洗衣机92台、电冰箱84台、空调23台、热水器72台、摩托车71辆，电脑15台、彩色电视机121台，移动电话224部。　（王　斌）

2014年全省及市州农村居民人均纯收入情况

表54　　单位：元、%

地　区	人均纯收入（元）	同比增幅（%）
全　国	9892	11.2
四川省	8803	11.5
成都市	14478	11.5
自贡市	9974	11.3
攀枝花市	10960	11.4
泸州市	9470	12.0
德阳市	11260	11.5
绵阳市	**10326**	**11.5**
广元市	7202	11.8
遂宁市	9482	11.6
内江市	9565	11.4
乐山市	9724	11.3
南充市	8555	11.8
眉山市	10433	11.8
宜宾市	9831	11.6
广安市	9514	12.0
达州市	8945	11.8
雅安市	9056	11.9
巴中市	6895	12.3
资阳市	9798	11.9
阿坝州	7866	15.8
甘孜州	6307	16.0
凉山州	8264	12.3

创业就业

【概况】 2014年，全市城镇新增就业48047人，其中城镇失业人员再就业9896人、就业困难人员再就业3319人，全市平均城镇登记失业率控制在3.79%以内，实现动态消除零就业家庭目标。部分军队退役人员实现就业2850人，其中公益性岗位就业749人；藏区“9+3”毕业生就业率98%，开展就业技能培训30564人、岗位技能提升培训21155人、劳务品牌培训2410人。

【职业培训】 2014年，全市组织就业技能培训30507人（其中35岁及以下青年劳动者13244人），29417人取得初级以上国家职业资格，实现就业22400人，就业率为76.1%；创业培训4399人，3506人取得创业培训合格证书，当期成功创业2075人，创业率为59.1%；岗位技能提升培训21761人。全市共计发放职业培训补贴2504.4万余元，其中技能培训补贴2041.8万余元，创业培训补贴449.6万余元。全年开展技师培训项目，培训高级工2469人、技师459人、高级技师186人，另组织高级技师岗位技能提升培训38人。新技师（含高级技师）培训和高级技师岗位技能提升培训纳入就业专项资金补贴范畴，发放技师培训补贴344.9万元。确定30家绵阳市创业培训定点机构，为定点机构培训SYB师资30名。

【企业工资管理】 2014年，全市建立健全国有企业工资内外收入监督检查长效机制，采取企业自查和专项审计方式，对全市国有企业进行检查，实现监督检查工作制度化、规范化和常态化；制定发布2014年全市企业工资增长指导线，调整基准线为11%，上线为18%，下线为4%；调整全市最低工资标准，将最低工资标准从每月1070元、1140元调整为全市统一每月1250元（每日57.5元），非全日制用工小时最低工资标准从11.1元、12.1调整为全市统一每小时13.2元（此标准包含个人应缴纳的社会保险费和住房公积金）。

【劳动关系管理】 2014年，全市推进企业劳动合同制度，签订工资集体协议8606份，覆盖企业15790家，覆盖职工724571人。已建会企业工资集体协议签订率达96.11%。签订区域（行业）性工资集体协议1749份，覆盖企业10159家，覆盖职工211118人。全部企业（包括规模以下企业）劳动合同签订率93.5%，农民工劳动合同签订率达90%。加强劳动监察，开展农民工工资支付、用人单位遵守劳动用工、社会保险法律法规、农民工工资季度排查等多项专项检查行动，为劳动者追回工资、抵押金等经济损失3.43亿元，补缴社会保险费876.34万元。取缔非法职业介绍机构1个。加快劳动人事争议仲裁机构实体化建设，做好劳动争议调解仲裁工作，全年市本级开庭审理劳动争议案件1180件，涉案金额4108.62万元，结案1123件，结案率95.2%，通过调解方式处理各类劳动争议726件。

毕业大学生专题招聘会

【失业人员登记】 2014年，绵阳市继续按照《绵阳市就业和失业登记办法》相关规定，采取措施推进就业失业登记工作，对全市符合条件的城乡劳动者进行就业失业登记。截至12月底，全市有320.9万条就业失业登记信息录入《四川省就业服务管理信息系统》。就业失业登记总人数88.4万人，其中，就业登记84.6万人，失业登记3.8万人（农业户口登记失业0.61万人、非农3.2万人）。办理“就业失业登记证”32.14万册。期末城镇登记失业率为3.79%。

【创业平台建设】 2014年，全市建立市、县、乡（街道）创业指导服务中心263个，社区（村）创业服务工作站183个；初步建成各类创业孵化基地20个（其中，国家级2个、省级4个），向创业者提供政策咨询、创业指导、创业培训、项目孵化、硬件设施、减免场地租金等服务；创建服务示范窗口40个，发放示范窗口补助资金40万元。加强创业指导专家委员会和创业导师志愿者队伍建设；拥有委员会成员20人、创业导师84人（评审导师15人、一对一导师44人、专业导师25人）。

【高校毕业生创业】 2014年，全市建立高校毕业生创业孵化基地、创业示范园区，开展创业培训，提高创业补贴额度，鼓励有创业条件、意愿和能力的大学生积极创业。扶持高校毕业生创业316名，比目标任务230名增加86名。为270名成功创业的高校毕业生集中发放一次性创业补贴270.8万元。举办全市第四届高校毕业生创业大赛。开展在绵阳普通高校在校大学生创业培训19063人。

【高校毕业生创业扶持政策】 2014年，市政府出台《转发市人力资源和社会保障局等四部门〈关于进一步促进高校毕业生就业创业工作实施办法〉的通知》，优化就业创业环境。政策措施有9条：对在校大学生和毕业5年内的高校毕业生创业的给予一次性创业补贴；对毕业5年内的高校毕业生在绵阳市首次创办的企业新增吸纳2名以上劳动者就业的，给予一次性创业吸纳就业奖励；对在校大学生和毕业5年内的高校毕业生创业的给予小额担保贷款；对城乡低保家庭毕业生、残疾毕业生每人发放一次性求职补贴；参加创业培训的在校大学生给予培训补贴；对企业新招用高校毕业生并签订1年以上劳动合同，按规定开展岗前培训的，给予培训补贴；对离校未就业高校毕业生实现灵活就业并办理失业登记、缴纳社会保险费的，按相关规定给予社保补贴；对离校未就业且办理了失业登记的高校毕业生，在认定的见习基地参加见习的，给予基本生活补贴；对小微企业新招用毕业年度高校毕业生，签订1年以上劳动合同并按时足额缴纳社会保险费的，给予社保补贴。

（曾胜利）

社区建设

【概况】 2014年，全市有街道办事处18个，社区512个，其中涪城区77个、游仙区48个、江油市95个、三台县109个、梓潼县20个、盐亭县45个、安县27个、平武县16个、北川羌族自治县32个、高新区18个、经开区12个、科创区6个、仙海区1个、科学城7个。全市农村社区建设加快推进，建设农村社区1140个。涪城区南河路社区和游仙区沈家坝北街社区被民政部评为全国和谐社区建设示范社区。

“全国文明社区”铁牛街社区

【城乡社区服务体系建设】 2014年，市委、市政府出台《关于全面深化改革加强基层群众自治和创新社区治理的通知》（绵委办发〔2014〕71号），将10项基层群众自治制度分解到相关部门和地区。全市继续推进社区公共服务事项准入制度，对全市社区公共服务事项准入制度试点情况进行专题调研，研究探讨下一步措施。认真开展社区标准化建设，全面建立城乡社区台账，市社区建设领导小组出台《关于社区标准化建设的指导意见》。深入推进“十二五”规划建设。认真贯彻落实中央、省社区服务体系建设“十二五”规划及省“十二五”社区服务体系建设规划2014年实施方案，继续深化城乡社区工作用房和居民公益性服务设施建设，全市新增社区服务站11个，达到目标任务5个的220%，社区综合服务设施覆盖率98.7%，达到目标任务87%的113.5%。

【基层民主机制健全】 2014年，全市依法有序推进全市第九届村（居）民委员会换届选举工作。全市3266个村委会，526个居委会中，3262个村委会和526个居委会选举成功。对换届选举情况进行统计和总结，市人大常委会听取市政府《关于第九届村（居）委会换届选举工作的报告》。印发《关于做好村（居）民委员会换届选举档案管理工作的通知》。全市各地均开展换届选举后的培训工作。印发《关于进一步加强村（居）务公开工作的通知》，明确村（居）务公开工作的目标，不断健全村（居）务公开制度，完善村（居）务监督机制。出台《深入开展廉政文化进社区工作的实施意见》，印发《绵阳市“廉政文化进社区示范点”评估标准（试行）》。全面规范完善村规民约（居民公约），完成率和实施率均达到100%。以游仙区小岛社区为试点，健全村（居）民公约、议事制度、评议工作制度、院落自治制度等10项村（居）民自治制度。

【社区治理机制完善】 2014年，绵阳市将社区综合服务信息平台建设纳入全市信息惠民整体工程，对涪城区“社区综合事务信息管理系统”系统进行升级开发。《绵阳市中心城社区布点规划》在市规委会2014年第8次会议上通过。全市社区办公及活动场所全部达到200平方米以上，600平方米以上的有71个。市上每年预算500万元社区发展专项资金，主要用于解决主城区城市社区办公服务用房不足。省财政厅下拨到市财政“特殊党费”资金专户“特殊党费”收尾资金484.7万元，用于为社区统一购买办公设施。该项目全部按公开招投标程序完成安装验收工作。

【首届社区文化节】 2014年，绵阳市首届社区文化节成功举办。11月至12月，全市利用中心广场和剧院，集中2个月时间开展丰富多彩的社区文艺展演。全市400多个社区选送146个文艺节目，举办文艺展演34场，参与演员4186人，受益观众259120人。12月25日、26日、27日三天，市委宣传部、市文广新局和市民政局主办，连续在绵州大剧院开展首届社区文化节文艺展演，邀请社区群众代表和退役军人观看，并对15个优秀节目进行表彰。

（尹晓灿）

社团管理

【概况】 2014年，绵阳市在依法办理社会组织成立、变更和注销登记的基础上，督促社会组织依法参加年检，全市年检率达到98%，超额完成省厅下达的年检率96%的目标。全年全市登记注册的社会组织达2379个，其中社会团体1401个；民办非企业单位978个。市本级社会组织登记审批平均提速86%，按时办结率和群众满意率均为100%。

【社会组织发展环境优化】 2014年，开展社会组织直接登记工作。根据省厅要求，在市本级、江油市、涪城区、游仙区全面开展行业协会商会类、科技类、公益慈善类、城乡社区服务类社会组织直接向民政部门申请登记工作，截至年底，办理直接登记社会组织38个，其中社会团体30个、民办非企业单位8个。对暂不具备登记条件、直接服务于基层城乡社区、村组的公益服务型社会组织，先在乡镇（街道）登记备案。简政放权，取消社会组织分支（代表）机构审批和社会团体会费标准备案，推进社会组织依法自治。

【社会组织违规行为查处】 2014年，市民政局对16家市级社会组织会费收取、业务活动开展、财务管理等情况进行检查，及时纠正存在的问题；组织开展社会组织打击和处置非法集资宣传月活动；对12家连续两年未参加年检的社会组织给予撤销登记的处罚。对违法社会组织查处率达100%，非法社会组织取缔率达100%，促进社会组织健康有序发展。

全市贯彻落实《四川省社会组织行为失信惩戒制度》，继续开展好社会组织自律与诚信建设活动，引导社会组织完善以章程为核心的法人治理机制，健全内部管理制度，实行诚信服务，促进社会组织“依法管会、规范管会”。认真组织开展民办非企业单位塑造品牌与服务社会活动和创建全国社会组织建设创新示范区活动，将江油市艺莲越秀职业培训作为绵阳市首批民非品牌项目予以推广。

【社会组织评估】 2014年，全市把社会组织评估工作进行指标量化，纳入县市区的绩效目标考核，筹建评估委员会、复核委员会和专家组，有10个市级社会组织、12个县级社会组织递交评估申请。

【社会组织政府购买服务】 2014年，市政府出台《关于推进政府向社会力量购买公共服务工作实施方案》，将政府购买服务经费纳入财政预算管理，并制定188项指导目录。市文明办、团市委、民政、环保等部门投入财政资金300余万元，开展关爱空巢老人、社区服务、养老服务、流浪乞讨人员救助、环卫绿化等购买社会组织服务。抓好中央财政支持社会组织参与社会服务项目工作，3个中央财政支持项目顺利实施完成，项目资金100万元，地方政府提供配套资金650万元，在震后社区融合和心理辅导、农村经济发展等方面发挥积极作用，受益群众达10万余人。

【规范行业协会商会】 2014年，全市对行业协会商会机构、职能、资产、财务、人员管理、国家工作人员任职等开展摸底调查，建立台账。指导市交通运输业协会、高新区交通运输业协会对在本协会任职的国家工作人员进行清理脱钩。联合市发改委对全市行业协会商会收费情况进行清理规范，为下一步开展脱钩工作打下基础。

【社会组织党建】 2014年，全市健全社会组织党建工作领导机构，增补3名社团工委委员。通过独建、统建、派建等党组织建立方式，在市级社会组织建立党组织289个，党组织覆盖率74%，党的工作覆盖率达100%。

【社会组织管理和服务水平提升】 2014年，强化政府监管。加强日常监管，严把票据审核关；加强同社会组织业务主管单位和财政部门的协同配合，对部分市本级社会组织财务管理情况进行检查，及时纠正存在的问题，规范社会组织财务管理。对全市登记管理的社会团体和民办非企业单位重新进行清理摸底，建立完整的社会组织数据台账，规范和完善社会组织档案管理工作。强化优质服务。完善便民措施，提高服务能力，严格实行服务质量“零差错”，实行受理服务“零积压”，服务受理“零推诿”，热情、高效的服务受到服务对象的一致好评。积极为社会组织提供服务。

（尹晓灿）

人口和计划生育

【概况】 2014年，绵阳市严格执行现行生育政策，坚持“一把手”亲自抓、负总责，坚持人口计生工作目标管理责任制、一票否决制和责任追究制，全年人口计生工作继续保持稳中有升、高位求进的发展态势，全市人口自然增长率1.49‰，符合政策生育率为90.73%，出生人口性别比从“六五”普查的111下降到109.85，完成省下达的各项目标任务。

【全市人口和计划生育工作会议】 2014年4月10日，全市人口和计划生育工作会议召开，贯彻全国计划生育工作电视电话会议精神，总结2013年度全市人口计生工作，安排部署2014年人口计生工作。市政府副市长赵琪出席会议并讲话，市政府副秘书长钟乐海主持会议。会议强调，守住依法行政的底线，改善民生的底线，稳定低生育水平的底线。坚持党政“一把手”亲自抓、负总责，坚决逗硬“一票否决”责任制，强化问题导向，突出解决思想问题和“四风”问题，正确对待机构改革，切实做到思想不乱、队伍不散、工作不断，以群众路线教育实践活动推动人口计生工作跨越发展。

【计生特殊家庭帮扶模式探索项目】 2014年，中国计生协会在全国30个省（区、市）的51个市开展“计生特殊家庭帮扶模式探索项目”，旨在依托项目载体，整合社会资源，探索适合本地区实际的有效帮扶模式，推动建立关怀计生特殊家庭的社会支持系统。绵阳市是四川唯一被纳入启动实施该项目的市州，落实资金190万元，全市2877户计生特殊家庭4451人在生活保障、养老照料、大病医疗、精神慰藉等方面得到扶助。2014年5月8日，中央电视台《聚焦三农》栏目到绵阳专题报道采访。

【计划生育奖励扶助】 2014年，全市独生子女父母奖励、农村计划生育家庭奖励扶助和计划生育家庭特别扶助发放资金1.45亿元惠及58.92万人。全市新增计划生育“三结合”帮扶户3711户，新建、巩固帮扶基地473个。全市0~6周岁独生子女意外伤害保险参保24.2万人，参保经费达213.58万余元。

首个领取单独两孩政策“生育证”的夫妇

【“单独两孩”政策实施】 2014年3月20日，绵阳市与全省同步实施“单独两孩”政策。强化宣传引导，第一时间发布政策新闻，并通过绵阳电台、计生微博、计生“12356”热线及时回应群众关切。在人口、人流密集区域和全市100辆公交车上滚动播放“单独两孩”公益广告，开展集中宣传活动3000余场，印发政策宣传资料100万余份，确保“单独两孩”政策深入人心。强化业务培训，采取市、县联合办班的形式，统一思想认识、统一政策口径、统一操作办法，落实简化办证程序要求，全市4000多人受训。强化监测预警，开展人口发展战略课题研究，与西南财大合作完成《绵阳人口发展战略研究》，做好人口出生监测和预警。全市单独夫妇100611对，其中单独家庭77409对（男独30508对、女独46901对），双独家庭23202对，有生育愿意的占66.7%。强化检查指导，6个专项工作组深入全市277个乡镇现场督导，对网上申报程序和复杂婚史处理等关键环节进行面对面指导，对出现的问题及时纠正和限期整改。全市办理“二孩”生育证8930个，出生2137人，未出现明显生育堆积现象。

3月31日，江油市中坝镇居民杨洋、高艳夫妇在镇便民服务中心领取到“单独两孩”生育证。这是绵阳市在实施“单独两孩”政策以来，首个领到生育证的家庭。

【流动人口计划生育基本公共服务均等化】 2014年，绵阳市实施数字化登记，密织信息网络。研发社区综合事务管理系统，全面推行数字网格化管理服务，确保辖区流动人口婚姻状况、生育情况、避孕节育情况等人口计生基本信息准确真实。探索建立“以房管人、以静制动”的城市社区人口管理新模式，对辖区人口实行以房屋定点管理，采取拉网式清理逐户逐人登记，建立电子档案，逐步形成以社区为管理服务平台的城市流动人口统筹协调管理新机制。人性化服务，构建便捷通道。全市规划4000余个计生免费定点技术服务网点，统一服务机构标识，实行挂牌服务；中心城区人口密集区安装100台自助发放机，只需使用二代居民身份证刷卡即可免费领取避孕药具，流动人口免费避孕药具覆盖率达到100%，每年组织流动人口参加两次免费生殖健康普查服务，免费技术覆盖率达到70%以上。依托街道流动人口管理服务中心，提供就业、法律咨询、优生优育等“一条龙”服务。联动化管理，形成综治合力。建立以社区为轴心的联动机制，推动市县（市、区）联动、部门联动、单位联动和居民互动，建立企业法人履职管理、物管小区履职等模式，在登记信息、查验婚育证明、处理违法生育等方面齐抓共管。重点抓好“六个协作”，严把“六道关”。即与公安部门协作、把好“户口关”；与工商部门协作，把好“执照关”；与人社部门协作，把好“用工关”；与卫生部门协作，把好“生育关”；与教育部门协作，把好“入学关”；与建设房管部门协作，把好“管理关”。

【基层计划生育】 2014年，绵阳市实施“资源整合工程”，在全省率先建成优生遗传与生殖健康实验室，投入2.63亿元新建并巩固9个县级计生服务站、94个乡镇中心服务站，112个乡镇一般服务站、3569个村（居）服务室，全市乡镇计生技术服务机构全部实行“县乡共管，以县为主”的管理体制，计生技术服务机构布局和资源配置更加优化，形成与基层卫生医疗机构优势互补、满足群众优生优育需求的计划生育公共服务体系。

【计划生育“待遇递增工程”】 2014年全市9个县市区对村（居）计生委主任报酬进行调整，调整后的村（居）计生委主任基本报酬专职为600元/月·人，兼职为每月500元/月·人，分别较“十一五”时期提高130%和92.3%，报酬待遇达到村（社区）党组织书记、村（居）委会主任的80%，新增安排资金1000余万元。同时，游仙、仙海等地还推行基层计生干部意外伤害保险等创新举措。

【计划生育“能力提升工程”】 2014年，全市主要是开展“科技大练兵”和“三千人才”工程，全市计生技术服务机构专业技术人员达到631人，中高级职称达到40%以上，基本建成一支近千人的计生技术服务骨干队伍。“十二五”以来，全市生殖健康保健、优生促进和出生缺陷干预“三大计生公共服务”累计惠及260万人次，落实各种计划生育手术13.7万例，免费孕前优生健康检查覆盖率达85%以上，出生缺陷发生率较“十一五”时期进一步降低。

【国家免费孕前优生健康检查】 2014年10月，绵阳市实现免费孕前优生健康检查城乡全覆盖。通过举办全市孕优项目临床检验专题培训班，培训项目服务规范、医学实验室质量管理和分析前质量控制，建立专项跟踪督查制度，推广典型经验作法，确保免费孕检质量。截至2014年12月，全市累计为26023名计划怀孕夫妇免费孕检，目标人群覆盖率达106.4%，超额完成全年目标任务。

【安县秀水计生服务站获全国表彰】 2014年11月6日，2013~2014年度全国32个“群众满意的卫生计生机构”推选结果揭晓，安县秀水计生服务站作为四川省唯一一家计划生育技术服务机构榜上有名。此次活动由人民网、中国健康教育中心、中国人口宣传教育中心、健康报社、中国人口报社共同承办。绵阳市持续开展向安县秀水计生服务站学习活动，推广秀水计生服务站“技术兴站、管理强站、创新活站、文化塑站”经验。（张　兵）

民族宗教

【概况】 2014年，全市清理、排查、调节化解涉及民族宗教因素的矛盾纠纷，配合相关部门防范和坚决抵御一切破坏民族团结、社会稳定的行为，确保民族宗教领域安定有序。全年化解和稳妥处置涉及民族宗教领域各类重大矛盾纠纷和不稳定事件25起，维护民族团结、宗教和睦、社会稳定。对城市散杂居少数民族和少数民族流动人口在劳动就业、职业培训、权益保障、法律援助等方面给予引导和帮助。全年接受少数民族群众各类咨询2900余人次，为少数民族群众办理民族成分更改480人，受理法律援助案件163件。新批准设立宗教活动场所2处。即：设立盐亭县金峰寺为佛教固定处所；设立安县东佛寺为佛教固定处所。

至年底，北川羌族自治县永昌镇人民政府被国务院表彰为“全国民族团结进步模范集体”，应邀赴京出席中央民族工作会议暨国务院第六次全国民族团结进步表彰大会；江油市财政局陈庆双被国务院表彰为“全国民族团结进步模范个人”。

【民族地区帮扶工程】 2014年，全市坚持民生为重，组织筛选上报民族地区各类民生工程项目，全年落实34个民族地区帮扶工程项目，投入资金840万元。四川省民委、省民开办下达绵阳市三州开发资金300万元，支援不发达地区资金210万元，少数民族发展资金298万元、民族工作机动资金71万元，散杂居地区资金85万元。市两项配套资金350万元，北川、平武旅游发展资金100万元。项目资金主要投向北川、平武等民族地区基础设施建设、特色种养殖业基地建设、旅游产业发展等方面。

全年，全市贯彻落实市委、市政府关于加快北川繁荣发展的意见，加大民族项目扶持力度，为北川争取到省级民族专项资金补助615万元，市级少数民族发展资金100万元，市级民族地区旅游发展资金补助50万元，较上年增长10.9%。

【少数民族干部与宗教人士培训】 2014年9月，市民宗局会同市委组织部在市委党校举办第10期少数民族干部进修班，来自北川、平武、盐亭等地少数民族后备干部40人参加培训学习。10月26日至29日，在北川国防宾馆举办全市民族宗教界人士法律知识培训班。市级爱国宗教团体副秘书长以上人员及重点宗教场所负责人，各县市区、园区民宗部门主要负责人93人参加培训。培训班邀请省民宗委副主任杨伯明为学员授课。

【四川省民运会和民艺节】 2014年，市民宗局会同市教体局、市文广新局分别组团参加四川省第十四届少数民族传统体育运动会、四川省第七届少数民族艺术节。派出65运动员参加省民运会四个竞赛项目和两个表演项目的比赛，获得奖牌19枚，其中一等奖牌1枚，二等奖牌8枚，三等奖牌10枚，绵阳代表队被大会组委会授予“体育道德风尚奖”，比赛成绩和奖牌总数超上一届。绵阳市100余名演职人员6个节目参加省民艺节期间举办的系列活动，33件美术、书法、摄影作品参展，4件参赛音乐舞蹈作品获奖，其中舞蹈《白马响铃舞》获一等奖，5件美术、书法、摄影作品获奖。

【宗教法治宣传教育】 2014年，全市落实“法律七进”要求，推进“法律进寺庙”工作。组织宗教界开展以“发挥正能量、共筑中国梦”为主题的宗教政策法规学习月活动。举行全市“法律进寺庙”启动仪式和“从我做起、树立正信、拒绝邪教”宣传暨签名活动。以“弘扬宪法精神、构建和顺宗教”为主题，举行全市宗教界“12·4”国家宪法日暨法治绵阳建设宣传周活动启动仪式。发放宣传资料3万余册（份），制作展板80余块，发放法律书籍835本，开展“法律进寺庙”宣讲104场次，在宗教领域形成学法、守法、用法浓厚氛围。

【宗教领域管理有关问题专项治理】 2014年8~11月，全市集中开展宗教领域管理有关问题专项治理。市委六届107次常委会议和市政府第48次常务会议听取专项治理及全市宗教工作情况汇报；市委、市政府组织召开全市宗教领域管理有关问题专项治理工作会议，印发绵委办〔2014〕51号文件。全市拆除15处未批准开放的涉宗场所，原地封存286处，改作他用265处，取缔功德箱506个，对游仙碧水寺、平武报恩寺、涪城西山观、梓潼大庙山等文物场所非法从事宗教活动进行重点整治，推动佛教寺庙、道教宫观管理规范化。

【民族宗教体制改革】 2014年，市委编办发文为市爱国宗教团体管理处增加副处长1名，市分类推进事业单位改革领导小组明确市爱国宗教团体管理处为公益一类事业单位。平武县民宗局列入县政府序列局，三台县民宗办更名为民宗局。对高新区、经开区、科创区、仙海区所辖的宗教活动场所实行属地管理。按照分级负责、属地管理的原则，对原市局直属宗教场所天主教露德圣母堂的管理权，交由涪城区民宗局管理。 （吴 东）

老龄工作

【概况】 2014年，绵阳市户籍总人口5484万，其中60周岁以上老年人口112万占总人口的20.44%，65周岁老年人口75万占总人口的13.68%，80周岁老年人口16.7万占总人口的3.05%，100岁及以上老年人238人。绵阳市的老龄人口具有基数大、增长速度快、高龄化显著、超前于全国人口老龄化进程的特点。

【老龄工作宣传】 2014年，全市发行《晚霞报》4000余份，发行《中国老年报》700余份，发行《老年实用手册》1万余册，印发新修订《老年法》5万本。全市各级老龄工作部门在市级以上新闻媒体刊发信息稿件200多篇，老年艺术团体深入基层慰问演出110余场次，各级各部门评选表彰敬老爱老先进单位700余个。通过宣传表彰活动，全市敬老氛围更加浓厚，各级各部门对老龄工作重要性的认识增强。市老龄办、市妇联、市文明办联合制定公布绵阳市“十种不孝敬行为”，并协调老龄委各成员单位开展为期一年的专项教育治理活动。在全市开展主题宣传活动和老年维权行动，同时针对特殊困难的高龄、空巢、失能、失独老年人等开展志愿帮扶活动，督促落实他们的各项优惠政策，在全社会倡导孝心孝行营造浓厚的敬老孝老氛围。

【老年人合法权益保障】 2014年，保障老年人合法权益，发展老年协会开展老年教育：全市年满60周岁以上老年人免除各种任务性推派和捐款，各级老龄工作部门对直接受理的信访案件给予认真回复和处理。全市发放“四川省老年人优待证”7万余个，发放“绵阳市高龄老人优待证”20000余个，发放年满90周岁以上高龄老人生活补贴500余万元，年满100周岁以上老年人长寿补贴40余万元。全市建

7月10日，省政府社会养老体系建设第三督导组对绵阳市养老体系建设进行督查

老年人协会2684个，参会人员达396100人，老年人通过自我管理、自我教育、自我服务、自娱自乐奉献社会。全市有老年大学和老年学校116所，在校学员2923人。

【"敬老文明号"创建】 2014年，开展"敬老文明号"创建活动：按照全国和省上的安排，绵阳市法律援助中心等74个单位被授予市级"敬老文明号"荣誉称号。同时对创建活动期间涌现出的先进集体和个人，进行表彰。全市表彰敬老助老先进单位800余个，先进个人3000余人。根据省老龄工作委员会《关于印发四川省开展第四轮创建敬老模范县市区工作2014年实施计划的通知》（川老委发〔2014〕3号）文件精神，绵阳市及时对"创模"工作进行安排部署，三台县"创模"工作接受省老龄办组织的交叉检查。三台县"创模"工作取得的成绩得到检查组一致认可。

【敬老活动】 2014年，组织开展"敬老月"活动：市老龄委下发《关于开展2014年"敬老月"活动的通知》，对全市"敬老月"活动做出安排，提出要求。在老年节、重阳节市委市政府在《绵阳日报》《绵阳晚报》刊发《致全市老年人的慰问信》向全市老年人致以亲切问候和良好祝愿。各县市区在"敬老月"安排专项经费，全市走访慰问老年人7156户，发放慰问金846560元，帮助老年人解决生活上的困难和问题。（尹晓灿）

扶贫移民

【概况】 2014年，全市扶贫移民工作坚持县为单位，落实责任、权力、资金、任务"四到县"管理体制，项目审批权下放到县，动态管理、规模控制、分级负责、精准识别的原则，全市范围内开展精准识别、建档立工作。通过会议宣传，公示公告，上级审定，严把识别标准和程序，精确识别贫困村520个，农村贫困人口238541人。遵循贫困户意愿，结合当地产业发展、基础设施建设和贫困户家庭实际等因素，合理编制项目规划，全年投入财政专项扶贫资金15432万元，实施秦巴山片区连片扶贫开发项目2个，整村推进项目80个，彩票公益金项目1个，溜索改桥项目2个，劳务培训2636人。通过实施连片扶贫攻坚计划、整村推进、劳务培训等民生项目，有力改善农村基础设施面貌，提高贫困地区农户自我发展能力，就地实现脱贫致富。贫困户人均纯收入可达到4396元，全市68403人贫困人口如期脱贫。

2014年，全市实施扶贫移民项目82个，移民专项投资1667万元，建成公路81.94千米，路面硬化4580平方米，整治山塘17口，蓄水池1825立方米，林业18.5公顷，果业11000棵。受益人数57902人。

【扶贫资金专项审计】 2014年，市、县扶贫移民部门配合审计部门，召开专题会进行安排部署，落实专人负责协调安排，从资料提供到项目点实地核查，全过程参与项目资金审计，审计2010~2013年财政专项扶贫资金3.5亿元。

【在建水库移民】 2014年，全市按照审批的规划报告以及国家、省、市相关政策和法规有序推进金峰水库、开茂水库、沉水水库等在建水库移民工作。金峰水库搬迁安置工作结束，搬迁安置移民645户2367人。开茂水库移民搬迁安置工作结束，搬迁安置移民282户774人。沉水水库移民搬迁工作正在进行，搬迁安置移民29户107人。

【移民后期扶持管理】 2014年，绵阳市有17座大中型水利水电工程，分布243个乡镇，1578个村。1月1日绵阳市后扶人口45414人，截至12月31日绵阳市后扶人口45308人，由于死亡和迁出等原因，较2013年年底核减106人。全年兑现落实移民后期扶持直发直补资金2720.24万元。

2014年，市、县市区移民部门开展移民技能培训30批次，投入培训资金108万元。4月举行移民就业技术培训，180名学员全部通过考核并获得学员培训合格证、中级从业资格证书。9个县市区和3个园区对移民及移民安置区进行种养殖培训。截至年底，培训移民及移民干部2042人次。

（刘　光）

残疾人事业

【残疾人民生工程】 2014年，纳入市委、市政府的8项残疾人民生工程完成，受益残疾人154816人，其中：城乡残疾人灵活就业57868人；帮助农村贫困残疾人扶贫解困88873人；为贫困残疾人适配亟须的基本辅助器具5167人；救助贫困家庭脑瘫儿童326人；救助听力残疾儿童救助74人；居家托养智力、精神和重度残疾人1839人；残疾人无障碍改造669户；资助残疾人托养服务机构6家。残疾人民生保障工程落实经费3693.325万元。

【残疾人社会保障】 2014年，全市残疾人最低生活保障33805项次，合计492.59万元；特困人员供养4249项次；医疗救助54227项次；教育、住房、就业和其他临时救助11288项次；困难残疾人生活补助588项次；享受托养服务1974项次；职工社会养老保险8774项次，职工社会医疗保险5195项次；失业、工伤、生育保险917项次；城乡居民养老保险150108项次，享受居民养老保险参保缴费补贴21216项次；城镇居民/新农合医疗保险185218项次，享受医疗保险参保缴费补贴46863项次。

【残疾人康复】 2014年，全市完成白内障复明手术4200例，其中实施贫困白内障患者免费复明手术1665例；

为残疾人送温暖招聘活动

低视力患者进行低视力康复217名；组织开展盲人定向行走训练401例；聋儿语训54名；智力残疾儿童抢救性康复训练25名、社区康复279名；肢体残疾人社区康复训练700名；救助精神病患者住院103人，服药救助773人次；肢体残疾人装配假肢108例；孤独症儿童康复训练20例。

【残疾人教育】 2014年，全市义务教育阶段随办就读残疾学生2469人，在7所特殊教育学校在读中轻度残疾学生444人。资助义务教育阶段适龄贫困残疾少年儿童819人；特校在读学生每人每月享受120~200元的生活补助。开展"金秋助学"活动，为高等院校录取的98名残疾学生或残疾人家庭子女提供3000元/人的助学资金，共计29.4万元。

【残疾人就业】 2014年，全市残疾人系统开展就业援助活动，先后组织20家福利企业在市、县、乡镇举办残疾人就业招聘会20余场，提供就业岗位2000余个，319名残疾人进行求职登记，帮助登记失业残疾人实现再就业143人。组织职业技能及农村实用技术培训26055人；资助102名残疾人实现自主创业，投入资金46.65万元。

【残疾人扶贫】 2014年，市残疾人联合会与扶贫移民部门对接，把全市7872名残疾人纳入扶贫开发对象。共建29个残疾人扶贫就业基地，安置残疾人1006名，采取以奖代补的形式进行扶持。在农村开展基层党组织助残扶贫工作，结对帮扶6099人，稳定脱贫5499人，投入帮扶资金175.66万元。

【残疾人特惠补贴】 2014年1月起，四川省全面启动并实施重度残疾人护理补贴制度。全市33529名一、二级重度残疾人按月发放护理补贴，投入资金2500余万元；1265名符合条件的下肢残疾人按每人每年365元的标准发放机动轮椅车燃油补贴46.17万元；9名取得C5驾照的残疾人按每人每年1500元的标准发放补贴13500元。 （熊玉杰）

彩票业

【福利彩票】 2014年，绵阳福利彩票中心以"外塑形象，内强素质，延伸管理，深入服务"作为工作思路，按逻辑逐级推进，依季度逐项开展，有针对性地开展各项工作，推动分中心从较为粗放的规模扩展型转变为提升终端质量的精耕细作型。全年销售总量达4.45亿元，比上年增长0.91亿，同比增长25.7%。其中，电脑票销售2.73亿元，网点即开票销售0.77亿元，中福在线0.95亿元，超额完成省福彩中心下达的3.9亿元任务。

【体育彩票】 2014年，全市体育彩票销售1.89亿元，比上年增长0.27亿元，同比增长16.7%。其中，电脑票销售1.6亿元，网点即开票销售0.29亿元，超额完成省体彩中心任务的8.62%。全市体育公益投入资金0.14亿元，占全市体育彩票收益的7.4%。全年绵阳管理站累计兑奖726万元，兑500万元七星彩奖1注，100万元即开型1注。

【彩票公益金筹集】 2014年，全市彩票销售38567.17万元，其中：福利彩票销售（电脑销售）27380.85万元，体育彩票销售（电脑销售）11186.32万元。根据现行彩票管理政策规定，各种彩票游戏均应按财政部规定，以销售量的一定比例分别提取返奖奖金、彩票公益金和发行费。按照省财政厅留成彩票公益金比例分成，2014年下达绵阳市福利彩票公益金1812.03万元、体育彩票公益金744.69万元，两项合计下达2556.72万元。

【体育彩票公益金分配】 2014年，全市体育彩票公益金上年结转117.7万元，省财政厅下达绵阳市744.69万元，实际支出175.18万元，年末滚存结余687.21万元。支出分配情况是：安排用于四川省第十二届运动会项目及国民体质监测项目，其中参加四川省十二届运动会项目经费139.02万元，国民体质监测项目经费36.16万元，两项合计175.18万元。

【福利彩票公益金分配】 2014年，全市社会福利彩票公益金上年结转1258.078万元，省财政厅下达绵阳市1812.03万元，实际支出2240.006万元，年滚存结余830.102万元。支出情况是：市本级合计分配723.006万元，其中安排用于市中心社会福利院交通工具购置和设施改造39.67万元；殡仪馆异地重建资金200万元；救灾物资储备仓库设施改造57万元；绵阳市慈善总会慈善助学43.2万元；市儿童福利院交通工具购置11.8万元，设施设备购置174.75万元，设施改造75.2万元，孤儿生活费64.386万元，搬迁补助27万元，合计353.136万元；困难群众临时生活20万元；弥补老年大学办学成本10万元。按相关政策规定返还各县市区福利彩票公益金1517万元，由各县市区安排用于社会福利事业的发展。两项合计支出2240.006万元。

【中央专项彩票公益金安排使用情况】 2014年，省财政厅下达绵阳市中央专项彩票公益金703万元，实际支出703万元，年末无滚存结余。具体支出情况是：已建的29个乡村少年宫运转补贴，平均每个5万元，合计145万元；乡村少年营新建11个项目，每个补贴20万元，合计220万元；农村幸福院43个项目，每个补贴3万元，合计129万元；未成年人校外活动保障和能力提升项目209万元。四项合计703万元。（杨进平）

殡　葬

【概况】 2014年，全市有1个市级殡仪馆（绵阳市殡仪馆）和5个县级殡仪馆（安县、盐亭县、梓潼县、三台县、江油市殡仪馆）。

市殡仪馆有火化炉7台，全年火化遗体7641具。

安县殡仪馆有火化炉3台，全年火化遗体3415具。

盐亭县殡仪馆有火化炉4台，全年火化遗体2080具。

梓潼县殡仪馆有火化炉3台，全年火化遗体413具。

三台县殡仪馆有火化炉4台，全年火化遗体2773具。

江油市殡仪馆有火化炉5台，全年火化遗体5602具。

【殡葬管理】 2014年，绵阳市严格按照《殡葬管理条例》依法开展殡葬管理工作，认真学习宣传中办国办《关于党员干部带头推动殡葬改革的意见》和省委办公厅省政府办公厅的实施意见；春节、清明节期间群众祭扫安全、文明、有序；深入开展全国殡葬管理示范单位、全国殡仪服务示范单位和全国生态文明示范墓园创建活动，江油市殡仪馆完成申报工作；市殡仪馆荣获“全国殡葬工作先进集体”荣誉称号；联合市级相关部门出台《绵阳市无人认领尸体处理暂行办法》；深化惠民殡葬工作，全年有3120人享受惠民殡葬政策，减免费用282.1万元；绵阳市殡仪馆迁建重大民生工程稳步推进。（尹晓灿）

2012年市委、市政府民生工程完成情况

2012年，全市城镇新增就业47607人，城镇失业人员再就业17652人，发放创业小额担保贷款15582.6万元，农民工在岗培训14594人。

2012年，全市完成53个贫困村整村推进工作，扶持122529人农村贫困人口改善生产生活条件，减少农村贫困人口123629人，城市年人均医疗救助水平达到346元，农村年人均医疗救助水平达到300元。

2012年，全市培训州县卫生行政干部8名、医疗卫生单位负责人3名、乡镇卫生院负责人14名；实施民族地区经济社会发展帮扶项目41个。

2012年，全市对义务教育阶段学生全部免除学杂费，对农村义务教育阶段学生全部免费提供教科书，做到“应免尽免”；对农村义务教育阶段家庭经济困难寄宿学生发放生活费补助，做到“应补尽补”。

2012年，全市城市低保对象累计月人均补助达到193.26元，农村低保对象累计月人均补助达到88.78元；农村“五保”集中供养率达到65.3%。

2012年，全市新型农村合作医疗参合率为99.68%，农村孕产妇住院分娩率为99.8%。

2012年，全市建设廉租住房、经济适用住房、公共租赁住房和限价商品住房等保障性住房13771套，实施棚户区改造9508户，发放廉租房租赁补贴13162户，解决11.4万人农村人口饮水安全问题。

2012年，全市建成农村公路129.41千米，其中通乡油路（水泥路）201.41千米、通村公路1095千米。

2012年，全市完成管护国有林30.67万公顷，巩固退耕还林成果4.12万公顷；实施“金土地”整理1.30万公顷、新增耕地1333公顷、建成高产稳产基本农田7540公顷，建设高标准农田1.06万公顷。

2012年，全市完成35个乡镇综合文化站业务专用设备配送，8个图书馆、10个文化馆、271个乡镇文化站、9个博物馆和纪念馆免费开放，完成绵阳市职工文化活动中心建设投资4786万元。

（摘自《绵阳年鉴（2013）》）

县市区简况

BRIEF INSTRUCTION TO DISTRICTS, CITIES AND COUNTIES

安昌河人行桥

概　述

【概况】　2014年，全市经济运行呈现总体平稳、稳中有进的态势，全年县域地区生产总值1116.02亿元，占全市的70.68%，同比增长9.7%，其中涪城、江油、游仙和安县地区生产总值增速均高于全市平均水平；县域地区实现地方公共财政收入54.48亿元，占全市的53.54%，同比增长13.36%。

【县域农业总产值416.8亿元】　2014年，绵阳市农林牧渔业总产值416.8亿元、增长4.1%。建成现代农业万亩示范区21个，建成“千斤粮万元钱”粮经复合型现代农业产业基地4.03万公顷、高标准农田1.65万公顷。新增农民专业合作社398个，总数达2202个，13个专业合作社被评为国家首批示范社。新增市级以上农业龙头企业32家，新建“幸福美丽新村”72个。完成农田水利基本建设投资77.6亿元。实施扶贫新村项目109个，投入扶贫资金2.5亿元，减少农村贫困人口6.8万人。

【县域工业利税133.91亿元】　2014年，涪城、游仙、安县、三台、江油、盐亭县域工业增速均超过全市平均水平；累计实现工业利税总额133.91亿元，占全市的74.78%，同比增长21.75%。盐亭经开区、梓潼经开区成功升级省级开发区，三台工业园区扩区调位获省政府批准。

2014年，各县市区累计完成全社会固定资产投资846.04亿元，占全市比重的78.31%，同比增长6.9%。

【县市区居民收入增长】　2014年，涪城、游仙城镇居民人均可支配收入超过全省平均水平，各县市区的增速均超过全省平均水平；农村居民人均现金收入方面，涪城、游仙、三台、盐亭、安县、梓潼、江油超全省水平，涪城、安县、北川、平武、江油的增速超过全省平均水平。在收入大幅增加及扩大内需政策的持续作用下，各县市区实现社会消费品零售总额662.47亿元，占全市的90.16%，同比增长12.32%。

【非公有制经济增加值654.52亿元】　2014年，各县市区实现非公有制经济增加值654.52亿元，占全市的70.78%，同比增长11.01%，实现非公有制经济工业增加值274.59亿元，占全市的63.06%，同比增长8.7%。

【水利能源基础设施建设】　2014年，争取大中型水利建设中央、省预算资金43900万元。江油沉水水库、武引二期、开茂水库等项目顺利推进，安县草溪河水库、三台县祠堂湾水库加快前期建设。神华天明电厂新建工程项目（2×100万千瓦）获国家能源局批准实施。农村电网改造升级等能源民生项目按照安排有序开展。梓潼风电项目、小坪子、高坪铺、平通等水电站项目开展前期工作。　（罗　欢）

涪城区

【概况】　2014年，涪城区辖区面积597.7平方千米，辖2个乡、12个镇、9个街道办事处，142个村、104个居民委员会；1110个村民小组、860个居民小组。耕地面积11992公顷。有砂、卵石、石材、黏土等非金属矿藏5种。主要河流2条，涪江最大，流经区境39.25千米。主要旅游景点16个。全年造林200公顷，森林面积14204公顷，森林覆盖率25.62%。市区年降水量841.9毫米，年平均气温17.3℃，年日照时数1021.5小时。

2014年，全区常住人口85.71万人，城镇化率75.1%。户籍总人口71.03万人，增加0.98万人，增长1.4%，其中：农业人口20.02万人，非农业人口51.01万人。人口出生率8.18‰，人口死亡率6.69‰；人口自然增长率2.84‰。男性35.45万人，女性35.58万人，男女性别比为1∶1.0036。

2014年，全区全年地区生产总值587.83亿元，增长9.8%。其中：第一产业实现增加值50.41亿元，增长3.8%；第二产业实现增加值362.41亿元，增长10.1%；第三产业实现增加值205.02亿元，增长9.7%；三次产业结构由上年3.5∶62.3∶34.1调整为3.5∶61.7∶34.8。三次产业对经济增长的贡献率分别为1.11%、67.5%和31.3%。

年末，全区实现地方公共财政预算收入58.32亿元，增长12.8%，其中税收收入40.39亿元，增长11.82%；财政一般预算支出108.06亿元，下降4.3%。年末金融机构各项存款余额985亿元，下降2.2%；各项贷款余额607亿元，增长9.1%。银行业金融机构对区属企业累计投放贷款79.02亿元，增长25.42%。全年实现各类保险、保费收入11.36亿元。

2014年，全区非公有制经济实现增加值340.62亿元，增长10.9%，增速较地区生产总值高1.1个百分点，占全区地区生产总值的57.95%，对地区生产总值的贡献率达到70.29%；其中：非公有制工业实现增加值166.41亿元，增长11.0%。

【农业经济】　2014年，全区实现农林牧渔业总产值33.73亿元，增长4.0%；农业增加值实现20.41亿元，增长3.8%。其中：种植业增加值12.18亿元，增长3.8%；林业增加值0.62亿元，增长3.8%；畜牧业增加值6.34亿元，增长3.4%；渔业增加值0.86亿元，增长6.7%；农业服务业增加值0.42亿元，增长6.2%。全区年末实有耕地面积17352公顷。全年粮食作物种植面积13867公顷，增加133公顷；经济作物种植面积18798公顷，增加618公顷；其中：蔬菜种植面积11247公顷，增加433公顷。全年粮食产量81745吨，与上年持平。油料总产量18703吨，增长2.5%；蔬菜产量34.68万吨，增长3.9%；出栏生猪27.79万头，增长1.7%；猪肉产量199.3吨，增长2.4%。出栏小家禽723.53万羽，增长1.6%；禽蛋产量

5267吨，增长0.6%；牛奶产量8339吨，增长2.3%；水果产量17.039吨，增长3.5%。全年造林200公顷，义务植树47万株；投入资金260万元；其中：中央财政专项资金120万元；年末封山育林面积842公顷，育苗面积240公顷。全年有效灌溉面积10510公顷；农业机械总动力1.41万千瓦；全年化肥施用量（折纯）1.69万吨；农村用电量1120万千瓦时。

全区有市级龙头企业达36户，新增农民专业合作社、家庭农场等新型农业经营主体28家，实现农产品销售收入85亿元。新增优质蔬菜复种面积611.8公顷、花卉苗木200公顷，畜禽良种率95.5%。乡村旅游接待游客160万人次，旅游总收入1.6亿元。香草园、鑫港湾入选首批省级示范休闲农庄，新认证“三品一标”产品12个。

【工业经济】 2014年，全区规模企业186户，实现规模以上工业总产值1048.2亿元。其中：规模以上工业增加值增长12.6%；规模以上工业企业出口交货值78.16亿元；产销率97.94%。全年工业企业实现利润67.25亿元。全年完成工业技改投资31.7亿元，新增产值过亿元企业19户、4亿元企业4户。新认定科技型中小企业412户，新增孵化器面积6.7万平方米，新建市级及以上企业技术中心5个。

【服务业经济】 2014年，全年实现社会消费品零售额231.29亿元，增长14.1%。分行业看：批发零售贸易业零售额212.60亿元，增长14.1%；住宿、餐饮业零售额18.69亿元，增长14.7%。对外贸易经济取得好成绩，全年出口总额182106万美元。招商引资取得显著成效，对外开放和招商引资力度增强，全年引进内资项目77个，实际到位内资208.68亿元。

全年居民消费价格总指数（CPI）上涨1.5个百分点。八大类消费品“六升两降”。其中：娱乐教育用品及服务涨3.1%，食品类价格上涨2.5%，成为拉动居民消费价格上涨的主要因素，医疗保健和个人用品上涨1.7%，家庭设备和用品上涨1.3%，衣着和居住分别上涨0.5%和0.1%；交通和通信以及烟酒类分别下降0.5%。工业品出厂价格指数94.5%，下降5.5个百分点。

全年新增限上商贸企业158户，服务业增加值增长10.2%。金家林总部经济试验区创建成为“四川省现代服务业集聚区”。电子商务交易额突破20亿元，靓家宅配成为中国互联网诚信示范企业，毅德购、食哈哈上线运营。毅德商贸城一期、天泰剑南食品城建成投用，凯德广场二期、百盛大都会店开业运行。森林雨、六月雪等连锁企业外扩发展，新建连锁门店20家，“绵阳会展旅游业推荐接待酒店”达16家。

2014年，全区接待游客358.14万人次，增长23.85%。旅游总收入实现60.23亿元，增长28.5%；其中：国内旅游收入60.10亿元，增长28.7%；旅游外汇收入212.25万美元，下降32.8%。年末拥有星级饭店8个，A级景区4个。

【固定资产投资】 2014年，全区完成固定资产投资总额395.02亿元，增长10.9%。其中：基本建设投资完成268.41亿元，增长13.2%；更新改造投资完成110.37亿元，增长5.7%；房地产开发投资完成113.8亿元，增长9.4%。分产业看：第一产业投资3.65亿元，降低27.3%；第二产业投资101.28亿元，增长5.5%；第三产业投资290.08亿元，增长13.6%。全年新增固定资产投资328.2亿元。商品房竣工面积246.8万平方米；商品房销售面积166.92万平方米；商品房销售额103.2亿元。全年实现建筑业增加值32.83亿元。建筑企业单位数212个，建筑业施工面积1008万平方米。全年施工项目316个，其中：新开工项目176个，全年建成投产项目234个。

园区、城镇建成区面积新增1.21平方千米。丰谷镇被列为全国重点镇，龙门镇被列为全省百镇建设试点镇。新建场镇道路13.7千米、污水管网23千米。10个棚户区改建项目全部启动，6个统规统建居民点建成投用。

【交通邮电】 2014年，全区公路通车里程1220.39千米，等级公路1008.92千米，其中：高速公路175.09千米；境内铁路通车里程33.18千米。全年公路货物周转量231873万吨千米；公路旅客周转量83172万人千米。绵阳机场实现旅客吞吐量108.5万人次，增长18.28%；民用航空货邮运量10788.6吨，增长18.2%。全年邮电业务总量13.18亿元。其中：邮政业务总量9.9亿元，电信业务总量3.28亿元。年末本地固定电话用户39.11万户，移动电话用户149.08万户，互联网上网用户40.04万户。

【教育体育】 2014年，全区拥有小学学校41所，在校学生5.93万人；小学适龄儿童入学率100%；普通中学40所，在校学生9.52万人，初中适龄儿童入学率100%；中等职业学校13所，在校学生1.43万人；小学、普通中学、职业学校专任教师分别为2971人、5890人、515人。普通高校所（成人教育，下同），全年招生52297人，在校学生27777人，毕业学生总数37786人，教师4024人。年末全区拥有设施比较完备的大型体育场馆3个，学校体育达标率98.5%。

【文化和卫生】 2014年，全区内有公共图书馆2所，藏书62.7万册；剧场、影剧院9个；文物保护区36个。年末全区广播覆盖率100%、电视覆盖率100%，拥有数字电视用户5.1万户；通光纤有线电视信号村通率100%。“126”文化创意产业园被命名为“绵阳市首批文化产业示范园区”，引进企业66家。

2014年，全区内有各类卫生机构（诊所等）233个，其中：医院、卫生院67个，疾病预防控制机构2个（血吸虫病防治站1个），妇幼保健机构2

个；年末卫生机构人员10564人，执业医师及执业助理医师3089人，注册护士3937人；卫生防疫人员130人；各类卫生机构实有床位7682张；医院门诊人次（卫生院）454万人次；0~7岁儿童建卡率100%，计划免疫“四苗”全程接种率100%。婴儿死亡率4.66‰；5岁以下儿童死亡率6.79‰；产妇住院分娩比例100%。参加新型农村合作医疗参保人数24.15万人。

【社会生活和保障】 2014年，全年城镇居民人均可支配收入27307元，增加2063元，增长9.3%；全区农村居民人均可支配收入13253元，增加1446元，增长12.2%；城乡从业人员21.26万人，增长5.2%；年末城镇登记失业人数1.11万人，城镇登记失业率3.92%。全年开发公益性岗位140个，新增城镇就业9186人，扶持创业253人。

2014年，全区参加基本养老保险人数39.1万人，其中：基本养老保险参保职工人数27.73万人。参加基本医疗保险人数64.49万人，其中：参加城镇居民基本医疗保险30.65万人，参保率96%。参加失业保险人数13.89万人；参加新型农村合作医疗的人数9.41万人，参合率99.98%；领取城市最低生活保障人数11407人；领取农村低保人数8252人。年末有各种社会福利收养性单位17个，床位数2797张；社区公益性服务设施114处。全年民生保障支出18.67亿元，完成民生实事49件、民生项目140个。

（郑 刚）

游仙区

【概况】 2014年，游仙区辖区面积973平方千米，辖1个省级经济开发区（游仙经济开发区）、11乡、11镇、2个街道办事处、255个行政村。

年末，辖区总人口为55.83万人，其中：男性人口28.43万人，女性人口27.4万人，农业人口34.72万人，非农业人口21.11万人。2014年，全区（区属）人口出生率为6.68‰，人口死亡率为5.89‰，人口自然增长率为0.79‰，政策生育率为93.6%。常住人口51.57万人，城镇化率达48.7%，同比提高1.7个百分点。

游仙区富乐山公园

2014年，全区农作物总播面积56155公顷，比上年下降0.4%；实有森林管护面积6231公顷，森林覆盖率28.04%，退耕造林面积26.7公顷；区内有自然保护区1个，自然保护区面积110.73平方千米。全区属亚热带湿润性季风气候，四季分明。境内有储量较丰富的铁、锌、铝、磷等10多种矿藏和天然气资源。

2014年，全区实现地区生产总值176.24亿元，同比增长10.3%。区属实现生产总值145.75亿元，增长10.3%。辖区生产总值中：一产业完成增加值25.73亿元，增长3.8%；二产业完成增加值101.02亿元，增长11.8%；三产业完成增加值49.49亿元，增长10.2%。三次产业的结构比为14.6：57.3：28.1，全区实现人均地区生产总值34783元。

2014年，全区非公有制经济增加值102亿元，同比增长11.3%，其中：非公有制经济工业增加值69.11亿元，增长12.3%。非公有制经济占地区生产总值的比重为57.9%。非公有制工商企业登记户数19056户，注册资金1084359万元。

2014年，全区实现财政总收入12.07亿元，同比增长13.8%。其中：公共财政收入实现5.15亿元，同比增长14.3%。全区金融机构各项存款余额为200.68亿元，同比增长11.4%，其中：居民储蓄存款余额140.24亿元，同比增长12.3%；金融机构各项贷款余额174.78亿元，同比增长11.4%。

【农业经济】 2014年，全区实现农林牧渔业总产值42.47亿元，同比增长4.0%。其中：农业产值21.42亿元，增长4.0%；林业产值1.25亿元，增长3.9%；牧业产值17.05亿元，增长4.0%；渔业产值1.88亿元，增长4.0%；农林牧渔服务业产值0.86亿元，增长3.7%。

全年农作物总播面积56155公顷，比上年下降0.4%，其中：粮食播面35500公顷。全年粮食总产量达到216476吨，下降0.3%，其中：小春粮食产量47745吨，增长3.0%；大春粮食产量168731吨，下降1.2%。主要农产品中：小麦产量38871吨，增长2.8%；稻谷产量123034吨，下降1.0%；油料产量33911吨，增长0.6%；蔬菜产量192412吨，增长1.0%；园林水果产量16198吨，增长2.1%。全年畜牧业产值占农林牧渔业总产值的比重达到40.2%。全年出栏肉猪334483头，增长0.5%；出栏小家禽716.32万羽，增长2.0%。全年肉类总产量达38568吨，同比增长0.9%；牛奶产量6010吨，下降3.8%；禽蛋产量10051吨，基本与上年持平；蚕茧产量6781吨，增长0.2%。年末生猪存栏224197头，年末牛存栏31673头。淡水养殖面积达4350公顷，水产品产量11700吨，比上年下降3.0%。农业机械总动力达306582千瓦。全年完成机耕作业面积26134公顷，机播面积7133公顷，机收面积21077公顷，机电灌溉作业面积9947公顷，机械植保作业面积38662公顷。

2014年，全区新增市级以上农业产业化龙头企业3户，全区市级以上龙头企业达到39户。市级以上农业产业化重点龙头企业实现销售收入46亿元，增长9.5%。

【工业与建筑业】 2014年，全区规模以上工业实现总产值279亿元，增长24.4%。区属规模以上工业实现增加值增速13.2%。区属工业全年实现销售产值266.04亿元，同比增长26.0%，产销率为95.4%。区属规模工业实现主营业务收入245.16亿元，同比增长30.4%。在规模工业企业中，亏损企业4户，亏损面为4.4%。区属规模工业实现利润总额22.2亿元，同比增长53.3%，实现利税总额38.14亿元，同比增长68.8%。2014年，工业对全区经济贡献率达70%以上。

2014年全区完成建筑业总产值65.27亿元，同比增长14.7%。其中：建筑工程产值60.42亿元，安装工程产值4.76亿元，其他产值0.09亿元。2014年全区竣工产值达17.58亿元。

【招商引资和贸易】 2014年，全区完成全社会固定资产投资147.88亿元，同比增长9.9%。区属完成全社会固定资产投资106.88亿元，同比增长9.2%。其中：工业性投资38.21亿元，下降1.8%；技改投资33.97亿元，增长20.6%；房地产开发投资10.7亿元，同比增长153.7%，农户投资2.1亿元，同比下降65.6%。

2014年全区实现社会消费品零售总额70.38亿元，同比增长13.5%。区属实现社会消费品零售总额66.69亿元，同比增长13.6%，其中：城镇实现零售额为46.15亿元，同比增长17.0%，乡村实现零售额为20.55亿元，同比增长6.6%。

全区实现旅游收入29.5亿元，同比增长37.7%。接待旅游人数335.53万人次，同比增长23.2%。

全区有房地产单位26户，房屋施工面积81.61万平方米，房屋竣工面积13.35万平方米，商品房销售面积13.86万平方米，商品房销售额5.88亿元。

2014年，全区招商引资履约项目42个，协议引资395.69亿元，到位资金80亿元。全区直接利用外资3271万美元。货物进出口10120万美元，同比增长6.3%，其中：出口8244万美元。

【交通运输】 2014年，全区内公路总里程为2053.04千米，其中：一级公路59.7千米，三级公路87.62千米，四级公路1756.87千米，等外公路3.83千米。全年公路旅客周转量25775.43万人千米，公路货物周转量53290.59万吨千米。省道205线绵阳绕城改线工程游仙段、国道108线绵阳市城区过境线游仙段项目等国省干线重点项目建设有序推进。开通魏城镇、忠兴镇城市公交，解决沿线10余万人群众出行难的问题。

【教育广电和科技】 2014年，全区有普通高中2所，在校学生数4597人，专任教师数294人；职业高中8所，在校学生数12867人，专任教师数446人；初中17所，在校学生数19911人，专任教师数1419人；小学31所，在校学生数23848人，专任教师数1622人；幼儿园70所，在校学生数14614人，专任教师数683人。

2014年，全区广播覆盖率100%，电视覆盖率100%。新建标准化乡镇文化站5个、电影放映厅7个，社区（村）文化活动室165个，活动广场46个，“农家（社区）书屋”276个，乡镇公共文化基础设施实现全覆盖。

全年，全区申报省、市级科技项目49项，立项金额2400万元。市级以上企业研发机构达到18家，新技术企业16家。

【卫生和社会民生】 2014年，全区有卫生机构395个，其中：医院6个，社区卫生服务中心（站）15个；卫生院22个；诊所、卫生所、医务室118个；妇幼保健院1个；疾病预防控制中心1个；卫生监督所（中心）1个；其他卫生机构231个。有床位数1373张，医疗机构卫生人员数达1946人。全区新型农村合作医疗参合率99.99%。游仙区中医院正式营业，乡镇卫生院补偿比例提高至90%，区级医疗机构补偿比例提高至85%。

2014年，全区有敬老院23个，供养人数1680人，床位数1720张；全区有乡镇（街道、试验区）残联25个，区级残联专门残疾人协会5个，村、社残疾人协会278个，残疾人专职干事9名。2014年，全区城镇基本养老保险年末参保人数达70478人，其中：在职52771人，退休17707人；城镇职工基本医疗保险人数31596人，其中：在职27442人，退休4154人；城镇居民基本医疗保险人数58007人；工伤保险参保人数19281人；生育保险参保人数13722人。全年征收保费收入34428万元。城镇低保对象11910人，农村低保对象10384人。年末全区城镇登记失业人员6391人，城镇登记失业率为3.7%。

2014年全区城镇居民人均可支配收入达到30165元，比上年增加2618元，增长9.5%。城镇居民家庭人均消费支出21416元，增长7.4%。2014年，全区农民人均纯收入达到11081元，比上年增加1035元，增长10.3%。

2014年，全区完成135项民生工程和16件民生实事，新开发公益性岗位390个，新增城镇就业6444人，城镇登记失业率控制在3.85%以内。发放低保金和各项困难人员救助金8122.5万元，2.2万余名城乡困难群众纳入最低生活保障。发放廉租住房租赁补贴288户，分配保障性住房541户，安置1469人，切实改善住房困难群众居住条件。（张　洁）

江油市

【概况】 2014年，江油市有耕地38041公顷，矿藏20余种，国家AAAA级景区3个（窦圌山、李白纪念馆、李白故居），全国重点文物保护单位3个，全市森林覆盖率47.1%；全市辖25个镇、15个乡、4个街道办事处、96个社区居民委员会、365个村民委员会。

年末，江油市户籍人口88.99万人，其中：农业人口60.8万人，非农业人口28.19万人；男性人口45.3万人，女性人口43.69万人，男女性别比为103.7∶100，常住人口79.46万人，城镇化率为52.51%，人口出生率8.24‰，死亡率6.77‰，自然增长率1.47‰，符合政策生育率91.02%。

2014年，江油市地区生产总值（GDP）300.62亿元，比上年增长10.1%。其中：第一产业增加值39.56亿元，增长4.1%；第二产业增加值153.73亿元，增长11.3%；第三产业增加值107.33亿元，增长9.9%。人均GDP37856元，比上年增加3821元，增长9.4%。全市非公有制经济实现增加值172.58亿元，增长11.1%，占地区生产总值比重57.4%；非公有制工业实现增加值64.99亿元，增长12%。全年，江油市资质内总专包建筑企业36个，完成建筑业总产值46.32亿元，增长34.7%；房屋建筑施工面积354万平方米；房屋建筑竣工面积96.81万平方米，其中住宅竣工面积72.53万平方米。

【农业经济】 2014年，江油市加快改造传统农业，成功申报国家现代农业示范区，注册“李白故里”农产品区域品牌，整装推出“江油八品”（中坝酱油、诗仙阁酒、中坝附子、太白花茶、诗乡兔肉、黑溜宝腊肉、澳中辣木茶、松花岭百合），新认证“三标一品”20个，被农业部认定为“国家现代农业示范区”，连续6年被评为“全省‘三农’工作先进市”。全年农林牧渔业实现总产值65.85亿元，增长4.3%。其中：农业产值34.61亿元，增长4.2%，占总产值的比重52.6%，同比提升0.6个百分点；牧业产值25.95亿元，增长4.3%，占总产值的比重39.4%。农林牧渔业实现增加值39.56亿元，增长4.1%。2014年，全市粮食作物播种面积5.1万公顷，下降0.1%。粮食总产量29.46万吨，减产0.1%。油菜籽播种面积1.62万公顷，增长3%。油料总产量4.04万吨，增产4.3%。蔬菜产量（菜用瓜）42.75万吨。全年生猪出栏45.54万头，增长1.9%；肉类总产量5.71万吨，增长2.3%。全年出售和自宰小家禽1033.67万羽，增长2.1%。禽蛋产量2.04万吨，增长0.1%。林业用地面积14.42万公顷，森林面积12.82万公顷，森林覆盖率47.1%。完成农村水利总投资2.81亿元，完成高标准农田建设2066.7公顷，完成机耕便民道建设175千米。全年新增沼气用户1656户，年末拥有农业机械总动力55.59万千瓦时。绵阳市级重点龙头企业总数达50户，其中省级重点龙头企业3户，新注册家庭农场24个，评选市级示范家庭农场4个；新增农民专业合作社47个，形成“产加储销”“龙头企业+专合组织+农户”的农业产业化经营模式；全市专合组织社员4.8万余人，带动农户10万多户、发展基地2.13万公顷，助推农民商品增收15亿元。

江油市太白碑林

【工业经济】 2014年，江油市全年新增规模以上工业企业18户，达到193户。江油市跨入全省首批“工业强县”示范县（市）行列。全年完成工业总产值435.13亿元，增长13.2%；工业增加值增长12.7%。工业对地区生产总值的贡献率53.4%，拉动地区生产总值增长5.4个百分点。工业化率为45%，比2013年提升0.7个百分点。全市工业总产值过亿元的企业103户，同比增加12户，完成总产值389.56亿元，增长18.2%；占规模工业总产值的比重为89.5%，同比提高6.3个百分点。亿元企业对工业经济的贡献率为96%，工业产销率98.2%。全年规模工业企业实现主营业务收入401.1亿元，增长11.1%。盈亏相抵后实现利润总额19.64亿元，增长16.7%；

实现利税总额40.52亿元，增长9.3%，全市规模以上工业企业综合能源消费量167.96万吨标煤，下降5.3%，单位工业增加值能耗下降16%。

【固定资产投资】 2014年，江油市全年累计争取上级新增项目建设财力补助7.4亿元。全年实施项目256个。完成固定资产投资150.15亿元，增长4.1%。按投资构成分，技改投资60.29亿元，增长16.5%；房地产开发投资29.14亿元，增长29.2%；农户投资4.95亿元。分产业看：第一产业投资6.96亿元，增长6.2%；第二产业投资60.49亿元，增长43.7%；第三产业投资82.7亿元，下降13.5%。全年在建项目完成投资116.06亿元，增长3.3%。其中：基础设施投资41亿元；产业投资61.21亿元；民生及社会事业投资13.52亿元。全年房地产开发投资29.14亿元，增长29.2%。商品房施工面积246.7万平方米，增长27.2%；商品房竣工面积54.65万平方米，增长43.8%；商品房销售面积41.91万平方米，下降13.2%。

【贸易和旅游】 2014年，江油市实现社会消费品零售总额130.49亿元，增长13.6%。新增72户限额以上批发零售、住宿餐饮单位，达到183户，实现社会消费品零售总额56.6亿元，增长21.9%，占社消零售总额的比重43.4%，比上年增长3%。全年城镇市场实现零售额72.57亿元，增长14.5%；乡村市场实现零售额57.92亿元，增长12.5%；城镇市场增长快于乡村2%。城镇市场零售额占社会消费品零售总额的比重55.6%，同比增长2.8%。李白故居成功创建国家AAAA级旅游景区，全年接待游客387万人次，增长19.3%；实现旅游总收入47.6亿元，增长40%。

【交通运输和邮电通信】 2014年，江油市加快推进交通基础设施项目建设，开展桥梁维修加固、公路管养工作，有序推进客货运输管理。全市境内公路通车里程2696.72千米，其中等级公路1940.56千米（其中高速公路80千米）。完成公路客运量1450万人次，旅客周转量70650万人千米；完成公路货运量1680万吨，货物周转量163500万吨千米。新增客运线路10条，新增（更新）营运客车66辆；新增货运企业14家，新增货车782辆；更新出租车20辆。全年实现邮电业务总收入6.42亿元，增长7.9%。年末全市固定电话用户13.29万户。其中市话用户8.0万户，增长8.4%；农话用户4.3万户，下降2%。移动电话用户68.71万户，增长6.7%。国际互联网用户13.85万户，增长13.7%。

【财政与金融保险】 2014年，江油市实现财政总收入30.02亿元，比上年下降21%；地方公共财政预算收入15.06亿元，增长11.6%。财政总支出40.03亿元，下降17.9%。地方公共财政预算支出32.13亿元，增长2.2%；其中一般公共管理与服务支出下降21.1%，社会保障和就业支出下降4.6%，教育支出增长4.2%。截至2014年12月末，金融机构人民币各项存款余额342.6亿元，净增30.56亿元，增长9.8%；其中城乡居民储蓄存款余额249.15亿元，净增31.67亿元，增长14.6%。金融机构人民币各项贷款余额157.23亿元，净增15.89亿元，增长11.2%。存贷比为45.9%，比上年提升0.6个百分点。全年财产保险和人身保险保费收入3.35亿元，下降28.6%。其中，人身险2.31亿元，下降37.8%；财产险1.04亿元，增长5.9%。两类保险赔款及给付支出2.28亿元，下降11.7%。

【科学技术和教育体育】 2014年，江油市强化发展推介，搭建孵化载体，建立共享平台等多项措施，加快培育科技型中小企业。全年发展科技型中小企业289家，其中新注册268家。全年申请专利469件、授权专利321件，同比分别增长17.8%和63.7%；转化专利成果20项，新增专利产品产值15亿元。全年新认定高新技术企业7家，达到18家，实现高新技术产值52.27亿元（不含攀长钢）。

2014年，江油市有各类学校181所（比2013年减少7所：拆并村小8所，新建牛郎沟小学1所）。在校学生9.46万人，教职工7453人，专任教师6049人。其中幼儿园80所，在园（班）幼儿1.96万人；小学69所，在校学生3.28万人，小学入学率达100%，初中25所，在校学生1.75万人，普通高中3所，在校学生1.51万人，中等职业学校3所，在校学生0.97万人。高等专科学校1所，在校学生0.98万人，专任教师408人。特殊教育学校1所，在校学生50人。江油市义务教育均衡发展通过国家评估认定。高考6370人参考，本科上线4072人（不含艺体上线人数），上线率63.9%。

2014年，江油市创建绵阳阳光体育示范学校2所、绵阳市艺术特色学校1所。举办各类群众性体育竞赛活动10次，落实12处农民体育健身工程，建设全民健身路径2条，免费开放体育场馆，全年达到17.6万人次。江油市获2010~2014年度“四川省群众体育先进单位”称号。

【文化与卫生】 2014年末，江油市有剧场1个，公园4个，省级风景名胜区3个，图书馆1个，博物馆2个，文物保护机构37个。全市有电影院3个，乡镇广播电视站14个，广播综合覆盖率100%，电视综合覆盖率100%。

2014年末，江油市有医疗卫生机构625个（比上年增加3个：村卫生站增加5个，江电医院和其他医疗机构各减少1个），其中医院18个，乡镇卫生院40个，社区卫生服务站19个，诊所159个，村卫生站386个，其他医疗卫生机构3个。有床位5930张，卫生机构从业人员6344人，其中医院、卫生院技术人员4381人，其中执业医师和执业助理医师2033人，注册护师、护士1879人。全市有62.52万人（失地农民）自愿加入新型农村合作医疗，参合率达到100%。

【城乡居民生活】 2014年，江油市城镇居民人均可支配收入24131元，比2013年增加2074元，增长9.4%。其中人均工资性收入16479元，增长6.7%。人均消费支出17402元，增长7.5%，其中食品支出6915元，增长10.3%。城镇居民恩格尔系数为39.7%。2014年，农民人均纯收入10799元，比上年增加1266元，增长13.3%，城乡居民收入差距逐渐缩小，收入比上年的2.34：1降为2.23：1。其中工资性收入5073元，增长11.7%。农民人均生活消费支出7798元，增长23%。其中食品支出3222元，增长18.3%。农村居民恩格尔系数为41.3%。

【劳动和社会保障】 2014年，江油市全社会单位从业人员（城镇国有、集体单位、私营抽样和“四上”企业）17.44万人，年平均工资36037元。其中：156家城镇国有、集体和股份制单位从业人员2.80万人，年平均工资45630元；私营抽样调查172家企业推算全市总体，从业人员4.75万人，从业人员平均工资29679元；全国联网直报“四上”企业（规模以上工业企业、资质等级建筑业企业、限额以上批零住餐企业、限额以上服务业企业）468家，从业人员9.89万人，年平均工资36374元。全年，江油市城镇职工基本养老保险覆盖18.56万人，城镇职工基本医疗保险覆盖12.23万人，城镇居民基本医疗保险覆盖13万人，工伤保险覆盖6.76万人，生育保险覆盖6.52万人，城乡居保覆盖37.28万人。发放社会保障卡35.5万张。企业离退休人员领取基本养老金资格认证率达99.6%。全市城镇新增就业7341人，城镇登记失业率3.9%，失业保险覆盖3.91万人，就业失业登记13.43万人。完成农村劳动力技能培训4170人，提供职业技能鉴定服务3168人。农村劳动力输出转移23.8万人。全市拥有各种社会福利收养性机构31家，床位3531张。其中：社会福利院1个，床位550张。社区服务设施140个。 （谢小东）

三台县

【概况】 2014年，全县面积2660.38平方千米，辖63个镇乡（镇41个、乡22个）、932个行政村、109社区。2014年底，全县总人口1474295人，负增长，比上年减少654人；其中农业人口1230781人，非农业人口243514人。全年实现地区生产总值192.02亿元，增长7.8%；第一产业增加值67.6亿元，增长3.9%，第二产业增加值52.9亿元，增长9.4%，第三产业增加值71.4亿元，增长9.2%；规上工业增加值增长10.1%；全社会固定资产投资82.6亿元，增长4.4%；地方公共财政收入7.12亿元，增长13.3%；社会消费品零售总额120.97亿元，增长12.1%；城镇居民人均可支配收入23754元，增长9.9%；农民人均纯收入10171元，增长10.6%；三次产业结构为35.3：27.5：37.2。

【农业经济】 2014年，全县实现农林牧渔总产值111.83亿元，按可比价比上年增长4.1%。粮食总产71.71万吨，获“全国粮食生产先进县”称号；出栏生猪131.7万头，100万头优质生猪产业园区规模养殖户900余户。新增市级产业化龙头企业2户，50户市级产业龙头企业实现销售收入32亿元。农业专业合作社458个，家庭农场160家，土地流转总面积1.97万顷。新建3个现代农业产业万亩亿元示范区，启动2平方千米麦冬产业园建设。

【工业经济】 2014年，全县规模以上工业企业59户，实现增加值52.2亿元，同比增长17.4%；工业企业入库税金2.19亿元，增长13.3%。三台工业园区扩区调位，新增扩区面积10.92平方千米，引进企业7户，园区规模以上工业总产值43.2亿元，占全县规上工业总产值的82.8%。四大优势产业实现产值44.6亿元，占全县工业总产值85.4%。投资环境持续优化，招商签约项目10个，协议引资150.6亿元，国内市场到位资金46.66亿元。

【商贸旅游】 2014年，全县实现第三产业增加值71.41亿元，增长9.2%；旅游收入30.61亿元，增长34.37%；完成出口4974万美元。粮食物流园一期、大成商业中心二期投入使用，德昌商业广场完工，成功争取中央财政电子商务进农村综合示范县项目。旅游产业加速发展，启动以鲁班湖为核心的国家级旅游度假区创建，郪江古镇、云台观景区建设顺利推进。沿涪江、环城新农村乡村旅游带加速建设，成功举办“三元菜花节”“中国

三台县梓州公园

米枣节”“十里荷花节”大型旅游节会活动。金融机构各项存款余额191.43亿元，增长18.8%；各项贷款余额97.4亿元，增长14.4%，实现金融服务村级全覆盖。

【城镇建设转型提质】 2014年，三台县围绕“撤县设市”重大部署，推进城镇化，全县城镇化率达35%，增长2%。县城总体规划获批实施，编制完成历史文化名城保护规划和五里梁片区详细规划。中心县城扩容升级，突出“生态宜居”理念，以“成都平原经济区重要中等城市和产业配套基地、绵阳南部中心城市、重要山水宜居城市”发展定位。建成22万平方米涪滨路生态文化休闲带，向市民开放。建成安置房16万平方米，新开工商品房64万平方米。县城建成区面积20平方千米，常住人口25.8万人。芦溪、西平两镇为国家和省、市级重点（试点、示范）镇，争取项目资金3080万元。建成涪城村、五柏村、石碑桠村、解放村等15个“幸福美丽新村”。

【交通运输邮电通信业】 2014年，县内公路总里程3226.94千米，其中等级公路1361.4千米；全年公路旅客周转量5894.8万人千米；公路货物周转量83819万吨千米，邮电通信业务快速增长，全年实现邮政业务收入0.78亿元，增长1.4%；电信业务收入4.45亿元，比上年增长3.7%；年末全县固定电话7.77万户，年末移动电话58.72万户；国内互联网上网用户7.8万户。

【民生工程】 2014年，全县完成“九项民生”工程及16件民生实事，投入资金25.7亿元。新增城镇就业5246人，城镇登记失业率3.9%。农村转移劳动力52.44万人，劳动创收68亿元。全面落实被征地农民社会保险政策、参保13184人；城镇五大保险参保36.2万人，城乡居民养老保险70.5万人。实施公路侧护栏211千米，10处地质灾害避险场所投入使用。新建公租住房1100套，实施棚户改造2935户。投入2800万元在28个贫困村实施扶贫项目，小额贷款扶贫资金1780万元，2.25万贫困人口脱贫。

【科学技术和教育】 2014年，全县有农业科技与服务单位149个，各类专业技术人员13760人；全年受理专利申请281件，授权专利申请101件，其中申请发明12件。认定科技型中小企业169户，科技型中小企业孵化平台建成运行。全县有中小学校183所，在校学生106574万人，专任教师7448人；高中升学率52.5%，本科硬上线4815人。全县体育场馆3个，举办各种赛事18次。

【文化卫生】 2014年，全县有博物馆、档案馆、公共图书馆各1个，藏书21万册。广播电视设施改善，有线电视用户24.28万户，其中县城区5.9万户，农村18.38万户。51个乡镇被命名“四川省民间文化艺术之乡”，1000余个公共文化阵地免费开放，放映公益电影近1.2万场。卫生事业健康发展，县人民医院、县中医院改扩建和妇幼保健院迁建项目加速推进，县精神病医院创建为国家二级甲等医院。新农合参合率99.9%，报销医药费用4.3亿元，受益群众233万人次。

【三元镇举办首届“菜花节”】 2014年3月15日，三元镇首届“菜花节”开幕，万亩油菜花竞相开放，金黄色的菜花铺满魏河两岸，数千游人前往观光、摄影、田园骑游、婚纱留影、吃农家柴火饭。

【西南首家鸵鸟养殖基地】 2014年6月，老马乡五里梁仲志伟鸵鸟养殖地，千余只鸵鸟悠闲觅食，周边农户“寄养”1000余只。经4年创业，发展成西南地区首家上规模养殖基地，成立鸵鸟专业合作社，近两年送出种鸵和幼鸵8000余只。

【连战为三台古堰题词】 2014年7月，在台湾的中国国民党名誉主席连战为三台县永和古堰题写“中华抗战第一堰”条幅，中共绵阳市委副书记张锦明、县委书记赵迎春和郑碧贤等在展示条幅。

【崭山米枣树上热卖】 2014年8月20日，在崭山米枣开始上市之际，三台县人民政府举办中国米枣节，吸引城市居民“客串”枣农进枣园采摘，米枣树上热卖。崭山米枣名扬省内外，永新镇米枣种植面积350余公顷，总产150万千克，产值6000余万元。

（刁光辉）

安　县

【概况】 安县总面积1189平方千米，辖15镇3乡、234个行政村、27个社区。年平均气温16.3℃，年平均降雨量1261毫米。全县耕地面积6.58万公顷，矿藏29种。全县有190221户，总人口447744人，其中农业人口371007人，非农业人口76737人。总人口数比上年增加1951人，年增长率为4.38‰。人口出生率为9.31‰，人口死亡率为6.65‰，人口自然增长率为2.66‰。城镇化率达到43.17%。

2014年，全县地区生产总值102.47亿元，比上年增长9.20%。其中，第一产业增加值25.75亿元，同比增长4.10%；第二产业增加值53.22亿元，增长11.30%，工业化率达到43.9%；第三产业增加值23.49亿元，增长9.70%。全县人均GDP达到26502.0元，比上年增长9.00%。完成固定资产投资93.10亿元，同比增长6.10%。基本建设投资完成44.29亿元，同比增长2.45%；更新改造投资完成32.45亿元，同比增长8.30%；房地产开发投资完成13.25亿元，同比增长65.20%，完成商品房销售21.64万平方米，同比增长42.70%。城镇居民人均可支配收入23089元，同比增长9.7%；农村人均纯收入10901元，同比增长13.3%。

全县完成财政总收入14.03亿元，同比增长7.37%。其中，地方公共预算收入4.81亿元，同比增长8.22%，公共预算收入中，税收收入3.89亿元，同比增长8.57%。全年财政总支出24.32亿元，同比下降2.04%。其中地方公共预算支出18.44亿元，同比下降1.65%。金融机构各项存款余额132.62亿元，其中，城乡居民储蓄存款余额94.80亿元。各项贷款余额79.98亿元。具有支公司资格的4家保险公司共计收入各种保费20975万元，比上年同期增长8.52%；各种理赔9784件，理赔金额3899万元。

全年，全县到位国内省外资金37.5亿元，同比增长21.0%。全县实现外贸出口2845万美元，同比增长5.00%。

【农业经济】 2014年，全县实现农业总产值42.40亿元，同比增长4.30%。其中，种植业产值22.01亿元，增长4.82%；林业产值1.17亿元，增长5.20%；牧业产值17.01亿元，增长3.50%，渔业产值1.45亿元，增长3.09%；农林渔服务业产值0.74亿元，增长5.09%。全年农作物播种面积6.45万公顷，同比增长0.44%。粮食作物播种面积4.03万公顷，同比下降0.10%；其中稻谷种植面积2.08万公顷，增长0.02%；小麦种植面积8000公顷，下降2.50%。经济作物种植面积2.18万公顷，增长2.40%。粮食总产量24.68万吨，增长0.98%，其中稻谷产量16.75万吨，增长0.01%；小麦产量3.30万吨，下降1.46%。全年肉类总产量3.78万吨，同比增长10.08%。生猪出栏40.70万头，生猪存栏25.70万头；家禽出栏858.80万羽，同比持平；水产品产量21021吨，增长0.10%。

【工业和建筑业】 2014年，全县新增规模以上工业企业（年主营业务收入达到2000万元以上）13户，有规模企业90户。规模以上工业企业实现工业总产值172.82亿元，同比增长19.52%；实现规模以上工业销售产值167.94亿元，同比增长22.89%，产销率达到97.18%；实现规模以上工业增加值增速13%；银河化学、好医生药业获批国家级企业技术中心。建筑业增加值达到8.27亿元，同比增长15.0%。有资质以内建筑业企业13户，资质以上建筑业实现总产值8.25亿元，同比增长37.05%

【服务业经济】 2014年，全县社会消费品零售总额48.03亿元，同比增长13.30%。其中，城镇消费品零售总额23.52亿元，同比增长15.00%；农村消费品零售总额24.51亿元，同比增长11.80%。其中，批发业零售总额2.78亿元，同比增长36.30%；零售业零售额36.53亿元，同比增长12.80%；住宿业零售额1.84亿元，同比增长8.00%；餐饮业零售额6.87亿元，同比增长10.20%。全县有星级饭店3个，星级饭店房数为371间。全年有旅游者人数368.2万人次，比上年增长22.12%。旅游总收入31.06亿元，增长41.18%。

【交通邮电】 2014年，全县境内公路里程达2144.3千米，同比增长0.33%。公路货物周转量44809.7万吨千米，同比下降3.36%；公路客运量达到337.15万人，同比下降31.09%；公路旅客周转量15668.27万人千米，下降22.63%。邮电主营业务收入达到2.12亿元，其中，邮政业务共计0.28亿元。年末本地固定电话用户41598户；移动电话用户276821户，计算机互联网用户45117户。

【教育体育】 2014年，全县拥有各类学校49所。其中，中等职业技术学校1所，普通中学17所（九年一贯制学校4所），小学30所，特殊教育学校1所。在校学生共有37138人，其中小学20456人，初中9679人，普通高中6180人，职业学校772人，特殊教育学校班级4个51人。全县共有教职工2663人。幼儿入园人数12091人，毛入园率为107%，43所民办幼儿园被认定为首批普惠性民办幼儿园。做好进城务工人员随迁子女等特殊群体的入学工作，使617名农民工子女与本县学生同等享受教育权利，6480名留守儿童得到关爱，109名三类残疾儿童入学，入学率为90.83%；义务教育“四率”达标。承办安县第二届“罗浮山温泉杯”环山环湖自行车公开赛。来自全国28个省市自治区124个地市州136个车队的665名选手报名参赛。承办2014年“罗浮山温泉杯”西部桥牌赛与省第29届“晚霞杯”桥牌赛。“罗浮山温泉杯”西部桥牌赛有来自成都奥博等72支代表队489名选手参赛。四川省第29届“晚霞杯”桥牌赛有来自全省各地市州及重庆市的68个参赛队，363名选手到场参赛。举办安县第五届运动会。运动会分成年组与老年组两个组别，设有田径、球类与棋牌等11个大项，29个小项的比赛项目。来自全县各乡镇、机关及事业单位组成的25个代表团和老年体协队，1242名运动员参赛，运动会共产生110枚奖牌，评选出250名优秀运动员，45名优秀裁判员，20名优秀体育工作者。

【文化卫生】 2014年，全县有文化馆、图书馆、博物馆各1个，县文化馆和县图书馆为国家一级馆。图书馆有藏书16万册，电子图书22万种。有线电视实现全覆盖，村通率达90.0%，组通率达82.0%；农村广播实现县、乡、村三级联控联播，有效覆盖全县98%以上的地区和人群。落实公共服务体系建设专项资金297万元，完成1个省级示范乡镇综合文化站（睢水镇综合文化站）打造，实施17个乡镇文化站和54个村级综合文化室的文化氛围提升。

举办安县2014年春节联欢晚会，绵阳市第三届乡村旅游节文艺会演和“舞动安州”广场舞大赛、“安县首届群众音乐会”等大型文艺活动5次。完成第一次全国可移动文物第一阶段普查工作，整理录入文物200多件；做好市级非物质文化遗产项目的申报，年内新增市级非遗项目5个。方言话剧《咱们的牛校长》获四川省第十三届精神文明建设“五个一工程”优秀作品奖。在四川省首届农民艺术节暨民间艺术节比赛中，话剧小品《石榴树下》获戏剧类一等奖，同时获省“群星奖”，歌曲《亲亲我的家园》获音乐类优秀奖，金钱板《胖大娘》和相声《快乐兄弟》获曲艺类优秀奖。美术作品《高原阳光》获四川省优秀作品奖并入围全国第二届美展。

全县共有县直医疗卫生机构24所，其中等级医院3所、乡镇卫生院18所、公共卫生机构3所、有床位1809张、有各类卫生技术人员1278人，其中执业医师524人、注册护士449人。

【民生保障】 2014年，全县企业职工基本养老保险参保3.2万人，失业保险参保10527人，工伤保险参保职工1.95万人，生育保险参保职工1.6万人，城镇基本（职工和居民）医疗保险参保5.562万人（其中职工医疗保险参保参保人数2.246万人，居民医疗参保人数3.316万人），城乡居民养老保险参保覆盖24.95万人（其中：享受待遇6.77万人）；全县新农合参保农民达377926人。实现城镇新增就业4175人，城镇失业人员再就业987人，就业困难人员再就业302人；城镇登记失业率控制在3.92%；青年劳动者技能培训795人；品牌培训200人；创业培训510人；失业保险参保1.0527万人；失业保险基金征收738.6万元；高校毕业生实现创业36人%；建立高校毕业生就业见习基地4个。劳务输出助农人均增收702元，劳务收入12.2亿元。社会保障从业人员增速25.83%，劳动报酬增速长20.15%。

（杨晓灵）

盐亭县

盐亭县嫘祖陵

【自然概况】 2014年，盐亭县行政区域面积1645.45平方千米。全县辖1个省级经济开发区、14个镇、22个乡（1个民族乡），457个行政村、56个社区居委会。县城驻地云溪镇，规划区面积68平方千米，建成区面积18平方千米。

2014年，全县总户数24.9万户，户籍人口59.8万人，常住人口43.8万人，人口自然增长率0.61‰。

全年，全县实现地区生产总值80.85亿元、同比增长7.4%，其中：第一产业实现增加值31.89亿元，增长3.6%；第二产业实现增加值23.36亿元，增长10%；第三产业实现增加值25.6亿元，增长9%。三次产业结构比为39.4：28.9：31.7。全年实现非公有制经济增加值47.54亿元，增长8.6%，非公有制经济占GDP的比重为58.8%，增速比2013年提高6个百分点。年末，全县工业化率13.3%，比2013年下降0.5个百分点；城镇化率33.8%，比2013年增加1.3个百分点。

2014年，全县完成全社会固定资产投资56.17亿元，增长6.1%。从投资类型看，基本建设完成投资24亿元，下降16.1%；更新技术改造完成投资11.68亿元，下降7.8%；农户投资4.1亿元，下降16.3%；房地产开发完成投资16.38亿元，增长142.5%。

【农业经济】 2014年，实现农业总产值51.5亿元、增长3%。实现农林牧渔业增加值31.89亿元，增长3.6%，其中：农业增加值18.51亿元，增长3.1%；林业增加值1.05亿元，增长2.1%；牧业增加值10.34亿元，增长3.9%；渔业增加值1.4亿元，增长7.9%。新增省级农村专业合作组织1个、市级农村专业合作组织4个、龙头企业3家，培育家庭农场70家。流转土地1866.7公顷、林地800公顷，建成水产、核桃、中药材等特色产业基地2333.3公顷。“西部水产”200公顷高标准水产基地全面投产。

全年农作物总播种面积8.2万公顷，下降1.2%。其中：粮食播种面积5.8万公顷，增长0.5%；油料作物播种面积1.5万公顷，下降1.1%。粮食总产量29.3万吨，下降0.8%。其中：大春粮食产量21.1万吨，下降2.3%；小春粮食产量8.2万吨，增长3%。主要农产品中：稻谷产量10.1万吨，下降1.6%；小麦产量7.5万吨，增长1.7%；油料作物产量3.5万吨，增长8.5%；蔬菜产量15.3万吨，下降11.3%。

全年生猪出栏46.1万头，增长2.3%。牛出栏3万头，增长1.1%。小家禽出栏745万羽。肉类总产量5.5万吨，增长1.4%。

2014年，森林面积7.81万公顷，年末全县森林覆盖率56.4%。完成造林面积1113公顷。年末实有水利工程6134处，水利工程蓄引能力9833万立方米，年末耕地有效灌溉面积1.68万公顷。

【工业经济】 2014年，全县规模以上工业企业13户，完成工业总产值8.21亿元，增长25%；工业增加值增长11.5%。实现工业销售产值7.98亿元，增长22.3%；工业产销率97.2%，下降2.2个百分点；工业生产综合能耗9102万吨，下降31%。实施省、市、县重点项目63个，建成37个，完成投资52亿元。

全年，全县完成工业投资12.8亿元。新增规上企业3户、科技型中小企业47户。交大众一机电产业园、迪澳制药全面启动基础设施建设。新华康生物科技、国栋嫘祖山矿泉水实现试生产。耀达机电产业园完成投资5.7亿元，机械加工生产线正式投产。晋深科技、建丰林业、兴隆科技等投产企业实现主营业务收入5.8亿元。金和建材技术中心被认定为省级企业技术中心。110千伏变电站完成主体工程。规范经开区入驻企业管理，全面开展低效用地、闲置厂房、闲置土地清理排查。

2014年，全县资质以上建筑企业9户，完成建筑业产值11.43亿元，下降10.2%；房屋建筑施工面积99.3万平方米，增长8.1%；房屋建筑竣工面积45.1万平方米，其中住宅竣工面积25万平方米，增长8%。全县有资质以上房地产企业22户，商品房施工面积190万平方米，增长62.6%；竣工面积13.5万平方米，增长96.4%；销售面积25.1万平方米，增长73.7%。

【服务业经济】 2014年，全县扶持服务业，培育限额以上商贸企业47户、达到74户，实现服务业增加值25.6亿元、增长9%。完成服务业发展、商业网点规划和物流规划编制。恒都国际商贸城、百惠通西部农贸物联港开工建设，聚龙再生资源市场基本建成。滨江休闲带入驻商家100多户，万安、久鑫、先锋等汽摩服务综合体投入使用。新建改造乡镇农贸市场12个，“好家乡”超市入驻盐亭，建立穗丰农资等网上购物平台3个。

2014年，全县实现社会消费品零售总额57.72亿元，增长11.6%，增幅比2013年回落0.3个百分点。按行业分，批发零售业实现零售额49亿元，增长11.9%；住宿业餐饮业实现零售额8.72亿元，增长9.6%。按经营地分，城镇消费品零售额38.67亿元，增长12.4%；乡村消费品零售额19.05亿元，增长10%。

全县新增投资百万元以上农家乐5家，创建二星级农家乐11家。全年共实现旅游总收入4.62亿元，增长35.1%，接待游客总人数86万人次，下降2.3%。

全县争取项目129个，争取资金24.6亿元、增长13.7%。引进10亿元项目1个、亿元以上项目9个。引进内资项目12个，实际到位资金21.35亿元，增长29.4%。

【交通邮电】 2014年，全县公路通车里程2384千米，其中等级公路1648千米。全年公路旅客周转量36856万人千米；公路货物周转量13560万吨千米。成（都）巴（中）高速、省道101线、绵盐快速通道和建设中的绵（阳）西（充）高速公路贯穿全境，是成南巴出川大动脉和绵遂南巴的重要交通节点。

2014年，全县有邮政局（所）67处，实现邮政业务总量4156万元。全年实现邮电主营业务收入7506万元，增长9.9%。年末全县拥有固定电话2.4万户，其中住宅电话2.3万户。年末移动电话用户27.5万户，增长0.8%。国际互联网用户2.7万户，增长8.1%。网络电视用户1.2万户。

【财税金融】 2014年，全县实现财政总收入12.68亿元，增长36.7%。实现地方公共财政收入2.81亿元，增长16.9%。税收完成1.99亿元，增长17.1%，占公共财政收入的比重为70.8%。财政总支出32.35亿元，增长15.9%。

2014年，全县有银行金融机构8家，金融机构人民币各项存款余额111.93亿元，增长13%，其中城乡居民个人存款余额95.72亿元，增长13%。金融机构各项贷款余额46.68亿元，增长21.1%，其中：短期贷款9.74亿元，下降27.7%；中长期贷款36.84亿元，增长51.6%。贷款净投放13.5亿元、增长33.8%。

【社会事业】 2014年，投入教育经费4.1亿元；改造薄弱义务教育学校14所，“三免一补”惠及3.7万人次；农村义务教育营养改善计划稳步推进；均衡配置教育资源，完成盐亭中学和文同中学、云溪初中和麻秧初中的合并工作。年末，全县有各级各类学校75所，在校学生37255人，专任教师3492人。其中，小学50所，在校学生18482人，学龄儿童入学率达100%；普通中学24所，在校学生15368人；中等职业教育学校1所，在校学生3405人。

2014年，全县申报国家级科技计划项目2项，落实国家级无偿资金200万元；申报省级科技计划项目8项，落实省级无偿资金180万元。全年共申请专利（发明）25件，专利（发明）授权8件；评选科技进步奖21项；创建国家级先进农技协会2个，城东路社区被授予“全国科普示范社区”称号。

新建“妇女儿童之家”13个。“单独两孩”政策全面落实，人口自然增长率0.61‰。放映公益电影6638场，开展“嫘祖故里大舞台”等文化下乡活动63场。评选道德模范10名，评选嫘祖故里文艺奖优秀作品27件，评选哲学社会科学成果奖11项。凤池街社区被授予“全国侨法宣传角”称号。县档案馆创建为国家二级档案馆。全县有公共图书馆1个，公共图书馆藏书量15.5万册。文化馆1个，影剧院1个，大型综合性体育场馆1个。乡广播电视站36个，广播人口覆盖率92%，有线电视人口覆盖率41%，有线电视用户数4.9万户，通有线电视的村461个。

取消公立医院药品加成，实施药品零差率销售。县人民医院通过二甲复评，县精神卫生康复中心投入运营。年末，全县有卫生机构48个，其中医院、卫生院45个（二级甲等医院4家）；卫生技术人员1094人，其中执业医师453人、注册护士507人；医院床位数2445张；新型农村合作医疗参合人数49.7万人。

【社会保障】 2014年，全县城镇居民人均可支配收入实现23465元，增长9.8%，其中工资性收入16809元，增长9.6%；城镇居民人均消费支出16897元，增长9%。2014年，全县农村居民人均纯收入实现9673元，比2013年增加939元，增长10.8%；农村居民人均生活消费支出6931元，增长35.2%。

全县投入民生资金20亿元，占公共预算支出的76%，完成民生项目126个。新开工建设公租房660套、建成420套。投入1.2亿元，货币化安置群众460户1100人。900户群众享受廉租住房补贴。8个棚改项目997户7.9万平方米全面开工，改造农村危旧房168户。经开区三期安置房完成分房，803户居民入住。投入救灾资金400万元，挽回经济损失2000余万元。发放创业贷款230万元。新增公益性就业岗位467个、城镇就业3750人、失业再就业630人，城镇登记失业率为3.6%。全年参加城镇基本养老保险26037人，参加城镇基本医疗保险65638人，参加失业保险8304人，参加新型农村社会养老保险270517人。全县享受最低生活保障补助的城镇居民28712人、农村居民47190人，复核清退城乡低保5429人，新增3289人，城乡最低生活保障标准分别提高至350元、180元。发放医疗救助资金1443万元，救助城乡困难群众6.2万人，重特大疾病医疗救助实现100%覆盖。“金秋助学”资助554名困难大学新生。8801名重度残疾人享受护理专用补贴。新建社区日间照料中心29个，改造提升敬老院11所，“五保”集中供养率75%。全县有社会福利收养性单位50个，床位5217张。

【社会管理】 2014年，全县规范畅通群众诉求渠道，受理群众来信来访2604件次，化解矛盾纠纷2490件，初信初访结案率90%。强化社会治安管控，打击各种违法犯罪，社会治安群众满意率91%。开展“六五”普法和省级法治县创建工作，建立13个司法工作室和22个“百姓说事点”。办理法律援助案件420余件，挽回经济损失7100万元。建成集社会治安管理、安全隐患排查、社会救助为一体的网格化管理站37个，配备基层服务人员630名，实现网格化管理全覆盖。整治市、县挂牌安全隐患点8处、地质灾害隐患点14处。成功创建柏梓国家级安全社区、省级安全社区3个、市级安全社区8个，安全生产考核连续三年排名全市第一。

【城乡环境治理】 2014年，全县城市建设投入8.3亿元、增长93%。修订县城总体规划，编制县城规划区控制性详细规划，编制乡镇总体规划7个、各类专项规划3个。县城规划区常住人口14.2万人，城镇化率增加1.3个百分点，达到33.8%。城区绿化率42.5%，人均公共绿地面积9平方米。新开发城市商品房30万平方米、小城镇商品房2万平方米，房地产业实现税收1.1亿元，建筑业实现税收6600万元。规范建筑业、房地产业市场，整治违规违建项目6个。开展“违法用地和违法建设”专项整治，依法拆除违建81处、9500多平方米，建立违建整治快查快处等长效机制。开行公交线路5条、里程66.5千米，新增公交站点9处、达到97处，新增公交车6辆、达到33辆。新增城市免费公厕8所，达到17所。

2014年，全县有污水处理厂（站）4座，污水集中处理率56.1%。全县有垃圾处厂1座。城区空气质量优良天数达341天。全县主要污染物总体下降，二氧化硫排放量145吨，同比下降85.8%；氮氧化物排放量46吨，下降77.6%；氨氮排放量895吨下降0.8%；化学需养量排放量6604吨，增长0.1%。依法治林，全面停止商品林采伐，新建工业原料林1133.3公顷。秸秆禁烧和综合利用取得实效。成功创建市级生态村12个、生态家园800个。玉龙镇被命名为“省级环境优美示范城镇”，两岔河乡青霞村、剑河乡剑河村等7个村被命名为“省级美丽乡村”。（任艳秋）

梓潼县

【概况】 梓潼县地处四川盆地西北部丘陵向低山过渡地域，属亚热带湿润性季风气候，平均气温16.6℃，总降水量599.0毫米，年日照时数1171.8小时，总面积1442.32平方千米。县人民政府驻文昌镇。全县辖1个经济开发区和七曲山风景区，11个镇、21个乡，20个社区居民委员会，329个村民委员会。全县总人口38.49万人，其中，女性人口18.67万人；农业人口31.5万人。

全年实现地区生产总值80.05亿元，同比增长8.3%。规模以上工业总产值87.3亿元，增长13.2%；农业总产值40.24亿元，增长4.4%；旅游综合收入31.28亿元，增长36.9%；财政总收入8.62亿元，增长43.7%；完成固定资产投资64.39亿元，增长9.3%；实现社会消费品零售总额50.85亿元，增长11.6%；农民人均纯收入10080元，增长10.6%；城镇居民可支配收入22748元，增长9.8%；万元GDP综合能耗下降3%。

梓潼县七曲山

【农村经济】 2014年，绵梓产业带果蔬基地、正大50万头生猪产业基地、国家级水稻制种标准化示范基地等优势产业基地规模不断扩大，现代农业基地达到5.47万公顷。全年出栏生猪36.5万头、小家禽533万羽，粮食总产量20.46万吨。市级以上农业产业化龙头企业实现销售收入46亿元、增长9.5%。新发展农民专业合作社33个、家庭农场64个，新增市级以上农业产业化龙头企业3户。培育农业科技示范户1000户，水稻、小麦等农作物农业机械化水平达到63%。完成农田水利基本建设工程2868处，新增、改善有效灌面1586.7公顷，建成高标准农田2660公顷，新增耕地646.67公顷。申报“地理标志”保护产品2个，认证无公害农产品7个、绿色食品3个，靓绿无公害蔬菜通过省级农业标准化验收，天宝柑橘专业合作社被认定为首批国家示范专业合作社。

【工业经济】 2014年，中广核在川投资的第一个分散式风电项目马鸣风力发电场顺利开工，长林二期熟食品、宁瑞电子网络变压器和滤波器等8个项目竣工投产，高福记福欣食品、一康制药、魁星酒业等重点项目主体工程基本完成，规模以上工业企业新增3户、达到45户，科技型中小企业累计达到117户。实现规模以上工业增加值29亿元、增长9.8%，主营业务收入增长7.2%，实现利税总额3.45亿元，产销率达到97.5%，完成工业技改投入12.67亿元，工业对经济增长的贡献率达到45%。建丰中密度纤维板荣获第十一届四川名牌产品称号，圣迪乐食品公司被认定为省级高新技术企业，超兰商标被评为四川省著名商标。

【服务业经济】 2014年，全县编制完成全县旅游发展规划、两弹城景区修建性详细规划。博物馆设计布展、七曲山风景区观景台、两弹城景区绿化工程全面完工。七曲山风景区通过国家AAAA级旅游景区和全国文明单位复审。新增四星级农家乐1家、四星级乡村酒店1家，举办第六届新春祈福旅游文化节、第七届民俗文化旅游节、宏仁葡萄节、自强荷花节等旅游主题活动，全年接待游客367.49万人次，实现旅游直接收入5761万元。瀚山国际商贸城开门营业，果蔬批发市场主体完工，鸿锋商贸、华鑫家电网络交易平台投入运营。新增个体工商户1148户，净增限上单位14个，第三方物流企业营业额增长18%，服务业增加值增长9.8%。

【城乡统筹建设】 2014年，全县编制完成《梓潼县城市总体规划(2014~2030年)》。临江路、滨江路等4条道路污水管网建设顺利推进，文丰楼、城郊一社等4处棚户区改造工程基本完成，时代广场、瑞仕名城等14个房地产开发项目完成投资8亿元，建成商品房20万平方米。整治违法建设4580平方米。许州镇被列为全国重点镇，石牛镇、许州镇被确定为全省百镇建设行动试点镇。普光大桥等6座桥梁和茶元路、雨东路、观双路相继建成，全年新建改建通村水泥路175千米、建设联网路74千米, 农村交通发展步伐加快。植树造林2733.4公顷，森林覆盖率达到42.1%。文兴乡被评为省级环境优美示范乡镇。建成县城排污管道8.9千米，县垃圾填埋场渗漏液处理设施投入使用，集中式饮用水源地水质达标率97%，城区生活垃圾无害化处理率达到100%。

【社会事业发展】 2014年，全县财政累计投入民生工程资金4.24亿元，130项民生工程全面完成。城乡居民养老保险覆盖面达到98%，城镇居民基本医疗保险参保率达到97%。实现城镇新增就业2655人，城镇登记失业率控制在3.92%。实施精准扶贫，完成29个贫困村、6687户贫困户建档立卡。国家基本药物和一般诊疗费制度实现全覆盖，发放居民健康卡2万张，新型农村合作医疗参合率达到99.98%。“三免一补”全面兑现，累计发放各类助学补助2942万元，普惠制学前教育逐步扩大，梓潼中学与绵阳外国语学校实现联合办学，高考本科上线353人。建成11个乡镇图书馆、2个社区书屋、40个村文化活动室，开通“潼城之声”广播电台，成功举办县十六届运动会、首届社区文艺展演活动。“梓潼中医”被列入市级非物质文化遗产保护名录。数字档案馆建设稳步推进。完成《中国史话》系列丛书之《梓潼史话》编纂工作。第三次全国经济普查取得阶段性成果。单独二孩政策正式施行，计生服务水平全面提升，人口自然增长率控制在1.53‰。

【民生工程建设】 2014年，武引二期西梓干渠梓潼境内8个标段全部开工，凤凰水库大坝基础工程全面完成。经开区扩区调位有序推进，胜利大桥全面竣工。文昌民俗文化体验村房屋拆迁全面完成，凤栖台温泉酒店、商业步行街主体工程基本完工。绵梓产业带石牛雁门新农村示范片建设加快推进，发展葡萄、玫瑰基地600余亩；文昌青龙、许州百顷等5个村被列入全省首批“幸福美丽新村”，卧龙金谷、宝石红星等6个村被评为省级环境优美示范村。宏仁闸坝、马鸣河县城段防洪治理工程基本完工，幸福村潼江堤防一期工程开工建设。五丁路、翠云路、文昌路北段等世行贷款项目按省上要求完成前期和招投标工作。改造棚户区313户，建设公共租赁住房276套。潼江流域水环境综合治理初见成效，依法关闭豢龙采石场，取缔违法采砂点7处、施肥养殖23处，关停屠宰点29个，完成三泉、双板、定远等3个集中式饮用水源地规范化建设。全年教育支出2.7亿元、医疗卫生支出1.97亿元，公办东风幼儿园主体工程顺利完工，妇幼保健院综合楼开工建设，创建全国义务教育发展基本均衡县通过省级评估。国道108线改建工程完成桥梁和路基施工。

【中国两弹城被认定为军工文化教育基地】 2014年3月14日，国防科技工业军工文化建设协调小组正式发文认定梓潼两弹城景区为国防科技工业军工文化教育基地，并在山西太原召开的军工文化典型单位座谈会授牌。该景区是中国工程物理研究院原院部机关所在地，在这里以邓稼先、王淦昌等为代表的科学家们成功研制出原子弹、氢弹，为中国核武器科技事业的发展做出重大贡献，形成“爱国奉献、艰苦奋斗、求实创新、永攀高峰”的“两弹”精神和“铸国防基石、做民族脊梁”的核心价值观，培育出特色鲜明、内涵丰富的军工文化，具有独特的历史价值、文化价值和教育价值。

【梓潼经济开发区获省政府批准】 2014年7月4日，《四川省人民政府关于设立四川梓潼经济开发区的批复》（川府函〔2014〕128号）决定，同意设立四川梓潼经济开发区（2002年4月30日，成立梓潼县经济技术产业园区；2010年7月10日，经绵阳市委、市政府批准成立市级经济开发区）。标志着梓潼经开区成功创建为省级经济开发区,对进一步完善经开区的承载功能，创新运行机制，加快工业园区改革发展步伐，着力打造工业发展主引擎、项目建设主阵地、产业集聚主战场，促进全县工业发展具有十分重要的意义。

【梓潼县人防应急抢险救援大队成立】 2014年11月5日，梓潼县举行仪式正式成立“梓潼县人民防空应急抢险救援大队”，成为绵阳市首个县级人防应急抢险救援大队。该大队隶属县人民武装部，以基干民兵中的骨干为依托，每年进行一次集训和实战化研演，提升其遂行多样化军事任务能力，履行“战时防空、急时应急、平时服务”的人防职能。

【7·29地震】 2014年7月29日16时20分，梓潼县（北纬31.5度，东经105.2度）发生里氏4.9级地震，震源深度15千米。石牛、玛瑙等11个乡镇震感强烈，绵阳、成都等地有震感。地震发生后，县委、县政府启动地震紧急预案，成立抢险救灾领导小组，组织县应急大队、乡镇、村干部、人民群众进行抢险救灾，及时转移安置受灾群众，把人民群众的生命和财产损失降至最低。经统计，全县受灾人口7616人，房屋一般受损571户、1844间，房屋及财产经济损失862万元，水利经济损失100万元（自强镇大安水库裂口）。 （*颜　友*）

平武县

【自然概况】 2014年，平武县辖9镇16乡（其中8个藏族自治乡、5个羌族自治乡、3个羌族聚居镇）、248个村、16个社区居委会、1478个村民小组，有汉族、藏族、羌族、回族等20个民族，总人口18.6万人（其中少数民族人口6.65万人，占全县总人口的35.8%）。全县面积5974平方千米。年均气温14.8℃，年降雨量866.5毫米，年均日照时间1376小时，年均无霜期252天。全县有野生植物4100多种，其中珙桐、红豆杉等国家保护野生植物55种；已知野生动物1900余种，有大熊猫、扭角羚、金丝猴等国家重点保护野生动物88种，其中野生大熊猫数量居全国之首，被誉为“熊猫故乡”“天下大熊猫第一县”。农副土特产品有茶叶、核桃、蚕桑、木耳、香菇、“三木”药材、天麻、蜂蜜等1800余种。

2014年，全县实现地区生产总值35亿元，同比增长9%；全社会固定资产投资52亿元，同比增长0.8%；规模以上工业增加值11.5亿元，同比增长12%；农业增加值7.3亿元，同比增长3.4%；地方财政总收入6.5亿元，同比增长15.5%；一般公共预算收入2.76亿元，同比增长10%；招商引资到位资金34亿元，同比增长22.3%；社会消费品零售总额9.55亿元，同比增长10%；城镇居民人均可支配收入22270元，同比增长10%；农民人均纯收入7050元，同比增长15%。新增星级农家乐22家；实现旅游总收入15.4亿元，同比增长29.5%。

全年，38个县级部门和25个乡镇财政及“三公”经费预决算全面公开，累计审减资金6758.96万元。河北·平武工业园区主动融入科技城集中发展区建设，协议引资12.5亿元，到位资金6.2亿元，固定资产投资9.2亿元，实现工业总产值3.4亿元、税收1428万元。虎牙、土城二级等5座电站建设进展顺利，南坝500千伏安、水晶220千伏安等输变电工程带电运行。矿产业规范发展。建立科技型中小企业孵化中心2处，新注册科技型中小企业32家，新增规模以上企业2家。

【特色农业发展】 2014年，全县民主村等特色农业试点示范工作有效推进，六大体系不断加强，市场开拓初见成效。“平武绿茶”在四川省茶业博览会上获得7个金奖，平武县被授予“中国厚朴之乡”称号。新建茶叶、核桃、中药材等基地800公顷，出栏猪、牛、羊21万头，家禽53万羽。新增市级以上龙头企业3家、专业合作组织3个。农业产业化销售收入9亿元，同比增长10%。编制完成《平武县城乡统筹发展规划》，古城、南坝入选“全国重点镇”，南坝省级“百镇试点”建设有序推进。火溪河、磨刀河沟域城乡统筹示范片区建设有力开展，白马、高村等乡镇实施农房风貌改造316户，民主、厄哩等5个村寨“幸福美丽新村”建设完成。秦巴山区连片开发有序推进，完成12个村扶贫连片开发项目和7个贫困村整村推进项目。做好秦巴山区等项目跟踪落实，项目管理逐步规范，灾后重建项目全面清理。审批国家投资项目97个，招投标备案项目50个。

【基础设施与生态建设】 2014年，全县改造提升九环东线县城至林家坝段45公里，改建王王路、大山路等通乡通社公路33千米，硬化通村路100千米，安装县乡公路护栏110千米。绵九高速纳入国家长江经济带规划，土泗路、黄土梁隧道加快建设。石坎河文家坝段、新建村段水毁河堤恢复重建全面完成，防渗整治农堰22.9千米。完成造林1466.67公顷，巩固退耕还林成果8200公顷。新建高标准基本农田99.47公顷。实施地质灾害应急排危工程72处。磨刀河流域水环境综合治理有序推进，停产整治高污染企业6家。成功创建生态村20个、生态家园3310户。编制完成《平武县污水处理及再生利用设施建设规划》。响岩城市生活垃圾卫生填埋场建设有序推进。农村面源污染有效治理，三级环境监测站成功创建。新建污水管网15.7公里、垃圾池47个、沼气池1.1万口，建设沼气服务网点23个。全县化学需氧量削减3.2%，氨氮削减2%，万元地区生产总值能耗同比下降3%。全年空气优良率96.5%。集中式饮用水源地水质达标率100%，地表水水质达到Ⅰ、Ⅱ类标准，污水处理率86%，城镇垃圾无害化处理率100%，声环境状况良好。完成节能减排目标。

【民生工作】 2014年，全县投入资金4.48亿元，完成民生工程135个。新增城镇就业和再就业1132人，建设高校毕业生就业见习基地2个，城镇登记失业率3.93%，农村劳动力转移输出3.7万人，实现劳务收入4.7亿元。城乡居民养老保险参保8.6万人，参保缴费率100%。发放低保金1329.7万元、救助金328.8万元、孤儿生活基本保障金49.37万元，救助流浪乞讨人员376人次。建成客运站1个、招呼站47个；新增公交车2辆，建成公交站台6个。完成保障性住房建设50套、棚户区改造314户、农村危房改造227户，发放廉租住房租赁补贴400户。

【社会事业发展】 2014年，全县高考本科上线455人，平武中学“南山班”顺利开班；落实两免一补资金2175.65万元、金秋助学金64.3万元，营养改善计划惠及学生11620名。医改工作扎实推进，新农合参合率99.65%，报销费用6212万元，城乡居民免费体检率97.5%。免费放映公益电影2976场次，成功申报“非遗”项目27项，成功举办五一劳动技能竞赛暨职工运动会。人口自然增长率控制在2‰以内。 （何代华）

平武县报恩寺

北川羌族自治县

【概况】 2014年，北川羌族自治县辖区面积3084平方千米，辖6镇17乡（其中桃龙乡为藏族乡）311个村和32个社区居委会。

2014年，全县总人口24.05万人，其中：女性11.7万人；总人口中，农业人口14.47万人，占60.2%，非农业人口9.57万人，占39.8%。年末总户数86480户。出生人口1717人，死亡人口1612人，人口自然增长率0.45‰。年末常住人口21.01万人。

2014年，全县实现地区生产总值

（GDP）37.46亿元，比2013年增长8.2%。其中，第一产业增加值9.34亿元，增长4.0%；第二产业增加值15.32亿元，增长9.5%；第三产业增加值12.80亿元，增长9.1%。三次产业对经济增长的贡献率分别为16.5%、41.4%和42.1%。人均地区生产总值18125元。三次产业结构为24.9：40.9：34.2。

全县民营经济增加值23.34亿元，比2013增长9.3%，占GDP的62.3%，对GDP增长的贡献率为18.5%。其中，第一产业增加值5.64亿元，增长4.2%；第二产业增加值12.50亿元，增长10.4%；第三产业增加值5.20亿元，增长8.5%。

全县有法人单位1513个，从业人员30429人，产业活动单位1640个。规模以上工业企业23户，限额以上批发和零售企业9户，限额以上住宿和餐饮企业9户，限额以上个体经营户5户，资质内建筑企业5户，房地产企业2户。

全年居民消费价格总水平（CPI）比2013上涨1.3%，工业生产者出厂价格（PPI）下降5.5%，工业生产者购进价格（IPI）下降1.8%。

年末工业化率21.8%，比2013年下降0.7%；城镇化率34.8%，比2013年提高1.4个百分点。

2014年，完成全社会固定资产投资37.05亿元，比2013年增长4.4%，其中固定资产投资33.55亿元，比2013年增长10.0%。第一产业完成投资2.38亿元，比2013年增长29.2%；第二产业完成投资16.98亿元，比2013年增长15.2%；第三产业完成投资17.70亿元，比2013年下降6.5%。全年完成技改投资14.79亿元，增长10.0%。

是年，北川羌族自治县被国务院授予“第六次全国民族团结进步先进集体”称号，被中国地震局授予“国家防震减灾示范县”称号。

【农业经济】 2014年，实现农林牧渔业增加值9.34亿元，比2013年增长4.0%。其中，农业增加值4.46亿元，增长4.1%；林业增加值1.30亿元，增长3.1%；牧业增加值3.32亿元，增长4.2%，渔业增加值0.11亿元，增长4.5%；农林牧渔服务业增加值0.16亿元，增长4.2%。

北川羌族自治县巴拿恰商业街

全年农作物总播种面积3.07万公顷。其中，粮食播种面积1.80万公顷，比上年下降9.3%；油料作物播种面积0.47万公顷，增长2.7%；药材播种面积0.20公顷，下降3.3%；蔬菜播种0.53公顷，增长5.9%。全年粮食总产量4.47万吨，增长0.1%。

全年生猪出栏22.4万头、比2013年增长3.7%，羊出栏23.9万头、增长65.1%，牛出栏1.0万头、增长29.5%，家禽出栏93.9万羽、增长3.8%，兔出栏15.9万只、增长3.0%，肉类总产量2.0万吨、增长20.9%；禽蛋产量0.2万吨、增长2.3%。

全县有自然保护区3个、保护区面积65835公顷。有国家级自然保护区2个、保护区面积46105公顷。全年，完成造林1633公顷，封山（沙）育林23199公顷，有效管护森林99813公顷。出产林产品9033吨，其中干果763吨。全县森林覆盖率55.5%。

年末实有水利工程3193处，实际供水1202.3万立方米。年末实有耕地面积11595公顷，有效灌溉面积达到1790公顷。

【工业经济】 2014年，全县实现工业增加值8.16亿元，比2013年增长7.5%。规模以上工业实现总产值21.14亿元，比2013年增长9.3%，规模以上工业增加值增速9.3%。

全年规模以上工业企业实现主营业务收入19.21亿元，比2013年增长7.5%。实现利润总额1.27亿元，比2013年增长59.1%。实现税金0.7亿元，比2013年下降2.7%。

2014年，全县社会建筑业增加值7.15亿元，比2013年增长12.5%。年末施工总承包和专业承包建筑企业5个，实现建筑业总产值3.29亿元，比2013年增长102.2%。

【服务业经济】 2014年，全县实现社会消费品零售总额15.27亿元，比2013年增长12.1%。其中。批发业完成2.43亿元，比2013年增长12.0%；零售业实现7.43亿元，比2013年增长8.4%；住宿业实现2.60亿元，比2013年增长15.6%；餐饮业实现2.81亿元，比2013年增长19.9%。实现限上消费品零售额2.83亿元，比2013年增长19.7%，占全县社会消费品总额的18.5%。

全年接待游客350.3万人次，比2013年15.0%，实现旅游收入26.91亿元，比2013年增长34.9%。旅游收入对国民经济贡献率为13.9%。

全年引进项目16个，到位资金

14.08亿元人民币，比上年增长0.21%。

【交通运输与通信】 2014年全县公路通车里程2445.5千米，其中：省道154.8千米；县乡道422.3千米；村道1668.4千米。全年公路旅客周转量1.94亿人公里，比2013年减少35.9%；公路货物周转量3.08亿吨公里，比2013年减少7.5%；水运客运周转量14.43万人公里，比2013年下降59.0%。

2014年，全县有通信企业3户，通信业务收入0.94亿元。固定电话机用户1.66万户，移动电话用户10.81万户，互联网用户2.28万户。邮政网点24处，实现业务总量0.09亿元。

【财政税收与金融】 2014年，全县实现财政总收入6.39亿元（上划中央两税和上划中央所得税），增长6.3%。实现地方公共财政收入3.37亿元，增长12%，其中，税收收入完成2.52亿元，增长12.6%，占公共财政收入的比重为74.8%。公共预算支出20.71亿元，比2013年增长15.5%。

全县有金融机构10家，营业网点49处。金融机构人民币各项存款余额105.48亿元，比2013年增长7.8%。其中，单位存款余额43.98亿元，增长3.5%；城乡居民储蓄存款余额54亿元，增长6.7%。金融机构人民币各项贷款余额86.75亿元，增长8.2%。其中，短期贷款余额28.09亿元，下降1%；中长期贷款58.61亿元，增长13.3%。

年末全县有保险公司4家。全年各类保险保费收入0.53亿元，比2013年增长6%，其中，人身险0.42亿元，增长5.1%；财产险0.11亿元，增长7.2%。各类保险赔款及期满给付支出0.51亿元，比2013年增长388%。

【教育体育】 2014年，全县有公办幼儿园3所、民办幼儿园10所、在园幼儿6256人；小学25所、在校学生9927人，专任教师815人；普通初中10所、在校学生6408人，专任教师535人；义务教育阶段学龄儿童入学率100%、专任教师学历达标率100%；普通高中1所，在校学生3506人，教师228人、学历达标率为99.12%。中等职业教育学校1所，在校学生1663人，比上年减少158人，下降8.68%，专任教师108人。

小学毕业生升学率105.8%，初中毕业生升学率109.75%；小学辍学率0.04%，普通初中辍学率0.06%；小学五年巩固率98.26%，初中三年巩固率98.63%，九年制义务教育完成率122.32%。

全县共2115名考生被各级各类高等院校录取，占报名人数的89.17%. 其中普通类录取1495人，占90.39%；职教类录取620人，占86.35%。

全县共有体育场馆数1个，全年共举办各种运动会10次，参加人次达2万人。在参加市级比赛中获奖牌7枚，其中：金牌2枚，银牌5枚；在参加省（含省级）以上比赛中获奖牌3枚，其中金牌1枚、银牌2枚。

【文化和卫生】 2014年，全县有公共图书馆1个，公共图书馆藏书量17.5万册。美术馆1个，文化馆1个，乡镇文化站23个，影剧院1个，博物馆1个。广播覆盖率达80%，电视覆盖率达94%，城区数字电视转换率100%。

年末全县有卫生机构356个，其中：县级医院3个，乡镇卫生院22个，社区卫生服务中心2个，村卫生室（站）324个，其他卫生机构5个。创等升级二级甲等医院2个，二级乙等医院2个。卫生技术人员803人，执业医师488人，注册护师、护士345人。卫生机构编制床位1163张，实际开放床位1214张。全年诊疗730709人次。

【环境保护】 2014年，全县组织申报国家科技计划项目1项。组织申报省级科技计划项目3项，落实无偿资金120万元。全县已通过高新技术企业认定1家，全年申请专利41件，专利授权26件。

全年争取中央、省、市各级环保专项资金共计3095.31万元，其中，国家重点生态功能区转移支付资金2896万元，省级环境保护专项资金182.06万元，市级环境保护专项资金17.25万元。

城区集中饮用水源地水质达标率100%。全年城区空气质量监测365天，空气质量优135天，空气质量良215天，达标率95.9%。城区大气首要污染物为可吸入颗粒物。区域环境噪声昼间平均值为51.4dB（A），各点均达到声环境质量标准（GB3096－2008）2类标准。

全年共实施主要污染物总量减排项目13个，其中列入省级目标责任书的重点减排项目1个，规模化畜禽养殖企业9家。四项主要污染物全面下降，其中，二氧化硫下降6.88%、氮氧化物下降2.77%，化学需氧量下降0.21%，氨氮下降2.57%。

2014年，全县单位GDP能耗下降2.09%。规模以上工业企业综合能耗为18.7万吨标煤，增加9.41%；规模以上工业企业单位工业增加值能耗1.67吨标煤/万元，下降3.81%。

【社会生活】 2014年，全县城镇居民人均可支配收入20999元，比2013年增长10.6%。其中，工薪性收入13429元，比2013年增长10.9%。人均消费性支出14475元，比2013年增长7.9%。其中，居住支出增长0.8%，家庭设备用品及服务支出增长0.2%，交通和通信支出增长19.9%。城镇居民恩格尔系数为41.1。

全年农民人均纯收入7333元，比2013年增长13.3%。其中，工资性收入3924元，增长13.9%；家庭经营纯收入2220元，增长9.8%；财产性纯收入117元，增长4.7%；转移性纯收入1072元，增长26.3%。农村居民人均生活消费支出6953元，增长3.6%。其中，居住消费支出下降34.2%，家庭设备用品消费支出下降25.4%，交通和通信支出增长29.3%，医疗保健消费支出增长1.5%。农村居民恩格尔系数为43.7。

【社会保障】 2014年，全县新增城镇就业人员2436人，失业保险参保职工累计达7925人。年末城镇登记失业人员128人，城镇登记失业率为3.92%。465人实现再就业。

全县基本养老保险参保人数59620人；城乡居民社会养老保险参保人数83532人；城镇职工基本医疗保险参保人数16436人，城镇居民基本医疗保险参保人数39985人；工伤保险参保人数8980人，生育保险参保人数7590人；新型农村医疗合作应参合171642人，实际参合人数171642人，参合率达到100%。

全县城镇最低生活保障标准为350元/月，享受最低生活保障补助的城镇居民6365人，下降12.7%，农村最低生活保障标准为180元/月，享受最低生活保障补助的农村居民9865人，下降25%。年末全县有社会福利收养性单位8个，床位数850张。全县有五保户565人，其中集中供养25人。

【“姚基金希望小学篮球季”联赛】 2014年7月12日，“2014姚基金希望小学篮球季——篮球集训及联赛”在北川中学开幕，中国青基会副秘书长杨晓禹，姚基金负责人陆浩，中共绵阳市委常委、北川羌族自治县委书记刘少敏，绵阳市人民政府副市长赵琪出席开幕式。全国22个省份的82所希望小学篮球队1200余人参加表演赛。15日，姚明亲赴现场指导比赛，为篮球健儿们加油。“姚基金希望小学篮球季”是中国首个在希望小学中开展的大型篮球及体育启蒙赛事。旨在让希望小学学生了解篮球、感受体育精神，让贫困地区的孩子享受体育运动的快乐。

【第三届全球旅游网络营运商合作交流会】 2014年9月15日至17日“第三届全球旅游网络营运商合作交流会”在北川举行。交流会由四川省旅游局、绵阳市人民政府主办来自15个国家和地区的全球知名网站、旅游网络营运商、航空公司、旅行社和旅游信息化相关企业高层，省内旅游管理部门和涉旅企事业单位代表共300余名来宾参加会议。四川省人民政府资政、四川省旅游产业发展领导小组副组长张作哈，国家旅游局人事教育司司长魏洪涛、中共绵阳市委书记罗强出席开幕大会并致辞。四川省旅游局局长郝康理，《大数据时代》作者、牛津大学教授维克多·迈尔·舍恩伯格，中国科学院大学管理学教授、博士生导师吕本富，围绕大会主题——“智慧旅游　联结未来”作主旨演讲。会上，发布《智慧旅游导论与实践》、“中国科技城《绵阳宣言》”、《百度旅游大数据白皮书》。四川省旅游局副局长吴勐代表四川省旅游局与百度营销研究院、北京巅峰美景科技有限责任公司、中国电信四川分公司、中国移动四川分公司、中国联合网络通信有限公司四川分公司等签署战略合作协议。

（谢雁萍）

2011年市委、市政府民生工程完成情况

2011年，全市城镇新增就业46686人，下岗失业人员再就业14566人，城镇残疾人新增就业1290人，城市失业率登记控制在4%以内。

2011年，全市减少贫困人口15855人，城市年人均医疗救助424元，农村年人均医疗救助330元，城乡特殊困难群众应急求助7365人次。

2011年，全市支持促进少数民族地方经济和社会事业发展项目38个，北川羌族自治县和平武县义务教育阶段寄宿生规模达到3.1万人。

2011年，全市补助寄宿贫困学生生活费112002人，新建、改扩建城乡公办幼儿园16所。

2011年，全市城市低保对象累计月人均补助185.5元，农村低保累计月人均补助84元。新建改扩建敬老院2所，新增床位145张，新增集中供养809人（户），农村“五保”集中供养床位率89%。

2011年，全市新型农村合作医疗参合率达99.32%，实施村卫生室信息平台建设3408个，减免贫困白内障患者复明手术1309人，建设农村无害化卫生厕所5000座，建设地震灾区县乡级以上医疗机构45所。

2011年，全市农村危房改造689户，新开工建设保障性住房17102套，棚户区改造8705户，发放廉租房租赁补贴16171户，解决饮水安全问题15.8万人。

2011年，全市建成通乡油路（水泥路）609千米，建成通村公路1263千米；改造农村电网（各类线路）3206千米，实施空白乡镇邮政局（所）建设6个。

2011年，全市巩固退耕还林成果4.12万公顷，整理土地5133公顷，新增耕地560公顷，建设高产稳产基本农田3080公顷，建设高标准农田5020公顷。

2011年，全市配送业务专用设备的城市社区文化中心、城市文化活动室、乡镇综合文化站分别达到14个、62个、236个，建设“农家书屋”1453个，免费开放体育场馆103万人次。

（摘自《绵阳年鉴（2012）》）

人　物

PERSONAGE

两弹元勋邓稼先塑像

2014年度国家最高科学技术奖获得者于敏

2015年1月9日，2014年度国家科学技术奖励大会在北京人民大会堂隆重举行。著名核物理学家、“两弹一星”功勋、“氢弹之父”、中国工程物理研究院高级科学顾问于敏获2014年度国家最高科学技术奖。中共中央总书记、国家主席、中共中央军委主席习近平向于敏颁奖。于敏，1926年8月出生，天津宁河人，1949年毕业于北京大学物理系。历任中国工程物理研究院理论部副主任、九所副所长、所长、副院长、科技委副主任，核工业部、核工业总公司科技委副主任。1980年当选中国科学院数学物理学部委员（院士），1999年获“两弹一星”功勋奖章。

（资料来源人民网）

乒乓球世锦赛冠军朱雨玲

2014年5月5日，第52届世界乒乓球团体锦标赛在日本东京落下帷幕。在女团决赛中，中国队以3：0完胜日本，成功卫冕第19次捧得考比伦杯。年仅19岁的绵阳市体育健儿朱雨玲作为中国女团成员之一，与队友共同捧起考比伦杯，成为首位获得乒乓球世界冠军的绵阳籍选手，也是四川省历史上首位获得世乒赛女子团体冠军的选手。朱雨玲，1995年1月10日出生于四川绵阳，中国女子乒乓球队运动员。2010年1月进入国家队。同年获世青赛女单冠军、女双冠军，2011年获世青赛女团冠军、女单亚军，全国青少年锦标赛女单冠军，2012年获世界青少年乒乓球锦标赛女团、女单、女双冠军。

（资料来源人民网）

2014年度“感动绵阳十大人物”

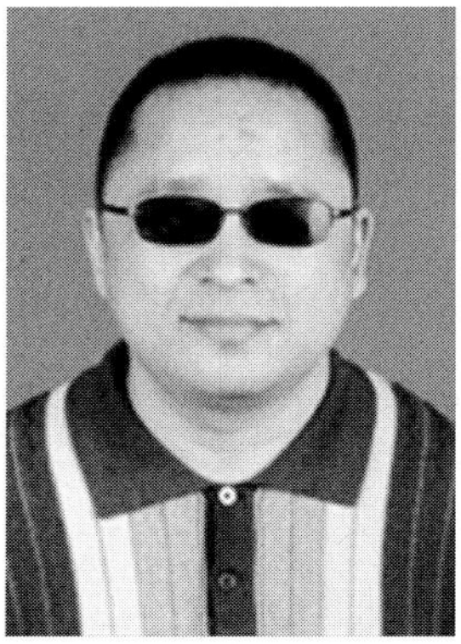

何志绪，男，45岁，汉族，绵阳市何氏推拿中心总经理、绵阳市按摩师职业培训学校校长，绵阳市盲人协会主席。他创办绵阳何氏推拿中心解决了50多名贫困视力残疾人就业，利用绵阳市按摩师职业培训学校这一平台，为广大贫困残疾人提供岗前职业技能培训。先后被中共绵阳市委、市政府授予“民办教育先进个人”“创业明星”和“涪城区有突出贡献奖”称号，并荣获“四川省自强先进个人”“四川省就业创业先进个人”以及“全国自强创业奖”等荣誉。2014年被评选为“感动绵阳十大人物”。

胡启飞，男，29岁，汉族，中共党员，平武县公安局交警大队火溪河中队指导员。常年坚守在海拔2800米的二道坪执勤点，守护着进藏及进九寨沟、黄龙等景区的重要通道——九环东线。在他和战友们的坚守下，26千米的“魔鬼路段”成为安全、通畅的通道。先后荣获全国第五届“我最喜爱的人民警察”、四川省“公安交警系统春运先进个人”、绵阳市“十佳交警”等荣誉称号，荣记二等功一次。2014年被评选为“感动绵阳十大人物”。

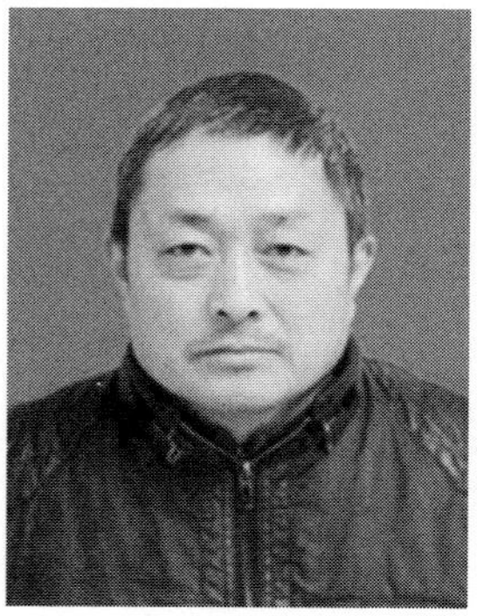

邓太树，男，59岁，汉族，江油市新春乡中心小学教师。坚守偏远村小工作39年无怨无悔，自身患有糖尿病十余载，每天自己注射两次胰岛素仍坚持给孩子们上课，长期资助贫困学生上学，用行动诠释“最美乡村老师”。2014年被评选为“感动绵阳十大人物”。

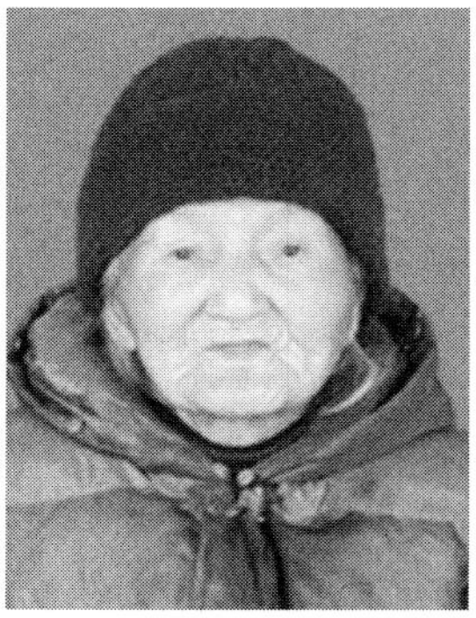

王福秀，女，89岁，汉族，游仙区忠兴镇鲤鱼村七组居民。其本人在身患白内障和风湿病的情况下，与患有三级智障残疾的儿子和女儿一家生活，靠卖手绣老虎枕和毛线帽子作为主要经济来源，支撑起整个家庭。感人事迹得到省、市主流媒体的广泛宣传。王福秀精神作为一种“正能量”通过报纸、电视、网络传递到人们的心中。2014年被评选为“感动绵阳十大人物”。

杨继龙，男，74岁，汉族，中共党员，盐亭县龙泉乡杨桷村4组居民。2007年以来，已67岁的杨继龙主动照顾本社87岁的赵家琼至今。特别是近三年来赵家琼已瘫痪卧床不起、大小便都不能自理的情况下，杨继龙不顾子女的反对、不顾自己身患高血压和支气管炎，还是一如既往的悉心照料着她。2014年被盐亭评选为“感动盐亭十大人物”。同时，被评选为“感动绵阳十大人物”。

胡开伟，男，42岁，汉族，中共党员，梓潼县玛瑙镇派出所民警。2013年10月9日，马鸣场镇谢乐财家房屋失火，火场危及周边10多户民房。救火中，他不慎摔伤小腿，忍着剧烈的疼痛双手抱出火场中的煤气罐，将其安全转移，在火被扑灭后才到医院检查，被诊断为右脚踝骨骨折。2014年被评选为“感动绵阳十大人物”。

陈明富（已故），男，60岁，汉族，安县塔水镇三泉村4组居民。2014年6月20日深夜，邻居家着火，他毫不畏惧，挺身而出，投身到与火魔搏斗之中，不料踩断烧焦的椽子，从房顶掉了下来，身受重伤，不治身亡。被四川新闻网推荐为“见义勇为四川好人候选人”。2014年被评选为“感动绵阳十大人物”。

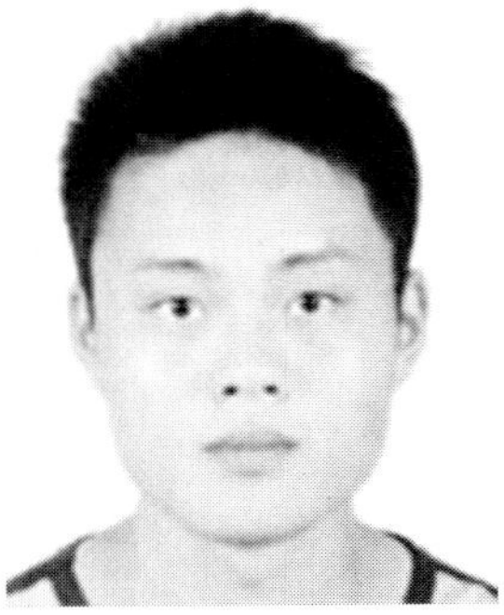

熊斌（已故），男，20岁，汉族，三台县忠孝乡庞岩村三组居民。生前居住在普陀区展茅街道螺门村大墩头路19号，2014年11月7日上午，浙江省舟山市普陀区小干岛货运码头，年轻女子潘某因为家庭纠纷跳海自杀。年仅20岁小伙熊斌当时驾车在码头候船，奋不顾身跳入冰冷的海水中救人，后因风浪较大、体力不支而不幸牺牲，他的三次托举，为最后的成功营救赢得宝贵时间。2014年11月9日，舟山市公安局普陀区分局确认熊斌同志的行为为见义勇为行为。12月，熊斌入选中国好人榜好人，英勇事迹感动川浙两地群众。同年被评选为“感动绵阳十大人物”。

李海燕，女，51岁，汉族，中共党员，平武县龙安镇振恩寺社区居民。“5·12”汶川大地震后，她帮助120名孤儿走出地震后的阴影，至今仍抚养着4位地震孤儿。先后被评为“全国百名优秀志愿者”“四川省灾后重建先进个人”“四川省关爱留守儿童先进个人”“绵阳市助人为乐模范”“绵阳市优秀志愿者”“绵阳市第二届道德模范”“平武县抗震救灾优秀志愿者”等荣誉称号。2014年被评选为“感动绵阳十大人物”。

赵阳国，男，51岁，汉族，中共党员，安县桑枣镇大竹村党支部书记。2014年9月，大竹村九岁小女孩罗丹丹突发白血病，手术治疗及骨髓移植费需要50多万元，赵阳国为罗丹丹筹备巨额手术费用而不停奔走，组织本村55户村民上山挖“蝉花”卖钱为罗丹丹捐款8529元，动员社会各界爱心人士捐款近40万余元。先后被《人民日报》《华西都市报》、四川电视台等20多媒体广泛报道。2014年被评选为“感动绵阳十大人物”。

2014年度“最美绵阳人”

常丽，女，34岁，汉族，中共党员，游仙区魏城镇桂花社区党支部书记。从事社区工作14年，所在社区先后荣获“中国红十字总会先进单位”“绵阳市服务型示范社区党组织”“绵阳科普示范社区”“绵阳市模范人民调解委员会”“绵阳市法治社区”等荣誉，受到居民群众普遍称赞。2014年被评为“最美绵阳人”。

彭治国（已故），男，43岁，汉族，中共产党，生前任科创区综合办副主任、机关第一党支部书记。工作22年来，认真负责，所撰写的10余篇高质量论文均在国家核心刊物上发表，他所主笔的《发展城市新兴服务经济研究》等两个调研课题，连续两年获得市上评选的调研课题一等奖。2014年，被评为“最美绵阳人”。

肖琳，男，31岁，汉族，中共党员，北川羌族自治县陈家坝乡平沟村党支部书记。汶川特大地震后，放弃成都的记者工作，成为一名村干部。先后被评为“全国大学生村官十佳村民贴心人”，2014“全国十大最美村官”，6次在中组部、农业部全国大学生村干部培训班上作经验交流发言，2014年被中共绵阳市委宣传部、文明办纳入“最美绵阳人”事迹报告团成员。2014年，被评为“最美绵阳人”。

周建国，男，45岁，汉族，中共党员，听力残疾四级，绵阳正邦环保科技有限责任公司总经理。热心公益，创业积累多用于帮扶困难残疾人、留守儿童、空巢老人、特困群众、抢险救灾，先后被评为“四川省优秀志愿者”“绵阳抗震救灾优秀共产党员”“绵阳市优秀共产党员”等称号。2014年，被评为“最美绵阳人”。

贾勇，男，42岁，汉族，中共党员，梓潼县自强镇黎明村村主任。150余亩贫瘠的山坡地，在业主偷偷撤走后，贾勇践行自己的诺言，勇敢地承包过来，虽然经营得十分艰难，但群众的地租他一分没少。他用做生意赚来的钱贴补经营土地的亏损，为了对群众的一句承诺，他愿意做一名“苦行僧”。2014年，被评为“最美绵阳人”。

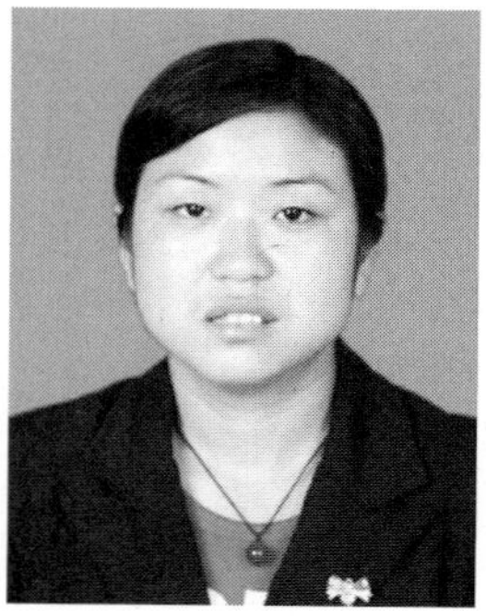

彭清，女，34岁，汉族，经开区松垭镇白山社区居民。12年如一日，既要照顾上小学的女儿和年迈的父母，还抽出精力照顾毫无血缘关系和亲缘关系的孤独残疾老人邻居梁廷友的生活，用大爱传递正能量。2014年，被评为“最美绵阳人”。

谢友才，男，35岁，汉族，中共党员，四川省银河化学股份有限公司员工。参与国家863重点项目工程，主持完成研发课题8项，开发有机铬、铬明矾等新产品7种，受理发明专利5项。主导、参与制（修）定国家和行业标准9项。曾获绵阳市科技进步一等奖，石化行业科技进步三等奖。2014年，被评为“最美绵阳人”。

李秀萍，女，62岁，汉族，江油市下岗工人。丈夫在追捕嫌疑犯的时候受伤双眼失明，她甘当丈夫的双眼，几十年如一日，不离不弃。先后获得“天府十佳警嫂”、“绵阳市道德模范”等荣誉称号。2014年，被评为“最美绵阳人”。

王正军，男，45岁，汉族，中共党员，三台县建设中学教师。坚守乡村教育27年，收养流浪少年、捐资帮扶贫困学生、照顾孤寡老人，被乡邻誉为“最美乡村教师”。2014年，被评为“最美绵阳人”。

文正平，男，33岁，汉族，涪城区剑西路社区居民。长期在城区献血点为献血者服务，先后获“无偿献血爱心大使”、绵阳市无偿献血奉献奖金奖、全国无偿献血奉献奖金奖、银奖、铜奖、四川省无偿献血先进个人等荣誉称号。2014年，被评为“最美绵阳人”。

绵阳市2014年度见义勇为勇士

谢桂明 男 41岁 农民 住北川县漩坪乡石龙村一组

杨仕英 女 49岁 农民 住北川县漩坪乡石龙村一组

金光明 男 61岁 农民 住北川县漩坪乡石龙村一组

2014年10月26日7时50分，谢桂明骑摩托车外出时发现几名男子在康家沟盗窃电缆，立即打电话向村支书、红袖标义务巡逻队长杨仕英报告。犯罪嫌疑人察觉后欲驾车逃跑，谢桂明立即将摩托车横在路上，挡住其逃跑路线。其中4名嫌疑人下车后，分别手持40多厘米砍刀和石块追赶谢桂明，见谢桂明不惧威胁，便跳上车掉头逃窜。此时，杨仕英带着金光明等义务巡逻队员和村民先后赶到，奋力参与围堵嫌疑人。搏斗期间，杨仕英腿部和金光明背部先后被犯罪嫌疑人用刀砍伤，但两人均没有退避，几名嫌疑人挥舞着手中尖刀威胁他们，并驾车强行冲撞围堵人员。最后，闻讯赶来的漩坪乡石龙村、禹里镇十里村村民和接警赶来的派出所民警团团围住作案车辆，并成功抓获犯罪嫌疑人。3人被绵阳市人民政府授予2014年见义勇为勇士称号。

陈明富（已故） 男 61岁 农民 住安县塔水镇三泉村4组

2014年6月20日23：20许，村民刘期昌家猪舍电线短路引燃秸秆，陈明富听见呼救声后，仅着内裤第一时间直奔火点，他手持山锄，奋不顾身爬上房顶，将瓦蹬下房以便用水灭火，用山锄砸断檩杆以免火势蔓延。同时，十几个邻居忙着断电、清障、递水……最终成功将火扑灭。但陈明富却不幸踩断烧焦的椽子，从4米多高的房顶跌落致肝脾破裂，送医院全力抢救无效，于次日去世。被绵阳市人民政府授予2014年见义勇为勇士称号。

祈志富 男 52岁 涪城区解放街社区书记 住一环路南段240号

2014年2月21日上午8时许，正值学生上学和市民上班高峰期，一辆出租车在涪城区一环路南段229号附近突然起火。由于火势过大，车载灭火器不能完全扑灭大火，着火车辆随时有可能爆炸。此时，恰逢祈志富上班路过，眼见情势危急，他飞奔回社区拿上两个2千克的干粉灭火器赶回现场。他一边迅速疏散群众，一边不顾安危奋力灭火。经过几分钟紧急扑救，大火终被扑灭，一场事故得以避免。被绵阳市人民政府授予2014年见义勇为勇士称号。

李见廷 男 52岁 社区干部 住安县宝林镇兴隆街17号

2014年12月28日9：30许，李见廷在社区加班期间被两名小孩告知有人落入化粪池。在两名小孩的带领下，他冲向距其办公室30余米远的化粪池口，毫不犹豫地跳进深约3米的化粪池，冒着沼气中毒窒息的危险，奋力将落水的小孩托举出水面。在其妻子的帮助下，小孩最终成功获救。被绵阳市人民政府授予2014年见义勇为勇士称号。

李文贵 男 47岁 农民 住安县秀水镇火光村6组

2014年5月18日9：40许，李文贵发现手臂残疾的邻居王正义家着火，其5岁孙女还在楼上，他立即挺身而出，几次试图闯入火海救人，但因火势太大均未成功。几分钟后，三楼窗口传出呼救声，李文贵毅然选择沿梯子爬上三楼，从浓烟中摸索并找到受困小女孩，将其夹在腋下顺梯下楼。由于烟浓火大，梯子发烫，李文贵不慎失足，但落地前成功将小女孩抛出，在其他群众的帮助下，最终大火被扑灭，小女孩也成功获救，李文贵却不幸摔伤。被绵阳市人民政府授予2014年见义勇为勇士称号。

周济立 男 33岁 个体户 住涪城区东方华尔街小区

汤兴文 男 27岁 申通公司快递员 住涪城区御营坝

2014年4月2日16时许，汤兴文在涪城区北街社区翠花街四中门口办理快递业务时，发现一男子正在盗窃交快递的女士放在汽车上的手提包，他立即冲过去把该男子拽倒在地，帮助该女士拿回了手提包。同时，附近的周济立发现犯罪嫌疑人准备骑车逃跑，立即上前拦阻。其间，犯罪嫌疑人拿出事先准备好的匕首向周济立刺去，周济立不幸被刺伤，但周济立仍不惧强暴，坚持与犯罪嫌疑人周旋，犯罪嫌疑人最终被赶到的民警抓获。2人被绵阳市人民政府授予2014年见义勇为勇士称号。

统计资料
STATISTICS FILES

乡村风景

绵阳市在全省的地位

(2014 年)

表 55

指　标	计量单位	四川省	绵阳市	比重（%）
土地面积	（万平方公里）	48.61	2.02	4.2
年末户籍人口	（万人）	9159.08	548.78	6.0
国内生产总值	（亿元）	28536.66	1579.89	5.5
第一产业	（亿元）	3531.05	247.64	7.0
第二产业	（亿元）	14519.41	805.33	5.5
第三产业	（亿元）	10486.20	526.92	5.0
规模以上工业企业个数	（个）	12974	781	6.0
规模以上工业增加值增速	（%）	9.6	10.1	—
全社会固定资产投资	（亿元）	23577.45	1080.37	4.6
社会消费品零售总额	（亿元）		778.29	
外贸出口总额	（亿美元）	448.50	20.72	4.6
地方公共财政收入	（亿元）	3058.52	101.75	3.3
地方公共财政支出	（亿元）	6784.35	294.49	4.3
金融机构人民币各项存款余额	（亿元）	53282.03	2621.72	4.9
金融机构人民币各项贷款余额	（亿元）	33884.06	1398.50	4.1
白酒	（万千升）	350.0	6.5	1.9
彩色电视机	（万部）	1027.7	692.4	67.4
粗钢	（万吨）	2243.0	22.8	1.0
成品钢材	（万吨）	2935.2	89.1	3.0
水泥	（万吨）	14581.0	1101.0	7.6
化肥	（万吨）	433.2	20.5	4.7

绵阳市国民经济主要指标

表 56

指标名称	计量单位	2010 年	2011 年	2012 年	2013 年	2014 年
一、综合						
1. 自然资源	*					
行政区域土地面积	平方公里	20248.4	20248.4	20248.4	20248.4	20248.4
年平均气温	摄氏度（℃）	16.7	16.6	16.4	17.8	17.3
年降水量	毫米	879.0	826.2	723.4	938.4	841.9
年平均日照时数	小时	953.1	1201.0	1071.1	1490.0	1021.5
2. 年末总人口	万人	541.87	543.36	545.40	547.38	548.78
#非农业人口	万人	145.41	150.43	152.74	157.96	163.01
#男	万人	279.42	280.13	281.00	265.85	281.97
女	万人	262.45	263.23	264.40	265.85	266.81
当年出生人口	万人	5.18	5.03	5.21	4.45	4.36
当年死亡人口	万人	7.13	3.10	3.40	3.40	3.57
3. 年末从业人员	万人	279.49	287.01	293.33	299.88	300.71
#第一产业	万人	114.60	115.12	112.67	108.62	106.09
第二产业	万人	83.44	84.15	81.22	89.37	84.46
第三产业	万人	81.44	87.73	99.44	101.90	11.16
城镇登记失业人员数	人	30359	31318	31433	33208	33915
4. 国内生产总值（现价）	亿元	960.22	1189.11	1346.42	1455.12	1579.89
#第一产业	亿元	166.49	199.23	219.19	238.96	247.64
第二产业	亿元	468.27	616.55	706.22	747.61	805.33
#工业	亿元	398.39	531.24	607.42	637.65	680.11
第三产业	亿元	325.46	373.33	421.01	468.55	526.92
5. 国内生产总值增长速度	%	15.3	15.2	13.3	10.0	9.1
#第一产业	%	4.0	3.8	4.0	3.5	3.9
第二产业	%	23.2	22.8	17.9	12.2	10.0
#工业	%	23.9	23.7	17.9	12.0	9.4
第三产业	%	10.2	9.9	10.4	9.1	9.7
6. 人均国内生产总值	元	20053	25755	29080	31237	33558
二、农村经济	*					
有效灌溉面积	公顷	210650	214050	217700	212680	215660
农业机械总动力	万千瓦	229	248.44	268.43	281.44	292.09
水产品产量	吨	94477	97929	103543	105705	100150
三、规模以上工业						
企业单位数	个	926	767	825	731	781
#大型企业	个	9	19	21	22	22
中型企业	个	95	118	115	89	95

续表

指标名称	计量单位	2010 年	2011 年	2012 年	2013 年	2014 年
小型企业	个	822	629	669	619	648
工业总产值（当年价）	万元	12675301	17119031	18211277	20630240	23290466
#轻工业	万元	6761778	9214475	9681800	9702732	11629776
重工业	万元	5913523	7904556	8529477	10304736	11660691
#内资企业	万元	11912854	15935851	17354730	19803777	22238828
#国有企业	万元	381306	571218	758645	856461	915610
集体企业	万元	63829	74514	84915	32369	39099
股份合作企业	万元	44780	113214	97092	39790	31998
联营企业	万元	21766	24109	25212	3975	
有限责任公司	万元	6304413	8370004	9604391	12067684	13457053
股份有限公司	万元	1402281	1648320	1804101	2472750	2622852
私营企业	万元	3645702	5067664	4474479	4298890	5145986
其他企业	万元	48760	66809	505896	29857	26230
港澳台商投资企业	万元	171632	322345	310535	292325	401801
外商投资企业	万元	590815	860835	546013	534138	649837
工业增加值（当年价）	万元	3670000	5021000	5701000	5938000	—
资产总计	万元	13469576	16722649	18272900	21740897	23314924
负债合计	万元	8885406	10722135	11781580	14397996	15514123
主营业务收入	万元	12920293	17329469	18285502	20248047	21685192
主营业务税金及附加	万元	163394	210343	256408	270312	283094
利润总额	万元	953315	1248168	1097096	1029705	1074070
#应缴所得税	万元	86517	174732	151791	150364	149859
利税总额	万元	1693270	2189673	2248737	2247597	2044985
本年应交增值税	万元	576562	729611	891752	946091	686216
全部从业人员年平均人数	万人	22.76	24.31	24.15	23.00	22.78
四、交通运输、邮电通信						
境内公路总里程	千米	15649	17989	19308	19573	19888
#等级公路	千米	9208	11043	12356	12876	13501
等级外公路	千米	6441	6946	6952	6421	6067
境内铁路营运里程	千米	129	121	121	121	160
公路旅客周转量	万人千米	447365	463155	516302	326130	336848
公路货物周转量	万吨千米	417742	5224444	609244	544725	674954
民用汽车拥有量	辆	203682	251802	292909	334700	374310
#私人汽车拥有量	辆	178239	219783	257929	306250	—
邮电主营业务收入	万元	260212	277335	322213	368994	358178
#电信主营业务收入	万元	237930	251118	291035	335678	323284
年末本地固定电话用户	户	742610	737244	748927	759630	734033
年末移动电话用户数	户	3841307	4334195	4396174	3734921	4074045

续表

指标名称	计量单位	2010 年	2011 年	2012 年	2013 年	2014 年
国际互联网接入户数	户	339539	447429	535361	653348	794466
五、固定资产投资						
全社会固定资产投资完成额	万元	8209702	8809029	9322190	10010035	10803708
#国有	万元	4557758	3445527	3329948	3458552	3281131
集体	万元	28016	15936	26038	78877	39579
城镇固定资产投资完成额	万元	5922089	7302729	7969529	8344607	9479066
农村固定资产投资完成额	万元	1229195	1506300	1352661	1665428	1324642
房地产开发投资完成额	万元	1058418	1322771	1456901	1699379	2107355
#住宅	万元	888890	1065257	1018075	1198884	1362998
商品房施工面积	万平方米	1663.43	1586.21	1706.31	1658.72	1888.96
商品房竣工面积	万平方米	642.68	338.65	434.49	229.50	353.37
六、国内贸易						
社会消费品零售总额	万元	4195605	5020002	5728400	6500036	7782856
#城镇的零售额	万元	2789624	3436767	3870200	4480181	5182550
乡村的零售额	万元	1473394	1583235	1858200	2019855	2600306
#批发零售业	万元	3521674	4212092	4775500	5448645	
住宿餐饮业	万元	673932	807910	952900	1051391	
七、对外经济与贸易						
进出口总额（包括转口贸易）	万美元	189825	185135	221316	280985	291779
#进口总额	万美元	77087	87760	83984	100657	84545
#出口总额	万美元	112738	97375	137332	180328	207234
外商实际直接投资	万美元	15063	19574	21020	24134	22982
当年实际使用外资金额	万美元	27280	31782	34785	24134	22982
星级饭店个数	个	36	32	33	33	30
旅游人数	万人次	1194.31	1581.53	1921.61	2463.5	2821.86
#国际旅游者旅游人数	万人次	1.32	1.29	2.07	1.02	0.74
国内旅游者旅游人数	万人次	1192.99	1580.24	1919.54	2462.48	2821.12
旅游外汇收入总额	万美元	579	343.56	591.78	315.02	212.25
八、财政、金融、保险						
财政总收入	亿元	100.34	145.30	184.60	217.71	227.39
#地方公共财政收入	亿元	45.21	65.65	80.40	90.48	101.75
#税收收入	亿元	34.28	47.16	55.39	63.03	69.67
财政总支出	亿元	411.05	270.37	337.51	394.14	396.05
#公共财政支出	亿元	345.32	213.58	250.56	290.64	294.64
年末金融机构人民币存款余额	亿元	1784.47	1932.66	2126.34	2410.28	2621.72
#企业存款	亿元	442.35	471.97	451.22	491.74	546.26
储蓄存款	亿元	803.22	932.20	1125.55	1311.91	1464.46
#定期	亿元	515.78	624.51	768.80	923.12	1047.63

续表

指标名称	计量单位	2010年	2011年	2012年	2013年	2014年
年末金融机构人民币贷款余额	亿元	858.31	968.98	1086.78	1252.78	1398.96
短期贷款	亿元	290.87	348.67	450.03	563.13	601.76
中长期贷款	亿元	556.89	607.38	516.12	671.94	768.96
保费	万元	444427	465479	468286	500410	614597
赔款及给付	万元	94990	110454	138406	184796	198398
九、文化、教育						
广播覆盖率	%	97.9	98.26	98.46	98.84	99.08
电视覆盖率	%	97.4	98.62	98.85	99.15	99.37
公共图书馆	个	8	13	14	9	9
公共图书馆藏书量	千册	1277	1683.7	1995	1802	1855
学校总数						
幼儿园数	所	518	510	546	582	603
小学	所	432	428	438	436	414
普通中学	所	267	296	286	234	202
普通高等学校	所	12	12	13	14	14
在校学生总数						
小学	人	271531	261625	231590	233767	240629
普通中等学校	人	414011	393770	352895	336568	321335
#普通中学	人	305188	298666	275809	269908	260085
普通高等学校	人	97681	109168	126617	136722	136495
专任教师总数						
#小学	人	17218	17008	16923	16768	14037
普通中学	人	18449	18801	19165	19408	21528
普通高等学校	人	5125	6098	6629	7136	7543
十、卫生						
卫生机构数	个	1135	1127	1105	1121	1223
#医院、卫生院	个	390	395	405	412	413
卫生机构床位数	张	20046	22236	25913	28755	30756
#医院、卫生院床位数	张	19343	21383	25069	27880	29821
卫生机构人员数	人	23410	25307	32784	35932	36675
医院、卫生院技术人员	人	19326	21057	24030	26610	27620
#医生	人	8717	9054	10172	10788	11055
十一、人民生活						
城镇在岗职工人数	万人	33.28	36.19	37.40	45.06	48.21
#国有经济单位	万人	15.91	16.56	18.35	18.58	19.21
城镇集体经济单位	万人	1.48	1.25	1.22	1.07	1.23
#机关行政职工	万人	3.83	4.12	4.71	4.30	4.3456
事业单位职工	万人	9.99	10.05	10.79	12.43	13.09

续表

指标名称	计量单位	2010 年	2011 年	2012 年	2013 年	2014 年
在岗职工年平均人数	万人	32.79	36.56	37.70	44.92	47.4714
城镇单位在岗职工工资总额	亿元	106.64	138.44	159.76	217.50	247.62
城镇在岗职工年平均货币工资	元	32526	37865	42422	48417	52163
#国有经济	元	39243	45988	49714	57790	60861
集体经济	元	29832	35465	46268	55476	59207
城镇居民人均可支配收入	元	15516	17998	20755	23100	25341
城镇居民人均消费性支出	元	12268	14070	15717	16714	17973
#食品支出	元	4749	5505	6150	6452	7065
农村居民人均纯收入	元	5940	7183	8213	9257	10326
农村居民人均生活费总支出	元	4607	5513	5772	6162	7492
#食品支出	元	2012	2471	2511	2661	3153
参加基本养老保险的职工数	人	483051	538361	572358	600779	652926
参加基本医疗保险的职工数	人	498162	525801	606119	628379	648291

注：1. 2013 年起公路客运数据剔除出租车客运和周转量，公路货运通过月度货运样本车抽样和月度公路计重收费情况进行推算，经交通运输部认定，由省运管局推算返还。

2. 2013 年、2014 年移动电话用户剔除移动公司停机保号用户。

（钱　慧）

绵阳市国民经济主要比例关系

表 57

指标名称	计量单位	2010 年	2011 年	2012 年	2013 年	2014 年
一、农业总产值中农林牧渔业比例						
农业	%	49.6	46.2	46.5	50.5	51.0
林业	%	2.8	2.7	2.7	3.5	3.6
牧业	%	42.7	46.4	46.3	40.8	40.0
渔业	%	3.4	3.3	3.1	3.5	3.6
农林牧渔业服务业	%	1.5	1.4	1.4	1.7	1.8
二、工业总产值中轻重工业比例						
轻工业	%	53.3	54.2	52.1	51.4	50.1
重工业	%	46.7	45.8	47.9	48.6	49.9
三、国内生产总值中产业比例						
第一产业	%	17.3	16.7	16.3	16.4	15.7
第二产业	%	48.8	51.9	52.5	51.4	51.0
第三产业	%	33.9	31.4	31.3	32.2	33.3
四、财政收支占国内生产总值比例						
地方公共财政预算收入相当于国内生产总值比例	%	4.7	5.5	6.0	6.2	6.4
地方公共财政预算支出相当于国内生产总值比例	%	36.0	18.0	18.3	19.9	18.6

（钱　慧）

绵阳市平均每天主要社会经济活动

(2010~2014 年)

表 58

指　　标	计量单位	2010 年	2011 年	2012 年	2013 年	2014 年
每天创造的财富						
国内生产总值	（万元）	26307	32578	36888	39866	43285
第一产业	（万元）	4561	5458	6005	6547	6785
第二产业	（万元）	12829	16892	19348	20483	22064
工业	（万元）	10915	14555	16642	17470	18633
建筑业	（万元）	1915	2337	2707	3013	3431
第三产业	（万元）	8917	10228	11535	12837	14436
粮食	（万吨）	0.66	0.65	0.66	0.59	0.59
油料	（万吨）	0.09	0.09	0.09	0.09	0.10
肉类总产量	（万吨）	0.18	0.17	0.17	0.11	0.11
发电量	（亿千瓦小时）	0.25	0.25	0.25	0.27	0.27
钢	（万吨）	0.05	0.05	0.05	0.06	0.06
成品钢材	（万吨）	0.24	0.25	0.28	0.27	0.24
水泥	（万吨）	1.86	2.94	2.72	2.80	3.02
每天消费量						
最终消费	（万元）	15802	16509	18537	20544	22821
居民消费	（万元）	11353	12848	14242	15386	17639
农村居民	（万元）	4204	4747	4843	5050	5935
城镇居民	（万元）	7149	8101	9399	10336	11705
政府消费	（万元）	4450	3661	4295	5158	5182
社会消费品零售总额	（万元）	11842	13753	15694	17808	21323
每天其他经济活动						
资本形成总额	（万元）	13867	15804	18020	18970	20115
固定资本形成	（万元）	12821	14239	15605	16455	17552
存货增加	（万元）	1047	1565	2415	2515	2563
全社会固定资产投资	（万元）	22492	24134	25540	27425	29599
每天人口和婚姻变动						
出生	（人）	141.9	137.7	144.9	132.8	119.5
死亡	（人）	195.2	85.0	93.1	73.1	97.8
内地居民登记结婚	（对）	128.2	131.8	123.2	128.8	124.7
内地居民离婚数	（对）	35.7	33.0	41.4	40.2	41.1

四川省各市地州国民经济主要指标

(2014年)

表59

地区	城镇化率(%)		工业化率(%)		GDP(亿元)			
	绝对数	位次	绝对数	位次	绝对量	位次	增长(%)	位次
全省	46.30		43.48		28536.66		8.5	
成都	70.37	1	38.34	19	10056.59	1	8.9	12
自贡	46.62	4	54.10	7	1073.40	12	7.6	17
攀枝花	64.03	2	70.35	1	870.85	15	9.3	7
泸州	44.84	7	55.80	5	1259.73	8	11.0	1
德阳	47.27	3	56.27	3	1515.65	3	9.0	10
绵阳	**46.51**	**5**	**43.05**	**13**	**1579.89**	**2**	**9.1**	**9**
广元	39.33	15	40.80	16	566.19	17	9.2	8
遂宁	44.61	8	46.59	11	809.55	16	9.7	6
内江	44.21	9	57.16	2	1156.77	11	8.9	12
乐山	45.93	6	55.89	4	1207.59	9	7.0	19
南充	42.43	11	40.24	18	1432.02	5	7.2	18
眉山	40.46	13	48.75	10	944.89	13	10.1	4
宜宾	43.85	10	54.52	6	1443.81	4	8.0	16
广安	35.81	18	40.82	15	919.61	14	10.2	3
达州	39.39	14	46.31	12	1347.83	6	8.4	15
雅安	41.30	12	49.14	9	462.41	18	11.0	1
巴中	36.12	17	27.14	20	456.66	19	9.0	10
资阳	38.20	16	50.27	8	1195.60	10	10.0	5
阿坝	35.69	19	41.43	14	247.79	20	5.6	20
甘孜	26.87	21	22.58	21	206.81	21	4.2	21
凉山	31.44	20	40.32	17	1314.30	7	8.5	14

续表

地区	第一产业（亿元）				第二产业（亿元）			
	绝对量	位次	增长（%）	位次	绝对量	位次	增长（%）	位次
全 省	3531.05		3.8		14519.41		9.3	
成 都	357.07	1	3.4	20	4508.53	1	9.8	11
自 贡	121.77	15	4.1	10	636.21	13	7.9	17
攀枝花	29.02	21	4.5	4	637.41	12	9.6	12
泸 州	159.85	10	4.2	6	758.93	5	12.2	2
德 阳	199.33	8	4.2	6	904.86	2	10.1	8
绵 阳	247.64	5	3.9	14	805.33	4	10.0	9
广 元	95.85	16	4.2	6	269.90	17	9.5	14
遂 宁	136.15	13	3.7	18	448.78	16	11.4	4
内 江	182.61	9	3.8	15	711.04	8	9.6	12
乐 山	135.13	14	3.8	15	720.30	7	6.2	19
南 充	310.02	2	4.2	6	723.15	6	6.7	18
眉 山	149.34	12	4.0	12	534.74	14	11.1	5
宜 宾	206.87	7	3.7	18	858.82	3	8.1	16
广 安	153.28	11	4.1	10	482.16	15	11.1	5
达 州	277.47	3	3.8	15	705.58	9	8.8	15
雅 安	66.58	18	4.6	2	264.16	18	12.7	1
巴 中	80.66	17	3.1	21	210.24	19	10.0	9
资 阳	241.90	6	4.0	12	669.43	11	11.6	3
阿 坝	37.25	20	4.7	1	125.31	20	5.9	20
甘 孜	51.02	19	4.6	2	77.20	21	2.4	21
凉 山	249.39	4	4.5	4	693.34	10	10.6	7

续表

地区	# 工业增加值（亿元）				第三产业（亿元）			
	绝对量	位次	增长（%）	位次	绝对量	位次	增长（%）	位次
全　省	12408.99		9.4		10486.20		8.8	
成　都	3855.43	1	11.2	6	5190.99	1	8.6	17
自　贡	580.68	11	7.7	17	315.42	10	8.0	18
攀枝花	612.63	9	10.1	8	204.42	16	8.8	15
泸　州	702.90	4	11.7	2	340.95	9	10.9	4
德　阳	852.91	2	10.3	7	411.46	3	8.7	16
绵　阳	**680.11**	**5**	**9.4**	**11**	**526.92**	**2**	**9.7**	**13**
广　元	231.03	17	9.1	14	200.44	17	11.3	2
遂　宁	377.18	15	11.5	3	224.62	15	9.7	13
内　江	661.23	7	9.2	12	263.12	13	9.8	12
乐　山	674.97	6	6.0	19	352.16	8	10.4	8
南　充	576.31	12	6.0	19	398.85	4	10.4	8
眉　山	460.68	14	9.7	9	260.81	14	11.1	3
宜　宾	787.16	3	7.9	16	378.12	5	10.0	11
广　安	375.43	16	9.7	9	284.17	12	11.6	1
达　州	624.15	8	8.2	15	364.78	7	10.9	4
雅　安	227.24	18	11.3	5	131.67	19	10.6	7
巴　中	123.94	19	9.2	12	165.76	18	10.9	4
资　阳	601.02	10	11.5	3	284.27	11	10.2	10
阿　坝	102.66	20	7.0	18	85.23	20	5.6	21
甘　孜	46.69	21	–6.5	21	78.59	21	6.0	20
凉　山	529.97	13	12.4	1	371.57	6	6.7	19

续表

地区	人均GDP（元）				规模以上工业增加值	
	绝对量	位次	增长（%）	位次	增长（%）	位次
全　省	35128		8.1		9.6	4
成　都	70019	2	8.0	12	12.2	17
自　贡	39145	4	6.9	19	7.8	8
攀枝花	70646	1	9.2	8	10.2	3
泸　州	29655	12	11.0	1	12.3	7
德　阳	43091	3	9.4	6	10.8	11
绵　阳	33558	7	7.9	14	10.1	13
广　元	22117	19	8.2	11	9.8	5
遂　宁	24691	16	9.4	6	12.0	14
内　江	31024	10	8.7	10	9.4	19
乐　山	37125	5	7.1	17	6.1	20
南　充	22639	18	7.0	18	6.0	8
眉　山	31664	9	9.7	5	10.2	15
宜　宾	32318	8	7.9	14	8.2	8
广　安	28489	14	9.9	4	10.2	15
达　州	24411	17	8.0	12	8.2	2
雅　安	30052	11	10.4	3	12.5	11
巴　中	13756	21	8.8	9	10.1	6
资　阳	33592	6	10.6	2	11.8	18
阿　坝	27043	15	4.9	20	7.6	21
甘　孜	18096	20	3.0	21	-9.9	1
凉　山	28556	13	7.8	16	13.3	4

续表

地　区	全社会固定资产投资（亿元）				社会消费品零售总额（亿元）			
	绝对量	位次	增长（%）	位次	绝对量	位次	增长（%）	位次
全　省	23577.45		12.0		11665.80		12.7	
成　都	6620.37	1	1.8	20	4202.37	1	12.0	20
自　贡	597.61	17	12.4	14	427.65	10	12.5	17
攀枝花	616.81	16	13.0	12	245.55	17	12.0	20
泸　州	1181.03	3	36.3	2	468.33	7	13.7	1
德　阳	894.93	12	10.8	15	529.02	6	13.1	8
绵　阳	**1080.37**	**6**	**7.9**	**17**	**734.77**	**2**	**13.0**	**10**
广　元	561.74	18	3.8	19	247.16	16	12.6	16
遂　宁	913.68	10	13.5	11	348.24	13	13.5	3
内　江	697.77	15	21.2	6	356.22	12	12.7	15
乐　山	863.91	13	9.8	16	438.42	8	12.5	17
南　充	1244.54	2	12.8	13	593.40	3	13.4	4
眉　山	922.98	8	22.1	5	319.71	15	12.9	12
宜　宾	1130.26	5	20.8	7	561.69	4	13.0	10
广　安	919.19	9	36.7	1	330.37	14	13.1	8
达　州	1176.20	4	17.3	9	560.46	5	13.6	2
雅　安	471.40	19	33.6	3	165.73	19	13.3	6
巴　中	847.77	14	30.2	4	203.43	18	12.8	13
资　阳	908.22	11	19.4	8	381.42	11	13.3	6
阿　坝	383.34	21	-5.6	21	59.21	21	13.4	4
甘　孜	465.72	20	14.4	10	64.48	20	12.4	19
凉　山	1045.87	7	7.2	18	428.15	9	12.8	13

注：社会消费品零售总额为快报数据。

续表

地区	城镇居民人均可支配收入（元）				农村居民人均纯收入（元）			
	绝对量	位次	增长（%）	位次	绝对量	位次	增长（%）	位次
全省	24381		9.0		8803		11.5	
成都	32665	1	9.0	18	14478	1	11.5	15
自贡	23552	14	9.6	15	9974	6	11.3	20
攀枝花	27322	2	9.7	12	10960	3	11.4	18
泸州	25240	5	10.6	2	9470	13	12.0	5
德阳	26998	3	9.3	17	11260	2	11.5	15
绵阳	25341	4	9.7	12	10326	5	11.5	15
广元	20547	21	9.8	10	7202	19	11.8	9
遂宁	22790	17	9.9	9	9482	12	11.6	13
内江	23162	16	9.7	12	9565	10	11.4	18
乐山	24791	9	9.4	16	9724	9	11.3	20
南充	21223	18	10.5	3	8555	16	11.8	9
眉山	24135	12	10.2	5	10433	4	11.8	9
宜宾	24990	8	10.0	7	9831	7	11.6	13
广安	24475	10	10.2	5	9514	11	12.0	5
达州	20939	19	10.7	1	8945	15	11.8	9
雅安	24435	11	9.8	10	9056	14	11.9	7
巴中	20887	20	10.3	4	6895	20	12.3	3
资阳	25154	6	10.0	7	9798	8	11.9	7
阿坝	25150	7	8.8	19	7866	18	15.8	2
甘孜	23303	15	8.8	19	6307	21	16.0	1
凉山	23609	13	8.8	19	8264	17	12.3	3

（肖　青）

西部主要城市经济指标

（2014 年）

表 60

城市名称	地区生产总值（亿元）				第一产业（亿元）			
	绝对数	位次	增长（%）	位次	绝对数	位次	增长（%）	位次
成都	10056.59	1	8.9	22	370.83	1	3.6	43
自贡	1073.40	32	7.6	43	123.20	28	4.1	34
攀枝花	870.85	36	9.3	17	29.40	46	4.5	27
泸州	1259.73	28	11.0	7	162.27	19	4.2	30
德阳	1515.60	22	9.0	20	203.35	15	4.2	30
遂宁	809.55	40	9.7	15	139.21	25	3.7	41
绵阳	**1579.89**	**20**	**9.1**	**19**	**252.18**	**10**	**3.9**	**38**
广元	566.19	43	9.2	18	98.57	35	4.2	30
宜宾	1443.81	24	8.0	34	209.68	13	3.7	41
内江	1156.77	30	8.9	22	185.56	18	3.8	39
贵阳	2497.27	10	13.9	4	108.02	32	6.6	4
遵义	1874.36	15	14.4	2	267.47	9	6.6	4
六盘水	1042.73	34	14.1	3	75.75	38	7.0	2
安顺	520.60	44	14.8	1	78.56	37	6.8	3
昆明	3712.99	4	8.1	33	187.57	17	6.2	7
曲靖	1649.40	19	4.0	50	310.19	5	6.2	7
玉溪	1184.70	29	8.0	34	122.80	29	6.0	10
拉萨								
西安	5474.77	2	9.9	13	214.55	12	5.1	22
宝鸡	1658.54	18	10.8	9	161.33	20	4.9	24
延安	1386.09	26	6.2	46	113.70	31	5.5	15
咸阳	2077.34	12	10.9	8	321.72	4	5.0	23
榆林	3005.74	7	9.0	20	145.04	24	5.5	15
渭南	1460.94	23	10.5	10	207.16	14	4.9	24
兰州	1913.50	13	10.4	12	53.60	42	6.3	6
天水	496.89	46	8.9	22	90.65	36	6.2	7

续表

城市名称	地区生产总值（亿元）				第一产业（亿元）			
	绝对数	位次	增长（%）	位次	绝对数	位次	增长（%）	位次
金昌	245.64	51	7.8	40	17.41	48	5.2	21
白银	497.58	45	8.9	22	57.11	39	5.7	13
银川	1395.67	25	9.5	16	56.66	40	5.3	19
石嘴山	467.16	47	6.7	45	24.93	47	5.3	19
中卫	296.86	50	5.4	48	47.55	43	5.8	12
吴忠	383.43	48	7.6	43	53.93	41	6.0	10
西宁	1077.14	31	13.5	5	37.75	44	5.4	18
格尔木	318.38	49	7.7	42	4.12	51	22.5	1
乌鲁木齐	2510.00	9	10.5	11	30.00	45	5.6	14
克拉玛依	847.50	39	1.5	51	5.60	49	2.8	51
呼和浩特	2894.05	8	8.0	34	125.46	27	3.1	47
包头	3636.31	5	8.5	28	100.65	33	3.1	47
乌海	600.18	42	8.8	26	4.74	50	3.2	46
赤峰	1778.37	17	7.9	39	274.39	7	4.1	34
通辽	1886.80	14	8.6	27	267.61	8	4.3	28
鄂尔多斯	4162.20	3	8.0	34	99.59	34	4.1	34
乌兰察布	872.14	35	7.8	40	135.28	26	3.4	44
呼伦贝尔	1522.26	21	8.4	31	275.68	6	5.5	15
南宁	3148.30	6	8.5	28	355.09	2	4.3	28
柳州	2208.51	11	8.5	28	157.12	22	3.8	39
桂林	1827.05	16	8.0	34	323.07	3	4.9	24
梧州	1064.82	33	6.2	46	119.58	30	4.2	30
玉林	1341.75	27	8.4	31	248.81	11	3.4	44
钦州	854.96	38	9.8	14	193.91	16	4.0	37
北海	856.01	37	12.5	6	151.36	23	3.0	49
贵港	805.40	41	5.2	49	160.82	21	2.9	50

续表

城市名称	第二产业（亿元）				第三产业（亿元）			
	绝对数	位次	增长（%）	位次	绝对数	位次	增长（%）	位次
成都	4561.05	1	9.8	29	5124.71	1	8.6	22
自贡	639.00	33	7.9	44	311.20	33	8.1	26
攀枝花	643.09	32	9.6	32	198.36	43	8.8	20
泸州	759.23	26	12.2	9	338.23	30	10.9	7
德阳	912.29	15	10.1	21	400.01	26	8.8	20
遂宁	449.29	39	11.4	14	221.05	40	9.7	11
绵阳	**805.70**	**23**	**10.0**	**24**	**522.01**	**20**	**9.7**	**11**
广元	269.94	44	9.5	34	197.68	44	11.5	6
宜宾	866.12	17	8.1	43	368.01	28	10.0	9
内江	712.87	28	9.6	32	258.34	37	9.9	10
贵阳	976.59	12	13.9	5	1412.66	9	14.3	4
遵义	860.69	19	15.3	4	746.20	12	15.4	3
六盘水	567.08	35	13.4	8	399.90	27	16.4	1
安顺	189.67	49	16.0	3	251.83	38	16.0	2
昆明	1642.03	6	8.2	40	1883.40	4	8.1	26
曲靖	839.44	21	1.7	50	499.77	22	7.5	30
玉溪	706.40	30	8.5	38	355.50	29	7.4	33
拉萨								
西安	2205.37	3	11.3	15	3054.85	2	9.0	19
宝鸡	1078.18	10	11.9	12	419.03	25	9.2	18
延安	968.89	13	5.3	48	303.50	34	9.3	16
咸阳	1219.88	9	13.5	7	535.73	18	8.2	24
榆林	2051.94	4	9.8	29	808.76	11	7.2	35
渭南	794.51	24	12.1	11	459.27	24	9.7	11
兰州	829.20	22	9.1	36	1030.70	10	11.8	5
天水	193.02	48	11.3	15	213.22	41	7.6	29

续表

城市名称	第二产业（亿元）				第三产业（亿元）			
	绝对数	位次	增长（%）	位次	绝对数	位次	增长（%）	位次
金昌	170.28	50	7.9	44	57.96	51	7.5	30
白银	251.05	45	10.4	19	189.40	45	7.1	40
银川	760.27	25	11.6	13	578.74	16	7.2	35
石嘴山	304.28	43	9.1	36	137.95	46	1.4	51
中卫	137.07	51	8.2	40	112.25	48	1.5	50
吴忠	218.71	47	10.5	18	110.80	49	2.4	49
西宁	560.73	36	16.7	2	478.66	23	9.7	11
格尔木	241.37	46	7.6	46	72.89	50	7.5	30
乌鲁木齐	955.00	14	12.2	9	1525.00	8	9.3	16
克拉玛依	719.80	27	0.3	51	122.10	47	10.5	8
呼和浩特	848.19	20	8.2	40	1920.40	3	8.3	23
包头	1792.29	5	9.9	25	1743.36	5	7.2	35
乌海	383.37	40	9.4	35	212.07	42	7.9	28
赤峰	892.01	16	9.7	31	611.97	15	6.3	44
通辽	1065.47	11	10.1	21	553.72	17	7.3	34
鄂尔多斯	2462.95	2	9.9	25	1599.64	6	5.1	47
乌兰察布	451.37	38	10.1	21	285.49	36	5.6	45
呼伦贝尔	712.27	29	10.3	20	534.31	19	7.2	35
南宁	1251.54	8	9.9	25	1541.67	7	8.2	24
柳州	1312.54	7	8.5	38	738.85	13	9.5	15
桂林	865.05	18	9.9	25	638.93	14	6.6	42
梧州	646.06	31	7.0	47	299.18	35	5.0	48
玉林	591.66	34	10.9	17	501.27	21	7.2	35
钦州	338.94	41	13.9	5	322.12	31	7.0	41
北海	454.51	37	18.7	1	250.15	39	5.3	46
贵港	325.51	42	5.2	49	319.07	32	6.5	43

续表

城市名称	规模以上工业增加值（现价·亿元）				规模以上工业主营业务收入（亿元）			
	绝对数	位次	增长（%）	位次	绝对数	位次	增长（%）	位次
成都			12.2	10	9778.40	1	11.8	13
自贡			7.8	43	1625.56	22	6.1	27
攀枝花			10.2	30	1582.44	26	-1.5	41
泸州			12.3	8	1358.04	30	8.6	20
德阳			10.8	24	2734.50	7	6.9	23
遂宁			12.0	13	1273.74	33	9.3	18
绵阳			**10.1**	**31**	**2187.36**	**12**	**9.3**	**19**
广元			9.8	35	665.94	42	7.2	22
宜宾			8.2	38	1913.38	17	5.0	33
内江			9.4	36	1729.91	21	4.7	34
贵阳	636.06	13	12.2	10	2179.46	13	17.0	6
遵义	818.85	7	12.4	7	1522.75	27	10.5	15
六盘水	456.36	19	11.5	15	953.14	38	17.6	4
安顺	129.29	30	13.5	4	376.20	45	17.2	5
昆明			7.0	46	3112.40	5	5.7	29
曲靖	413.51	20	-0.7	50	1513.09	28	-6.2	47
玉溪	577.80	14	8.1	40	1213.60	35	-1.9	42
拉萨								
西安	1195.28	2	11.1	17	3768.18	4	10.1	16
宝鸡	745.20	8	12.2	10	1592.77	25	1.9	37
延安	911.30	5	4.9	48				
咸阳	912.83	4	14.5	3	2424.80	9	13.1	10
榆林	1974.14	1	10.0	32	2056.82	14	3.0	36
渭南	638.35	12	12.3	8	1314.65	31	0.2	40
兰州	565.00	16	8.1	40	1914.53	16	0.8	39
天水	113.16	31	10.5	28	193.28	47	5.3	30

续表

城市名称	规模以上工业增加值（现价·亿元）				规模以上工业主营业务收入（亿元）			
	绝对数	位次	增长（%）	位次	绝对数	位次	增长（%）	位次
金昌	139.90	29	7.6	44				
白银	161.05	27	10.0	32	782.12	40	18.4	3
银川	471.70	18	10.5	28	1623.14	23	5.3	30
石嘴山	225.47	24	7.5	45	646.07	43	-3.1	43
中卫	89.83	32	2.7	49				
吴忠	149.80	28	13.2	5				
西宁	476.85	17	17.3	2	1066.67	37	15.1	8
格尔木	210.44	26	8.0	42	205.52	46	11.9	12
乌鲁木齐	654.95	11	12.0	13	2318.44	11	-3.1	44
克拉玛依	688.60	9			1830.70	18	-4.6	46
呼和浩特			10.0	32	1619.48	24	23.4	1
包头			11.1	17	2911.84	6	6.7	24
乌海			10.9	20	577.57	44	-3.4	45
赤峰			10.7	26	1758.73	20	6.1	27
通辽			10.9	20	2428.34	8	12.9	11
鄂尔多斯			11.1	17	4352.60	2	4.2	35
乌兰察布			10.9	20	852.60	39	1.4	38
呼伦贝尔			10.9	20	1229.37	34	5.3	30
南宁	881.17	6	10.8	24	2321.76	10	10.6	14
柳州	1148.86	3	8.9	37	3898.84	3	6.3	26
桂林	657.66	10	10.6	27	1957.64	15	9.9	17
梧州	572.21	15	8.2	38	1785.75	19	8.3	21
玉林	410.89	21	11.3	16	1306.50	32	16.3	7
钦州	222.03	25	12.5	6	1105.29	36	14.5	9
北海	388.44	22	21.5	1	1494.53	29	22.2	2
贵港	246.16	23	5.4	47	755.10	41	6.6	25

续表

城市名称	固定资产投资完成额（亿元）				社会消费品零售总额（亿元）			
	绝对数	位次	增长（%）	位次	绝对数	位次	增长（%）	位次
成都	6602.37	1	1.8	48	4202.37	1	12.0	33
自贡	597.61	39	12.4	40	427.65	24	12.5	28
攀枝花	616.81	38	13.0	38	245.55	38	12.0	33
泸州	1176.99	24	38.0	3	468.33	22	13.7	4
德阳	894.93	33	10.8	41	529.02	19	13.1	11
遂宁	913.68	32	13.5	37	348.24	31	13.5	5
绵阳	**1080.37**	**29**	**7.9**	**44**	**734.77**	**11**	**13.0**	**15**
广元	561.74	40	3.8	47	247.16	37	12.6	26
宜宾	1109.96	28	21.7	10	561.69	15	13.0	15
内江	697.77	36	21.2	14	356.22	30	12.7	23
贵阳	2336.06	9	19.3	19	888.58	9	13.1	11
遵义	2552.73	7	44.9	2	533.40	18	13.4	7
六盘水	1336.27	21	26.7	6	236.90	39	13.2	9
安顺	1000.09	30	65.6	1	125.79	45	12.8	19
昆明	3138.17	5	7.0	45	1905.89	3	12.0	33
曲靖	1164.54	26	14.1	36	427.73	23	13.1	11
玉溪	511.90	43	30.0	4	255.60	36	13.0	15
拉萨								
西安	5903.98	2	15.0	34	2872.90	2	12.8	19
宝鸡	1979.17	10	21.8	9	535.59	17	14.0	2
延安	1300.26	22	12.7	39	193.18	41	13.5	5
咸阳	2492.43	8	21.3	13	525.22	20	14.3	1
榆林	1396.50	19	-12.4	49	321.21	33	7.6	49
渭南	1765.61	14	20.3	16	418.55	26	14.0	2
兰州	1610.70	16	22.3	8	944.90	8	12.7	23
天水	537.76	42	21.4	12	224.21	40	12.7	23

续表

城市名称	固定资产投资完成额（亿元）				社会消费品零售总额（亿元）			
	绝对数	位次	增长（%）	位次	绝对数	位次	增长（%）	位次
金昌	247.16	50	22.5	7	64.64	48	12.6	26
白银	428.44	46	21.7	10	152.35	43	12.8	19
银川	1392.76	20	21.2	14	382.47	28	9.9	48
石嘴山	498.01	44	8.5	43	90.75	46	7.6	49
中卫	334.03	47	5.5	46	56.70	49	12.4	29
吴忠					87.57	47	12.0	33
西宁	1176.61	25	27.1	5	412.86	27	13.3	8
格尔木	302.20	49	20.1	17	49.60	51	12.2	31
乌鲁木齐	1526.00	18	20.0	18	1070.00	7	10.3	44
克拉玛依	320.00	48	-24.2	50	55.80	50	4.2	51
呼和浩特	1736.46	15	15.8	31	1256.08	5	10.0	46
包头	3440.56	3	15.0	34	1184.67	6	10.0	46
乌海	488.20	45	17.1	26	127.02	44	11.7	38
赤峰	1818.27	12	16.0	29	587.39	14	11.6	39
通辽	1866.36	11	18.3	21	419.44	25	11.2	41
鄂尔多斯	3422.53	4	15.8	31	609.48	13	10.1	45
乌兰察布	944.82	31	16.8	27	265.69	35	11.0	43
呼伦贝尔	1253.19	23	16.0	29	501.56	21	11.5	40
南宁	2886.68	6	18.7	20	1616.90	4	12.1	32
柳州	1810.94	13	15.6	33	858.20	10	13.2	9
桂林	1536.88	17	17.5	25	682.87	12	13.1	11
梧州	876.04	34	9.4	42	328.30	32	12.3	30
玉林	1123.71	27	17.8	24	545.71	16	13.0	15
钦州	658.97	37	17.9	23	303.25	34	12.8	19
北海	786.16	35	16.5	28	185.81	42	11.2	41
贵港	547.17	41	18.1	22	359.60	29	11.8	37

续表

城市名称	进出口总额（万美元）				# 出口总额			
	绝对数	位次	增长（%）	位次	绝对数	位次	增长（%）	位次
成都	5584439	1	10.4	22	3381832	1	6.1	29
自贡	67151	30	−33.5	42	30902	32	−49.8	43
攀枝花								
泸州	27565	41	21.7	16	25030	37	22.3	19
德阳	388370	11	14.5	20	310170	9	31.8	15
遂宁	62977	31	13.3	21	42014	27	3.0	30
绵阳	**291779**	**15**	**3.8**	**28**	**207234**	**13**	**14.9**	**22**
广元								
宜宾	88989	25	9.1	23	60693	23	7.9	28
内江	31495	38	−13.2	38	27778	34	−11.9	42
贵阳	784221	5	24.1	14	727188	4	30.3	17
遵义	46007	34	22.0	15	40660	28	17.5	20
六盘水	83072	27	67.3	5	25779	35		
安顺	14791	42	383.4	1	13726	40	504.5	3
昆明	1178679	3	5.3	27	1160753	3	14.7	23
曲靖	44686	36	20.4	17	43898	26	31.1	16
玉溪	96887	23	35.7	11	91297	20	34.4	13
拉萨								
西安	2498297	2	38.9	8	1196063	2	41.1	10
宝鸡	527302	7	−4.1	35	412348	6	−4.7	37
延安								
咸阳	354000	13	−5.5	36	283000	10	−4.4	35
榆林	29300	40	2.3	29	25500	36	−2.1	34
渭南	141700	21	−5.9	37	119000	18	−4.6	36
兰州	406300	10	19.6	18	359300	8	33.5	14
天水	3718	44	1.0	31	2508	44	−6.8	38

续表

城市名称	进出口总额（万美元）				# 出口总额			
	绝对数	位次	增长（%）	位次	绝对数	位次	增长（%）	位次
金昌	195820	18	-48.0	45	30822	33	622.0	2
白银	74748	28	-2.8	33	14658	39	-54.8	44
银川	450000	9	86.7	4	360000	7	55.2	8
石嘴山	45595	35	-3.1	34	31341	31	-7.8	39
中卫								
吴忠								
西宁	159674	20	28.7	13	108360	19	39.2	11
格尔木								
乌鲁木齐	828500	4	6.3	26	721700	5	12.8	25
克拉玛依	51154	32	-34.2	43	8055	42	77.7	6
呼和浩特	219500	17	37.5	10	124200	17	-11.7	41
包头	180500	19	-14.2	39	127000	16	14.2	24
乌海	1849	45	100.5	3	1800	45	783.3	1
赤峰	85333	26	6.6	25	13426	41	17.4	21
通辽	43000	37	106.0	2	39200	29	218.8	5
鄂尔多斯	72200	29	-36.5	44	47500	25	37.3	12
乌兰察布	4700	43	0.9	32	3300	43	2.7	31
呼伦贝尔	365700	12	54.1	6	166200	15	285.6	4
南宁	481410	8	9.0	24	261702	12	11.3	26
柳州	226825	16	-21.3	40	80197	21	-8.2	40
桂林	94327	24	2.1	30	77225	22	1.8	32
梧州	124948	22	-29.2	41	50777	24	1.7	33
玉林	48681	33	16.9	19	32224	30	11.1	27
钦州	533447	6	51.1	7	278141	11	67.6	7
北海	350016	14	29.7	12	175176	14	28.2	18
贵港	30603	39	38.3	9	18703	38	54.0	9

续表

城市名称	公共财政预算收入（亿元）				公共财政预算支出（亿元）			
	绝对数	位次	增长（%）	位次	绝对数	位次	增长（%）	位次
成都	1025.20	1	14.1	18	1340.00	1	15.3	8
自贡	42.41	40	10.6	30	147.31	39	5.3	32
攀枝花	92.91	26	7.5	38	121.41	43	4.8	34
泸州	115.92	18	12.9	23	280.10	23	12.0	14
德阳	83.50	30	3.8	47	196.70	33	3.6	38
遂宁	39.70	41	15.6	12	236.96	27	17.8	6
绵阳	**101.75**	**23**	**12.5**	**25**	**294.49**	**20**	**1.6**	**43**
广元	34.78	44	14.2	17				
宜宾	107.94	22	10.9	29	279.54	24	9.4	20
内江	45.08	39	16.6	8	176.60	36	11.1	18
贵阳	331.59	6	19.6	4	448.65	7	14.0	10
遵义					396.35	9	8.1	23
六盘水	128.74	15	4.2	46	224.79	30	2.6	42
安顺	58.48	35	24.7	1	172.67	37	13.9	11
昆明	477.97	3	6.0	43	594.05	3	1.4	44
曲靖	115.67	19	-4.8	49	334.17	14	12.4	12
玉溪	113.60	20	7.2	41	207.30	32	11.3	16
拉萨								
西安	583.76	2	16.3	9	819.50	2	12.3	13
宝鸡	78.05	31	15.6	12	235.61	28	6.9	25
延安	168.10	11	8.2	36	310.10	17	5.2	33
咸阳	85.29	29	16.2	10	271.28	25	5.6	29
榆林	267.84	8	13.3	22	423.54	8	0.3	45
渭南	67.70	34	15.0	15	293.33	21	6.3	27
兰州	152.30	13	22.4	2	280.14	22	15.6	7
天水	31.83	45	15.3	14	179.46	35	3.2	41

续表

城市名称	公共财政预算收入（亿元）				公共财政预算支出（亿元）			
	绝对数	位次	增长（%）	位次	绝对数	位次	增长（%）	位次
金昌	17.99	49	13.4	21	50.32	49	30.2	1
白银					114.58	44	–2.7	48
银川	153.60	12	14.1	18	377.72	10	22.6	2
石嘴山	29.10	46	15.0	15	94.44	48	–7.8	50
中卫	19.46	48	17.0	6	122.03	42	–3.9	49
吴忠	35.10	43	8.2	36	168.10	38	–0.6	47
西宁	122.17	17	13.7	20	213.71	31	22.1	3
格尔木	19.71	47	9.4	33	34.70	50	18.2	4
乌鲁木齐	340.62	5	12.8	24	516.15	5	14.7	9
克拉玛依	73.50	33	11.7	27	104.20	46	9.3	21
呼和浩特	211.54	10	16.2	10	310.79	16	6.1	30
包头	234.32	9	8.9	35	353.69	12	–0.4	46
乌海	75.16	32	9.7	32	94.78	47	3.6	38
赤峰	98.03	24	7.5	38	360.44	11	3.6	40
通辽	113.06	21	9.1	34	318.17	15	6.6	26
鄂尔多斯	430.08	4	–2.3	48	541.75	4	4.4	37
乌兰察布	51.02	36	20.2	3	297.19	19	18.0	5
呼伦贝尔	96.03	25	10.2	31	349.71	13	11.4	15
南宁	274.85	7	7.3	40	465.77	6	11.3	16
柳州	133.16	14	6.4	42	261.11	26	8.9	22
桂林	123.89	16	11.6	28	304.43	18	7.9	24
梧州	90.45	27	5.5	45	184.05	34	4.6	35
玉林	88.81	28	17.7	5	229.10	29	10.7	19
钦州	47.64	37	6.0	43	141.27	41	5.8	28
北海	47.25	38	12.2	26	104.97	45	5.4	30
贵港	36.45	42	16.7	7	146.84	40	4.5	36

续表

城市名称	城镇居民人均可支配收入（元）				农（牧）民人均纯收入（元）			
	绝对数	位次	增长（%）	位次	绝对数	位次	增长（%）	位次
成都	32665	5	9.0	39	14478	2	11.5	32
自贡	23552	34	9.6	23	9974	19	11.3	40
攀枝花	27322	13	9.7	18	10960	11	11.4	37
泸州	25240	27	10.6	6	9470	29	12.0	21
德阳	26998	16	9.3	31	11260	10	11.5	32
遂宁	22790	41	9.9	15	9482	28	11.6	27
绵阳	25341	26	9.7	18	10326	15	11.5	32
广元	20547	47	9.8	17	7202	47	11.8	25
宜宾	24990	29	10.0	13	9831	23	11.6	27
内江	23162	38	9.7	18	9563	27	11.4	37
贵阳	24961	30	9.4	30	10826	12	12.7	12
遵义	22728	42	9.5	26	8365	41	12.7	12
六盘水	21168	45	11.1	2	6791	48	12.9	9
安顺	21042	46	10.0	13	6671	49	14.0	3
昆明	31295	9	8.9	40	10366	14	12.1	19
曲靖	25023	28	9.1	34	8514	39	13.1	7
玉溪	27223	14	10.1	12	9969	20	13.2	6
拉萨								
西安	36100	1	9.1	34	14462	3	11.9	24
宝鸡	31560	6	10.7	4	9421	31	12.5	16
延安	30588	10	10.7	4	9779	24	12.7	12
咸阳	31480	8	8.1	48	9605	26	10.3	45
榆林	29665	11	10.6	6	9730	25	12.0	21
渭南	26725	18	10.6	6	8534	38	12.8	10
兰州	23030	39	10.9	3	8067	44	13.4	5
天水	18565	51	9.9	15	4982	51	13.6	4

续表

城市名称	城镇居民人均可支配收入（元）				农（牧）民人均纯收入（元）			
	绝对数	位次	增长（%）	位次	绝对数	位次	增长（%）	位次
金昌	26260	21	10.4	10	9900	22	11.7	26
白银	20053	48	9.7	18	5777	50	12.4	17
银川	26118	22	9.1	34	10275	16	10.0	49
石嘴山	22380	43	8.1	48	10215	17	10.1	47
中卫	19931	49	8.2	47	7403	46	10.8	43
吴忠	19853	50	8.5	44	8442	40	11.0	42
西宁	21291	44	9.5	26	10097	18	12.1	19
格尔木	25490	24	8.8	42	12833	7	14.1	2
乌鲁木齐	23755	33	11.5	1	13335	6	16.0	1
克拉玛依	27900	12	10.5	9	17401	1	11.6	27
呼和浩特	34723	4	8.5	44	12538	9	10.0	49
包头	35506	2	8.6	43	12713	8	10.1	47
乌海	31481	7	9.3	31	13422	5	13.0	8
赤峰	23199	37	9.7	18	8114	43	11.4	37
通辽	23377	35	9.5	26	9932	21	11.3	40
鄂尔多斯	34983	3	8.5	44	13439	4	11.0	42
乌兰察布	22796	40	9.1	34	7800	45	12.0	21
呼伦贝尔	24787	31	9.6	23	10751	13	11.5	32
南宁	27075	15	9.1	34	8576	37	11.6	27
柳州	26693	19	9.6	23	8606	36	12.3	18
桂林	26811	17	9.2	33	9431	30	12.8	10
梧州	24272	32	7.7	50	8342	42	11.6	27
玉林	26681	20	9.5	26	9314	32	12.6	15
钦州	25425	25	7.3	51	8892	35	10.4	44
北海	25818	23	10.3	11	9079	34	10.2	46
贵港	23262	36	8.9	40	9131	33	11.5	32

注：西部主要城市经济指标为快报数。

（谭　江）

附　录

APPENEIX

党政军群团机关及其工作部门主要领导名录

（2014年1月至12月任职情况）

（一）绵阳市领导机关

中国共产党绵阳市委员会

书　记　罗　强

副书记　林书成

张锦明（女）

吴群刚（挂职）

常　委　李　炜

陈兴春

杨　娟（女）

付　康

李亚莲（女）

颜　超

张学民

刘少敏

罗晓东（2月前）

李　江（2月后）

唐　炼（5月后）

吴显仁（挂职，5月后）

绵阳市人民代表大会常务委员会

主　任　蒋仁富

副主任　赵映坤

黄正良

雷百灵（女）

刘文榜

王　黎

绵阳市人民政府

市　长　林书成

副市长　李　炜

王　瑜

任建民

赵　琪

经大忠（羌族）

谢晓东

唐凤泉（挂职，7月前）

郑　蕾（女，挂职）

中国人民政治协商会议绵阳市委员会

主　席　张世虎

副主席　丁　山

艾尚林

沈其霖

李京平（土家族）

胥跃东

宋　明

蒋丽英（女）

苗　平

（二）纪检、法院、检察院

中共绵阳市纪律检查委员会

书　记　杨　娟（女）

市中级人民法院

院　长　莫亚林

市人民检察院

检察长　吴长福（3月后）

（三）党群系统工作部门

市　委

秘书长　董晓彬

副秘书长　李昊天

胡　精

左明严

何翼宇

贾友忠

王理效

田丛荣

陈兴刚

王　刚

市委办公室

主　任　李昊天

市委政策研究室

主　任　付　强

市委组织部

部　长　付　康

常务副部长　代顺兴

市委宣传部

部　长　张学民

常务副部长　胡　科

市委统战部

部　长　苗　平

常务副部长　杨国山（4月后）

市委政法委员会

书　记　陈兴春

市直机关工委

书　记　冯雪莲（女）

市委农村工作领导小组办公室
主　任　漆永照
市委社团工作委员会
书　记　胡安虎（1月）
市委机构编制委员会办公室
主　任　许建康
市委保密委员会办公室（市国家保密局）
局　长　安　瑛（女）
市委台湾工作领导小组办公室（市政府台湾事务办公室）
主　任　陈福林
市精神文明办公室
主　任　赵方嵩
市委党建办
主　任　余洪泉
市人才办
主　任　文　刚
市委老干部局
局　长　何承平
市委党校
校　　长　付　康
常务副校长　冯　平
市委党史研究室
主　任　谭洪明
市委机要局
局　长　杜章福
市委群工局（市政府信访局）
局　长　陈兴刚
市委对外宣传办公室、市政府新闻办公室
主　任　李　涛（9月）
市互联网信息办公室
主　任　冯俊锋
市委防范和处理邪教问题领导小组办公室
主　任　蒲方方
市委、市政府目标督查办（民生工委办）
主　任　王理效
市委、市政府接待办
主　任　贾友忠
市总工会
主　席　罗晓东
党组书记、副主席　彭时荣
共青团绵阳市委员会
书　记　向　赟
市妇女联合会
主　席　周茂龙（女）
市科学技术协会
主　席　汪小琳
党组书记、副主席　薛　凯
市文学艺术界联合会
主　席　左代富
党组书记、副主席　马培松
市工商业联合会
主　席　黄正良
党组书记、常务副主席　易显云
市总商会
会　长　黄正良
副会长　易显云
市社会科学界联合会
主　席　何季德
市红十字会
会　　长　经大忠（羌族）
常务副会长　林　桦（女）
市归国华侨侨眷联合会
主　席　蒋　蓓（女）
市人民对外友好协会
会　长　张万洪
中国国际贸易促进委员会绵阳支会（绵阳商会）
会　长　王　刚
绵阳博览事务局
党组书记　黄德骏（9月前）
局　　长　王　刚
市残疾人联合会
理事长　赵　健
绵阳日报社
社　长　李　涛（9月前）
　　　　周　涛（9月后）

（四）民主党派

中国国民党革命委员会绵阳市委员会
主任委员　郭兴林
中国民主同盟绵阳市委员会
主任委员　艾尚林
中国民主建国会绵阳市委员会
主任委员　蒋丽英（女）
中国民主促进会绵阳市委员会
主任委员　李京平（土家族）
中国农工民主党绵阳市委员会
主任委员　沈其霖
中国致公党绵阳市工作委员会
主任委员　田荣华
九三学社绵阳市委员会
主任委员　王　瑜

（五）市人大委、室

市人大常委会

秘 书 长 宋德政

副秘书长 倪 波

李 激

王昭洪

肖先强

王 毅

何国洪

办公室

主 任 倪 波

市人大内务司法委员会

主 任 罗晓泉

财政经济工作委员会

主 任 黄兴华

农业工作委员会

主 任 王 春

城乡建环境资源保护工作委员会

主 任 覃天国

人事代表工作委员会

主 任 王 涛

民族宗教外事侨务工作委员会

主 任 胡 蓉（女）

研究室

主 任 王 毅

（六）市人民政府工作部门

市人民政府

秘 书 长 夏 明

副秘书长 田 刚

严 俊

周 鸣

魏 勇

陈华斌

姚光华

钟乐海

赵德均

元承军

赵开年

贺 旺

方 敏

雷建新（9月前）

代 宏（9月前）

杨凯雷（挂职）

邹士勇（挂职）

市人民政府办公室

党组书记 夏 明

主 任 田 刚

市民政局

局 长 陈 敏（2月前）

胡安虎（2月后）

市监察局

局 长 钟正军

市公安局

局 长 任建民

市国家安全局

局 长 张成钢

市法制办公室

主 任 赵开年

市交警支队

支 队 长 曹 正

政治委员 陈蒙原

市巡特警支队

支队长 邓正春

市刑侦支队

支 队 长 刘晓山

政治委员 王万涛

市司法局

局 长 刘 伟

市档案局

局 长 陈 波

市民族宗教事务局

局 长 王久华（女，羌族）

市外事侨务办公室

主 任 谭荣达

市人口和计划生育委员会

主 任 胡安虎（2月前）

黄 骏（2月后）

市文化广播影视新闻出版局（挂市版权局牌子）

局 长 马宗舜

市广播电视台

台 长 周 华（羌族，9月前）

赵 黎（女，9月后）

市发展和改革委员会（挂市粮食局、市物价局牌子）

主 任 董 泓

书 记 刘青川

市经济和信息化委员会（挂市国防科学技术工业办公室牌子）

主 任 赵明君

市政府金融办公室

主 任 程 斌

市政府国有资产监督管理委员会
党委书记　李亚莲（兼）
主　　任　谢国繁
市住房和城乡建设局
局　长　郑志恒
市城市规划局
局　长　赵　飚
市科学技术局
局　长　蒋丽英（兼）
书　记　周　钰（兼）
市教育体育局
局　长　吴明禹
市人力资源和社会保障局（挂市公务员局牌子）
局　长　李川萍（女）
市交通运输局
局　长　段　扬
市公路管理处
处　　长　张　迅（2014.02以后）
党委书记　蒲仕刁（2014.01以后）
市统计局
局　长　张贵刚
市投资促进局
局　长　陈华斌
市经济社会调查队
队　长　杨　彬
市财政局
局　长　江　陵（2014.02以前）
侍玉蓉（2014.02以后）
市国家税务局
局　长　杨光荣
市地方税务局
局　长　陈　彬
市审计局
局　长　陈　敏
市商务局
局　长　侍玉蓉（女）（2014.02以前）
潘大钦（2014.02以后）
市工商行政管理局
局　长　杨纯忠

市药品监督管理局
局　长　李　勇
市农业局（挂市畜牧局、市农业机械管理局牌子）
局　长　兰　劲（2011.09以后）
市林业局
局　长　陈明世

市水务局
局　长　向地平（2013.11以后）
市国土资源局
局　长　陈　立（2011.10以后）
市环保局
局　长　李作虎（2011.09以后）
市卫生局（挂市中医药管理局牌子）
局　长　秦晓明
市质量技术监督局
局　长　任晓平（女）
市房产管理局
局　长　张斯恩（2011.10以后）
绵阳民航管理局
局　长　冯建华
市武都引水工程管理局
局　长　勾承建（2013.11以后）
书　记　敬永杰（2013.10以后）
市供销合作社联合社
主　任　岳正晏（2011.10以后）
市旅游局
局　长　谭　莉
市地方志办公室
主　任　空缺
市军队转业干部安置工作领导小组办公室
主　任　侯安邦
市转业军官、市国家公务员培训中心
主　任　刘　健
市防震减灾局
局　长　周时光（2011.10以后）
市大学中专招生委员会办公室、高等教育自学考试委员会办公室
主　任　陶　筠（2011.10以后）
市人民防空办公室（挂市民防局牌子）
主　任　梁海洲
市委社会治安综合治理委员会办公室
主　任　文　勇
市老龄委员会办公室
主　任　李登竹（2013.12以前）
现在空缺
市安全生产监督局（挂市政府安全生产委员会牌子）
局　长（主任）　严忠友（2014.10以前）
雷建新（2014.10以后）
市建设绵阳科技城协调小组办公室
主　任　周　钰（2014.09以前）
市住房公积金管理中心
主　任　黄远东（2014.09以前）

市社会保险事业管理局
局 长 张道斌
市就业服务管理局
局 长 贾智艳（女）
市政府政务服务管理局
局 长 魏 勇
市扶贫和移民局
局 长 陈 伟
市财政监督检查局
局 长 张建中
市信息化工作办公室
主 任 周志强
北川地震纪念馆管理中心（唐家山堰塞湖管理局）
主 任（局长） 韩贵钧
市司法调解中心
主 任 刘 宁
市行政调解中心
主 任 赵开年
市反贪污贿赂局
局 长 杨德辉
政治委员 张 俊
市反渎职侵权局
局 长 李 跃
政 委 张 伟
市政府驻京办
党组书记 方 敏（女）
主 任 张 军
市公共资源交易服务中心
党组书记 蒋玉平
主 任 杨邦琼（女，致公党）

（七）市政协委、室

市政协
秘 书 长 刘联山
副秘书长 吴志宏
陈开平（羌族）
黄宗甫（2013.08以后）
办公室
主 任 吴志宏
提案委员会
主任委员 贺继勇
经济委员会
主任委员 蒋世尧
学习文史委员会
主任委员 张有贵
社会法制委员会
主任委员 肖永富
农业委员会
主任委员 张庆荣
人口资源环境委员会
主任委员 孙炳华
联谊委员会
主任委员 宋跃辉
科教文卫体委员会
主任委员 夏 骏

（八）高新区、经济技术开发区、科技城科教创业园区、科技城现代农业科技示范区、科学城办事处

中共绵阳高新技术产业开发区工作委员会
绵阳高新技术开发区管理委员会（副厅级）
书 记 羊 群
主 任 魏德谦
中共绵阳市经济技术开发区工作委员会
绵阳市经济技术开发区管委会（中共绵阳科技城现代农业科技示范区工作委员会、绵阳科技城现代农业科技示范区管委会）
书 记 毛一兵（2014.09以后）
主 任 毛一兵（2014.09以前）
代 宏（2014.09以后）
中共绵阳科技城科教创业园区工作委员会
绵阳科技城科教创业园区管委会
书 记 柳 江
主 任 李 哲
中共绵阳市仙海水利风景区工作委员会
绵阳市仙海水利风景区管委会
书 记 姚永红
主 任 魏 魁
科学城办事处
党委书记 侯志辉
主 任 陈广平

（九）军队系统

绵阳军分区
司 令 员 杨令泉（2014.03以前）
孙克勇（2014.03以后）
政治委员 唐 炼
武警绵阳支队
支队长 李敦锋
第一政治委员 任建民
政治委员 何大鹏
武警绵阳消防支队
支队长 潘京
政治委员 郑志刚

（十）其他正县级机构

中国人民银行绵阳市中心支行
行　长　张　健
中国工商银行绵阳分行
行　长　周　玥
中国农业银行绵阳分行
行　长　魏元和（2013.01以后）
绵阳市商业银行
董事长　周一平
行　长　何　苗
监事长　张文华
中国银行绵阳分行
行　长　朱贵隆
中国建设银行绵阳分行
行　长　于　戈
中国农业发展银行绵阳分行
行　长　吴　陈
中国人民财产保险股份有限公司绵阳市分公司
总经理　罗宗彬2013.03以后
中国人寿保险公司绵阳分公司
总经理　何建伟
中国平安财产保险公司绵阳中心支公司
总经理　卢冬梅
　　　　薛　岗（2014.11以后）
绵阳市邮政局
局　长　黄全明
四川电信公司绵阳分公司
总经理　谢毅钊
　　　　周雪峰（2015.01以后）
绵阳市烟草专卖局、四川省烟草公司绵阳分公司
局　长（经理）
　　　　王广生（2013.01以后）
四川移动通信公司绵阳分公司
总经理　朱　军
中国联合通信有限公司绵阳分公司
总经理　杨绪江
绵阳电业局（2013.07变更为：国网绵阳供电公司）
局　长　韩晓言
经　　理　严光升（2014.12）
党委书记　刘　冰（2014.12）
绵阳气象局
局　长　蒲　明
绵阳海关
关　长　肖　平
绵阳出入境检验检疫局
局　长　杨　昊

（十一）2014年绵阳市各县（市、区）主要领导人名录

涪城区
区委书记　廖　凯
人大常委会主任　高　峰
区　长　　赖　俊
政协主席　张晓丰
游仙区
区委书记　丁　湘（2014.10以前）
人大常委会主任　车朝宁
区　长　罗　蒙
政协主席　袁玉国
江油市
市委书记　李　江（2014.02以后）
人大常委会主任　冯　钢
市　长　马　辉
政协主席　范来山
三台县
县委书记　赵迎春
人大常委会主任　李蜀光
县　长　谭　岗
政协主席　苏才华
安　县
县委书记　廖雪梅（女）
人大常委会主任　梁　建
县　长　胡德兵
政协主席　张忠贵
梓潼县
县委书记　邹若力
人大常委会主任　赵红钊
县　长　周　琳
政协主席　胡登科
盐亭县
县委书记　陈朝先
人大常委会主任　李周全
县　长　袁　明
政协主席　黄加伦
北川羌族自治县
县委书记　刘少敏
人大常委会主任　李春寿（回族）
县　长　瞿永安（羌族）
政协主席　张周凯
平武县
县委书记　周　涛
人大常委会主任　何　充
县　长　李治平
政协主席　廖玉平

2014 年绵阳市获省部级以上表彰的先进集体

表 61

获奖单位	获奖名称	授奖单位
北川羌族自治县	第六次全国民族团结进步先进集体	国务院
北川羌族自治县永昌镇	第四届全国文明村镇	中央精神文明建设指导委员会
江油市武都镇	第四届全国文明村镇	中央精神文明建设指导委员会
梓潼县金宝村	第四届全国文明村镇	中央精神文明建设指导委员会
安县联丰村	第四届全国文明村镇	中央精神文明建设指导委员会
涪城区龙门镇小桥村	第四届全国文明村镇	中央精神文明建设指导委员会
三台县永新镇崭山村	第四届全国文明村镇	中央精神文明建设指导委员会
绵阳市第三人民医院	全国文明单位	中央精神文明建设指导委员会
绵阳市水务（集团）有限公司	全国文明单位	中央精神文明建设指导委员会
绵阳市农业科学研究院	全国文明单位	中央精神文明建设指导委员会
绵阳西南自动化研究所	全国文明单位	中央精神文明建设指导委员会
游仙区人民检察院	全国文明单位	中央精神文明建设指导委员会
中共绵阳市委宣传部	电影《兰辉》获第十三届精神文明建设“五个一工程”优秀作品	中宣部
绵阳市人民检察院	全国检察机关文明接待示范窗口、全国检察宣传先进单位	最高人民检察院
三台县人民检察院	全国检察机关文明接待示范窗口、全国检察宣传先进单位、集体一等功	最高人民检察院
涪城区人民检察院	全国检察机关文明接待室	最高人民检察院
梓潼县人民检察院	全国检察机关文明接待室	最高人民检察院
盐亭县人民检察院	全国检察机关文明接待室	最高人民检察院
绵阳军分区	全军“健康营院”	全军爱国卫生运动委员会
市统计局	第三次全国经济普查先进集体	国务院第三次全国经济普查领导小组
波鸿集团有限公司	全国“安康杯”竞赛优胜单位	全国“安康杯”竞赛组委会
四川美丰实业有限公司	全国“安康杯”竞赛优胜单位	全国“安康杯”竞赛组委会
四川省武都水利水电集团有限责任公司	全国“安康杯”竞赛优胜单位	全国“安康杯”竞赛组委会
四川九洲电子科技股份有限公司数字设备车间 SMT 班	全国“安康杯”竞赛优胜班组	全国“安康杯”竞赛组委会
市审计局	政府性债务审计公务员集体嘉奖	国家审计署
中国致公党绵阳市工作委员会	致公党先进集体	中国致公党中央委员会
北川羌族自治县	国家防震减灾示范县	中国地震局
人民银行绵阳市中心支行	2014 年度中国人民银行青年文明号	中国人民银行
绵阳市档案局	国家二级档案馆	国家档案局
绵阳市出入境检验检疫局	全国质量系统首批依法行政示范单位	国家质量监督检验检疫总局
市政务服务管理局	集体一等功	省委、省政府
平武县公安局交警大队火溪河中队	人民满意公务员集体	省委、省政府
市政务服务管理局	四川省2014 年政务服务和公共资源交易服务先进集体	省政府
市气象局	2013 年防洪减灾先进集体	省政府

2014年绵阳市获省部级以上表彰的先进个人

表62

姓名	单位与职务	获奖名称	授奖单位
于　敏	中国工程物理研究院顾问	全国最高科学技术奖	国务院
陈庆双	江油市财政局	全国民族团结进步模范个人	国务院
饶明亮	市公安局刑侦支队三大队副大队长	一等奖	公安部
岳振华	市公安局经侦支队民警	二等功	公安部
刘小明	安县公安局界牌派出所所长	二等功	公安部
刘加强	江油市公安局刑察大队民警	二等功	公安部
刘　露	四川幼儿师范高等专科学校学生	全国职业学校创新创效创业大赛三等奖	教育部、共青团中央
石清贫	绵阳市民航管理局	全国民航“安康杯”竞赛先进个人	中国民用航空局
罗　坤	川北监狱教育中心主任	全国监狱系统心理矫治先进工作能手	司法部
孙武林	川北监狱入监监区主任科员	全国监狱劳教（戒毒）工作先进个人	司法部
杨海峰	川北监狱一监区监区长	全国监狱劳教（戒毒）工作先进个人	司法部
董　平	四川波鸿伏集团总裁	全国五一劳动章	中华全国总工会
韦孟伏	中国工程物理研究院材料研究所研究员	全国五一劳动章	中华全国总工会
陈菊华	涪城区人民检察院办公室副主任	全国检察机关第八届优秀通讯员	最高人民检察院
张高山	市公安局巡特支队二级警员	一等功	省委、省政府

2014年中共绵阳市委重要文件目录

表63

序号	发文字号	发布机关	文件名称
1	绵委发〔2014〕1号	中共绵阳市委、绵阳市人民政府	中共绵阳市委、绵阳市人民政府关于推进非公有制经济又好又快发展的意见
2	绵委发〔2014〕2号	中共绵阳市委	中共绵阳市委关于进一步加强和改进新时期工会、共青团、妇联工作的实施意见
3	绵委发〔2014〕3号	中共绵阳市委	中共绵阳市委关于印发《法治绵阳建设实施方案》的通知
4	绵委发〔2014〕4号	中共绵阳市委	中共绵阳市委关于深入开展党的群众路线教育实践活动的实施意见
5	绵委发〔2014〕5号	中共绵阳市委、绵阳市人民政府	中共绵阳市委、绵阳市人民政府关于深化农村改革促进农民持续稳定增收的意见
6	绵委发〔2014〕6号	中共绵阳市委	中共绵阳市委关于印发《市委常委会2014年工作要点》的通知
7	绵委发〔2014〕7号	中共绵阳市委	中共绵阳市委关于印发《绵阳市建立健全惩治和预防腐败体系2013—2017年实施意见》的通知
8	绵委发〔2014〕8号	中共绵阳市委	中共绵阳市委关于全面深化改革的决定
9	绵委发〔2014〕9号	中共绵阳市委、绵阳市人民政府	中共绵阳市委、绵阳市人民政府关于印发《绵阳市县市区目标绩效管理办法（试行）》和《绵阳市市级单位目标绩效管理办法（试行）》的通知

续表

序号	发文字号	发布机关	文件名称
10	绵委发〔2014〕10号	中共绵阳市委	中共绵阳市委关于印发《中共绵阳市委常委班子党的群众路线教育实践活动整改方案》的通知
11	绵委发〔2014〕11号	中共绵阳市委、绵阳市人民政府	中共绵阳市委、绵阳市人民政府关于进一步深化国资国企改革的意见
12	绵委发〔2014〕12号	中共绵阳市委、绵阳市人民政府	中共绵阳市委、绵阳市人民政府关于服务业改革发展的实施意见
13	绵委发〔2014〕13号	中共绵阳市委	中共绵阳市委关于完善民主党派绵阳市委直接向中共绵阳市委提出建议制度的意见
14	绵委发〔2014〕14号	中共绵阳市委	中共绵阳市委关于建立健全作风建设长效机制的实施意见
15	绵委发〔2014〕16号	中共绵阳市委	中共绵阳市委关于认真贯彻“三严三实”要求加强党员干部教育管理监督的实施意见
16	绵委发〔2014〕17号	中共绵阳市委	中共绵阳市委关于加强基层党组织建设的实施意见
17	绵委办发〔2014〕1号	中共绵阳市委办公室	中共绵阳市委办公室关于印发《市委办党内规范性文件备案审查工作规程（试行）》的通知
18	绵委办发〔2014〕4号	中共绵阳市委办公室、绵阳市人民政府办公室	中共绵阳市委办公室、绵阳市人民政府办公室关于印发《2014年绵阳市科技型中小企业发展目标》的通知
19	绵委办发〔2014〕5号	中共绵阳市委办公室	中共绵阳市委办公室关于印发《党委信息工作目标考核办法》《公文工作目标考核办法》的通知
20	绵委办发〔2014〕7号	中共绵阳市委办公室	中共绵阳市委办公室关于印发《2014年全市政法工作要点》的通知
21	绵委办发〔2014〕9号	中共绵阳市委办公室	中共绵阳市委办公室关于转发《市委宣传部2014年宣传思想工作要点》的通知
22	绵委办发〔2014〕10号	中共绵阳市委办公室、绵阳市人民政府办公室	中共绵阳市委办公室、绵阳市人民政府办公室关于印发《李白出生地中国科技城-绵阳市情简介（2014年）》的通知
23	绵委办发〔2014〕11号	中共绵阳市委办公室	中共绵阳市委办公室关于印发《市委中心组2014年度理论学习安排意见》的通知
24	绵委办发〔2014〕13号	中共绵阳市委办公室、绵阳市人民政府办公室	中共绵阳市委办公室、绵阳市人民政府办公室关于印发《绵阳市2014年精神文明建设工作要点》的通知
25	绵委办发〔2014〕14号	中共绵阳市委办公室	中共绵阳市委办公室关于印发《法治绵阳建设2014年工作要点》的通知
26	绵委办发〔2014〕17号	中共绵阳市委办公室、绵阳市人民政府办公室	中共绵阳市委办公室、绵阳市人民政府办公室关于印发《2014年全市实现省级十项民生工程及19件民生实施方案》的通知
27	绵委办发〔2014〕18号	中共绵阳市委办公室	中共绵阳市委办公室转发《中共四川省委办公厅关于在全省参加第二批党的群众路线教育实践活动的单位中开展会员卡专项清退活动的通知》的通知
28	绵委办发〔2014〕19号	中共绵阳市委办公室、绵阳市人民政府办公室	中共绵阳市委办公室、绵阳市人民政府办公室关于印发《芙蓉溪水环境综合整治实施方案》的通知
29	绵委办发〔2014〕23号	中共绵阳市委办公室、绵阳市人民政府办公室	中共绵阳市委办公室、绵阳市人民政府办公室关于印发《第四届中国诗歌节活动实施方案》的通知
30	绵委办发〔2014〕24号	中共绵阳市委办公室	中共绵阳市委办公室关于印发《2014年党风廉政建设和反腐败工作任务》的通知
31	绵委办发〔2014〕25号	中共绵阳市委办公室、绵阳市人民政府办公室	中共绵阳市委办公室、绵阳市人民政府办公室关于印发《2014年全市十项民生工程市级目标实施方案》的通知
32	绵委办发〔2014〕26号	中共绵阳市委办公室、绵阳市人民政府办公室	中共绵阳市委办公室、绵阳市人民政府办公室关于印发《2014年绵阳市科技型中小企业发展工作要点》的通知
33	绵委办发〔2014〕27号	中共绵阳市委办公室、绵阳市人民政府办公室	中共绵阳市委办公室、绵阳市人民政府办公室关于印发《贯彻落实〈中共绵阳市委、绵阳市人民政府关于深化农村改革促进农民持续稳定增收的意见〉责任分工方案》的通知
34	绵委办发〔2014〕29号	中共绵阳市委办公室、绵阳市人民政府办公室	中共绵阳市委办公室、绵阳市人民政府办公室关于进一步加强网上信访工作的实施意见
35	绵委办发〔2014〕30号	中共绵阳市委办公室	中共绵阳市委办公室关于印发《绵阳市落实党风廉政建设党委主体责任纪委监督责任改革试点工作实施方案（试行）》的通知

续表

序号	发文字号	发布机关	文件名称
36	绵委办发〔2014〕32号	中共绵阳市委办公室、绵阳市人民政府办公室	中共绵阳市委办公室、绵阳市人民政府办公室印发《关于进一步加强青少年权益维护推进全国"青少年权益工作创新"试点工作的实施方案》的通知
37	绵委办发〔2014〕33号	中共绵阳市委办公室	中共绵阳市委办公室关于印发《进一步加强会议活动管理的实施细则》的通知
38	绵委办发〔2014〕36号	中共绵阳市委办公室、绵阳市人民政府办公室	中共绵阳市委办公室、绵阳市人民政府办公室关于转发《四川省贯彻〈党政机关厉行节约反对浪费条例〉实施细则》和《关于厉行节约反对食品浪费的实施意见》的通知
39	绵委办发〔2014〕39号	中共绵阳市委办公室	中共绵阳市委办公室关于印发《绵阳市培育和践行社会主义核心价值观的实施意见》的通知
40	绵委办发〔2014〕44号	中共绵阳市委办公室、绵阳市人民政府办公室	中共绵阳市委办公室、绵阳市人民政府办公室关于激励引导教育卫生人才服务基层的实施意见
41	绵委办发〔2014〕45号	中共绵阳市委办公室、绵阳市人民政府办公室	中共绵阳市委办公室、绵阳市人民政府办公室关于印发《绵阳市党政机关公务接待管理办法》的通知
42	绵委办发〔2014〕47号	中共绵阳市委办公室	中共绵阳市委办公室关于充分发挥调研员、副调研员作用的意见
43	绵委办发〔2014〕48号	中共绵阳市委办公室	中共绵阳市委办公室关于印发《关于严格规范领导干部操办婚丧喜庆等事宜的实施细则（试行）》的通知
44	绵委办发〔2014〕49号	中共绵阳市委办公室、绵阳市人民政府办公室	中共绵阳市委办公室、绵阳市人民政府办公室关于印发《绵阳市市直机关会议费管理办法》的通知
45	绵委办发〔2014〕50号	中共绵阳市委办公室、绵阳市人民政府办公室	中共绵阳市委办公室、绵阳市人民政府办公室关于印发《绵阳市级机关事业单位人员调动办法》的通知
46	绵委办发〔2014〕51号	中共绵阳市委办公室、绵阳市人民政府办公室	中共绵阳市委办公室、绵阳市人民政府办公室关于印发《关于成立绵阳市重点工作督查领导小组及其督查组的方案》的通知
47	绵委办发〔2014〕52号	中共绵阳市委办公室、绵阳市人民政府办公室	中共绵阳市委办公室、绵阳市人民政府办公室关于印发《绵阳市、县市区党委常委会议和政府常务会议会前学法实施方案》的通知
48	绵委办发〔2014〕53号	中共绵阳市委办公室	中共绵阳市委办公室关于严格落实文件资料一个"口子"进出办理要求的通知
49	绵委办发〔2014〕54号	中共绵阳市委办公室、绵阳市人民政府办公室	中共绵阳市委办公室、绵阳市人民政府办公室关于印发《火炬大厦及周边突发公共事件应急预案》的通知
50	绵委办发〔2014〕55号	中共绵阳市委办公室、绵阳市人民政府办公室	中共绵阳市委办公室、绵阳市人民政府办公室转发《中共四川省委办公厅、四川省人民政府办公厅关于禁止乱发钱物的通知》的通知
51	绵委办发〔2014〕57号	中共绵阳市委办公室、绵阳市人民政府办公室	中共绵阳市委办公室、绵阳市人民政府办公室关于进一步规范机构编制管理的意见
52	绵委办发〔2014〕58号	中共绵阳市委办公室、绵阳市人民政府办公室	中共绵阳市委办公室、绵阳市人民政府办公室关于印发《贯彻落实市委六届七次全会重要部署责任分工方案》的通知
53	绵委办发〔2014〕60号	中共绵阳市委办公室	中共绵阳市委办公室关于印发《市委党务公开工作实施办法（试行）》的通知
54	绵委办发〔2014〕65号	中共绵阳市委办公室	中共绵阳市委办公室关于转发《市总工会、团市委、市妇联、市侨联、市残联、市科协关于深化改革推进群团工作转型发展的实施意见》的通知
55	绵委办发〔2014〕66号	中共绵阳市委办公室、绵阳市人民政府办公室	中共绵阳市委办公室、绵阳市人民政府办公室关于印发《绵阳市党政机关值班工作规范》的通知
56	绵委办发〔2014〕68号	中共绵阳市委办公室	中共绵阳市委办公室关于印发《贯彻落实〈中共绵阳市委关于建立健全作风建设长效机制的实施意见〉责任分工方案》的通知
57	绵委办发〔2014〕69号	中共绵阳市委办公室、绵阳市人民政府办公室	中共绵阳市委办公室、绵阳市人民政府办公室关于印发《中共绵阳市委、绵阳市人民政府法律顾问团管理办法（试行）》的通知
58	绵委办发〔2014〕71号	中共绵阳市委办公室、绵阳市人民政府办公室	中共绵阳市委办公室、绵阳市人民政府办公室关于全面深化改革加强基层群众自治和创新社区治理的通知
59	绵委办发〔2014〕73号	中共绵阳市委办公室、绵阳市人民政府办公室	中共绵阳市委办公室、绵阳市人民政府办公室转发《绵阳市依法治市领导小组关于普遍建立法律顾问制度的通知》的通知

2014年绵阳市人民政府重要文件目录

表 64

发文时间	发文字号	文件名称
1.7	绵府发〔2014〕1号	关于加快会展业发展的意见
1.16	绵府发〔2014〕2号	转发《四川省人民政府关于取消和下方第三批行政审批项目的决定》的通知
1.28	绵府发〔2014〕3号	关于加强见义勇为人员权益保护工作的通知
2.19	绵府发〔2014〕4号	关于进一步加强营业税征管工作的意见
3.14	绵府发〔2014〕6号	关于印发《绵阳市辖区2014年度国有建设用地供应计划》的通知
3.27	绵府发〔2014〕7号	关于公布市级文物保护单位区划的通知
4.15	绵府发〔2014〕8号	关于推进义务教育均衡发展的实施意见
4.22	绵府发〔2014〕9号	关于印发《绵阳市城乡规划委员会工作规程》的通知
5.27	绵府发〔2014〕10号	关于加快建设智慧城市推进信息惠民工程有关工作的通知
	绵府发〔2014〕11号	关于印发加快质量强市建设实施意见的通知
6.11	绵府发〔2014〕12号	关于印发《绵阳市科学技术奖励办法》的通知
6.24	绵府发〔2014〕13号	关于印发《绵阳市地震应急预案》的通知
7.1	绵府发〔2014〕14号	贯彻落实省政府关于加快发展养老服务业实施意见的通知
	绵府发〔2014〕15号	转发《四川省人民政府关于实行最严格水资格管理制度的实施意见》的通知》
7.22	绵府发〔2014〕16号	关于调整全市最低工资标准的通知
	绵府发〔2014〕17号	关于印发《关于完善绵阳市城乡居民基本养老保险制度的意见》的通知
	绵府发〔2014〕18号	关于印发《绵阳城市规划区内国有土地上房屋征收与补偿办法》的通知
	绵府发〔2014〕19号	关于促进房地产业持续健康发展的若干意见
	绵府发〔2014〕20号	2014年征兵命令
	绵府发〔2014〕21号	关于表扬2012-2013年度见义勇为和先进个人的通报
8.22	绵府发〔2014〕22号	关于加快软件产业发展的意见
8.25	绵府发〔2014〕23号	关于贯彻国家发展改革委深化经济体制改革重点任务意见的通知
	绵府发〔2014〕24号	关于印发《绵阳市软件产业发展规划（2014--2020)》的通知
9.12	绵府发〔2014〕25号	关于加强教师队伍建设的实施意见
9.22	绵府发〔2014〕26号	转发《四川省人民政府关于公布第四批取消调整行政审批项目和省本级行政许可项目清单的决定》的通知
10.21	绵府发〔2014〕27号	关于全面加强整治违法建设工作的意见
11.6	绵府发〔2014〕28号	关于印发《绵阳市促进房地产业持续健康发展的若干措施（试行）》《绵阳市促进建筑业转型升级加快发展的若干措施（试行）》的通知
11.10	绵府发〔2014〕29号	转发《四川省人民政府关于深化行政审批制度改革进一步加强建章立制工作的意见》的通知
	绵府发〔2014〕30号	关于改革完善城区财政体制的通知
12.26	绵府发〔2014〕31号	关于编制2015年财政收支预算的通知
12.29	绵府发〔2014〕32号	关于授予绵阳市2014年优秀专利奖的决定
	绵府发〔2014〕33号	关于加快新能源汽车推广应用促进产业发展的实施意见（试行）
	绵府发〔2014〕34号	关于印发《绵阳市城镇居民基本医疗保险办法》《绵阳市城镇居民大病保险办法》的通知
	绵府发〔2014〕35号	关于贯彻落实《四川省计量发展规划（2014—2020年）》的实施意见

续表

发文时间	发文字号	文件名称
1.13	绵府办发〔2014〕1号	关于坚强城镇住宅邮政信报箱建设的通知
	绵府办发〔2014〕2号	关于印发绵阳市会展业管理办法的通知
	绵府发〔2014〕35号	关于贯彻落实《四川省计量发展规划（2014~2020年）》的实施意见
1.15	绵府办发〔2014〕3号	关于进一步加强政府信息公开回应社会关切提升政府公信力的实施意见
1.16	绵府办发〔2014〕4号	关于进一步做好违法建设、销售“小产权房”清理上报工作的通知
1.17	绵府办发〔2014〕5号	关于进一步规范市属国有企事业单位公务用车管理的通知
1.29	绵府办发〔2014〕6号	关于建立健全秸秆焚烧和综合利用长效机制的实施意见
2.1	绵府办发〔2014〕7号	关于印发《绵阳市规划区新增商品住房开发项目配建公共租赁住房实施办法》的通知
2.12	绵府办发〔2014〕8号	关于进一步完善开发区文生管理体制有关事项的通知
	绵府办发〔2014〕9号	关于明确打击和处置非法集资工作职责的通知
2.27	绵府办发〔2014〕10号	关于做好2014年民兵组织整顿工作的通知
3.3	绵府办发〔2014〕11号	关于做好非融资性担保公司清理规范工作的通知
3.5	绵府办发〔2014〕12号	关于下达2014年全市招商引资目标任务的通知
3.14	绵府办发〔2014〕13号	关于开展国民经济动员潜力调查统计的通知
3.17	绵府办发〔2014〕14号	关于进一步做好行政权力依法规范公开透明运行工作的通知
	绵府办发〔2014〕15号	关于印发《绵阳市加快推进公共卫生应急核心能力建设实施方案》的通知
	绵府办发〔2014〕16号	关于促进体育产业发展的实施意见
3.21	绵府办发〔2014〕17号	关于鼓励支持企事业单位积极参加重大会展活动的意见
3.27	绵府办发〔2014〕18号	关于加强防灾救灾演练的通知
3.31	绵府办发〔2014〕19号	关于印发《绵阳市城乡规划督察员管理办法（试行）》的通知
	绵府办发〔2014〕20号	关于印发《绵阳市乡村规划师队伍建设实施方案》的通知
4.4	绵府办发〔2014〕21号	关于促进畜牧业持续健康发展的意见
4.11	绵府办发〔2014〕22号	关于印发《绵阳市人才发展专项资金资助项目实施办法（试行）》的通知
4.15	绵府办发〔2014〕23号	关于印发《绵阳南郊机场净空及电磁环境保护实施办法（暂行）》的通知
4.29	绵府办发〔2014〕24号	关于印发《绵阳市行政首长出庭应诉工作规定》的通知
	绵府办发〔2014〕25号	关于印发《绵阳市社会救助和保障标准与物价上涨挂钩联动机制实施办法》的通知
5.5	绵府办发〔2014〕26号	关于印发绵阳市小额贷款公司等机构审批实施管理办法的通知
5.9	绵府办发〔2014〕27号	关于印发《绵阳市城区工业企业搬迁改造规范管理暂行办法》的通知
5.19	绵府办发〔2014〕28号	关于印发绵阳市重污染天气应急预案的通知
	绵府办发〔2014〕29号	关于印发《绵阳市通信保障应急预案》的通知
	绵府办发〔2014〕30号	关于加强城市房屋使用安全管理工作的通知
6.6	绵府办发〔2014〕31号	关于印发绵阳市危旧房棚户区改造项目国家开发银行项贷款管理办法的通知
	绵府办发〔2014〕32号	关于印发城中村改建工作的知道意见（试行）的通知
	绵府办发〔2014〕33号	关于印发《绵阳市以商招商奖励办法》的通知
6.11	绵府办发〔2014〕34号	关于进一步改进涉农保险工作的通知
6.17	绵府办发〔2014〕35号	关于印发《绵阳市全民科学素质行动计划纲要实施方案（2011-2015)》的通知
6.21	绵府办发〔2014〕36号	关于印发《绵阳市城区工业布局统筹和集约节约用地暂行办法》的通知

续表

发文时间	发文字号	文件名称
7.1	绵府办发〔2014〕37号	关于印发《绵阳市实行最严格水资源管理制度考核办法》的通知
	绵府办发〔2014〕38号	转发市民政局等部门关于绵阳城区2014-2020年度养老设施规划的通知
7.10	绵府办发〔2014〕39号	关于印发《绵阳市作品和计算机软件著作权登记资助管理暂行办法》的通知
7.22	绵府办发〔2014〕40号	关于印发《绵阳市旧城区改建规划管理工作实施办法（试行）》的通知
	绵府办发〔2014〕41号	（改绵府发〔2014〕18号）
7.25	绵府办发〔2014〕42号	关于印发促进当前工业经济稳投资稳增长措施的通知
8.1	绵府办发〔2014〕43号	关于印发《绵阳市投资建设项目并联审批工作方案（试行）》的通知
	绵府办发〔2014〕44号	关于进一步加强政府性楼堂管所建设管理的通知
	绵府办发〔2014〕45号	关于公布市级部门行政审批和公共服务项目流程优化结果的通知
	绵府办发〔2014〕46号	关于转发市人力资源和社会保障局等四部门《关于进一步促进高校毕业生就业创业工作的实施办法》的通知
8.21	绵府办发〔2014〕47号	关于进一步加强基层劳动就业社会保障公共服务平台建设的实施意见
	绵府办发〔2014〕48号	关于印发《绵阳市科技企业孵化器认定管理办法》的通知
8.28	绵府办发〔2014〕49号	关于批转《绵阳市市级国有资产清查方案》的通知
9.1	绵府办发〔2014〕50号	关于印发《绵阳市地下空间开发利用管理（暂行）办法》的通知
6.21	绵府办发〔2014〕36号	关于印发《绵阳市城区工业布局统筹和集约节约用地暂行办法》的通知
9.2	绵府办发〔2014〕51号	关于印发《绵阳市地名管理办法》的通知
	绵府办发〔2014〕52号	关于印发《绵阳市进一步促进商贸服务业发展暂行办法》的通知
	绵府办发〔2014〕53号	关于在市政府机构改革过程中加强国有资产管理工作的通知
9.17	绵府办发〔2014〕54号	关于印发《绵阳市促经济稳定增长财税扶持措施》的通知
9.29	绵府办发〔2014〕55号	关于印发《绵阳市住房专项维修资金管理暂行办法》的通知
	绵府办发〔2014〕56号	关于印发《绵阳城区建筑垃圾处置管理办法》的通知
10.9	绵府办发〔2014〕57号	印发《关于加快城镇基础设施建设实施方案》的通知
10.10	绵府办发〔2014〕58号	关于认真贯彻实施《大气污染防治行动计划实施情况考核办法（试行）》的通知
10.28	绵府办发〔2014〕59号	关于印发《绵阳科技城外国专家奖励办法（试行）》的通知
	绵府办发〔2014〕60号	关于印发《绵阳市建设“食品药品安全放心市”实施方案》的通知
	绵府办发〔2014〕61号	关于印发《绵阳市城区违法建设“随手拍”举报奖励办法（试行）》的通知
10.30	绵府办发〔2014〕62号	关于印发《旅行社组织游客在我市旅游补贴奖励办法（2014~2016年）》的通知
11.4	绵府办发〔2014〕63号	关于印发《绵阳市突发事件应急预案管理办法》的通知
	绵府办发〔2014〕64号	关于印发《绵阳市应急委员会工作规则（试行）》和《绵阳市应急委员会办公室工作细则（试行）》的通知
11.10	绵府办发〔2014〕65号	关于印发《绵阳市人大代表建议和政协提案办理办法》的通知
	绵府办发〔2014〕66号	关于调整城乡居民最低生活保障标准的通知
11.17	绵府办发〔2014〕67号	转发《四川省人民政府办公厅关于加快推进现代农业园区建设的意见》的通知
	绵府办发〔2014〕68号	关于印发《绵阳城区限价商品住房管理办法》的通知
	绵府办发〔2014〕69号	转发《四川省人民政府办公厅关于做好人大代表建议和政协提案办理结果公开工作的通知》的通知
12.8	绵府办发〔2014〕70号	关于印发《绵阳市促进健康服务业发展实施方案（2014-2020年）》的通知
12.29	绵府办发〔2014〕71号	关于印发《绵阳市消防工作考核办法（试行）》的通知
	绵府办发〔2014〕72号	关于印发《绵阳市人民政府决策咨询专家管理办法（试行）》的通知
	绵府办发〔2014〕73号	印发《关于推进政府向社会力量购买公共服务工作实施方案》的通知

绵阳市部分机关企事业单位机构名称全简称对照

表 65

全　称	简　称
中国共产党绵阳市委员会	市委
绵阳市人民代表大会常务委员会	市人大
绵阳市人民政府	市政府
中国人民政治协商会议绵阳市委员会	市政协
中共绵阳市纪律检查委员会	市纪委
中共绵阳市委办公室	市委办
中共绵阳市委政策研究室	市政研室
中共绵阳市委组织部	市委组织部
中共绵阳市委宣传部	市委宣传部
中共绵阳市委统战部	市委统战部
中共绵阳市委市直机关工作委员会	市直机关工委
中共绵阳市委政法委员会	市政法委
中共绵阳市委农村工作领导小组办公室	市委农办
中共绵阳市委、台湾工作领导小组办公室（市政府台湾事务办公室）	市台办
中共绵阳市委精神文明办公室	市文明办
中共绵阳市委党史研究办公室	市委党史办
中共绵阳市委、市政府接待办公室	市接待办
中共绵阳市委、市政府目标督查办公室	市目标督查办
共青团绵阳市委员会	市团委
绵阳市妇女联合会	市妇联
绵阳市科学技术协会	市科协
绵阳市文学艺术界联合会	市文联
绵阳市工商业联合会	市工商联
绵阳市社会科学界联合会	市社科联
绵阳市归国华侨侨眷联合会	市侨联
中国国际贸易促进委员会绵阳支会	市贸促会
绵阳市残疾人联合会	市残联
中国国民革命委员会绵阳市委员会	民革绵阳市委
中国民主同盟绵阳市委员会	民盟绵阳市委
中国民主建国会绵阳市委员会	民进绵阳市委
中国民主促进会绵阳市委员会	民建绵阳市委
中国农工党绵阳市委员会	农工党绵阳市委
中国致公党绵阳工作委员会	致公党绵阳工委
九三学社绵阳市委员会	九三学社绵阳市委
绵阳市人民政府办公室	市府办
绵阳市人民政府法制办公室	市法制办
绵阳市民族宗教事务局	市民宗局
绵阳市外事侨务办公室	市外事办

续表

全　称	简　称
绵阳市人口和计划生育委员会	市计生委
绵阳市广播电影电视局	市广电局
绵阳市发展改革委员会	市发改委
绵阳市人民政府国有资产监督管理委员会	市国资委
绵阳市人民政府金融办公室	市金融办
绵阳市住房和城乡建设局	市住建局
绵阳市教育体育局	市教体局
绵阳市人力资源和社会保障局	市人社局
绵阳市交通运输局	市交通局
绵阳市国家税务局	市国税局
绵阳市地方税务局	市地税局
绵阳市工商行政管理局	市工商局
绵阳市质量技术监督局	市质监局
绵阳市食品药品监督管理局	市药监局
绵阳市武都引水工程管理局	市武引局
绵阳市供销合作社社联合社	市供销社
中国工程物理研究院	中物院
绵阳市扶贫开发工作办公室	市扶贫办
绵阳市军队转业干部安置工作领导小组办公室	市军转办
绵阳市大学中专招生委员会办公室	市招生办
绵阳市人民防空办公室	市人防办
绵阳市安全生产监督局	市安监局
绵阳市住房公积金管理中心	市住房公积金中心
绵阳市社会保障事业管理中心	市社保中心
绵阳市信息化工作办公室	市信息办
绵阳市人民政府移民办公室	市移民办
绵阳高新技术开发区管委会	高新区
绵阳国家经济技术开发区管委会	经开区
绵阳科技城科教创业园区管委会	科创园区
绵阳科技城仙海水利风景区管委会	仙海区
中国人民银行绵阳市中心支行	市人行
中共工商银行绵阳分行	市工商
中国农业银行绵阳分行	市农行
中国银行绵阳分行	市中行
中国建设银行绵阳分行	市建行
中国农业发展银行绵阳分行	市农发行
四川长虹电子集团股份有限公司	长虹集团
四川九洲电器集团有限责任公司	九洲集团
四川电信公司绵阳分公司	绵阳电信
四川移动通信公司绵阳分公司	绵阳移动
中国联合通信有限公司绵阳分公司	绵阳联通

2014年度荣获四川省著名商标和四川名牌产品企业

一、2014年度荣获四川省著名商标企业（9户）

绵阳新晨动力机械有限公司
利尔化学股份有限公司
四川国仁饲料科技有限公司
四川科莱电梯股份有限公司
四川清香园调味品股份有限公司
绵阳市维博电子有限责任公司
四川九红教学设备有限公司
绵阳市天旋气门组件有限责任公司
四川省绵阳超兰卫生用品有限公司

二、2014年度荣获四川名牌产品企业（16户）

四川九洲线缆有限责任公司
四川省川西电缆有限责任公司
四川英志新能源股份有限公司
际华三五三六职业装有限公司
四川国大水泥有限公司
四川中杨特种玻璃有限公司
绵阳禾本生物工程有限公司
四川台沃农业科技股份有限公司
绵阳建丰林产有限公司
绵阳市嫘祖酿造食品有限公司
四川园香园味业有限公司
四川江虹线缆制造有限公司
四川好医生药业集团有限公司
四川弥江酒业集团有限公司
四川清川管业有限公司
四川省绵阳西南自动化研究所

2014度绵阳市科技进步奖奖励项目

特等奖（1项）

1. 9512014Y1706

高浓度难降解工业废水多元协同高级氧化成套技术与工程示范

四川省水处理及资源化工程技术研究中心（国家城市污水处理及资源化工程技术研究中心）、西南科技大学、重庆大学、南京赛佳环保实业有限公司

董发勤、何为、李洪、刘秀宁、刘坤、杜小军、徐庆元、赵绍燕、周世平

一等奖（4项）

2. 9512014Y1143

以缺陷激发为基础的敏捷可靠性工程研究及应用

四川长虹电器股份有限公司、北京航空航天大学

彭海鑫、康锐、尚彦波、殷永峰、张新超、姜博、卢兴旺、彭静、叶帆

3. 9512012Y0525

1.5T小排量涡轮增压汽油机

绵阳新晨动力机械有限公司

王运先、何旭宗、汪建忠、龚靖宇、王国元、杨凡、余敏、陈曦、陈杰

4. 9512014Y1693

多阶段混联离散型生产系统研究及应用

四川长虹电器股份有限公司

潘晓勇、李春川、姚国红、张锦星、阳丹、巫江、张泉伟、赖冬、李小联

5. 5102014YN007

抗病高产小麦品种绵麦41等的选育与应用

绵阳市农业科学研究院、四川国豪种业股份有限公司

李生荣、任勇、周强、杜小英、李守国、彭慧儒、欧俊梅、陶军、雷加容

二等奖（6项）

6. 5102014JY014

抗VEGFR2-奥沙利铂免疫脂质体对结直肠癌的靶向治疗及多药耐药逆转作用

绵阳市第三人民医院

杨闯、李艳秋、王继生、黄国平、张永川、汪辉、李家兵

7. 5102014YG013

机载便携式广播式自动相关监视终端

四川九洲空管科技有限责任公司

刘志刚、程旗、郑超、陈兴德、陈思、胡勇、刘显勇

8. 9512014Y0682

GH2036 合金涡轮盘饼坯锻造工艺

攀钢集团江油长城特殊钢有限公司、攀钢集团研究院有限公司

李明考、李俊洪、陈琦、裴丙红、邝素军、王信才、罗通伟

9. 9512014Y0318

高速轨道交通车辆全自动车钩电连接器

四川永贵科技有限公司

李运明、许兵、赵国海、李伟、陈勇、万前茂、李茂儒

10. 9512012Y0383

醚烃液化气开发与产业化

四川帝尔新能源科技有限公司

赵云强、庞英才、庞聪

11. 5102014YJ016

γ 综合测量系统

中国工程物理研究院材料研究所

韦孟伏、党晓军、张连平、吴伦强、肖洒、邓大超、王忠

三等奖（14 项）

12. 5102014YG011

新型家用多媒体网关

四川九州电子科技股份有限公司

杨战兵、李廷尉、姜明辉、程晓娥、张卫东

13. 5102011YY008

推进型鼻空肠导管临床应用研究

绵阳市中心医院

鲜于剑波、冯凯祥、杨培、刘小英、张献文

14. 5102013YG016

高纯净钢生产技术开发

攀钢集团江油长城特殊钢有限公司

吴勇军、罗通伟、张辉、李源、叶文冰

15. 5102013YG026

城市智能停车管理系统

四川九洲视讯科技有限责任公司

刘建康、赖伟、邓履芬、赵小龙

16. 5102014YJ006

辛伐他汀诱导血液肿瘤细胞凋亡及机制研究

四川绵阳四〇四医院、四川省医学科学院.四川省人民医院

曾娅莉、黄文芳、杨永长、传良敏、王利民

17. 9512011Y0513

云母片型仿花岗石涂层的制备技术研究

四川金和新型建材有限公司、西南科技大学

邓跃全、郑蓉、付鹏、王大春、何江洪

18. 9512013Y0742

链式铁氧体环行器/隔离器组件

绵阳市耐特电子实业有限责任公司

邓松、古俊芳、全礼门、龙倩、李显勇

19. 5102014YY005

125 I 粒子永久性植入治疗前列腺癌的前瞻性临床研究

绵阳市中心医院

袁光亚、辛宇鹏、郭道宁、陈正国、王耀东

20. 9512013Y0697

废弃轮胎胶粉改性及其应用

绵阳锐洋新材料技术开发有限公司

王多孝、杨运忠、姚远、孟艳艳、张兴铭

21. 5102012YY013

自制双平片二次内环重建全腹股沟疝修补的临床应用研究

梓潼县中医院、四川绵阳四〇四医院

何运胜、姜淮芜、肖仕玥、李建斌、刘小波

22. 9512014Y0876

喉通气装置在日间手术及无痛纤支镜检中应用的安全性及有效性研究

绵阳市中心医院、四川大学华西医院

何伟、朱涛、夏氢、刘斌、张永洪

23. 5102014YY015

绵阳市游仙区农村地区癫痫防治管理效果评价

绵阳市第三人民医院、绵阳市游仙区疾病预防控制中心

张中念、宋晓灵、张弟文、笪旭辉、黄艳君

24. 9512014Y1355

白酒生产过程中塑化剂的去除技术方法研究与应用

绵阳市产品质量监督检验所、绵阳市丰谷酒业有限责任公司

应全红、王远成、王霓、郑敏、白德奎

25. 5102013YY032

绵阳地区女性乳腺结构特点及影响因素的相关研究

绵阳市中心医院

徐卫云、赵洁玉、张靖、陈湘、林华

绵阳律师机构名录

表 66

机构名称	单位地址	联系电话	负责人	负责人电话
四川道融民舟律师事务所	涪城区临园路东段54号临园商务大厦10楼	2225552	姚　建	13808111111
四川众城律师事务所	涪城区警钟街2号滨江大厦13楼B座	2222878	罗太平	13908112878
四川联衡律师事务所	涪城区临园路东段78号福星楼4楼2号	2214989	冯　岗	13981115552
四川科大律师事务所	涪城区一环路南段223号南街小区	2228039	杜荣峰	13060185887
四川睿桥律师事务所	涪城区临园路东段68号富临大都会一期B区七幢写字楼三单元十八楼	2216165	任小军	13808119055
四川科通律师事务所	涪城区临园路中段86号三力大厦11楼	2242666	段俊强	15308110666
四川博思律师事务所	涪城区一环路南段212号海英名仕苑	2265109	胥　彬	13890123369
四川林志律师事务所	涪城区长虹大道中段落128号怡海明珠大厦B座6楼	2301566	罗德林	13548421000
四川蜀兴律师事务所	科创园区剑南路西段336号	2229656	梁　东	13350005488
四川真道律师事务所	游仙区沈家坝上街8号天浩富乐银座1栋	2297266	梁普林	13320888011
四川弘风律师事务所	涪城区翠花街58号	2222249	王福礼	15308238568
四川万法律师事务所	涪城区临园路东段54号临园商务大厦20楼A室	2242382	杨万华	13608117788
四川天府风律师事务所	涪城区翠花街51号光明华都15楼9-10号	2220815	陈忠敏	13981140198
四川守信律师事务所	涪城区勇拓洋楼1期A座4楼	2245658	李嘉祥	15884693939
四川天启律师事务所	涪城区红星街96号	2222610	张家红	13398491040
四川川飞律师事务所	涪城区安昌路18号爱喜嘉年华B座12楼	2244135	陈东恒	1398110158
四川临龙律师事务所	高新区绵兴路东段167号温州商贸广场A4幢S2-3号	6333148	蒲鹏生	18909019977
四川浩鼎律师事务所	科创园区剑南路西段336号28幢2-202室	5029488	龚　林	13408160001
四川锐泰律师事务所	涪城区长虹大道中段133号金阳公寓1单元12楼	2345335	蒋良云	13035668934
四川春雷律师事务所	涪城区临园路东段49-51号	2221338	顾仕义	13808110673
四川蜀仁律师事务所	涪城区红星街60号	2223826	王定伦	18981161806
四川子云律师事务所	涪城区安昌路18号爱喜嘉年华A座16楼14-15号	2240868	王　凯	13808116188
四川风行律师事务所	涪城区红星街84号	2241656	唐　敏	13908110728
四川仁聚律师事务所	涪城区涪城路64号外贸大楼5楼	2224729	敖　刚	13981164965
四川法丛律师事务所	科创园区玉泉中路岭南神韵5幢1单元2楼2号	2231287	杨仲先	18608099977
四川鼎天律师事务所	江油市纪念碑街中段319号中华御景苑1号楼三层	3229178	张　勇	13908114500
四川太白律师事务所	江油市李白大道中段126号宏安城馨印象商住楼四楼1号	3260148	李远能	13890117005
四川张元律师事务所	江油市中坝镇涪江路中段157号	3260168	张　元	13648112222
四川蜀华律师事务所	三台县东河路梓州国际公寓二期A座14楼	5338923	王芝茂	13608115125
四川石泉律师事务所	北川羌族自治县永昌镇云盘北路26号	4824545	代国章	13881107939
四川西华律师事务所	安县花荄镇银河大道东段司法局一楼	4368782	谢　强	15928200158
四川川北律师事务所	盐亭县云溪镇梓江新城2单元20楼8号	7227008	何竞东	13088272369
四川龙洲律师事务所	平武县龙安镇红星路22号	8827238	严　之	13508100158
四川经义律师事务所	梓潼县文昌镇中和街东段193号	6585136	罗桂林	13378156068
四川翠云律师事务所	梓潼县文昌镇金牛路北段125号	8220148	曹　桅	18009066262
四川久太律师事务所	涪城区健安街3号卫生局大楼11层1	2796718	陈　诚	18142540718
四川擎剑律师事务所	三台县北坝镇明台路20号组织部底门面		周天光	13608115121
四川规则律师事务所	三台县潼川镇学涪街滨江半岛二期A区	5220200	高大勇	13350003777
四川智禾田律师事务所	涪城区花园里9号万达广场六幢一单元11楼9—12号	2732200	李青松	18681658131

绵阳市基层法律服务机构

表 67

县市区	机 构 名称	机构办公地址	办公电话	负责人	备注
绵阳市	维权法律服务所	绵阳市红星街 73 号	0816-2218986	杨善权	
绵阳市	求实法律服务所	绵阳市南河路 14—6 号	0816-2215963	张兴友	
绵阳市	双剑法律服务所	绵阳市临园路东段 78 号	0816-2218611	强喜贵	
绵阳市	科教园法律服务所	临园干道西段 4 号院内 3-1-2	18990191101	何　江	
绵阳市	均衡法律服务所	绵阳市红星街马家巷 11 号	0816-2247281	唐　海	
绵阳市	农科区法律服务所	绵阳市南河路 19—7 号	0816-2265639	白洋安	
绵阳市	永兴法律服务所	绵阳市高新区永兴镇海龙王 2 楼	13547119958	田宗福	
高新区	天一法律服务所	绵阳市高新区第二办公区 4 楼	0816-2536311	秦　超	
涪城区	塘汛法律服务所	绵阳市长虹大道中段 598 号	13198687856	谢忠兴	
科学城	华丰法律服务所	江油市华丰新村 9 号	0816-3620474	张峰春	
涪城区	正义法律服务所	绵阳市建设街 12 号	13981101829	王继福	
涪城区	丰谷法律服务所	绵阳市涪城区丰谷镇团结路 19 号	13981149809	王正胜	
涪城区	城北法律服务所	绵阳市临园路中段 80 号	13309018259	辛家才	
涪城区	南山法律服务所	绵阳市红星街 96 号	13881141005	李　青	
涪城区	石塘法律服务所	绵阳市绵绢路 9 号	13990108698	吴忠和	
涪城区	朝阳法律服务所	绵阳市金菊街 38 号	18981104178	谢述评	
涪城区	青义法律服务所	绵阳市涪城区青义镇宝灯街 64 号	13458307319	杨云洪	
涪城区	城郊法律服务所	绵阳市高水中街 11 号	18981105121	胥洪标	
涪城区	涪城法律服务所	绵阳市红星街 113 号	13458002893	马　军	
涪城区	城厢法律服务所	绵阳市警钟街 88 号	13689677326	杨德烈	
涪城区	绵阳市涪城区龙门镇人民政府院内	龙门法律服务所	13699606616	黄明坤	
涪城区	绵阳市体运村路 78 号	金锐法律服务所	13198689999	叶金学	
涪城区	绵阳市涪城区金峰镇人民政府院内	金峰法律服务所	13548446543	黄长安	
涪城区	绵阳市南河路 16 号	上智法律服务所	13281590873	罗　健	
涪城区	绵阳市涪城区新皂镇人民政府院内	新皂法律服务所	13890132030	唐双泉	
涪城区	吴家镇镇政府	吴家法律服务所	13689672719	周邦才	
涪城区	涪城区红星街 94 号	天星法律服务所	15008191126	孙启忠	
江油市	二郎庙镇政府	二郎庙法律服务所	0816-3721206	陈宗贵	
江油市	小溪坝镇政府	小溪坝法律服务所	13778178527	付翠华	
江油市	三合镇政府	三合法律服务所	15882802999	黄　耀	
江油市	江油市顺辉一号公馆	衡平法律服务所	13795956512	周传金	
江油市	中坝镇政府内	中坝法律服务所	18980121988	王树林	
江油市	太平镇政府	太平法律服务所	0816-3271986	罗冬梅	
江油市	工业开发区	工业开发区法律服务所	0816-3365352	谯碧华	
江油市	青莲镇政府	青莲法律服务所	0816-3443332	黄隆良	

续表

县市区	机构名称	机构办公地址	办公电话	负责人	备注
江油市	虹桥步行街	中心法律服务所	0816-3232168	阙芝剑	
平武县	南坝镇政府	南坝法律服务所	13320905365	吕　建	
平武县	龙安镇	腾飞法律服务所	13700964080	钟　伟	
盐亭县	县政府招待所二楼	金剑法律服务所	0816-6570637	顾中伦	
盐亭县	玉龙镇政府	玉龙法律服务所	13198667799	苏义龙	
盐亭县	金孔镇政府	金孔法律服务所	15882800018	陈上斌	
盐亭县	八角镇政府	八角法律服务所	13981139566	任　蓉	
盐亭县	柏梓镇政府	柏梓法律服务所	13980137487	蔡自强	
盐亭县	两河镇政府	两河法律服务所	13696282411	汤春兵	
盐亭县	黄甸镇政府	黄甸法律服务所	13508127162	杨志君	
盐亭县	富驿镇政府	富驿法律服务所	13981167496	李大林	
盐亭县	黑坪镇政府	黑坪法律服务所	13018138238	冯小东	
盐亭县	云溪镇政府	云溪法律服务所	13990189069	勾宗珍	
盐亭县	林农镇政府	工业园区法律服务所	13198667799	潘文勇	
北川县	擂鼓镇	雷鼓法律服务所	15884637686	熊应章	
北川县	安昌镇	永正法律服务所	13890181889	黄色永	
梓潼县	文昌镇	潼城法律服务所	0816-8218506	史　岚	
梓潼县	文昌镇	文昌法律服务所	0816-6588824	雍枝平	
梓潼县	许州镇政府	许州法律服务所	13035666156	蒲友明	
梓潼县	黎雅镇政府	黎雅法律服务所	0816-8450310	张　毅	
梓潼县	观义镇政府	观义法律服务所	0816-8550317	雷天聪	
梓潼县	仁和镇政府	仁和法律服务所	13568260636	赵芷霞	
梓潼县	自强镇政府	自强法律服务所	13194830398	邓　波	
梓潼县	长卿镇政府	长卿法律服务所	0816-6582861	赵宗仙	
梓潼县	石牛镇政府	石牛法律服务所	13881102777	谭贵全	
梓潼县	马鸣乡政府	马鸣法律服务所	13308111663	林　波	
游仙区	刘家镇政府	刘家法律服务所	13006482163	李登润	
游仙区	忠兴镇政府	忠兴法律服务所	13901813082	文继明	
游仙区	魏城镇政府	魏城法律服务所	13060175404	许义斌	
游仙区	游仙区沈家坝街 21 号	东津法律服务所	0816-2275785	赵忠兴	
游仙区	新桥镇政府	新桥法律服务所	13980139358	吴成兴	
游仙区	小枧镇政府	三江法律服务所	13990111839	王　杰	
游仙区	石马镇镇政府	石马法律服务所	18681637091	于国虎	
安县	塔水镇政府	塔水法律服务所	13908115589	唐训勇	
安县	花荄镇政府	花荄法律服务所	13194838598	唐华安	
安县	秀水镇政府	秀水法律服务所	0816-6567866	严小虎	
安县	花荄镇行政小区	安州法律服务所	13608126789	田　禾	

续表

县市区	机 构 名称	机构办公地址	办公电话	负责人	备注
三台县	潼川镇小学上街	梓州法律服务所	0816-5223873	郭小强	
三台县	石安镇政府	石安法律服务所	13698135872	涂久林	
三台县	富顺镇政府	富顺法律服务所	13219995413	孔庆茂	
三台县	新生镇政府	新生法律服务所	13096127281	王庆国	
三台县	观桥镇政府	观桥法律服务所	13508107954	黄述良	
三台县	景福镇政府	景福法律服务所	13398495899	王槐金	
三台县	西平镇政府	西平法律服务所	13618115338	陈立武	
三台县	乐安镇政府	乐安法律服务所	13194833666	蔡 新	
三台县	古井镇政府	古井法律服务所	0816-5422131	何仕德	
三台县	刘营镇政府	刘营法律服务所	13881180315	卿新明	
三台县	金石镇政府	金石法律服务所	0816-5582130	何远雄	
三台县	花园镇政府	花园法律服务所	13980143507	杜明香	
三台县	潼川镇政府	潼川法律服务所	0816-5333544	曾均诚	
三台县	北坝镇政府	北坝法律服务所	13980136320	吴 军	
三台县	芦溪镇政府	芦溪法律服务所	0816-5662375	王正才	
三台县	建平镇政府	建平法律服务所	13890132123	廖绪伟	
三台县	塔山镇政府	塔山中心法律服务所	13508118486	王 志	

2013 年市委、市政府民生工程完成情况

2013 年，全市城镇新增就业 46223 人，城镇登记失业率控制在 3.94%，培训农民工 32274 人。

2013 年，全市在 56 个贫困村实施整村推进工作；扶持 10125 人农村扶贫对象改善生产生活条件。城镇困难群众门诊救助人次平均水平达 314 元，住院救助人次平均水平达 2480 元；农村困难群众门诊救助人次平均水平达 257 元，住院救助人次平均水平达 1637 元；城乡低保对象、农村“五保”对象参保参合率 100%。

2013 年，全市组织开展市、县、乡、村医疗卫生人员培训进修 995 人次，下派内地医务人员对口驻点支援 220 人次，实施民族地区经济社会发展帮扶项目 32 个。

2013 年，全市对义务教育阶段学生全部免除学杂费、免费提供教科书，做到“应免尽免”；向义务教育阶段家庭经济困难寄宿学生发放生活费补助，做到“应补尽补”。

2013 年，全市城市低保对象累计月人均补助 206 元，农村低保对象累计月人均补助 98 元。集中供养率 67%。新型农村和城镇居民社会养老保险覆盖人数达 236.28 万人，参保缴费人数达 150.8 万人。

2013 年，全市“新农合”农村居民参合率 99.95%，参合农民住院费用实际报销比达 61.49%。城乡居民健康档案规范化电子建档率达到 95.06%；实施 30 个乡镇卫生院建设项目。

2013 年，全市实施农村危房改造 1201 户。新开工建设廉租住房、公共租赁住房、经济适用住房和限价商品住房等保障性住房 9283 套；实施棚户区改造 5961 户。为“老、军、残”提供 15 条公交线路免费乘坐，夏季市区空调公交车执行 1 元票价。

2013 年，全市建成农村公路 1247 千米，其中通乡油路（水泥路）198.7 千米，通村公路 1048.3 千米。

2013 年，管护国有林 30.64 万公顷，巩固退耕还林成果 4.12 万公顷，补偿集体公益林 22.91 万公顷。实施“金土地工程”，建成高标准基本农田 3.98 万公顷，新增耕地 2046.7 万公顷；建成高标准农（粮）田 3333 公顷。

2013 年，全市免费开放 8 个图书馆、10 个文化馆、277 个乡镇综合文化站、9 个博物馆纪念馆和美术馆；继续推进基层公共文化服务设施建设，建成 31 个示范乡镇综合文化站。

（摘自《绵阳年鉴（2014）》）

索 引

索引说明

一、本索引是《绵阳年鉴》（2015）卷的主题词、内容分析索引。正文（包括条目、图片、表格）中凡具有独立检索意义的完整资料，都可以通过本索引进行检索。概述、概况不作检索内容。

二、索引按汉字拼音字母（同音字按声调）顺序排列。类目、分目作为索引款目用黑体字排印，其余用宋体字排印。表格、图片（含示意图）在其款后分别注明“表”“图”。

三、索引款目后的数字表示内容所在的页码，数字后的拉丁字母（a、b、c）表示栏别（即版面的1、2、3栏）。

四、内容有交叉的款目，为方便读者检索，在本索引中重复出现的相同款目，不同单位，退两格排列。

A

B

C

E

F

H

K

M

T

Y

Z

年鉴 2015
ARBOOK

绵阳年鉴
201

ISBN 978-7-5144-1729-6
9 787514 417296 >
定价：200.00元

方志出版社